THE GUIDELINES ON LEGAL ISSUES OF SHAREHOLDER DISPUTES

股东纠纷法律问题全书

合伙人

（2025年增补版）

上海宋和顾律师事务所　编著

⑥

知识产权出版社
全国百佳图书出版单位
—北京—

图书在版编目（CIP）数据

合伙人：股东纠纷法律问题全书：2025年增补版.6／上海宋和顾律师事务所编著.—北京：知识产权出版社，2025.6.—ISBN 978-7-5130-9876-2

Ⅰ.D922.291.914

中国国家版本馆CIP数据核字第2025XW1272号

责任编辑：秦金萍　　　　　　　　　　　责任校对：潘凤越
执行编辑：凌艳怡　　　　　　　　　　　责任印制：刘译文
封面设计：杰意飞扬·张悦

合伙人 ❻

股东纠纷法律问题全书（2025年增补版）

上海宋和顾律师事务所　编著

出版发行：知识产权出版社有限责任公司		网　　址：http://www.ipph.cn
社　　址：北京市海淀区气象路50号院		邮　　编：100081
责编电话：010-82000860转8367		责编邮箱：1195021383@qq.com
发行电话：010-82000860转8101/8102		发行传真：010-82000893/82005070/82000270
印　　刷：天津嘉恒印务有限公司		经　　销：新华书店、各大网上书店及相关专业书店
开　　本：720mm×1000mm　1/16		印　　张：40.75
版　　次：2025年6月第1版		印　　次：2025年6月第1次印刷
字　　数：646千字		定　　价：268.00元（全2册）
ISBN 978-7-5130-9876-2		

出版权专有　侵权必究
如有印装质量问题，本社负责调换。

上海宋和顾律师事务所
一家专注解决股东纠纷的律师机构

认为 —— 诉讼仅是策略,化解股东矛盾的最终途径是协商。各方应以"妥协"的心态,理性地主张股东利益,否则两败俱伤。

倡导 —— 原则性(合作)谈判,避免竞争性谈判,管理双方的情绪,寻找最佳的可替代解决方案。

主张 —— 从股东争议的司法实践展开"反向工程",精准设计股权架构和公司治理规则,以税务思维论证方案的经济可行性。

关于作者

变与不变

（2025年增补版说明）

新《公司法》[①]删除了2018年版《公司法》的16个条文，新增和修改了228个条文，是《公司法》迄今最大规模的修订。

但将视角置于自1600年英国东印度公司成立至今400多年和自1673年法国路易十四颁布《商事条例》至今300多年的历史背景下，回顾中国公司法30多年的发展，大部分内容的"变"均源于对《民法典》、公司法司法解释及司法实践观点的吸纳和对域外法的借鉴，是对司法实践中人们长期关切问题的回应。

"变"主要体现在三个方面：效率导向的董事会中心主义，制衡导向的穿透与双重代表诉讼，以及损害债权人利益时的横向人格否认。

然而，公司法的私法属性不可避免地为公司自治留白，这些法律空缺正是股东争议诉讼多案并发与司法救济复杂的原因所在。因此，我们仍应更多关注新《公司法》"不变"的部分——公司权力与股东权利冲突的平衡。

在《合伙人》（2025年增补版）中，我们根据新《公司法》对《合伙人》（第三版）进行了一定的修改和完善，并用脚注予以提示；对于实践中不断涌现的重难点问题，我们精选了很多最高人民法院发布的公报案例、指导案例以及人民法院案例库的入库案例作为补充。因此，本书与《合伙人》（第三版）配合阅读，将使读者更加充分了解新《公司法》的

[①] 本书所述新《公司法》指的是我国2023年新修订的《公司法》。

"变与不变",掌握25种股东纠纷的司法裁判标准和案由体系。

需要说明的是,每一起纠纷都有其背景,未必所有案件信息都能在裁判文书中得到体现。因此,生效的裁判结果未必放诸四海皆准,我们提倡以批判的精神对类案进行研究和学习。

本书定稿于2025年3月,涉及法律法规有效性均止于定稿时间。

宋海佳、顾立平参与本书全部章节的编写和审校工作。

魏歆健为本书统筹编辑,负责本书的编写分工、进度管理等统筹协调工作,并参与公司设立、股东知情权、请求公司收购股份及清算责任相关章节的资料收集、编写与校对工作。

朱曼参与损害公司利益责任相关章节及全书涉税部分的资料收集、编写与校对工作。

谢越参与发起人责任、股权转让、增资及减资相关章节的资料收集、编写与校对工作。

宋心怡参与公司证照返还、公司盈余分配、公司关联交易损害责任及申请公司清算相关章节的资料收集、编写与校对工作。

周柏成参与股东出资、请求变更公司登记、新增资本认购及上市公司收购相关章节的资料收集、编写与校对工作。

李禧炫参与股东资格确认、股东名册记载、损害股东利益责任及公司解散相关章节的资料收集、编写与校对工作。

张盈盈参与公司决议、合并及分立相关章节的资料收集、编写与校对工作。

韩杰参与损害公司债权人利益相关章节的资料收集、编写与校对工作。

上海宋和顾律师事务所
2025年3月

第三版编写说明

本次修订，根据新颁布实施的《民法典》《外商投资法》《民事诉讼法》《公司法司法解释（五）》《全国法院民商事审判工作会议纪要》等，更新了典型案例，修订了原书中与现行法律冲突或遗漏的内容。

本书对于部分法律法规，特别是司法解释，直接采用了较为简单明确的表述，如《公司法司法解释》《合同法司法解释》等。对《〈公司法〉修订草案》（2021年12月24日，第十三届全国人民代表大会常务委员会第三十二次会议审议）中新的内容，在所涉章节开篇时以脚注形式提示。本书部分案例及案例中涉及的收购报告书等文件的出处因时间较久，部分网址已失效，故未能尽数标注。同时，为方便读者阅读，如无特别标注或说明，本书案例中的二审上诉人、被上诉人，以及再审申请人、被申请人，均统一以原告（人）、被告（人）称之。案例中如有二审、再审，并予以维持的判决书，均以终审案号为准。此外，为方便表述，书中部分内容采用"高管"来代替"高级管理人员"一词。

本书定稿于2022年1月，涉及法律法规有效性均止于定稿时间。

宋海佳、顾立平、郭睿、王静、于慧琳、姚祎、王芬、陈露婷、徐源芷、徐权权、杨瑞芬、赵佳、冉洁月、吴钰颖、张经纬参与了此次修订。

上海宋和顾律师事务所
2022年5月25日

第二版编写说明

《合伙人》第一版出版两年多，蒙读者厚爱，在当当网、京东网、亚马逊网的读者好评率分别为100%、97%和五星。

本次再版，除了订正疏漏之外，还撷取和提炼了最新的具有代表性的典型案例，尤其是来自最高人民法院的公报案例、指导案例，修正原书中与现行法律法规、司法判例中或冲突或遗漏的内容，将最前沿的、最具实务价值的司法观点（如《最高人民法院关于适用〈中华人民共和国公司法〉若干问题的规定（四）（征求意见稿）》）、实践经验呈现给读者。

需要说明的是，本书中部分案例判决作出时间较早，诉讼主体、判决依据和结果可能与现行法律、法规有所冲突。我们也注意到了这些问题并加以标注。之所以仍然保留，是因其中案件的背景、证据和法院观点对现今的司法实践仍有借鉴意义，读者亦可从中感受司法实践的发展历程。

最后，借《合伙人》再版之际，向对第一版提出修订建议的读者和朋友，向给予我们关心、鼓励和帮助的同行和专家学者们，表示衷心的感谢！

主编宋海佳参与本书全部章节的撰写，并负责选题、体例设计和审定工作。

任梅梅、顾立平参与本书全部章节的撰写工作。

韦业显（香港韦业显律师行创办人）参与本书"离岸公司不公平损害的股东权益保护"部分的撰写工作。

于东耀、章亚萍、郭睿、吴星、张莉、虞修秀、张浠、姜元哲参与资料收集和部分案例的编写及校对工作。

再版修改部分，由徐清律师负责统筹，由宋海佳、顾立平、徐清、赵玉刚、陈纯、龙华江（全面负责税法部分修改）、华轶琳、陈怀榕、王永平律师参与撰写，王芬律师负责校对。

简　目

第一章　公司设立纠纷 …………………………………………（ 1 ）

第二章　发起人责任纠纷 ………………………………………（ 47 ）

第三章　股东出资纠纷 …………………………………………（ 57 ）

第四章　股东资格确认纠纷 ……………………………………（ 124 ）

第五章　公司决议纠纷 …………………………………………（ 223 ）

第六章　股权转让纠纷 …………………………………………（ 314 ）

第七章　股东名册记载纠纷 ……………………………………（ 482 ）

第八章　请求变更公司登记纠纷 ………………………………（ 489 ）

第九章　公司证照返还纠纷 ……………………………………（ 524 ）

第十章　股东知情权纠纷 ………………………………………（ 532 ）

第十一章　公司盈余分配纠纷 …………………………………（ 559 ）

第十二章　增资纠纷 ……………………………………………（ 613 ）

第十三章　新增资本认购纠纷 …………………………………（ 672 ）

第十四章　减资纠纷 ……………………………………………（ 688 ）

第十五章　公司合并纠纷 ………………………………………（ 724 ）

第十六章　公司分立纠纷 ………………………………………（ 748 ）

·1·

第十七章　请求公司收购股份纠纷 …………………………………（ 775 ）

第十八章　上市公司收购纠纷 ………………………………………（ 823 ）

第十九章　损害公司利益责任纠纷 …………………………………（ 830 ）

第二十章　损害股东利益责任纠纷 …………………………………（ 935 ）

第二十一章　公司关联交易损害责任纠纷 …………………………（ 955 ）

第二十二章　损害公司债权人利益责任纠纷 ………………………（ 995 ）

第二十三章　公司解散纠纷 …………………………………………（1042）

第二十四章　申请公司清算 …………………………………………（1094）

第二十五章　清算责任纠纷 …………………………………………（1119）

目　录

第一章　公司设立纠纷

1. 如何确定公司设立纠纷的诉讼当事人？ …………………………（2）
2. 一名自然人能否设立多家一人有限责任公司？一人有限责任公司能否设立下级一人有限责任公司？合伙企业能否成为一人有限责任公司的股东？ ……………………………………………………（3）
3. 只有一名股东，能否设立股份有限公司？ ………………………（3）
4. 公司设立时，应当由谁制定公司章程？未参与制定章程的发起人，能否主张章程对其不具有约束力？ ……………………………（3）
5. 公司章程应该记载哪些事项？未记载这些事项对章程效力有什么影响？ ……………………………………………………………（4）
6. 公司章程什么时候生效？什么时候失效？ ………………………（5）
7. 募集设立和发起设立的股份有限公司，在召开成立大会方面有什么区别？ ……………………………………………………（5）
8. 新《公司法》实施前，出资期限未到期的公司，在新法实施后是否应调整出资期限？ …………………………………………（5）
9. 在哪些情形下，公司登记机关可以公司出资期限、注册资本明显异常为由，要求其进行调整？ …………………………………（6）

10. 股份有限公司中，股份总数是否必须在公司设立时全部发行？董事会可否决定发行股份？存在哪些限制？发行股份导致注册资本发生变化的，章程修改是否需要经过股东会决议？……（6）
11. 授权资本制下已授权但未发行的股份，是否计入公司注册资本？……（7）
12. 哪些人能够担任公司的法定代表人？变更法定代表人是否需要修改公司章程？……（7）
13. 根据新《公司法》规定，公司董事会有哪几种设置方式？……（7）
14. 公司是否必须在董事会中设审计委员会？审计委员会的成员由谁选任？其成员构成、议事方式和表决程序有哪些要求？……（7）
15. 公司董事会享有哪些职权？……（8）
16. 董事会是否有权决定增加注册资本或发行公司债券？……（8）
17. 根据新《公司法》规定，公司监事会有哪几种设置方式？……（9）
18. 公司监事会享有哪些职权？……（9）
19. 公司董事长、监事会主席的产生方式有什么区别？……（10）
20. 何为类别股？哪些公司可以发行类别股？……（10）
21. 发行类别股的公司，其招股说明书和章程记载内容有什么特殊之处？……（11）
22. 公司能否发行无记名股票？……（11）
23. 什么是无面额股？发行无面额股的公司，其纸面股票和招股说明书的记载事项有什么特殊之处？……（11）
24. 国有独资公司的治理结构有何特殊规定？……（12）
25. 公司名称由哪几部分组成？实践中应注意哪些问题？……（12）
26. 企业之间因登记注册的名称发生争议时，应该如何处理？……（13）
27. 向市场监督管理部门请求处理企业名称争议，需要提交哪些材料？……（14）
28. 他人侵犯注册商标专用权或企业名称专有权，权利人有哪些法律救济措施？……（14）

29. 侵害企业名称（商号）权纠纷由何地法院管辖？是否适用诉讼
　　时效？ …………………………………………………………………（15）

30. 在哪些情形下，构成企业名称（商号）侵权？ ……………………（15）

【案例1】知名企业简称亦受保护　以此为字号构成不正当竞争 ………（16）

【案例2】同行业使用相同字号　虽经核准登记仍构成侵权 …………（19）

31. 将与他人企业名称中的字号相同或者近似的文字注册为商标，
　　是否构成侵权？如何判断相关公众是否对企业名称所有人与
　　商标注册人产生误认或者误解？ ……………………………………（22）

【案例3】橱柜、厨房电器品类联系紧密易混淆　在后商标被判
　　　　　侵犯在先商号权 …………………………………………（22）

32. 企业将与他人注册商标相同或者相近似的文字作为企业的字号
　　是否构成对他人注册商标的侵权？如何判断？ ……………………（26）

【案例4】将他人具有知名度的商标作为字号　构成不正当竞争
　　　　　被判停止使用 ……………………………………………（26）

【案例5】即便以"老板"名字作为字号　仍具有攀附故意属非
　　　　　合理使用 …………………………………………………（31）

33. 如何表述企业经营范围？不同类型的经营项目如何办理营业
　　范围登记？ ……………………………………………………………（35）

34. 先公司交易行为责任应由谁承担？ …………………………………（36）

【案例6】个人名义为设立中公司租赁房屋　相对人仅能选择
　　　　　发起人或公司担责 ………………………………………（37）

35. 发起人为自己利益以公司名义订立合同的，该合同对公司
　　是否具有拘束力？ ……………………………………………………（39）

36. 发起人为履行设立公司职责造成他人损害的，由谁承担责任？ …（39）

37. 法定代表人以公司名义从事的民事活动，由谁承担责任？ ………（39）

【案例7】合作方负有审慎审查义务　未注意对方章程对法定
　　　　　代表人的限制不属善意相对人 …………………………（40）

· 3 ·

38. 法定代表人因为执行职务造成他人损害的，由谁承担责任？………(43)

【案例8】法定代表人职务行为造成损害　即使存在过错亦由公司对外担责……………………………………………………(44)

第二章　发起人责任纠纷

39. 如何确定发起人责任纠纷的诉讼当事人？………………(47)
40. 公司设立失败时，设立阶段所产生的收益如何分配？……(48)
41. 股东之间对组建公司产生的费用或损失进行分摊的前提是什么？……(48)

【案例9】公司设立失败　未证明损失实际发生请求赔偿被驳回………(48)

第三章　股东出资纠纷

42. 对于不同时间设立的有限责任公司，如何衔接适用新《公司法》规定的5年认缴出资期限？……………………………(58)
43. 如何确定股东出资纠纷的诉讼当事人？…………………(59)
44. 关于是否抽逃出资的举证责任应由谁承担？……………(60)
45. 未按期足额缴纳出资的股东，应向公司与其他守约股东承担何种责任？……………………………………………(60)
46. 瑕疵出资股东能否要求其他瑕疵出资股东履行出资义务？……(60)

【案例10】受让瑕疵股权后未补足出资　起诉要求其他抽逃出资股东返还出资仍获支持……………………………(60)

47. 公司无财产可供执行，债权人申请追加出资期限未届满的股东为被执行人，股东称其实际与公司约定以劳务出资且已完成出资，是否影响债权人追加其为被执行人？……………(63)

【案例11】公司无财产可供执行符合出资加速到期条件　劳务出资不合法股东被追加执行……………………………(64)

48. 股东协议约定股东以劳务出资,并约定章程与协议不一致时
    以协议为准,之后公司登记备案的章程记载股东以货币出资,
    公司能否要求股东履行货币出资义务? ……………………………… (66)

【案例12】 股东内部已约定全部出资由一方负责 以公司名义主张
            对方出资被驳回 ……………………………………………… (67)

49. 公司或股东起诉以划拨土地使用权出资的股东履行出资义务时,
    法院如何处理? ………………………………………………………… (68)

【案例13】 土地交付公司但未过户被认定出资不实 诉请划拨土地
            使用权出资未获支持 ……………………………………………… (69)

50. 在什么情况下,公司或者享有公司到期债权的债权人可以要求
    公司出资期限未届满的股东提前缴纳出资? ……………………… (75)

51. 因公司债权人的主张使股东出资加速到期的,股东提前缴纳的
    出资是直接向债权人清偿债务,还是应当先进入公司资本,再
    由公司向债权人偿付? …………………………………………………… (75)

52. 若公司要求出资期限未届满的股东提前缴纳出资,该决定应当
    由公司的哪个内部机关作出? ………………………………………… (75)

53. 出资人出资后参加过公司股东会亦取得过分红,但公司一直
    未将出资人记入股东名册亦未办理股东变更登记,出资人
    能否要求公司返还出资? ……………………………………………… (75)

【案例14】 出资但未被工商登记亦未被记入股东名册 实际参与经营
            并取得分红仍是股东 ……………………………………………… (76)

54. 实际出资人设立信托并将公司股权交由信托受托人持有,当出资
    不实时,公司外部债权人能否要求信托受托人在出资不实范围
    内对公司债务不能履行部分承担补充责任?信托受托人能否
    抗辩由信托委托人承担责任? ………………………………………… (78)

【案例15】 违法增资出资不实 信托受托人亦需在不实范围内承担
            补充责任 …………………………………………………………… (78)

55. 抽逃出资的股东转让其股权,受让方明知股权有瑕疵仍受让,
    之后受让方能否以公司名义要求转让方返还抽逃出资? ……… (82)

【案例16】通过审计已明知转让方抽逃出资仍受让股权 以公司名义倒追转让方出资款被驳回 ………………………… (82)

56. 公司债权人诉请公司股东在未出资范围内对公司债务承担补充赔偿责任时，股东是否享有诉讼时效抗辩权？ ……………… (85)

【案例17】债权人诉请未出资股东对公司债务补充赔偿 未出资股东享有诉讼时效抗辩权 ………………………………… (86)

57. 《公司法》第88条第1款规定是否可以溯及适用？ ……………… (89)

58. 未届出资期限股权的转让方是否享有"先诉抗辩权"？ ………… (89)

59. 公司无法清偿到期债务时，股东会决议延长股东出资期限，之后股东将未届出资期限的股权对外转让。此时公司债权人可否主张股东的出资责任？ ……………………………………… (89)

【案例18】恶意转让股权、延长出资期限逃避债务 转让方和受让方共同侵权承担连带责任 …………………………… (90)

60. 公司无法清偿生效法律文书确定的债务时，未届出资期限的股东对外转让股权并退出公司，能否将其追加为被执行人？ …… (92)

【案例19】公司经执行无财产偿债 股东恶意转让未届期股权被追加执行 …………………………………………………… (93)

61. 未届出资期限的股权经多次恶意转让的，历次转让人承担责任的顺序为何？ ……………………………………………… (97)

【案例20】公司经执行无财产偿债 未届期股权的历次转让人逐级承担补充责任 ………………………………………… (97)

62. 什么是股东失权制度？ ……………………………………………… (100)

63. 股东失权制度与股东除名制度的区别为何？ …………………… (101)

64. 公司股东未履行或者未全面履行出资义务，董事是否应当对公司承担责任？ …………………………………………………… (101)

65. 公司股东抽逃出资给公司造成损失，董事、监事、高级管理人员是否需要承担责任？ ……………………………………… (101)

66. 公司股东出资不实、虚假出资，应当承担哪些行政责任？ …… (102)

67. 公司股东抽逃出资,应当承担哪些行政责任? ………………… (102)
68. 非居民企业以技术出资,是否享受企业所得税税收优惠政策? …… (102)
69. 个人或企业以知识产权出资,是否需要缴纳增值税? …………… (102)
70. 个人或企业以知识产权出资,是否需要缴纳印花税? …………… (102)
71. 个人或企业以股权出资,是否需要缴纳印花税? ………………… (103)
72. 债务重组过程中,债务人与债权人如何进行会计处理? ………… (103)
73. 债务重组过程中是否需要缴纳印花税、增值税、土地增值税和契税? ……………………………………………………………… (105)

【案例21】设备原值与股权价值相当 实物出资无须缴个人所得税 ………………………………………………………… (105)

74. 企业以接受捐赠的固定资产作价出资,所得税处理有何特殊之处? ……………………………………………………… (106)
75. 转让房地产需要缴纳哪些税费?如何确定各个税种的应纳税额?法定纳税义务人是谁?纳税义务发生时间为何时?由何地税务机关征管? …………………………………………… (106)
76. 转让未取得土地使用权属证书的土地使用权,是否应缴纳土地增值税、增值税和契税等税费? ……………………………… (114)
77. 转让房地产中,转让方拒绝开具发票,受让方能否向法院提起民事诉讼请求转让方开具发票? …………………………… (114)

【案例22】请求开票系行政事宜 非民事案件受理范围 ………… (115)
【案例23】合同约定开票义务 民事案件可请求开票 ……………… (115)
【案例24】开票为合同附属义务 属民事案件受理范围 …………… (117)

78. 以房地产作价出资与一般的房地产转让所需缴纳的税费有何不同? ………………………………………………………… (118)

【案例25】成立项目公司合作开发房地产的会计与税务处理 ……… (119)

79. 在成立项目公司情形下,出地方以土地使用权作价出资,是否需要缴纳契税? ……………………………………………… (121)

·7·

第四章　股东资格确认纠纷

80. 股东资格确认纠纷由何地法院管辖？ ……………………………（125）
81. 股东资格确认纠纷如何确定案件的诉讼标的额？ ………………（126）
　【案例 26】实际投资人诉请确权以股权价值确定级别管辖　价值
　　　　　　存在争议以注册资本为准 ……………………………（126）
82. 股东资格确认纠纷按照什么标准交纳案件受理费用？ …………（128）
83. 实际出资人的债权人能否请求确认实际出资人具有股东资格？ …（128）
84. 名义股东能否请求确认实际出资人具有股东资格？ ……………（129）
85. 哪些机构或自然人不能担任公司股东？ …………………………（129）
86. 公务员投资入股是否具有法律效力？可否取得股东资格？ ……（130）
　【案例 27】公务员持股认定有效　请求办理变更登记被驳回 ……（131）
87. 假冒公司股东签字办理变更登记有何行政责任？ ………………（133）
　【案例 28】假冒逝者签名办理虚假变更　公司被处罚款 …………（133）
88. 股东的配偶可否主张对共有股权行使股东权利？ ………………（134）
　【案例 29】夫妻公司已约定股权比例　表决权应按约行使 ………（134）
89. 善意取得股东资格应当具备哪些条件？ …………………………（136）
　【案例 30】受让的股权系他人诈骗所得　支付合理价款仍可善意
　　　　　　取得股权 …………………………………………………（137）
　【案例 31】亲友间互相转让股权　难排除恶意不构成善意取得 …（140）
90. 无权处分行为下，如何认定受让人取得股权时"已尽合理的
　　审查和注意义务"？ …………………………………………………（143）
91. 确认股东资格的条件有哪些？ ……………………………………（144）
92. 形式要件和实质要件在不同背景下的股东资格确认案件中，
　　法律效果有何不同？ ………………………………………………（144）
　【案例 32】受赠干股后已持续行使股东权利　虽未经登记仍可确认
　　　　　　股东资格 …………………………………………………（145）
93. 实际出资人取得股东资格是否需要遵循《公司法》有关股权
　　转让优先购买权的规定？ …………………………………………（149）

94. 未被记载于工商登记文件，是否一定不具有股东资格？ ……… （150）

   【案例33】股东协议推翻工商登记 约定投资回报不影响股东
    资格 ……………………………………………………… （150）

95. 第三人请求股东在出资不实范围内承担责任时，股东能否
    以工商登记文件非自己签名为由不予履行？ ……… （154）

96. 工商登记部门已撤销股东登记，股东是否必然无须履行出资
    义务以及承担出资责任？ ……………………………… （154）

   【案例34】登记部门撤销股东登记 股东资格及出资义务仍需
    实质审查 ………………………………………………… （155）

97. 股东名册对证明股东资格具有怎样的效力？ ……… （159）

98. 股东名册、出资证明书、公司章程等公司内部的股东资格证明
    文件记载不一致时，应以哪一个为准？ ……………… （159）

99. 签署公司章程并被公司章程记载为股东，但未在股东名册上
    记载的人，是否具有股东资格？ ……………………… （160）

100. 瑕疵出资股东享有股东资格吗？ …………………… （160）

101. 以不具有法定出资形式的"其他技术"出资的当事人享有
    股东资格吗？ …………………………………………… （160）

102. 出资证明书需要符合哪些形式要件？它记载了哪些内容？ ……… （161）

103. 第三人与公司签订增资协议并支付了股款，公司也办理了工商
    登记、股东名册的变更，其他股东能否以未经股东会决议为由
    否定其股东资格？ ……………………………………… （161）

   【案例35】公司股东之间不具备当然的法律关系 无权诉请确认
    其他股东是否具有股东资格 ………………………… （162）

   【案例36】伪造签名增资稀释股权 即使已变更登记对内亦无效 ……… （164）

104. 实际出资人显名的条件是什么？ …………………… （167）

105. 实际出资人如何证明其已实际出资？ ……………… （168）

   【案例37】投资人借款出资并由公司实际清偿 该款项不能享有
    相应股权 ………………………………………………… （168）

106. 实际出资人如何证明半数以上的其他股东同意其作为
    公司股东？ ……………………………………………… （171）

【案例38】实际出资人已经实际行使股东权利 推定其他股东同意其"显名" ……………………………………………… (172)

107. 没有书面代持协议,能否确认实际出资人的股东资格? ……… (175)

【案例39】未签订代持协议但履行出资义务 实际出资人请求显名获支持 ……………………………………………… (176)

【案例40】已实际出资并控制经营管理 独资公司隐名股东可直接请求显名并移交证照 ……………………………… (178)

108. 实际出资人不同意显名,名义股东能否请求确认实际出资人的股东资格? ……………………………………………… (183)

109. 股份有限公司的实际出资人显名需要满足什么条件? ……… (183)

【案例41】已签代持协议且实际出资 股份公司隐名股东显名无须其他股东同意 ……………………………………… (183)

110. 上市公司存在股份代持,相关代持协议是否有效? ………… (185)

111. 股权转让合同签订后,受让人何时享有股东资格? ………… (185)

112. 何为股权让与担保? ……………………………………………… (186)

113. 司法实践中,如何甄别股权让与担保合同? …………………… (186)

114. 让与人将其持有的股权变更登记至让与担保权人名下后,让与担保权人是否享有股东资格? ………………………… (187)

【案例42】名为股权转让实为让与担保 转让人仍享有股东资格 …… (187)

115. 干股股东是否具有股东资格? ………………………………… (192)

116. 出资人以贪污、受贿、侵占、挪用等违法犯罪所得向公司出资取得股权或干股的,是否具备股东资格?对这部分股权应当如何处理? ………………………………………………………… (193)

117. 名义股东和冒名股东的法律责任有何不同? ………………… (194)

【案例43】与"冒名者"关系密切 诉请否定自身股东资格未获支持 ………………………………………………………… (194)

【案例44】自然人遗失身份证被冒名登记 涉事公司被判侵犯姓名权 ……………………………………………………… (198)

118. 身份被他人借用的,被借用人是否具有股东资格? ………… (200)

119. 外商投资企业的实际出资人显名须具备哪些条件? ………… (201)

120.《外商投资法》对准入负面清单的规定是否有溯及力? …… (201)

【案例45】外商投资企业经营范围不属负面清单 隐名股东符合

条件时可以显名 …… (201)

121. 实际出资人与外商投资企业产生股东资格确认纠纷,适用

中国法律还是域外法? …… (206)

【案例46】原告请求确认香港公司名下股权系其所有 应适用

公司登记地法律 …… (206)

122. 若继承人先于被继承人死亡,该份遗产如何处理? …… (209)

123. 实际出资人被确认为工商登记股东是否需要缴税? …… (209)

124. 为了逃避股权转让纳税义务,当事人以虚假诉讼方式确认

股权,可能会承担哪些刑事责任? …… (210)

125. 何为逃税罪?其构成要件、立案追诉标准以及量刑标准分别

是什么? …… (210)

126. 纳税义务人和扣缴义务人在被发现偷税漏税后补缴税款、

滞纳金与罚款,是否能够免除刑事责任? …… (212)

127. 自然人股东将其持有的有限责任公司的部分股权以低价转让

或赠与员工的,是否需要缴纳个人所得税? …… (212)

128. 在我国,居民企业实施员工股权激励计划的,如何进行企业

所得税处理? …… (212)

129. 股份有限公司采用股票期权方式实施股权激励,员工接受

股票期权时是否需要缴纳个人所得税?如何计征? …… (213)

130. 员工行使股票期权时,是否需要缴纳个人所得税?

如何计征? …… (214)

131. 员工取得股票增值权时,是否需要缴纳个人所得税?

如何计征? …… (215)

132. 员工取得限制性股票时,是否需要缴纳个人所得税?

如何计征? …… (216)

133. 员工取得股权奖励时,是否需要缴纳个人所得税?

如何计征? …… (216)

134. 员工取得股权激励（包括股票期权、股票增值权、限制性股票、股权奖励等）所得时，一般计税的情形有哪些？符合什么条件时，可以优惠计税？ ………… (217)

135. 员工取得股权激励（包括股票期权、限制性股票、股权奖励等），能否分期缴税？ ……………………………… (218)

136. 高新技术企业转化科技成果，技术人员取得股权奖励，一次性缴纳税款有困难的，如何递延纳税？ …………… (218)

137. 员工取得非上市公司股权激励（包括股票期权、股权期权、限制性股票和股权奖励），如何递延纳税？ ……………… (219)

第五章 公司决议纠纷

138. 如何确定公司决议纠纷的诉讼当事人？ ………………… (224)
139. 无表决权股东是否可以提起公司决议撤销纠纷之诉？ ……… (224)
140. 隐名股东能否直接提起公司决议纠纷诉讼？ …………………… (225)
【案例47】与决议存在直接利害关系　隐名股东被认定原告适格 (225)
141. 公司债权人可否作为原告提起公司决议效力确认之诉？ ……… (229)
【案例48】决议直接对债权人形成法律关系　债权人有权上诉 ……… (229)
142. 基于让与担保取得登记的主体，是否可以提起公司决议纠纷诉讼？ ……………………………………………… (232)
【案例49】股权让与担保　名义股东不享有股东权利 ……………… (233)
143. 公司决议撤销纠纷是否适用诉讼时效？如何确定60日的起算点？ ………………………………………………… (236)
144. 不同形式召开的股东会或董事会会议，应如何认定决议作出之日？ ……………………………………………… (236)
【案例50】以传签召开董事会　依章程规定标准确认决议作出之日 ……………………………………………… (236)
145. 新《公司法》施行前，未被通知参加会议的股东是否可溯及适用新《公司法》进行救济？ …………………… (240)

146. 会议召集时未通知部分股东，导致其缺席，但出席股东会的
总人数符合法律与章程规定，如何认定该次会议的决议效力？ …… (240)
【案例51】会议根本未通知小股东　决议应认定不成立 ………… (240)
147. 公司决议程序瑕疵仅针对某一特定股东，该股东未提异议，
其余股东是否能以程序瑕疵为由提出诉讼？ ………………… (244)
【案例52】程序瑕疵针对特定股东　其他股东诉请撤销决议
被驳回 ……………………………………………… (245)
148. 在什么情形下，即使会议召集程序或者表决方式存在瑕疵，
法院也会驳回原告撤销决议的诉请？ ………………………… (246)
149. 如何认定公司决议的程序只是"轻微瑕疵"？ ……………… (247)
【案例53】股东会仅提前一天通知但全体参会　未影响股东行权
会议合法有效 ……………………………………… (247)
【案例54】违反召集顺位通知召开股东会　决议轻微瑕疵不予撤销 …… (249)
150. 股东会通知中应当包括哪些内容？ …………………………… (252)
151. 股东会、董事会的会议通知一般可采用哪些方式送达？
不同的送达方式下，分别有哪些注意要点？ ………………… (253)
152. 如果股东拒收快递，能否认定会议通知已送达？如果股东
不回复邮件或短信，是否视同会议通知已送达？ …………… (254)
【案例55】拒收邮件不回微信不读邮件　法院认定通知已送达
决议不撤销 ………………………………………… (255)
【案例56】明知常住地却故意向户籍地寄送通知　股东拒收
视为未通知 ………………………………………… (256)
153. 股份有限公司的董事会或监事会在接到股东要求召开股东会的
请求后，应在多长时间内回复？ ……………………………… (259)
154. 股份有限公司中，谁有权提出临时提案？提出临时提案
有什么时间限制？ ……………………………………………… (259)
155. 有限责任公司和股份有限公司中，股东行使表决权有何差异？
股份有限公司发行了类别股的，对特别决议事项的表决
程序会产生什么影响？ ………………………………………… (259)

· 13 ·

156. 有限责任公司与股份有限公司在统计表决权通过比例时，对于弃权票及拒签决议股东的票数如何归集？统计有限责任公司与股份有限公司的表决权基数的差异是什么？股东存在应回避表决的情形的，其持有的表决票应如何处理？ ………… (259)

157. 法院对有争议的公司决议是否可以进行合理性审查？ …… (260)

【案例57】董事会决议实质变更章程　法院判决撤销决议 …… (260)

158. 在公司决议撤销诉讼中，公司重新作出股东会决议，撤销原股东会决议，已经进行的诉讼应如何处理？ ………… (265)

【案例58】新决议覆盖旧决议实质内容　请求撤销旧决议被驳回 …… (265)

159. 股东是否可以诉请部分撤销公司决议？ ………… (270)

160. 上市公司的审计委员会对于董事会决议事项将产生什么影响？ …… (270)

161. 决议无效的构成要件中，"违反法律、行政法规"，是否必须为违反法律、行政法规的强制性规定？ ………… (270)

【案例59】未依法选举职工监事　成立监事会的股东会决议被判无效 ………… (270)

【案例60】名为"补偿"实为变相分配资产　股东会决议被认定无效 ………… (273)

【案例61】修改出资期限不适用资本多数决　无正当理由要求股东提前出资被认定无效 ………… (276)

162. 公司是否能在章程或股东协议中自行约定股东的除名条件？ …… (281)

【案例62】章程未规定与公司竞业需退股　以股东会决议除名被认定无效 ………… (281)

163. 除名决议中，如果赞成除名决议的股东都存在虚假出资或抽逃全部出资的情形，被除名股东是否可以诉请决议无效？ ………… (283)

【案例63】全体股东虚假出资　除名决议无效 …… (283)

164. 自身未出资的股东在其他未资股东的除名决议中是否享有表决权？ ………… (286)

【案例64】未出资股东无权除名其他股东　诉请确认决议有效被驳回 ………… (287)

165. 股东未在股东会决议上签字，但实际履行了决议内容，
　　 是否还能以决议伪造为由起诉主张决议无效？ ·············· (291)
　　【案例65】决议虽无股东签字但该股东参与决议事项履行
　　　　　　　诉请决议无效被驳回 ··························· (291)
166. 在公司决议效力确认诉讼中，虽然公司作出的旧决议违法，
　　 但公司在案件审理期间重新作出股东会决议并修正了
　　 旧决议中的违法内容，已经进行的诉讼应如何处理？ ········ (293)
　　【案例66】旧决议违法公司重作新决议　法院仍判旧决议无效 ········ (294)
167. 公司章程将原属于股东会的职权授权给董事会行使，
　　 是否有效？ ·· (296)
168. 股东会是否可以授权董事会决定盈余分配方案？ ············ (297)
　　【案例67】多数决概括授权董事会决定分红　股东会决议无效 ········ (298)
169. 股东会选举董事，但当选的董事无意担任，其能否起诉
　　 决议无效？ ·· (301)
　　【案例68】本人未同意担任监事　诉请决议无效被支持 ············ (302)
170. 公司决议存在可撤销情形，当事人请求确认无效的，
　　 应当如何处理？ ·· (303)
171. 在新《公司法》施行前，公司作出使用资本公积金弥补亏损的
　　 公司决议，在新《公司法》施行后，又对该决议效力发生争议
　　 的，法院应如何判决？ ···································· (304)
172. 公司决议不成立的情形都包括哪些？ ······················· (304)
173. 当事人可以请求法院确认公司决议有效吗？ ················· (304)
　　【案例69】决议效力存争议且内容与公司经营相关　具有诉的
　　　　　　　利益请求确认有效获支持 ······················ (305)
174. 中外合资企业章程规定董事会实行股东委派制，董事会就委派、
　　 撤换董事等所作的记录性文件能否成为公司决议效力之诉的
　　 对象？ ·· (309)
　　【案例70】名为决议实为记录文件　无决议实质诉请无效被驳回 ······ (310)

第六章　股权转让纠纷

175. 有限责任公司股东向公司以外的第三人转让股权，是否需要
其他股东同意？ ……………………………………………………（315）

176. "在同等条件下，其他股东有优先购买权"中的"同等条件"
包括哪些因素？ ……………………………………………………（316）

177. 瑕疵出资的股东是否具有优先购买权？ ………………………（316）

178. 其他股东按照出资比例行使优先购买权时，"出资比例"
是认缴出资比例还是实缴出资比例？ ……………………………（316）

179. 转让人通知其他股东时未采取书面通知形式的是否有效？ …（316）

180. 转让股权是否需要征得公司同意？是否需要通知公司？ ……（317）

181. 股权变动的生效时点如何确定？登记机关的登记日是否为
股权转让生效时点？ ………………………………………………（317）

182. 股权转让纠纷胜诉后，公司拒绝将股东名册或工商登记中的
股东由转让人变更为受让人的，当事人应如何救济？ …………（317）

183. 股权强制执行时股权变动生效时点如何确定？ ………………（317）

184. 股权转让合同因情势变更而解除，各方如何承担法律后果？ ……（317）

　　【案例71】情势变更致转让合同解除　返还费用并按过错分担
　　　　　　　减损 ……………………………………………………（318）

185. 股权转让合同撤销及无效的法定事由有哪些？ ………………（321）

　　【案例72】虚增资产隐瞒债务导致转让方构成欺诈　股转合同
　　　　　　　可撤销 …………………………………………………（322）

186. 股权被他人无权处分转让给第三人，所订立的股权转让合同效力
如何？无权处分而转让股权是否产生股权变动的法律效果？ ……（327）

　　【案例73】无权处分股权合同仍有效　诉请返还已付转让款获
　　　　　　　支持 ……………………………………………………（328）

187. 有限责任公司中，股东将自有股权重复出卖给多个股东的，
各受让人应如何主张权利？ ………………………………………（334）

【案例74】明知"一股二卖"的受让方不能取得股权 转让方应
返还转让款并赔偿利息损失 ……………………………… (334)

188. 隐名股东直接以自己的名义与他人签订股权转让合同,效力
如何认定? ………………………………………………………… (338)

【案例75】股东资格不因未经登记而被否定 隐名股东有权转让
股权 ……………………………………………………… (338)

189. 股权转让合同中能否约定竞业禁止条款? ……………………… (343)

【案例76】股转合同约定竞业期不得超过2年 违约应按损失
进行赔偿 ………………………………………………… (343)

190. 双方约定分期支付股权转让款,受让人延迟支付或拒绝支付
股权转让款的,转让人能否以未支付价款达到全价1/5为由
主张解除股权转让合同? ………………………………………… (348)

【案例77】股权转让不同于实物买卖 逾期金额超过总额1/5解除
合同被判无效 …………………………………………… (348)

191. 出资瑕疵的股东转让股权,受让人可否以转让人出资瑕疵为由
主张合同无效或撤销合同? ……………………………………… (353)

【案例78】协议已约定股转价格即应支付款项 是否出资不影响
股转效力 ………………………………………………… (353)

192. 夫妻一方违反忠实义务,以无偿转让、低价转让的方式
处分共同财产的,另一方应如何获得救济? …………………… (355)

193. 夫妻一方与他人签订股权转让协议,转让夫妻共有股权,
是否必须经过配偶同意?如何认定股权转让合同效力? ……… (355)

【案例79】丈夫向其父低价转让股权 妻子主张合同无效获支持 …… (355)

194. 双方当事人能否在股权转让合同中约定由第三人"最终裁决"
因合同履行所产生的纠纷? ……………………………………… (358)

【案例80】协议约定由见证人"裁决"纠纷 属剥夺诉权约定
无效 ……………………………………………………… (358)

195. 股权质押未办理质押登记的,质权是否有效设立?因未登记给
债权人造成的损失如何计算? …………………………………… (362)

· 17 ·

【案例81】对赌协议约定补偿款合法有效 质押条款成立未生效
不影响承担清偿责任 ·· (362)

196. 如何区分"股权抵押借款"和"股权转让"？······························· (370)

【案例82】名为股权转让实为民间借贷 诉请解除合同还本付息获
支持 ·· (371)

【案例83】对赌协议约定利润补偿和股权回购有效 请求其他股东
回购获支持 ·· (376)

197. 境外公司受让禁止外商投资项目的股权是否有效？外商投资
准入负面清单以外的外商投资企业转让股权是否需要报批？······ (380)

【案例84】合同不在准入负面清单之列 审批生效条款不能限制
合同效力 ··· (381)

【案例85】境外公司受让义务教育机构股权 违反效力性强制性
规范无效 ··· (384)

198. 股份有限公司章程可否对股份转让作出一定限制？违反
章程的股份转让行为是否有效？·· (388)

199. 股份有限公司在股东名册不得变更期间是否需要中止股票
交易？··· (388)

200. 股份有限公司发起人、董事、监事、高级管理人员转让本公司
股份有何限制？··· (388)

201. 股份有限公司能否为他人取得本公司或母公司的股份提供财务
资助？··· (389)

202. 非上市公众公司收购的股份经多长时间可以转让？······················ (389)

203. 公开转让与定向发行的非上市公众公司应当如何进行信息
披露？··· (389)

204. 非上市公众公司中，股票向特定对象转让导致股东累计超过
200人时，应当如何进行信息披露？······································· (389)

205. 非上市公众公司应当如何披露信息？······································· (390)

206. 公众公司申请股票向社会公众公开挂牌转让时，应该提交哪些
申请文件？具体流程是什么？·· (390)

207. 国有股权转让的价款应当如何支付? ················ (391)
208. 国有股权转让应当如何进行公告? ················ (391)
209. 转让国有股权应由哪个机构批准? ················ (391)
210. 需有关部门批准的股权转让,报批义务方不履行报批义务的,
    合同是否生效?义务方是否需要承担缔约过失责任? ········ (391)
   【案例86】受让银行股份未经审批合同无效　不履行报批义务应
            赔偿利息及可得利益损失 ················ (392)
211. 国有公司的股权转让时,享有优先购买权的股东未进场交易,
    是否视为放弃优先购买权? ····················· (403)
   【案例87】股权已完成进场交易　其他已提出异议的股东仍可
            诉请主张优先购买权 ··················· (404)
212. 在联合产权交易所公开发布的股权转让信息能否变更? ······· (407)
   【案例88】股权交易挂牌信息系要约邀请　不损害相对人信赖
            利益可变更或撤回 ····················· (407)
213. 创业投资引导基金形成的股权应如何退出? ············ (413)
214. 中国税收居民个人转让其在境外股权取得的所得,如果这部分
    所得在境外已经缴税,在境内是否还需要缴税? ·········· (414)
   【案例89】股份转让价格低于对应净资产值　税务机关重新核定
            转让收入 ···························· (414)
   【案例90】拍卖价格偏低被重核税　滞纳金自核定之日计算 ··· (415)
215. 企业股权置换过程中个人股权转让,应如何缴纳个人
    所得税? ································ (419)
216. 对赌失败,履行对赌协议导致股权转让所得降低的,之前多
    缴纳的所得税能否予以退还? ··················· (420)
   【案例91】自然人对赌失败不影响股转价格　申请退税缺乏
            法律依据 ···························· (420)
217. 纳税法律原因消失后,申请退还多缴税款是否受《税收征收
    管理法》第51条规定中的3年时间限制? ············· (422)
   【案例92】房屋过户被撤销后可退契税　申请退税不受3年时间
            限制 ······························· (422)

· 19 ·

218. 个人转让股权是否需要缴纳印花税？税率是多少？ ……………… (424)

219. 如果股权转让合同在境外签署，是否可以不在中国缴纳
印花税？ ……………………………………………………………… (425)

220. 如果转让的股权中存在未实缴部分，如何确认印花税的
计税依据？ …………………………………………………………… (425)

221. 如果股权转让合同签署后又被撤销或终止，已经完税的贴花
能否回转？ …………………………………………………………… (425)

222. 居民企业取得股权转让所得，缴纳企业所得税的税率
是多少？ ……………………………………………………………… (425)

223. 对非居民企业取得来源于中国境内的转让财产所得，应如何
确定扣缴义务人？扣缴义务人应当如何履行扣缴税款义务？
扣缴义务的发生时间如何确定？ …………………………………… (425)

224. 对非居民企业取得来源于中国境内转让财产所得，应如何确定
扣缴义务人所在地的主管税务机关？ ……………………………… (426)

225. 扣缴义务人未依法扣缴或者无法履行扣缴义务，非居民企业
也不申报缴纳企业所得税的，税务主管机关应如何处理？ ……… (426)

226. 扣缴义务人未按照规定办理扣缴税款的，可能会承担哪些
行政法律风险？ ……………………………………………………… (426)

227. 扣缴义务人未依法扣缴或无法履行扣缴义务的，非居民企业
该如何就所得申报纳税？ …………………………………………… (426)

228. 税务机关在什么情况下可以直接认定间接转让中国应税财产
符合合理商业目的？ ………………………………………………… (427)

【案例93】间接转让境内股权　不具备合理商业目的终被税 ………… (427)

229. 企业转让股权是否需要缴纳印花税？ ……………………………… (430)

230. 企业转让因股权分置改革造成原由个人出资而改由企业代持有的
限售股，是否需要缴纳企业所得税？企业将税后收入转付给
实际所有人是否需要缴税？ ………………………………………… (430)

【案例94】何种方式转让限售股　税负最低 …………………………… (431)

231. 转让股权时为偷逃税款签订阴阳合同，是否影响股权转让
合同的效力？ ………………………………………………………… (432)

【案例95】签订阴阳合同逃税　不影响股权转让合同效力 ………… (432)

232. 税费承担条款有什么效力？ ……………………………………… (434)

　　【案例96】税费承担条款合法　诉请未实际缴纳税款部分不予

　　　　　　　支持 ………………………………………………… (434)

233. 税费承担条款的适用范围是否包括企业所得税、

　　个人所得税和土地增值税？ ……………………………………… (436)

　　【案例97】企业所得税税费承担约定存在不确定性　酌情确定

　　　　　　　负担部分 ……………………………………………… (437)

　　【案例98】概括约定税费承担　受让方承担所得税不予支持 …… (440)

　　【案例99】履行时未否认承担所得税　由受让方承担所得税获支持 … (441)

　　【案例100】个人房产交易未约定税费承担　按交易习惯由买方

　　　　　　　　承担税费 ………………………………………… (446)

　　【案例101】股权转让未约定个税承担方　转让方应承担个税 …… (447)

　　【案例102】新房拍卖约定税费承担　土地增值税非交易相关税费 …… (449)

　　【案例103】旧房拍卖约定税费承担　土地增值税属于交易相关

　　　　　　　　税费 ……………………………………………… (454)

234. 合同明确股权受让方承担股权转让的企业所得税，股权受让方

　　按约支付税款补偿款后，是否需就该补偿款产生的企业所得税

　　进行补偿？ ……………………………………………………… (457)

　　【案例104】股转约定税费承担　税费补偿款导致的所得税款

　　　　　　　　不予支持 ………………………………………… (458)

235. 司法拍卖公告约定买受人负担双方一切税费，是否包括出卖人

　　欠缴的城镇土地使用税、房产税、增值税等与拍卖标的物密切

　　相关，应该缴纳而未缴纳的税费？ ……………………………… (460)

　　【案例105】房产司法拍卖约定补缴税费　不含未列明的城镇土地

　　　　　　　　使用税 …………………………………………… (460)

　　【案例106】房产司法拍卖约定了一切税费　不包括交易前欠税款 …… (464)

236. 股权受让方是否应自行扣缴股权转让的个人所得税？ ………… (466)

　　【案例107】股权转让以阴阳合同逃税　受让方未代扣代缴个税

　　　　　　　　被罚 ……………………………………………… (466)

【案例108】股权转让方未依法报税 受让方不能据此中止支付……(468)

237. 股权受让方已代扣代缴个人所得税税费，能否抵减股权转让款？……………………………………………………(470)

【案例109】股权受让方代扣代缴个税 代缴税款可追偿……(470)

238. 股权转让方是否可自行申报缴纳股权转让的个税？………(475)

【案例110】股转涉及税费不含个税 股转款不宜扣减未代缴的个税……………………………………………………(476)

【案例111】受让方未及时扣缴个税 转让方因未缴个税被强制执行……………………………………………………(477)

第七章 股东名册记载纠纷

239. 有限责任公司的股东名册应记载哪些内容？………………(483)
240. 股份有限公司的股东名册应记载哪些内容？………………(483)
241. 如何确定股东名册记载纠纷的诉讼当事人？………………(483)
242. 哪些主体需要置备股东名册？………………………………(483)
243. 股东名册的置备义务人分别是谁？应在何时由公司哪个机关置备于何处？……………………………………………(484)
244. 非上市股份有限公司的非发起人股东无须在公司登记机关登记，冻结该类股东股权时，由哪个单位协助执行？……(484)
245. 法院冻结上市公司股份时，由哪个单位协助执行？………(484)
246. 变更有限责任公司股东名册需提交哪些材料？……………(485)
247. 当事人可否以股东变更的股东会决议主张变更股东名册？……(485)

【案例112】股东举证已履行增资义务 请求变更股东名册获支持……(486)

248. 公司在什么情况下可以拒绝进行股东名册记载？…………(487)

第八章 请求变更公司登记纠纷

249. 如何认定原告是否有权请求将自己变更登记为公司股东？股东缴付股权的资金来源是否影响该认定？……………………(490)

【案例113】原执行董事、法定代表人不配合变更登记　外资股东
诉请变更获支持 ·· (490)

250. 涤除法定代表人登记的诉讼，法院的受理条件是什么？ ········ (493)

【案例114】辞职9年仍被登记为法定代表人致被列入失信名单
起诉涤除登记获立案 ·· (493)

【案例115】司机挂名法定代表人　离职后起诉涤除获支持 ········· (495)

251. 涤除法定代表人登记的诉讼中，满足哪些条件时，法院可以支持
诉请？ ·· (496)

【案例116】被公司免除职务　诉请涤除法定代表人登记获支持······· (497)

【案例117】非被冒名登记股东、法定代表人　请求涤除登记不属
法院受案范围 ·· (500)

252. 在公司进入破产清算或强制清算的情况下，法院对涤除法定
代表人登记的诉讼请求处理有何不同？ ·················· (503)

【案例118】公司正在破产清算中　不宜涤除法定代表人登记且
无必要 ·· (503)

253. 对于涤除变更法定代表人登记的诉讼请求，是否可以因为
法定代表人属于必要登记事项不得空缺而驳回？ ········ (508)

【案例119】未穷尽变更法定代表人途径　为免必要登记空缺诉请
涤除被驳回 ·· (508)

【案例120】本就为名义法定代表人且已离职　诉请涤除获支持········ (511)

254. 董事在任期内辞职，请求公司办理涤除登记能否得到法院
支持？ ·· (513)

【案例121】离职5年公司未选新董事　即便董事人数将低于法定
标准仍应准予涤除 ·· (514)

255. 公司清算期间，董事请求公司办理涤除登记能否得到法院
支持？ ·· (517)

【案例122】清算期间更应重视保护债权人利益　法定代表人诉请
涤除被驳回 ·· (517)

256. 在有限责任公司股权转让的情形下，受让人可否提起行政诉讼
请求公司登记机关办理变更登记？ ························· (520)

· 23 ·

257. 工商行政确认纠纷、工商行政许可纠纷等行政诉讼中的起诉期
与诉讼时效有何区别？ ································ （521）

258. 登记机关不作为时，当事人提起行政诉讼的起诉期如何计算？ ······ （522）

第九章 公司证照返还纠纷

259. 如何确定公司证照返还纠纷的诉讼当事人？ ················ （524）

260. 公司证照返还纠纷诉讼是否适用诉讼时效？ ················ （525）

261. 公司决议效力影响权利主体认定，法院是否应当将其与证照
返还之诉一并审理？ ································ （525）

262. 哪些文件、物品属于公司证照？ ························ （525）

263. 公司营业执照遗失后应当如何处理？补办时应提交哪些材料？ ····· （526）

264. 公司银行开户许可证遗失后应当如何处理？ ················ （526）

【案例123】使用过证照不等同于持有证照 公司请求返还被驳回 ····· （526）

【案例124】章程未约定证照保管人 法定代表人被推定持有证照 ····· （527）

265. 公司应当如何证明被告无权持有公司证照？ ················ （530）

266. 被告有权占有证照，但拒绝返还将损害公司利益，是否可以
请求其返还？需要证明哪些事实？ ······················ （530）

267. 公司为保障债权，"抵押"公司证照、公章，是否可以请求
返还？ ··· （530）

第十章 股东知情权纠纷

268. 股东提起知情权诉讼或诉讼过程中丧失股东资格时，法院应
如何处理？ ······································· （533）

【案例125】股东退出后仍有知情权诉权 未证持股期间利益受损
被驳回 ··· （533）

269. 公司监事或审计委员会能否以其知情权受到侵害为由提起知情权诉讼？ …………………………………………………………… (536)

270. 让与担保中的债权人取得"股东"外观后，可否主张行使知情权？ ………………………………………………………………… (537)

271. 公司已被吊销或出现其他法定解散情形但未注销时，股东可否起诉行使知情权？ ……………………………………………… (537)

272. 有限责任公司的股东能够查阅、复制公司哪些材料？ ………… (537)

273. 股份有限公司的股东能够查阅、复制公司哪些材料？ ………… (538)

274. 股东能否要求查阅公司的各类合同？ …………………………… (538)

【案例126】合同属于判项中的会计凭证 执行部门应责令提交 ……… (538)

275. 股东能否要求查阅公司的开立账户清单、银行对账单、银行流水？ ……………………………………………………………… (540)

【案例127】账户清单和银行流水系重要财务信息 应支持股东查阅 ………………………………………………………………… (540)

276. 公司进入破产程序后，股东可否对债权表、债权申报登记册、债权申报材料等相关文件行使知情权？ ……………………… (542)

277. 股东行使知情权可否委托会计师、律师进行？ ………………… (542)

278. 公司股东可否对公司的子公司行使知情权？ …………………… (542)

【案例128】股东可以查阅子公司的财务资料 ……………………… (543)

279. 股东可否对全资孙公司或二级以下全资对外投资主体穿透行使知情权？ ………………………………………………………… (545)

280. 对于绝对控股、相对控股子公司，股东是否可以穿透行使知情权？ ……………………………………………………………… (546)

281. 公司章程能否对股东知情权的行使作出不同于《公司法》的扩大性或限制性的规定？ ………………………………………… (546)

【案例129】章程扩大知情权范围 法院予以支持 …………………… (547)

282. 股东明确放弃法定知情权后，能否再向公司起诉主张知情权？ ………………………………………………………………… (552)

· 25 ·

283. 股东知情权诉讼中，股东可否请求对公司的会计账簿、会计凭证等资料进行保全？如可以，应申请何种保全？ ………… （552）

【案例130】为免知情权执行难　申请查封财务资料获支持 ………… （554）

284. 股东知情权诉讼胜诉后，被告拒不履行判决，原告应如何救济？ ………………………………………………………… （555）

285. 隐匿、故意销毁会计凭证、会计账簿、财务会计报告罪的立案追诉标准以及量刑标准是什么？ ……………………… （555）

286. 何为隐私权和隐私权纠纷？侵害隐私权的形式有哪些？ ………… （556）

287. 如何确定隐私权纠纷的管辖法院？是否适用诉讼时效？按照什么标准交纳案件受理费？ ………………………………… （557）

第十一章　公司盈余分配纠纷

288. 税后利润分配前应当如何提取公积金和弥补往年亏损？ ………… （560）

289. 公司的公积金有何用途？法定公积金可否转增注册资本？ ……… （560）

290. 法定公积金、任意公积金和资本公积金弥补亏损的顺序和范围是什么？ ……………………………………………… （560）

291. 未依法提取法定公积金，盈余分配决议效力如何？ ……………… （560）

292. 股份有限公司中，盈余分配基准日前股东转让股份，但尚未办理股东名册变更，公司应向新股东还是原股东分配盈余？ …… （560）

293. 哪些情况下，股东的盈余分配请求权可能受到限制？ …………… （561）

【案例131】盈余分配方案已作出　不可决议或约定限制分红 ………… （561）

【案例132】盈余分配请求权转让同债权转让　无须以具有股东资格为前提 ……………………………………………… （565）

【案例133】股转后公司决议分配股转前利润　未约定原股东享有视为已转让给受让方 ………………………………… （568）

【案例134】净资产分配损害债权人利益无效　股东据此请求分红被驳回 ……………………………………………… （570）

【案例135】不按股比分红未得股东同意系违法　法院判令以分红总额按出资比例分红 …………………………………………… (573)

294. 作出分配利润的决议后，分配期限是多久？………………………… (579)

295. 股东会决议的利润分配期限超出法律或章程规定期限的，决议效力如何认定？………………………………………………… (579)

296. 外商投资企业向股东派发盈余利润后，股东将红利汇出境外，应当经过哪些法定程序？………………………………………… (579)

【案例136】司法审计无法明确可分配利润数额　分红主张难获支持 ……………………………………………………………… (580)

297. 股份有限公司是否可以约定不同股份对应的利润分配顺序？…… (583)

298. 违法分配利润的构成要件包括哪些？…………………………………… (583)

299. 公司主张股东返还违法取得的利润，如何确定其请求权基础？…… (583)

300. 公司违法分配利润，各主体如何承担责任？…………………………… (583)

301. 请求人民法院进行强制盈余分配的条件包括哪些？………………… (583)

302. 法院支持强制盈余分配请求后，应当如何判决分配数额？………… (584)

303. 滥用股东权利导致不分配利润的情形有哪些？……………………… (584)

【案例137】阻碍股东行使知情权且隐匿利润　可判决强制分红 ……… (584)

【案例138】不确认营业外收入并转移利润　滥用股东权利被强制分红 ………………………………………………………………… (589)

【案例139】公司歧视性"预"分红　法院支持股东诉请 …………………… (593)

【案例140】公司未经股东同意向关联方借款　强制分红请求难获支持 ……………………………………………………………… (596)

304. 居民个人从居民企业（不包括上市公司）取得的股息、红利等权益性收益，如何确定应纳税所得额、税率、扣缴义务人、纳税义务发生时间？………………………………………………… (598)

305. 对自然人投资者从上海证券交易所、深圳证券交易所挂牌交易的上市公司取得的股息、红利所得，如何确定应纳税所得额？………………………………………………………………… (598)

306. 对自然人投资者从全国中小企业股份转让系统挂牌公司及北京证券交易所上市公司取得的股息、红利所得，如何确定应纳税所得额？ …………………………………………………… （599）

【案例141】华远地产派送红股视同现金分红要缴税 ………… （599）

307. 企业以房地产或自制资产用于分配红利，企业是否负有纳税义务？企业与法人股东如何分别进行会计处理？ ……………… （602）

308. 非居民企业从直接投资的其他居民企业取得的股息、红利等权益性投资收益，如何进行所得税处理？如何确定纳税义务产生时间？ ……………………………………………………… （602）

【案例142】万科派发现金红利所得税处理案 ………………… （605）

309. 居民企业从其直接或者间接控制的外国企业分得的来源于中国境外的股息、红利等权益性投资收益，应如何缴纳企业所得税？ …………………………………………………………… （608）

310. 合伙企业股东取得股息、红利，如何进行税务处理？ ………… （609）

311. 合伙企业取得对外投资企业分红，其法人合伙人可否免征企业所得税？ ……………………………………………… （610）

第一章 公司设立纠纷

【宋和顾释义】

关于公司设立纠纷，新《公司法》在修订中共涉及两处修改，均为吸纳《民法典》、公司法司法解释规定基础上的进一步调整，涵盖：

(1) 先公司交易行为的责任承担；

(2) 发起人因履行公司设立职责造成他人损害的责任承担。

此外，本章一并延及公司治理结构、法定代表人责任承担等内容。在这方面，新《公司法》在修订中共涉及十四处修改，其中九处为新增规定，两处为吸纳《民法典》、公司法司法解释规定基础上的进一步调整，三处为删除相关内容，具体包括：

(1) 公司名称权的重申；

(2) 一人股份有限公司的法律地位；

(3) 一人有限责任公司股东及继续投资的限制；

(4) 章程的制定主体及其记载事项；

(5) 股份有限公司成立大会的召开、表决程序及会后公司设立登记的申请；

(6) 有限责任公司限期实缴制、股份公司实缴制及授权资本制等公司资本制度的变革；

(7) 类别股、无面额股制度；

(8) 法定代表人选任范围的扩张；

（9）法定代表人以公司名义从事民事活动及职务侵权行为的责任承担；

（10）董事会、监事会及审计委员会的职权及其设置；

（11）国有独资公司治理结构的特别规定；

（12）删除申请公司设立登记应报送的具体文件，改由《市场主体登记管理条例实施细则》予以规定；

（13）删除无记名股票制度；

（14）删除国有独资公司董事任期限制。

本书延伸章节中的企业名称（商号）、商标、经营范围部分，因《企业名称登记管理规定》《商标法》《市场主体登记管理条例实施细则》等规定的修改或出台，还涉及以下变化：

（1）企业名称、经营范围的规范要求；

（2）企业名称争议的处理；

（3）企业名称（商号）、商标侵权的认定及处理。

结合过往司法实践和本次修订，公司设立纠纷的争议类型主要体现为以下三种：

（1）先公司交易行为的责任承担主体问题；

（2）发起人为自己利益，以公司名义从事民事活动的责任承担主体问题；

（3）发起人因履行公司设立职责造成他人损害时的责任承担主体问题。

上述部分问题，在本书第三版第一册"公司设立纠纷"章节中已涉及，本章系根据司法实践的变化以及修法产生的新问题，加以梳理、归纳和补充。

1. 如何确定公司设立纠纷的诉讼当事人？

公司设立纠纷中，原告为债权人。当债权人请求公司承担责任时，公司为被告，发起人可以作为第三人，但当债权人请求发起人承担责任时，发起人应为被告。

需要注意的是，债权人在公司设立失败后向法院起诉，请求部分发起人承担连带责任的，由于公司未成立而产生的连带责任之诉并非必要共同诉讼，因此法院不负有通知未被起诉的其他发起人参与诉讼的义务。在二审程序中，法院也不能以遗漏必要共同诉讼人为由将案件发回重审。但是，由于法院的判决结果对全体发起人利益均会产生直接或者间接的影响，因此未被起诉的其他发起人有权向法院申请以第三人的身份参与诉讼。如果案件结果确实有误并影响其利益的，其他发起人有权提起第三人撤销之诉。

2. 一名自然人能否设立多家一人有限责任公司？一人有限责任公司能否设立下级一人有限责任公司？合伙企业能否成为一人有限责任公司的股东？

一名自然人可以设立多家一人有限责任公司且该一人有限责任公司可以继续设立下级一人有限责任公司。此外，合伙企业也可以投资设立一人有限责任公司。

3. 只有一名股东，能否设立股份有限公司？

可以。根据新《公司法》的规定，只有一名股东，既可以设立有限责任公司，也可以设立股份有限公司。

4. 公司设立时，应当由谁制定公司章程？未参与制定章程的发起人，能否主张章程对其不具有约束力？

设立有限责任公司的，由股东共同制定公司章程。设立股份有限公司的，则由发起人共同制定公司章程。对于国有独资公司，其章程则由履行出资人职责的机构制定。

通常情况下，发起人共同负责公司设立，不会发生部分发起人未参与章程制定的情形。如确有发起人以其未参与章程制定为由，主张章程对其不具有约束力的，则需要判断章程制定程序是否合法，并结合发起人虽未参与但是否知道或应当知道、章程是否已经备案等因素综合认定。如果制定公司章程时未告知该发起人或者恶意阻挠其参与，不仅在程序上违反共同制定规定，而且在内容上亦不能反映发起人共同意志，该发起人有权主张章程对其不具有约束力。

5. 公司章程应该记载哪些事项？未记载这些事项对章程效力有什么影响？

对于有限责任公司，其章程应当载明下列事项：

（1）公司名称和住所；

（2）公司经营范围；

（3）公司注册资本；

（4）股东的姓名或者名称；

（5）股东的出资额、出资方式和出资日期；

（6）公司的机构及其产生办法、职权、议事规则；

（7）公司法定代表人的产生、变更办法；

（8）股东会认为需要规定的其他事项。

此外，对于股份有限公司，其章程应当载明下列事项：

（1）公司名称和住所；

（2）公司经营范围；

（3）公司设立方式；

（4）公司注册资本、已发行的股份数、设立时发行的股份数和面额股的每股金额；

（5）发行类别股的，每一类别股的股份数及其权利和义务；

（6）发起人的姓名或者名称、认购的股份数、出资方式；

（7）董事会的组成、职权和议事规则；

（8）公司法定代表人的产生、变更办法；

（9）监事会的组成、职权和议事规则；

（10）公司利润分配办法；

（11）公司的解散事由与清算办法；

（12）公司的通知和公告办法；

（13）股东会认为需要规定的其他事项。

对于股份有限公司，上述事项中除上面第（5）项和第（13）项外，其他事项均为章程绝对必要记载事项。若不记载或违法记载，则章程无效，进而导致公司设立无效。

6. 公司章程什么时候生效？什么时候失效？

通常而言，公司章程自全体股东或发起人签名、盖章时生效，在募集设立的股份有限公司中，章程自其在成立大会上通过时生效。

公司章程在公司不能成立、公司终止两种情形下会全部失效。如果公司章程的部分条款修改或废除，则该部分内容失效，但部分内容失效不影响公司章程的整体效力。

7. 募集设立和发起设立的股份有限公司，在召开成立大会方面有什么区别？

对于募集设立的股份有限公司，其成立大会的召开和表决程序需要遵循《公司法》的规定。发起人应当在公司设立时应发行股份的股款缴足之日起30内召开公司成立大会，并在成立大会召开前15日通知各认股人会议日期或者进行公告。同时，成立大会需要有持表决权过半数的认股人出席才能举行。

对于发起设立的股份有限公司，其成立大会的召开和表决程序则由公司章程或者发起人协议进行规定。

不论是募集设立还是发起设立的股份有限公司，都应当在成立大会结束后30日内，由董事会授权代表向公司登记机关申请设立登记。

8. 新《公司法》实施前，出资期限未到期的公司，在新法实施后是否应调整出资期限？

新《公司法》实施后，有限责任公司仍允许认缴，但缴纳出资的最长期限为自公司成立之日起5年；股份有限公司则取消认缴制，发起人出资应完全实缴。

对于在新《公司法》实施前设立的公司，有限责任公司剩余认缴出资期限自2027年7月1日起超过5年的，应当在2027年6月30日前将其剩余认缴出资期限调整至5年内并记载于公司章程，股东应当按照调整后的出资期限缴足出资；股份有限公司发起人或股东则应当在2027年6月30日前全额缴纳股款。但是，公司生产经营涉及国家利益或者重大公共利益，由国务院有关主管部门或者省级人民政府提出意见，经国家市场监督管理总局同意，可以按原出资期限出资。

9. 在哪些情形下，公司登记机关可以公司出资期限、注册资本明显异常为由，要求其进行调整？

新《公司法》实施前登记设立的公司，有下列情形之一的，公司登记机关应当对公司注册资本的真实性、合理性进行研判：

（1）认缴出资期限30年以上；

（2）注册资本10亿元人民币以上；

（3）其他明显不符合客观常识的情形。

公司登记机关在进行研判时，可以结合公司的经营范围、经营状况以及股东的出资能力、主营项目、资产规模等因素，必要时可以组织行业专业机构进行评估或者与相关部门协商。公司及其股东应当配合公司登记机关，提供情况说明以及相关材料。

经过研判，公司登记机关认为公司出资期限、注册资本明显异常，违背真实性、合理性原则的，可依法要求公司调整，并按程序向省级市场监督管理部门报告，接受省级市场监督管理部门的指导和监督。

10. 股份有限公司中，股份总数是否必须在公司设立时全部发行？董事会可否决定发行股份？存在哪些限制？发行股份导致注册资本发生变化的，章程修改是否需要经过股东会决议？

新《公司法》实施前，公司资本制度采用法定资本制，公司设立时必须在章程中对公司的资本总额作出规定，并由股东全部认足或者缴足，否则公司不能成立。

新《公司法》实施后，允许股份有限公司采用授权资本制，即在公司设立时，虽然在章程中确定股份总数，但不必全部发行，发行人只要认购部分股份，公司即可成立；未发行的股份，由公司章程或者股东会授权董事会根据需要，在公司成立后一次或分多次发行。同时，为避免发行价格不公允导致原股东利益受损、原股东股权被稀释导致公司股权结构及控制权发生变化等问题，法律规定董事会在决定发行股份时，应存在如下限制：

（1）期限限制，董事会只能在授权之日起3年内享有股份发行的决定权；

（2）比例限制，董事会决定发行的股份不得超过已发行股份的50%；

（3）出资形式限制，新发行的股份以非货币财产作价出资的，应当经过股东会决议。

此外，根据新《公司法》规定，因董事会决定发行股份导致公司注册资本、已发行股份数发生变化，需要修改公司章程的，不需要再经过股东会决议。

11. 授权资本制下已授权但未发行的股份，是否计入公司注册资本？

对股份有限公司而言，注册资本系在公司登记机关登记且已发行股份的股本总额。因此，授权资本制下已授权但尚未发行的股份，不计入公司的注册资本。

12. 哪些人能够担任公司的法定代表人？变更法定代表人是否需要修改公司章程？

新《公司法》实施前，公司的法定代表人只能由董事长、执行董事或者经理担任，公司章程中还需要记载法定代表人的姓名，所以变更法定代表人的，需修改公司章程。

新《公司法》实施后，因不再有执行董事的概念，因此法定代表人可以由代表公司执行公司事务的董事或者经理担任。同时，公司章程中只需要记载法定代表人的产生和变更办法，无须记载其姓名。因此，法定代表人变更的，不需要再修改公司章程。

13. 根据新《公司法》规定，公司董事会有哪几种设置方式？

有四种设置方式：

（1）设立1名董事行使董事会职权并且该董事可以兼任公司经理；

（2）设立成员3名以上的董事会，公司可以自行决定董事会中是否有职工代表；

（3）设立成员3名以上的董事会，董事会中必须有职工代表；

（4）设立成员3名以上的董事会，公司同时设有监事会且监事会中有职工代表，董事会中可以不再包含职工代表。

上述四种方式中，第（1）种方式只适用于规模较小或者股东人数较少的公司，第（2）种方式适用于一般公司，而职工人数300人以上的公司只能选择第（2）种或第（4）种方式。

14. 公司是否必须在董事会中设审计委员会？审计委员会的成员由谁选任？其成员构成、议事方式和表决程序有哪些要求？

一般而言，公司是否设审计委员会由公司自行决定，但上市公司应当在董事会中设审计委员会。审计委员会的成员原则上应由股东会选任，审计委员会中的职工代表选择则由职工代表大会、职工大会等选任机构自行决定。

成员构成和议事规则方面，法律未对有限责任公司作出规定。而股份有限公司的审计委员会成员应该为3人以上，其中过半数的成员不得在公司中担任除董事以外的其他职务，且不得与公司存在任何可能影响其独立客观判断的关系。公司董事会成员中的职工代表可以成为审计委员会的成员。此外，上市公司审计委员会的召集人应当为独立董事，且该独立董事应当为会计专业人士。

议事方式和表决程序方面，审计委员会作出决议，应当经审计委员会成员过半数通过；表决时，应当一人一票。

除上述内容外，公司章程还可以对审计委员会的议事方式和表决程序作出其他规定。

15. 公司董事会享有哪些职权？

新《公司法》将2018年版《公司法》的概括式规定改为列举式，并主要包括以下九项法定职权：

（1）召集股东会会议，并向股东会报告工作；

（2）执行股东会的决议；

（3）决定公司的经营计划和投资方案；

（4）制订公司的利润分配方案和弥补亏损方案；

（5）制订公司增加或者减少注册资本以及发行公司债券的方案；

（6）制订公司合并、分立、解散或者变更公司形式的方案；

（7）决定公司内部管理机构的设置；

（8）决定聘任或者解聘公司经理及其报酬事项，并根据经理的提名决定聘任或者解聘公司副经理、财务负责人及其报酬事项；

（9）制定公司的基本管理制度。

除上述法定职权外，章程或者股东会也可以授予董事会行使其他职权。但对于上述法定职权，股东会不能以章程或股东会决议的方式限制或排除，章程对董事会职权的限制也不得对抗善意相对人。

16. 董事会是否有权决定增加注册资本或发行公司债券？

原则上，增加注册资本、发行公司债券属于股东会的职权，但在以下三种情况下，董事会也享有决定权：

（1）经股东会授权，可以由董事会对公司发行债券作出决议；

（2）经章程或股东会授权，股份有限公司可以由董事会对发行可转换为股票的公司债券作出决议；

（3）经章程或股东会授权，股份有限公司可以由董事会决定3年内发行不超过公司已发行股份50%的股份；但是，以非货币财产作价出资的，仍需经股东会决议。

17. 根据新《公司法》规定，公司监事会有哪几种设置方式？

有六种设置方式：

（1）经全体股东一致同意，不设监事会或监事，也不设审计委员会；

（2）设立1名监事行使监事会职权；

（3）设立成员3名及以上的监事会，且监事会成员中必须有股东代表和职工代表，其中职工代表的比例不低于1/3，具体比例由公司章程规定；

（4）不设监事会或监事，但在董事会中设审计委员会，由审计委员会行使监事会职权；

（5）设立1名监事，同时在董事会中设审计委员会，由章程规定监事和审计委员会的职能划分；

（6）设立成员3名及以上的监事会，同时在董事会中设审计委员会，由章程规定监事和审计委员会的职能划分。

上述六种方式中，第（1）种方式只适用于规模较小或者股东人数较少的有限责任公司，但国有独资公司除外；第（2）种方式只适用于规模较小或者股东人数较少的公司；其余四种方式则适用于所有类型的公司。

此外，设立审计委员会行使监事会职权的公司，应当在进行董事备案时标明相关董事担任审计委员会成员的信息。

18. 公司监事会享有哪些职权？

公司监事会主要享有以下六项法定职权：

（1）检查公司财务。主要是审核、查阅公司的财务会计报告和其他财务会计资料，如果监事会发现公司经营异常，可以在必要时聘请会计师事务所协助。但实践中，监事知情权无法通过诉讼主张。

（2）对董事、高级管理人员执行职务进行监督，对违反法律、行政法规、公司章程或者股东会决议的董事、高级管理人员提出解任的建议。其中，建议解任董事的，应当向产生该董事的股东会、职代会等提出，建议解任高级管理人员的，应当向董事会提出。

（3）当董事、高级管理人员的行为损害公司的利益时，要求董事、高级管理人员予以纠正。

（4）提议召开临时股东会会议，在董事会不履行召集和主持股东会会议职责时召集和主持股东会会议。

（5）向股东会会议提出提案。与少数股东的临时提案不同，监事会向股东会提出的提案无须经董事会审查。

（6）当董事、高级管理人员执行职务违反法律、行政法规和公司章程的规定，给公司造成损失时，相关主体可以代表公司对前述董事、高级管理人员提起诉讼。

此外，监事会还享有列席董事会并对董事会决议事项提出质询或建议，要求董事、高级管理人员提交执行职务报告的权利。

除上述法定职权之外，公司章程也可以规定监事会的其他职权。例如，公司章程可以规定监事会有权决定聘用或者解聘承办公司审计业务的会计师事务所。

19. 公司董事长、监事会主席的产生方式有什么区别？

公司设董事会的，根据公司类型的不同，董事长有以下三种产生方式：

（1）有限责任公司董事长的产生办法由公司章程规定；

（2）股份有限公司董事长由全体董事过半数选举产生；

（3）国有独资公司董事长由履行出资人职责的机构从董事会成员中指定。

公司设监事会的，监事会主席由全体监事过半数选举产生。

20. 何为类别股？哪些公司可以发行类别股？

类别股是指与普通股权利不同的股份，具体有以下四种类型：

（1）优先或者劣后分配利润或者剩余财产的股份；

（2）每一股的表决权数多于或者少于普通股的股份；

（3）转让须经公司同意等转让受限的股份；

（4）国务院规定的其他类别股。

股份有限公司都可以发行类别股，但是对于公开发行股份的公司，除公开发行前已经发行的股份，为避免公司控制权结构发生剧烈变化，保证股份市场的流动性和公平性，不允许其发行上述第（2）种和第（3）种股份。

需要说明的是，虽然《公司法》未针对有限责任公司设置类别股制度的规定，但这并不意味着有限责任公司不能具有类似类别股制度的内容，其可以通过章程对股东表决权、受益权等权利进行合同的差异化设计。

21. 发行类别股的公司，其招股说明书和章程记载内容有什么特殊之处？

发行类别股的公司，除了应当在招股说明书中载明股份的种类及其权利义务外，还应当根据所发行类别股的种类，在公司章程中记载下列事项：

（1）每一类别股的股份数及其权利和义务；
（2）类别股分配利润或者剩余财产的顺序；
（3）类别股的表决权数；
（4）类别股的转让限制；
（5）保护中小股东权益的措施；
（6）股东会认为需要规定的其他事项。

22. 公司能否发行无记名股票？

不能。根据新《公司法》规定，公司只能发行记名股票。

23. 什么是无面额股？发行无面额股的公司，其纸面股票和招股说明书的记载事项有什么特殊之处？

无面额股是相对于面额股而言的，面额股是指每一股金额相等的股份，公司应当在章程中记载面额股的每股金额。而无面额股则是指股票票面不表示一定金额，只表示每股占公司资本总额一定比例的股份。无面额股的价值会随着公司资产的增减而增减，根据公司价值变动而不断变化。

公司可以根据章程规定，择一采用面额股或者无面额股。对于已经发行的股份，公司也可以根据章程规定，将面额股全部转换为无面额股，或者将无面额股全部转换为面额股。采用无面额股的，公司必须将发行股份所得股款的 1/2 以上计入注册资本，未计入注册资本的部分则应当列入公司的资本公积金。

发行无面额股的公司，其纸面股票应载明股票代表的股份数，招股说明书应载明无面额股的发行价格。

24. 国有独资公司的治理结构有何特殊规定？

根据新《公司法》规定，国有独资公司的治理结构存在以下三个特殊之处：

（1）国有独资公司不设股东会，而由履行出资人职责的机构行使股东会职权。履行出资人职责的机构可以授权公司董事会行使股东会的部分职权。但是，下述事项必须由履行出资人职责的机构决定，具体包括：公司章程的制定和修改；公司的合并、分立、解散、申请破产；增加或者减少注册资本；分配利润。

（2）国有独资公司的董事会必须有过半数外部董事，并且应当有公司职工代表。董事会成员由履行出资人职责的机构委派，但董事会成员中的职工代表仍由职工代表大会选举产生。

（3）国有独资公司董事会成员兼任经理的，必须经过履行出资人职责的机构同意。国有独资公司的董事、高级管理人员在其他公司或经济组织兼职的，也必须经过履行出资人职责的机构同意。

25. 公司名称由哪几部分组成？实践中应注意哪些问题？

公司名称应当包括四个部分：公司所属行政区划名称＋字号（商号）＋公司的行业或营业部类＋公司的形式。

实践中，应注意以下问题：

（1）公司名称中的行政区划名称应当是公司所在地的县级以上地方行政区划名称。根据商业惯例等实际需要，公司名称中的行政区划名称置于字号之后、组织形式之前的，应当加注括号。已经登记的企业法人，在3个以上省级行政区域内投资设立字号与本企业字号相同且经营1年以上的公司，或者符合法律、行政法规、国家市场监督管理总局规定的其他情形，其名称中可以不包含行政区划名称。

（2）公司名称中的字号应当具有显著性，由2个以上汉字组成，可以是字、词或者其组合。如果县级以上地方行政区划名称、行业或者经营特点用语等具有其他含义，并且社会公众可以明确识别，不会误认为与地名、行业或者经营特点有特定联系的，可以作为字号或者字号的组成部分。自然人投资人的姓名也可以作为字号。

（3）企业名称中的行业表述应当反映企业经济活动性质所属的国民经济行业或者企业经营特点。企业经济活动性质分别属于国民经济行业不同大类的，应当根据企业的主营业务和国民经济行业分类标准确定。国民经济行业分类标准中没有规定的，可以参照行业习惯或者专业文献等表述。但是，已经登记的跨5个以上国民经济行业门类综合经营的企业法人，投资设立了3个以上与本企业字号相同且经营1年以上的公司，同时各公司的行业或者经营特点分别属于国民经济行业不同门类的，其名称可以不含行业或者经营特点。

（4）企业集团的名称应符合以下要求：

①一致性：企业集团名称应当与企业集团母公司名称的行政区划名称、字号、行业或者经营特点保持一致；

②授权使用：经企业集团母公司授权的子公司、参股公司，其名称可以冠以企业集团名称；

③公示义务：企业集团母公司应当将企业集团名称以及集团成员信息通过国家企业信用信息公示系统向社会公示。

26. 企业之间因登记注册的名称发生争议时，应该如何处理？

企业的名称权受法律保护，企业认为其他企业名称侵犯其名称合法权益的，可以向法院起诉或者请求为涉嫌侵权企业办理登记的企业登记机关处理。

企业登记机关应当自收到申请之日起5个工作日内对申请材料进行审查，作出是否受理的决定。企业登记机关在受理申请后，经双方当事人同意，可以进行调解。调解达成协议的，企业登记机关应当制作调解书，当事人应当履行；调解不成的，企业登记机关应当自受理之日起3个月内作出行政裁决。

企业登记机关对企业名称争议进行审查时，需要综合考虑以下因素：

（1）争议双方企业的主营业务；

（2）争议双方企业名称的显著性、独创性；

（3）争议双方企业名称的持续使用时间以及相关公众知悉程度；

（4）争议双方在进行企业名称申报时作出的依法承担法律责任的承诺；

（5）争议企业名称是否造成相关公众的混淆误认；

（6）争议企业名称是否利用或者损害他人商誉；

（7）企业登记机关认为应当考虑的其他因素。

企业登记机关经审查，认为当事人构成侵犯他人企业名称合法权益的，应当制作企业名称争议行政裁决书，送达双方当事人，并且责令侵权人停止使用被争议的企业名称；争议理由不成立的，应当驳回争议申请。

企业被裁决停止使用企业名称的，应当自收到争议裁决之日起30日内办理企业名称变更登记。逾期未办理变更登记的，企业登记机关将其列入经营异常名录。

当事人对企业名称争议裁决不服的，可以申请行政复议或者向法院提起诉讼。

企业违反法律规定使用名称，损害他人合法权益，并且逾期未依法办理变更登记的，由企业登记机关责令改正，拒不改正的，可处以1万元以上10万元以下的罚款，情节严重的，可以吊销营业执照。

27. 向市场监督管理部门请求处理企业名称争议，需要提交哪些材料？

企业请求市场监督管理部门处理名称争议时，应当提交以下材料：

（1）企业名称争议裁决申请书。

（2）被申请人企业名称侵犯申请人企业名称合法权益的证据材料。例如，证明申请人享有企业名称在先合法权利的材料，证明申请人名称具有显著性、独创性的材料，证明争议双方名称对公众构成混淆误认的材料，证明争议双方在销售商品或者提供服务的渠道、方式、内容等方面类似的材料，证明被申请人利用或者损害他人商誉的材料等。

（3）申请人主体资格文件。委托代理的，还应当提交委托书和被委托人主体资格文件或者自然人身份证件。

（4）其他与企业名称争议有关的材料。

28. 他人侵犯注册商标专用权或企业名称专有权，权利人有哪些法律救济措施？

权利人可以采取以下处理方式：

（1）向法院提起侵害商标权纠纷或侵害企业名称（商号）权纠纷的民事

诉讼，请求侵权人停止侵权、赔偿损失等。

（2）当商标权利人侵犯名称权利人的名称专有权时，名称权利人可以自公告之日起3个月内向商标局提出异议，或者自商标注册之日起5年内向商标评审委员会请求宣告该注册商标无效。恶意注册的，驰名商标所有人不受5年的时间限制。

（3）当名称权利人侵犯商标权利人的注册商标专用权时，商标权利人可以请求企业登记机关予以纠正。

（4）侵犯注册商标专用权或企业名称专有权构成不正当竞争的，可以由监督检查部门责令停止违法行为，没收违法商品。违法经营额为5万元以上的，可以并处违法经营额5倍以下的罚款；没有违法经营额或者违法经营额不足5万元的，可以并处25万元以下的罚款。情节严重的，可以吊销营业执照。如果行政管理部门对同一侵犯注册商标专用权行为已经给予行政处罚的，法院不再予以民事制裁。

29. 侵害企业名称（商号）权纠纷由何地法院管辖？是否适用诉讼时效？

侵害企业名称（商号）权纠纷案件，本质上属于侵权纠纷，由侵权行为地或者被告住所地管辖。该类纠纷适用诉讼时效，被侵权人自知道或应当知道权利被侵害之日起3年内提起诉讼。

30. 在哪些情形下，构成企业名称（商号）侵权？

企业名称的使用，应当坚持诚实信用原则，尊重在先合法权利，避免混淆。当公司名称与已在登记机关登记注册的公司名称相同或近似时，构成名称侵权。企业名称相同或近似的具体认定标准如下：

（1）有下列情形之一的，属于企业名称相同：

①与同一企业登记机关已登记、核准的企业名称完全相同；

②与同一企业登记机关已登记、核准的企业名称行政区划、字号、行业和组织形式排列顺序不同但文字相同；

③与同一企业登记机关已登记、核准的企业名称字号、行业文字相同但行政区划或者组织形式不同。

（2）有下列情形之一的，属于企业名称相近：

①与同一企业登记机关已登记、核准的同行业企业名称字号相同，行业

表述不同但含义相同；

②与同一企业登记机关已登记、核准的同行业企业名称字号的字音相同，行业表述相同或者行业表述不同但内容相同；

③字号包含同一企业登记机关已登记、核准同行业企业名称字号或者被其包含，行业表述相同或者行业表述不同但内容相同；

④字号与同一企业登记机关已登记、核准同行业企业名称字号部分字音相同，行业表述相同或者行业表述不同但内容相同；

⑤不含行业表述或者以实业、发展等不使用国民经济行业分类用语表述行业的，包含或者被包含同一企业登记机关已登记、核准的同类别企业名称的字号，或者字号的字音相同，或者其包含、被包含的部分字音相同。

我国公司名称的排他范围限定在同一登记机关辖区内的同一行业中。换言之，在同一登记机关辖区内，同一行业的企业不能有相同或类似的名称。但是，即便行政区划不同，但如果企业在实际使用中引起公众误认、损害他人合法权益，则可能构成侵权，对于这种不适宜的企业名称，应当依据注册在先和公平竞争的原则处理。

【案例1】知名企业简称亦受保护　以此为字号构成不正当竞争①

原告：山东起重机厂

被告：山起重工公司

诉讼请求：被告立即停止对"山起"字号的使用并赔偿原告损失50万元。

争议焦点：

1. "山东起重机厂"作为企业名称是否具有知名度，是否为公众所知；

2. "山起"作为简称能否与"山东起重机厂"建立特定联系；

3. 被告与原告是否在同一地域经营同样业务，在企业名称中使用"山起"，是否会引起公众误认；

---

① 参见最高人民法院（2008）民申字第758号民事裁定书，本案系人民法院案例库入库案例。

4. 被告给原告造成的侵权赔偿数额应如何计算，是否应当考虑被告的经营数据。

基本案情：

原告成立于 1968 年，1991 年 10 月变更名称为山东起重机厂，经营范围包括起重机械及配件的设计、制造、销售等业务。原告于 2003 年 8 月向青州市工商局提出企业名称预先核准申请，经核准的原告出资企业名称为"青州山起机械制造有限公司"，该名称保留期至 2004 年 2 月 27 日。

被告成立于 2004 年 2 月 13 日，经营范围为起重机械、皮带输送机械制造、销售等业务。被告成立过程中，山东省工商局于 2004 年 1 月 13 日同意其预先核准企业名称为"山东山起重工有限公司"。被告与原告的住所地均为山东省青州市，但具体地址不同。

2004 年 2 月，青州市经贸局向山东省工商局发出报告称："'山起'是山东起重机厂的简称……山东山起重工公司的注册损害了山东起重机厂的名称权利……希望贵局对此企业名称给予撤销。"

当月，青州市工商局亦请示山东省工商局研究处理因被告的企业名称引发的纠纷。山东省工商局个体私营经济监督处于 2004 年 3 月提出意见，认为：原告为国有老企业，在生产经营和对外经济来往中使用"山起"作为企业简称，在本省同行业中有一定知名度；双方企业均在青州，在社会上易产生误解。该监督处请青州市工商局督促被告到山东省工商局变更企业名称，但被告至今未变更。原告遂诉至法院，要求判如所请。

根据青州市经贸局印发的 2005 年 5 月《工业经济月报》，被告 2005 年 1 月至 5 月的利润总额为 150.2 万元。同年 7 月，被告与案外人山海关起重机械厂签订"山起"注册商标转让合同，受让了"山起"商标。该合同被另案生效判决确认有效。

原告诉称：

1. 其是 1968 年成立的以起重机械制造加工为主营业务的老企业，在生产经营和对外经济来往中均以"山起"作为简称，"山起"已成为企业招牌。

2. 原告于 2003 年 8 月，即用"山起"字号作为投资企业的预先核准名称并且名称也被青州市工商局核准，被告的行为侵犯了原告的名称权。

3. 被告未按工商局要求变更企业名称，导致原告客户认为其是原告的关联企业，并直接与其发生业务，给原告造成了损失。

被告辩称：

1. 原告处于同行业的一般水平，并非知名企业。原告在1992年之前使用的名称与所谓"山起"简称没有关系。

2. 被告使用"山起"字号，在产品中标注企业名称，写明具体地址。而原告名称中没有字号，产品中使用"驼山"商标。双方在名称、宣传标识、住所等方面能够被公众区别。

3. 根据《企业名称登记管理规定》，企业只能使用一个名称，只有经过依法核准登记的名称方受法律保护，企业对外交往的名称必须与登记注册的名称一致。原告以未经核准注册的所谓"山起"简称主张权利，没有法律依据。

4. 被告与案外人山海关起重机械厂签订的注册商标转让合同经生效判决确认有效，其已受让"山起"商标。

法官观点：

1. 原告成立于1968年，并于1991年开始使用"山东起重机厂"作为企业名称。原告先后获得多项省级资质认证，全国性媒体和行业协会授予的荣誉，属于起重机行业中的知名企业。

2. "山起"在一定范围内已被相关公众识别为原告，二者之间建立了特定联系。青州市经贸局的相关报告、青州市工商局与山东省工商局之间的意见反馈以及相关单位的书面证明，均表明在特定区域尤其是在青州市，"山起"作为原告的简称已为社会公众所认同。

3. 被告无正当理由在企业名称中使用"山起"，且与原告属于同一行业，住所地均为青州市，客观上极易导致相关公众对两家企业产生误认，构成不正当竞争。原告提供的相关单位的证明进一步证实了实际误认确已存在。

4. 被告与案外人山海关起重机械厂签订的"山起"注册商标转让合同是否有效，涉及的是"山起"商标转让问题，该案证据与相关事实对本案的处理并无影响。

5. 被告虽不认可《工业经济月报》显示的该司经营数据，但未提交相反证据,也未提交相关证据证明其真实获利数额。在被告侵权获利以及原告所受损失无法查明的情况下,法院综合考虑被告侵权行为的性质、情节、持续期间、范围,结合该报相关数据,酌情确定赔偿数额为20万元。

法院判决:

1. 被告到工商管理部门办理变更企业名称的相关手续,停止使用"山起"二字作为字号;

2. 被告赔偿原告经济损失20万元;

3. 驳回原告的其他诉讼请求。

【案例2】同行业使用相同字号 虽经核准登记仍构成侵权[①]

原告: 华润三九公司

被告: 江西三九瑞恩公司

诉讼请求:

1. 被告立即停止使用带有"三九"字号的企业名称,立即变更企业名称;

2. 被告立即停止生产、销售侵权商品并销毁该商品,立即召回市场上的侵权商品;

3. 被告公开声明立即停止侵权,消除影响;

4. 被告赔偿原告经济损失及合理费用共计105万元。

争议焦点:

1. "三九"字号能否被认定是原告为公众所知悉的企业名称;

2. 被告与原告同属医药行业经营者,且被告在企业名称中使用"三九"字号晚于原告,是否会使公众产生混淆误认;

3. 被告的企业名称已经工商部门核准登记,能否成为其免责事由;

4. 原告因侵权所受损失及被告因侵权所获收益均难以确定的情况下,被告给原告造成的侵权赔偿数额应如何计算。

基本案情:

1999年,原告经国家经济贸易委员会批准,由案外人三九企业集团、深

[①] 参见江西省高级人民法院(2019)赣民终433号民事判决书。

圳三九药业公司等联合投资成立,企业名称为三九医药股份有限公司,注册地为广东深圳。原告并入华润集团后,于2010年更名为华润三九公司。

2009年8月,原告受让案外人三九企业集团"999"及"三九"注册商标。2010年8月,原告又获准注册了"999三九医药"商标。上述注册商标核定使用商品为第5类,主要为医药类产品等。

被告经工商部门核准登记,于2014年9月成立,经营范围包括Ⅰ类医疗器械销售、卫生消毒用品销售等。2014年10月8日、2015年11月23日,被告"三九瑞恩"商标的注册申请均被驳回。

2018年10月,原告委托公证机构对被告在某地药店销售的晕车贴等商品进行了证据保全。后原告诉至法院,并提交上述证据。

原告诉称:

1. 其于1999年由国家批准成立,系我国大型国有控股医药上市公司,曾获得多项省部级奖项和国家荣誉。原告在整个医药行业已获得极高的市场认可度和知名度。"三九"字号已经具备较高的市场知名度,已为相关公众所知悉。

2. 原告在多个类别均注册了"三九""999"商标。其中,"999"商标多次被认定为驰名商标,2001年即被评为"中国最高认知率商标"。

3. 被告于2014年才成立,名称中含有"三九"二字,且"三九"二字构成被告公司名称的核心字号。被告成立后,试图注册"三九瑞恩"商标,但因违法而被驳回申请。

4. 被告方在产品上突出显示其公司名称和其拟注册的"三九瑞恩"标识,该行为明显具有利用原告的知名商号和注册商标牟取不正当利益的主观故意,违反诚信经营的原则,损害了原告方的合法权益。

被告辩称:

1. 被告企业字号"三九瑞恩"与原告的企业字号"华润三九"是有区别的,并且两者的注册地分别为广东和江西,消费者清楚"华润三九"是广东的企业。故被告注册的企业字号未侵犯原告的权益,不会引起误解。

2. 原告前身曾名"三九集团",但其并入华润集团后名称已变更为"华润三九公司"。不能因其曾使用过"三九",此后他人在任何情况下都不能使用"三九"。

3. 被告企业名称经工商部门依法登记，原告对此有异议，应向登记部门提出。

法官观点：

1. 原告于 1999 年成立，2010 年变更为华润三九公司，即原告"三九"企业字号已使用多年，且经过多年的经营宣传，其"三九"字号具有一定的市场知名度并被相关公众知悉。故"三九"字号应作为原告企业名称予以保护。

2. 被告与原告同属医药行业的市场经营者，具有同业竞争关系。被告成立时间明显晚于原告，作为生产涉及医药类产品的公司，被告应明知"三九"是原告的企业字号且原告权利在先，但其却在自己的企业名称中使用"三九"字号，并在晕车贴等商品上使用该标识。该行为明显具有攀附原告声誉的主观故意，易使相关公众对其产品来源产生混淆误认，以获得不正当利益。

3. 被告企业名称虽经工商部门核准登记，具有形式上的合法性，但该形式合法性不能掩盖其行为构成侵权的违法本质，不能成为其免除责任的法定事由。

4. 原告未能证明市场上仍有被控侵权产品流通以及存在库存产品等事实，也未证明其因被告的侵权行为导致商誉受损，故不支持其要求被告召回并销毁侵权产品并公开声明停止侵权、消除影响的诉求。

5. 由于原告未能证明其因侵权所受到的经济损失数额或者被告因侵权所获得的利益，故依法适用法定赔偿方式，综合考虑原告企业名称知名度，被告侵权行为的性质、情节、持续时间、范围，权利人为制止侵权行为所支付的合理开支等因素，酌定被告赔偿原告经济损失及合理费用共计 5 万元。

法院判决：

1. 被告立即停止使用带有"三九"字号的企业名称，停止生产、销售带有"三九"字号的侵权商品；

2. 被告赔偿原告经济损失及合理费用共计 5 万元；

3. 驳回原告的其他诉讼请求。

31. 将与他人企业名称中的字号相同或者近似的文字注册为商标，是否构成侵权？如何判断相关公众是否对企业名称所有人与商标注册人产生误认或者误解？[①]

此种做法构成对他人企业名称专有权的侵犯。

判断是否容易引起相关公众的误认或误解，应以相关公众的一般注意力为标准。所谓相关公众，是指与商标所标识的某类商品或服务有关的消费者，以及与前述商品或服务的营销有密切关系的其他经营者。

如果系争商标的注册与使用将会导致相关公众误以为该商标所标识的商品或服务来自商号权人，或者与商号权人有某种特定联系，则可以认定系争商标容易与在先商号发生混淆，容易引起相关公众的误认或误解。关于是否可能损害在先商号权人的利益，应当综合考虑下列各项因素：

（1）在先商号的独创性。如果商号所使用的文字并非常见的词语，而是没有确切含义的臆造词汇，则可以认定其具有独创性。

（2）在先商号的知名度。认定在先商号在相关公众中是否具有知名度，应从商号的登记时间、使用该商号从事经营活动的时间跨度、地域范围、经营业绩、广告宣传情况等方面来考察。

（3）系争商标指定使用的商品或服务与商号权人提供的商品或服务原则上应当相同或类似。

【案例3】橱柜、厨房电器品类联系紧密易混淆　在后商标被判侵犯在先商号权[②]

原告：志邦公司

被告：商标评审委员会

第三人：周某

诉讼请求：被告撤销复审裁定，并就原告提出的复审请求重新作出裁定。

---

① 更替说明：本问答系根据最新司法实践，对本书第三版第一册第一章"公司设立纠纷"问答18（第39页）的补充完善。

② 参见最高人民法院（2013）知行字第37号行政裁定书。

争议焦点：

1. 在第三人申请注册"志邦"商标之前，原告的"志邦"商号及商标是否在相关公众中具有一定的影响力；

2. 第三人申请注册的商标与原告商标所属类别不同，前者属于第11类消毒碗柜、饮水机、厨房用抽油烟机等商品，后者属于第20类碗柜、餐具柜、办公家具等商品，相关公众是否会产生联想混淆；

3. 第三人与被告处于同一经营地，其在申请被异议商标时，是否具有恶意。

基本案情：

原告前身为1998年成立的合肥志邦厨柜厂，主要从事生产、销售、安装整体橱柜。该厂为合伙人案外人孙志某（出资比例55%、现任原告法定代表人）、案外人许邦某（出资比例36%）、案外人蒯某（出资比例9%）三人设立的合伙企业。

2005年4月，案外人孙志某、许邦某、蒯某等5位股东共同出资，设立合肥志邦厨饰有限公司（即本案原告）。该司成立之后，合肥志邦厨柜厂并未注销。两者均是主要由孙志某、许邦某实际控制的企业，曾同时并存且经营地址相同。原告于2012年7月18日更名为志邦橱柜股份有限公司。

"志邦"标识来源于上述两位企业创始人孙志某与许邦某的姓名，与上述企业具有特定的联系。合肥志邦厨柜厂于2002年7月注册"志邦ZHIBANG"商标，2003年7月注册"志邦·优耐UNILIN"商标。上述商标指定使用商品均为第20类碗柜、餐具柜、办公家具等，2005年9月14日注册人均变更为原告。原告曾多次通过省市两级质量和品牌认证，被全国性行业协会等授予荣誉称号。

2004年8月，第三人申请注册"志邦"商标即被异议商标，指定使用商品为第11类消毒碗柜、饮水机、厨房用抽油烟机等。在其法定异议期内，原告向商标局[①]提出异议申请，请求不予核准被异议商标注册。

商标局于2010年3月作出异议裁定，认定被异议商标与原告在先注册的

[①] 2018年11月，原国家工商行政管理总局商标局、商标评审委员会和商标审查协作中心整合为国家知识产权局商标局。

"志邦"商标指定使用的商品不构成类似商品,二者不构成使用在相同或类似商品上的近似商标。原告向被告申请复审,被告于2011年11月作出复审裁定,被异议商标予以核准注册。原告遂提起本案诉讼。

此外,在2009年原告申请注册"zbom 志邦"商标之后,第三人申请注册"zbom""zbon"商标。

原告诉称:

1. 在被异议商标申请日之前,原告作为整体橱柜的生产、销售、安装者,其"志邦"商号及商标在相关公众中已具有一定的影响力。

2. 原告生产、销售的厨房家具类橱柜产品与被异议商标指定使用的消毒碗柜、厨房用抽油烟机等商品构成类似商品,相关公众极易对使用相同或近似"志邦"字号、商标的上述两类商品的来源产生混淆误认。

3. "志邦"基于其两位创始人姓名产生,具有独创性。1998年至2004年,第三人一直与原告同在合肥市场从事同业经营活动,其明知原告"志邦"商号及商标的影响力,恶意抢注商标,明显具有"搭便车"意图。

4. 原告在其销售的厨房电器类商品上使用了"志邦"商标,注册被异议商标构成以不正当手段抢先注册他人已经使用并有一定影响力商标的情形。

被告辩称:

1. 原告未从事消毒碗柜、饮水机等商品的生产、销售,无法证明其在该类商品上实际使用了"志邦"商号或者商标,其"志邦"商号在被异议商标申请日之前在第11类商品上不具有一定的知名度。

2. 原告提交的多数证据形成于被异议商标申请日之后,不能证明"志邦"系列商号、商标在橱柜家具上的使用和知名度情况,更不能扩大类推至第11类电器产品上。

3. 第11类商品与厨房家具等商品的消费群体不具有高度的同一性,厨房家具与消毒碗柜等厨房电器商品的销售渠道、功能及用途等均不同。

4. 被异议商标指定使用的商品与被告引证商标使用的商品不属于类似商品,对商号权的保护不宜扩大到不相类似的商品上。

一审法官观点:

1. 原告在商标评审阶段和诉讼阶段提供的证据,不足以证明"志邦"商号、商标在第 11 类消毒碗柜等商品上已实际使用。加之多数证据形成于被异议商标申请日之后,无法证明"志邦"商号、商标在被异议商标申请日之前的知名度情况。

2. 原告生产的厨柜产品与被异议商标指定使用的第 11 类消毒碗柜等商品在功能用途、生产部门等方面相差较远,未构成类似商品。

一审法院判决:

驳回原告的诉讼请求。

二审、再审法官观点:

1. 原告前身是合肥志邦厨柜厂,其自 1998 年即开始使用"志邦"商号,已有在先权利。原告提供的相关质检、宣传及荣誉称号等证据,足以证明"志邦"商号及商标在整体橱柜产品界具有一定的知名度,应视为企业名称予以保护。

2. 原告主要的经营项目为生产、销售整体橱柜,其经营范围也包括厨房电器、厨房配件等。作为整体橱柜的消费者,除了购买橱柜,一般会同时购买与橱柜配套的厨房用电器,第 20 类和第 11 类商品的消费者群体具有高度的同一性。上述消费者面对基本相同的"志邦"标识,必然会产生二者来自同一主体或者有特定联系的主体的混淆。原告在被异议商标申请日当时的营业范围是否包括厨房电器,并不影响相关公众的认识。

3. 第三人申请被异议商标具有恶意。第三人在安徽地区范围内生产、销售"志邦"牌厨具产品,与原告同处一地,并以"集成厨具"的概念进行销售。第三人在此之后,又申请了与原告注册商标"zbom 志邦"极为近似的"zbom""zbon"商标,进一步说明其攀附原告商誉的意图明显。

4. 原告提交的使用证据不足以证明在其销售的厨房电器类商品上使用了"志邦"商标,第三人不构成以不正当手段抢先注册他人已经使用并有一定影响的商标之情形。

二审、再审法院判决:

二审判决被告撤销作出的案涉复审裁定,并就原告提出的复审请求重新作出裁定。再审驳回第三人申请。

32. 企业将与他人注册商标相同或者相近似的文字作为企业的字号是否构成对他人注册商标的侵权？如何判断？

此种情形构成侵犯他人注册商标权。判断是否对注册商标构成侵权，除需考虑是否"足以使相关公众对其商品或者服务的来源产生混淆"，还需考虑是否违反诚实信用原则，具体如下：

（1）在后商号的权利人恶意登记与在先注册商标相同的商号，最常见的便是大量商号"傍"驰名商标或著名商标的情况。对于这种情况，若将与他人注册商标相同或者相近似的文字作为企业的字号，容易使相关公众产生误认的，法院应当认定在后商号构成对在先商标权的侵犯。

（2）若在后商号的权利人在不知情的情况下登记了与在先商标相同的商号，亦即"善意"地发生了权利碰撞。一方面，将他人驰名商标作为商号登记，因其对公众造成欺骗或误解而本不应给予注册，但因我国企业名称登记前既不与商标实行联检，在确权过程中又无公示、异议程序，因而导致善意地将他人的驰名商标作为商号登记的情况"合法"地产生和存在。对于该种情况，通常是依据驰名商标的扩大保护原则、保护在先权利等规定对在后商号予以撤销。另一方面，大量的非驰名商标被善意地作为商号登记，并因其不构成法律对企业名称不得含有"对公众造成欺骗或误解的文字"的规定而成为合法的商号权，对此，法院现行的做法一般是认定在后善意登记的商号不构成侵权。

【案例4】将他人具有知名度的商标作为字号 构成不正当竞争被判停止使用①

原告： 中粮集团

被告： 蓬莱酒业、金鼎酒业、兴宏祥批发部

诉讼请求：

1. 二被告蓬莱酒业、金鼎酒业立即停止生产侵犯原告第70855号、第

---

① 参见最高人民法院（2020）最高法民申6730号民事裁定书，本案系人民法院案例库入库案例。

1474477号、第1968460号注册商标专用权的"赤霞珠高级干红葡萄酒五星"产品；

2. 二被告蓬莱酒业、金鼎酒业立即停止在其生产的"赤霞珠高级干红葡萄酒五星"产品上使用"烟台长城庄园葡萄酒有限公司"企业名称；

3. 被告兴宏祥批发部立即停止销售侵犯原告上述注册商标专用权及对原告构成不正当竞争的"赤霞珠高级干红葡萄酒五星"产品；

4. 二被告蓬莱酒业、金鼎酒业就其生产"赤霞珠高级干红葡萄酒五星"产品的行为连带赔偿原告损失20万元；

5. 被告兴宏祥批发部就其销售"赤霞珠高级干红葡萄酒五星"产品的行为赔偿原告损失1万元。

争议焦点：

1. 被诉侵权产品"赤霞珠高级干红葡萄酒五星"上使用的标识与原告所主张的商标是否近似；

2. 对于被告金鼎酒业注册"烟台长城庄园葡萄酒有限公司"名称的行为，能否认定其具有攀附他人商誉的故意；

3. 受被告金鼎酒业委托生产被诉侵权产品的被告蓬莱酒业和销售被诉侵权产品的被告兴宏祥批发部，是否与被告金鼎酒业共同构成不正当竞争。

基本案情：

原告分别于1974年、2000年、2002年及2003年取得"长城""GREATWALL"及相关商标，即第70855号、第1474477号、第1968460号及第3127601号商标，四个商标核定使用商品均为葡萄酒。此外，2000年原告在蓬莱市设立案外人全资子公司中粮长城葡萄酒（蓬莱）有限公司。原告相关酒类产品曾在国际国内获多个大奖，第70855号商标曾被评为驰名商标。

被告蓬莱酒业分别于2002年、2010年及2017年取得第1731250号、第6998012号及第18752002号三个商标，核定使用商品均为葡萄酒，且均许可给被告金鼎酒业使用。2011年、2012年，被告金鼎酒业与被告蓬莱酒业签订两份《委托加工合同》，均约定被告金鼎酒业委托被告蓬莱酒业生产葡萄酒。2003年至2013年，被告金鼎酒业名称为烟台长城庄园葡萄酒有限公司。

2016年，原告代理人与公证处工作人员以普通消费者身份在被告兴宏祥批发部购买"WATERWALL 赤霞珠高级干红葡萄酒""WATERWALL 高级干红葡萄酒赤霞珠""WATERWALL 高级干红葡萄酒赤霞珠"三款酒各一瓶。

本案被诉侵权产品为上述三款酒之一的"赤霞珠高级干红葡萄酒五星",其酒瓶瓶贴标有被告蓬莱酒业的名称、生产许可证号及被告金鼎酒业变更前的企业名称"烟台长城庄园葡萄酒有限公司"。此外,瓶贴上部显著位置印有"WATERWALL"文字,该文字上下均有简化的城墙图案。"WATERWALL"文字下方有较大的"高级干红葡萄酒"文字。标贴正中的图案由左侧掩映在树林中的房屋、右侧的阁楼与高塔组成,从阁楼与高塔之间向左下方延伸有一道城墙,城墙末端连接一条显示了两侧墙体的向右侧延伸城墙。图案下方有文字。

二被告蓬莱酒业、金鼎酒业登记注册地均为蓬莱市,蓬莱市内有国家 5A 级景区蓬莱阁,该景区包含蓬莱水城。蓬莱阁实景图显示,蓬莱阁紧邻大海,紧靠大海的峭壁上有楼亭及殿阁,还有掩映在树林中的房屋。楼亭殿阁间向左下方延伸出一道城墙,城墙末端向右侧沿大海方向还连接着一道城墙。

此外,就上述三款酒,原告共提起了三个诉讼(包含本案在内),均主张被诉侵权产品上使用"烟台长城庄园葡萄酒有限公司"构成不正当竞争。

原告诉称:

1. "赤霞珠高级干红葡萄酒五星"标贴上的"WATERWALL"文字侵害了其第 70855 号商标、第 1968460 号商标,标贴中部的图案侵害了其第 1474477 号长城图文商标。

2. 被诉酒上图案并非描述性合理使用,也非在先使用的与长城近似的绘画图案。即便是蓬莱阁实景图,在组合使用"WATERWALL"标识、"长城庄园"企业字号的情况下,相关公众仍不免产生混淆。原告案涉商标在先注册并享有较高知名度,被诉酒使用其在后商标时故意改变显著特征,攀附意图明显,系滥用注册商标权,不能阻却侵权成立。

3. 二被告金鼎酒业与蓬莱酒业关系密切,分工合作,共同生产了被诉酒,蓬莱酒业应就金鼎酒业的不正当竞争行为承担连带责任。

4. 被告兴宏祥批发部未主张商品来源合法的抗辩且主观恶意明显,应当承担商标侵权和不正当竞争行为的民事责任。

被告蓬莱酒业、金鼎酒业辩称：

1. 被告蓬莱酒业享有第6998012号、第1731250号、第18752002号注册商标权及多个由"蓬莱阁"图形合理演变的图文注册商标权。对这些商标图文的使用以及合理演变后图文的使用，是被告蓬莱酒业的正当权利，不构成侵权。

2. 被诉侵权产品标识上的主图形是蓬莱阁实景，有着独有的特征和具体内容，在整体上与长城有着明显的和本质的区别，而水城又是蓬莱阁景区的重要组成部分，也有着较高的知名度。蓬莱阁实景中也含有城墙，水城也含有"城"字，被告蓬莱酒业作为蓬莱市的企业，对于蓬莱阁实景图形及其合理演变图形的使用以及水城的中英文名称、水城抽象图形的使用，都是有权利的正当使用。

3. 原告有百余个华夏系列和长城系列注册商标，长城系列中只有第70855号商标有较高知名度，上诉人不加区分，笼统地认为全部商标都有较高的知名度，与事实不符。

被告兴宏祥批发部未答辩。

法官观点：

1. 被诉侵权产品"赤霞珠高级干红葡萄酒五星"上使用的标识与原告所主张的商标既不相同也不近似，三被告不构成侵犯商标权。

关于原告主张"赤霞珠高级干红葡萄酒五星"标贴上的"WATERWALL"文字侵害了其第70855号图文商标、第1968460号文字商标的问题，原告第70855号商标系由"长城牌"文字、长城图案、"greatwall"文字组合而成，第1968460号商标为"GREATWALL"文字。而被诉商品"赤霞珠高级干红葡萄酒五星"上的标识不仅有"WATERWALL"文字，还有下方的"水城"图文。被告蓬莱酒业依法取得了第6998012号"WATERWALL水城"图文商标，该商标中"WATERWALL"文字明显大于水城图文，不同之处仅在于两部分的比例和"WATER""WALL"之间是否有间隔，并且"WATERWALL"直译为水城。从整体上看，"赤霞珠高级干红葡萄酒五星"上使用的"WATERWALL"及水城图文与被告蓬莱酒业享有商标权的第6998012号商标更为接近，而与原告的第70855号、第1968460号商标有明显区别，不构成近似。

关于原告主张"赤霞珠高级干红葡萄酒五星"标贴中部的图案侵害了其第1474477号长城图文商标的问题，将二者进行比对可知，第1474477号商标由上部的"GREATWALL"文字和下部的长城图案组成。该长城图案包括蜿蜒于树丛中的由远及近的四段长城城墙和四个烽火台。而"赤霞珠高级干红葡萄酒五星"标贴上使用的图案并无烽火台，仅有并无蜿蜒曲折形态的两段城墙，且其中的显著部分除城墙外还有倚靠峭壁的楼亭殿阁及房屋。"赤霞珠高级干红葡萄酒五星"使用的图案与蓬莱阁实景图所呈现的景观基本一致，不同之处仅在于"赤霞珠高级干红葡萄酒五星"图案中显示了两侧墙体，但从整体上看，显示两侧墙体也不能得出该图案系长城的结论。且该图案与被告蓬莱酒业享有商标权的第1731250号"蓬莱阁图形"商标也更为接近。从整体上看，站在一般消费者注意力的角度，"赤霞珠高级干红葡萄酒五星"使用的图案与第1474477号商标有明显区别，二者不构成近似。

综上，因"赤霞珠高级干红葡萄酒五星"上使用的标识与原告所主张的商标不相同也不近似，故三被告不构成商标侵权。

2. 被告金鼎酒业具有攀附他人商誉的故意，构成不正当竞争。被告蓬莱酒业和被告兴宏祥批发部并非共同构成不正当竞争。

本案中，第70855号商标曾被认定为驰名商标，获得国内外多种奖项，具有较高的知名度。原告第3127601号"长城庄园"商标于2003年5月7日初审公告，被告金鼎酒业原名称"烟台长城庄园葡萄酒有限公司"于2003年6月26日注册，其注册时间晚于原告第3127601号商标初审公告时间。同时，结合原告曾在2000年成立中粮长城葡萄酒（蓬莱）有限公司，可以认为，被告金鼎酒业作为葡萄酒生产企业，在同区域内已经设立有中粮长城葡萄酒（蓬莱）有限公司，且在原告第3127601号商标已经获得初审公告的情形下，将原告具有较高知名度的第70855号商标显著部分"长城"作为自己企业字号的显著部分，具有攀附他人商誉的故意，构成不正当竞争。

但注册"烟台长城庄园葡萄酒有限公司"企业名称的是被告金鼎酒业，被告蓬莱酒业接受被告金鼎酒业的委托生产了"赤霞珠高级干红葡萄酒五星"，该行为不与被告金鼎酒业共同构成不正当竞争。兴宏祥批发部销售"赤霞珠高级干红葡萄酒五星"，亦不构成不正当竞争。

3. 被告金鼎酒业应立即停止使用其原企业名称。

二被告蓬莱酒业、兴宏祥批发部未侵害原告商标权，也不构成不正当竞争，故对该二被告承担民事责任的主张不予支持。

被告金鼎酒业虽已变更企业名称，但仍然应当停止在其生产的"赤霞珠高级干红葡萄酒五星"上使用"烟台长城庄园葡萄酒有限公司"企业名称。

法院判决：

1. 被告金鼎酒业立即停止在其生产的"赤霞珠高级干红葡萄酒五星"上使用"烟台长城庄园葡萄酒有限公司"企业名称；

2. 驳回原告的其他诉讼请求。

【案例5】即便以"老板"名字作为字号　仍具有攀附故意属非合理使用[①]

原告： 庆丰包子铺

被告： 庆丰餐饮公司

诉讼请求：

1. 立即停止侵害商标权的行为，包括拆除销毁含有"庆丰"标识的牌匾、招牌、价格单、名片等材料，以及删除网上有关"庆丰"标识的宣传；

2. 立即停止使用含有"庆丰"字号的企业名称；

3. 在《济南日报》上发表声明，消除影响；

4. 赔偿原告经济损失50万元。

争议焦点：

1. 被告在其公司网站、经营场所使用"庆丰"文字的行为是否构成商标性使用；

2. "庆丰"作为商标、字号是否具有知名度，是否为公众所知；

3. 被告使用的"庆丰"文字与原告的商标"慶豐""老庆丰 + laoqingfeng"

[①] 参见最高人民法院（2016）最高法民再238号民事判决书，本案系《中华人民共和国最高人民法院公报》案例。

是否会导致相关公众的混淆和误认；

4. 被告使用"庆丰"文字是否属于对其法定代表人姓名徐庆丰的合理使用；

5. 被告将"庆丰"注册为其字号，与原告经营相同商品或服务，能否认定其具有攀附原告企业名称知名度的恶意。

基本案情：

原告前身于1956年开业，性质为全民所有制，管理部门为案外人华天饮食集团。原告于1982年设立，设立时名称为北京市西城区庆丰包子铺，后于2007年更名为庆丰包子铺。

1998年，案外人华天饮食集团取得"慶豐"商标，并于2008年将该商标转让给原告，该商标服务项目为餐馆、临时餐室、自助餐室、快餐馆和咖啡馆。2003年，原告取得"老庆丰+laoqingfeng"商标，使用商品为方便面、糕点、面包、饺子、大饼、馒头、元宵、豆沙、包子、肉泡馍。

2007年，原告某连锁店被北京市商务局认定为"中国风味特色餐厅"。2007年至2009年6月20日，原告在北京广播电台、北京电视台投入广告费约453万元，《新京报》亦曾对原告做过介绍。

被告于2009年6月24日成立，经营范围为餐饮管理及咨询，经营地域为济南，案外人徐庆丰为被告股东（持股70%）并任法定代表人。

2007年11月至2008年4月，案外人徐庆丰曾前往北京学习餐厅管理。2010年，被告开办的餐厅开业时，曾使用"庆丰餐饮全体员工欢迎您"横幅。2013年，应原告申请，公证处登录被告的网站进行证据保全。公证书记载，被告网站设有"走进庆丰""庆丰文化""庆丰精彩""庆丰新闻"等栏目。

原告诉称：

1. "庆丰"作为原告的企业字号及注册商标具有较强显著性，其登记及注册日期远早于被告成立日，在先权应受法律保护。

2. 原告的服务地域早已不限于北京，"庆丰"已经成为驰名老字号，具有较高知名度和美誉度，为相关公众所知晓，其影响已经及于被告注册地山东。

3. 案外人徐庆丰曾在北京从事餐饮服务，原告在行业中具有较强影响力，徐庆丰不可能不知晓原告商标及字号的知名度情况，但仍使用"庆丰"字号成立餐饮公司，并模仿原告的商标，在其官方网站、店面门头、菜单、广告宣传中突出位置使用，主观上具有"搭便车"的恶意。被告突出使用"庆丰"商标及字号的行为容易造成相关公众的混淆和误认，构成商标侵权；被告将"庆丰"作为企业字号登记使用，经营相同或类似的服务，构成不正当竞争。

被告辩称：

对"庆丰"文字的使用属于合理使用其企业字号，且系对其法定代表人徐庆丰名字的合理使用。

一审、二审法官观点：

1. 被诉侵权标识与涉案商标不构成相同或近似，不会使相关公众产生误认，被诉侵权行为未侵害原告商标权。

本案中，原告主张保护的商标有两个，即繁体庆丰文字商标和简体老庆丰文字拼音商标。首先，被告使用"庆丰"二字时并未在字体、大小和颜色等方面突出使用，是对企业名称简称或字号的合理使用。其次，将被诉侵权标识"庆丰"与繁体庆丰文字商标比对来看，二者差别较大，不构成相同商标；将被诉侵权标识"庆丰"与简体老庆丰文字拼音商标比对来看，被诉侵权标识仅与涉案商标文字部分的"庆丰"二字相同，与其他的文字拼音部分也不相同。最后，原告的案涉商标知名度主要限于北京地区，其未能证明涉案商标在被诉侵权行为发生时在山东省尤其是济南地区具有较高的知名度。

2. 被诉侵权行为不构成不正当竞争。

首先，案涉商标为繁体庆丰文字商标及简体老庆丰文字拼音商标，被告的企业字号"庆丰"与案涉商标并不相同。其次，原告未能提供证据证明其案涉商标在被告使用庆丰作为企业字号时在山东省尤其是济南地区具有较高的知名度。因此，被告在主观上没有攀附原告商标商誉的意图，客观上不会造成相关公众的混淆误认，不违反诚实信用等原则，不构成不正当竞争。

一审、二审法院判决：

驳回原告诉讼请求。

再审期间，原告提交了会计师事务所出具的专项审计报告，用以证明"庆丰"直营店及加盟店共计293家，分布在北京、天津、河北、山东、山西等地。

再审法官观点:

1. 被告在其网站、经营场所使用"庆丰"文字的行为已侵害原告案涉注册商标专用权。

首先,关于被告对"庆丰"文字的使用状况。被告在其公司网站上开设"走进庆丰""庆丰文化""庆丰精彩""庆丰新闻"等栏目,在经营场所挂出"庆丰餐饮全体员工欢迎您"的横幅,相关公众会将"庆丰"文字作为区别商品或者服务来源的标识,被告的使用行为属于对"庆丰"商标标识的突出使用,其行为构成商标性使用。

其次,关于原告案涉注册商标的知名度情况。原告的"慶豐"商标核准注册至被告成立,已有10余年的时间,原告的"老庆丰 + laoqingfeng"商标的核准注册时间也比被告成立时间早近6年。原告的连锁店于2007年被认定为"中国风味特色餐厅"。在被告成立之前,原告在媒体上投入的广告费用约453万元。原告采用全国性连锁经营的模式,经过多年诚信经营和广告宣传,取得了较高的显著性和知名度。

再次,关于被告使用的"庆丰"文字与案涉注册商标的近似性判断。原告在餐馆服务上注册的"慶豐"商标及在方便面、糕点、包子等商品上注册的"老庆丰 + laoqingfeng"商标,在全国具有较高的知名度和影响力。"慶豐"与"庆丰"是汉字繁体与简体的一一对应关系,其发音相同;"老庆丰 + laoqingfeng"完全包含了"庆丰"文字。被告将"庆丰"文字商标性地使用在与原告的上述两注册商标核定使用的商品或服务类似的餐馆服务上,容易使相关公众对商品或服务的来源产生误认或者认为被告与原告之间存在某种特定的联系,可能导致相关公众的混淆和误认。

最后,关于被告使用"庆丰"文字的合理性判断。案外人徐庆丰享有合法的姓名权,当然可以合理使用自己的姓名。但是,案外人徐庆丰将其姓名作为商标或企业字号进行商业使用时,不得违反诚实信用原则,不得侵害他人的在先权利。案外人徐庆丰曾在北京餐饮行业工作,应当知道原告商标的知名度和影响力,却仍在其网站、经营场所突出使用与原告注册商标相同或近似的商标,明显具有攀附原告注册商标知名度的恶意,容易使相关公众产生误认,属于《最高人民法院关于审理商标民事纠纷案件适用法律若干问题的解释》第 1 条第 1 款规定的给他人注册商标专用权造成其他损害的行为，其行为不属于对该公司法定代表人姓名的合理使用。

2. 被告将"庆丰"文字作为其企业字号注册并使用的行为构成不正当竞争。

原告自 1956 年开业并于 1982 年开始使用"庆丰"企业字号，至被告注册之日已逾 27 年，其字号属于具有较高的市场知名度、为相关公众所知悉的企业名称中的字号。被告擅自将原告的字号作为其字号注册使用，经营相同的商品或服务，具有攀附原告企业名称知名度的恶意，其行为构成不正当竞争。

3. 原告未能证明所受损失或被告所获利润，酌定赔偿金额为 5 万元。因原告未能证明商标商誉受损情况，对其要求被告发表声明的诉请不予支持。

由于原告未提供因被告侵权行为所遭受的损失或被告所获利润的证据，故结合侵权行为的性质、程度及被告侵权行为的主观心理状态等因素，酌定被告赔偿原告经济损失及合理费用 5 万元。

此外，因原告未举证证明其商标商誉及企业信誉因被告的侵权和不正当竞争行为受到损害，对其要求被告在《济南日报》上发表声明以消除影响的诉讼请求不予支持。

再审法院判决：

1. 撤销一审、二审判决；
2. 被告立即停止在其企业名称中使用"庆丰"字号的不正当竞争行为；
3. 被告赔偿原告经济损失及合理费用 5 万元；
4. 驳回原告其他诉讼请求。

33. 如何表述企业经营范围？不同类型的经营项目如何办理营业范围登记？

企业的经营范围应当包含或者体现企业名称中的行业或者经营特征。跨行业经营的企业，其经营范围中的第一项经营项目所属的行业为该企业的行业。

经营范围项目分为一般经营项目和许可经营项目。

对于一般经营项目，申请人应当按照《经营范围登记规范表述目录》（以下简称规范目录）的规定，在填报系统内通过自主查询并自由选择规范条目的方式申请登记；对于规范目录和经营范围规范化表述条目中未包含的一般性经营活动，申请人可自主填报申请登记，登记机关按现行登记要求进行审查规范。

对于许可经营项目，必须严格按照全国统一经营范围标准化规定进行登记。

企业申请登记的经营范围中属于法律、行政法规或者国务院决定等规定需经批准的项目，应当依法经过批准，方可开展经营活动；未获得批准的，公司登记机关不予办理设立登记。

34. 先公司交易行为责任应由谁承担？

先公司交易行为责任，因对外签订合同的权利义务主体不同而有所不同，具体承担责任规则如下所述。

（1）公司设立成功

合同的权利、义务、责任应当由设立后的公司享有或承担。公司设立前相对人已向发起人主张合同责任的，发起人在承担责任后可请求设立后的公司承担。

发起人以自己的名义订立合同的，相对人有权选择公司或者该发起人承担合同责任。需要注意的是，相对人只能选择该发起人或者公司承担责任，而不能要求该发起人和公司承担连带责任。如果相对人选择该发起人承担责任的，该发起人不能以其系为设立公司而签订合同或者成立后的公司愿意承担合同责任为由进行抗辩。同时，相对人一旦选定发起人或公司承担责任后，不得再进行变更。

（2）公司设立失败

发起人协议在性质上相当于合伙协议，因设立公司所产生的费用或债务，应由全体发起人承担连带责任。部分发起人承担责任后，可依据法律规定或发起人协议约定请求其他发起人分担。因部分发起人过错导致公司未能成立的，其他发起人在承担责任后可向有过错的发起人追偿。

【案例6】个人名义为设立中公司租赁房屋　相对人仅能选择发起人或公司担责[①]

原告：市场管理公司

被告：商贸公司、谭某

诉讼请求：

1. 被告谭某支付第 8 年、第 9 年租金及违约金；

2. 上述租金及违约金由被告谭某承担主要给付责任，被告商贸公司承担连带给付责任。

争议焦点：股东为设立公司以自己名义订立合同的，合同相对人能否请求公司与股东承担连带责任。

基本案情：

被告谭某系被告商贸公司的唯一股东、法定代表人。被告商贸公司于 2016 年成立。

2014 年，案外人甲公司与原告签订《合作协议》，约定案外人甲公司将其所有的新天地商场交由原告管理并收取租赁费。2015 年，原告与被告谭某签订《租赁合同》，约定将新天地商场的某商铺出租给被告谭某使用，被告谭某为超市业态的专业经营商。

2021 年，在其他案件中，法院裁定将案外人甲公司名下的新天地商场及土地使用权抵偿给案外人乙公司。后案外人甲公司、案外人乙公司及原告达成协议，将新天地商场过户至案外人乙公司名下，基于"买卖不破租赁"原则，案外人甲公司与原告签订的《合作协议》继续履行。

后案外人甲公司被申请破产。本案审理中，案外人甲公司的破产管理人向法院复函，表示继续履行案外人甲公司与原告之间的《合作协议》。就《合作协议》继续履行一事，管理人虽未向被告谭某出具书面通知，但管理人与原告的法定代表人曾多次口头告知被告谭某继续履行该协议。

此外，原告曾起诉被告谭某要求支付第 7 年的租金及滞纳金，在该案中，被告谭某自认其与原告签订该合同的目的是经营超市，注册被告商贸公司亦

[①] 参见新疆维吾尔自治区阿勒泰地区中级人民法院（2024）新 43 民终 530 号民事判决书。

是为了经营超市。

原告诉称：

1. 案外人甲公司的破产管理人已回函《合作协议》继续履行，因此原告有权继续收取租金。

2. 作为被告商贸公司的唯一股东，被告谭某在注册公司后通过公司享受了权利和收益，就必须履行相应的义务。在另案中，被告谭某亦认可其订立《租赁合同》和注册被告商贸公司均是为了经营超市。因此，原告有权选择向被告谭某或被告商贸公司索要租金。

被告辩称：

1. 案涉商铺所有权人甲公司已破产，原告并非受指定的财产管理人，其诉讼主体不适格。法院未追加案涉商铺的现权利人乙公司，遗漏了应当参加诉讼的必要当事人。

2. 原告、案外人甲公司的破产管理人、案外人乙公司均未书面通知过被告案涉商铺权利人的变更情况，且自甲公司申请破产之日至今已过2年，《租赁合同》默认已于破产申请受理后2个月解除，原告作为破产企业的原经营人，无权对已经解除的合同要求被告继续履行。

3. 案涉商铺实际由被告商贸公司使用，付款及发票开具均以被告商贸公司名义进行，被告谭某不承担责任。

法官观点：

1. 原告主体适格，且不存在遗漏主体的情形。

原告与被告谭某签订《租赁合同》时，被告商贸公司尚未注册成立，被告谭某在另案中自认其订立《租赁合同》、注册成立被告商贸公司均是为了经营超市。被告谭某作为被告商贸公司的唯一股东、法定代表人，原告依据《租赁合同》向被告谭某主张权利，符合法律规定。

案外人甲公司的破产管理人已明确表示其与原告签订的《合作协议》继续履行，并对未出具书面通知的情况进行了说明，案外人乙公司亦表示不干涉原告对外租赁的经营活动，故不存在遗漏主体的情形。

2. 《租赁合同》合法有效，被告谭某应履行租金支付义务。

本案中，案外人甲公司的破产管理人已明确表示其与原告签订的《合作协议》继续履行，且原告与案外人乙公司亦就《合作协议》继续履行达成协议。现原告不同意解除合同，双方亦不存在合同解除的法定情形，因此《租赁合同》仍合法有效，被告谭某应履行租金支付义务。

3. 相对人有权选择发起人与公司之一承担责任，而非由二者承担连带责任。

关于原告主张被告谭某承担主要责任、被告商贸公司承担连带责任的问题，《公司法司法解释（三）》第2条规定赋予了合同相对人选择权，相对人有权选择发起人或公司承担合同责任，但并非由发起人、公司一起承担连带或共同责任。故应由被告谭某向原告支付租赁费，对其关于被告商贸公司承担连带责任的诉讼请求，不予支持。

法院判决：

1. 被告谭某向原告支付租金及违约金；
2. 驳回原告其他诉讼请求。

35. 发起人为自己利益以公司名义订立合同的，该合同对公司是否具有拘束力？

发起人为自己利益订立合同的，不属于为设立公司所从事的民事活动，此时需要根据合同相对人的主观状态确认责任承担主体。相对人善意的，即相对人不知道或不应当知道的合同真实情况的，公司仍受该合同拘束，相对人有权主张公司承担责任，但公司承担责任后可向发起人追偿。相对人恶意的，即其知道或应当知道发起人系利用设立中公司为自己的利益订立合同的，公司有权拒绝承担责任。

36. 发起人为履行设立公司职责造成他人损害的，由谁承担责任？

发起人为设立公司从事的民事活动，其法律后果由公司承受。因此，公司设立成功时，应由公司承担赔偿责任。公司设立失败时，则由全体发起人承担连带赔偿责任；发起人对此存在过错的，公司或其他发起人在承担责任后可向有过错的发起人追偿。

37. 法定代表人以公司名义从事的民事活动，由谁承担责任？

法定代表人以公司名义从事民事活动的，由此产生的责任由公司承担，即使公司章程或者股东会对法定代表人职权有所限制，也不得对抗善意相对人。

此外，如果以公司名义订立的合同仅有法定代表人签字或捺印而未盖公司印章，但相对人能够证明法定代表人在订立合同时没有超越权限的，该合同对公司仍发生效力，除非当事人约定以加盖印章作为合同成立条件。与之相对，如果以公司名义订立的合同仅有公司印章而没有法定代表人的签字或捺印，但相对人能证明合同是在法定代表人权限范围内订立的，合同亦对公司发生效力。

【案例7】合作方负有审慎审查义务　未注意对方章程对法定代表人的限制不属善意相对人[①]

原告：东苑公司

被告：瑞峰公司

诉讼请求：

1. 被告向原告偿还借款本金260万元、借款期间利息4,826,064.08元；

2. 被告向原告支付股权款60万元。

争议焦点：

1. 原告与被告合作开发房地产项目，被告公司章程及规章制度对其法定代表人的权限进行了限制，原告是否应当尽审慎义务，对被告章程及规章制度进行审查；

2. 被告法定代表人案外人于某超越公司章程及规章制度规定的权限，在《账目明细》及《利息计算表》上签字，对被告是否具有法律效力。

基本案情：

2006年，原告与被告签订《合作合同》，约定：

1. 双方共同出资设立项目公司，合作进行房地产开发。其中，被告以名下房产作价出资，原告以现金9100万元出资。

2. 待项目公司完成各项开工手续后10日内，原告在被告开设的保证金账户内存入2000万元保证金，被告自收到该保证金之日起1个月内将自有房屋内设施等搬迁完毕，交付项目公司实施拆迁。

[①] 参见山东省高级人民法院（2021）鲁民申11818号民事裁定书。

3. 原告替被告偿还 800 万元银行贷款，待房产可以销售时，被告一次性以现款形式偿还原告本息或以不高于当时房屋市场价格以房折价抵顶本息。

但此后，双方未按上述合同约定设立项目公司。原告法定代表人案外人刘某及其配偶，与其他两名自然人案外人共同设立案外人置业公司，被告并未向该司出资。

2007 年 5 月，原告向被告转账 600 万元以偿还银行贷款，被告向原告出具了收据。

被告分别于 2015 年 1 月、2016 年 3 月，向原告还款 210 万元、130 万元。

2016 年 12 月，被告向原告法定代表人案外人刘某账户转账 80 万元。

2019 年 9 月，被告时任法定代表人案外人于某在《账目明细》及《利息计算表》上签字，该《账目明细》载明：

1. 鉴于双方的合作合同已解除，被告于 2015 年 1 月还原告 210 万元整；于 2016 年 3 月还原告 130 万元整；付原告法定代表人案外人刘某股权 80 万元整。

2. 截至 2019 年 9 月 30 日，被告尚欠原告本金 260 万元，欠利息 4,826,064.08 元，欠股权款 120 万元。

该《利息计算表》上除签字外，底部还有被告时任法定代表人案外人于某手写"7,426,064.08"[①]，该余额系根据被告还款情况，分段计算了自 2007 年 5 月至 2019 年 9 月的借款利息，其与《账目明细》总额一致。

2019 年 10 月，被告向原告支付 60 万元。

后因被告未履行还款义务，原告诉至法院。

此外，被告《章程》规定"董事会行使下列职权：决定 10 万元以上业务经营开支和 1 万元以上费用开支，此额度开支需要两名以上董事签字"，被告内部《规章制度汇编》亦有类似规定。

原告诉称：

1. 被告向原告出具的《账目明细》及《利息计算表》上均有被告时任法定代表人案外人于某签字并捺印，且涉及本息总额内容为案外人于某手写调

[①] 即前述《账目明细》第 2 条各项金额之总和。

整或手写确认,故该两份材料为真实意思表示,对被告具有法律约束力。

2. 原告系善意第三人,双方所订立的法律文书合法有效,被告内部章程的规定仅对内具有法律约束力,不能产生对抗原告的法律效力。

3. 被告未履行《合作合同》义务,《合作合同》已实际解除。因被告原因导致双方不能合作,被告应当依照《账目明细》确认的股权款,以股权形式给予原告补偿。

被告辩称:

1. 根据被告的公司章程及规章制度的规定,《账目明细》及《利息计算表》应当有两个以上的董事签字才能有效,其法定代表人案外人于某的签字,不是被告的真实意思表示,对被告不具有约束力,原告不能据此要求被告承担相应债务。

2. 双方并未按照《合作合同》约定设立项目公司,案外人置业公司股东均为自然人,与被告无关,与合作项目无关,所以被告无须向原告支付股权款。

3. 《账目明细》记载的"鉴于双方的合作建设合同已解除"字样,明显与合作开发房地产的行业规则和惯常做法不符。《合作合同》并未解除,应当继续履行,原告要求被告立即偿还剩余垫付资金本息,无合同基础和法律依据。

一审法官观点①:

1. 法定代表人是由法律授权代表公司从事民事活动的主体,其有权代表公司整体意志作出意思表示,案外人于某签字时系被告的法定代表人,具有代表公司进行民事法律行为的外观。即使被告章程和规章制度对法定代表人的权限进行了限制,但被告未有证据证实原告对此是明知的,应推定原告为善意相对人,被告章程和规章制度中对法定代表人代表权的限制不得对抗原告。故即使《账目明细》及《利息计算表》未加盖被告的公章,案外人于某的签字行为应视为其职务行为,该行为的后果应由被告承担。

2. 在被告时任法定代表人于某签署《账目明细》及《利息计算表》之后,被告又向原告偿还了60万元,应认定为股权款。故被告还应向原告偿还垫付款本金260万元、借款期间的利息4,826,064.08元、股权款60万元。

---

① 因原告在一审未提出确认《合作合同》效力的请求,一审法官未对该问题进行论述。

一审法院判决：

1. 被告偿还原告本金260万元、利息4,826,064.08元；
2. 被告向原告支付股权款60万元。

二审法官观点：

1. 双方签订《合作合同》后，均未按照合同的约定，对合同项下的房地产开发项目进行实质性的工作。被告虽主张案涉《合作合同》尚未解除，但又确认已将应于合同项下房地产项目建成后偿还给原告的借款部分偿付给了原告。故案涉《合作合同》已实际解除。

2. 原告与被告作为案涉房地产项目的合作开发伙伴，应对被告的公司状况、法人章程规定等事项履行审慎注意的合同义务，应当知晓被告章程的限制性规定、公司管理制度和业务流程。故案外人于某在《账目明细》及《利息计算表》中签字的行为，不应认定为代表被告的职务行为，原告在本案中依法不属于善意相对人。因此《账目明细》及《利息计算表》对被告不具有约束力。

3. 虽原告与被告在《合作合同》中明确约定合同项下的项目公司应由双方出资成立，但双方均未依约设立项目公司，且双方均确认被告在案外人置业公司中并无出资。原告主张被告应支付其股权款，没有事实依据，且原告仅以《账目明细》向被告主张股权款，没有法律依据。基于此，被告于2016年12月支付原告法定代表人案外人刘某的80万元及于2019年10月支付原告的60万元，均系偿还本金而非股权款。

4. 结合本案证据，被告向原告的借款总额为600万元，已还款总额为480万元，被告应继续偿还原告剩余本金120万元，并按被告还款情况分段计算其应支付的实际利息。

二审法院判决：

1. 被告偿还原告本金120万元及分段计算的相应实际利息；
2. 驳回原告其他诉讼请求。

38. 法定代表人因为执行职务造成他人损害的，由谁承担责任？

法定代表人因为执行职务造成他人损害的，由公司承担民事责任。公司承担责任后，可以按照法律或者公司章程的规定，向有过错的法定代表人追偿。

【案例8】法定代表人职务行为造成损害 即使存在过错亦由公司对外担责①

原告：黄甲

被告：康普公司、黄乙

诉讼请求：二被告共同赔偿原告损失共计93,484元。

争议焦点：被告黄乙作为被告康普公司的法定代表人，雇请工人对被告康普公司进行拆卸作业时造成损害，该行为是否属于职务行为，被告黄乙是否应承担责任。

基本案情：

被告黄乙系被告康普公司的股东之一，且担任该司法定代表人。

2020年6月6日，原告的员工操作属于原告所有的叉车在被告康普公司内作业。当日，因被告康普公司内厂房发生火灾，原告叉车被烧毁。

后消防大队出具《火灾事故简易调查认定书》，认定火灾原因为被告康普公司电器线路短路，产生火花引燃周边可燃物。

经评估鉴定，原告叉车损失为89,600元，原告支付评估费3884元。

因两被告未赔偿原告损失，原告诉至法院。

原告诉称：

火灾系被告康普公司电器线路短路，产生火花引燃周边可燃物造成，被告黄乙为本次火灾事故的主要负责人。两被告应赔偿原告损失共计93,484元。

被告辩称：

1. 两被告对本案损害的发生没有过错。

2. 本次事故与被告黄乙无关。

法官观点：

1. 经消防大队认定，被告康普公司对火灾导致原告叉车被烧毁存在过错，

---

① 参见广东省江门市中级人民法院（2021）粤07民终6358号民事判决书。

被告康普公司为侵权责任人，应承担全部民事赔偿责任。

2. 关于被告黄乙是否应承担责任的问题。被告黄乙是康普公司的股东及法定代表人，原告没有证据证明被告黄乙对事故存在过错。原告主张被告黄乙雇请工人在被告康普公司进行的拆卸作业并非职务行为，但未提供证据予以证实。根据《民法总则》第62条规定，即使被告黄乙存在过错，涉案事故的赔偿责任也应由被告康普公司承担，而非由被告黄乙个人承担。

法院判决：

1. 被告康普公司向原告赔偿财产损失93,484元；
2. 驳回原告的其他诉讼请求。

【相关法律依据】
一、公司法类
（一）法律
❖《公司法》第6条、第10条、第11条、第44条、第46条、第47条、第59条、第67~69条、第75条、第76条、第78条、第83条、第92条、第94~98条、第103条、第106条、第107条、第112条、第120条、第121条、第128条、第130条、第133条、第137条、第142条、第144条、第145条、第147条、第149条、第152条、第154条、第171~176条、第191条、第215条

（二）行政法规
❖《国务院关于实施〈中华人民共和国公司法〉注册资本登记管理制度的规定》（国务院令第784号）第2条
❖《企业名称登记管理规定》（2020年修订）第21条
❖《市场主体登记管理条例》（国务院令第746号）第46条

（三）司法解释
❖《最高人民法院关于适用〈中华人民共和国公司法〉若干问题的规定（三）》（2020年修正）第1~5条

（四）部门规章
❖《上市公司治理准则》（2018年修订）第38条
❖《国有企业、上市公司选聘会计师事务所管理办法》（财会〔2023〕

4号）第5条

❖《企业名称登记管理规定实施办法》（国家市场监督管理总局令第82号）第3条、第9~11条、第18~20条、第31条、第34条、第40~43条、第47条、第49条

❖《企业名称相同相近比对规则》（工商企注字〔2017〕133号）第3条、第4条

❖《公司登记管理实施办法》（国家市场监督管理总局令第95号）第19条

❖《市场主体登记管理条例实施细则》（国家市场监督管理总局令第52号）第12条

（五）地方法规

❖《上海市企业名称争议裁决实施办法》（沪市监规范〔2024〕6号）第6条

二、其他

（一）法律

❖《商标法》第32条、第33条、第45条

❖《反不正当竞争法》第6条、第18条

❖《民事诉讼法》第29条

（二）行政法规

❖《商标法实施条例》（2014年修订）第77条

（三）司法解释

❖《最高人民法院关于审理注册商标、企业名称与在先权利冲突的民事纠纷案件若干问题的规定》（2020年修正）第4条

❖《最高人民法院关于适用〈中华人民共和国反不正当竞争法〉若干问题的解释》（法释〔2022〕9号）第13条

❖《最高人民法院关于审理商标民事纠纷案件适用法律若干问题的解释》（2020年修正）第21条

❖《最高人民法院关于适用〈中华人民共和国民法典〉合同编通则若干问题的解释》（法释〔2023〕13号）第22条

第二章　发起人责任纠纷

【宋和顾释义】

> 关于发起人责任纠纷，新《公司法》在修订中涉及一处修改，系吸收公司法司法解释的规定，内容为公司或其他发起人承担职务侵权责任后的责任分担。
>
> 结合过往司法实践和本次修订，发起人责任纠纷的争议类型主要体现为以下三种：
>
> （1）公司与发起人之间就设立行为、职务侵权行为所产生的债务和费用相互追偿；
>
> （2）公司未成立的，认股人要求发起人返还股款本息；
>
> （3）部分发起人承担债务和相关费用后，主张其他发起人分担。
>
> 上述部分问题，在本书第三版第一册"发起人责任纠纷"章节中已涉及，本章系根据司法实践的变化以及修法产生的新问题，加以梳理、归纳和补充。

39. 如何确定发起人责任纠纷的诉讼当事人？

公司与发起人之间就设立行为、职务侵权行为所产生的债务和费用相互追偿的，公司、发起人均可能为原被告。

公司未成立，认股人要求返还股款本息的，原告为认股人，被告为发起人。

发起人诉请其他发起人分担因设立行为所产生的债务和费用的，原告为已承担责任或无过错的发起人，被告为应分担责任或负有过错的发起人。

40. 公司设立失败时，设立阶段所产生的收益如何分配？

对此，法律并无明文规定。根据权利义务相一致的法理以及民法中的公平原则，对公司设立阶段的债权分配，应比照适用债务承担的规定，发起人有权按照出资比例分配公司设立阶段从事经营行为所产生的收益。

41. 股东之间对组建公司产生的费用或损失进行分摊的前提是什么？

股东之间对公司设立过程中产生的费用或损失分摊的前提是损失确实发生。当公司设立失败时，若不存在损失或损失与公司设立并无关联性，则无所谓是否赔偿损失的问题。并且有关费用和债务应当在合理范围内，不得超过必要的限度。

此外，发起人也无权代债权人向其他发起人主张因公司设立失败产生的损失，发起人尚未向债权人支付的损失费用，不属于组建公司产生的费用或损失。

【案例9】 公司设立失败 未证明损失实际发生请求赔偿被驳回[①]

原告（反诉被告）：弘仁公司

被告（反诉原告）：工美公司

本诉请求：被告赔偿经济损失10,282.05万元。

反诉请求：原告支付房屋使用费72万元。

争议焦点：

1. 原被告双方合资组建新公司失败，系由谁的过错导致的；

2. 原告是否可以就未实际向第三方支付的部分主张存在损失；

3. 原告所提供的装修费、设计费花费的相应证据，在金额、产生时间方面存在矛盾且无法解释的，能否认定该费用系为设立公司产生的支出；

4. 原告已知增资扩股事宜不能达成，仍以拟设立公司名义对外签订合同的，由此产生的费用是否属于为设立公司产生的支出；

5. 原告已支付的验资费难以确定所对应的验资事项，且《验资报告》中的实缴情况未进行相应的工商变更登记，该费用是否应由对应的出资方被告承担；

---

① 参见最高人民法院（2015）民二终字第90号民事判决书。

6. 原告主张其投入的专利存在价值损失，但新公司未实际设立并经营，该损失是否存在，金额如何认定，法院是否可以支持该主张；

7. 被告就案涉房屋被原告长期占用是否明确表示过拒绝，原告是否应支付占用费。

基本案情：

2003年3月10日，原告与被告签订《合资合同书》，约定：双方共同成立合资公司，开发和经营调元五味精生物制品项目，合资公司注册资本1.25亿元，原告以调元五味精高科技项目作价1亿元作为投资，占注册资本的80%，被告以自己的厂房场地及设施作价2500万元作为投资，占注册资本的20%；被告负责腾出办公楼、厂房、场地；双方共同负责对办公楼的设计装修及对现有厂房场地规划设计、改造等；由于一方过失，造成合同条款不能履行时，由过失一方承担违约责任。

同日，原告与被告又签订《合资合同书补充条款》，约定：

1. 被告委托原告对双方所拥有的专利技术和资产进行评估，评估费由原告承担。

2. 合资公司注册后，由原告负责合资公司的立项手续和融资工作，被告予以配合。

3. 原告如在政府立项批复之日起6个月内融资未到位，合资合同即行中止。

4. 双方投入的资产在融资到位前，暂不做变更和移交，在融资到位后再将资产移交合资公司名下。

5. 原告负责案涉办公楼的装修。如合资合同因故终止，不得毁坏原装修设施，由被告无偿收回并管理。

当日，被告将办公楼交出以供组建新的合资公司使用。后因原告未在约定期限内融资到位，《合资合同书》中止履行。

2003年7月1日，各方重新约定了合资方式，将新设公司改为对原告增资扩股。原告、被告及案外人刘某（原告的股东）三方签订《组建集团入股协议书》，约定：将原告更名并组建集团，注册资本8098万元，其中原告以现金出资3000万元（即原告自己的注册资本3000万元），占注册资本37.04%；

被告以原大连制镜厂建筑及土地使用权经评估2638万元出资，占注册资本32.58%；案外人刘某（原告的股东）以调元五味精制品发明专利经评估2460万元出资，占注册资本30.38%。

同日，原告的3名股东（案外人刘某、案外人张某、案外人胡某）和被告一致通过了原告的《章程修正案》，对上述增资入股事实予以确认。被告内部亦召开股东会和董事会，就上述增资入股事宜作出内部决议。

2003年7月4日、8日，案外人中大评估所出具大中大评报字〔2003〕第39号、第40号2份《资产评估报告书》，分别确认案外人刘某交纳2460万元，被告交纳2638万元，公司正在办理变更登记。

2003年7月15日，案外人公正会计所出具（2003）5-299号《验资报告》，载明本次增加注册资本5098万元，已由被告、案外人刘某于2003年7月8日缴足。

2003年7月23日，被告向工商局出具《承诺函》，就上述建筑及土地使用权投资入股原告作出说明。

2003年8月12日，经工商局批准，原告更名为集团公司，但注册资本仍为3000万元，且股东未变，仍为3名案外人：刘某、张某、胡某。原告进行工商局年检的档案材料中包括：被告的内部股东会决议、董事会决议、承诺函以及《组建集团入股协议书》和原告《章程修正案》等，材料中记载有被告入股原告成为股东。

因合资项目需要融资，2004年3月22日，被告内部召开股东会、董事会并作出决议，同意用投资入股原告的地上建筑物及土地使用权作为抵押物，供原告办理银行抵押贷款使用。同日，被告出具抵押物证明，并委托房地产评估事务所就抵押物价值出具评估报告。但被告未将评估结果等材料交给原告，未能办理抵押贷款实现融资。

至此，双方之间的合资合作再次搁置。但原告持续使用被告提供的办公楼直至2009年4月。

2009年，被告将用于投资入股原告的土地和建筑物均转让给其全资子公司，并完成过户和登记备案手续。截至诉讼时，地上建筑物已被全部拆除，包括2003年3月10日交给原告使用的办公楼也于2009年4月被强行拆除，土地被用于房地产开发。

2011年，原告召开股东会并作出《章程修正案》，再次将公司更名为起诉时的名称，注册资本仍为3000万元，股东仍为案外人刘某、张某、胡某。

此外，原告自2007年7月起，将被告提供的办公楼1层和3层租赁给案外人使用，收取年租金14.4万元。

原告诉称：

1. 被告至今不履行出资义务构成违约，给原告造成巨额经济损失，应向原告赔偿的金额合计10,282.05万元，具体包括：

(1) 原告投入的调元五味精制品专利价值16,937.94万元，按原告持股比例37.04%计算，损失金额为6273.81万元；

(2) 原告为与被告合资经营，欠付案外人装饰公司的装修设计工程款，本金为257.7804万元，与利息、违约金合计为433.071万元（目前仍欠付，未实际支付）；

(3) 原告为与被告合资经营，欠付案外人中大评估所的资产评估费132.25万元，与利息、违约金合计263.2546万元（目前仍欠付，未实际支付）；

(4) 原告为与被告合资经营，向案外人公正会计所已付的验资费用9万元，以及尚欠的27万元，共36万元；

(5) 因委托律师事务所为合资经营项目出具法律意见书所支付的律师费15万元；

(6) 委托房地产评估事务所评估案涉土地、房屋的评估费8万元；

(7) 需要补偿给案外人某食品公司的费用及利息1097.094万元；

(8) 被告将投资入股的楼房、厂房拆除，导致原告库房中产品毁损，造成600余万元库存商品损失；

(9) 原告为与被告合资经营，欠付案外人某广告公司的产品市场营销策划设计费1740万元及违约金348万元，合计2088万元。

2. 原告为证明其观点，提交的主要证据如下：

(1) 关于应向案外人某装饰公司支付的装修费和设计费。

①落款日期为2003年3月28日的《建筑装饰工程施工合同》复印件，记

载该工程发包方为原告，承包方为案外人某装饰公司，合同价款为827,804元，工程预付款总金额为24万元整，落款发包方、承包方电话号码均为8位数字。

②2005年11月8日，原告与案外人某装饰公司签订的《还款协议》，记载办公楼装修、设计预算合计工程款877,804元，调元五味精项目建筑内外装修、设计费170万元，两项合计257.7804万元。

③原告内部的装修本金和利息明细，记载本金827,804元。

④2003年3月3日，原告与案外人某装饰公司签订的《委托书》，内容为原告委托对方对包含案涉办公楼在内的厂区进行规划、设计、建设施工。但其中没有关于设计费170万元的具体记载。

⑤2004年5月16日，原告与案外人某装饰公司签订的《协议》复印件记载设计工程总合同价款为170万元，合同签约后分4次支付价款。

(2) 关于应向案外人中大评估所支付的资产评估费。

2006年10月27日，案外人中大评估所致原告《催款函》，记载中大评估共出具大中大评报字〔2002〕第101号至第106号以及大中大评报字〔2003〕第39号、第40号8份评估报告书，评估费共计132.25万元。

《催款函》中提及，原告与中大评估所达成补充协议，专利的评估费以及上述第39号、第40号评估报告费用，均由原告统一支付。

(3) 关于应向案外人公正会计所支付的验资报告费。

公正会计所出具的手写收条，内容为"今收到大连华仁调元五味精生物制品集团有限公司（即本案原告）审计、验资款人民币玖万元（9000.00）"，收款时间为2004年11月16日。

被告辩称：

1. 双方合资失败是由于原告无法融资到位和新公司立项手续无法办理，双方已在事实上终止《合资合同书》以及《合资合同书补充条款》的履行，新公司从未注册成立过，故《合资合同书》及其补充条款不能作为要求被告履行出资义务和承担责任的依据，原告为此支出的费用应自行承担。

2. 本案发生在大连市，该地区固定电话、小灵通系自2004年3月21日零时起升至 8 位,具体升位方法是在原有号码前加 8。但原告提供的落款日期为 2003 年 3 月 28 日的《建筑装饰工程施工合同》复印件,落款发包方、承包方电话号码却提前 1 年升至 8 位数字,该证据显然不真实。

被告为证明其观点,提交证据如下:

案外人公正会计所为原告关联企业注册所作的(2002)5-190 号、(2003)5-262 号、(2003)5-263 号、(2003)5-264 号 4 份验资报告,用以证明原告以同样的技术成立有多家关联公司,原告已付和欠付会计所的费用,未必系用于原告与被告的合资项目,很可能系用于上述原告关联企业。

被告反诉称:

原告自 2003 年 3 月起,占用被告办公楼,拒不缴纳使用费。自 2007 年 7 月起,原告私下将办公楼租赁给他人使用,收取年租金 14.4 万元。故原告应按其对外出租的租金标准向被告支付房屋使用费 72 万元。

针对被告的反诉,原告辩称:

1. 原告占有使用案涉房屋是双方约定,无须向被告支付任何使用费用。

2. 对外租赁并非真实,系因被告拒不履行出资义务,造成原告经营困难,对外拖欠款项,原告债权人占用部分房屋,向原告要债。故被告的反诉请求没有任何事实及法律依据,应予驳回。

法官观点:

本案属于因公司设立而引发的发起人责任纠纷,就发起人为组建公司费用或损失承担责任而言,首先应予判断的是损失是否实际发生的问题。

1. 原告主张为成立新公司支付的律师费,为融资贷款支出的评估费,应向案外人某食品公司和案外人某广告公司支付的费用,以及因房屋拆迁导致的库存损失,因原告未提供证据,无法认定其实际发生。

2. 原告主张的装修费、设计费以及为组建新公司支付的评估费、验资费中,除 9 万元验资费外,其余费用均未实际支付,因此所谓实际损失也就无从发生。原告将其尚未支付的对外债务作为实际损失请求被告向其赔偿,不仅缺乏事实基础,也缺乏法律依据。

3. 对原告提供的装修费、设计费以及为组建新公司支付的评估费、验资费的证据进一步逐笔审查,可以认定应由原告自行承担,具体如下:

(1) 关于装修费 877,804 元及利息。

首先，由于原告无法在约定期限内融资到位，导致合资合同终止，原告即应及时将办公楼交还给被告，被告有权按照双方约定无偿收回所交付的办公楼，基于此，办公楼装修费用即应由原告自行承担。

其次，2003 年 8 月 12 日工商局批准原告变更名称为集团公司后，被告已经实际不能、也未成为原告的股东。在此情形下，原告却依然未及时交还办公楼，甚至还继续占有使用至 2009 年 4 月，直至办公楼被拆除时为止，该办公楼装修利益实际已经由原告自身办公而享用，对此让被告承担办公楼的装修费用，亦显然不妥。

最后，原告提供的《建筑装饰工程施工合同》复印件记载合同价款为 827,804 元，原告已付工程预付款 24 万元，但之后其与案外人某装饰公司达成的《还款协议》以及案外人装饰公司的《催款函》均将装修本金表述为 877,804 元，且均未提及原告已经支付 24 万元预付款一事，而另一份同样由原告制作的装修本金及利息明细表又再次记载装修款本金为 827,804 元；尤其是，大连市固定电话、小灵通号码自 2004 年 3 月 21 日零时起升至 8 位，而原告提交的 2003 年 3 月 28 日生效的合同却提前近一年落款 8 位数电话号码。

原告提供材料存在诸多矛盾及无法解释之处，故对其主张装修费的证据不予采纳，装修费 877,804 元应由原告自行负担。

(2) 关于设计费 170 万元。

首先，原告于 2003 年 3 月 3 日与装饰公司签定的《委托书》并无设计费 170 万元的具体约定与记载，而 2004 年 5 月 16 日其与装饰公司签定的《协议》中却有关于设计费 170 万元的明确约定，并有关于该 170 万元设计费分 4 次支付的具体约定，且这 4 次支付时间均从该合同签订日往后算。原告自行记录的装修本金和利息明细表亦记载，本金 170 万元，起始日期为 2004 年 5 月 16 日。就以上原告所提供的相关证据来看，认定 170 万元设计费发生时间的起算点为 2004 年 5 月 16 日，显然更为合理。

其次，2003 年 8 月 12 日后，原告已经知道被告没有被工商局变更登记为其股东，即各方共同增资入股而扩建公司的愿望没有实现，没有获得工商部门的登记与批准。在此之后，即 2004 年 5 月 16 日，原告仍以其自身名义委托案外人某装饰公司发生170万元的设计费用。该笔设计费用显然不应属于为组建公司之共同目的而必须发生的合理费用,即便实际发生,显然应由原告自行承担。

最后,原告也未提供案外人某装饰公司为获得170万元设计费而所提供的足以令人信赖的、完整的、专业的设计成果。

综上,该设计费即便真实存在,也应由原告自行承担。

(3) 关于评估费132万余元。

首先,依据原告提供的《催款函》,有6份资产评估报告的出具时间为2002年,这明显属于本案双方于2003年3月签订组建公司协议之前所发生的评估费用,且均属于案外人刘某个人作为委托方为其个人专利评估所发生的费用,不应归于本案双方组建公司过程中发生的必需的合理费用,故应由原告自行承担。

其次,2003年的第39号《资产评估报告》,委托评估人为案外人刘某,由此产生的评估费用,属于刘某使用其个人无形资产出资所引发的费用,显然不应由被告负担。

最后,原被告签订的《合资合同补充条款》约定,被告委托原告对双方所拥有的专利技术和资产进行评估,评估费用由原告承担。原告提供的《催款函》亦表明,原告在与评估所签订的补充协议中承认专利的评估费以及第39号、第40号评估报告费用,均由原告统一支付。

(4) 关于验资报告费36万元及利息。

首先,会计师事务所出具收条上虽填写收到审计、验资款大写人民币玖万元,但括弧附注的小写却为9000.00元,大小写明显不一致,这与会计专业背景人员的书写习惯明显不符,实际支付金额难以认定。

其次,原告并未提供任何其与会计师事务所签订的验资合同,而根据被告提供的证据,由该会计师事务所为原告关联企业注册所作验资报告有4份,故原告主张的所欠会计师事务所的36万元及原告主张的已经支付的9万元验资费,是否为本案双方共同组建集团公司目的而产生,难以认定。

最后,虽然原告提供的《验资报告》显示,截至2003年7月8日,原告已收到案外人刘某、被告双方共缴纳的注册资本合计人民币5098万元,但此后经工商部门变更登记的原告注册资本并未变更，并未新增公正会计所验资证明到位的新增资本 5098 万元。

综上，由此引发的验资费用不应由被告承担。

4. 至于原告主张的专利市场价值损失，因新公司并未实际投入经营，对经营的利润损失无法确定，故无法予以支持。

5. 在 2003 年 8 月 12 日双方增资组建集团公司未能获得工商部门登记许可后，被告原本可以按照合同约定要求原告搬离，但直至 2009 年所占用房屋被拆除之前，被告除单方陈述外，不能提供任何诉前即已请求原告搬离的证据材料。原告依合同约定占用了案涉房屋，这并不违背被告的意愿，当双方合同没有继续履行的情况下，双方也未对原告应否退回房屋作出协商与约定，在此情形下，被告主张由原告以租金方式支付使用费没有合同及法律依据，难以支持。

法院判决：

1. 驳回原告的全部诉讼请求；
2. 驳回被告的反诉请求。

【相关法律依据】

一、公司法类

（一）法律

❖《公司法》第 44 条

（二）司法解释

❖《最高人民法院关于适用〈中华人民共和国公司法〉若干问题的规定（三）》（2020 年修正）第 5 条

二、民法类

❖《民法典》第 75 条

第三章　股东出资纠纷

【宋和顾释义】

> 关于股东出资纠纷，新《公司法》在修订中，共涉及十一处修改，其中七处为吸纳司法解释规定基础上的进一步调整，四处为新增规定，涵盖：
> （1）有限责任公司股东的出资期限；
> （2）明确股权、债权可作为非货币财产出资；
> （3）股东未按期足额缴纳出资时的责任承担；
> （4）股东出资不实时的责任承担；
> （5）股东抽逃出资时的责任承担；
> （6）未届期股权以及瑕疵出资股权转让时的责任承担；
> （7）董事对股东出资的催缴义务；
> （8）股东失权制度；
> （9）股东出资加速到期制度；
> （10）发起人、股东虚假出资、出资不实的行政责任；
> （11）发起人、股东抽逃出资的行政责任。
> 结合过往司法实践和本次修订，股东出资纠纷的争议类型主要体现为以下八种：
> （1）诉讼主体争议，如股东出资纠纷的诉讼当事人如何确定，瑕疵出资股东能否要求其他瑕疵出资股东履行出资义务；

(2) 出资方式争议，如股东协议约定的出资方式与公司章程记载的出资方式不一致时以何者为准，以及以划拨土地使用权出资时的实务处理；

(3) 抽逃出资争议，如抽逃出资与股东借款的区别，抽逃出资举证责任的分配；

(4) 股东出资加速到期制度争议，如适用股东出资加速到期制度的条件，公司债权人要求股东提前承担出资责任是否适用入库规则；

(5) 瑕疵出资股权转让争议，如抽逃出资的股东对外转让股权，受让方明知股权瑕疵仍受让，之后受让方能否以公司名义要求转让方返还抽逃出资；

(6) 未届出资期限股权转让争议，如新《公司法》第88条第1款能否溯及适用，未届出资期限的股权经多次恶意转让的，历次转让人承担责任的顺序；

(7) 出资责任承担争议，如公司债权人诉请公司股东在未出资范围内对公司债务承担补充赔偿责任时，股东是否享有诉讼时效抗辩权，以及公司股东出资不实、虚假出资或抽逃出资时，应当承担哪些行政责任；

(8) 股东失权制度争议，如股东失权制度的适用条件、程序、丧失股权的处理以及股东救济措施。

上述部分问题，在本书第三版第一册"股东出资纠纷"章节中已涉及，本章系根据司法实践的变化以及修法产生的新问题，加以梳理、归纳和补充。

42. 对于不同时间设立的有限责任公司，如何衔接适用新《公司法》规定的5年认缴出资期限？

《国务院关于实施〈中华人民共和国公司法〉注册资本登记管理制度的规定》（国务院令第784号）通过设置"3年过渡期"（2024年7月1日至2027年6月30日）来明确不同时间设立的有限责任公司衔接适用新《公司法》规定的5年认缴出资期限的问题：

(1) 2024年7月1日及之后登记设立的有限责任公司，股东应在公司成立之日起5年内缴足出资；

（2）2024年6月30日前登记设立的有限责任公司，剩余认缴出资期限自2027年7月1日起超过5年的，应当在2027年6月30日前将剩余认缴出资期限调整至5年内并记载于公司章程，股东应当在调整后的认缴出资期限内缴足出资；

（3）2024年6月30日前登记设立的有限责任公司，剩余认缴出资期限自2027年7月1日起未超过5年的，股东应当在此认缴出资期限内缴足出资。

43. 如何确定股东出资纠纷的诉讼当事人？

对此，需要分为以下八种情形：

（1）在请求抽逃出资的股东返还出资本息，协助抽逃出资的其他股东、董事、高级管理人员或实际控制人对此承担连带责任的情形中，原告为公司、其他股东或者公司债权人，抽逃出资股东及协助抽逃出资的其他股东、董事、高级管理人员或实际控制人为共同被告；

（2）在请求未履行催缴义务而给公司造成损失的董事承担赔偿责任的情形中，原告为公司、其他股东或者公司债权人，被告为未履行催缴义务的董事；

（3）在请求未履行或未全面履行出资义务的股东全面履行出资义务并对公司损失承担赔偿责任的情形中，原告为公司或者其他股东，被告为未履行或未全面履行出资义务的股东；

（4）在请求设立时未履行或未全面履行义务的股东全面履行出资义务，其他发起人对此承担连带责任的情形中，原告为公司或者其他股东，设立时未履行或未全面履行出资义务的股东与其他发起人为共同被告；

（5）在因公司不能清偿到期债务请求股东出资义务加速到期的情形中，原告为公司或者公司债权人，被告为未履行出资义务的股东；

（6）在请求未履行或未全面履行出资义务的股东对公司债务承担补充赔偿责任的情形中，原告为公司债权人，被告为未履行或未全面履行出资义务的股东；

（7）在请求设立时未履行或未全面履行出资义务的股东对公司债务承担补充赔偿责任，其他发起人对此承担连带责任的情形中，原告为公司债权人，设立时未履行或未全面履行出资义务的股东与其他发起人为共同被告；

（8）在依据股东协议请求未履行或未全面履行出资义务的股东承担违约责

任的情形中，原告为其他股东，被告为未履行或未全面履行出资义务的股东。

44. 关于是否抽逃出资的举证责任应由谁承担？

多数观点认为，是否抽逃出资的举证责任不应由被诉抽逃出资的股东承担，而应该由公司承担。对于原告，也至少应当履行初步举证义务，以达到合理怀疑的程度。理由如下：第一，从举证责任分配来看，原则上不要求当事人证明消极事实；第二，从举证能力来看，公司强于抽逃出资股东。

45. 未按期足额缴纳出资的股东，应向公司与其他守约股东承担何种责任？

未按期足额缴纳出资的股东，对公司应当缴足出资，并对因此造成的公司损失承担赔偿责任；对其他守约股东，依据股东协议或公司章程承担违约责任。

46. 瑕疵出资股东能否要求其他瑕疵出资股东履行出资义务？

可以。理由如下：

（1）法律并未明确限制瑕疵出资股东要求其他瑕疵出资股东履行出资义务的权利；

（2）全体股东都有向公司出资的义务，出资的权利主体是公司，瑕疵出资股东无法以其他股东亦未全面履行出资义务为由拒绝履行自身的出资义务；

（3）从公司资本维持的角度而言，瑕疵出资股东之间互相催缴出资有助于公司资本充实。

【案例 10】受让瑕疵股权后未补足出资　起诉要求其他抽逃出资股东返还出资仍获支持[①]

原告：教育公司

被告：泵业公司、林某

第三人：小贷公司

诉讼请求：被告泵业公司向第三人小贷公司返还其抽逃出资 600 万元，被

---

① 参见上海市第一中级人民法院（2021）沪 01 民终 14513 号民事判决书，本案系人民法院案例库入库案例。

告林某对此承担连带责任。

争议焦点：

1. 原告通过司法拍卖取得第三人股权，已完成股权交割但未办理工商变更登记，原告是否具有起诉所需的股东资格；

2. 被告泵业公司通过第三方代垫出资并未经法定程序将出资抽回，是否构成抽逃出资；

3. 原告明知股权瑕疵仍然受让，受让后亦未补足出资，原告是否有权请求抽逃出资的被告泵业公司向第三人返还出资；

4. 第三人是否可以公司意志免除被告泵业公司的返还出资义务；

5. 被告林某作为第三人董事长兼被告泵业公司法定代表人，在无法证明其系第三人实际控制人或其经办了被告泵业公司代垫出资事宜的情况下，能否要求其对被告泵业公司抽逃出资承担连带责任。

基本案情：

第三人于 2009 年 1 月 20 日注册成立。股东为被告泵业公司、案外人协丰公司等 9 家公司。被告林某系被告泵业公司的法定代表人，兼第三人董事长。

2009 年 1 月 13 日、14 日，案外人发展公司分别向上述 9 家公司银行账户转入注册资本共计 6000 万元，再由 9 家公司分别向第三人缴足注册资本 6000 万元。

2009 年 1 月 22 日和 2 月 1 日，上述 9 家公司以本票的形式分别将 6000 万元的注册资本转出第三人账户，转回至案外人发展公司。

2014 年 6 月 25 日，第三人因其他诉讼被申请强制执行，在该案中，法院裁定追加被告泵业公司等为共同被执行人。

2016 年 7 月 18 日，市委金融办颁布文件，同意取消第三人本市小额贷款公司试点资格的申请。

2020 年 7 月 2 日，原告通过司法拍卖受让案外人协丰公司名下第三人 10% 的股权（对应注册资本为 600 万元），并在《股权转让协议》中明确对标的股权、第三人的现状及瑕疵均明知并自愿接受。随后，法院在案外人协丰公司破产清算一案中，裁定协丰公司名下第三人 10% 的股权归原告所有。

2021 年 7 月 5 日，案外人协丰公司与原告签订《补充协议》，约定双方就第三人 10% 的股权已在 2020 年 8 月 7 日完成交割。

原告诉称：

原告通过司法拍卖从案外人协丰公司处取得第三人 10% 的股权，并经法院生效裁定确认股权所有权，原告具有第三人股东资格，有权起诉。

原告查询第三人涉诉信息发现，现有生效裁定确认被告泵业公司存在抽逃出资的行为，被告林某作为第三人董事长及被告泵业公司的法定代表人，协助抽逃出资，应当承担连带责任。

两被告泵业公司、林某辩称：

原告不具有股东资格，无权提起本案诉讼。原告通过司法拍卖取得第三人股权，但未按照协议内容办理工商变更登记手续，且在知道转让方案外人协丰公司也存在抽逃出资的情况下，未向第三人履行出资义务。

第三人在 2016 年 7 月 18 日市委金融办同意取消其小额贷公司试点资格的申请后，已不再经营，原告权益未受到侵害。

第三人称：

第三人所有股东都没有出资，仅要求被告泵业公司返还抽逃的出资不合理，且第三人从 2012 年开始就没有经营，也无负债。

法官观点：

1. 关于原告未补足出资的情况下，能否要求被告泵业公司补足出资。

首先，被告泵业公司通过案外人发展公司代垫出资并将其出资抽回的行为并未经过法定程序，构成抽逃出资。

其次，原告通过司法拍卖获得第三人 10% 的股权，所有权已获生效裁定确认，应享有第三人的股东权利，根据《公司法司法解释（三）》第 14 条规定，有权提起本案诉讼。

最后，即便受让股权有瑕疵，原告作为股东仍有权请求抽逃出资的股东被告泵业公司向第三人返还全部出资。理由如下：

（1）法律没有明确规定《公司法司法解释（三）》第 14 条中的其他股东应限定为守约股东。从促进公司资本充实的目的看，也不应将抽逃出资股东或者受让瑕疵股权的股东排除在该法条规定的请求其他抽逃出资股东向公司返还出资本息的其他股东之外。对未履行出资义务或者抽逃出资的股东提起股东出资诉讼是法律赋予其他股东的权利,对该条中其他股东的资格进行限缩,与公司资本制度不符。

(2)全体股东都有向公司出资的义务,该出资并非股东之间的对待给付,权利主体是第三人,包括被告泵业公司在内的任一股东均不得以对方未履行出资义务、抽逃出资或者受让之股权存在瑕疵为由拒绝履行自身的出资义务。

(3)股东抽逃出资侵害的是公司财产权益,股东行使出资请求权属于共益权范畴。况且,从公司资本维持的角度来看,未履行出资义务或者抽逃出资的股东之间互相催缴出资,有利于公司资本充实。

(4)股东的出资义务具有法定性,公司资本维持是股东承担有限责任的基础,公司资本缺失显然会降低公司的履约能力和偿债能力,故不应以公司意志予以免除。

2. 被告林某是否应承担连带责任。

被告泵业公司作为第三人股东,其抽逃出资侵犯了公司财产权。如果公司其他股东、董事、高级管理人员或者实际控制人协助抽逃出资,则构成共同侵权,应与被告泵业公司承担连带责任。

但据第三人企业公示信息,被告林某虽系第三人董事长,但并非法定代表人,现有证据也不能证明被告林某系第三人实际控制人或者第三人发起设立时通过案外人发展公司代垫验资事宜系由被告林某经办,因此,原告主张被告林某协助抽逃出资缺乏事实依据。

法院判决:

1. 被告泵业公司向第三人返还出资600万元;
2. 驳回原告其余诉讼请求。

47. 公司无财产可供执行,债权人申请追加出资期限未届满的股东为被执行人,股东称其实际与公司约定以劳务出资且已完成出资,是否影响债权人追加其为被执行人?

不影响,因为劳务出资不是合法的出资方式,且登记备案的章程具有公示公信力,出资方式与章程不符的,对外应以章程为准。公司无财产可供执行,股东认缴出资应加速到期,出资期限未届满的股东可以被追加为被执行人。

【案例 11】公司无财产可供执行符合出资加速到期条件　劳务出资不合法股东被追加执行①

申请人： 装备公司

被申请人： 张某

被执行人： 航空公司

异议请求：

1. 撤销 416 号执行裁定书；

2. 追加被申请人张某为 11590 号案件的被执行人，在其未缴纳出资 100 万元本息范围内对被执行人航空公司的债务承担清偿责任。

争议焦点：

1. 股东能否以劳务出资，若股东内部约定以劳务出资，但章程载明货币出资，对债权人应以何者为准；

2. 公司经执行无财产可供变现且出具终本裁定，是否属于股东出资应当加速到期的情形。

基本案情：

2014 年 10 月 23 日，被执行人航空公司成立，企业类型为有限责任公司，注册资本为 10 万元。

2016 年夏季，被执行人航空公司法定代表人案外人期某邀请被申请人张某成为被执行人航空公司股东并担任副总经理，约定被申请人张某以劳务作价出资 100 万元，具体方式是：被申请人张某与被执行人航空公司签署任期 60 个月（2016 年 7 月 1 日至 2021 年 6 月 30 日）的劳动合同，被申请人张某每月工资 2 万元，被执行人航空公司在前 50 个月无须支付被申请人张某工资，以每月工资 2 万元直接抵扣成股本金，直至 50 个月期满，张某完成 100 万元出资后，工资开始按每月 2 万元正式支付。截至本案诉讼时，上述劳动合同已履行完毕。

2016 年 10 月 26 日，被执行人航空公司增资至 1000 万元。工商登记机关备案的章程显示，被申请人张某作为新增加的股东之一，认缴出资 100 万元，

---

① 参见北京市第二中级人民法院（2022）京 02 民终 3337 号民事判决书。

占股10%，出资期限为2040年12月31日，出资方式为货币。截至本案诉讼时，国家企业信用信息网与被执行人航空公司工商档案显示被申请人张某尚未实缴出资。

2020年6月12日，在申请人与被执行人航空公司的另一合同纠纷案中，法院作出民事调解书，载明：被执行人航空公司应于2020年7月30日前支付申请人合同款总计100万元。被执行人航空公司若未按时足额还款，申请人可立刻向法院申请强制执行。

2020年8月13日，因被执行人航空公司未按调解书约定履行付款义务，申请人向法院申请强制执行。

2021年1月8日，法院作出11590号执行裁定书，以暂未发现被执行人名下可供执行财产为由裁定终结本次执行程序。

申请人诉称：

被执行人航空公司被法院穷尽执行措施仍无财产可供执行，已具备破产原因，但不申请破产，申请人依法有权申请追加未履行实缴出资义务的股东被申请人张某为被执行人，被申请人张某应在其未缴纳出资本息范围内，对被执行人航空公司的债务承担清偿责任。

被申请人辩称：

1. 被申请人张某系以劳务作价出资成为被执行人航空公司股东。

截至本案诉讼时，被申请人张某已通过每月工资2万元、工作50个月抵扣成股本金的方式履行了其实际出资100万元的义务。

2. 股东承担责任的条件不成就，理由如下：

（1）被执行人航空公司虽然资金紧张，但一直在正常经营，近一年来通过销售无人机与提供培训等项目，整体经营有盈利；

（2）被执行人航空公司名下有十几项知识产权资产；

（3）被执行人航空公司对外享有合计40多万元的债权或应收账款；

（4）被执行人航空公司尚有价值约100万元的库存设备。

综上，即使认定被申请人张某应按章程规定以货币出资，在被申请人张某认缴期限未届满，且被执行人航空公司不具备破产原因时，要求被申请人张某承担出资责任于法无据。

法官观点：

1. 关于被申请人张某能否以劳务作价出资成为被执行人航空公司的股东。

首先，以劳务作价出资不属于合法的有限责任公司股东出资方式。

其次，被执行人航空公司在登记机关备案的公司章程载明，被申请人张某认缴出资100万元，出资期限为2040年12月31日，出资方式为货币。被执行人航空公司备案的公司章程具有公示公信力，对被执行人航空公司及被申请人张某具有拘束力。被申请人张某关于其出资方式的主张与该公司章程不符。

综上，被申请人张某提出的其以劳务作价出资成为被执行人航空公司股东的主张，缺乏法律依据，应不予采纳。

2. 关于被申请人张某是否应承担出资责任。

本案中，被执行人航空公司未能依据生效调解书的规定向申请人清偿债务，应当认定被执行人航空公司不能清偿到期债务。

虽然被申请人张某称被执行人航空公司尚有资产，但现有证据不能证明被执行人航空公司能够将财产变现、清偿债务，且被执行人航空公司作为被执行人的执行案件因穷尽执行措施无财产可供执行，已被法院裁定终结本次执行程序，申请人的债权至今未获清偿，应当认定被执行人航空公司明显缺乏清偿能力。

因此，本案属于被执行人航空公司已具备破产原因但不申请破产的情形，被申请人张某的认缴出资加速到期，应承担相应出资责任。

法院判决：

1. 追加被申请人张某为11590号执行案件的被执行人，其在未履行出资额100万元的范围内，对另案民事调解书确定的被执行人航空公司向申请人应履行债务不能清偿的部分承担补充赔偿责任；

2. 驳回申请人其他异议请求。

48. 股东协议约定股东以劳务出资，并约定章程与协议不一致时以协议为准，之后公司登记备案的章程记载股东以货币出资，公司能否要求股东履行货币出资义务？

不能。当有关出资方式的纠纷发生在公司内部时，法院倾向于尊重股东之间的意思自治，即股东出资方式以股东协议约定为准。此时公司无法要求股东按章程履行货币出资义务。

【案例12】股东内部已约定全部出资由一方负责　以公司名义主张对方出资被驳回[①]

原告：科技公司

被告：王某

诉讼请求：被告向原告缴纳出资400万元。

争议焦点：

1. 工商登记的章程记载股东按股权比例出资，但股东内部协议约定所有出资由一方股东负责，应以何者为准；

2. 根据内部约定应全部出资的一方，以公司名义起诉要求另一方股东按股权比例出资能否得到支持。

基本案情：

原告成立于2016年3月15日，注册资本1000万元，股东为案外人安某和被告。原告在工商登记机关备案的章程载明，案外人安某认缴出资600万元，被告认缴出资400万元，出资期限均为2016年12月1日，出资方式均为货币，章程落款时间为2016年3月15日。

案外人安某与被告曾于2016年1月31日签订《合作协议》，主要内容如下：案外人安某和被告联合成立原告，注册资金为1000万元，案外人安某以货币方式出资1000万元，作为投资人享有原告60%的股份；被告负责公司运营和管理，无须缴纳货币出资，享有原告40%的股份。在该协议第12条第4项，双方约定，本项目的其他规定，由原告章程规定，如章程没有本协议约定内容，或与本协议约定内容相冲突，以本协议约定为准。

原告诉称：

股东出资应以章程为准。《合作协议》中约定的被告出资方式不符合法律规定，所以在后来形成的章程中，被告的出资方式更改为货币出资。因此，

[①] 参见北京市第三中级人民法院（2020）京03民终119号民事判决书。

被告未完成出资义务，应当向原告缴足出资。

被告辩称：

《合作协议》明确约定原告注册资金全部由案外人安某负责缴纳，并约定《合作协议》与章程冲突时，以《合作协议》内容为准。因此，原告要求被告履行货币出资义务缺少事实与法律依据。

法官观点：

本案中，案外人安某和被告作为原告的股东，在成立原告前签订《合作协议》，约定原告的出资方式和出资金额，并且约定公司章程的内容与协议内容不一致的，以该协议为准。

虽然该协议的签订时间早于公司章程的形成时间，但因案外人安某和被告在签订《合作协议》时并未有公司章程，而且原告自始仅有一份工商登记机关备案的公司章程，故《合作协议》中记载的公司章程，显然是指原告在成立时向工商登记机关备案的公司章程。因此，就原告股东内部而言，应当以《合作协议》约定的内容确定双方的出资额、出资方式和出资时间。根据该协议，原告的注册资金1000万元，均由案外人安某实际缴纳，被告仅负责管理和运营，无须向原告缴纳货币出资。因此，原告要求被告向其缴纳出资400万元，缺乏事实依据。

原告主张章程是对《合作协议》出资的调整，但综合本案情况来看，欠缺调整的合意，如按原告主张，其无法解决《合作协议》与章程约定冲突的问题，而该冲突实质上是股东之间的内部纠纷，因此，根据股东间《合作协议》约定的内容进行认定更为适宜。

法院判决：

驳回原告诉讼请求。

49. 公司或股东起诉以划拨土地使用权出资的股东履行出资义务时，法院如何处理？

法院应当责令以划拨土地使用权出资的股东在指定的合理期间内办理土地变更手续。在合理期间内完成变更的，法院认可当事人以划拨土地使用权出资的效力；逾期未办理的，认定该股东未依法全面履行出资义务。

【案例13】土地交付公司但未过户被认定出资不实 诉请划拨土地使用权出资未获支持[1]

原告（反诉被告）：周某某、旅游公司

被告（反诉原告）：珊瑚礁管理处

本诉请求：

1. 确认被告未履行其作为原告旅游公司股东的出资义务；

2. 被告于判决生效之日起一个月内按双方《合作合同》约定履行出资义务，将9454m^2土地权属过户登记至原告旅游公司名下；

3. 按原告旅游公司股东实际投入的资金数额重新确定股东持股比例。

反诉请求：解除双方《合作合同》。

争议焦点：

1. 章程约定股东以土地出资，之后因其他股东股权转让修改章程，修改后章程"股东出资方式"一栏变为空白，是否可以认定该股东出资方式由以土地出资变更为以货币出资；

2. 被告在法院指定的合理期限内未能补正办理土地使用权过户手续，是否可以认定为未完全履行出资义务；

3. 以划拨土地使用权出资的股东未完全履行出资义务，法院是否可以直接判令其将划拨土地使用权登记至公司名下；

4. 股东之间约定公司经营中按各股东实际投入比例调整股比，是否可据此直接要求公司登记机关对股东出资比例进行变更登记；

5. 股东已根据《合作合同》设立公司并签订章程，之后能否以未能从公司营业活动中获得经济利益为由请求解除合同。

基本案情：

2001年8月15日，被告从市政府划拨取得约9454m^2的科研用地（以下简称案涉土地）。

2002年4月28日，被告与原告周某某订立《合作合同》，约定双方共同

---

[1] 参见最高人民法院（2016）最高法民再87号民事判决书，本案系人民法院案例库入库案例。

设立原告旅游公司，建设生态基地工程。其中，被告以案涉土地出资 400 万元；原告周某某以货币方式出资 600 万元；投资超过 1000 万元人民币时，另按股东各自出资比例调整持股比例。该《合作合同》未约定合同解除条款。

2002 年 12 月 24 日，原告旅游公司成立，注册资本 500 万元。原告旅游公司 2002 年 12 月 1 日的章程规定，被告以案涉土地作价 150 万元出资，占股 30%，原告周某某以现金出资 200 万元，占股 40%，案外人方某某以现金出资 150 万元（实际为原告周某某以方某某名义出资），占股 30%。

原告旅游公司成立后，被告将案涉土地移交其使用，但未将该土地使用权移转登记至原告旅游公司名下。

2006 年 12 月 10 日，原告旅游公司股东会决议同意案外人方某某将其股权转让给原告周某某，同日修改公司章程，修改后的章程中"股东出资方式"一栏空白，仅载明：原告周某某认缴出资 350 万元，被告认缴出资 150 万元。

2004 年，原告旅游公司曾为通过年检，委托某中介机构制作了一份《验资报告》，确认其实收资本 500 万元。

本案诉讼过程中，法院委托司法鉴定机构出具的鉴定报告确认，上述《验资报告》确认的原告旅游公司实收资本 500 万元不是股东真实出资。当事人双方均对司法鉴定报告提出异议。为此，司法鉴定机构作出说明，原告旅游公司未能为本次鉴定提供充分的会计凭证及银行对账单，可能对鉴定结论产生重大影响。

本案诉讼过程中，法院指定了合理期限供被告办理土地变更手续，但被告在该期间内未能完成变更。

原告诉称：

1. 被告应依据《合作合同》和原告旅游公司 2002 年章程的约定，以案涉土地出资并办理过户手续。

（1）公司章程是具有法定和决定意义的要求公司股东出资的依据，原告旅游公司 2002 年章程和 2006 年章程所要求的被告应以土地出资的意思表示，一直存在且未变。

（2）案涉《验资报告》是虚假的，其是为了使原告旅游公司通过年审而制作的。且该《验资报告》记载的出资行为，已被司法鉴定机构确认为虚假出资。

（3）被告一直怠于履行将案涉土地使用权过户的出资义务。被告虽已将案涉土地移交原告旅游公司进行基础设施建设，但未将土地权属过户至原告旅游公司名下，也不提供出资标的物的价值评估报告，其未完全履行出资义务。目前案涉土地登记在被告名下，地上建筑物又归原告旅游公司所有，房地一体的法律性质决定案涉土地应当出资到位。

2. 原告旅游公司的股东持股比例应按实际投入资金数额重新确定。

原告周某某完全履行了对原告旅游公司的出资义务，还根据生态基地工程建设的需要，额外向原告旅游公司投入资金数额约 5287 余万元。被告未提供案涉土地评估报告，据原告方初步估算，可供原告旅游公司使用的土地价值实际不足 150 万元。

因此，应当待被告出资财产评估价值以及原告周某某的出资数额确定后，按《合作合同》变更原告旅游公司的股东持股比例。

被告辩称：

1. 被告出资 150 万元已到位。

原告旅游公司 2006 年的章程已将被告出资方式改为货币出资。

《验资报告》和工商登记等可以证明原告旅游公司的注册资金已到位，且全部为货币出资。诉讼过程中鉴定机构出具的"鉴定意见"，因相关的鉴定资料不齐全，对鉴定结论产生重大影响，依法不应直接采信。

故被告出资 150 万元已到位，两原告要求被告将案涉土地过户至原告旅游公司名下显然不合理。

2. 股东出资应当以出资合法为前提，案涉划拨土地使用权不能直接由法院判令转移。

案涉土地系国有资产，依法应获得市政府批准并进行相应评估，不能直接通过法院裁判转移案涉土地使用权。

被告是资金全部来源于国家财政拨款的事业单位，其将划拨土地使用权用于出资的行为，实质上是国家事业单位转移国有资产（出资）的行为，应当依法履行相应的手续。但截至本案诉讼时，将划拨土地使用权用于出资的行为并未获得市政府的批准，也没有进行相应的评估。因此，没有将案涉土地性质从划拨地变更为出让地，缴纳出让金且办理过户变更登记手续，就不能作为股东出资。若判决将案涉划拨土地使用权转移登记至原告旅游公司名下，这实质上是以司法机关的民事审判权来代替行政机关的土地管理权和国有资产管理权。

3. 原告主张重新确定股东持股比例不应得到支持。

在原告旅游公司2006年章程约定的最后出资日内，原告周某某出资仅为18万元，原告周某某的出资义务也未履行，其无权要求被告履行出资义务及违约责任。原告周某某提出按股东实际出资数额重新确定股东持股比例，理由不充分，不应支持。

被告反诉称：

《合作合同》目的不能实现，应依法解除。

一方面，按《合作合同》约定由原告周某某出资建设的合作项目，先因资金原因不能按时开工建设与投入使用，后发展到两原告长期占用被告土地，并擅自装修建设进行经营，被告无法实现合作的主要目的，即建设海洋展馆、生态试验场等开展公众宣传教育和珊瑚礁保护工作。案涉项目所取得的海域使用权和土地使用权，以及因围海造地、修建码头形成的国有资产，自签订《合作合同》以来一直未产生使用效益。同时，自原告旅游公司2002年12月成立之日起，原告周某某一直控制原告旅游公司，被告无法参与原告旅游公司的经营管理，更无法参与原告旅游公司的利益分配。因此，原告旅游公司成立后，被告始终未能从该公司的营业活动中获得经济利益，《合作合同》目的无法实现。

另一方面，《合作合同》约定出资1000万元设立原告旅游公司，其中被告出资400万元。但实际仅以500万元注册资金设立原告旅游公司，其中被告出资150万元。可见《合作合同》约定的股东及其出资数额、出资方式、持股比例等均已发生变更。在股东出资数额已变更的情况下，两原告仍要求将被告的土地权属过户至原告旅游公司名下，或将动摇双方合作的基础，继续合作不能实现合同目的。

综上，《合作合同》目的无法实现，请求予以解除。

对于被告的反诉，两原告辩称：

被告的合同目的是开展海洋生态科研宣教和保护，具体表现方式为基地建成后在展馆和副楼内留出约250m² 建筑面积为执法和科研专用；约1800m² 临岸地留作生态恢复试验场用地。原告周某某的合同目的是在实现被告公益目的的前提下，实现其作为原告旅游公司股东的利益最大化。

截至本案诉讼时，被告的主要合同目的已实现，已建成海洋生态宣教基地与海洋生态宣教展馆，预留250m² 执法科研用房与1800m² 生态恢复科研用地，海洋科普宣教活动已经开展。

综上，被告解除《合作合同》的诉请不应得到支持。

法官观点：

1. 关于被告的出资方式是否已变更。

股东出资义务既属于约定义务，又属于法定义务，故股东出资方式在公司设立后是否发生变更应结合股东会决议、公司章程及公司工商登记事项作出综合认定。

依据《合作合同》及2002年公司章程，被告的出资义务应为向原告旅游公司交付约定的案涉土地，并将该土地使用权变更登记到原告旅游公司名下。

而原告旅游公司2006年公司章程、股东会决议书涉及的是案外人方某某转让股权给原告周某某，并未涉及被告的出资方式变更事项。且被告提交的《验资报告》等证据材料，与司法鉴定报告确认的出资相互矛盾，不足以证明其出资方式已发生变更并已实际履行。

因此，被告的出资方式未发生变更，其仍应以土地使用权出资，被告主张其出资义务变更为货币出资且已实际履行，依据不足。

2. 关于被告出资义务是否完全履行，是否应将土地权属转移至原告旅游公司名下。

案涉出资土地系国有划拨用地，依据《土地管理法》等相关法律法规，划拨土地使用权只能用于划拨用途，不能直接用于出资。出资人欲以划拨土地使用权出资，应由国家收回直接作价出资或者将划拨土地使用权变更为出让土地使用权。

《公司法司法解释（三）》第8条规定的本意就是考虑到在司法实践中如果划拨土地使用权存在的权利瑕疵可以补正，且在法院指定的合理期限内实际补正的，可以认定当事人以划拨土地使用权出资的效力。但能否补正瑕疵的决定权在于土地所属地方政府及其土地管理部门，法院判断出资行为的效力应以瑕疵补正的结果作为前提。因而，《公司法司法解释（三）》第8条等规定"法院应当责令当事人在指定的合理期间内办理土地变更手续"，即法院应当在诉讼过程中为当事人指定合理期限，由其办理相关土地变更手续，根据变更手续完成的结果再行作出判决。

本案诉讼过程中，法院已指定当事人在合理期限内办理土地变更手续，但当事人未能在该期限内完成土地变更登记，其无法自行补正用划拨土地使用权出资的瑕疵。故被告虽将案涉土地交付给原告旅游公司使用，但未将案涉土地过户登记至原告旅游公司名下，其未完全履行出资义务。

但因案涉出资土地系划拨用地，当事人未能在法院指定的合理期限内办理土地变更登记手续，两原告请求将案涉土地办理过户登记至原告旅游公司名下，没有法律依据，不应予以支持。

3. 关于是否应按实际投入资金，重新确定原告旅游公司股东的持股比例。

有限责任公司股东的出资额，由公司章程明确规定。在公司成立时公司章程已就各股东的出资额作出约定，并在公司登记机关进行登记，该登记事项依法受到《公司法》有关规定的约束。未经股东协商同意并经公司登记机关依法核准，任何股东不得单方对注册资金、股东出资数额等公司登记机关已经依法登记的事项进行变更。

《合作合同》中"投资超过1000万元人民币，另按各自投入比例调整股比"这一约定，对合同双方虽具有合同约束力，可作为股东进一步协商变更原告旅游公司注册资金及股东出资额的正当理由，但不是公司登记机关对股东出资比例进行变更登记的根据。

4. 关于《合作合同》能否解除。

《合作合同》目的是共同设立原告旅游公司，但双方并不是按《合作合同》设立公司，而是参照《合作合同》的内容订立章程，并依据该章程成立原告旅游公司。原告旅游公司的设立，表明《合作合同》的目的已经实现，《合作合同》中涉及原告旅游公司的规划发展与运营事务等合同内容尚未付诸履行，双方应依约继续履行。目前，原告旅游公司已依法成立，双方订立《合作合同》的根本目的已经实现。因此，被告主张无法实现《合作合同》目的，与事实不符。

另外，应当指出，获得经济利益是被告设立原告旅游公司的主要目的之一，但设立公司并不必然等于营业盈利。如果原告旅游公司确有营业盈利而不依公司章程的规定予以分配，股东可通过行使股利分配请求权予以主张。因此，被告以原告旅游公司成立后其未能从该公司的营业活动中获得经济利益，请求解除《合作合同》的理由不能成立。

法院判决：

1. 确认被告未全面履行对原告旅游公司的股东出资义务；
2. 驳回两原告的其他诉讼请求；
3. 驳回被告的反诉请求。

50. 在什么情况下，公司或者享有公司到期债权的债权人可以要求公司出资期限未届满的股东提前缴纳出资？①

公司无法清偿到期债务时，公司或债权人即可要求出资期限未届满的股东提前缴纳出资。实践中，关于公司无法清偿到期债务的认定，一般以人民法院经执行发现无财产并作出裁定为依据。

51. 因公司债权人的主张使股东出资加速到期的，股东提前缴纳的出资是直接向债权人清偿债务，还是应当先进入公司资本，再由公司向债权人偿付？

此时可以直接向债权人清偿，而不适用入库规则（即必须先进入公司资本，再由公司向债权人偿付）。

52. 若公司要求出资期限未届满的股东提前缴纳出资，该决定应当由公司的哪个内部机关作出？

应由董事会作出。因为董事会负有催缴义务，若存在股东出资应当加速到期的情形而董事会不作出此决定的，即违反了董事的忠实、勤勉义务。

53. 出资人出资后参加过公司股东会亦取得过分红，但公司一直未将出资人记入股东名册亦未办理股东变更登记，出资人能否要求公司返还出资？

不能。虽未被办理股东记入股东名册也没有工商登记，但出资人在公司

---

① 更替说明：本问答系根据最新司法实践观点，对本书第三版第一册第三章"股东出资纠纷"问答110（第228页）的补充完善。

内部已实际行使股东权利，足以认定其股东身份。在公司未经清算且清偿完毕所有债务的情况下，股东不能要求公司返还出资。

【案例14】出资但未被工商登记亦未被记入股东名册 实际参与经营并取得分红仍是股东[①]

原告：石某某

被告：商贸公司、许某某

诉讼请求：两被告向原告返还投资款50万元及资金占用利息损失，并支付至实际还清之日止的利息。

争议焦点：公司未为出资人办理股权工商变更登记，亦未将出资人记载于股东名册，但公司股东会决议、章程、股息分红清算单等内部文件上有出资人签字，且出资人从公司取得过分红，是否可以认定出资人具有公司股东身份。

基本案情：

被告商贸公司成立于2007年5月22日，被告许某某任法定代表人。

2016年7月，原告向被告商贸公司出资50万元。

2017年1月9日，原告参加了被告商贸公司2017年第一次股东会议。

2017年2月17日，被告商贸公司召开股东会会议修改公司《章程》，修改后的《章程》记载原告以货币出资50万元，全体股东亲笔签字盖章处有原告签名盖章。但被告商贸公司并未办理工商变更登记将原告登记为股东。

2017年3月15日，被告商贸公司为原告出具股权证，记载原告出资金额50万元；股东分红记录中载明2016年原告分红32,750元。

2016年9月起，被告商贸公司支付原告分红总计21万元，直至2017年10月，被告商贸公司因亏损停止分红。

截至本案诉讼时，被告商贸公司严重亏损，资不抵债，处于无人管理的瘫痪状态，但尚未清算，仍然存续。

[①] 参见宁夏回族自治区固原市（地区）中级人民法院（2023）宁04民终385号民事判决书，本案系人民法院案例库入库案例。

原告诉称：

案涉 50 万元系原告给两被告用于资金周转的借款，并未转化为被告商贸公司财产。

虽然被告许某某承诺吸收原告为被告商贸公司股东并办理工商变更登记，但被告商贸公司没有将原告记载于股东名册，数次工商变更均未依约变更原告为其股东，同时未给原告任何股东权利。

因此，原告不满足认定股东身份的法定实质要件和形式要件，并未成为被告商贸公司股东，被告商贸公司应当返还原告出资。

两被告辩称：

被告许某某与原告没有任何经济往来或关系。

原告是被告商贸公司的隐名股东，原告实际作为股东参与公司的经营管理，并从公司取得分红。

法官观点：

1. 关于原告的出资性质。

原告与被告商贸公司具有明显的共同经营、共享收益、共担风险的投资合作特征，原告的出资应认定为投资款而非借款。

2. 关于原告的股东身份。

虽然被告商贸公司未为原告股权办理工商登记，亦未将原告记载于股东名册，但因为被告商贸公司股东会决议、股东会会议纪要、公司章程、授权书、股息分红清算单等内部文件上均有原告本人签字。庭审中，原告亦称其从被告商贸公司分红 3 万余元，构成法律上的自认。

综上，原告向被告商贸公司进行了投资，该公司《章程》已将其记载为公司股东，原告参与了公司的经营决策和管理，并从公司取得分红，故在公司内部原告已实际取得股东资格、行使股东权利，足以认定其股东身份。

3. 关于原告要求被告商贸公司返还出资。

公司是企业法人，有独立的法人财产，享有法人财产权，以其全部财产对公司债务承担责任。原告向被告商贸公司出资后，其出资款即转为公司的法人财产，独立于股东个人财产而构成公司法人人格的物质基础。原告作为被告商贸公司的股东依法享有公司资产收益、参与重大决策和选择管理者的权利，不再享有出资款的所有权，在公司未经清算且清偿完毕所有债务的情况下，原告诉请被告商贸公司返还投资款及资金占用期间的利息于法无据，且与公司资本维持原则相悖。

法院判决：

驳回原告诉讼请求。

54. 实际出资人设立信托并将公司股权交由信托受托人持有，当出资不实时，公司外部债权人能否要求信托受托人在出资不实范围内对公司债务不能履行部分承担补充责任？信托受托人能否抗辩由信托委托人承担责任？

从公司法的角度来看，信托受托人与实际出资人是公司的名义股东和实际股东。实际股东与名义股东之间关于股权"名实分离"的约定属于双方内部约定，无对外效力。在公司外部，应遵循商事外观主义原则，即公司外部债权人有权要求代实际出资人持股的信托受托人承担出资责任。所以，公司外部债权人可以要求信托受托人承担补充责任，且信托受托人不能抗辩由信托委托人承担责任。

【案例15】违法增资出资不实　信托受托人亦需在不实范围内承担补充责任[①]

原告： 科技公司

被告： 信托公司

诉讼请求： 被告信托公司在未出资本金8690万元人民币及利息范围内，对案外人惠能公司拖欠原告的债务2亿余元人民币承担补充赔偿责任。

争议焦点：

1. 公司在被执行期间，在没有"法定重估"和"产权变动"的情形下，将公司资产评估增值作资本公积金入账，进而将该资本公积金转为股东出资的行为，是否属于出资不实；

---

① 参见最高人民法院（2020）最高法民再77号民事判决书，本案系人民法院案例库入库案例。

2. 公司增资之前，原告为其债务提供担保，公司增资之后，原告承担了该担保责任并向公司追偿未果，则原告的损失与公司股东增资不实之间是否具有因果关系；

3. 被告基于信托关系持有公司股权，能否以其为非实际权利人为由拒绝承担出资不实的赔偿责任。

基本案情：

2003年3月，案外人惠能公司成立。

2004年，案外人惠能公司与他人签订借款合同，约定的借款期限为5年，原告为其提供保证担保。后原告因该担保，在另案中被生效判决确认承担连带清偿责任。

2013年4月1日，原告与申请执行人达成和解协议，原告支付执行标的总额2亿余元。后原告向案外人惠能公司追偿无果。

2006年9月7日，被告成为案外人惠能公司股东。

2006年10月30日，案外人惠能公司作出董事会决议，决定以资本公积金转增注册资本，被告转增资本8690万元。该资本公积金转增注册资本的事实，由外汇管理局、市商务局审批以及工商部门变更登记，被告中联会计师事务所验资及审计等予以确认，至今没有任何撤销或否定性文件。

前述用于转增资本的资本公积金，实际上是案外人惠能公司将资产重估增值部分入账，调增资产价值和资本公积金所产生的。法院在2009年12月23日作出的另案执行裁定中认定，案外人惠能公司在没有"法定重估"和"产权变动"的情形下，将公司资产评估增值作资本公积金入账，进而将该资本公积金转为股东出资的行为属于出资不实，并裁定被告在8690万元注册资本不实范围内对另案申请执行人承担责任。

此外，被告持有的案外人惠能公司股权属于员工持股信托计划，被告是信托计划受托人。信托计划成立后，被告将该信托计划在上海信托登记中心进行了登记。上海登记中心是由被告等6家单位发起成立的区域性登记机构，并非全国统一正式的信托登记机关。

原告诉称：

1. 案外人惠能公司在持续经营期间违反法律规定，擅自对资产进行评估，将评估增值部分计入资本公积金，被告将违法增值取得的资本公积金计入了注册资本，属于违法出资不实。

2. 被告出资不实，应根据《公司法司法解释（三）》规定，在其未出资本息范围内对案外人惠能公司债务不能清偿的部分承担补充赔偿责任。

3. 原告的债权形成于案外人惠能公司增资之后，有权作为公司债权人要求未履行出资义务的股东承担公司不能清偿的债务。

被告辩称：

1. 案外人惠能公司还有其他财产未被执行，本案不属于案外人惠能公司不能清偿债务的情形。

2. 被告出资已到位。案外人惠能公司资本公积金转增注册资本的事实分别由外汇管理局、市商务局、工商部门、专业会计师事务所予以确认，案外人惠能公司适用当时的会计规则进行调账是符合法律规定的。

3. 被告系基于信托关系持有案外人惠能公司的股权，该股权属于信托财产。信托是一种特殊的委托，即使被告基于信托所持股权存在出资不实问题，对应责任依信托法也只能由信托的委托人来承担。

4. 原告与案外人惠能公司签订保证合同是在 2004 年，但其主张的出资不实发生在 2006 年，两者之间没有直接的因果关系。

法官观点：

1. 违规将资产评估增值部分转为资本公积金再转增注册资本，是否属于股东出资不实。

资本公积金是依照法律的规定，将特定的公司资本或者特定的项目列入资本公积金账户的积累资金。依照《公司法》的规定，资本公积金可以按照法定程序转为资本金。但为确保股东出资到位，防止股东虚增注册资本，有关会计法律规章等规定对此进行了严格限制。公司必须严格依照相关规定进行转增操作。只有具有法律、行政法规和国家统一的会计制度规定的特殊情形，企业才可以自行调账。除法律法规等规定允许的调整资产账面价值的经济事项外，一律不允许调整资产账面价值。

本案中，法院在 2009 年 12 月 23 日作出的另案执行裁定中认定，案外人惠能公司在没有"法定重估"和"产权变动"的情形下，将公司资产评估增值作资本公积金入账，进而将该资本公积金转为股东出资的行为属于出资不实。现有证据表明，案外人惠能公司当时只是发生了股权转让和股东变更，被告将案外人惠能公司资产评估增值计入资本公积金又转增注册资本的方式不符合有关会计、财务规定，属于未发生特殊情形下的违规操作，被告通过这种资本公积转增注册资本的方式出资，不能认定为已经履行了出资义务。并且，无论是外汇管理局的核准、市商务局的审批以及工商部门的变更登记，还是会计师事务所的验资、审计，涉及的仅是资本公积金转增资本一节，均不涉及资本公积金的来源是否合规问题，因此，上述证据不能说明被告已经按照规定履行了出资义务。

2. 原告因承担保证责任导致的损失与案外人惠能公司股东增资行为之间是否具有因果关系。

原告作为保证人，其作出保证到承担保证责任之间是或然状态，是否承担保证责任取决于案外人惠能公司是否履行债务。后因案外人惠能公司违约，原告于2013年4月向债权人履行了债务连带清偿保证责任，依法取得向案外人惠能公司追偿的权利。

前述行为发生在案外人惠能公司增资之后，故原告因承担保证责任导致的损失与案外人惠能公司股东增资行为之间具有因果关系。

3. 被告是否应以其固有财产赔偿原告的损失。

工商登记是公司相关信息对外公示的途径，公司工商登记的信息具有对抗第三人的效力。根据案外人惠能公司的工商登记信息，被告系其股东。原告作为公司债权人，有理由相信被告系案外人惠能公司的股东。

但被告实际上系依据信托合同作为受托人为委托人持有案外人惠能公司的股权。从公司法的角度来看，被告和委托人分别属于案外人惠能公司的名义股东和实际出资人。实际出资人与名义股东之间通过隐名投资协议约定"名实分离"，但是此种约定属于双方内部约定，仅在双方内部发生法律效力。虽然在双方内部法律关系中，实际出资人才是股权真正权利人，但是在对外场合，应当坚持以商法之外观主义原则判断各方当事人的责任承担问题。

本案中，虽然被告证明其曾在上海信托登记中心就案涉信托的相关文件进行了登记，但是上海信托登记中心是区域性登记机构，并非全国性的正式的信托登记机关，该登记不具有法定的公示效力，难以产生对抗善意第三人的效力。案外人惠能公司股权过户登记在外观上并不具备信托财产的标识，善意第三人无从知晓被告作为公司股东是否为公司实际投资人，故从公示的完善程度而言，应优先适用《公司法》的相关规定。

原告凭借对工商登记内容的信赖，可以合理地相信名义股东被告就是真实的股权人，可以要求其在未出资范围内对原告未获清偿之债权承担补充赔偿责任。被告不能以其为非实际权利人为由拒绝承担赔偿责任。

法院判决：

被告应在未出资本息范围内对案外人惠能公司债务不能清偿的部分向原告承担补充赔偿责任。

55. 抽逃出资的股东转让其股权，受让方明知股权有瑕疵仍受让，之后受让方能否以公司名义要求转让方返还抽逃出资？

不能。受让方在知情的情况下受让瑕疵股权，表明其认可股权转让前公司的资本情况，受让方倒追转让方的出资款违背其受让股权时的真实意思，有违诚信原则。

【案例16】通过审计已明知转让方抽逃出资仍受让股权 以公司名义倒追转让方出资款被驳回[①]

原告： 房地产公司

被告： 厉某、卢某

诉讼请求：

1. 两被告厉某、卢某向原告返还出资款1700万元，赔偿利息损失100万元；
2. 两被告对上述款项的清偿承担连带责任。

争议焦点：

1. 在无合同对价及基础法律关系的情况下，两被告控制原告转款至其自

[①] 参见山东省高级人民法院（2021）鲁民终2360号民事判决书，本案系人民法院案例库入库案例。

身或关联账户，两被告是否构成抽逃出资；

2. 两被告转出原告的注册资金后，又向被告汇入过款项，但未注明其是出资款，则能否认定两被告补足了出资；

3. 股权受让方从两被告处购买股权前，已通过审计明知两被告抽逃出资的事实，是否视为其认可原告资本情况是以现状进行的股权交易，若受让股权后，受让方再以公司名义向两被告倒追抽逃出资款，是否应得到支持。

基本案情：

两被告厉某、卢某系夫妻关系。

原告由两被告于 2007 年 9 月 21 日出资设立。原告章程规定注册资本为 2000 万元，被告厉某以现金出资 1600 万元，占注册资本的 80%，被告卢某以现金出资 400 万元，占注册资本的 20%。

2007 年 9 月 21 日至 2008 年 3 月 14 日，两被告合计缴纳出资款 2000 万元，并控制原告分 5 次向两被告共同设立的案外人惠州公司账户、两被告个人账户以及案外人磁钢厂账户转账合计 1700 万元。其中，向磁钢厂转账的 200 万元用于偿还磁钢厂代付的原告土地款。

2012 年 4 月 26 日，案外人元邦公司与两被告签订《房地产项目合作合同》，约定元邦公司以 30 万元向两被告收购其持有的包括原告在内的 5 家公司各 75% 的股权。合同载明，5 家公司的债权债务关系明晰，已由双方以书面形式作了完整准确的披露，并出具《审计报告》确认了实收资本等财务情况。

在受让原告股权前，案外人元邦公司已委托会计师事务所出具《审计报告》，其中列明了原告曾向磁钢厂转账 200 万元，用于偿还磁钢厂代付原告土地款；此外，《审计报告》还记载两被告对原告"未实际投入注册资金"。

合同签订后，双方办理了股权变更登记。原告的股东变更为案外人元邦公司（持股 75%），被告厉某（持股 25%）。

2013 年 8 月 15 日，案外人元邦公司与被告厉某补充约定对原告进行增资 1000 万元，由元邦公司负责全部实缴，增资后双方股权比例不变。

原告诉称：

1. 两被告抽逃出资，损害原告利益。两被告在履行出资义务后不久即分 5 次将 1700 万元转入其自身及关联公司账户，且两被告未提供证据证明 5 次转款是基于何种交易关系，以及他们与关联公司向原告支付了公正合理的对价。且专项《审计报告》中记载两被告"未实际投入注册资金"。故该转款行为符合《公司法司法解释（三）》第12条规定的抽逃出资情形，构成抽逃出资。

2. 两被告虽然有转至原告的往来款，但并无补足出资的意思表示，且与转出金额存在差额，不能认定为补足注册资本。

3. 股东和公司是相对独立的个体，案外人元邦公司和被告签订合同，根据合同相对性，仅能约束元邦公司，不能约束原告。所以，即使案外人元邦公司在合同签订前知晓原告的资本状况，其与原告在股权转让前后均未作出放弃或豁免两被告返还出资的意思表示。且无论受让股东基于诚信原则能否要求转让股东返还出资，都不影响公司要求转让股东返还抽逃出资款。

两被告辩称：

1. 两被告的行为不符合股东抽逃出资的形式要件和实质要件，不应认定为抽逃出资。两被告及其关联方转入原告用于土地出让金、公司开办经费、投资款、土地预付款及正常运作的款项，远远大于原告向两被告及关联方转出的款项。

2. 即使两被告构成抽逃出资，也已经足额返还。原告提交的支付凭证仅为资金运动过程中某几笔数据，非资金往来结果，且相关资金往来均计入"其他应收款"。由于原告财务资料均由原告及元邦公司控制，两被告已穷尽可能举证证明在所谓抽逃出资时间前后两被告及其关联方向原告投入大量资金。

3. 原告与其控股股东元邦公司存在混同，本案为元邦公司操纵下，由其员工代理原告恶意提起的诉讼。

4. 两被告出资金额及比例不同，由两被告承担连带责任没有事实与法律依据。

法官观点：

原告注册资本2000万元在2007年12月26日之前已出资到位，在转出的5笔款项中：

1. 向案外人磁钢厂转账的200万元为偿还磁钢厂代付的土地款，存在支付对价的基础法律关系，且案外人元邦公司委托出具的《审计报告》中列明了该款项,故该款不属于抽逃出资。

2. 其余4笔合计1500万元转出款均没有合同对价及基础法律关系,两被告未能说明款项的合法依据,且专项《审计报告》中明确记载"注册资金未实际投入"。对于两被告主张已向原告转回或投入款项,但相应款项汇入时未注明为补足出资,亦未履行法定程序,结合《审计报告》注明注册资金未投入的事实,两被告提供的证据不足以认定其已补足出资。故两被告抽逃出资1500万元。

但是,原告要求两被告返还出资款的主张不应予以支持。具体理由是:

1. 诉争股权转让前,经案外人元邦公司委托对原告财务状况进行了审计,《审计报告》显示原告注册资本未投入,故元邦公司在股权转让前对两被告抽逃出资的事实是明知的。

2. 案外人元邦公司明知两被告存在抽逃出资行为,却依旧与两被告签订股权转让协议,表明元邦公司对股权转让前原告的资本状况是认可的,其与两被告之间股权转让的标的是以股权现状进行的交易。在股权转让后,元邦公司又与被告厉某签订补充协议,约定对原告资本增至3000万元,增资的1000万元由案外人元邦公司实缴,被告厉某无须缴纳,增资后被告厉某仍持有原告25%的股权,再次表明其对股权转让前公司资本状况的认可。

3. 公司注册资本制度设立的目的在于确保公司债务清偿能力,保护债权人利益。案外人元邦公司在成为原告控股股东后,利用其对原告的控制以原告名义要求被告返还出资款,违背了签订股权转让协议时的真实意思,有违诚实信用原则。对于两被告在经营中有转移公司资金、损害公司利益的行为,可通过法律规定的其他方式主张权利。

法院判决:

驳回原告诉讼请求。

56. 公司债权人诉请公司股东在未出资范围内对公司债务承担补充赔偿责任时,股东是否享有诉讼时效抗辩权?

享有。股东可以债权人与公司之间债权债务关系的诉讼时效进行抗辩。因为公司债权人主张公司股东承担补充赔偿责任,实际上是行使债权人代位权要求股东履行出资义务。根据《公司法司法解释（三）》的相关规定，债权人代位主张股东出资的前提是其债权未超过诉讼时效。

【案例17】债权人诉请未出资股东对公司债务补充赔偿　未出资股东享有诉讼时效抗辩权[①]

原告：文某

被告：投资公司，黄某国、杨某明、王某宇、李某会、黄某（以下合称五自然人被告）

诉讼请求：

1. 被告投资公司返还原告投资款10万元及利息；

2. 被告股东在各自未完全履行出资义务的范围内对返还投资款承担补充赔偿责任。

争议焦点：

1. 被告投资公司因未出庭且未抗辩，视为放弃对原告主张债权的诉讼时效抗辩，此时五自然人被告能否行使诉讼时效抗辩权；

2. 原告以被告投资公司未履行增资义务为由主张返还投资款，在没有增资协议等约定的情况下，诉讼时效的起算时点如何确定。

基本案情：

2013年7月5日，五自然人被告发起设立被告投资公司（股份有限公司），注册资本为500万元。被告投资公司《章程》载明发起人的认缴期为2015年6月24日前，五自然人被告均未按期缴足认购股份。

2013年8月16日，原告向被告投资公司支付投资款10万元。2013年8月17日，被告投资公司召开第一次股东会并形成股东会决议，将注册资本增加至2000万元，向原告等人募集股份。但之后并未办理工商变更登记。

2013年8月22日，被告投资公司向原告出具《股权证书》，载明原告持股份额为10万股，并将原告载入《股东花名册》。之后原告收到过分红款，

[①] 参见四川省成都市中级人民法院（2020）川01民终12126号民事判决书，本案系人民法院案例库入库案例。

亦对被告投资公司的决议行使过表决权。直至 2014 年 9 月底，被告投资公司因资金链断裂停止经营。

2019 年 7 月 4 日，原告提起本案诉讼。

原告诉称：

原告于 2013 年 8 月 16 日向被告投资公司投资 10 万元，但被告投资公司一直未就此增资办理工商变更登记，被告投资公司未履行增资义务，应向原告返还投资款 10 万元，五自然人被告在未出资范围内承担补充赔偿责任。

被告投资公司未出庭且未作答辩。

五自然人被告辩称：

本案已过诉讼时效。原告主张的被告投资公司未履行增资义务之事实发生在 2013 年至 2014 年，原告于 2019 年 7 月 4 日才向法院起诉主张债权，且无证据证明存在过诉讼时效期间中止、中断事由，原告债权已过诉讼时效期间。

法官观点：

1. 被告投资公司放弃诉讼时效抗辩，不影响被告股东享有公司对原告的诉讼时效抗辩权。

首先，被告投资公司未提出诉讼时效抗辩，视为其放弃诉讼时效抗辩的权利。原告依据《公司法司法解释（三）》第 13 条第 2 款主张被告股东承担补充赔偿责任，实际是以债权人的身份基于代位权向股东主张履行出资义务。但债权人享有代位权的前提是债权未过诉讼时效期间，这在《公司法司法解释（三）》第 19 条第 2 款的规定中亦有体现，即"公司债权人的债权未过诉讼时效期间，其依照本规定第十三条第二款、第十四条第二款的规定请求未履行或者未全面履行出资义务或者抽逃出资的股东承担赔偿责任，被告股东以出资义务或者返还出资义务超过诉讼时效期间为由进行抗辩的，人民法院不予支持"。因此，应当对债权人对公司所享债权是否已过诉讼时效期间进行审查，此即赋予了股东对债权人的债权请求权进行诉讼时效抗辩的权利。

其次，被告投资公司目前并未进入破产清算程序，本案属于债权人个别清偿。在股东出资义务的填补责任一次用尽的情况下，若不赋予股东对单个债权人的诉讼时效抗辩权，则会损害其他尚在诉讼时效期间内的债权人的合法利益。

最后,《全国法院民商事审判工作会议纪要》(又称《九民纪要》)第16条第1款规定:"公司债权人请求股东对公司债务承担连带清偿责任,股东以公司债权人对公司的债权已经超过诉讼时效期间为由抗辩,经查证属实的,人民法院依法予以支持。"按照类似问题类似处理的规则,公司债权人请求股东对公司债务承担补充赔偿责任时,股东也应当享有公司对债权人的诉讼时效抗辩权。

综上,五自然人被告享有被告投资公司对原告的诉讼时效抗辩权,应当审查原告诉请是否超过诉讼时效期间。

2. 本案诉讼时效的起算时点为被告投资公司未按约履行增资义务之日,原告诉请已超过诉讼时效期间。

本案中,原告以被告投资公司未履行增资义务为由要求公司返还其投资款,诉讼时效期间应从被告投资公司未按约履行增资义务之日起算。

由于本案双方未签订书面增资协议,也未明确约定增资义务的具体内容及履行期限,被告投资公司应在合理期限内履行其增资义务。结合原告支付增资款的时间,及被告投资公司停止经营的时间,确认该合理期间应在2014年9月30日前。因被告投资公司未在合理期限内履行工商变更备案登记的义务,损害了原告的投资权利,因此本案诉讼时效期间的起算点应为2014年9月30日。

原告于2019年7月4日提起本案诉讼主张返还投资款,其请求权已超过法律规定的2年诉讼时效期间,[1] 丧失胜诉的权利,故对于原告要求被告投资公司返还投资款的请求,应当不予支持。因被告投资公司无须承担向原告返还投资款的责任,则原告主张五自然人被告对公司所负债务承担补充赔偿责任便无事实依据,亦不予支持。

法院判决:

驳回原告全部诉讼请求。

---

[1] 本案援引的是原《民法通则》第135条的规定,现《民法典》第188条将诉讼时效期间延长至3年。

57.《公司法》第 88 条第 1 款规定是否可以溯及适用？

不溯及适用。

《公司法》第 88 条第 1 款规定股东转让已认缴出资但未届出资期限的股权的，由受让人承担缴纳该出资的义务；受让人未按期足额缴纳出资的，转让人对受让人未按期缴纳的出资承担补充责任。该规定仅适用于 2024 年 7 月 1 日之后发生的未届期股权转让行为。

2024 年 7 月 1 日前由于未届期股权转让引发的出资责任纠纷，根据旧法中有关规定的精神处理，即仍由转让人承担责任。

58. 未届出资期限股权的转让方是否享有"先诉抗辩权"？

对此问题，司法实践中存在不同观点。

一种观点认为，由于《公司法》第 88 条第 1 款规定未届期股权转让的转让方承担的是补充责任，则其应当享有类似于民法的一般保证中保证人享有的先诉抗辩权。

笔者赞同另一种观点，即一般保证的保证人享有先诉抗辩权系源自《民法典》的明确规定，而《公司法》没有对未届出资期限股权的转让方作出明确规定，故其不享有先诉抗辩权。

59. 公司无法清偿到期债务时，股东会决议延长股东出资期限，之后股东将未届出资期限的股权对外转让。此时公司债权人可否主张股东的出资责任？

债权人可以主张未届出资期限股权的转让方和受让方在未出资本息范围内就公司债务向公司债权人承担补充赔偿责任，转让方和受让方之间互相承担连带责任。其理由在于以下两点：

（1）股东在公司无法偿债时仍延长出资期限，存在恶意，此举对外部债权人不产生约束力，债权人有权按照原出资期限要求股东在未出资本息范围内承担补充责任。

（2）公司无法偿债时，股东向外部知情的第三人转让未届出资期限的股权，转让方和受让方均存在逃废债务的恶意，构成共同侵权，互相之间应承担连带责任。

【案例18】恶意转让股权、延长出资期限逃避债务　转让方和受让方共同侵权承担连带责任[①]

原告：建材公司

被告：庄某某、投资公司、石业公司

诉讼请求：三被告在未出资985万元的范围内对案外人装饰公司对原告负有的债务承担补充赔偿责任。

争议焦点：

1. 在公司无法清偿债务的情况下，股东修改章程延长出资期限是否具有恶意，其是否仍需在未出资范围内对公司债务承担补充责任；

2. 出资期限未届满的股东，为逃避公司债务转让股权至其关联公司，是否损害债权人利益，原股东是否应与现股东一起在未出资范围内对债权人承担连带责任。

基本案情：

案外人装饰公司于2011年11月20日设立，注册资本为10万元，由被告石业公司100%控股。被告庄某某系被告石业公司的法定代表人，同时其还是被告投资公司的股东、监事。

2015年11月25日，案外人装饰公司增资至100万元，出资期限为2021年11月20日，被告石业公司将95%股权转让给被告庄某某、5%股权转让给案外人朱某。

2016年7月15日，被告庄某某对案外人装饰公司增资900万元，装饰公司注册资本上升至1000万元，其中被告庄某某认缴出资995万元（出资比例99.5%），另一股东仍为案外人朱某，认缴出资5万元，出资期限均为2021年11月19日。

2018年9月27日，在另案买卖合同纠纷中，法院判决案外人装饰公司向原告支付款项合计1,182,073.14元。

2019年1月18日，原告申请对案外人装饰公司强制执行。

[①] 参见上海市嘉定区人民法院（2021）沪0114民初24658号民事判决书，本案系人民法院案例库入库案例。

2019年3月1日，在执行过程中，被告庄某某以0元价格转让案外人装饰公司99.5%股权给被告投资公司。

2019年6月21日，因案外人装饰公司无财产可供执行，法院裁定终结本次执行程序，本次执行到位款项0元。

2020年12月25日，被告投资公司以0元价格转让案外人装饰公司99.5%股权给被告石业公司，并延长出资期限至2040年11月19日。

2021年5月24日，原告申请对案外人装饰公司恢复执行。

2021年6月21日，因案外人装饰公司暂无其他可供执行的财产，法院裁定终结本次执行程序，本次执行到位款项合计406,806.27元。

案外人装饰公司2020年的企业年报显示，公司注册资本实缴15万元，其中被告石业公司实缴10万元，案外人朱某已实缴全部出资5万元。

原告诉称：

三被告对案外人装饰公司均未出资完毕，且在未缴出资的情况下，被告庄某某在执行期间将股权转让给被告投资公司，逃避出资义务。被告投资公司在案件终结本次执行程序后未履行出资义务，将股权再次转让给被告石业公司，恶意延长出资期限至2040年11月19日。三被告应某对未清偿债务承担相应补充赔偿责任。

被告辩称：

被告庄某某、被告投资公司的出资义务已随股权一同转让。被告庄某某、被告投资公司的出资期限是2021年11月19日，被告石业公司出资期限已变更至2040年11月19日，均不属于出资期限届满而未履行出资义务的情形，故不应承担补充赔偿责任。

法官观点：

1. 关于现股东被告石业公司的责任承担。

根据法律规定，股东应当按期足额缴纳公司章程中规定的各自所认缴的出资额。这是公司资本充实原则的具体体现。未履行或者未全面履行出资义务的股东应在未出资本息范围内对公司债务不能清偿的部分承担补充赔偿责任。股东可基于意思自治，通过修改公司章程的方式延长出资期限，但不得滥用该期限利益逃避出资义务、损害公司债权人的利益。

本案系争主债权发生时，被告装饰公司的出资期限为2021年11月19日，应于2021年11月19日前缴足其认缴的出资995万元，但截至目前，根据工商登记记载，案外人装饰公司仅实缴10万元，且在其已欠付原告债务的情况下，通过修改公司章程的方式延长了出资期限，进而损害了原告作为债权人的合法权益。故案外人装饰公司内部延长出资期限的约定对原告不发生法律效力，被告石业公司应在未缴纳出资985万元的范围内对原告的债务承担补充赔偿责任。

2. 关于前股东被告庄某某、被告投资公司的责任承担。

三被告之间股权转让时，股权出资期限虽未届至且已经变更工商登记，但被告庄某某和被告投资公司在出让股权时，案外人装饰公司已负债务。同时，结合上述转让方及受让方均未支付对价，出资与认缴的出资比例明显不符，且被告庄某某同时系现股东被告石业公司的法定代表人和前股东被告投资公司的股东、监事等情形，可以认定上述两手股权转让的转让方和受让方均存在逃避债务的主观恶意，股权转让行为损害了原本在案外人装饰公司股东认缴出资期限届满后债务可能得到清偿的原告的合法权益。故转让方和受让方构成共同侵权，转让方被告庄某某、被告投资公司均应当与受让方一起向原告承担连带责任。

法院判决：

1. 被告石业公司在未出资985万元的范围内对案外人装饰公司对原告应负的债务承担补充赔偿责任；

2. 被告庄某某、被告投资公司在未出资985万元的范围内对被告石业公司的上述付款义务承担连带清偿责任。

60. 公司无法清偿生效法律文书确定的债务时，未届出资期限的股东对外转让股权并退出公司，能否将其追加为被执行人？

可以。因为此时未届出资期限的股东对外转让股权将被认定具有逃废债务的恶意，应对公司债务不能清偿部分承担补充责任。

【案例19】公司经执行无财产偿债　股东恶意转让未届期股权被追加执行[①]

申请人：水泥公司

被申请人：周某、许某、投资公司

异议请求：

1. 追加两自然人被申请人周某、许某为被执行人；

2. 两自然人被申请人周某、许某在未缴纳出资本息范围内承担连带清偿责任。

争议焦点：

1. 执行法院作出终结本次执行裁定，是否可以认定被执行人构成《最高人民法院关于民事执行中变更、追加当事人若干问题的规定》（法释〔2016〕21号）第19条规定的"财产不足以清偿生效法律文书确定的债务"的情形；

2. 股东在公司不能清偿生效法律文书确定的债务时转让未届出资期限的股权，是否可以认定股东具有逃废债务的恶意，是否应对公司债务不能清偿部分承担补充赔偿责任。

基本案情：

2013年5月22日，被申请人投资公司成立，注册资金20,000万元，被申请人周某认缴2000万元，出资比例为10%；被申请人许某认缴18,000万元，出资比例为90%。两自然人被申请人周某、许某的出资期限均为2018年5月21日。

2013年6月6日，被申请人周某实缴出资400万元，被申请人许某实缴出资3600万元。

2015年3月16日，被申请人许某将其持有的被申请人投资公司90%股权转让给被申请人周某和案外人王某。本次股权转让后，被申请人周某出资比例为90%。

2016年3月31日，在被申请人投资公司与申请人的另案股权转让纠纷

[①] 参见四川省高级人民法院（2019）川民终277号民事判决书。

中，最高人民法院作出生效民事判决书，判决被申请人投资公司向申请人支付股权转让款4880万元及利息。因被申请人投资公司未履行上述给付义务，申请人向宜宾市中级人民法院申请强制执行。

2016年12月22日，宜宾市中级人民法院以被申请人投资公司已无财产可供执行裁定终结本次执行程序。此次执行程序终结后至本案诉讼时，被申请人投资公司针对案涉执行案件，无具体的清偿行为。

在前述执行过程中，申请人申请追加两自然人被申请人周某、许某为被执行人，宜宾市中级人民法院作出148号执行裁定，驳回了申请人申请。申请人不服，遂提起本执行异议之诉。

2018年4月18日，在本案诉讼过程中，被申请人周某、案外人王某将其持有的被申请人投资公司股权转让给案外人邹某。

申请人诉称：

1. 依据《最高人民法院关于民事执行中变更、追加当事人若干问题的规定》第17条和第19条规定，无论被执行企业的股东出资期限是否届满，只要其未缴纳或未足额缴纳本金，且被执行企业不能清偿债务，申请执行人都有权追加企业的股东为被执行人。被申请人周某作为被申请人投资公司未足额缴纳出资的股东，被申请人许某作为未依法履行出资义务即转让股权的原股东，申请人有权直接追加被申请人周某和被申请人许某为被执行人，要求其在未缴纳出资本息范围内向申请人承担连带责任。

2. 公司章程规定的实缴资本时间对外不具有约束力，148号执行裁定以被申请人投资公司的公司章程约定的出资额缴纳时间未届满为由驳回申请人的异议请求错误。

三被申请人辩称：

1. 最高人民法院的民事判决的执行程序尚在进行中，被申请人投资公司的财产足以覆盖执行债权，不存在不能清偿债务的情形。

2. 被申请人投资公司章程规定，股东应在2018年5月21日以前交足出资款，截至本案诉讼时，出资期限尚未届满，两自然人被申请人周某、许某不应当承担责任。

法官观点：

依照《最高人民法院关于民事执行中变更、追加当事人若干问题的规定》第19条关于"作为被执行人的公司，财产不足以清偿生效法律文书确定的债务，其股东未依法履行出资义务即转让股权，申请执行人申请变更、追加该原股东或依公司法规定对该出资承担连带责任的发起人为被执行人，在未依法出资的范围内承担责任的，人民法院应予支持"的规定，公司相关股东被追加为被执行人须具备被执行人公司财产不足以清偿法律文书确定的债务的程序要件以及股东未依法履行出资义务的实体要件。

1. 关于公司财产不足以清偿法律文书确定的债务的程序要件。

依据本案已查明的事实，截至本案诉讼时，被申请人投资公司针对案涉执行案件，尚无具体的清偿行为，且执行法院也作出了执行程序终结裁定，该情形足以认定被申请人投资公司财产不足以清偿生效法律文书确定的债务，被申请人投资公司的股东具备被追加为被执行人的程序要件。

2. 关于股东未依法履行出资义务的实体要件。

未（全面）履行出资义务是股东违反出资义务的不法行为，这与认缴资本制下股东享有的合法的出资期限利益有着本质区别。故股东在认缴期限内未（完全）缴纳出资不属于未履行或未完全履行出资义务。认缴的股份实质上是股东对公司承担的负有期限利益的债务，在股权转让得到公司认可的情况下，视为公司同意债务转移，出让人退出出资关系，不再承担出资义务，除非有证据证明其系恶意转让以逃避该出资义务。据此，对两自然人被申请人周某、许某是否未全面履行出资义务，应否被追加为被执行人分别分析如下：

（1）被申请人周某未全面履行出资义务，应被追加为被执行人。被申请人周某于2018年4月18日，即被申请人投资公司章程约定的股东出资期限届满（2018年5月21日）之前将其所持被申请人投资公司的股权转让给案外人邹某，但此时被申请人投资公司已经不能清偿案涉生效判决确定的债务，且申请人已经对被申请人周某提出了追加其为被执行人的本案诉讼。被申请人周某此时转让股权，具有逃废出资义务的恶意，有违诚信，侵害了被申请人投资公司对外债权人申请人的合法权益，不能就此免除其对被申请人投资公司履行补足出资的义务，亦不能豁免其对被申请人投资公司不能清偿的生效法律文书确定的债务承担补充赔偿责任。

故被申请人周某仍属于《最高人民法院关于民事执行中变更、追加当事人若干问题的规定》第 19 条中"未履行出资义务即转让股权的股东",仍应对被申请人投资公司负有补足出资义务并对案涉生效判决确定的债务不能清偿部分承担补充赔偿责任。

(2) 被申请人许某不属于未全面履行出资义务,不应被追加为被执行人。被申请人许某虽在出资期限届满前将其原持有的被申请人投资公司 90% 股权进行转让,但其情形与被申请人周某转让股权以逃废债务不同,因此不应再承担对被申请人投资公司补足出资的义务。

具体理由为:

第一,被申请人投资公司章程约定公司注册资本金由股东在 2018 年 5 月 21 日前缴足。该认缴出资的金额、履行期限均经工商管理机关公示,被申请人许某在认缴期限届满前享有当然的期限利益,其于 2015 年 3 月将持有的被申请人投资公司 80% 的股权转让给被申请人周某,对应的尚未发生的补足出资的义务即随股权转让给了被申请人周某,其转让股权不构成瑕疵转让,被申请人许某不应认定为《最高人民法院关于民事执行中变更、追加当事人若干问题的规定》第 19 条中"未履行出资义务即转让股权的股东"。

第二,被申请人许某转让股权发生在 2015 年 3 月,此时被申请人投资公司与申请人关于股权转让的纠纷仍在一审诉讼中,即案涉生效判决确定的债务仍处于不确定状态,且被申请人投资公司名下尚有案外人煤矿公司股权等资产,无证据显示被申请人投资公司就对外债务无清偿能力,现有证据尚不足以认定被申请人许某向被申请人周某转让股权时具有逃废出资义务并侵害申请人案涉债权的恶意。

故被申请人许某在被申请人投资公司认缴出资期限届满前转让股权不属于瑕疵股权转让,亦无证据证明其转让股权具有逃废出资义务的恶意,其对被申请人投资公司不再负有补足出资义务,亦不应再对股权转让之后被申请人投资公司负有的对外债务不能清偿部分承担补充清偿责任。

法院判决:

1. 追加被申请人周某为被执行人,被申请人周某在其未出资范围内对被申请人投资公司不能清偿的最高人民法院另案民事判决确定债务承担补充清偿责任；

2. 驳回申请人其他诉讼请求。

61. 未届出资期限的股权经多次恶意转让的，历次转让人承担责任的顺序为何？

按照转让股权的顺位次序，由后往前，逐级承担补充责任。

例如，恶意转让未届出资期限股权的顺序为甲→乙→丙，则承担出资责任（补充责任）的顺序为丙→乙→甲。

【案例20】公司经执行无财产偿债　未届期股权的历次转让人逐级承担补充责任[①]

原告：环保公司

被告：耿某、徐某、工贸公司

第三人：机械公司

诉讼请求：

1. 被告工贸公司在未出资499.5万元范围内对第三人不能清偿原告所负的本金、利息、迟延履行期间的加倍债务利息和该案的诉讼费承担补充赔偿责任；

2. 被告徐某、被告耿某对被告工贸公司的上述补充赔偿责任承担连带责任。

争议焦点：

1. 公司无财产可供执行，是否可认定为具备破产原因，是否可以适用股东出资加速到期制度，要求其未届出资期限的股东承担出资义务；

2. 公司债务形成后，公司未届出资期限的股权被多次转让，历次转让人是否应承担出资责任，应按何种顺序承担出资责任。

---

① 参见江苏省无锡市中级人民法院（2024）苏02民终2961号民事判决书。

· 97 ·

基本案情：

2019年6月27日，第三人机械公司成立，注册资本500万元，被告耿某认缴出资450万元，出资比例90%，案外人高某认缴出资50万元，出资比例10%。认缴期限均为2038年12月31日。

2021年3月18日，第三人形成股东会决议，决议被告耿某将450万元出资额全部转让给被告徐某，案外人高某将其49.5万元出资额转让给被告徐某。本次股权转让后，第三人股权架构为：被告徐某认缴出资499.5万元，出资比例99.9%，案外人高某认缴出资0.5万元，出资比例0.1%。认缴期限均为2038年12月31日。

2021年4月19日，第三人形成股东会决议，决议被告徐某将其499.5万元出资额全部转让给被告工贸公司。本次股权转让后，第三人股权架构为：被告工贸公司认缴出资499.5万元，出资比例99.9%，案外人高某认缴出资0.5万元，出资比例0.1%。认缴期限均为2038年12月31日。

另外，2020年1月6日，原告曾与第三人签订购销合同，后双方产生诉争。2021年7月14日，法院作出生效民事判决书，判令第三人于10日内返还原告货款120万元并赔偿利息损失。嗣后原告申请强制执行，法院于2023年4月12日作出1068号执行裁定书，以未发现其他可供执行财产为由裁定终结本次执行。

原告诉称：

1. 第三人不能清偿到期债务的情况符合具备破产条件。根据相关规定，具备破产条件只要满足不能清偿到期债务、债务依法成立、债务人未能完全清偿三个条件即可。本案中，第三人结欠原告100余万元款项经过判决确认，且原告已经申请强制执行，至今仍然未执行到位，第三人符合破产条件但不申请破产，其股东出资应当加速到期。

2. 被告耿某、徐某、工贸公司之间的两次股权转让存在明显恶意。第三人案涉债务形成于两次股权转让之前，在第一次股权转让时，接受股权的被告徐某当时已经将近80岁，明显缺乏履行股东职责的能力，该转让行为明显存在逃避债务的嫌疑。在第三人初始股东被告耿某未履行出资义务的情况下，受让或者转让股权的股东依法应当承担连带责任。

三被告辩称：

1. 原告在案涉执行程序中拒绝了执行法院提出的委托财务审计、移送破产审查、公告悬赏执行等调查措施，故该案不属于法院穷尽执行措施仍无财产可执行的情形，因此第三人不具备破产原因，不适用股东出资加速到期规则。

2. 被告耿某、徐某对外转让第三人股权不存在规避出资义务的恶意。首先，被告耿某、徐某转让股权时不存在认缴出资到期或者公司股东出资加速到期的情形，未违反公司章程规定，不属于未依法履行出资义务即转让股权的情形，未恶意规避股东出资义务。其次，被告耿某、徐某未届出资期限依法转让股权后，受让股东被告工贸公司继承股东资格，承担出资义务，被告耿某、徐某不应承担补充清偿责任。最后，案涉债务在被告耿某、徐某转让股权时并未形成。

法官观点：

1. 第三人符合股东出资加速到期的条件，被告工贸公司作为第三人现任股东，应对第三人的案涉债务承担补充责任。

在注册资本认缴制下，股东虽享有期限利益，但在公司作为被执行人的案件，法院穷尽执行措施公司无财产可供执行，已具备破产原因但不申请破产的情况下，债权人以公司不能清偿到期债务为由，请求未届出资期限的股东在未出资范围内对公司不能清偿的债务承担补充赔偿责任的，法院应予支持。

本案中，因第三人未履行生效判决确定的义务，原告向法院申请执行，法院后续裁定终结该案的本次执行程序，足以证明第三人目前确无财产可供执行，参照《企业破产法》的相关规定，第三人已不能清偿到期债务，具备了破产原因。第三人已经具备破产条件而不申请破产，本案可以适用股东出资加速到期规则。被告工贸公司作为第三人的现任股东，未能提交证据证明其已履行出资义务，原告作为第三人的债权人，有权请求未履行出资的现任股东被告工贸公司在未出资范围内对第三人债务不能清偿部分承担补充赔偿责任。

2. 两自然人被告耿某、徐某作为第三人前任股东，应按转让股权的顺位次序承担出资责任。

第三人的初始股东被告耿某于 2021 年 3 月 18 日将其 450 万元出资额转让给被告徐某，以及被告徐某于 2021 年 4 月 19 日又将其 499.5 万元出资额转让给被告工贸公司的行为，均是在出资期限届至前将股权转让，且均发生于原告与第三人发生业务往来产生债务之后，其转让股权不能排除存在逃避债务的可能。因此，在本案符合股东出资加速到期条件的情况下，被告耿某、徐某虽然已经将股份转让，但仍需对转让之前的公司债务承担相应的股东出资责任，其应分别在未出资范围内对受让股东的相关责任承担补充赔偿责任。据此，根据被告耿某、徐某分别转让股权的顺位次序，应认定被告徐某在 499.5 万元的出资范围内对被告工贸公司的上述赔偿责任承担补充赔偿责任，被告耿某在 450 万元的出资范围内对被告徐某的上述赔偿责任承担补充赔偿责任。

法院判决：

1. 被告工贸公司在 499.5 万元出资范围内对案涉生效民事判决书中第三人未能清偿部分承担补充赔偿责任；

2. 被告徐某在 499.5 万元出资范围内对被告工贸公司的上述赔偿责任承担补充赔偿责任；

3. 被告耿某在 450 万元出资范围内对被告徐某的上述赔偿责任承担补充赔偿责任；

4. 驳回原告其他诉讼请求。

62. 什么是股东失权制度？

股东未按照公司章程规定的出资日期缴纳出资的，公司可向其发出载明缴纳出资宽限期的书面催缴书催缴，宽限期自催缴书发出之日起，不得少于 60 日，宽限期满后股东仍未履行出资义务的，公司董事会可以决议向该股东发出书面失权通知，通知发出，该股东即丧失其未缴纳出资的股权。

上述丧失的股权应当依法转让，或公司减少相应注册资本并注销。股权 6 个月内未转让或注销的，由公司其他股东按出资比例足额缴纳相应出资。

股东对失权有异议的，应当自收到失权通知之日起 30 日内，向法院起诉。

63. 股东失权制度与股东除名制度的区别为何？

两者区别如下：

（1）适用条件不同。股东失权制度适用于股东出资不实与股东抽逃出资的普遍情形，而股东除名制度的适用条件较为严苛，仅适用于股东完全未履行出资义务或者抽逃全部出资的情形。

（2）适用主体不同。股东失权制度的适用主体包括有限责任公司的股东与股份有限公司的发起人，而股东除名制度的适用主体仅为有限责任公司的股东。

（3）决定机关不同。股东失权制度的决定机关为董事会，而股东除名制度的决定机关为股东会。

（4）实施程序不同。股东失权制度的程序是公司先向股东发出书面催缴书，在宽限期届满后股东仍未出资的，董事会作出决议向股东发出失权通知，通知发出，股东即失权；股东除名制度的程序是公司催告股东缴纳或返还出资，股东在合理期限内仍未缴纳或返还的，股东会作出决议，将股东除名。

（5）适用后果不同。股东失权制度的后果是股东丧失其未出资部分的股权，而股东除名制度的后果是股东失去其股东资格。

64. 公司股东未履行或者未全面履行出资义务，董事是否应当对公司承担责任？

董事负有催缴股东出资的义务，若董事未及时履行催缴义务给公司造成损失的，应对公司承担赔偿责任。

65. 公司股东抽逃出资给公司造成损失，董事、监事、高级管理人员是否需要承担责任？

负有责任的董事、监事、高级管理人员应当与抽逃出资的股东承担连带赔偿责任。实践中，在认定上述人员是否负有责任时，应考虑下列两点因素：

（1）是否存在共同侵权的积极行为，如上述人员是否共同参与抽逃出资行为，在款项抽逃的支出凭证上签字，或操作银行转款手续。

（2）是否履行了职权范围内的监管义务，如上述人员是否积极履行了对公司财务状况的检查、核实义务。

66. 公司股东出资不实、虚假出资，应当承担哪些行政责任？

公司股东出资不实、虚假出资，由公司登记机关责令改正，可以处以 5 万元以上 20 万元以下的罚款；情节严重的，处以虚假出资或者未出资金额 5% 以上 15% 以下的罚款。

此外，对直接负责的主管人员和其他直接责任人员处以 1 万元以上 10 万元以下的罚款。

67. 公司股东抽逃出资，应当承担哪些行政责任？

公司股东抽逃出资，由公司登记机关责令改正，处以所抽逃出资金额 5% 以上 15% 以下的罚款。

此外，对直接负责的主管人员和其他直接责任人员处以 3 万元以上 30 万元以下的罚款。

68. 非居民企业以技术出资，是否享受企业所得税税收优惠政策？

对于非居民企业以技术出资，暂时没有相关税收优惠政策。国家税务总局曾根据实际情况针对个案以批复的形式减免有关技术出资企业所得税，如《国家税务总局关于加拿大 TRENCH 公司转让技术取得的技术转让费免征企业所得税的批复》（国税函〔2005〕866 号）、《国家税务总局关于日本 JFE 工程公司取得的技术转让所得免征企业所得税的批复》（国税函〔2005〕1243 号），但这些减免政策仅限于个案，不具有普遍性，且前述减免企业所得税的批复文件所依据的《外商投资企业和外国企业所得税法》已废止。

69. 个人或企业以知识产权出资，是否需要缴纳增值税？

个人或企业以知识产权出资时，会取得被投资企业的股权。该股权属于《增值税暂行条例》所规定的"销售"无形资产，属于增值税征税范围。但是，对于个人转让著作权，个人或企业提供技术转让、技术开发以及与之相关的技术咨询、技术服务，均免征增值税。

在因提供技术转让、技术开发以及与之相关的技术咨询、技术服务而申请免征增值税时，须持技术转让、技术开发等相关书面合同，到纳税人所在地省级科技主管部门进行认定，并持相关书面合同和科技主管部门审核意见证明文件报主管税务机关备查。

70. 个人或企业以知识产权出资，是否需要缴纳印花税？

需要。如需签订转让合同，投资方与被投资方均应缴纳印花税。其中，商标专用权、著作权、专利权、专有技术使用权的转让书据或技术合同（不包括专利权、专有技术使用权转让书据），税率均为合同金额的万分之三。

被投资方应就账面增加的"实收资本（股本）"和"资本公积"金额按照万分之二点五的税率缴纳印花税。

71. 个人或企业以股权出资，是否需要缴纳印花税？

需要。根据《国家税务总局关于个人以股权参与上市公司定向增发征收个人所得税问题的批复》（国税函〔2011〕89号），投资方与被投资方均应以股权交易价格为计税依据，以万分之五的税率缴纳印花税。

同时，被投资企业应就账面增加的"股本"和"资本公积"金额按照万分之二点五的税率缴纳印花税。

72. 债务重组过程中，债务人与债权人如何进行会计处理？

总的来说，债务重组中，债权人豁免债务就是放弃债权，这意味着债务人得到一个赠与，应计入当期损益。如果涉及债转股，则本质上又回到了货币出资。

（1）债务人的会计处理

①以资产清偿债务方式进行债务重组的，债务人应当在相关资产和所清偿债务符合终止确认条件时予以终止确认，所清偿债务账面价值与转让资产账面价值之间的差额计入当期损益。

②通过把债务转为权益工具的方式进行债务重组的，债务人应当在所清偿债务符合终止确认条件时予以终止确认。债务人初始确认权益工具时，应当按照权益工具的公允价值计量；权益工具的公允价值不能可靠计量的，应当按照所清偿债务的公允价值计量。所清偿债务账面价值与权益工具确认金额之间的差额，应当计入当期损益。

③通过修改其他条款的方式进行债务重组的，债务人应当按照金融工具确认和计量、列报的相关规定，确认和计量重组债务。

④以多项资产清偿债务或者组合方式进行债务重组的，债务人应当按照第②点和第③点确认和计量权益工具和重组债务。所清偿债务的账面价值与转让资产的账面价值以及权益工具和重组债务的确认金额之和的差额，应当计入当期损益。

（2）债权人的会计处理

①以资产清偿债务方式进行债务重组的，债权人初始确认受让的金融资产以外的资产时，应当按照下列项以成本计量：

a. 存货的成本，包括放弃债权的公允价值和使该资产达到当前位置和状态所发生的可直接归属于该资产的税金、运输费、装卸费、保险费等其他成本；

b. 对联营企业或合营企业投资的成本，包括放弃债权的公允价值和可直接归属于该资产的税金等其他成本；

c. 投资性房地产的成本，包括放弃债权的公允价值和可直接归属于该资产的税金等其他成本；

d. 固定资产的成本，包括放弃债权的公允价值和使该资产达到预定可使用状态前所发生的可直接归属于该资产的税金、运输费、装卸费、安装费、专业人员服务费等其他成本；

e. 生物资产的成本，包括放弃债权的公允价值和可直接归属于该资产的税金、运输费、保险费等其他成本；

f. 无形资产的成本，包括放弃债权的公允价值和可直接归属于使该资产达到预定用途所发生的税金等其他成本。

此外，放弃债权的公允价值与账面价值之间的差额，应当计入当期损益。

②通过把债务转为权益工具进行债务重组，导致债权人将债权转为对联营企业或合营企业的权益性投资的，债权人应当按照第①点计量其初始投资成本。放弃债权的公允价值与账面价值之间的差额，应当计入当期损益。

③通过修改其他条款进行债务重组的，债权人应当按照金融工具确认和计量的规定，确认和计量重组债权。

④以多项资产清偿债务或者组合方式进行债务重组的，债权人应当首先按照《企业会计准则第22号——金融工具确认和计量》的规定确认和计量受让的金融资产和重组债权，然后，按照受让的金融资产以外的各项资产的公允价值比例，对放弃债权的公允价值扣除受让金融资产和重组债权确认金额后的净额进行分配，并以此为基础，结合第①点，分别确定各项资产的成本。放弃债权的公允价值与账面价值之间的差额，应当计入当期损益。

73. 债务重组过程中是否需要缴纳印花税、增值税、土地增值税和契税?

债务重组协议的签订后,在履行过程中,还需要签订一些具体的合同,如购销合同、专利转让合同、土地使用权转让合同,应就这些行为按照规定缴纳相应的印花税、土地增值税与契税。

但如果重组过程中,一方将全部或者部分实物资产以及与其相关联的债权、负债和劳动力一并转让给其他单位和个人,其中涉及的货物、不动产、土地使用权转让环节无须缴纳增值税。同时,债转股投入新公司的实物资产免征增值税。

原债务人作为被投资公司因债转股导致的"实收资本"与"资本公积"增加的部分按照万分之二点五的税率缴纳印花税。

【案例21】设备原值与股权价值相当 实物出资无须缴个人所得税[①]

基本案情:

基于对我国 LED 产业广阔市场前景的认知,为进一步满足日益旺盛的市场需求,2007 年 12 月 5 日,长方光电公司股东会决议将注册资本由 100 万元增资至 1030 万元。新增注册资本 930 万元中,邓某长实物出资 285 万元,邓某贤实物出资 100 万元,邓某宜实物出资 80 万元。3 名投资人用于出资的实物资产是生产经营 LED 的相关设备。

3 位实物资产投资人用于出资的实物资产已经中深信资产评估公司评估。评估具体情况为:邓某长出资的实物资产购置价格为 285 万元,评估值为 292.13 万元;邓某贤出资的实物资产购置价格为 100 万元,评估值为 102.40 万元;邓某宜出资的实物资产购置价格为 80 万元,评估值为 82 万元。

正宏会计师事务所对前述出资进行了审验,确认上述注册资本已缴足。

律师观点:

本次出资涉及的税收主要包括个人所得税、增值税以及印花税。

[①] 《深圳市长方半导体照明股份有限公司关于公司设立以来股本演变情况的说明及其董事、监事、高级管理人员的确认意见》,载巨潮资讯网,http://static.cninfo.com.cn/finalpage/2012-02-28/60594554.PDF,2020 年 3 月 29 日访问。

1. 个人所得税。

本案发生于2007年，根据《国家税务总局关于非货币性资产评估增值暂不征收个人所得税的批复》（国税函〔2005〕319号）规定，3位投资人以实物进行投资，无须缴纳个人所得税。

如果本案发生于2008年《国家税务总局关于资产评估增值计征个人所得税问题的通知》（国税发〔2008〕115号）生效后，则根据该文件规定，3位投资人应就取得股权价值高于购置价值的部分缴纳个人所得税。但由于本案中用于出资的设备原值与投资取得股权的价值相同，因此，3位投资人无须缴纳个人所得税。

需要提示的是，本案中实物资产处置价格与评估值较为接近。如若转让对价明显低于评估价值，存在被税务机关调增转让价格并追缴个人所得税的风险。

2. 增值税。

根据《增值税暂行条例实施细则》（财政部、国家税务总局令第50号）规定，单位或个体工商户将自产、委托加工或者购进的货物作为投资，提供给其他单位或者个体工商户，视同销售货物，须缴纳增值税。

但在本案中，3位自然人以实物出资，不在增值税视同销售的范围，故不用缴纳增值税。

3. 印花税。

根据《印花税暂行条例》规定，长方光电公司应该以实收资本930万元为计税依据，按比例税率万分之五[①]缴纳印花税4650元。

74. 企业以接受捐赠的固定资产作价出资，所得税处理有何特殊之处？

企业接受捐赠的固定资产，须计入企业应纳税所得额。

75. 转让房地产需要缴纳哪些税费？如何确定各个税种的应纳税额？法定纳税义务人是谁？纳税义务发生时间为何时？由何地税务机关征管？

转让房地产涉及增值税、城市维护建设税、教育费附加、地方教育附加、

[①] 营业账簿印花税自2018年5月1日起，按万分之二点五计征。

土地增值税、印花税、企业所得税、契税、个人所得税。在转让房地产之前，还需要清缴城镇土地使用税。各个税种的应纳税额计算方式以及纳税义务产生时间具体如下所述。

（1）增值税

根据《国家税务总局关于发布〈纳税人转让不动产增值税征收管理暂行办法〉的公告》（国家税务总局公告2016年第14号）的规定：

①一般纳税人转让其取得的不动产，按照以下规定缴纳增值税：

a. 一般纳税人转让其2016年4月30日前取得（不含自建）的不动产，可以选择适用简易计税方法计税，以取得的全部价款和价外费用扣除不动产购置原价或者取得不动产时的作价后的余额为销售额，按照5%的征收率计算应纳税额。纳税人应按照上述计税方法向不动产所在地主管税务机关预缴税款，向机构所在地主管税务机关申报纳税。

b. 一般纳税人转让其2016年4月30日前自建的不动产，可以选择适用简易计税方法计税，以取得的全部价款和价外费用为销售额，按照5%的征收率计算应纳税额。纳税人应按照上述计税方法向不动产所在地主管税务机关预缴税款，向机构所在地主管税务机关申报纳税。

c. 一般纳税人转让其2016年4月30日前取得（不含自建）的不动产，选择适用一般计税方法计税的，以取得的全部价款和价外费用为销售额计算应纳税额。纳税人应以取得的全部价款和价外费用扣除不动产购置原价或者取得不动产时的作价后的余额，按照5%的预征率向不动产所在地主管税务机关预缴税款，向机构所在地主管税务机关申报纳税。

d. 一般纳税人转让其2016年4月30日前自建的不动产，选择适用一般计税方法计税的，以取得的全部价款和价外费用为销售额计算应纳税额。纳税人应以取得的全部价款和价外费用，按照5%的预征率向不动产所在地主管税务机关预缴税款，向机构所在地主管税务机关申报纳税。

e. 一般纳税人转让其2016年5月1日后取得（不含自建）的不动产，适用一般计税方法，以取得的全部价款和价外费用为销售额计算应纳税额。纳税人应以取得的全部价款和价外费用扣除不动产购置原价或者取得不动产时的作价后的余额，按照5%的预征率向不动产所在地主管税务机关预缴税款，向机构所在地主管税务机关申报纳税。

f. 一般纳税人转让其2016年5月1日后自建的不动产，适用一般计税方法，以取得的全部价款和价外费用为销售额计算应纳税额。纳税人应以取得的全部价款和价外费用，按照5%的预征率向不动产所在地主管税务机关预缴税款，向机构所在地主管税务机关申报纳税。

②小规模纳税人转让其取得的不动产，除个人[①]转让其购买的住房外，按照以下规定缴纳增值税：

a. 小规模纳税人转让其取得（不含自建）的不动产，以取得的全部价款和价外费用扣除不动产购置原价或者取得不动产时的作价后的余额为销售额，按照5%的征收率计算应纳税额。

b. 小规模纳税人转让其自建的不动产，以取得的全部价款和价外费用为销售额，按照5%的征收率计算应纳税额。

c. 除其他个人[②]之外的小规模纳税人，应按照本条规定的计税方法向不动产所在地主管税务机关预缴税款，向机构所在地主管税务机关申报纳税；其他个人按照本条规定的计税方法向不动产所在地主管税务机关申报纳税。

③个人转让其购买的住房，按照以下规定缴纳增值税：

a. 个人转让其购买的住房，按照有关规定全额缴纳增值税的，以取得的全部价款和价外费用为销售额，按照5%的征收率计算应纳税额。

b. 个人转让其购买的住房，按照有关规定差额缴纳增值税的，以取得的全部价款和价外费用扣除购买住房价款后的余额为销售额，按照5%的征收率计算应纳税额。

c. 个体工商户应按照本条规定的计税方法向住房所在地主管税务机关预缴税款，向机构所在地主管税务机关申报纳税；其他个人应按照本条规定的计税方法向住房所在地主管税务机关申报纳税。

④其他个人以外的纳税人转让其取得的不动产，区分以下情形计算应向不动产所在地主管税务机关预缴的税款：

[①] 根据《增值税暂行条例实施细则》第9条第2款之规定，《增值税暂行条例》中所称"个人"，是指个体工商户和其他个人。

[②] 《增值税暂行条例》中的"其他个人"系指自然人。

a. 以转让不动产取得的全部价款和价外费用作为预缴税款计算依据的，计算公式为：

应预缴税款＝全部价款和价外费用÷(1＋5%)×5%

b. 以转让不动产取得的全部价款和价外费用扣除不动产购置原价或者取得不动产时的作价后的余额作为预缴税款计算依据的，计算公式为：

应预缴税款＝(全部价款和价外费用－不动产购置原价或者取得不动产时的作价)÷(1＋5%)×5%

(2) 城市维护建设税

①适用税率：

a. 纳税人所在地在城市市区的，税率为7%；

b. 纳税人所在地在县城、建制镇的，税率为5%；

c. 纳税人所在地不在城市市区、县城、建制镇的，税率为1%。

②计算公式：应纳税额＝实际缴纳增值税×适用税率。

③纳税义务发生时间：缴纳增值税时。

④法定纳税义务人：转让方。

⑤纳税地点：在增值税征管机关处申报纳税。

(3) 教育费附加

①适用费率：3%。

②计算公式：应纳税额＝实际缴纳的增值税×3%。

③纳税义务发生时间：缴纳增值税时。

④法定纳税义务人：转让方。

⑤纳税地点：在增值税征管机关处申报纳税。

(4) 地方教育附加

①适用费率：2%。

②计算公式：应纳税额＝实际缴纳的增值税×2%。

③纳税义务发生时间：缴纳增值税时。

④法定纳税义务人：转让方。

⑤纳税地点：在增值税征管机关处申报纳税。

(5) 土地增值税

①适用税率：土地增值税采用四级超率累进税率（见表3－1）。

表3-1 土地增值税税率

级数	增值额与扣除项目金额的比率	税率/%	速算扣除系数/%
1	不超过50%的部分	30	0
2	超过50%至100%的部分	40	5
3	超过100%至200%的部分	50	15
4	超过200%的部分	60	35

②计算公式：土地增值税税额＝增值额×适用税率－扣除项目金额×速算扣除系数（其中，增值额＝收入额－扣除项目金额）。

其中，纳税人转让房地产所取得的收入，包括货币收入、实物收入和其他收入。

可扣除项目如表3-2所示：

表3-2 可扣除项目

可扣除项目分类	具体可扣除项目
取得土地使用权所支付的金额	出让方式取得时缴纳的土地出让金、受让方支付的契税以及其他有关登记、过户手续费
	划拨方式取得时补缴的出让金、受让方支付的契税以及其他有关登记、过户手续费
	转让取得时支付的地价款、受让方支付的契税以及其他有关登记、过户手续费
房地产开发成本	土地征用及拆迁补偿费、前期工程费、建筑安装工程费、基础设施费、公共配套设施费、开发间接费用（直接组织、管理开发项目发生的费用，包括工资、职工福利费、折旧费、修理费、办公费、水电费、劳动保护费、周转房摊销费）
房地产开发费用	与房地产开发项目有关的销售费用、管理费用和财务费用
与转让房地产有关的税金	转让房地产时缴纳的增值税、教育附加费及城市维护建设税
其他扣除项目	对从事房地产开发的纳税人允许按取得房地产时所支付的金额和房地产开发成本之和，加计20%扣除

③纳税义务发生时间：转让合同签订后7日内。

④法定纳税义务人：转让方。

⑤纳税地点：在土地所在地税务机关申报纳税。纳税人转让的房地产坐落在两个或两个以上地区的，应按土地所在地分别申报纳税。

实际工作中，纳税地点的确定又可以分为以下两种情形：

a. 纳税人是法人的。当转让的房地产坐落地与其机构所在地或经营所在地一致时，则在办理税务登记的原管辖税务机关申报纳税即可；如果转让的房地产坐落地与其机构所在地或经营所在地不一致时，则应在房地产坐落地所管辖的税务机关申报纳税。

b. 纳税人是自然人的。当转让的房地产坐落地与其居住所在地一致时，则在住所所在地税务机关申报纳税即可；如果转让的房地产坐落地与其居住所在地不一致时，则在办理过户手续所在地的税务机关申报纳税。

（6）印花税

①适用税率：0.05%。

②计算公式：印花税＝计税金额×适用税率。

计税金额为土地使用权出让合同或土地使用权转让合同或商品房销售合同所记载金额。

③纳税义务发生时间：签订转让合同后。

④法定纳税义务人：转让方与受让方。

⑤纳税地点：分别在转让方与受让方所在地的税务机关申报纳税。

（7）企业所得税

①适用税率：一般为25%。

②计算公式：企业所得税＝应纳税所得额×25%。

其中，应纳税所得额＝收入总额－不征税收入－免税收入－各项扣除金额－弥补亏损。

各种扣除金额包括成本、费用、与转让房地产有关的税金（营业税及附加、土地增值税、印花税）。

③纳税义务发生时间：投资协议生效并办理股权登记手续时。

④法定纳税义务人：转让方。

⑤纳税地点：在土地使用权转让方注册登记地的税务机关申报纳税。

（8）契税

2024年12月1日，《关于促进房地产市场平稳健康发展有关税收政策的公告》（财政部、税务总局、住房城乡建设部公告2024年第16号）正式生效。该公告指出，对个人购买家庭唯一住房（家庭成员范围包括购房人、配偶以及未成年子女，下同），面积为140平方米及以下的，减按1%的税率征收契税；面积为140平方米以上的，减按1.5%的税率征收契税。对个人购买家庭第2套改善性住房，面积为140平方米及以下的，减按1%的税率征收契税；面积为140平方米以上的，减按2%的税率征收契税。

①适用税率：契税税率为3%～5%。

②计税依据：

a. 出让国有土地使用权的，其契税计税价格为承受人为取得该土地使用权而支付的全部经济利益。

以协议方式出让的，其契税计税价格为成交价格。成交价格包括土地出让金、土地补偿费、安置补助费、地上附着物和青苗补偿费、拆迁补偿费、市政建设配套费等承受者应支付的货币、实物、无形资产及其他经济利益。

没有成交价格或者成交价格明显偏低的，征收机关可依次按以下两种方式确定：

其一，评估价格：由政府批准设立的房地产评估机构根据相同地段、同类房地产进行综合评定，并经当地税务机关确认的价格。

其二，土地基准地价：由县级以上人民政府公示的土地基准地价。

以竞价方式出让的，其契税计税价格，一般应确定为竞价的成交价格，土地出让金、市政建设配套费以及各种补偿费用应包括在内。

b. 土地使用权出售、房屋买卖，为成交价格。成交价格是指土地、房屋权属转移合同确定的价格，包括承受者应交付的货币、实物、无形资产或者其他经济利益。

c. 土地使用权赠与、房屋赠与，由征收机关参照土地使用权出售、房屋买卖的市场价格核定。

d. 土地使用权交换、房屋交换，为所交换的土地使用权、房屋价格的差额。交换价格相等时，免征契税；交换价格不等时，由多交付的货币、实物、无形资产或者其他经济利益的一方缴纳契税。

e. 以划拨方式取得土地使用权，经批准转让房地产时，由房地产转让者补缴契税。计税依据为补缴的土地使用权出让费用或者土地收益和其他出让费用。

f. 土地使用者将土地使用权及所附建筑物、构筑物等（包括在建的房屋、其他建筑物、构筑物和其他附着物）转让给他人的，应按照转让的总价款计征契税。

前面的成交价格明显低于市场价格并且无正当理由的，或者所交换土地使用权、房屋的价格的差额明显不合理并且无正当理由的，由征收机关参照市场价格核定。

③计算公式：应纳税额＝计税依据×税率。

④纳税义务发生时间：为纳税人签订土地、房屋权属转移合同的当天，或者纳税人取得其他具有土地、房屋权属转移合同性质凭证的当天。

⑤法定纳税义务人：土地使用权受让方。

⑥纳税地点：在土地所在地的税务机关申报纳税。

(9) 个人所得税

①税率：20%。

②计算方式：个人所得税＝（财产转让收入－原值－合理费用）×20%。

③个人转让自用达 5 年以上并且唯一的家庭用房，免征个人所得税。

④纳税义务人：转让方。

⑤纳税义务发生时间：取得所得的次月 15 日内，向税务机关报送纳税申报表，并缴纳税款。

(10) 城镇土地使用税

以出让方式或转让方式取得土地使用权的，应由受让方从合同约定交付土地时间的次日起缴纳城镇土地使用税。合同未约定的，由受让方从签订合同的次日起缴纳城镇土地使用税。根据《城镇土地使用税暂行条例》的相关规定，城镇土地使用税采用定额税率，即采用有幅度的差别税额。按大、中、小城市和县城、建制镇、工矿区分别规定每平方米城镇土地使用税应纳税额。

城镇土地使用税每平方米税额标准具体规定如下：大城市 1.5～30 元；中等城市 1.2～24 元；小城市 0.9～18 元；县城、建制镇、工矿区 0.6～12 元。

76. 转让未取得土地使用权属证书的土地使用权，是否应缴纳土地增值税、增值税和契税等税费？

应当。土地使用者转让、抵押或置换土地，无论其是否取得了该土地的使用权属证书，无论其在转让、抵押或置换土地过程中是否与对方当事人办理了土地使用权属证书变更登记手续，只要土地使用者享有占有、使用、收益或处分该土地的权利，且有合同等证据表明其实质转让、抵押或置换了土地并取得了相应的经济利益，土地使用者及其对方当事人应当依照税法规定缴纳增值税、土地增值税和契税等相关税费。

77. 转让房地产中，转让方拒绝开具发票，受让方能否向法院提起民事诉讼请求转让方开具发票？

从民事诉讼的角度来看，请求开具发票是否属于民事案件受理范围存在争议。即使是最高人民法院，也存在如下三种不同观点：

观点一：发票管理是税务主管部门的法定职责，请求开具发票不属于民事案件受理范围，应另寻其他法律途径解决。

观点二：开具发票事宜不属于民事案件受理范围，但若双方合同约定发票开具义务，则属于民事案件受理范围。

观点三：无论合同是否约定，请求开具发票都是合同的附属义务，属于民事案件受理范围。

从行政角度来看，根据有关税法规定，单位在经营活动中，应当按照规定开具发票。如若销售方拒绝开具发票，可以由税务机关依据《发票管理办法》（2023 年修订）第 33 条规定责令改正，且可以处 1 万元以下的罚款。

如果转让方处于破产清算状态，根据《关于推动和保障管理人在破产程序中依法履职进一步优化营商环境的意见》（发改财金规〔2021〕274 号）第 11 条规定，可以由破产管理人以纳税人名义到税务部门申领、开具发票。

【案例22】请求开票系行政事宜　非民事案件受理范围[①]

原告（反诉被告）：四川公司

被告（反诉原告）：长融房地产公司

本诉请求：

1. 被告支付工程款101,775,641.47元及截至2016年10月20日的逾期付款利息（违约金）52,709,988.38元，并从2016年10月21日起按照年利率24%支付逾期付款的利息（违约金）至全部付清时止；

2. 被告在欠付工程款及利息（违约金）范围内对本案工程享有优先受偿权。

反诉请求：原告提供已付工程款发票，并在被告支付未付工程款时提供相应金额的发票，或由被告在未付工程款中暂扣工程款总额11%的税款，待原告提供工程款发票后予以返还。

争议焦点：请求提供发票是否属于民事案件审理范围。

基本案情：

2011年8月1日，原告经中标为被告建设工程，被告欠付部分工程款。在原告向被告主张部分工程款及利息的情况下，被告提出反诉，包括要求原告提供已付工程款发票。

法官观点：

根据《发票管理办法》的规定，发票管理是税务主管部门的法定职责。由于被告反诉中提出的税款问题属于税法调整的范围，不属于本案民事案件审理的范畴，就此问题可以另寻其他法律途径解决。

法院判决：

驳回被告的反诉请求。

【案例23】合同约定开票义务　民事案件可请求开票[②]

原告：临峰公司

[①] 参见最高人民法院（2018）最高法民终482号民事判决书。
[②] 参见最高人民法院（2019）最高法民再166号民事判决书。

被告：中业公司

第三人：金某东

诉讼请求：被告按工程价款未开具发票的金额开具专用发票。

争议焦点：请求开具发票是否属于民事案件受案范围。

基本案情：

2011年，原告将其开发的商住楼项目总承包给被告施工。之后，原被告就案涉项目工程款结算存在重大分歧，原告起诉请求确认工程款金额，并要求被告开具发票。

原告诉称：

被告应依法履行开具专用发票的义务。

被告辩称：

被告仅对已付工程款开具发票，原告陈述部分工程款直接支付给实际施工人即第三人金某东，待本案判决明确原告未付工程款的数额且支付完剩余工程款之后，被告方可依法开具发票。

法官观点：

根据《税收征收管理法》第21条第1款及《发票管理办法》第19条的规定，收取工程款后开具工程款发票是承包方税法上的义务，承包人应当依据税法的相关规定向发包人开具发票。

本案中，开具发票、交付竣工资料等均属合同约定内容，属于民事合同义务范围。从文义解释看，"开具发票"虽是由税务机关履行，但合同文本中所约定的"开具发票"含义并非指由税务机关开具发票，而是指在给付工程款时需由承包方向发包人给付税务机关开具的发票。该给付义务属承包方应当履行的合同义务。有义务开具发票的当事人在遵守税收法律法规的前提下，可以自主作出向其他民事主体开具发票的意思表示，该行为属于民事法律行为；对于接受发票的一方当事人来说，是否可以取得发票将影响其民事权益，因此就当事人之间一方自主申请开具发票与另一方取得发票的关系，属于民事法律关系范畴，人民法院应当依法审理。

法院判决：

被告于给付工程款后15日内向原告移交税务机关开具的专用发票。

【案例24】 开票为合同附属义务　属民事案件受理范围[①]

原告（反诉被告）： 济宁华邦公司

被告（反诉原告）： 太阳控股集团

被告： 圣德国际酒店

本诉请求：

1. 两被告支付工程款 56,989,765.60 元及利息；
2. 两被告赔偿停工、窝工、赶工损失 1299 万元；
3. 两被告赔偿损失 1000 万元。

反诉请求： 判令原告开具工程款对应的合法工程发票。

争议焦点： 请求开具发票是否属于民事案件受理范围。

基本案情：

原告与被告太阳控股集团就被告圣德国际酒店机电安装施工造价及欠款数额产生分歧。在原告向被告主张部分工程款及利息的情况下，被告提出反诉，其中要求原告提供已付工程款发票。

反诉原告诉称：

开具发票属于民事案件受理范围，原告有据实开具发票的法定义务，应向被告太阳控股集团开具已收到工程款对应的发票。

反诉被告辩称：

开具发票不属民事案件受理范围，其不应承担该义务。

法官观点：

开具发票虽属纳税人税法上的义务，本案当事人亦未就发票如何开具作出明确约定，但民事合同中收款方在收到款项后开具相应的发票属于合同当事人应有的附随义务，具有民事性，该民事行为性质与履行税法上的义务具有一致性，二者并不冲突和矛盾。对此，当事人提出诉讼请求的，人民法院予以受理，具有法律依据。

关于发票的开具时间问题，因建筑业发票类型存在差异，属自开的，应在收款同时交付；属于税务机关代开的，需要完税才能开具，而收款是完税

[①] 参见最高人民法院（2019）最高法民终917号民事判决书。

的前提,二者有一定时间差,故可在收款后依法及时开具。为便于双方履行,本院酌定原告在收款后对发票再行开具。

法院判决:

酌定原告在收款后对发票再行开具。

78. 以房地产作价出资与一般的房地产转让所需缴纳的税费有何不同?

二者应缴纳的税费差异如表3-3所示:

表3-3 房地产转让与房地产作价出资税费比较

方式 税费	房地产转让			房地产作价出资
	税率	计算公式	纳税义务人	
增值税	5%	详见本书问答75	转让方	征收①
城市维护建设	1%、5%、7%	增值税额×税率	转让方	同增值税
教育费附加	3%	增值税额×3%	转让方	同增值税
地方教育附加	2%	增值税额×2%	转让方	同增值税
土地增值税	30%、40%、50%、60%	增值额×适用税率-扣除项目金额×速算扣除系数	转让方	一般情况下免征,但不适用于房地产转移任意一方为房地产开发企业的情形
印花税	0.05%	转让价款×0.05%	转让方与受让方	免征

---

① 在实物资产以及与其相关联的债权、负债和劳动力一并转让的情况下,不征收增值税。但在税务实践中,一般将"整体资产转让"和"实物作价出资"视为不同的交易方案,不能同时适用两个方案的相关税收优惠政策。

续表

方式 税费	房地产转让			房地产作价出资
	税率	计算公式	纳税义务人	
企业所得税	25%	应税所得×25%	转让方	一般情况下征收（与转让相同），但"100%直接控制的母子公司之间，母公司向子公司按账面净值划转其持有的股权或资产，母公司获得子公司100%的股权支付"的情况下，可适用特殊性税务处理
契税	3%~5%	计税价格×税率	受让方	一般情况下征收（与转让相同），但若母公司以土地、房屋权属向其全资子公司增资，可视为划转，免征契税

【案例25】成立项目公司合作开发房地产的会计与税务处理

基本案情：

甲公司以10万平方米的土地使用权出资，乙公司以4000万元的货币资金出资，共同投资成立独立法人丙公司，合作开发房地产。甲公司投入土地使用权的取得成本为4000万元，公允价值为6000万元，占丙公司60%的股份。乙公司出资占丙公司40%的股份，双方约定按出资比例采用利润共享、风险共担的分配形式。当年实现销售收入为30,000万元，税后利润2500万元，年终股东（大）会决议以50%的股利支付率采用货币资金方式分配利润。甲公司系房地产开发公司，此次与乙方合作系开发新楼盘。

律师观点：

1. 会计处理。

甲公司会计处理如下（单位：元，下同）：

（1）按照协议投入土地使用权时：

借：长期股权投资——丙公司　　　　60,000,000

贷：无形资产—土地使用权　　　　　40,000,000
　　　　营业外收入　　　　　　　　　　　20,000,000
（2）按照投资比例分配利润时：
借：应收股利　　　　　　　　　　　　　7,500,000
　　贷：投资收益　　　　　　　　　　　　7,500,000
（3）实际分配利润时：
借：银行存款　　　　　　　　　　　　　7,500,000
　　贷：应收股利　　　　　　　　　　　　7,500,000

乙公司会计处理如下：
（1）按照协议投入资金时：
借：长期股权投资—丙公司　　　　　　40,000,000
　　贷：银行存款　　　　　　　　　　　40,000,000
（2）丙公司实现利润时：
借：长期股权投资—损益调整　　　　　10,000,000
　　贷：投资收益　　　　　　　　　　　10,000,000
（3）按照投资比例分得投资收益时：
借：银行存款　　　　　　　　　　　　　5,000,000
　　贷：长期股权投资—损益调整　　　　　5,000,000

丙公司会计处理如下：
（1）收到甲公司、乙公司出资时：
借：无形资产—土地使用权　　　　　　60,000,000
　　银行存款　　　　　　　　　　　　40,000,000
　　贷：实收资本—甲公司　　　　　　　60,000,000
　　　　　　—乙公司　　　　　　　　40,000,000
（2）宣告分配利润时：
借：利润分配—应付股利　　　　　　　12,500,000
　　贷：应付股利—甲公司　　　　　　　7,500,000
　　　　　　—乙公司　　　　　　　　5,000,000

(3) 分配利润时：

借：应付股利——甲公司　　　　　　7,500,000

　　　　　　——乙公司　　　　　　5,000,000

　　贷：银行存款　　　　　　　　　12,500,000

2. 税务处理。

(1) 增值税。

甲公司以土地使用权投资入股，需按照"转让无形资产"缴纳增值税。乙公司在出资环节不涉及增值税。

(2) 印花税。

免征。

(3) 土地增值税。

甲公司系房地产开发公司，此次以土地使用权向丙公司出资系开发新楼盘，因此应缴纳土地增值税。

增值额（万元）＝收入－扣除项目金额＝6000－4000＝2000。

增值额/扣除项目＝2000/4000＝0.5，适用税率30%，速算扣除系数0%。

土地增值税税额（万元）＝增值额×适用税率－扣除项目金额×速算扣除系数＝2000×30%－4000×0%＝600。

(4) 企业所得税。

甲公司以土地使用权出资，应将其分解成按6000万元转让土地使用权和投资两项业务，确认土地使用权转让所得2000万元，缴纳企业所得税500万元。

(5) 契税。

假设税率为4%，丙公司缴纳契税（万元）＝6000×4%＝240。

79. 在成立项目公司情形下，出地方以土地使用权作价出资，是否需要缴纳契税？

一般情况下，以土地、房屋权属作价投资入股的，视同土地使用权转让，房屋买卖应征收契税。由项目公司依照规定缴纳契税，计税依据为项目公司取得土地使用权的公允价值。

母公司以土地、房屋权属向其全资子公司增资，视同划转，免征契税。

【相关法律依据】

一、公司法类

（一）法律

❖《公司法》第47～54条、第66条、第88条、第116条、第252条、第253条

（二）行政法规

❖《国务院关于实施〈中华人民共和国公司法〉注册资本登记管理制度的规定》（国务院令第784号）第2条

（三）司法解释

❖《最高人民法院关于适用〈中华人民共和国公司法〉若干问题的规定（三）》（2020年修正）第8～20条

二、民法类

（一）法律

❖《民法典》第577条、第687条

（二）司法文件

❖《全国法院民商事审判工作会议纪要》（法〔2019〕254号）第6条

三、税法类

（一）法律

❖《契税法》第1条、第2条

❖《印花税法》第1条、第2条

❖《税收征收管理法》第11条

（二）行政法规

❖《增值税暂行条例》第1条

❖《土地增值税暂行条例》第2条

❖《发票管理办法》（2023年修订）第18条、第33条

（三）部门规章

❖《增值税暂行条例实施细则》（2011年修订）第4条、第9条

（四）部门规范性文件

❖《国家税务总局关于资产评估增值计征个人所得税问题的通知》（国税发〔2008〕115号）第2条

❖《财政部、国家税务总局关于促进企业重组有关企业所得税处理问题的通知》（财税〔2014〕109号）第3条

❖《财政部、国家税务总局关于全面推开营业税改征增值税试点的通知》（财税〔2016〕36号）第1条

❖《国家税务总局关于个人以股权参与上市公司定向增发征收个人所得税问题的批复》（国税函〔2011〕89号）

❖《国家税务总局关于发布〈纳税人转让不动产增值税征收管理暂行办法〉的公告》（国家税务总局公告2016年第14号）第3条

❖《关于推动和保障管理人在破产程序中依法履职进一步优化营商环境的意见》（发改财金规〔2021〕274号）第11条

四、其他类

❖《最高人民法院关于民事执行中变更、追加当事人若干问题的规定》（2020年修正）第17~19条

第四章　股东资格确认纠纷

【宋和顾释义】

关于股东资格确认纠纷，新《公司法》在修订中，共涉及两处修改，其中一处为吸纳司法解释规定基础上的进一步调整，一处为新增规定，涵盖：

(1) 有限责任公司的股权转让中，受让人取得股东资格的标志；

(2) 违法代持上市公司股份行为的效力。

此外，对于外商投资企业的股东资格确认，因《外商投资法》及相关司法解释的出台，共涉及两处修改，涵盖：

(1) 外商投资企业实际出资人的显名条件；

(2)《外商投资法》中准入负面清单规定的溯及力。

结合过往司法实践和本次修订，股东资格确认纠纷的争议类型主要体现为以下十种：

(1) 诉讼程序争议，如诉讼费按件收取还是按标的额收取，能否以案涉股权的约定价值确定级别管辖；

(2) 主体资格争议，如国家机关、公务员能否诉请确认股东资格，债权人、名义股东能否诉请确认实际出资人的股东资格，股东能否请求否定其他股东的股东资格；

(3) 实体认定争议，如股东名册、工商登记、公司章程、出资证明书、股东会决议等对确认股东资格的效力，股东资格证明材料互相冲突时以何者为准；

（4）股权代持争议，如实际出资人如何证明其"已实际出资"，实际出资人如何证明半数以上的其他股东同意或"默示同意"其显名，没有书面代持协议能否认定实际出资人身份，股份有限公司的实际出资人显名是否需要取得其他股东同意，上市公司的股权代持协议是否有效；

（5）出资争议，如瑕疵出资、以违法犯罪所得出资是否影响股东资格，"干股"股东是否具有股东资格，以非法定出资形式的"其他技术"出资能否取得股东资格；

（6）股权转让争议，如受让人在股权转让合同签订后何时取得股东资格，如何区分股权转让合同与股权让与担保合同，股权让与担保人是否享有股东资格；

（7）增资争议，如未经股东会决议，但已与公司签署增资协议、支付股款，并完成工商变更、股东名册记载，增资方是否享有股东资格；

（8）无权处分争议，如受让人善意取得股权的认定标准；

（9）冒名股东、借名股东争议，如冒名股东、借名股东是否具有股东资格，是否需要承担股东责任；

（10）外商投资企业争议，如外商投资企业的实际出资人显名是否需要取得审批机关同意，外商投资企业的股东资格确认纠纷适用中国法还是外国法。

上述部分问题，在本书第三版第四册"股东资格确认纠纷"章节中已涉及，本章系根据司法实践的变化以及修法产生的新问题，加以梳理、归纳和补充。

80. 股东资格确认纠纷由何地法院管辖？

由公司住所地人民法院管辖。公司住所地是指公司主要办事机构所在地。公司主要办事机构不明确的，由其注册地人民法院管辖。

高级人民法院和中级人民法院管辖第一审民商事案件标准见表 4-1：

表 4-1　高级人民法院和中级人民法院管辖第一审民商事案件标准

地区	法院	诉讼标的额/元		涉外
		当事人均在或均不在受理法院的省级辖区（非涉外）	当事人一方不在受理法院的省级辖区（非涉外）	
全国	高级人民法院	50亿以上		
北京、天津、上海、江苏、浙江、福建、山东、广东、重庆	中级人民法院	5亿~50亿	1亿~50亿	4000万~50亿
其他地区				2000万~50亿

81. 股东资格确认纠纷如何确定案件的诉讼标的额？

股东资格确认纠纷实际解决的是当事人之间的股权归属问题。双方当事人对案涉股权价值存在争议，提供的证据足以证明争议股权实际价值的，法院应以此确定诉讼标的额。当事人的举证不足以证明股权实际价值的，法院可以参照当事人曾经约定的股权价值、取得股权时所支付对价的原值或注册资本金额确定诉讼标的额，并以此确定案件的级别管辖。

【案例 26】实际投资人诉请确权以股权价值确定级别管辖　价值存争议以注册资本为准[①]

原告：张某

被告：机械公司、骆某

诉讼请求：

1. 确认被告骆某所持被告机械公司 100% 的股权为原告所有；

[①] 参见四川省成都市中级人民法院（2021）川01民辖终157号民事裁定书，本案系人民法院案例库入库案例。

2. 被告机械公司为原告办理股东名册、工商登记变更，被告骆某协助办理相关手续；

3. 被告骆某赔偿原告损失 200 万元。

争议焦点：

1. 实际出资人诉请确认股权归其所有时，应如何确定案件标的和级别管辖；

2. 各方对股权价值存在争议时，可否按注册资本金额确定案件标的。

基本案情：

原告与被告骆某曾签订《股权代持协议》，约定：

1. 成立被告机械公司，出资额 5000 万元；

2. 原告作为被告机械公司实际投资者，享有被告机械公司 100% 股权，被告骆某代原告持有被告机械公司 100% 股权；

3. 被告机械公司股权变更登记时，被告骆某不得要求原告支付任何股权转让款，原告提出要求时，被告骆某应配合办理工商变更手续。

截至本案诉讼时，被告机械公司的工商登记信息显示：被告机械公司的注册资本为 5000 万元，股东为被告骆某（持股 100%）。

此后，原告拟将其所持有的被告机械公司股权全部转让给案外人工业公司，但被告骆某拒绝按照《股权代持协议》约定办理工商变更登记，导致原告向案外人工业公司支付违约金 200 万元。

两被告在答辩期间提出管辖权异议称：

股权作为一项综合性权利，包括财产性权利。被告机械公司注册资本为 5000 万元，且为一人有限责任公司，营业执照及对外公示的信息，能够证明其股权的价值为 5000 万元，加上原告要求被告骆某赔偿的 200 万元，本案诉争标的为 5200 万元，已超过基层人民法院级别管辖的标准，本案应由中级人民法院管辖。

原告辩称：

本案诉争标的是股权，股权价值不等于注册资本的金额，诉讼标的额应根据股权实际价值，而非注册资本确定。案涉《股权代持协议》载明设立被告机械公司的目的是持有案外人汽车公司 66.56% 的股权，而且被告机械公司财务负责人提交的《情况说明》说明被告机械公司成立后除收购前述股权外，没有其他经营活动，被告机械公司的价值实际就是其持有的案外人汽车公司的股权（价值为 2717 万元），股权价值并未超过基层人民法院的管辖上限。

法官观点：

股东资格的确认实际系对股权归属的确认。股权属于综合性权利，既包含财产性权利，也包含非财产性权利。

原告诉请确认被告骆某所持被告机械公司 100% 的股权为其所有，双方对案涉股权价值存有争议且未能提交足以证明争议股权实际价值的相关证据。案涉协议约定原告作为公司实际股东的出资额为 5000 万元，被告机械公司营业执照显示的注册资本亦为 5000 万元。故本案应以协议约定原告的 5000 万元出资额为标准，确定级别管辖。

根据《最高人民法院关于调整高级人民法院和中级人民法院管辖第一审民商事案件标准的通知》（法发〔2015〕7 号）第 1 条第 2 款之规定，四川辖区内的中级人民法院管辖诉讼标的额 3000 万元以上的一审民商事案件。故本案应由中级人民法院管辖。[1]

法院判决：

本案由中级人民法院管辖。

82. 股东资格确认纠纷按照什么标准交纳案件受理费用？

司法实践中，各地法院在股东资格确认之诉中的诉讼费收取标准并不一致。其主要原因在于股权既具有财产性，又具有非财产性。因此，有的法院按标的额（股权的价值）收取，而有的则按件收取，如每件 50~100 元。

现实中，上海法院有的以标的额收取，有的则按件收取。而北京法院大部分按件收取诉讼费。

83. 实际出资人的债权人能否请求确认实际出资人具有股东资格？

一般而言，原告仅能诉请确认自己具备或者不具备股东资格，除非确认

---

[1] 上述规定现已由《最高人民法院关于调整中级人民法院管辖第一审民事案件标准的通知》（法发〔2021〕27 号）更新。本案当事人住所地均在四川省内，根据最新的级别管辖规定，当事人均在或者均不在受理法院所处省级行政辖区的，中级人民法院管辖诉讼标的额为 5 亿元以上的第一审民事案件，故若本案发生在 2021 年 10 月 1 日之后，则应由基层人民法院管辖。

他人的股东资格与原告有直接利害关系。以上海市第二中级人民法院的观点为例，其认为实际出资人的债权人可以诉请确认实际出资人的股东资格，理由主要有以下两点：

（1）债权人具有诉的利益。不论实际股东是否诉请确权，其享有股东资格在客观上是确定的，相应地，其股权应成为清偿债务的责任财产。若能确认实际股东的股东资格，那么该股权将纳入债务人的责任财产范围，以保障债权人债权的实现。

（2）债权人缺乏其他救济途径。实践中，有的债权人会通过债权人撤销之诉请求名义股东返还无偿或低价从实际股东处取得的股权，但这一救济方式只适用于形成于股权代持之后的债权，而无法适用于形成于股权代持之前的债权。此外，实际股东为逃避债务，其自身往往也缺乏确权的意愿。

84. 名义股东能否请求确认实际出资人具有股东资格？

对此，法律没有明确规定。司法实践中，通常认为名义股东具有诉的利益，有权提起确认之诉，理由主要有以下两点：

（1）名义股东存在被债权人追究股东责任的风险，其权利处于危险、不安状态，有立即通过判决解决的必要性；

（2）名义股东一般无法通过给付之诉等其他途径实现诉求，不存在解决纠纷的其他有效方式。

但需要注意的是，即便判决确认了实际出资人的股东资格，基于商事外观主义原则，名义股东在"自代持协议签订至诉争股权变更登记到实际出资人"这一期间仍享有名义股东资格，即名义股东仍需对此期间产生的公司对外债务承担股东责任。[1]

85. 哪些机构或自然人不能担任公司股东？

公司股东的主体资格有一定的限制，主要表现为以下六个方面：

（1）除国有资产监督管理机构外，国家机关通常不能成为公司股东。

（2）股份有限公司不得成为自己的股东，除非具有以下七种情形：

---

[1] 参见国家法官学院、最高人民法院司法案例研究院编：《中国法院2024年度案例·公司纠纷》，中国法制出版社2024年版，第14~15页。

①非公开发行的股份有限公司股东行使股份回购请求权；

②股份有限公司为减少公司注册资本而注销股份；

③股份有限公司与持有本公司股票的其他公司合并；

④股份有限公司将股份用于员工持股计划或者股权激励；

⑤股份有限公司股东因对股东会作出的公司合并、分立决议持异议，要求公司收购其股份；

⑥上市公司将股份用于转换发行的可转换为股票的公司债券；

⑦上市公司为维护公司价值及股东权益所必需。

（3）特定投资领域对股东国籍有限制。《外商投资准入特别管理措施（负面清单）（2024年版）》中规定了限制与禁止性的外商投资产业，如外商不得投资空中交通管制公司与邮政公司。

（4）股份有限公司股东住所限制。设立股份有限公司的，应有半数以上的发起人股东在国内有住所。

（5）有限责任公司章程可限制股东资格。有限责任公司章程可以对股东的人选加以限制，如无民事行为能力人不得担任公司股东。

（6）《公务员法》规定公务员不得从事或者参与营利性活动。

86. 公务员投资入股是否具有法律效力？可否取得股东资格？

《公务员法》明确规定公务员不得从事或者参与营利性活动，不得在企业或者其他营利性组织中兼任职务。公务员投资入股的，行政机关会给予其记过或者记大过处分；情节较重的，给予降级或者撤职处分；情节严重的，给予开除处分。《法官法》也明确规定法官不得从事营利性的经营活动。

但需要强调的是，上述规定仅在行政法律关系上产生效力，公务员的股东资格并不因其身份而丧失。只要公务员出资入股行为符合《公司法》规定，其仍然是公司合法有效的股东。不过，值得注意的是，公务员诉请成为工商登记股东与《公务员法》《法官法》等相关规定冲突，其诉请难以被支持，只能通过其他途径实现其财产权。

【案例27】 公务员持股认定有效　请求办理变更登记被驳回[①]

原告：陈甲、张某

被告：木业公司

第三人：陈乙、刘某

诉讼请求：

1. 确认原告陈甲持有被告43.33%股权（目前，40%登记在第三人陈乙名下，3.33%登记在第三人刘某名下），原告张某持有被告26.67%股权（目前登记在第三人刘某名下）；

2. 被告办理前述股权变更登记手续，第三人予以配合。

争议焦点：

1.《公务员法》关于公务员禁止从事经营性活动的规定，是管理性规定还是强制性规定，公务员持股是否因违法而无效；

2. 公务员持股若有效，公务员能否请求将其登记为股东。

基本案情：

被告成立于2005年7月，工商登记的注册资本为50万元，股东为第三人陈乙（持股67%）和第三人刘某（持股33%），第三人陈乙任执行董事及法定代表人。第三人刘某于2007年退股，但未变更工商登记。两原告为公务员，与第三人陈乙为亲属关系。

2007年6月，被告木业公司通过了两份与迁址有关的股东会决议，决议载明，应到会股东2人，实到2人，占总股数100%。决议落款处有原告陈甲、第三人陈乙的签字。后被告委托原告陈某办理了迁址的相关工商登记手续。

2009年3月，两原告与第三人陈乙签订股东协议，共同确认：被告投资资本金为30万元；原告陈甲持股43.33%（折算资本金13万元），第三人陈乙持股30%（折算资本金9万元），原告张某持股26.67%（折算资本金8万元）。

协议落款股东签字处有两原告及第三人陈乙的签名，并盖有被告的公章。

[①] 参见上海第二中级人民法院（2014）沪二中民四（商）终字第489号民事判决书。

协议约定的注册资本、持股比例均与工商登记内容不一致。协议签订后，被告也并未按照股东协议进行工商变更，而各股东每年均按协议约定的股权比例从被告处领取分红。

2013年7月，第三人陈乙向原告陈甲的妻子发送短信，称其只想要应得的30%股权，拒绝了额外的送股。

审理过程中，被告申请对两原告的实际出资情况进行审计，法院未予准许。第三人陈乙在审理中确认两原告分别向被告支付过6万元、2万元的出资款，且原告陈甲、第三人陈乙确认两人曾在不同时期负责过公司的财务管理。

原告诉称：

1. 原告实际出资、参与管理、得到分红，且各方对股权比例和股东身份均予以认可。

2. 《公务员法》是公法性质，不能改变股东协议项下属于私法性质的约定内容，对原告的股东身份应予确认。

3. 根据《公司法司法解释（三）》关于实际出资人显名的规定，"未经公司其他股东半数以上同意"中涉及的其他股东应当为名义股东以外的其他股东。而第三人刘某作为被告登记的另一名股东，已明确表示愿意配合变更登记。因此，原告有权诉请办理股权变更登记。

被告辩称：

1. 案涉股东协议违反了《公务员法》关于公务员不得从商的禁止性规定，应属于无效，两原告请求确认股权并办理工商变更登记，缺乏合法基础。

2. 两原告未向被告实际出资，在缺少有关出资的原始凭证等证据的情况下，仅凭无效的股东协议和分红记录不能推定两原告享有股权利益。

第三人陈乙称：

两原告为公务员，无法被登记为被告股东。即便不考虑两原告的公务员身份，两原告合计持有被告的股权也应为33.33%（即现登记为第三人刘某持有的股权），不同意原告的诉请。

第三人刘某称：

答辩人不清楚被告具体的股权结构，但认可两原告的股东身份。如法院确认两原告的股东资格，答辩人愿意配合办理相关变更登记手续。

法官观点：

1.《公务员法》关于公务员不得从事或者参与营利性活动，在企业或者其他营利性组织中兼任职务的规定①，属管理性禁止性规范，并不属于效力性强制性规范。公务员若违反了该规范，应由其管理机关追究其相应责任，但并不影响合同效力。故对被告关于涉案股东协议无效的主张，不予支持。

2. 股东协议显示各方当事人对出资事实的认可，各方当事人签署的领取年度分红的收条、付款凭证以及交涉短信等证据能相互印证，认定两原告在第三人中享有相应比例的权益。

3.《公务员法》中的前述管理性禁止性规范，是与当事人的"市场准入"资格有关，该类规范的目的之一在于由特定管理机关依法履行其管理职能，以维护社会秩序。有鉴于此，两原告提出请求成为具有公示效力的工商登记股东的主张，与前述法律规定相悖，不能成立。尽管两原告不能成为工商登记股东，但其可以享有涉案股东协议项下相应股权所对应的财产权益。

法院判决：

1. 原告陈甲和原告张某分别享有被告43.33%和26.67%的股权；

2. 对两原告要求工商变更登记的请求不予支持。

87. 假冒公司股东签字办理变更登记有何行政责任？

假冒公司股东签字办理变更登记，属于提交虚假材料或者采取其他欺诈手段隐瞒重要事实取得公司登记的行为，可被公司登记机关处以5万元以上200万元以下的罚款；情节严重的，还可能被吊销营业执照；直接负责的主管人员和其他直接责任人员可被处以3万元以上30万元以下的罚款。

【案例28】假冒逝者签名办理虚假变更　公司被处罚款②

当事人：工贸公司

---

① 现为《公务员法》第59条第16项内容，即"违反有关规定从事或者参与营利性活动，在企业或者其他营利性组织中兼任职"。

② 参见上海市青浦区市场监督管理局沪市监青处〔2024〕292024002157号行政处罚决定书。

基本案情：

2016年4月，当事人变更登记了地址和经营范围，其提交的公司章程和股东会决议材料中股东陈某的手写签字非其本人所签。同年6月，当事人进行了经营范围变更登记，其提交的章程修正案和股东会决议中股东陈某的手写签字亦非其本人所签。

上述材料为虚假材料。当事人存在提交虚假材料取得公司变更登记的违法行为。股东陈某已于2015年9月死亡。

案件结果：

当事人涉嫌违反《公司法》第198条①规定，构成提交虚假材料取得变更登记，但鉴于当事人积极配合调查工作，如实陈述违法事实，主动提供相关证据材料，且没有造成危害后果，予以减轻处罚。

2024年6月，市场监督管理局对当事人处以1万元罚款。

88. 股东的配偶可否主张对共有股权行使股东权利？

股权兼具财产权属性及人身权属性，对股权上附着的分红等财产性权益，在没有另行约定的情况下，可以根据夫妻共同财产制度进行分配。但对具有人身权属性的股东权利，如表决权等，行使主体应严格限制在公司股东的范围内，不应与夫妻共同财产权混淆。

【案例29】夫妻公司已约定股权比例　表决权应按约行使②

原告： 张某

被告： 商贸公司

第三人： 谢某

诉讼请求： 确认被告于2022年12月30日作出的临时股东会会议决议有效。

---

① 现为《公司法》第250条。
② 参见上海市第二中级人民法院（2023）沪02民终11333号民事判决书。李非易、张懿珺：《夫妻公司股权权属的判断》，载《人民司法·案例》2024年第14期，第64~68页。

第四章
股东资格确认纠纷

争议焦点： 公司股权系夫妻共有财产，但登记比例为一方90%，另一方10%。股东会表决权应按照登记的股权比例还是按共有财产份额确定（即50∶50）。

基本案情：

原告与第三人为夫妻关系，二人于2004年4月12日设立被告，注册资本100万元，原告与第三人分别持股90%和10%，第三人担任法定代表人兼执行董事，原告担任监事。

该公司章程约定：股东会会议作出修改公司章程、增加或者减少注册资本的决议，以及公司合并、分立、解散或者变更公司形式的决议，必须经代表全体股东2/3以上表决权的股东通过。股东会会议作出除前款以外事项的决议，须经代表全体股东1/2以上表决权的股东通过。

2022年12月9日，原告通过邮寄和短信方式向第三人发送关于提议召开被告临时股东会会议的函件，第三人未予回复。同月15日，原告通过多种方式再向第三人发送关于召开被告临时股东会会议的通知，载明原告作为持有90%股权的股东及监事，决定自行召集和主持临时股东会会议，并载明会议的时间、地点及线上会议码。同月24日，第三人复函称：对原告召开会议的事知晓但不同意。同月30日，原告召开临时股东会会议，通过以下决议：第三人不再担任被告的执行董事、法定代表人、（总）经理，以上职务由案外人黄某担任。该决议下方载明表决同意股东1人，占全体股东表决权90%，弃权股东1人，占全体股东表决权10%。决议上有原告与案外人黄某签字，另附会议纪要。决议作出后，原告将表决结果告知了第三人。

原告诉称：

被告的股东会决议通知、召集程序合法，内容符合法律规定，应认定有效。

被告辩称：

虽然被告工商登记的持股比例为原告占股90%，第三人占股10%，但根据《民法典》第1062条的规定，夫妻在婚姻存续期间所得财产，为夫妻共同财产。被告的全部股权系双方婚后取得，是以夫妻共同财产出资，双方实际各享有某公司一半的股权，故2022年12月30日作出的临时股东会会议决议未达到表决权要求，该决议实际未获通过，内容应属无效。

第三人同意被告的意见。

法官观点：

案涉决议内容属于公司一般事项，需要代表1/2以上表决权的股东通过即可，决议内容不存在违反法律、行政法规的情形，应为有效。

关于被告提出两股东系夫妻关系，公司实质为一人有限公司，且股权是各持股50%，因而股东会决议未达法定票数的抗辩。股权登记中，原告和第三人分别持股90%和10%，意味着公司的股权特别是具有人身权专属性权能的部分，如表决权等，应当按照此种比例进行判断，而非各自50%。至于各自股权上附着的分红等具有财产权属性的权利及据此引发的财产争议，则由夫妻内部根据夫妻共同财产制度进行分配，股权比例不应与夫妻共同财产权内容混淆。故对被告抗辩不予支持。

法院判决：

确认被告于2022年12月30日作出的股东会决议有效。

89. 善意取得股东资格应当具备哪些条件？

应当满足如下条件：

（1）股东资格在形式上有效存在。从形式上看，转让人拥有股东资格，表现为在公司章程中有记载、股东名册中有记载或工商登记文件中明确记载为股东。

（2）该股权必须为依法可以流通转让的股权。如果是限制转让的股权，则不适用善意取得。例如，发起人持有的本公司股份，自公司成立之日起1年内不得转让；上市公司董事、监事、高级管理人员应当向公司申报所持有的本公司的股份及其变动情况，在任职期间每年转让的股份不得超过其所持有本公司股份总数的25%等。

（3）受让人须是从无权处分人手中受让股权，且已完成工商变更登记。

（4）受让人须以合理价格取得股权。

（5）受让人主观上须是出于善意。受让人在主观上出于善意，不存在重大过失，即已尽到合理的审查和注意义务，其不可能知道转让人为无权利人。

如果受让人系因自己的疏忽而不知道转让人为无权处分人,则其在主观上不应为善意。

【案例30】受让的股权系他人诈骗所得　支付合理价款仍可善意取得股权①

原告:姜某、胡某

被告:开发公司

第三人:徐某、夏某、宫某、董某、孙某、马某

诉讼请求:确认两原告的股东资格。

争议焦点:原告受让的股权系转让方通过诈骗办理虚假登记取得的,在没有充分证据证明原告知晓诈骗相关事实,且两原告支付了对应的股权转让价款的情况下,原告能否通过善意取得制度取得股东资格。

基本案情:

被告成立于2001年,注册资金为1000万元。案涉股权转让发生前,被告工商登记的股东有4名,分别为第三人徐某(持股80%)、第三人孙某(持股10%)、第三人董某(持股5%)、第三人马某(持股5%)。

因被告经营不善,被告全体股东决定对外转让持有的股权,转让价格为2000万元。大股东第三人徐某与第三人夏某及第三人宫某达成收购意向后,2012年3月,第三人夏某与被告法定代表人即案外人郑某签订了《股权转让意向书》,约定以2000万元的价格收购被告100%的股权,并支付了定金200万元,剩余款项在审计等工作结束后付清。

经审计,第三人夏某及第三人宫某发现被告的债务高于预期,且除第三人徐某外被告的3名小股东(即第三人孙某、第三人董某、第三人马某)均不配合股权转让,遂要求第三人徐某向3名小股东发函予以确认。第三人徐某发函后,要求第三人夏某及第三人宫某一次性支付剩余股权转让款。此时,第三人夏某及第三人宫某产生犯罪故意,欲通过在审计过程中取得的被告印章及相关证照文件,进行虚假的工商变更登记,骗取第三人徐某持有的被告

---

① 参见最高人民法院(2019)最高法民申3396号民事裁定书。

80%股权，而后再将该股权转卖给第三人董某介绍的两原告。

为同时取得公司剩余的20%股权，第三人夏某及第三人宫某向被告小股东之一的第三人董某承诺，将按照总计800万元价格收购被告3名小股东（即第三人孙某、第三人董某、第三人马某）的20%股权。经第三人董某劝说，小股东第三人孙某、第三人马某也同意了上述条件。

2012年5月15日，第三人夏某及第三人宫某分别同被告的3名小股东签订《股权转让协议》，将共计20%的被告股权转让给第三人宫某；同日，第三人夏某及第三人宫某伪造第三人徐某的签字，签署虚假的《股权转让协议》及《股东会决议》，将第三人徐某名下被告80%股权全部转至第三人夏某名下。同年5月15日，第三人夏某以营业执照丢失为由，持被告印章，向工商局申请补发被告营业执照，并将被告法定代表人更换为第三人夏某。同年5月17日，第三人夏某及第三人宫某将上述股权转让材料也提交至工商局骗取了工商登记。至此，被告工商登记的股东为第三人夏某（持股80%）和第三人宫某（持股20%）。

2012年5月21日，第三人夏某及第三人宫某将被告100%股权转让给两原告并办理了工商变更，两原告依约支付了1800万元股权转让款。随后，第三人夏某及宫某向被告的3名小股东（即第三人孙某、第三人董某、第三人马某）支付了当时约定的800万元股权转让款。

第三人徐某发现股权被冒名转让后，举报至工商局。2012年9月25日，工商局对被告作出行政处罚决定书，撤销被告原股东将股权转让给第三人夏某及第三人宫某，以及第三人夏某和第三人宫某将股权转让给两原告的两次股东变更登记。因两原告对该处罚决定提起行政诉讼，该处罚决定已中止执行，截至本案诉讼时，被告工商登记的股东为原告姜某（持股70%）和原告胡某（持股30%），法定代表人为原告姜某。

2018年8月，法院另案作出刑事判决，认定第三人夏某及第三人宫某非法骗取第三人徐某股权，构成诈骗罪，责令两人向第三人徐某退赔经济损失1000万元。

原告诉称：

原告是被告工商登记的股东，两原告对第三人夏某及第三人宫某骗取第三人徐某股权的事实不知情，且已支付全额股权转让价款，两原告善意取得股权，法院应确认两原告的股东资格。

被告同意原告的诉讼请求。

第三人徐某称：

1. 两原告并非善意取得。两原告为取得被告股权，在股权还未变更至第三人夏某及第三人官某名下前就多次与该二人商谈股权交易事宜。且两原告明知第三人夏某及第三人官某受让股权的价格为2000万元，却仅以1800万元的价格转让，表明两原告受让被告股权并不符合《物权法》第106条规定的"善意""以合理的价格转让"等条件，不能认定两原告基于善意取得制度，取得被告股权。

2. 第三人夏某系通过诈骗取得股权工商登记，实际并不享有被告股权，因此也不符合适用《物权法》善意取得制度的前提条件。

法官观点：

1. 虽然刑事判决认定第三人夏某及第三人官某构成诈骗罪，但第三人夏某及第三人官某已对被告的股东信息进行变更登记，该股东信息登记具有公示公信力。两原告基于对登记信息的信赖，与第三人夏某及第三人官某签订股权转让协议，其信赖利益应予保护。

2. 没有证据证明两原告明知或应知第三人夏某及第三人官某骗取第三人徐某持有的被告股权。被告注册资金为1000万元，第三人夏某及第三人官某以1800万元价格向两原告转让被告100%股权，该价格并非明显不合理的低价。因此，可以参照《物权法》第106条关于善意取得的规定，认定两原告善意取得被告股权。

3. 公司登记机关虽然撤销了案涉两次股东变更登记，但因两原告对该处罚决定提起行政诉讼，该处罚决定已中止执行，被告工商登记的股东仍为两原告。虽然另案刑事判决书认定第三人夏某及第三人官某不能取得被告的股权，但并未认定两原告在受让第三人夏某及第三人官某持有的被告股权时，已经得知第三人夏某及第三人官某诈骗的事实，故不能证明两原告在受让被告股权时明知或应知第三人夏某及第三人官某骗取了第三人徐某持有的被告股权。对第三人徐某关于两原告系恶意低价受让股权，不构成善意取得的主张,不予支持。

法院判决：

确认两原告的股东资格。

【案例31】亲友间互相转让股权　难排除恶意不构成善意取得[1]

原告： 刘某

被告： 电机公司

第三人： 徐甲、徐乙、徐丙、徐丁、陆某

诉讼请求：

1. 确认原告享有被告50%的股权；

2. 第三人徐丁、第三人徐乙配合办理股权变更手续。

争议焦点：

1. 不是工商登记的股东，但参与公司经营、享受股东分红，长期保管被告账册及重要资料，能否认定为公司的隐名股东；

2. 股权转让双方为亲友，且不能举证已支付合理对价，受让方主张善意取得股权能否获得支持。

基本案情：

第三人徐甲和第三人徐丙系同学关系，也是第三人徐乙、第三人徐丁的朋友。第三人徐乙、第三人徐丙、第三人徐丁是兄弟姐妹，第三人陆某是前述三人的嫂子。

被告成立于1998年，注册资本为50万元，法定代表人为第三人陆某，工商登记显示的股东为第三人徐甲（持股40%）和第三人陆某（持股60%）。被告成立后，第三人徐丙负责公司销售业务，原告负责记账。1998年至2001年，原告及第三人徐丙参与被告的经营，领取被告的分红。被告设立时，公司的注册资本未实际到位。

2000年12月，第三人陆某将其持有的全部股权转让给第三人徐乙，股权转让后，被告工商登记的股东为第三人徐甲（持股40%）和第三人徐乙（持

---

[1] 参见上海市高级人民法院（2019）沪民申1014号民事裁定书。

股60%），第三人徐乙为法定代表人。

2002年5月，原告、第三人徐丙与案外人房产公司签订合同，购买一处总价为496,333元的房屋，并由被告支付了购房款及契税。该房屋一直由被告作为办公场地使用，其间产生的水电煤费用以及物业管理费等均由被告支付，但房屋燃气账户的户名为原告。同年6月，该房屋产权登记为原告和第三人徐丙共同共有，产权证由原告保管。对此，原告主张购房款是原告、第三人徐丙向被告的借款，原告已与第三人徐丙达成约定，二人是公司实际股东，将房屋登记在二人名下实际是作为分红归其共同所有，被告未来的经营收入全部用于归还借款，冲抵分红。

2007年，原告因故离开被告，不再参与公司经营。

2008年3月，第三人徐甲、第三人徐乙将其持有的股权转让给第三人徐丙、第三人徐丁。转让后，被告工商登记的股东变更为第三人徐丙（持股70%）和第三人徐丁（持股30%），第三人徐丁为法定代表人。

2014年4月17日，原告曾携带案涉房产证至房屋所在地，主张其对房屋的权利并报警，第三人徐丁随即联络第三人徐丙到场。当天，原告与第三人徐丙签订《协议书》，约定：系争房屋共有产权人是原告和第三人徐丙二人，现第三人徐丙租赁原告所有的部分房产，月租1500元，有效期为两年。

2014年5月，第三人徐丙与第三人徐乙签订《股权转让协议》，约定第三人徐丙将持有的被告70%股权作价35万元转回给第三人徐乙。转让后，被告工商登记的股东变更为第三人徐乙（持股70%）和第三人徐丁（持股30%）。

2014年6月，被告向原告及第三人徐丙另案提起诉讼，要求确认被告为前述涉案房屋的权利人。该案审理过程中，第三人徐丙否认其与原告为被告的股东，且表示房屋系原告擅自登记在两人名下。被告及第三人徐丙均表示，在2014年4月17日原告携带房产证至公司时，才知晓涉案房屋登记在了原告与第三人徐丙的名下。法院经审理后认定，涉案房屋的购房款由被告支付，时任公司财务的原告在购房初期就将房款及相关税费计入被告的固定资产项下，之后再转到长期投资项下，故判决确认涉案房屋归被告所有。如原告坚持认为是被告实际股东，可另行主张权利。

此外，2000年11月、2001年1月，原告与第三人徐丙分别从被告处取得

1万元、4万元分红。2000年1月18日，被告出资分别为原告和第三人徐丙的家人购买保险。以上事实与被告原始现金日记账的记载一致。

原告诉称：

1. 原告作为被告的隐名股东，已履行出资义务，且作为被告股东参与股东分红，行使股东权利，依法享有被告的股东资格。

2. 第三人陆某、第三人徐甲对代持股的处分属于无权处分。第三人徐丙系恶意将被告股权转让给其亲属第三人徐乙、第三人徐丁，该二人未取得股权，故不能否认原告是被告隐名股东的事实。

被告辩称：

1. 被告由第三人陆某、第三人徐甲实际出资成立，原告仅是被告的兼职财务人员，并非被告的隐名股东。原告未参与被告的经营管理，且未分配被告的公司利润。原告未提供其与第三人陆某、第三人徐甲的代持协议及其对被告实际出资的相关证据。

2. 即使原告为被告的隐名股东，第三人徐丁、第三人徐乙均通过合法交易的形式取得了被告的股权，构成善意取得，不应向原告返还股权，不能仅凭亲属之间转让股权就认定二人非善意取得被告股权。

各第三人同意被告的主张。

法官观点：

1. 原告参与被告的经营管理，享受股东分红，长期保管公司财务账册以及作为公司主要资产的涉案房屋房产证等重要资料，足以证明其为公司隐名股东。

（1）关于出资，被告的股东在公司设立时均未出资。被告工商登记的原始股东第三人陆某、第三人徐甲主张其已履行出资义务，但无法提供充分的证据，故对其主张不予支持。

（2）关于分红，原告自被告成立起至2001年，实质行使股东分红权。同时，原告关于其与第三人徐丙约定案涉房产作为股东分红归二人共同所有并对被告未来经营收入不再进行分红的陈述，一方面，既可与原告、第三人徐丙从被告取得股东分红的事实在时间上衔接，也可与被告经营用房登记于第三人徐丙、原告名下的事实相印证；另一方面，也与第三人徐丙、原告就该房产于2014年签订的《协议书》一致。此外，第三人徐甲、徐乙、徐丙、徐丁和陆某也不能举证其作为股东以其他方式参与了分红。故也应认定原告与第三人徐丙约定以案涉房产冲抵分红的约定有事实依据。

（3）另外，关于参与公司经营，第三人徐甲、徐乙、徐丙、徐丁和陆某均确认原告系被告成立以来至2007年期间的财务人员。第三人徐甲、徐乙、徐丙、徐丁和陆某不能举证自己曾实际参与被告的经营管理。

综上所述，原告为被告的隐名股东具有事实和法律依据。被告、各第三人未能充分证明原告并非被告的股东，亦未能对原告参与公司分红、参与公司经营的事实作出合理解释，故对被告的抗辩，不予支持。

2. 转让人、受让人互为亲属，且无证据证明已支付合理对价，第三人徐乙、徐丙和徐丁取得被告股权不构成善意取得。

第三人陆某与第三人徐甲已经将持有的股份悉数转出，受让人包括第三人徐丁、徐乙和徐丙。第三人陆某与徐甲对代持股权的处置，属于无权处分，而受让人均与二人存在亲友关系，其中第三人徐丙还与原告长期共同经营公司，上述当事人之间相互转让股权，在没有证据证明继受股东在受让股权时已支付合理对价的情况下，从一般情理抑或商事交易特性考量均难以排除对非善意转让的合理怀疑。因此，第三人徐丁、徐乙和徐丙取得属于原告的股权份额，并非善意，不构成善意取得。

因无证据反映第三人陆某与徐甲代持原告持有的具体股份数额，依据公平原则，可确认第三人陆某及徐甲分别代原告持25%。因被告的其余股东不同意原告提出的变更登记请求，故对原告该项诉请，不予支持。

法院判决：

1. 确认第三人徐乙和徐丁名下的共计50%的被告股权为原告所有；
2. 驳回原告其他诉讼请求。

90. 无权处分行为下，如何认定受让人取得股权时"已尽合理的审查和注意义务"？

相较于一般动产、不动产交易，股权交易中的受让人负有更高的注意义务，应对受让股权的实际出资情况、公司股权架构等方面开展必要的调查。

法院在审理过程中会重点审查转让人是否向受让人出示过股东名册、公司章程、股东会决议等载明股东身份的公司文件。

值得注意的是，鉴于新《公司法》规定股东名册记载为股权变动的生效要件，受让人作为理性的商人应当预见到股东名册可能与工商登记不一致。在明确知晓股东名册与工商登记不一致时，不能仅以受让人对工商登记的权利外观有合理信赖即推定其为善意。①

91. 确认股东资格的条件有哪些？

确认股东资格的条件包括形式要件和实质要件。其中，形式要件是指以当事人具有的权利外观作为确认股东资格的依据，主要包括股东名册、工商登记事项、公司章程等。

实质要件是指以当事人作出成立或加入公司的意思表示作为确认股东资格的依据。例如，签署公司章程以及股权转让合同等协议，实际出资或认缴出资，受让股份，实际参与公司经营，获得公司分红，实际行使股东权利，获得其他股东的认可等。

92. 形式要件和实质要件在不同背景下的股东资格确认案件中，法律效果有何不同？

在认定股东资格时，应遵循内外有别原则，在不同情况中赋予形式要件、实质要件不同的效力。

(1) 公司外部纠纷中，形式要件、实质要件的效力

在解决公司外部的股东资格争议时，应主要通过形式要件为判断、实质要件为辅。外部人员（如公司债权人等）较难获悉公司内部情况，考虑到对善意相对人信赖利益的保护，应优先采用形式要件认定股东资格。② 其中，工商登记是股权变动的对抗要件，对外的形式证明力最强。③

---

① 参见王纯强：《新公司法视域下股权变动效力的认定及争议解决》，载《人民法院报》，2024年9月24日，第7版。

② 参见最高人民法院民事审判第二庭编著：《中华人民共和国公司法理解与适用》（上），人民法院出版社2024年版，第268～270页。

③ 参见赵旭东主编：《新公司法诉讼实务指南》，法律出版社2024年版，第100～101页。

（2）公司内部纠纷中，形式要件、实质要件的效力

在解决公司内部的股东资格争议时，应以实质要件为主要判断依据、形式要件为辅。股东名册作为股权变动的生效要件，对内的证明力最强。但形式要件仅是法律对股东资格的推定，若当事人有其他实质证据证明自己的股东身份，如与公司或其他股东签署过相关协议，则完全可以推翻法律的推定。[1]

【案例32】受赠干股后已持续行使股东权利 虽未经登记仍可确认股东资格[2]

原告：蔡某

被告：标准件公司

第三人：陈某、林甲、林乙、姜某

诉讼请求：

1. 确认原告系被告股东，并享有25%的股权；

2. 被告办理股东变更手续（包括向原告签发出资证明书、记载于股东名册、记载于公司章程并办理工商变更登记），第三人陈某、第三人姜某协助。

争议焦点：

1. 原告虽非工商登记的股东，但经公司实际股东多次确认，且原告持续性地参与公司经营管理，正常行使股东权利，能否据此认定原告享有股东资格；

2. 原告从其他股东处受赠股权，但未明确约定具体份额，自身亦未实际出资，但被告及其股东在多次股东会决议中明确被告各股东实行"均股"，原告持股份额应如何确认；

3. 被告公司一直由实际股东经营管理，案涉股东会决议仅有实际股东签字而无名义股东签字，是否影响案涉股东会决议的效力；

4. 被告的实际股东对由何人代持没有明确约定，但各股东在多次股东会

---

[1] 参见赵旭东主编：《新公司法诉讼实务指南》，法律出版社2024年版，第100～101页。

[2] 参见江苏省高级人民法院（2020）苏民申9454号民事裁定书。

决议中明确被告各股东实行"均股",在变更登记时如何剥离名义股东与实际股东的相应股权。

基本案情:

被告成立于2013年,截至本案诉讼时,被告工商登记的股东为第三人陈某(持股60%)和第三人姜某(持股40%)。其中,第三人陈某任执行董事兼总经理、法定代表人。

被告成立时,实际出资的股东有4人,即第三人林甲、第三人林乙、第三人陈某、案外人池某。其中,第三人林甲系以其特定"客户资源"而为被告及其股东所青睐,在其未实际出资的情况下,第三人林乙、第三人陈某、案外人池某将该"客户资源"作价1000万元,向第三人林甲赠送相应股权。之后,第三人林甲向原告赠与部分股权,原告亦未实际向被告出资。至此,被告的实际出资的股东变为5人,即原告、第三人林甲、第三人林乙、第三人陈某、案外人池某。原告的股权由案外人魏某代持。案外人魏某是上述5人实际出资的另一家公司的登记股东,但未曾担任过被告的登记股东。第三人姜某虽为被告的登记股东,但从未参加过被告的股东会。

2016年4月4日,被告通过股东会决议,确认原告、第三人林甲、第三人林乙、第三人陈某、案外人池某5人为原始股东,各持20%股权。

2016年5月28日,被告通过股东会决议,同意案外人池某退股,并将其持有的600万元股权转让给第三人林甲。之后,被告的4名实际股东(即原告、第三人林甲、第三人林乙、第三人陈某)与被告的登记股东第三人姜某出具过一份《担保声明》,确认第三人姜某、第三人陈某仅是被告的名义股东,实际股东为4人,即原告、第三人陈某、第三人林甲、第三人林乙,公司由实际股东共同经营管理。被告在另案中也认可《担保声明》的内容。

2018年2月23日,被告通过股东会决议,确认被告有3名股东,即原告、第三人林甲、第三人陈某,各持股33.3%。但该项股东会决议没有第三人林乙的签字,且第三人林乙后续仍以股东身份参加被告的股东会。

2016年4月4日、2016年5月28日、2018年2月23日的3次股东会决议作出后,被告均未就股东及持股比例调整办理工商变更登记。

第三人林甲、第三人林乙曾在另案中向外地中级人民法院出具《意见书》

确认其 2 人为被告股东，并被该院采信。

2018 年 12 月至 2019 年 7 月，在公安部门的询问笔录中，第三人林甲、第三人林乙、第三人陈某确认原告的股东身份，并认可 2016 年 4 月 4 日股东会决议关于 5 名股东各持股 20% 的约定。

原告诉称：

1. 原告是被告的实际股东，有权诉请确认股东资格。

（1）原告、第三人林甲、第三人林乙、第三人陈某是被告实际股东并参与被告的经营管理，行使股东权利，而第三人姜某是挂名股东，不参与被告的经营管理，也不行使股东权利。

（2）被告的实际出资人确认各自的股东身份及持股比例后，借他人名进行工商登记。但借名登记时，没有明确股权由哪位名义股东代持，因此无法确定也无须确定具体由哪位名义股东代持原告股权。

（3）第三人姜某作为名义股东，没有反对原告"显名登记"的权利；第三人林甲、第三人林乙、第三人陈某等实际出资人自始即明知原告的股东身份，也无权反对原告显名登记。原告诉请显名，不违反《公司法司法解释（三）》中实际出资人显名登记需要其他过半数股东同意的规定。

2. 原告享有被告 25% 的股权。公安部门对第三人林甲、第三人林乙、第三人陈某的询问，及 2016 年 4 月 4 日股东会决议均确认原告、第三人陈某、第三人林甲、第三人林乙、案外人池某各享有 20% 的"均股"。案外人池某退股后，被告的实际出资人变为 4 人，根据"均股"的约定，可以确认原告持股比例为 25%。

被告辩称：

1. 原告称自己是被告的实际股东，股权由案外人魏某代持。但魏某并非被告实际出资人、股东，原告不可能通过一个不存在的股东来代持被告股份。此外，原告的股权系第三人林甲赠与，第三人林甲以"客户资源"出资不符合法律规定，第三人林甲未实际出资，原告也不能证明其已向被告履行出资义务。

2. 原告、第三人林甲、第三人林乙、案外人池某并非被告的实际出资人。原告不能证明被告的 2 名登记股东，即第三人陈某、第三人姜某受到某种协议的安排而进行虚假登记。

3. 对于案涉股东会决议,无论是参会人员主体,还是股东会召开程序,都不符合《公司法》及被告章程的规定,不具有法律意义上股东会决议的效力。

各第三人同意被告的主张。

法官观点:

1. 关于股东资格的认定问题。

在公司与其股东之间、股东与股东之间的内部争议中,对股东资格作出判断时,实质特征应当优先于形式特征被适用。本案中,《担保声明》《意见书》及公安机关询问笔录等证据证明,原告系通过从第三人林甲处受让"干股"的形式持有被告股份,进而成为被告隐名股东,且已持续性地参与公司经营管理,正常行使股东权利。尽管第三人姜某是被告的登记股东,但其从未参加过股东会,被告的实际股东应为5人,即原告、第三人陈某、第三人林甲、第三人林乙、案外人池某。因此,原告是被告的实际股东,依法享有股东资格。

2. 关于原告的持股比例问题。

(1) 原告系通过从第三人林甲处受让"干股"的形式取得被告股份,原告取得股权的形式符合法律规定。虽然第三人林甲以"客户资源"出资不符合《公司法》的规定,但第三人林甲的股权实际上来源于第三人陈某、林乙和案外人池某的赠与,而原告的股权又来源于第三人林甲的赠与,这种附条件赠与股权的行为并不为法律所禁止。在另案诉讼中,被告也认可案外人池某、第三人林甲、原告、第三人林乙、第三人陈某的持股比例均为20%。

(2) 案涉股东会决议虽均无登记股东第三人姜某的参与及签字,形式上不符合《公司法》及被告章程规定,但被告一直以来都是由公司实际股东经营管理,案涉股东会均是在被告实际股东的参与下召开且决议内容经实际股东一致同意,故应当认定为有效。鉴于被告的5名实际股东于2016年4月4日作出了"均股"的约定,亦应认定原告应持有被告20%的股权。

(3) 至于2018年2月23日关于原告、第三人林甲、第三人陈某各持有被告33.3%股权的股东会决议,一方面,该决议并无被告的另一实际股东第三人林乙参与；另一方面，原告仅诉请确认其享有被告25%的股权，而不是33.3%的股权，由此可知其对2018年2月23日股东会决议内容并不认可。

3. 关于原告享有的20%股权如何从名义股东名下剥离的问题。

因被告的工商登记信息不能真实反映被告的股东及出资情况、名义股东与实际出资人之间的对应代持关系，故可由股东先行协商。如协商不成，考虑到此前被告的5名实际股东多次明确约定"均股"，故第三人陈某的持股比例即便加上案外人池某的退股，正常也不应超过40%。因此，对于原告持有的20%股权，可直接从第三人陈某持有的60%股权中剥离出20%，并由第三人陈某协助办理股权变更手续。至于原告持有的20%股权是否实际出资到位，如被告有证据证明该股权存在出资不实问题，可由被告另案解决。

法院判决：

1. 确认原告享有被告20%的股权；

2. 被告办理股东变更手续（包括向原告签发出资证明书、记载于股东名册、公司章程并办理工商变更登记），第三人陈某协助办理相关手续；

3. 驳回原告的其他诉讼请求。

93. 实际出资人取得股东资格是否需要遵循《公司法》有关股权转让优先购买权的规定？

新《公司法》实施前，有限责任公司的股东对外转让股权需满足"半数以上其他股东同意转让"及"其他股东放弃优先购买权"两个条件。最高人民法院民事审判第二庭曾指出，一方面，实际出资人取得股东资格产生了类似对外转让股权的效果，因此为保障公司的人合性，应参照《公司法》关于股权对外转让的规则，即需要满足"同意转让"的条件；但另一方面，其他股东作出的同意实际出资人显名的意思表示概括表述了"同意转让"与"放弃优先购买权"的双重意思，有别于一般的股权转让。[①] 因此，对于实际出资人显名，《公司法司法解释（三）》及《九民纪要》仅规定须取得半数以上其他股东的同意或"默示同意"，而未再规定须考虑其他股东的优先购买权。

---

① 参见最高人民法院民事审判第二庭编著：《最高人民法院关于公司法解释（三）、清算纪要理解与适用》（注释版），人民法院出版社2016年版，第380页。

新《公司法》实施后，有限责任公司的股东对外转让股权不再需要其他股东的同意，仅要求通知其他股东行使优先购买权。虽然目前尚未出台新的司法解释，但最高人民法院民事审判第二庭在《中华人民共和国公司法理解与适用》（上）一书中认为，为保障有限责任公司的人合性，《公司法司法解释（三）》关于"半数以上股东同意转让"的规定仍继续适用。① 相应地，《九民纪要》关于默示同意的规定也应继续适用。

94. 未被记载于工商登记文件，是否一定不具有股东资格？

不是。工商登记的优先适用效力是相对的。现实中，也会存在错误记载或漏载登记以及公司未及时办理变更登记等情况，此时若有其他实质证据也可以推翻既有工商登记。在不损害善意第三人利益或者甚至是为了维护善意第三人利益的前提下，掌握其他形式证据或实质证据的当事人也可以向公司提出变更登记。

【案例33】股东协议推翻工商登记　约定投资回报不影响股东资格②

原告：发展公司

被告：置业公司

第三人：兴业公司、杨甲

诉讼请求：确认原告为被告股权持股100%的股东。

争议焦点：

1. 原告与第三人兴业公司既约定共同设立公司，又约定原告在一段时间后收回投资及回报，这是否影响原告的股东资格；

2. 被告成立时，原告作为发起人之一虽尚未成立但其股东通过案外人向被告实际缴纳了出资，被告抗辩原告不能提前认缴出资能否得到支持；

3. 根据2016年修订的《外资企业法》，被告公司不在国家规定实施准入特别管理措施的范围之内，原告的股东资格确认是否还需征得外商投资企业

---

① 参见最高人民法院民事审判第二庭编著：《中华人民共和国公司法理解与适用》（上），人民法院出版社2024年版，第270页。

② 参见最高人民法院（2020）最高法民申441号民事裁定书。

审批机关的同意；

4. 原告一方已实缴全部出资，而另一股东未完全实缴出资，原告能否诉请以实际出资额重新确定持股比例。

基本案情：

被告系成立于 2002 年 9 月 24 日的外商独资企业，自设立起至本案诉讼时的注册资本为 6560 万元，登记股东为第三人兴业公司（持股 100%）。[①] 2011 年 6 月前，被告登记的法定代表人为案外人陈甲。

第三人兴业公司于 1997 年在美国成立，法定代表人为案外人陈甲。原告于 2002 年 9 月 26 日在美国成立。

被告的实际股东为原告、第三人兴业公司。2002 年 8 月，原告与第三人兴业公司签订《合同书》，约定：双方为合作开发项目设立被告，总投资额 4100 万元。其中，原告投资 2050 万元（持股 50%），第三人兴业公司投资 2050 万元（持股 50%），双方共同开发、共负盈亏。双方还约定，第三人兴业公司争取在 2004 年春节前还清原告的 2050 万元投资款。

此后，双方签订《补充协议书》，约定由原告增资 1000 万元，增资后原告投资 3050 万元（持股 60%），第三人兴业公司投资 2050 万元（持股 40%）。后原告支付了增资款，但未办理工商变更登记。

2002 年 9 月至 2003 年 12 月，原告陆续向案外人陈甲的父亲（即案外人陈乙）转账投资款共计 3550 万元（较此前约定的 3050 元出资款，还多缴付了 500 万元）。之后，陈乙又以陈甲的名义将该笔投资款转入被告的验资账户，将本应为原告的投资款，申报为第三人兴业公司对被告的出资。实际上，截至本案诉讼时，第三人兴业公司向被告实缴的出资仅有 525 万元。

2005 年 8 月，原告与第三人兴业公司签订《约字》，约定第三人兴业公司分期向原告偿还 3550 万元投资款及 2000 万元一次性包干利润；在收回投资及回报前，原告有权处理和监督被告的一切事务。

2010 年 9 月，被告召开董事会，原告方与第三人兴业公司方均有董事出席，《董事会决议》内容如下：

[①] 事实上，被告的登记股东曾在 2011 年 6 月变更为第三人杨某，但这次变更后来被法院撤销。2017 年 3 月后，被告的登记股东又变更回第三人兴业公司。

1. 截至2010年，原告的3550万元投资款中仍有900万元余款未收回，被告以现有资金清偿对外债务后，即向原告偿还余款；

2. 原告收回900万元余款后，同意变更原约定的回报方式，即原告不再向第三人实业公司收取一次性包干利润，而是将被告剩余资金按股权比例，即6（原告）:4（第三人兴业公司）进行分红。

原告诉称：

1. 原告已履行事先约定的出资义务，实际出资3550万元，依法享有被告的股东资格。

2. 原告与第三人兴业公司的持股比例，应根据双方实际出资额确定。现被告的注册资本中仅有原告的投资款3550万元，第三人兴业公司实际完全未出资，因此原告的持股比例应为100%。

第三人杨某同意原告的诉讼请求。

被告辩称：

1. 被告成立时，原告尚未成立。因此，原告与第三人兴业公司于2002年8月签订的《合同书》无效，原告没有认缴被告出资的资格。

2. 被告的注册资本已全部由第三人兴业公司实缴，原告未实际向被告出资，依法不享有股东资格。

3. 案涉《约字》的性质为退伙协议，而不是向被告分配股东红利的约定。《约字》签署后，原告已退出其与第三人兴业公司的合作。

4. 被告为外商投资企业，认定原告的股东资格，还应以经外商投资企业审批机关同意为前提条件。

第三人兴业公司称：

1. 原告的投资款是对第三人兴业公司的短期项目投资，目的是与被投资者第三人兴业公司分享投资利润。原告追求快速回报，不需要股东身份。

2. 原告仅有投资行为，而不具备法定的出资行为，即出资已经验资并报公司审批机关备案，且其他股东没有提出异议。原告不具备受让和继受股权的事实，原告与第三人兴业公司也不存在代持协议。因此，原告不具备确认股东资格的条件。

3. 被告是外商投资企业，实际投资者请求确认其在外商独资企业中的股东身份,应同时具有实际投资行为、其他股东认可实际投资者、诉讼期间外商投资企业审批机关已批准其成为该公司股东三个条件。即使原告对被告有实际投入,但案涉《约字》签署后,投资性质发生变化,原告已转变为第三人兴业公司的债权人;第三人兴业公司作为被告的唯一股东,在原告签署《约字》退出后,第三人兴业公司已不认可原告的股东身份;诉讼期间,原告也没有取得外商审批机关的批准。因此,对原告确认股东资格的诉请依法不应支持。

法官观点:

1. 原告与第三人兴业公司在案涉《合同书》《补充协议书》中的相关约定的性质是合资设立被告,而不是对第三人兴业公司或者被告项目的投资。双方对合资设立被告已达成合意,合同中约定的各方投资款即各方应对被告的出资额。约定投资回报与双方共同出资设立被告并不矛盾。对第三人兴业公司提出原告的投资是一种短期项目投资,并不要求成为被告股东的主张,依法不予支持。

2. 原告已履行出资义务,且不违反法律法规强制性规定,依法享有被告的股东资格。原告已通过案外人陈乙向被告出资3050万元(实际缴付3550万元)。原告虽在被告成立后设立,但并不影响其先行认缴出资。虽然原告系外资企业,但根据《外资企业法》规定,被告的项目不在国家规定实施准入特别管理措施的范围内,因此原告诉请确认股东资格,无须征得审批机关的同意。原告虽未单独提出确认股东身份的诉请,但其提出的诉讼请求中,已包含了确认股东身份的诉请。

3. 关于被告主张案涉《约字》《董事会决议》为退伙协议而不是分红协议,以及第三人兴业公司主张《约字》《董事会决议》证明原告已退出被告,投资款转化为对第三人兴业公司的债权。原告与第三人兴业公司在《约字》中对双方此前约定的合资设立被告事宜进行了结算,但也明确约定原告在收回投资及回报前并未退出公司,对被告仍享有股东权利。《董事会决议》进一步表明原告继续保留了股东身份,并指派第三人杨某具体负责被告的经营管理,被告的利润由原告与第三人兴业公司按照股权比例分配。因此,案涉《约字》签署后,原告仍享有被告的股东资格。被告、第三人兴业公司的主张不能成立。

4. 关于双方的股权比例如何确定。因双方最后一次《董事会决议》明确双方分红比例为6（原告）：4（第三人兴业公司），该比例与双方在《补充协议书》中约定的股权比例一致，且双方此后未再合意变更股权比例。因此，本案应认定原告持有被告60%的股权，第三人兴业公司持有被告40%的股权。原告以实际出资额确定持股比例的主张，缺乏事实及法律依据，不予支持。

法院判决：

1. 确认原告享有被告60%的股权；
2. 驳回原告其他诉讼请求。

95. 第三人请求股东在出资不实范围内承担责任时，股东能否以工商登记文件非自己签名为由不予履行？

原则上不能。公司的工商登记具有公信力和公示力，被工商登记文件记载的人如无相反的证据证明，不能否定其股东资格。第三人也有理由相信工商登记文件中所记载的人具有股东资格，其可以依工商登记文件的记载主张权利。

但若该当事人有充分证据证明自己确系被冒用身份登记为公司股东的，则第三人无权请求被冒名登记为股东的当事人承担相应的股东责任。此外，被冒名登记的股东还可向人民法院提起股东资格确认诉讼，请求否认其股东资格。

96. 工商登记部门已撤销股东登记，股东是否必然无须履行出资义务以及承担出资责任？

不是必然的。理由主要有以下三点：

（1）工商登记仅具有对外公示的效力，不具有设权性效力。相应地，撤销股东登记只是撤销了该登记对外公示的效力，并不具有消灭股东资格的效力。

（2）工商登记部门作出撤销决定时，仅审查登记材料是否符合法律规定，并未实质审查当事人是否有成为公司股东的真实意思表示。

（3）公司登记信息作为公司权利外观的一部分，构成了善意债权人判断公司综合商业能力的信赖外观。为保护善意债权人的交易安全，在股东登记已被撤销的情况下，法院仍应对股东资格是否存在做实质审查。

【案例34】登记部门撤销股东登记　股东资格及出资义务仍需实质审查[①]

原告：制衣公司

被告：詹甲、詹乙、周某

第三人：实业公司、发展公司

诉讼请求：

1. 三被告在抽逃出资本息范围内，对第三人实业公司不能清偿的债务承担补充赔偿责任；

2. 三被告之间对补充赔偿责任互负连带责任。

争议焦点：

1. 登记机关撤销被告詹甲的股东登记，是否具有否定股东资格的效力，法院是否还有必要对股东资格及出资义务进行实质审查；

2. 被告詹甲在工商登记中的签名被登记机关认定为伪造，被告詹甲可否据此主张自己被冒名登记；

3. 三被告在2004年12月16日与2010年11月30日向第三人实业公司增资时，将各自认缴的出资额存入验资账户后又在1个月内整笔转出，能否认定股东构成抽资出逃；

4. 若三被告均构成抽逃出资，被告詹乙又系第三人实业公司的实际控制人和两次抽逃出资的实际操作人，三被告之间是否应就该抽逃出资行为互负连带责任。

基本案情：

原告曾为追讨欠款另案起诉第三人实业公司，2013年8月，法院判令第

[①] 参见上海市第二中级人民法院（2021）沪02民终7070号民事判决书，本案系人民法院案例库入库案例。

三人实业公司向原告支付价款。后原告申请强制执行，但因第三人实业公司无财产可供执行，法院遂终结本次执行。

第三人实业公司于2000年6月成立，注册资本为50万元，成立时的股东为被告詹乙（持股52%，任总经理）和周某（持股48%，任监事）。该公司目前处于吊销未注销状态。

2004年11月25日，第三人实业公司作出股东会决议：公司增资至50万元，被告詹乙追加出资20万元，被告周某追加出资20万元，新增股东被告詹甲出资10万元。同年12月16日，三被告将各自的新增出资转入验资账户。当月20日，会计师事务所出具《验资报告》。同年12月28日，第三人实业公司办理了变更登记。2005年1月6日，第三人实业公司将50万元转入第三人发展公司账户，款项用途为"往来"。

此后，第三人实业公司进行多轮增资，并办理公司变更登记。

2010年11月29日，第三人实业公司作出股东会决议：公司增资250万元；被告詹乙追加出资125万元，被告周某追加出资112.5万元，被告詹甲追加出资12.5万元。同年11月30日，三被告将新增出资转入第三人实业公司的银行账户。同年12月9日，会计师事务所出具《验资报告》。此后，第三人实业公司办理了变更登记，此时被告登记的注册资本为1000万元。同年12月22日，第三人实业公司将250万元转入案外人服饰公司账户，用途备注为"货款"。

被告詹甲怀疑其身份被盗用，遂于2019年自行委托对第三人实业公司工商内档中自2004年11月25日起至2010年11月29日的历次《股东会决议》等文件落款处的"詹甲"签名是否为其本人所签进行司法鉴定。经鉴定，上述材料上的"詹甲"签名均非其本人所签。被告詹甲据此向市场监管局举报，反映其身份证被第三人实业公司冒用并登记为第三人实业公司的股东。2019年12月9日，市场监管局出具了《撤销行政许可决定书》，决定撤销2004年12月28日对被告詹甲变更为第三人实业公司股东的登记。

被告詹甲曾于2001年与第三人实业公司的另一股东被告詹乙共同设立案外人配销公司，其中，被告詹甲持股80%，任法定代表人及监事。此外，被告詹甲还在第三人实业公司的关联公司（即案外人服饰公司）中担任监事。

案外人服饰公司成立于 2005 年 8 月，除被告詹甲外，其股东还包括第三人实业公司的另两位股东，即被告詹乙（持股 51%，任法定代表人、执行董事兼总经理）与被告周某（持股 49%）。

原告诉称：

原告对第三人实业公司的债权已经生效判决确认，但因第三人实业公司无财产可供执行而被裁定终结本次执行。三被告作为第三人实业公司的股东，在增资过程中存在抽逃出资的行为，依法应在抽逃出资本息范围内对第三人实业公司不能清偿的债务承担补充赔偿责任，三被告之间对补充赔偿责任互负连带责任。

被告詹甲辩称：

1. 被告詹甲并非第三人实业公司的股东，不应承担相应责任。根据工商登记信息，被告詹甲的股东资格已被市场监管局撤销。被告詹甲从未向工商登记部门提交过身份证原件，从未出资、从未参与公司经营，也从未取得分红。被告詹甲仅为被冒名登记的小股东，不可能有合谋协助行为。被告詹甲从未生活在案发地，身份证从未丢失也未交给被告詹乙。被告詹甲与其他两位被告虽然存在亲属关系，但已多年未联系，也不具有法定代理情形。

2. 工商登记资料显示第三人实业公司出资均已实缴到位，不存在抽逃出资情况。

被告詹乙、被告周某及第三人实业公司未应诉答辩。

第三人发展公司称其仅为代办公司，与本案无法律关系，对原告诉称和被告答辩均不发表意见。

法官观点：

1.《撤销行政许可决定书》不能直接否定被告詹甲的股东资格，司法程序中应就被告詹某是否被冒名登记进行实质审查与判断。

（1）股东姓名的登记仅具有对外公示的效力，不具有设权性效力；相应地，撤销股东登记只是撤销了该登记对外公示的效力，并不具有消灭股东资格的效力。《撤销行政许可决定书》并未实质否定被告詹甲的股东资格。

（2）市场监管局作出撤销决定的主要依据为被告詹甲身份证复印件以及个人签字不具有真实性、合法性，但并未实质审查当事人是否有成为公司股东的真实意思表示。

(3) 公司登记信息作为公司权利外观的一部分，构成了善意债权人判断公司综合商业能力的信赖外观。未实质审查即认定股东资格不存在，不利于保护善意债权人的交易安全，也不利于维护法律关系及经济秩序的稳定。

2. 被告詹甲关于其股东资格系被冒名登记的抗辩缺乏充分证据，依法不予支持。

(1) 根据《公司登记管理条例》的相关规定，在 2004 年办理公司新股东的登记时，应当提供股东的身份证原件或复印件。被告詹甲对第三人实业公司工商档案中存有其身份证复印件不能作出合理解释。

(2) 被告詹甲作为第三人实业公司新股东第一次出资时，以银行本票方式出资。在 2004 年申请银行本票时，必须由本人或代理人持申请人身份证原件进行办理，但被告詹甲自认其身份证从未遗失，故其关于涉案出资系被冒名操作的主张不能成立。被告詹甲在第三人实业公司共有 4 次增资行为，冒用行为人多次冒用被告詹甲身份进行出资的行为亦与常理不符。

(3) 被告詹甲与被告詹乙、被告周某不仅有亲属关系，还另有商业上的合作。

(4) 被告詹甲自认具有从事商事活动的常识，但自其被登记为第三人实业公司股东至本案起诉时已有 10 余年时间，其间从未提出过异议。被告詹甲现否定其股东资格系为免除其基于股东身份所产生的债务的可能性更高。

3. 三被告对第三人实业公司共存在 2 次抽逃出资行为。三被告在 2004 年 12 月 16 日与 2010 年 11 月 30 日向第三人实业公司增资时，其将各自认缴的出资额存入验资账户后，又在验资通过后的 1 个月内，迅速将增资款整笔转出，三被告不能证明上述转出行为的正当性、合理性，应承担举证不能的后果。被告詹乙、被告周某、被告詹甲的抽逃出资额分别计 145 万元、132.5 万元、22.5 万元。

4. 被告詹乙作为抽逃出资的实际操作人，应对被告詹甲、被告周某的抽逃出资承担连带责任。但被告詹甲、被告周某未参与被告詹乙的抽逃出资，无须对此承担连带责任。被告詹乙系第三人实业公司的大股东、法定代表人、总经理，应为公司实际控制人，且涉案 2 次抽逃出资的银行贷记凭证与支付凭证中，均有詹乙的签章，被告詹乙应为涉案 2 次抽逃出资的实际操作人。故詹乙对于被告詹甲、被告周某的 2 次抽逃出资存在协助行为，应当承担连带责任。而被告詹甲与被告周某在涉案资金转账凭证上并无签章行为，不能仅以其系公司股东、涉案增资款系一次性全部转移或者 3 名股东存在亲属关系及商业合作，即认定两被告对抽逃出资行为存在知情或者共同的故意，而要求承担连带责任。

法院判决：

1. 被告詹乙、被告周某、被告詹甲分别在抽逃出资 145 万元、132.5 万元、22.5 万元以及利息范围内对第三人实业有限公司在另案判决中未能清偿的债务承担补充赔偿责任；

2. 被告詹乙对被告周某、被告詹甲的补充赔偿责任承担连带责任；

3. 驳回原告其他诉讼请求。

97. 股东名册对证明股东资格具有怎样的效力？

最高人民法院民事审判第二庭认为，股东名册对证明股东资格的效力主要体现为以下两个方面：

（1）权利推定效力。记载于股东名册的股东推定为公司股东，可以仅凭股东名册向公司主张行使股东权利。即法律赋予股东依据股东名册在无须举证的情况下行使股东权利，否认股东名册记载内容的一方需承担举证责任。

（2）"最高"证明效力。相较于其他股东资格证明文件，股东名册具有更高的证明力。出资证明书、公司章程与股东名册均为股东资格证明文件，原则上内容记载应一致，但当记载不一致时，股东资格的认定应以股东名册记载为准。[①]

98. 股东名册、出资证明书、公司章程等公司内部的股东资格证明文件记载不一致时，应以哪一个为准？

最高人民法院民事审判第二庭认为，应以股东名册为准，理由如下：

（1）出资证明书是公司单方为股东出具的证明材料，记载的仅是个别股

[①] 参见最高人民法院民事审判第二庭编著：《中华人民共和国公司法理解与适用》（上），人民法院出版社 2024 年版，第 267~268 页。

东的出资信息，能够证明股东已合法出资，但不能仅以出资证明书认定出资人具有股东资格，在诉讼中仍需要与其他证据相互印证。相较于股东名册记载全部股东信息而言，出资证明书的证明效力显然不如股东名册。

（2）公司章程是全体股东意思表示的集中体现，在一定程度上起到了公示的作用。所以，公司章程所记载的有关股东身份的内容可以作为确定股权的依据。但在增资、股权转让、继承、赠与等情况下，公司章程可能存在更新滞后的问题，且公司章程的约定不应超越法律规定的股东名册的权利推定效力，因此当记载内容不一致时，亦应以股东名册记载为准。[1]

99. 签署公司章程并被公司章程记载为股东，但未在股东名册上记载的人，是否具有股东资格？

实践中，部分公司的管理并不规范，没有置备股东名册。如果有其他相关的公司文件，如公司章程、会议纪要等，能够证明其具备股东资格，则其即便未记载于股东名册，也应对此予以认定。[2]

100. 瑕疵出资股东享有股东资格吗？

享有。新《公司法》增加了股东失权制度（第52条），即未按期缴纳出资的股东在公司经法定程序向该股东发出失权通知前，仍享有相应股权。仅当股东完全未实缴且经催告后仍未缴纳时，才可能丧失全部股权进而被解除股东资格。

101. 以不具有法定出资形式的"其他技术"出资的当事人享有股东资格吗？

现实中，有的科技创业公司可能会约定当事人以研发团队、创新技术等不具有法定出资形式的"其他技术"入股。司法实践中，法院在审查以"其他技术"入股的当事人是否具有股东资格时，主要遵循内外有别的原则：

（1）对公司内部的争议，重点探寻各方股东的真实意思表示。当事人与其他股东关于以"其他技术"出资的约定，系股东对各自掌握的经营资源、

---

[1] 参见最高人民法院民事审判第二庭编著：《中华人民共和国公司法理解与适用》（上），人民法院出版社2024年版，第267~268页。

[2] 参见最高人民法院民事审判第二庭编著：《〈全国法院民商事审判工作会议纪要〉理解与适用》，人民法院出版社2019年版，第133~136页。

投入成本及预期收入进行综合判断的结果,在不违反法律法规的情况下,应为有效。若有证据证明当事人与其他股东已就其以"其他技术"出资达成合意,且其已履行以"其他技术"出资的义务,行使股东权利,则应认定该当事人享有股东资格。

(2) 对公司外部的争议,重点考虑权利外观及工商登记。如当事人已被记载为工商登记的股东,则应认定该当事人为公司股东,依法对外承担股东责任。

值得注意的是,对于公司内部的争议,从证据采信的角度看,因以"其他技术"出资没有固定的形式,因此无法简单地通过资料载体的交付来判断权属转移。判断当事人的行为是否形成出资的权利外观,需要遵循优势证据的规则。如当事人的举证能形成优势证据,证明其已实际以"其他技术"出资,例如当事人具有专业身份,当事人的研究范围、取得的技术成果与案涉公司的经营范围、在建项目、科研方向等高度一致,则应依法确认其享有股东资格。①

102. 出资证明书需要符合哪些形式要件？它记载了哪些内容？

根据新《公司法》第 55 条规定,出资证明书由公司向股东出具,应当由法定代表人签字并加盖公司公章。只有如此,出资证明书才能产生法律效力。

具体而言,出资证明书应记载以下内容:

(1) 公司名称;

(2) 公司成立日期;

(3) 公司注册资本;

(4) 股东的姓名或者名称、认缴和实缴的出资额、出资方式和出资日期;

(5) 出资证明书的编号和核发日期。

103. 第三人与公司签订增资协议并支付了股款,公司也办理了工商登记、股东名册的变更,其他股东能否以未经股东会决议为由否定其股东资格?

可以。除非股东会或享有公司 2/3 以上表决权的股东实际认可事后追认,

---

① 参见国家法官学院、最高人民法院司法案例研究院编:《中国法院 2024 年度案例:公司纠纷》,中国法制出版社 2024 年版,第 23~24 页。

且不损害其他股东的优先认购权,否则该第三人不享有股东资格。

值得注意的是,在诉讼请求的表述上,其他股东不宜直接请求法院确认该第三人不具备股东资格,而是可以请求确认自己的股东资格或持股比例,或者请求确认案涉增资决议不成立,并诉请办理变更登记手续。

【案例35】公司股东之间不具备当然的法律关系　无权诉请确认其他股东是否具有股东资格[①]

原告:燕某

被告:唐某、郭某

诉讼请求:确认两被告不具有案外人开发公司的股东资格。

争议焦点:公司股东是否有权起诉确认其他股东不具备股东资格。

基本案情:

2006年9月8日,原告与两被告签订《投资协议》,约定共同成立案外人开发公司,总投资为800万元,其中原告投资400万元,占总投资的50%,两被告分别投资200万元,各占总投资的25%,原告为法定代表人,案外人胡某为监事。

2006年9月7日,被告郭某向案外人开发公司账户转账800万元,用途记载为投资款。原告与两被告共同签署《承诺函》,载明全体股东已出资到位。验资报告载明截至2006年9月7日,案外人开发公司已收到实际缴纳的注册资本800万元,均以货币出资。当月12日,工商局颁发的营业执照载明被告注册资本800万元(均已实缴)。

2021年7月,司法鉴定机构出具的意见书载明,《投资协议》《承诺函》等材料中被告郭某的签字均非其本人书写。

2009年2月,工商局委托会计师事务所对案外人开发公司进行专项审计,专项审计报告载明案外人开发公司注册登记后将800万元注册资本全部作为对外投资转走,并挂应收账款800万元,应收原告400万元,应收被告郭某、被

[①] 参见宁夏回族自治区贺兰县人民法院(2021)宁0122民初3140号之二民事裁定书,本案系人民法院案例库入库案例。

告唐某分别为200万元。后被告唐某补缴了注册资本200万元。

2007年5月18日，案外人开发公司向工商局提交《股东会决议》《股权转让合同》等材料，申请将被告唐某、被告郭某各持有的25%股权变更登记为案外人胡某持有，股东由原告（持股50%）、被告唐某（持股25%）、被告郭某（持股25%）变更为原告（持股50%）、案外人胡某（持股50%）。同年6月12日，被告唐某向工商局举报案外人开发公司未经其同意，将其持有的股权非法转让给案外人胡某。

2018年1月，工商局作出《行政处罚决定书》，认定案外人开发公司提交的上述申请变更公司股东及股权的相关材料系虚假材料。随后，案外人开发公司向工商局提交了由原告及两被告签字确认的《股东会决议》等材料，申请办理公司变更登记，将股东由原告（持股50%）、案外人胡某（持股50%）恢复为原告（持股50%）、被告唐某（持股25%）、被告郭某（持股25%）。

原告诉称：

两被告均未实际出资，案外人开发公司设立期间《股东会决议》等材料中被告郭某的签名均非其本人书写，被告郭某未实际参与公司经营管理，故两被告依法不具备股东资格。

两被告辩称：

两被告是案外人开发公司工商登记的股东，已履行出资义务，依法应享有股东资格。此外，两被告是否享有案外人开发公司的股东资格与原告无利害关系，原告起诉确认两被告不具有股东资格没有法律依据。故不同意原告的诉请。

法官观点：

1. 确认之诉是诉讼一方当事人请求法院确认其与诉讼另一方当事人之间存在或不存在某种民事法律关系的诉，其目的是通过法院确认某种法律关系存在或不存在，进而肯定自己所享有的实体权利或否定自己应承担的义务。公司股东有权向法院起诉请求确认其股东资格，或请求确认其不具备股东资格。因为当事人自身是否具备股东资格本质上就是当事人与公司之间是否存在民事法律关系的问题，故当事人诉请确认自己具备或不具备公司股东资格符合确认之诉的要件，亦于法有据。但公司的股东与公司的另一名股东之间并不具备当然的民事法律关系，每一名股东与公司之间是否具备民事法律关系（即是否具备股东资格），并不影响另一名股东与公司之间的关系（即不影响另一名股东的股东资格）。本案原告诉请确认被告唐某、被告郭某与案外人开发公司之间不存在民事法律关系，不符合确认之诉的构成要件。

2. 本案各方对两被告被登记为案外人开发公司股东的事实均无异议。原告的目的并不是确认现存的某种法律关系，而是希望通过法院的判决来改变或消灭现有的两被告与案外人开发公司之间的民事法律关系。但确认之诉仅能对民事法律关系存在与否进行确认，并不需要而且不能对现存民事法律关系进行改变。从这个角度讲，原告提起的诉讼亦不符合确认之诉的构成要件。

3. 法律并未赋予法院直接剥夺两被告享有案外人开发公司股东资格的权利，法院也不应在未经公司决议的情况下直接以司法判决来剥夺公司成员的股东身份。故原告可在公司法范围内通过公司的规章、制度等救济自身的权利，其请求法院直接剥夺另一股东的股东资格没有法律依据。

法院判决：

驳回原告的起诉。

【案例36】伪造签名增资稀释股权　即使已变更登记对内亦无效[①]

原告： 黄某

被告： 机械公司、工程公司、陈甲、陈乙、张某、顾某、王某

诉讼请求： 确认原告在2004年4月1日被告机械公司设立之日起至2009年6月6日股权转让期间持有被告机械公司20%的股权（具体持股期间由法院根据相关证据材料认定）。

争议焦点：

1. 被告机械公司增资已办理工商变更，原告主张案涉股东会决议签字是伪造的，增资行为无效，是否有法律及事实依据；

2. 被告机械公司在完成增资款的验资后，即以"借款"的形式将增资款

[①] 参见上海市虹口区人民法院（2013）虹民二（商）初字第763号民事判决书，本案系《中华人民共和国最高人民法院公报》案例。本案二审法院为上海市第二中级人民法院，但案号不详。

归还给股东被告工程公司，被告工程公司抗辩其已履行增资义务能否得到支持。

基本案情：

2004 年 4 月 21 日，被告机械公司成立，注册资本为 400 万元，股东为原告（持股 20%）、被告陈甲（持股 10%）、被告陈乙（持股 10%）、被告张某（持股 30%）、被告顾某（持股 20%）、被告王某（持股 10%）。

2006 年 10 月 20 日，工商局根据被告机械公司的申请，将被告机械公司的注册资本变更为 1500 万元，同时将股东及持股比例变更为：被告张某（持股 8%）、原告（持股 5.33%）、被告顾某（持股 5.33%）、陈乙（持股 2.67%）、陈甲（持股 2.67%）、被告王某（持股 2.67%）、被告工程公司（持股 73.33%）。

审理过程中，被告工程公司等出示了《工程公司股东会决议》《机械公司章程》，载明：2006 年 9 月 26 日，被告工程公司召开股东会，全体股东同意以现金 1100 万元入股被告机械公司；2006 年 9 月 28 日，被告机械公司召开股东会，全体股东同意被告工程公司入股。

庭审中，由于原告及被告王某均否认上述公司章程和股东会决议的真实性，为此，被告工程公司提出申请，要求鉴定 2006 年 9 月 26 日被告工程公司的股东会决议及 2006 年 9 月 28 日被告机械公司的股东会决议上原告的签名笔迹是否系原告书写。经鉴定，上述两份决议上原告的签名不是本人书写。

2009 年 5 月 21 日，被告陈甲作为被告机械公司股东代表与案外人 A 公司签订股权转让合同，案外人 A 公司以 824.85 万元受让了被告机械公司的全部股权。2009 年 6 月 24 日，被告机械公司工商登记的股东变更为案外人 A 公司及 A 公司指定的另一公司。

被告机械公司章程规定，公司增加注册资本，应由公司股东会作出决议，并经代表 2/3 以上表决权的股东通过。被告工程公司用于所谓增资被告机械公司的 1100 万元，于 2006 年 10 月 18 日完成验资后，就以"借款"的形式归还给被告工程公司。

原告诉称：

1. 2011 年 5 月 24 日，原告查询被告机械公司工商登记资料后才发现所谓的增资情况。此前原告对所谓增资事宜完全不知情，也从未在有关增资的股东会决议上签过字。

2. 被告工程公司所谓的向被告机械公司投资的1100万元在验资后即转走，公司从未进行过实际增资。

3. 案外人A公司在收购被告机械公司时，收购价格没有考虑所有增资的部分。因此，被告机械公司的增资行为是虚构和无效的。

被告王某辩称：

同意原告的意见。被告机械公司设立后，其一直持有公司10%的股权，此后公司的股权结构没有发生过变化，其从未知晓公司增资之事，也没有参加过有关增资的股东会，更未在所谓的股东会决议上签字。

被告陈甲、被告陈乙、被告张某、被告顾某辩称：

1. 被告机械公司设立后，根据当地政策规定，从事土地开发业务的公司注册资本应达到1500万元，所以被告机械公司于2006年9月经过股东会决议吸收被告工程公司作为股东进行增资，原告对此知悉。

2. 关于增资的1100万元，虽然该款项在被告机械公司增资后就转给被告工程公司，但款项性质已转变为被告工程公司向被告机械公司的借款。

被告工程公司辩称：

1. 被告机械公司设立时，原告并没有实际出资，而是借用了被告工程公司的资金。

2. 被告工程公司为入股被告机械公司专门召开股东会，原告当时作为被告工程公司的股东也在其决议上签字。

3. 被告机械公司拟购买工业园区土地，但因政策限制，需增资后方能购买，原告陈述其也出资购买土地，可见原告对需要增资是明知的。原告在股权转让过程中全权委托他人办理，现其以未在相关增资文件中签名来否认其知情显然不符合常理。

4. 原告系被告工程公司当时的股东，担任经理一职。被告机械公司注册完毕后，注册资金归还给了被告工程公司，且被告机械公司未实际经营。

被告机械公司辩称：

作为股权受让方，案外人A公司已足额支付了股权转让款。

法官观点：

1. 在原告没有依公司章程对其股权作出处分的前提下，除非被告机械公司进行了合法的增资，否则原告的持股比例不应当降低。被告机械公司的章程明确约定公司增资应由股东会决议。现经笔迹鉴定，被告机械公司和被告工程公司的股东会决议上均非由原告本人签名，不能依据书面的股东会决议来认定原告知道增资的情况；出资买地与公司增资之间也不具有必然的关联性。在没有证据证明原告明知且在股东会决议上签名同意被告机械公司增资至1500万元的情况下，对被告机械公司设立时的股东内部而言，该增资行为无效，对原告没有法律约束力，不应以工商变更登记后的1500万元注册资本金额来降低原告在被告机械公司的持股比例，而仍旧应当依照20%的股权比例在股东内部进行股权分配。

2. 从结果上来看，被告机械公司用于所谓增资的1100万元，在完成验资后，就以"借款"的形式归还给被告工程公司，此种情形不能认定被告工程公司已履行了出资的义务。被告机械公司以增资为名，降低原告的持股比例，侵犯了原告的合法权益。

法院判决：

确认原告自2004年4月21日起至2009年6月24日止持有被告机械公司20%的股权。

104. 实际出资人显名的条件是什么？

新《公司法》实施前，根据《公司法司法解释（三）》及《九民纪要》规定，实际出资人显名须满足以下条件：

（1）实际出资人证明其已实际出资；

（2）公司其他股东半数以上明示同意或"默示同意"。

其中，"默示同意"是指半数以上的其他股东知道实际出资人已实际出资，且对其实际行使股东权利未曾提出异议。但若实际出资人本身即为公司股东，只是由其他股东代持部分股权的，则其诉请显名无须考虑其他股东是否同意。[①]

[①] 参见最高人民法院民事审判第二庭编著：《〈全国法院民商事审判工作会议纪要〉理解与适用》，人民法院出版社2019年版，第231~232页。

此外,"公司其他股东"应不包括名义股东。

105. 实际出资人如何证明其已实际出资?

如果当事人仅向公司交付财产或者转移财产权利,而不存在换取公司股权的意思表示或者合意的,尚不满足"实际出资"的条件。[①] 实践中,实际出资人为证明自身已实际出资,应注意采取以下三种方式:

(1) 在签订代持股协议时,明确出资款由实际出资人支付,并由名义股东签发收据,注明"收到实际出资人出资款";

(2) 在向公司出资时,由公司出具收据,载明"收到实际出资人出资款";

(3) 以转账的方式向公司支付出资款的,应保留银行汇款或转账凭据,并注明支付出资款。

【案例37】投资人借款出资并由公司实际清偿 该款项不能享有相应股权[②]

原告: 兰州公司

被告: 武威公司、厉某、余某、赵某

诉讼请求:

1. 确认原告为被告武威公司的实际出资人,对被告武威公司享有100%股权的实际出资人权益;

2. 被告厉某与被告赵某向原告支付股权赔偿款及利息。

争议焦点:

1. 原告向公司转账时未明确款项性质,且原告以借款向公司"出资"后又将该借款债务转移至公司,能否认定原告已履行出资义务;

2. 原告的高级管理人员出资设立公司,能否直接认定该高级管理人员的设立行为系职务行为,实际出资人为原告;

3. 被告厉某、被告赵某无权处分原告的股权,致使该股权被他人取得,是否需要对原告承担赔偿责任。

[①] 参见赵旭东主编:《新公司法诉讼实务指南》,法律出版社2024年版,第101页。

[②] 参见最高人民法院(2022)最高法民终191号民事判决书,本案系人民法院案例库入库案例。

基本案情：

1999年6月10日，被告武威公司成立，注册资本500万元。成立时，被告武威公司工商登记的股东为被告厉某（持股80%，担任法定代表人、执行董事）和被告余某（持股20%）。被告厉某、被告余某均签署了公司章程。被告余某确认其持有的20%股权是替原告代持。被告余某同时系原告的法定代表人，被告厉某同时系原告的副董事长。

1999年6月3日，原告与案外人工程集团约定，为资助被告武威公司建设商贸城，工程集团向原告提供借款1000万元。签约后，原告收到了工程集团的1000万元借款。被告成立后，原告将其中的500万元转至被告武威公司账户，其中300万元记载为"投资款"，200万元未记载用途。

1999年11月，原告、被告武威公司、案外人工程集团三方签订《债务转让协议书》，约定原告将其对工程集团的1000万元债务，转移至被告武威公司。2001年8月，工程集团向法院起诉被告武威公司请求支付欠款，最终双方当事人达成调解协议，被告武威公司以名下的房产抵偿了对工程集团的欠款。

2000年3月13日，被告厉某伪造被告余某的签名与案外人朱某签订《股权转让协议》，将被告余某名下的20%股权无偿转让给案外人朱某，并办理了工商变更登记。2011年4月26日，案外人朱某又将其名下20%股权无偿转让给被告赵某。之后，被告余某向工商局申请撤销2000年3月13日被告余某将名下20%股权转让给案外人朱某的变更登记，但工商局未支持被告余某的申请。

2012年8月6日，被告厉某、被告赵某又与另外3名案外人签订股权转让协议，将武威公司全部股权转让给3名案外人，3名案外人依约支付了股权转让款并完成了工商变更登记。截至本案诉讼时，被告武威公司的登记股东为3名案外人。

原告诉称：

1. 原告为被告武威公司的实际出资人，已履行出资义务，依法应享有被告武威公司100%股权的实际出资人权益。

2. 被告厉某、被告余某设立被告武威公司系代表原告的职务行为，原告系该职务行为的实际授权人,被告厉某、被告余某曾持有的共计100%的被告武威公司的股权系替原告代持。

3. 被告厉某、被告赵某无权处分原告的股权,导致原告丧失股权,实际出资人权益受损,依法应承担赔偿责任。

被告余某同意原告的诉讼请求。

被告厉某、被告赵某辩称:

1. 原告向被告武威公司转账的500万元不是出资款,且原告系以借款向原告汇款,该笔借款的债务最终由被告武威公司实际承担,原告未实际出资。

2. 原告向被告武威公司转账500万元时,未约定参与被告武威公司的实际经营,也未以被告武威公司股东身份行使过权利,未承担公司经营风险,原告不能证明转账款为出资款。

3. 被告厉某不是原告的工作人员,被告厉某设立被告武威公司的行为不是职务行为。

综上,原告不是被告武威公司的实际出资人,不是本诉的适格原告。

法官观点:

认定被告武威公司实际出资人及其相应权益的问题,应综合各股东关于设立公司的合意、各自所持股权比例的合意以及公司成立时实际出资人的出资情况、实际出资人与名义股东之间的真实意思表示等因素作出判断。

首先,从被告武威公司的工商登记情况来看,被告武威公司的发起人为被告余某(持股20%)和被告厉某(持股80%)。在无相反证据的情况下,可以认定二人具有设立被告武威公司的真实意思表示。

其次,对被告余某持有的20%股权,被告厉某不持异议;对被告厉某持有的80%股权,虽原告主张被告厉某系其派驻被告武威公司的代表,其设立行为属于职务行为,但未提供充分证据,被告厉某对此亦不予认可。故原告针对厉某名下80%股权的主张不能成立。

最后,关于原告的出资情况。原告与案外人工程集团约定借款1000万元用于商贸城建设,并随后向被告武威公司账户转账500万元。对其中记载转款用途的200万元,难以认定为股东出资。另外300万元汇款虽载明用途为"投资款",但未明确其性质为股权性投资抑或债权性投资,并且该笔款项在投入后不久即通过债务转移的方式，由被告武威公司实际负担。因此，该300万元"投资款"难以认定为原告对被告武威公司的出资；即便将原告的上述行为认定为出资，但原告在被告武威公司成立后不久即将该出资款债务转移的行为，也应视为出资转让。

综上，对原告提出的其对被告武威公司享有100%股权的实际出资人权益的主张，依法不予支持。被告余某与原告之间关于该20%股权实际出资人的合意不违反法律法规强制性规定，也不损害他人利益，故可以认定原告享有被告武威公司20%股权的实际出资人权益。

法院判决：

1. 确认原告享有被告余某在被告武威公司20%股权的实际出资人权益；
2. 被告厉某与被告赵某向原告支付股权赔偿款及利息。

106. 实际出资人如何证明半数以上的其他股东同意其作为公司股东？

根据《公司法司法解释（三）》《九民纪要》规定，有半数以上其他股东的同意，是实际出资人取得股东资格的条件之一。其中的"同意"又可进一步区分为明示同意和默示同意两种情形：

（1）在明示同意的情形中，实际出资人往往会有股东会决议、股东同意函等书面文件予以证明，此种情形的证据认定思路较为清晰，只要实际出资人未能提供证明半数以上股东同意将其登记为公司股东的证据，即可认定为没有达到相应的证明标准，需要承担举证不能的不利后果。

（2）在默示同意的情形中，需要进一步区分以下两种情形：

①实际出资人没有亲自参与经营管理，名义股东代行股东权利。此时半数以上其他股东无法从公司正常经营活动中知悉其作为实际出资人的事实，除非该实际出资人能够举证证明自己或名义股东已明确向其他股东披露实际出资人，或者实际出资人与其他股东签订的协议文本中确认了这一事实，否则应推定半数以上其他股东不知悉实际出资人的真实身份。

②实际出资人亲自参与经营管理，直接行使股东权利。考虑到有限责任公司的人合性，股东必然对公司的经营管理密切关注，未注意到实际出资人参与公司管理实为小概率事件。此种情形下，只要实际出资人证明自己以实

际出资人的名义参与公司重要经营管理（如担任或指派人员担任公司董事、法定代表人、财务负责人等）超过一定的合理期限，就应推定公司半数以上其他股东知悉实际出资人的身份。[①]

【案例38】实际出资人已经实际行使股东权利　推定其他股东同意其"显名"[②]

原告：张某

被告：淮信公司

第三人：殷某

诉讼请求：确认原告为被告股东并占有被告40%的股份。

争议焦点：

1. 原告与被告签署的增资协议书未加盖被告公章，仅由被告时任法定代表人即案外人成某的签字，该协议是否是被告的真实意思表示，协议是否有效；

2. 原告与被告的其他股东签署补充协议书，约定原告以第三人殷某的名义进行投资，第三人殷某以《验资报告》为证据证明出资款由其缴纳，而原告主张出资款实际系由其缴纳，法院应如何认定实际出资方，能否推定其他股东知悉原告实际出资的事实；

3. 原告多次参加被告股东会、董事会，签署会议纪要、章程修正案等重要文件，通过股东会决议成为股东会成员、被告董事、清算组成员，能否认定原告已实际行使股东权利；

4. 原告作为外籍人士担任内资企业的股东是否违反法律、行政法规。

基本案情：

被告成立于1997年2月4日，注册资本为300万元，被告系国有资产投资的内资企业，从事房地产行业。

1997年6月，原被告签订《协议书》，约定原告投入资金400万元，以增

[①] 参见最高人民法院民事审判第二庭编著：《〈全国法院民商事审判工作会议纪要〉理解与适用》，人民法院出版社2019年版，第229页。

[②] 参见最高人民法院（2017）最高法民申37号民事判决书。

资方式获得被告股权并就受益方式等作出了约定，原告及被告的法定代表人即案外人成某在该文件上签字。

1998年3月22日，被告通过章程修正案确认被告注册资本由300万元变更为1000万元，并修改被告股东为案外人信托公司（出资580万元）、案外人金信公司（出资20万元）和第三人殷某（出资400万元）。

1998年3月25日，被告股东即案外人信托公司、案外人金信公司与原告签订《补充合同书》，就原告的出资分配等事宜再次作出约定，明确原告以第三人殷某的名义进行投资，第三人殷某不仅享有管理权、监督权，而且最终支配投资及收益分配。《补充合同书》由第三人殷某签字，原告未签字。

1998年4月，被告就上述股东及注册资本变更内容向工商登记部门申请变更登记并得到批准。

在第三人殷某成为被告股东后，由原告本人参与股东会增资及资本确认会议并在会议纪要上签字；同时，原告还参与被告就股东及资本额相关章程的修改会议并在被告章程修正案上签字，并参加被告董事会及股东会，通过决议成为被告股东会成员、被告董事及被告清算组成员并在相关会议纪要上签名。

原告提交了一份《审计报告》，载明原告向被告投入了资本金400万元，该《审计报告》已由另案的生效判决确认了真实性；与此同时，第三人殷某也提交了一份《验资报告》，载明第三人殷某向被告投入了资本金400万元。

原告诉称：

原告与被告签订增资协议书后，依约履行出资义务，向被告注入资金400万元。之后，包括原告在内的三方股东就增资事宜又签订了《补充合同书》，约定原告以第三人殷某的名义进行投资，并对被告享有40%的股份。

现被告进入强制清算程序，而受理案件的法院通知第三人殷某作为股东参与清算，忽略了原告的实际股东身份，导致原告无法正常行使自己的权利。

被告辩称：

被告营业执照目前已经被工商局吊销，被告的股东应当以工商登记为准。被告是内资企业，原告为德国籍，不能成为内资企业股东，且原告是否为被告股东与清算组最终清算、分配资产不具有关联性。

第三人殷某称：

1. 原告并未履行出资义务。验资报告是法定的出资依据，而《验资报告》

证明是第三人殷某缴纳了出资。被告的股东会决议、董事会决议从未确认原告是否出资。

2. 原被告于1997年6月签订的《协议书》并未加盖被告公章，因此无效；1998年3月25日签订的《补充合同书》系第三人殷某与案外人信托公司和案外人金信公司签订的，原告并未在该文件上签名。

3. 原告出席被告股东会、董事会是作为受第三人殷某委派的股东代表、董事参加的。在本案诉讼中，被告始终否认原告的股东身份，确认原告为被告的股东违反法律的强制性规定。

法官观点：

1. 原告向被告实际缴纳了出资。

虽然《验资报告》记载第三人殷某向被告出资400万元，并据此办理工商登记，因此在形式要件上第三人殷某向被告缴纳了出资，但以下事实与证据能证明上述400万元出资实际是原告缴纳的，且被告其他股东及第三人殷某对此是知情的。

（1）原告分别与被告和被告的其他股东签订有缴纳出资的协议。

1997年6月，原告与被告签订《协议书》，约定原告向被告出资400万元。该协议分别有原告和被告当时法定代表人即案外人成某的签名，是合法有效的协议。鉴于案外人成某是被告的法定代表人，其以被告名义签订的《协议书》应当对被告发生法律效力，加盖公章并不是法人签订协议的唯一方式。因此，第三人殷某主张该《协议书》因未加盖被告公章而无效，没有法律依据。

1998年3月25日，原告与被告的其他股东即案外人信托公司和案外人金信公司签订《补充合同书》，对原告出资400万元再次进行确认。《补充合同书》的抬头明确约定合同当事人为原告，并约定原告以第三人殷某的名义进行投资。因此，《补充合同书》的当事人应当认定为原告，第三人殷某是作为原告的代理人在该文件上签名的。第三人殷某在《补充合同书》上签名亦表明其对合同内容是明知的。上述《协议书》和《补充合同书》能够相互印证，证明原告与被告及其股东签订有出资协议。

（2）原告提交的《审计报告》已由生效判决认定了真实性，可以证明原告向被告投入了资本金400万元。虽然《验资报告》载明第三人殷某向被告缴纳了出资400万元，但《补充合同书》约定原告以第三人殷某的名义出资，因此《审计报告》与上述《协议书》《补充合同书》相互印证，再结合《验资报告》，足以证明第三人殷某是名义出资人，而原告系向被告缴纳了400万元的实际出资人。

2. 应当确认原告具有被告的股东资格。

（1）被告及被告的其他股东均认可原告的股东身份。上述《协议书》和《补充合同书》均证明，被告及其股东均同意原告向被告缴纳出资，成为股东。被告的其他股东对原告以第三人殷某的名义进行投资均是明知的。

原告多次以被告股东的身份参加股东会，实际行使股东权利。原告参与被告股东会就被告资本变更进行决议，并在会议纪要上签名。原告还参与被告就修改被告章程的股东会，并在章程修正案上签字。上述行为均表明，被告的其他股东均认可原告是被告的股东。第三人殷某主张是其委托原告在上述会议上签名，但未提交证据予以证明。

（2）确认原告为被告股东并不为法律所禁止。被告为房地产开发企业，原告为德国公民，其成为被告的股东并不为法律、行政法规所禁止。原告成为被告的股东，将使被告成为中外合资企业，根据《外商投资产业指导目录》（2015修订）内容，房地产开发并未列入上述目录限制类或禁止类产业，故不涉及国家规定实施准入特别管理（负面清单）的外商投资企业的设立和变更，不再需要审批。因此，依法认定原告可以取得被告股东资格并按照其实际出资确认其所享有的股权份额。

综上，在原告向被告实际缴纳了出资400万元的情况下，应当确认原告具有被告的股东资格，持股比例为40%。

法院判决：

确认原告为被告股东并享有被告40%的股份。

107. 没有书面代持协议，能否确认实际出资人的股东资格？

代持协议是认定双方当事人达成代持合意的重要证据，但并非必要条件。

在没有签署代持协议的情况下,若实际出资人能证明其股权来源合法并已实际出资,则举证责任转移至主张代持关系不成立的名义股东身上。名义股东不能证明其名下股权的合法来源及其已实际出资的,法院应结合双方身份关系及可能发生代持的原因,判断实际出资人的举证能否达到高度盖然性的标准。若代持原因符合常理常情,应认定实际出资人举证形成优势证据,推定双方存在代持关系。

【案例39】未签订代持协议但履行出资义务 实际出资人请求显名获支持[①]

原告:投资公司

被告:发展公司、吴某

第三人:实业公司

诉讼请求:被告发展公司将登记在被告吴某名下的50%股权变更至原告并向其签发出资证明书,以及将其记载于股东名册和公司章程。

争议焦点:实际出资人与名义股东未签订代持协议,但实际出资人支付了股权转让价款,履行了股东投资义务,公司及其他股东对此亦知悉,且代持人系实际出资人的股东,并由实际出资人将其委派至公司担任董事长,实际出资人的显名请求能否得到支持。

基本案情:

被告发展公司实际出资人为案外人谢某(持股100%),案外人陈某替案外人谢某代持股权。

2010年4月,原告与两案外人谢某、陈某签订《项目合作合同书》,约定案外人谢某将其持有的被告发展公司的50%股权作价6000万元转让给原告,两案外人谢某、陈某应配合原告办理股权转让的工商变更手续等。股权转让完成后,原告将委派被告吴某担任被告发展公司董事长。被告吴某及其妻子案外人刘某系原告股东。之后,原告向案外人谢某支付了前述股权转让价款。

但在2010年6月和10月的实际转让中,案外人陈某系先将25%的股权转

[①] 参见广东省深圳市中级人民法院(2021)粤03民终21084号民事判决书。

让给被告吴某，另将25%的股权转让给案外人李某，后又由案外人李某将该25%股权转让给被告吴某。2019年4月，案外人陈某将其替案外人谢某代持的剩余50%股权转让给第三人。被告发展公司对上述股权转让均作出了股东会决议。至此，被告发展公司股东为被告吴某（持股50%）、第三人（持股50%），被告吴某担任公司董事。

2019年10月，被告发展公司向原告发出《关于增加投入项目资金的申请》，载明原告与第三人投资的项目进展顺利，根据股东会推进计划，公司账上资金已无法满足正常运营，现申请股东追加投资500万元作为运营资金，根据章程约定的股权比例，原告应追加投资250万元。后原告向被告发展公司转账250万元，附言"投资款"。

此外，原告提供了多份2012年1月至2013年9月的《付款审批单》，这些审批单显示被告发展公司多次向原告申请用款，金额每笔10万元至15万元左右，理由涉及年终礼金、年终奖、员工双薪等，审批栏董事长后有被告吴某的签字。

原告诉称：

案涉股权转让款为原告支付，且原告已实际履行股东义务，具有被告发展公司股东资格，被告吴某系代原告持有被告发展公司50%的股权。

被告吴某辩称：

被告吴某系从两案外人陈某、李某处受让股权，并已支付股权转让款，被告吴某具有被告发展公司股东资格。

法官观点：

首先，原告已经按照《项目合作合同书》约定向案外人谢某支付了转让款6000万元，之后被告吴某成为被告发展公司的登记股东，持股比例为50%。虽然被告吴某辩称其系从两案外人陈某、李某处受让股权，但未能提交转让款支付凭证。结合被告吴某及案外人刘某夫妻系原告股东，且被告吴某担任原告董事长的事实，被告吴某系代原告持有被告发展公司50%的股权，具有高度可能性，应予认定。

其次，从原告提交的《付款审批单》及转账凭证来看，原告按持股比例向被告发展公司陆续支付过节费、奖金等费用。根据《关于增加投入项目资金的申请》，被告发展公司在申请追加投资时，明确说明根据章程约定的股权比例，原告应追加投资 250 万元，即被告发展公司知悉并认可原告系其股东，持股比例为 50%，且原告履行了股东义务。

最后，《关于增加投入项目资金的申请》载明，根据股东会推进计划，被告发展公司申请原告和第三人两名股东追加出资，第三人作为被告发展公司股东，理应知悉股东会决议内容，并知悉原告为被告发展公司持股比例 50% 的股东。

综上，原告与被告吴某之间虽未签署股权代持协议，但在案证据形成证据链，证明原告已实际支付股权转让款且履行股东义务，被告发展公司及第三人知悉原告股东身份的事实。

法院判决：

1. 被告发展公司应向原告签发出资证明书，并将原告记载于公司的股东名册和公司章程；

2. 被告发展公司应在原告、被告吴某的配合下向公司登记机关办理变更登记，将被告吴某名下的被告发展公司 50% 股权变更至原告名下；

3. 驳回原告其他诉讼请求。

【案例 40】已实际出资并控制经营管理　独资公司隐名股东可直接请求显名并移交证照[①]

原告： 兰某某

被告： 矿业公司、钟某某

诉讼请求：

1. 确认原告是被告矿业公司的实际股东，持股比例为 100%；

2. 被告矿业公司在工商登记中的股东由被告钟某某变更为原告；

3. 被告钟某某向原告移交被告矿业公司的印章（行政章、财务章、合同专用章、发票专用章、法定代表人印鉴）及证照（营业执照正副本原件、银

[①] 参见新疆维吾尔自治区阜康市人民法院（2021）新 2302 民初 1569 号民事判决书，本案系人民法院案例库入库案例。

行开户许可证、银行账户卡、探矿许可证)。

争议焦点：

1. 实际出资人请求确认具有股东资格的，能否同时诉请名义股东移交公司印章及证照，名义股东应作为被告还是第三人参加诉讼；

2. 虽未签订代持协议，但实际出资人在聘用名义股东作为公司法定代表人的聘用合同中明确实际出资人为实际股东，且实际出资人已履行出资义务并对公司经营管理有较大控制力，能否认定实际出资人与名义股东之间存在股权代持关系；

3. 案涉公司为一人有限公司的，实际出资人请求显名，能否在判决中直接确认。

基本案情：

被告矿业公司于2015年设立，工商登记显示其唯一股东为被告钟某某，且被告钟某某为法定代表人、执行董事兼经理。

2016年10月，原告与被告钟某某签订《法定代表人聘用合同》，约定：

1. 原告（全体股东）聘用被告钟某某担任原告的法定代表人。

2. 公司股权实属原告所有，原告享有公司股东的一切权利和义务，被告只负责公司生产经营管理，未经原告授权，被告不得以公司名义与他人签订合同进行交易。

3. 公司资产归原告所有，公司所得利润归原告支配。被告不承担公司生产经营以外的公司债权债务，被告对原告财产无处分权。

2016年4月，案外人建材公司通过招拍挂程序获得石英砂矿探矿权，但参与招拍挂程序的押金100万元系由原告支付。同年6月，国土资源厅向案外人建材公司发放的矿产资源勘查证显示，该矿产勘查单位为案外人地质勘探公司。同年10月，被告矿产公司与案外人地质勘探公司签订《勘查合同》，约定被告矿产公司委托案外人地质勘探公司对上述石英砂矿进行地质勘查及编制，勘查费用为45万元，该费用后由原告妻子案外人于某某支付。2019年11月，案外人建材公司将其名下的上述探矿权过户至被告某矿业公司名下，相关税费19,108.86元系由原告妻子案外人于某某支付。

2020年8月，原告及其妻子案外人于某某、被告钟某某召开被告矿业公司工作会议，会议记录载明原告系董事长，被告钟某某系总经理，案外人于某某系财务总监，主持人为董事长原告。同年12月，原告、被告钟某某、案外人王某召开被告矿业公司工作会议，会议记录载明原告系董事长，被告钟某某系总经理，案外人王某系办公室主任。

此外，自2015年被告矿业公司设立至2020年间，原告及其妻子多次向两被告转账、借款或代被告矿业公司支付费用。在这当中，代被告矿业公司支付的费用涵盖化验费、办证费、记账费用等；被告矿业公司出具的借条载明，相关借款系用于住房及办公室支出、支付会计工资；其余转账合计68.86万元，其中，2018年3月30日，原告妻子案外人于某某向被告钟某某转账支付5000元，交易附言为"4月工资"。

原告诉称：

1. 被告钟某某系原告委托代持被告矿业公司股权的代持股人，为明确代持事项，双方已签订《法定代表人聘用合同》，其中载明公司股权实为原告所有，原告享有公司股东的一切权利义务，被告钟某某只负责经营管理。

2. 2020年年底，原告为规范公司管理，要求被告钟某某交出部分印章，钟某某以各种理由拒绝交出。被告钟某某在得知原告将于2021年4月5日下午到达公司所在地后，于当日上午携带被告矿业公司全部印章、证照及文件出走。鉴于原告系被告矿业公司实际出资人，被告钟某某应向原告移交被告矿业公司的印章。

被告辩称：

1. 本案系股东资格确认纠纷，被告钟某某不是本案的适格被告，应当以第三人的身份参加诉讼。

2. 原告与被告钟某某之间不存在股权代持的合意。原告向法庭提交的《法定代表人聘用合同》并非双方股权代持协议，且该协议签订时间晚于被告矿业公司设立时间。该协议系2016年原告准备成立一家新公司，委托被告钟某某管理而签订，后因公司未设立，该协议未实际履行。

3. 在经营公司过程中，原告确实向被告钟某某提供过帮助，但原告与两被告之间的资金往来是基于其他的民事债权、债务关系，并非公司法意义上的出资款。原告妻子于2018年向被告钟某某转让时备注的"4月工资"系其单方备注。原告及其妻子之所以支付的招拍挂押金、勘查费用、办证税费等，系受被告钟某某委托。原告无法证实其履行了股东的出资义务，应当承担举证不能的不利后果。

4. 原告没有基于股东身份对公司进行实际经营和管理，亦未行使股东权利。被告矿业公司成立至今，均由被告钟某某自行经营与管理。

法官观点：

1. 原告同时要求被告钟某某移交被告矿业公司的相关印章及证照，故将钟某某作为被告并无不当。

本案案由为股东资格确认纠纷，根据《公司法司法解释（三）》第21条的规定，被告钟某某应当作为第三人参加诉讼，但因本案被告矿业公司系自然人独资公司，原告不仅要求确认其股东身份，亦要求被告钟某某向其移交被告矿业公司的相关印章及证照，故将钟某某作为被告并无不当。

2. 原告与被告钟某某之间存在股权代持关系。

原告认可其与被告钟某某未签订书面的股权代持协议，亦无证据证实其与被告钟某某之间存在口头代持协议。在缺乏股权代持之书面证据的情况下，如原告提交的证据能够形成完整的证据链，能证明其系实际出资人，且实际参与了公司的经营管理或对名义股东有较大的公司经营管理上的控制力，则应当综合案件事实，依据优势证据原则，对股权代持关系作出认定。本案中，通过以下事实可以认定原告与被告钟某某之间存在股权代持关系：

（1）双方签订的《法定代表人聘用合同》可以表明原告聘用被告钟某某为被告矿业公司的法定代表人，且原告系被告矿业公司的实际股东。被告钟某某辩称原告系聘用其为其他公司的法定代表人，但并未提供相应的证据证实，且合同中受聘方被告钟某某的身份信息后明确备注了被告矿业公司，并载明有被告矿业公司的统一社会信用代码，故对被告钟某某的抗辩意见不予采纳。

（2）被告矿业公司作为矿业投资公司，办理探矿权证系公司的重大事项。本案中，探矿权证系原告具体参与办理的，办理探矿权证及矿产勘查须缴纳支付的招拍挂押金、勘查费用、办证税费均由原告及其妻子于某某支付。被告钟某某辩称系其委托原告办理，但并未提供相应的证据证明，涉及如此重大的公司事项,没有相关证据印证有违常理,故对被告钟某某的抗辩意见不予采纳。

(3) 原告及其妻子对被告矿业公司进行了直接与间接的出资,且资金用途均为支付公司的税费、租金、技术费用等日常开支及经营。被告钟某某辩称资金往来系双方之间基于借款等其他民事债权债务关系而产生,对此被告钟某某负有举证义务,因其未能提供任何证据证明,故原告及其妻子向被告矿业公司支付的款项可以认定为出资。

(4) 原告提交的两份被告矿业公司工作会议记录中列明了原告与被告钟某某的身份,即原告为被告矿业公司的董事长,被告钟某某为总经理,原告妻子于某某为财务总监,会议亦是由原告主持召开。对于原告的以上行为,被告钟某某不仅没有提出异议,反而通过会议记录的形式予以了肯定。上述会议记录可以说明原告不仅是被告矿业公司经营管理的参与者,而且对公司各项事务具有较大程度上的控制权和决策权。

3. 被告系自然人独资公司,原告请求显名无须经其他股东过半数同意,可直接予以确认。

根据法律规定,实际出资人要求显名,请求公司变更股东、签发出资证明书、记载于股东名册、记载于公司章程并办理公司登记的,需要经公司其他股东过半数以上同意。但被告矿业公司系自然人独资公司,股东仅有一名,不存在需要经公司其他股东过半数以上同意的问题。现原告要求显名,确认其是被告矿业公司实际股东,持股比例为100%,并要求被告矿业公司在工商登记中的股东由被告钟某某变更为原告,合理合法,应予确认。

4. 被告钟某某应向原告移交被告矿业公司印章及证照。

被告钟某某认可原告主张的相关印章及证照在其手中,故对于原告要求被告钟某某向其移交被告矿业公司的印章(行政章、财务章、合同专用章、发票专用章、法定代表人印鉴)及证照(营业执照正副本原件、银行开户许可证、银行账户卡、探矿许可证)的诉讼请求予以支持。

法院判决:

1. 确认原告为被告矿业公司的股东,持股比例为100%;

2. 被告矿业公司至公司登记机关办理上述股权的变更登记手续(从被告

钟某某名下变更登记至原告名下）；

3. 被告钟某某向原告移交被告矿业公司的印章（行政章、财务章、合同专用章、发票专用章、法定代表人印鉴）及证照（营业执照正副本原件、银行开户许可证、银行账户卡、探矿许可证）。

108. 实际出资人不同意显名，名义股东能否请求确认实际出资人的股东资格？

司法实践中，可能会出现名义股东为避免公司债权人向自己追偿，而诉请确认实际出资人的股东资格，但实际出资人又不同意显名的情况。法院一般认为，实际出资人不同意显名的，不影响名义股东诉请确权，理由主要有以下两点：

（1）能否确认股东资格还是要看实际出资人是否满足"存在代持关系，已实际出资，已实际行使股东权利"等客观条件；

（2）实际出资人不能以人合性为由逃避出资（股东）责任，因此不应以实际出资人在诉讼中的意思表示作为其显名的决定性依据。①

109. 股份有限公司的实际出资人显名需要满足什么条件？

股份有限公司的实际出资人诉请显名仅要求具备"代持协议合法有效""实际出资或认购出资"两个条件。股份有限公司不具有人合性特点，因此无须像有限责任公司一样，基于维护公司人合性，征得公司其他股东的同意。

【案例41】已签代持协议且实际出资　股份公司隐名股东显名无须其他股东同意②

原告：吕某

被告：赵某、投资公司

---

① 参见国家法官学院、最高人民法院司法案例研究院编：《中国法院2024年度案例：公司纠纷》，中国法制出版社2024年版，第14～15页。

② 参见甘肃省高级人民法院（2022）甘民申1122号民事裁定书，本案系人民法院案例库入库案例。

诉讼请求：

1. 确认原告为被告投资公司的股东，享有被告投资公司 450 万元股份；
2. 两被告配合办理股权变更登记。

争议焦点： 股份有限公司的实际出资人显名，是否需要取得其他股东的同意。

基本案情：

被告投资公司为股份有限公司。原告向被告投资公司实际出资 450 万元，并与被告赵某签订了代持协议，约定由赵某代持股份。

原告诉称：

原告是被告投资公司的隐名股东，已实际履行出资义务，并与被告赵某签有股权代持协议，依法享有被告投资公司的股东资格，现原告诉请登记为公司股东，两被告应配合办理工商变更登记。

两被告辩称：

原告虽已向被告投资公司实际出资，并与被告赵某签有股权代持协议，但原告未取得被告投资公司半数以上其他股东的同意，对其变更为公司股东的诉请，依法不应予支持。

法官观点：

根据《公司法司法解释（三）》第 24 条的规定，有限责任公司的实际出资人显名须具备三个条件：代持股协议合法有效、实际出资或认缴出资、经公司其他股东半数以上同意。该条规定的其他股东半数以上同意，系基于有限责任公司的人合性特点，其制度基础在于《公司法》第 72 条①所规定的有限责任公司股东股权转让的限制。而本案中被告投资公司作为股份有限公司，不具有人合性特点，公司法对股份有限公司股东的股权转让，除对发起人及公司高级管理人员有一定期限的限制外，并没有基于维护公司人合性的转让限制，故股份有限公司的实际出资人要求显名仅须具备"代持协议合法有效"和"实际出资或认缴出资"两个条件即可。因此，原告与被告赵某之间的股权代持协议合法有效，原告亦实际履行了出资义务，对其要求确认股东资格、

---

① 现为《公司法》第 85 条。

办理股权变更登记的诉请，依法应予支持。

法院判决：

1. 确认原告为被告投资公司股东，享有被告投资公司450万元股份；
2. 两被告配合办理股权变更登记。

110. 上市公司存在股份代持，相关代持协议是否有效？

无效。一方面，上市股权不清晰，不仅会影响公司治理的持续稳定，影响公司落实信息披露、内幕交易和关联交易审查、高级管理人员任职回避等证券市场的基本监管要求，还容易引发权属纠纷。另一方面，上市公司披露的信息是影响股票价格的基本因素，要求上市公司保证信息的真实、准确、完整，是维护证券市场有效运行的基本准则，也是广大投资者合法利益的基本保障。

司法实践中，一般认定该类股份代持协议因违反公共秩序而无效。新《公司法》实施后，该法第140条第2款为违法代持上市公司股份的行为无效提供了更明确的法律依据。

111. 股权转让合同签订后，受让人何时享有股东资格？

关于有限责任公司股权变动时点或者股东资格认定标准的问题，我国理论界和实务界主要存在以下四种观点：

（1）以股权转让合同生效为标志；
（2）以通知公司股权转让事实为标志；
（3）以股东名册变更为标志；
（4）以公司登记机关登记变更为标志。

最高人民法院民事审判第二庭赞成上述第（3）种观点，认为应以股东名册变更为股权变动的标志，主要理由如下：

（1）《公司法》第86条第2款明确规定，股权转让的，受让人自记载于股东名册时起可以向公司主张行使股东权利。

（2）以股东名册变更作为股权转移的标志，区分了股权转让合同生效与股权权属变更、股东名册记载与公司登记机关记载的效力，即股权转让自合同签订起生效，股东名册记载后发生权属变更，公司机关登记后产生对抗效力。由此，兼顾了转让股东、受让股东的利益以及对公司债权人和不特定相对人的保护。

该观点在审判实践中也为司法倾向性意见。

值得注意的是，实践中部分公司由于管理不规范，可能并未置备股东名册。考虑到股东名册变更的目的归根结底是公司正式认可股权转让的事实，在没有规范股东名册的情况下，有关公司的文件，如公司章程、会议纪要等，只要能够证明公司认可受让人为新股东的，均可用于认定股权转让的受让人取得股东资格的时间。[①]

112. 何为股权让与担保？

股权让与担保是一种非典型的担保模式，它是指债务人或第三人为担保债务的履行，将股权直接变更登记至债权人名下。此时债务人或第三人形式上是"让与人"，但实质上是担保人；债权人形式上是"受让人"，但实质上是担保权人。司法实践中，一般不会否定股权让与担保约定的合同效力。

113. 司法实践中，如何甄别股权让与担保合同？

法院在甄别股权让与担保合同时，一般会考虑以下三个方面：

（1）合同的内容及缔约人的相关言辞表示。

让与担保合同交易架构往往设计得比较复杂，因此不能拘泥于形式要件，而应从合同内容和目的层面实质审查缔约人是否有让与担保的真实意思。

（2）合同的实际履行情况。

当合同的内容模糊难以界定时，应结合合同的实际履行情况进行综合审查。股权让与担保的目的在于担保，而不在于转让。因此，一方面，让与人不会真正让渡公司的控制权，即受让人一般不会参与公司经营管理，享有的股东权利可能受到限制；另一方面，股权转让的对价往往也不具有一般商事交易的合理性。

（3）对主债务合同的审查。

让与担保合同系从合同，从属于主债务合同。甄别让与担保合同时，需查明借款金额、借款主体等主债务的基本要素。法律适用时，要注意贯彻主

[①] 参见最高人民法院民事审判第二庭编著：《中华人民共和国公司法理解与适用》（上），人民法院出版社2024年版，第397~399页。

从合同基本原则，例如，担保债务范围不得大于主债务；债权转让时，抵押权一并转让；主合同无效，担保合同一并无效等。①

114. 让与人将其持有的股权变更登记至让与担保权人名下后，让与担保权人是否享有股东资格？

应视公司及其他股东对让与担保的事实是否知情而定。若让与人已向公司及其他股东告知让与担保的事实，则即便股东名册已变更，受让人也仅为名义股东，不享有股东资格；但若让与人未如实告知，公司及其他股东只知发生了股权转让，不知发生了让与担保，则应保护公司及其他股东的信赖，只要受让人记载于股东名册，即便其真实意思是让与担保，仍应认定其股东资格。

就举证责任分配而言，首先要看受让人是否已记载于股东名册。若受让人已记载于股东名册，那么应推定受让人具有股东资格，除非让与人、公司及其他股东可以举反证推翻，这里的反证包括有关让与担保的股东会决议、董事会决议、让与担保通知等；若受让人未记载于股东名册，则即便已完成工商变更，也应推定受让人不享有股东资格，除非公司及其他股东予以认可。此时，对公司及其他股东认可让与担保的事实，应由受让人承担举证责任。②

【案例42】名为股权转让实为让与担保　转让人仍享有股东资格③

原告：熊某、商贸公司

被告：余某、徐某

第三人：李某

诉讼请求：

1. 请求确认原告熊某对案外人鸿荣公司享有49%的股权，被告余某向原告熊某返还案外人鸿荣公司49%的股权并办理相关工商变更登记；

2. 请求确认原告商贸公司对案外人鸿荣公司享有51%的股权，被告徐某

---

① 参见国家法官学院、最高人民法院司法案例研究院编：《中国法院2024年度案例：公司纠纷》，中国法制出版社2024年版，第28~31页。

② 参见最高人民法院民事审判第二庭编著：《〈全国法院民商事审判工作会议纪要〉理解与适用》，人民法院出版社2019年版，第405~407页。

③ 参见最高人民法院（2020）最高法民申3880号民事裁定书，本案系《中华人民共和国最高人民法院公报》案例。

向原告商贸公司返还案外人鸿荣公司 51% 的股权并办理相关工商变更登记。

争议焦点：

1. 第三人李某安排两被告等多人向原告熊某提供借款总计 7329.4 万元用于案外人鸿荣公司开发项目，此后原被告双方签订了《股权转让协议》，约定由两被告持有案外人鸿荣公司 100% 股权并接收了该公司的公章，该《股权转让协议》的性质应认定为股权让与担保还是转让股权的真实意思表示；

2. 如果上述《股权转让协议》被认定为股权让与担保，则两原告能否请求法院确认其股东资格；

3. 两原告的股东资格如果得到法院确认，在案涉债务并未结清的前提下，两原告要求两被告返还案外人鸿荣公司 100% 的股权并办理工商变更登记的诉请能否得到支持。

基本案情：

案外人鸿荣公司的注册资本为 1000 万元，原告商贸公司持股 51%，原告熊某持股 49% 并担任法定代表人。该公司主要用于开发"创想天地"房地产项目。

2011 年 11 月 3 日至 2015 年 8 月 14 日，原告熊某以案外人鸿荣公司资金周转困难为由向第三人李某提出借款请求。第三人李某向原告熊某提供借款 1655 万元，并安排两被告在内的多人向包括案外人鸿荣公司在内的多家公司汇款，金额合计 7329.4 万元。以上款项均制作了借条，33 张借条均分别注明用于工程款、还货款、交付保证金等具体事项。

2014 年 12 月 2 日，原告熊某与被告余某签订了一份《股权转让协议》，协议约定原告熊某将其持有的案外人鸿荣公司 49% 的股权转让给被告余某，转让价为 490 万元。

同日，原告商贸公司与被告徐某签订了一份《股权转让协议》，协议约定原告商贸公司将其持有的案外人鸿荣公司 51% 的股权转让给被告徐某，转让价为 510 万元。

2014 年 12 月 23 日，案外人鸿荣公司办理了股东变更登记，法定代表人变更为被告徐某，两被告接收了案外人鸿荣公司的公章和账户，原告熊某保管案外人鸿荣公司经营的账目及工程证照。

案外人鸿荣公司股权变更后，原告熊某仍继续负责该公司日常经营管理直至 2015 年 8 月。

原告熊某提供了 22 份录音，录音内容系关于当事人围绕本案诉争的款项往来、股权过户、案外人鸿荣公司经营以及纠纷解决于 2014 年 12 月 22 日至 2019 年 4 月 14 日进行的多次沟通。

原告诉称：

以上款项均系原告熊某向第三人李某的借款，由第三人李某安排两被告在内的多人向其履行的汇款义务，上述款项总计 7329.4 万元，全部用于案外人鸿荣公司的"创想天地"房地产项目的开发建设。两原告将股权转让给两被告，系对该借款的担保，并非股权转让，两被告应当将股权归还原告。

被告辩称：

1. 原被告之间从未有过借款担保的约定，两原告将股权转让给两被告，两被告按照合同约定支付了对价，双方也已经办理了股权转让登记，股权转让合同履行完毕。

2. 案涉款项 7329.4 万元，其中 1000 万元是两被告支付的股权转让款，另有 2287.2 万元是对原告前期投资款的补偿，160 万元是返聘原告熊某的报酬，其余款项是第三人李某和两被告支付"创想天地"工程项目的投资款。在 2015 年 8 月后，两被告又以股东身份对工程项目进行了大量投资。

3. 原告熊某提供的借条系预支工程款行为，双方将支付的工程款平账后，就把借条还给了原告熊某，双方并不存在借款关系。另外，原告熊某提供的借条中均无利息约定和还款期限，不符合常规。

第三人同意被告的答辩意见。

一审法官观点：

原被告签订的《股权转让协议》是当事人的真实意思表示，不违反法律、行政法规的强制性规定，属有效合同，双方办理了股权变更登记，股权转让行为发生法律效力。股权让与担保是指债务人或者第三人为担保债务的履行，将其股权转移至债权人名下并完成变更登记，在债务人不履行到期债务时，债权人可就股权享有优先受偿权的一种担保方式。

本案中，两原告主张其将股权转让给两被告属于股权让与担保性质。但担保主体及内容没有明确具体的约定，无法构成担保的意思表示。诉讼中第三人李某和两被告否认双方存在借款关系，两原告又未提供有效证据，证明双方有股权让与担保的意思表示。双方签订《股权转让协议》并办理了股权变更登记，两被告也支付了合同对价，现两原告请求确认双方为让与担保法律关系，要求返还股权，证据不足。

一审法院判决：

驳回两原告的诉讼请求。

二审法官观点：

1. 案涉《股权转让协议》的真实意思并非转让股权，而是为债务提供担保，应当认定为股权让与担保。

股权让与担保是指，债务人或第三人（即让与担保人）为担保债务人的债务，将公司股权让与债权人或第三人（即计与担保权人），债务清偿后，股权应转回让与担保人，债务未适当履行时，让与担保权人可以就该股权优先受偿。从形式上看，股权让与担保和股权转让都具有股权变更的外观，具有一定的相似性。但股权让与担保目的是为债务提供担保，并非转让股权，让与担保权人受让的股权并不是完整的权利，实际权利内容不得超出担保之目的，其只是名义上的股东。虽然本案两被告受让了股份并办理了工商变更登记，具有享有股权的外观，但结合当事人之间的债权债务关系和真实意思表示，案涉《股权转让协议》在性质上应认定为股权让与担保，原因如下：

（1）股权转让各方存在债权债务关系。

本案纠纷涉及资金7329.4万元，均制作了借条。两被告称有借条不等于借贷关系，其实质内容是股权转让款、投资补偿款和委托代付工程费用等。但其在外观上均表现为借条，且借条注明用途均与工程建设有关，未注明股权转让款、前期投资补偿款、报酬以及项目投资款等事项，原被告沟通的录音文件中也从未提到过上述事项，反而是反复提到借款和还款的问题，两被告亦未能提供其他证据证明案涉款项有上述用途。此外，两被告未能举证股权转让款和前期投资补偿款如何确定，这与其所称给原告熊某的返聘报酬支付方式前后矛盾，且购买股权后全部采用原告熊某向其借款方式支付公司运营款项亦与常理不符。因此，案涉资金应当根据借条记载认定为借款。

（2）股权转让各方具有担保的意思表示，而没有真实转让股权的意思表示。

从股权转让各方的沟通情况看。首先，让与方多次表示以股权担保，而没有表示出让股权的意思；受让方也多次表示不要股权。其次，案涉股权约定了返还条件，即还清借款本息便归还股权。最后，纠纷发生后，股权转让各方还在商谈股权合作和买断股权的问题，说明并未实际买断案外人鸿荣公司的股权，之后双方并未达成一致，鸿荣公司的股权最终也并未发生实际转让。

从《股权转让协议》的实际履行情况看。首先，案外人鸿荣公司经营的账目以及工程证照并未实际移交，两被告也未提供证据证明约定了要移交。其次，两被告承认公司移交后一直到2015年8月之前都是原告熊某负责经营管理。虽然两被告主张原告熊某为其返聘，但其并未与原告熊某签订返聘协议，庭审时也承认并未给原告熊某发出过经营指令，其声称给原告熊某的报酬也缺乏证据证明，未提供社保等其他可以证明存在雇佣关系的证据，因此其关于返聘原告熊某的主张不能成立。最后，签订《股权转让协议》并办理工商变更登记后，一直到2015年8月之前，受让方并未实际接手公司经营管理，这也与股权实际转让相矛盾。

2. 关于两原告确认其股权并办理工商变更登记的请求是否成立的问题。

（1）关于两原告确认其股权的问题。

首先，真实权利人应当得到保护。据前分析，两原告签订《股权转让协议》并将股权登记至两被告名下，真实意思是股权让与担保，而非股权真正转让。虽然工商部门登记的股东为两被告，但工商登记是一种公示行为，为证权效力，股权是否转让应当以当事人真实意思和事实为基础。因此，两被告仅系名义股东，而非实际股东，其享有的权利不应超过以股权设定担保这一目的。两原告的股东权利并未丧失，对其真实享有的权利应予确认。且从本案实际情况来看，两原告在2015年8月以后不能对公司进行经营管理，已经出现了名义股东通过担保剥夺实际股东经营管理自由的现象，也阻碍了实际股东以案外人鸿荣公司开发的"创想天地"项目销售款来归还借款。因此，应当确认两原告为案外人鸿荣公司的真实股东。

其次，确认两原告为真实股东不损害两被告享有的担保权利。从本案来看，股权已经登记在两被告名下，原被告在沟通中也就两被告掌握案外人鸿荣公司公章、账户达成一致，两被告有充分的途径来保护自身的担保权利，确认两原告为真实股东并不影响其基于让与担保而受到的保障。

最后，两被告在2015年8月以后的投资亦不影响两原告的权利。两被告称，其在2015年8月以后，以股东身份对"创想天地"项目进行了大量投资，因而应当享有股权。但是，股权转让必须以当事人的合意为基础，两被告单方以何种意图进行工程的后续建设，与其是否享有股东权利没有关联性。两被告并不是案外人鸿荣公司的实际股东，其投资亦未得到的实际股东的授权、确认，其资金投入有待与两原告清算确认后另行主张权利。

综上，应当确认原告熊某享有案外人鸿荣公司49%的股权、原告商贸公司享有案外人鸿荣公司51%的股权。

（2）关于办理工商变更登记的问题。

股权让与担保是基于当事人合意而设立的，其权利义务内容依据当事人意思而确定。虽然两被告只是名义股东，但原被告签订《股权转让协议》，并登记股权至两被告名下，从而设定让与担保，是双方的真实意思表示，且不违反强制性法律规定，该约定对双方具有约束力。同时，从当事人沟通情况看，双方已约定将案涉债务清偿完毕，才能将股权登记变更回两原告名下。而两原告并未就案涉债务清偿完毕，将股权变更回两原告名下的条件尚未成就。如此时将股权变更回两原告名下，则会导致两被告的债权失去基于股权让与担保而受到的保障。

因此，对两原告办理工商变更登记的请求不予支持。

二审法院判决：

1. 撤销一审判决；

2. 确认原告熊某享有案外人鸿荣公司49%的股权，原告商贸公司享有案外人鸿荣公司51%的股权；

3. 驳回两原告其他诉讼请求。

115. 干股股东是否具有股东资格？

干股股东是指，具备股东的特征并实际享有股东权利，但自身并未实际出资的股东。实践中，有的投资者为了公司经营顺利或获取相关利益，会将部分股份赠送给对公司有重要影响的人员，形成所谓的"干股"，此种附条件赠与股权的行为并不为法律所禁止。只要其办理了相应的手续，如股东名册记载、公司登记机关登记等一系列形式要件和实质要件，就应当确认其股东资格。

如干股股东的出资已实际缴纳，其与实际出资股东之间的关系按垫资或赠与关系处理；如其名下出资未实际缴纳，应负补足出资义务，干股股东不能以受赠与为由主张免除其应尽的法律责任。①

116. 出资人以贪污、受贿、侵占、挪用等违法犯罪所得向公司出资取得股权或干股的，是否具备股东资格？对这部分股权应当如何处理？

具备股东资格。出资人以贪污、受贿、侵占、挪用等违法犯罪所得的货币出资并不影响出资行为的效力，出资人可以享有股东资格。

对该部分股权的处置方式，应区分出资财产的性质。

（1）货币出资

货币为种类物，货币占有人推定为货币所有人，当出资人将贪污、受贿、侵占、挪用等违法犯罪所得的货币投入公司后，公司即取得货币的所有权，该出资行为有效，出资人依法取得对应的股权及股东资格。② 对该股东的刑事制裁，可通过拍卖或者变卖转处置其股权，收缴其违法所得。

（2）非货币出资

应考虑公司是否为善意相对人。若公司为善意相对人，则公司取得非货币财产的所有权，对股权的处置方式同上述货币出资。但若公司对出资人的犯罪事实知情，则公司不能取得非货币财产的所有权，该非货币财产将直接被追缴。此时，公司可以依法向该出资人催缴出资、发出失权通知。③

---

① 参见国家法官学院、最高人民法院司法案例研究院编：《中国法院2023年度案例：公司纠纷》，中国法制出版社2023年版，第10~11页。

② 参见潘勇锋：《关于股东出资方式的实践思考》，载《法律适用》2024年第2期，第57~70页。

③ 参见赵旭东主编：《新公司法诉讼实务指南》，法律出版社2024年版，第106~108页。

117. 名义股东和冒名股东的法律责任有何不同？

名义股东和冒名股东都不实际行使股东权利，但前者对其名义被借用是明知或应知的，后者则根本不知道其名义被冒用，完全没有成为公司股东的意思表示，故两者承担的法律责任不同。

名义股东遵循的是商事法的外观主义原则和公示公信原则，根据《公司法司法解释（三）》规定，需对公司债务不能清偿的部分在未出资本息范围内向公司债权人承担补充赔偿责任；而冒名股东则是在不知情的情况下，形成了所谓的股东外观，该外观系因侵权行为所致，根据《公司法司法解释（三）》规定，被冒名者不应被视为法律上的股东，对内、对外均无须承担股东责任。

需要注意的是，实践中有的股东为规避债权人对其瑕疵出资的追偿，常常以身份被冒名为由诉请否定股东身份，因此对主张被冒名者应适用较为严格的证明标准，以防止其滥用诉权规避本应承担的法律责任。区分名义股东与冒名股东的关键在于，当事人对被登记为公司股东是否知情，不能仅凭工商登记材料中的签名情况作为唯一判定标准，而应综合考量冒名者持有其身份材料是否有合理解释、其与冒名者之间是否存在利益牵连等因素作出认定。

【案例43】与"冒名者"关系密切　诉请否定自身股东资格未获支持[①]

原告：叶某

被告：世纪公司

第三人：纪某、金桥公司

诉讼请求：确认原告不是被告的股东。

争议焦点：

1. 原告称其被第三人纪某冒名登记为被告股东，但第三人金桥公司认为原告与第三人纪某关系密切，原告被登记为被告股东的行为属于借名登记，

[①] 参见江苏省无锡市中级人民法院（2020）苏02民终4197号民事判决书，本案系人民法院案例库入库案例。

冒名股东和借名股东应如何区分；

2. 第三人纪某在一审时自认其在2004年被告年检时通知过原告在材料上签字，后又在二审时撤销该自认，该撤销自认的行为是否有效。

基本案情：

2004年6月28日，被告成立，工商登记载明：股东为原告和第三人纪某，第三人纪某担任执行董事兼总经理，原告担任监事。

2019年10月16日，被告、第三人纪某出具情况说明，载明：原告不知道被告设立，没有参加任何股东会议，亦未出资。2004年，北塘街道招商引资，创办工业园区，由街道办事处直接一条龙服务，由于当时一个人不能办公司，而第三人纪某因帮原告找工作恰好持有原告身份证复印件，第三人纪某便用该身份证复印件直接办理了被告公司的设立手续。

根据司法鉴定，被告2004年6月7日的出资协议书、办理企业登记授权委托书、日期为2004年6月10日的章程、日期为2004年6月18日的股东会决议、日期为2007年6月25日的股东会决议、被告章程中原告的笔迹均不是其本人所签。

而在被告2004年至2006年的年检材料中，均附有原告签名的身份证复印件。一审庭审期间，第三人自认"2004年因为公司要年检，要原告签字，所以我就和原告说了，让原告签了字"，原告亦承认2004年身份证复印件的签名为其本人所签；同时，第三人纪某还表示2005年和2006年的签名由被告的会计即案外人王某签署。但在本案二审审理期间，第三人纪某又表示一审时的自认非其真实意思表示，实际上2004年被告年检时的原告签名也由被告会计签署。

原告名下曾有一房屋，该房屋系第三人纪某出资装修，现登记于第三人纪某名下。此外，第三人纪某还担任案外人溱湖公司的董事长，原告系该公司副总经理，被告系股东。另外，第三人纪某和原告共有营业房一座。

2019年8月，第三人金桥公司诉至法院，要求第三人纪某、原告在抽逃出资本息范围内对某民事判决书确认的被告结欠金桥公司的债务承担赔偿责任，原告在收到上述案件开庭传票后另行提起本案诉讼，请求确认其不是被告的股东。

· 195 ·

原告诉称：

1. 第三人纪某在未经原告同意的情况下，冒用其名义将其登记为被告的股东，原告对此不知情。第三人金桥公司虽提交证据证明原告与第三人纪某关系较为密切，但不能证明原告是被告的股东。原告既没有向被告出资，也没有在被告章程上签字，对被告的情况不了解，也没有以股东身份参与被告的登记注册、经营管理、分红等事宜。

2. 被告公司2004年年检的身份证复印件是其交给第三人纪某的，但目的是请第三人纪某帮其找工作，签名是其本人所签；2005年年检的身份证复印件不是其交给第三人纪某的，应该是第三人纪某自己复印的，签名也不是其本人所签；2006年年检的新的二代身份证复印件是其交给第三人纪某的，但目的是用于驾驶证年审，签名也不是其本人所签。原告出于其他需要将身份证复印件交给第三人纪某固然应引起重视和注意风险，但不能据此认定其是被告的股东。

被告对原告的诉讼请求无异议。

第三人纪某称：

1. 被告从设立至今，原告从不知情，未出资也未参加过任何股东会议，是第三人纪某私自复印原告身份证，责任在第三人纪某。

2. 关于原告在案外人溱湖公司担任副总经理的情况，是第三人纪某私自填写，案外人溱湖公司并无经营，与原告无任何关系。

3. 第三人纪某为原告装修房屋的行为，是为报恩、帮忙，纯属其个人行为。

第三人金桥公司称：

1. 被告2004年年检资料中，原告身份证复印件上的签字是其本人所签。被告工商登记资料中不仅有原告的一代身份证，还有二代身份证，证明了原告是自愿将身份证出借用于公司登记。

2. 其他大量证据证明第三人纪某与原告关系密切，自2004年被告成立至2019年，原告从未对其股东身份提出过异议，可以认定原告对其登记为被告股东是明知和默许的，原告起诉的主张不能成立。

法官观点：

1. 所谓冒名股东，是指被他人冒用或者被盗用名义出资登记为公司股东的股东。被冒名者没有出资设立公司、参与经营管理、分享利润和承担风险的意思表示，也无为自己或者他人与公司其他股东设立公司的合意，且根本不知其名义被冒用，被冒名者不应被视为法律上的股东。冒名登记不同于借名登记，借名登记表现为借用他人名义登记成为公司股东，并由借名人实际行使股东权利，被借名人并不行使股东权利。在对外法律关系中，由于被借名人登记为公司股东，依据公司法外观主义原则与公示原则，为保护无过错的公司债权人及公司其他股东，被借名人仍应承担相应的股东责任。

区分冒名股东与借名股东的关键在于，当事人对于被登记为公司股东是否知情。由于公司在设立时并不严格要求投资人必须到场，代签可以在被代签者明知或者默认的情形下发生，故被"代签名"并不等同于被"盗用身份"签名，因此仅凭工商登记材料中的签字并非登记股东亲自签署，并不能得出其系冒名股东的结论，即不能仅凭工商登记材料中的签名情况作为唯一判定标准，而应综合考量冒名者持有其身份材料是否有合理解释、其与冒名者之间是否存在利益牵连等因素作出认定。

2. 本案中，原告理应对被登记为被告股东的事实知情。虽然经司法鉴定，被告设立时的相关文件上"原告"的签名不是其本人所签，但2004年年检材料中的身份证复印件上的签字为原告本人所签。对此，第三人纪某述称"2004年因为公司要年检，要原告签字，所以我就和原告说了，让原告签了字"，表明原告对被登记为被告股东的事实知情。但在二审中，第三人纪某改变其自认，称其是和会计说了，让会计签的字。《最高人民法院关于民事诉讼证据的若干规定》第9条规定，当事人作出自认后，就要受到该自认的约束。只有在经对方当事人同意的及自认是在受胁迫或者重大误解情况下作出的，才准许当事人撤销自认。第三人金桥公司不同意第三人纪某撤销自认，第三人纪某也不是在受胁迫或者重大误解情况下作出的上述自认。故第三人纪某应受一审中自认的约束。

此外，原告与第三人纪某有共有房屋，第三人纪某以自己的义务为登记在原告名下的房屋进行装修支出费用等，可以认定第三人纪某与原告关系密切，原告称其对被登记为被告股东始终不知情，不足以令人采信。故原告仅能认定为被借名成为被告股东，对外应承担股东的相应责任。

法院判决：

驳回原告诉讼请求。

【案例44】自然人遗失身份证被冒名登记　涉事公司被判侵犯姓名权[1]

原告： 周甲

被告： 某公司、彭某

诉讼请求：

1. 被告某公司停止侵害原告姓名权，立即撤销与原告有关的工商登记信息；

2. 两被告共同承担原告维权损失律师费8000元。

争议焦点：

1. 2015年5月，被告某公司未经原告同意使用其姓名注册成立公司，原告于2022年2月发现该行为后与其沟通无果，于2023年7月将其诉至法院，本案是否已过诉讼时效；

2. 原告身份证系其同胞兄弟案外人周乙所拿，并交给两被告办理案涉登记手续，两被告能否以此为由主张对冒名登记行为的抗辩。

基本案情：

原告因身份证丢失，于2015年5月19日向某地派出所申请补办。

2015年5月25日，被告某公司成立，法定代表人为原告。其工商登记材料显示：

1. 2015年3月25日《企业名称预先核准通知书》中的该司发起人为被告彭某、原告。

2. 2015年5月14日《公司章程》及《股东会决议》记载：该司股东为被告彭某（持股60%）、原告（持股40%），尾页落款处"周甲"作为股东签字。

3. 2015年6月《股权转让协议》尾页落款处"周甲"作为出让方签字。

---

[1] 参见上海市浦东新区人民法院（2023）沪0115民初77755号民事判决书。

同年7月28日的《准予变更登记通知书》记载：该司股东由被告彭某、原告变更登记为被告彭某（持股52%）、案外人周乙（持股20%）及其他3名案外人（共持股28%）。

2022年2月，原告发现被告某公司将其冒名登记为法定代表人后，与该司沟通无果，于2023年7月将两被告诉至法院。原告为本案纠纷，支付律师费8000元。

审理中，原告同胞兄弟案外人周乙陈述：其当时想在外设立公司，因其是老师，无法成为法定代表人。故2015年春节期间去母亲家时，私自拿了原告的身份证去做登记。原告对此确实不知情，也从未参与公司经营。

原告申请对被告某公司工商登记材料中"周甲"的签名字迹进行司法鉴定，鉴定意见为：被告某公司工商登记材料中，"周甲"签名字迹均不是原告所写。

原告诉称：

1. 2015年3月，原告身份证不慎遗失，同年5月19日原告去某派出所申请补办。2022年2月，原告经工商登记查询发现，在未经其本人同意的情况下，身份信息被登记为被告某公司法定代表人。被告某公司成立于2015年5月25日，正是原告身份证遗失补办期间。

2. 被告某公司相关登记材料均非原告本人签署，被告彭某作为被告某公司成立的发起人及代办人，明知原告签名系伪造，仍实施了侵权行为。

被告某公司辩称：

1. 原告诉请已超过诉讼时效。被告某公司于2015年5月25日登记成立并公示，默认包括原告在内的社会公众，应该从登记之日起知晓被告某公司的相关信息。

2. 既然被告某公司于2015年5月25日通过审核并依法设立，说明设立时提供的材料真实合法。即使原告的签名非本人签署，被告某公司设立登记档案中原告的身份证件系真实有效证件，原告将身份证件自愿提供的行为，应视为原告同意以其身份信息登记设立公司。

3. 原告提供的证据只能证明2015年5月19日原告因身份证丢失而申请补领证件，无法证明具体丢失证件的时间。被告某公司向登记机关提交申请资料的时间早于原告申请补办身份证的日期。

4. 在被告某公司成立后两个月内，原告进行了股权转让并完成股东变更登记，原告哥哥案外人周乙受让原告20%的股权成为新股东。基于双方亲属关系，原告声称被告某公司未经其同意而将其登记为法定代表人，不符合常理。

被告彭某未作答辩。

法官观点：

1. 诉讼时效的客体是债权请求权，为财产性权利，而非人身性权利。本案系姓名权纠纷，而姓名权属于人身性权利，故不存在诉讼时效问题。

2. 案外人周乙陈述过年期间私拿了原告身份证，2015年3月被告某公司的企业名称获核准，2015年5月申请办理设立登记手续，2015年5月19日原告报失补领身份证，原告主张其身份信息被冒名登记，具有高度盖然性。

3. 经司法鉴定，被告某公司工商登记材料中"周甲"的签名均非原告本人所签，也无证据证明相关登记行为获得原告同意或授权。故被告某公司使用"周甲"注册、登记，侵犯了原告的姓名权，应停止侵权，撤销与原告有关的工商登记信息。

4. 原告认为被告彭某构成共同侵权，但未能提供充分证据证明。原告未能妥善保管身份证件，自身存在一定过错，法院酌定被告某公司赔偿原告维权损失5000元。

法院判决：

1. 被告某公司立即停止对原告姓名的使用，并撤销与原告有关的工商登记信息；

2. 被告某公司支付原告维权损失5000元。

118. 身份被他人借用的，被借用人是否具有股东资格？

应遵循内外有别原则来予以认定：

（1）对内而言，由于被借用人并没有成为公司股东的意思表示，也没有实际出资与行使股东权利，因此不应认定其具有股东资格。

（2）对外而言，被借名人被登记或记载于工商登记、股东名册、公司章程等文件，依据外观主义和公示主义原则，为保护无过错的公司债权人及公司其他股东，被借名人仍应承担相应的股东责任。至于此时实际出资人（借名人）是否需要一并承担连带责任，实践中争议很大，详见本书第三版第一册第三章"股东出资纠纷"问答136。

119. 外商投资企业的实际出资人显名须具备哪些条件？

根据《外商投资法》《最高人民法院关于审理外商投资企业纠纷案件若干问题的规定（一）》规定，需满足如下条件：

（1）实际投资者已实际投资；

（2）名义股东以外的其他股东半数以上认可实际投资人股权并同意变更登记；

（3）外商投资企业不属于外商投资准入负面清单内的禁止类领域的；

（4）属于外商投资准入负面清单内的限制类领域的，应在诉讼期间征得外商投资企业主管机关的同意，而不在负面清单以内的，无须征得外商投资企业主管机关的同意。

120.《外商投资法》对准入负面清单的规定是否有溯及力？

根据《外商投资法司法解释》第2条规定，《外商投资法》关于准入负面清单的规定有溯及力。外商投资企业股权变更登记行为不属于负面清单管理范围，当事人以相关法律行为发生在《外商投资法》实施之前，主张变更登记应征得外商投资企业审批机关同意的，人民法院依照《外商投资法》规定的"给予国民待遇"和"内外资一致"的原则，应当不予支持[1]。

【案例45】外商投资企业经营范围不属负面清单 隐名股东符合条件时可以显名[2]

原告：吴某

---

[1] 准入前国民待遇，是指在投资准入阶段给予外国投资者及其投资不低于本国投资者及其投资的待遇；负面清单，是指国家规定在特定领域对外商投资实施的准入特别管理措施。国家对负面清单之外的外商投资，给予国民待遇，即按照"内外资一致"的原则实施管理。

[2] 参见最高人民法院（2021）最高法民申1074号民事裁定书，本案系人民法院案例库入库案例。

被告：金鼎公司、叶某

第三人：正达公司、大地公司

诉讼请求：

1. 确认 2013 年 10 月 20 日被告金鼎公司《股东会议纪要》第 1 条关于实际股东及股权问题的内容合法有效；

2. 确认被告叶某持有的被告金鼎公司 20% 的股权为原告所有，并由两被告将其登记至原告名下。

争议焦点：

1. 原告请求确认被告金鼎公司《股东会议纪要》中原告享有被告金鼎公司 20% 股权并为原告进行工商登记的相关内容合法有效，其实质是否为确认股东资格，本案案由如何确定，确认之诉是否适用诉讼时效；

2. 本案审理期间，外商投资企业审批制度进行改革，系争股权转让由审批制改为备案制，案涉企业经营范围亦不属于负面清单，该股权转让行为是否有效；

3. 第三人大地公司的实际控制人为被告叶某，可否推动其对原告从被告叶某处受让系争股权是知情并同意的；

4. 若原告隐名股东身份得到确认，能否依据《股东会议纪要》《股权确认书》等证据主张显名，即要求两被告将系争股权变更登记至原告名下。

基本案情：

被告金鼎公司于 2005 年由被告叶某投资设立，系外商独资企业。

2007 年 1 月，被告叶某与原告、案外人郑某签订《合资协议书》，约定：被告叶某将其持有的被告金鼎公司股权转让给原告，转让后被告叶某持股 45%，原告持股 20%、案外人郑某持股 35%。但被告金鼎公司未办理变更登记。

2008 年 9 月，被告金鼎公司变更为中外合资经营企业，股东为被告叶某（持股 99.9%）和第三人大地公司（持股 0.1%）。第三人大地公司由案外人丰龙公司全资设立，被告叶某系案外人丰龙公司的全资股东和董事。

2011 年 9 月，被告叶某、案外人郑某签署《股权比例确认书》，载明：现被告金鼎公司股权比例为被告叶某持股 52.5%、案外人郑某持股 47.5%（含原告转让给案外人郑某的20%股权)。

2013年10月20日,原告与案外人郑某形成《股权确认书》,主要内容为原告收回之前转让给案外人郑某的被告金鼎公司的20%股权,即原告仍持有被告金鼎公司20%的股权,享有股东权利,并承担相应义务。原告、案外人郑某在该确认书"签字人"栏签名,被告叶某在"见证人"栏签名。

同日,被告金鼎公司召开股东会,会议由原告主持,被告叶某、案外人郑某等人均参会。会议形成被告金鼎公司《股东会议纪要》,其第1条内容为:

1. 全体股东经讨论达成一致,关于被告金鼎公司实际股东及股权问题,确认被告金鼎公司目前工商登记在被告叶某名下的99.9%的股权和第三人大地公司0.1%的股权的实际股东及股权比例中,包括原告所持的20%股份。

2. 被告叶某同意办理工商登记变更,将工商登记在其名下的被告金鼎公司股份,根据本次会议确认的比例转让给原告,使其成为显名股东,并于2013年11月15日前完成登记。

上述参会人员均在该股东会纪要上签名。

后因两被告未按上述内容办理工商登记,原告于2017年6月诉至法院。

2018年10月,被告金鼎公司进行股权转让,股东又变更为被告叶某和第三人正达公司。

原告诉称:

1. 原告要求显名登记的条件已成就,理由如下:

(1) 涉案的多份协议以及确认书、股东会议纪要均认可原告的股东身份。

(2) 第三人正达公司作为被告金鼎公司的股权受让人,属于继受取得相关股权,其对股权受让前原股东作出的意思表示只有接收和履行的义务,并无否决案涉《股东会议纪要》的权利。

(3) 2013年10月20日股东会的主持人为原告,这是典型的行使股东权利的行为。

2. 诉讼时效适用于给付之诉,在股权已经确认的情况下,工商变更登记系目标公司持续性的法定义务,不存在适用诉讼时效的问题。

被告金鼎公司、叶某辩称:

1. 被告金鼎公司为中外合资公司,其显名股东仅为被告叶某和第三人正达公司。原告的股权隐名在被告叶某名下，其提起本案诉讼要求进行显名登记，必须以取得第三人正达公司的同意为前提。

2. 原告主张的股权变更登记并未征得外商投资企业审批机关的同意，不符合法律和司法解释对于外商投资企业的相关规定。

3. 如果本案判决确认原告可以显名，那么其他隐名股东也可以要求显名，这会影响被告金鼎公司的经营。

4.《股东会议纪要》中明确约定在2013年11月15日之前完成显名登记，而原告是在2017年6月提起本案诉讼，其请求显名登记已超过了诉讼时效。

5. 本案案由应为变更公司登记纠纷，而非公司决议效力纠纷。被告叶某与原告之间的《股东会议纪要》并不是公司决议，该案由确定错误将会导致审理方向错误。本案案件受理费应按非财产类案件标准收取。

第三人正达公司称：

其作为当下被告金鼎公司的合法股东，有权反对原告提出显名的要求。根据司法解释的相关规定，隐名股东要求显名需经过其他股东的一致同意，此处的其他股东应指当下股东，而不是签订《股东会议纪要》的股东。

第三人大地公司称：

其现已不是被告金鼎公司的股东，不知道原告是被告金鼎公司的隐名股东。其为企业法人，被告叶某无权代表第三人大地公司行使股东权利，不能代表第三人大地公司作出意思表示。涉案的股东决议以及其他协议对第三人大地公司不具有法律约束力。

法官观点：

1. 关于本案案由的问题。

原告请求确认股东会决议合法有效并要求公司及名义股东办理工商登记，实际上是在请求确认其股东身份，故本案应为股东资格确认纠纷，而非公司决议效力确认纠纷。股东资格确认纠纷为确认之诉，不受时效期间限制，应根据所请求确认的股权价值缴纳案件受理费及确定级别管辖。

2. 被告叶某与原告之间的股权转让行为有效。

（1）2007年1月，被告叶某与原告等签订《合资协议书》，约定被告叶某将被告金鼎公司的20%股份转让给原告。在2011年9月的《股权比例确认书》、2013年10月20日的《股权确认书》及《股东会议纪要》中均确认原告享有被告金鼎公司20%的股份,上述文件系各方当事人的真实意思表示;且从2013年10月20日被告金鼎公司《股东会议纪要》中确定的公司实际股东的姓名及持股比例可见,被告叶某与原告之间的股权转让行为已经得到被告金鼎公司股东会的确认和同意。

(2) 被告金鼎公司系中外合资企业,虽然按行为时《中外合资经营企业法》(2001年修正)及其实施条例的相关规定,被告金鼎公司的股权变更需报经审批机关批准后方才生效。但按2016年9月3日修正并公布的《中外合资经营企业法》第15条规定,本案并不存在涉及国家规定实施准入特别管理措施的相关情形,故系争股权变更仅需向有关外商投资企业管理部门申请备案即可。

(3) 二审期间,《外商投资法》等法律法规于2020年1月1日起施行,对外商投资实行准入前国民待遇加负面清单管理等制度。虽然相关法律行为发生在《外商投资法》实施之前,但是系争外商投资企业的经营范围不属负面清单的管理范围。依照"给予国民待遇"和"内外资一致"的原则,系争股权变更亦无须征得外商投资企业审批机关的同意。

(4) 本案股权转让之时,被告金鼎公司的股东为被告叶某和第三人大地公司,第三人大地公司由案外人丰龙公司全资设立,而被告叶某系案外人丰龙公司的全资股东和董事,故第三人大地公司应知晓并认可股权转让事宜。

综上,2013年10月20日被告金鼎公司《股东会议纪要》中第1条关于被告金鼎公司实际股东及股权问题的约定亦有效,法院予以确认。但确认该条款有效在本案中并不能作为一个独立的诉请,故在判决主文部分不予表述。

3. 原告主张将被告金鼎公司20%的股权变更登记至其名下的诉请应予支持。

原告系被告金鼎公司的隐名股东,其股权由被告叶某代为持有。根据《最高人民法院关于审理外商投资企业纠纷案件若干问题的规定(一)》第14条规定,实际投资者请求确认其在外商投资企业中的股东身份或者请求变更外商投资企业股东的,须同时具备以下条件:其一,实际投资者已经实际投资;其二,名义股东以外的其他股东认可实际投资者的股东身份;其三,人民法院或当事人在诉讼期间就将实际投资者变更为股东征得了外商投资企业审批机关的同意。

（1）关于条件一，案涉《股权比例确认书》《股东会议纪要》等材料中，多次确认了原告持有被告金鼎公司 20% 的股权，故虽原告未能提交相关汇款凭证，但基于以上事实，应认定原告已支付了股权转让款，即其已实际投资。

（2）关于条件二，如前所述，本案股权转让之时第三人大地公司对股权转让行为是认可的。对于第三人正达公司，本案股权转让发生于 2007 年并已生效。第三人正达公司于 2018 成为被告金鼎公司的股东，此时已在一审诉讼期间，其虽不认可原告的股东身份，但并不能阻却该股权转让行为发生法律效力。

（3）关于条件三，如前所述，本案股权变更仅需向有关外商投资企业管理部门申请备案即可，故该条件亦已满足。

法院判决：

两被告将被告叶某持有的被告金鼎公司 20% 的股权变更登记至原告名下。

121. 实际出资人与外商投资企业产生股东资格确认纠纷，适用中国法律还是域外法？

根据《涉外民事关系法律适用法》第 14 条第 1 款规定，法人的股东权利义务等事项适用登记地法律，外商投资企业的登记地在中国，故应适用中国法律。

【案例 46】原告请求确认香港公司名下股权系其所有 应适用公司登记地法律[①]

原告：范某

被告：青岛某公司

第三人：香港某公司、徐某

诉讼请求：

1. 确认由第三人香港某公司持有的被告股权属于原告所有；

---

① 参见山东省高级人民法院（2022）鲁民终 2629 号民事判决书，本案系人民法院案例库入库案例。

2. 被告将上述股权的持有人由第三人香港某公司变更为原告，并将原告记载于股东名册，向原告出具相应的股权凭证。

争议焦点：

原告主张持有被告股权且被登记在第三人香港某公司名下，被告登记地在青岛，本案应如何选择解决实体争议的准据法。

基本案情：

案外人无锡某公司成立于2003年，原始股东包括第三人徐某和其他案外人等6人。

原告与第三人徐某于2006年7月签订《股份委托代管协议》，约定原告将其持有的案外人无锡某公司4%的股权，委托第三人徐某代为持有和管理。第三人徐某承诺在原告60岁时，主动将原告股东地位在该司章程中列明。

2009年4月，上述全体股东将各自持有的案外人无锡某公司股权全部转让给被告。

股权转让后，第三人徐某未向原告支付相应股权转让款。

2011年10月，被告将持有的案外人无锡某公司全部股权分别转让给案外人张某、周某。

2012年9月，案外人无锡某公司注销。

被告是成立于2005年的外商投资企业，原始股东为案外人无锡某公司、第三人香港某公司。

2008年11月，案外人无锡某公司将其持有的被告的全部股权，分别转让给案外人武汉某公司、山东某公司。案外人无锡某公司此后不再是被告的股东。

2022年原告起诉至法院时，被告共有第三人香港某公司、案外人武汉某公司、山东某公司等5名股东。

原告诉称：

2006年，原告持有案外人无锡某公司4%的股权，该股权由第三人徐某代持。案外人无锡某公司当时为被告股东。2009年，第三人徐某将代持的原告股权转让给被告，被告成为案外人无锡某公司的唯一股东。2012年，案外人无锡某公司注销。原告在无锡某公司的股权应直接承继为对被告的持股，现第三人香港某公司所持有的被告股权应为原告所有。

被告辩称：

原告为恶意诉讼，其诉求无事实和法律依据。

第三人香港某公司称：

被告系中外合资经营企业，原告诉求不符合《外商投资企业法》及司法解释的相关规定。

第三人徐某称：

如果原告认为第三人徐某违反了股权代持协议的相关约定，损害了原告的合法权益，原告可另案主张，与本案无关。

法官观点：

1. 本案的法律适用问题。

因第三人香港某公司系在香港地区注册成立，本案参照涉外商事案件予以审理。本案为股东资格确认纠纷，原告主张持有被告的股权，系对法人股东权利义务等事项产生争议，应适用法人登记地法律，而被告的登记地在青岛。根据《涉外民事关系法律适用法》的规定，本案应适用内地法律作为解决实体争议的准据法。

2. 原告是否可以确认为被告股东。

（1）原告与第三人徐某签订的《股份委托代管协议》系双方当事人的真实意思表示，不违反法律、行政法规的强制性规定，对其合法性予以确认。该协议约定第三人徐某代原告持有的系案外人无锡某公司4%的股份，而第三人徐某持有的案外人无锡某公司的股权（包括代原告持有的4%的份额）已于2009年4月10日全部转让给被告。根据合同相对性原则，原告与第三人徐某之间的代管协议不能约束非合同的相对方。被告及其股东均未与原告达成代持被告股份的合意，原告主张其涉案股权在几个公司之间平移，没有法律依据。

（2）第三人香港某公司在被告成立时即为被告的原始股东，该第三人既未接收原告资金，更未与原告达成代持被告股权的合意。原告认为第三人香港某公司持有被告公司股份为其所有，无事实和法律依据。在不能确认原告为被告股东的前提下，原告关于记载于股东名册并向其出具相应股权凭证的诉求亦不能得到支持。

法院判决：

驳回原告的诉讼请求。

122. 若继承人先于被继承人死亡，该份遗产如何处理？

根据《民法典》第 1128 条规定，需要区分三种情况：

（1）若继承人为被继承人的子女，则由被继承人的子女的直系晚辈血亲代位继承，即由被继承人的（重）孙子、（重）孙女继承；

（2）若继承人为被继承人的兄弟姐妹，则由被继承人的兄弟姐妹的子女代位继承，即由被继承人的侄子（女）、外甥（女）或其对应的直系血亲后代继承；

（3）若继承人既不是被继承人的子女，也不是被继承人的兄弟姐妹，则不发生代位继承。

另外，需注意以下四点：

（1）代位继承只适用于法定继承，不适用于遗嘱继承和遗赠；

（2）继承人生前必须享有继承权，若其丧失继承权，则不可代位继承；

（3）代位继承不受辈数的限制；

（4）代位继承只能继承应得的遗产份额。

123. 实际出资人被确认为工商登记股东是否需要缴税？

实践中，实际出资人确认为工商登记股东有两种方式，包括向人民法院提起股东资格确认纠纷诉讼，以及经股权转让工商登记为股东。

（1）股东资格确认纠纷诉讼

《国家税务总局关于企业转让上市公司限售股有关所得税问题的公告》（国家税务总局公告 2011 年第 39 号）中明确，依法院判决、裁定等原因，通过证券登记结算公司，企业将其代持的个人限售股直接变更到实际所有人名下的，不视同转让限售股。该规定明确的是因股权分置改革造成原由个人出资而由企业代持的限售股转让的税务处理。从该规定可以看出，代持股权还原的实质不涉及股权转让，无须缴纳个人所得税。但在实践中，不同地方税务机关对代持股还原的税务处理存在差异，大部分税务机关会一刀切地将代持股还原视同股权转让，避免税收征管漏洞。

（2）经股权转让工商登记为股东

该方式存在较高的税务风险。即便是实际出资人与显名股东有意降低股权转让价款以避免税收，但对申报计税依据明显偏低（如平价和低价转让等）且无正当理由的，主管税务机关仍有可能参照每股净资产或个人股东享有的股权比例所对应的净资产份额等方法核定。① 因此，确权时公司净资产较原先有较大增长的，不建议采用股权转让的方式进行实际出资人显名。

124. 为了逃避股权转让纳税义务，当事人以虚假诉讼方式确认股权，可能会承担哪些刑事责任？

《民事诉讼法》第 115 条第 1 款规定，当事人之间恶意串通，企图通过诉讼、调解等方式侵害他人合法权益的，人民法院应当驳回其请求，并根据情节轻重予以罚款、拘留；构成犯罪的，依法追究刑事责任。第 116 条规定，被执行人与他人恶意串通，通过诉讼、仲裁、调解等方式逃避履行法律文书确定的义务的，人民法院应当根据情节轻重予以罚款、拘留；构成犯罪的，依法追究刑事责任。

我国《刑法》第 307 条之一第 1 款规定，以捏造的事实提起民事诉讼，妨害司法秩序或者严重侵害他人合法权益的，成立虚假诉讼罪。

125. 何为逃税罪？其构成要件、立案追诉标准以及量刑标准分别是什么？

逃税罪是指纳税人采取欺骗、隐瞒手段进行虚假纳税申报或者不申报，逃避缴纳税款数额较大的行为。

（1）立案追诉标准

涉嫌下列情形之一的，应予立案追诉：

①纳税人采取欺骗、隐瞒手段进行虚假纳税申报或者不申报，逃避缴纳税款，数额在 10 万元以上并且占各税种应纳税总额 10% 以上，经税务机关依法下达追缴通知后，不补缴应纳税款、不缴纳滞纳金或者不接受行政处罚的。

其中，"欺骗、隐瞒手段"包括：

---

① 关于股权转让税收详见本书第六章"股权转让纠纷"。

a. 伪造、变造、转移、隐匿、擅自销毁账簿、记账凭证或者其他涉税资料的；

b. 以签订"阴阳合同"等形式隐匿或者以他人名义分解收入、财产的；

c. 虚列支出、虚抵进项税额或者虚报专项附加扣除的；

d. 提供虚假材料，骗取税收优惠的；

e. 编造虚假计税依据的；

f. 为不缴、少缴税款而采取的其他欺骗、隐瞒手段。

"不申报"包括：

a. 依法在登记机关办理设立登记的纳税人，发生应税行为而不申报纳税的；

b. 依法不需要在登记机关办理设立登记或者未依法办理设立登记的纳税人，发生应税行为，经税务机关依法通知其申报而不申报纳税的；

c. 其他明知应当依法申报纳税而不申报纳税的。

②纳税人5年内因逃避缴纳税款受过刑事处罚或者被税务机关给予2次以上行政处罚，又逃避缴纳税款，数额在10万元以上并且占各税种应纳税总额10%以上的。

③扣缴义务人采取欺骗、隐瞒手段，不缴或者少缴已扣、已收税款，数额在10万元以上的。扣缴义务人承诺为纳税人代付税款，在其向纳税人支付税后所得时，应当认定扣缴义务人"已扣、已收税款"。

纳税人在公安机关立案后再补缴应纳税款、缴纳滞纳金或者接受行政处罚的，不影响刑事责任的追究。

(2) 量刑标准

①逃避缴纳税款数额较大（10万元以上）并且占应纳税额10%以上的，经税务机关依法下达追缴通知后，不补缴应纳税款、不缴纳滞纳金或者不接受行政处罚，处3年以下有期徒刑或者拘役，并处罚金；

②逃避纳税数额巨大（50万元以上）并且占应纳税额30%以上的，处3年以上7年以下有期徒刑，并处罚金；

③扣缴义务人采取欺骗、隐瞒手段，或不申报方式，不缴或者少缴已扣、已收税款，数额较大（10万元以上）的，依照前述第①种和第②种量刑标准处罚；

④对多次实施上述逃税行为，未经处理的，按照累计数额计算；

⑤单位犯逃税罪的，对单位判处罚金，并对其直接负责的主管人员和其他直接责任人员，依照上述规定处罚。

126. 纳税义务人和扣缴义务人在被发现偷税漏税后补缴税款、滞纳金与罚款，是否能够免除刑事责任？

需要区分情况而定：

（1）如果纳税义务人、扣缴义务人补缴税款的时间是在公安机关立案之前，则可以免除刑事责任；但是，5年内因逃避缴纳税款受过刑事处罚或者被税务机关给予2次以上行政处罚，又逃避缴纳税款数额在10万元以上并且占各税种应纳税总额10%以上的除外。

（2）如果纳税义务人、扣缴义务人在公安机关立案后补缴税款、缴纳滞纳金或者接受行政处罚的，不免除刑事责任的追究。

127. 自然人股东将其持有的有限责任公司的部分股权以低价转让或赠与员工的，是否需要缴纳个人所得税？

公司股东将其持有的部分股权以低价转让给员工的，若未经税务机关认定为有正当理由导致股权转让价款偏低的，转让方须按照"财产转让所得"项目缴纳个人所得税，税率为20%。

实践中，对股权受让方是否缴纳个人所得税的观点并不一致，多数人认为受让方无须缴纳个人所得税，但有部分地区（如广东）明确规定，除不征收个人所得税的三种情形外，个人无偿受赠股权的，以赠与合同上标明的赠与股权价格减除赠与过程中受赠人支付的相关税费后的余额为应纳税所得额，按照"财产转让所得"项目，适用20%的税率，计算征收个人所得税。

128. 在我国，居民企业实施员工股权激励计划的，如何进行企业所得税处理？

在我国境内，上市公司以限制性股票、股票期权及法律、行政法规允许的其他方式实行股权激励计划的，按如下方式进行企业所得税处理：

（1）对股权激励计划实行后立即可以行权的，上市公司可以根据实际行权时该股票的公允价格与激励对象实际行权支付价格的差额和数量，计算确定作为当年上市公司的工资薪金支出，并依照税法规定进行税前扣除。

（2）对股权激励计划实行后，需待一定服务年限或者达到规定业绩条件（以下简称等待期）方可行权的。上市公司等待期内会计上计算确认的相关成本费用，不得在对应年度计算缴纳企业所得税时扣除。在股权激励计划可行权后，上市公司方可根据该股票实际行权时的公允价格与当年激励对象实际行权支付价格的差额及数量，计算确定作为当年上市公司的工资薪金支出，并依照税法规定进行税前扣除。

（3）前述股票实际行权时的公允价格，以实际行权日该股票的收盘价格确定。在我国境外上市的居民企业和非上市公司，凡比照《上市公司股权激励管理办法》（2025年修正）的规定制定职工股权激励计划，且在企业会计处理上，也按我国会计准则的有关规定处理的，其股权激励计划有关企业所得税处理问题，可以按照上述规定执行。

129. 股份有限公司采用股票期权方式实施股权激励，员工接受股票期权时是否需要缴纳个人所得税？如何计征？

员工接受实施股票期权计划企业授予的股票期权时，一般无须缴纳个人所得税。但是，部分股票期权在授权时即约定可以转让，且在境内或境外存在公开市场及挂牌价格（以下简称可公开交易的股票期权）。员工在接受该可公开交易的股票期权时，按以下方法进行税务处理：

（1）员工取得可公开交易的股票期权。属于员工已实际取得有确定价值的财产，应按授权日股票期权的市场价格，作为员工授权日所在月份的工资薪金所得缴纳个人所得税。

（2）员工以折价购入方式取得股票期权。可以授权日股票期权的市场价格扣除折价购入股票期权时实际支付的价款后的余额，作为授权日所在月份的工资薪金所得。

（3）员工取得可公开交易的股票期权后，转让该股票期权所取得的所得。属于员工转让股票等有价证券取得的所得，应按现行税法和政策规定征免个人所得税。亦即，个人将行权后的境内上市公司股票再行转让而取得的所得，暂不征收个人所得税；个人转让境外上市公司的股票而取得的所得，应按税法的规定计算应纳税所得额和应纳税额，依法缴纳税款。

（4）员工取得可公开交易的股票期权后，实际行使该股票期权购买股票，不再计算缴纳个人所得税。

（5）优惠计税。优惠计税方式及条件见本书问答134。

130. 员工行使股票期权时，是否需要缴纳个人所得税？如何计征？

需要缴纳。员工行权时，其从企业取得股票的实际购买价（施权价）低于购买日公平市场价（指该股票当日的收盘价，下同）的差额，是因员工在企业的表现和业绩情况而取得的与任职、受雇有关的所得，应按"工资、薪金所得"适用的规定计算缴纳个人所得税。缴税时，应注意如下几点。

（1）应纳税所得额

员工行权日所在期间的工资薪金所得，应按下列公式计算工资薪金应纳税所得额：

股票期权形式的工资薪金应纳税所得额=（行权股票的每股市场价－员工取得该股票期权支付的每股施权价）×股票数量

"员工取得该股票期权支付的每股施权价"，一般是指员工行使股票期权购买股票实际支付的每股价格。如果员工以折价购入方式取得股票期权的，上述施权价可包括员工折价购入股票期权时实际支付的价格。

（2）来源于境外所得

员工因参加企业股票期权计划而取得的境外工资薪金所得，应当与境内综合所得合并计算应纳税额，并依照所得来源国家（地区）税收法律规定在中国境外已缴纳的所得税税额允许在抵免限额内从其该纳税年度应纳税额中抵免。

（3）行权日之前转让

对因特殊情况，员工在行权日之前将股票期权转让的，以股票期权的转让净收入，作为工资薪金所得征收个人所得税。

"股票期权的转让净收入"，一般是指股票期权转让收入。如果员工以折价购入方式取得股票期权的，可以股票期权转让收入扣除折价购入股票期权时实际支付的价款后的余额，作为股票期权的转让净收入。

（4）行权日

凡取得股票期权的员工在行权日不实际买卖股票，而按行权日股票期权所指定股票的市场价与施权价之间的差额，直接从授权企业取得价差收益的，该项价差收益应作为员工取得的股票期权形式的工资薪金所得，并按照上述规定计算缴纳个人所得税。

（5）行权日后转让

员工将行权后的股票再转让时获得的高于购买日公平市场价的差额，是因个人在证券二级市场上转让股票等有价证券而获得的所得，应按照"财产转让所得"适用的征免规定计算缴纳个人所得税。

（6）分红

员工因拥有股权而参与企业税后利润分配取得的所得，应按照"利息、股息、红利所得"适用的规定计算缴纳个人所得税。

（7）优惠计税

优惠计税方式及条件见本书问答134。

131. 员工取得股票增值权时，是否需要缴纳个人所得税？如何计征？

需要缴纳，计征方式具体如下所述。

（1）纳税义务

个人因任职、受雇从上市公司取得的股票增值权所得，由上市公司或其境内机构按照"工资、薪金所得"项目和股票期权所得个人所得税计税方法，依法扣缴其个人所得税。

（2）应纳税所得额

股票增值权被授权人获取的收益，是由上市公司根据授权日与行权日股票差价乘以被授权股数，直接向被授权人支付的现金。被授权人股票增值权应纳税所得额计算公式为：

股票增值权某次行权应纳税所得额 =（行权日股票价格 – 授权日股票价格）×行权股票份数

（3）纳税义务发生时间

股票增值权个人所得税纳税义务发生时间为上市公司向被授权人兑现股票增值权所得的日期。

（4）优惠计税

优惠计税方式及条件见本书问答134。

132. 员工取得限制性股票时，是否需要缴纳个人所得税？如何计征？

需要缴纳，计征方式具体如下所述。

（1）纳税义务

个人因任职、受雇从上市公司取得的限制性股票所得，由上市公司或其境内机构按照"工资、薪金所得"项目和股票期权所得个人所得税计税方法，依法扣缴其个人所得税。

（2）应纳税所得额

原则上应在限制性股票所有权归属于被激励对象时，确认被激励对象限制性股票所得的应纳税额。即上市公司实施限制性股票计划时，应以被激励对象限制性股票在中国证券登记结算公司（境外为证券登记托管机构）进行股票登记日期的股票市价（指当日收盘价）和本批次解禁股票当日市价（指当日收盘价）的平均价格乘以本批次解禁股票份数，减去被激励对象本批次解禁股份数所对应的为获取限制性股票实际支付资金数额，其差额为应纳税所得额。被激励对象限制性股票应纳税所得额计算公式为：

应纳税所得额 =（股票登记日股票市价 + 本批次解禁股票当日市价）÷2 × 本批次解禁股票份数 - 被激励对象实际支付的资金总额 ×（本批次解禁股票份数÷被激励对象获取的限制性股票总份数）

（3）纳税义务发生时间

限制性股票个人所得税纳税义务发生时间为每一批次限制性股票解禁的日期。

（4）优惠计税

优惠计税方式及条件见本书问答134。

133. 员工取得股权奖励时，是否需要缴纳个人所得税？如何计征？

需要缴纳，计征方式具体如下所述。

（1）纳税义务

个人获得股权奖励时，按照"工资、薪金所得"计征个人所得税。

（2）应纳税所得额

个人获得股权奖励时，参照关于个人股票期权所得征收个人所得税有关规定①计算确定应纳税所得额。股权奖励的计税价格参照获得股权时的公平市价

---

① 参见本章问答130。

格确定。具体按以下方法确定：

①上市公司股票的公平市场价格，按照取得股票当日的收盘价确定。取得股票当日为非交易时间的，按照上一个交易日收盘价确定。

②非上市公司股权的公平市场价格，依次按照净资产法、类比法和其他合理方法确定。

(3) 优惠计税

优惠计税方式及条件见本书问答134。

134. 员工取得股权激励（包括股票期权、股票增值权、限制性股票、股权奖励等）所得时，一般计税的情形有哪些？符合什么条件时，可以优惠计税？

(1) 一般计税的情形

股权激励所得具有下列情形之一的，不适用优惠计税方法，应直接计入个人当期所得征收个人所得税：

①除上市公司（含所属分支机构）和上市公司控股企业（上市公司占控股企业股份比例最低为30%）之外的集团公司、非上市公司员工取得股权激励所得的；

②公司上市之前设立股权激励计划，待公司上市后取得股权激励所得的；

③上市公司未按照规定向其主管税务机关报备有关资料的。

(2) 优惠计税条件

优惠计税适用于上市公司（含所属分支机构）和上市公司控股企业的员工，其中上市公司占控股企业股份的比例最低为30%，且非上述所列的一般计税情形。

(3) 优惠计税方式

居民个人取得符合条件的股票期权、股票增值权、限制性股票、股权奖励等，在2027年12月31日前，不并入当年综合所得，全额单独适用综合所得税率表计算纳税。计算公式为：

应纳税额 = 股权激励收入 × 适用税率 − 速算扣除数

员工在一个纳税年度内取得2次以上（含2次）股权激励的，应合并按上述规定计算纳税。

135. 员工取得股权激励（包括股票期权、限制性股票、股权奖励等），能否分期缴税？

居民个人取得综合所得，按年计算个人所得税，并在取得所得的次年3月1日至6月30日内办理汇算清缴。以下情形可以递延纳税：

（1）自2016年1月1日起，符合条件的技术人员从高新技术企业取得股权奖励的，可在5年内按分期缴税计划缴纳。

（2）非上市公司授予本公司员工的股票期权、股权期权、限制性股票和股权奖励，符合规定条件的，经向主管税务机关备案，可在取得股权激励时暂不纳税，递延至转让该股权时纳税。

（3）自2024年1月1日起执行至2027年12月31日，股票在上海证券交易所、深圳证券交易所、北京证券交易所上市交易的股份有限公司授予个人的股票期权、限制性股票和股权奖励，经向主管税务机关备案，个人可自股票期权行权、限制性股票解禁或取得股权奖励之日起，在不超过36个月的期限内缴纳个人所得税。纳税人在此期间内离职的，应在离职前缴清全部税款。

136. 高新技术企业转化科技成果，技术人员取得股权奖励，一次性缴纳税款有困难的，如何递延纳税？

自2016年1月1日起，全国范围内的高新技术企业转化科技成果，给予本企业相关技术人员的股权奖励，个人一次性缴纳税款有困难的，可根据实际情况自行制定分期缴税计划，在不超过5个公历年度内（含）分期缴纳，并将有关资料报主管税务机关备案。其中：

（1）相关技术人员，是指经公司董事会和股东大会决议批准获得股权奖励的以下两类人员：

①对企业科技成果研发和产业化作出突出贡献的技术人员，包括企业内关键职务科技成果的主要完成人、重大开发项目的负责人，以及对主导产品或者核心技术、工艺流程作出重大创新或者改进的主要技术人员。

②对企业发展作出突出贡献的经营管理人员，包括主持企业全面生产经营工作的高级管理人员，以及负责企业主要产品（服务）生产经营合计占主营业务收入（或者主营业务利润）50%以上的中高级经营管理人员。

（2）高新技术企业，是指实行查账征收、经省级高新技术企业认定管理机构认定的高新技术企业。

(3) 技术人员转让奖励的股权（含奖励股权孳生的送、转股）并取得现金收入的，该现金收入应优先用于缴纳尚未缴清的税款。

(4) 如果技术人员在转让奖励的股权之前，企业依法宣告破产，技术人员进行相关权益处置后没有取得收益或资产，或取得的收益和资产不足以缴纳其取得股权尚未缴纳的应纳税款的部分，税务机关可不予追征。

(5) 企业面向全体员工实施的股权奖励，不适用上述分期缴税优惠政策。

(6) 分期备案。

企业于发生股权奖励的次月15日内，向主管税务机关办理分期缴税备案手续。

办理股权奖励分期缴税，企业应向主管税务机关报送以下资料：

①高新技术企业认定证书；

②股东大会或董事会决议；

③《个人所得税分期缴纳备案表（股权奖励）》；

④相关技术人员参与技术活动的说明材料；

⑤企业股权奖励计划；

⑥能够证明股权或股票价格的有关材料；

⑦企业转化科技成果的说明；

⑧最近一期企业财务报表。

纳税人分期缴税期间需要变更原分期缴税计划的，应重新制定分期缴税计划，由企业向主管税务机关重新报送《个人所得税分期缴纳备案表》。

137. 员工取得非上市公司股权激励（包括股票期权、股权期权、限制性股票和股权奖励），如何递延纳税？

(1) 递延纳税的条件

非上市公司授予本公司员工的股权激励（包括股票期权、股权期权、限制性股票和股权奖励），同时满足如下条件的，经向主管税务机关备案，可实行递延纳税政策：

①属于境内居民企业的股权激励计划。

②股权激励计划经公司董事会、股东会审议通过。未设股东会的国有单

位，经上级主管部门审核批准。股权激励计划应列明激励目的、对象、标的、有效期、各类价格的确定方法、激励对象获取权益的条件和程序等。

③激励标的应为境内居民企业的本公司股权。股权奖励的标的可以是技术成果投资入股到其他境内居民企业所取得的股权。激励标的股票（权）包括通过增发、大股东直接让渡以及法律法规允许的其他合理方式授予激励对象的股票（权）。

④激励对象应为公司董事会或股东会决定的技术骨干和高级管理人员，激励对象人数累计不得超过本公司最近6个月在职职工平均人数的30%。

⑤股票（权）期权自授予日起应持有满3年，且自行权日起持有满1年；限制性股票自授予日起应持有满3年，且解禁后持有满1年；股权奖励自获得奖励之日起应持有满3年。上述时间条件须在股权激励计划中列明。

⑥股票（权）期权自授予日至行权日的时间不得超过10年。

⑦实施股权奖励的公司及其奖励股权标的公司所属行业均不属于《股权奖励税收优惠政策限制性行业目录》范围。公司所属行业按公司上一纳税年度主营业务收入占比最高的行业确定。

（2）递延纳税方式

员工在取得股权激励时可暂不纳税，递延至转让该股权时纳税；股权转让时，按照股权转让收入减除股权取得成本以及合理税费后的差额，适用"财产转让所得"项目，按照20%的税率计算缴纳个人所得税。

股权转让时，股票（权）期权取得成本按行权价确定，限制性股票取得成本按实际出资额确定，股权奖励取得成本为零。

【相关法律依据】

一、公司法类

（一）法律

❖《公司法》第8条、第34条、第52条、第55条、第56条、第66条、第84条、第86条、第89条、第92条、第140条、第162条、第250条

❖《外商投资法》第4条、第28条

（二）行政法规

❖《市场主体登记管理条例》（国务院令第746号）第40条、第41条

- 《外商投资法实施条例》（国务院令第723号）第33条

（三）司法解释

- 《最高人民法院关于适用〈中华人民共和国公司法〉若干问题的规定（三）》（2020年修正）第7条、第9条、第13条、第22条、第24条、第25条、第28条
- 《最高人民法院关于审理外商投资企业纠纷案件若干问题的规定（一）》（2020年修正）第14条
- 《最高人民法院关于适用〈中华人民共和国外商投资法〉若干问题的解释》（法释〔2019〕20号）第2条

（四）部门规章

- 《外商投资准入特别管理措施（负面清单）（2024年版）》（国家发展和改革委员会、商务部令第23号）第1条

二、民法类

（一）法律

- 《民法典》第311条、第538条、第539条、第661条、第1128条
- 《涉外民事关系法律适用法》第14条

（二）司法文件

- 《全国法院民商事审判工作会议纪要》（法〔2019〕254号）第8条、第28条、第71条

三、程序法类

（一）法律

- 《民事诉讼法》第27条、第115条、第116条、第122条

（二）行政法规

- 《诉讼费用交纳办法》（国务院令第481号）第13条

（二）司法解释

- 《最高人民法院关于调整高级人民法院和中级人民法院管辖第一审民事案件标准的通知》（法发〔2019〕14号）第1~3条
- 《最高人民法院关于调整中级人民法院管辖第一审民事案件标准的通知》（法发〔2021〕27号）第1~2条

❖《最高人民法院关于涉外民商事案件管辖若干问题的规定》（法释〔2022〕18号）第1~3条

四、行政法类

❖《公务员法》第59条第1款第16项

❖《法官法》第22条

五、刑法类

（一）法律

❖《刑法》第201条、第307条之一第1款

（二）司法解释

❖《最高人民法院、最高人民检察院关于办理危害税收征管刑事案件适用法律若干问题的解释》（法释〔2024〕4号）第1~3条

（三）部门规范性文件

❖《最高人民检察院、公安部关于公安机关管辖的刑事案件立案追诉标准的规定（二）》（2022年修订）第52条

六、税法类

❖《财政部、国家税务总局关于个人股票期权所得征收个人所得税问题的通知》（财税〔2005〕35号）第2条

❖《国家税务总局关于企业转让上市公司限售股有关所得税问题的公告》（国家税务总局公告2011年第39号）第1~3条

❖《财政部、国家税务总局关于个人所得税法修改后有关优惠政策衔接问题的通知》（财税〔2018〕164号）第2条

❖《财政部、税务总局关于延续实施上市公司股权激励有关个人所得税政策的公告》（财政部、税务总局公告2023年第25号）第1~3条

❖《财政部、国家税务总局关于完善股权激励和技术入股有关所得税政策的通知》（财税〔2016〕101号）第1条、第2条

❖《财政部、税务总局关于上市公司股权激励有关个人所得税政策的公告》（财政部、税务总局公告2024年第2号）第1~3条

第五章 公司决议纠纷

【宋和顾释义】

关于公司决议纠纷，新《公司法》在修订中，共涉及八处修改，其中六处为新增规定，两处为吸纳司法解释规定基础上的进一步调整，涵盖：

(1) 股东会与董事会的召开及表决形式；

(2) 决议可撤销的瑕疵补正情形及撤销权的行使期限；

(3) 决议不成立的具体情形及法律后果；

(4) 决议无效的法律后果；

(5) 股东会、董事会、监事会的法定职权、召集规则及表决程序；

(6) 股份有限公司中，发行类别股的种类、决议规则及类别股股东的表决规则；

(7) 股份有限公司中，授权资本制的表决规则；

(8) 上市公司中，审计委员会职权及决议关联事项披露规则。

结合过往司法实践和本次修订，公司决议纠纷的争议类型主要体现为以下五种：

(1) 主体范围争议，如无表决权股东是否可以提起公司决议撤销之诉，隐名股东或股权让与担保债权人是否有权提起决议纠纷诉讼等；

(2) 诉讼审理范围争议，如公司决议存在撤销情形但当事人请求确认无效时应如何处理，当事人是否可以起诉确认决议有效等；

(3) 决议程序瑕疵效力争议，如决议效力如何区分，未通知全体股东的程序瑕疵究竟导致决议不成立还是可撤销，如何认定轻微程序瑕疵等；

（4）决议实体瑕疵效力争议，如法院是否对诉争决议的合理性进行审查，决议效力纠纷要件中如何认定"违反法律、行政法规"，董事会中心主义制度下转授权决议的效力；

（5）决议瑕疵修复争议，如公司作出新决议覆盖旧决议，法院在不同的决议纠纷类型下应如何处理等。

上述部分问题，在本书第三版第五册"公司决议纠纷"章节中已涉及，本章系根据司法实践的变化以及修法产生的新问题，加以梳理、归纳和补充。

138. 如何确定公司决议纠纷的诉讼当事人？

对于决议撤销之诉，原告应在起诉时具有公司股东身份。

对于决议确认效力之诉及决议不成立之诉，两者原告的主体范围相同，即不限于股东、董事、监事、公司职员，只要存在诉讼利益，他们均可以作为原告。在公司的决议存在对外效力时，第三人只要有诉讼利益，也可以作为原告。

公司决议纠纷中，在公司决议纠纷撤销或确认效力的诉讼中，公司应是适格被告，因为股东会会议、董事会会议的召开及决议均属于公司法人行为，决议的效力涉及以公司为中心的所有法律关系。

对于决议涉及的其他利害关系人，可以依法列为共同被告或者第三人。

一审法庭辩论终结前，其他有原告资格的人以相同的诉讼请求申请参加诉讼的，可以列为共同原告。

139. 无表决权股东是否可以提起公司决议撤销纠纷之诉？

可以。《公司法》所规定的股东对撤销公司决议之诉的诉权是一项法定的、独立的股东权利，该项权利并非依附于表决权。股东的表决权系股东参加表决、形成公司团体意思的权利，但无表决权的股东并不意味着没有出席股东会的权利，其知情权和质询权并不因此而被剥夺。此项诉权系赋予股东通过诉讼程序矫正公司内部治理瑕疵的共益权，无表决权的股东也具有决议应当符合法定程序和章程规定的合理期待，也要承受不当决议的后果，对公司的意思形成具有诉的利益。为实现股东要求公司遵守法定程序及章程规定的权利，应当认定无表决权的股东亦享有决议撤销之诉的诉权。

140. 隐名股东能否直接提起公司决议纠纷诉讼？

鉴于决议撤销之诉的适格原告主体被严格限定为在起诉时具有公司股东资格，原则上隐名股东无权提起该诉讼。隐名股东可先行提出确认股东资格之诉，待确认股东资格后方有权提起决议撤销之诉。

确认决议不成立或确认决议效力诉讼的适格原告主体包括了与决议内容有直接利害关系的其他人，法院可能基于隐名股东与股东会决议有着直接的利害关系而认可隐名股东提起确认决议不成立或确认决议效力之诉。

【案例47】与决议存在直接利害关系　隐名股东被认定原告适格[①]

原告： 李某

被告： 置业公司、巩甲、巩乙、谭某

诉讼请求：

1. 确认被告置业公司2019年1月9日作出的决议无效并撤销依据该股东会决议作出的工商变更登记；

2. 确认原告享有被告股东资格及100%股权，并由被告配合办理股权变更登记手续。

争议焦点：

1. 在公司决议纠纷诉讼中，原告作为隐名股东是否存在诉讼利益，是否为适格原告；

2. 公司决议纠纷和股东资格确认纠纷能否在本案中一并处理。

基本案情：

2012年，原告和案外人焦某分别持有被告置业公司49%和51%的股份。2016年5月6日，经被告巩甲介绍，案外人王某与案外人巩某玫替原告及案外人焦某分别代持被告置业公司股权。王某、巩某玫向被告置业公司出具《代持承诺书》，承诺声明代持人不享有股东权利，也不承担义务。同年5月10日，被告置业公司变更工商登记，将股权登记至案外人王某、巩某玫名下。

[①] 参见山东省青岛市黄岛区人民法院（2019）鲁0211民初10041号民事裁定书。

2018年6月11日，在未经原告及案外人焦某同意的情况下，案外人王某与案外人巩某玫与被告巩甲和被告巩乙签订《股权转让协议》，将巩某玫、王某替原告及焦某代持的被告公司股权分别转让给被告巩甲和被告巩乙，并办理了工商变更登记。

2019年1月1日，被告巩甲和被告巩乙又与被告谭某签署《股权转让协议》，将合计持有的被告100%股权转让给被告谭某，但约定该股权依旧由被告巩甲和被告巩乙替被告谭某代持。

2019年1月7日，被告巩甲和被告巩乙以"被告置业公司股东"身份之便，以营业执照及印章丢失为由，向市场和质量监督管理局申请补发营业执照并将由原告及案外人焦某持有的被告置业公司印章作废后刻制新的印章。

2019年1月9日，被告巩甲和被告巩乙召开股东会会议，决议记载：同意纳入新股东被告谭某，公司注册资本由1000万元增加到2000万元，增加的1000万元由被告谭某以货币出资，公司增资后由谭某、巩甲、巩乙三被告组成新的股东会；同意修正公司章程并将被告谭某变更为法定代表人。

同日，被告谭某签署了章程修正案，并办理了工商变更。

对于案外人王某与案外人巩某玫将代持股权擅自转让给被告巩甲和被告巩乙的行为，原告曾以股权转让纠纷为由另案起诉，另案判决确认被告巩甲、被告巩乙、案外人王某、案外人巩某玫于2018年6月11日签订的《股权转让协议》无效，确认原告与案外人王某、案外人巩某玫之间的股权代持行为合法、有效。

2019年3月27日，案外人焦某将其持有的被告置业公司股权全部转让给原告持有。

原告诉称：

被告巩甲和被告巩乙未经原告及案外人焦某同意，通过私自制作两份被告置业公司股东会决议，将被告谭某拉入被告置业公司股东会、增资扩股1000万元，这两份决议应认定无效。

鉴于案外人焦某已将其持有的全部被告置业公司股权转让给原告，故原告持有被告置业公司100%股权并依法享有股东资格。

被告辩称：

1. 原告无任何证据证明其是被告的股东，原告不是记载于被告股东名册和公司章程中的股东，也没有在工商行政机关登记，故其不是股东会决议无效之诉的适格主体，应驳回其起诉。

2. 被告置业公司的两份股东会决议的内容没有违反法律、行政法规，原告申请法院确认该股东会决议无效无法律依据。

3. 被告巩甲通过股权受让的形式成为被告置业公司持股95%的股东，其有权通过参与股东会决议修改公司章程并处分自己的股权。

4. 被告巩乙在本案被告置业公司增资入股前作为持股5%的股东，有权通过参与股东会决议修改公司章程并处分自己的股权。

5. 被告谭某通过股权转让及增资的方式取得被告置业公司100%股权，被告谭某依法享有股东资格。

法官观点：

1. 原告主体适格，具有诉的利益。

《民事诉讼法》第119条是关于起诉条件的规定，其中第1项规定，原告是与本案有直接利害关系的公民、法人和其他组织。本案中，原告以其系案涉股权的隐名股东为由，主张讼争股东会决议无效并确认自己系被告置业公司的股东，与本案具有直接利害关系，系本案适格原告。

此外，《公司法司法解释（四）》第1条规定："公司股东、董事、监事等请求确认股东会或者股东大会、董事会决议无效或者不成立的，人民法院应当依法予以受理。"该条并未限定仅股东、董事、监事才能提起诉讼，其中的"等"应包括与股东会决议内容有直接利害关系的其他人，只要其权益受到股东会决议侵害，且侵害与决议内容具有相关性，就属于该类案件的适格原告。

本案中，案外人王某和案外人巩某玫作为代持人并未取得被告置业公司的任何实际股权，虽享有登记股东对外权利，但在内部关系上，王某、巩某玫仍然为显名股东，原告和案外人焦某为隐名股东，被告巩甲和被告巩乙不能依据无权处分而取得相应股权。

换言之，在案涉增资决议作出时，案外人王某和案外人巩某玫是代持股份的显名股东（王某、巩某玫按照代持协议，不享有股东权利，也不承担股东义务），被告巩甲和被告巩乙因另案判决不是股东，原告和案外人焦某是持有被告置业公司100%股权的隐名股东。案涉股权转让、增资行为的实施既剥夺了原告和案外人焦某的股东权益，也大幅减少了二人的股权比例，严重损害了二人的合法权益。因此，原告与案涉股权转让、增资决议具有直接利害关系，是本案适格原告。

2. 公司决议效力确认纠纷和股东资格确认纠纷可在本案中一并处理。

案件存在多个法律关系时，与诉讼请求在法律上、事实上有关联的法律关系都是案由。案由的确定应当以原告的诉讼请求为主。

原告的诉讼请求分为两部分，第一项诉讼请求为"确认被告2019年1月9日作出的决议无效并撤销依据该股东会决议作出的工商变更登记"。依该项诉讼请求，案由应为公司决议效力确认纠纷。

原告的第二项诉讼请求为"依法确认原告享有被告股东资格及100%股权，并由被告配合办理股权变更登记手续"。如前所述，原告和案外人焦某是持有被告公司100%股权的隐名股东。被告巩甲和被告巩乙依据无效的转让协议将其不具有处分权利的股份以股东会等形式转让给被告谭某并增资公司股本，该行为置原告和案外人焦某为被告置业公司100%股权的隐名股东身份于不顾，侵犯了原告的合法权益，原告提起该项诉讼请求是其行使权利的表现，故依据原告的该项诉讼请求，案由应确定为股东资格确认纠纷。

本案的两个诉讼请求不分主次，确认决议无效和股东资格确认系相辅相成的关系，并不矛盾，应予一并审理。

3. 现阶段办理股权变更登记手续缺乏现实可能性，故不支持"被告配合办理股权变更登记手续"的诉讼请求。

在公司决议后，原股权未变更的情形下，当然保持公司原出资状态，但原告和案外人焦某所持股权处于代持状态，被告置业公司现有股东工商登记状态、案涉股权代持、公司形态变更等法律问题，在代持人即案外人王某和案外人巩某玫未参加诉讼且代持股权未变更到原告及案外人焦某名下等情形下，现阶段解决"变更工商登记为原告持有被告置业公司100%股权"缺乏现实可能性。

法院判决：

1. 确认被告置业公司于2019年1月9日作出的股东会决议无效，被告向公司登记机关申请撤销依据 2019 年 1 月 9 日股东会会议所作的工商变更登记；

2. 确认原告具有被告股东（隐名）资格。

141. 公司债权人可否作为原告提起公司决议效力确认之诉？

如果债权人只是与公司之间存在着债权债务类的合同，则认为该债权人为一般债权人，与公司决议内容无直接利害关系，不允许作为原告提起公司决议效力确认之诉。债权人与公司之间的合同属于两个独立主体之间的合同，适用《民法典》合同编或者撤销权等既有的法律制度就可以实现对债权人的保护。

但是，下述三类债权人可以取得公司决议确认之诉的诉权：

（1）法律关系是直接通过公司内部决议对外与债权人之间形成的；

（2）公司通过协议赋予了债权人参与公司决策或限制公司行为的权利（如约定债权人可限制公司分配股息）；

（3）公司债券持有人和可能拥有投票权安排的债权人，其中后者包括优先股持有人、可转债持有人以及依据员工持股计划而享有股票期权的员工等。

【案例 48】决议直接对债权人形成法律关系　债权人有权上诉[①]

原告：高某

被告：线缆公司

第三人：黄某、杨某、平安银行、莱恩达公司

诉讼请求：确认被告 2017 年 3 月 1 日作出的股东会决议无效。

争议焦点：

1. 第三方基于股东会决议享有对公司的债权，股东提起决议效力确认之诉，债权人作为第三人是否具有上诉权；

2. 关联担保未回避表决是否会导致决议无效，案涉决议在剔除应回避的表决权后，是否达到了通过比例。

[①] 参见浙江省温州市中级人民法院（2020）浙 03 民终 969 号民事判决书。

基本案情：

原告和第三人黄某、第三人杨某系被告股东，分别持有被告20%、42.3%、37.7%的股份。

2017年3月1日，第三人黄某与第三人杨某在未通知原告的前提下召开股东会并作出决议：同意以被告位于乐清市的土地使用权为案外人宝捷公司向第三人平安银行承担的债务提供抵押担保。该决议由第三人黄某和第三人杨某签署通过。

案外人宝捷公司仅有的两位股东系第三人杨某的父母，表决时第三人杨某未回避表决。

后因案外人宝捷公司无法偿还债务，经法院判决，第三人平安银行有权对被告上述土地使用权拍卖、变卖或折价款在4000万元最高额内享有优先受偿权。第三人平安银行就上述债权申请了法院执行。

后第三人莱恩达公司通过受让第三人平安银行对被告的债权成为被告债权人，法院裁定将申请执行人变更为第三人莱恩达公司。

原告诉称：

案外人宝捷公司股东系第三人杨某的父母，第三人杨某与案外人宝捷公司存在关联关系，在表决时应当回避，剔除第三人杨某表决权后，该表决未经被告1/2以上表决权通过，应属无效。

被告及第三人都未作答辩。

一审法官观点：

被告于2017年3月1日作出股东会决议，决议内容并没有违反法律、行政法规，不存在法定无效的情形。《公司法》及《公司章程》均规定，召开股东会会议，应当于会议召开15日前通知全体股东。根据《公司法》第22条第2款[①]之规定，股东会或者股东大会、董事会的会议召集程序、表决方式违反法律、行政法规或者公司章程，或者决议内容违反公司章程的，股东可以自决议作出之日起60日内，请求法院撤销。该规定明确了除斥期间，故原告应在股东会决议作出之日起60日内向法院提出撤销之诉，显然原告起诉时间

[①] 现为《公司法》第26条。

超出了该期限，本案亦不应撤销。

第三人杨某占有被告 37.7% 的股份，其虽不是公司法意义上的公司实际控制人或公司控股股东，但案外人宝捷公司的股东系第三人杨某的父母，具有一定的利害关系，故第三人杨某参加被告的股东会时，应主动予以说明，并要主动予以回避。

因此，剔除第三人杨某的表决权后，该股东会召开未达到公司章程规定的条件，且在第三人杨某应回避而未回避的情况下通过的股东会决议存在瑕疵，在不具备撤销事由的情况下，应以无效处理①。

一审法院判决：

被告于 2017 年 3 月 1 日作出的股东会决议无效。

第三人莱恩达公司上诉称：

案外人宝捷公司并非被告的股东或实际控制人，不属于《公司法》第16条②规定的需要回避的情况。即使剔除第三人杨某的表决权，诉争股东会决议也已经有表决权 1/2 以上的股东表决通过，应为有效决议。

原告二审辩称：

莱恩达公司为无独立请求权的第三人，并无上诉权。

二审法官观点：

1. 第三人莱恩达公司具有上诉权。

第三人莱恩达公司作为诉争股东会决议所涉担保事项的债权人，该决议有效与否可能对公司基于该项决议所实施的担保行为效力产生影响。本案系确认公司决议效力纠纷，系确认之诉，一审法院判决确认该协议无效，实际上系否定被告为案涉债务提供担保的意思表示，第三人莱恩达公司作为债权人，有权提起上诉。

2. 关联担保未回避表决仅产生表决权不产生效力的法律后果，不直接导致决议无效。

---

① 按照新《公司法》，本案中表决未达到公司章程规定条件的情形应属决议不成立，而非无效。一审判决发生于《公司法司法解释（四）》生效前，决议纠纷仅支持"决议可撤销"与"决议无效"两种类型，因此在不具备撤销事由情形下，应以无效处理。

② 现为《公司法》第 15 条。

本案系股东提起请求确认公司决议无效纠纷，根据《公司法》第22条①第1款之规定，确认公司决议是否无效，应审查该决议内容是否违反法律、行政法规。

《公司法》第16条规定："公司向其他企业投资或者为他人提供担保，依照公司章程的规定，由董事会或者股东会、股东大会决议；……公司为公司股东或者实际控制人提供担保的，必须经股东会或者股东大会决议。前款规定的股东或者受前款规定的实际控制人支配的股东，不得参加前款规定事项的表决。该项表决由出席会议的其他股东所持表决权的过半数通过。"虽然诉争股东会决议所涉担保并非针对第三人杨某本人，但担保的主债务人宝捷公司仅有的两名股东是第三人杨某父母，故该决议实际上系关联担保，根据诚实信用原则，其也应当按照《公司法》第16条第3款规定不参加该事项的表决。现第三人杨某参加该事项表决，但此仅产生其表决权不产生效力的法律后果，并不直接导致该决议无效，诉争股东会决议即使剔除第三人杨某的表决，也已经持有被告股份42.3%股权比例的第三人黄某表决通过，超过所持有表决权的半数通过，符合《公司法》第16条规定。

综合以上分析，原告诉请主张诉争股东会决议无效的理由不能成立。

二审法院判决：

1. 撤销一审判决；
2. 驳回原告的诉讼请求。

142. 基于让与担保取得登记的主体，是否可以提起公司决议纠纷诉讼？

股权让与担保的目的是担保主债权债务的履行，并非真实的股权转让，债权人形式上成为股权持有人，但实质上并未真正取得股权，故其无权提起公司决议撤销之诉。

如股权让与担保合同中约定让渡部分股东权利给予债权人行使，股权让与担保权人符合《公司法司法解释（四）》中提及的基于合同安排对公司股东会或董事会有参与式或监督式权利的情形的，则其可作为决议不成立之诉或

---

① 现为《公司法》第25条。

决议效力确认之诉的适格原告。

【案例49】股权让与担保　名义股东不享有股东权利[①]

原告：吴某

被告：房产公司

第三人：甲公司、乙公司和刘某

诉讼请求：确认被告于 2019 年 7 月 22 日作出的股东会决议不成立。

争议焦点：

1. 第三人乙公司基于《框架协议》的安排受让被告股权行为的性质是否构成让与担保；

2. 如构成股权让与担保，第三人乙公司就该让与担保部分的股权是否享有表决权。

基本案情：

原告及 4 位自然人合计持有被告 100% 股权，原告担任被告法定代表人及董事长。

被告在开发房地产项目的过程中，因无力支付工程款，被法院执行裁决将该房地产项目中的 51 套房屋折抵给作为债权人的案外人中交公司。

第三人甲公司、第三人乙公司通过与原告、被告签署《框架协议》承接了上述债权，《框架协议》约定由第三人甲公司指定的第三人乙公司替被告偿还债务并回购房屋；为使该房地产项目达到销售条件，被告、第三人甲公司应当在本协议签署生效后立即成立项目领导小组和项目经理部，办理大产权证、确定销售方案及物业管理方案等，产生的资金支出由第三人甲公司垫付，计作对被告的债权；根据本协议形成的债权在清偿时应计收利息，利率双方另行协商；被告同意由第三人甲公司指定的销售代理公司独家代理该房地产项目销售工作；为保障第三人甲公司实现债权，原告及被告剩余股东同意将其持有的合计被告 70% 股权无偿转让给第三人甲公司指定的公司，待债权全

[①] 参见北京市第三中级人民法院（2020）京 03 民终 5136 号民事判决书，本案系人民法院案例库入库案例。

· 233 ·

部清偿或第三人甲公司认为适当时机，上述股权应当无条件返还给原告及被告剩余股东。

2010年5月14日，各方办理了股东及出资变更登记。登记完成后，第三人甲公司指定的第三人乙公司持有被告70%股权，原告持有被告30%股权。股权转让后，第三人甲公司参与房屋销售，第三人乙公司控制被告公章，但不参与被告其他事项，财务由原告指派的员工负责。

2019年7月22日，被告作出股东会决议，该决议记载显示，原告及第三人乙公司出席了本次会议。经审议并表决，持有70%股权的第三人乙公司投赞成票，通过决议如下：选举新一届董事会及监事，原告不再担任法定代表人、董事长，并责成原告向新当选董事长第三人刘某移交被告所有营业执照、印鉴、财务账册及凭证、被告签订的所有合同及协议等法律文件和档案以及其他属于被告的所有财产，并立即停止对外代表被告实施任何法律行为。第三人乙公司在投赞成票处盖章，原告在投反对票处签名。

原告诉称：

第三人乙公司虽然基于股权转让担保受让取得了被告70%股权，但并不享有股东所享有的参与决策、选任管理者、分取红利的权利，其在2019年7月22日被告的股东会决议上所作的表决应为无效表决，该决议未达到公司法或者公司章程规定的表决比例，故该股东会决议不成立。

被告（持有原告签名及加盖公章的授权委托书）的委托代理人同意原告的诉讼请求。

被告（持有第三人刘某签名及加盖公章的授权委托书）的委托代理人、第三人甲公司、第三人乙公司和第三人刘某辩称：

第三人乙公司受让被告原股东的股权不是原告主张的让与担保，是原告与第三人乙公司进行的被告股权债务重组，第三人乙公司合法持有被告股权，依法享有各项股东权利。第三人乙公司以股东身份实际经营管理被告，原告并未表示异议。此外，我国现行法律中并没有股权让与担保的规定。

2019年7月22日被告的股东会决议符合法律规定，没有损害他人利益，不属于不成立的情形，应属有效。

法官观点：

对涉案《框架协议》中所约定的股权转让条款的性质认定，不能仅看合同的形式或名称，而要探究当事人的真实意思表示。对于合同当事人的意思表示的解释，应当以客观立场作为原则性评价标准。

第一，各方当事人均认为涉案股权转让时第三人甲公司并未支付转让对价。第二，各方通过签订《框架协议》约定第三人甲公司代被告清偿对外债务并对房地产项目进行销售，形成了第三人甲公司对被告的债权，为保障债权实现，原告将其所持有的股权转让给第三人乙公司，待第三人甲公司债权获得清偿后，该股权无偿返还原告。据此约定，股权变更至第三人乙公司名下系作为第三人甲公司债权的担保，而非真正的股权转让，此种通过转让股权所有权来担保债权实现的方式属于股权让与担保。作为一种非典型担保方式，股权让与担保行为本身并未违反法律、行政法规的强制性规定，应认定合法有效。

对于第三人乙公司实际参与公司经营管理并掌握被告公章，是否代表其实际取得被告股东身份的问题。依据《框架协议》约定，由第三人甲公司指定的销售代理公司负责房地产项目的销售工作，故第三人乙公司在工商登记的持股期间曾长期持有被告证照及公章的行为具有合理性，但第三人甲公司和第三人乙公司提交的现有证据尚不足以证明各方在履行《框架协议》中变更了原来股权让与担保的性质。

让与担保与财产权转让在法律性质上存有实质性区别，财产权转让的受让人是以获得财产权利为目的，而让与担保的债权人受让财产的目的在于为主债权提供担保，在主债权不能实现时，可就受让的财产权价值优先受偿，且债权人通常无须支付受让财产权的对价。因此，债权人于形式上受让的财产权一般会受到一定的权利限制。股权让与担保就更具其特殊性，因为股权系兼具财产权和成员权属性的复合型权利。公司股东可就其享有的股权参与公司分红，亦通过其股东表决权参与公司的经营管理。而股权让与担保的债权人以受让或增资的方式取得股权，是期待以股权价值担保其债权未来可以实现，侧重于防范债务人通过行使股东权利对公司资产进行不当处置，从而导致其债权无法实现；债权人并非以成为公司股东、参与管理和获取分红为直接目的。因此，债权人虽在形式上为公司名义股东，但其仅在担保范围内享有优先受偿的权利，并不享有公司法规定的股东所享有的参与决策、获得股东红利等实质性权利。

故而，2019年7月22日被告的股东会决议仅有第三人乙公司投赞成票，未达到公司法或公司章程规定的通过比例，应认定该股东会决议不成立。

法院判决：

2019年7月22日被告的股东会决议不成立。

143. 公司决议撤销纠纷是否适用诉讼时效？如何确定60日的起算点？

不适用。

股东会或者董事会的会议召集程序、表决方式违反法律、行政法规或者公司章程，或者决议内容违反公司章程的，股东可以自决议作出之日起60日内，请求法院撤销。未被通知参加股东会会议的股东自知道或者应当知道股东会决议作出之日起60日内，请求法院撤销；自决议作出之日起一年内没有行使撤销权的，撤销权消灭。

此60日为除斥期间而非诉讼时效，因此不能中断和中止。

144. 不同形式召开的股东会或董事会会议，应如何认定决议作出之日？

如果以现场会议形式通过的决议，应当以会议表决通过决议的日期作为期限的起算日，如果公司无法证明会议通过决议的时间，则可认定股东在决议上签章之日为决议通过之日；如果是以传签书面文件通过的决议，应以最后一个应当参加表决的股东或董事签章的日期，作为该决议作出之日；如果章程中对于决议作出之日的认定有规定的，按章程规定。

【案例50】以传签召开董事会 依章程规定标准确认决议作出之日[①]

原告： 珠航投合伙企业

被告： 天合公司

诉讼请求： 撤销被告于2021年11月3日作出的董事会决议。

争议焦点：

1. 被告章程规定董事会施行股东委派制的前提下，董事会自行决议解除

---

① 参见广东自由贸易区南沙片区人民法院（2022）粤0191民初1592号民事判决书。

股东委派的董事是否属于可撤销事由；

2. 被告章程规定以传签方式召开董事会，以签字同意的董事人数达到章程规定之时认定为决议作出之日，该规定是否有效，原告起诉时是否超过了行使撤销权的除斥期间。

基本案情：

被告是港澳台地区与境内合资有限责任公司，被告章程规定董事会是最高权力机构，各董事由股东委派，除非取得代表全体股东所持表决权2/3以上股东的书面同意，任一股东不得随意在董事任期内撤换其委派的任何董事。被告章程还规定在书面传签方式召开董事会会议的情形下，一旦签字同意的董事已达到章程规定作出决议所需的人数，则该议案所议内容即成为董事会决议。

原告是被告的管理层持股平台，也是被告股东之一。案外人王某是原告的执行事务合伙人代表和委派至被告的董事，也是被告的高级管理人员。被告《管理层持股框架方案》规定因持股对象自愿离职导致劳动关系终止或解除，且未对公司造成负面影响的……合伙人正常退伙。

被告与案外人王某解除劳动合同关系后，除原告以外的全体股东提议罢免案外人王某的董事职务，理由是案外人王某作为离职员工，不具备担任原告委派董事、执行董事和执行事务合伙人代表的资格，存在严重违反被告章程和《管理层持股框架方案》规定的行为，不适合继续担任被告董事一职。

被告董事会于2021年10月29日向包括案外人王某在内的全体董事发送电子邮件，载明"定于2021年11月3日以书面传签方式召开被告第二届董事会第二十四次临时会议，审议罢免案外人王某董事职务的议案……请各位董事审议后将送达回执、表决票、会议决议单面打印，表决签名后在11月5日17：00前表决好发回电子档或寄回纸质版……"

被告《第二届董事会第二十四次临时会议会议决议》载明："第二届董事会第二十四次会议于2021年11月3日以书面传签方式召开。会议召集人为董事长，会议应到董事9名，实到董事9名……六、同意罢免案外人王某董事职务，自第二届董事会第二十四次临时董事会审议通过之日（2021年11月3日）起生效。表决结果：同意票数8票，反对票数1票……"该决议签字页打印有落款时间2021年11月3日，加盖有被告印章。各董事均在会议决议签字页签名，其中案外人王某在签名处手写"反对议案六"。

2021年11月17日，被告向各董事邮件发送董事会决议报告，告知被告已于2021年11月3日通过了关于审议罢免案外人王某董事职务的议案。

2022年1月18日，原告向法院起诉请求撤销上述董事会决议。

原告诉称：

根据被告章程规定，原告具有向被告委派一名董事的权利，原告有权以单方意思决定委派董事组成被告董事会成员，无须经被告或其董事会同意。

2021年11月1日，原告收到的罢免案外人王某董事职务的议案严重违反章程关于"董事会职权"的规定，根据章程规定，被告董事会无权罢免股东委派的董事，其对该事项进行审议属于超越职权。被告在明知违反章程规定及法律规定的情况下，仍于2021年11月3日强行表决通过《董事罢免议案》，并形成董事会决议，严重损害了原告的股东权益。

被告辩称：

1. 原告起诉请求撤销董事会决议，已超过公司法规定的申请撤销董事会决议的法定期限，原告的撤销权已经消灭。案涉董事会决议于2011年11月3日作出，原告提交的起诉状已认可该事实，如原告对上述决议持有异议并要求撤销，最迟应于2022年1月1日前向法院提起决议撤销之诉。原告于2022年1月18日向法院起诉，起诉时已超过法定撤销权的行使期限。

2. 原告是被告的管理层持股平台，原告委派的董事即案外人王某已不具备担任被告董事资格，且因其存在违反董事忠实勤勉义务的情形，被告经股东提议，董事会审议决定解除案外人王某的董事职务，具备事实与法律依据，且此属于被告自治的范畴，不存在违反法律、行政法规相关规定的情形，该决议自作出之日起生效。

3. 从作出案涉董事会决议的程序来看，被告解除案外人王某董事职务的董事会召集程序及表决方式，符合被告章程与《公司法》的相关规定，所形成的决议，不存在《公司法》规定应予撤销的情形。

法官观点：

1. 以传签方式召开董事会的，依章程规定"签字同意董事达到所需人数时"认定为决议作出之日，而原告起诉时已超除斥期间，撤销权已消灭。

公司决议作出时间的确定应以会议方式以及表决结果达成为依据。被告《第二届董事会第二十四次临时会议会议决议》于2021年11月3日以书面传签方式召开，被告在2021年11月3日向全体董事发送电子邮件明确告知"表决签名后在11月5日17:00之前表决好发回电子档或寄回纸质版……"，说明被告将本次董事会决议表决时间最迟延至11月5日。

根据被告章程第43条规定："如董事会会议采用书面传签方式召开，即通过分别送达审议或传阅送达审议方式对议案作出决议，董事或其委托的其他人士应当在决议上写明同意或反对的意见，一旦签字同意的董事已达到本章程规定作出决议所需的人数，则该议案所议内容即成为董事会决议。"而被告于2021年11月17日向董事发送的电子邮件中明确告知会议已于2021年11月3日以传签方式召开完毕。《第二届董事会第二十四次临时会议会议决议》落款时间亦为2021年11月3日。

综合上述情况以及被告章程的规定，案涉董事会决议作出时间应当为2021年11月3日。即使存在投票延迟，最迟亦不晚于2021年11月5日。本案决议结果通知原告的时间有别于决议作出时间。故原告于2021年1月12日提起立案，已超过60日的除斥期间。

2. 关于案涉董事会决议是否违反法定程序或者违反被告章程规定。

被告为港澳台地区与境内合资有限责任公司。根据被告章程规定，董事会是公司最高权力机构，董事由股东委派。但章程未授权董事会具有提议罢免董事的相关职权。被告在原告未同意的情况下，解除原告委派的董事案外人王某，违反了被告章程，损害了原告作为股东的权利，属于可请求撤销的事项。

至于被告以案外人王某已从被告离职为由，主张原告委派的董事王某不再具备担任被告董事的条件，被告董事会有权予以罢免的问题并不符合公司章程的规定。根据被告章程规定，董事会有权批准管理层股东持股方案。被告欲解决原告委派董事是否符合"管理层持股平台"性质及目标的问题，可通过依法变更原告合伙人等方式来解决。

法院判决：

驳回原告起诉。

145. 新《公司法》施行前，未被通知参加会议的股东是否可溯及适用新《公司法》进行救济？

可以。根据《最高人民法院关于适用〈中华人民共和国公司法〉时间效力的若干规定》，新《公司法》施行前，公司的股东会召集程序不当，未被通知参加会议的股东自决议作出之日起一年内请求法院撤销的，可溯及适用新《公司法》进行救济。

146. 会议召集时未通知部分股东，导致其缺席，但出席股东会的总人数符合法律与章程规定，如何认定该次会议的决议效力？

司法实践中，各地法院对于召集通知未向全体股东发出的程序瑕疵的处理存在差异，主要存在以下两种观点：

一种观点认为，如果股东未被通知参会，但股东会作出决议符合出席法定人数和表决通过数的，视为决议已成立，但因为通知程序存在瑕疵，故属于可撤销决议。①

另一种观点认为，该程序瑕疵过于严重，导致决议不成立。即属于"导致决议不成立的其他情形"②；亦有司法实践观点认为，若未通知股东参会，则对于这部分股东而言，应视同未开会和未表决。

【案例51】会议根本未通知小股东　决议应认定不成立③

原告：金某

被告：张某、海发公司

第三人：许某

诉讼请求：确认被告于2021年8月16日作出的股东会决议无效。

争议焦点：

1. 被告张某未通知作为小股东的第三人许某，擅自于2021年8月16日召

---

① 参见最高人民法院民事审判第二庭编著：《中华人民共和国公司法理解与适用》（上），人民法院出版社2024年版，第115页。

② 新《公司法》删除了"导致决议不成立的其他情形"这一兜底条款，未来司法实践中以未通知股东参会判决决议不成立的具体依据有待进一步研究。

③ 参见山东省聊城市中级人民法院（2023）鲁15民终3259号民事判决书。

开股东会会议并修改章程，应如何认定本次股东会决议的效力，系可撤销、不成立还是无效。

2. 原告受让第三人许某股权时，公司召开了股东会并确认章程中除股权比例外，其他内容不变，此时 2021 年 8 月 16 日被告的股东会决议和基于此修改的章程已在工商部门备案；据此，是否可以推定原告知道或者应当知道该决议和章程的内容，原告是否还有权主张此前的决议和章程无效。

3. 原告诉请确认决议无效，法院是否有权依职权判决决议不成立。

基本案情：

被告海发公司设立于 2021 年 8 月 10 日，被告张某与第三人许某分别持有被告 67.31% 和 32.69% 的股权，被告张某担任法定代表人。

2021 年 8 月 10 日，被告海发公司股东会决议通过的章程载明，股东会会议对决定公司经营方针、选举和更换董事及监事、批准董事会及监事会报告、批准公司预算及利润分配方案等事项作出决议时，必须经代表 1/2 以上（不含 1/2）表决权的股东通过；对修改公司章程、增加或者减少注册资本以及公司合并、分立、解散或者变更公司形式等事项作出决议时，必须经代表 2/3 以上表决权的股东通过。

2021 年 8 月 16 日，被告海发公司作出股东会决议并修改章程，但会议前未通知第三人许某。本次决议对章程进行了修改，将章程中所有股东会决议事项的通过比例调整为全体股东一致决。仅被告张某在股东会决议上签字。

现企业档案备案的公司章程采用的是 2021 年 8 月 16 日被告股东会决议通过的章程。

原告通过受让第三人许某所持被告海发公司部分股权成为被告海发公司的股东。2022 年 5 月 31 日，被告海发公司召开临时股东会，原告、被告张某和第三人许某均出席。根据本次股东会决议内容作出的章程修正案载明：

1. 公司股东姓名、出资额及出资方式修改为被告张某出资比例为 32.69%，原告出资比例为 67.31%；

2. 公司监事修改为原告；

3. 其他章程条款不变。

原告、被告张某和第三人许某均在股东会决议上签名。

原告诉称：

2021年8月16日召开的股东会未向第三人许某发出通知，股东会决议也无第三人许某签名，应属无效。

因第三人许某并不知道2021年8月16日的股东会决议及修改后的公司章程，所以第三人许某在将公司股权转让给原告时，依法有效的公司章程应该还是2021年8月10日注册备案的章程，原告对公司的权利也应当以这份章程中的规定为准。

故2022年5月31日股东会决议及章程修正案是对2021年8月10日章程的修正而非对2021年8月16日章程的修正。

被告辩称：

2021年8月16日的股东会决议内容并不违反法律、行政法规，股东会召集程序瑕疵也不是决议无效的法定事由。

一审法官观点：

《公司法》第22条第1款[①]规定，公司股东会或者股东大会、董事会的决议内容违反法律、行政法规的无效。

2021年8月16日的股东会决议内容并不违反法律、行政法规。该股东会决议虽没有第三人许某的签名，但变更后的公司章程已在工商登记机关进行了备案，公司股东均能够通过相关渠道知晓并查阅公司章程内容。原告受让了第三人许某的股权，在接收股权前对公司章程、经营计划、投资方案、议事规则等应有全面清晰的了解，原告接受股权应视为对公司章程的认可。原告、第三人许某及被告张某均在2022年5月31日的股东会决议上签字，该股东会决议作出的章程修正案中明确载明其他章程条款不变，由此可知不管第三人许某还是新股东原告对此时公司备案的章程是认可的，应视为对2021年8月16日股东会决议的追认，现原告以2021年8月16日股东会决议没有第三人许某签字为由，要求确认该股东会决议无效，无事实及法律依据，对其诉求不予支持。

一审法院判决：

驳回原告的诉讼请求。

[①] 现为《公司法》第25条。

二审法官观点：

原告要求确认 2021 年 8 月 16 日的股东会决议无效，法院首先应审查该股东会决议是否成立。只有在该股东会决议成立的前提下，才可以对该股东会决议的效力进行评价。

《公司法》第 41 条①规定，召开股东会会议，应当于会议召开 15 日前通知全体股东；但是，公司章程另有规定或者全体股东另有约定的除外。股东会应当对所议事项的决定形成会议记录，出席会议的股东应当在会议记录上签名。

本案中，被告张某未有证据证明在确认召开案涉股东会会议前已通知第三人许某，亦不存在"全体股东对会议议题书面形式一致表示同意"而无须召开股东会的情形。

《公司法》第 22 条第 1 款和第 2 款②规定，公司股东会或者股东大会、董事会的决议内容违反法律、行政法规的无效。股东会或者股东大会、董事会的会议召集程序、表决方式违反法律、行政法规或者公司章程，或者决议内容违反公司章程的，股东可以自决议作出之日起 60 日内，请求人民法院撤销。《公司法司法解释（四）》第 5 条规定，"股东会或者股东大会、董事会决议存在下列情形之一，当事人主张决议不成立的，人民法院应当予以支持：（一）公司未召开会议的，但依据公司法第三十七条第二款或者公司章程规定可以不召开股东会或者股东大会而直接作出决定，并由全体股东在决定文件上签名、盖章的除外；（二）会议未对决议事项进行表决的；（三）出席会议的人数或者股东所持表决权不符合公司法或者公司章程规定的；（四）会议的表决结果未达到公司法或者公司章程规定的通过比例的；（五）导致决议不成立的其他情形"。据此，股东会会议的召集程序、表决方式、决议内容之瑕疵严重程度，可能会导致股东会决议不成立或可撤销的法律后果。

案涉股东会决议因在召开股东会会议前未通知第三人许某参加，应当认定为不成立。理由如下：

1. 未通知股东参加股东会会议的行为与诸如提前通知不足法定期间、表决方式未按公司章程规定等情形存在明显不同，其后果并非影响股东表决权

---

① 现为《公司法》第 64 条。
② 现为《公司法》第 25 条、第 26 条。

的行使，而是从根本上剥夺了股东行使表决权的机会和可能。

2. 公司决议的成立须具备相关要件，即会议召开的事实要件、会议召集的程序要件和决议程序要件须达到法定的表决权数量。在未通知第三人许某参加的情形下召开的案涉股东会会议，并不具备公司决议成立需要的会议召集的程序要件，即不存在合法的股东会会议召集程序，故而不可能形成能够约束全体股东的股东会决议。

3. 如果认定在未通知第三人许某参加的情形下召开的股东会会议所形成的股东会决议成立，则第三人许某（或股权受让人原告）只能基于《公司法》第22条第2款规定，自决议作出之日起60日内，请求法院撤销该决议。但是，上述60日的期间并不能中止或中断，第三人许某因未获得召开股东会会议的通知而很可能无渠道及时获知相应的所谓"股东会决议"。在此情形下，要求第三人许某（或股权受让人原告）在案涉股东会决议作出之日起60日内请求法院撤销该决议明显对第三人许某不合理、不公平，严重限制了第三人许某以及股权受让人原告寻求法律途径进行救济的权利。

4. 虽然根据2022年5月31日的股东会决议作出的公司章程修正案载明"其他章程条款不变"，但并不能以此表明第三人许某或原告对于2021年8月16日股东会决议的公司章程修正案是知情并认可的。

综上所述，案涉股东会决议应当根据《公司法司法解释（四）》第5条的规定认定为不成立。案涉股东会决议不成立，也就无须审查其是否有效的问题。虽然原告请求确认案涉股东会决议无效，但是股东会决议是否成立及有效的问题，属于法院应当依职权审查的内容，法院在认定案涉股东会决议不成立的情形下，可以直接确认案涉股东会决议不成立。

法院判决：

1. 撤销一审判决；

2. 确认2021年8月16日的股东会决议不成立。

147. 公司决议程序瑕疵仅针对某一特定股东，该股东未提异议，其余股东是否能以程序瑕疵为由提出诉讼？

不能。允许股东对公司决议提起撤销之诉的目的在于，通过内部成员诉诸司法救济来维护公司的内部治理秩序，进而避免损及公司整体利益。相较于公司决议无效，决议可撤销更多的是一种保护受到不公平对待股东的救济措施，公司法将是否撤销的选择权交由股东。

如果公司决议的瑕疵仅针对某特定股东，该特定股东并未提出异议，即该特定股东认可了该公司决议所代表的团体意志。在这种情况下，如果允许其他股东以此撤销决议，则违背了决议撤销之诉的制度本意，也不利于公司的正常运营。

【案例52】程序瑕疵针对特定股东　其他股东诉请撤销决议被驳回[①]

原告： 柳某

被告： 电梯公司

诉讼请求： 撤销被告2021年9月10日的临时股东会决议。

争议焦点： 被告依法通知了原告但未按规定提前通知案外人和淳合伙企业，原告能否以被告的股东会通知程序对其他股东存在瑕疵为由请求撤销决议。

基本案情：

被告于2002年4月5日注册成立，原告、案外人顾某和案外人翁某分别持股30.5556%，案外人和淳合伙企业持股8.3333%。

案外人和淳合伙企业是被告为长远发展并激励员工而设置的员工持股平台，其普通合伙人分别为原告、案外人翁某和案外人顾某；其他有限合伙人均为被告的高级管理人员或多年在职人员。

被告章程规定，股东会一年召开一次定期会议，一般在年初召开，代表1/10以上表决权的股东、1/3以上表决权的董事、监事提议召开临时会议的，应当召开临时会议……股东会议由董事会召集董事长主持；召开股东会议，应当于会议召开15日以前以书面形式通知全体股东。

2021年8月20日，原告收到作为被告董事长的案外人翁某签发的关于罢免原告董事职务等内容的《临时股东会的通知》，但截至2021年9月10日临时股东会召开之际，案外人和淳合伙企业作为被告股东之一，未收到相关临

[①] 参见江苏省苏州市吴江区人民法院（2021）苏0509民初12607号民事裁定书。

时股东会的召集通知。

原告诉称：

案外人和淳合伙企业虽然是被告的小股东，但依法具有公司股东的一切合法权利，全体合伙人尤其是有限合伙人有权在股东会召开前了解、知悉会议议题，根据合伙人协议对议题讨论决议并委派代表参加被告股东会议，发表对公司治理及股东会审议事项的相关意见。

被告无视法律和章程规定，未按规定时间提前向股东通知股东会议的召开事宜，剥夺案外人和淳合伙企业股东权利而作出股东会决议，其召集程序违反了《公司法》以及章程规定。

被告未作答辩。

法官观点：

《公司法》赋予股东对公司决议提起撤销之诉的权利，系股东的共益权，其功能在于通过公司内部成员的司法救济来维护公司正当的内部治理，矫正因决议存在瑕疵而损及公司整体利益，属于法律给予受到不公平对待方的救济措施。因此，《公司法》将是否撤销的选择权交给股东。如果公司决议的瑕疵仅针对某特定股东，该特定股东并未提出异议，即该特定股东认可了该公司决议所代表的团体意志，在这种情况下，如果允许其他股东以此为由撤销决议，则违背了决议撤销之诉的制度本意，且不利于公司的正常运营。

原告要求撤销股东会决议的事由为被告未按规定时间提前通知另一股东即案外人和淳合伙企业，而非针对原告自身的程序瑕疵。原告将针对其他股东的程序瑕疵作为决议撤销之诉的理由，不符合决议撤销之诉的制度设计，不属于公司法调整范围内的事项。原告提起的本案诉讼欠缺程序上的依据，不具有诉权。

法院判决：

驳回原告起诉。

148. 在什么情形下，即使会议召集程序或者表决方式存在瑕疵，法院也会驳回原告撤销决议的诉请？

对于同时符合"会议召集程序或者表决方式"、"轻微瑕疵"和"未产生

实质影响"三要件的公司决议,若股东请求撤销,法院可驳回其撤销决议的诉请。需要注意的是:

(1) 仅适用于程序瑕疵,对于内容违反公司章程规定的,虽然同属于可撤销事由,但不能适用该制度;

(2) 决议程序方面必须是"仅有轻微瑕疵";

(3) 对决议未产生实质影响是指程序瑕疵不具有影响决议结果的可能性。

149. 如何认定公司决议的程序只是"轻微瑕疵"?

关于"轻微瑕疵"的具体情形,《公司法》及有关司法解释未作明确规定,在司法实践中,往往以程序瑕疵是否影响各股东公平地参与和获取信息、形成多数意思为判定标准。

在具体判断时,司法裁判的尺度不一,且根据个案调整,可通过以下两方面判断是否为"轻微程序瑕疵":

(1) 瑕疵事由不影响股东参会。例如,未依法或依章程规定提前15日通知即召开股东会或董事会,但股东均实际参会;召集人违反顺位召集,但前序顺位召集人收到会议召开通知并未提出异议或放任该行为发生,其他股东也均未对召集主体提出异议等。

(2) 决议程序保障了决议人充分参与并表决的权利。例如,仅通知议案标题,未通知具体内容,但注明了联系人与联系方式;实际主持人并不具有法律或章程规定的主持人资格,但未影响股东自由投票和行使表决权;没有股东会会议记录等。

【案例53】股东会仅提前一天通知但全体参会 未影响股东行权会议合法有效[①]

原告:教育咨询合伙企业

被告:科技公司

诉讼请求:撤销被告于2020年4月28日作出的第二次临时股东会决议。

争议焦点:被告仅提前1天发布股东会召集通知,但全体股东均按时参会

[①] 参见北京市第一中级人民法院(2021)京01民终6263号民事判决书。

且进行了表决,原告在事后以通知时间存在瑕疵为由请求撤销案涉股东会决议是否应得到支持。

基本案情:

被告由 4 位法人股东设立,分别为原告(持股 34%)、案外人阳光公司(持股 51%),案外人正阳公司(持股 9%)和案外人慧心公司(持股 6%)。案外人吴某担任被告董事长,公司共有 5 位董事。

被告章程规定,股东会会议分为定期会议和临时会议。召开股东会会议,应当于会议召开 15 日以前通知全体股东。股东会会议由董事会召集,董事长主持。

被告设有"董事会"微信群,5 位董事均在群内,且该微信群内人员已涵盖全体法人股东的授权股东代表(包括原告的授权代表案外人邓乙)。

2020 年 4 月 27 日,董事长案外人吴某在"董事会"微信群中上传"股东会会议通知 4.28" word 文件,称"各位股东,经商定,2020 年第二次股东代表会议通知如下。请各位股东代表拨冗出席,谢谢!",并@了群内所有人。

2020 年 4 月 28 日的股东会签到表显示,全体股东都到场参与了会议。本次股东会作出决议,同意案外人正阳公司收购案外人慧心公司持有的全部被告股权,并同意聘请中介机构对被告进行资产评估。落款加盖有全体法人股东公章(含原告)及全体法人股东授权代表的签字。

原告诉称:

案涉股东会由作为董事长的案外人吴某个人通知召集,违反召集程序;此次会议召开通知于 2020 年 4 月 27 日发出,并载明会议于 2020 年 4 月 28 日召开,严重短于《公司法》及被告章程的规定,严重侵害了原告的利益。

被告辩称:

案外人吴某作为董事长,其作出的通知也是董事会的通知,案涉股东会各股东均参加会议且没有提出异议,会议上也都行使了表决权,作出了股东会决议。

法官观点:

依据《公司法司法解释(四)》第 4 条规定:"股东请求撤销股东会或者股东大会、董事会决议,符合公司法第二十二条第二款规定的,人民法院应当予以支持，但会议召集程序或者表决方式仅有轻微瑕疵，且对决议未产生实质影响的，人民法院不予支持。"

本案中，案涉股东会的召集程序瑕疵未对决议产生实质影响。

针对案外人吴某在微信群发出的2020年4月27日股东会会议通知，各股东代表均确认收到，并未提出异议；此后，各股东均参加会议并一致表决通过议题，亦未提出异议。以上表明各股东同意由作为董事长的案外人吴某召集并主持股东会，其参会及表决权利未受到影响。

原告实际参加案涉股东会会议并表决，且在参加会议及表决时亦未对召集主体、召开时间提出异议。

法院判决：

驳回原告的诉讼请求。

【案例54】违反召集顺位通知召开股东会 决议轻微瑕疵不予撤销[1]

原告： 郭某

被告： 数据公司

第三人： 张甲、张乙、吴某、滕某、创投合伙企业

诉讼请求： 撤销被告于2017年12月9日作出的股东会决议。

争议焦点： 监事、股东未经前置程序直接向全体股东发布临时股东会召集通知，原告收到通知后未提异议也未参会，该召集程序瑕疵是否对案涉决议产生了实质性影响，是否可以撤销。

基本案情：

原告系被告股东（持股34.7%）、董事长、总经理和法定代表人。被告其他股东包括第三人张甲（持股26.42%）、第三人吴某（持股17.74%）、第三人张乙（持股2.47%）、第三人滕某（持股3.33%）、第三人创投合伙企业（持股6.67%）及案外人红杉投资（持股4.95%）、案外人盈润投资（持股2.47%）、案外人明睿公司（持股1.24%）。

被告董事会成员为原告、第三人张甲和案外人姚某，其中姚某为案外人

---

[1] 参见北京市第一中级人民法院（2020）京01民终5555号民事判决书。

红杉投资的授权代表；被告监事为第三人吴某。

被告章程载明股东会的职权范围包括更换公司董事和监事；股东会会议由董事会召集，董事长主持。董事会不能履行或者不履行召集股东会会议职责的，由监事召集和主持；监事不召集和主持的，代表 1/10 以上表决权的股东可以自行召集和主持。

2017 年 11 月 23 日，第三人张甲、第三人吴某（合计持有被告 44.16% 的股权）通过邮件方式发出《临时股东会的通知》，通知载明本次股东会的召集人为其两人；会议审核事项为：变更公司董事和监事。

2017 年 12 月 9 日，被告在公司会议室召开临时股东会，第三人吴某、第三人张甲、第三人张乙、第三人滕某、第三人创投合伙企业和案外人盈润投资出席了本次会议，出席的股东持有的表决权占公司表决权的 59.1123%。会议形成决议，同意监事由第三人吴某更换为案外人呼某；同意由第三人吴某替代原告担任被告的董事，其他两位董事会成员不变。上述事项的表决结果为：代表公司 56.6376% 的表决权的股东同意；代表公司 2.4747% 的表决权的股东弃权。

被告按照上述股东会决议选出董事后，新任董事另行召开了董事会，案外人姚某参加了董事会并与新任董事第三人吴某和第三人张甲一起作出决议，免去了原告的董事长和总经理职务，选举第三人张甲作为公司的董事长和总经理。截至本案诉讼时，被告已根据决议内容完成工商机关变更登记。

原被告均确认 2017 年 12 月 9 日的临时股东会提前 15 日通知了所有股东，原告亦确认收到了通知。但由于原告与第三人吴某和第三人张甲两位创始股东意见不一致，所以没有参会。

原告诉称：

1. 第三人张甲和第三人吴某未经董事长召集股东会会议的前置程序，未经授权也未按法定程序而自定为召集人，向各位股东发出召开临时股东会的通知，擅自召集、主持临时股东会会议，严重违反了被告章程和《公司法》的规定。

2. 被告于 2017 年 12 月 9 日作出的股东会决议无故罢免原告的董事职务，严重违反被告章程规定。案外人红杉投资之所以成为被告股东是看重原告能力，但本次股东会决议未经董事长召集，且案外人红杉投资未参会，最终对决议产生了实质性影响。

被告辩称：

1. 原告作为董事长、总经理和法定代表人，怠于履行职权。召开股东会前的程序性事项需要由原告发起或推动，但被告从成立以来，从未召开过股东会和董事会，各位股东只有在办理工商变更事项的时候传签文件，之前的决议也都是工商模板。被告各股东不知道按照什么程序来召开股东会，造成程序轻微瑕疵并不是被告或者股东故意。

2. 关于案涉股东会通知，原告确认收到了该通知，并安排公司行政人员用公司旁边的会议室作为本次会议的召开地点，各个股东也收到了通知。《公司法》规定决议撤销权是为了维护公司小股东的权益，防止小股东权利被架空，但是公司的小股东都已经参加股东会并表达了意见。案外人红杉投资虽然没有出席会议，但其是同意本次股东会决议的，由其委派的董事案外人姚某参加了后续董事会并同意由第三人张甲担任董事长。之后，被告据此进行了工商变更登记。因此，本次股东会决议召集的轻微程序瑕疵未影响到各位中小股东的程序权益，也没有对决议产生实质性的影响。

第三人张甲和第三人吴某同意被告答辩意见。

第三人张乙、第三人滕某和第三人创投合伙企业称：

公司长期未召开股东会，已经影响股东利益，同意并认可被告2017年12月9日作出的临时股东会决议。

法官观点：

依据《公司法》和被告章程规定，被告股东会原则上应当由董事会召集并由董事长主持，但在公司董事会不召集股东会的情形下，代表1/10以上表决权的股东或监事有权提议召开临时股东会。

被告在本案中未提交证据证明案涉临时股东会经过了董事会的召集程序，亦未提交证据证明董事会存在不能履行或者不履行召集股东会会议职责的情况，案涉股东会召集程序的确存在瑕疵。

《公司法司法解释（四）》同时规定，会议召集程序或者表决方式仅有轻微瑕疵，且对决议未产生实质影响的，法院不予支持。故对案涉股东会决议是否应当被撤销,应当继续审查会议召集程序或表决方式是否存在轻微瑕疵以及是否对决议产生实质影响。

判断召集或表决程序是否构成实质性的瑕疵,可以将以下三点作为判断标准:

1. 程序的瑕疵是否会影响股东获取参会或表决所需的信息;

2. 程序的瑕疵是否会导致股东无法公平参与多数意思的形成;

3. 程序的瑕疵是否会影响最终决议结果。

结合本案,首先,涉案股东会会议于开会 15 日以前通知了公司的股东,原告亦收到了通知,但未参会。故本次股东会的召集程序并不影响原告获取参会的信息或参与表决所需的信息,未参会系其自己对其股东权利的处分。其次,股东会的召集仅是表决前的发起程序,案涉股东会是否由董事会召集并不导致原告无法参加表决、无法公平参与多数意思的形成。再次,会议表决事项为更换董事和监事,参会股东所持表决权占公司表决权的 59.1123%,代表公司 56.6376% 的表决权股东表决同意。依据被告章程的规定,更换公司董事、监事属于股东会的职权范围,且不属于必须经代表 2/3 以上表决权的股东通过的事项,符合公司章程对于股东会更换董事、监事的决议比例,且已取得半数以上股东同意。故本次股东会非由董事会召集这一事实并未对决议结果产生实质性影响。

综上,案涉股东会的召集程序上的瑕疵,应认定为轻微瑕疵,案涉股东会决议依法不应当被撤销。

法院判决:

驳回原告的诉讼请求。

150. 股东会通知中应当包括哪些内容?

《公司法》仅规定股份有限公司在会议通知中应当将会议召开的时间、地点和审议事项通知全体股东。但对于有限责任公司的通知内容未具体明确规定,建议可在公司章程中参照股份有限公司会议通知内容先行规定,然后根据公司实际情况进行明确。

151. 股东会、董事会的会议通知一般可采用哪些方式送达？不同的送达方式下，分别有哪些注意要点？

虽然《公司法》并未明确规定，但一般可以采取以下通知方式：

（1）书面送达：可以通过邮寄、传真或电子邮件等方式发送书面通知。实践中，常以 EMS 邮寄送达为首选方式，该方式能确保通知准确送达并方便留存证据。选择邮寄送达方式时，需要注意以下几点：

①确保收件地址有效。首选公司章程等内部文件中经本人确认的预留地址，其次选择股东实际可以接收到的户籍地址、住址等，为确保收件，如股东有多个地址的，也可同时向多个地址邮寄。

②应在快递单上预留准确的收件人联系方式，确保在送件时，快递员能够通过该联系方式联系上收件人。

③在快递封面写上文件名称，如第×次股东会会议通知，以保障收件人知晓快递文件内容。

④寄送之后，请取回并妥善留存盖有邮戳的 EMS 快递底单，或登录邮政官网打印送达签收的物流信息。

（2）社交软件通知：随着信息技术的不断发展和普及，通过短信、微信、QQ 等信息媒介通知也逐渐成为被普遍认可的方式。

（3）电话通知：对于无法及时接收书面通知的股东，可以通过电话进行口头通知。鉴于口头通知时，难以进行证据保存，故电话通知后，最好再以书面形式确认，以确保通知的有效性。

实践中，存在因公司无法举证证明其已全面履行了通知义务，而使决议被撤销的案例。因此，如何完善通知方式成为保证股东会会议合法有效的重要前提。

从证据保全的角度来看，应注意以下三点：

①在股东初次成为公司股东时，公司应当留存其联系地址、电话、手机、邮箱及传真，并由股东进行确认。

②进行会议通知时，以书面通知并要求签收回执为宜，并辅以电话通知或传真通知。特别是口头通知以后，应及时补充书面通知内容，以免纠纷发

生时举证不能。

③电话通知的证据保全。对于重要的电话通知内容，应将通话内容录音，以保全证据。如以录音作为证据，还应对通话录音的真实性、完整性进行公证，并以网络运营商提供的通话详单作为佐证，以增强其证明效力。

（4）采取送达公证进行通知。在公证处提供的公证业务中有现场送达业务，即送达文书时，同时邀请公证处两名公证人员一同前往，一旦发生当事人拒签情形，发件人可当即在送达回证上记明拒收事实，并由公证人员在送达回证上签字，而后将文书留置于现场，从而完成送达程序。

（5）公告送达。在公司章程或股东会议事规则中，约定公司会议通知将在公司官方网站上发布。需要特别注意的是，公开发行股份的公司，应当以公告的方式就股东会会议召开的时间、地点、审议的事项以及临时提案的议题和决议事项作出通知。

152. 如果股东拒收快递，能否认定会议通知已送达？如果股东不回复邮件或短信，是否视同会议通知已送达？

实践中，原告股东往往采取拒收邮件、不回复短信或微信的方式来消极对抗通知的送达，后再以召集人未尽到通知义务为由提起决议撤销之诉。法院在处理上述纠纷时，往往会结合召集人是否已穷尽通知的送达方式及收件人是否存在拒收通知以阻止股东会进程的主观恶意来判断召集人是否履行了通知义务。

根据一般日常生活经验，邮政公司在派件时，会通过电话或短信的方式与收件人联系，告知邮件投递情况。因此，只要符合一般送达要求，就视为已送达，股东拒收通知应视为自愿放弃参加股东会会议的权利。

但也存在例外情况，如果召集人明知或有可能知道股东的常用地址却往其非常用地址送达，且不通过邮寄以外的其他方式进行送达，存在明显故意阻挠股东参与股东会的恶意，则不视为送达。

同理，针对股东不回复微信或邮件的情况，法院会结合该微信号或邮件地址是否属于股东本人，或股东虽未就通知进行回复，但在通知发送前后，是否有与该股东微信或邮箱沟通的记录等判断通知是否进行了送达。

第五章 公司决议纠纷

【案例55】拒收邮件不回微信不读邮件　法院认定通知已送达决议不撤销[1]

原告：刘某

被告：网络公司

诉讼请求：撤销被告于2021年4月10日作出的股东会决议。

争议焦点：在原告拒收快递，不阅读邮件、微信和短信的情况下，被告向原告发送的股东会通知是否能被视为送达。

基本案情：

被告股东为原告（持股38%）、案外人张某（持股42%）和案外人王某（持股20%）。案外人张某担任被告执行董事。

被告章程规定，股东会会议分为定期会议和临时会议。定期会议应每年召开一次。临时会议可由代表1/10以上表决权的股东或者执行董事、监事提议召开。公司应当于会议召开15日前将会议议题通知全体股东。

2021年3月21日，案外人张某通过EMS特快专递向原告的工作地址以及原告的居住地址各邮寄一份被告关于召开2021年度临时股东会的通知，该两份邮件分别于2021年3月24日、2021年3月25日被退回，退回原因均是收件人拒收。

2021年3月22日，案外人张某向原告发送手机短信，内容为被告关于召开2021年度临时股东会的通知，该短信显示为未阅读。同日，案外人张某向原告的QQ邮箱发送一封标题为"被告关于召开2021年度临时股东会的通知"的电子邮件，该电子邮件显示为未阅读。同日，案外人张某在被告的微信股东群中将被告关于召开2021年度临时股东会的通知的具体内容作为短消息发送，原告一直在该微信群中，但上述短消息显示为未阅读。

2021年4月10日，被告实际召开股东会，该股东会由案外人张某主持，实到股东二人，分别为案外人张某和案外人王某，原告未出席。该次会议决议内容载明，原告向案外人张某移交公司印章、营业执照、开户许可证、财务资料及业务资料，选举更换公司监事为案外人郑某。

---

[1] 参见山东省济南市中级人民法院（2021）鲁01民终8537号民事判决书。

2021年4月18日，案外人张某在被告微信股东群中将股东会决议的内容予以公布并向原告发送相应的手机彩信，相应的短消息及彩信均显示为未阅读。此后，原告从案外人孟某处得知该股东会决议内容。

原告诉称：

案外人张某和案外人王某在原告毫不知情的情况下擅自单方召集了股东会，并在原告缺席的情况下，单方通过了股东会决议，侵害了原告的股东权益。

被告辩称：

本次股东会召集程序符合法律及章程规定，召开股东会的时间、地点、议题均已提前15日以上告知原告。2021年3月21日、22日，案外人张某通过EMS邮寄、微信股东群、手机彩信、邮箱等通知方式，向原告送达了《被告关于召开2021年度临时股东会的通知》，召开股东会的时间、地点、议题均已提前15日以上告知原告，符合《公司法》及公司章程的规定。

法官观点：

被告章程规定，股东会会议分为定期会议和临时会议。定期会议应每年召开一次。临时会议可由代表1/10以上表决权的股东或者执行董事、监事提议召开。公司应当于会议召开15日前将会议议题通知全体股东。

本案中，被告于股东会15日前，分别通过EMS特快专递、手机短信、QQ邮件、微信群消息等方式向原告发送了临时股东会的通知，现无证据显示被告当时明知原告有其他联系地址而不予送达，应当认定原告已经履行了合理的通知义务。对被告主张其未收到相关通知的理由，不予支持。

法院判决：

驳回原告的诉讼请求。

【案例56】明知常住地却故意向户籍地寄送通知　股东拒收视为未通知①

原告： 管理公司

---

① 参见上海市第二中级人民法院（2022）沪02民终7123号民事判决书。

被告：杨某

诉讼请求：确认原告于 2021 年 11 月 30 日作出的股东会决议有效。

争议焦点：

1. 原告在明知被告常住地且可以通过多渠道联络被告的前提下，仅通过向被告户籍地寄送 EMS 的方式通知被告召开股东会，被告拒收该信件是否能视为通知已送达；

2. 最高人民法院关于邮寄送达的相关规定能否参照适用于股东会通知材料的送达。

基本案情：

原告股东为被告（持股 28%）、案外人王某（持股 42%）、案外人投资公司（持股 20%）和案外人广集公司（持股 10%），其中案外人王某担任法定代表人。

2019 年 8 月 30 日，原告在《上海法治报》登报公告原告遗失营业执照正、副本，证照编号：××××××××××××0808（809），声明作废。

2021 年 11 月 11 日，案外人王某作为召集人作出《召开 2021 年临时股东会的通知》，通知载明 2021 年 11 月 30 日召开临时股东会，审议补办公司证照的议案。案外人王某通过 EMS 向被告户籍地邮寄上述通知，原告在面单上注明了"股东会通知"字样和被告的手机联系方式，但被告拒收了上述信件。

被告和案外人王某在内的四人设有名为"股东会"的微信群。2021 年 7 月，案外人王某曾在该微信群内通知各股东参与 2021 年 8 月召开的股东会，但本案所涉股东会通知并未在微信群里发布。2018 年 8 月，案外人王某曾通过快递公司向被告的常住地邮寄信件被签收，被告的常住地与户籍地不同。

2021 年 11 月 30 日，案外人王某、案外人投资公司和案外人广集公司共同审议通过了《补办公司证照的议案》，决议内容为：鉴于原告的营业执照正、副本和公章已遗失（遗失公告已发布），公司全体股东同意按照市监局的要求，在指定时间全体前往市监局申请补办上述证照。

被告未参与会议，亦未作出表决，也未按决议要求前往市监局。

原告诉称：

原告不仅依照工商档案记载的被告身份证地址发送了会议通知，还专门用最高有效级别的中国邮政 EMS 通知方式，在快递封面上特别注明了被告的联系电话及"股东会通知"字样，且快递已经"电联"被告，但被告仍拒收文件。被告在知道或者应该知道邮件的基本内容的情况下拒收邮件，属于恶意拒收，根据《最高人民法院关于以法院专递方式邮寄送达民事诉讼文书的若干规定》（法释〔2004〕13 号），应视为通知已送达且应认定被告知悉信件内容。

被告辩称：

被告身份证所载住址并非其有效送达地址，原告明知前述情形，仍故意向原告身份证所载住址，而非向其实际居住地或办公地址等更易接收的地址寄送股东会通知材料，亦未选择向惯常使用的微信群中发送通知，原告对此存在明显的故意，意图阻挠被告参加该次股东会。本案诉讼之前，被告从未知晓股东会通知邮件的基本内容，且该邮件并未实际签收，本案股东会通知并未有效送达被告。

法官观点：

1. 原告虽称其已在召开案涉股东会之前 15 日向被告邮寄送达了会议通知，但其并未提供充足、有效的证据予以佐证。

原告虽于 2021 年 11 月 11 日通过 EMS 向被告的户籍地址邮寄了会议通知，但该快递经邮递员电话联系后已被被告拒收并退回。被告在拒收邮件期间确未居住于前述户籍地址，故被告拒收上述信件存在正当理由。即便被告居住于前述户籍地址，但并无证据证明被告在电话拒收快递时已获悉信件内容为股东会决议的通知并存在恶意拒收的情形，更何况在原告掌握有被告电话、微信、常住地址的前提下，原告可基于电话、短信、微信、信件等多种方式通知被告，不存在送达不能的情况。

就有限责任公司而言，股东会是股东行使权利的场所，是通过股东会对相关事项作出决议的机构，换言之，股东通过参加股东会行使股东权利，决定公司重大事项。本案中，原告未通知股东参会的行为系从根本上剥夺了被告作为股东行使表决权的机会和可能，因此案涉决议不具有法律效力。

2. 原告提出根据《最高人民法院关于以法院专递方式邮寄送达民事诉讼文书的若干规定》，本案关于会议通知的邮件应属有效送达，但该司法解释的适用情形为法院送达民事诉讼文书，并不针对公司股东会通知材料之送达。

法院判决：

驳回原告的诉讼请求。

153. 股份有限公司的董事会或监事会在接到股东要求召开股东会的请求后，应在多长时间内回复？

股份有限公司的股东向董事会或监事会申请召开股东会，董事会或监事会应就"是否召开会议"限期回复，期限为收到股东请求之日起 10 日内，并书面答复股东。

154. 股份有限公司中，谁有权提出临时提案？提出临时提案有什么时间限制？

股份有限公司中，单独或者合计持有公司 1% 以上股份的股东，可以在股东会议召开 10 日前提出临时提案并书面提交董事会。临时提案应当有明确议题和具体决议事项。

需要注意的是，公司不得提高提出临时提案股东的持股比例。

155. 有限责任公司和股份有限公司中，股东行使表决权有何差异？股份有限公司发行了类别股的，对特别决议事项的表决程序会产生什么影响？

有限责任公司股东按出资比例行使表决权，而股份有限公司股东每一股份有一表决权，类别股股东除外。公司持有的本公司股份也没有表决权。

如果股份有限公司发行了类别股，特别决议事项除了应在普通股股东会议上进行表决以外，还应当经出席类别股股东会议的股东所持表决权的 2/3 以上通过。但公司章程可以对需经类别股股东会决议的具体事项作出规定。

156. 有限责任公司与股份有限公司在统计表决权通过比例时，对于弃权票及拒签决议股东的票数如何归集？统计有限责任公司与股份有限公司的表决权基数的差异是什么？股东存在应回避表决的情形的，其持有的表决票应如何处理？

目前《公司法》、《证券法》或《上市公司治理准则》针对股东会的表决结果都未明确规定"弃权"，仅对决议表决时的异议作了规定，但从当前司法实践看，未填、错填、字迹无法辨认的表决票以及未投的表决票都被视同弃权票，弃权票在计票时被计入总体的表决权基数（即分母）中。至于拒签决议股东所持的表决权票，通常直接计入总体的表决权基数中，不再刻意区分是弃权或反对。

综上所述，表决权通过比例＝投赞成票的表决权比例/（反对票＋赞成票＋弃权＋拒签决议票）的表决权比例。

有限责任公司和股份有限公司的差异在于，有限责任公司以全体股东表决权为计算基数，即股东无论是以投弃权票的方式还是以不出席会议的方式消极弃权，都被归入弃权票的计数中；但股份有限公司以出席股东会股东的表决权为计算基数，即弃权票的计数仅涵盖出席会议但在会上有投弃权票、不投票、错填等行为的股东。

目前存在争议的情形多为存在利害关系需要回避表决时，该股东回避表决是否应当被视为弃权票。司法实践中，普遍认为该类型的股东不享有表决权，因此将其所持表决权数从计票基数（即分母）中扣除。

157. 法院对有争议的公司决议是否可以进行合理性审查？

不审查。法院在审理公司决议纠纷案件中应当就会议召集程序、表决方式以及决议的合法性和合章性进行审查。在未违反法律或公司章程的前提下，该决议是否有利于公司以及是否具有合理性，属于商业判断的范畴，而不属于司法审查范围。

【案例57】董事会决议实质变更章程　法院判决撤销决议[①]

原告：方洪公司

被告：添跃公司

第三人：大竹公司

诉讼请求：撤销被告于2018年7月1日通过的董事会决议的全部事项。

争议焦点：被告章程规定了组织机构并实行总经理负责制，董事会作出决议解聘总经理，并由董事长代为履行总经理职权，且由董事长负责具体经

[①] 参见上海市第二中级人民法院（2019）沪02民终4260号民事判决书，本案系人民法院案例库入库案例。

营事项等，是否构成对被告章程的实质性修改，决议是否可被撤销。

基本案情：

原告和第三人是被告的发起股东，股权比例分别为 30% 和 70%。原告与第三人共同签署的章程中，第 13 条规定，"股东会会议作出修改公司章程、增加或者减少注册资本等重大决议，必须经全体股东一致同意"。第 14 条规定，"公司设董事会，成员三名，由股东双方委派，其中第三人委派两名，原告委派一名；董事会设董事长一人，由第三人委派的董事担任"。第 15 条规定，"董事会行使包括召集股东会会议、聘任或者解聘总经理在内的各项职权；董事长行使召集和主持股东会、董事会会议，审批年度、月度预算，或者月度预算之外的费用支出的职权"。第 19 条规定，"公司实行总经理负责制，设总经理一名，由原告委派，总经理全面负责公司经营管理，对董事会负责，行使包括拟定公司内部管理机构设置方案、制订除应由董事会批准之外的公司各项管理规章制度、代表公司对外签署各类合同、在董事会授予的权限内审批公司费用支出在内的各项职权"。

原告向被告出具过一份《总经理委派通知书》，内容为委派案外人汤某担任被告总经理。第三人向被告出具过一份《告知函》，内容为委托案外人刘某为被告公章、法人章、财务章的共同保管人。案外人刘某也向被告出具过一份《承诺函》，主要内容为：作为第三人委派至被告的印章管理人，明确与原告委派的印章管理员共同管理被告公章，被告印章在章程规定的总经理权限内的事项，总经理审批通过后，根据审批结果无条件用印，在总经理未审批通过的情况下不得擅自使用印章。

2018 年 6 月 22 日，被告董事长案外人余某按章程规定向全体董事发布了于 2018 年 7 月 1 日召开临时董事会的会议通知。

2018 年 7 月 1 日，董事会会议按时召开。会议决议显示，由第三人委派的董事长案外人余某和案外人冯某出席了会议，原告委派的董事兼总经理案外人汤某未参会。会上作出董事会决议，决议事项包括：

1. 公司印章、证照、重要文件、重要合同由董事长负责保管管理；

2. 所有对外签订的合同需由承办人员逐级发起审批，最后由董事长审批后，方可由总经理或承办人员代为办理；

3. 所有资金、费用必须经董事长签字审批后方可执行；

4. 公司办公地址搬迁，原用办公室对外出租；

5. 通知各租户暂不将租金缴纳至被告被冻结银行账户，待新的收租账户信息确定后再通知租户缴纳；

6. 和案外人米地公司协商由其暂时收取租金，租金全部汇入其指定账户；

7. 同案外人陈某商洽拖欠的 4500 万元租金支付事宜，争取缓交租金；

8. 同总包方案外人住安公司洽谈落实工程款支付事宜，在此之前争取案外人住安公司申请法院解除冻结公司银行账户；

9. 解除与案外人物业公司的物业管理合同，选聘新的物业公司；

10. 解聘案外人汤某的总经理职务，在原告委派新的、被董事会决定聘任的总经理之前，暂时由董事长案外人余某代理总经理职务，代为履行总经理职权。

原告诉称：

针对系争决议第 1 项，原告与第三人已经以往来函件方式确定被告公章由双方共管，该合意系被告全体股东在章程之外对于印章保管问题的一致意见，合法有效，且已实际贯彻执行至今，决议涉及该项议题也应遵守，非经股东合意不得变更，而公司证照、重要文件、重要合同的保管均不属于董事会、董事长的职权范围。

系争决议第 2 项是被告章程规定的总经理职权，而非董事会、董事长的职权。

系争决议第 3 项扩大了董事会及董事长的职权范围，妨碍了总经理行使职权。

系争决议第 4 项决定变更被告办公地址，实质是变更了住所地，违反了被告章程对公司住所地及董事会职权范围的规定。

系争决议第 5~9 项均属公司经营事项，是被告章程规定的总经理而非董事会的职权范围。

系争决议第 10 项实质是将被告由章程规定的"原告委派的总经理负责制"变更为"第三人委派的董事长负责制"。在总经理聘任和解聘问题上，原告的委派或更换委派是实质，董事会只是履行聘任或解聘程序，没有决定权；

未经原告委派或变更委派,董事会不得聘任或解聘总经理,才符合全体股东的真实意思表示,否则将从实质上剥夺章程赋予原告的总经理委派权。

作为大股东的第三人与作为小股东的原告设立公司签署章程时的真实意思表示,就是小股东全面负责被告经营,被告成立至今也一直是小股东委派的总经理全面负责。解聘总经理并非被告的正常商业决策,其实质是排挤小股东、重新分配公司内部权力和利益。若总经理被强行解聘,小股东经营权随之被剥夺,大股东的不当目的将完全实现。

因此,前述董事会决议违反被告章程的有关规定,严重侵害原告利益,依法应予撤销。

被告未作答辩。

第三人称：

系争董事会决议第1~3项是公司经营中的重大基本事项,属于公司的基本管理制度,根据被告章程第15条的规定,基本管理制度由董事会批准;系争董事会决议第4项是实际办公地址的搬迁,而非变更企业注册地;根据被告章程第19条的规定,被告实行总经理负责制,但董事会有权任免总经理。

董事会决议解除案外人汤某总经理职务完全符合《公司法》及章程规定。被告自始至终都是这样的经营模式,不存在总经理职权的实质性剥夺,更不存在公司利益的危害。因此,系争董事会决议的程序、内容都符合法律及被告章程的规定,不应撤销。

法官观点：

被告章程第13条、第14条、第15条及第19条内容均属公司组织机构方面的规定,属公司治理结构范畴,是公司股东对公司的经营管理及绩效改进进行监督、激励、控制和协调的一整套制度安排,通常由股东会、董事会、经理层和监事会组成,而每个机构的职权则由《公司法》及章程进行规定,并会因章程规定的不同而有所区别。各机构依据法律或章程所赋予的职权范围运作,彼此间既协作又相互制衡。

具体到被告,从其章程中关于股东会、董事会(或董事长)、总经理的职权范围的规定来看,公司实行总经理负责制,总经理由原告委派,全面负责公司经营管理,董事会有权聘任或者解聘总经理,可以看出原告作为小股东在经营权控制、防止第三人作为大股东滥用表决权优势的考虑以及第三人就此作出的权利让渡，而相关制度安排应该在公司运作中被尊重和遵循。

系争决议共 10 项，第 1 项是关于公司印章、证照、重要文件的保管及管理，其中原告与第三人已另行就共管被告印章达成合意，故不属于被告章程第 15 条所规定的由董事会批准的基本管理制度，而证照、重要文件的保管及管理问题，在被告章程中没有规定；第 2 项决定公司对外签订的合同由董事长审批，本属章程第 19 条规定的总经理职权范围；第 3 项决定所有资金、费用的支出由董事长审批，而依照被告章程第 15 条及第 19 条的规定，董事长只审批月度预算之外的费用支出，其他资金、费用的支出由总经理审批；第 4 项决定将公司办公地址全部搬迁，原用办公室对外出租（原用办公室即章程规定的住所），应视为公司住所的实质变更；第 5 项关于通知各租户暂缓缴纳租金、第 6 项关于与案外公司协商由其暂时收取租金、第 7 项同案外人商洽拖欠的租金支付事宜、第 8 项关于同总包方洽谈落实工程款支付等事宜、第 9 项关于解除物业管理合同等事宜，均应属于被告章程第 19 条规定的总经理所负责的生产经营管理工作范围；第 10 项解聘案外人汤某总经理职务，暂时由董事长即案外人余某代理总经理职务，代为履行总经理职权，被告章程规定董事会有权解聘总经理，但并未规定总经理被解聘后由董事长代行总经理职权，而一旦允许由第三人委派的董事长代行总经理职权，将导致原告基本丧失对被告的经营管理权，总经理负责制名存实亡。

原告认为作为大股东的第三人滥用股东地位，解聘总经理是为了排挤小股东，董事会决议有违被告章程第 19 条的规定。对此，公司治理中股东资本的多数决是常态，小股东的保护本质上是因为公司大股东滥用地位得到了超额的利益。因此，小股东特别保护的前提是其利益被损害，而股东之间人合性的破裂不能被视为对小股东利益的损害，在新的总经理被委派之前，亦无从推断得出大股东滥用股东地位侵害小股东利益的结论。

通过上文将系争决议的内容逐项与被告的章程进行比照，根据被告章程的规定，修改章程是股东会的职权范围，修改章程的决议必须经全体股东一致同意。因此，10 项决议中，除了解聘案外人汤某总经理职务外的其余决议事项均构成对被告章程有关规定的实质性变更，依法应予撤销。被告根据系争决议已办理变更登记的,应向公司登记机关申请撤销变更登记。

法院判决:

被告于 2018 年 7 月 1 日通过的董事会决议中除"解聘案外人汤某总经理职务"外的其余事项予以撤销。

158. 在公司决议撤销诉讼中,公司重新作出股东会决议,撤销原股东会决议,已经进行的诉讼应如何处理?

立法对于是否允许股东通过"作出新决议消除原决议瑕疵"没有直接规定。

对于可撤销的决议,目前司法实践中存在以下两种观点:

一种观点认为法院应当驳回诉请。公司股东会决议如存在瑕疵,应当首先鼓励和促使公司自治机关自行解决内部冲突,在公司股东会形成新决议并消除了原有瑕疵后,对原决议不再有通过司法程序撤销的意义,应当驳回原告的相应诉讼请求。

另一种观点则认为法院应当继续审理。为了保护股东参与公司治理的权利,应注重会议程序的公正而非表决内容与表决结果。如果原决议存在程序瑕疵,公司形成内容相同的新决议并不能改变原决议存在程序瑕疵的事实。

【案例58】新决议覆盖旧决议实质内容　请求撤销旧决议被驳回[①]

原告: 投资公司

被告: 生物股份公司

诉讼请求: 撤销被告 2016 年 5 月 20 日股东会通过的免去案外人林某独立董事职务、增补案外人刘某为独立董事的决议。

争议焦点:

1. 章程规定不得无故免职独立董事,但被告通过股东会决议无故免除了案外人林某的独立董事职务,该决议内容瑕疵是否会导致决议被撤销;

2. 章程规定独立董事选举采用累积投票制,但本次股东会在选举独立董

[①] 参见江苏省无锡市中级人民法院(2017)苏 02 民终 2736 号民事判决书。

事时采用一股一票的形式,违反了章程规定,该程序瑕疵是否会导致决议被撤销;

3. 两名股东分别提案,各对一名独立董事提议罢免,又各为其推荐了替代者,公司应将两项提案合并表决是否合理,该表决程序瑕疵是否导致决议被撤销;

4. 原告要求撤销案外人刘某任职独立董事的决议,但在案件审理期间,由于董事任期届满刘某已卸任,原决议是否还有撤销的必要。

基本案情:

被告系上市公司,被告章程规定:公司董事(含独立董事)的选举实行累积投票制,采用差额选举形式;独立董事连续出现3次未亲自出席董事会会议的,由董事会提请股东会予以撤换;除出现上述情况及公司法中规定的不得担任董事的情形外,独立董事在任期届满前不得无故被免职。

2016年4月27日,被告董事会作为召集人发布了召开2015年股东会的通知,通知载明将于2016年5月20日14:30召开股东会。

2016年5月9日,作为股东的案外人徐某依法向被告董事会提交了临时议案,包括《关于罢免林某独立董事职务的提案》和《关于增补刘某为第七届董事会独立董事的提案》。同日,原告也依法向被告董事会提交了临时议案,包括《关于罢免公司独立董事卢某的提案》和《关于选举王某为第七届董事会独立董事的提案》。

2016年5月17日,被告发布《召开2015年股东会的提示性公告》,公告列明,原5月9日发布的通知中列明的2015年股东会的时间、地点、股权登记日等事项均保持不变。会议审议事项:……9. 审议关于免去案外人林某独立董事职务,增补案外人刘某为第七届董事会独立董事的议案……11. 审议关于免去案外人卢某独立董事职务,选举案外人王某为第七届董事会独立董事的议案。

2016年5月20日,被告股东会按时召开,并根据公告列明的审议事项逐一表决,其中针对上述第9项和第11项事项表决时采用了将免职和增补议案合并表决的形式;并且在选举独立董事的相关议案表决时,采用了一股一票的形式,而非章程规定的累积投票制。

第五章
公司决议纠纷

同日，被告发布《2015年股东会决议公告》，公告披露相关议案审议情况如下：

第9项审议事项：通过关于免去案外人林某独立董事职务，增补案外人刘某为第七届董事会独立董事的议案。表决情况：同意股占出席会议所有股东所持表决权的53.28%；反对股占出席会议所有股东所持表决权的46.31%；弃权股占出席会议所有股东所持表决权的0.41%。针对该议案，原告投了反对票。

第11项审议事项：未通过关于免去公司案外人卢某独立董事职务，选举案外人王某为第七届董事会独立董事的议案。表决情况：表决结果同意票未达到出席会议有效表决权股份总数的1/2以上。针对该议案，原告投了赞成票。

案件审理期间，被告于2017年1月19日召开了2017年第一次临时股东会，本次股东会决议载明鉴于第七届董事会任期届满，故对第八届董事会进行了改选，采用累积投票制在案外人沈某、案外人马某、案外人刘某、案外人王某、案外人廖某和案外人温某这6个候选人中差额选举出了案外人沈某、案外人马某和案外人廖某担任被告第八届董事会独立董事。同日，案外人刘某卸任被告独立董事一职。

原告诉称：

1. 独立董事案外人林某在履职期间，不存在连续出现3次未亲自出席董事会会议，也不存在《公司法》规定的不得担任董事的法定情形，该决议无故对独立董事免职，决议结果应当予以撤销。

2. 选举独立董事应当按照被告章程规定，采用累积投票制的方式进行，但本次表决采用的是对小股东不利的一股一票的形式，限制了小股东的权利。因此，表决方式违反公司章程规定，决议结果应当予以撤销。

3. 案外人徐某增加的临时提案为《关于免去林某独立董事职务的议案》和《关于增补刘某为第七届董事会独立董事的议案》。董事会在公告和表决时，却将上述两项议案合并，造成对同意免去案外人林某独立董事职务，但不同意增补案外人刘某为第七届董事会独立董事的股东无法行使表决权。该合并表决的方式剥夺了股东的表决权，决议结果应当予以撤销。

4. 虽然案外人刘某不再担任独立董事，但其离任原因系第七届董事会任期届满，不是因形成新的决议而变更了原告起诉涉及的相关内容，涉案决议仍具有可撤销内容，应当予以撤销。并且被告系上市公司，涉案决议仍然处于公示状态，对其他上市公司和社会公众而言，具有一定的参照性，违规议案不被撤销，缺乏合法性和合理性。

被告辩称：

1. 被告章程只规定选举实行累积投票制，选举是指换届，并没有规定更换董事需要实行累积投票制。本次股东会议案内容是董事的更换而不是董事的换届，因此不适用累积投票制，而适用普通决议。

2. 董事会之所以将免职和增补议案合并表决，是因为这两个临时提案系互斥议案，若分开表决，则可能出现免去案外人林某独立董事职务的议案通过，但增补案外人刘某为第七届董事会独立董事的议案未通过的现象，从而导致被告独立董事人数无法满足法律规定的最低人数。因此，基于互斥议案的特殊性质，将上述两个临时提案合并表决符合程序规定。

3. 被告于2017年1月19日召开股东会选举了独立董事，案外人刘某已经不再是公司的独立董事，再判决撤销原决议没有实际意义。

法官观点：

1. 2016年5月20日股东会通过的诉争决议在内容和表决方式上违反了被告章程，属于可撤销的瑕疵决议。

（1）关于决议内容。被告章程规定，除独立董事连续出现3次未亲自出席董事会会议的情况以及《公司法》中规定的不得担任董事的情形外，独立董事任期届满前不得无故被免职。本案中并无证据反映作为独立董事的案外人林某具有上述可免职情形，故案涉股东会罢免案外人林某独立董事职务属于无故免职，不符合章程规定。

（2）关于表决方式。第一，合并表决问题。案外人徐某提议免去案外人林某独立董事职务，增补案外人刘某为独立董事，同时原告提议免去案外人卢某独立董事职务，增补案外人王某为独立董事。对此，股东大会将一个免职议案与一个选举议案合并表决，确有可能影响股东正确行使表决权，比如同意选举案外人刘某的股东，就必须同意罢免案外人林某，而不能选择罢免案外人卢某，故两项议案分别表决更具有合理性。第二，投票方式问题。本案涉及的独立董事任免属于届中更换，完整的更换过程经历两个环节：一是免去原独立董事职务；二是选举新独立董事。对于选举环节，应当适用章程规定的选举规则。根据被告章程规定，应当采用累积投票制进行选举。因此，案涉股东会采用一股一票方式进行选举，不符合章程规定。

2. 基于异议股东对同类议案的实际投票行为以及被告已召开新的股东会选举独立董事的事实，诉争的有瑕疵的决议不再有撤销的必要。

原告对同类议案投赞成票的行为视为对表决方式的认可。案涉股东会对诉争的免去案外人林某独立董事职务并增补案外人刘某为独立董事的议案，和原告提议免去案外人卢某独立董事职务并增补案外人王某为独立董事的议案，适用了同样的表决方式，原告称其当场对表决方式提出异议，但从最终投票行为看，其对自己的议案投了赞成票，可见其已以行为表明对本次股东会中与独立董事任免相关的表决方式予以认可并遵照执行，故而不应当允许其在投票结果非其所愿时又以此为由提出异议，这种任意反复的行为有违诚信原则，不应得到支持。

被告召开新的股东会选举了独立董事，原瑕疵决议的实质内容已被新决议覆盖。公司作为一个自治机构，对经营事务的管理均通过公司机关来完成，股东会即为平衡股东利益、解决内部冲突的自治机关，如股东会决议存在瑕疵，也应当尽力由公司自行解决，尊重并促使内部处理机制发挥作用，减少司法干预。

本案的实质争议内容在于对独立董事的任免，对此被告于2017年1月19日召开股东会，仍将案外人刘某和案外人王某作为候选人之一，采用符合章程规定的差额选举制和累积投票制选举了独立董事。在新决议形成后，案外人刘某不再是被告的独立董事，且原第七届董事会任期已满，案外人林某也不再有被恢复独立董事职务的现实可能性，至此原瑕疵决议的实质内容已被新决议覆盖，被告在独立董事的任职问题上应执行2017年第一次临时股东会形成的新决议，故对已经失去执行效力的诉争决议再行撤销之处置，并无实际意义。

法院判决：

驳回原告的诉讼请求。

159. 股东是否可以诉请部分撤销公司决议？

对于决议程序违法或违反章程的，因会议整体程序存在瑕疵，不能部分撤销该决议。

如决议中部分内容违反公司章程，而其余内容没有违反公司章程，则可以撤销部分决议，其余内容仍然有效。

160. 上市公司的审计委员会对于董事会决议事项将产生什么影响？

上市公司在董事会中设置审计委员会的，董事会对下列事项作出决议前应当经审计委员会全体成员过半数通过：

（1）聘用、解聘承办公司审计业务的会计师事务所；

（2）聘任、解聘财务负责人；

（3）披露财务会计报告；

（4）国务院证券监督管理机构规定的其他事项。

161. 决议无效的构成要件中，"违反法律、行政法规"，是否必须为违反法律、行政法规的强制性规定？

根据《民法典》第 134 条规定，公司作出决议亦属于民事法律行为。故决议的效力认定亦应适用《民法典》关于法律行为效力的相关规则。《民法典》第 153 条第 1 款规定："违反法律、行政法规的强制性规定的民事法律行为无效。但是，该强制性规定不导致该民事法律行为无效的除外。"

故笔者认为《公司法》所称的"违反法律、行政法规"，是指违反法律、行政法规的效力性强制性规定。

【案例 59】未依法选举职工监事　成立监事会的股东会决议被判无效[①]

原告：冷藏公司

被告：物流公司

第三人：水产公司、魏某礼、魏某鸿、徐某、孔某

[①] 参见上海市第二中级人民法院（2017）沪 02 民终 891 号民事判决书，本案系《中华人民共和国最高人民法院公报》案例。

诉讼请求：

1. 确认被告股东会决议中关于公司监事会组成的决议条款无效；
2. 被告向工商部门申请撤销监事会成员备案登记。

争议焦点：

1. 职工监事是否必须与公司签订劳动合同或者具有事实上的劳动关系；
2. 已退休但未返聘的第三人魏某礼是否适格；
3. 如以股东会决议成立的监事会职工监事比例不足1/3，该决议效力应当如何认定。

基本案情：

原告与第三人水产公司为被告股东，分别持有50%的股权。被告章程规定公司设监事会，成员3人，监事会中有职工代表1人，由公司职工通过职工代表大会、职工大会或者其他形式民主选举产生。

2014年4月30日，被告作出一份股东会决议，决议第2项：设立公司监事会，聘请第三人徐某和第三人孔某为股东代表监事，免去第三人魏某鸿监事职务，另一名职工监事由第三人魏某礼担任。

被告工商内档中备案有一份落款日期2014年4月30日的职工代表大会决议，主要内容为：被告职工代表大会于2014年4月30日召开，应到职工代表5人，实到5人，会议由第三人魏某礼主持；会议选举第三人魏某礼为公司职工监事；同意5人，占职工代表总数100%；与会职工签名落款处未见第三人魏某礼签名，但有5位案外人"朱某""范某""杨某""凌某""张某"的签名。

第三人魏某礼曾任被告法定代表人和执行董事，但于2008年退休后就未与被告签订过返聘合同；职工代表大会决议上签名的案外人范某和案外人张某系被告在职职工，案外人杨某、案外人凌某和案外人朱某并非被告职工。

原告诉称：

第三人魏某礼并非被告职工，没有资格成为被告的职工监事，且职工代表大会上与会职工多数不是被告职工，选举程序不合法，系争股东会决议无效。

被告辩称：

选举第三人魏某礼作为职工代表监事的与会职工均有表决资格，其中案外人朱某正常缴纳社保，案外人杨某和案外人凌某有工资发放证据予以佐证。公司法上的职工并没有限定为劳动关系，应包括事实劳务关系、兼职人员等，第三人魏某礼具备担任被告职工监事的资格。

第三人水产公司、第三人魏某礼和第三人徐某称：

第三人魏某礼长期担任被告法定代表人，直至2013年才卸任，但仍然负责被告的一些事务，其被选为被告职工监事是通过选举程序产生，且通过系争股东会决议进行形式上的确认，故系争股东会决议所有条款体现各股东的真实意思，应为有效。

第三人魏某鸿称：

对系争股东会决议免除其监事职务予以认可。

第三人孔某与原告意见一致。

法官观点：

与公司签订劳动合同或者存在事实劳动关系是成为职工代表监事的必要条件。本案中，第三人魏某礼于系争股东会决议作出时已不再担任被告执行董事，且未在被告处领取薪水，即其与被告不存在劳动关系，故其不具备作为职工代表的资格。

被告职工代表大会决议与会职工签名栏中出现的案外人朱某、范某、杨某、凌某和张某5人中，只有案外人范某与张某可被认定为被告职工。鉴于形成前述职工代表大会决议的程序不符合相关法律规定，且第三人魏某礼并非被告职工，不具备担任职工监事的资格，故系争股东会决议中任命第三人魏某礼为被告职工监事的内容违反《公司法》中关于职工监事的规定，应属无效。

此外，《公司法》第51条第2款①亦规定职工代表的比例不得低于1/3，该比例系《公司法》中的效力性强制性规定，本案中第三人魏某礼不具备职工代表资格，另外2名监事系股东代表，职工代表比例为零，也违反前款规定。

---

① 现为《公司法》第76条规定。

法院判决：

确认被告于 2014 年 4 月 30 日作出的股东会决议中的第 2 项决议内容无效。

【案例 60】 名为"补偿"实为变相分配资产　股东会决议被认定无效[①]

原告： 谢某、刘某

被告： 化工公司

诉讼请求： 确认被告作出的给予每位股东发放补偿款 40 万元的股东会决议无效。

争议焦点：

1. 被告股东会决议作出的 40 万元补偿款属于分红性质还是职工福利；
2. 该种发放行为是否属于变相分配公司资产，是否导致决议无效。

基本案情：

被告是改制企业，现共有 25 名自然人股东，注册资本为 273.98 万元，案外人鲍某担任法定代表人。

两原告系被告股东，原告谢某持股 14.54%，原告刘某持股 13.38%。

在本案起诉前，两原告因认为被告法定代表人及其他管理人员侵害被告及两原告的利益，双方发生诉讼。前案中，两原告曾提出被告给两原告发放 40 万元赔偿或补偿款的调解方案。

被告为此召开股东会议，包括两原告在内的全体股东均到会。股东会以占股权 67.92% 的表决权通过股东会决议，决议内容为被告向每位股东发放补偿款 40 万元，两原告及另一位股东案外人邢某签字表示不同意。后被告通过转账方式向每位股东支付了 40 万元，两原告也收到了上述补偿款。

另外，被告每年均按出资比例进行分红，2012 年也进行了分红。

原告诉称：

股东会决议中的补偿款 40 万元是分红款。股东会决议分配资金总额达到

[①] 参见安徽省合肥市中级人民法院（2014）合民二终字第 00036 号民事判决书，本案系人民法院案例库入库案例。

1000万元，远远大于被告的注册资本。如果被告经营亏损，全体股东无权分配公司资产；如果被告经营良好，有可供全体股东分配的利润，该资产应当认定为红利。

被告应当按出资比例分配利润，未经全体股东一致同意，在被告章程无特别规定的情况下，股东会决议给予每位股东补偿款40万元。这实际上是在平均分配利润，直接侵害了部分股东的合法权益。两原告及其他股东签字表示反对时，该决议应当不具有法律效力。

被告辩称：

被告分发40万元补偿款不是进行利润分红，而是属于员工福利。该决议表决的提起及内容均未涉及利润分红，而是被告对股东多年辛苦经营的补偿。

《公司法》没有禁止被告对股东或职工发放福利，本次福利发放对象均具有被告股东和职工的双重身份。《公司法》没有任何条款对被告分发福利设定上限，同时，被告章程对此也没有任何限制。

40万元补偿款的决议不影响被告正常经营及降低被告的偿债能力。被告在分发40万元补偿款后，账户资金充裕，经营周转良好，各项资产及现金远远大于注册资本的数额，财务状况未出现任何问题，不存在可能侵害被告债权人利益的行为。此外，被告对外没有负债。

综上，本案的股东会决议不违反《公司法》及被告章程的规定，应为合法有效。

一审法官观点：

被告每年按出资比例给股东分配利润，在分红之外，经股东大会以超2/3的表决权通过决议给每位股东发放补偿款40万元，补偿款应定性为福利性质，不应认定为分红款。《公司法》与被告章程均规定了公司有权发放福利，被告章程也未规定发放福利的上限与下限，被告发放福利属于公司自治权范畴，司法权不宜主动干涉。

因此，两原告的诉讼请求无事实与法律依据，不予支持。

一审法院判决：

驳回两原告的诉讼请求。

二审法官观点：

1. 关于案涉款项的来源。

被告认为分发的款项来源于被告账面余额，但无法明确系利润还是资产。我国《公司法》采取的是法定公积金分配准则，即在未补亏以及未留存相应比例公积金的情形下，所获利润不得用于分配。被告有责任提供证据证明被告是否按照法律规定弥补亏损并提取了法定公积金，但被告未提交证据证明。

2. 关于案涉款项的性质。

根据通常理解，"福利"是指员工的间接报酬，一般包括健康保险、带薪假期、过节礼物或退休金等形式。从发放对象看，"福利"的发放对象为员工。本案中，决议内容明确载明发放对象系每位股东；从发放内容看，决议内容为被告向每位股东发放40万元，发放款项数额巨大，不符合常理。因此，被告关于发放款项为福利的辩称没有事实和法律依据。

若被告向每位股东分配弥补亏损和提取公积金后所余税后利润，则应当遵守《公司法》第35条①的规定分配，即股东按照实缴的出资比例分取红利；但是，全体股东约定不按照出资比例分取红利或者不按照出资比例优先认缴出资的除外。本案中，在全体股东未达成约定的情况下，不按照出资比例分配而是对每位股东平均分配的决议内容违反了上述规定。

本案所涉股东会决议无论是以向股东支付股息或红利的形式，还是以股息或红利形式之外的、以减少被告资产或加大被告负债的形式分发款项，均是为股东谋取利益、变相分配公司利益的行为，该行为贬损了被告的资产，使得被告资产陷入不正当流失，损害了部分股东的利益，更有可能影响债权人的利益。

综上，本案所涉股东会决议是公司股东滥用股东权利形成的，决议内容损害被告及被告其他股东的利益，违反了《公司法》的强制性规定，应为无效。

二审法院判决：

1. 撤销一审判决；
2. 被告作出的同意向每位股东发放补偿款40万元的股东会决议无效。

---

① 现为《公司法》第210条。

【案例61】修改出资期限不适用资本多数决　无正当理由要求股东提前出资被认定无效[1]

原告：姚某

被告：鸿大公司

第三人：章某、蓝某球、何某松

诉讼请求：确认被告于2018年11月18日作出的股东会决议无效。

争议焦点：

1. 原告、3名第三人及被告在先签订的《合作协议书》与之后签署的被告章程对出资金额和时间约定不一致，章程是否构成对《合作协议书》的变更，出资时间应以《合作协议书》为准还是以章程为准；

2. 修改出资时间是否适用资本多数决；

3. 被告是否存在急需股东提前出资的正当理由。

基本案情：

第三人章某系被告的全资股东，对被告出资700万元。2017年6月27日，因被告将取得代理特斯拉在中国大陆设立外商投资企业事宜授权的预期，原告、3名第三人和被告共同签署《合作协议书》，就3名第三人对被告进行增资事宜主要作出了以下约定：

1. 原告、第三人蓝某球和第三人何某松愿意溢价投资入股被告，其中原告拟出资700万元，占增资后被告15%的股份；第三人蓝某球和第三人何某松拟各出资350万元，各占增资后被告7.5%的股份。

2. 原告、第三人蓝某球和第三人何某松应在本协议签署后的3日内将各自认缴的出资额全部实缴至被告……

3. 本协议系各方合作的初步法律文件，未来将可根据具体情况适时修改、调整、细化、充实。原告、3名第三人和被告均在该协议上签字或盖章。

2017年7月17日，被告形成新的章程，载明：注册资本1000万元；第三人章某出资700万元、原告出资150万元、第三人蓝某球和第三人何某松各出

---

[1] 参见上海市第二中级人民法院（2019）沪02民终8024号民事判决书，本案系《中华人民共和国最高人民法院公报》案例。

资 75 万元，出资时间均为 2037 年 7 月 1 日；原告担任被告监事。原告及 3 名第三人在上述章程后签名。

2017 年 7 月 21 日，被告依据上述章程内容完成了工商变更登记。

2018 年 11 月 18 日，被告召开临时股东会，原告收到股东会通知后未出席股东会，实际到会股东为第三人章某、第三人蓝某球和第三人何某松，占总股数 85%。决议内容载明到会股东一致同意：

1. 选举第三人何某松担任监事，免除原告的监事职务；

2. 通过章程修正案；

3. 原告未按照约定缴付出资款 700 万元，且在被告多次催缴的情况下仍拒不履行出资义务，股东会决定限制原告的一切股东权利（包括但不限于收益分配权、表决权、知情权等），直至原告履行全部出资义务之日止；

4. 采取一切必要措施要求原告履行出资义务（包括但不限于向原告发送催款函、委托律师代表被告向原告提起诉讼或仲裁等）。

临时股东会决议第 2 项决议所涉章程修正案，载明将被告章程中原告及 3 名第三人的出资时间 2037 年 7 月 1 日修改为 2018 年 12 月 1 日。另外，还增加以下内容：若股东之间或股东与被告之间就出资时间另有约定，无论这笔出资约定的具体时间在本章程或章程修正案签署之前还是签署之后，则股东的出资时间以该出资约定为准，但出资约定的最晚期限不得超过 2018 年 12 月 1 日；股东逾期未缴纳出资额的，应当按照同期人民银行公布的一年期贷款利息支付逾期利息；股东溢价投资入股的金额超过其认缴的注册资本部分，应当计入资本公积金。第三人章某作为被告法定代表人签署了上述章程修正案。

原告诉称：

原告和第三人何某松、第三人蓝某球在第三人章某以开展特斯拉代理项目为由成为被告股东。2018 年 7 月 10 日，特斯拉工厂落户上海的新闻刊出，被告拟发展的唯一项目中止。因此，原告认为所谓特斯拉项目根本不存在。

被告自成立至今无持续经营业务，在特斯拉项目失败后，被告无维持公司运营的必要，需要提前缴纳出资。被告修改章程后，股东出资期限仅有 12 天，在其他股东未出资到位且被告无实际运营的情况下，该提前出资要求不合理。

综上，3 名第三人恶意提前股东实缴出资期限，是滥用股东权利，损害原告作为股东的利益，故临时股东会第 2 项决议，即通过章程修正案，应当认定为无效；第 3 项决议即对原告的股东权利进行限制系基于第 2 项决议作出，因第 2 项决议无效，故第 3 项决议的依据不存在，被告无权限制原告的股东知情权。

被告辩称：

《公司法》规定修改公司章程、增加或减少注册资本等事项的决议须经代表全体股东 2/3 以上表决权的股东通过。如股东出资期限需经全体股东一致同意方能修改，这实际上赋予任何股东一票否决权，该观点并无法律和章程依据。修改出资期限与公司增资、减资、合并、分立、解散等均属于公司及股东重大利益事项，其中增资、减资及解散公司对股东利益更为密切，高于出资期限的重要性，如果解散公司也需经过全体股东一致同意，则公司可能永远无法解散。

原告、3 名第三人和被告签订的《合作协议书》已经约定原告应于 2017 年 6 月 30 日前履行出资义务，故本案不属于要求股东提前出资的情形。被告于 2017 年 7 月 17 日形成的章程与《合作协议书》，系一般约定与特殊约定的关系，应优先适用《合作协议书》的特殊约定。临时股东会决议将公司章程记载的出资期限修改为 2018 年 12 月 1 日，并未早于《合作协议书》约定的 2017 年 6 月 30 日，且 3 名第三人均已按照《合作协议书》的约定实际出资到位，原告不出资将导致《合作协议书》的根本目的无法实现。

此外，股东出资是否存在紧迫性、合理性，不影响股东会决议的效力。

综上，临时股东会决议并未违反任何法律、行政法规，被告股东也未滥用股东权利、侵害公司或其他股东权利。

第三人共同称：

2018 年 11 月 18 日，被告召开股东会，3 名第三人作为股东参加，并一致作出了将出资时间变更为 2018 年 12 月 1 日等决议内容。上述股东会依法有效。

法官观点：

1. 被告 2017 年 7 月 17 日章程系对《合作协议书》约定的股东出资作出了变更。

根据 2017 年 6 月 27 日签订的《合作协议书》约定，原告拟出资额为 700 万元，且应在协议签署后的 3 日内全部实缴至被告。而 2017 年 7 月 17 日，被告形成新的章程，明确第三人章某认缴出资 700 万元，原告认缴出资 150 万元，第三人蓝某球和第三人何某松各认缴出资 75 万元，实缴时间均为 2037 年 7 月 1 日。可见，被告在原告并未按照《合作协议书》约定时间实缴出资的情况下，仍将其列为公司股东，且明确股东出资时间为 2037 年 7 月 1 日。另外，2017 年 7 月 21 日，被告进行了相应的工商变更登记，将原告正式登记为公司股东。因此，从各方实际履行来看，原告作为被告股东的出资时间已变更至 2037 年 7 月 1 日。

此外，《合作协议书》亦明确载明，其仅是各方合作的初步法律文件，"未来将可根据具体情况适时修改、调整、细化、充实"。由此，被告将原告的出资时间调整至 2037 年 7 月 1 日，亦符合《合作协议书》之约定，且并不违反法律规定，合法有效。

本案临时股东会决议第 2 项通过章程修正案将股东出资时间从 2037 年 7 月 1 日修改为 2018 年 12 月 1 日，显然属于要求原告提前出资的情形。

2. 本案修改股东出资期限不适用资本多数决规则。

根据《公司法》的相关规定，修改章程须经代表全体股东 2/3 以上表决权的股东通过。本案临时股东会决议第 2 项系通过修改章程将股东出资时间从 2037 年 7 月 1 日修改为 2018 年 12 月 1 日，其实质系将股东的出资期限提前。而修改股东出资期限，涉及各股东的出资期限利益，并非一般的修改章程事项，不能适用资本多数决规则。理由如下：

（1）我国实行公司资本认缴制，除法律另有规定外，《公司法》第 28 条①规定，法律赋予公司股东出资期限利益，允许公司各股东按照章程规定的出资期限缴纳出资。股东的出资期限利益是公司资本认缴制的核心要义，系公司各股东的法定权利，如允许公司股东会以多数决的方式决议修改出资期限，则占资本多数的股东可随时随意修改出资期限，从而剥夺其他中小股东的合法权益。

---

① 现为《公司法》第 49 条。

（2）修改股东出资期限直接影响各股东的根本权利，其性质不同于公司增资、减资、解散等事项。后者决议事项一般与公司直接相关，但并不直接影响股东之固有权利。例如，增资过程中，不同意增资的股东，其已认缴或已实缴部分的权益并未改变，仅可能因增资而被稀释股份比例。而修改股东出资期限直接关系到公司各股东的切身利益。如允许适用资本多数决，不同意提前出资的股东将可能因未提前出资而被剥夺或限制股东权益，直接影响股东根本利益。因此，修改股东出资期限不能简单等同于公司增资、减资、解散等事项，亦不能简单地适用资本多数决规则。

（3）股东出资期限系公司设立或股东加入公司成为股东时，各股东之间形成的一致合意，股东按期出资虽系各股东对公司的义务，但本质上属于各股东之间的一致约定，而非公司经营管理事项。法律允许公司自治，但需以不侵犯他人合法权益为前提。公司经营过程中，如有法律规定的情形需要各股东提前出资或加速到期，系源于法律规定，而不能以资本多数决的方式，以多数股东意志变更各股东之间形成的一致意思表示。

故此，本案修改股东出资期限不应适用资本多数决规则。

3. 被告不存在急需股东提前出资的正当理由。

一般债权具有平等性，但司法实践中，具有优先性质的公司债权在一定条件下可以要求股东提前出资或加速到期。例如，公司拖欠员工工资而形成的劳动债权，在公司无资产可供执行的情况下，可以要求公司股东提前出资或加速到期以承担相应的法律责任。而本案并不属于该种情形。

本案当事人对被告是否继续经营持不同意见，且双方均确认《合作协议书》的合作目的已无法实现，目前也并无证据证明存在需要公司股东提前出资的必要性及正当理由，第三人章某、第三人何某松、第三人蓝某球形成的临时股东会决议，剥夺了原告作为公司股东的出资期限利益，限制了原告的合法权益。

法院判决：

确认被告于2018年11月18日作出的2018年第一次临时股东会决议中第2项决议"通过章程修正案"无效。

162. 公司是否能在章程或股东协议中自行约定股东的除名条件？

对此，司法实践中存在争议。部分法院认为，股东除名是强行剥夺公司成员股东身份的行为，我国《公司法》对于股东除名的条件严格限定为"未出资"和"抽逃全部出资"这两种事由，公司与股东不得自行约定其他的除名条件，股东会据此作出的除名决议无效。

实践中，为避免章程的该类规定无效，可在章程中作出由其他股东收购股权的规定，以形成附条件的股权转让法律关系，可实现同样的目的。

【案例62】章程未规定与公司竞业需退股 以股东会决议除名被认定无效[①]

原告：水务公司

被告：泵业公司

诉讼请求：确认被告于2021年7月25日作出的股东会决议的第1项和第2项无效。

争议焦点：原告取得股权时的转让协议中约定其不得与公司竞业，但协议和章程中均未约定或规定与公司竞业需要退股，此时能否以股东会多数决的形式将股东除名。

基本案情：

2016年12月24日，原告通过受让案外人胡某持有的3.5%股权成为被告股东。原告、案外人胡某与被告签署的《股权转让协议》中第3条"陈述与保证"约定，未经案外人胡某书面同意，原告不得单独设立或以任何形式（包括但不限于以股东、合伙人、董事、经理、职员、代理人、顾问等身份）参与设立新的生产同类产品或与被告业务相近或相关联的其他经营实体，不得经营与被告产品相同的产品（以下简称竞业限制条款）。

签约后，原告支付了股权转让款。此后，原告也每年按照该持股比例行使股东权利，取得相应股东红利。

[①] 参见上海市金山区人民法院（2021）沪0116民初14414号民事判决书，本案系人民法院案例库入库案例。

2021年7月25日，被告召开股东会，应到股东10人、实到股东9人，原告和案外人胡某都出席了会议，会议通过如下决议：

1. 违反《股权转让协议》第3条"陈述与保证"中竞业限制条款的股东，无条件退股；

2. 原告因违反《股权转让协议》第3条"陈述与保证"中的竞业限制条款，需从被告撤股并退出股东会；

3. 对2021年、2022年、2023年年度的利润不进行分配，2023年度后的利润分配根据企业盈利情况再行决定。

出席会议的股东除原告未签字外，其余股东均签字确认。

原告诉称：

2021年7月25日，被告作出股东会决议，载明原告从被告撤股并退出股东会。该股东会决议超越了《公司法》赋予股东会的职权，侵犯了原告的合法权益，依法应不具有法律效力。

被告辩称：

原告通过其实际控制人设立多家公司，销售与被告同类的产品，违反了竞业限制的约定，给被告及其股东造成了重大经济损失。为此，被告全体股东按照章程规定的程序召集了股东会，原告参加了股东会。股东会议作出决议对原告除名，投票时因表决事项与原告存在利害关系，原告应当回避，故原告未参加决议的表决。综上，表决程序与决议内容合法合规，应为有效决议。

法官观点：

按照法律和司法解释的相关规定，有限责任公司的股东未履行出资义务或者抽逃全部出资，经公司催告缴纳或者返还，其在合理期间内仍未缴纳或者返还出资，公司以股东会决议解除该股东的股东资格，该股东请求法院确认该解除行为无效的，法院不予支持。

就本案而言，首先，原告是通过受让案外人胡某转让的股权而取得股东资格，已经向案外人胡某支付了相应的股权转让款，并不存在未履行出资义务或者抽逃全部出资的情形。其次，被告股东会决议解除原告股东资格的事由是原告违反了《股权转让协议》第3条"陈述与保证"中有关竞业限制的约定，但《股权转让协议》并未明确原告违反该条约定就丧失股东资格；假如原告违反了《股权转让协议》该条款的约定，构成了违约，被告完全可以依据《股权转让协议》的约定追究原告的违约责任，或者可以依据《公司法》的规定追究原告滥用股东权利损害公司利益的赔偿责任，并不应当据此剥夺原告的股东资格。最后，虽然被告以股东会决议的方式解除原告的股东资格，符合法律规定的形式要件，但决议内容缺乏法律依据，并不具有法律效力。

法院判决：

确认被告于2021年7月25日作出的股东会决议的第1项和第2项无效。

163. 除名决议中，如果赞成除名决议的股东都存在虚假出资或抽逃全部出资的情形，被除名股东是否可以诉请决议无效？

可以。股东除名制度的目的在于，通过剥夺股东资格的方式，惩罚不诚信股东，维护公司和其他诚信股东的权利。如果公司股东均为虚假出资或抽逃全部出资，部分股东通过股东会决议解除特定股东的股东资格，由于该部分股东本身亦非诚信守约股东，其行使除名表决权丧失合法性基础，背离股东除名制度的立法目的，该除名决议应认定为无效。

【案例63】全体股东虚假出资 除名决议无效[①]

原告： 刘某

被告： 凯瑞公司

第三人： 洪甲、洪乙

诉讼请求： 确认被告作出的解除原告股东资格的股东会决议无效。

争议焦点：

1. 未履行出资义务的股东对除名决议行使表决权是否具有合法性；

2. 全体股东均虚假出资，却以抽逃出资为由作出决议解除特定股东的股东资格，该决议是否有效。

[①] 参见江苏省常州市中级人民法院（2018）苏04民终1874号民事判决书，本案系人民法院案例库入库案例。

基本案情：

被告成立时的注册资本为 51 万元，原告与第三人洪甲各认缴出资 22.95 万元，第三人洪乙认缴出资 5.1 万元，但 3 人均未实际出资。

2015 年 2 月 6 日的被告章程载明，注册资本增至 300 万元，原告与第三人洪甲各增资 112.05 万元，第三人洪乙增资 24.9 万元，均应于 2018 年 12 月 30 日前增资到位。截至原告提起诉讼时，还未到章程规定的增资款实缴时间，3 人也均未履行出资义务。

原告与第三人洪甲原系夫妻，但原告于 2016 年 3 月起诉离婚。原告在起诉状中称，2016 年 2 月，其与第三人洪甲的矛盾进一步激化，第三人洪甲突然将被告经营所需公章、财务章等全部拿走，于是为了防止被告账户资金被第三人洪甲转走，原告将被告的大部分账户资金转存在自己的账户中以保障资金安全。

2017 年 9 月 21 日，法院受理了被告诉原告损害公司利益责任纠纷一案。在该案中，被告要求原告返还 2,951,420.9 元，并支付利息。在该案审理中，被告明确其主张返还的 2,951,420.9 元包括两部分，即原告抽逃的全部出资 135 万元及侵占的被告款项 1,601,420.9 元。本案作出二审判决前，前述案件作出生效判决，要求原告向被告返还侵占款 1,601,420.9 元及利息，但对于返还出资款部分未予支持。

2017 年 10 月 31 日，被告书面通知原告召开 2017 年度临时股东会，会议时间定于 2017 年 11 月 20 日下午 3 点，会议内容为审议关于免除原告股东资格的议案。同年 11 月 7 日，原告回函称此次临时股东会所需审议的会议内容违反法律规定，缺乏依据。

2017 年 11 月 20 日，被告召开股东会并作出股东会决议，第三人洪甲和第三人洪乙出席会议，原告未参会。股东会决议载明，鉴于原告在被告经营过程中存在利用职务之便抽逃全部出资及侵占被告财产的行为，并经被告催告在合理期限内仍然未偿还，参会股东一致表决同意解除原告股东资格，被告后期协助相关变更登记手续。

原告诉称：

原告与第三人洪甲和洪乙均未缴纳出资，故不存在原告抽逃出资的事实，且第三人洪甲和洪乙无权作出决议免除原告的股东资格。

被告在损害公司利益责任纠纷一案中，要求原告返还的并非出资款，而是被告此前归还给原告个人的借款，该借款记录于被告账册。并且该款项的转移是被告的行为而非原告的个人行为，原告没有抽逃注册资本或侵占被告财产，从被告的银行账户转走款项并不必然意味着注册资金被抽逃或被告财产被侵占。

综上，解除原告股东资格的股东会决议因违反法律规定而无效。

被告辩称：

原告在被告正常经营期间抽逃全部出资及侵占部分被告资产的事实清楚，证据充分，被告的股东即第三人洪甲和第三人洪乙为维护自身合法权益及被告的正常运营，在2017年11月20日作出的解除原告股东资格的股东会决议合法有效。

第三人洪甲与第三人洪乙同意被告的答辩意见。

一审法官观点：

有限责任公司的股东未履行出资义务或抽逃全部出资，经公司催告缴纳或者返还，其在合理期间内仍未缴纳或者返还出资，公司以股东会决议解除该股东的股东资格，该股东请求确认该解除行为无效的，法院不予支持。

本案中，原告在2016年3月离婚案件起诉状中，自称2016年2月其将被告的大部分账户资金转存在自己的账户中以保障资金安全，被告在2017年9月起诉要求原告返还资金2,951,420.9元，其中包括原告全部出资135万元，该起诉行为系被告向原告发出的催告，但原告未在合理期限内返还出资，故被告向原告发出了召开股东会通知书，履行了通知义务，并按期召开股东会作出决议，该决议内容不违反法律规定。

一审法院判决：

驳回原告的诉讼请求。

二审法官观点：

股东除名制度的目的在于，通过剥夺股东资格的方式，惩罚不诚信股东，维护公司和其他诚信股东的权利。但如果公司股东均为虚假出资或抽逃全部出资，部分股东通过股东会决议解除特定股东的股东资格，由于该部分股东本身亦非诚信守约股东，其行使除名表决权丧失合法性基础，背离股东除名制度的立法目的，该除名决议应认定为无效。

本案中，被告的所有股东在被告成立时存在通谋的故意，全部虚假出资，在股东内部没有所谓的合法权益与利益受损之说，也就谈不上权利救济，否则有悖于权利与义务相一致、公平诚信等法律原则。即第三人洪甲和第三人洪乙无权通过召开股东会的形式，决议解除原告的股东资格，除名决议的启动主体明显不合法。

从虚假出资和抽逃出资的区别来看，前者是指股东未履行或者未全部履行出资义务，后者则是股东在履行出资义务之后，又将其出资取回。案涉股东除名决议认定原告抽逃出资，事实上包括原告在内的所有股东在被告设立时均未履行出资义务，属于虚假出资，故案涉决议认定的内容亦有违客观事实，应当认定为决议无效。

二审法院判决：

1. 撤销一审判决；
2. 被告作出的解除原告股东资格的股东会决议无效。

164. 自身未出资的股东在其他未出资股东的除名决议中是否享有表决权？

司法实践中，目前对于该问题存在以下两种不同观点：

第一种观点认为，股东只要具有形式上的股东资格（即未被除名），无论其是否履行出资义务，均可享有对应的表决权。

第二种观点认为，从契约的角度来看，股东始终应恪守出资义务的全面实际履行，否则构成对其他守约股东合理期待的破坏，进而构成对公司契约的违反，这种"解除权"仅应在守约方手中。因此，在公司章程对除名决议无特别约定的情况下，行使除名表决权的股东必须以实际履行了出资义务为前提。笔者对此种观点比较赞同。

第五章 公司决议纠纷

【案例64】未出资股东无权除名其他股东 诉请确认决议有效被驳回[①]

原告：刘某

被告：永道公司

第三人：黄某、毕某、王某

诉讼请求：确认被告于2017年9月11日作出的临时股东会决议有效。

争议焦点：

1. 原被告之间并无诉的利益，但第三人黄某应诉后对决议效力提出异议，诉的利益是否因此成立；

2. 第三人毕某和第三人王某都存在抽逃出资的情形，原告的出资情况也正由法院另案审理，则三人对第三人黄某作出的除名决议是否有效；

3. 第三人黄某的出资款100万元被转出后，通过其个人及控制公司账户多次向被告转账达150万元，应如何认定第三人黄某转入被告的款项的性质。

基本案情：

被告股权结构为：原告持股20%（出资额100万元）、第三人毕某持股52%（出资额260万元）、第三人黄某持股20%（出资额100万元）、第三人王某持股8%（出资额40万元）。

2006年，原告完成实缴出资。但第三人黄某对于原告的出资情况持有异议，故另案提起了股东资格确认纠纷诉讼，要求法院确认原告未履行出资义务，截至本案判决前，该案正在审理中。

2007年2月13日，案外人泰金公司根据3名第三人的出资金额分别将对应出资款项转入3名第三人的账户。同日，3名第三人将上述款项出资到被告并完成总计400万元的验资。

2007年2月14日，上述总计400万元出资款又全数转出至案外人泰金公司处。

第三人黄某100万元出资被转出后，第三人黄某通过本人或控制的公司向被告或关联公司总计汇款150多万元。但在被告后续经营过程中，第三人黄某

[①] 参见山东省青岛市中级人民法院（2019）鲁02民终1967号民事判决书。

与各股东之间的矛盾频繁。

2017年4月18日,第三人黄某起诉要求被告收购其持有股份并支付股权收购款,截至本案判决前,该案正在审理中。

2017年7月31日,被告向第三人黄某发出催告返还出资的函,要求第三人黄某补缴抽逃的100万出资。第三人黄某收到催缴通知后并未回应。

2017年8月23日,被告向第三人黄某邮寄召开临时股东会会议通知。第三人黄某收到了通知后也并未理会。

2017年9月11日,被告召开临时股东会,除第三人黄某外,其余股东悉数出席,并一致同意作出解除第三人黄某股东资格的股东会决议。

原告就本案提起诉讼后,第三人毕某向被告账户打款260万元作为补缴的出资款。

原告诉称:

第三人黄某抽逃出资的事实是真实客观的,也没能证明其向被告返还出资的证据。被告给第三人黄某发催缴出资的函,其置之不理,通知其开会,其亦拒绝参会,这些已损害了被告的权益,进而损害了原告的利益。

被告辩称:

1. 第三人黄某抽逃出资,没有履行全面出资义务,本案除名决议合法有效。第三人毕某已经向被告返还出资260万,而原告没有抽逃出资的情况。

2. 第三人黄某通过本人账户或控制公司账户转账的款项并非出资款,其实质是借款或货款。

第三人黄某称:

1. 原告没有缴纳出资,原告在被告成立时也是通过垫资进行验资,验资后也抽逃了出资,一直没有实际缴纳出资。被告于2017年9月11日作出的股东会决议是由3名没有缴纳任何出资的股东作出,没有缴纳出资的股东作出决议以剥夺股东资格违反法律规定。

2. 第三人黄某未抽逃出资。在被告经营过程中,第三人黄某通过控制公司向被告进行了多笔转账应视为第三人黄某的出资。

第三人王某称:

自己没有抽逃出资,也未实际参与被告后续的经营管理,对于资金进出不知情。

第三人毕某称：

自己已实际补缴出资，合法享有股东权利。

法官观点：

1. 关于本案是否存在诉的利益的问题。

针对股东会决议效力之诉，法律规定了三种解决方式，即不成立、撤销及无效。原告诉请要求确认本案股东会决议有效，被告对原告的诉请无异议，故在原被告之间本案并无诉的利益，该诉请本应予以驳回。

但由于第三人黄某应诉，并对诉争股东会决议提出了效力异议，本案即存在了诉的利益和对抗，诉因此成立。

2. 关于作出除名决议的股东中也存在抽逃出资的情形，除名决议是否有效的问题。

原告要求确认解除第三人黄某股东资格的临时股东会决议有效，实质是要求确认解除第三人黄某股东资格有效。解除股东资格将使违约股东丧失其作为股东享有的全部权利，法律后果相当严重，因此，《公司法司法解释（三）》第17条规定，只有在有限责任公司的股东未出资或者抽逃全部出资，经公司催告缴纳或者返还，其在合理期间内仍未缴纳或者返还出资，公司才可以以股东会决议解除该股东的股东资格。

从该条司法解释的目的来看，因股东未出资或抽逃全部出资损害了其他股东及公司的利益，有权作出除名决议的股东会股东，应当是已经履行了出资义务的股东，如果允许未出资或抽逃全部出资的股东作出股东会决议以开除其他未出资或抽逃全部出资的股东，明显不符合维护公司资本充足、保护守约股东及公司、债权人等利益的公司法立法目的。

本案中，从被告实际到位资金看，被告实际未收到第三人黄某、第三人王某和第三人毕某3名股东的400万元出资款，即该400万元出资款全部被抽逃，在此情况下，对被告而言，第三人黄某、第三人王某和第三人毕某皆是抽逃出资、违约的股东。股东对公司的出资义务是法定的，股东抽逃出资后，应将出资返还公司。第三人王某未提交其向被告返还出资的证据，而第三人毕某虽于2017年11月进行了补足，但系在召开本案所涉股东会以后所为，因此，第三人毕某和第三人王某作为抽逃全部出资的股东，在未全部归还对被告的出资前，作为具有严重违约责任、损害被告利益的股东，不应享有参加被告股东会、表决解除第三人黄某股东资格的表决权。被告仅解除第三人黄某的股东资格，而不追究其他股东的责任，有失公平。关于原告是否出资到位、是否存在抽逃全部出资，第三人黄某对此另案提起了诉讼，本案中不予评价。

因此，在第三人王某及第三人毕某等股东自身存在抽逃全部出资行为且尚不能证明履行了出资义务，第三人黄某对原告出资亦提出异议并诉讼的情况下，不宜在查清出资情况前认定开除第三人黄某股东资格的股东会决议有效，应待各方解决出资问题后另行主张权利。

本案虽系公司股东会决议效力确认纠纷，但实为双方股东之间的矛盾与争议，在股东对出资存在争议的情况下，对任何一方股东作出除名决议均不利于解决争议反而平添诉累。

综上，不宜认定解除第三人黄某股东资格的诉争股东会决议有效。

3. 关于第三人黄某是否实际补足了出资的问题。

股东对公司的出资义务是法定的，股东对公司的出资应当有明确的意思表示。本案中，第三人黄某给被告所付款项并没有明确注明为投资款或出资，也未提交其他证明该款项系出资的证据，第三人黄某所举证据不足以证明其向被告履行了出资义务。但被告作为款项接收方，对款项的用途应当是明确的，其对于款项的用途认为与第三人黄某主张不一致的，应承担举证义务，如被告认为系借款且有利息，应证明有借贷合意和关于利息的约定，但被告未提供借条及利息约定证据证明借款合意。被告所举证据尚不足以证明款项的性质，也不足以推翻第三人黄某主张款项系出资款的主张。

此外，第三人黄某是否实际出资有待于实体审理查明。在第三人黄某出资情况尚未有法院生效文书确认，且该争议正在审理的情况下，被告仍作出解除第三人黄某股东资格的股东会决议显然缺乏相应的事实基础。

法院判决：

驳回原告的诉讼请求。

165. 股东未在股东会决议上签字,但实际履行了决议内容,是否还能以决议伪造为由起诉主张决议无效?

不能。股东虽未在股东会决议上签字,但实际履行决议内容,以行为表明其已对决议中的相关事实予以认可。故该股东以决议伪造为由主张决议无效的,法院不予支持。

【案例65】决议虽无股东签字但该股东参与决议事项履行 诉请决议无效被驳回①

原告:陈甲

被告:天电通公司、天电通北京公司、林某、陈乙、王甲、梁某

诉讼请求:确认被告于2012年7月29日作出的股东会决议无效。

争议焦点:原告虽未在案涉决议上签字,但参与了该决议事项的履行,原告能否以案涉决议系伪造、后补为由要求确认决议无效。

基本案情:

原告与五被告天电通北京公司、林某、陈乙、王甲、梁某,以及案外人陈丙、案外人王乙,均是被告天电通公司的发起人。全体发起人拟定于2012年7月28日召开第一次股东会。

2012年7月14日,原告通过邮件向全体发起人发送第一次股东会材料,附件会议议程第7项内容为讨论和通过案外人天电公司向被告天电通公司技术转移和培训的计划。被告天电通北京公司为案外人天电公司的关联公司。

2012年7月28日,全体发起人出席了第一次股东会并签章确认了股东会决议。该决议中未有向案外人天电公司购买知识产权的内容。

2012年8月3日,被告天电通公司正式设立,股东分别为:原告(持股10%)、被告天电通北京公司(持股30%)、被告林某(持股15%)、被告陈乙(持股15%)、被告王甲(持股6%)、被告梁某(持股4%)、案外人陈丙(持股10%)和案外人王乙(持股10%)。

---

① 参见最高人民法院(2015)民申字第2724号民事裁定书,本案系人民法院案例库入库案例。

2013年11月13日，湖州市中级人民法院裁定受理被告天电通公司强制清算案件，并指定成立清算组。在清算过程中，被告林某在专项审计时向审计单位提交了一份落款为2012年7月29日的股东会决议（即本案所涉决议），该决议载明同意支付人民币3,097,900元用于购买案外人天电公司的地底通信智慧专利知识使用权和商标使用权。五被告天电通北京公司、林某、陈乙、王甲和梁某在该决议上签字或盖章确认，占公司表决权总数的70%，原告、案外人陈丙和案外人王乙未在该决议上签字。五被告在庭审时陈述，该份股东会决议文本是后补的，当天形成的原件已遗失。

清算组在接管被告天电通公司后，对上述决议涉及内容进行查证，查实：

1. 被告天电通公司已于2012年8月16日向案外人天电公司支付了上述款项。同日，原告向担任案外人天电公司总裁兼被告天电通北京公司法定代表人的案外人方某发送邮件称："方总您好！今天银行户已经开好，我已经让公司将余款全部付清。我的账户卡号：中国工商银行卡622×××××××，请将我和陈丙的款额汇在此账户，谢谢！"

2. 案外人方某于2012年8月22日向原告发送邮件阐述了给原告的佣金付款计划，计划载明佣金由被告天电通北京公司以顾问费名义分批支付给原告。

3. 原告分别于2012年8月31日、9月26日和10月16日收到被告天电通北京公司汇付的3笔款项，共计145,790元人民币。

清算组另案起诉了案外人天电公司，要求追回支付的3,097,900元款项。在本案二审期间，该案审结。该案的民事判决书载明被告天电通公司与案外人北京天电公司已经按照约定履行了案涉决议中双方进行交易的合同义务，并支付了转让款。

原告诉称：

本案所涉决议系没有履行通知义务、没有召集人、没有表决、没有签章而形成，该决议亦无会议记录存档可查，没有妥善保管，缺乏真实性、有效性和契约性。

该决议是在公司清算过程专项审计时才出现的，而五被告明确陈述涉案决议文本是后补的，当天形成的原件已经遗失，案涉决议是假的，这种说法已不攻自破、昭然若揭。

被告天电通公司辩称：

1. 清算组在接收被告天电通公司的材料过程中没有接收到案涉股东会决议。

2. 清算组在接管被告天电通公司之后，对股东会决议涉及的内容进行了查证，清算组没有接收涉及的购买的知识产权技术。

3. 清算组对309万余元的款项，根据调查的情况已经另行委托审计机构审计，目前尚未回复，清算组已启动对该309万余元款项的追收程序。

五被告天电通北京公司、林某、陈乙、王甲、梁某辩称：

本案所涉决议有五被告的签字或盖章，真实有效；签字股东占被告天电通公司70%的表决权，已经超过2/3，符合《公司法》的规定；原告虽然当时没有在决议上签字，但原告清楚该事项，且原告当时拿走了14多万元的回扣。

法官观点：

虽然案涉股东会决议中没有原告的签名，但生效民事判决已经认定该决议所载明的内容，即被告天电通公司支付3,097,900元用于购买案外人天电公司的地底通信智慧专利知识使用权和商标使用权，以及双方之间就此决议已经履行，故该股东会决议的事项已实际履行。

根据原告与被告天电通北京公司的法定代表人即案外人方某往来的邮件内容可知，原告知晓并同意被告天电通公司以3,097,900元的价格购买案外人天电公司知识产权一事，且原告参与了3,097,900元款项的支付。因此，虽然原告未在案涉股东会决议中签名，但其行为表明其已对决议中的相关事实予以接受认可。现原告以股东会决议系伪造为由要求确认无效，缺乏事实依据。

法院判决：

驳回原告的诉讼请求。

166. 在公司决议效力确认诉讼中，虽然公司作出的旧决议违法，但公司在案件审理期间重新作出股东会决议并修正了旧决议中的违法内容，已经进行的诉讼应如何处理？

立法对于是否允许股东通过"作出新决议以消除原决议瑕疵"的方式

来补正决议瑕疵并没有直接规定。如果决议内容违反法律、行政法规等强制性规定的，司法实践中倾向于认为不能通过新决议进行补正。因为该内容曾在某个时间段内真实存在且对不特定的股东产生效力，在此情形下，法院应当继续审理原诉讼，对该股东要求确认无效的内容进行效力上的判断及裁判。

【案例66】旧决议违法公司重作新决议　法院仍判旧决议无效[①]

原告： 投资公司

被告： 生物股份公司

诉讼请求： 确认被告2015年第一次临时股东大会决议中关于章程第82条第2款第1项的内容无效。

争议焦点：

1. 公司通过决议修改章程，规定"连续90天以上"的持股时间来限制股东提名非独立董事的权利，该限制是否合法，该决议是否有效；

2. 公司在股东提出异议后，通过作出新决议将章程中的上述限制删除，法院是否仍有必要对原决议的效力进行认定。

基础案情：

被告是股份有限公司（港澳台地区与外国投资者合资的上市公司），原告为持有被告230股股份的股东。

2015年6月30日，被告发出《2015年第一次临时股东大会决议公告》，该公告中议案审议情况第14项为修订章程并办理工商变更登记，该议案以100%同意的比例通过。根据上述股东大会作出的决议内容，被告办理了章程的工商变更登记。该份章程中第82条第2款第1项内容为："董事会、连续90天以上单独或合并持有公司3%以上股份的股东有权向董事会提出非独立董事候选人的提名，董事会经征求被提名人意见并对其任职资格进行审查后，向股东大会提出提案。"

[①] 参见上海市奉贤区人民法院（2017）沪0120民初13112号民事判决书。

2017年4月17日，原告通过邮件向被告递交《股东质询建议函》，向被告提出关于取消限制股东权利的建议：鉴于被告章程第82条第2款第1项中有关"连续90天以上单独或合并持有公司3%以上股份"的内容不合理地限制了股东对董事、监事候选人的提名权，并将归属于股东大会的董事候选人审查、决策权变相转移至董事会，违反了《公司法》及相关规定，建议取消此限制类条款。

2017年4月24日，被告作出回复，认为《公司法》《上市公司章程指引》等法律法规及规范性文件虽然没有对单独或合计持有3%以上股份的股东提名董事、监事候选人的权利作出持股时间上的限制，但也没有对章程能否就该条款进行自行规定作出禁止性规定。《上市公司章程指引》（2016年修订）第82条的注释明确公司应当在章程中规定董事、监事提名的方式和程序，该等规定赋予公司章程在未违反法律法规及规范性文件禁止性规定的前提下对公司董事、监事提名权进行自治性设定的权利。

2017年6月，原告向法院提起本案诉讼。

在本案审理期间，被告于2017年7月18日召开2017年第三次临时股东大会并作出决议，通过了修订公司章程的议案，删除了原章程第82条第2款第1项中"连续90天以上"的持股时间限制，修改后的章程内容为："董事会、单独或合并持有公司3%以上股份的股东有权提出非独立董事候选人的提名，由董事会向股东大会提出提案"。

2017年7月20日，将修改后的章程进行了工商备案。

原告诉称：

董事的提名权是股东的基本权利，对这种权利的保护属于《公司法》中的强制性规定，不属于股东会自治性规定的范畴，任何人不得以任何方式加以限制和剥夺。被告章程第82条增加"连续90天以上"的持股时间限制，限制和剥夺了部分股东参与选择公司管理者的权利。

被告辩称：

被告收到原告的建议后进行了回复，在原告提出质询和诉讼后，又对章程进行了自查，发现原告提出的建议合法、合理，故按照原告的建议修改章程且已于2017年第三次临时股东大会审议并获有效通过。新的公司章程已依法生效，原告的诉讼请求已无事实依据与现实意义。

法官观点：

根据《公司法》规定，公司股东依法享有资产收益、参与重大决策和选择管理者等权利。在权利的具体行使方式上，单独或者合计持有公司 3% 以上股份的股东，可以在股东大会召开 10 日前提出临时提案并书面提交董事会。上述规定表明，只要具有公司股东身份，就有选择包括非独立董事候选人在内的管理者的权利，在权利的行使上并未附加任何的限制条件。分析被告在 2015 年第一次临时股东大会决议中有关章程第 82 条第 2 款第 1 项的内容，其中设定"连续 90 天以上"的条件，违反了《公司法》的规定，限制了部分股东就非独立董事候选人提出临时提案的权利，该决议内容应认定为无效。

被告虽于 2017 年第三次临时股东大会作出决议，通过了修订被告章程的议案，取消了"连续 90 天以上"的限制条件，但鉴于上述限制条件存在于 2015 年第一次临时股东大会决议中，该决议自作出之日起即客观存在且发生效力，后作出的股东大会决议与此前形成的股东大会决议分属相互独立的不同法律行为，并不能当然补正此前股东大会中相关内容的法律效力。

另考虑到被告作出 2017 年第三次临时股东大会决议的时间在原告提起本案诉讼之后，庭审中经询问，被告对原告的诉讼请求及事实和理由亦未持异议。就被告而言，其在原告起诉后修订公司章程，消除限制条件，且在庭审中同意原告主张，上述行为对依法完善公司治理规则亦有积极意义。

综合以上因素，法院支持原告的诉讼请求。

法院判决：

确认被告 2015 年第一次临时股东大会决议中关于章程第 82 条第 2 款第 1 项的内容无效。

167. 公司章程将原属于股东会的职权授权给董事会行使，是否有效？

股东会授权董事会行使部分职权，不应破坏公司基本的治理结构，打破二者的平衡和制约关系。其中，《公司法》明确可以转授权的事项如下：

(1) 股份有限公司中，股东会可以授权董事会在 3 年内决定发行不超过已发行股份 50% 的股份；公司章程或者股东会授权董事会决定发行新股的，董事会决议应当经全体董事 2/3 以上通过；

（2）有限责任公司中，股东会可以授权董事会对发行公司债券作出决议。

除上述事项以外的其他股东会职权，是否能以章程形式授权给董事会行使，实践中依旧存在争议。

但《公司法》明确规定的股东会特定职权，只能由股东会行使，不能授权董事会，这些特定职权包括：

（1）有限责任公司及股份有限公司中，公司为公司股东或者实际控制人提供担保的；

（2）股份有限公司中，股东以非货币财产作价出资的；

（3）股份有限公司中，因减少公司注册资本、与持有本公司股份的其他公司合并，公司收购本公司股份的；

（4）上市公司中，在 1 年内购买、出售重大资产或者向他人提供担保的金额超过公司资产总额 30% 的；

（5）选举和更换董事、监事，决定有关董事、监事的报酬事项，也不应授权董事会行使。

168. 股东会是否可以授权董事会决定盈余分配方案？

立法未明确股东会可否将决定盈余分配的权利授权给董事会行使。该问题的争议在于，该股东会职权到底属于强制性规范还是任意性规范。司法实践中，主流观点认为，该职权属于任意性规范，公司股东会可以发挥其自由意志自行决定是否将职权下放至董事会。

而针对股东会转授权董事会的方式，实践中也存在两种情形：其一，股东会以多数决的形式"概括性授权董事会决定利润分配方案"；其二，全体股东一致同意直接由董事会批准分红。司法实践中，通常认为鉴于不按照出资比例分配利润需要全体股东一致同意，因此以多数决形式概括性授权董事会决定分红可能会因为侵害股东的根本收益权而无效，但原则上不禁止全体股东一致同意授权董事会决议利润分配的情况。

【案例67】 多数决概括授权董事会决定分红　股东会决议无效[①]

原告：袁某

被告：甲公司

诉讼请求：确认被告于2011年1月14日作出的股东会决议无效。

争议焦点：

1. 被告提取部分未分配利润作为上岗股东奖金是否实质构成了不按出资比例分配公司利润；

2. 股东以98.86%表决权通过了实质不按出资比例分配利润的方案后，全体股东均确认并签收了股利款，原告能否以该决议未经全体股东100%表决权通过为由要求确认决议无效；

3. 股东会通过决议概括性授权董事会决定未来上岗股东奖金的分配方案，并明确股东会均表示认可董事会的方案，该决议内容效力如何认定。

基本案情：

原告（持股1.11%）、案外人H公司（持股26.88%）及案外人王某等26名自然人（合计持股72.01%）是被告股东。由于被告系改制而来，案外人H公司拥有的被告26.88%股权实际由原告在内的27位自然人股东享有。

2011年1月14日，被告召开第四届第三次股东会，会议由董事长主持，出席本次会议的股东共计26人，代表98.86%的表决权，其中原告出席了会议，股东案外人王某由于疾病缠身未参会。与会全体股东一致同意通过了以下决议内容：

1. 2010年未分配利润为3,280,000元。其中，提取240,000元作为红利分配资金，其余作为员工年终奖、上岗股东奖等分配资金进行发放。

2. 决定从盈余公积及其他历年收入积累资金中，提取部分作为发展资金、风险资金（公司亏损弥补资金），其余再次作为2010年度奖金进行分配发放。

3. 股东会授权由董事会讨论决定具体分配方案细则。对董事会决定的奖金分配考评发放工作，股东会表示认可。

4. 为了解决区别对待上岗和不上岗员工的报酬待遇问题，股东会再次授

[①] 参见上海市第一中级人民法院（2013）沪一中民四（商）终字第822号民事判决书。

权董事会从2010年度起，每年上岗股东奖金利润分配方案由董事会决定，不再提请股东会表决通过。以前及今后由董事会决定的上岗股东奖金分配方案，股东会均表示认可。

决议末尾由全体与会股东签名，案外人王某未签署决议。

被告2010年股利发放清单显示红利已经发放，被告27名股东均确认签收。

原告诉称：

1. 股东会决议以"上岗股东奖"等名义对部分利润进行重复分配，造成股东利润分配悬殊，违反了同股同权（利）的法律规定。系争股东会决议仅以98.86%的表决权通过，未达到《公司法》对该类事项要求的比例。

2. 股东会决议载明"以前及今后由董事会决定的上岗股东奖金分配方案，股东会均表示认可"，该决议内容违反法律规定，损害了股东的利益。

被告辩称：

系争股东会决议将股东会的权利授权给董事会行使，并未侵害他人合法利益，决议形式符合法律、章程的规定。另外，原告已在系争股东会决议上签字认可，包括本案原告在内的全体股东实际领取了相应的分红利润，因此系争股东会决议是有效的。

一审法官观点：

认定股东会决议无效，应当是股东会决议的内容违反法律、行政法规的强制性规定。而被告作出的股东会决议内容主要涉及利润的分配及股东会授权由董事会决定利润分配方案。

从股东会决议的表决结果看，持有被告98.86%股份的股东均同意系争股东会决议的结果。虽原告一再强调对于利润分配需要由全体股东一致同意，但是结合被告章程中关于表决方式的规定，即使本案系争决议的事项属于特别决议事项，即涉及修改公司章程、增加或减少注册资本、公司合并、分立、解散或变更公司形式的决议，需要经代表2/3以上表决权的股东表决通过。按照此规定，持有被告98.86%股份的股东均同意上述股东会决议的内容，故系争股东会决议的表决方式并不违反法律、行政法规的强制性规定，亦不违反被告章程的规定。

关于股东会作出的将利润分配的决定权授权给董事会的决议。《公司法》中关于股东会职权的规定正是主要规范公司权力在不同机关分配,以及各机关行使这些权力的要件,以形成运作有序的公司治理架构,而这类规则因为只涉及公司内部权利分配,应为任意性规范,且这类规则并不涉及第三人利益。而公司通过股东会决议将股东会权利下放给董事会,是其自由意志发挥作用的法律空间,也是行使其自身权利的一种方式,法律无权也没有必要加以干涉。

况且,《公司法》第38条第1款第11项[①]和第47条[②]规定的"公司章程规定的其他职权"作为兜底条款,也为公司通过股东会决议赋予董事会其他权利保留了必要的法律空间。

故本案中被告股东会限缩自身部分职权而将其授权董事会行使,并不实质违背股东会职权性质。被告股东会职权的限缩也不构成对股东表决权及股东知情权等股东权利的侵害,且该决议是以绝对多数决形式通过,在程序上亦不违反《公司法》规定,因此应认定被告作出的上述系争股东会决议均合法有效。

一审法院判决:

驳回原告的诉讼请求。

二审法官观点:

关于系争股东会决议中第1~3项内容的效力问题,从股东会决议所载明的2010年未分配利润总额以及利润分配的具体方案来看,其系全体股东针对公司利润进行的自主分配。其中,26名股东参加会议并签字确认分配方案,作为股东的案外人王某虽未出席股东会并签字同意利润分配方案,但结合案外人王某在此后2010年股利发放清单中签字确认的行为及本人未对此分配提出异议的行为,可以认定其对2010年的利润分配方案是知晓并确认的。诉争决议虽未体现出决议当时全体股东同意按照上述决议的利润分配方案进行红利分配,但因案外人王某和原告均签收相关股利款,原告亦在决议上签字确认,因此上述行为可视为股东认可股东会决议并未侵犯其权益,系争股东会

---

① 现为《公司法》第59条第1款第9项。
② 现为《公司法》第67条。

决议内容中第 1~3 项符合法律规定。

关于系争股东会决议中第 4 项内容的效力问题，该项内容系"以前及今后由董事会决定的上岗股东奖金分配方案，股东会均表示认可"。结合被告股东会决议第 1 项内容"将公司其余未分配利润作为上岗股东奖等分配资金进行分配发放"的情况，可知系争决议第 4 项内容是概括性授权董事会从 2010 年起在公司股东利润中决定上岗股东奖，因此上述概括性的授权是对公司将来未分配利润总额的分配进行新的调整。根据《公司法》规定，股东按照实缴的出资比例分取红利，但是全体股东约定不按照出资比例分取红利的除外。可见，资产收益是公司股东享有的根本权利之一，应由公司全体股东决定公司未分配利润的分配方案，即使存在不按照出资比例分取红利的情况，也应建立在公司全体股东对分配方案认可的基础上。

现系争决议第 4 项概括性授权董事会决定上岗股东奖的分配方案问题，该决议内容未考虑到今后公司是否有利润、利润多少、上岗股东具体奖金利润分配方案如何，即股东在无法预见自己利益损失且未经全体股东充分讨论的情况下，也未告知议事事项供股东分析该决议对自己的股东利益是否有损，故该决议内容限制了股东对未知奖金利润分配方案行使否决的行为，一旦实施完全有可能终止或者限制股东的资产收益权，因此股东会决议的该条内容违反了法律的规定，应确认为无效。

二审法院判决：

1. 撤销一审判决；

2. 确认被告作出的第四届第三次股东会决议中第 4 项内容即股东会概括性授权董事会决定分红方案无效。

169. 股东会选举董事，但当选的董事无意担任，其能否起诉决议无效？

可以。虽《公司法》未明确界定董事和公司间的关系，但理论研究及司法实践中存在基本共识，认为董事和公司之间构成委托合同关系，而委托关系的成立须存在双方合意。公司决议效力确认之诉的适格主体为公司股东、董事、监事等与股东会或董事会决议内容有直接利害关系的其他人。鉴于诉争股东会决议内容为该名董事的选任，即代表该决议内容与该当选董事有直接利害关系且其具有诉的利益，故该当选董事具有提起确认决议无效的诉权，可以请求确认其担任公司董事的决议无效。

若公司根据前述股东会决议已办理董事变更登记的，待法院作出确认公司决议无效的生效判决之后，"被担任"公司董事的当事人可持生效判决向公司登记机关申请撤销变更登记并恢复至变更登记前的状态。

【案例68】本人未同意担任监事　诉请决议无效被支持[①]

原告：张某

被告：金融公司

第三人：王甲、王乙

诉讼请求：

1. 确认被告于2014年10月27日选举中作出的有关推选原告为公司监事的内容无效；

2. 被告立即向相应行政部门申请办理变更登记，消除原告在工商登记系统中被登记为监事的信息。

争议焦点：被告在原告不知情的情况下，通过伪造签名作出选举书，推选原告为被告监事，该选举书和相关决议内容是否有效。

基本案情：

2019年11月，原告得知其为被告监事，随即向登记机关进行查询。

被告工商档案中显示：

1. 被告成立于2014年10月28日，原告持股40%，第三人王甲持股40%，第三人王乙持股20%。

2. 2014年10月27日，全体股东一致同意作出选举书，推选原告为公司监事。

3. 2015年6月11日，被告作出股东会决议，载明原告将持有的40%股权无偿转让给第三人王甲。转让后，第三人王甲和第三人王乙组成新的股东会。另有一份落款为该日的《股权转让协议》，落款姓名为原告和第三人王甲。

[①] 参见吉林省长春市朝阳区人民法院（2021）吉0104民初1837号民事判决书。

原告认为其非被告员工也非被告股东，更不知情被登记为被告监事，被告档案中的"张某"签名非其本人所签。

经司法鉴定中心就2014年10月27日的选举书、2015年6月11日的股东会决议和股权转让协议上的"张某"签名进行鉴定，鉴定意见为上述文书签名字迹均不是原告本人所写。

原告诉称：

选举书、股权转让协议及股东会决议中所有"张某"签名均不是原告所签，原告也从未授权他人代签。

原告并非被告的员工或股东，对被告的经营状况亦不知情，未参与被告的经营管理也未行使监事权，未领取报酬。被告未经原告同意擅自认定原告为监事，违反了《公司法》和章程规定，相关的股东会决议、选举书应属无效。

被告及第三人未提交答辩意见。

法官观点：

被告于2014年10月27日作出的选举书中推选原告为被告监事，为原告办理监事登记，并未得到原告本人的认可，也不是其真实意思表示。因此，被告在原告不知情的情况下，通过伪造签名作出选举书，推选原告为被告监事，其行为侵犯了原告的合法权利。选举书中关于推选原告为被告监事的内容无效。

法院判决：

1. 被告于2014年10月27日作出的选举书中关于推举原告为公司监事的内容无效；

2. 被告向公司登记机关申请撤销变更登记，撤销原告监事身份。

170. 公司决议存在可撤销情形，当事人请求确认无效的，应当如何处理？

法院应首先审查原告是否接到了股东会会议召开通知，如果原告收到会议通知的，法院应审查原告是否在决议作出之日起60日内提起诉讼；如原告未接到会议通知，法院应审查原告是否在知道或应当知道股东会决议作出之

303

日的 60 日内提起诉讼,且提起诉讼的日期是否超过了决议作出之日起 1 年。如已超过上述期限,则判决驳回其诉讼请求;如在此期限内,则告知原告变更诉讼请求。原告同意变更的,按撤销之诉审理;原告不同意变更的,判决驳回其诉讼请求。

171. 在新《公司法》施行前,公司作出使用资本公积金弥补亏损的公司决议,在新《公司法》施行后,又对该决议效力发生争议的,法院应如何判决?

公司作出使用资本公积金弥补亏损的公司决议,对该决议效力发生争议的,适用新《公司法》第 214 条规定:

(1)公司的公积金用于弥补公司的亏损、扩大公司生产经营或者转为增加公司注册资本;

(2)公积金弥补公司亏损,应当先使用任意公积金和法定公积金;仍不能弥补的,可以按照规定使用资本公积金;

(3)法定公积金转为增加注册资本时,所留存的该项公积金不得少于转增前公司注册资本的 25%。

172. 公司决议不成立的情形都包括哪些?

公司决议不成立的情形包括:

(1)未召开股东会、董事会会议作出决议;

(2)股东会、董事会会议未对决议事项进行表决;

(3)出席会议的人数或者所持表决权数未达到《公司法》或者公司章程规定的人数或者所持表决权数;

(4)同意决议事项的人数或者所持表决权数未达到《公司法》或者公司章程规定的人数或者所持表决权数。

为了避免应属于可撤销情形的事由溢出至决议不成立的讨论中,保障公司决议成立的稳定性,原则上除了这四种情形,不存在其他事由使公司决议不成立。

173. 当事人可以请求法院确认公司决议有效吗?

司法实践中,针对该问题主要存在以下两种观点:

第一种观点认为,对于股东会决议是否有效的问题不可诉。因为股东会决议与董事会决议一经作出即生效，如果没有被确认会议决议无效、不成立或被撤销，则决议就是成立且有效的。司法实践中，要求确认公司会议决议有效的，往往是为了执行该决议。而公司会议决议需要执行的，有法律规定的执行机构，且会议决议的执行属于公司内部治理范围。[①]

第二种观点认为，只要股东会决议效力确认之诉具备诉的利益即可诉。诉的利益是指法院对该诉讼请求作出判决的必要性（法院有必要通过判决的形式解决当事人之间的纠纷）和实效性（法院判决能够实际解决当事人之间的纠纷）。具体判断时，可参照以下三条标准：

（1）有充分证据证明股东会决议的效力未明确，股东之间因此存在纠纷。

（2）具备现实利益危险。诉讼确认公司决议有效一般未建立在法益受到侵害的现实争议之上，但若出现在先诉讼（该诉讼未涵盖决议效力确认之诉）以公司决议有效确认为前提，或公司决议有效直接影响诸如变更登记等行政审批要件，或者维持公司重大投资经营行为的稳定性的情形，公司决议效力未被正面确认将导致权利处于现实危险和不安时，则可以认定满足具备现实利益危险。

（3）穷尽内部救济手段、严格司法救济路径，在提起公司决议效力确认纠纷诉讼之外，当事人的利益已无法为其他给付之诉所涵盖。

【案例69】决议效力存争议且内容与公司经营相关　具有诉的利益请求确认有效获支持[②]

原告：毛某

被告：生物公司

第三人：伏某、覃某

诉讼请求：确认被告于2019年12月28日作出的股东会决议有效。

争议焦点：

1. 公司各股东对决议效力存在争议，且决议效力悬而不决将影响公司经

[①] 参见最高人民法院民事审判第二庭编著：《中华人民共和国公司法理解与适用》（上），人民法院出版社2024年版，第97页。

[②] 参见湖北省黄冈市中级人民法院（2021）鄂11民终3002号民事判决书。

营，原告提起的确认股东会决议有效的诉讼是否具有诉的利益；

2. 原告于提议召开股东会的当日通过电话联络的方式召开了股东会，且全体股东都签署了诉争决议，该召集瑕疵是否会影响案涉决议的效力；

3. 案涉股东会决议约定原告享有固定数额的可分配利润及第三人伏某负有补足责任，该约定是否违反《公司法》关于利润分配的规定，是否会导致决议无效。

基本案情：

原告（持股30.8%）、第三人伏某（持股38.4%）、第三人覃某（持股30.8%）系被告股东。第三人伏某担任被告法定代表人。

2019年12月28日，原告提议召开股东会并于当天下午在原告办公室内，原告和第三人伏某通过与第三人覃某电话联络并达成一致意见的方式形成了关于原告不再参与公司管理以及原告退出经营管理后股权收益分配等问题的股东会决议，决议内容如下：

1. 同意原告不参与被告的经营管理工作，保留其在被告所占有的股份比例。

2. 同意第三人伏某担任总经理，总经理对原告股权收益负责，总利润保证原告每年的股份分成净利润不低于700万元。低于700万元时，原告按保底利润700万元的标准分成，其他两位股东分配原告分成后的剩余部分。被告实际净利润高于700万元时，按原告实际股份比例分成。

3. 被告2019年的利润分配方案为春节前支付利润的50%，2020年5月1日前支付剩余利润的50%；以后每年利润在下一年春节前支付50%，下一年5月1日前支付剩余利润的50%，逾期未支付的利润按月息1%计息。

4. 原告离开被告管理岗位后，股东权益必须受到保护，但不享受基本待遇；其他股东待遇等原则上和原告在被告时保持一致，被告利润超过720万元的，超出部分，总经理按20%提成。

5. 每月15日前被告必须提供上月财务报表于原告，报表内容及固定资产折旧标准同2019年，报表须总经理签字。原告可派遣一人监督财务运行。

6. 被告以私人名义设立收款账户需股东一致认可方可执行，不得私立其他账户，账户增减需经股东一致通过。

7. 本次股东会决议有效期为3年，有效期内不得更改，本决议期内股权发生变更需经全体股东一致同意才能执行。

原告和第三人伏某在该决议上签字后，被告安排员工将该股东会决议送至第三人覃某处，交由第三人覃某签字，第三人覃某签字后随即将股东会决议返还至第三人伏某处。第三人伏某即向原告出示了该决议，并向原告提供了复印件，告知原告决议已生效，请原告依照决议退出被告的经营管理。

2020年1月，原告依照股东会决议退出被告的经营管理，但是被告一直未履行该股东会决议中的义务，导致原告无法依据决议享有权利。

2020年1月21日，原告和两名第三人因股东会决议未能完全实施，在被告会议室再次进行协商，但未能达成一致意见。

原告诉称：

1. 股东间约定放弃对公司特定资产收益的分红并约定固定收益的条款属于股东间意思自治的范畴，系股东间对公司管理权、股东分红的特别安排，并不违反法律的强制性规定，应认定为有效约定。

2. 本案的股东会决议所设定的安排是3年，具有临时性质，原告的保底分红权益是通过让渡管理权而获取，是双方真实意思表示，并非显失公平。

3. 公司作为商法上的主体，应当有别于普通的民事行为的"等价有偿"，目前市场存在大量涉公司的对赌协议，都具有高风险、高回报的特点，因此原告存在保底分红符合市场基本规律。

被告辩称：

1. 原告提起的确认公司决议有效之诉不属于法院的民事案件的受理范围，原告的诉讼应予驳回。

2. 本案股东会的召开并没有履行相应的程序，程序存在严重瑕疵，决议内容也没有完全实施，双方在2021年1月21日重新协商也未达成一致意见，决议自始无效。

第三人伏某、覃某称：

被告并未在2019年12月28日形成有效的股东会决议。案涉股东会决议的通知程序、召集程序、召开程序均不合法，案涉股东会的决议并非被告的真实意思表示，并未形成公司的意志。

法官观点：

1. 关于原告提起的股东会决议有效之诉是否属于法院受理范围的问题。

股东会的决议属于公司自治领域的事项，通常情况下，股东会作出的决议对全体股东均具有拘束力，其有效性无须通过司法程序加以确认。

考察司法是否有必要介入公司治理，主要考虑股东提出确认股东会决议有效的请求是否具有可诉性，是否有必要以提供司法裁判的形式给当事人救济，即股东提起股东会决议确认之诉，必须具备诉的利益，请求有诉诸民事诉讼并通过确定的终局判决获得救济之必要。具备诉的利益，应当同时符合以下几个要件：

（1）有充分证据证明股东会决议的效力未明确，股东之间因此存在纠纷；

（2）股东会决议的效力不明确，导致提起诉讼的股东的权利或法律地位处于现实的危险或不安中；

（3）股东提起确认之诉的利益无法为其他的给付之诉所涵盖。

本案中，原告主张于2019年12月28日召开临时股东会所形成的股东会决议有效，而被告和第三人则主张该决议不成立，双方对决议效力存在争议。因该股东会决议的效力不明确，双方对原告应得的利润如何分配以及第三人伏某担任被告总经理是否合规等问题存在较大争议，这也在客观上影响被告的正常经营。只有确定了该股东会决议的效力，才能进一步决定被告的利润如何分配，才能理顺管理现状，且原告所提起的确认之诉的利益无法为其他给付之诉所涵盖。

综上，原告对确认决议有效的请求具有诉的利益，其提起股东会决议有效之诉，属于法院受案范围。

2. 关于股东会会议提议和召集程序的合法性问题。

依据《公司法》和被告章程的规定，代表公司30.8%的表决权的原告有权提议召开临时股东会，但被告召开股东会未提前15日通知全体股东，召集程序存在瑕疵。一方面，虽股东会决议召集程序存在瑕疵，但股东会决议上有被告全部股东的签名确认；另一方面，股东会召集程序虽然存在瑕疵，但是在程序上也没有损害股东出席股东会并对股东会讨论事宜进行表决的权益，故股东会召集程序虽存在瑕疵却并不能导致股东会决议无效。

3. 案涉股东会决议有效。

《公司法》第 22 条第 1 款①规定，股东会或者董事会的决议内容违反法律、行政法规的无效。具体到本案中，要判断涉案决议的效力，首先要对涉案股东会决议的性质进行认定。

从决议内容来看，2019 年 12 月 28 日的股东会决议中，被告股东约定的利润分红条款系原告在未来 3 年内为保护自身利益专门设置的在一定条件下让出自身参与被告管理权益而获取一定保底收益的条款，属于缔约过程中当事人对投资合作及企业经营商业风险的安排。在该决议中，双方已就在将来的可能发生的经营利润情况作出了安排，系双方的理性选择和商业判断。

另案涉股东会决议形成时，未来的利润情况尚未可知，正是因为考虑到预期利润并不一定真正实现，该决议同时对可分配利润超过预期利润和低于约定利润时各方的权利义务进行了明确约定。原告享有固定数额的可分配利润与第三人伏某补足责任，相辅相成，相互补充。被告利润低于约定利润时，第三人伏某负有补足责任，被告利润超过约定利润时，第三人伏某享有奖励的分配权，可见公平。因此，虽然决议明确约定了原告应分得的固定利润数额，但该数额是以被告有可供分配的利润为前提，并以第三人伏某承诺对预期利益进行补足为保障，可见该决议并非股东对于被告利润进行具体分配的决议。从该决议的性质和内容来看，其并未损害其他人的合法权益，未违反法律规定中的效力性规范、诚实信用原则和公序良俗原则，法院应尊重双方的自治行为，尊重各方基于私法自治精神达成的契约或契约性安排，应具有法律效力。

法院判决：

确认被告于 2019 年 12 月 28 日作出的股东会决议有效。

174. 中外合资企业章程规定董事会实行股东委派制，董事会就委派、撤换董事等所作的记录性文件能否成为公司决议效力之诉的对象？

公司法意义上的董事会决议，是指董事会根据法律或者公司章程规定的

---

① 现为《公司法》第 25 条。

权限和表决程序，就审议事项经表决形成的反映董事会商业判断和独立意志的决议文件。中外合资经营企业的董事会对于合营一方根据法律规定委派和撤换董事之事项所作的记录性文件，不构成公司法意义上的董事会决议，亦不能成为确认公司决议无效之诉的对象。

【案例70】 名为决议实为记录文件　无决议实质诉请无效被驳回[①]

原告： 许甲

被告： 泉州置业公司、林甲

诉讼请求： 确认被告作出的解聘原告董事资格的董事会决议无效。

争议焦点：

1. 案涉决议系根据股东委派调整董事，不代表公司董事会意志，是否系法律意义上的公司决议；

2. 公司法定代表人是否属于董事会决议效力确认之诉的适格被告。

基本案情：

被告泉州置业公司的股东为：案外人地产公司（持股24%）、案外人装配公司（持股6%）和案外人香港南明公司（持股70%）。被告林甲担任被告的法定代表人及董事长。公司章程第4章第17条规定，合营公司设董事会，董事会是合营公司的最高权力机构；第19条规定，董事会由8名董事组成，其中地产公司委派2名，装配公司委派2名，香港南明公司委派4名；第21条规定，任一公司委派和更换董事人选时，应书面通知董事会。

案外人香港南明公司注册于香港地区，原告持有香港南明公司10%的股权，原告为案外人香港南明公司委派到被告的董事。

2000年8月9日，香港南明公司书面出具《委派书》，通知被告将香港南明公司委派到被告的董事由原告更换为案外人刘某。同日，被告作出《董事会决议》，解除了原告的董事职位，并任命案外人刘某为董事。董事会成员落款处有原告与被告林甲签名，但原告主张此处原告的签名系伪造。

[①] 参见最高人民法院（2017）最高法民终18号民事裁定书，本案系《中华人民共和国最高人民法院公报》案例。

第五章 公司决议纠纷

原告诉称：

原告仅将案外人香港南明公司作为投资通道，以该公司名义投资了被告。在原告完成出资后，原告既是被告的实际控制人，也是实际投资人。因此，原告确属与本案存在诸多利害关系，是本案诉讼的适格主体。

被告于2000年8月9日作出董事会决议时，伪造原告签名，违法解除原告董事职务，该董事会决议无效。

被告辩称：

原告明确其诉请的权利基础系作为实际投资人出资设立了被告，但基于法人独立人格，原告出资后形成的财产应归案外人香港南明公司所有。原告并不具备被告的股东资格，其出资也不能作为行使本案请求权的依据。

原告的诉请需以特定身份为前提，其所称"与本案存在诸多利害关系"不能补正其主体资格，其权利行使缺乏法律依据。案涉董事会决议内容属于公司内部治理事项，即使原告认为与其存在利害关系，也应与委派其作为董事的股东香港南明公司另行解决，原告的主体不适格。

法官观点：

1. 案涉决议仅有决议之名，实际是对股东委派董事的记录性文件，无法通过决议确认无效，原告不是适格主体。

《公司法司法解释（四）》（法释〔2017〕16号）第1条规定，公司股东、董事、监事等请求确认股东会或者股东大会、董事会决议无效或者不成立的，法院应当依法予以受理。该规定将确认公司决议无效之诉的原告明确列举为公司股东、董事、监事等，同时要求"法院应当依法予以受理"。根据《民事诉讼法》第119条第1项和《民事诉讼法司法解释》（法释〔2015〕5号）第208条第3款之规定，提起诉讼的原告必须"是与本案有直接利害关系的公民、法人和其他组织"，法院在立案后发现原告的起诉不符合起诉条件的，应当裁定驳回起诉。据此，对于公司股东、董事、监事等提起的公司决议无效之诉，法院既要适用《公司法》及其司法解释的规定，亦应依据《民事诉讼法》及其司法解释审查原告是否"与本案有直接利害关系"。

关于原告是否为案涉董事会决议无效之诉的适格原告问题。根据查明的事实，案涉董事会决议作出时，被告属于中外合资经营企业。《中外合资经营

· 311 ·

企业法》第6条规定，合营企业设董事会，其人数组成由合营各方协商，在合同、章程中确定，并由合营各方委派和撤换；董事会的职权是按合营企业章程规定，讨论决定合营企业的一切重大问题。根据被告章程规定，被告的董事系由合营各方委派和撤换。作为合营方，案外人香港南明公司可以委派原告为被告的董事，也可以单方解除原告的董事职务。故自香港南明公司2000年8月9日包含解除原告董事职务内容的《委派书》到达被告时起，原告即不再具有被告董事职务。案涉董事会决议中虽然包含了原告不再担任董事职务的内容，但其依据是股东香港南明公司关于免除原告董事职务的通知，所体现的只是合营企业股东的意志，并非被告董事会的意志。因此，该部分内容仅系被告董事会对既有法律事实的记载。根据《公司法》的规定，董事会作为公司经营决策机构，可以根据法律或者公司章程规定的权限和表决程序，就其审议事项经表决后形成董事会决议，但该决议应当反映董事会的商业判断和独立意志。由此，《公司法司法解释（四）》第1条规定可以由公司股东、董事、监事等请求确认无效的决议，并不包括本案所涉不体现董事会意志的记录性文件。故案涉上述文件中涉及原告不再担任被告董事职务的部分，虽然有董事会决议之名，但其并不能构成公司法意义上的董事会决议。

综上，案涉董事会决议并非原告丧失被告董事职务的原因，无论该董事会决议上原告的签名是否系伪造，均不影响案外人香港南明公司解除其董事职务的效力。

2. 原告与被告林甲之间不具有直接利害关系。

如前所述，原告并非案涉董事会决议无效之诉的适格原告，被告林甲作为被告的董事长在案涉董事会决议上签字的行为，系履行职责的职务行为，依法不能产生对原告的个人责任。

法院判决：

裁定驳回原告的起诉。

【相关法律依据】

一、公司法类

（一）法律

❖《公司法》第24条、第26~28条、第59条、第66条、第67条、第

73条、第81条、第114条、第115条、第118条、第132条、第137条、第139条、第146条、第151~153条

（二）司法解释

❖《最高人民法院关于适用〈中华人民共和国公司法〉若干问题的规定（四）》（2020年修正）第4~6条

❖《最高人民法院关于适用〈中华人民共和国公司法〉时间效力的若干规定》（法释〔2024〕7号）第1条

（三）部门规范性文件

❖《上市公司章程指引》（2025年修订）第41条

二、民法类

（一）法律

❖《民法典》第85条、第170条

（二）司法解释

❖《最高人民法院关于适用〈中华人民共和国民法典〉有关担保制度的解释》（法释〔2020〕28号）第7~9条

三、程序法类

❖《民事诉讼法》第279条

第六章　股权转让纠纷

【宋和顾释义】

关于股权转让纠纷，新《公司法》在修订中，共涉及六处修改，一处为吸收司法解释，两处为配合其他制度而删改，三处为新增规定，涵盖：

(1) 取消股东对外转让股权时其他股东的同意权；

(2) 明确股东对外转让股权时对公司和其他股东的通知事项；

(3) 明确股权转让时以记载于股东名册作为权利变动标志；

(4) 股份有限公司章程有权对股权自由转让权进行限制；

(5) 删除无记名股票转让规则（因无记名股票制度在新法中已整体删除）；

(6) 股份有限公司被质押股份在限售期内质权人不得行使质权。

结合过往司法实践和本次修订，股权转让纠纷的争议类型主要体现为以下十一种：

(1) 不同情形下诉讼主体的确认争议，如因行使优先购买权、转让瑕疵出资股权、转让限制性股票等引发诉讼，如何确认原被告和第三人；

(2) 股权转让协议的生效、撤销、无效、变更争议，如涉及无权处分、善意取得、一股多卖、出质股权转让、部分权能转让、股权让与担保等的裁判标准；

(3) 因转让股权的价值和公司资产价值引发的争议，如如何认定转让方隐瞒公司真实情况并构成欺诈等；

(4) 瑕疵股权转让争议，如瑕疵股权转让的受让方是否享有法定解除权，受让方可否主张合同变更权以调整价格等；

(5) 代持股权转让争议，如代持人拒不交付股权，名义股东擅自处置股权的协议效力等；

(6) 行使优先购买权争议，如同等条件的确定，间接转让以回避优先购买权的效力，行使优先购买权后原转让协议解除的处理等；

(7) 股权转让权属变更争议，如如何确认股权发生权属变动，拒不办理变更登记是否构成合同解除的条件等；

(8) 夫妻共有股权转让争议，如共有股权转让时表见代理的认定标准，受让方非善意时股权转让协议的效力问题；

(9) 股份有限公司股份转让争议，如限售股转让、代持股转让的效力，以及未经披露时上市公司或非上市公众公司股份转让的效力认定；

(10) 外商投资企业股权转让争议，如转让公司股权（产业属外商负面清单）给外资企业的协议效力如何认定，涉外股权转让协议未经法定批准时的效力等；

(11) 国有股权转让争议，如未经评估、进场交易、主管部门审批的国有股权转让是否有效，国有企业投资受让股权是否需经前述程序等。

上述部分问题，在本书第三版第二册"股权转让纠纷"章节中已涉及，本章系根据司法实践的变化以及修法产生的新问题，加以梳理、归纳和补充。

175. 有限责任公司股东向公司以外的第三人转让股权，是否需要其他股东同意？

新《公司法》删除了股东向股东以外的人转让股权需要经过其他股东过半数同意的规定，但是规定应当将股权转让的数量、价格、支付方式和期限等事项书面通知其他股东，其他股东在同等条件下享有优先购买权。股东自接到书面通知之日起 30 日内未答复的，视为放弃优先购买权。两个以上股东行使优先购买权的，协商确定各自的购买比例；协商不成的，按照转让时各自的出资比例行使优先购买权。

176. "在同等条件下，其他股东有优先购买权"中的"同等条件"包括哪些因素？

除股权转让的数量、价格、支付方式和期限外，"同等条件"还包括违约金条款、从给付义务、受让方承诺增加商业机会、业务合作、帮助提升经营管理能力、拓宽经营渠道、债务承担等因素。对其他因素是否相同的判断，要遵循利益平衡的原则，根据股权转让合同的具体情况以及其他合同条款是否影响转让股东实质利益的实现，是否侵犯股东优先购买权，如交易条件的变化是否使当事人增加履行负担，是否增加了股权转让的难度等，来认定其是否能够作为"同等条件"的判断因素。

177. 瑕疵出资的股东是否具有优先购买权？

瑕疵出资一般指股东未履行出资义务、未全面履行出资义务或者抽逃出资。出资瑕疵并不导致股东丧失股东资格，除非被股东会依法除名，此时如果公司章程或股东会决议对出资瑕疵的股东未作出限制，由于其具有股东资格，仍享有优先购买权。

178. 其他股东按照出资比例行使优先购买权时，"出资比例"是认缴出资比例还是实缴出资比例？

如果公司章程对此有规定，则按照公司章程规定。如果章程未规定，当事人又协商不成的，在出资期限届满但并未缴足的情形下，应按照实缴出资比例行使优先购买权，否则在股东出资尚未足额到位的情形下，还支持其按照认缴出资比例行使优先购买权可能对其他股东不公平；但在出资期限尚未届满的情形下，应按照认缴出资比例行使优先购买权。

179. 转让人通知其他股东时未采取书面通知形式的是否有效？

转让股东未采取法律规定的书面通知形式，并不意味着一定不发生相应的法律效力。从通知内容应实际为其他股东所知晓的角度来看，转让股东向其他股东的告知方式可以拓宽。实践中，所谓"其他能够确认收悉的合理方式通知其他股东"，可能存在如下情形。一是有的公司股东常年未在公司出现，转让股东也并不清楚该股东的住所和通信地址，要求转让股东逐一书面通知具有难度。此时，转让股东如果采取发布公告的形式告知有关内容，并且有证据证明其他股东知晓了该公告内容（如其他股东在公告后就公告内容向转让股东或他人提出了异议或意见），就应当等同于书面通知之效果。二是在诉讼、仲裁等法律程序中，转让股东陈述股权对外转让事项或者优先购买权相关事项，并且为其他股东所知晓，也可视为对其他股东完成了通知。三是转让股东虽以口头方式通知其他股东，但有证据证明其他股东已经知晓。这种情况下，因通知的功能是完成信息传递，所以在信息传递已经成功完成的情况下，也应当视为转让股东已尽到通知义务。

180. 转让股权是否需要征得公司同意？是否需要通知公司？

一般情况下，转让股权系转让人与受让人之间达成转让合意，无须征得公司的同意，但应当由转让人书面通知公司，由公司配合办理各项手续以及向新股东履行义务。此外，亦有观点认为对公司而言，未全面履行出资义务的股权转让系债务转让，应经公司同意才发生法律效力。

181. 股权变动的生效时点如何确定？登记机关的登记日是否为股权转让生效时点？

公司登记机关的登记日并非股权转让生效时点，登记产生的是对外的公示效力。新《公司法》规定，股权变动生效时点或者股东资格认定标准是受让人被记载于股东名册。若公司没有规范股东名册，有关的公司文件，如公司章程、会议纪要等，只要能够证明公司认可受让人为新股东的，都可以产生相应的效力。

182. 股权转让纠纷胜诉后，公司拒绝将股东名册或工商登记中的股东由转让人变更为受让人的，当事人应如何救济？

受让人合法受让股权，但公司拒绝办理变更登记或在合理期限内不予答复的，转让人、受让人均有权以公司为被告提起请求变更公司登记纠纷或股东名册记载纠纷诉讼，请求公司更改股东名册或工商登记记载事项。

183. 股权强制执行时股权变动生效时点如何确定？

如果有限责任公司股权被人民法院在执行程序中强制拍卖或者依照法定程序裁定以物抵债，则在拍卖成交裁定书或者抵债裁定书送达买受人或者接受抵债物的债权人时，该股权由原股东移转至买受人或者接受抵债物的债权人。

184. 股权转让合同因情势变更而解除，各方如何承担法律后果？

股权转让合同因情势变更解除后，转让方返还已收取的股权转让款的，受让方也应返还取得的标的物。当标的物价值明显减损时，就减损价值按照过错原则由当事人分担，更符合公平原则。

【案例71】情势变更致转让合同解除　返还费用并按过错分担减损[①]

原告： 商贸公司

被告： 万某甲、万某乙、侯某、工矿公司

本诉请求：

1. 解除案涉《投资权转让合同》；

2. 四被告返还原告已支付的煤矿转让价款107,384,095元并承担利息损失；

3. 四被告赔偿原告投资损失1300万元。

被告万某甲、万某乙、侯某反诉请求： 原告支付剩余转让款5280万元。

争议焦点：

1. 情势变更导致股权转让合同解除后，标的企业因关闭无法返还给转让方，此时受让方与转让方之间如何分担损失；

2. 有义务保障合同正常履行的被告工矿公司在合同解除时是否需要对转让方的返还义务承担补充责任，承担补充责任后能否向转让方追偿。

基本案情：

案涉煤矿登记成立于2001年8月。2011年7月29日，法定代表人变更为被告侯某。该企业取得了采矿许可证、煤炭生产许可证、安全生产许可证等，采矿许可证有效期限至2015年12月23日。被告工矿公司系案涉煤矿的管理单位。

2013年4月1日，原告（受让方）、被告万某甲、被告万某乙、被告侯某（三被告以下简称为转让方）、被告工矿公司（丙方）共同签订《投资权转让合同》，就案涉煤矿的投资权及完整权益的转让达成协议。《投资权转让合同》约定，四被告承诺将案涉煤矿纳入被告工矿公司宏观管理，并且保证原告正

[①] 参见最高人民法院（2021）最高法民终1255号民事判决书，本案为人民法院案例库入库案例。

常经营标的矿的手续畅通，否则原告有权要求四被告承担根本违约责任（原告有权选择是否继续履行合同，如原告选择解除合同，四被告应当按照标的矿市值向原告赔偿损失，赔偿损失不得少于投资权及其完整权益转让总价及相应贷款利息）。此外，该合同还约定四被告应无条件保证原告顺利入场、顺利经营标的矿，被告工矿公司需确保转让登记不存在法律障碍。

合同签订前，原告已支付500万元。合同签订当日，原告向合同指定的收款人转账5000万元。截至2013年5月27日，原告按约向合同指定的收款人合计付款10,720万元。2013年4月3日至4月8日，转让方向原告移交了案涉煤矿的相关设备、印章、文件、图纸等资料。

2012年9月，因甘肃省发生煤矿安全事故，甘肃省安全生产委员会下发《紧急通知》，要求对生产能力低下的小矿井实行全面停产整顿。2012年10月，政府相关部门对案涉煤矿的改造设计作出批复。2013年4月，原告开始对案涉煤矿进行技术改造，但因未按规定办理开工备案手续，案涉煤矿受到行政处罚，被政府相关部门责令停止违规建设，封填井口。

此后，国务院办公厅、国家安全生产监督管理总局等部门印发了多份关于加快落后小煤矿关闭退出的文件。2014年6月10日，市政府作出批复，指出案涉煤矿虽属淘汰关闭矿井，但鉴于一定情况，其具备改造扩能条件，故决定对该矿暂缓处置。2014年8月18日，被告工矿公司向政府申请保留案涉煤矿。2014年9月4日，区政府发布公告，决定关闭案涉煤矿。2014年12月31日，甘肃省政府公告了关闭退出煤矿的名单，案涉煤矿在名单之中。后案涉煤矿的补偿款180万元由被告工矿公司领取。

原告诉称：

因未办理变更登记手续，案涉煤矿的所有权未转移。现煤矿关闭，合同目的无法实现，合同符合法定解除的要件。被告转让方未按合同约定保证煤矿手续畅通，也未排除经营障碍，约定解除条件已经成就。原告已经将案涉相关手续及印章移交给被告转让方，双方已经合意解除合同。即使在以上解除情形都不符合的情况下，依据情势变更也应当解除合同。四被告应返还转让款及资金占用费并赔偿相应损失。

被告工矿公司辩称：

被告工矿公司于 2014 年 8 月 18 日向区政府申请了保留案涉煤矿，已履行了管理责任并积极避免煤矿关闭，不应当承担责任。

被告万某甲、万某乙、侯某未答辩。

法官观点：

1. 合同解除后，被告转让方应返还转让款及资金占用费。

《投资权转让合同》解除后，转让方应当返还所收取的转让款并承担资金占用费，原告应当返还案涉煤矿。各方对于已付转让款 10,720 万元均无异议，故合同解除后转让方应向原告返还股权转让款及资金占用费合计 145,112,415.02 元。

2. 因案涉煤矿已关闭无法返还，原告作为受让方应根据其过错程度分担损失。

合同解除后，案涉煤矿已关闭，原告无法返还，转让方因而受有损失。对于该损失，原告在合同履行中存在过错，应当承担部分赔偿责任。各当事人虽对关闭小煤矿政策的出台无法预见，但在政策出台前，可通过技术改造以提高产能的方式来避免煤矿关闭。《投资权转让合同》签订后，转让方已经向原告交接了案涉煤矿及相关资料、印章等，包括煤矿改造项目的行政批复，原告应当在完成交接并取得煤矿印章后积极申请开工备案手续，以保证完成技术改造并提高产能，从而避免煤矿被关停风险。但原告并未进行开工备案，并在受到行政处罚后未积极采取措施继续完成煤矿改造，对案涉煤矿的关闭存在过错。

办理开工备案手续虽不是被告转让方的义务，但在工商登记变更前，被告转让方应当积极配合原告办理开工备案手续，确保合同的正常履行，故被告转让方对煤矿没有改造完成而被关闭亦存在过错。

合同解除后，对合同解除后果进行处理时应综合考虑双方利益。根据《投资权转让合同》的履行情况、各方的过错程度、案涉煤矿的补偿款 180 万元已由被告工矿公司领取的事实，原告应承担 50% 的赔偿责任，同时参照《投资权转让合同》约定的价款 1.6 亿元，原告应当赔偿转让方 8000 万元。经与应返还的股权转让款及资金占用费折抵，被告转让方应向原告返还

65,112,415.02 元。

3. 被告工矿公司对返还转让款承担补充责任，承担责任后有权向被告转让方追偿。

被告工矿公司作为合同中的义务主体，应当与转让方共同保证合同的正常履行。虽然被告工矿公司向区政府申请保留案涉煤矿，但申请保留案涉煤矿只是其履行管理职责的一部分，其并未积极申请办理开工备案手续，煤矿最终因无开工备案手续未能完成技术改造而被关停，被告工矿公司作为管理方对于煤矿关停存在过错。此外，煤矿关闭后的补偿款亦由被告工矿公司领取进行分配，故基于过错其应对转让方返还转让款承担补充责任，其承担责任后有权向被告转让方追偿。

法院判决：

1. 解除《投资权转让合同》；

2. 被告转让方向原告支付 65,112,415.02 元（双方返还责任和赔偿责任冲抵后计算金额）；

3. 被告工矿公司对上述给付承担补充责任，承担责任后有权向转让方追偿；

4. 驳回其他本诉及反诉请求。

185. 股权转让合同撤销及无效的法定事由有哪些？

如果股权转让合同有下列情形之一的，应认定合同无效：

（1）无民事行为能力人签订的；

（2）行为人与相对人以虚假的意思表示签订的；

（3）行为人与相对人恶意串通，损害他人合法权益签订的；

（4）违反法律、行政法规的强制性规定。

如果股权转让合同有下列情形之一的，应认定合同可撤销：

（1）因重大误解订立的；

（2）在订立合同时显失公平的；

（3）一方或第三人以欺诈、胁迫的手段，使对方在违背真实意思的情况下订立的合同；

(4) 一方利用对方处于危困状态、缺乏判决能力，致使合同成立时显失公平的。

【案例72】虚增资产隐瞒债务导致转让方构成欺诈　股转合同可撤销①

原告（反诉被告）：宏业公司

被告（反诉原告）：生物公司

本诉请求：被告支付股权转让款 99,224,252.31 元及利息。

反诉请求：撤销原被告于 2017 年 9 月 7 日签署的《购买资产协议》中原告向被告以 99,224,252.31 元现金转让案外人大象广告公司 4.023% 股权的相关约定。

争议焦点：

1. 目标公司及其实际控制人在与投资人磋商过程中，提供虚假财务资料、伪造业务往来函件、隐瞒公司负债，投资人基于虚假信息收购股权的，目标公司及其实际控制人是否构成欺诈；

2. 原告作为目标公司的股东，虽未积极实施提供虚假信息、隐瞒真实情况的行为，但承诺所提供资料真实、准确、完整，且原告的法定代表人也是目标公司的股东和实际控制人，那么原告是否应对欺诈行为承担责任，其与被告签订的《购买资产协议》是否应予撤销；

3. 《购买资产协议》涉及 36 名股东的股权转让，仅撤销其中 1 名股东股权转让相关约定的，其他股东是否有权作为无独立请求权的第三人参加诉讼。

基本案情：

案外人大象广告公司（非上市公众公司）为案涉股权转让的标的公司，原告持股 4.023%。案外人陈某系原告法定代表人，也是案外人大象广告公司的股东及实际控制人。被告为上市公司，3 名案外人财通公司、鹏信评估、大华会计师事务所分别为被告委托的独立财务顾问、评估机构、审计机构。

---

① 参见最高人民法院（2021）最高法民申 1599 号民事判决书，本案系人民法院案例库入库案例。

2017年9月7日，原告、案外人陈某等36名案外人大象广告公司的股东（转让方）与被告（受让方）签订《购买资产协议》，主要内容如下：

1. 被告以发行股份及现金支付的方式购买36名股东合计持有的案外人大象广告公司96.21%股权。根据评估机构出具的《评估报告》，案外人大象广告公司96.21%股权的评估值为23.77亿元，各方同意在此基础上确定本次交易的总价为23.72亿元。其中，被告向原告支付现金对价99,224,252.31元以购买其持有的4.023%股权。

2. 原告等转让方保证并承诺，其向被告提供的资料真实、准确、完整，不存在虚假记载及重大遗漏的情形，亦未隐瞒任何一经披露会影响本协议签署或履行的信息；案外人大象广告公司及其子公司的财务报表真实及公允地反映了其于财务报表所对应时点的资产、负债（包括或有事项、未确定数额负债或有争议负债）及截至财务报表所对应财务期间的盈利或亏损。

3. 原告等转让方及被告分别向对方保证，如因承诺和保证内容不真实或有重大遗漏致使对方遭受损失，应向对方作出充分赔偿。转让方中的任何一方无须对其他转让方违反声明、承诺和保证的行为承担责任。

此外，案外人大象广告公司还向评估机构出具了《被评估企业承诺函》，载明所提供的财务会计资料及其他资料真实、准确、完整，并加盖公司印章，案外人陈某作为授权代表签名。原告亦在《关于本次交易所提供的信息真实、准确、完整的声明与承诺函》中承诺对《购买资产协议》所提供或者披露信息的真实、准确、完整承担个别及连带责任。

2018年4月28日，被告在巨潮资讯网发布公告，载明《购买资产协议》项下的96.21%股权已完成交割过户。

审理中，法院根据原被告提供的证据和依职权调取的证据，确认如下事实：

1. 案外人大象广告公司提供的由公司盖章，企业法定代表人、主管会计工作负责人、会计机构负责人联合签字确认的《母公司资产负债表》《流动资产清查评估汇总表》载明，在评估基准日，案外人大象广告公司在案外人厦门国际银行的账户中有存款1.13亿元。该存款数额作为评估依据，反映在《评估报告》所附的《货币资金—银行存款清查评估明细表》中。但案外人厦门国际银行出具的对账单显示，在评估基准日，该账户余额为483.46万元。

2. 2013年，案外人大象广告公司与案外人武汉地铁签订《广告设置位使用权经营合同》，约定案外人大象广告公司享有10年期地铁广告位经营权，经营权费用总额为14.8亿元。2017年4月，案外人大象广告公司在全国中小企业股份转让系统发布《2016年度报告》，称武汉地铁已同意于2019年提前终止合同。审计机构据此在《审计报告》载明，因合同提前终止，广告经营权费变更为6年3.2亿元，案外人大象广告公司2015年度营业成本减少8340.13万元。后案外人武汉地铁确认，其并未同意提前终止合同，且曾向案外人大象广告公司发函要求立即删除《2016年度报告》中的不实内容。此外，案外人大象广告公司向被告提供的用于证明案外人武汉地铁同意提前终止合同的《工作联系函》亦系伪造。

3. 案外人大象广告公司浙江子公司的《应收账款清查评估明细表》载明，对案外人保税港区管委会、保税港区财政局、保税港区投资合作局享有应收账款合计1571万元；案外人大象广告公司西安子公司的《应收账款清查评估明细表》载明，对案外人保税港区财政局、保税港区管委会享有应收账款合计409.8万元。上述内容均反映在《审计报告》中。后经确认，上述单位与案外人大象广告公司及其子公司均不存在业务往来。

4. 除已向被告披露的信息之外，案外人大象广告公司还存在4笔已经公证、起诉或执行中的已决或未决债务，该4笔债务合计4349.83万元。前述事项均未被反映在《审计报告》及《评估报告》中。

截至本案起诉时，案外人陈某因涉嫌合同诈骗罪已被公安机关刑事拘留。

审理中，案外人大象广告公司的其他股东申请作为本案无独立请求权的第三人参加诉讼。

原告诉称：

原告已履行股权转让约定，并完成了相关变更手续，但被告至今未履行《购买资产协议》项下的付款义务，已构成违约。

被告辩称：

由于原告在签订案涉协议时存在大量造假、隐瞒等欺诈行为，导致被告作出了错误的购买意思表示，故双方之间的股权转让行为应予撤销。

被告反诉称：

原告承诺案外人大象广告公司的资产真实、准确、完整，但事实上案外人大象广告公司存在大量对外担保、潜在纠纷、或有事项、挪用资金、业绩造假、合同造假以及财务数据造假等违法违规行为，这些行为已严重影响评估机构对其股权价值的评估，致使原告作出了错误的购买意思表示，故双方之间的股权转让行为应予撤销。

针对被告的反诉请求，原告辩称：

1. 本案不属于法院依职权调查收集证据的情形，法院依职权调查收集证据严重违反法定程序。

2. 被告在收购前已对案外人大象广告公司进行了尽职调查，两家专业机构出具的《审计报告》《评估报告》经过其董事会、股东会审议通过。本次交易已经证监会核准并履行审批手续，应视为被告已尽到谨慎注意义务，其应当承担由此产生的交易风险。

3. 股权交割手续已完成，被告已将案外人大象广告公司纳入合并财务报表的范围，亦实际控制了该公司，本次收购不存在可撤销情形。

4. 《资产购买协议》约定转让方中的任何一方无须对其他转让方违反声明、承诺和保证的行为承担责任，且原告未参与公司经营，对公司财务情况不知情，故原告无须对案外人陈某的行为承担责任。

法官观点：

1. 法院依职权调取证据不存在程序违法。

法院在被告提交部分证据的情况下，为进一步查明案件事实需要，依职权调取证据不足以认定程序违法。且从刑事案件中调取的材料已经经过依法质证，未剥夺原告质证及发表意见的权利，法院对该证据予以采纳，并不违反《民事诉讼法》的相关规定。

2. 案外人大象广告公司、陈某存在欺诈故意与欺诈行为。

（1）关于虚增银行存款的问题。案外人大象广告公司向审计机构出具的《母公司资产负债表》《流动资产清查评估汇总表》经案外人陈某及主管会计负责人签字确认，但上述资料反映的银行存款与该账户实际金额不符，故案外人大象广告公司、陈某存在伪造公司财务资料、虚增银行存款 1.09 亿元的事实。

(2) 关于营业成本虚减的问题。案外人大象广告公司在全国中小企业股份转让系统发布的《2016年度报告》中公开披露案外人武汉地铁同意于2019年提前终止合同的行为系其主动所为,且在案外人武汉地铁要求立即删除不实内容后未及时进行删除和更正。作为法定代表人的案外人陈某明知该行为,却予以隐瞒,并提交伪造的案外人武汉地铁《工作联系函》,致使《评估报告》中营业成本虚减11.59亿元,导致被评估企业的利润情况不真实。故案外人大象广告公司、陈某存在欺诈的事实成立。

(3) 关于虚构应收账款的问题。《审计报告》中《应收账款清查评估明细表》反映,案外人保税港区管委会、保税港区财政局、保税港区投资合作局均有应向案外人大象广告公司两家子公司付款的义务。但经查证,上述债权并不存在,双方从未有过合同关系。两家子公司系与案外人大象广告公司合并财务报表,故可以确定案外人大象广告公司在其财务报表中主动造假。

(4) 关于隐瞒债务的问题。原被告签订的《购买资产协议》中所载明的案外人大象广告公司债务,与审理中确认的债务相差4349.83万元,金额巨大。案外人大象广告公司出具的《被评估企业承诺函》亦可以证明,所有财务资料均由案外人大象广告公司提供,而涉案相关事实的财务资料均与实际情况不符。故可以认定案外人大象广告公司、陈某存在欺诈故意与欺诈行为。

3. 原告应承担两名案外人大象广告公司、陈某欺诈行为而产生的后果。

原被告及案外人在磋商过程中,案外人大象广告公司、陈某提供包括但不限于财务信息在内的可以体现公司价值的相关公司资料供审计评估。被告委托的中介机构基于上述财务资料真实作出审计结论,被告基于该结论与案外人大象广告公司的36名股东签订《购买资产协议》,故《购买资产协议》是基于案外人大象广告公司、陈某的欺诈行为而签订的。原告作为案外人大象广告公司的股东直接接受磋商成果,可视为原告知道或应当知道案外人陈某与被告洽谈的事实基础和具体内容,原告应对案外人陈某在《购买资产协议》签订过程中存在的欺诈行为产生的后果承担责任。案外人陈某所为的欺诈行为应视为原告的行为,本案构成相对人欺诈,应适用《合同法》第53条第2款及《民法总则》第148条的规定。

原告未参与经营并不等同于不知道公司具体的经营状况，即使原告未参与公司经营对公司财务情况不知情，但其在《关于本次交易所提供的信息真实、准确、完整的声明与承诺函》中签字确认，即代表其为促成交易的达成，在未核实具体信息内容的情况下向被告书面承诺公司提交的信息真实，亦属于欺诈行为。虽然《资产购买协议》中约定转让方中的任何一方无须对其他转让方违反声明、承诺和保证的行为承担责任，但原告需对其签订《购买资产协议》中存在的欺诈行为和自己的其他行为承担责任。

4.《购买资产协议》标的可分，对案外人大象广告公司其他股东申请作为无独立请求的三人参加诉讼不予准许。

被告与案外人大象广告公司 36 名股东达成的《购买资产协议》，虽然在同一份合同中进行约定，但每人股权比例、支付方式均不同，故该《购买资产协议》标的可分。法院仅判撤销合同中涉及原被告股权转让的内容，并不涉及其他股东的权利义务，其他股东未参与本案诉讼亦不影响对本案事实的查明，故对案外人大象广告公司其他股东要求作为无独立请求权第三人参加诉讼的请求不予准许。

法院判决：

1. 驳回原告的诉讼请求；

2. 撤销原被告于 2017 年 9 月 7 日签订的《购买资产协议》中被告以支付 99,224,252.31 元现金购买原告持有的案外人大象广告公司 4.023% 股权的相关约定。

186. 股权被他人无权处分转让给第三人，所订立的股权转让合同效力如何？无权处分而转让股权是否产生股权变动的法律效果？

即使股权转让合同中双方约定转让的股权系合同外的第三人所有，但双方的约定只是使一方负有向对方转让股权的义务，并没有实际导致股权所有人的权利发生变化，因此不能当然以出让人对股权无处分权为由认定股权转让合同系无权处分，进而认定合同无效。除非有证据证明股权受让方不是善意相对人，存在恶意串通损害他人合法权益等合同无效的法定情形，否则无权处分所订立的股权转让合同有效。

转让标的股权依据股权转让合同的约定,通过变更股东名册记载、工商登记产生股权变动的效力。若股权因无权处分而无法变动的,作为善意相对人的股权受让方有权解除股权转让合同并追究股权转让方的违约责任。

【案例73】无权处分股权合同仍有效　诉请返还已付转让款获支持[①]

原告: 达宝公司

被告: 中岱电讯公司、中珊公司、中岱集团

诉讼请求:

1. 解除原告与二被告中岱电讯公司、中珊公司签订的《股权转让合作协议》;

2. 三被告返还原告股权转让款3000万元,损失赔偿2285万元,并支付逾期付款利息(按5285万元为本金,按逾期归还银行贷款利率计算,从2006年2月23日起计算至实际返还之日止,暂计至起诉之日止为215.8万元),上述合计为5500.8万元。

争议焦点:

1. 股权转让合同中,双方约定转让的股权系合同外的第三人所持有的,即转让方系无权处分,该合同是否有效。

2. 双方就股权转让合同的解除及违约责任发生纠纷诉至法院的,是否应追加标的股权的所有人为第三人。

3. 原告尚未足额支付全部股权转让价款,是否触发《股权转让合作协议》中转让方如违约应加价回购的条款;如果该条款未触发,对应的迟延支付违约金应当按照什么标准计算。

基本案情:

2005年10月14日,国土部门与两名案外人夏某、苏某签订《土地使用权出让合同》,将目标地块以4.6亿元出让给两名案外人。2005年12月5日,该两名案外人出资设立了被告中珊公司。

[①] 参见最高人民法院(2010)民提字第153号民事判决书,本案系《中华人民共和国最高人民法院公报》案例。

2005年12月12日,原告与被告中珊公司和被告中岱电讯公司签订《股权转让合作协议》,约定:

1. 三方以重组后的被告中珊公司作为经营平台,共同对目标地块进行房地产开发,两名案外人夏某、苏某(均为被告中珊公司股东)无条件将目标地块使用权转入被告中珊公司名下。

2. 被告中岱电讯公司承诺有权处置被告中珊公司100%的股权,并将其持有的被告中珊公司100%股权中的10%股权转让给原告,转让价款为4928万元。①

3. 原告应在2005年12月13日前支付首期价款3000万元,该款项用于支付目标地块的土地出让金,余款在2005年12月30日付清。

4. 如双方未能在协议签订后3个月内就合作事宜达成一致(合作各方就该目标地块的合作事宜正式签订协议),原告有权退出合作,被告中岱电讯公司以5285万元受让原告持有中珊公司的10%股权。如被告中岱电讯公司未按期履行,应按未履行金额每天0.2%的标准向原告支付违约金。

5. 被告中珊公司为被告中岱电讯公司在该协议项下的责任和义务提供担保。

同日,被告中岱集团向原告出具一份《承诺函》,内容为:由于急需在2005年12月13日交纳目标地块的土地出让金,被告中岱集团希望原告能在有关合作事宜谈妥前,先行准备资金3000万元以支付土地出让金。如双方未能就合作事宜达成一致,原告在准备该资金过程中的损失由被告中岱集团承担。

2005年12月13日,原告向被告中珊公司支付3000万元,被告中珊公司随即将该款用于支付两名案外人夏某、苏某应交纳的土地出让金。

后由于两名案外人夏某、苏某未按期支付土地出让金,广州国土局解除了与两人签订的《国有土地使用权出让合同》,收回出让的目标地块,并重新公开挂牌转让。

2006年2月23日,原告向被告中岱电讯公司、中珊公司发函称,因目标

---

① 案涉《股权转让合作协议》签订时,被告中岱电讯公司并不持有被告中珊公司的股权。

地块未按期交付土地出让金被政府收回，各方已无可能就合作事宜达成一致，故要求终止合作，并要求二被告尽快退还原告款项。

2006年6月9日，被告中岱集团向原告出具一份《承诺函》，内容为：原告已交付的国有土地出让金3000万元和原告与被告中岱电讯公司签订协议的资金费用，由被告中岱集团负责偿还。

经多次交涉，三被告未返还原告款项，原告遂提起本案诉讼。

原告诉称：

原告已履行支付首期转让款的义务，二被告却未能依约取得目标地块，致使合作目的不能实现，原告有权要求解除《股权转让合作协议》，三被告应退还转让款，赔偿损失并支付逾期利息。

被告辩称：

1. 两名案外人夏某、苏某是被告中珊公司仅有的两名股东，案件的处理结果与两人有法律上的利害关系，应当追加两名案外人为第三人。

2. 原告在合同约定的3个月期限未届满前即向其发出解除合同的通知，因此属于原告违约。

一审、二审和再审法官观点：

1. 《股权转让合作协议》是原告与二被告中岱电讯公司、中珊公司签订的，协议项下的权利义务仅与该二被告有关，两名案外人夏某和苏某不是协议的相对人，原告亦未主张由其承担相应的责任，故该二人并非必须成为本案的当事人。

2. 三方签订的《股权转让合作协议》合法有效，各方当事人应依约履行。原告已依约履行了给付股权首期受让款的义务，用于支付涉案地块的土地出让金，而中岱电讯公司却未能依约提供目标地块，致使合作目的不能实现，实属违约，故原告关于解除《股权转让合作协议》、三被告退还转让款的诉请具有合同及法律依据，应予以支持。

3. 原告虽仅支付首期股权转让款，但在第二期股权转让款支付日前，目标地块已被收回，原告未支付余款系行使不安抗辩权。三被告亦未能证明原告无力支付该款项，故应认定原告对合同解除并无过错。

4. 三方签订的《股权转让合作协议》约定，在协议签订后3个月内各方未能就合作事宜达成一致的，原告有权退出，被告中岱电讯公司应以5285万元受让原告所持的10%股权。据此，原告要求被告中岱电讯公司赔偿3000万元转让款之外的预期利益损失2285万元，符合合同各方当事人的真实意思表示，应予支持。

5. 根据三方签订的《股权转让合作协议》，被告中岱电讯公司还应按其承诺支付款项每日2‰的标准计付逾期付款违约金，但原告放弃合同约定的较高利率标准，而主张按中国人民银行规定的同期逾期贷款利率计付利息，是其对自身权利的处分，应予准许。原告请求从其行使正当权利提出解除合同的时间，即2006年2月23日，开始计算上述利息，符合法律的规定，应予支持。

6. 被告中珊公司应按照《股权转让合作协议》约定对被告中岱电讯公司所负债务承担连带责任。被告中岱集团向原告两次出具《承诺书》的行为属于债务加入，亦应向原告承担退款3000万元及赔偿预期利益损失的责任。

一审法院判决：

1. 解除原告与二被告中岱电讯公司、中珊公司签订的《股权转让合作协议》；

2. 被告中岱电讯公司向原告返还股权转让款3000万元、赔偿预期利益损失2285万元，并以5285万元为本金从2006年2月24日起至付清款项之日止按中国人民银行规定的同期同类逾期贷款利率计付逾期付款违约金；

3. 被告中珊公司、被告中岱集团对被告中岱电讯公司在判决第二项中所应承担的债务负连带清偿责任；

4. 驳回原告其他诉讼请求。

二审维持原判，再审驳回再审申请。本案后经最高人民法院提审。

三被告申诉称：

1. 法院未追加案外人夏某、苏某为第三人，违反法定程序。

2.《股权转让合作协议》应属无效。

（1）股权转让应由股东进行。有权转让被告中珊公司股权的应是案外人夏某、苏某，但《股权转让合作协议》却在其未授权的情况下由被告中岱电讯公司、中珊公司处分股权，属无权处分，应认定无效。

（2）《股权转让合作协议》名为合作实为借款，属于企业间的资金拆借行为，应当认定无效。

(3)《股权转让合作协议》为开发房地产项目，签约人均无开发资质。

(4) 根据被告中珊公司章程，公司股权转让必须经过公司股东会决议且全体股东同意之后方可进行。《股权转让合作协议》违反了《公司法》第72条第4款①的强制性规定，应认定为无效。

3. 即使《股权转让合作协议》有效且三被告应承担违约责任，也应扣除原告未支付的1931万元转让款及相应利息。

对于三被告的申诉，原告辩称：

1.《股权转让合作协议》中约定的股权变动虽涉及案外人夏某、苏某的股权转让行为，但只是被告中岱电讯公司承诺的条件及重组中的执行步骤。两名案外人夏某、苏某与该法律责任的承担没有关系，没有必要追加该两人为当事人。

2.《股权转让合作协议》本身并不是股权转让协议，该协议的完全履行还需要其他相关协议配合，不能将该协议简单作为被告中珊公司的股权转让协议，协议中所涉及的股权变动事宜仍需新的协议来实现，《股权转让合作协议》应为有效。

提审法官观点：

1. 两名案外人夏某、苏某与本案处理没有法律上的利害关系，未追加其为当事人并无不当。

因《股权转让合作协议》没有导致夏某、苏某持有的被告中珊公司的股权受到侵害，原告也没有向夏某、苏某主张权利，故夏某、苏某与本案的处理没有法律上的利害关系，故原审法院没有追加两名案外人夏某、苏某为案件当事人并无不当。

2.《股权转让合作协议》不违反法律法规的强制性规定，应为有效。

(1)《股权转让合作协议》约定，三方共同对目标地块进行房地产开发，被告中岱电讯公司将其持有的被告中珊公司100%股权中的10%股权转让给原告。虽然在该协议签订时被告中珊公司的股东是案外人夏某、苏某，被告中

---

① 现为《公司法》第84条。

岱电讯公司不持有被告中珊公司的股权，但该协议只是使得被告中岱电讯公司负有向原告转让股权的义务，而没有使得原告实际获得股权并进而导致被告中珊公司股权发生变化，该协议也没有为被告中珊公司的股东设定义务，没有侵害案外人夏某、苏某对被告中珊公司享有的股权，故《股权转让合作协议》不因被告中岱电讯公司不是被告中珊公司股东这一事实而无效。

（2）根据《股权转让合作协议》的内容及后来因被告中珊公司没有取得目标土地使用权，原告要求退出合作的事实可表明，原告签订《股权转让合作协议》的目的是受让股权以参与开发土地并获利，并非向被告中岱电讯公司拆借资金。

（3）《股权转让合作协议》没有导致被告中珊公司股权实际发生变化，该协议并不违反《公司法》第72条的规定。

（4）《股权转让合作协议》的当事人有无房地产开发资质只是对该协议能否履行可能产生影响，并不影响该协议的效力。

3. 被告中岱电讯公司买回股权的条件未成就，不适用每天0.2‰的违约金标准，损失应按银行同期贷款利率计算。

《股权转让合作协议》虽约定原告退出合作后被告中岱电讯公司应以5285万元买回原告持有的被告中珊公司10%的股权。但是，该约定的前提是原告已将其4931万元股权受让款付清。本案中，原告仅支付了3000万元，故其主张被告中岱电讯公司应以5285万元买回股权，缺乏事实基础，不应予以采纳。

《股权转让合作协议》约定的每天按0.2‰计算违约金的标准，是就被告中岱电讯公司应以5285万元向原告买回涉诉股权这一义务而设定的，因被告中岱电讯公司买回该股权的条件并未成就，故不能适用该违约金标准来计算违约责任。

《股权转让合作协议》于2006年2月23日解除后，被告中岱电讯公司至今未返还原告已付的3000万元股权受让款，应当赔偿原告因此受到的损失，该损失应自2006年2月24日起按照中国人民银行同期贷款利率计算。

提审法院判决：

1. 撤销二审判决；

2. 变更一审判决主文第二项为：被告中岱电讯公司向原告返还3000万元股权转让款并支付相应利息（从2006年2月24日起按照中国人民银行同期贷

款利率计算至实际付清之日）；

3. 维持一审判决主文第一项、第三项、第四项。

187. 有限责任公司中，股东将自有股权重复出卖给多个股东的，各受让人应如何主张权利？

此种行为俗称"一股二（多）卖"。实践中，需要分以下两种情况讨论：

（1）若所有受让人均未进行股东名册、工商登记变更，也未实际享有股权权利，则处理方式与"一房二卖"相同，即各合同无先后位序之分，转让人只能择一履行，而对其他履行不能的合同承担违约责任。

（2）若有受让人已支付股权转让款，并办理了股东名册、工商变更登记，且对"一股多卖"的事实不知情，则该受让人构成善意取得，由该受让人取得股权，其他受让人只能请求转让人承担违约责任。但若该受让人事先知悉"一股多卖"的事实，则即便其已办理相关变更登记，仍无法善意取得股权。

【案例74】明知"一股二卖"的受让方不能取得股权　转让方应返还转让款并赔偿利息损失[①]

原告：龚甲

被告：龚乙、赵某

诉讼请求：

1. 确认原告与二被告于2013年12月19日签订的《还款协议书》于2015年8月13日已解除；

2. 判令二被告立即返还原告已经支付的股权转让款7000万元及利息330万元，共计7330万元；

3. 判令二被告赔偿利息损失2700万元（自股权转让款支付之日起计算至2017年12月5日）；

4. 判令二被告向原告支付自2017年12月5日起至股权转让款返还完毕之日止期间的利息损失。

[①] 参见最高人民法院（2020）最高法民申3498号民事裁定书。

第六章
股权转让纠纷

争议焦点：

1. 受让人明知转让人存在"一股二卖"的情形，在不符合善意取得的情况下，受让人还能否取得转让的股权；

2. 转让方构成根本违约，受让方能否单方解除股权转让协议；

3. 受让方在起诉前未要求返还股权转让款，其主张转让方赔偿的利息损失应当自何时开始计算。

基本案情：

原告与被告龚乙系兄弟，被告龚乙与被告赵某系夫妻。二被告共同持有案外人天一公司100%的股权，被告龚乙系天一公司的法定代表人、执行董事兼总经理。

2011年5月30日，被告龚乙与案外人龚某（原告之子）签订《股权转让协议》，收购二被告持有的案外人天一公司的全部股权，收购价格为人民币2亿元整。

2011年7月22日，案外人天一公司作出股东会决议，免去被告龚乙执行董事（法定代表人）职务，重新选举案外人龚某为执行董事兼法定代表人，未办理股权转让变更登记手续。

2013年12月19日，被告龚乙又与原告签订了一份《还款协议书》，约定将上述案外人龚某与被告龚乙签订的《股权转让协议》中案外人龚某的所有责任权利转让给原告，相应股权全部转让归原告所有，双方作价1.7亿元，该协议未征得案外人龚某同意。协议中另约定：

1. 考虑到案外人天一公司的部分房产可能仍将用来替案外人龚某清偿债务，因此天一公司的本次股权变更现暂缓办理，股权转让变更期限在2014年9月30日前办理完毕，双方应积极配合执行落实。

2. 原案外人龚某与被告龚乙的转让手续全部解除，案外人天一公司的法定代表人业也已经由案外人龚某变更为其他人士，案外人龚某与天一公司已没有任何关系。在本协议签订后，案外人龚某用天一公司的股权（资产）偿还借款时，股权未变更前须经被告龚乙签字同意后生效。

在该协议签订之后，原告已向被告龚乙支付了全部1.7亿元的股权转让款（本案中，原告仅主张返还其中的7000万元），另支付了330万元利息，亦未办理股权转让变更登记手续。

2015年8月22日，被告龚乙收到一份原告向其寄送的落款时间为2015年8月13日的解除通知。该解除通知载明：现正式通知你自即日起解除你我双方于2013年12月19日签署的《还款协议书》，对于已经支付给你的款项，考虑到兄弟关系，请你在合适的时候予以返还。

被告赵某作为妻子对被告龚乙的股权转让行为均表示认可。

2016年年初，被告龚乙在另案中将原告起诉至法院，要求原告按照涉案《还款协议书》的约定向其支付股权转让款。后浙江省高级人民法院作出生效判决，确认2013年12月19日《还款协议书》有效，但驳回了被告龚乙要求原告支付股权转让款等其余诉讼请求。

原告诉称：

1. 由于被告龚乙与案外人龚某关于案外人天一公司的《股权转让协议》仍在继续履行，案外人天一公司的股权归属案外人龚某所有。原告与被告龚乙签订的《还款协议书》未取得龚某的同意，处分了龚某的股权，龚某实际也不同意将其权利义务转让给原告，导致原告与被告龚乙之间的《还款协议书》无法继续履行。且被告龚乙在履行协议过程中存在逾期过户、隐瞒转让标的瑕疵、重复转让的情况。鉴于上述情形，原告已向被告龚乙发出解除《还款协议书》的通知，被告龚乙未在法律规定的期限内提起仲裁或诉讼，该协议应当依法解除。

2. 《还款协议书》虽未约定还款期限或利息，但原告将股权转让款支付给被告龚乙，原告有权在要求恢复原状的同时要求二被告赔偿利息损失。该损失在原告支付股权转让款之日起已产生，相应利息属于二被告不应获得的利益，二被告理应将该部分利息返还给原告。

被告辩称：

1. 原告主张行使解除权没有事实及法律依据，本案并不存在法律规定的可以解除合同的情形。《还款协议书》已被他案生效民事判决认定为合法有效，协议涉及的条款对双方均有约束力。二被告客观上能够向原告转让案外人天一公司的股权，案涉协议可继续履行，原告的合同目的不会落空。虽然被告龚乙与案外人龚某于2011年签署了《股权转让协议》，但该股权转让行为实际上未发生，亦未办理股权变更手续。案外人龚某未依约支付股权转让款已构成违约，该《股权转让协议》实际上已解除，案外人龚某并未取得案涉股权。案外人天一公司的股权始终属于二被告所有，不存在无权处分股权问题。《还款协议书》不应解除，原告要求被告龚乙返还已付款及赔偿利息的主张不应得到支持。

2. 原告提出的被告龚乙在履行协议过程中存在逾期过户、隐瞒转让标的瑕疵、重复转让的理由不能成立。《还款协议书》第3条约定，双方应积极配合执行落实，过户系双方的义务，被告龚乙一直催促原告配合办理过户手续，原告却提出解除协议，拒绝办理过户手续。且《还款协议书》由原告起草，协议中已提到案外人天一公司房产查封、债务等情况，被告龚乙不存在隐瞒转让标的瑕疵的情况。

法官观点：

1. 关于《还款协议书》是否已解除、原告能否取得股权的问题。

本案中具有股权转让内容的《还款协议书》系被告龚乙与原告的真实意思表示，内容不违反法律、行政法规的强制性规定，其不能仅因"一股二卖"而确认无效。但在事先未征得案外人龚某同意，事后亦未取得案外人龚某追认的情况下，《还款协议书》对案外人龚某没有法律约束力。被告龚乙已经将其名下的股权转让给案外人龚某，事后又将该股权转让给原告，属于"一股二卖"行为。鉴于案外人天一公司的股权一直登记于二被告名下，且原告对于案外人天一公司的股权已经转让给案外人龚某的情况也知悉，所以原告的受让行为不构成善意取得，原告不能取得股权。

被告龚乙未按约履行转让案外人天一公司股权义务的行为已经构成违约，且该违约行为致使原告欲通过履行涉案《还款协议书》取得案外人天一公司股权的最终目的无法实现，属于根本违约情形，另一方当事人享有法定解除权。合同的解除在解除通知送达违约方时即发生法律效力。当事人没有约定合同解除异议期间，在解除通知送达之日起3个月以后才向人民法院起诉的，人民法院不予支持。本案中，被告龚乙自认其于2015年8月22日收到了涉案解除通知，但其并未在法定期间内行使异议权，涉案解除通知已于送达之日起对被告龚乙产生法律效力，涉案《还款协议书》已于2015年8月22日解除。

2. 关于是否应当返还转让款及利息如何计算的问题。

涉案《还款协议书》已于 2015 年 8 月 22 日解除，被告龚乙依法也应于此后返还其已取得的股权转让款及利息，然因原告在向被告龚乙发送解除通知之时并未对还款期限作出明确，且原告同意被告龚乙在"合适的时候"返还。鉴于原告未能证明其在提起本案诉讼前已向被告龚乙提出过款项返还要求，故原告主张被告龚乙应向其支付自每一笔股权转让款交付之日起至 2017 年 12 月 5 日止的利息损失的诉请于法无据，其可主张的利息应自起诉之日起计算。

法院判决：

1. 确认原告与被告龚乙签订的《还款协议书》已于 2015 年 8 月 22 日解除；

2. 二被告返还原告股权转让款及利息 7330 万元，并赔偿相应利息损失（以 7330 万元为基数自 2017 年 12 月 4 日起至债务清偿日止）。

188. 隐名股东直接以自己的名义与他人签订股权转让合同，效力如何认定？

隐名股东转让股权的效力需要从两方面考虑：

（1）受让人是否知晓或应当知晓转让人为隐名股东；

（2）合同约定是否违反法律、行政法规的效力性强制性规定，是否违背公序良俗。

如受让人知晓转让人为隐名股东，且合同约定符合法律规定，则应认定股权转让合同有效。

【案例 75】股东资格不因未经登记而被否定 隐名股东有权转让股权[①]

原告： 毛某

被告： 焦某成、焦某、煤炭公司

诉讼请求：

1. 被告焦某成给付股权转让价款 1 亿元；

[①] 参见最高人民法院（2016）最高法民终 18 号民事判决书。

2. 被告焦某成支付原告以每天1‰按复利方式计算的违约金；

3. 被告焦某、煤炭公司承担连带保证责任。

争议焦点：

1. 案涉《股权认购协议书》虽确定原告具有被告煤炭公司12%的股权，并享有股东的权利和义务，但未进行工商登记，原告是否享有被告煤炭公司合法有效的股权；

2. 若原告享有案涉股权，在仍未进行工商登记的情况下，原告可否转让所持股权；

3. 案涉合同约定按1‰利率并以复利方式计算违约金是否过高；

4. 《补充协议书》中被告焦某手写的保证范围为4000万元的内容，与该协议正文中的全额保证相矛盾，如何认定该债权的担保范围；

5. 《股权转让合同》未约定保证责任方式，被告焦某应承担一般保证责任还是连带保证责任；

6. 《股权转让合同》未约定保证期间，《补充协议书》约定保证期间至2015年12月31日，保证期间应如何确定。

基本案情：

2008年，被告焦某成任被告煤炭公司法定代表人，并持有该司48%的股份，系当时最大股东。案外人恒华公司自2009年8月起成为被告煤炭公司股东之一，持股17%。被告焦某系案外人恒华公司法定代表人，与被告焦某成系同胞兄弟。

2008年2月，原告与被告煤炭公司签订《生产协议》，约定原告出资3000万元承包该司第一工段，被告焦某在法定代表人处签字。同日，原告向被告煤炭公司支付3000万元，被告煤炭公司出具收据并由被告焦某在经办处签字。

2009年1月，原告与被告煤炭公司签订《股权认购协议书》，约定：

1. 原告占被告煤炭公司12%的股权，由原告、被告焦某及原来的其他股东组成股东会。

2. 该协议是确认股东身份的唯一依据。公司股权以本协议为准，与工商注册无关，其权利与义务由现任股东按出资比例享有和承担。

3. 协议签订后，之前签订的涉及原告与被告煤炭公司的协议全部终止作废。

2010年3月，被告煤炭公司股东变为：被告焦某成（持股48%）、案外人恒华公司（持股52%）。被告焦某及原告均非被告煤炭公司的工商登记中所列的股东。

2013年12月，原告（转让方）与被告焦某成（受让方）、担保人被告焦某共同签订了《股权转让合同》，约定将原告所持被告煤炭公司12%的股权作价1亿元转让给被告焦某成，并于2014年1月支付转让款1000万元，其余9000万元在2014年内分四次支付。同时约定：若被告焦某成未能依约支付股权价款，每延迟一天，应按延迟部分价款的1‰以复利方式支付滞纳金；如果被告焦某成不履行本合同中的相关义务，给原告造成的损失，由担保人被告焦某承担担保责任。

后被告焦某成未能依约付款。

2014年12月，原告与三被告签订《补充协议书》，约定：各方认同2013年12月签订的《股权转让合同》全部条款内容合法有效，被告焦某与被告煤炭公司为被告焦某成的全部债务提供担保，保证方式为连带责任保证，保证期间至2015年12月31日止。被告煤炭公司同日又出具了《担保书》，相关内容与补充协议相同。

然而，被告焦某在《补充协议书》签字处以书写"本人被告焦某保证原告投资金额肆仟万元整，如被告焦某成没能力支付的情况下"的方式签署。

之后，三被告又未依约履行义务，原告遂诉至法院。

原告诉称：

其与三被告签订的案涉系列合同合法有效，原告已经依约履行全部义务，但被告焦某成却一直未按约向原告支付股权转让价款。被告焦某成因严重违约，应当承担立即给付股权转让价款和违约金，被告焦某、煤炭公司承担全部债务的连带保证责任。

被告焦某成辩称：

1.《股权认购协议书》系被告焦某无权代理而签订，故不应当认定其效力。

2.《股权认购协议书》实质是债权转股权，应当履行增资手续并经全体股东同意，该协议未经股东会表决同意而无效。

3. 原告没有"股权证"及"股东名册",亦未进行工商登记,不具有股东身份,《股权转让合同》转让标的不存在。

4. 本案约定的违约金年利率高达36.5%,远超原告实际损失,应按同期银行贷款基准利率计算。

被告焦某辩称:

1.《股权认购协议书》无效,主债权不成立,即被告焦某无担保责任。

2. 即使主债权成立,其在《补充协议书》中签署栏书写内容,意思是其保证范围为4000万元,保证方式应为一般保证。

3. 即使适用《股权转让合同》的担保条款,也仅限于因债务人违约给债权人造成的损失,即仅指违约金。

4. 因《股权转让合同》未约定保证期间,则应以6个月为限。截至起诉日,五期付款中仅最后两期债务违约造成的损失在保证期间之内。

被告煤炭公司同意被告焦某成、焦某的上述意见。

法官观点:

1. 关于《股权认购协议书》的效力及原告是否享有被告煤炭公司合法有效股权问题。

(1) 被告焦某成、焦某认为《股权认购协议书》的实质为"增资扩股",但从该协议首部及具体条款的内容看,协议目的在于确认原告和被告焦某为被告煤炭公司股东的身份,并确定原告持股之比例,未有增加注册资本金的约定。至于是否存在"债转股"的行为,单凭该《股权认购协议书》的内容尚不足以确认,被告焦某成、焦某也未能进一步提供证据予以证明。

(2) 在公司内部涉及股东之间的纠纷中,法律并未明确规定未经登记的股东不具备股东资格,而是应当结合其他证据综合认定。从《股权认购协议书》首部内容看,被告焦某已于2008年3月19日与该司全体股东签订了相关协议。可认定被告煤炭公司存在登记股东与实际股东不一致的情形,不能仅依据工商登记之有无而断定原告是否为被告煤炭公司的股东。

(3) 公司内部有关隐名股东身份及持股份额之约定等属于公司与实际出资人或名义股东与实际出资人之间债权债务的合意,除隐名股东要求变更为显名股东外,该约定不会引起外界其他法律关系的变化,亦不会破坏有限公司的人合性,一般应认可其有效性。故而,被告煤炭公司以签订《股权认购协议书》的形式,确认原告系煤炭公司的隐名股东。

(4) 尽管被告煤炭公司的工商信息中并未反映出被告焦某与该公司的关系,但从 2008 年 2 月 26 日被告焦某以该公司法定代表人的身份与原告签订《生产协议》以及在被告煤炭公司为原告出具收据上签字的行为来看,被告煤炭公司对于被告焦某以该公司名义与原告所从事的行为是认可的。被告焦某与被告煤炭公司的法定代表人焦某成系同胞兄弟,且被告焦某系被告煤炭公司对外公示的法人股东案外人恒华公司的法定代表人,可见被告焦某与被告煤炭公司之间存在明显而紧密的利益关系。被告焦某成认为被告焦某无权代表被告煤炭公司签字的主张不成立。

2. 关于被告焦某成是否应当向原告支付转让款并承担违约金的问题。

(1) 如前所述,原告系煤炭公司隐名股东并享有 12% 的股权,可依法转让该股权。且被告煤炭公司时任法定代表人焦某成应当知晓该事实,被告焦某成与原告之间的股权转让行为依法成立。原告与被告签署的《补充协议书》亦合法有效,各方均应当依约履行合同。原告主张被告焦某成继续履行付款义务并承担违约责任的主张符合约定和法律规定。

(2) 违约金具有补偿和惩罚的双重性质,并且以赔偿非违约方之损失为主要功能。违约金之数额除按照双方的约定以外,还应当以实际损失为基础,兼顾公平、诚信的原则予以确定。《股权转让合同》中违约金条款有关复利的约定过分高于原告的实际损失,故酌定在扣除复利的基础上,按照1‰标准以双方约定的付款时间分段计算违约金数额。

3. 关于被告焦某、煤炭公司是否应就被告焦某成之债务承担连带保证责任及保证责任范围的问题。

(1) 案涉《补充协议书》之目的在于确认《股权转让合同》的有效性并敦促被告焦某成尽快向原告支付转让款,同时还确认了被告焦某以及被告煤炭公司就被告焦某成应支付的全部债务承担连带保证责任。

(2) 被告焦某的手写内容对《补充协议书》中担保范围和担保方式的内容进行了实质性的变更,但各方当事人在《补充协议书》中已明确确认了《股权转让合同》的有效性,而依据《股权转让合同》中"如果被告焦某成不履行本合同中的相关义务,给原告造成的损失,由担保人被告焦某承担担保责任"的内容,被告焦某在本案中所承担的保证责任应当依据该条款予以确认。

(3) 上述条款未约定保证责任方式,依据《担保法》第 19 条规定,被告焦某依法应当承担连带保证责任。在有关保证人的保证责任范围存在歧义的情况下,依据《担保法》第 21 条第 2 款规定,被告焦某所承担的保证责任范围应当是债务人被告焦某成对原告负有的全部债务。

(4) 虽《股权转让合同》未约定保证期间,但《补充协议书》中各方明确了保证期间至 2015 年 12 月 31 日,且被告焦某未提出异议,应以此确定保证期间。本案原告提起诉讼的时间为 2015 年 1 月 21 日,尚未超过保证期间,故被告焦某称其应当免除部分担保责任的主张不成立。

法院判决:

1. 被告焦某成给付原告股权转让款 1 亿元及相应的违约金。

2. 被告焦某、煤炭公司对被告焦某成的全部债务承担连带保证责任,在其承担保证责任后有权向被告焦某成追偿。

189. 股权转让合同中能否约定竞业禁止条款?

在法律没有作出禁止性规定的情况下,应当肯定股权转让合同所附竞业禁止条款的效力,但竞业禁止期间仍应受到《劳动合同法》的限制,竞业禁止期间最高不得超过 2 年。

【案例76】股转合同约定竞业期不得超过 2 年　违约应按损失进行赔偿[①]

原告: 刘某

被告: 杨某、水净化公司

诉讼请求:

1. 二被告自此不得生产和经营使用纤维束过滤类技术产品或者从事损害

[①] 参见上海市第二中级人民法院(2014)沪二中民四(商)终字第 567 号民事判决书,本案系人民法院案例库入库案例。

原告及其企业利益的活动；

2. 二被告连带赔偿原告 200 万元。

争议焦点：

1. 原告与被告杨某先后签订两份《股权转让协议》，且在后协议约定未按时支付股权价款则执行在先协议，原告仅逾期支付小部分价款的，应按哪份协议履行；

2. 两份《股权转让协议》中仅在后协议约定竞业禁止义务的，在原告违约应执行在先协议的情况下，被告杨某是否还负有该义务；

3. 《股权转让协议》未约定竞业禁止期限的，该期限能否认定为终身，是否受《劳动合同法》2 年法定期限的限制；

4. 在后《股权转让协议》约定违反竞业禁止的违约金 200 万元是否过高；

5. 被告杨某以被告水净化公司的名义与原告进行同业竞争的，被告水净化公司是否应向原告承担赔偿责任。

基本案情：

被告杨某曾为案外人环境工程公司股东。2007 年 1 月 30 日，原告与被告杨某签订《股权转让协议》（以下简称在先《股权转让协议》），约定被告杨某将其持有的案外人环境工程公司股权转让给原告，转让价款为 355.12 万元。

2008 年 1 月 18 日，原告与被告杨某又签订了一份《股权转让协议》（以下简称在后《股权转让协议》），转让标的与在先《股权转让协议》相同，但转让价款为 326 万元，且约定原告应于 2008 年 2 月 1 日前全额支付转让价款，否则仍按在先《股权转让协议》执行。同时，被告杨某于在后《股权转让协议》中承诺，自股权转让交易完成之日起，被告杨某个人及其所领导或关联的企业不生产和经营原告个人及其企业的专利技术及其产品，不生产和经营使用纤维束过滤类技术产品，不做侵害原告个人及其企业利益的事情，如果被告杨某违反承诺，则赔偿原告 200 万元。

后原告向被告杨某支付了全部股权转让款，但其中 26 万元逾期支付。2008 年 1 月 31 日，原告与被告杨某向公司登记机关申请办理了股权变更登记。2008 年 2 月 24 日，公司登记机关决定准予变更登记。

2008 年 9 月 8 日，被告杨某以增资入股方式成为被告水净化公司的股东

(持股80%)。

2009年10月至11月,被告水净化公司先后以纤维束过滤类产品中标污水处理设备采购项目、污水处理厂建设工程项目。案外人环境工程公司在上述项目的中标公示中被列为第二名。

此外,就竞业禁止的时间问题,庭审中各方均回答为终身。

原告诉称:

1. 在后《股权转让协议》中约定了竞业禁止期间为终身的竞业禁止条款。被告杨某在股权转让完成后违反承诺,以被告水净化公司的名义生产和经营纤维束过滤类产品,二被告的行为已经构成违约,应按约定向原告赔偿损失。

2. 法律规定的2年期限系针对竞业限制,竞业限制仅适用于用人单位与劳动者之间,而《股权转让协议》中约定的竞业禁止是两个平等主体之间的合意。竞业禁止与竞业限制是两个不同的概念,不适用2年期限的强制性规定。

被告辩称:

1. 原告逾期支付股权转让价款,按约定应执行在先《股权转让协议》,而在先《股权转让协议》中并无竞业禁止条款,故被告杨某并未违约。

2. 即便存在竞业禁止,在后《股权转让协议》中的竞业禁止条款未明确约定具体的期限,被告杨某并不负有终身不得从事相关行业的义务。

3. 在后《股权转让协议》约定的违约金明显过高,应予调整。

4. 被告水净化公司不是《股权转让协议》的当事人,不应承担违约责任。

法官观点:

1. 原告确逾期支付股权转让款,但在后《股权转让协议》并非整体解除,除转让价格外的合同内容仍有效。

根据两份《股权转让协议》的约定内容及履行情况,应理解为仅解除在后《股权转让协议》转让款326万元的约定,并转而履行在先《股权转让协议》转让款355.12万元的约定。在后《股权转让协议》中除转让价格以外的其余内容并不失去其效力,理由如下:

(1) 在后《股权转让协议》包含股权转让和竞业禁止两部分内容,原告逾期付款的后果仅被单独约定在股权转让条款中，故逾期付款的后果不应波及包括竞业禁止条款在内的合同其余内容；

（2）双方签订在后《股权转让协议》的本意应是将履行更高数额的股权转让款和支付逾期付款违约金均作为原告逾期付款的后果，故应将此处的执行理解为履行在先《股权转让协议》中关于股权转让款的约定，而非全面履行在先《股权转让协议》；

（3）原告按期支付了绝大部分股权转让款，仅逾期支付小部分尾款，如果径行将逾期付款的后果解释为在后《股权转让协议》整体解除，亦有违诚实信用原则和公平原则。

2. 被告杨某在竞业禁止期间，以被告水净化公司的名义参与投标并中标项目的行为违反在后《股权转让协议》中约定的竞业禁止义务。

（1）从竞业禁止义务的具体内容来看，在后《股权转让协议》中的竞业禁止条款可划分为三段，结合合同文义、合同目的和诚实信用原则，该三段内容应做如下理解：前段"不生产和经营刘某个人及其企业的专利技术及其产品"的含义应理解为，不得生产和经营刘某及环境工程公司于《股权转让协议》签订时已经拥有的专利技术和产品。中段"不生产和经营纤维束过滤类技术及其产品"的含义应理解为，不得生产和经营通用的纤维束过滤类技术和产品；后段"不做侵害原告个人及其企业利益的事情"应理解为对前段和中段两项内容的补充说明，并不具有独立的行为内容的意义。

（2）从该竞业禁止义务履行的起始时间来看，根据约定，被告杨某应自股权转让交易完成之日起开始履行竞业禁止义务。关于股权转让交易完成之条件成就的标志，原告与被告杨某向公司登记机关申请办理股权变更登记之日，可视为双方就办理股权变更登记达成合意并付诸实施之日。此时，虽股权变更登记尚未完成，尚不能对抗善意第三人，但在原告与被告杨某之间已经产生内部拘束力，故杨某应自2008年1月31日起履行竞业禁止义务。

（3）从竞业禁止义务的履行期限来看，本案中在后《股权转让协议》并未明确约定竞业禁止义务的截止时间。庭审中，双方一致确认，签订协议时双方的意思是竞业禁止期间为终身。

被告杨某所承担的不得经营、生产刘某及案外人环境工程公司在协议签订时已经拥有的专利技术及产品的义务，系刘某和案外人环境工程公司行使其对自有专利技术及产品的处分权之体现，该禁止性约定系权利人对其合法权益的正当支配，不构成对被告杨某权利的不当限制，双方约定终身竞业禁止期限亦不违反法律的强制性规定，应属有效。

对于被告杨某不得经营和生产通用的纤维束过滤类技术和产品的义务，《劳动合同法》第24条第2款规定竞业限制期限不得超过2年，上述规定属于效力性强制规定。本案中，虽然被告杨某在签订协议时与刘某同为股东，两者地位平等，但竞业禁止条款限制的是被告杨某的劳动权，终身的竞业禁止期间将伤及被告杨某的基本生存权利，且不利于市场竞争机制的形成和科学技术的进步，故《劳动合同法》关于竞业禁止期间不得超过2年的规定亦应类推适用于本案。

故被告杨某应履行的竞业禁止义务的期间为：自2008年1月31日起不得经营和生产刘某及案外人环境工程公司于签订协议时已经拥有的专利技术和产品；自2008年1月31日起至2010年1月30日止不得经营和生产通用的纤维束过滤类技术和产品。

（4）从履行竞业禁止义务的方式来看，《股权转让协议》竞业禁止条款约定被告杨某"个人及其所领导或关联的企业"应履行竞业禁止义务。形式上，上述表述属于对行为主体的约定，但合同原则上不能约束合同当事人以外的人。因此，结合合同文义、合同目的和诚实信用原则，上述表述实质上是对行为方式的约定，即被告杨某既不能以自己行为的方式，也不能通过自己所领导或关联的企业的行为从事竞业行为。

综上，被告杨某在向公司登记机关申请办理股权变更登记之日起2年内，以被告水净化公司的名义经营和生产通用的纤维束过滤类技术和产品的行为已违反在后《股权转让协议》中约定的竞业禁止义务。

3. 被告杨某应支付违约金，金额酌情调减为150万元。

本案中，原告与被告杨某均未能就其主张的违约金标准提供充分证据，故法院综合考虑查明的各项事实和相关行业的发展水平，在双方合意约定的200万元违约金的基础上予以适当减少，酌情确定违约金数额为150万元。

4. 被告水净化公司无须承担违约责任。

被告水净化公司并非合同当事人，在后《股权转让协议》竞业禁止条款仅能约束被告杨某，不能约束被告水净化公司，故被告水净化公司无须履行竞业禁止义务，亦无须承担违约责任。

法院判决：

1. 被告杨某支付原告违约金 150 万元；
2. 驳回原告其他诉讼请求。

190. 双方约定分期支付股权转让款，受让人延迟支付或拒绝支付股权转让款的，转让人能否以未支付价款达到全价 1/5 为由主张解除股权转让合同？

不能。分期支付股权转让款的约定不具有分期付款买卖合同的特征，不适用《民法典》合同编的相关规定。分期付款买卖合同的根本特征是标的物先行交付，为平衡出卖人价款收回风险，法律赋予出卖人在买受人未支付到期价款的数额达到全部价款的 1/5 时要求解除合同或支付全部价款的权利。但股权转让合同的标的物是股权，即使已办理了过户登记，股权的价值仍存在于目标公司，转让人不存在价款收回风险，因此转让人不能以未支付价款达到全价 1/5 为由主张解除股权转让合同。

【案例 77】股权转让不同于实物买卖　逾期金额超过总额 1/5 解除合同被判无效[①]

原告：汤某

被告：周某

诉讼请求：确认被告解除《分期付款协议》的行为无效，该协议继续履行。

争议焦点：

1. 被告能否依据《合同法》第 167 条，以原告迟延履行，未支付到期价款达到全部价款的 1/5，且被告已尽催告义务为由单方解除股权转让合同；
2. 被告所提供的《律师函》和短信、通话记录，是否可以证明其已履行

---

① 参见最高人民法院（2015）民申字第 2532 号民事判决书。

催告义务；

3. 原告迟延履行，但股权已办理工商变更登记，原告能否请求继续履行。

基本案情：

2013年4月3日，原被告双方签订《股权转让协议》及《分期付款协议》，约定："被告将其持有的案外人电器公司6.35%股权转让给原告。股权合计710万元，分四期付清，2013年4月3日付150万元；2013年8月2日付150万元；2013年12月2日付200万元；2014年4月2日付210万元。此协议双方签字生效，永不反悔。"同日，原告依约向被告支付第一期股权转让款150万元。

2013年10月11日，因原告逾期未支付约定的第二期股权转让款，被告以公证方式向原告送达了《关于解除协议的通知》，载明：因原告未按协议付清第二笔转让款150万元，被告在合理期限内多次进行履行义务的催告，而原告仍未付清上述费用，且拒绝与被告就协议履行问题会面协商，被告根据法律规定解除签订的《分期付款协议》，双方未履行的义务将不再履行。

2013年10月12日，原告向被告转账支付了第二期150万元股权转让款，并向法院提起本案诉讼。后原告按照约定的时间和数额履行了第三期和第四期股权转让款的支付义务，但被告以合同已解除为由，如数退回原告支付的四笔股权转让款。

2013年10月24日，被告向原告发出《通知函》，告知因双方签订的协议已经解除，被告将退还原告已支付的300万元股权转让款。同日，被告向原告转账支付300万元。

2013年11月，原告至工商行政管理局办理案涉股权变更登记，工商行政管理局审核时要求被告到场配合办理，被告拒不配合。但2013年11月7日工商部门仍将被告持有的电器公司6.35%股权变更登记至原告名下。

原告诉称：

被告不配合办理股权变更手续，其有权以拒付股权转让款的形式行使抗辩权，故未如约支付第二笔股权转让款150万元。但之后原告已如数支付全部转让款且办理了股权变更登记，被告的解除行为不符合约定条件，应认定无效。

被告辩称：

原告未按《分期付款协议》约定的期限支付第二笔股权转让款 150 万元，迟延时间长达 2 个月，被告已履行了催告义务，原告逾期付款的行为是酿成本案纠纷的主要原因，构成根本违约，应当承担相应的违约责任。

被告为证明已履行催告义务，提供了其委托律师催收股权转让款的《授权委托书》《介绍信》《律师函》，以及原被告间的短信、通话记录等一系列证据。

一审法官观点：

1. 原告迟延履行付款义务，应承担违约责任。

《分期付款协议》约定了明确的支付期限和支付方式，原告未按期支付第二笔股权转让款 150 万元，迟延时间长达 2 个月，原告的迟延履行是酿成本案纠纷的主要原因，构成根本违约，应承担相应的违约责任。

2. 原告无足够证据证明其拒付股权转让款，是因为被告不配合其办理股权变更手续。

原告主张因被告不配合其办理股权变更手续，其有权以拒付股权转让款的形式行使抗辩权，但《分期付款协议》并未约定股权变更手续的办理期限，原告也没有提供被告明确拒绝配合办理变更手续的证据，且在 2013 年 11 月 7 日，被告所持有的 6.35% 股权已变更登记至原告名下，并不存在被告拒绝配合导致相关股权转让手续无法完成的情况。另外，原告收到被告发出的《解除协议通知》的第二天即向被告转账支付 150 万元，亦可印证原告的抗辩理由不能成立。

3. 被告已履行催告义务，有权依照《合同法》的规定解除合同。

被告为证明已履行催告义务，提供了其委托律师催收股权转让款的《授权委托书》《介绍信》《律师函》，以及原被告间的短信、通话记录等证据，已形成证据链，被告通过见证人及律师对原告进行催收符合常理。根据《合同法》的规定，原告未支付的到期款项已超过全部价款的 1/5，被告有权解除合同。自被告 2013 年 10 月 11 日向原告发出《解除协议通知》时，《分期付款协议》已经解除，故原告的诉讼请求不能成立。

一审法院判决：

驳回原告的诉讼请求。

原告上诉称：

1. 被告拒不到场办理案涉股权的变更登记，原告逾期2个月支付第二笔股权转让款系依法行使抗辩权，不构成违约。

2. 股权转让与实物交付不同。《合同法》中分期付款买卖合同的根本特征是先付款后交货，但案涉股权转让与实物交付不同，且被告发出合同解除通知之时，股权还没有变更至原告名下，因此原审判决适用法律错误。此外，案涉诉争股权已过户到原告名下，且原告愿意支付股权转让款，从维护秩序和促进交易的角度出发，《分期付款协议》不宜被判决解除。

3. 一审判决认定被告通过见证人和律师催收股权转让款，证据不足。

被告二审辩称：

1. 工商机关对案涉股权进行变更登记，无须被告到场配合，且从股权变更登记已完成也能印证被告并无过错，而非原告所陈述的其迟延支付第二笔股权转让款是在依法行使抗辩权。

2. 案涉股权转让款分四期支付，原告无正当理由拒不支付第二笔股权转让款，且经被告催告并给予合理期限仍不支付，原告的行为已构成根本违约，依据《合同法》的规定，被告有权要求解除合同。

二审、再审法官观点：

1. 《分期付款协议》不具有分期付款买卖合同的特征，不适用《合同法》。

《合同法》第167条系关于买卖合同分期付款的内容，其最根本的特征是标的物先行交付，也即在出卖人交付货物、买受人实际控制货物后，出卖人收回款项的风险加大，法律赋予出卖人在一定情形下规避风险的措施，包括解除合同和要求一次性支付货款。其立法宗旨在于平衡出卖人、买受人之间的利益。

本案买卖的标的物是股权，在双方未在当地的工商登记部门进行股权变更登记之前，买受人购买的股权不具有对抗第三人的权利。换言之，如果目标公司没有在股东名册上登记原告的股权，那么原告在工商部门变更登记之前就没有获得被告转让的股权。一般而言，消费者如果到期应支付的价款超过了总价款的1/5，就可能存在价款收回的风险。本案中买卖的股权即使在工商部门办理了股权过户登记手续，股权的价值仍然存在于目标公司，被告不存在价款收回的风险。结合双方于 2013 年 4 月所签的《分期付款协议》没有明确约定股权交付与分期付款的时间先后顺序，故本案《分期付款协议》不具备分期付款买卖合同中关于标的物先行交付的基本特征。一审判决案涉合同解除，属适用法律不当。

从诚实信用的角度看，由于双方在《股权转让协议》上确载明"此协议一式两份，双方签字生效，永不反悔"，被告即使依据《合同法》第 167 条的规定，也应当首先选择要求原告支付全部价款，而不是解除合同。案涉股权已经过户给了原告，且原告愿意支付价款，被告的合同目的能够实现。

2. 被告为证明已履行催告义务所提供的证据不足。

被告为证明其尽到了合理催告义务，提供了其委托律师催收股权转让款的《授权委托书》，律师事务所的《介绍信》《律师函》及案外人的《证明》，但《律师函》并无原告签字确认，不能证实《律师函》是否送达原告；被告与见证人、原告的短信记录及被告于 2013 年 8 月与原告的通话清单等，仅能反映被告与见证人、原告曾存在通信往来，但由于短信记录与通话记录不能反映具体内容，所以不能证明短信记录与电话通话所涉内容与被告催收股款有关。因此，被告所举证据不足以证明其尽到合理催告义务，不符合《合同法》规定的情形，被告无权解除合同。

3. 原告要求继续履行合同，予以支持，被告可另案主张原告的违约责任。

因案涉股权转让合同属双务、有偿合同，原告要求继续履行的诉讼请求，包含了要求被告转让股权和原告支付股权转让款两方面的内容。结合本案事实，案涉股权已变更过户到原告名下，但原告所支付的股权转让款因被告全部退还，截至目前被告没有收到股权转让款，故原告应履行支付股权转让款的义务，考虑到案涉股款支付的截止日期早已届满，故原告应一次性支付被告股权转让款 710 万元。至于原告逾期支付第二笔股款构成违约，应承担违约责任，因被告在本案中未提起反诉，法院在本案中不予处理。

二审、再审法院判决：

1. 撤销一审判决；

2. 确认被告解除双方签订的《分期付款协议》无效；

3. 原告向被告支付股权转让款 710 万元。

191. 出资瑕疵的股东转让股权，受让人可否以转让人出资瑕疵为由主张合同无效或撤销合同？

除非合同另有约定，否则不能。出资瑕疵与股权转让系两个层面的法律关系，转让方是否实际履行出资义务与股权转让合同的效力并无必然联系，只要股权转让合同不存在其他法定无效事由，即为有效。

【案例78】协议已约定股转价格即应支付款项　是否出资不影响股转效力[1]

原告（反诉被告）： 徐某

被告（反诉原告）： 范某

本诉请求：

1. 被告支付原告股权转让款40万元；
2. 被告支付原告违约金1万元。

反诉请求： 撤销双方于2011年9月5日签订的《股权转让协议》。

争议焦点： 转让方出资瑕疵的，是否影响《股权转让协议》的效力，受让方是否仍需按协议约定的价款进行支付。

基本案情：

案外人实业公司于2009年8月成立，注册资本为10万元，股东为原告（持股20%）及两名案外人邱某（持股70%）、陈某（持股10%）。同年11月，案外人实业公司的注册资本增至200万元，三位股东及其持股比例均保持不变。

2011年9月5日，原被告签订《股权转让协议》，约定原告将其持有的案外人实业公司20%股权作价40万元转让给被告，付款时间为协议签订之日起3日内，并约定任何一方违约将支付对方违约金1万元。两名案外人邱某、陈某确认放弃优先购买权。

后原告协助办理了变更登记手续，但截至本案诉讼时，被告未支付原告股权转让款。

---

[1] 参见上海市奉贤区人民法院（2013）奉民二（商）初字第2379号民事判决书，本案系人民法院案例库入库案例。

审理中，被告向法院申请对案外人实业公司自成立之日起至《股权转让协议》签订之日的经营状况进行审计。

原告诉称：

原告已经依约履行了自己的义务，故被告应支付股权转让款及违约金。

被告辩称：

原告在签订《股权转让协议》时明确表示是无偿转让，被告无须支付股权转让款。此外，案外人实业公司在注册时系由案外人园区公司代垫资的，其注册资本在注册成功后又被抽走。原告从未实际出资过。

被告反诉称：

在签订《股权转让协议》时，双方都知道该股权转让系无条件转让，无须支付股权转让款，故请求撤销《股权转让协议》。

针对被告的反诉，原告辩称：

不同意反诉原告的反诉请求，反诉事实与理由不成立。

法官观点：

1. 原被告之间的《股权转让协议》合法有效，双方均应遵循诚实信用的原则全面履行义务。原告已经将其持有的公司的股权转让给被告，并办理了工商变更登记手续，而被告未能按时支付股权转让款，显属违约，被告应承担给付原告股权转让款及违约金的民事责任。

2. 关于被告辩称原告未向公司进行实际出资且原告存在抽逃出资的问题，该辩称与原被告之间的股权转让并无关联，因《股权转让协议》签订之前，原告是公司的股东，享有公司的股权，故原告享有处置其股权的权利。至于原告是否实际向公司进行出资以及原告是否存在抽逃出资的问题，属于股东出资层面的纠纷，若查证属实，相关权利人可向原告另行主张权利，但与本案股权转让纠纷无关。

3. 关于被告提出的对案外人实业公司自成立之日起至《股权转让协议》签订之日经营状况进行审计的申请，被告申请审计的内容与本案股权转让之间并无关联。退一步而言，即便审计结果如原告所预期，因原被告就股权转让已经明确约定价值，该协议对原被告均具有约束力，双方之间的股权转让价格仍应以该《股权转让协议》的约定为准，故对被告的申请不予准许。

4. 被告未提供充分证据证明涉案《股权转让协议》存在可撤销的事由，故对其反诉请求不予支持。

法院判决：

1. 被告给付原告股权转让款40万元；
2. 被告偿付原告违约金1万元；
3. 驳回被告的反诉请求。

192. 夫妻一方违反忠实义务，以无偿转让、低价转让的方式处分共同财产的，另一方应如何获得救济？

夫妻一方为重婚、与他人同居以及其他违反夫妻忠实义务等目的，将夫妻共同财产赠与他人或者以明显不合理的价格处分夫妻共同财产，另一方可以请求法院确认该处分行为违背公序良俗，应属无效，行为人因该行为取得的财产，应当返还或折价赔偿，过错方还应赔偿对方因此遭受的损失。

除此以外，另一方还可以该方转移、变卖夫妻共同财产导致夫妻共同财产利益严重受损为由，请求法院在婚姻关系存续期间分割夫妻共同财产，或者在离婚分割夫妻共同财产时，对该方少分或不分。

193. 夫妻一方与他人签订股权转让协议，转让夫妻共有股权，是否必须经过配偶同意？如何认定股权转让合同效力？[①]

夫妻一方转让用夫妻共同财产出资但登记在自己名下的有限责任公司股权，另一方以未经其同意侵害夫妻共同财产利益为由请求确认股权转让合同无效的，人民法院不予支持，但有证据证明转让人与受让人恶意串通损害另一方合法权益的除外。

【案例79】丈夫向其父低价转让股权　妻子主张合同无效获支持[②]

原告： 孙某

[①] 更替说明：本问答系根据最新司法实践观点，对本书第三版第二册第七章"股权转让纠纷"问答461（第980页）的补充、完善。

[②] 参见最高人民法院（2019）最高法民申4083号民事裁定书，本案系人民法院案例库入库案例。

被告：张甲、张乙、电力公司

诉讼请求：

1. 确认二被告张甲、张乙签订的《股权转让协议》无效；
2. 被告电力公司配合办理相关工商变更登记手续。

争议焦点：原告提起离婚诉讼后，被告张甲以远低于公司资产负债表金额的价格向其父亲张乙转让股权的行为是否有效。

基本案情：

原告与被告张甲系夫妻关系，二人于2001年登记结婚，后原告移居澳大利亚。

2013年，原告向被告张甲提出离婚，并向澳大利亚的法院提起离婚诉讼。

2013年10月15日，被告张甲认缴被告电力公司出资272.4352万元，持股比例为45.44%，认缴出资额为2275.6352万元。

2015年7月，澳大利亚法院第一次开庭审理离婚案。

2015年11月9日，被告张甲将其持有的被告电力公司45.44%股权以320万元的价格转让给被告张乙（即被告张甲的父亲）。该价格远低于当时被告电力公司的资产负债表所示净资产。

原告诉称：

1. 被告张甲明知其名下被告电力公司的股权属于夫妻共同财产，为了逃避夫妻共同财产的分割，在未征得原告同意的情况下，将该股权转让给其父亲张乙。被告张乙知道且应当知道以上股权系原告与被告张甲的夫妻共同财产，却在未征得原告同意的情况下受让该股权，不构成善意取得。

2. 被告张甲和张乙签署的《股权转让协议》约定45.44%股权的对价明显低于正常价格，存在明显的恶意。

被告辩称：

1. 股权转让价格是否合理应受制于股东对市场等多种因素的判断。案涉股权转让是因被告张甲投资的案外人电气公司急需注资，在相关行政机关催促下，为避免承担更严格的法律责任，急需筹措资金才转让案涉股权，并以公开拍卖的方式公开竞价，选择向价高者转让股权，本身就是以合理的方式为自己及配偶争取了最大利益。

2. 案涉股权转让已经被告电力公司股东同意，被告张甲、张乙并未恶意串通，该转让符合法律规定。股权交易属于商事活动，案涉股权转让协议的效力只要符合《公司法》的规定，即产生法律效力，无须原告同意。

3. 即使案涉股权属于被告张甲与原告的夫妻共有财产，决定股权转让的权利只能由被告张甲行使，原告只对因股权产生并实际获得的财产性收益享有权利。

4. 被告电力公司存在虚假出资，故股权实际价值远低于资产负债表的记载。

法官观点：

股权转让这一商事行为受《公司法》调整，股东个人是《公司法》确认的合法处分主体，股东对外转让登记在其名下的股权属于有权处分，并非必须经过其配偶同意，不能仅以股权转让未经配偶同意为由否认股权转让合同的效力。

但是，股权具有财产价值，属于夫妻共同财产利益的组成部分，夫妻关系存续期间夫妻一方负有不得通过转移或者变卖股权等方式严重损害夫妻共同财产利益的法定义务。如果夫妻一方所实施的不合理低价转让股权的行为，客观上减少了夫妻可供分割的共同财产，而股权受让人作为交易相对人亦知道或者应当知道该情形的，配偶作为债权受损方可以通过债权保全制度请求撤销。有证据证明受让人与出让人恶意串通损害出让人配偶合法权益的，则该配偶有权依法主张股权转让合同无效。

案涉股权转让价格远低于资产负债表所对应的被告张甲持有股权的价值，股权转让发生在被告张甲与原告离婚诉讼期间，且被告张甲系将股权转让给自己的父亲张乙，被告张乙对被告张甲与原告婚姻状况的知情程度不同于一般主体。虽然被告张甲、张乙主张标的公司电力公司存在虚假出资，故股权实际价值远低于资产负债表的记载，但未能提供充分证据证明。在综合全案证据的基础上认定案涉股权转让合同无效，无明显不当。

法院判决：

1. 案涉《股权转让协议》无效；
2. 三被告在判决生效之日起 10 日内将被告张乙依据案涉《股权转让协

议》取得的股权变更登记至被告张甲名下。

194. 双方当事人能否在股权转让合同中约定由第三人"最终裁决"因合同履行所产生的纠纷？

不能。合同双方关于由第三人"最终裁决"纠纷的约定剥夺了当事人的诉权，约定无效。即使第三人作出解除合同的决定，也不能产生合同解除的法律效果。

【案例80】协议约定由见证人"裁决"纠纷　属剥夺诉权约定无效[①]

原告：陈某

被告：咨询公司

诉讼请求：

1. 确认原告与被告签订《股权转让协议》于2016年9月7日解除；
2. 被告向原告支付违约金100万元。

争议焦点：

1. 《股权转让协议》约定了双方合作经营标的公司事宜，但未明确以被告具有经营能力和资质作为前提要求，被告已支付转让价款，原告能否以被告欠缺能力和资质为由解除协议；

2. 双方约定由见证人"裁决"纠纷的，能否依据见证人"最终裁决"认定合同已解除，原告依据"最终裁决"退还价款并拒绝办理股权变更登记手续的，是否构成违约；

3. 原告已明确表示拒绝履行《股权转让协议》，且原被告之间发生其他举报、诉讼案件的，《股权转让协议》是否仍应继续履行；

4. 案外人吴某作为原告的股权代持人参与签订《股权转让协议》且被告对此知情的，案外人吴某是否需就原告的违约行为向被告支付违约金。

基本案情：

案外人投资公司由原告出资设立，因原告系中国香港居民，故其对案外

[①] 参见上海市高级人民法院（2019）沪民申18号民事裁定书，本案系人民法院案例库入库案例。

人投资公司的 100% 股权由案外人吴某代持。案外人摩根幼儿园由案外人投资公司全资开办。后经见证人案外人陆某介绍，原告与被告决定合作经营案外人摩根幼儿园。

2016 年 7 月 28 日，原告、被告及 4 名案外人吴某、陆某、投资公司、摩根幼儿园共同签订《股权转让协议》，其主要内容有：

1. 原告将其拥有的案外人投资公司 49% 股权转让给被告，转让价款为 529 万元，该价款应于协议生效后 8 个工作日内分 98 万元、431 万元两次支付完毕。

2. 原告及股权代持人案外人吴某协助办理变更登记手续，股权变更登记应自协议生效后 6 个月内完成。

3. 原告此前已投入运营金额 30 万元，被告也须对等投入运营金额 30 万元，否则构成严重违约。

4. 被告应发挥专业优势，负责制定案外人摩根幼儿园近三年规划与近一年具体工作计划。自协议生效及相应转让款项支付完毕之日起，至被告全面接管案外人投资公司及摩根幼儿园实体运营的交接过渡期为 3 个月至 1 年。

5. 一方违约，情节严重并造成守约方较大损失，或情节虽轻微暂未造成对方较大损失者，经守约方催告 2 个工作日内暂未有效整改的，即视为严重违约。严重违约一方需赔偿守约方违约金 100 万元。

6. 因协议履行产生争议的，按原被告另行签订的《合作争议解决规则》处理，协议的成立、生效与解释均适用中华人民共和国法律。

同日，原被告和见证人案外人陆某共同签订一份《合作争议解决规则》，约定如原被告违背合作约定的，任何一方皆可将该事宜交由见证人裁决，见证人作出的最终裁决将作为双方应共同遵守的解决方案；见证人裁决作出后，任何一方忽视裁决而自行其是的，双方合作关系视为破裂，守约方有权直接追究对方违约责任。

后被告按照约定向案外人摩根幼儿园转账 30 万元，向案外人投资公司支付股权转让款 529 万元。

2016 年 7 月至 8 月，被告工作人员与原告就外教、百度推广、录取通知书设计和印制、收费调整等事项进行了沟通，并通过其微信等平台对摩根幼儿园开展了宣传推广活动。其间，原被告双方就合作事项发生分歧，并各自向案外人陆某反映，案外人陆某亦分别向原被告明确表示双方已无合作必要，应当终止合作。

2016年9月7日，原被告及案外人陆某就合同停止后的善后问题进行协商，但协商未果。同日，案外人幼儿园向被告转账30万元，案外人投资公司向被告转账529万元，转账摘要均为"还款"。

2016年9月23日，被告向原告发函要求继续履行《股权转让协议》，按照约定将案涉股权变更登记至被告名下。两日后，原告回函称，被告缺乏经营幼儿园的经验，未能依约制定幼儿园近三年规划与近一年工作具体计划，对合作事项未起到作用，双方应遵守案外人陆某终止合同的裁决。

2016年12月，原告举报被告在公司网页上的宣传内容涉嫌虚假不实，后市场监督管理局对被告作出行政处罚，责令其停止虚假宣传、消除影响。2017年5月，原告起诉被告侵犯其肖像权纠纷，后法院判令被告赔礼道歉、消除影响并补偿相应损失。

此外，被告亦向法院起诉要求原告和案外人吴某继续履行《股权转让协议》，并向其支付违约金100万元，该案与本案合并审理。

原告诉称：

1. 被告不具有经营管理幼儿园的团队、经验，根本不具备履约能力。被告违反诚信原则，致使合同目的无法实现，符合解除合同的情形。

2. 原告基于对案外人陆某的信任与被告开展合作，三方共同签署《合作争议解决规则》是《股权转让协议》的前提。案外人陆某在详细了解各方合同履行情况后，裁决应当解除《股权转让协议》，原告因此退还全部款项。被告不遵守《股权转让协议》以及见证人的裁决，构成违约。

被告辩称：

1.《合作争议解决规则》剥夺了当事人的诉权，违反法律规定，应当认定无效。

2. 被告已经履行合同义务，按约定支付股权转让款，不存在违约行为。

法官观点：

1. 被告并不存在致使合同目的不能实现的违约行为。

被告已按约履行了支付股权转让款的主要义务，原告主张被告不具有经营管理幼儿园的经验、不具有履约能力，存在欺骗行为，但被告对此予以否认，并陈述在签约前已告知原告其没有管理幼儿园的经验，双方对此说法不一，但均未提供充分证据证明各自主张的事实。从系争《股权转让协议》的内容看，双方并未把被告具有经营管理幼儿园的经验或资质作为股权转让的前提，各方当事人的陈述保证条款亦不包含对被告资质等方面的具体要求。因此，原告以此为由主张被告没有履约能力依据不足。

双方交接过渡期为3个月至1年，协议虽然约定被告制定近三年规则与近一年工作具体计划的义务，但并未限定提交时间，故被告在签约后1个多月的期限内未提交上述文件并不构成违约。

2. 由见证人"最终裁决"的约定剥夺当事人诉权应属无效，原告据此单方面终止《股权转让协议》构成严重违约。

本案原被告双方在《合作争议解决规则》中约定"任何一方皆可将该事宜交由见证人裁决，见证人作出的最终裁决将作为双方应共同遵守的解决方案。"该"最终裁决"的表述违反了尊重当事人的权利，不得因调解而阻止当事人依法通过仲裁、诉讼等途径维护自己权利的法律原则，应属无效。

因此，尽管案外人陆某认为应当解除系争《股权转让协议》，但是其决定并不能产生合同解除的法律效果。原告根据案外人陆某所谓的"裁决"将股权转让款退还被告，经被告书面催告仍拒绝办理股权转让工商变更登记手续，属于擅自解约行为，应当承担相应的违约责任。

3. 双方之间的人合性基础已经丧失，《股权转让协议》事实上已经无法履行，对被告主张继续履行的诉讼请求不予支持。

虽然原告不具有法定解除权，但转让标的系有限责任公司的部分股权，有限责任公司以人合性为基础，从原告此后发给被告的函件、提起的肖像权诉讼和虚假宣传举报可知，双方之间的人合性基础已经丧失，股权转让事实上已经无法履行，故对被告要求原告继续履行《股权转让协议》，将其持有的案外人投资公司49%股权变更至被告名下的诉讼请求不予支持。

4. 案外人吴某作为股权代持人无过错，不承担责任，酌定原告赔偿被告违约金50万元。

案涉标的股权的实际持有人是原告，相应权利义务均应由原告享有和承担。案外人吴某仅是股权代持人，在《股权转让协议》订立和履行过程中并无过错，故对被告要求案外人吴某共同承担违约责任的诉讼请求不予支持。

关于违约金的数额，根据《股权转让协议》约定，原告严重违约，应当赔偿被告违约金100万元。但考虑到本案系争《股权转让协议》实际仅履行了不到一个半月，被告资金投入不多，股权转让款和直接投资款均已如数返还，被告投资幼儿园可预见收益具有不确定性等因素，根据公平原则和诚实信用原则，酌定原告赔偿被告违约金50万元。

法院判决：

1. 原告和被告于2016年7月28日签订的《股权转让协议》解除；
2. 驳回原告其他诉讼请求。

195. 股权质押未办理质押登记的，质权是否有效设立？因未登记给债权人造成的损失如何计算？

以股权出质的，质权自市场监督管理部门办理出质登记时设立。因此，未经工商登记的股权质押不发生法律效力，当然，股权质押合同在当事人之间仍然成立并生效。

出质人负有主动登记的合同义务，出质人未履行该义务构成违约，应承担相应的违约责任。债权人与出质人签订质押合同时，债权人对于自己只能在担保物价值范围内享有优先受偿权有明确的预见，因未办理股权质押登记给债权人所造成的损失应当限于本应质押的股权。至于股权价值的市场变化，属于当事人在订立合同时应当预见的正常风险。

【案例81】对赌协议约定补偿款合法有效　质押条款成立未生效不影响承担清偿责任[①]

原告：人寿保险

被告：北京龙文、杨某

---

① 参见最高人民法院（2020）最高法民终1250号民事判决书，本案系人民法院案例库入库案例。

第三人：勤上股份

诉讼请求：

1. 被告北京龙文按照约定向原告支付业绩补偿款 365,297,516.57 元及逾期利息；

2. 二被告向原告承担同等数额的连带及担保支付责任。

第三人请求：

1. 驳回原告对被告杨某的诉讼请求；

2. 确认原告与二被告之间签订的《补充协议》无效。

争议焦点：

1. 《补充协议》约定目标公司业绩不达标，原股东应向投资人进行现金补偿的，该协议是否有效；

2. 双方当事人未签订独立的质押合同，仅在主合同中约定质押条款，且订立合同时仅约定被担保债权数额的计算方式而无确定金额，质押合同是否成立；

3. 股权质押合同成立但未办理登记的，债权人能否向质押人主张担保责任，质押人承担责任有无范围限制；

4. 《补充协议》约定被告北京龙文向原告支付补偿款的资金来源于被告杨某向被告龙文公司提供的借款，被告杨某未履行借款义务时，是否应就被告北京龙文对原告所负债务承担连带责任；

5. 第一笔补偿款支付条件具备时间晚于剩余补偿款应付时间的，第一笔补偿款逾期利息起算点如何认定。

基本案情：

被告杨某系被告北京龙文、案外人广州龙文的股东、实际控制人，被告北京龙文亦为案外人广州龙文的股东。

2014 年 12 月 22 日，原告、被告北京龙文及案外人广州龙文三方签订《股权转让协议》，约定原告以 6.48 亿元受让被告北京龙文持有的案外人广州龙文 30% 的股权。

同日，原告、二被告及案外人广州龙文四方签订《股权转让协议之补充协议》，约定：

1. 二被告及案外人广州龙文共同保证案外人广州龙文自协议签订之日起1年内将与上市公司进行重组。

2. 由于原告支付的 6.48 亿元股权对价，是按案外人广州龙文重组后 2015 年度预计的合并报表口径计算净利润实现 2 亿元来估值确定的，如案外人广州龙文经营业绩未达上述目标，原告有权要求被告北京龙文进行业绩补偿。

3. 原告受让股权后，有权委派 1 名董事参与案外人广州龙文的公司治理。

2015 年 12 月 28 日，原告与二被告签订《补充协议》，约定因案外人广州龙文未能实现 2015 年合并报表口径计算的净利润达 2 亿元的业绩目标，各方就业绩补偿协商如下：

1. 各方同意以案外人广州龙文 2015 年度预测能实现的净利润 8500 万元为基础计算，案外人广州龙文整体估值调整为 $8500 \times 10.8 = 91,800$ 万元，原告所持有案外人广州龙文 30% 股权对应的价值为 $91,800 \times 30\% = 27,540$ 万元，被告北京龙文应补偿原告现金总额为 $64,800 - 27,540 = 37,260$ 万元。

若案外人广州龙文 2015 年度经审计后净利润与 8500 万元指标存在差异，则案外人广州龙文的整体估值及现金补偿款应进行相应调整，现金补偿款实际差额部分在"剩余补偿款"中调整。

2. 现金补偿款的支付方式如下所述。

（1）第一笔补偿款。被告杨某同意将其向上市公司转让案外人广州龙文股权所取得的现金对价中的 2.7 亿元借给被告北京龙文，该借款仅供被告北京龙文偿还所欠原告的第一笔补偿款 2.7 亿元。在上市公司将相应股权转让款项支付至被告杨某账户（监管账户 1，原告享有监管权限）之日起 2 个工作日内，被告杨某应将相关款项划付至被告北京龙文账户（监管账户 2，原告享有监管权限）。在监管账户 2 收到款项之日起 2 个工作日内，被告北京龙文应将该款项支付至原告账户。二被告无条件同意届时由相关中介机构及银行配合办理银行账户的监管事项及履行还款义务。

（2）剩余补偿款。被告北京龙文应在 2016 年 12 月 31 日之前支付剩余补偿款（具体金额以经审计的实际净利润计算估值后的调整金额为准）。为担保被告北京龙文履行该还款义务，被告杨某应将其持有的被告北京龙文全部股权质押给原告，并在第一笔补偿款支付之日起 5 个工作日内完成质押登记手续。

2016年1月15日，第三人（上市公司）作为甲方，原告、被告杨某等9名被告北京龙文股东作为乙方，共同签订《收购协议》，约定第三人收购原告、被告杨某等9名股东合计持有的案外人广州龙文100%股权。2018年7月9日，第三人向被告杨某支付了《收购协议》项下的5亿元股权转让款。

此外，2016年4月30日，经审计的财务报表显示，案外人广州龙文2015年度综合收益总额为87,253,852.91元。

原告诉称：

二被告与原告就业绩补偿签订的合同合法有效，现案外人广州龙文不能实现业绩承诺，且被告杨某已经收到第三人支付的5亿元股权转让款，二被告长期故意违约不履行合同给付义务，应承担给付补偿款及违约责任。

被告辩称：

1.《补充协议》的业绩补偿条款属于取得固定收益的条款，违反了共同经营、共负盈亏、共担风险的原则，依据《关于审理联营合同纠纷案件若干问题的解答》第4条的规定，业绩补偿条款属于保底条款，应属无效条款，被告北京龙文不应向原告支付业绩补偿及相关利息。

2.《股权转让协议》的签订当事人中没有被告杨某，《补充协议》约定被告杨某的义务是借款给被告北京龙文，被告杨某将其持有的北京龙文的股权质押给原告，而未约定担保或保证责任，故被告杨某不应该承担责任。

第三人称：

原告与二被告故意串通，损害其利益，《补充协议》应属无效。

一审法官观点：

1. 案涉《股权转让协议》《股权转让协议之补充协议》《补充协议》系对赌协议，均有效。

案涉《股权转让协议》《股权转让协议之补充协议》《补充协议》实际上是原告作为投资方与融资方被告北京龙文签订的对赌协议。上述协议系各方的理性选择和商业判断，并不损害案外人广州龙文及其债权人的利益，亦不违反法律法规的禁止性规定，均属有效。

关于《补充协议》是否违反《关于审理联营合同纠纷案件若干问题的解答》第4条规定应属无效的问题，一方面，《关于审理联营合同纠纷案件若干问题的解答》第 4 条规定情形中资金提供方追求的目标是收回投资款本息，与其他联营方或联营体的盈利状况无关，而对赌协议的投资人着眼于通过股权退出渠道获得收益（目标实现）或者获得资金补偿（目标未实现），其投资回报和目标公司的经营业绩直接挂钩。另一方面，《关于审理联营合同纠纷案件若干问题的解答》第 4 条规定情形中资金提供方一般无权对目标公司经营活动加以直接干涉，而对赌协议的投资人往往会深度参与目标公司的经营发展。本案中，原告在投资后即被载入股东名册成为持股 30% 的股东，同时依据《股权转让协议之补充协议》有权委派 1 名董事参与案外人广州龙文的公司治理。因此，本案不属于《关于审理联营合同纠纷案件若干问题的解答》第 4 条规定的情形。

2. 案外人广州龙文未达业绩目标，被告北京龙文应支付第一笔业绩补偿款 2.7 亿元和剩余补偿款 95,297,516.57 元。因其未能按期支付，应承担逾期付款利息。

经审计确认，案外人广州龙文 2015 年度综合收益总额为 87,253,852.91 元，低于《补充协议》约定的净利润目标。故被告北京龙文应按照《补充协议》约定的计算方式向原告支付业绩补偿款，即案外人广州龙文整体估值调整为 87,253,852.91 × 10.8 ≈ 942,341,611.43 元，原告所持有 30% 股权对应价值为 942,341,611.43 × 30% ≈ 282,702,483.43 元，故被告北京龙文应补偿原告现金总额为 648,000,000 − 282,702,483.43 = 365,297,516.57 元。

被告杨某直至 2018 年 7 月 9 日才收到《收购协议》项下的股权转让款 5 亿元，按照《补充协议》的约定，被告杨某应于 2018 年 7 月 10 日将其中的 2.7 亿元借给被告北京龙文，被告北京龙文则应于 2018 年 7 月 11 日将 2.7 亿元支付给原告。

因 2016 年 4 月 30 日案外人广州龙文的财务报表已经作出，按照《补充协议》约定的计算方式，可以计算出业绩补偿款的金额。故被告北京龙文应于 2016 年 12 月 31 日向原告支付剩余补偿款，即 365,297,516.57 − 270,000,000 = 95,297,516.57 元。

因被告北京龙文未按期向原告支付第一笔业绩补偿款 2.7 亿元和剩余补偿款 95,297,516.57 元，故其应当对逾期付款部分承担相应的利息。

3. 原告与被告杨某间的股权质押合同未成立，且根据《补充协议》被告杨某亦无须对被告北京龙文向原告所负债务承担连带责任。

根据《物权法》的规定，质权合同一般包括下列条款：被担保债权的种类和数额，债务人履行债务的期限，质押财产的名称、数量、质量、状况，担保的范围，质押财产交付的时间。

本案中，《补充协议》约定为担保被告北京龙文履行剩余补偿款的还款义务，被告杨某应将其持有的被告北京龙文的股权质押给原告。但该约定中的主债务是剩余补偿款，该款项金额尚未确定，各方亦未就股权质押签订相关的担保合同，《补充协议》也没有约定有关质押合同的具体条款，故不能据此认定被告杨某与原告之间的股权质押合同已经成立。

根据《补充协议》的约定，就第一笔业绩补偿款2.7亿元，被告杨某与被告北京龙文之间为借款法律关系，就剩余补偿款，协议明确约定由被告北京龙文支付给原告，故对原告主张被告杨某承担连带责任的诉请不予支持。

4.《补充协议》未涉及第三人收购的目标公司，对第三人主张不予支持。

关于第三人主张原告与二被告故意串通损害其利益的问题。第三人签订的《收购协议》目标公司是案外人广州龙文，按照《补充协议》，业绩补偿款由被告北京龙文支付给原告，被告杨某质押的股权是其持有的被告北京龙文的股权，亦未涉及案外人广州龙文，故对第三人主张不予支持。

一审法院判决：

1. 被告北京龙文给付原告业绩补偿款365,297,516.57元，并支付利息（其中95,297,516.57元的利息自2017年1月1日起算，2.7亿元的利息自2018年7月12日起算）；

2. 驳回原告的其他诉讼请求；

3. 驳回第三人的诉讼请求。

原告上诉称：

1. 质押合同关系成立与否不限于单独签订质押合同，《补充协议》条款已经满足质押合同应具备的一般内容，质押合同已经成立。根据《物权法》第15条的规定，质权未设立并不影响质押条款的效力。

2. 被告杨某未履行第一笔补偿款出借义务，未办理质押登记皆属违约行为，应当对被告北京龙文的债务承担清偿责任。

3. 一审判决关于 2.7 亿元逾期付款利息的起算点认定错误。根据《补充协议》，被告北京龙文应在 2016 年 12 月 31 日之前支付剩余补偿款，而 2.7 亿元作为第一笔补偿款也应在上述时间前支付，因此逾期付款利息应当从 2017 年 1 月 1 日起计算。

被告杨某辩称：

《补充协议》约定被告杨某对第一笔补偿款 2.7 亿元是借款，非保证担保；对剩余补偿款是提供股权质押，因质押所对应的债务数额处于不确定的状态，故质押合同并未成立。

第三人称：

原告一审中主张被告杨某承担连带担保责任，上诉又主张赔偿责任，二者的法律性质不同，诉请发生变化，二审不应支持。

被告北京龙文未发表意见。

二审法官观点：

1. 《补充协议》约定的股权质押条款成立。

虽然被告杨某与原告之间未签订独立的担保合同，但《补充协议》条款包含了《物权法》规定的质押合同的一般内容，包括被担保债权的数额、履行期限、担保范围，以及质押财产的名称、数量、交付时间等，应当认为双方之间订立的质押条款成立。一审法院认定股权质押合同未成立，与《补充协议》的约定以及法律规定均不符，予以纠正。

关于被担保债权的种类和数额，虽然剩余补偿款数额在《补充协议》签订之时尚未确定，但《补充协议》约定了明确的确定方式，其金额可在案外人广州龙文 2015 年度净利润审计后予以确定。关于债务人的履行期限，《补充协议》明确约定为 2016 年 12 月 31 日之前。关于质押财产的名称、数量，也明确为被告杨某持有的被告北京龙文的全部股权，交付时间为第一笔补偿款支付之日起 5 日内完成质押登记手续。关于担保范围，因无明确约定，可按照法定担保范围即"主债权及其利息、违约金、损害赔偿金、保管担保财产和实现担保物权的费用"予以认定。

2. 被告杨某负有代被告北京龙文向原告支付第一笔补偿款2.7亿元和主动登记股权质押的义务，其违反该义务应当承担违约责任。

从《补充协议》的签约主体及主要内容来看，被告杨某之所以加入该协议，原因在于与被告北京龙文共同保障原告业绩补偿款的实现。虽然《补充协议》约定被告北京龙文是补偿款的支付主体，但被告杨某向被告北京龙文提供借款是原告实现第一笔补偿款债权的直接来源和保障，被告杨某与被告北京龙文之间形成借款法律关系，而对于原告而言，三方则是达成由被告杨某代被告北京龙文支付2.7亿元的合意。被告杨某负有向被告北京龙文出借2.7亿元，代被告北京龙文向原告支付第一笔补偿款2.7亿元的合同义务。

被告杨某从第三人获得5亿元股权交易对价之后，并未按照《补充协议》的约定与被告北京龙文、原告设立监管账户，更未借给被告北京龙文以履行合同义务，该违约行为直接导致原告未收到第一笔补偿款2.7亿元。对此，被告杨某违反诚实信用原则，违反合同约定，应当承担相应的违约责任。

《补充协议》还约定被告杨某以所持有的被告北京龙文股权提供质押担保，但股权质押未进行登记，因此股权质押条款虽然成立，但质权未有效设立。被告杨某作为出质人，显然负有主动登记的合同义务，其未履行，导致原告最终无法就案涉股权的交换价值享有优先受偿权，构成违约，亦应承担相应的违约责任。

3. 被告杨某对第一笔补偿款2.7亿元与被告北京龙文承担连带清偿责任，对剩余补偿款95,297,516.57元在应质押股权价值范围内承担赔偿责任。

根据《合同法》第107条、《最高人民法院关于适用〈中华人民共和国担保法〉若干问题的解释》第86条的规定，被告杨某应就其违约行为向原告承担继续履行或者赔偿损失的违约责任。

对于第一笔补偿款2.7亿元，被告杨某未依约履行向被告北京龙文借款2.7亿元的合同义务，构成违约，应当对原告因此受到的2.7亿元补偿款损失承担赔偿责任。另外，基于《补充协议》中二被告无条件同意届时由相关中介机构及银行配合办理银行账户的监管事项及履行还款义务的约定，被告杨某亦应与被告北京龙文共同承担清偿2.7亿元的合同责任。故认定被告杨某与被告北京龙文共同对2.7亿元补偿款承担清偿责任。

对于剩余补偿款95,297,516.57元，因各方明确约定了质押担保方式，被告杨某的责任应当按照质权未设立情况下的相关规定予以确定。质押人以质押物的价值为限对所担保的债权承担担保责任，债权人与质押人签订物的担保合同时，对于其只能在担保物价值范围内享有优先受偿权有明确的预见。在本案中，被告杨某未办理股权质押登记给原告所造成的损失应当限于本应质押的股权，至于股权价值的市场变化，属于当事人在订立合同时应当预见的正常风险。因此，被告杨某在其应质押股权价值范围内对剩余补偿款95,297,516.57元承担赔偿责任。

4. 第一笔补偿款支付时间非二被告所能控制，逾期利息应从被告杨某收到第三人股权转让款的第4日起算。

根据《补充协议》约定，剩余补偿款应在2016年12月31日之前支付，第一笔补偿款应先于剩余补偿款支付，此乃正常逻辑，也是当事人的合理预期。但是，《补充协议》明确约定了第一笔补偿款来源系第三人支付给被告杨某的股权转让款，而该款项的支付时间并非二被告所能控制，被告杨某于2018年7月9日方收到第三人支付的股权转让款。原告并未在协议中对该款项实际到账时间不确定的风险作出相应约定，可视为原告接受该笔款项实际到账时间晚于剩余补偿款支付时间的相应风险。从该角度看，一审法院认定2.7亿元款项的逾期利息从被告杨某收到第三人股权转让款的第四日起算，并不违反合同约定，也不超出当事人对于交易风险的正常判断，可予维持。

二审法院判决：

1. 维持一审判决第一项、第三项；

2. 变更一审判决第二项为：被告杨某对被告北京龙文应付原告业绩补偿款中的2.7亿元及利息（自2018年7月12日起至实际给付之日止）承担共同清偿责任；对95,297,516.57元及自2017年1月1日起的利息，在其持有的被告北京龙文股权价值范围内承担赔偿责任；

3. 驳回原告其他诉讼请求。

196. 如何区分"股权抵押借款"和"股权转让"？

如果股权转让合同中关于后续以固定金额回购的约定的目的是使一方获得借贷资金，另一方出借资金以获得利息，股权转让仅作为借款担保的，应认定双方为民间借贷关系。

但如果合同中约定的固定收益、回购条款，仅是股东之间、股东与公司之间分配风险与收益的安排，且在投资存续期间，投资人享有参与管理、表决等股东权利，则不应认定为借款关系，而是股权投资关系。

【案例82】名为股权转让实为民间借贷　诉请解除合同还本付息获支持[①]

原告：刘某山

被告：李某、刘某、张某

诉讼请求：

1. 解除原告与被告李某之间签订的《股权转让合同》；

2. 被告李某立即清偿原告2亿元，支付所欠利息3824.15万元，并按合同约定的月利率2.1%支付2015年1月12日起至本金清偿之日止的利息；

3. 被告李某依照合同约定向原告支付违约金2000万元；

4. 被告刘某、张某对被告李某的上述给付义务承担连带责任。

争议焦点：

1. 原告与三被告所签署的《股权转让合同》的实质是股权转让合同还是借贷合同；

2. 被告李某既未依约返还转让款及利息，亦未实际交付股权，原告是否有权解除合同；

3. 若该合同被解除，被告李某是否应当承担违约责任，以及如何确定违约金数额；

4. 被告刘某、张某作为保证人，是否应对被告李某的给付义务向原告承担连带责任。

基本案情：

案外人嘉元公司的登记股东为：被告张某（持股49%）、被告刘某（持股51%，任法定代表人）。其中，被告刘某所持51%股权中的25.5%为代被告李

[①] 参见最高人民法院（2017）最高法民申4274号民事裁定书。

某持有。

2012年6月21日，原告与三被告签订《股权转让合同》，主要内容为：

1. 原告出资2亿元购买被告李某持有的案外人嘉元公司5%的股权份额。

2. 被告李某所转让的股权可以回购，回购期间为两年。两年内，被告李某未回购股权或者被告李某违反本合同约定条件的，则该转让的股权永久归原告所有，由被告李某负责办理工商变更登记手续。

3. 在回购期间内，该转让股权暂不办理变更登记手续。股东权利和义务及股权盈亏，均归被告李某。

4. 被告李某未回购所转让的股权前，已收取原告的股权转让价款，视同被告李某借贷原告的款项，以月息2.1%按季支付利息。

5. 被告李某回购所出让的股权时，须先返回原告已支付的股权转让价款并结清利息。

6. 两年回购期届满之日起，本合同所转让的股权盈亏均归原告，股东权利和义务由原告享有或承担。

7. 被告李某回购所转让的股权前，如不能按时付清利息，每逾期一日，按应付款金额5‰的比例向原告支付违约金；连续三个月未付利息或应付利息欠款累计达100万元以上时，原告有权单方决定解除本合同，或者提前终结被告李某的回购期，使该转让股权永久归属原告。

8. 双方实际转让的股权数以被告李某实际收款为准，核定比例。

9. 被告李某因违约或因回购期届满丧失所转让股权的回购权的，须在丧失回购权之日起一个月内办结股东、股权变更工商登记手续。否则，每逾期一日，按本合同转让总价款1‰的比例向原告支付违约金。

10. 因被告李某的股权瑕疵，导致本合同无效或被解除或无法履行的，被告李某必须立即返还原告已付转让价款并按合同约定的利率支付利息，同时按本合同价款50%的比例向原告支付违约金。

11. 被告刘某、被告张某自愿成为被告李某履行合同的保证人，承担连带保证责任，保证期间为三年，从本合同生效之日起算。

12. 被告李某不能全面履行本合同约定的义务，由被告刘某、被告张某负责履行或承担违约、赔偿责任（被告刘某、被告张某有权收回股权）。

合同签订后，原告于合同约定的两年期限内向被告李某支付 1.75 亿元，在两年期满后又向被告李某支付 2500 万元，共计向被告李某支付 2 亿元股权转让款。2013 年 1 月至 2013 年 7 月，被告李某共向原告支付利息 4087.75 万元。2014 年 5 月至 2015 年 1 月，被告李某共向原告支付利息 3300 万元。在合同约定的两年期限内，被告李某未主张行使合同约定的回购权，在两年期满后，双方亦未办理案外人嘉元公司相关股权的工商变更登记。原告遂诉至法院。

此外，被告李某与原告在 2012 年 11 月还签订了一份借款期限为两年的《借款合同》，该合同约定的利息支付时间晚于 2015 年 1 月。

2012 年 12 月，被告刘某与案外人嘉鑫公司签订《股权转让协议》，将其持有的案外人嘉元公司 46% 的股权转让给嘉鑫公司。后被告刘某又将名下剩余的 5% 股权出质给案外人某银行，该出质于 2013 年 6 月 7 日公示，至本案合同约定的两年回购期满，该出质仍有效。

原告诉称：

1. 原告的交易目的是成为案外人嘉元公司的实名股东，但被告李某虚构其股东身份，被告刘某、张王隐瞒事实，导致原告的交易目的不能实现，且被告李某未依约交付股权并办理股权变更手续，构成违约，原告有权解除合同。

2. 在合同解除的前提下，被告李某应返还转让款 2 亿元。

3. 因被告李某违约，应承担 2000 万元的违约责任。

4. 无论案涉合同是借款关系还是股权转让关系，都不影响被告李某依照合同支付利息，以及因被告李某违约原告有权解除合同并请求返还价款的结果。

被告辩称：

1. 案涉《股权转让合同》系股权转让关系而非民间借贷。该合同系以股权的转让及回购为主要内容，对股权回购期外的利息未作约定，双方约定回购权的目的在于根据市场价格规避风险。

2. 利息条款并非民间借贷合同的充分条件，案涉合同明确约定了股权转让份额为 5%，且原告最终给付的价金是以案外人嘉元公司的经营情况确定股权比例的，符合股权转让合同的特征。被告刘某转让后尚持有案外人嘉元公司 5% 的股权，保证人完全能够履行交付股权的义务。

3. 被告李某在股权回购期间按照合同约定应支付利息，但在回购期届满及回购权消灭后，回购期间的利息不应再计算，原告应返还被告李某已支付的利息。

4. 被告李某已经提交证据证明已付利息数额为 4087.75 万元，另外 3300 万元系被告李某偿还与原告之间《借款合同》的利息，非本案合同利息。

法官观点：

1. 案涉《股权转让合同》所涉法律关系名为股权转让，实为借贷。

（1）关于利息。股东转让法律关系中，股权出让款一般应予及时结清，双方当事人无须对利息作出约定。约定利息及利息的数额是民间借贷法律关系的主要特征。案涉合同的相关约定则将股权出让款作为本金并据此计算利息。在合同的履行过程中，双方亦依约结算并给付了相应的利息。

（2）关于拟转让股权的份额。本案中拟转让的股权份额从表面上看明确、具体，但合同又约定"双方实际转让的股权数以被告李某实际收款为准，核定比例"。这实际上是以原告实际支付给被告李某的款项另行核定，既不符合股权转让法律关系的特征及交易惯例，亦不符合常理。

（3）关于拟转让股权的交付。股权转让合同的目的之一在于及时获得目标公司的股权，从而实现买受人对目标公司的股东权利。案涉合同约定回购期间内暂不办理股权变更登记手续，股东权利仍由被告李某行使。等被告李某丧失所谓回购权之日起一个月内办结工商变更登记，亦与股权转让法律关系的特征及交易惯例不符。

（4）关于股权转让的价金。在股权转让合同中，股权转让的价金亦应明确而具体，而本案股权转让的价金以实际收款数额为准，即以原告出借给被告李某的具体金额作为确认本金的基础，亦不符合股权转让合同的特征。

（5）关于回购。回购期内案涉股权的所有权仍归属被告李某，若被告李某在两年回购期内行使所谓回购权，则被告李某是在回购此时仍归其所有的股权，且该回购权是通过返还原告已支付款项并给付利息的方式进行，该约定与民间借贷法律关系特征相符。而在被告李某不行使回购权即无法还本付息时，原告方能取得以其实际付款数核定比例的股权，该股权实质应为被告李某对原告履行还款责任的担保。

（6）关于合同的履行方式。被告刘某将其持有的案外人嘉元公司51%股权中的46%已转让给案外人嘉鑫公司并办理工商变更登记。现被告刘某仅持有该公司5%股权，该5%股权系由被告刘某所有还是被告刘某代被告李某持有，双方并未约定。根据商事外观主义，应认定此时被告李某已不再持有案外人嘉元公司的股权。后该5%股权又出质给案外人某银行，合同履行期限届满时，该出质仍然有效。即使该5%股权仍为被告刘某代被告李某持有，被告李某亦无法按合同约定向原告交付案涉股权，可见被告李某并无向原告出让股权以取得对价的意思表示。

2. 本案合同是否应当解除。

被告李某未按合同约定向原告支付全部利息，且在履行期间届满时，未向原告偿还本金，亦未按合同约定办理股权工商变更登记，应认定被告李某违约，并导致合同目的无法实现，原告有权依法解除合同。

3. 《股权转让合同》被解除后的法律后果。

（1）关于本金。原告在合同约定期间内向被告李某支付1.75亿元，两年期满后又支付2500万元，被告李某已清偿原告借款本金2亿元。

（2）关于利息。其一，被告主张已付利息中的3300万元系双方之间其他交易所涉及的款项，但还款凭证上并未明确记载其给付的款项系偿还案外《借款合同》的款项还是案涉合同的利息。案涉合同的利息债务先到期，在当事人无明确约定的前提下，应认定为系偿还案涉《股权转让合同》的利息。故原告根据合同约定已经取得的7387.75万元利息，依法予以确认。其二，被告李某根据合同约定欠付的合同履行期间内的利息1074.2万元因尚未履行而终止履行。因本案合同已经解除，不能依据合同约定的利率计算前述利息。被告李某仍占用原告2亿元借款本金且至今未清偿，酌定以同期银行贷款利息计算，分别计算本金1.75亿元自2014年6月21日起、本金2500万元自付款时间起至实际清偿之日的相应利息。

（3）关于违约金。被告李某未能还本付息，即应依约按原告实际支付的款项核定股权比例后向原告交付相应份额的案涉股权，被告李某亦未办理，

· 375 ·

应承担相应的违约责任。原告请求的 2000 万元违约金数额并未超出本案合同约定的违约金数额。

4. 被告刘某、张某对被告李某应向原告支付的款项是否承担连带责任。

该合同经债权人原告刘某山、债务人被告李某及保证人被告刘某、张某四人共同签字后生效,被告刘某、张某依约应对被告李某履行该合同义务承担连带保证责任,即被告刘某、张某对该 2 亿元借款本金、相应利息及 2000 万元违约金承担连带责任。被告刘某、张某在承担保证责任后,有权向被告李某追偿。

法院判决:

1. 解除原告与三被告于 2012 年 6 月 21 日签订的《股权转让合同》;

2. 被告李某向原告返还借款本金 2 亿元;

3. 被告李某向原告分别支付以 1.75 亿元及 2500 万元为基数所对应的借款利息;

4. 被告李某向原告支付违约金 2000 万元;

5. 被告刘某、张某对前述金钱给付义务承担连带责任,被告刘某、张某在承担前述保证责任后,有权向被告李某追偿。

【案例 83】对赌协议约定利润补偿和股权回购有效　请求其他股东回购获支持[①]

原告: 农发公司

被告: 通联公司、某区政府

诉讼请求:

1. 被告通联公司一次性回购原告所持有的案外人汉川公司全部股权,并支付回购款 1.87 亿元;

2. 被告通联公司支付原告相应的投资收益款和违约金;

3. 被告某区政府对于被告通联公司支付的回购款、收益款及违约金不足部分承担差额补足责任。

---

① 参见最高人民法院(2020)最高法民申 2759 号民事裁定书。

争议焦点：

1. 案涉《投资协议》约定了利润补偿和股权回购条款，且约定利润率远低于一般借贷利率，案涉交易属于"明股实债"还是正常投资中的"对赌条款"，是否合法有效；

2. 案外人汉川公司已被法院裁定受理破产，是否符合《投资协议》中的股权回购条件；

3. 被告通联公司以原告作为投资方未履行资金监管义务，对回购义务和支付投资收益款进行抗辩，是否成立；

4. 被告某区政府作为国家机关，在《投资协议》中所作的差额补足承诺是否有效，被告某区政府是否应承担该责任。

基本案情：

2015 年 9 月 11 日，原告与两被告及案外人汉川公司共同签订了《投资协议》，约定：

1. 原告以 1.87 亿元对案外人汉川公司进行增资，投资的年收益率为 1.2%。

2. 在投资期限内及到期后，原告有权要求被告某区政府收购原告持有的案外人汉川公司股权，案外人汉川公司原股东放弃优先购买权。原告亦有权选择被告通联公司收购原告所持股权，若被告通联公司无法按时支付收购价款的，则被告某区政府应当承担差额补足义务。

3. 若被告某区政府未能依约按时支付原告股权转让款，则除转让对价外，自迟延之日起还应当按照应付未付款项每日万分之五的费率支付原告资金占用成本，直至其足额支付转让对价之日。

4. 原告持有案外人汉川公司股权期间，该司发生如下情形时，原告有权立即要求被告某区政府收购其持有的该司全部或部分股权："（1）案外人汉川公司遇有关闭、解散、清算或破产之情形……"

5. 被告某区政府承诺，如原告每期获得现金投资收益低于 1.2%，则由被告某区政府补足。原告亦有权要求被告通联公司承担补足义务，如原告选择被告通联公司承担补足义务，被告通联公司无法补足的部分，由被告某区政府继续补足。

6. 如两被告未能依约足额向原告支付目标股权收购款或投资收益款，则视为两被告违约，应以应付未付款项为计算基数，按照每日万分之五的违约金率向原告支付违约金，直至两被告足额支付相应未付款项为止。

2015 年 9 月 14 日，原告依约支付 1.87 亿元增资款，后案外人汉川公司在公司章程记载原告股东。

2017 年 8 月，经案外人汉川公司申请和被告某区政府同意，案外人汉川公司向原告汇款 3198 万元。

2017 年 10 月，原告收到案外人汉川公司发出的《告全体股东书》和法院生效裁定，表明：法院受理了案外人某财务公司对案外人汉川公司的破产重整申请。

2017 年 12 月，原告向两被告发函要求一次性回购原告所持案外人汉川公司全部股权的函件，但两被告均未履行回购义务。原告遂诉至法院。

原告持股期间，案外人汉川公司依约向其支付固定投资收益，但自 2018 年 12 月 20 日起再未支付。

原告诉称：

1. 案外人汉川公司已进入破产程序，原告要求被告通联公司回购股权的条件已具备。

2. 两被告均未依约履行股权回购义务、支付相应的投资收益款，应以 1.87 亿元为基数，按照每日万分之五的标准向原告支付违约金。

3. 被告某区政府应按照其在案涉合同中所作承诺，对被告通联公司应付款项承担差额补足义务。

被告通联公司辩称：

1. 案涉《投资协议》属于"名股实债"，其性质为借款协议，并非股权投资协议。

2. 原告是对增资款进行评审、审核、监管的实际履行者，却没有履行资金监管义务，导致案外人汉川公司陷入困境，最终破产。被告通联公司有权拒绝履行原告提出的回购要求。

3. 案外人汉川公司曾向原告转回 3198 万元，系原告抽逃出资。

被告某区政府辩称：

《投资协议》所涉法律关系实为借款关系，其所作的股权回购承诺为无效承诺，不应承担相关责任。其未使用该款项，不应承担补足责任。

法官观点：

1. 案涉《投资协议》所涉法律关系为股权投资关系。

（1）在商事投融资实践尤其是在私募股权投资中，投融资双方约定，由融资方给予投资方特定比例的利润补偿，按照约定条件回购投资方股权，投资方不参与融资公司具体经营管理的情况非常普遍，此即所谓"对赌条款"。根据《投资协议》约定，在原告退出案外人汉川公司时，由两被告承担回购股权、支付固定收益及违约金的义务，这一"对赌条款"的当事双方为公司股东及相关利害关系人，并不损害案外人汉川公司的资本安全，亦不违反法律的强制性规定，故合法有效。

（2）利润补偿和股权回购约定本身也是股权投资方式灵活性和合同自由的体现，而非两被告所主张的"明股实债"。《投资协议》约定原告年投资收益率为1.2%，远低于一般借款利息，明显不属于通过借贷获取利息收益的情形。该收益是基于原告所持股权而获得的股权收益。

（3）该协议还约定了原告在案外人汉川公司所享有的股东权利，其内容已超出借款法律关系的范畴。

2. 原告要求被告通联公司回购股权的条件已成就。

（1）法院已裁定受理对案外人汉川公司的破产申请，该司已达到资不抵债的程度且已进入司法破产程序，符合《投资协议》约定的回购股权条件。

（2）被告通联公司不享有先履行抗辩权。原告已依约支付1.87亿元投资款，履行了合同义务。原告即便对案涉投资款的具体使用进行监管，也属于其为了确保投资目的实现而享有的合同权利而非义务。即使确因原告对案涉投资款使用监管不当给案外人汉川公司带来不利影响，也应由案外人汉川公司追究原告的损害赔偿责任，不能成为被告通联公司拒绝履行股权回购义务的抗辩理由。

3. 原告主张投资收益的问题。

因案外人汉川公司已进入破产重整，其应向原告支付的投资收益款，应由被告通联公司负担，不足部分由被告某政府补足。

4. 原告是否抽逃出资问题。

案外人汉川公司将3198万元转回原告账户是案外人汉川公司为其自有资

金安全所做的处置措施，原告亦不否认该资金仍属于案外人汉川公司所有，并当庭表示随时可应其要求返还该款。故原告并无抽回资金归自己所有的目的，不构成抽逃出资。即使原告存在抽逃出资的行为，也应由其向案外人汉川公司承担相应责任，不能免除或抵销被告通联公司应向原告履行的回购义务。

5. 被告某区政府的差额补足义务。

（1）《投资协议》对原告的投资方式、收益及回购条款进行了明确约定，如前所述，该合同合法有效，对签订《投资协议》各方均有拘束力。被告某区政府主张该约定违反《公司法》的规定，从而认为其不承担补足责任的理由不成立。

（2）《投资协议》明确约定了被告某区政府应承担的差额补足义务，被告某区政府提出的其未使用该款项的抗辩理由不成立。

（3）被告某区政府作为国家机关，在从事民法法律行为时，更应恪守诚实信用原则，自觉维护合同相对方的信赖利益，根据《投资协议》之约定积极履行其合同义务。

法院判决：

1. 被告通联公司向原告支付股权回购款 1.87 亿元，回购其股权；

2. 被告通联公司向原告支付相应的投资收益款和违约金；

3. 被告某区政府对上述债务在被告通联公司未能足额支付的情况下承担差额补足责任。

197. 境外公司受让禁止外商投资项目的股权是否有效？外商投资准入负面清单以外的外商投资企业转让股权是否需要报批？

境外注册成立的公司受让禁止外商投资项目机构的股权，违反法律、行政法规的强制性规定，股权转让协议无效。

准入负面清单以外的外商投资企业股权转让无需报批，自合同签订起，或自合同约定的其他生效条件成就时生效。相应的，当事人关于股权转让合同"自审批机关批准之日起生效"的约定不再具有限定合同生效条件的意义。

【案例84】合同不在准入负面清单之列　审批生效条款不能限制合同效力[1]

原告： 吉美公司

被告： 鹰城集团、张某义、张某

诉讼请求： 三被告连带支付原告股权转让款1亿元。

争议焦点： 案涉《股权转让合同》约定"自审批机关批准之日生效"，履行期间审批制度改革，案涉股权转让由审批制改为备案制，但各方均未办妥审批备案手续，对案涉合同效力如何认定。

基本案情：

案外人房地产公司系外商投资企业，其法定代表人为被告张某义，股东为：原告（持股40%）、被告鹰城集团（持股55%）、案外人华丰集团（持股5%）。其中，原告系注册地在国外的外国企业，原告出资额为1.5亿元。案外人华丰集团系外资企业，被告张某系其法定代表人。

2016年3月，原告（转让方）、被告鹰城集团（受让方）及保证人被告张某义、被告张某共同签署《股权转让合同》，约定：

1. 原告将其持有的案外人房地产公司40%的股权以1亿元的价格转让给被告鹰城集团，被告鹰城集团于2016年3月31日前付款。股款金额可延期支付，但需加收利息，利息以股款金额为基数按照月息2%计算……股款金额延期支付日期不得晚于2017年7月15日。

2. 协议各方及股权权益转让有关的申请批准手续由被告鹰城集团办理，原告予以配合。在股权转让申请批准后，双方共同办理股权变更登记。

3. 被告张某义、被告张某就被告鹰城集团在本合同项下的全部付款义务向原告承担连带保证责任，连带保证责任期间为两年，自合同约定的支付股权转让款期限届满之日起算。

4. 本合同自各方签字或盖章之日起成立，自审批机关批准之日生效。

2016年4月11日，案外人房地产公司住所地A市商务局作出同意案涉股

---

[1] 参见最高人民法院（2017）最高法民终651号民事判决书，本案系人民法院案例库入库案例。

权转让的批复，但未下发。同日，该商务局对案外人房地产公司发出《通知书》，载明其于同日收到案外人房地产公司递交的不再申办股权转让的申请，案涉股权转让的事宜不再继续受理。

因被告鹰城集团未履行合同义务，原告诉至法院。

庭审中，法院曾指令本案当事人办理审批备案手续，但原告并非申请备案的主体，而案外人房地产公司不予配合，被告鹰城集团明确表示暂不申请，不协助办理相关审批备案手续。

原告诉称：

《股权转让合同》已经 A 市商务局批准同意，2016 年 10 月 1 日开始实施的修正后的《中外合作经营企业法》对中外合作企业的股权转让由审批制改为备案制，案涉合同自签订之日已经生效且有效。但被告鹰城集团至今未按约定支付转让款并办理相应审批手续，被告张某义、张某亦未履行连带付款义务。

被告辩称：

1. 《股权转让合同》在审批流程完成后没有得到批准，已经确定属于不生效合同。

2. 《股权转让合同》违反法律的强制性规定，合同无效。原告将其持有的 40% 股权全部转让给被告鹰城集团，会造成中方企业被告鹰城集团占合作公司 95% 的股权，外资企业案外人华丰集团仅占合作公司 5% 的股权，低于《中外合作经营企业法实施细则》（2014 年修订）及《外商投资企业投资者股权变更的若干规定》规定的外国合作者最低的投资比例标准。

3. 《股权转让合同》中约定"股款金额延期支付日期不得晚于 2017 年 7 月 15 日"，并未约定被告鹰城集团必须当即支付 1 亿元，被告鹰城集团可以选择最迟在 2017 年 7 月 15 日前支付，不属于违约。

一审法官观点：

1. 关于本案《股权转让合同》是否生效的问题。

（1）本案《股权转让合同》签订时有效的法律、行政法规均规定中外合作企业中合作者的一方转让其在合作企业中的全部或者部分权利、义务的，必须报审查批准机关批准。截至 2016 年 9 月 30 日，A 市商务局并未向案外人房地产公司出具外商投资企业批准证书，《股权转让合同》尚未生效。

（2）2016年10月1日，《中外合作经营企业法》（2016年修正）正式施行，本案《股权转让合同》由行政审批事项转为适用备案管理。虽《股权转让合同》尚未备案，且相关方当事人声明不申请、不协助办理备案手续，但备案与否属于《股权转让合同》的履行问题，不影响该合同因当事人达成合意且法律、行政法规规定的效力待定情形已消灭而生效。故因法律规定的变化，《股权转让合同》自2016年10月1日起生效。

（3）《中外合作经营企业法实施细则》（2014年修订）属行政法规，《外商投资企业投资者股权变更的若干规定》属部门规章，均不属于《合同法司法解释（二）》中规定的效力性强制性规范，不会导致本案《股权转让合同》无效。

2. 即便本案《股权转让合同》已生效且有效，但根据合同约定的股款金额延期支付日期不得晚于2017年7月15日。至2016年10月28日一审法院作出判决时，该最终付款期限尚未届至。原告无权诉请被告鹰城集团、被告张某义、张某立即连带支付原告股权转让款。

一审法院判决：

驳回原告的诉讼请求。

二审法官观点：

1. 关于《股权转让合同》的效力问题。

（1）案涉《股权转让合同》的履行期间跨越了外资审批制度改革的实施日期，故需对其效力分阶段予以阐明。在2016年9月30日前，《中外合作经营企业法》（2000年修正）实行外资审批制度。中外合作经营企业股权转让合同自外资审批机关颁发批准证书之日起生效。至2016年9月30日，案涉《股权转让合同》因未经审批，合同的法定生效要件未满足，处于合同成立但未生效的状态。

（2）2016年10月1日，《中外合作经营企业法》（2016年修正）正式施行。对外商投资准入特别管理措施（即外商投资准入负面清单）以外的外商投资企业的设立、变更，由行政审批制转为适用备案管理制，而备案管理的性质为告知性备案，不属于合同的效力要件。由于本案股权转让的标的公司案外人房地产公司的经营范围不在外商投资准入负面清单之列，案涉股权转让依法不需要再提交行政审批。在因法律修改而使得合同效力要件不复存在的情形下，则应当适用新法而认定合同有效。

2. 关于三被告是否应连带支付股权转让款的问题。

（1）至 2016 年 10 月 28 日一审法院作出判决时，《股权转让合同》已生效且合同约定"被告鹰城集团于 2016 年 3 月 31 日前付款"，即被告鹰城集团股权转让款的付款义务已到期。本案二审中，被告鹰城集团在《股权转让合同》项下的最迟付款履行期间也已届满，被告鹰城集团应及时向原告支付股权转让款 1 亿元。

（2）关于被告张某义、张某的保证责任问题。被告张某义、张某在《股权转让合同》中均是以其本人名义为被告鹰城集团的债务提供的连带保证，该保证是其真实意思表示，其应依约承担连带保证责任。

（3）本案当事人均未诉请办理股权变更登记手续，为避免产生诉累，原告应配合被告鹰城集团办理案外人房地产公司的股权变更登记手续。

二审法院判决：

1. 被告鹰城集团向原告支付股权转让款 1 亿元；
2. 被告张某义、张某对被告鹰城集团的给付义务承担连带清偿责任。

[案例85] 境外公司受让义务教育机构股权　违反效力性强制性规范无效[①]

原告：汇忠公司

被告：李某、洪某

第三人：陈某

诉讼请求：

1. 确认原告与被告李某签订的《股权转让协议》《补充协议书》无效；
2. 被告立即向原告返还股权转让款 2000 万元并按中国人民银行同期贷款利率计算标准支付相应的利息。

---

① 参见最高人民法院（2021）最高法民终 332 号民事判决书，本案系人民法院案例库入库案例。

争议焦点：

1. 案涉《股权转让协议》约定，由作为外国公司的被告收购被告李某拥有的案外人某中学 100% 的股权，该中学办学范围含全日制义务教育，则案涉《股权转让协议》是否有效；

2. 若《股权转让协议》因违反法律强制性规定而无效，双方之间的过错责任如何认定；

3. 第三人陈某作为原告的代理人在《股权转让协议》上签字后，又收到被告洪某 1000 万元汇款，该收款行为能否被视为职务行为，进而将该 1000 万元从原告股权转让款中扣除；

4. 被告李某向原告返还股权转让款，是否应当支付利息，如何计息更为合理；

5. 被告洪某作为被告李某的签约代表和配偶，第一期案涉款项亦是支付到被告洪某账户，其是否应承担连带还款责任。

基本案情：

原告系境外注册的外国公司，股东为：被告洪某（持股 34%）、第三人陈某（持股 15%）、案外人李某安（持股 51%）。第三人陈某系中国香港居民。

被告李某拥有案外人某中学 100% 的股权，且与被告洪某系夫妻关系。案外人某中学的办学许可范围包括全日制高中和初中教育。

2015 年 9 月 11 日，原告与被告李某达成《股权转让协议》，约定：

1. 原告以 1.6 亿元购买被告李某持有的案外人某中学 100% 的股权，股权转让款分 8 期支付，每期 2000 万元。协议签订 3 日内，原告应将第一期 2000 万元支付至被告李某指定的被告洪某账户。

2. 本协议之修改、变更、补充均由双方协商一致后，以书面形式进行，经双方正式签署后生效。

该协议书由被告洪某代表被告李某签字，第三人陈某代表原告签字。被告洪某持有被告李某授权的公证文书，第三人陈某未持有原告的公证授权材料，但原告对第三人陈某代表其洽谈签字的行为予以认可。

2015 年 9 月 14 日，原告按照约定指令案外人尚领公司向被告洪某账户支付了第一期股权转让款 2000 万元。同日，被告洪某出具书面证明确认收到原告支付的第一期价款 2000 万元。

当日，被告洪某从其账户向第三人陈某汇款 1000 万元，但未备注用途。

2016 年 6 月 16 日，原告与被告李某签订《补充协议书》，亦载明被告李某已经于 2015 年 9 月 14 日收到原告支付的 2000 万元。

后因案涉股权无法转让，原告诉至法院。

庭审中，被告洪某的代理人陈述，被告洪某对夫妻共同债务没有异议，"主要还是还款金额的问题"。

原告诉称：

1. 义务教育机构属于禁止外商投资产业。案涉中学的办学内容包括全日制高中和初中教育，案涉股权转让协议因违反法律强制性规定而无效。被告李某作为投资教育领域的人员，深知相关法律政策，在明知原告无法成为办学者的情况下，仍与原告签订合同，应由两被告承担全部过错责任。

2. 原告并没有授权第三人陈某收取 1000 万元，原告尚未完成收购行为，不存在包装费用，此 1000 万元系两被告与第三人陈某之间的其他经济往来。

被告辩称：

1. 案涉协议有效，应当继续履行。案涉股权转让协议是双方真实意思表示，两被告并未强迫原告签订，不存在过错。

2. 第三人陈某既已代表原告与被告李某签署案涉《股权转让协议》，被告李某有理由相信第三人陈某的行为是代表原告的意思表示。被告洪某在收取股权转让款当日，即转回 1000 万元给第三人陈某以用于原告的上市包装，实际上只收取了原告 1000 万元转让款。故即使认定协议无效，也只应返还 1000 万元。

法官观点：

1. 关于案涉《股权转让协议》是否有效及相应责任的问题。

（1）原告属境外公司，并不具备《民办教育促进法》（2018 年修正）第 10 条所规定的法人资格。此外，案外人某中学的办学内容包括全日制义务教育，此系《外商投资产业指导目录》中禁止外商投资项目。故原告作为受让案涉股权的主体不适格，原告与被告李某签订的《股权转让协议》《补充协议书》违反了法律法规的强制性规定，应认定无效。

(2) 案涉《股权转让协议》涉及行业准入，且金额巨大，双方均应尽到审慎义务，对法律规定、国家政策进行充分了解。现合同认定无效，双方均有过错，应承担各自的过错责任。

2. 关于返还原告股权转让款具体金额的问题。

(1) 原告已依约向被告李某指定的被告洪某账户支付了2000万元，被告洪某于收款当日即向原告出具书面收款证明，《补充协议书》亦确认被告李某已经收到原告支付的股权转让款2000万元。原告请求返还该2000万元有事实和法律依据。

(2) 第三人陈某虽没有公证认证的授权委托书，但原告对第三人陈某代表其洽谈签字的行为予以认可。然而，案涉股权转让款由案外人尚领公司汇出，并非由第三人陈某账户汇出。从现有证据来看，原告并未授权第三人陈某代收款项。第三人陈某虽系原告的代理人，但其收款1000万元的行为不能被视为职务行为。

(3) 关于被告洪某转给第三人陈某1000万元款项的性质。被告洪某向第三人陈某转款的理由（即被告洪某与第三人陈某之间的法律关系），应当由被告洪某进行举证说明。被告洪某未在转账时备注用途，无法体现该1000万元与股权转让法律关系之间的关联性。两被告认为该款项系用于原告的上市包装费用，并提交了与原告签订的《合资收购协议书》，但该《合资收购协议书》并没有本案合同全部当事人的签字，两被告所提交的证据不足以推翻前述事实认定。即使如两被告所述，1000万元是原告用于上市包装的费用，也与本案股权转让纠纷分属两个独立的法律关系，被告洪某应另行主张。

3. 关于股权转让款是否应当支付利息及如何计算利息的问题。

资金占用期间的利息属于法定孳息，法院认定从原告支付案涉股权转让款之日起计算利息。同时，考虑双方均有过错，法院对原告关于按中国人民银行同期贷款利率计算相应利息的主张不予支持，调整为按中国人民银行同期存款利率计算利息。

4. 关于被告洪某是否应承担连带还款责任的问题。

被告洪某既是原告的股东，又作为被告李某的代理人与原告洽谈协商股权转让事宜，其对整个股权转让过程完全知情，案涉股权转让款亦是汇入被告洪某的账户，且被告洪某对该夫妻共同债务没有异议。鉴于此，该股权转让款的返还责任由两被告共同承担。

法院判决：

1. 确认原告与被告李某签订的《股权转让协议》《补充协议书》无效；

2. 被告向原告返还股权转让款2000万元并按中国人民银行同期存款利率计算标准支付相应利息。

198. 股份有限公司章程可否对股份转让作出一定限制？违反章程的股份转让行为是否有效？

股份有限公司章程可以对股份转让作出一定限制。违反章程限制作出的股份转让会导致公司无法为股份受让人办理股东变更登记，因此股份受让人实际上无法取得公司股东资格。若损害公司或受让人利益，还可能产生相应的损害赔偿责任或违约责任。

199. 股份有限公司在股东名册不得变更期间是否需要中止股票交易？

在股东名册不得变更的期间内，股票交易并不当然中止。市场主体和投资者仍然可以正常进行股份转让和交易，如上市公司的股票在此期间并不当然停牌。但是，股票受让人取得股票后，由于股东名册暂不变更，所以受让人不得向公司主张行使股东权利。股东权利仍由登记在股东名册上的原股东行使。原股东与受让人就股票权益另有约定且不违反法律规定的，该约定在其两者间具有约束力。

200. 股份有限公司发起人、董事、监事、高级管理人员转让本公司股份有何限制？

（1）公司公开发行股份前已发行的股份，自公司股票在证券交易所上市交易之日起1年内不得转让。

（2）公司董事、监事、高级管理人员应当向公司申报所持有的本公司的股份及其变动情况，在就任时确定的任职期间每年转让的股份不得超过其所持有本公司股份总数的25%。所持本公司股份自公司股票上市交易之日起1年内不得转让。上述人员离职后半年内，不得转让其所持有的本公司股份。

（3）持有公司5%以上股份的股东、董事、监事、高级管理人员及其配偶、父母、子女，将其持有的该公司的股票或者其他具有股权性质的证券在买入后 6 个月内卖出，或者在卖出后 6 个月内又买入，由此所得收益归该公司所有，公司董事会应当收回其所得收益。但证券公司因包销购入售后剩余股票而持有 5% 以上股份的除外。

公司董事会不按前述规定执行的，股东有权要求董事会在 30 日内执行。公司董事会未在上述期限内执行的，股东有权为了公司的利益以自己的名义直接向人民法院提起诉讼。负有责任的董事应依法承担连带责任。

（4）股份在法律、行政法规规定的限制转让期限内出质的，质权人不得在限制转让期限内行使质权。

201. 股份有限公司能否为他人取得本公司或母公司的股份提供财务资助？

股份有限公司不得为他人取得本公司或者其母公司的股份提供赠与、借款、担保以及其他财务资助，但下列情况除外：

（1）公司实施员工持股计划；

（2）为公司利益，经股东会决议，或者董事会按照公司章程或者股东会的授权作出决议，公司可以为他人取得本公司或者其母公司的股份提供财务资助，但财务资助的累计总额不得超过已发行股本总额的 10%。董事会作出决议应当经全体董事的 2/3 以上通过。

违法提供财务资助给公司造成损失的，负有责任的董事、监事、高级管理人员应当承担赔偿责任。

202. 非上市公众公司收购的股份经多长时间可以转让？

在非上市公众公司收购中，若收购人成为公司第一大股东或者实际控制人，其持有的被收购公司的股份在收购完成后 12 个月内不得转让。

203. 公开转让与定向发行的非上市公众公司应当如何进行信息披露？

公开转让与定向发行的非上市公众公司，应当报送年度报告、中期报告，并予公告。年度报告中的财务会计报告应当经符合《证券法》规定的会计师事务所审计。

204. 非上市公众公司中，股票向特定对象转让导致股东累计超过 200 人时，应当如何进行信息披露？

非上市公众公司中，股票向特定对象转让导致股东累计超过 200 人时，应当报送年度报告，并予公告。年度报告中的财务会计报告应当经会计师事务所审计。

205. 非上市公众公司应当如何披露信息？

公司及其他信息披露义务人依法披露的信息，应当在符合《证券法》规定的信息披露平台公布。公司及其他信息披露义务人可在公司网站或者其他公众媒体上刊登依本办法必须披露的信息，但披露的内容应当完全一致，且不得早于在中国证监会指定的信息披露平台披露的时间。公司及其他信息披露义务人应当将信息披露公告文稿和相关备查文件置备于公司住所或全国股转系统（如适用）供社会公众查阅。

206. 公众公司申请股票向社会公众公开挂牌转让时，应该提交哪些申请文件？具体流程是什么？

股东人数超过200人的公司申请其股票挂牌公开转让，应当按照中国证监会有关规定制作公开转让的申请文件。申请文件应当包括但不限于：公开转让说明书、符合《证券法》规定的律师事务所出具的法律意见书、符合《证券法》规定的会计师事务所出具的审计报告、证券公司出具的推荐文件。公司持申请文件向全国股转系统申报。

中国证监会在全国股转系统收到注册申请文件之日起，同步关注公司是否符合国家产业政策和全国股转系统定位。

全国股转系统认为公司符合挂牌公开转让条件和信息披露要求的，将审核意见、公司注册申请文件及相关审核资料报送中国证监会注册；若其认为公司不符合挂牌公开转让条件或者信息披露要求的，则作出终止审核决定。

中国证监会在收到全国股转系统报送的审核意见、公司注册申请文件及相关审核资料后，应基于全国股转系统的审核意见，依法履行注册程序。中国证监会发现存在影响挂牌公开转让条件的新增事项的，可以要求全国股转系统进一步问询并就新增事项形成审核意见；若其认为全国股转系统对新增事项的审核意见依据明显不充分的，可以退回全国股转系统补充审核，注册期限重新计算。

公开转让说明书应当在公开转让前披露。公司及其董事、监事、高级管理人员应当对公开转让说明书、定向转让说明书签署书面确认意见，保证所披露的信息真实、准确、完整。

207. 国有股权转让的价款应当如何支付？

转让价款原则上应当自合同生效之日起5个工作日内一次付清。如金额较大、一次付清确有困难的，可以采取分期付款的方式。采取分期付款方式的，受让人首期付款不得低于总价款的30%，并在合同生效之日起5个工作日内支付；对其余款项应当提供合法的担保，并应当按同期银行贷款利率向转让人支付延期付款期间利息，付款期限不得超过1年。

208. 国有股权转让应当如何进行公告？

转让人应当将国有股权转让公告委托产权交易机构刊登在省级以上公开发行的经济或者金融类报刊和产权交易机构的网站上，公开披露有关企业国有股权转让信息，广泛征集受让人。

转让人应当明确产权转让公告的期限。首次信息公告的期限应当不少于20个工作日，并以省级以上报刊的首次信息公告之日为起始日。

209. 转让国有股权应由哪个机构批准？

国资监管机构负责审核国家出资企业的产权转让事项。其中，因产权转让致使国家不再拥有所出资企业控股权的，须由国资监管机构报本级人民政府批准。

国家出资企业应当制定其子企业产权转让管理制度，确定审批管理权限。其中，对主业处于关系国家安全、国民经济命脉的重要行业和关键领域，主要承担重大专项任务子企业的产权转让，须由国家出资企业报同级国资监管机构批准。转让方为多家国有股东共同持股的企业，由其中持股比例最大的国有股东负责履行相关批准程序；各国有股东持股比例相同的，由相关股东协商后确定其中一家股东负责履行相关批准程序。

210. 需有关部门批准的股权转让，报批义务方不履行报批义务的，合同是否生效？义务方是否需要承担缔约过失责任？

股权转让合同需批准后才能生效的，未经批准时，股权转让合同成立但未生效。

承担报批义务方不履行报批义务的，应当承担缔约过失责任，并对善意的直接损失、可得利益损失和其他利益损失予以赔偿。

【案例86】受让银行股份未经审批合同无效　不履行报批义务应赔偿利息及可得利益损失[①]

原告： 标榜公司

被告： 鞍山市财政局

诉讼请求：

1. 判令被告赔偿原告交易费用损失 27.846535 万元及利息损失；
2. 判令被告赔偿原告交易保证金利息损失 157.553951 万元；
3. 判令被告赔偿原告交易可得利益损失 11,250 万元。

争议焦点：

1. 需有关部门批准的股权转让合同未经批准，该合同的效力应如何认定；
2. 被告表示终止股权转让后，原告未明示同意解除合同，但并未主张继续履行合同，反而对合同解除后如何处理提出要求，能否认定为同意解除合同；
3. 被告作为报批义务方不履行报批义务是否构成缔约过失，是否应对原告的直接损失和可得利益损失予以赔偿；
4. 原告可得利益损失的数额如何计算，原告能否要求以被告转售股权价差的全部作为标准进行赔偿。

基本案情：

2011 年 11 月 29 日，被告与沈阳联合产权交易所（以下简称沈交所）签订《产权转让挂牌登记委托协议》，约定被告作为出让方将标的资产，即鞍山银行 69,300 万股国有股权出让信息委托沈交所登记并挂牌公布。

2011 年 12 月 30 日，沈交所在网站上对被告转让股权及股份转让明细、转让价格、受让股东资格条件、保证金比例金额、挂牌时间等内容进行转让挂牌公告。同时，沈交所网站在招商信息网页上公布了《鞍山银行国有股权转让招商说明书》。

2012 年 2 月 24 日，原告向被告支付了 1350 万元股权转让保证金。

[①] 参见最高人民法院（2016）最高法民终 802 号民事判决书，本案系《中华人民共和国最高人民法院公报》案例。

2012年3月21日，原告向沈交所提交了挂牌公告中要求提交的摘牌材料。

2012年3月28日，原告摘牌涉案被告股权2.25亿股。

2012年3月29日，沈交所向原告发出《意向受让受理通知书》，载明已收悉相关摘牌材料，认为原告符合意向受让资格，予以受理。

2012年3月30日，原告再次向沈交所交纳保证金1350万元，其中27.846535万元为本案中原告应支付的交易费用。

2012年4月17日，转让方被告与受让方原告签订《股份转让合同书》，其中部分约定：

1. 被告将其持有的标的公司8.9987%即2.25亿股（以下均称股权）；以5亿元（每股2.00元人民币）的价格转让给原告。

2. 本次股权转让获得审批机关批准后，原告按国家有关规定将转让价款划入沈交所结算账户，转让价款在7个工作日内，以一次性货币方式支付。本次转让依法应上报有权审批机关审批。

3. 原被告双方应履行或协助履行向审批机关申报的义务，并尽最大努力，配合处理任何审批机关提出的合理要求和质询，以获得审批机关对本合同及其项下股权交易的批准。

4. 股东承诺：不谋求优于其他股东的关联交易；不干预银行的日常经营事务；自股份交割之日起5年内不转让所持标的企业股份，并在标的企业章程中载明，到期转让股份及受让方的股东资格应取得监管部门的同意；持续补充资本及不向标的企业施加不当的指标压力。

5. 至工商行政管理部门完成股份变更前，转让标的如出现质押或任何影响股权转让、股东权利行使的限制或义务时，被告愿承担由此给交易相关方造成的损失。

6. 由于被告原因使本合同不能履行的，视为被告完全违约，须赔偿原告全部经济损失并承担违约责任。

7. 原告为签订本合同之目的向被告及沈交所提交的各项证明文件及资料均真实、准确、完整。

8. 本合同自双方法定代表人或授权委托人签字及盖章，并依法律、行政法规规定获得有权审批机关批准后生效。

2012年2月10日，原告将相关报批材料按合同约定提交至鞍山银行，并在申报的材料中书面作出不谋求优于其他股东的关联交易、干预银行日常经营、5年内不转让所持股份及不发生违规关联交易的承诺和声明。

2012年6月，鞍山银行向中国银行业监督管理委员会鞍山监管分局报送了《关于原告等两家企业受让持股鞍山银行股东资格审查的请求》，并附有申请材料目录清单。

2012年6月12日，鞍山监管分局向辽宁银监局报送了《关于鞍山银行股份有限公司2012年度股东变更情况的监管意见》，载明：近日收到鞍山银行报送的《关于原告等两家企业受让持股鞍山银行股东资格审查的请求》，其中被告转让24,300万股，受让方分别为原告（受让22,500万股）和案外人宏运集团公司（受让1800万股），转让价格为人民币2元/股。鞍山银行按照中资商业银行股东变更股份审批事项的要求报送了相应的申请材料，申请材料基本符合中国银行业监督管理委员会行政许可事项申请材料目录及格式的要求。综上所述，鞍山监管分局拟同意鞍山银行此次股东变更有关行政许可事项。

2012年6月12日，鞍山市某委、原告、案外人宏运集团等致函沈交所，就交易费问题作出承诺："无论受让方企业是否通过银行业监管部门审批或由于转受让双方的任何原因致使本次转让未成交，该款项均正常交纳。"

2012年7月3日，原告收到沈交所退还的扣除交易费用后的1294.30693万元摘牌保证金。

2012年10月31日，原告发表声明："原告入股鞍山银行后，保证不发生违规关联交易。"

2013年3月25日、27日，鞍山市某委作出《关于终止鞍山银行国有股权受让的函》，载明：股权转让事项经鞍山市银监局审核后报辽宁省银监局审批。银监部门向市政府反馈了明确意见，认为原告等四户企业存在关联交易，不会通过审批。上述项目从2011年12月30日挂牌至今，时间已长达15个月，严重影响了鞍山银行国有股减持工作，故市政府责成鞍山市某委函告原告等四户企业，终止双方鞍山银行国有股权转让事宜。有关保证金退还事宜，请与沈交所、被告协商，请按照规定程序协商办理。

2013年3月26日，辽宁银监局作出《行政许可事项不予受理通知书》，载明，"鞍山银行：你单位报送《关于原告等两家企业受让持股鞍山银行股东资格审查的请求》，按照相关规定，你行于补正通知发出之日起3个月内未能提交补正申请材料，该行政许可事项不予受理"。

2013年4月11日，案外人宏运集团代表原告等摘牌公司作出《关于国资委来函终止鞍山银行股权转让项目的回复》，载明，"鞍山市某委：如摘牌企业不符合规定导致项目终止是银行监管部门的意见，我方希望获得银监局的正式通知。如无正式文件，根据贵我双方签订的《股份转让合同书》，在未发生约定的合同终止条件时，应继续履约，如任何一方单方擅自终止合同，属违约行为并承担违约责任"。

2013年5月2日，鞍山市某委作出《关于对宏运集团有限公司等企业进行审计的函》，载明：原告等四家公司送达鞍山银行的关于入股鞍山银行的备审资料已收悉。按法定程序，鞍山市某委、被告、鞍山市银行将委托会计师事务所对贵公司呈报的资料及相关信息进行专项审计，按审计结果再行逐级报送各级监管部门审定。请贵公司予以配合。

2013年6月6日，被告作出《关于终止鞍山银行国有股权转让的函》，载明：鞍山银行国有及国有法人股于2011年12月30日在沈交所挂牌交易，并于2012年3月28日由原告等四户企业摘牌。该项国有金融资产转让的价格为每股2元，但至今仍未最终成交。截至2011年12月31日，根据资产评估机构对鞍山银行的资产评估报告，每股评估值为2.52元，与当初的转让价格相比发生了重大变化，国有资产明显增值。根据有关规定，在产权转让过程中，出现可能影响国有金融资产合法权益的，主管财政部门可以要求产权交易机构中止或终止产权交易。鉴于本次国有金融资产转让久未成交，目前实际情况与挂牌时相比已经发生较大变化，为维护国有金融资产的合法权益，经研究，决定终止本次鞍山银行国有及国有法人股的转让。

2013年6月14日，沈交所根据被告上述文件，向原告等四家公司发出《关于终止鞍山银行国有股权转让的通知》，终止鞍山银行国有股权转让。

2013年6月17日，会计师事务所作出审计报告。该报告载明审计意见为：由于原告会计报表存在不能够公允地反映连续3年财务状况、经营成果、现金流量以及账外负债的问题,我们无法判断是否有足够自有资金进行股份收购。由于该公司所提供的有关关联方的资料有限,我们无法判断是否存在影响收购的关联关系。按照银监会要求,限制属于房地产行业的企业入股城商行。该公司情况简介表明,房地产属于该公司重点投资项目,所提供会计报表附注存货主要为钢筋、水泥等建筑材料,营业税税率为5%(房地产企业营业税税率为5%)。以上事项均证明原告与房地产行业有关。除上述事项,该公司未提供其他与行业有关的资料。由于该公司提供资料有限,无法判断该公司是否属于非限制性行业,是否可以入股银行。

2013年10月11日,案外人宏运集团代表原告等四家挂牌公司向被告作出《关于要求返还交易保证金的函》,载明:四家企业提出希望能按照原约定继续履行协议,恢复交易,但贵局明确表态无法实现。鉴于此,我集团代表各受让企业向被告提出退还保证金及支付交易费的要求,请贵局在接到本函之日起3日内将保证金和交易费用返还我方。

2013年10月16日,原告等收到被告退还的保证金1350万元。

2013年12月31日,被告在北京金融资产交易所将上述股权重新挂牌转让。

2014年1月16日,原告向法院提起另案诉讼,请求判令被告继续履行合同,并承担全部诉讼费用。2014年7月24日,被告将案涉股权5亿股以每股高于协议0.5元的价格(即每股2.5元)转让给了其他公司。2014年12月23日,法院驳回了原告另案的起诉。

2015年5月20日,原告发出《关于要求损失赔偿的函》,要求赔偿交易费用、应得利益、摘牌保证金利息等损失。被告于2015年5月26日签收该函,但未予回应。

2015年9月1日,原告向一审法院提起本案诉讼。

原告诉称:

1. 涉案合同约定的"经有权机关批准后生效"为无效条款,行政机关对合同的审批不属于合同生效的条件,当事人约定行政机关审批为合同生效条件的,应视为没有约定。被告是在鞍山市政府批准之后签订涉案股份转让合同的,按照相关规定,金融和烟草系统国有股权的转让归财政局管理,无须国资委批准，涉案合同已经鞍山银监局批准，已经生效。被告以存在关联关系为由解除合同不能成立，也没有任何证据证明原告有违约行为。被告实际是因股权价格上涨而解除合同，构成违约。

2. 被告单方发出终止交易的通知，并未与原告及其他企业进行协商。因此，应认定原告收到被告单方解除通知的 2013 年 6 月 14 日为合同解除时间。

3. 涉案合同已经生效，被告单方解除合同构成根本违约，应当赔偿原告的实际损失和可得利益损失，涉案合同也明确规定违约方应赔偿全部经济损失。虽然双方约定股权受让之后 5 年之内不得转让，到期转让应得到监管部门批准，但被告的违约行为，使原告完全丧失了获得该利益的可能性。即使鞍山银行股份的价格在 5 年后难以预测，仍可以参照被告转卖获利的相应数额，确定被告赔偿数额。

被告辩称：

1. 涉案股份转让合同未经有权机关批准，属于未生效合同。

2. 涉案《股份转让合同书》已于 2013 年 4 月 11 日单方通知解除。鞍山市某委发函终止合同后，案外人宏运集团代表原告等四家公司向鞍山市某委发函对终止事宜作了回复。鞍山市某委应视为本案合同交易的一方主体，其意思表示可以视为被告的意思表示。在原告收到鞍山市某委发函通知终止交易后，未在 3 个月内向法院提起诉讼，涉案《股份转让通知书》在 2013 年 4 月 11 日即已解除。2013 年 10 月 11 日，原告委托宏运集团向被告发函要求返还交易保证金的行为，是对被告已解除合同后续事宜处理的确认，并非双方就合同解除达成一致。

3. 被告行使合同解除权，不违反法律规定，不应承担赔偿责任。沈交所的《意向受让受理通知书》不能证明原告具有涉案股权受让资格，该通知书仅为初审结果，仅能确认原告符合意向受让资格。经鞍山市某委、被告、鞍山市银监局审查，原告提供材料不全，其主营业务为房地产，不符合股权受让条件，其受让股权的资金来源为应收账款可能不是自有资金，因原告自身缺陷导致合同不能履行无法实现合同目的，被告才不得不单方解除合同。涉案股份转让合同已经解除，双方相关问题已处理完毕，原告的起诉不应被支持。虽然鞍山市某委、被告终止合同的时间早于审计报告出具时间，但仅依据原告工商信息及其报送材料即可认定原告不具备受让资格,无须使用审计报告,不能以此认定被告有违诚实信用。原告不具备受让鞍山银行股权的资格,无须鞍山银行报送政府相关部门审核。被告也不承担报送审批义务,该义务应由鞍山银行承担。

4. 被告不应当赔偿原告的可得利益损失。涉案股份转让合同并未生效,被告获得的转让收益系合法所得,并未损害原告利益。即使原告实际取得涉案股权,因合同约定的转让期限限制,到期转让股份还需监管部门批准,所以原告主张以被告转让股权价差计算其可得利益损失的主张无法律和合同依据。

5. 被告不应当赔偿原告交易费、保证金以及相应利息损失。原告已向沈交所发函承诺交易费不退,被告并无过错,也已于2014年3月17日返还交易费及利息,不应再予赔偿。未成交的产权交易保证金不计利息是行业惯例,被告已于2013年10月16日退还保证金,不应再支付利息。上述交易费及保证金即使支付利息也应当按照人民银行同期存款利率计算。

法官观点:

1. 涉案《股份转让合同书》应认定为成立未生效合同。

《国务院办公厅关于加强国有企业产权交易管理的通知》第2条规定,地方管理的国有企业产权转让,须经地级市以上人民政府审批。财政部《金融企业国有资产转让管理办法》第7条规定,财政部门转让金融企业国有资产,应当报本级人民政府批准。政府授权投资主体转让金融企业国有资产,应当报本级财政部门批准。金融企业国有资产转让过程中,涉及政府社会公共管理和金融行业监督管理事项的,应当根据国家规定,报经政府有关部门批准。《商业银行法》第28条规定,任何单位和个人购买商业银行股份总额5%以上的,应当事先经国务院银行业监督管理机构批准。涉案《股份转让合同书》的转让标的为被告持有的鞍山银行9.9986%(即22,500万股)股权,系金融企业国有资产,转让股份总额已经超过鞍山银行股份总额的5%。

依据上述规定,该合同应经有批准权的政府及金融行业监督管理部门批准方产生法律效力。由此,本案的《股份转让合同书》虽已成立,但因未经有权机关批准,应认定其效力为未生效。原告主张涉案合同已经鞍山市人民政府批准，其所依据的是《鞍山银行国有股权转让招商说明书》，但该说明书仅是鞍山市人民政府对涉案股权挂牌出让的批准，并非对涉案《股份转让合同书》的批准。原告关于涉案合同已生效的观点不能成立。

2.《股份转让合同书》应认定为于2013年10月11日协商解除。

2013年10月11日，宏运集团代表原告等四家挂牌公司向被告发出《关于要求返还交易保证金的函》。该函虽未明示同意解除合同，但并未主张继续履行合同，反而对合同解除后如何处理提出要求。即要求返还保证金及支付交易费，该回复函应认定为表示同意解除合同。由此，应认定双方于2013年10月11日达成一致解除合同。

关于原被告双方认为涉案合同已单方解除的观点。本案中鞍山市某委虽于2013年3月27日作出《关于终止鞍山银行国有股权转让的函》，原告等亦于2013年4月11日回函提出异议，但鞍山市某委并非涉案合同当事人，被告也无证据证明鞍山市某委的意思表示可以视为被告的意思表示。因此，鞍山市某委终止交易的函，不能产生解除合同的法律效果。

3. 关于被告应否赔偿原告交易费、保证金利息及可得利益损失的问题。

合同缔约过程中，如一方当事人违背诚实信用原则，不履行相关先合同义务，其应对相对人因此所受损失承担赔偿责任。根据法律规定及本案事实，对本案合同解除后被告所应承担的责任性质、赔偿范围及具体数额，分析如下。

（1）被告未将涉案合同报送批准存在缔约过失。

其一，被告未履行报批义务违反合同约定。根据法律规定，如果合同已成立，合同中关于股权转让的相关约定虽然需经有权机关批准方产生法律效力，但合同中关于报批义务的约定自合同成立后即对当事人具有法律约束力。当事人应按约履行报批义务，积极促成合同生效。本案中，《股份转让合同书》第7.1条规定，本次转让应依法上报有权审批机关审批。双方应履行或协助履行向审批机关申报的义务，并尽最大努力，配合处理任何审批机关提出的合理要求和质询，以获得审批机关对本合同及其项下股权交易的批准。第11.2条规定，原告作为乙方保证向被告及沈交所提交的各项证明文件及资料均真实、准确、完整。上述约定虽未明确涉案合同报批义务及协助报批义务具体由哪一方负担，但根据约定原告的主要义务是提供相关证明文件、资料，主要是协助报批。据此，应认定涉案合同报批义务由被告负担。但被告违反合同约定，未履行报批义务，亦未按照有权机关要求补充报送相关材料，其行为属于《合同法》规定的"其他违背诚实信用原则的行为"，应认定被告存在缔约过失。鞍山银行并非涉案《股份转让合同书》的当事人，被告主张报批义务由鞍山银行承担，没有合同依据，不予支持。

其二，被告不履行报批义务的抗辩理由不能成立。一方面，被告关于原告等四户企业存在关联关系导致其不具有受让涉案股权资格的证据不足。根据查明的事实，鞍山市某委于2013年3月25日以原告等四户企业存在关联交易为由终止涉案股权转让。但在原告等企业提出异议后，鞍山市某委又于2013年5月2日发函对原告等四户企业呈报资料进行审计，并按审计结果上报监管部门审定。由于审计报告的作出时间早于被告终止涉案股权转让的时间，审计结论亦未明确否定原告等企业不具有受让资格，因此，被告关于原告因存在关联关系等原因不具有涉案股权受让资格的观点不能成立。另一方面，被告拒不报送审批材料无合法依据。在被告已与原告签订涉案合同的情况下，应视为其认可原告具有合同主体资格。涉案《股份转让合同书》是否批准，应由政府及金融行业监管部门决定，被告作为合同一方当事人，不具有审批权力，不能以其自身判断而违反合同约定免除其报送审批的义务。被告关于涉案合同因原告等不具有受让资格而无须报批的上诉理由，无事实和法律依据，不能成立。

综上，被告无正当理由不履行涉案合同报批义务，其行为已构成《合同法》第42条规定的"其他违背诚实信用原则的行为"，应认定其存在缔约过失。

(2) 被告对原告的直接损失应予赔偿。

根据上述分析，被告违反诚实信用原则，存在缔约过失。原告在缔约过程中支付交易费及保证金利息，属于原告的直接损失，应由被告承担赔偿责任。

首先，关于交易费及利息问题。根据查明的事实，原告于2012年3月30日向沈交所交付了涉案交易费用27.846535万元，被告退还的保证金亦扣除了交易费，该费用系原告在合同签订过程中实际财产的减损，该费用及相应利息均应由被告予以赔偿。原告已向沈交所保证无论交易成功与否均不退还交易费,故在交易不成功的情况下,该笔交易费已经构成其损失,且是因被告不诚信行为导致。因此,被告主张其不应赔偿的观点不能成立。

其次,关于保证金利息问题。原告等四家受让企业摘牌后,缴纳了两次交易保证金,分别为2012年2月24日支付给被告保证金1350万元,2012年3月30日支付给沈交所保证金1294.30693万元。被告虽已将原告支付的保证金返还,但原告作为商事主体,无论是否以自有资金支付保证金,均因保证金的支付产生财务成本。因此,原告所支付保证金的相应利息属于直接损失,应当由被告予以赔偿。

最后,关于利息计算标准问题。以中国人民银行同期贷款利率作为计算上述交易费及保证金利息的标准,符合通常的计算标准,并无不当。被告主张应以同期银行存款利率为标准计算利息,没有法律依据,不予支持。被告关于不付利息是行业惯例的上诉理由,无证据证明,应当不予采信。

(3) 被告对原告所主张的可得利益损失应予适当赔偿。

①当事人客观合理的交易机会损失应属于缔约过失责任赔偿范围。通常情况下,缔约过失责任人对善意相对人缔约过程中支出的直接费用等直接损失予以赔偿,即可使善意相对人利益得到恢复。但如果善意相对人确实因缔约过失责任人的行为遭受交易机会损失等间接损失,则缔约过失责任人也应当予以适当赔偿。一方面,免除缔约过失责任人对相对人间接损失的赔偿责任没有法律依据。《合同法》第42条规定的"损失"并未限定于直接损失。《合同法司法解释(二)》第8条规定,如果报批生效合同当事人未履行报批义务,合同尚有报批可能且相对人选择自行办理批准手续的,可以由相对人自行办理报批手续,并由缔约过失责任人赔偿相对人的相关实际损失。上述规定均未排除缔约过失责任人对相对人交易机会损失等间接损失的赔偿责任。另一方面,缔约过失责任人对于相对人客观合理的间接损失承担赔偿责任也是贯彻诚实信用原则,保护无过错方利益的应有之义。虽然交易机会本身存在的不确定性对相应损害赔偿数额的认定存在影响,应当根据具体案情予以确定,但不应因此而一概免除缔约过失责任人的间接损失赔偿责任。

②关于被告应否对原告其他损失承担赔偿责任的问题。首先,被告恶意

阻止合同生效的过错明显。被告作为政府部门，在国有产权交易过程中，既应践行诚实信用价值观念，有约必守，更要遵循政务诚信准则，取信于民，引领全社会建设诚信守诺市场秩序。但在本案中，其在能够将涉案合同报送有权机关批准的情况下，拒不按照银监部门的要求提交相应材料，导致银监部门对相关行政许可事项不予受理，致使合同不能生效。不仅如此，还将涉案股权在很短时间内另行高价出售。被告恶意阻止涉案合同生效，其行为明显违反诚实信用原则，过错明显。

其次，原告存在客观合理的交易机会损失。原告主张的可得利益损失实际系丧失取得涉案股权的交易机会所带来的损失。涉案《股份转让合同书》订立后，虽须经有权机关批准方才生效，但双方已就原告购买鞍山银行股权达成合意，在无证据证明该合同不能获得有权机关批准的情况下，原告有合理理由信赖被告恪守承诺，及时妥善地履行报批手续，从而使涉案合同的效力得到确定，进而通过合同的履行实际取得涉案股权，获取相关利益。因此，原告获得涉案股权的可能性现实存在。但因被告拒不将涉案合同报批，还将涉案股权另行高价出售，其不诚信行为直接导致原告获得涉案股权的可能性完全丧失，导致原告因此而获得相关利益的现实性完全丧失。综上，原告因被告的不诚信行为存在客观现实的交易机会损失。

最后，被告对原告交易机会损失承担赔偿责任是维护公平正义和市场交易秩序的需要。一方面，被告对原告交易机会损失承担赔偿责任符合公平原则。被告所获得的股权出售价差利益，是以原告丧失购买涉案股权的机会为代价。在被告因其过错行为获得利益的情况下，如果不对原告的交易机会损失予以赔偿，将导致双方利益严重失衡，不符合公平原则。另一方面，被告在赔偿原告直接损失的基础上，对原告间接损失承担适当赔偿责任，以使其为不诚信行为付出相应代价，有利于敦促各类民事主体善良行事，恪守诚实信用，也有利于维护诚实守信的市场交易秩序。

③关于原告交易机会损失的数额认定问题。结合本案事实，对原告因合同未生效导致交易机会损失数额，应综合考虑以下因素予以确定。首先，被告的获益情况。如前所述，被告违反诚实信用原则，以2.5元/股的价格将涉案股权另行出售，其所获得的0.5元/股的价差，系其不诚信行为所得。原告

丧失涉案股权交易机会的损失数额,可以以此作为参考。其次,原告的交易成本支出情况。因涉案合同未生效并已解除,原告未实际支付对价,亦未实际取得涉案股权,其主张应当以被告转售股权价差的全部作为标准进行赔偿不符合本案情况,不应支持。本案中,即使原告实际取得涉案股权,因双方合同对股权再转让有期限限制的约定,约定期限届满之后,涉案股权价值是涨是跌,尚不确定。另外,原告虽丧失购买涉案股权的交易机会,但并不妨碍其之后将资金另行投资其他项目获得收益。综上,对原告交易机会损失,本院酌定按被告转售涉案股权价差的10%予以确定,以涉案股权转售价2.5元/股减去涉案股权转让合同价2元/股乘以22,500万股再乘以10%计算,即1125万元。该损失应由被告予以赔偿。

4. 原告的起诉未超过诉讼时效。

涉案合同于2013年10月11日解除,原告同时明确提出返还保证金及交易费的要求。此时,原告对其利益受到损害是知道的,故应当从2013年10月11日开始计算其主张保护权利的诉讼时效。2014年1月16日,原告提起诉讼向被告主张权利,诉讼时效发生中断,应从该日起重新计算诉讼时效。2015年9月1日原告提起本案诉讼,不超过2年诉讼时效期限。

法院判决:

1. 被告赔偿原告交易费本金27.846535万元及相应利息;

2. 被告赔偿原告1350万元的保证金利息(以1350万元为基数,自2012年2月24日起至2013年10月16日止,按银行同期贷款利率支付);

3. 被告赔偿原告1294.30693万元的保证金利息(以1294.30693万元为基数,自2012年3月30日起至2012年7月2日止,按银行同期贷款利率支付);

4. 被告赔偿原告交易机会损失1125万元。

211. 国有公司的股权转让时,享有优先购买权的股东未进场交易,是否视为放弃优先购买权?

不能。国有产权转让应当在产权交易所公开进行交易,但产权交易所并不具有判断交易一方是否丧失优先购买权的权利。在法律无明文规定且股东未明示放弃优先购买权的情况下，即便交易所自行制定了"未进场则视为放弃优先购买权"的规则，享有优先购买权的股东未进场交易，也不能视为其已丧失优先购买权，而应当结合其何时已知晓转让事由，以及行使优先购买权是否超过法定期限综合判断。

【案例87】股权已完成进场交易　其他已提出异议的股东仍可诉请主张优先购买权[1]

原告： 中静公司

被告： 电力公司、水利公司

第三人： 新能源公司、产交所

诉讼请求： 原告对被告电力公司向被告水利公司转让的第三人新能源公司的61.8%股权享有优先购买权，并以转让价48,691,000元行使该优先购买权。

争议焦点： 在股东已经明确表示要行使优先购买权的情况下，转让方拒不告知受让方信息，并与受让方完成了国有产权进场交易，原告还能否通过诉讼主张优先购买权。

基本案情：

第三人新能源公司原有四个股东：原告（持股38.2%）、被告电力公司（持股45%）及案外人工业公司（持股10%）、环保公司（持股6.8%）。被告电力公司为国有企业。

2010年2月，原告与被告电力公司签订《框架协议》，约定双方共同收购案外人工业公司、环保公司所持股权，使原告和被告电力公司在第三人新能源公司的股权比例分别达到49%和51%。同年8月，原告与被告电力公司签订《补充协议》，约定由被告电力公司先出资受让案外人工业公司、环保公司所持股权，后再以同等条件将股权转让给原告，最终使原告和被告电力公司在第三人新能源公司的股权比例达到各50%。同年12月，第三人产交所出具

---

[1] 参见上海市第二中级人民法院（2014）沪二中民四（商）终字第1566号民事判决书，本案系《中华人民共和国最高人民法院公报》案例。

被告电力公司受让案外人工业公司、环保公司持有第三人新能源公司16.8%股权的产权交易凭证。

之后被告电力公司改变了《框架协议》《补充协议》中约定的股权转让计划。故2012年2月，第三人新能源公司通过股东会决议，内容为被告电力公司转让其所持61.8%股权（但未明确受让人信息），原告在会议上表示并在决议中声明不放弃优先购买权。

2012年6月1日，第三人产交所公告了第三人新能源公司股权转让信息：挂牌期为2012年6月1日至7月2日，挂牌价格为48,691,000元，并载明标的公司其他股东拟参与受让的，应在产权转让信息公告期间向产交所提出受让申请，并在竞价现场同等条件下优先行使购买权，否则视为放弃受让。被告电力公司通过手机短信、特快专递、公证等方式通知了原告相关的挂牌信息。

2012年7月2日，原告向第三人产交所发函称，系争股权信息披露遗漏、权属存在争议，且原告享有优先购买权，请求第三人产交所暂停挂牌交易，重新披露信息。

2012年7月3日，二被告签订产权交易合同。

2012年7月4日，第三人产交所出具产权交易凭证，被告水利公司亦支付了股权转让款。同日，第三人产交所向原告发出《不予终止交易决定书》，称经审核，股权转让程序符合产权交易相关规定，故不同意原告申请。

2012年9月11日，第三人新能源公司向被告水利公司出具出资证明书，并将其列入股东名册，但未能办理工商登记变更。

庭审中，原告表示愿意接受二被告产权交易合同的条件。

原告诉称：

被告电力公司擅自转让股权，自始至终未将拟受让人等股权转让的具体情况通知原告，原告已在挂牌公告期间内向第三人产交所提出异议，要求暂停挂牌交易，故原告并未丧失股东优先购买权。

被告辩称：

1. 原告未在规定期限内进场交易积极行使股东优先购买权，故其已丧失该权利。

2. 原告在案涉股权于产交所挂牌公告期届满最后一日提出暂停交易，违反诚实信用原则，不应得到法律保护。

3. 案涉股权交易已经完结，且已不可逆。

4. 二被告不存在侵害原告股东优先购买权的事实，而是原告恶意阻挠正常的股权交易，一味强调保护股东优先购买权，此将损害正常的交易秩序以及公平原则。

第三人产交所称：

国有资产转让应在产权交易场所公开进行，行使优先购买权的同等条件既包括实体上的同等，也包括程序上的同等。原告拒绝进场交易，应视为其放弃优先购买权，否则有违程序同等的要求。

第三人新能源公司称：

产交所的交易过程合法，被告水利公司已经取得第三人新能源公司的股东资格。

法官观点：

原告并未丧失案涉股权的股东优先购买权，理由如下：

1. 被告电力公司在股东会议中表示股权转让的意愿后，原告已明确表示不放弃优先购买权。被告电力公司确定将股权转让给被告水利公司后，也未将拟受让人情况告知原告，对原告及时、合法行权造成障碍。权利的放弃需要明示，故不能当然地认定原告已经放弃或者丧失其股东优先购买权。

2. 原告已在挂牌公告期内向第三人产交所提出异议，并明确提出了股东优先购买权的问题，要求暂停挂牌交易。但第三人产交所未予及时反馈，仍然促成二被告达成交易，并在交易完成后才通知原告不予暂停交易，该做法明显欠妥。第三人产交所并非司法机构，并不具有处置法律纠纷的职能，其无权对于原告是否享有优先购买权等事项作出法律意义上的认定，其设定的交易规则也不应与法律规定相矛盾和冲突。

3. 虽然二被告已完成股权转让的交接手续，被告水利公司也已经登记在股东名册，但如果作为股东的原告在法定期限内依法行权，则前述登记状态并不能与法律相对抗，即股权转让并不存在不可逆的情形，而仍然有回旋余地。

4. 考虑到第三人新能源公司目前的实际状况，同时为防止股东优先购买权的滥用，即确权后不行权，导致保护优先购买权成空文或对股权出让人和受让人的利益造成损害，需要确定股东优先购买权的行权期限、行权方式。对此，可要求原告在确权生效后 20 日内行权，否则视为放弃行权。只有原告放弃行权，二被告的股权转让合同才生效。关于行权方式，原告应按照国有资产转让的规定办理。

法院判决：

原告对被告电力公司向被告水利公司转让的第三人新能源公司的股权享有优先购买权；原告应当在判决生效之日起 20 日内行使优先购买权，否则视为放弃；原告优先购买权的行使内容、条件与二被告签订的产权交易合同相同。

212. 在联合产权交易所公开发布的股权转让信息能否变更？

可以对公开发布的信息进行变更。产权交易所发布的产权交易信息是向不特定主体发出的要约邀请，一经发布，公告期内一般不得变更，但在无举牌申请人举牌的情况下，可以按照产权出让人的意愿，根据产权交易所的有关规则进行信息变更。

【案例88】股权交易挂牌信息系要约邀请 不损害相对人信赖利益可变更或撤回[①]

原告： 周某

被告： 华融信托、联交所

诉讼请求： 确认两被告于 2009 年 9 月 22 日变更案涉股权挂牌转让信息公告内容的行为无效，应以被告联交所 2009 年 8 月 28 日发布的挂牌信息为依据。

争议焦点：

1. 两被告发布的涉案股权转让信息公告的法律性质是什么；

[①] 参见上海市第二中级人民法院（2010）沪二中民四（商）终字第 842 号民事判决书，本案系《中华人民共和国最高人民法院公报》案例。

2. 两被告要求进行变更的行为，是否有违我国相关法律、行政法规的规定或产权交易的行业规则；

3. 原告向被告联交所提交举牌申请书时，对于涉案股权转让信息已发生变更的事实是否知晓。

基本案情：

被告华融信托系案外人银联数据公司的股东。2009 年 8 月 14 日，被告华融信托基于案外人银联数据公司、银联数据员工持股会的授权，委托位于上海的被告联交所的执业会员案外人投资管理公司将被告华融信托代银联数据公司职工持有的 450 万股案涉股权，通过被告联交所发布股权出让的挂牌交易信息。

2009 年 8 月 28 日，被告联交所在其官网及其交易大厅显示屏发布了上述股权出让的挂牌交易信息，挂牌的交易价格为 3876.51 万元人民币，挂牌期满日为 2009 年 9 月 25 日，交易方式为：挂牌期满，如征集到两个及以上符合条件的意向受让方，则选择"网络竞价——多次报价"的交易方式确定受让方。2009 年 8 月 31 日，被告联交所在《中国证券报》上发布了上述股权转让的信息公告，并载明"欲了解以下项目详情，请登录联交所官网"。

2009 年 9 月 3 日，案外人银联数据员工持股会请求被告联交所对原挂牌信息的部分内容进行修订，并要求对"重大事项及其他披露内容"一栏的内容增加有关说明内容。其中，交易方式改为：网络竞价——一次报价。

2009 年 9 月 22 日，被告联交所在其网站及交易大厅显示屏发布了有关股权交易信息的变更公告。其中，将挂牌期限变更为 2009 年 9 月 22 日至 2009 年 10 月 23 日，交易方式则更改为"网络竞价——一次报价"。

当日，被告联交所就上述信息的变更在《上海证券报》上刊登了公告。嗣后，被告联交所于 2009 年 9 月 26 日再次就上述信息的变更在《中国证券报》上刊登了公告。

2009 年 9 月 25 日，原告委托被告联交所的执业会员案外人泰地公司向被告联交所递交《举牌申请书》，决定参与案涉股权的竞价交易，并按约支付了交易保证金。同时，原告出具《承诺书》一份，承诺接受本挂牌交易信息所载的全部受让要求。

2009年11月25日,被告联交所向案外人泰地公司出具《竞价邀请函》一份,邀请案外人泰地公司及其委托人原告参与案涉股权转让项目的竞价交易,并告知于2009年11月26日到被告联交所交易部领取《出让文件》。该《出让文件》所载明的交易方式为"一次报价"。同日,案外人泰地公司向被告华融信托出具函件,确认收到《出让文件》两份。2009年12月10日,原告向被告联交所递交经其本人在"竞买人"一栏签字的《受让确认书》一份,承诺接受所领取《出让文件》中的各项条款和要求,并愿意按照《出让文件》规定的程序参与竞价。

2009年12月11日,原告委托案外人泰地公司向两被告递交《申请书》一份,要求被告华融信托对涉案股权的挂牌延期事宜给予充分答复,并要求出示挂牌延期的相关报批和备案手续。

嗣后,经被告联交所工作人员的现场解释,原告决定参与当天的竞拍活动,并根据《出让文件》的要求,递交了《竞买文件》。当日,上海市静安区公证处、上海市产权交易管理办公室对整个竞价过程进行公证及监督。经竞价,案外人海通公司实际竞得案涉股权。并且交易双方已实际完成了股权转让的过户及登记手续。

审理中,法院于2010年3月就本案系争的股权交易信息公告变更事宜,走访了作为上海市产权交易市场的监管机构和产权经纪行业的业务主管部门的上海市产权管理办公室,该办公室表示:

其一,银联数据员工持股会作为涉案股权出让批准机构,对于上述产权交易操作规则中涉及的确需变更信息公告的"特殊原因",可以自行给出合理的界定。

其二,涉案股权的交易信息变更之前,尚未有人举牌参与竞价,故实际并不涉及影响竞价人权利的事实。两被告变更涉案股权交易信息公告的行为,符合相关的交易程序,且事实上相当于对前一次信息公告的废止。

其三,两被告就涉案股权正式举行竞拍活动的当日,交易整体正常,未收到原告的异议。

原告诉称:

1. 根据《上海市产权交易市场管理办法实施细则》第17条的规定,产权转让公告的受让条件原则上不得变更，只有特殊原因下才能变更。被告联交所曾先后发布两次信息公告，但对比前后两次信息公告，并未发生影响产权转让的任何情形，故实际上并不存在所谓的特殊原因。

2. 涉案股权转让信息公告变更的程序不合法。其一，依据上述细则的规定，如因特殊原因确需变更的，应当由产权转让批准机构出具文件，并由被告联交所在原信息发布渠道进行公告。然而，本案中被告华融信托转让的是其信托持有的银联数据公司的股权，产权转让批准机构未作明确说明。其二，对于原信息的发布渠道。尽管被告联交所与《中国证券报》《上海证券报》签订有合作协议，但既要求是原信息发布渠道，则应理解为前后两个渠道为同一媒体。

被告华融信托辩称：

1. 关于涉案股权转让信息公告变更的特殊原因。银联数据公司、案外人银联数据员工持股会为了使举牌竞价人公允、理性地开展竞价活动，将多次竞价改为一次报价，由被告联交所在原信息发布渠道进行公告并重新计算公告期，完全构成正当的理由和原因。

2. 涉案股权转让系由案外人银联数据员工持股会批准决定，其作为权利人有权决定信息公告的变更。

3. 关于原信息发布渠道的问题。即便原告认为《中国证券报》与《上海证券报》并非同一媒体，但对于被告联交所自身的网站显然应该认定系同一信息发布渠道。而且，被告联交所嗣后又于2009年9月26日再次就信息的变更在《中国证券报》上刊登了公告。

被告联交所辩称：

1. 涉案股权转让的信息公告变更符合法定程序。

（1）特殊原因变更是对信息公告进行重大变更或实质性变更。将多次报价变更为一次报价，属于对信息公告进行重大变更或实质性变更。本案中，出让方、产权转让批准机构为了使竞价人更公允、理性地竞价，进而确保出让方在竞价结束后能及时安全地收到交易价款，申请将竞价交易方式变更为一次报价，完全符合被告联交所的竞价交易规则。

（2）涉案股权转让的信息公告变更系由产权转让的批准机构即案外人银

联数据员工持股会作出。案外人银联数据员工持股会授权被告华融信托处置的信托财产，案外人银联数据员工持股会应是涉案股权的产权转让批准机构，有权决定信息公告的变更与否。

（3）涉案股权转让的两次信息，均在被告联交所网站和指定的报刊上公告，同时还通过设在被告联交所交易大厅的显示屏对外公布。

（4）涉案股权转让信息公告变更后，重新确定的公告日期为2009年9月22日至2009年10月23日，符合不少于20个工作日公告期的相关规定。

2. 涉案股权转让的信息变更没有损害任何投资人的利益。

（1）在涉案股权转让的信息公告变更之前，并无人递交举牌申请书。包括原告在内的所有举牌人，都是在信息变更之后的重新公告期内举牌的。因此，涉案股权转让信息的变更行为并没有损害到任何举牌人或者潜在投资人的利益。

（2）原告嗣后所作出的书面承诺，以及实际参与交易信息变更后的竞价活动的行为，表明其已知道或者应当知道涉案股权转让的信息已发生变更，且已实际接受。

法官观点：

1. 2009年9月22日，两被告就之前发布的涉案股权转让信息公告进行变更的行为，是否有违我国相关法律、行政法规的规定或产权交易行业规则。

（1）被告华融信托委托被告联交所在其网站、交易大厅显示屏以及《中国证券报》上所发布的涉案股权转让信息公告，虽载明有挂牌转让的价格、期限和交易方式等信息内容，但实际上是向不特定主体发出的以吸引或邀请相对方发出要约为目的的意思表示，应认定为要约邀请。依照一般要约邀请的法律性质，只要未给善意相对人造成信赖利益的损失，要约邀请人可以变更或撤回要约邀请。

（2）对于类似本案这种通过产权交易所向不特定主体公开发布的特殊要约邀请，其信息的变更或撤销，还应受相关产权交易市场的交易管理办法和操作细则的限制。这种限制是合法且必要的，有利于保证交易信息的稳定，保护信赖交易信息而履行了一定前期准备工作的相对人的利益。根据《上海市产权交易市场管理办法》及其实施细则以及《上海市产权转让信息公开发布活动管理规则》的规定，涉案股权转让的交易信息公告后，可以进行变更，但要有特殊原因且应当由产权出让机构批准。上述文件并未对"特殊原因"释义，法院认为，应在不影响举牌申请人利益的情况下，适度保护产权转让人的交易自由，原则上可以尊重产权出让批准机构作出的合理解释。

（3）本案涉案股权转让的交易信息公告变更前并未有人递交举牌申请书，且作为权利人的案外人银联数据员工持股会已就交易信息的变更作出决议并有合理的理由。在此情形下被告华融信托通过被告联交所变更交易信息并不实质性损害举牌申请人的权益，也有利于实现股权转让人的交易目的，并无不当。上海市产权管理办公室亦表示，该公告信息的变更符合相关交易程序，不违反产权交易规则。

（4）至于在原信息发布渠道公告的认定问题，涉案股权转让的两次信息，被告联交所均在其网站和指定的报刊上进行了公告，并且还通过设在被告联交所交易大厅的显示屏对外予以发布。虽然被告联交所在信息变更的当日未选择由之前的《中国证券报》，而是由《上海证券报》刊登变更后的交易信息公告，但嗣后被告联交所又于2009年9月26日再次就上述信息的变更在《中国证券报》上刊登了相应的公告。

综上所述，2009年9月22日两被告就之前发布的涉案股权交易信息公告进行变更的行为，未违反我国相关法律、行政法规的规定，且与现行的产权交易规则亦不相悖。

2. 关于2009年9月25日原告向被告联交所提交举牌申请书时，对于涉案股权转让信息已发生变更的事实是否知晓，原告主张其举牌行为系针对被告联交所2009年8月28日所发布的股权转让信息，是否有合理依据。

（1）原告通过案外人泰地公司向被告联交所递交《举牌申请书》的时间为2009年9月25日，晚于被告联交所公布的信息变更公告时间。原告系委托被告联交所的经纪会员案外人泰地公司代理涉案股权转让的交易活动。原告作为涉案股权的竞买人，本人或其委托人理应对被告联交所发布的相关信息或公告予以适当关注，应当知道涉案股权交易信息已经发生变更。而且，案外人泰地公司于2009年11月25日代原告领取的《出让文件》及原告于2009年12月10日递交的《受让确认书》中均明确载明交易方式为"一次报价"，案外人泰地公司、原告对上述竞拍资料签字确认,这足以证明原告本人或其委托人亦实际获悉涉案股权交易信息已发生变更。

(2)虽然在2009年12月11日即两被告就涉案股权正式举行竞拍活动的当日,原告曾委托案外人泰地公司以递交《申请书》的方式,要求被告华融信托对涉案股权的挂牌延期事宜给予充分答复,并要求出示挂牌延期的相关报批和备案手续,但嗣后,原告还是实际参与了当天的竞拍活动,并根据《出让文件》的要求递交了《竞买文件》。可认定2009年9月25日原告向被告联交所提交《举牌申请书》时,原告对于涉案股权的出让信息已于2009年9月22日发生变更的事实应当知道,且原告事后实际也予以了确认。

(3)2009年12月11日两被告就涉案股权所举行的竞拍活动,不仅原告本人参与,且整个竞价过程由上海市静安区公证处、上海市产权交易管理办公室进行了公证和监督。经竞价,案外人海通公司实际竞得涉案450万股股权,且交易双方目前亦已完成了股权转让的过户及登记手续,整个竞拍过程是合法有效的。

法院判决:
驳回原告的诉讼请求。

213. 创业投资引导基金形成的股权应如何退出?

创业投资引导基金(以下简称引导基金)是指由市政府设立并按照市场化方式运作的政策性基金。

关于引导基金如何退出的问题,各地的处理方式有所不同。以上海地区为例,其处理方式具体如下:

引导基金参股创业投资企业形成的股权,在创业投资机构履行有关协议约定承诺的前提下,由创业投资企业管理团队及其指定方受让引导基金在该创业投资企业的份额或股权。自引导基金投入后4年内转让的,转让价格可按照引导基金原始投资额与股权转让时人民银行公布的同期存款基准利率计算的收益之和确定;超过4年的,转让价格以市场化方式协商确定。

申请跟进投资的创业投资企业不先于引导基金退出其在被投资企业的股权。

214. 中国税收居民个人转让其在境外股权取得的所得，如果这部分所得在境外已经缴税，在境内是否还需要缴税？

一般需要按照"财产转让所得"申报纳税。居民个人在一个纳税年度内来源于中国境外的所得，依照所得来源国家（地区）税收法律规定在中国境外已缴纳的所得税税额允许在抵免限额内从其该纳税年度应纳税额中抵免。取得境外股权转让收入的抵免限额为不与境内所得合并，单独依照《个人所得税法》规定计算的应纳税额。

此外，如若境外被转让股权公允价值 50% 以上直接或间接来自位于中国的不动产，无论是否为中国税收居民，该境外股权转让所得将被直接认定为来源于中国境内的所得，应向中国税务机关申报缴纳个人所得税，且无税收抵免。

【案例89】股份转让价格低于对应净资产值 税务机关重新核定转让收入[①]

基本案情：

利胜合伙为三胜电器员工持股平台，目的就是稳定老员工、吸引新员工。2019 年 8 月 7 日，该持股平台以 1 元/股，低于受让时三胜电器每股净资产的价格，受让三胜电器股东卢某 8.25% 股权，并成为三胜电器发起人。

卢某转让给其兄弟 2% 的股权部分，不构成股份支付；其转让给利胜合伙其他合伙人（公司员工）部分，根据税务部门出具的税务事项通知书，税务部门经核查认定公司当时股权转让的公允价格为 3.67 元/股（转让时每股净资产价格），故按该价格计算股份支付金额。

法官观点：

对于本案中自然人转让合伙份额的情形，税务机关应依据《个人所得税法》第 8 条所列"（一）个人与其关联方之间的业务往来不符合独立交易原则而减少本人或者其关联方应纳税额，且无正当理由……（三）个人实施其他不具有合理商业目的的安排而获取不当税收利益"的情形，按照合理方法进

[①] 参见《关于对〈关于广东三胜电器股份有限公司挂牌申请文件的第一次反馈意见〉的回复》，载企查查，https://qccdata.qichacha.com/ReportData/PDF/8e628d7ebf920e190c329afa1cb36526.pdf，2024 年 9 月 25 日访问。

行纳税调整,需要补征税款的,应当补征税款,并依法加收利息。在本案中,股权转让协议约定价格低于对应净资产值,除非股权转让各方能够提供有效证据证明其合理性,否则主管税务机关有权重新核定股权转让收入。

需要提示的是,虽然自然人转让合伙份额不在《股权转让所得个人所得税管理办法(试行)》(国家税务总局公告2014年第67号)规定的适用范围内,但在税务实践中,税务机关一般会参考前述文件第12条的规定,依次按照净资产核定法、类比法及其他合理方法进行核定。

【案例90】 拍卖价格偏低被重核税　滞纳金自核定之日计算[①]

原告: 德发公司

被告: 税务稽查局

诉讼请求:

1. 撤销被告核定征收关于征收营业税滞纳金和堤围防护费滞纳金的税务处理决定;

2. 退回已缴税款、滞纳金以及堤围防护费、滞纳金;

3. 被告赔偿原告因缴纳税款、滞纳金以及堤围防护费、滞纳金所产生的利息损失、案件诉讼费。

争议焦点:

1. 稽查局是否有核定税款的职权;

2. 拍卖成交价作为计税依据申报是否存在"计税依据明显偏低,又无正当理由"情形;

3. 核定税款后,能否追征税款和加征滞纳金。

基本案情:

2004年12月,原告委托拍卖行拍卖房产估值5.3亿港元,约定的拍卖保证金高达6800万港元,导致只有一个竞买人,并最终以底价1.3亿港元成交。原告遂按拍卖成交价格,向税务部门缴付了营业税691.28万元及堤围防护费

[①] 参见最高人民法院(2015)行提字第13号行政判决书,本案系人民法院案例库入库案例。

12.44万元,并取得了相应的完税凭证。

2006年,被告检查原告缴纳情况时,认为前述房产拍卖价格严重偏低,对该交易价格重新核定为3.12亿元,并送达税务检查情况核对意见书,告知检查过程中发现的问题及核定查补其营业税和堤围防护费的具体数额、相关政策以及整个核定查补税费的计算方法。

2009年,被告作出税务处理决定,认为原告存在违法违章行为并决定追缴原告营业税、堤围防护费882.73万元,并对原告应补缴的营业税、堤围防护费加收滞纳金285.37万元。

原告诉称:

1. 被告不是独立行政主体。被告超越职权,无权核定纳税人的应纳税额。本案不属于"偷税、逃避追缴欠税、骗税、抗税"的情形,不属于稽查局的职权范围。

2. 被告认定案涉交易"申报的计税依据明显偏低"和"无正当理由"的证据明显不足。原告在拍卖成交后纳税申报并取得完税凭证时,被告未提出核定应纳税额,不存在被诉税务处理决定认定的"未按税法规定足额申报缴纳营业税"和"未足额申报缴纳堤围防护费"等所谓违法违章行为。

3. 即使原告存在"申报的计税依据明显偏低"和"无正当理由"的情况,被告在原告申报纳税4年多后追征税款和滞纳金,超过了《税收征收管理法》第52条关于税款和滞纳金追征期限的规定。

被告辩称:

1. 税款核定的主体是税务机关,而《税收征收管理法》所称的"税务机关"包括省以下税务局的稽查局。

2. 《税收征收管理法》第35条关于"纳税人申报的计税依据明显偏低,又无正当理由的"情形,并没有将拍卖成交价格明显偏低的情形排除在外。

交易价格偏低的主要理由包括:①拍卖价格与历史成交价相比悬殊;②拍卖成交价格明显偏离同期、同类、同档次物业的市场成交价格;③拍卖成交价格远低于原告自行提供的评估价和成本价。

交易价格偏低无正当理由的依据包括:①只有唯一竞买人;②拍卖保证金门槛设置过高,占拍卖保留价的比例高达50%,但原告一直未作出令人信服的解释；③拍卖保留价设置过低约为其自行确定房产评估价的20%，明显不符合财产拍卖的惯常做法；④竞买人拍卖前知道拍卖底价，交易双方法定代表人曾经是夫妻关系。

3. 原告房产2004年12月9日拍卖成交，被告2006年9月18日送达《税务检查通知书》，被告的行为未超过税款追征期。

4. 本案营业税纳税义务时间为收款之日起的次月15日（2005年1月15日）内向税务机关申报缴纳其应缴税款。根据《税收征收管理法》第22条的规定，申请人少缴税款，从滞纳税款之日起算。

一审、二审法官观点：

被告通过收集当时的市场交易价值数据进行比较、分析，考虑了涉案房产整体拍卖的因素，确定原告拍卖房产交易价格偏低，认定事实清楚，证据充分，处理恰当。

被告依据《税收征收管理法》第32条等规定加收补缴税费的相应滞纳金，适用法律正确，行政程序适当，其加收的滞纳金数额亦在法定的额度之内。

一审、二审法院判决：

驳回原告诉讼请求。

再审法官观点：

1. 关于被告是否具有独立执法主体资格。

《税收征收管理法》及其实施细则已经明确了省级以下税务局所属稽查局的法律地位，省级以下税务局的稽查局具有行政主体资格。

2. 关于被告根据《税收征收管理法》第35条规定核定税款是否超越职权。

《税收征收管理法实施细则》第9条除明确税务局所属稽查局专司偷税、逃避追缴欠税、骗税、抗税案件的查处，同时授权国税总局明确划分税务局和稽查局的职责，避免职责交叉。根据《国家税务总局关于稽查局职责问题的通知》的规定，国税总局统一明确之前，各级稽查局现行职责不变。即税务稽查局的职权范围包括与查处税务违法行为密切关联的稽查管理、税务检查、调查和处理等延伸性职权。

3. 关于原告以拍卖成交价作为计税依据申报是否存在"计税依据明显偏低，又无正当理由"情形。

拍卖行为的效力与应纳税款核定权，分别受民事法律规范和行政法律规范调整，拍卖行为有效并不意味税务机关不能行使应纳税额核定权，另行核定应纳税额也并非否定拍卖行为的有效性。保障国家税收的足额征收是税务机关的基本职责，税务机关对作为计税依据的交易价格采取严格的判断标准符合《税收征收管理法》的目的。

依照法定程序进行的拍卖活动，由于经过公开、公平的竞价，不论拍卖成交价格的高低，都是充分竞争的结果，较之一般的销售方式更能客观地反映商品价格，可以视为市场的公允价格。如果没有法定机构依法认定拍卖行为无效或者违反拍卖法的禁止性规定，原则上税务机关应当尊重作为计税依据的拍卖成交价格，不能以拍卖价格明显偏低为由行使核定征收权。

但是，如果不考虑案件实际，一律要求税务机关必须以拍卖成交价格作为计税依据，则既可能造成以当事人意思自治为名排除税务机关的核定权，还可能因市场竞价不充分导致拍卖价格明显偏低而造成国家税收流失。因此，有效的拍卖行为并不能绝对地排除税务机关的应纳税额核定权，同上，税务机关行使核定权时仍应有严格限定。

在本案中，一人竞拍的法律问题较为特殊和复杂，拍卖法虽然强调拍卖的公开竞价原则，但并未明确禁止一人竞拍行为，在法律或委托拍卖合同对竞买人数量没有作出限制性规定的情况下，否定一人竞拍的效力尚无明确法律依据。但对于拍卖活动中未实现充分竞价的一人竞拍，在拍卖成交价格明显偏低的情况下，即使拍卖当事人对拍卖效力不持异议，因涉及国家税收利益，该拍卖成交价格作为计税依据并非绝对不能质疑。因此，鉴于案涉房产拍卖成交价格明显低于原告委托拍卖时的估值，成交单价也明显低于周边相同或类似房产抽样后确定的最低交易价格标准，更低于原告委托审计的成本价，特别是本案以预留底价成交且拍卖底价明显低于涉案房产估值，被告认定案涉房产拍卖价格明显偏低并无不当。

同时，"计税依据明显偏低，又无正当理由"的判断，具有较强的裁量性，人民法院一般应尊重税务机关基于法定调查程序作出的专业认定，除非这种认定明显不合理或者税务机关存在滥用职权的情况。被告在被诉税务处理决定中认定涉案拍卖行为存在一人竞拍、保留底价偏低的情形，综合判定该次拍卖成交价格不能反映正常的市场价格，且原告未能合理说明上述情形并未对拍卖活动的竞价产生影响的情况下，被告行使核定权，依法核定原告的应纳税款，并未违反法律规定。

4. 关于被告核定应纳税款后追征税款和加征滞纳金是否合法。

根据依法行政的基本要求，没有法律、法规和规章的规定，行政机关不得作出影响行政相对人合法权益或者增加行政相对人义务的决定；在法律规定存在多种解释时，应当首先考虑选择适用有利于行政相对人的解释。有权核定并追缴税款与加收滞纳金属于两个不同问题。

根据《税收征收管理法》第32条及第52条第2款、第3款规定，加收税收滞纳金应当符合以下条件之一：纳税人未按规定期限缴纳税款；自身存在计算错误等失误；故意偷税、抗税、骗税。如果纳税人在交易成交后缴纳了税款，不存在计算错误等失误，税务机关经调查也未发现其存在偷税、抗税、骗税情形，那么就不存在缴纳滞纳金的法定情形。

考虑到纳税人基于对拍卖行为以及完税凭证的信赖而形成的信赖利益保护问题，在税务机关无法证明纳税人存在责任的情况下，可参考《税收征收管理法》第52条第1款规定，作出对行政相对人有利的处理。即税务机关重新核定交易的应纳税额，纳税义务应当自核定之日发生。

再审法院判决：

1. 撤销案涉税务处理决定书关于征收营业税滞纳金和堤围防护费滞纳金的决定；

2. 责令被告返还已征收的营业税滞纳金和堤围防护费滞纳金，并按同期中国人民银行公布的一年期人民币整存整取定期存款基准利率支付相应利息；

3. 驳回原告其他诉讼请求。

215. 企业股权置换过程中个人股权转让，应如何缴纳个人所得税？

纳税人以股权投资的，按照税务机关认可或核定的投资入股时股权价格与取得被置换企业股权直接相关的合理税费之和确认股权原值。

216. 对赌失败，履行对赌协议导致股权转让所得降低的，之前多缴纳的所得税能否予以退还？

不能。在民商事交易中，股权转让方因履行对赌协议而导致股权转让的实际所得减少，但该所得的减少，并非对股权转让交易总对价的调整，而是对经营风险的补偿。同时，由于个税法意义上的个人财产转让所得并不采用预缴加汇算清缴的模式，股权转让方因对赌失败导致股权转让所得降低，也不改变税收征管意义上的股权转让所得。同时，目前尚未有相应的税收法律法规或政策文件支持退还多缴纳的所得税。

【案例91】自然人对赌失败不影响股转价格　申请退税缺乏法律依据①

原告：王某

被告：区税务局、市税务局

诉讼请求：撤销被诉不予退税决定和复议决定。

争议焦点：对赌失败后，自然人纳税人能否以实际股权转让价格低于申报纳税价格为由申请退税。

基本案情：

2015年12月至2016年6月，某公司与原告、案外人签订《购买资产协议》《利润预测补偿协议》等，其中约定某公司以现金对价25,000万元、股票对价为2500万元购买原告持股50%的标的公司股权。原告、案外人承诺标的公司2016~2019年度净利润目标分别不低于一定金额，否则须由某某公司按照人民币总价1元回购原告、案外人持有的部分某公司股份并予以注销。

区税务局稽查局于2017年9月13日至2017年11月1日对原告作出税务处理决定（以下简称2018年税务处理决定），责令原告补缴个人所得税6400万元。原告未就此提起行政复议。

因标的公司2018年度、2019年度净利润未达标，原告于2018年度向某公司补偿股份20,730,949股，2019年度补偿6,717,799股。某公司将业绩补偿

---

① 参见上海市第三中级人民法院（2024）沪03行终133号行政判决书。

股份回购注销。

2022年10月11日，原告认为其股权转让交易多申报和缴纳个人所得税53,744,652.18元，向被告区税务局申请退还。被告区税务局经审查作出被诉不予退税决定，认为原告不符合误收多缴税款应退税情形，决定不予退税。原告不服，向被告市税务局申请行政复议。被告市税务局作出被诉复议决定，维持被诉不予退税决定。

原告诉称：

1. 《股权转让所得个人所得税管理办法（试行）》（国家税务总局公告2014年第67号）第9条规定，纳税人按照合同约定，在满足约定条件后取得的后续收入，应当作为股权转让收入。因此，参照该规定的精神，在满足约定条件后承担的亏损，也应当从股权转让收入中扣除，继而所征收的个人所得税也应当退还。

2. 某公司的股份回购行为是对股权转让交易对价的调整行为，并非单独的交易行为。对赌失败导致退回的股份应当从已经申报的股权转让收入中扣除，相应地，已经缴纳的个人所得税也应当退还。

3. 本案申请退税未超过3年。2018年税务处理决定没有要求原告缴纳滞纳金，说明原告就标的公司股权转让缴纳的个人所得税属于预缴性质，税款结算时点应是原告最后一次补偿给某公司的股份完成注销的时点。

被告辩称：

1. 《股权转让个人所得税管理办法（试行）》第9条仅针对后续的收入，无法推论出后续亏损应当退税的结论。

2. 我国税法上对对赌协议的税务处理没有特别安排，针对本案股权转让交易情形，应适用《财政部、国家税务总局关于个人非货币性资产投资有关个人所得税政策的通知》（财税〔2015〕41号）的规定，即"于非货币性资产转让、取得被投资企业股权时，确认非货币性资产转让收入的实现"。

3. 案涉款项不属于我国税法规定的预缴的情形。

法官观点：

1. 从民商事交易形态来看，本案补偿股份义务的履行是对某公司经营风险的补偿，并非对交易总对价的调整。同时，从个税法角度看，原告补偿股份义务的履行并不改变税收征管意义上的股权转让所得。对于因履行补偿义务而导致股权转让所得实际减少的情形,个人所得税征管领域的法律法规及政策文件等尚未作出相应的退税规定。

2. 在个人所得税征管领域,个人股权转让所得属于财产转让所得,不适用预缴加汇算清缴模式,而是按照20%的比例税率按月或按次征收个人所得税,故本案并不存在多缴纳税款的情形。

3. 在缺少退税依据的情况下,不存在退税申请期限问题。需要指出的是,本案所涉的股权转让和利润预测补偿模式,呈现了投融资各方为解决对目标公司未来发展不确定性而设计的交易新形态。案涉一揽子协议的合法有效履行,有助于提升市场活力,助推经济发展。为了营造更加规范有序、更显法治公平的税收营商环境,建议税务部门积极调整相关政策,持续优化税收征管服务举措,为经济新业态提供更合理、更精准的税收规则,健全有利于高质量发展、社会公平、市场统一的税收制度。

法院判决:

驳回原告诉讼请求。

217. 纳税法律原因消失后,申请退还多缴税款是否受《税收征收管理法》第51条规定中的3年时间限制?

不受《税收征收管理法》第51条规定的3年限制。

依法负有纳税义务的纳税人多缴税款后,应适用《税收征收管理法》第51条之规定,对多缴纳的税款予以退还。在税收征缴过程中,当事人缴纳了相关款项,但经查明实际上其不负有纳税义务的,其以缴纳税款名义实际缴纳的款项不属于《税收征收管理法》第51条规定的"超过应纳税额缴纳的税款",对该款项的退还,亦不应适用《税收征收管理法》第51条的规定。

【案例92】房屋过户被撤销后可退契税　申请退税不受3年时间限制[①]

原告: 沈某

[①] 参见北京市第二中级人民法院(2019)京02行终963号行政判决书,本案系人民法院案例库入库案例。

被告：西城税务局、市税务局

第三人：刘某甲、刘乙

诉讼请求：

1. 撤销被告西城税务局作出的不予退税的被诉通知书，撤销被告市税务局作出的被诉复议决定；

2. 被告西城税务局向原告退契税 25,500.00 元。

争议焦点：房屋过户行为被撤销后，申请退还房屋过户的契税是否受 3 年申请期限限制。

基本案情：

第三人刘某甲于 2009 年 3 月 3 日购买涉案房屋后，随即与第三人刘乙结婚，又在 9 个月后协议离婚，约定房屋归第三人刘乙所有。

2010 年 4 月 1 日，因第三人刘某甲与案外人之间的借贷纠纷，法院裁定将案涉房屋过户给原告。第三人刘某甲为办理涉案房屋过户给原告，代理原告申报缴纳了契税。

2011 年 4 月 28 日，第三人刘乙起诉确认房屋归其所有，但未被生效判决支持。后经第三人刘某甲和刘乙之间一系列诉讼，法院判决将涉案房屋过户至第三人刘乙名下。

2016 年 12 月 13 日，第三人刘某甲代原告向西城税务局第二税务所提出退税申请，请求退还原告缴纳的契税 25,500.00 元。被告西城税务局经审查，作出不予退税的被诉通知书并送达原告。原告向被告市税务局提出行政复议申请后，市税务局驳回复议申请。

原告诉称：

依照法律规定，契税是在房屋交易成功的情况下由税务机关收取的，现原告与第三人刘某甲之间的房屋交易失败，税务机关应当予以退税。

被告辩称：

原告退税申请已经超过《税收征收管理法》第 51 条规定的 3 年退税申请期限。《税收征收管理法》第 51 条规定"超过应纳税额缴纳的税款"的产生原因包括因法律原因、技术原因以及其他原因导致的多缴税款。该条还规定，应退还纳税人的多缴的税款有两类，一是税务机关发现的多缴税款，二是由纳税人自己发现的多缴税款。由纳税人发现的，可以自结算缴纳税款之日起3年内向税务机关要求退还。根据上述规定，纳税人自己发现多缴税款，无论是什么原因造成的，都应在结算缴纳税款之日起3年内申请退还，纳税人超过3年申请退税的，税务机关不能为其办理退还手续。

法官观点：

《税收征收管理法》第51条规定："纳税人超过应纳税额缴纳的税款，税务机关发现后应当立即退还；纳税人自结算缴纳税款之日起三年内发现的，可以向税务机关要求退还多缴的税款并加算银行同期存款利息，税务机关及时查实后应当立即退还；涉及从国库中退库的，依照法律、行政法规有关国库管理的规定退还。"

根据前述规定，依法负有纳税义务的纳税人多缴税款后，应适用第51条之规定，对多缴纳的税款予以退还。在税收征缴过程中，当事人缴纳了相关款项，但经查明实际上不负有纳税义务的，该种情形不属于第51条规定的"超过应纳税额缴纳"问题，对其以缴纳税款名义实际缴纳款项的退还，亦不应适用前述第51条的规定。

本案中，原告2011年9月5日缴纳契税的基础法律原因已被人民法院生效判决予以否定，其已不负有纳税义务，其实际缴纳的款项，不属于《税收征收管理法》第51条规定的"超过应纳税额缴纳"情形。原告申请退还实际缴纳的款项，不受3年时限限制。

法院判决：

1. 撤销被告西城税务局作出的不予退税的被诉通知书，撤销被告市税务局作出的被诉复议决定；

2. 被告西城税务局对原告退还契税申请重新予以处理。

218. 个人转让股权是否需要缴纳印花税？税率是多少？

个人转让股权需缴纳印花税，转让方与受让方一般需以股权转让价款为计税依据按照万分之五的税率缴纳印花税，如果转让方与受让方为个人、增值税小规模纳税人、小型微利企业和个体工商户，则减半征收，即按万分之二点五税率缴纳印花税。如果转让的是上市公司股票，则转让方应按千分之一的税率缴纳证券（股票）交易印花税，受让方无须缴税。

219. 如果股权转让合同在境外签署，是否可以不在中国缴纳印花税？

只要转让的是中国企业的股权，就需要在中国缴纳印花税。

现行《印花税法》规定印花税的征税范围包括境内书立的应税凭证和境外书立在境内使用的应税凭证。应税凭证的标的为股权的，且该股权为中国居民企业的股权，属于境外书立在境内使用的应税凭证，应当按规定缴纳印花税。

220. 如果转让的股权中存在未实缴部分，如何确认印花税的计税依据？

纳税人转让股权的印花税计税依据，按照产权转移书据所列的金额（不包括列明的认缴后尚未实际出资权益部分）确定。

221. 如果股权转让合同签署后又被撤销或终止，已经完税的贴花能否回转？

合同签订时即应贴花，履行完税手续。因此，不论合同是否兑现或能否按期兑现，都一律按照规定贴花。也就是说，即使股权转让合同签署后被撤销或终止，没有实际履行，已经完税的贴花也不能回转。

222. 居民企业取得股权转让所得，缴纳企业所得税的税率是多少？

居民企业的企业所得税税率一般为25%；对小型微利企业减按25%计算应纳税所得额，按20%的税率缴纳企业所得税；国家需要重点扶持的高新技术企业，减按15%的税率征收企业所得税。

223. 对非居民企业取得来源于中国境内的转让财产所得，应如何确定扣缴义务人？扣缴义务人应当如何履行扣缴税款义务？扣缴义务的发生时间如何确定？

非居民企业中，直接负有支付相关款项义务的单位或者个人为扣缴义务人。

扣缴义务人应当自扣缴义务发生之日起7日内向扣缴义务人所在地主管税务机关申报和解缴代扣税款。

如果股权转让合同或协议约定采取分期付款方式的，应于合同或协议生效且完成股权变更手续时，确认收入实现，其分期收取的款项可先视为收回

· 425 ·

以前投资财产的成本，待成本全部收回后，再计算并扣缴应扣税款。

224. 对非居民企业取得来源于中国境内转让财产所得，应如何确定扣缴义务人所在地的主管税务机关？

扣缴义务人所在地主管税务机关为扣缴义务人所得税主管税务机关。

225. 扣缴义务人未依法扣缴或者无法履行扣缴义务，非居民企业也不申报缴纳企业所得税的，税务主管机关应如何处理？

非居民企业未按照规定申报缴纳税款的，税务机关可以责令限期缴纳，非居民企业应当按照税务机关确定的期限申报缴纳税款；非居民企业在税务机关责令限期缴纳前自行申报缴纳税款的，视为已按期缴纳税款。

纳税人未依法缴纳的，税务机关可以从该非居民企业在中国境内其他收入项目的支付人应付的款项中，追缴该纳税人的应纳税款。

226. 扣缴义务人未按照规定办理扣缴税款的，可能会承担哪些行政法律风险？

扣缴义务人应扣未扣的，由扣缴义务人所在地主管税务机关依照《行政处罚法》第28条规定责令扣缴义务人补扣税款，并依法追究扣缴义务人责任；需要向纳税人追缴税款的，由所得发生地主管税务机关依法执行。扣缴义务人所在地与所得发生地不一致的，负责追缴税款的所得发生地主管税务机关应通过扣缴义务人所在地主管税务机关核实有关情况；扣缴义务人所在地主管税务机关应当自确定应纳税款未依法扣缴之日起5个工作日内，向所得发生地主管税务机关发送《非居民企业税务事项联络函》，告知非居民企业涉税事项。

227. 扣缴义务人未依法扣缴或无法履行扣缴义务的，非居民企业该如何就所得申报纳税？

扣缴义务人未依法扣缴或无法履行扣缴义务的，由非居民企业在所得发生地申报缴纳未扣缴税款，并填报《中华人民共和国扣缴企业所得税报告表》。对于权益性投资资产转让所得，所得发生地为被投资企业的所得税主管税务机关。

228. 税务机关在什么情况下可以直接认定间接转让中国应税财产符合合理商业目的？

需同时符合以下条件：

（1）交易双方的股权关系具有下列情形之一：

①股权转让方直接或间接拥有股权受让方 80% 以上的股权；

②股权受让方直接或间接拥有股权转让方 80% 以上的股权；

③股权转让方和股权受让方被同一方直接或间接拥有 80% 以上的股权。

境外企业股权 50% 以上（不含 50%）价值直接或间接来自中国境内不动产的，上述三种情形中股权转让方持股比例应为 100%。

上述间接拥有的股权按照持股链中各企业的持股比例乘积计算。

（2）本次间接转让交易后，可能再次发生的间接转让交易，与未发生本次间接转让交易情况下的相同或类似间接转让交易相比，其中国所得税负担不会减少。

（3）股权受让方全部以本企业或与其具有控股关系的企业的股权（不含上市企业股权）支付股权交易对价。

【案例93】间接转让境内股权　不具备合理商业目的终被税[①]

原告：儿童投资主基金

被告：区税务局

诉讼请求：撤销关于对转让 CFC 公司股权进行特别纳税调整的《税务事

[①] 参见最高人民法院（2016）最高法行申1867号行政裁定书，本案系最高人民法院行政审判十大典型案例（第一批）之一。本案的典型意义在于，人民法院针对借境外公司注册成立公司实施资产交易，而实际所得来源为境内的刻意避税情形，以裁判方式彰显了中国税收主权和通行的国际征税规则，保护了涉外经贸领域的国家合法权益。随着对外经贸规模日益扩大和交往方式不断增多，明确对各类市场主体股权转让、融资等行为的征税准则，与国家重大经济安全和经贸利益息息相关，具有迫切的现实意义和长远的战略意义。本案中，被告对于有关公司借在中国境外的低税率（或免税）国家与地区注册并转让股权事项，如何认定是否存在逃避中国税收问题，经请示国家税务总局并与原告充分沟通后，作出了涉案《税务事项通知书》，一审法院、二审法院和最高人民法院充分肯定了被诉征税行为的合法性，明确了相关法律适用规则和政策把握标准，对于遏制类似避税、逃税情形，具有鲜明的示范和警示作用。办案过程也得到关注本案的全国人大代表和多个政府部门的充分肯定。

项通知书》。

争议焦点：境外企业间接转让中国居民公司股权，税务机关能否对境外企业股权所得进行特别纳税调整。

基本案情：

2003年11月，原告在开曼群岛注册成立。

2004年3月，案外人香港公司与案外人浙江公司签订合同设立案外人路桥公司，香港公司占路桥公司95%的股份。路桥公司于2005年10月获准受让绕城高速公路收费经营权，同月，CFC公司在开曼群岛注册成立，该公司持有香港公司100%股权。

2005年11月，原告通过股权转让和认购新股方式取得了CFC公司26.32%的股权，该份股权又于2011年9月转让给MDL公司，转让价格为2.8亿美元，另收取利息约380万美元。

被告对上述交易展开调查并层报国家税务总局审核。国家税务总局于2013年7月作出明确批复：本案存在有关公司仅在避税地或低税率地区注册，不从事制造、经销、管理等实质性经营活动，股权转让价主要取决于路桥公司估值，股权受让方对外披露收购的实际标的为路桥公司股权等事实，税务机关有较充分的理由认定相关交易不具有合理商业目的，属于以减少我国企业所得税为主要目的的安排。

据此，被告在与原告沟通后于2013年11月作出《税务事项通知书》，要求其就上述交易申报缴纳企业所得税1亿余元人民币。原告不服，向市国税局申请复议未果。

原告诉称：

原告转让CFC公司股权所得属于来源于境外所得，不负有申报缴纳中国企业所得税的义务，原因包括：

1. 无充分证据支持香港公司和CFC公司不从事实际经营活动，以及涉案股权转让的所得实际来源于中国境内。香港公司在2004年以前从事房地产投资业务，CFC公司一直从事投资股权，发行债券，管理股权、债权的业务活动，上述经营行为均属于实质性经营活动。

2. 无相关证据支持原告实施了"不具有合理商业目的，以减少我国企业所得税为目的"的行为。

3. 原告既未实施滥用组织形式的安排，也不是为了获取税收利益而转让 CFC 公司股权。从《国家税务总局关于加强非居民企业股权转让所得税管理的通知》（国税函〔2009〕698 号）的规定看，滥用组织形式是适用该通知的充分条件，而非必要条件。从既有的事实状态，反推出原告实施了滥用组织形式的安排，这是明显违反法律逻辑和该通知相关规定的。

被告辩称：

被告认定 3 项事实：

1. 境外被转让的 CFC 公司和香港公司仅在避税地或低税率地区注册，不从事制造、经销、管理等实质性经营活动。

2. 股权转让价主要取决于对中国居民企业路桥公司的估值。

3. 股权受让方对外披露收购的实际标的为路桥公司股权。

根据上述事实，认定原告等境外转让方转让 CFC 公司和香港公司，从而间接转让路桥公司股权的交易不具有合理商业目的，属于以减少我国企业所得税为主要目的的安排。被告对原告间接转让路桥公司股权的交易重新定性，否定被用作税收安排的 CFC 公司和香港公司的存在，对原告取得的股权转让所得征收企业所得税，符合《国家税务总局关于加强非居民企业股权转让所得税管理的通知》第 6 条的规定。被诉《税务事项通知书》对股权转让所得数额的计算、税率的确定等事项符合法律法规的规定。

法官观点：

我国有关税收法律法规已规定非居民企业须就其来源于中国境内的所得缴纳企业所得税，并规定了确定所得发生地的规则。其中，《企业所得税法》第 47 条规定了企业实施其他不具有合理商业目的的安排而减少其应纳税收入或者所得额的，税务机关有权按照合理方法调整。《国家税务总局关于加强非居民企业股权转让所得税管理的通知》第 6 条亦明确规定了"境外投资方（实际控制方）通过滥用组织形式等安排间接转让中国居民企业股权，且不具有合理的商业目的，规避企业所得税纳税义务的，主管税务机关层报税务总局审核后可以按照经济实质对该股权转让交易重新定性，否定被用作税收安排的境外控股公司的存在"。

本案认定事实来源于税务机关通过调查所得出的结论，围绕涉案公司的注册地点、股权转让的具体数额与方式、股权收购的实际标的、转让所得的实际来源、转让价格的决定因素以及股权交易的动机与目的等要素，均有充分证据予以证明。有关征税对象、标准的确定亦符合中国相关法律规定和税收政策的具体要求。本案中，税务机关适用上述规定具有正当性和必要性。

法院判决：

驳回原告诉讼请求。

229. 企业转让股权是否需要缴纳印花税？

在境内书立股权转让协议或在境外书立但在境内使用的股权转让协议的企业转让股权（不包括上市和挂牌公司股票）需要缴纳印花税，以股权转让价款为计税依据按照万分之五的税率缴纳印花税。

230. 企业转让因股权分置改革造成原由个人出资而改由企业代持有的限售股，是否需要缴纳企业所得税？企业将税后收入转付给实际所有人是否需要缴税？

应区分情况处理：

（1）因股权分置改革造成原由个人出资而改由企业代持有的限售股，企业在转让时，应按以下规定处理：

①企业转让上述限售股取得的收入，应作为企业应税收入计算纳税。上述限售股转让收入扣除限售股原值和合理税费后的余额为该限售股转让所得。企业未能提供完整、真实的限售股原值凭证，不能准确计算该限售股原值的，主管税务机关一律按该限售股转让收入的15%核定该限售股的原值和合理税费。

②对税后转付额不再重复缴纳个人所得税。将完成纳税义务后的限售股转让收入余额转付给实际所有人时不再纳税。

（2）依法院判决、裁定等原因，通过证券登记结算公司，企业将其代持的个人限售股直接变更到实际所有人名下的，不视同转让限售股。所谓法院判决、裁定方式，即是通常所指的隐名股东确权之诉。

【案例94】 何种方式转让限售股　税负最低

上市公司限售股转让主要涉及企业所得税、个人所得税以及增值税。代持限售股转让方式有两种：一是企业直接转让限售股，缴纳所得税后的余额交付给个人；二是通过确权诉讼方式将代持股协议显名化，再行转让限售股。现在通过案例说明采用何种方式税负最低。

假设 A 出资取得 M 公司因股权分置造成的限售股，购买成本为 10 万元。由于监管限制，这笔限售股由 B 企业代持，限售股解禁后，A 决定作价 500 万元将限售股抛售，暂不考虑其他费用。

1. 企业直接转让限售股，缴纳所得税后的余额交付个人过程中所涉税负。

该过程涉及两个环节，各个环节所得税情况如下：

（1）企业转让限售股。

①增值税：企业转让限售股需要按照卖出价扣除买入价的余额作为销售额，按 6% 缴纳增值税。

企业转让限售股收入（万元）＝（500－10）/（1＋6%）＝462.26。

增值税税额（万元）＝462.26×6%＝27.74。

②企业所得税：根据《国家税务总局关于企业转让上市公司限售股有关所得税问题的公告》（国家税务总局公告2011年第39号），企业转让因股权分置改革造成的限售股取得的收入，应作为企业应税收入计算纳税。企业所得税基本税率为25%，只有在特殊情况，如企业属国家重点扶持的高新技术企业才适用15%的优惠税率。

企业所得税额（万元）＝（500－10－27.74）×25%＝115.57。

③缴纳税款后限售股转让收入余额（万元）＝115.57－27.74＝356.69。

（2）企业完成纳税义务后的限售股转让收入余额转付给实际所有人时不再纳税。

通过上述方式，总税额（万元）＝27.74＋115.57＝143.31。

2. 提起确权诉讼，由于法院判决、裁定等原因，企业通过证券登记结算公司将其代持的个人限售股直接变更到实际所有人名下的，个人取得限售股后，自行转让限售股过程中所涉税负。

（1）由于法院判决、裁定等原因，企业将其代持的个人限售股直接变更到实际所有人名下的,不视同转让限售股,无须缴纳企业所得税与增值税。

(2) 个人自行转让限售股。

①个人所得税:按照 20% 的税率缴纳个人所得税。

个人所得税额(万元)=(500-10)×20%=98。

②增值税:根据《财政部、国家税务总局关于全面推开营业税改征增值税试点的通知》(财税〔2016〕36 号)附件 3《营业税改征增值税试点过渡政策的规定》第 1 条的规定:"一、下列项目免征增值税……(二十二)下列金融商品转让收入。……5. 个人从事金融商品转让业务……"

通过上述方式计算可知,应纳税额为 98 万元。

通过比较不难看出,由于法院判决、裁定等原因,企业将其代持的个人限售股直接变更到实际所有人名下的,个人取得限售股后自行转让限售股的方式税负更低。

231. 转让股权时为偷逃税款签订阴阳合同,是否影响股权转让合同的效力?

不影响。当事人的股权转让行为应缴纳相关税费而未缴纳,属于行政处罚管辖的范围,但并不导致转让协议的无效。

【案例95】签订阴阳合同逃税 不影响股权转让合同效力[①]

原告: 永昌公司

被告: 博峰公司、林某、程某某、拉某、恒达华星公司

诉讼请求:

1. 确认原告与被告博峰公司签订的《整体收购博峰公司协议》及其相关补充协议无效;

2. 股权转让方被告林某、程某某、拉某、恒达华星公司连带返还原告 7000 万元,并承担银行贷款利息及实际费用支出 2000 万元,共计 9000 万元。

争议焦点: 签订股权转让阴阳合同,其中约定的税费保密条款是否导致

[①] 参见最高人民法院(2012)民一终字第98号民事判决书。

股权转让合同无效。

基本案情：

2007年12月26日，原告与被告博峰公司签订了《整体收购博峰公司协议》，约定由原告出资7000万元收购被告博峰公司全部资产，并约定双方都应对转让价格保密，如果任何一方透露此转让价，所造成的税收及由此造成的一切后果和费用由透密方承担。

2008年1月15日，被告林某、程某某、拉某与原告签订《股权转让协议》，约定被告以1000万元转让所持博峰公司股权。后双方就股权转让事宜产生争议。

一审庭审中，原被告双方均认可实际履行的转让款为收购协议所约定的7000万元，但办理相关手续时系按照《股权转让协议》中载明的1000万元，少缴了其余6000万元部分的税款。

原告诉称：

双方所签协议中的保密条款违反了国家法律规定，其内容已损害了国家利益，协议应认定无效。

被告辩称：

本案有关协议及履行不存在以合法形式掩盖非法目的的情形。《股权转让协议》所写1000万元，目的并非逃避税收。

法官观点：

保密条款并非合同的效力条款，且《税收征收管理法》第63条规定"对纳税人偷税的，由税务机关追缴其不缴或者少缴的税款、滞纳金，并处不缴或者少缴的税款百分之五十以上五倍以下的罚款；构成犯罪的，依法追究刑事责任"，即本案双方当事人的偷税行为属于应受行政处罚手段调整的问题，构成犯罪的，应依法追究刑事责任，并不因此导致合同无效。本案原告与林某等被告所签协议系当事人之间协商一致后自愿签订的，且未违反我国法律法规的禁止性规定，应认定合法有效。

法院判决：

驳回原告诉讼请求。

232. 税费承担条款有什么效力？

税费承担条款是指合同当事人在合同中对交易中可能涉及的税费承担方式进行约定，从而由非纳税义务人承担税款的情形，常见于股权转让、二手房交易、司法拍卖等交易安排中。

对于税费承担条款的主流观点认为，虽然我国税收管理方面的法律、法规对于各种税收的征收均明确规定了纳税义务人，但是并未禁止纳税义务人与合同相对人约定由合同相对人或者第三人缴纳税款，即对于实际由谁缴纳税款并未作出强制性或禁止性规定。因此，当事人在合同中约定由纳税义务人以外的人承担税费的，并不违反相关法律法规的强制性规定，应认定为合法有效。

同时，也有观点认为，税费承担条款存在税制功能预设不予转嫁、交易价款难以计算的问题，关于直接税的约定有效，对企业所得税、个人所得税、土地增值税三个税种约定应当认定无效。

【案例96】税费承担条款合法　诉请未实际缴纳税款部分不予支持[1]

原告： 太重公司

被告： 嘉和泰公司

诉讼请求： 被告向原告支付合同约定的土地转让相关税费（包括营业税、契税、印花税、土地增值税）。

争议焦点：

1. 合同约定税费承担条款是否有效；

2. 税费承担条款有效的情况下，能否主张合同中的承担方承担纳税义务人未实际缴纳的税金。

基本案情：

2002年3月26日，原被告签订《协议书》，约定原告转让土地给被告，并在2002年4月2日签订的《补充协议》中进行税费承担约定：

---

[1] 参见最高人民法院（2007）民一终字第62号民事判决书，本案系《中华人民共和国最高人民法院公报》案例。

1. 被告按每亩94万元向原告支付土地补偿金，94万元/亩中的流转税按原告76%、被告24%的比例承担，且被告承担的24%流转税在被告支付每期土地补偿金同时一并支付，最终以实际交付的税款按双方约定的比例多退少补。

2. 原合同中的其他税费（包括土地增值税、交易税等，但不限于此）均由被告承担。

3. 以上各项税费凡以原告名义缴纳的，须由被告如数支付给原告。

2002年12月，原告与被告签订土地使用权《转让合同》，明确原告同意缴纳转让时的土地增值税，被告办理有关土地使用权变更手续，并缴纳有关税费。

原告已缴纳契税41.25万元，申报营业税281.25万元，实际缴纳营业税242.526万元。被告尚欠原告各种税金。

原告诉称：

双方在《协议书》和《补充协议》中对案涉土地转让的税费承担问题进行了约定，被告应按约定支付相关税费。

被告辩称：

1. 《补充协议》就税费负担所做的约定，违反了税法的强制性规定。即使有效，土地增值税①的负担约定也显失公平。

2. 关于土地使用权的《转让合同》中没有约定由被告负担相关税费。

3. 土地增值税②的纳税主体是转让人而非受让人，《转让合同》变更土地增值税由原告承担。

法官观点：

《补充协议》关于税费负担的约定并不违反税收管理法律法规的规定，是合法有效的协议，双方当事人应按约定履行自己的义务。

由于《补充协议》未约定何时缴纳何种税费及缴纳多少税费，原告在未缴纳税金，也没有相关部门确定纳税数额的情况下，请求被告支付转让土地税金，没有事实依据。其在实际缴纳税费后可以向被告另行主张权利。

---

① 在判决原文中，被告主张的是增值税。考虑到该争议实际上未涉及增值税，疑为笔误。
② 在判决原文中，被告主张《转让协议》中约定原告承担增值税，疑为笔误。

法院判决：

被告按应承担的24%比例向原告支付其已缴付的契税、营业税。

233. 税费承担条款的适用范围是否包括企业所得税、个人所得税和土地增值税？

视不同情况而定。

（1）明确列明企业所得税等税种的税费承担条款

税费承担条款中可以列明企业所得税、土地增值税等税款的承担。但是，不同于增值税、营业税、契税等相对明确的税种，企业所得税、土地增值税等税款是否实际发生、是否应当缴纳以及数额存在不确定性。司法实践中，法院可能会综合判断双方实际承担税费的义务。

（2）概括描述型税费承担条款

①企业所得税。

概括描述型税费承担条款需结合具体约定及履行情况综合认定。不同的情形将导致不同的认定结果：

a. 概括描述型税费承担条款不包括企业所得税。企业所得税是指对在我国境内的企业就其生产经营所得和其他所得所征收的一种税种，企业是企业所得税的纳税主体，企业所得税应是企业因具体交易行为取得收入后，其应向税务机关缴纳的税费，而不是具体交易过程中必须缴纳的税费。具体交易过程中必须缴纳的税费应当由法定义务人自行承担。

b. 概括描述型税费承担条款包括企业所得税。例如，土地转让交易中，在受让方履行交易过程中未否认承担企业所得税，且企业所得税单独核算、清算并经主管税务机关核定的情况下，"任何应纳税费"的税费承担约定包括企业所得税。

②个人所得税。

概括描述型税费承担条款需结合交易习惯和实际履行情况，综合认定是否包含个人所得税的承担。

③土地增值税。

对于新房转让，首先，其开发销售环节的土地增值税需要在项目销售完成后由开发商自主完成清算后方能确定,故在税款计算与征收上与该次新房过户交易相隔较远。其次,土地增值税与房产交易过程中产生的城市维护建设税、教育费附加、印花税等税种的课税原因、性质均不同。因此,司法实践中,部分法院认为其不属于交易特定环节产生的税费,在概括约定房地产交易、过户相关税费承担时,"相关税费"可能无法被认定包含土地增值税。

而对于旧房转让,交易产生的土地增值税可根据成交价和历史成本资料直接计算得出,且基于"先税后征"的征收方式,旧房转让的土地增值税需要与增值税及其附加税费一并计算缴纳后方能办理过户手续。故司法实践中,部分法院认为,土地增值税是因房地产交易转让而产生的,理所当然包含在一切税费之中。

【案例97】企业所得税税费承担约定存在不确定性　酌情确定负担部分[①]

原告(反诉被告):浣美公司

被告(反诉原告):一百公司

本诉请求:被告支付原告缴纳的税款5,367,802.72元、滞纳金75,149.24元及利息损失。

反诉请求:原告返还被告代其缴纳的土地增值税等税费共计3,765,037.00元。

争议焦点:

1.《土地转让协议书》中的"负责"是否表示承担税费;

2. 讼争土地使用权转让的税费约定是否构成重大误解或显失公平。

基本案情:

2011年6月2日,原告与被告签订了一份《土地转让协议书》,由原告向被告转让土地,并约定转让过程中双方所涉及的一切税费均由被告负责(包括城市维护建设税、交易税、水利税、印花税、企业及个人所得税、营业税、土地增值税、交易税、契税、规费等),并由原告负责将上述税费代被告直接

---

① 参见浙江省绍兴市中级人民法院(2013)浙绍民终字第1432号民事判决书。

上缴相关部门。

2011年10月18日，被告以原告的名义向税务部门缴纳了地方教育附加、教育费附加、水利建设专项资金、营业税、城市维护建设税、印花税和土地增值税等税费3,765,037.00元。

原告未将本宗土地的交易收入计入当年度账目，未向税务部门申报企业所得税。2012年5月23日，原告向税务部门缴纳了2011年度的企业所得税2147.71元。

2013年6月19日，原告致函被告，要求被告向税务部门缴纳应缴的企业所得税8,374,074.00元（具体税款以税务部门认定为准），或将相应的税款交由其上缴给税务部门。被告收函后未予认可。同年6月28日，原告向税务部门补缴了企业所得税5,367,802.72元（庭审中，原告根据其提供的2012年度审计报告自认其中121,177.01元应由其自行承担），滞纳金为75,149.24元。

原告诉称：

双方对企业所得税约定明确。

被告辩称：

关于本案所涉合同条款中税收缴纳的问题，被告本意为负责代交，协议内容为承担，存在重大误解。根据我国《合同法》第54条的规定，重大误解的法律特征主要有三个方面：一是当事人认识上的错误；二是当事人对合同内容认识错误；三是影响当事人的权利义务。对于本案所涉税费应当由谁负担的问题，不同于土地交易价，被告在订立合同时不可能对如此大额的税费作出由其负担的内心表示。此外，该交易中土地价格比评估价高出10万元/亩，被告还要缴纳超出一半交易价格的税收，是不合理的。税收负担可能达到交易额的50%以上，对被告来说超出意料，且损失巨大。

法官观点：

1. 关于案涉税费条款的解释。

《合同法》第125条第1款规定，当事人对合同条款的理解有争议的，应当按照合同所使用的词句、合同的有关条款、合同的目的、交易习惯以及诚实信用原则，确定该条款的真实意思。

从双方于2011年6月2日订立的《土地转让协议书》第2条第2款所使

用的字句来看，双方明确约定本案所涉土地使用权转让过程中产生的一切税费由被告负责，并由被告负责代原告上缴相关部门。"负责"一词的文义即指对某项事务担负责任，并承担由此产生的后果，因此，从该条款所使用的词句理解，本案所涉土地使用权转让过程中产生的税费应由被告承担向税务部门缴纳的责任。

2. 关于是否存在重大误解。

结合本案实际，双方当事人在签订《土地转让协议书》时，对于教育费附加、营业税、水利建设专项资金、城市维护建设税、印花税和土地增值税等税种及应缴税额，被告是完全能够预见的，且从实际履行情况看，被告在产权变更登记完成后，以原告的名义向税务部门缴纳了该部分税费，在此后近两年的时间中，亦未向原告提出主张，说明被告对协议书中约定由其承担该部分税费不存在重大误解。

关于企业所得税的问题，企业所得税的应纳税所得额是以企业每一纳税年度的收入总额，减除不征税收入、免税收入、各项扣除以及允许弥补的以前年度亏损后的余额确定的，企业是否在纳税年度缴纳企业所得税，是根据企业在该纳税年度内是否存在盈利确定的。因此，在本案中，双方当事人在订立《土地转让协议书》时虽约定了企业所得税的负担，但该笔税款是否实际发生，是否应当缴纳以及数额存在不确定性，被告在此情形下不可能准确理解其应负担的缴纳企业所得税的义务。

3. 关于是否存在显失公平的情况。

被告提供的证据不足以证明原告在订立合同时，存在利用自身优势或者利用被告没有经验导致双方的权利与义务明显违反公平、等价有偿原则的情形。

法院判决：

1. 被告对于企业所得税的缴纳问题存在重大误解，酌情确定原告最后实际缴纳的企业所得税及滞纳金，由原告自行负担25%，被告负担75%；

2. 驳回原告其余诉讼请求；

3. 驳回被告反诉请求。

【案例98】 概括约定税费承担　受让方承担所得税不予支持[1]

原告：县招待所

被告：佳旺公司

争议焦点：

1. 概括约定税费承担，是否应包括转让土地缴纳的企业所得税；

2. 概括约定税费承担，是否应包括转让土地缴纳的土地增值税。

基本案情：

原告转让不动产给房地产开发企业被告佳旺公司，双方所签署的《产权交易合同》中第8条第1款采用列举的方式，约定原告应承担的税种为不动产营业税，第2款采用排除的方式约定被告承担除原告承担的不动产营业税和出让金外的一切相关税费。被告未承担不动产转让的土地增值税和企业所得税。

原告诉称：

争议的土地增值税和企业所得税应当包含在一切相关税费中。理由如下：

1. 被告作为专门从事房地产开发的企业，理应清楚土地交易过程中的税费问题，因此，即便双方对土地增值税没有明确约定，原告亦没有责任。

2. 讼争的企业所得税是本次交易过程中产生的，且原告如不缴纳则无法办理土地过户登记手续。税务机关是依照合同金额来计算纳税所得额的，而非按《企业所得税法》第5条的规定征税。同时，税务机关在完税凭证中将土地增值税与企业所得税开在同一张证明中，由此可见，争议的企业所得税是完成本次土地交易必须缴纳的税金。

被告未提交书面意见。

法官观点：

1. 关于税费约定是否包括原告转让土地缴纳的企业所得税。

根据2007年出台的《企业所得税法》第1条第1款、第3条第1款及第5条的规定，企业所得税是指对在我国境内的企业就其生产经营所得和其他所得所征收的一种税种，企业是企业所得税的纳税主体。据此，本案争议的企业所得税应是原告因转让本案土地使用权而取得收入后，其应向税务机关缴

---

[1] 参见最高人民法院（2015）民申字第1734号民事判决书。

纳的税费，而非土地使用权交易中必须缴纳的税费。原告所作为法定纳税义务人，应当由其自行承担该税费。

2. 关于税费约定是否包括原告转让土地缴纳的土地增值税。

《土地增值税暂行条例》第 2 条规定："转让国有土地使用权、地上建筑物及其附着物并取得收入的单位和个人，为土地增值税的纳税义务人，应当依照本条例缴纳土地增值税。"由此，案涉土地增值税的法定纳税义务人亦是原告。本案中，双方《产权交易合同》对案涉土地使用权交易产生的相关税费进行了约定，但该约定中未明确约定土地增值税的负担，由此导致双方在履行合同中对合同项下相关税费负担的理解发生争议。由于案涉《产权交易合同》对土地增值税的负担约定不明，双方均负有一定责任，故按公平原则，判决由双方各自负担 50% 的土地增值税。

法院判决：

双方各自负担 50% 的土地增值税。

【案例99】履行时未否认承担所得税　由受让方承担所得税获支持[①]

原告：储运公司

被告：轨道公司

诉讼请求：

1. 被告依约向原告支付转让土地使用权而产生的企业所得税 61,358,570.47 元；

2. 被告依约向原告支付两笔税务服务费 19.8 万元和 48 万元；

3. 被告向原告支付原告为按期缴纳应纳税款向第三方借款 6100 万元而产生的利息损失。

争议焦点：合同概括约定土地使用权转让税费由受让方承担，受让方在履行过程中未否认对企业所得税的承担义务，该税负承担约定是否包括企业所得税及相关费用。

基本案情：

因市轨道交通工程东岗车辆段建设需要，原被告于 2014 年 11 月 26 日签

[①] 参见最高人民法院（2020）最高法民申 5661 号民事判决书。

订《土地转让协议》，约定原告以每亩税后360万元人民币向被告转让案涉土地，原告每亩取得360万元土地转让收入所发生的任何应缴纳税费，由被告全部承担。双方签订合同后，原告向被告交付了全部土地。

2016年11月15日，原告缴纳了印花税240,122.00元。2018年7月16日，被告向原告支付印花税款项240,122.00元。

合同签订后，原告多次要求被告支付企业所得税，而被告对此的回应是：

1. 2018年10月，在被告主持下，双方召开专门会议，研究土地转让涉税事宜，决定双方抽调专人成立企业所得税清算小组，原告委托第三方机构，由被告确认后，对原告企业所得税进行清算并出具报告。

2. 在收到原告因土地补偿款涉及企业所得税需招标会计事务所的相关函件后，被告以复函的形式认可为了尽快完成土地转让款涉及企业所得税清算工作，要求原告按程序通过招标的形式确定税务师事务所后，启动企业所得税的清算工作。对所产生的相关费用待完成清算后，根据双方所签订的土地转让协议约定，再签订补充协议，一并支付。

3. 2019年3月，双方再次召开专门会议研究议定：原告通过招标确定税务师事务所，启动企业所得税清算工作，待出具清算报告后，双方另行商定签订付款协议，向原告支付相关费用。

4. 2018年2月27日，被告在自行出具的关于原告土地转让涉税相关情况的汇报材料中认为预付企业所得税没有依据，等到5年搬迁期满确有应纳税所得额需要缴纳税款时再处理此事更为妥当。

2018年4月24日，原告花费48万元委托税务师事务所出具案涉土地转让的土地增值税及各税种审核报告，审核结论为：原告在"政府收回贵公司经营厂区"整个事项的涉税处理中，不征收营业税、营业税金及附加、土地增值税，但须按规定缴纳印花税240,122.00元，企业所得税按政策性搬迁政策执行后续涉税处理。

2019年4月16日，原告以19.8万元委托税务师事务所出具征用案涉土地搬迁补偿收入涉及的企业所得税搬迁清算项目审核报告，审核结论为：征用案涉土地搬迁用地的行为系出于企业政策性搬迁中由政府组织实施的交通基础设施的需求，原告本次政策性搬迁的搬迁收入合计为494,341,805.72元，搬迁支出合计为 84,077,305.59 元，本次搬迁所得为 410,264,500.13 元。

2019 年 5 月 21 日，主管税务局稽查局认定原告 2018 年度应纳企业所得税 61,358,570.47 元，随后作出延期缴纳税款申请审批。原告向案外人借款 6100 万元，于 2019 年 8 月 29 日用于缴纳该部分企业所得税。

原告诉称：

1. 双方合同约定的"任何应缴纳税费"中包括企业所得税。

（1）就合同内容而言，双方合同约定的每亩土地转让价格是税后价，即扣除税款后的净得价，故双方就原告每亩净得 360 万元产生的所有税费等款项的承担进行了约定。且基于此次交易而应缴纳的税费，无论何时确定缴纳时间和金额，均应由被告承担。

（2）就合同履行情况而言，企业所得税的承担问题，双方一直在沟通，被告从未做出过不应由其承担的意思表示。

（3）就应纳税种的性质而言，流转税、所得税、行为税等是对国家征收的各种税种的分类，不是法定的税种名称。原告此次交易取得土地转让收入所涉及的应纳税种中，营业税是流转税，城市维护建设税、土地增值税、印花税是行为税，被告已经缴纳印花税，其他免征。

2. 案涉土地使用权转让行为符合政策性搬迁的认定条件，原告按照税后每亩 360 万元的标准取得的土地转让款收入所产生的 61,358,570.47 元企业所得税，应依法适用《企业政策性搬迁所得税管理办法》。所得税款项对应的应税收入系税务机关依法核定，不存在原告在会计核算时有意将本应该在以后年度缴纳的企业所得税转嫁到本次土地转让交易中的事实，且明确认定此次核定企业所得税的应税收入为土地使用权转让所得。

3. 被告承担案涉两笔税务师事务所费用符合合同约定的内容及实际履行情况。

4. 被告未按约定向原告支付企业所得税款构成违约，根据《合同法》第 107 条、第 113 条之规定，被告应承担原告为了按时足额缴纳企业所得税而对外借款所产生的利息。

被告辩称：

1. 本案为建设用地使用权转让合同纠纷，而转让过程中所产生的税款仅包含流转税，协议中约定的"任何应缴纳税费"并不包括企业所得税，企业所得税与企业自身的各种经营行为及活动密切相关，单纯的土地转让行为仅是影响企业缴纳企业所得税诸多因素中的一个。原告诉请的61,358,570.47元企业所得税，是在本次土地使用权转让交易完成两年后按照企业政策性搬迁的有关规定核算出来的，并不是双方因完成案涉土地转让交易核算出的企业所得税，由被告承担没有事实和法律依据。且在会计核算账目处理中存在有可能损害被告合法权益的问题，应予审查。

2. 原告自行向税务机关申报缴纳61,358,570.47元企业所得税，其应当有2.4亿元的利润，完全可以自行缴纳，其申报并缴纳企业所得税的行为和其借款行为自相矛盾。原告因借款缴税而产生的利息损失以及两笔税务服务费不应由上诉人承担。

3. 原告至今并没有发生政策性搬迁的行为。

法官观点：

1. 关于税费约定条款的效力。

案涉协议明确约定，原告取得土地转让收入所发生的任何应缴纳的税费，由被告承担。该条款基于双方当事人之间真实意思表示做出，且案涉土地已由原告交付被告，并进行产权登记，不违反我国关于物权变更之规定，亦未侵害他人之利益。我国现行关于税收征收方面的法律法规虽均明确规定了纳税义务主体，但并未禁止纳税义务主体与合同相对人约定由合同相对人承担税款，即对于实际由交易双方中的哪一方承担税款并未作出强制性或禁止性规定。故案涉土地转让收入所发生的任何应缴纳的税费，应由被告承担的约定未违反法律规定，亦不存在无效事由，合法有效。

2. 关于"任何应缴纳税费，由被告全部承担"的理解。

（1）从合同的内容分析，双方在案涉《土地转让协议》中约定，原告取得每亩360万元土地转让收入所发生的任何应缴纳税费，由被告承担。流转税并非法定的税种，被告所提协议中约定的"任何应纳税费"仅指转让过程中所产生的流转税，并无合同及法律依据。

（2）从合同的履行情况分析，双方沟通磋商情况及被告自行出具的材料均证实，双方在依约履行合同时，被告并未否认自己应当承担的企业所得的负担义务。

(3)《企业所得税法》规定企业为企业所得税的纳税人，这是法律对纳税义务人的规定，如同税种、税率一样具有强制性，但法律并未禁止纳税义务人与合同相对人约定税费由何方负担。在不损害国家税收利益的前提下，应当尊重当事人对合同权利义务的安排。案涉《土地转让协议》合法有效，被告应依约履行。

3. 关于本案税收征收种类及税收数额认定。

税收系行政行为，企业何时缴纳、缴纳何种税费及税费金额均由国家税务机关核定后予以确定。本案主管税务局稽查局对原告2018年企业所得税汇算清缴进行调整，原告应纳企业所得税为61,358,570.47元，并同意原告延期缴纳税款，这也确认该调整行为。

根据《企业政策性搬迁所得税管理办法》第4条前半段之规定，企业政策性搬迁涉及的所得税征收管理事项，应单独进行税务管理和核算。案涉土地使用权交易后产生的税收种类和税收金额均由国家税务机关核定。同时，原告已经将该税费缴清，其以合同约定主张被告偿付，于法有据，应予支持。

4. 关于案涉两笔税务师事务所费用。

上述两笔税务师事务所代理费已实际发生，且已由原告支付。合同履行过程中，双方关于选定税务师事务所及相应费用承担等相关事宜进行了沟通协商，因此，对于原告要求被告支付两笔税务服务费19.8万元和48万元的诉讼请求予以支持。

5. 关于原告借款缴纳税费。

本案中，主管税务局审批的延期缴纳企业所得税的期限为2019年8月31日，原告为了按期足额缴纳企业所得税，借款6100万元，签订《借款协议》并约定了借款利息。被告未向原告支付企业所得税款项的违约行为，导致原告对外借款，形成新的损失。故原告主张该部分利息的诉讼请求，符合法律规定，应以支持。

法院判决：

1. 被告向原告支付转让土地使用权而产生的企业所得税61,358,570.47元；

2. 被告向原告支付两笔税务服务费 19.8 万元和 48 万元;

3. 被告向原告支付原告为按期缴纳应纳税款向第三方借款 6100 万元而产生的利息损失。

【案例100】个人房产交易未约定税费承担　按交易习惯由买方承担税费①

原告（反诉被告）：丁某

被告（反诉原告）：吴某

本诉请求：被告给付原告欠款 6.5 万元，并支付违约金 2 万元。

反诉请求：卖方原告给付买方被告垫付的涉案房屋增值税、个人所得税等税费共计 55,938.27 元。

争议焦点：未进行税费约定的情况下，二手房房屋交易的相关税费是否由买方承担。

基本案情：

2017 年 9 月 22 日，被告购买原告住宅，双方签订了《购房协议》。

为办理房屋过户登记，被告分别于 2017 年 11 月 1 日、2017 年 12 月 22 日缴纳了住宅过户的相关税费，其中纳税人姓名登记为原告的个人所得税为 1716.32 元，其他税款合计 54,221.95 元。

双方因房屋交易产生纠纷，原告要求被告支付剩余房款及违约金，被告反诉要求原告返还其办理房产过户代垫的税款。

反诉原告诉称：

1. 双方对案涉房屋过户费用既没有书面约定，又没有口头约定，应按照法律规定缴纳税费。

2. 签订协议后，原告的不诚信行为引起了被告的不满，被告之所以先行垫付过户费用，也是因为担心原告会拒绝办理过户手续，打算垫付后与原告再行结算剩余房款。

---

① 参见江苏省南通市中级人民法院（2019）苏06民终147号民事判决书。

反诉被告辩称：

双方口头约定相关税费均由被告承担。

法官观点：

合同生效后，当事人就质量、价款或者报酬、履行地点等内容没有约定或者约定不明确的，可以签订补充协议；不能达成补充协议的，按照合同有关条款或者交易习惯确定。

根据个人所得税相关法律法规，个人所得税的纳税人固然应当是房屋出售方，但根据交易习惯，二手房买卖合同中广泛存在买卖双方对个人所得税实际承担人进行约定的情况，社会公众对"净得"概念亦有普遍认知，即由买房人承担所有交易费用。

本案中，原告主张双方口头约定相关税费均由被告承担，被告辩称双方对此未有明确约定。被告虽辩称原告承诺相关税费先由被告垫付，此后再行结算，但对此未能举证证明，不予采信。结合二手房买卖的交易习惯、见证人所作的陈述以及被告实际缴纳税款的行为，应理解为由买房人被告承担房屋买卖交易中产生的契税、个人所得税等费用，即卖房人原告最终纯得收益58.5万元。故对于被告主张要求原告返还垫付的税费55,938.27元的诉讼请求，不予支持。

法院判决：

驳回被告反诉请求。

【案例101】股权转让未约定个税承担方 转让方应承担个税[①]

原告： 杨某某

被告： 佳家豪公司

诉讼请求： 请求被告承担6500万元个人所得的税款及滞纳金。

争议焦点： 概括约定税费承担中未列明个税，受让方是否应承担股权转让的个人所得税。

基本案情：

原告与被告签订《合作开发合同》，约定被告向原告支付6500万元合作

[①] 参见最高人民法院（2021）最高法民申4455号民事裁定书。

项目税后收益，但未约定该对价所对应的个人所得税的负担问题。

另案仲裁对被告应支付原告合作项目税后收益6500万元人民币的付款期限等问题作出了裁决。该仲裁裁决认为，该笔6500万元的纳税事宜属于税务机关确定和处置的范畴。

双方在裁决书生效后签订了《执行和解协议书》。依据该和解协议的约定，在被告付清全部款项后，原告将其以杨某某名义持有的股权转让给被告，并签订了《股权转让合同》。

对此，被告向原告出具的《保证函》表明，原告退出项目公司，股权全部转让给被告，且因股权转让事宜所产生的一切税费等款项均由被告承担。该承诺系配合原告与被告签订的《股权转让合同》而作出的，系针对《股权转让合同》项下费用的承诺，未约定就此产生的个人所得税由谁承担。被告已就该股权转让行为依约支付了相应的税款。

此后，税务机关于2012年向原告追缴6500万元个人所得的税款。

原告诉称：

根据仲裁裁决书以及《执行和解协议书》约定，被告向原告支付的6500万元是项目收益款，而非土地转让款；被告在《保证函》中承诺一切税费应由被告承担，该税费当然应包括6500万元股权转让费的税费。原告有充分的理由相信，收到的6500万元系被告完成了代扣代缴义务后的纯收益。

根据《个人所得税代扣代缴暂行办法》第3条、第11条的规定，应扣未扣的税费以及相应的滞纳金或罚款，应由被告承担。根据《个人所得税法》第9条、《税收征收管理办法》第4条以及《股权转让所得个人所得税管理办法（试行）》第6条的规定，代扣代缴是被告的法定义务。被告存在违法和故意不履行通知义务的过错行为并导致所争议事项额外产生了滞纳金，故应赔偿其对原告所造成的经济损失。

被告辩称：

案涉6500万元的取得是基于项目收益转让关系，而非股权转让对价。对此，原告亦多次自认。

《合作开发合同》中"税后收益"的"税"仅指项目开发建设过程中产生的税费，原告对此予以自认。《保证函》也仅是针对《股权转让合同》中项目公司 30% 股权转让的税费，双方并未就案涉 6500 万元所涉的个人所得税的负担问题达成合意。

原告是案涉 6500 万元产生的个人所得税的法定纳税义务人，应主动申报纳税。被告不具备代扣代缴的客观可能性，对滞纳金的产生并无过错。

法官观点：

原告主张案涉个人所得税应由被告负担，其有义务提供证据证明双方之间存在关于该个人所得税由被告负担的约定。现原告未提供充分的证据证明被告应在完成代扣代缴义务后再向其支付 6500 万元的款项。在双方当事人并未约定案涉争议的 6500 万元所涉个人所得税由谁负担的前提下，根据案涉合同的约定及履行情况，尚不足以认定双方就案涉个人所得税的负担达成由被告负担的合意。

而《个人所得税代扣代缴暂行办法》（已于 2016 年 5 月废止）系国家税务总局为了加强对个人所得税代扣代缴工作的管理而制定的部门规章，是管理性规定。被告未履行代扣代缴义务，并不能否定原告应承担的纳税义务。同时，在双方当事人没有明确约定案涉个人所得税实际缴纳主体的情况下，应当由法定纳税义务人原告承担案涉个人所得税，符合商事交易习惯的基本规则。

法院判决：

案涉个人所得税应由原告承担。

【案例102】 新房拍卖约定税费承担　土地增值税非交易相关税费[1]

原告：刘某

被告：京开置业公司、王某某

诉讼请求：两被告连带返还原告代缴纳的不动产过户时产生及先前拖欠的税款（包括增值税及其附征、企业所得税、印花税、土地增值税），滞纳金 2,820,638.46 元及利息。

争议焦点：司法拍卖约定不动产转让所涉税费均由买受人承担，不动产

---

[1] 参见河南省平顶山市中级人民法院（2020）豫 04 民终 975 号民事判决书。

交易、过户所产生的税费（包括增值税及其附征、企业所得税、印花税、土地增值税，不包括契税），滞纳金是否应由买受人承担。

基本案情：

被告王某某是被告京开置业公司及三家案外人公司的实际控制人。被告京开置业公司是房地产开发企业，有几处由其开发的房产。

在原告与两被告、案外人民间借贷一案中，双方达成调解，被告王某某于2016年4月26日前清偿原告借款本金1100万元及利息，被告京开置业公司及案外人承担连带还款责任。

后因两被告与案外人未按调解书还款，原告申请执行，并通过司法拍卖取得被告京开置业公司名下被执行房产。《拍卖公告》第6条及《拍卖成交确认书》第6条载明，"标的物交易过程中产生税费依照税法等相关法律法规和政策的规定，由买受人承担"，"拍卖标的的过户、过户费用、其他所涉税等均由买受人自行承担"。

原告于2017年10月20日办理了拍卖房屋的不动产权证书。

当地税务局于2017年12月21日开具纳税通知书，通知被告京开置业公司全额征收增值税及其附征、企业所得税、印花税、土地增值税事项。被告京开置业公司未缴纳上述税款。

原告代被告京开置业公司缴纳土地增值税1,299,868.95元及滞纳金86,441.29元，企业所得税426,519.50元及滞纳金31,562.44元，增值税812,418.10元及滞纳金54,025.80元，地方教育附加16,248.00元，城市维护建设税56,869.27元及滞纳金3781.81元，教育费附加24,372.54元，印花税8530.40元，共计2,820,638.46元。

对于办理拍卖房屋不动产权证书的时间为何早于缴纳税款，原告解释如下：根据拍卖成交确认书和执行裁定书，30日内办理相关产权过户登记手续。原告要求不动产登记部门和税务部门必须办理，逾期不办理则相关部门承担责任，不动产登记机关和税务部门就按照规定办理了不动产权证书。其中，由原告承担的税费，按照要求由原告缴纳，由被告京开置业公司承担的税费，税务部门向被告京开置业公司下达缴纳通知书，但被告京开置业公司一直未缴纳相关税费。后来在税务部门的要求下，原告代缴了相关税费。

原告诉称：

根据《最高人民法院关于人民法院网络司法拍卖若干问题的规定》（法释〔2016〕18号）第30条的规定，在涉案不动产拍卖交易过程中所需缴纳的契税依法应由原告承担，原告也缴纳了该笔费用。而案涉税款系被告京开置业公司应当缴纳而拖欠的税款，依据税法等相关法律规定应由也只能由被告京开置业公司承担。原告作为拍卖房屋的竞买人代为缴纳了拖欠税款，自代缴之日理应取得追偿权。

被告京开置业公司在涉案房产拍卖前拖欠的税款不能因为房屋所有权的转移方式为拍卖，就将其纳税责任转嫁给原告。案涉税款若让原告承担，不仅加重了买受人的经济责任，还违背了税收法定原则，扰乱税收征管秩序。

被告王某某系被告京开置业公司的实际控制人，应承担共同的返还责任。

两被告辩称：

1. 原告在竞拍时自愿承担因案涉拍卖房屋过户产生的税费。公示的《拍卖公告》及《拍卖成交确认书》均记载其他所涉税等均由买受人自行承担，"其他所涉税费等"当然包括过户时产生的税费及先前拖欠的税费。原告对竞拍成功后应负担的税费是明知的。

2. 税款承担主体可以通过合同条款进行约定。拍卖公告中明确了买卖双方的一切税费都由买受人承担，买受人既然参加了竞拍，就应当遵守约定。在司法拍卖中，拍卖价格通常不含税费，可以认为让买受人承担的全部税费其实也是房价的一部分。

3. 倘若支持原告垫付税款后再进行追偿，将会导致新的债权债务发生，而这又会出现新的诉讼、执行纠纷，本案将无休无止。

4. 被告京开置业公司的注册地在外地，依据税收政策，案涉税务局无法为被告京开置业公司开具不动产增值税发票。

5. 原告在过户后自愿补缴税费，理应认为其自愿履行《拍卖成交确认书》的协议义务。

6. 本案中，没有任何证据证明被告王某某系被告京开置业公司的实际控制人，王某某不应对此承担责任。

一审法官观点：

1. 关于税费的承担。

《最高人民法院关于人民法院网络司法拍卖若干问题的规定》第30条规定："因网络司法拍卖本身形成的税费，应当依照相关法律、行政法规的规定，由相应主体承担；没有规定或者规定不明的，人民法院可以根据法律原则和案件实际情况确定税费承担的相关主体、数额。"

司法拍卖公告中虽然包含"标的物交易过程中产生的税费依照税法等相关法律规定和政策的规定，由买受人承担"的内容，即该公告内含税收法定原则，应买受人依照税法等相关法律规定，仅承担本次交易过程中产生的税费，但该公告内容并不能得出被执行人在拍卖前所欠税费由买受人承担的结论。故被告京开置业公司在不动产拍卖前已欠税费依法不应由买受人原告承担。

2. 关于税费的缴付。

根据《税收征收管理法》第45条及《国家税务总局关于人民法院强制执行被执行人财产有关税收问题的复函》（国税函〔2005〕869号）的规定，被执行人在拍卖前已欠缴的税费，人民法院应协助税务机关从拍卖款中依法缴付。

本案中，法院未依法在拍卖款中缴付被告京开置业公司拍卖前已欠缴的税费2,820,638.46元，原告为取得不动产权证书，代被告京开置业公司缴付该欠付税费，亦无不妥。

根据被告王某某本人的承诺，其自认系京开置业公司的实际控制人，故应当对所欠款项承担共同返还责任。

3. 关于利息。

原告要求的利息无法律依据，不予支持。

一审法院判决：

1. 两被告向原告返还代缴税款2,820,638.46元；

2. 驳回原告其他诉讼请求。

二审法官观点：

1. 关于案涉税款（除土地增值税）及滞纳金的承担。

根据《最高人民法院关于人民法院网络司法拍卖若干问题的规定》第30

条规定，网络司法拍卖中形成的税费的承担，有法律法规规定的依照法律法规规定确定；如果没有法律法规规定的，则由人民法院根据法律原则和案件情况进行确定。案涉《拍卖公告》第6条及《拍卖成交确认书》第6条是拍卖人与买受人对拍卖交易、过户过程中产生的有关税费的约定。因此，原告应承担涉案标的交易、过户过程中产生的税费。

2. 关于案涉土地增值税及滞纳金的承担。

《土地增值税暂行条例》第2条、第3条、第4条及第6条规定，土地增值税是房地产经营单位或个人，有偿转让国有土地使用权及在房屋销售过程中获得的收入，扣除开发成本等支出后的增值部分，按照一定的比例向国家缴纳的一种税费。

本案中，被告京开置业公司是土地增值税的纳税义务人，缴纳土地增值税是其负有的法定义务。土地增值税是扣除了与转让房地产有关的其他税金的税金，是国家针对出让人取得收入的课税。其清算可以是在房地产开发项目全部竣工、完成销售等情形下，由纳税人进行土地增值税的清算，也可以是纳税人取得销售（预售）许可证满3年但仍未销售完毕等情形下，主管税务机关要求纳税人进行土地增值税的清算。因此，土地增值税与交易过程中产生的城市维护建设税、教育费附加、印花税等税种的课税原因、性质均不同，其不属于交易特定环节产生的税费。

由于案涉土地增值税及滞纳金不属于交易、过户过程中产生的税费，故案涉土地增值税及其滞纳金共计1,386,310.24元应当由被告京开置业有限公司承担。

3. 关于被告王某某是否应对被告京开置业公司承担的税款承担共同还款的责任。

本案争议系因2014年7月被告王某某为借款人、被告京开置业公司等为担保人向原告借款的债务引起。在执行阶段，被告王某某出具《承诺书》一份，认可其是被告京开置业公司的实际控制人，承诺在调解书限定期限内偿还原告的借款。因借款未按时偿还，导致执行中拍卖案涉房产，两被告在履行还款义务时产生了拖欠的税款，故两被告应共同返还原告代被告京开置业公司缴纳的案涉房产交易之前所欠的土地增值税及滞纳金。

二审法院判决：

1. 两被告共同返还原告代被告京开置业公司缴纳的土地增值税及滞纳金1,386,310.24元；

2. 驳回原告其他诉讼请求。

【案例103】旧房拍卖约定税费承担　土地增值税属于交易相关税费[①]

原告：工行莆田分行、工行秀屿支行

被告：林某

第三人：天友拍卖公司

诉讼请求：被告支付两原告代缴税费945,777.29元（包括营业税、城市维护建设税、土地增值税、教育费附加、地方教育附加、印花税等税费共计848,380元和逾期缴纳税款产生的滞纳金共计97,397.29元）。

争议焦点：房地产拍卖交易约定一切税费由买受人承担，是否包括土地增值税、营业税、城市维护建设税、教育费附加、地方教育附加。

基本案情：

第三人受两原告委托拍卖案涉房地产。双方签订的《委托拍卖合同》《委托拍卖补充合同》明确约定"……拍卖款系委托方的实收款，由该拍卖标的所产生的相关税、金、费等支出，委托方概不负责……《竞价须知》列明的事项包括但不限于：委托方确定的保留价系实收价，所有过户的税金费由买受人承担，委托方提供过户相关资料，买受人依相关资料自行办理过户，委托方可配合办理。拍卖标的物的规划情况及现状由买受人自行了解，委托方概不负责"等。

第三人天友拍卖公司接受委托后，刊登拍卖公告，并要求竞买者在《拍卖规则和注意事项》后面签名，确认"本人已全面和认真审阅了贵司上述《拍卖规则和注意事项》及《拍卖清单》的全部内容……本人完全认可并愿意全面遵守上述《拍卖规则和注意事项》及《拍卖清单》的内容等"。《拍卖规则和注意事项》第10条中特别说明"拍卖成交后，买受人应在付清拍卖成交

[①] 参见福建省莆田市中级人民法院（2014）莆民终字第1116号民事判决书。

款及佣金后的 3 个月内自行到房产及土地管理部门办理相关权证过户手续及相关权证的办证手续,交易过程中所产生的一切税费(含卖方多次税费)、土地出让金均由买受人承担;本次拍卖所有标的成交后,买受人应放弃对拍卖标的物瑕疵及保证金支付方式的抗辩权"等,并附《拍卖标的目录》。《拍卖标的目录》中对案涉房地产应缴税费明确说明"一切费用及土地出让金、税金均由买受人缴纳"。

该房地产由被告竞得。被告与第三人签订了《拍卖成交确认书》,付清了拍卖成交款和拍卖佣金。原告工行莆田分行将案涉房地产及其权证等相关资料移交被告。

后因缴纳税费产生争议,案涉房产未能过户。

2013 年 3 月 26 日,原告工行莆田分行完成本宗房地产交易的纳税申报。地方税务局作出处理决定书,明确认定本案房地产拍卖实收价 214 万元,换算计税价格 2,988,380 元。原告工行莆田分行缴清本宗房地产交易产生的营业税、城市维护建设税、土地增值税、教育费附加、地方教育附加、印花税等税费共计 848,380 元和逾期缴纳营业税、城市维护建设税、教育费附加、地方教育附加、印花税产生的滞纳金共计 97,397.29 元。

原告诉称:

本案追索的垫付税费是被告在办理房地产过户之前必须履行的单独的缴付义务。

被告辩称:

1. 原告未能提交完整必需的资料,未与上诉人签订房产买卖合同,未对土地类型进行变更,导致房产不能交易过户,其尚未履行完在先的合同义务,无权请求被告承担税费。

2. 拍卖成交后,原告未与被告明确约定房产交易过程中产生的具体税种的税费如何承担,故应当按照税法的强制性规定,印花税及契税的纳税义务人是原告,交易过程中产生的除此之外的其余税种的税费的纳税义务人应当为房产买卖的出让方。

3. 第三人在拍卖结束后才让被告补签《拍卖规则和注意事项》,该《拍卖规则和注意事项》对被告不具有法律约束力。

4. 原告应当按照拍卖成交的价格214万元申报税收，其以2,988,380元人民币申报税收，导致多缴纳税费，对于多缴纳的税款应由原告自行承担。

5. 原告与第三人签订的《委托拍卖合同》《委托拍卖补充合同》与被告无关，对被告不具有法律约束力。

6. 被告是房产交易中税费的缴纳义务人，存在过错导致迟延缴纳税费。土地增值税不属于交易特定环节产生的税费，应当由原告自行缴纳。

第三人称：

第三人在拍卖过程中所取得的相关拍卖会文件，包括《拍卖规则和注意事项》及拍卖标的清单，均已对本拍卖产生的所有的税费承担的主体作了明确的规定。申报税收的价格应是税务机关按照拍卖实收价换算的计税价格，而非被告主张的拍卖成交价。

法官观点：

案涉房地产交易通过拍卖程序竞拍成交，是双方当事人的真实意思表示，不违反法律规定，合法有效。

1. 关于土地增值税的承担。

本案诉争的房地产土地增值税是因原告与被告之间的房地产交易转让而产生的，理所当然包含在本案《拍卖规则和注意事项》所列的一切税费之中。《土地增值税暂行条例》只规定转让房地产并取得收入的单位和个人是土地增值税的纳税人，并没有规定该税费不能约定由买受人承担。故原告工行莆田分行已向税务机关缴纳的营业税、城市维护建设税、教育费附加等税费848,380元，可以依照约定向被告追偿。

2. 关于纳税申报价格。

地方税务局作出处理决定书，明确认定本案房地产拍卖实收价2,140,000元，换算计税价格2,988,380元，故被告主张原告按2,988,380元申报税收并缴纳，其多缴纳税费应由原告承担，该主张理由不能成立，不予采纳。

3. 关于滞纳金的承担。

被告在收到两原告提供的用于协助其办理本案房地产过户登记手续的材料后，拒绝缴纳本案房地产过户的税费，其对本案因迟延申报税款产生的滞纳金存在过错，但考虑到原告工行莆田分行作为行政管理上的纳税主体，负有应及时申报税款的义务,应协助被告缴纳相关税金费,故原告工行莆田分行对迟延申报税款产生的滞纳金,负有一定的责任,酌定本案因迟延申报税款产生的滞纳金共计 97,397.29 元,由原告工行莆田分行承担 48,698.65 元、被告林某承担 48,698.65 元。

4. 关于利息的承担。

两原告主张被告应承担由其代缴纳税费等而产生的利息,依据不足,不予支持。

法院判决:

1. 被告偿还两原告已缴纳的营业税、城市维护建设税、教育费附加、土地增值税等及酌定部分因迟延申报税款产生的滞纳金;

2. 驳回两原告的其他诉讼请求。

234. 合同明确股权受让方承担股权转让的企业所得税,股权受让方按约支付税款补偿款后,是否需就该补偿款产生的企业所得税进行补偿?

需结合合同约定等因素综合判断。

例如,在最高人民法院审理的沈阳同联集团有限公司、恒大集团(南昌)有限公司股权转让纠纷再审审查与审判监督一案①中,股权转让双方约定股权受让方承担转让方部分企业所得税(每股成本 1.3 元,转让价 10 元,共 1.5 亿股,受让方负担 1.3 元至 7 元转让收益所对应的企业所得税),并支付 15 亿元股权转让款的所得税补偿款 1.96 亿元。股权转让方认为受让方应就所得税补偿款 1.96 亿元再向其支付所得税补偿款,但最高人民法院认为,涉案款项是作为合同价款的税金补偿,如果按转让方主张,则会产生受让方对已补偿税金再进行补偿的无限循环,明显不符合交易常理和公平原则;且转让方对补偿款打入其账户衍生的后果有预见性,在明确由其自身承担税负的情况下,应承担合同后果。故法院未支持股权受让方补偿案涉所得税。

笔者认为,该案股权转让方提出的案涉所得税补偿款的计算原理和金额有误,导致最高人民法院得出上述结论。

---

① 参见最高人民法院(2019)最高法民申 4428 号民事裁定书。

假设应主张的所得税补偿款金额为 X，可列公式如下：

（不含税转让收入 15 亿元 – X – 成本 1.5 亿元×1.5 亿股）×25% = X×（10 元 – 1.3 元）／（7 元 – 1.3 元）

X = 2.56 亿元

股权转让方不应主张就已补偿税金再进行税金补偿，而是应主张股权受让方未按合同约定足额支付税金补偿款 2.56 亿元。更进一步的话，应该在涉案合同中明确企业所得税的计算方式，避免纠纷。

【案例104】股转约定税费承担　税费补偿款导致的所得税款不予支持[①]

原告：同联公司

被告：恒大公司

诉讼请求：

1. 被告立即支付原告所得税补偿款 48,691,543.58 元；
2. 被告立即支付原告违约金 6,587,052.90 元。

争议焦点：股权受让方将约定承担的税费补偿给转让方后，是否还应补偿该补偿款产生的企业所得税。

基本案情：

2016 年 4 月 28 日，原告与被告签订《股份购买协议》，原告将其持有的标的公司 1.5 亿内资股股份，以每股 10 元的价格出售给被告，交易价款为 15 亿元，并约定卖方每股初始成本（即每股 1.3 元）至每股 7 元的部分计算而产生的增值税和企业所得税由买方承担。具体条款如下："因本次交易所产生的税费，双方按法律规定各自承担，但买方应就卖方因本次交易而产生的部分增值税（如有）和部分企业所得税（以汇算清缴的结果为准）给予卖方足额补偿。买方应在双方对卖方应支付的预缴和汇算清缴后的税费确认之日起 10 个工作日将金额等同于前述增值税（如有）和企业所得税（以汇算清缴的结果为准）的款项支付至卖方指定的账户。"

[①] 参见最高人民法院（2019）最高法民申 4428 号民事裁定书。

2016年7月27日，双方办理了标的公司股份的交割。

根据原告的《企业所得税月（季）度预缴纳税申报表》等材料，被告确认原告因本次股权交易需要向税务机关缴纳195,952,334.20元，遂根据约定于2016年7月27日向原告支付了补偿款195,952,334.20元。

2017年4月5日，原告向被告发函，提出原告2016年度应纳所得税1,428,575,511.10元，应缴所得税率为25%，公司尚需补交2016年度企业所得税48,691,543.58元，要求被告于2017年4月28日前，将上述股权交易补偿款存入原告银行账户。

被告回函，提出需另行缴付的税金系原告自行将收取的15亿元的所得税补偿款195,952,334.20元纳入2016年损益核算及汇算清缴所致，并不属于15亿股权出让所得税款，不属于股权转让合同约定的补偿范围，不同意向原告继续支付后续股权转让补偿款。

因对上述约定存在不同解读，原告和被告遂产生争议，原告起诉至一审法院。

原告诉称：

1. 双方在《股份购买协议》中约定的被告补偿范围包括195,952,334.20元衍生的税金。

2. 原告是案涉股权转让时的名义持股人，不应该承担纳税义务。

被告辩称：

被告已按合同约定补偿完毕。根据法律规定，原告作为股权出卖方，应负担缴纳企业所得税的义务。被告给予原告的补偿款并非股权转让的对价款，合同中也没有约定被告需要对原告因收取补偿款而增加的税款承担补偿义务。

法官观点：

1. 根据《股份购买协议》关于卖方足额补偿税款的约定，被告仅就因本次交易而产生的部分增值税和部分企业所得税给予原告补偿，而非对全部税费承担补偿责任，汇算清缴仅是税金计算的标准。195,952,334.20元补偿款已是作为合同价款15亿元的税金补偿，如按原告主张，则会产生被告对已补偿税金再进行税金补偿的无限循环，明显不符合交易常理和公平原则。

2. 本案产生 195,952,334.20 元的二次税金争议，其主要原因在于被告将补偿的该税金打入原告账户后，原告将其列为企业所得，产生相应的企业所得税。原告作为出卖方，且长期从事商事行为，特别是作为多次股权交易的主体，理应对补偿款打入其账户会衍生的后果有预见性，在明确由自身承担税负的情况下，应承担合同后果。

3. 原告隐含的理由为，原告主导并要求被告接受"汇算清缴"的税金补偿款计算方式的目的是在原告亏损较大的情况下实现税金补偿款最小化。但是，案涉《股份购买协议》仅约定"本次交易""部分企业所得税"，并未明确以原告全年"汇算清缴"后的全部应税金额，作为被告应负担的补偿款数额。因此，被告对 195,952,334.20 元衍生的企业所得税不负有补偿义务。

4. 关于原告主张其为案涉股权的代持人，并不负有承担股权转让交易税费的义务。本案中，在案涉股权转让之前，原告系案涉股权依法登记的持有人，原告与其主张的实际控股公司之间对纳税义务的约定，仅能约束同联公司和相对人，与被告无关，与本案并无关联性。

法院裁定：

驳回原告诉讼请求。

235. 司法拍卖公告约定买受人负担双方一切税费，是否包括出卖人欠缴的城镇土地使用税、房产税、增值税等与拍卖标的物密切相关，应该缴纳而未缴纳的税费？

需根据合同约定文义解释、体系解释、交易规则或者习惯、诚实信用等原则综合判断。

【案例105】房产司法拍卖约定补缴税费　不含未列明的城镇土地使用税[①]

原告： 爱华医院

被告： 金创盟公司

[①] 参见最高人民法院（2022）最高法民再 59 号民事判决书。

诉讼请求：被告向原告支付不动产过户需清缴的税款 5,322,925.63 元（包括城镇土地使用税、增值税、增值税附加、土地增值税、印花税）及其滞纳金 1,458,469.93 元，合计 6,781,395.56 元。

争议焦点：司法拍卖约定一切税费和和所需补缴的相关税费由买受人承担，是否包括城镇土地使用税。

基本案情：

原告作为某执行案件被执行人，其名下案涉房产被司法拍卖。

2018 年 7 月 25 日发布的《拍卖公告》第 6 条载明："标的物过户登记手续由买受人自行办理。拍卖成交买受人付清全部拍卖价款后，凭法院出具的民事裁定书、协助执行通知书及拍卖成交确认书自行至相关管理部门办理标的物权属变更手续。办理过程中所涉及的买卖双方所需承担的一切税费和所需补交的相关税费（包括但不限于所得税、营业税、土地增值税、契税、过户手续费、印花税、权证费、水利基金费、出让金以及房产及土地交易中规定缴纳的各种费用）及物管费、水、电等欠费均由买受人自行承担，具体费用请竞买人于拍卖前至相关单位自行查询。"

之后，被告竞得案涉土地及设备。2018 年 10 月 30 日，被告与执行法院（拍卖人）签订《拍卖成交确认书》，其第 1 条载明"买受人于 2018 年 8 月 27 日通过淘宝网司法拍卖网络平台以最高价竞得拍卖标的物……"，第 2 条载明"买受人在拍卖前已认真阅读《拍卖公告》《拍卖须知》等公示材料，自愿履行上述材料的相关规定……"

2019 年 7 月 3 日，被告缴纳国有土地使用权出让契税、经济合同印花税、产权转移书据印花税。2019 年 7 月 5 日，被告取得案涉土地使用权。

2019 年 9 月 19 日，原告收到主管税务局送达的《税务事项通知书》，要求其于 2019 年 10 月 11 日前申报案涉土地税务事项，包括城镇土地使用税、增值税、城建税及附加土地增值税、印花税、企业所得税。

2019 年 11 月 5 日，原告清算组向被告送达了关于缴纳税款的函，载明被告在办理土地转移登记时并未缴纳相关税费，主管税务局初步核算原告因本次拍卖欠缴城镇土地使用税、增值税、印花税、土地增值税及相应滞纳金，并要求被告缴纳前述税费。

2019年12月17日，主管税务局向原告出具《债权确认书》等材料，载明原告应就案涉土地依法缴纳城镇土地使用税、增值税、增值税附加、土地增值税、印花税及滞纳金。

原告诉称：

《拍卖公告》第6条约定竞拍人应承担的税费包括所得税与出让金，而所得税与出让金并非土地权属变更手续办理过程中涉及的税费，可以证明被告应承担的税费并不限于权属变更中涉及的税费。

根据税务局的复函，原告并不满足免征城镇土地使用税的条件。《拍卖公告》《拍卖成交确认书》已经提示本次竞买可能产生的成本和风险，被告负有核实原告欠税情况的义务，应自行承担交易风险。

被告辩称：

对原告主张的其他税费均无异议，但对城镇土地使用税及滞纳金有异议。具体理由如下：

1. 城镇土地使用税不属于权属变更手续办理过程中产生的税费，不应由被告承担。

2. 原告未进行税收优惠申报，是产生该笔税费的重要原因，原告应自行承担。

3. 执行法院在拍卖前明知产权办理中可能会产生较高税费，且有能力对税费负担进行调查核实的情况下，并未在《拍卖公告》中对案涉巨额城镇土地使用税进行公示，更没有要求买受人承担该税费。

4. 《拍卖公告》未依法详细公示拍卖财产相关信息。

法官观点：

根据《拍卖公告》第6条判断被告是否应当承担原告补缴的城镇土地使用税，关键在于确定城镇土地使用税是否属于该条约定的"所需补交的相关税费"。《合同法》第125条第1款规定，当事人对合同条款理解存在争议的，应按照文义解释、体系解释、交易规则或者习惯、诚实信用等原则进行解释：

1. 从文义解释来看，《拍卖公告》第6条用概括加列举的方式约定了买受人需自行承担的税费，概括即"办理过程中所涉及的买卖双方所需承担的一切税费和所需补缴的相关税费",列举即括号中列明的相关税费。按通常理解,买受人应承担的税费应先以列举项目为准,如果某项税费不属于列举项目,则应判断是否属于"概括"范畴。案涉城镇土地使用税并非括号中列明项目。"办理过程中所涉及的买卖双方所需承担的一切税费和所需补交的相关税费"明确表明买受人需承担的仅限于"办理过程中所涉及的"。城镇土地使用税是基于土地使用权人实际占用土地而征缴的税种,是为提高土地使用效益设置的税种,与土地权属变更无关,不属于"办理过程中"的税费。因此,城镇土地使用税不属于《拍卖公告》第6条约定的需补缴税费。

2. 从体系解释来看,《拍卖公告》第6条是关于买受人自行承担税费的约定,关于税费负担的约定系在权属变更语境下作出的,并不包括权属变更过程之外的税费,即不包括案涉城镇土地使用税。

3. 从交易规则或习惯来看,一方面,根据《最高人民法院关于人民法院网络司法拍卖若干问题的规定》第6条第2项和第14条第3项规定,司法拍卖中应当说明拍卖财产现状、权利负担等内容,并在拍卖公告中特别提示拍卖财产已知瑕疵和权利负担。拍卖财产的瑕疵和权利负担等信息应当为被执行人掌握。本案中,执行法院明确要求原告提供案涉土地相关材料,原告也承诺自行承担资料不齐造成的不利后果。但是,原告并未举证其提供了与案涉土地相关的城镇土地使用税欠缴情况,《拍卖公告》未对该笔税费欠缴情况进行说明和提示,《评估报告》也未说明该欠缴情况及其对土地评估价格的影响。基于对《拍卖公告》《评估报告》披露信息的信赖,被告在参与竞买时对承担城镇土地使用税未有预期应属正常。另外,竞买人一般无法从税务机关查询到被执行人欠税信息,在原告未披露欠缴城镇土地使用税具体情况下,由被告承担不是由于权属交易行为产生的且无法预见的城镇土地使用税,有违公平原则。

另一方面,《最高人民法院关于人民法院网络司法拍卖若干问题的规定》第13条第9项规定,法院应当在拍卖公告中公示"拍卖财产产权转移可能产生的税费及承担方式"。据此,竞买人一般仅对权属变更本身形成的税费负担有合理预见。城镇土地使用税虽与案涉土地有直接关联,但竞买人对需要补缴城镇土地使用税一般不会有预见,且其本身属于原告纳税义务范畴。若未经特别说明,就要求被告承担该税费有违诚实信用原则。

4.《最高人民法院关于人民法院网络司法拍卖若干问题的规定》第 30 条规定，"因网络司法拍卖本身形成的税费，应当依照相关法律、行政法规的规定，由相应主体承担；没有规定或者规定不明的，人民法院可以根据法律原则和案件实际情况确定税费承担的相关主体、数额"。据此，网络司法拍卖本身形成的能够预见的权属变更税费，原则上尚且由法律规定的纳税义务人承担，与权属变更无关的超出竞买人预见范围的税费更应由法定纳税人承担，除非买卖双方当事人有明确具体的特别约定。本案中，案涉城镇土地使用税属于与权属变更无关的税费，应由其法定纳税人原告承担，而非买受人被告承担。

法院判决：

被告应向原告支付其缴纳的税费 3,743,831.43 元（已扣除 1,579,094.16 元城镇土地使用税）。

【案例 106】房产司法拍卖约定了一切税费　不包括交易前欠税款[①]

复议申请人（异议人、利害关系人）： 赵某某

被申请人： 地方中院

复议请求： 认定出卖人购房时所欠契税由出卖人承担，并将拍卖款优先用于缴纳出卖人购房契税。

争议焦点： 司法拍卖约定一切税费由买受人承担，其是否包括出卖人购房时所欠契税。

基本案情：

被申请人在某执行案件中，依法对被执行人名下房产通过司法拍卖平台拍卖。该院在《竞买公告》"拍卖标的"中注明：该房产预登记在被执行人名下，未办理房产证、土地证，办理相关权证需要一定时间。因没有办理初始登记，可能涉及税费较高。《竞买公告》第 6 条第 2 款作了与上述内容同样的提示，该条第 1 款提示：交易过程中所产生的一切税费由买受人承担。此外，《竞买须知》"拍卖标的"与《拍卖标的调查情况表》"拍卖介绍"中均注明：该房产预登记在被执行人名下，未办理房产证、土地证，办理相关权证需要

[①] 参见江苏省高级人民法院（2018）苏执复 113 号执行裁定书。

一定时间，因没有办理初始登记，可能涉及税费较高。

2018年1月17日，复议申请人以217万元竞买成功，但在办理房产过程中，发现房主在当初购房时欠缴契税。与经办法官沟通，经办法官以"交易过程中所产生的一切税费由买受人承担"为由，强行要求其承担出卖人购房时所欠契税。

复议申请人诉称：

出卖人所欠契税并非本次交易过程中所发生的税费，应该由出卖人承担，且在拍卖相关材料中未提及出卖人初次购房时欠缴契税。

由于被执行人未及时办理相关权证，此次拍卖过程中要为涉案房屋缴纳增值税及其附加、个人所得税，新购商品房契税等税费，复议申请人已经承担了高达10.6%的税费，远远高于复议申请人依法应该缴纳的税费范围。

被申请人辩称：

涉案标的物在淘宝网司法拍卖平台的《竞买公告》《竞买须知》《拍卖标的调查情况表》中均注明"该房产预登记在被执行人名下，未办理房产证、土地证，办理相关权证需要一定时间，因没有办理初始登记，可能涉及税费较高"，异议人作为完全民事行为能力人，在竞买前应当认真阅读涉及司法拍卖的资产的相关条款并接受其约束。税费的承担对最终拍卖价格具有重大影响，异议人在竞买成功后，再对相关税费提出异议，实际改变了《拍卖公告》的内容和条件，既违背了诚实信用原则，也可能对申请执行人、被执行人或其他竞买人利益产生影响。

法官观点：

《最高人民法院关于人民法院网络司法拍卖若干问题的规定》第30条规定，因网络司法拍卖本身形成的税费，应当依照相关法律、行政法规的规定，由相应主体承担；没有规定或者规定不明的，人民法院可以根据法律原则和案件实际情况确定税费承担的相关主体、数额。因此，被执行人的前次欠税依法不应由买受人承担。被申请人在《拍卖公告》中虽然公告了"该房产预登记在被执行人名下，未办理房产证、土地证，办理相关权证需要一定时间。因没有办理初始登记，可能涉及税费较高""交易过程中所产生的一切税费由买受人承担"等内容，但该公告内容并不能得出被执行人在前次交易中欠缴的税费由买受人承担的结论。结合涉案房产预登记在被执行人名下，未办理房产证、土地证等情况，买受人将竞买公告理解为本次交易过程本身会产生更高的税费，并无不妥。而被执行人在前次交易中欠缴的税费并非是本次交易过程中产生的，故不应由买受人承担。

根据《税收征收管理法》第45条及《国家税务总局关于人民法院强制执行被执行人财产有关税收问题的复函》的规定，鉴于人民法院实际控制纳税人因强制执行活动而被拍卖、变卖财产的收入，人民法院应当协助税务机关依法优先从该收入中征收税款。综上，对于被执行人在前次交易行为中产生的欠缴税费，人民法院应协助税务机关从拍卖款项中依法征收。

法院裁定：

被执行人在前次交易行为中的欠税从拍卖款中依法征收。

236. 股权受让方是否应自行扣缴股权转让的个人所得税？

对于股权受让方来说，根据《股权转让所得个人所得税管理办法（试行）》（国家税务总局公告2014年第67号）①第5条和第6条规定，个人股权转让所得个人所得税，以股权转让方为纳税人，以受让方为扣缴义务人，且扣缴义务人应于股权转让相关协议签订后5个工作日内，将股权转让的有关情况报告主管税务机关。

如果股权受让方未履行个人所得税代扣代缴义务，则存在被税务机关罚款及缴纳滞纳金等行政处罚的风险。但是，股权受让方在未实际缴纳税款的情况下，不得以代扣代缴个人所得税为由，拒绝支付剩余股权转让款，或通过行使不安抗辩权中止支付股权转让款。

【案例107】股权转让以阴阳合同逃税　受让方未代扣代缴个税被罚②

原告：甲公司

被告：A地税务局稽查局

---

① 本文件虽已根据《国家税务总局关于修改部分税收规范性文件的公告》（国家税务总局公告2018年第31号）有所修改，但本书引用的第5条、第6条规定并未改动。

② 参见广西壮族自治区防城港市中级人民法院（2024）桂06行终63号行政判决书。

诉讼请求： 请求撤销被告就原告未代扣代缴股权转让方个人所得税事宜的行政处罚。

争议焦点： 税务机关能否以受让方未代扣代缴转让方（自然人）个人所得税为由处罚受让方。

基本案情：

2020 年 4 月 14 日，转让方林某华作为标的公司的股东，与原告签订《股权转让合同》，约定以人民币 2400 万元转让标的公司 47% 的股权（实缴出资额为 470 万元，认缴出资额为 2820 万元）。

2020 年 1 月 10 日，案外人朱某平向标的公司股东林某霖（林某华哥哥）转账 20 万元。后原告委托案外人朱某平转股权转让款合计 2180 万元到林某华账户，附言均为付给林某华的股权转让款。原告向林某华转账 200 万元，摘要为原告股权转让款。前述款项合计 2400 万元。

2023 年 3 月 28 日，B 地税务局稽查局向林某华出具《税务处理决定书》，基于案涉股权转让款 2400 万元，要求林某华申报印花税 24,000,000 元×0.5%×50% ＝6000 元，及个人所得税（24,000,000 元－4,700,000 元－6000 元）×20% ＝3,858,800 元。

2023 年 6 月 15 日，被告向原告出具《税务行政处罚事项告知书》，载明对原告支付股权转让款未履行代扣代缴义务情形，拟处应扣未扣税款 3,858,800 元 50% 的罚款，罚款 1,929,400 元。经一系列行政程序，被告于 2023 年 10 月 24 日作出罚款 1,929,400 元的《税务行政处罚决定书》。

原告诉称：

被告违反法定程序构成重大且明显违法，其因此作出的行政处罚应属无效。被告在行政处罚过程中，实际剥夺上诉人申辩权，属于重大、明显违法。原告在听证、原审程序中继续主张行政处罚中核定的股权原值依据不足的申辩，虽被告在听证程序后进行了形式上的重新检查，但在程序上不能且实际也并没有就股权原值核定是否合法合理问题进行处理，严重剥夺原告依法享有的申辩权利。

案涉行政处罚行为的核心依据是股权原值的认定，原告已提交相关民事判决书证明纳税人林某华系以承担担保责任方式取得股权，被告核定股权原值的主要证据显然不足。

被告辩称：

被告税务局稽查局作出的处罚决定，事实清楚，证据充分，程序合法，适用法律正确。

法官观点：

根据《税收征收管理法》第 4 条、第 25 条以及《股权转让所得个人所得税管理办法（试行）》第 3 条、第 5 条、第 6 条等规定，本案中原告于 2020 年 4 月 14 日与林某华签订《股权转让合同》，约定林某华以 2400 万元的价格将其持有的标的 47% 股权转让给某甲公司，原告作为股权受让方已实际支付 2400 万元对价。依照上述规定和约定，原告应为林某华个人股权转让所得个人所得税的扣缴义务人，必须按照相关规定代扣代缴税款。

结合查明的事实，B 地税务局稽查局已对纳税人林某华未进行纳税申报的行为进行处罚，原告也确实存在未履行代扣代缴义务的违法行为。根据《税收征收管理法》第 69 条的规定，扣缴义务人应扣未扣、应收而不收税款的，由税务机关向纳税人追缴税款，对扣缴义务人处应扣未扣、应收未收税款 50% 以上 3 倍以下的罚款。本案中，被告对原告处应扣未扣税款 3,858,800 元 50% 的罚款 1,929,400 元，有事实根据，且在法律规定的罚款幅度内，与原告的违法事实、情节等量罚适当，予以支持。

法院判决： 驳回原告诉讼请求。

【案例 108】 股权转让方未依法报税　受让方不能据此中止支付[①]

原告： 郝某某、刘某

被告： 万达公司、亚太实业

诉讼请求： 两被告给两原告支付拖欠的股权转让款 1224 万元。

争议焦点： 股权受让方能否以代扣代缴所得税为由行使不安抗辩权，以中止支付剩余股权转让款。

基本案情：

两原告与被告万达公司签订《股权转让合同》，约定两原告将标的公司股

---

① 参见最高人民法院（2019）最高法民申 3972 号民事裁定书。

权转让给被告万达公司总计 45,240,000 元，分期支付。被告亚太实业为被告万达公司股权转让款的支付提供连带保证。

截至 2018 年 2 月 13 日，被告万达公司合计向两原告支付股权转让款 3300 万元，尚有 1224 万元未付。

2017 年 5 月 25 日，两原告将标的公司公章、财务印章、发票专用章移交给被告万达公司指定人员。2017 年 9 月 1 日，原告刘某将自己所持有的标的公司 40% 的股权转让给被告万达公司。

本案立案前被告万达公司已多次催促两原告履行纳税申报义务，在其置之不理的情况下，被告万达公司通过法律途径向相关部门报案。2018 年 6 月 19 日，地方税务局下达了《税务事项通知书》，要求被告万达公司依法代扣代缴案涉个人所得税。

原告诉称：

个人所得税属于税法调整内容，而非民法调整的内容，涉案《股权转让协议》内容中并没有由被告万达公司代扣税款冲抵股权转让款的内容，如何缴纳税款应按照税法规定办理。被告万达公司提出是因行使不安抗辩权而中止支付剩余股权转让款的主张，无事实依据和法律依据。

被告辩称：

在被告万达公司已经支付完 3300 万元股权转让款的情况下，由于两原告未按期申报缴纳个人所得税，将会导致税务机关对代扣代缴义务人处以税款金额 698.2 万元 50% 以上 3 倍以下罚款，被告万达公司不存在违约行为。本案的纳税义务人主体为两原告，涉案税款须由其承担，被告万达公司有权行使不安抗辩权，并中止向两原告支付剩余股权转让价款。

法官观点：

根据《合同法》第 68 条的规定，不安抗辩权是指在有先后履行顺序的双务合同中，应先履行义务的一方有确切证据证明对方当事人有难以给付之虞，在对方当事人未履行或未为合同履行提供担保之前，有暂时中止履行合同的权利。本案系股权转让合同纠纷，双方的权利义务由合同约定。案涉《股权转让协议》中并未约定出让方两原告应缴纳的个人所得税由受让方万达公司代扣代缴并冲抵股权转让款，亦未将两原告缴纳个人所得税作为被告万达公司支付股权转让款的条件。即税款的缴纳与被告万达公司支付股权转让款之间并非双方在合同中约定的先后义务。被告万达公司以此主张不安抗辩权与前述法律规定不符。另外，即使双方约定万达公司有代扣代缴义务，代扣代缴义务的履行方应为被告万达公司。根据双方的约定，被告万达公司应在2017年9月30日前支付完毕全部股权转让款，但至本案一审起诉后，被告万达公司方才申报代扣代缴税款，但未实际缴纳。其以自己未履行义务而主张不安抗辩权，与法律规定不符，亦有违日常生活逻辑、法律逻辑和诚实信用原则。

在双方未将税款的缴纳或代扣代缴作为合同义务进行约定的情况下，两原告是否申报并缴纳个人所得税，受税收行政法律关系调整，不属于本案民事诉讼管辖范围。因此，被告万达公司认为其依法负有所得税代扣代缴义务，并进而可以行使不安抗辩权以中止支付剩余股权转让款的主张不能成立，其未按照约定期限支付全部股权转让款，构成违约。

法院判决：
1. 被告万达公司给付两原告支付股权转让款1224万元；
2. 被告亚太实业对以上给付内容承担连带清偿责任。

237. 股权受让方已代扣代缴个人所得税税费，能否抵减股权转让款？
代扣代缴的个人所得税应当予以抵减。

若扣缴义务人未经抵扣即向纳税义务人支付相应收入的，不能认为扣缴义务人当然丧失向纳税义务人追偿的权利。亦即，无论扣缴义务人是否按照法律规定的代扣代缴程序，在支付纳税义务人收入之前即扣缴个人所得税，抑或在向纳税义务人支付了全部收入后又代为向税务机关垫付个人所得税，都不能产生改变该税负法定纳税义务人的法律后果。

【案例109】股权受让方代扣代缴个税　代缴税款可追偿[①]

原告： 恒大公司

被告： 刘某甲

[①] 参见最高人民法院（2014）民一终字第43号民事判决书。

诉讼请求：
1. 被告归还原告代其缴纳的个人所得税款项 50,330,639.20 元；
2. 被告按照中国人民银行同期逾期贷款利率向原告支付上述款项自 2011 年 3 月 16 日至实际清偿全部款项之日止的利息。

争议焦点： 股权受让方代扣代缴转让方个人所得税后，是否有权向转让方追偿。

基本案情：
2007 年 10 月 6 日，标的公司股东被告刘某甲、刘某乙、刘丙与原告签订《股权转让协议》，该协议由被告代表标的公司全部合法股东签订，约定被告等股东将标的公司 100% 股权过户给原告，原告分三期支付"包干费"总额 42,295.62 万元。

"包干费"是指根据协议约定，原告取得标的公司 100% 股权应支付的全部款项，包括该地块全部的土地出让合同价款、征地补偿费、转让方及有关单位在该地块上已发生的全部工程费投入、协议约定的相关款项、协议履行过程中转让方的收益（经双方在本协议及其补充协议认可的除外）。《股权转让协议》第 3 条第 2.1 款约定：对于本次股权转让，在原告支付完全部股权受让款和工程补偿款后，转让方提供不少于 4.2 亿元的税务认可的可计入成本的票据，原告按 1800 万元向甲方提供税费补偿（此补偿不计入此次股权转让包干费内）。

2007 年 10 月 16 日、2009 年 12 月 8 日，标的公司通过股东会，将刘某乙、刘丙所持标的公司股权平价转让给被告，被告将标的公司合计 100% 股权转让给原告。后办理了工商登记。

2011 年 3 月 11 日，某律师事务所向被告发出《关于缴纳股权转让个人所得税的函》，要求被告依法缴纳股权转让的个人所得税 50,330,639 元。邮件查询系统显示该函已由他人代收，被告对此函未予回复。

地方税务局出具的《代扣代缴税款报告表》和《税收通用缴款书》显示，2011 年 3 月 16 日，标的公司作为扣缴义务人和缴款单位缴纳税款 50,330,639.20 元，代扣代缴税种为个人所得税，纳税人名称为被告，应税项目为股权转让所得，备注栏标明：代原告代缴被告股权转让所得个人所得税。

被告至今未提供 4.2 亿元的税务认可的可计入成本的票据。

原告诉称：

1. 原告直接向被告购买了标的公司 100% 股权，并代缴个人所得税。被告作为股权转让方所取得的股权转让款属于"财产转让所得"，其是该股权转让所得的个人所得税纳税义务人。

2. 原告在代缴前曾经专门通知被告向税务机关自行纳税，在被告拒不缴纳的情况下，原告代其缴纳仅是依照相关法律规定履行自身法定义务，并非默认自己是税费承担人。

3. 税务部门核查确定被告应当缴纳的个人所得税为 50,330,639.20 元。

4. 按照协议约定，原告支付 1800 万元税费补偿的前提是被告提供 4.2 亿元合法票据，被告至今未提供该票据，原告向其支付税费补偿的条件尚未成就。

5. 被告与刘某乙、刘丙之间的股权转让关系与原告无关，与本案纠纷亦无法律上的关联性。

被告辩称：

1. 合同约定的股权转让价款是"总包干"，税费不应由转让方承担。否则，原告就不会在合同中明确提出支付 1800 万元开税务发票。

2. 《股权转让协议》明确约定原告付 1800 万元给被告等三人缴纳税费，至今原告仍未支付，而且原告尚有 2000 万元"包干费"未支付。

3. 原告并没有支付给被告全部的股权转让款，而是向刘某乙、刘丙支付了 1.5 亿元，不应由被告承担全部股权转让所得的个人所得税。

4. 本案 5000 余万元的个人所得税是由标的公司代缴的，与原告无关，原告无权向被告行使追偿权。

5. 依据税法的相关规定，个人所得税应当以纳税人名义而不能以扣缴义务人名义缴纳，本案地税局征收存在错误，原告无权向被告追偿。

法官观点：

1. 关于案涉税款是否应由恒大公司承担的问题。

（1）关于《股权转让协议》中转让所得"包干费"的理解。协议对包干费的列举解释，未明确该费用为扣除应缴个人所得税后被告所能获得的纯收益，因此，被告所持"包干费"应理解为其根据协议获得的股权转让款为税后价格的主张，缺乏合同依据。

（2）关于原告的行为是否可以理解为自愿负担案涉税款的问题。根据《个人所得税法》第2条、第8条和《个人所得税法实施条例》第8条的规定，个人转让股权所得属于财产转让所得，应当缴纳个人所得税，该税款的纳税义务人为股权转让所得人，扣缴义务人为支付所得的单位或者个人。根据《税收征收管理法》第30条第2款的规定，扣缴义务人依法履行代扣、代收税款义务时，纳税人不得拒绝。纳税人拒绝的，扣缴义务人应当及时报告税务机关处理。

根据上述法律和行政法规的规定，原告并非案涉股权转让个人所得税的纳税义务人，而应为扣缴义务人，对税收征管机关负有代扣代缴案涉个人所得税的法定义务；同时，不能依据上述规定认为，在扣缴义务人未经抵扣即向纳税义务人支付相应收入后，即当然丧失向纳税义务人追偿的权利。换言之，无论扣缴义务人是否按照法律规定的代扣代缴程序，在支付纳税义务人收入之前即予以扣缴个人所得税，抑或在向纳税义务人支付了全部收入后又代为向税务机关垫付个人所得税，都不能产生改变该税负法定纳税义务人的法律后果。

（3）关于被告就案涉个人所得税的偿付是否享有先履行抗辩权的问题。首先，《股权转让协议》第3条第2.1款关于税费补偿的约定，并未明确系对案涉个人所得税的补偿，因此，被告依据该条款抗辩原告的追偿权，缺乏合同依据。

其次，即使该条款中的税费补偿，可以解释为包括或指向本案诉争的个人所得税，但该条款对双方义务履行顺序的约定，也应理解为被告提供票据的义务在先，原告支付税费补偿的义务在后。在被告未向原告提供上述票据的情况下，其依据该合同约定主张先履行抗辩权，缺乏事实和法律依据。

最后，退一步看，即使可以认为上述协议对双方的义务履行顺序约定不明，被告依据该约定享有同时履行抗辩权，但该抗辩权的内容，应当是在原告不向被告支付相应税费补偿时，被告可以拒绝向原告提供相应票据，或者可以在本案中主张在其应当偿还的个人所得税税款中予以相应抵扣。但本案不涉及原告向被告要求提供票据的诉讼请求，被告亦未主张抵扣个人所得税税款。

因此，被告所持其依据《股权转让协议》中关于税费补偿和票据提供的约定享有先履行抗辩权，从而可以拒绝向原告偿付案涉垫付税款的主张，缺乏事实和法律依据。

（4）关于本案是否可以依据交易习惯确认原告应对案涉个人所得税负最终支付义务的问题。被告虽然主张按照交易习惯，原告向其支付全额股权转让款的行为即表明其放弃要求被告承担股权转让个人所得税的权利，但就该主张，被告未提交相应证据证明在相关交易领域存在类似的交易习惯。而且，原告在代被告缴纳个人所得税前，已经书面通知被告应按照征税机关的要求缴纳该税费，故被告所持上述主张，缺乏事实依据。

综上，被告主张根据协议约定、履行情况和交易习惯等，案涉税款应由原告承担，缺乏事实和法律依据，应认定该税费应当由税务机关认定的法定纳税义务人被告承担。

2. 关于被告主张案涉税款由标的公司代原告垫付，原告无权向被告追偿的问题。

《税收通用缴款书》《代扣代缴税款报告表》均载明，案涉税款为标的公司代原告代缴被告股权转让个人所得税，该缴款行为的目的指向明确，并已经在代缴当时记录于相关缴费凭证之中，故该缴款行为的法律效果归于原告，即在标的公司代为缴纳案涉税款后，原告法定代缴义务履行完毕，并据此取得对纳税义务人的追偿权。被告以案涉税款实际缴纳人为标的公司为由，主张原告无权向其行使追偿权，缺乏法律依据。

3. 关于被告主张案涉税款计税数额错误的问题。

（1）关于被告所持其作为纳税义务人对征税数额提出异议的权利受损的问题。根据本案查明的事实，原告在代缴案涉税款前书面通知了被告。因此，被告具有就纳税数额提出异议的可能而其未提出异议，现被告在本案中主张原告代缴税款侵害了其异议权，缺乏事实依据。

被告主张原告代缴行为构成对其合法权益的侵害，并以此主张全部或部分抵销原告的追偿权，应就此提出诉讼请求，并就原告的行为存在主观过错、造成实际损害、行为与损害之间具有因果关系等予以举证证明。在被告未提出上述诉讼请求亦未就上述事实予以举证的情况下，该主张不属于本案审理范围，对被告据此拒绝支付代垫税款的主张，不予支持。被告就其所主张的侵权损害赔偿，可另行解决。

（2）关于税务机关的计税依据问题。本案系追偿权纠纷，税务机关核定并征收税款的行为是否合法、正确，与本案纠纷属于不同法律关系，不能在本案民事诉讼中一并处理。被告对该征税行为的数额、主体等所持的异议，应当另寻救济途径。

4. 关于被告是否应当向原告支付利息的问题。

被告就是否以及如何向原告支付诉争税款利息的问题，未明确发表意见。由于被告系诉争个人所得税的纳税义务人，原告仅负有代扣代缴义务，其在依法履行代缴义务前，亦书面通知了被告，故被告应当就代缴税款向原告支付相应利息。按照中国人民银行同期贷款基准利率标准，判决被告向原告支付自其实际代缴之日起至该税款偿还之日止的利息，并无不当。

法院判决：

1. 被告偿还原告代其缴纳的个人所得税款项 50,330,639.20 元；

2. 被告按照中国人民银行同期逾期贷款利率向原告支付上述款项自 2011 年 3 月 16 日至实际清偿全部款项之日止的利息。

238. 股权转让方是否可自行申报缴纳股权转让的个税？

可以。纳税人取得应税所得，扣缴义务人未扣缴税款的，纳税人应当在取得所得的次年 6 月 30 日前，缴纳税款；税务机关通知限期缴纳的，纳税人应当按照期限缴纳税款。

对于未缴纳的股权转让个人所得税，不是必然由股权受让方缴纳。在应扣除的股权转让个人所得税数额不确定的情况下，不宜对未缴纳部分进行扣除。对于未缴纳的股权转让个人所得税，可由股权转让方自行主动缴纳。

特别是，即便股权转让税费约定由受让方缴纳，转让方依旧为税法意义上的纳税人。如若受让方未及时缴纳，转让方存在被税务机关追缴税款并处以滞纳金的风险。

【案例110】 股转涉及税费不含个税　股转款不宜扣减未代缴的个税[①]

原告：谢某某

被告：石油公司

诉讼请求：被告支付原告股权转让款4960万元，该款涉及的税费由双方各承担50%。

争议焦点：股权受让方代扣代缴转让方个人所得税，是否可在股权转让款中扣除。

基本案情：

2016年4月14日，原被告签订《股权转让协议》，约定原告转让被告两标的公司股权，总价款4960万元，协议签订之日起2个月内一次性付清，股权转让款涉及的税费，按照2004年8月30日原告与案外人天然气公司签订的《股权转让合同》相关约定执行，即"股权转让过程中，如涉及税费则由转让方和受让方各承担50%"。

被告已代原告缴纳个人所得税两笔，合计13,327,008.70元。

双方对该约定中的股权转让过程中涉及的税费是否包含股权转让个人所得税发生争议。

原告诉称：

依据协议约定，应由双方各负担50%个人所得税。

被告辩称：

股权转让个人所得税未缴纳部分是必然发生的税款，被告作为股权转让个人所得税的代扣代缴义务人，应当从股权转让款中扣减。

法官观点：

《股权转让所得个人所得税管理办法（试行）》第4条规定："个人转让股权，以股权转让收入减除股权原值和合理费用后的余额为应纳税所得额，按'财产转让所得'缴纳个人所得税。合理费用是指股权转让时按照规定支付的有关税费。"按照该条规定，股权转让除缴纳个人所得税外，还可能存在其他税费。双方此约定是针对如果涉及税费如何负担的约定，而个人所得税是必

[①] 参见最高人民法院（2019）最高法民终828号民事判决书。

然涉及的税。可见，该约定中的股权转让过程中涉及的税费，不包括股权转让个人所得税。再者，股权转让个人所得税是针对自然人所取得的财产性收入征收的税款，纳税义务人为转让人原告公司，原告公司认为被告应承担50%个人所得税，无事实和法律依据。

根据1995年版《税收征收管理法》第47条"扣缴义务人应扣未扣、应收未收税款的，由扣缴义务人缴纳应扣未扣、应收未收税款。但是，扣缴义务人已将纳税人拒绝代扣、代收的情况及时报告税务机关的除外"，及《个人所得税法》（2018年修正）第13条第2款"纳税人取得应税所得，扣缴义务人未扣缴税款的，纳税人应当在取得所得的次年六月三十日前，缴纳税款；税务机关通知限期缴纳的，纳税人应当按照期限缴纳税款"的规定，对于未缴纳的股权转让个人所得税，不是必然由被告缴纳。

在本案应扣除的股权转让个人所得税数额不确定的情况下，不宜对未缴纳部分进行扣除。对于未缴纳的股权转让个人所得税，由原告公司自行主动缴纳。因此，被告主张扣除未缴纳的股权转让个人所得税，不予支持。

法院判决：

1. 原告给付被告股权转让款36,272,991.30元及利息（自2018年9月12日至实际给付之日止，按月利率1%计算）；

2. 驳回被告的其他诉讼请求。

【案例111】受让方未及时扣缴个税　转让方因未缴个税被强制执行[①]

异议人（被执行人）： 冯某生

申请执行人： 地方税务局

异议请求： 法院停止冻结被执行人账户的执行裁定。

争议焦点： 股权转让双方约定受让方承担个人所得税，税务机关能否因转让方未申报纳税而强制执行股权转让所产生的相应税款。

基本案情：

异议人与案外人签订《股权转让协议》，约定异议人向案外人以41,540

[①] 参见内蒙古自治区准格尔旗人民法院（2024）内0622执异76号执行裁定书。

万元转让案涉股权。由于案外人未依约履行构成违约，经双方协议，案外人给异议人补偿，包括股权转让所产生的税费全部由案外人承担，并以异议人的名义向税务部门缴纳。

异议人与案外人就上述股权转让发生纠纷。地方高院认为，转让过程中产生的税款与异议人无关，此款项是向税务部门缴纳的，并且强制案外人缴纳。

2013年5月14日，申请执行人下属稽查局以公告送达的形式，要求异议人就前述股权转让事项中所涉及的税款进行缴纳。详情为："营业税21,272,500元、城建税1,063,625元、教育费附加638,175元、地方教育附加费425,450元、水利建设基金425,450元、印花税212,725元、个人所得税21,272,500元，合计应缴税款45,310,425元，异议人已缴纳税款180万元，现应补交补缴43,510,425元。"同时扣划了异议人2000多万元的存款。

异议人对该决定不服，多次向申请执行人下属稽查局反映情况，但申请执行人并未给出处理意见。

2023年10月18日，申请执行人下属稽查局作出《催告书》，要求异议人自收到催告书之日起10日内补缴欠缴的税款19,769,187.87元以及相应的滞纳金，如逾期仍未履行，将依法强制执行。异议人在收到《催告书》后，积极与申请执行人下属稽查局进行沟通，并反映了案件实际情况，但申请执行人下属稽查局并未明确指出对该事项应当如何处理。

2024年6月26日，地方法院向异议人送达《行政裁定书》，裁定强制执行《税务处理决定书》对异议人认定的缴纳税款义务：税款18,091,941元，滞纳金37,689,708元（暂计算至2024年4月30日）及按日加收滞纳税款万分之五的滞纳金。

异议人申请：

1.《民事调解书》明确案涉股权转让由案外人作为代扣缴义务人，在案外人已经作出书面承诺的情况下，应当认定其对税费已经代扣代收。

2. 异议人收到的款项为股权转让的净收益，并不包含税款。根据当事人意思自治的原则，合同约定如果不存在无效的情形，就应当充分尊重当事人的意思表示，承认其合法有效。

3. 异议人虽为纳税义务人，但没有申报税款的义务。在《民事调解书》已经明确约定的情况下，应当是由代扣代缴义务人履行向税务机关申报以及缴纳税款的义务，并不是由异议人来履行该义务。

法官观点：

当事人必须履行发生法律效力的判决书、裁定书、调解书，负有义务的一方当事人拒绝履行的，人民法院可以对其财产采取强制执行措施。本案中，案涉行政裁定已发生法律效力，异议人应按生效的行政裁定履行向申请执行人缴纳税款的义务，异议人拒绝缴纳税款及滞纳金的，人民法院可以对其银行账户内存款采取冻结的强制执行措施。因此，法院依法对异议人在中国民生银行、北京银行、交通银行、中国建设银行账户内存款采取冻结的执行措施，符合法律规定，异议人异议理由及请求不能成立。

法院裁定：

驳回异议人的异议请求。

【相关法律依据】

一、公司法类

（一）法律

❖《公司法》第84条、第86条、第159条、第160条、第163条

❖《外商投资法》第4条、第28条

（二）行政法规

❖《外商投资法实施条例》（国务院令第723号）第33条

（三）司法解释

❖《最高人民法院关于适用〈中华人民共和国公司法〉若干问题的规定（四）》（2020年修正）第17条、第23条、第52条

❖《最高人民法院关于适用〈中华人民共和国公司法〉若干问题的规定（三）》（2020年修正）第16条、第25条

（四）部门规章

❖《企业国有资产交易监督管理办法》（国务院国有资产监督管理委员会、财政部令第32号）第7条、第8条、第13条、第28条

（五）地方性文件

❖《上海市创业投资引导基金管理办法》（沪府发〔2017〕81号）第14条

❖《上海市产权转让信息公开发布活动管理规则》（沪产管办〔2006〕32号）第28条、第29条

二、民法类

（一）法律

❖《民法典》第143～154条、第311条、第443条、第502条、第533条、第577条、第578条、第580条、第597条、第634条、第1062条

❖《劳动合同法》第24条

（二）司法解释

❖《最高人民法院关于适用〈中华人民共和国民法典〉合同编通则若干问题的解释》（法释〔2023〕13号）第14条

❖《最高人民法院关于人民法院网络司法拍卖若干问题的规定》（法释〔2016〕18号）第30条

❖《最高人民法院关于适用〈中华人民共和国民法典〉婚姻家庭编的解释（二）》（法释〔2025〕1号）第7条、第9条

三、证券法类

（一）法律

❖《证券法》第44条

（二）部门规章

❖《非上市公众公司收购管理办法》（2020年修正）第18条

❖《非上市公众公司信息披露管理办法》（2021年第二次修正）第11条

❖《非上市公众公司监督管理办法》（中国证券监督管理委员会令第212号）第23条、第31条、第34～40条

四、税法类

（一）法律

❖《税收征收管理法》第4条、第25条、第30条、第45条、第51条、第63条、第69条

❖《印花税法》第 1 条及附录印花税税目税率表

❖《企业所得税法》第 1 条、第 3 条、第 4 条、第 5 条、第 28 条、第 37 条、第 47 条

❖《个人所得税法》第 2 条、第 8 条、第 9 条、第 13 条

(二) 部门规章

❖《财政部、税务总局关于境外所得有关个人所得税政策的公告》(财政部、税务总局公告 2020 年第 3 号) 第 1 条第 1 款第 7 项、第 3 条第 1 款

❖《国家税务总局关于发布股权转让所得个人所得税管理办法 (试行) 的公告》(国家税务总局公告 2014 年第 67 号) 第 3 条、第 5~6 条、第 9 条、第 12 条、第 16~17 条

❖《财政部、国家税务总局关于个人非货币性资产投资有关个人所得税政策的通知》(财税〔2015〕41 号) 第 2 条

❖《财政部、税务总局关于进一步支持小微企业和个体工商户发展有关税费政策的公告》(财政部、税务总局公告 2023 年第 12 号) 第 2 条、第 3 条

❖《国家税务总局关于非居民企业所得税源泉扣缴有关问题的公告》(国家税务总局公告 2017 年第 37 号) 第 7 条、第 9 条、第 12 条、第 13 条、第 16 条

❖《国家税务总局关于非居民企业间接转让财产企业所得税若干问题的公告》(国家税务总局公告 2015 年第 7 号) 第 6 条

❖《国家税务总局关于企业转让上市公司限售股有关所得税问题的公告》(国家税务总局公告 2011 年第 39 号) 第 2 条

❖《国家税务总局关于发布〈企业政策性搬迁所得税管理办法〉的公告》(国家税务总局公告 2012 年第 40 号) 第 4 条

❖《国家税务总局关于人民法院强制执行被执行人财产有关税收问题的复函》(国税函〔2005〕869 号) 第 3 条

第七章　股东名册记载纠纷

【宋和顾释义】

关于股东名册记载纠纷，新《公司法》在的修订中，共涉及三处修改，均为新增规定，涵盖：

(1) 有限责任公司、股份有限公司股东名册的记载事项；

(2) 删除股份有限公司无记名股票这一类型；

(3) 股权转让时，以股东名册变动作为股权权属变动的一般原则。

结合过往司法实践和本次修订，股东名册记载纠纷的争议类型主要体现为以下四种：

(1) 举证义务争议，如主张股东名册变更应当提供何种证据，当事人可否仅以变更股东的股东会决议主张变更股东名册；

(2) 公司抗辩权争议，如股东未经公司同意，转让未届出资期限的股权，这能否作为公司拒绝变更股东名册的抗辩事由；

(3) 未制备股东名册的法律责任争议，如公司未制备股东名册时，如何认定股东及其变动；

(4) 股东名册封闭制度争议，如名册封闭的范围及违反的法律后果。

上述部分问题，在本书第三版第四册"股东名册记载纠纷"章节中已有所涉及，本章系根据司法实践的变化以及修法产生的新问题，加以梳理、归纳和补充。

239. 有限责任公司的股东名册应记载哪些内容？

有限责任公司的股东名册的记载事项包括：

（1）股东的姓名或者名称及住所；

（2）股东认缴和实缴的出资额、出资方式和出资日期；

（3）出资证明书编号；

（4）取得和丧失股东资格的日期。

其中，第（2）项和第（3）项为新《公司法》新增的记载事项，更有利于保障公司债权人、投资者对公司资产、股东情况的知情权。

240. 股份有限公司的股东名册应记载哪些内容？

股份有限公司的股东名册的记载事项包括：

（1）股东的姓名或者名称及住所；

（2）各股东所认购的股份种类及股份数；

（3）发行纸面形式的股票时，股票的编号；

（4）各股东取得其股份的日期。

新《公司法》取消了公司可以发行无记名股票的规定。同时，明确了只有用纸面形式发行的股票需要记载股票的编号。

241. 如何确定股东名册记载纠纷的诉讼当事人？

股权转让后，公司拒绝变更股东名册或者在合理期限内不予答复的，应当以对股东名册记载存异议的当事人为原告，以公司作为被告，并可将转让人作为第三人。如其他股东不配合办理股东名册变更，则可将不履行配合义务的股东列为共同被告。如诉讼涉及其他股东利益的，应当以其他股东作为诉讼第三人。

值得注意的是，在股权转让中，对名册记载持有异议的当事人既可能是希望尽快取得股东身份的受让方，也可能是希望迅速摆脱股东身份的转让方，因此新《公司法》规定，股权转让的双方均可以寻求诉讼救济。

242. 哪些主体需要置备股东名册？

有限责任公司、股份有限公司均应制备股东名册。新《公司法》实施前，发行无记名股票的股份有限公司无须制备股东名册。新《公司法》删除了无记名股票的规定，意味着所有类型的公司均需制备股东名册。

· 483 ·

243. 股东名册的置备义务人分别是谁？应在何时由公司哪个机关置备于何处？

股东名册的置备义务人一般为公司，但以下两种公司除外：

（1）根据《证券法》规定，上市公司的股东名册，由证券登记结算机构负责登记。

（2）未上市的股份有限公司将股权托管在托管机构的，由托管机构承担制作股东名册的义务。

有限责任公司与股份有限公司的股东名册置备时间不同：

（1）有限责任公司须于公司成立时置备股东名册。

（2）股份有限公司在成立并向股东交付记名股票后置备股东名册。

对于股东名册的置备机关，法律未予明确。通常情况下，鉴于股东名册的置备属于公司业务执行的范畴，故可在公司章程中约定代表公司执行事务的董事或董事会为置备股东名册的机关。

对于股东名册的置备地点，股东名册应置备于公司的注册地或实际经营地，以便于各股东和政府部门查阅、抄录。

244. 非上市股份有限公司的非发起人股东无须在公司登记机关登记，冻结该类股东股权时，由哪个单位协助执行？

根据强制执行股权的相关司法解释规定，法院在冻结股份有限公司的股份时，无论是发起人股东的股份还是非发起人股东的股份，均应向公司登记机关提出协助执行申请。虽然非发起人股东无须在公司登记机关登记，但通过国家企业信用信息公示系统在公司信息页对被冻结的股份予以公示，能使社会公众更方便地知悉股份被冻结的情况，较低成本地实现了较好的冻结效果。[1]

245. 法院冻结上市公司股份时，由哪个单位协助执行？

上市公司的股东名册通常由证券登记结算机构提供或保存，股东的股票页往往托管在开立证券账户的证券公司，所以证券登记结算机构、股票托管机构可以作为冻结股份的协助执行机构。此外，以北京为例，对在全国股转

---

[1] 参见最高人民法院民事审判第二庭编著：《中华人民共和国公司法理解与适用》（下），人民法院出版社2024年版，第705页。

系统挂牌交易的股份有限公司，根据中国证券登记结算有限公司发布的相关规定，如果需冻结其流通股，可直接通过证券公司代为办理；如果需要冻结其限售股，则需前往中国证券登记结算有限公司北京分公司柜台办理。[1]

246. 变更有限责任公司股东名册需提交哪些材料？

由于股东名册的变更属于公司内部登记记载事项，法律并无明文规定，因此，公司可在章程或章程细则中对于股东名册变更所需材料加以明确。对此，笔者建议有限责任公司可根据下列三种情况，提交不同材料：

（1）因股权转让申请变更的，如为股东之间的转让，则应由转让人和受让人共同申请公司变更，此时除股权转让合同外无须其他证明材料；如为向股东以外的其他人转让股权，应由转让人向公司申请。除需提供股权转让合同外，还需提供通知其他股东的证明、通知其他股东放弃优先购买权的证明以及新股东的主体身份证明。

（2）因继承取得股权的，可要求继承人提供继承事实的证明，如原股东死亡医学证明或法院宣告死亡裁判文书等，且应当提供合法继承股权的遗嘱、公证书或裁判文书。当然，由于公司章程可对股东资格的继承作出不同于《公司法》的特别规定，因此如有特别规定的，股东名册的变更方式也应适当调整。

（3）依法院裁判文书确定股东资格的，应当由实际股东向公司提交法院裁判文书，从而办理股东名册变更登记。

247. 当事人可否以股东变更的股东会决议主张变更股东名册？

如果当事人仅提供股东会决议，则不足以请求法院变更股东名册。

股东会决议仅能证明就股东变更事项进行了告知程序，但并不意味着股权已经发生实质变动，因此仅以股东会决议主张变更股东名册难以得到法院的支持。但如果股东会决议中明确涉及股权转让或增资扩股事宜，且结合汇款凭证、验资报告等能证明原告已履行出资/增资义务或依法受让股权，以此主张变更股东名册可以得到法院的支持。

---

[1] 参见最高人民法院民事审判第二庭编著：《中华人民共和国公司法理解与适用》（下），人民法院出版社2024年版，第706页。

【案例112】股东举证已履行增资义务　请求变更股东名册获支持[1]

原告：熊某

被告：科技公司

诉讼请求：被告向原告签发载有原告实缴出资额的出资证明书并在股东名册中记载原告的实缴出资。

争议焦点：原告已向公司汇入增资款并完成验资，被告是否应当向原告签发出资证明书并变更股东名册。

基本案情：

被告成立于1996年，注册资本为3000万元，股东为原告（出资20万元）、案外人范某（出资4万元）、案外人倪某（出资6万元）、案外人李某（出资970万元）、案外人集团公司（出资2000万元）。

2002年4月24日，被告股东会通过决议：由原告增资2000万元，公司注册资本变更为5000万元，决议作出后由被告办理工商变更手续。该决议下方有5名股东的签字或盖章。

2002年4月25日，原告将2000万元汇入被告名下银行账户。同日出具的《验资报告》载明被告已收到原告的新增注册资本2000万元，被告变更后的累计注册资本实收金额为5000万元。

上述事实，有原告提供的企业信用信息公示报告、工商内档材料、股东会决议、银行进账单（回单）、银行账户交易明细、银行询证函、验资报告为证。

原告诉称：

原告系被告的股东，原告增资后，被告未向原告签发出资证明书，未在股东名册中进行记载，也未办理工商登记变更手续，已损害原告的股东权益。

被告未作答辩。

法官观点：

有限责任公司的股东履行出资义务后，有限责任公司应当向股东签发出资证明书，出资证明书应当载明公司名称、成立日期、公司注册资本、股东

---

[1] 参见上海市黄浦区人民法院（2020）沪0101民初19306号民事判决书。

的姓名或者名称、缴纳的出资额和出资日期。公司应当置备股东名册，记载股东的姓名或者名称及住所、股东的出资额、出资证明书编号。

现原告已按照股东会决议履行出资义务，其要求被告签发出资证明书并在股东名册中载明原告的实缴出资，于法有据。

法院判决：

被告向原告签发载有出资额的出资证明书，并在股东名册中载明原告的出资额。

248. 公司在什么情况下可以拒绝进行股东名册记载？

股权转让中，公司收到股东的通知后，一般无权拒绝记载于股东名册的请求，但以下三种情形除外：

（1）股东名册可记载的股东人数突破上限的。如有限责任公司的股东已满50人，此时股东请求记载于名册的请求将违反《公司法》关于有限责任公司股东人数的规定。

（2）公司已注销或破产清算的。此时股东主张公司进行股东名册记载的权利消灭。

（3）股东转让未届认缴出资期限的股权，转移股权可能导致出资义务一同转移的。最高人民法院民事审判第二庭认为，此种情况属于债权债务一并转移，依照《民法典》规定，应取得公司同意。虽然新《公司法》规定转让未届期股权时转让人承担补充赔偿责任，减少了转让未届期股权对公司按期得到股东出资权利的影响，但若公司有合理的理由，也能拒绝股东名册记载的请求。[①]

【相关法律依据】

一、公司法类

（一）法律

❖《公司法》第42条、第55条、第56条、第86条、第88条、第90条、

[①] 参见最高人民法院民事审判第二庭编著：《中华人民共和国公司法理解与适用》（上），人民法院出版社2024年版，第396页。

第 102 条

（二）行政法规

❖《市场主体登记管理条例》（国务院令第 746 号）第 8 条、第 9 条

（三）司法解释

❖《最高人民法院关于适用〈中华人民共和国公司法〉若干问题的规定（三）》（2020 年修正）第 23 条

（四）部门规章

❖《市场主体登记管理条例实施细则》（国家市场监督管理总局令第 52 号）第 7 条

二、民法类

❖《民法典》第 551 条、第 555 条

三、证券法类

❖《证券法》第 147 条

四、程序法类

（一）法律

❖《民事诉讼法》第 27 条

（二）司法解释

❖《最高人民法院关于适用〈中华人民共和国民事诉讼法〉的解释》（2022 年修正）第 22 条

❖《最高人民法院关于人民法院强制执行股权若干问题的规定》（法释〔2021〕20 号）第 4 条、第 6 条

（三）司法文件

❖《最高人民法院、最高人民检察院、公安部、中国证券监督管理委员会关于查询、冻结、扣划证券和证券交易结算资金有关问题的通知》（法发〔2008〕4 号）第 1 条

第八章　请求变更公司登记纠纷

【宋和顾释义】

关于请求变更公司登记纠纷，在新《公司法》的修订中，共涉及三处修改，一处为吸纳司法解释规定，另两处为新增规定，涵盖：

（1）明确公司是股东变更登记的义务主体，公司拒绝履行该义务的，转让人、受让人可以诉请主张；

（2）法定代表人辞任的，公司应当在法定期限内确定新的法定代表人；

（3）董事辞任的，自公司收到辞任通知之日起生效。

结合司法实践和本次修订，请求变更公司登记纠纷的争议类型主要体现为以下五种：

（1）请求变更公司登记主体的争议，如有权请求变更公司登记的股东身份如何认定，股东缴付股权的资金来源是否影响股东资格的认定等；

（2）涤除登记争议，如涤除法定代表人、董事登记的一般条件，公司清算、破产清算等特殊情形下是否可以涤除登记等；

（3）未履行变更登记义务的责任争议，如公司及义务人未办理变更登记的民事责任及行政责任，登记机关的登记审查责任等；

（4）股权转让争议，如未办理变更登记对股权转让协议效力的影响等；

（5）工商行政确认纠纷、工商行政许可纠纷等与行政诉讼有关的争议，如股权转让的受让人是否可以提起行政诉讼以请求公司登记机关办理变更登记，行政诉讼的起诉期、管辖如何确定等。

上述部分问题，在本书第三版第二册"请求变更公司登记纠纷"章节中已涉及，本章系根据司法实践的变化以及修法产生的新问题，加以梳理、归纳和补充。

249. 如何认定原告是否有权请求将自己变更登记为公司股东？股东缴付股权的资金来源是否影响该认定？

诉请办理股权变更登记的原告应当具有股东身份。但该股东缴付股本的资金来源不影响股东身份和起诉资格的认定。

【案例113】原执行董事、法定代表人不配合变更登记　外资股东诉请变更获支持[①]

原告：联合贵宾会公司（澳门公司）

被告：融资租赁公司、孙某

诉讼请求：两被告协助原告办理变更执行董事、法定代表人、总经理、监事的工商登记变更手续。

争议焦点：

1. 外资股东请求变更境内公司登记，应适用哪国法律；

2. 原告出资来源是否影响其股东身份，是否有权请求变更公司登记；

3. 原告作为股东直接任命总经理是否符合章程规定，该项变更登记申请能否得到法院支持。

基本案情：

2012年9月26日，被告融资租赁公司成立，原告为全资股东，法定代表人、执行董事均为被告孙某，监事为案外人姚某，总经理为案外人郭某。

被告公司章程载明：公司不设股东会，投资者成为公司最高权力机构；投资者决定公司的经营方针和投资计划、选举和更换执行董事与监事、决定

[①] 参见上海市第二中级人民法院（2015）沪二中民四（商）终字第S488号民事判决书，本案系人民法院案例库入库案例。

有关执行董事和监事的报酬事项时，应当采用书面形式，并由投资者或其授权代表签名后置备于公司；公司不设董事会，设执行董事一名，执行董事由投资者委派，任期3年，执行董事是公司的法定代表人；投资者可以提前7天书面通知撤换执行董事，新执行董事的任期为被撤换执行董事的剩余任期；经投资者重新任命，执行董事可以连任；公司不设监事会，设监事一名，任期3年，由投资者任免；公司应建立管理层，由总经理负责，总经理由执行董事委派，但首任总经理由投资方委派，管理层受执行董事领导，对执行董事负责；章程的制定、履行、效力和解释，以及因章程引发的任何争议的解决都适用已公布的中国有关法律法规；章程须经相关批准机关批准后生效。

截至2013年3月21日，原告实付了章程约定的首期20%注册资本。

2013年10月21日，原告作为被告融资租赁公司的全资股东作出决议：自2013年11月1日起免去被告孙某公司执行董事和法定代表人的职务，由案外人郑某担任公司执行董事和法定代表人；免去案外人郭某公司总经理职务，由案外人古某担任公司总经理；免去案外人姚某公司监事职务，由案外人王某担任公司监事；由被告孙某及公司协助郑某就上述事项向工商局办理公司变更登记备案手续。该决议落款处由原告及其法定代表人签章确认。

次日，原告通过电子邮件及DHL速递向两被告发送《关于移交融资租赁公司证照事宜》的函件，要求两被告根据前述《股东决议》于2013年11月1日将被告的公司证照、财务资料等移交案外人郑某，逾期则将诉诸法律。两被告收悉该函件后未予配合办理工商变更登记手续，致涉讼。

原告诉称：

原告系在工商行政管理部门登记公示的股东，对本案具有当然的诉请权利，两被告在收到《股东决议》后未及时配合办理变更登记手续，与法相悖。

两被告辩称：

原告事实上主体不适格，因原告系代案外人香港投资公司设立了被告公司，注册资金来自案外人地产公司，不排除香港投资公司将该款先付予地产公司，再由地产公司付给原告，原告受托设立被告融资租赁公司导致公司受多头指挥，正常经营受阻的情况。若法院判决支持原告诉请，两被告担心若原告处理不好与香港投资公司及地产公司之间的问题，则两被告无法确定履行义务的对象；且根据公司章程第29条，变更总经理应由执行董事委派。

针对被告辩称，原告认为：

被告无法证明原告系代案外人香港投资公司设立了被告融资租赁公司且向案外人地产公司借取注册资本金，即便原告与地产公司存在借款关系，也与本案无关。章程明确载明首任总经理由股东委派，则原告当然有权撤换首任总经理。

法官观点：

1. 原告系注册在中国澳门的公司法人，根据我国《涉外民事关系法律适用法》的规定，法人及其分支机构的民事权利能力、民事行为能力、组织机构、股东权利义务等事项，适用登记地法律，因此原告以股东身份向被告融资租赁公司提起诉讼，应适用被告融资租赁公司登记地法律。

2. 请求变更公司登记纠纷是股东对于公司登记中记载的事项请求予以变更而产生的纠纷，原告应当具有股东身份。工商行政管理部门对于原告作为被告融资租赁公司独资股东一节予以登记确认，具有公示效力，被告融资租赁公司章程亦明确载明原告系唯一股东，两被告对此亦未否认，并确认收到了原告依照公司章程缴付的首期20%注册资本，依此可确定原告系被告融资租赁公司的唯一投资股东。至于原告缴付股本的资金究竟是自有抑或他人出借，在没有第三人提出股权异议的情况下，不影响原告股东资格的认定。两被告虽主张公司股东实为案外人香港投资公司，但并未提供充分证据予以佐证，且原告与案外人香港投资公司之间是否存在委托投资关系属另一法律关系，不属本案法院审理范围，故原告有权提起本案诉讼。

3. 公司章程系公司意思自治的体现，若其内容不违反法律、行政法规的强制性规定，则对公司、股东、董事、监事及高级管理人员均有约束力，理应得到遵守。就案涉《股东决议》的产生程序而言，其符合法律规定和章程约定，并无瑕疵，其第一、三项内容亦与章程约定不悖，应为合法有效，则被告融资租赁公司作为企业法人，理应在公司工商登记信息发生变更时，依法履行依照决议内容办理变更登记、备案的法定义务。被告孙某作为公司法定代表人和执行董事应予协助。原告有权起诉要求变更登记法定代表人、执行董事及监事。此外，被告融资租赁公司章程明确约定"总经理由执行董事委派，但首任总经理由投资方委派"，即原告作为投资方仅就首任总经理享有委派权利，其后调换之总经理应由新任执行董事再行委派，现《股东决议》第二项直接调换总经理人选，显与章程规定相悖，原告诉请办理变更总经理因违反章程而不成立。

法院判决：

1. 两被告共同至有关部门办理法定代表人、执行董事、监事的变更手续；

2. 驳回原告其他诉讼请求。

250. 涤除法定代表人登记的诉讼，法院的受理条件是什么？

法院的受理条件为原法定代表人的权利存在救济的必要且无其他途径予以救济。

以具体情形为例：若甲是 A 公司法定代表人，且甲不是 A 公司股东，甲从 A 公司离职后，A 公司长期未办理法定代表人变更登记。由于甲并非 A 公司股东，无法通过召集股东会等公司自治途径就法定代表人的变更事项进行协商后作出决议，如果此时法院不受理甲的起诉，甲因此承受的法律风险将持续存在，且无任何救济途径。

但若甲是 A 公司的股东，其仍存在通过公司自治途径解决问题的可能，则此时法院将审慎介入公司内部事务。

【案例 114】辞职 9 年仍被登记为法定代表人致被列入失信名单　起诉涤除登记获立案[①]

原告： 王某

被告： 巴州公司、曹某

诉讼请求： 两被告履行公司股东决定并办理变更公司法定代表人工商登记。

争议焦点：

1. 原法定代表人从公司辞职后 9 年，公司未变更登记，是否可以确定公

[①] 参见最高人民法院（2020）最高法民再 88 号民事裁定书。

司和实际控制人无办理变更登记的意愿；

2. 原告并非被告股东，其是否有其他自治途径解决工商登记问题；如没有，本案是否具有诉的利益，法院应否立案受理。

基本案情：

2011年3月，被告曹某聘请原告担任被告巴州公司法定代表人，并于2011年4月1日用原告身份证进行公司法定代表人登记，原告未实际参与公司经营管理，后原告发现巴州公司其他股东与被告曹某股权纠纷不断，于2011年5月30日从被告巴州公司辞职。2011年11月15日，被告巴州公司作出股东会决定，由案外人曹某甲担任公司法定代表人，但原告经查询发现被告巴州公司至今未办理变更公司法定代表人工商登记。

一审、二审法官观点：

本案中原告诉请变更公司法定代表人的诉求，根据《公司法》第13条①规定，应当先由公司股东会作出决议，再向工商部门办理变更登记，股东会决议的履行问题系公司内部的经营管理问题，属于公司自治的范畴，不属于人民法院的主管范围，故原告要求变更公司法定代表人的诉讼请求不属于人民法院民事案件的受案范围。

一审、二审法院裁定：

不予受理原告起诉，二审维持原裁定。

原告不服一审、二审裁定，向最高人民法院申请再审。

原告再审请求：

原告已从被告巴州公司辞职，不再参与公司经营管理，不应再作为被告巴州公司法定代表人。被告巴州公司和被告曹某将原告继续登记为法定代表人，违反了《公司法》第13条以及《国家工商行政管理局对变更公司法定代表人有关问题的答复》（工商企字〔2000〕第140号）的规定，致使原告因被告巴州公司债务的执行问题被列入失信被执行人名单，侵害了原告的合法权益。故请求撤销一审、二审裁定，依法立案受理本案。

再审法官观点：

判断人民法院应否受理原告的起诉，应依据其诉讼请求及事实理由予以

---

① 现为《公司法》第10条。

具体分析。本案原告诉讼请求系基于其已离职之事实，请求终止其与被告巴州公司之间法定代表人的委任关系并办理法定代表人变更登记，该纠纷属平等主体之间的民事争议。原告自 2011 年 5 月 30 日即已从被告巴州公司离职，至今已近 9 年，足见被告巴州公司并无自行办理法定代表人变更登记的意愿。因原告并非被告巴州公司股东，其亦无法通过召集股东会等公司自治途径就法定代表人的变更事项进行协商后作出决议。若人民法院不予受理原告的起诉，则原告因此所承受的法律风险将持续存在，而无任何救济途径。

故原告对被告巴州公司办理法定代表人变更登记的诉讼请求具有诉的利益，属于人民法院受理民事诉讼的范围。需要明确的是，原告诉讼请求是否具有事实和法律依据，是否应予支持，还应通过实体审理予以判断。

再审法院裁定：

撤销一审、二审民事裁定，指令一审法院立案受理。

【案例115】司机挂名法定代表人　离职后起诉涤除获支持[①]

原告：张某

被告：阆中公司

诉讼请求：被告阆中公司向工商登记机关涤除原告作为被告法定代表人的登记。

争议焦点：

1. 原告仅为公司司机，未参与经营管理，且已离职多年，公司是否负有变更法定代表人的义务；

2. 原告非公司股东，是否有其他方式对公司拒不变更的行为进行救济。

基本案情：

2020 年 2 月 19 日，被告阆中公司依法登记设立，原告在被告处担任司机，被登记为该公司法定代表人。原告不参与公司经营管理，不实际控制公司，不保管公司执照、印章等；实际代表公司对外签订合同及公司内部管理

[①] 参见四川省阆中市人民法院（2021）川1381民初5475号民事判决书，本案系人民法院案例库入库案例。

审批人为案外人韩某。

2020 年 8 月，原告从被告处离职后，多次请求被告为其变更法定代表人工商登记，未得到回应。

2021 年 7 月 13 日，原告通过律师事务所向该公司发出《律师函》，请求变更法定代表人工商登记，被告未答复并变更登记。

原告诉称：

原告在被告公司担任司机，挂名担任被告法定代表人并登记，原告实际不参与被告经营管理，不作为被告法定代表人履职。原告离职后，多次要求被告变更其法定代表人登记，被告一直不予回应。

被告未出庭也未作答辩。

法官观点：

被告对外开展民事活动和对内行使管理的人均系案外人韩某，原告并未行使《公司法》规定的法定代表人参与公司经营管理的职权，系属名义上的法定代表人，有违公司法规定，被告应当及时变更法人登记。

因原告不是被告的股东，无法通过提起召开股东（大）会等内部救济途径变更法人登记，故其有权诉请被告向工商登记机关涤除原告作为该公司法定代表人的登记。

法院判决：

被告到市场监督管理局涤除原告法定代表人的登记事项。

251. 涤除法定代表人登记的诉讼中，满足哪些条件时，法院可以支持诉请？

法院支持法定代表人涤除的条件为：原法定代表人与公司已无实质性关联。具体表现为原法定代表人与公司的委托法律关系解除等。

公司与法定代表人之间为委托法律关系，法定代表人行使代表人职权的基础为公司权力机关的授权，公司权力机关终止授权则法定代表人对外代表公司从事民事活动的职权终止，公司依法应当及时办理工商变更登记。在法定代表人主动解除委托法律关系的情形中，其在解除通知到达公司后即不再担任法定代表人，公司应在其辞任之日起 30 日内确定新法定代表人，并及时办理工商变更登记。

【案例116】被公司免除职务　诉请涤除法定代表人登记获支持[1]

原告：韦某

被告：房地产公司、投资公司、嘉鸿公司

诉讼请求：被告房地产公司为原告办理公司法定代表人工商变更登记，并由两被告投资公司、嘉鸿公司予以配合。

争议焦点：

1. 原告担任被告董事长、法定代表人是否系与公司之间存在委托关系，被告免除原告职务是否代表委托关系终止；

2. 原告被免职后，公司怠于办理变更登记是否损害原告的利益；

3. 原告并非公司股东，对公司怠于变更的行为是否有其他救济方式；

4. 公司的股东是否对变更法定代表人登记负有义务。

基本案情：

2013年3月26日，被告房地产公司成立，被告投资公司持股95%，被告嘉鸿公司持股5%，原告担任董事长及法定代表人。

被告房地产公司《章程》第13条规定："股东会由全体股东组成，是公司的权力机构，行使下列职权：……（二）选举和更换非由职工代表担任的董事、监事，决定有关董事、监事的报酬事项……"第19条规定："公司设董事会，成员为5人，由投资公司委派3名，由嘉鸿公司委派2名。董事任期3年，连选可以连任。董事会设董事长1人，由董事会选举产生。董事长任期3年，任期届满，连选可以连任。董事会对股东会负责，行使下列职权：……（二）执行股东会的决议……"第26条规定："董事长为公司的法定代表人。"

2017年7月20日，被告投资公司出具《免职通知书》，其中载明："韦某（即原告），本公司现通知你，免去你在房地产公司董事长、法定代表人职务。

---

[1] 参见最高人民法院（2022）最高法民再94号民事判决书，本案系人民法院案例库入库案例，同时为《中华人民共和国最高人民法院公报》案例。

本公司作为房地产公司的控股股东,有权决定该公司董事长、法定代表人任免。本公司已将对你的免职决定通知另一股东嘉鸿公司,该公司未提出异议。本通知自发出之日生效。"

原告自被免职后,已经被停止在被告投资公司和被告房地产公司的全部职务和工作,亦未再领取任何报酬。

原告诉称:

1. 原告与被告房地产公司之间已不存在劳动关系,已丧失继续担任被告房地产公司法定代表人的基础和条件。根据《公司法》的规定,公司法定代表人依法应由董事长、执行董事或者经理担任,也就是说,自然人成为公司的法定代表人,应当与公司之间存在实质性的利益关联,该种利益关联是其担任公司法定代表人的前提和由来。因此,原告已经丧失作为被告房地产公司法定代表人的法律基础和基本条件。被告房地产公司理应为原告办理法定代表人变更登记。

2. 被告房地产公司的股东就免除原告董事长、法定代表人职务达成合意,已经产生股东会决议的法律效果。被告投资公司通知了被告嘉鸿公司《免职通知书》一事,被告嘉鸿公司同意。因被告投资公司拖延及后期被整体接管致未能完成原告法定代表人变更登记,原告也无法获得被告房地产公司内部的股东会决议。但结合被告投资公司出具的《免职通知书》,依法应当认定免除原告法定代表人是两股东的共同意思表示。

3. 原告已穷尽公司内部的救济手段。原告被免职后,因其与被告房地产公司无投资关系,也没有再继续为被告投资公司工作,作为离职人员无法通过召集股东会等公司自治途径对法定代表人变更事项进行决议,并提供相应的证据材料,且公司章程中也不涉及有关法定代表人变更登记的规定。此种情形下,原告向被告房地产公司提出变更登记的请求,但该诉求被置之不理,原告被迫继续"挂名"被告房地产公司法定代表人,已经严重损害其利益。

三被告房地产公司、投资公司、嘉鸿公司未出庭也未作答辩。

法官观点:

被告房地产公司应当为原告办理法定公司代表人工商变更登记,理由如下:

1. 被告房地产公司已经终止与原告之间的法定代表人委托关系，原告已经不具有代表公司的法律基础。

法定代表人是对外代表公司意志的机关之一，登记的法定代表人依法具有公示效力，但就公司内部而言，公司和法定代表人之间为委托法律关系，法定代表人行使职权的基础为公司权力机关的授权，公司权力机关终止授权则法定代表人对外代表公司从事民事活动的职权终止，公司依法应当及时办理工商变更登记。

本案中，原告是被告房地产公司股东投资公司委派的董事，依据公司章程经董事会选举为董事长，依据章程担任公司法定代表人，并办理了工商登记。因此，原告系受公司权力机关委托担任公司法定代表人。

原告被免职后，未在该公司工作，也未从公司领取报酬。本案诉讼中，被告嘉鸿公司明确其知晓并同意公司决定，因此可以认定被告房地产公司两股东已经就原告免职作出股东会决议并通知了原告，该决议符合被告房地产公司章程规定，不违反法律规定，依法产生法律效力。双方的委托关系终止，原告已经不享有公司法定代表人的职责，被告房地产公司应当依法办理法定代表人变更登记。

2. 被告房地产公司怠于履行义务，对原告的权益造成了损害，依法应当办理法定代表人变更登记。

按照原国家工商行政管理局制定的《企业法定代表人登记管理规定》（1999年修订）规定，被告房地产公司只需提交申请书以及对原法定代表人的免职文件、新法定代表人的任职文件，以及股东会、股东大会或者董事会召开会议作出的决议即可自行办理工商变更登记。本案中，原告被免职后，其个人不具有办理法定代表人变更登记的主体资格，被告房地产公司亦不依法向公司注册地工商局提交变更申请以及相关文件，导致原告在被免职后仍然对外登记公示为公司法定代表人，在被告房地产公司相关诉讼中被限制高消费等，已经给原告的生活造成实际影响，侵害了其合法权益。除提起本案诉讼外，原告已无其他救济途径，故原告请求被告房地产公司办理工商变更登记，依法有据，应予支持。至于本案判决作出后，被告房地产公司是否再选任新的法定代表人，属于公司自治范畴。

3. 被告投资公司、嘉鸿公司并非办理变更登记的义务主体。

被告投资公司、嘉鸿公司仅是被告房地产公司的股东，且其已经就免除原告法定代表人作出决议，依法也非办理变更登记的义务主体，原告请求该两公司办理或协助办理法定代表人工商变更登记的诉讼请求不能成立。

法院判决：

1. 被告房地产公司于30日内为原告办理公司法定代表人变更登记；
2. 驳回原告其他诉讼请求。

【案例117】非被冒名登记股东、法定代表人　请求涤除登记不属法院受案范围[①]

原告：盛某

被告：清大公司、博瑞兰天公司、周某

诉讼请求：三被告共同协助办理涤除原告作为被告清大公司法定代表人、股东的登记事项。

争议焦点：

1. 原告是否属于被冒名登记的股东、法定代表人，如不具备冒名的情形，是否可以诉请涤除；
2. 原告的股权是否发生转让、减资等事实，如没有，是否可以诉请涤除；
3. 在公司经营负债累累且未清偿的情况下，涤除原告的法定代表人登记是否会损害债权人利益；
4. 公司法定代表人的一般变更是否属于法院受理的范围。

基本案情：

原告和被告博瑞兰天公司系被告清大公司的发起人股东。2010年12月10日，原告、被告博瑞兰天公司召开被告清大公司第一次股东会决议，决议通过《清大公司章程》，并选举原告为被告清大公司执行董事及法定代表人，任期为3年。原告、被告博瑞兰天公司在该决议尾部签字、盖章确认。

[①] 参见四川省成都市中级人民法院（2020）川01民终2506号民事判决书，本案系人民法院案例库入库案例。

第八章
请求变更公司登记纠纷

2010年12月17日，被告清大公司成立，原告实缴10万元（持股10%），被告博瑞兰天公司实缴90万元（持股90%），原告任公司法定代表人、执行董事。

2014年6月，经原告介绍，被告清大公司与案外人中小企业合作发展促进中心（以下简称中促中心）签订协议，约定中促中心将四川工作委员会交由被告清大公司协助运营管理，后因该合作协议衍生出一系列民事纠纷。原告因这些民事纠纷已被列入失信人员名单，并被限制高消费。

原告诉称：

原告系代被告周某持股的显名股东。2010年12月10日，被告清大公司召开股东会，在原告不知情、不在场的情况下决议通过《清大公司章程》，选举产生原告为公司执行董事，并通过章程规定执行董事为公司的法定代表人。

原告自2003年至今，一直在其他公司任职，既未与被告清大公司签订劳动合同、领取劳动报酬，亦未参与被告清大公司的日常管理活动。被告清大公司多次召开股东会以变更公司章程、公司监事等事宜，原告均未参与，且股东签名处签字均不是原告本人所签。

原告作为被告清大公司法定代表人，既不掌握公司证照和公章，也不经办公司具体事务，无法履行职权，不具备对外代表法人的基本条件和能力，故不可能也不应成为被告清大公司的法定代表人。

目前被告清大公司由被告周某、案外人冯某（被告博瑞兰天公司的法定代表人，亦即被告清大公司监事）实际控制，原告未参与被告清大公司实际经营管理却要承担其作为法定代表人的相应责任，显然有失公允，也与原告与被告周某签订的《委托持股协议》及被告《清大公司章程》不符。

在被告清大公司经营状况不佳且涉诉不断的情况下，继续担任被告清大公司股东、法定代表人、执行董事等职务将使原告在未来的商业活动和生活中遭受利益损失。故原告发函至三被告，要求解除被告清大公司法定代表人、执行董事职务，并重新确认股东资格，但三被告均不予配合。

此外，原告仅是介绍被告周某与案外人中促中心的人员见面认识，对被告周某与中促中心的洽谈合作事宜毫不知情，亦未参与被告清大公司与中促中心的民事诉讼，该诉讼中亦可以看出被告周某等人在具体办理被告清大公司事务。

被告周某辩称：

不认可原告提交的《委托持股协议》，被告周某并非被告清大公司的实际控制人，且原告实际参与被告清大公司的管理工作，目前被告清大公司涉及的债务清偿和股东责任问题尚未解决。

被告博瑞兰天公司辩称：

1. 被告清大公司的注册成立与维持均是合法的，原告要求涤除法定代表人与股东身份无法律依据。被告清大公司注册过程中，原告全程参与，且每年被告清大公司年检，尤其是开户银行对基本账户的年检，必须由法定代表人原告持其身份证亲自办理，加之从2010年公司注册至今8年多的时间，公司每年派车接送原告回四川阆中老家，这些充分说明了原告与被告博瑞兰天公司一起注册被告清大公司系其真实意思表示。

2. 产生本案诉讼的原因是案外人中促中心与被告清大公司之间由于各种因素引发一系列的诉讼，原告实际参与了被告清大公司的经营。

3. 原告促成了被告清大公司与中促中心的合作。被告周某多次到北京通过原告进行相关经营活动，原告诉称其不知晓洽谈事宜不是事实。被告清大公司所涉诉讼败诉后，原告作为法定代表人被限制高消费后对被告清大公司完全撒手不管。

法官观点：

1. 对于原告的股东身份应否涤除的问题。

被告清大公司对原告所持股权并未履行减资程序，在无原告所持被告清大公司股权对外转让协议以及其他股东优先购买权未解决的情况下，原告直接诉请涤除其被告清大公司股东登记事项没有事实依据和法律依据，该主张不能成立。

2. 对于原告的法定代表人身份应否涤除的问题。

(1) 原告并非被冒名登记为被告清大公司法定代表人，其对担任被告清大公司法定代表人事项是知晓和认可的，被告清大公司亦依据法律规定和公司章程规定按照法定程序将原告登记为被告清大公司的股东及法定代表人。

(2) 法定代表人工商信息具有公示效力，债权人在与公司进行商事交易时，亦是基于对公示的法定代表人的信任而建立交易，现原告作为法定代表人已被纳入失信被执行人，涤除其法定代表人及股东信息将损害债权人利益。

（3）被告清大公司变更法定代表人属于公司内部自治事项，应由公司决定，不属于民事诉讼受理的范围，原告的诉讼请求无法得到裁判支持。

法院判决：

驳回原告诉讼请求。

252. 在公司进入破产清算或强制清算的情况下，法院对涤除法定代表人登记的诉讼请求处理有何不同？

若公司已进入破产清算程序，法院对变更法定代表人登记之诉讼请求的态度较为审慎，一般不予支持。主要理由有以下两点：

（1）无办理法定代表人变更登记的必要。公司进入清算程序后，除法定的清算相关义务外，法定代表人不再履行其职责，此时没有再进行法定代表人变更的必要。如果清算程序顺利进行，法定代表人身份会自然伴随公司的注销登记而消灭。

（2）随意涤除登记不利于破产、清算案件的审理。在破产、清算程序尚未终结的情况下，公司法定代表人对公司是否负有责任尚未明确，此时不宜直接涤除其法定代表人身份。此外，如果法定代表人已被采取限制高消费等强制执行措施，涤除登记可能造成帮助债务人逃避执行的后果。

【案例118】公司正在破产清算中　不宜涤除法定代表人登记且无必要[①]

原告：陆某

被告：友丽公司

第三人：陈某某

诉讼请求：被告友丽公司向市场监督管理局涤除原告作为被告法定代表人的登记事项，变更被告股东陈某某为被告法定代表人。

[①] 参见上海市第二中级人民法院（2021）沪02民终8913号民事判决书。

争议焦点：

1. 原告基于公司内部形成的关于其不再担任执行董事、法定代表人的决议，主张委托关系解除而要求涤除登记，是否属于法院的受案范围；

2. 鉴于公司已在破产程序中，法人主体将消灭，涤除原告的法定代表人登记有无必要；

3. 在破产程序尚未终结的情况下，原告作为登记的执行董事、法定代表人是否存在承担责任的可能，此时涤除登记是否合适。

基本案情：

被告友丽公司于2012年11月23日设立，股东为案外人张某、第三人陈某某、原告，持股比例分别为40%、30%、30%。被告工商登记的法定代表人为原告。

2016年12月28日，第三人陈某某与原告签订《股权代持协议》一份，约定陈某自愿委托原告作为自己对被告出资的名义出资人和名义股东，并代为行使出资人或股东权利，原告自愿接受陈某某的委托。

2017年1月12日，被告形成《公司章程》，载明：公司不设董事会，设执行董事一名，任期3年，由股东会选举产生。执行董事任期届满，可以连任。公司的法定代表人由执行董事担任。该公司章程由全部股东签字，在市场监督管理局备案。

2017年8月11日，被告作出两份《股东会决议》，第一份决议内容为：即日起，法定代表人由原告代陈某某（第三人）担任。该股东会决议由全部股东签字。第二份决议内容为：选举原告为公司执行董事，聘任原告担任公司总经理的职务。第二份决议由第三人陈某某、原告签字并在市场监督管理局备案。同日，第三人陈某某、被告、原告签订《三方委托协议》一份，约定：被告法定代表人由第三人陈某某担任，原告代其作为被告法定代表人，为名义法定代表人。原告不参与被告经营，在被告没有任何任职，也没有收益，没有报酬。

次日，第三人陈某某与原告签订《委托法定代表人协议》一份，约定：陈某某委托原告担任被告的法定代表人，但原告不实际参与公司经营，公司经营产生的权利义务均与原告无关。原告的权利与义务包括：原告在委托期间行使法律及公司章程所赋予的权利时,必须严格按照第三人陈某某的授意行使,不得违背陈某某的意志;在委托期限内,第三人陈某某有权在条件具备时,将相关法定代表人身份转移到陈某某或陈某某指定的任何第三人名下,原告须无条件配合并提供必要的协助;在委托期限内,以原告的名义在公司登记机关进行登记;原告应当依照诚实信用的原则适当履行受托义务,并接受第三人陈某某的监督。第三人陈某某的权利与义务包括:陈某某作为公司的实际控制人,承担相应义务,包括但不限于股东收益、重大决策、表决权、查账权等公司章程和法律赋予的全部权利;在委托期限内,获得因公司经营产生的收益,包括但不限于利润、现金分红等,由原告按出资比例享有。双方约定若公司经营一旦发生任何纠纷,第三人陈某某必须无条件配合原告将公司法人工商登记变更为陈某某;此时原告仅为陈某某代任公司法定代表人90天,从本约定签署日起90天后,陈某某须无条件配合原告至工商部门进行公司法定代表人变更。

2017年8月24日,被告变更工商登记事项,法定代表人变更为原告。

2017年11月22日,被告作出《股东会决议》一份,决议如下:免去原告公司执行董事职务,选举李某某(案外人)为公司执行董事。股东签名同意处有陈某某、原告签字。该股东会决议在市场监督管理局备案。

2017年12月18日,被告变更工商登记事项,法定代表人由原告变更为案外人李某某。

2020年2月20日,市场监督管理局出具《撤销行政许可决定书》一份,撤销被告变更法定代表人为案外人李某某的行政许可。之后,被告工商登记事项中法定代表人又变更为原告。

一审审理中,原告称其要求变更被告法定代表人为第三人陈某某,但陈某某表示不愿意成为法定代表人。

中国执行信息公开网显示,自2018年9月13日至2018年10月25日,被告有71条失信被执行人信息。

2019年7月26日,一审法院根据案外人贸易公司的申请,受理申请人贸易公司对被申请人被告的破产清算申请。

原告诉称:

1. 第三人陈某某是持有被告60%股权的控股股东,原告的30%股权系代陈某某持有。2017年8月12日，原告与陈某某签订协议，约定原告代陈某某享有法定代表人资格，且不参与被告经营，当被告发生纠纷时原告代任法定代表人的时间为90天，陈某某必须无条件配合原告将法定代表人变更为陈某某。2017年11月22日，被告也已召开股东会，决议免去原告执行董事职务。

2. 2018年9月，被告开始大量涉诉。2019年至今，被告陆续发生失信、经营异常等违法事件。目前，被告在破产程序中。原告作为名义股东又是代任的法定代表人，与被告不存在实质关联性。原告不实质参与公司管理。原告作为被告执行董事任期届满且未获连选连任，同时在其明确表示不再担任法定代表人的情况下，其已无法代表被告行使法定职责。另外，原告不实际参与经营，对公司的实际运营和管理混乱并无过错。被告大量涉诉、破产、失信、经营异常，实际上是持有60%股权的控股股东陈某某（第三人）严重失职导致的，这也导致原告作为代任的法定代表人面临限制高消费和诉讼，需要配合法院出庭应诉或配合执行工作，已影响到原告的个人信誉、生活及工作。

被告辩称：

原告的诉讼请求没有事实依据。

1. 本案不可诉，原告应在公司章程和公司内部管理中解决不再担任法定代表人的问题。

2. 原告法定代表人身份不能变更。原告作为被告法定代表人的身份是经过工商部门确认的。现有证据不能证明被告法定代表人变更。被告的法定代表人应以工商有效登记记载为准。2017年11月22日，被告选举案外人李某某作为执行董事的决议，已经被市场监督管理局撤销。所以，原告仍是被告的法定代表人。

3. 原告主张不担任被告法定代表人，有逃避其法律责任的嫌疑。被告破产管理人准备对包含原告在内的被告董事、监事、高级管理人员不配合破产清算的行为追究法律责任。

法官观点：

本案有两个争议焦点：法院可否受理本案，原告的诉请应否予以支持。

第八章
请求变更公司登记纠纷

1. 关于原告本案起诉可否受理的问题。

原告接受被告的委托并受聘为被告的法定代表人，是原告与被告之间法律关系的实质内容，故原告与被告之间系平等主体之间的民事法律关系。原告的本案诉请为判令被告向市场监督管理局涤除原告作为被告法定代表人的登记事项并变更被告股东陈某某为被告法定代表人，其实质系原告终止其与被告之间关于法定代表人的委任关系。故本案纠纷属于平等主体之间的民事争议。而且，被告已进入破产程序并被破产管理人接管，被告原有的公司治理结构不能继续运行，原告已不能通过公司内部自治的方式解决其诉求。故原告对本案诉讼请求具有诉的利益，本案属于人民法院受理民事诉讼的范围，应予受理。

2. 关于原告本案诉请应否予以支持的问题。

我国现行法律对委任关系并无特别规定，就委托合意部分而言，可参照适用委托合同的法律规定。《合同法》第410条规定，委托人或者受托人可以随时解除委托合同。故出任公司法定代表人的自然人作为受托人有权随时辞去委托，委任关系得以终止。更何况原告仅是被告的代持股东，其与被告并无利益关联性，故其有权要求辞去委托，终止其与被告的委任关系。原则上，一旦作为公司法定代表人的自然人辞任法定代表人职务，公司应通过内部治理结构另行选任法定代表人，并办理工商变更登记。

但本案具有特殊性。首先，被告已进入破产清算程序，法院亦已指定破产管理人接管被告，原告已无须履行法定代表人职责。其次，根据《企业破产法》的有关规定，公司被宣告破产后，破产程序终结，破产管理人应向破产公司的原登记机关办理注销登记。故若被告破产程序顺利进行，则被告定会办理公司注销登记。公司办理完毕注销登记手续后，原告的公司法定代表人身份亦将因此而消灭。最后，在破产清算程序中，存在破产管理人向破产企业高级管理人员追究责任的可能性。在本案审理中，破产管理人亦表示将视情况追究包括原告在内的董事、监事、高级管理人员的相关责任。在破产程序尚未终结的情况下，原告作为公司法定代表人对公司是否负有责任尚未明确。故在此情况下，原告要求变更其法定代表人身份，应当不予准许。

法院判决：

驳回原告全部诉讼请求。

253. 对于涤除变更法定代表人登记的诉讼请求，是否可以因为法定代表人属于必要登记事项不得空缺而驳回？

对此问题，实践中存在不同观点。

部分法官认为，法定代表人作为依法代表法人行使民事权利、履行民事义务的主要负责人，为公司必须登记事项，不得空缺。公司应先通过股东会会议作出有效决议，推选出新的法定代表人，再办理工商变更登记。

笔者则赞同另一种观点，即涤除法定代表人职务后，公司可以依照法定程序另行选任法定代表人，不能仅以公司空缺登记，作为原法定代表人继续担任法定代表人的理由。

执行实践中，部分工商登记机关对于公司尚未选出新的法定代表人的情况，采用在原法定代表人姓名后作"已涤除"等备注的方式，实现了判决执行。

【案例119】未穷尽变更法定代表人途径　为免必要登记空缺诉请涤除被驳回[①]

原告： 陈某雅

被告： 庭凯公司

诉讼请求： 被告庭凯公司于本案判决生效之日起30日内至市场监督管理部门办理涤除原告作为被告执行董事、法定代表人的登记事项。

争议焦点：

1. "法定代表人"作为公司必要登记事项，如涤除后会导致空缺登记，法院是否应支持涤除的诉请；

2. 原告作为执行董事是否穷尽救济手段，通过召集股东会由公司决议改选执行董事、法定代表人；

3. 执行董事和公司的委托关系终止，是否必然应当进行涤除登记。

基本案情：

被告庭凯公司成立于2012年10月17日，现股东为案外人银来公司、案

---

① 参见上海市第二中级人民法院（2021）沪02民终3758号民事判决书。

外人李某媚、原告（占股5%）以及其他5名自然人股东。被告章程第9条规定，股东会会议分为定期会议和临时会议，并应当于会议召开15日以前通知全体股东。定期会议每年召开一次。代表1/10以上表决权的股东，执行董事，监事提议召开临时会议的，应当召开股东会。第15条规定，公司不设董事会，设执行董事一名，任期3年，由股东会选举产生。执行董事任期届满，可以连任。第23条规定，公司的法定代表人由执行董事担任。

2016年1月，原告入职被告，由被告每月支付工资，缴纳五险一金。2016年10月29日，被告作出股东会决议，任命原告担任执行董事、法定代表人。原告于2017年9月从被告处离职，被告此后不再支付工资，缴纳五险一金。

2020年6月8日，原告出具《关于不再担任法定代表人的声明》，言明："从本声明作出之日起，本人不再担任公司法定代表人、执行董事，建议公司各股东选举委托他人继任。"次日，原告委托律师将该声明通过EMS快递给被告各股东，除案外人李某媚退回之外，其他股东均签收。2020年6月17日，原告在《上海科技报》发布声明，声明辞去被告执行董事、法定代表人职务。

庭审中，原告陈述被告的主营业务是企业培训、高管培训，其在担任被告执行董事和法定代表人期间，主要负责企业管理层培训工作的运营以及向大股东案外人银来公司汇报工作。

原告诉称：

1. 原告离职后，以书面形式声明其不再担任被告执行董事、法定代表人。原告已经与被告解除劳动关系，原告担任被告执行董事、法定代表人的基础已不存在。根据被告章程的规定，原告的任期至2019年10月29日届满。原告不掌握被告的证照、公章，也不再参与被告的实际经营管理，已不具备担任被告执行董事、法定代表人的条件和能力。

2. 原告担任被告执行董事、法定代表人系基于被告与原告的委托合同关系。根据《合同法》第410条规定，原告有权任意要求解除其与被告的委托合同关系。现委托合同关系已经解除，被告理应涤除原告作为其执行董事、法定代表人的工商登记事项。

3. 原告已穷尽公司内部救济途径。一方面，原告已采取一切途径向所有股东发送辞任法定代表人、执行董事的通知。另一方面，原告仅持有被告5%的股权，没有资格提起解散公司之诉，原告已无其他途径维护自身权益。

4. 上海法院存在支持原告观点的类似案例，根据"同案同判"要求，应当支持原告诉请。

被告未作答辩。

法官观点：

1. 依据国务院颁布的《公司登记管理条例》第9条和第30条以及被告的公司章程第15条、第23条规定，法定代表人为公司必须登记事项。公司登记具有公示公信之效力，公司法定代表人具有代表公司对外表意的职权，关涉公司正常运营，保障社会经济关系稳定，公司法定代表人的登记不得空缺。原告诉请要求被告办理涤除其作为法定代表人与执行董事的登记事项，应当先通过公司股东会会议作出有效决议，推选出新的执行董事与法定代表人，再办理工商变更登记。在被告未就选举新的执行董事作出有效决议之前，原告无权请求被告办理法定代表人的变更登记。

2. 被告公司章程规定，公司执行董事任期为3年。章程未对任期届满后，公司未选举或无法选举出新的执行董事的情形作出规定，则应按我国《公司法》第45条第2款①的规定，由原董事继续履行董事职务。故即使原告任期届满，被告股东会未选举出新的执行董事之前，原告仍应继续履行执行董事职务并出任法定代表人。

3. 现原告要求涤除其执行董事身份，表明其不愿担任执行董事一职，原告应当根据公司章程规定，以被告执行董事的名义提议召开股东会，选举产生新的执行董事。现原告仅向公司股东发送辞任通知并且在报纸上发布辞任声明，并未依据法律与公司章程的规定召集股东会会议以形成有效决议，尚未穷尽公司内部救济程序。

4. 我国现行法律对委任关系并无特别规定，法理上可以准用委托代理关系。参照我国《民法典》第173条的规定，代理人辞去委托的，委托代理终止。出任公司法定代表人的个人作为代理人有权辞去委托职务，委任关系得

---

① 现为《公司法》第70条。

以终止，但委任关系终止的法律效果并不当然可以涤除登记。

法院判决：

驳回原告诉讼请求。

【案例120】本就为名义法定代表人且已离职　诉请涤除获支持[①]

原告： 刘某

被告： 莱芜中天公司

第三人： 山东中天公司

诉讼请求： 被告莱芜中天公司以及第三人山东中天公司协助原告涤除其作为被告莱芜中天公司法定代表人的登记事项。

争议焦点：

1. 执行董事和公司的关系是否为委托关系，是否可以通过辞职随时解除；解除委托关系后，是否应当办理公司法定代表人变更登记；

2. 另案生效判决中记载，被告认为原告仅为名义上的法定代表人，则原告被登记为法定代表人"名实不符"是否系涤除登记的理由；

3. 涤除登记后"法定代表人"登记事项空缺是否可以作为公司的抗辩理由，从而不办理变更登记。

基本案情：

被告系第三人下属公司，于2012年12月4日注册成立。自2014年4月14日起，原告在第三人处任职，后经第三人委派到被告任职。

2015年4月23日，被告变更工商登记，将公司法定代表人变更为原告，同时将案外人股东齐某所持被告40%股权变更登记在原告名下。截至诉讼时，工商登记显示被告法定代表人为原告，持股40%；第三人山东中天公司持股60%。被告公司章程第18条规定：公司的法定代表人为公司的执行董事，由股东会选举或聘任产生，任期3年，任期届满可连选连任，连聘连任。

2015年9月20日，被告与原告签订《劳动合同》，约定原告在被告处从

[①] 参见山东省济南市中级人民法院（2021）鲁01民终10114号民事判决书。

事外事总监、开发总监岗位工作，合同期限自 2015 年 9 月 20 日起至 2019 年 12 月 31 日。

2019 年 8 月 22 日，原告以被告未按时发放工资、未缴纳社会保险为由向公司提出解除劳动关系，并提起诉讼。被告曾主张原告并未参与工作，仅是名义法定代表人，不应向公司主张劳动报酬。法院于 2019 年 10 月 21 日作出劳动争议民事判决，原告胜诉。原告自此从被告离职，并未参与被告实际经营管理。因被告涉诉案件较多，原告离职后不再以法定代表人身份签署相应法律文书，被告的实际控制人案外人丁某负责签署相应法律文书。

原告诉称：

1. 劳动争议民事判决书中载明的事实中明确记载，被告在该案答辩期间陈述："原告并未参与工作，仅是名义法定代表人，不应当向其支付劳动报酬。"该事实是生效裁判文书载明的事实，说明原告被登记为法定代表人本就名实不符。

2. 既然被告在劳动争议案件中认可原告仅是名义法定代表人，那么原告作为一个顶名的法定代表人和股东，无法召集股东会进行变更。而且原告是通过诉讼的方式与被告解除了劳动关系，获得了相应的劳动权益，双方势如水火，原告离职后也不再参与被告的管理，就实务操作而言，原告也不具备内部救济的条件。此外，从原告选择诉讼方式来看，如果原告具备内部救济的条件，那么也不会消耗大量时间成本和金钱成本通过诉讼的方式来进行维权。

综上，原告没有其他救济途径可以涤除登记，仅能向法院起诉，请求公司履行义务。

被告辩称：

1. 被告与原告劳动关系的解除与原告担任公司的法定代表人无关，原告担任被告的法定代表人是基于原告是被告的股东和执行董事，由股东会决议并任命。

2. 原告变更公司法定代表人有内部救济途径，原告作为被告的股东和执行董事，其可以通过召集公司股东召开股东会，就法定代表人的变更事项进行协商后作出决议变更。

法官观点：

本案中，原告与被告解除劳动合同关系后，原告不再参与被告的经营管理，也并非被告的实际负责人，双方没有形成由原告成为"名实相符的法定代表人"的真实合意。在原告已经离职且存在职工权益纠纷、已不具有再担任其法定代表人合意的情况下，足见被告并无办理法定代表人变更登记的意愿，内部救济途径可以认定为已经穷尽且无法成功。而且劳动争议案件中，被告亦自认"仅仅是法定代表人写的原告的姓名"，故让原告担任名义上的法定代表人，与《公司法》的相关规定明显不符，背离了立法宗旨。

原告在被告的原职务为执行董事，并且担任该公司法定代表人。关于董事与公司之间的关系，根据《公司法司法解释（五）》第3条第1款规定，"董事任期届满前被股东会或者股东大会有效决议解除职务，其主张解除不发生法律效力的，人民法院不予支持"，即公司与董事之间为委托关系，根据股东会的选任决议和董事同意而成立委托合同法律关系，委托合同的双方均有任意解除权，股东会有权解除原告职务，原告也有权解除委托合同法律关系，辞去执行董事职务，不再担任法定代表人。

至于涤除原告法定代表人职务后，被告可以依照法定程序另行选任法定代表人，不能以此作为原告继续担任法定代表人的理由。

法院判决：

被告应在判决生效之日起30日内，到市场监督管理部门涤除原告作为被告法定代表人的登记事项；若逾期未变更，视为原告不再担任被告法定代表人职务。

254. 董事在任期内辞职，请求公司办理涤除登记能否得到法院支持？

应当区分两种情况。

若董事辞职没有导致董事会成员低于法定人数，则请求公司办理涤除登记能够直接得到支持。

若董事辞职导致董事会成员低于法定人数，则需要判断公司是否长期未能选出新董事，如公司确实存在怠于履行改选义务的情况，法院仍应支持涤除登记。

【案例121】离职5年公司未选新董事　即便董事人数将低于法定标准仍应准予涤除[①]

原告：单某

被告：洲汇公司

诉讼请求：被告洲汇公司至市场监督管理局涤除原告董事登记事项。

争议焦点：原告担任董事期限届满且已辞职5年，公司仍未办理董事变更登记手续，此时可否以涤除原告董事登记将导致董事人数低于法定标准为由驳回诉请。

基本案情：

被告于2015年12月17日成立，案外人五洲公司为被告股东，原告为被告工商登记记载的董事。

2019年8月13日，原告委托律师向案外人五洲公司寄出律师函，载明：原告曾在公司担任集团总裁助理职务；后因个人原因提出辞职并于2016年8月31日正式解除劳动关系。在此期间，公司因经营发展需要，曾利用原告身份信息办理了被告工商设立登记，挂名公司董事职务。事实上，原告不曾参与过被告任何经营、决策、监督等活动；鉴于原告已与公司解除了劳动关系，公司有义务另行指派人员担任被告董事职务，并应及时将原告为被告董事等工商登记信息予以变更。然而，原告经查询得知，被告登记董事信息仍显示原告；鉴于此，望公司收到本函后立即向被告提出选派新任董事并要求其及时办理董事工商登记信息变更。

同日，原告向被告寄出律师函，并请求：立即向公司董事会、股东披露上述信息，并及时召开股东会商议选聘新任董事；及时将原告董事信息进行工商登记变更；烦请公司能够在收到本函后3日内及时按照原告要求处理。但被告未予签收律师函。

2016年8月31日，案外人五洲公司曾出具离职证明，载明：原告自2013年12月9日至2016年8月31日在我司担任集团总裁助理职务……原告因个人原因，向公司提出辞职，于2016年8月31日与公司解除劳动关系。

[①] 参见江苏省无锡市中级人民法院（2021）苏02民终4231号民事判决书。

2020 年 8 月 18 日，案外人五洲公司出具情况说明，载明：2015 年公司因业务合作，曾发起成立被告，因新设公司需要，2015 年 12 月 14 日委派原告到被告担任董事职务，原告自 2013 年 12 月 9 日至 2016 年 8 月 31 日在该公司担任总裁助理职务，于 2016 年 8 月 31 日因个人原因与公司解除劳动关系……原告离职期间，曾告知公司应及时改派他人前往被告担任董事一职。为此，公司曾致电告知被告办理工商变更登记一事，截至今日查询被告工商登记信息，仍显示原告为被告董事。事实上，原告在职期间是担任公司总裁助理岗位，并非被告股东，也从未参与过被告的日常经营管理工作。被告实际由其另一股东班帝尼公司（案外人）控制，原告没有参与过被告的日常经营管理，未从被告处领取任何报酬。为此，公司曾多次要求被告予以办理变更手续，但均未得到有效回复。

原告诉称：

1. 挂名被告董事系原告履行公司职务行为，事实上原告从始至终都未曾参与被告任何日常经营、决策、监督等活动。

2. 2016 年 8 月 31 日，原告与案外人五洲公司正式解除劳动关系并向被告辞去挂名董事职务，事实上无法再继续挂名董事职务。

被告未作答辩。

一审法官观点：

1. 公司董事由公司股东大会选举产生，是行使管理职权的高级管理人员，其职务的任命和免除，应当由所属公司依照法律规定的程序予以处置。本案中原告系受被告股东五洲公司（案外人）委派担任被告董事，不属于由职工代表担任的董事，其董事职务的任免应由被告股东会作出相应的决议。现被告股东会未对原告的董事职务作出决议，原告暂无法解除自身的董事职务。

2. 被告董事会成员仅有三名，涤除一人后，无法达到法律规定的董事会最低人数。而作为委派方的案外人五洲公司亦未能明确指派新的人员担任董事，单独将原告董事职务涤除，将破坏被告现有的组织架构。

综上，原告要求被告至市场监督管理局涤除董事登记的主张，与法律规定相悖。

一审法院判决：

驳回原告诉讼请求。

原告不服一审判决，向上级人民法院提起上诉。

原告上诉称：

1. 原告与被告不具有实质关联性，既不参与经营管理，也不具备成为公司董事的基本条件和能力。如不进行涤除，将背离立法宗旨，影响其作为普通公民的合法权益，并有违公平原则。且被告已停止经营多年，无法取得联系，原告无法通过内部自治途径就董事变更事项作出决议，只能寻求司法救济。

2. 原告已解除了与被告、案外人五洲公司的董事委托合同，有权要求被告向登记机关申请办理已辞去董事职务的登记。董事任期为3年，原告于2015年12月被五洲公司委托为被告董事，任期早已届满且未获得连任，而且于2016年8月已提出辞职报告。因此，原告与被告、五洲公司之间的委托合同关系已经丧失有效存续的基础。一审认为单独将原告董事职务涤除，将破坏被告现有组织架构，该理由无法成立。既然被告没有正常经营，其自身治理制度显然已经失灵，法院不应再要求治理机制层面进行救济。

综上，请求撤销原审判决，依法改判。

被告未作答辩。

二审法官观点：

1. 《公司法》第45条①第1款规定，"董事任期由公司章程规定，但每届任期不得超过三年。董事任期届满，连选可以连任"。原告自2015年12月14日被被告股东五洲公司（案外人）委派为被告的董事，至今已经超过3年，董事任期届满后，五洲公司已经出具情况说明，明确原告已从五洲公司离职，不再担任被告董事。因此，原告不再具备可以在被告连选连任的资格。

2. 从原告及五洲公司发给被告的函件可以得知，原告早在2016年8月31日即向被告提出辞去董事职务。因公司与董事之间属于委任关系，在法律和公司章程没有相反规定的情况下，公司董事辞职一般于董事辞职书送达公司董事会时发生法律效力。虽然《公司法》第45条第2款规定，"董事任期届满未及时改选，或者董事在任期内辞职导致董事会成员低于法定人数的，在

---

① 现为《公司法》第70条。

改选出的董事就任前，原董事仍应当依照法律、行政法规和公司章程的规定，履行董事职务"。被告仅有三名董事，原告辞职的确会出现公司董事人数低于法定最低人数的情形，被告也有权要求原告在提出辞职后的过渡期间继续履行董事职务。但是，这个过渡期间应当是个合理期间。从原告提出辞职至今已5年多，被告未进行新董事的改选，拖延办理原告的董事辞职事项。而且，从一审向被告送达诉讼文书无人签收，并需进行公告送达的情况，也可看出被告经营已不正常，不可能再行通过股东会完成董事补选。故原告辞去董事职务发生法律效力。

二审法院判决：

1. 撤销一审民事判决；

2. 被告于本判决生效之日即至其公司登记机关涤除原告作为被告董事的登记事项。

255. 公司清算期间，董事请求公司办理涤除登记能否得到法院支持？

不能。董事作为法定的清算义务人，此时离职涉及债权人保护问题，可能损害相关债权人的利益。

【案例122】清算期间更应重视保护债权人利益　法定代表人诉请涤除被驳回[①]

原告：胡某

被告：东风公司

诉讼请求：被告东风公司至市场监督管理局涤除原告作为被告法定代表人、执行董事兼经理的登记事项。

争议焦点：公司清算期间，董事诉请涤除登记能否得到支持。

基本案情：

被告东风公司股东为案外人卢某甲和朱某，占股分别为80%和20%。2014年7月18日，被告作出股东会决议，聘请原告为公司执行董事兼经

[①] 参见上海市第二中级人民法院（2022）沪02民终3070号民事判决书。

理（法定代表人）。被告公司章程第 15 条规定公司不设董事会，设执行董事一名，任期 3 年，由股东会选举产生。执行董事任期届满，可以连任。第 23 条规定公司的法定代表人由执行董事担任。

2014 年 8 月 7 日，被告完成工商变更登记，法定代表人、执行董事兼经理变更为原告。截至诉讼时，被告经营情况处于吊销未注销状态。

另外，2019 年 4 月 2 日，原告作为被告登记的法定代表人，因被告未能履行其他案件中生效法律文书确定的给付义务而被限制高消费。

原告已通过书面及口头形式多次提出辞去被告法定代表人、执行董事兼经理职务。

原告诉称：

被告两股东与原告为姻亲。2014 年 7 月，被告实控人卢某甲找到原告，希望原告能够担任被告挂名法定代表人，原告同意挂名。

近日，原告购买机票出行时发现，其因被告与其他公司发生买卖合同纠纷，被法院列入限制高消费名单。在此之前，被告及其实际控制人并未告知此事，原告始终被蒙在鼓里。

首先，从《民法典》和《公司法》的立法宗旨来看，法定代表人作为代表公司法人进行经营活动的负责人，与其所代表的法人之间必须存在实质关联性，理应实际参与公司的经营管理。但原告自担任法定代表人以来，既未实际参与被告经营管理，更从未拿到过公章、合同专用章、财务专用章等重要印鉴。被告的经营活动自始至终由他人把控。原告除了在《公司登记（备案）申请书》的"法定代表人签字"栏目签过字外，未从被告处领取任何报酬，原告仅为名义法定代表人。

其次，原告的执行董事职务任期早已届满且其明确提出辞职。根据最高人民法院民事审判第二庭相关负责人就《最高人民法院关于适用〈中华人民共和国公司法〉若干问题的规定（五）》答记者问可知，公司与董事之间实为委托关系，依股东会的选任决议和董事同意任职而成立合同法上的委托关系。既然为委托关系，则合同双方均有任意解除权，即公司可随时解除董事职务，无论任期是否届满，董事也可以随时辞职。原告担任被告的执行董事任期早已届满，被告亦未证明原告在任期届满之后获得连任。原告已多次表达辞去职务，拒绝连任，原告的任职事实上已经终止。

最后，原告并非被告股东，其无法通过召集股东会等公司自治途径就法定代表人变更事项进行协商后作出决议。被告的法定代表人变更已超出意思自治的范畴，司法应当介入，且涤除与原告相关的登记事项不会损害债权人的利益。在原告多次与被告沟通无果的情况下，仍将涤除视为公司意思自治事项将会助长类似的挂名行为，法院应当纠正错误登记。选任新法定代表人系被告的法定义务，不应当以此为理由阻却原告的变更登记。

被告未作答辩。

法官观点：

依据国务院颁布的《公司登记管理条例》第9条和第30条的规定，法定代表人为公司必须登记事项。公司登记具有公示公信之效力，公司法定代表人具有代表公司对外表意的职权，关涉公司正常运营，保障社会经济关系稳定，公司法定代表人的登记不得空缺。经过依法登记的法定代表人信息具有公示公信的效力，对于公司从事交易的可信性、稳定性以及公司债权人利益的维护等均有重要作用。《公司法》第13条[①]规定，公司法定代表人依照公司章程的规定，由董事长、执行董事或者经理担任，并依法登记。

1. 本案中，原告于2014年7月18日经被告股东会决议被选举为执行董事兼经理。同时，被告公司章程第23条规定："公司的法定代表人由执行董事担任。"据此，原告经市场监督部门核准登记为被告东风公司执行董事兼经理和法定代表人。可见，原告欲不再担任被告法定代表人，其前提是不再担任该公司执行董事。在原告继续担任执行董事的情况下，其仍须继续担任法定代表人。

2. 被告公司章程第15条规定："公司不设董事会，设执行董事一人，任期三年，由股东会产生。执行董事任期届满，可以连任。"尽管从现有证据来看，原告担任执行董事的任期已届满，但《公司法》第45条第2款[②]规定，董事任职届满未及时改选，在改选出的董事任职前，原董事仍应当依照法律、行政法规和公司章程的规定，履行董事职务。所以，原告在任期届满后，仍

---

① 现为《公司法》第10条。
② 现为《公司法》第70条。

应依法继续履行执行董事职务并担任法定代表人。

3. 自然人担任公司法定代表人并非以其是否系公司股东或者员工为前提条件。因此，即便原告不是被告股东和员工，也不影响其担任法定代表人。更何况，前已述及，被告法定代表人由执行董事担任。

4. 即便原告仅为挂名执行董事和法定代表人而不实际参与被告经营管理，但这并不能成为其有权主张涤除法定代表人登记事项的理由。原告是具有完全民事行为能力的成年人，其应当对自身的行为所造成的风险负责。原告现因被告受到法律制裁，进而使其因作为法定代表人进入失信被执行人名单，起诉要求涤除法定代表人的登记事项。原告虽向被告的股东卢某甲、朱某提请辞去执行董事兼经理和法定代表人职务的提议，但两股东未作回应，未找到继任法定代表人。在此情况下，若判决涤除原告的职务导致公示登记信息空置，易造成债权人利益受损，甚至市场秩序紊乱。因此，法定代表人的变更仍须依公司意思机关的决策而定。如果被告股东对原告的提请恶意逃避或者消极对待，并给原告实际造成损失的，原告可以向责任主体主张赔偿。

5. 鉴于被告尚处于吊销未注销的状态，作为在职的执行董事和经理，原告应当承担一定的清算义务。根据被告的公司章程，当被告因为违反法律、行政法规被依法撤销或责令关闭，由相关主管机关组织股东、有关机关及专业人员成立清算组进行清算。因被告不设董事会，原告作为执行董事可被认定为有关机关负责清算。在无改选的情况下，原告身份的涤除不仅有悖于法定义务的承担，还可能会给相关债权人造成一定的损失。

法院判决：

驳回原告全部诉讼请求。

256. 在有限责任公司股权转让的情形下，受让人可否提起行政诉讼请求公司登记机关办理变更登记？

如果公司登记机关不及时办理股东变更登记，受让人可以提起行政诉讼请求其办理变更登记。

一方面，受让人是该诉讼的适格原告。虽然受让人并非股东变更登记的行政相对人，但变更登记的完成与否会对其合法权益产生实质影响，故其与股东变更登记具有行政法上的利害关系。因此,受让人具有提起行政诉讼的原告主体资格。

另一方面,股权转让后,根据《市场主体登记管理条例》等法律法规规定,公司登记机关应当根据公司申请,依法履行登记职责。公司登记机关依法负有前述职责,如无正当理由而不及时办理变更登记,则依照《行政诉讼法》关于受案范围的规定,法院也应当处理受让人对公司登记机关的起诉。

257. 工商行政确认纠纷、工商行政许可纠纷等行政诉讼中的起诉期与诉讼时效有何区别?

诉讼时效为民法上的概念,起诉期为行政诉讼中与之相对应的概念。起诉期与诉讼时效在理论上虽有共通之处,但实为两种独立制度,[①] 两者之间的主要区别在于:

(1) 民事诉讼中超过诉讼时效,原告仅丧失胜诉权而非起诉权。而行政诉讼一旦超过起诉期,法院将裁定不予立案,已经受理的也应裁定驳回起诉。

(2) 民事诉讼中的诉讼时效存在中断、中止的情形。而行政诉讼的起诉期是一个不变期间,不存在中断、中止的情形,只有期限扣除和延长的问题。

请求撤销工商行政登记受到起诉期的限制,而行政诉讼对于作为类的具体行政行为的法定起诉期限,分为以下三种情形:

(1) 公民、法人或者其他组织知道具体行政行为内容且知道诉权与起诉期限的,应当在知道具体行政行为之日起 6 个月内提起诉讼。

(2) 公民、法人或者其他组织知道具体行政行为内容,但未被告知诉权或起诉期限的,其起诉期为知道或者应当知道诉权或起诉期限之日起 6 个月内,但从知道或者应当知道具体行政行为内容之日起最长不得超过 1 年。

(3) 公民、法人或者其他组织不知道具体行政行为的内容的,其起诉期为知道或者应当知道具体行政行为作出之日起 6 个月内,但不得超过 5 年与 20 年的最长起诉期限(因不动产提起诉讼的案件最长起诉期限为行政行为作出后 20 年,其他案件最长起诉期为行政行为作出后 5 年)。

起诉人由于不属于自身的原因超过起诉期限的,不受最长起诉期限的限

[①] 信春鹰主编:《中华人民共和国行政诉讼法释义》,法律出版社 2014 年版,第 127 页。

制。其中,"不属于起诉人自身原因"在法律法规中并没有明确的界定。司法实践中,一般界定的情形包括不可抗力、因政府机关或法院原因导致当事人无法行使权利。

258. 登记机关不作为时,当事人提起行政诉讼的起诉期如何计算?

登记机关不作为时,可分为以下两种情况:

(1) 积极不作为,即登记机关对当事人的申请明确拒绝。对于积极不作为行为,行政行为当场成立,起诉期为明确拒绝之日起6个月内。

(2) 消极不作为,即登记机关对当事人的申请不予处理,本质为默示拒绝。《市场主体登记管理条例》第19条规定,登记机关最长应在6个工作日内对当事人的申请予以登记。如果登记机关不予处理当事人的申请,则当事人的起诉期为其提出申请后6个工作日届满之时起6个月内。

【相关法律依据】

一、公司法类

(一) 法律

❖《公司法》第68条、第86条

(二) 行政法规

❖《市场主体登记管理条例》(国务院令第746号)第19条、第24条、第25条

(三) 司法解释

❖《最高人民法院关于适用〈中华人民共和国公司法〉若干问题的规定(三)》(2020年修正)第23条

(四) 部门规章

❖《公司登记管理实施办法》(国家市场监督管理总局令第95号)第4条、第15条、第23条

二、行政法类

(一) 法律

❖《行政诉讼法》第12条、第25条、第46~48条

❖《行政许可法》第38条

(二) 司法解释

❖《最高人民法院关于适用〈中华人民共和国行政诉讼法〉的解释》(法释〔2018〕1号) 第64~66条

❖《最高人民法院印发〈关于依法保护行政诉讼当事人诉权的意见〉的通知》(法发〔2009〕54号) 第2条

第九章 公司证照返还纠纷

【宋和顾释义】

> 关于公司证照返还纠纷，在新《公司法》的修订中未作修改。
>
> 结合司法实践，公司证照返还纠纷所涉要点主要体现为以下五种：
>
> （1）起诉主体适格问题，除了公司，法定代表人、执行董事、经理是否有权提起公司证照返还纠纷；
>
> （2）诉讼时效问题，诉请证照和公司资料返还是否受诉讼时效影响；
>
> （3）公司证照的范围界定，如会计账簿、原始凭证等是否属于公司证照；
>
> （4）原告如何有效举证的问题，在缺少直接证据的情况下，如何形成证据链以证明被告违法持有公司证照；
>
> （5）要求返还公司证照的特殊情形，如证照已被作废、扣押或抵押照、他人有权持有证照等情况下，公司是否仍可请求返还。
>
> 上述部分问题，在本书第三版第五册"公司证照返还纠纷"章节中已涉及，本章系根据司法实践的变化，加以梳理、归纳和补充。

259. 如何确定公司证照返还纠纷的诉讼当事人？

一般情况下，原告应当为公司，并由公司法定代表人代表公司提起诉讼，被告应当为证照的非法持有人。当公司股东认为他人非法持有公司证照损害公司利益时，在满足法定条件的情况下，可以提起股东代表诉讼或股东双重代表诉讼，代表公司或全资子公司要求非法持有证照的主体返还证照。

第九章
公司证照返还纠纷

公司进入清算程序后，公司成立清算组的，由清算负责人代表公司参加诉讼；尚未成立清算组的，由原法定代表人代表公司参加诉讼。

因公司的印章、证照等属于公司的财产，所以公司法定代表人、股东不能以个人名义提起诉讼。但如果公司相关决议已经将证照的保管权利授予特定人员（如董事、经理等），其亦可作为原告诉请无权持有人返还证照。

260. 公司证照返还纠纷诉讼是否适用诉讼时效？

适用。公司证照、印章、会计账簿等属于公司的财产，适用物权相关的规定。但实践中，因无权持有证照等资料处于持续状态，因此不会出现超过诉讼时效而丧失胜诉权的情况。

261. 公司决议效力影响权利主体认定，法院是否应当将其与证照返还之诉一并审理？

当公司内部产生权利争夺时，往往会通过公司决议的方式，任免证照的持有人，以剥夺或赋予公司证照的保管权。因此，当事人可能会同时提起证照返还之诉与决议效力之诉。

实践中，对于是否可以一并审理两起诉讼，存在不同观点。有观点认为，股东会、董事会决议的效力问题，不属于公司证照返还纠纷的审理范围，因此不对决议效力进行认定。也有观点认为，法院应当进行实质审查，在查清决议效力后，依法作出裁判。

笔者认为，从降低诉讼资源以及尽快恢复公司正常经营的角度来看，法院应该一并审理相关决议的效力。同时，如果决议效力之诉尚未审结，而证照返还之诉必须以此审理结果为依据的，法院应该裁定中止审理证照返还之诉。

262. 哪些文件、物品属于公司证照？

公司证照可以分为以下三种类别：

（1）公司印章，包括公司公章、财务专用章、合同专用章、发票专用章等。

（2）公司证件，包括公司的营业执照、资质许可证、银行卡户许可证等。

（3）其他与公司经营相关的重要材料。实践中，一般认为财务会计账册及凭证属于公司证照。

263. 公司营业执照遗失后应当如何处理？补办时应提交哪些材料？

公司可向公司注册地的市场监督管理部门申请补办营业执照。以上海为例，申请补办营业执照时，应当提交如下材料：

（1）补发证照申请书，需要法定代表人签字并加盖公司公章。

（2）刊登营业执照遗失并声明作废公告的报纸报样，或国家企业信用信息公示系统的作废公告。

264. 公司银行开户许可证遗失后应当如何处理？

银行开户许可证遗失或毁损时，存款人应填写《补（换）发开户许可证申请书》，通过开户银行向中国人民银行当地分支机构提出补（换）发开户许可证的申请。

值得注意的是，自2019年起境内依法设立的企业法人、非法人企业、个体工商户在银行办理基本存款账户、临时存款账户业务，包括企业取消在账户许可前已开立基本存款账户、临时存款账户的变更和撤销业务，由核准制改为备案制，人民银行不再核发开户许可证。换言之，取消企业银行账户许可制后，银行为企业开立、变更、撤销基本存款账户、临时存款账户，要通过人民币银行结算账户管理系统向人民银行当地分支机构备案。

【案例123】使用过证照不等同于持有证照　公司请求返还被驳回[①]

原告：合富公司

被告：周某

诉讼请求：被告返还公司的公章及法定代表人私章。

争议焦点：使用公章的行为能否足以认定使用人持有公章。

基本案情：

原告法定代表人陈某提交的原告2012年7月31日的公司章程记载，陈某与被告均为被告股东，陈某担任执行董事兼法定代表人，被告担任监事。

原告提交机动车过户材料、银行存折户取款凭条等证据及公司财务的证

[①] 参见广东省高级人民法院（2017）粤民申5183号民事裁定书。

人证言,证明被告于 2013 年 12 月、2014 年 2 月、2014 年 5 月 15 日使用原告印章办理业务。

另案中被告及案外人持公司印章实施欺骗行为,涉及虚假诉讼。公安机关对被告持有公司印章制造虚假诉讼一事已立案受理。

原告诉称:

被告违法持有原告公章,应交还原告。

被告辩称:

被告不持有原告的公章及法定代表人私章,被告使用公章的行为不能证明被告持有公章。

法官观点:

原告章程并没有约定公司公章和法定代表人私章由谁保管。按常理,上述印章一般是由公司法定代表人或者财务负责人保管。现原告虽主张被告持有其公章及法定代表人私章,但其提供的证据仅能反映被告曾使用过原告印章,并不能证明公司印章由被告持有。公司财务人员虽出庭作证称被告保管原告印章,但其系原告聘请的,与原告之间存在利害关系,在没有其他证据佐证的情况下,其证言不能单独作为认定案件事实的依据。综上,原告不能举证证明被告持有原告印章,其请求被告返还公司印章缺乏事实依据,不予支持。

法院判决:

驳回原告诉讼请求。

【案例124】 章程未约定证照保管人　法定代表人被推定持有证照[①]

原　告: 银海世纪公司

被　告: 王某某

诉讼请求: 被告向原告返还公司印章(包括公司的公章、财务专用章、合同章)、证照(包括营业执照正副本、开户许可证、组织机构信用代码证、税务登记证),财务账簿(公司自成立时即 2010 年 10 月 9 日起至实际转交日

[①] 参见北京市高级人民法院(2020)京民申 4715 号民事判决书。

止的总账、明细账、日记账和其他辅助性账簿及会计凭证含记账凭证、相关合同、相关原始凭证及作为原始凭证附件入账备查的有关资料)，专利权属证明（CN102897340B 纸币塑封包装机及其包装方法的发明、CN102897340A 纸币塑封包装机及其包装方法的发明）。

争议焦点： 在公司章程未约定印章、证照、财务账簿等物品的保管义务人的情况下，原法定代表人是否承担返还公司印章、证照、财务账簿给新法定代表人的义务。

基本案情：

案外人余某甲、案外人余某乙以及被告系原告股东。余某甲也是被告的丈夫。

在另案判决中，法院判决原告将其法定代表人、执行董事由被告变更为案外人余某乙。

2018 年 12 月 25 日，案外人余某甲向案外人余某乙发送手机短信，以原告需开展年终报税及年检工作但财务人员离职为由，要求其来京接管公司证照、财务账册及报税年检事务。

原告诉称：

之前选择被告担任公司的法定代表人系因其与余某甲系夫妻关系，是为了方便余某甲行使公司相关的经营权利，公司此前的经营管理均是由余某甲负责，并不清楚被告是否参与经营管理。

在另案生效判决将原告工商登记的执行董事及法定代表人变更为余某乙后，原告及余某乙多次要求被告办理相关印章、证照的移交手续，并配合办理工商登记手续，但被告始终不予配合。被告的行为严重影响了原告的正常经营，侵犯了原告的财产权。

被告辩称：

1. 余某乙无权代表原告提起本案之诉讼。在过往案件中，余某乙一直拒绝以原告法定代表人的身份应诉，现被告仍为工商登记记载的原告的法定代表人。

2. 原告的证照、印章、财务账簿以及其他文件资料均不在被告处。自原告成立以来，被告从未保管过上述物品。对于上述物品的交接情况系余某甲向余某乙发送过短信，要求余某乙进行交接，被告与余某乙之间不存在交接情况。

3. 上述物品目前在原告之前的兼职财务人员手中。

4. 在2014年，被告即向公司提出过辞职，其仅是挂名的法定代表人。

5. 余某甲对于其此前参与过原告公司的经营管理不持异议，原告不应向被告主张返还公司资料。

法官观点：

1. 关于余某乙是否能代表原告的问题。

根据生效判决认定的内容，余某乙已经被确认为原告的法定代表人和执行董事，虽然工商变更登记尚未办理完成，但并不影响余某乙系原告法定代表人的身份，故其可以代表原告提起本案之诉讼。

2. 关于被告是否承担返还公司印章、证照、财务账簿的义务的问题。

被告系原告公司的原法定代表人、执行董事、经理，是公司财产的法定管理人。按照原告公司章程规定，被告直接负责该公司的日常经营管理及相应管理制度的制定，对该公司的日常经营管理和人员选用具有决策权。其他人参与公司管理都应当得到被告认可授权后进行，被告对公司的财产负有监管、追回的权力和责任。在原告公司章程及公司制度中没有明确规定公司印章、证照、财务账簿保管人的情况下，被告在其担任上述职务期间，应为原告公司印章、证照、财务账簿等物品的保管义务人，视为其持有上述物品。

在现有证据不能证明上述物品在其他人手中的情况下，当被告不再担任原告公司法定代表人、执行董事、经理时，被告不能仅因为不实际参与经营管理就不承担返还公司印章、证照、财务账簿的义务。

法院判决：

被告返还原告公司的印章（包括公章、财务专用章、合同章），证照（包括营业执照正副本、开户许可证、组织机构信用代码证、税务登记证），财务账簿（原告自成立时即2010年10月9日起至实际转交日止的总账、明细账、日记账和其他辅助性账簿及会计凭证含记账凭证、相关合同、相关原始凭证及作为原始凭证附件入账备查的有关资料）。

265. 公司应当如何证明被告无权持有公司证照？

《公司法》对于公司证照的保管主体并无明确规定，实践中，较为常见的证明方式有如下三种：

（1）通过被告的职权范围证明，如被告的法定代表人职务被罢免后，便丧失了持有证照的权利；

（2）通过授权证明，如果有权持有证照的主体曾授权被告持有证照，该授权撤销后，被告无权继续持有证照；

（3）通过公司内部管理证明，如通过公司章程、股东会、董事会决议等内部规范规定了证照持有人，其他人员便无权持有。

266. 被告有权占有证照，但拒绝返还将损害公司利益，是否可以请求其返还？需要证明哪些事实？

公司证照与公司经营紧密相关，被告拒不返还证照，影响公司正常经营的，公司可以请求其返还。需要举证证明的内容包括：

（1）证照专属于公司所有；

（2）公司向被告要求使用证照，被告拒不配合；

（3）被告拒不配合的行为导致公司经营或利益受到严重影响，如公司无法办理相应的年检手续、无法进行必要的财务流程等。

267. 公司为保障债权，"抵押"公司证照、公章，是否可以请求返还？

笔者认为，公司的证照、公章有别于其他财产，其除了具有财产价值属性外，还用于反映公司的权利外观。"抵押"的方式缺少明确的法律规定支撑。无论是从"抵押"或是"质押"的角度来理解，公章都不是法律适格的抵押物。如果公章交付代表了"股权质押"，则应当由法律规定，质权自工商行政管理部门办理出质登记时才设立，但仍不应认定质押"公章"的行为具有法律效力。

【相关法律依据】

一、公司法类

（一）法律

❖《公司法》第 33 条

(二) 部门规章

❖《中国人民银行关于取消企业银行账户许可的通知》(银发〔2019〕41号) 第 3 条、第 4 条、第 7 条、第 20 条

二、民法类

❖《民法典》第 235 条

第十章　股东知情权纠纷

【宋和顾释义】

关于股东知情权纠纷，在新《公司法》的修订中，共涉及四处修改，其中三处为新增规定，一处为吸纳司法解释规定基础上的进一步调整，涵盖：

(1) 有限责任公司中，股东行使知情权查阅、复制材料的范围；

(2) 股份有限公司中，股东行使知情权查阅、复制材料的范围；

(3) 股东知情权的穿透行使；

(4) 股东委托中介机构行使知情权的规定。

结合司法实践和本次修订，股东知情权纠纷的争议类型主要体现为以下五种：

(1) 知情权行使主体争议，如诉前或诉中丧失股东资格的原告是否可以行权，监事或审计委员会是否有权提起知情权诉讼，解散未注销公司的股东是否有权起诉等；

(2) 知情权范围争议，如法条列举的会计账簿、会计凭证之外的银行对账单、合同等，是否属于股东可以查阅的范围；

(3) 知情权穿透行使争议，如对全资子公司以外的控股公司、参股公司以及二级以下对外投资主体可否穿透行使知情权；

(4) 知情权行使目的争议，如行使知情权具有不正当目的的举证责任分配及界定标准；

> (5) 知情权执行争议，如判决生效后如何落实强制执行，执行中公司提供虚假材料或拒不提供材料时如何救济等。
>
> 上述部分问题，在本书第三版第四册"股东知情权纠纷"章节中已涉及，本章系根据司法实践的变化以及修法产生的新问题，加以梳理、归纳和补充。

268. 股东提起知情权诉讼或诉讼过程中丧失股东资格时，法院应如何处理？

对于原告在起诉时丧失股东资格的情况，《公司法司法解释（四）》明确人民法院应当驳回起诉，但如原告有初步证据证明在持股期间其合法权益受到损害，请求依法查阅或者复制其持股期间的公司特定文件材料的除外。

而对于原告在诉讼过程中丧失股东资格的，笔者认为，应坚持举重以明轻原则，对于原告持股期间的公司材料，仍应依法支持其查阅、复制。

【案例125】股东退出后仍有知情权诉权　未证持股期间利益受损被驳回[①]

原告：实业公司

被告：银行股份公司

诉讼请求：被告提供自2012年12月20日起至2014年12月31日止周口银行及被告的章程、股东名册、公司债券存根、股东大会会议记录、董事会会议决议、监事会会议决议、财务会计报告、公司会计账簿、会计凭证、公司合并情况资料、公司分红情况等资料供原告查阅和复制。

争议焦点：

1. 原股东转让股权退出后，有初步证据证明在持股期间其合法权益受到损害，法院是否应当受理；

2. 受理后是否须对原股东利益受损与否进行实质审查。

[①] 参见河南省高级人民法院（2020）豫民终126号民事判决书，本案系人民法院案例库入库案例。

基本案情：

2012年10月10日，原告与周口银行签订《投资入股协议书》，约定由原告以9900万元认购周口银行5500万股的股份，认购价格为每股1.8元。

2014年，周口银行等13家城市商业银行，准备以新设合并的方式组建股份制商业银行，即本案被告。

2014年7月22日，原告持有的周口银行股份，折股为被告64,355,740股股份。

2014年12月23日，被告正式成立，原告成为被告股东。2016年2月14日，原告收到被告支付的分红款534,283.59元。

2015年2月10日，原告将其在被告的股份转让给高速公司，双方约定，原告在被告股权的相应收益计算至2014年12月31日，2015年1月1日之后的收益归高速公司所有。2015年2月13日，双方在产权交易中心办理了股权转让登记。

之后，被告在上市时公开的财务资料显示，被告2014年度净利润比原告取得分红所依据的2014年度被告审计报告及备考财务报表中的净利润高出1亿多元。

原告因此认为自己在持股期间的盈余分配权受到侵害，故提起股东知情权诉讼。

法官观点：

1. 原告虽然通过股权转让退出，但当其有初步证据证明自己利益在持股期间受到损害的，仍享有股东知情权诉权。

《公司法司法解释（四）》第7条规定，"股东依据公司法第三十三条、第九十七条①或者公司章程的规定，起诉请求查阅或者复制公司特定文件材料的，人民法院应当依法予以受理。公司有证据证明前款规定的原告在起诉时不具有公司股东资格的，人民法院应当驳回起诉，但原告有初步证据证明在持股期间其合法权益受到损害，请求依法查阅或者复制其持股期间的公司特定文件材料的除外"。

---

① 现为《公司法》第57条、第110条。

本条结合诉的利益原则，明确规定了股东就《公司法》第33条、第97条规定享有的诉权，并规定了公司原股东享有的有限诉权。上述司法解释规定中的"除外"对应的应是前文中的"驳回起诉"，即原股东有初步证据证明在持股期间其合法权益受到损害的，法院不应驳回起诉，而应依法受理。也就是说，前述规定解决的是原股东在特殊情况下的诉权问题。但"诉权"不等同于"胜诉权"，"初步证据"不等同于"实质证据"，赋予原股东诉权并非等于支持原股东的诉讼请求。在受理案件后，法院应审查原股东的证据是否能够证明在持股期间其合法权益受到损害。根据《公司法司法解释（四）》第8条规定，法院需要审查要求查阅账簿的有限责任公司股东是否有不正当目的，原股东是否已经查阅过或掌握其诉请的特定文件资料等情形，来综合认定原股东的诉讼请求是否应该得到支持。

2. 诉权不代表胜诉权。本案仍需实质审查原告行使知情权有无不正当目的，及其持股期间利益是否确实受到损害。

对比两份财务报告内容：

首先，该两份财务报告依据的准则不同。2014年度被告审计报告及备考财务报表是依据中国注册会计师审计准则执行的审计工作，准则是财政部等部门发布的国内会计准则。而被告上市时公开发布的财务报告是按照国际会计准则编制的。

其次，该两份财务报告审计的对象不同。2014年度被告审计报告及备考财务报表非合并财务报告，审计的对象不包括被告的子公司。被告上市时公开公布的财务报告是合并财务信息，审计的对象包括被告及其子公司。

再次，该两份财务报告的编制基础及审计日期不同，相关资产负债会产生差异。2014年度被告审计报告及备考财务报表的"备考财务报表的编制方法"显示，"十三家城商行合并重组设立被告的架构于2013年1月1日业已存在，并且被告按照此架构持续经营，以2013年1月1日起十三家城商行合并重组的被告财务报表作为编制范围"的假设基础进行编制，审计的日期是2014年1月1日至2014年12月31日。被告上市时公开公布的财务报告是以被告于2014年12月23日正式成立作为基础编制的，包括2014年1月1日至2014年12月22日和2014年12月23日至2014年12月31日这两段时期的两份报告。

最后，该两份财务报告的编制时间不同，编制报告时掌握的信息不同会产生会计差异。2014年度被告审计报告及备考财务报表是2015年4月11日编制的，上市财务报告是2017年6月30日制作的。

综上，因两份报告所依据的会计准则、统计口径、编制基础、编制时间等均不同，两份报告存在差异有合理客观原因。因此，被告在上市时公开发布的财务资料与2014年度利润分配方案依据的年度法定审计报告（即2014年度被告审计报告及备考财务报表）不同，并不能够证明原告在其持股期间合法权益受到损害。

根据《公司法》第37条①的规定，公司的利润分配方案和弥补亏损方案由股东会审议批准。因此，公司是否分配利润以及分配多少利润属公司董事会、股东会决策权范畴，属于公司自治的范围。被告2014年度利润分配方案经过该公司股东会决议通过，股东会的召集程序、表决方式及决议内容均不违反法律、行政法规或公司章程的规定，股东会决议通过的利润分配方案合法有效。故原告主张其股权收益与被告的实际盈利水平不符，被告在取得巨额净利润的情况下却不向股东分配损害其利益，没有法律依据。

综上，原告提交的证据不能证明在其持股期间合法权益受到损害，其要求查阅、复制被告相关文件资料的诉讼请求不符合法律规定。

法院判决：

驳回原告的诉讼请求。

269. 公司监事或审计委员会能否以其知情权受到侵害为由提起知情权诉讼？

依照《公司法》规定，监事会、监事或审计委员会有权检查公司财务等情况，并在发现公司经营异常时进行调查，必要时聘请会计师事务所等协助其工作。

上述职权属于公司内部治理的范畴，该权利的行使并不涉及其民事权益，

---

① 现为《公司法》第59条。

且《公司法》并未对上述权利受阻规定相应的司法救济程序。

因此，监事、监事会或审计委员会以其知情权受到侵害为由提起的诉讼，不具有可诉性，人民法院应不予受理；已经受理的，应当裁定驳回起诉。

如果原告同时具备公司股东身份的，法院应当向其释明，若其同意以股东身份提起股东知情权纠纷诉讼的，法院可准许其变更诉讼主体身份。

270. 让与担保中的债权人取得"股东"外观后，可否主张行使知情权？

不可以。根据《九民纪要》的规定，获得股东权利外观的债权人，法律地位仍然是债权人而非股东。股东知情权系属于股东的固有权利。因此，即便让与担保中的债权人取得了股东的外观，也不享有股东的法律地位，无权行使知情权。

271. 公司已被吊销或出现其他法定解散情形但未注销时，股东可否起诉行使知情权？

司法实践中，对此存在不同观点。一种观点认为，当股东之间达成决议，使公司解散或公司被吊销营业执照，依法应当进入清算程序时，股东可通过清算了解公司经营状况，而通过知情权纠纷诉讼主张权利已无依据。

另一种观点则认为，公司此时理应进入清算程序，但鉴于公司的法人资格仍然存续，虽不得开展经营活动，但可以公司名义参与诉讼，故法院不得轻易否定原告的知情权诉权。

272. 有限责任公司的股东能够查阅、复制公司哪些材料？

股东依据知情权可查阅的资料范围分为可查阅、复制的材料和仅可查阅的材料。新《公司法》对两方面都进行了调整，其中可查阅、复制的范围增加了股东名册，仅可查阅的范围增加了会计凭证。调整后，有限责任公司股东知情权的查阅、复制范围具体为：

（1）可查阅、复制的材料包括：公司章程、股东名册、股东会会议记录、董事会会议决议、监事会会议决议和财务会计报告；

（2）仅可查阅的材料包括：公司会计账簿、会计凭证。

股东要求查阅公司会计账簿、会计凭证的，《公司法》要求股东应当具备正当目的，且需履行一定的前置程序，即必须向公司提交书面申请，在公司拒绝查阅后方可向人民法院提起知情权诉讼。

273. 股份有限公司的股东能够查阅、复制公司哪些材料？

股份有限公司的股东有权查阅、复制公司章程、股东名册、股东会会议记录、董事会会议决议、监事会会议决议、财务会计报告。

连续180日以上单独或者合计持有公司3%以上股份的股东有权查阅公司的会计账簿、会计凭证。公司章程对持股比例有较低规定的，从其规定。

274. 股东能否要求查阅公司的各类合同？

可以。根据《会计法》规定，会计凭证包括原始凭证和记账凭证。而《会计基础工作规范》规定，各种经济合同等重要原始凭证，应当另编目录，单独登记保管，并在有关的记账凭证和原始凭证上相互注明日期和编号。亦即，公司的各类经济合同系会计凭证中的原始凭证，属于股东知情权的法定查阅范围。

【案例126】合同属于判项中的会计凭证　执行部门应责令提交[①]

异议人（申请执行人）： 周某

被执行人： 思达公司

异议请求： 撤销本案执行告知书及结案通知书，恢复该案执行，依法强制思达公司提供"入账的成本开支所涉原始凭证及合同、出入库单据等资料"供周某查阅。

争议焦点： 入账的成本开支所涉原始凭证及合同、出入库单据是否属于股东可以查阅的会计凭证。

基本案情：

2021年9月17日，异议人诉被执行人股东知情权纠纷一案强制执行立案。该案生效判决为：被执行人提供会计账簿（含总账、明细账、日记账和其他辅助性账簿），会计凭证（含记账凭证、相关原始凭证及作为原始凭证附件入账备查的有关资料）供异议人查阅。

执行过程中，执行法院向异议人书面告知：你方与被执行人股东知情权纠纷一案，查账的过程中，你方提出申请，要求被执行人提供入账的成本开

[①] 参见江苏省无锡市锡山区人民法院（2021）苏0205执异159号民事裁定书。

支所涉及的原始凭证及合同、出入库单据等资料。本案于 2021 年 10 月 18 日向审判部门发函并予以释明，审判部门未能给出明确的回复。执行部门不应作实体事项的判断，因双方当事人对此申请事项争议大，无法达成一致意见，故对于是否提供上述文件并非简单的事实判断，在执行程序中难以直接认定，且缺乏程序的正当性和必要的程序保障，此应通过另行提起诉讼的方式予以解决。综上，本案应予以作结案处理，若申请执行人对本案结果不服，可在收到结案通知书 10 日内向上级人民法院申请复议。

当日，法院即作出结案通知：被执行人向法院提供自 2020 年 7 月 1 日起至本判决确定之日止的会计账簿（含总账、明细账、日记账和其他辅助性账簿）及会计凭证（含记账凭证、相关原始凭证及作为原始凭证附件入账备查的有关资料），在法院由周某查阅，现已查阅完毕，至此结案。

法官观点：

当事人、利害关系人提出执行异议的，应当在执行程序终结之前提出，但对终结执行措施提出异议的除外。一方面，原执行案件中，异议人对法院作出的告知书及结案通知书持有异议，应通过执行异议程序救济，而非直接申请复议。故法院告知书向异议人明确复议的救济途径确实有误，应予以纠正。

另一方面，《会计法》第 9 条规定，各单位必须根据实际发生的经济业务事项进行会计核算，填制会计凭证，登记会计账簿，编制财务会计报告。第 14 条规定，会计凭证包括原始凭证和记账凭证。办理本法第 10 条所列的各项经济业务事务，必须填制或者取得原始凭证并及时送交会计机构；记账凭证应当根据经过审核的原始凭证及有关资料编制。第 15 条第 1 款规定，会计账簿登记，必须以经过审核的会计凭证为依据，并符合有关法律、行政法规和国家统一的会计制度的规定。《会计基础工作规范》亦对会计账簿、原始凭证和记账凭证有明确的规定和要求。其中，第 55 条规定，各种经济合同、存出保证金收据以及涉外文件等重要原始凭证，应当另编目录，单独登记保管，并在有关的记账凭证和原始凭证上相互注明日期和编号。因此，公司的具体经营活动只有通过查阅原始凭证才能知晓，不查阅原始凭证，中小股东可能无法准确了解公司真正的经营状况。根据会计准则，相关契约等有关资料也是编制记账凭证的依据。综上，入账的成本开支所涉原始凭证及合同、出入库单据等资料应当属于本案民事判决主文第一项中会计凭证（含记账凭证、相关原始凭证及作为原始凭证附件入账备查的有关资料）的内容，申请人的异议请求应当得到支持。

法院裁定：

撤销本案执行告知书及结案通知书，恢复本案执行。

275. 股东能否要求查阅公司的开立账户清单、银行对账单、银行流水？

对此，司法实践中存在争议。一种观点认为，开立账户清单、银行对账单、银行流水不在法定的知情权查阅范围，故不予支持。

另一种观点认为，根据《会计法》《会计基础工作规范》规定，会计机构根据经审核的原始凭证编制记账凭证，现金日记账和银行存款日记账根据会计凭证登记并必须逐日结出余额。开立账户清单、银行对账单是了解公司日常银行资金收付的基础，能够真实反映公司的财务及经营状况，只有通过查阅开立账户清单、银行对账单才能确认公司财务账簿的真实性和完整性。所以，开立账户清单、银行对账单理应支持股东查阅。而银行对账单又分为银行余额对账单和明细对账单，所谓"银行流水"系明细对账单，属于可查阅的范围。

笔者赞同第二种观点，理由在于以下两点。其一，如股东不能查阅开立账户清单，即无法知晓公司提供的银行资金往来记录是否完整，是否包括所有账户的情况。其二，余额对账单和明细对账单，尤其是明细对账单（即银行流水）对实现股东知情权的目的不可或缺。在没有余额对账单进行核实的情况下，一旦公司部分收入、支出未被账簿记录，股东便无从获悉其存在；如仅有余额对账单而没有明细对账单，假设公司资金被挪用一段时间后又归还，余额对账单数额也不会出现差异，但挪用资金的过程却无法体现。

因此，银行对账单是真实反映公司财务状况的客观依据，不允许查阅将导致股东知情权的目的无法实现。

【案例127】账户清单和银行流水系重要财务信息　应支持股东查阅[①]

原告：李某

被告：上海某货运公司

诉讼请求：被告提供以下材料供原告查阅、复制：2013年至2016年期间的财务会计报告；从2013年6月1日起至2017年4月30日止的公司银行账号及账户明细、开具发票记录；被告转让公司财产之会计账簿及相应原始凭证。

争议焦点：原告能否请求查阅、复制被告的账户清单和银行流水。

基本案情：

被告原登记股东为原告父亲和李某良，各出资25万元。原告父亲已于2016年1月29日死亡。原告基于继承人身份，经另案股东资格确认诉讼及法院执行，已于2017年4月变更为被告股东，持有被告25%的股权，相应公司变更登记已完成。原告父亲死亡后的当年三四月份，被告名下有多辆车辆经二手车交易，过户至其他公司。

原告与被告的法定代表人及股东李某良就盈余分配、一方退出等事宜无法达成一致，原告认为其对被告的财务状况及原告父亲死亡后被告财产（主要指车辆）的处分情况均不知情，李某良擅自处分被告财产的行为可能侵害被告及原告利益。为此，原告向被告提出查看公司财务账册及银行账户等事项的请求，但被告的法定代表人及股东李某良不配合。原告遂提起本案诉讼。

法官观点：

关于原告所主张的财务会计报告属于法定应当允许查阅、复制的内容，应予支持。

对于公司银行账号及账户交易明细、开具发票记录、被告转让公司财产之会计账簿及相应原始凭证本就属于公司会计账簿的重要内容，原告就该部分专门提出请求，法院考虑原告之前并不参与公司经营，其父生病后亦长期不参与公司经营，为了保护原告的合法权益，便于其获取公司财务的基本信息和公司财产处理的真实情况，认为对原告的查阅请求应予支持。其中，对

[①] 参见上海市第一中级人民法院（2017）沪01民终10001号民事判决书。

于被告转让公司财产之会计账簿及相应原始凭证部分的查阅起止时间，根据案情，法院亦按照从 2013 年 6 月 1 日起至 2017 年 4 月 30 日止予以支持。

法院判决：

1. 被告提供自 2013 年度至 2016 年度的财务会计报告供原告查阅、复制；

2. 被告提供自 2013 年 6 月 1 日起至 2017 年 4 月 30 日止的公司银行账号信息及账户交易明细、开具发票记录、被告转让公司财产之会计账簿及相应原始凭证供原告查阅；

3. 驳回原告的其余诉讼请求。

276. 公司进入破产程序后，股东可否对债权表、债权申报登记册、债权申报材料等相关文件行使知情权？

可以。虽然新《公司法》未将上述材料列举为股东知情权的法定范围，但根据《最高人民法院关于适用〈中华人民共和国企业破产法〉若干问题的规定（三）》规定，上述文件由破产管理人保管，债权人、债务人、债务人职工及其他利害关系人有权查阅。破产程序中，债权申报的情况将影响股东的出资加速到期义务等利益，股东应被认定为其他利害关系人而有权查阅。

277. 股东行使知情权可否委托会计师、律师进行？

可以。《公司法司法解释（四）》本已明确股东查阅公司文件材料时，可以由会计师、律师等执业人员辅助，但要求股东必须在场。新《公司法》对此进行了调整，规定股东可直接委托会计师事务所、律师事务所等中介机构查账，不再苛求股东本人必须在场。

278. 公司股东可否对公司的子公司行使知情权？

可以对全资子公司行使知情权。新《公司法》规定，股东可以要求查阅、复制公司全资子公司的相关材料，其中范围、要求、行权方式、前置程序等均与股东查阅、复制直接持股公司相同。这是《公司法》的重大调整。此时，原告应列需要查账的全资子公司为被告。如果仅对全资子公司行使知情权，也应列直接持股公司为第三人，以便法庭查明持股关系。

【案例128】 股东可以查阅子公司的财务资料[1]

原告：杨某

被告：天爱公司

诉讼请求：被告将本公司及天安公司（被告全资子公司）自2019年1月12日起、天骄公司（被告全资子公司）自2009年9月1日起的总账、明细分类账、银行存款日记账、现金日记账等会计账簿及会计凭证、财务会计报告（包括资产负债表和利润表等会计报表）提供给原告查阅（查阅地点为天爱集团，查阅时间为2~5个工作日）。

争议焦点：股东可否对公司的子公司行使知情权。

基本案情：

被告系经工商登记注册成立的有限责任公司，注册资本为2500万元，现股东为原告与众鑫公司，原告出资1000万元，占公司注册资本的40%。天安公司、天骄公司系被告的全资子公司。

2019年7月15日，原告向被告提交《关于查阅天爱、天安、天骄公司会计账簿的申请》，要求查阅本案诉请中的财务资料。

2019年7月17日，被告向原告作出答复："鉴于你在管理天爱公司财务期间尚未按公司要求交出天爱公司的全部财务资料，其中包括天安公司的财务资料，损害天爱公司财务管理秩序，故本公司认为，在你未交出全部财务资料前，暂时限制你查阅公司会计账簿，以免进一步影响公司财务管理秩序。现再次告知你，请把你保管的天爱公司及子公司的全部财务资料上交公司，如果因此给公司造成任何损失，公司将依法追究你的法律责任。在你按公司要求完成上述义务后，公司将根据工作安排，在适当时间和地点按公司要求的方式给你查阅会计账簿，你无权决定查阅时间和地点。"

2019年7月20日，原告向被告作出回复：

1. 原告无法移交天爱及天安公司2019年1月11日前的财务资料的原因系被告于2019年1月11日解聘了总账、出纳会计，该责任不在原告而在被告。

2. 被告要求案外人孙某接受财务资料，其系众鑫公司员工，不是被告或

---

[1] 参见江苏省镇江市中级人民法院（2019）苏11民终3656号民事判决书。

天安公司员工,也不是被告董事会任命的总账或出纳会计,且其在2018年12月20日有非法窃取被告、天安公司等单位印章及证件的违法行为,不适合接管被告、天安公司2019年1月11日前的财务资料。

3. 在没有总账、出纳会计及其他合适的接管人员的情况下,原告暂时保管天爱、天安公司2019年1月11日前的财务资料系履行职务行为,且原告在保管期间从未拒绝或妨碍被告、天安公司及其他股东查阅、复制、使用上述财务资料。

4. 原告作为公司股东依法享有查阅公司会计账簿的权利,且原告要求查阅的会计账簿并不包含在原告保管的财务资料范围内,被告拒绝原告查账的行为实质是非法剥夺原告作为股东查账的权利,侵害了原告的股东知情权。

5. 关于查账具体地点,原告同意由被告安排,但必须安排在天爱集团西厂区范围内,并应当提前告知原告。

6. 关于具体查账时间,原告同意由被告安排,但必须在2019年7月25日前,并应当提前告知原告。

7. 关于被告具体负责接洽与陪同原告查账的人员及联系方式,被告应当提前告知原告。

8. 如被告未在2019年7月25日前提前告知原告查账的具体时间、地点及陪同人员联系方式,或不按照原告书面申请的查账范围将天爱、天安、天骄公司会计账簿等财务资料提供给原告查阅,则视被告拒绝原告查账,原告将依法起诉。

2019年7月21日,被告向原告答复:"公司的意见在前述答复中已说得很清楚,请你按公司答复执行。你此次回复强调多方面理由,我公司认为于理于法均站不住脚,公司不予认同,请你不要再强词夺理,严格按公司要求执行以保障你查阅公司账册的权利,否则由此产生的对你不利的后果,均由你自行承担。"

2019年7月27日,原告向被告发出《告知函》,将被告、天安公司财务资料共14页移交给被告,具体为:被告2019年1月11日资产负债表、损益表、费用明细表共3页;被告2019年1月11日资产负债表项目明细2页;被告2018年度固定资产折旧明细表、无形资产摊销明细表、低值易耗品明细表共 4 页；天安公司 2019 年 1 月 11 日资产负债表、损益表、费用明细表共 3 页；天安公司 2019 年 1 月 11 日资产负债表项目明细 1 页；天安公司 2011 年 12 月 31 日固定资产明细表 1 页。

2019 年 7 月 29 日，原告向一审法院提起诉讼。

法官观点：

股东知情权属于股东为自身或股东的共同利益对公司经营中的相关信息享有知晓和掌握的权利，公司应当按照《公司法》和公司章程的规定，向股东履行相关信息报告和披露义务。原告作为被告的股东有权依照法律规定，查阅被告以及被告全资子公司即天安公司、天骄公司的财务会计报告，被告应当予以配合。本案中原告已依法向被告提出书面请求并说明目的，被告未能提供证据证明原告查阅相关资料有不正当目的或可能损害公司合法利益，因而无权拒绝原告的查阅请求，原告的诉请应当得到支持。

法院判决：

被告将本公司以及天安公司自 2019 年 1 月 12 日起、天骄公司自 2009 年 9 月 1 日起的总账、明细分类账、银行存款日记账、现金日记账等会计账簿及会计凭证、财务会计报告（包括资产负债表和利润表等会计报表）提供给原告查阅（查阅地点为天爱集团西厂区，查阅时间为 2~5 个工作日）。

279. 股东可否对全资孙公司或二级以下全资对外投资主体穿透行使知情权？

这是新《公司法》设置股东知情权穿透制度留下的问题，法律未作规定，目前的司法实践也尚未见案例。

笔者认为，应当参照全资子公司的穿透规定予以支持。新《公司法》允许股东对全资子公司穿透行使知情权，这主要是由于公司集团化运营已非常常见。集团公司往往只负责持有下级公司股权，与经营实体相关的财务信息散见于各下级公司中。为实现股东知情权的目的，有必要允许股东查阅下级公司的财务信息。从这一角度看，全资孙公司、下级全资对外投资主体与全资子公司并无二致。相反，如果仅允许对全资子公司进行知情权穿透，而不扩展到全资孙公司及下级公司，在公司治理上仅需加设一层持股结构，就可以彻底架空知情权穿透制度，本次修法的目的也就无法实现。

280. 对于绝对控股、相对控股子公司，股东是否可以穿透行使知情权？

对此，法律未作明确规定。但根据最高人民法院民事审判第二庭的观点，对绝对控股、相对控股子公司不可以穿透行使知情权。

最高人民法院民事审判第二庭认为，母公司拥有下级公司控制权的形式可分为相对控股（持股比例低于50%）、绝对控股（持股比例高于50%但低于100%）和完全控股（即全资子公司）三种。新《公司法》已经将知情权穿透行使的对象严格限制为全资子公司，此时不宜再作扩大解释。[①]

从比较法角度看，股东知情权的穿透行使在美国《特拉华州普通公司法》《俄克拉何马州公司法》以及《日本会社法》等国外立法中已有规定。以《特拉华州普通公司法》《俄克拉何马州公司法》规定为例，当地法庭在裁判时对"子公司"进行了扩大解释，即只要上级公司对下级公司实际控制（无论通过股权或通过人员），并实际掌握下级公司财务资料，均属于立法中的"子公司"。这有利于避免公司实际控制人通过恶意调整股权结构，绕开"全资子公司"定义，规避股东知情权穿透行使的情况发生。

因此，笔者认为，适当给予法官自由裁量权，对"子公司"进行扩大解释，实质上有利于保护股东知情权，值得在未来的司法解释和司法实践中进行尝试和突破。

281. 公司章程能否对股东知情权的行使作出不同于《公司法》的扩大性或限制性的规定？

公司章程对股东知情权的规定可以扩大但不应限制。如果公司章程作出的规定缩小了股东知情权的范围，增加了股东行使知情权的条件，甚至禁止股东查阅公司文件，均应当认定为无效。

在不限制股东知情权行使的前提下，公司章程可以对下列知情权相关内容进行扩大或具体规定：

（1）允许股东复制会计账簿、会计凭证及其他经营、财务相关资料；

（2）设定查阅、复制公司材料的地点与时间安排；

---

① 最高人民法院民事审判第二庭编著：《中华人民共和国公司法理解与适用》（上），人民法院出版社2024年版，第278页。

第十章
股东知情权纠纷

（3）明确股东可对公司进行审计，以及审计的范围与费用承担。

【案例129】章程扩大知情权范围　法院予以支持[①]

原告：科朗公司

被告：和丰公司

诉讼请求：

1. 被告提供被告及其所有子公司/分公司自2008年8月30日起至今的以下材料，供原告查阅、复制：所有财务报表；所有财务账簿，包括但不限于总账、明细账（包括但不限于银行及现金、借款、应收账款、坏账准备、预收账款、其他应付款、应付票据、应收票据、无形资产）、日记账明细、至最末级科目的试算平衡表及其他辅助性账簿等；会计凭证，包括但不限于记账凭证、相关原始凭证及作为原始凭证附件入账备查的有关资料等；所有银行账户的对账单；持有和曾经持有的所有林权证及其自2008年8月30日起至今的交易合同、收付款记录等相关信息；为进行其持有和曾经持有的所有林权证的初始、变更和注销登记向相关林业管理部门提交的所有报备文件；被告股东会、股东大会、董事会和监事会召开所有会议的所有材料，包括但不限于通知、会议记录、会议决议、授权委托文件、同意证明和通信记录等；被告董事会下设战略与发展、提名、薪酬与考核、审计委员会召开所有会议的所有材料，包括但不限于通知、会议记录、会议决议、授权委托材料、同意证明和通信记录等；被告与系争1.96亿元农户补偿款相关的所有材料，包括但不限于付款明细表、合同、通信、银行凭证、银行对账单、收据、发票等。

2. 被告提供被告及其所有子公司/分公司2011年度至2012年度的以下材料，供原告查阅、复制：公司组织架构；销售和采购政策（包括定价政策和销售折扣政策）；伐木权及林业权等相关业务政策以及流程；现金、银行收支和银行借款的相关政策和流程；包含职位的员工名单。

3. 被告配合原告聘请的会计师事务所对被告及其所有子公司/分公司以下

[①] 参见上海市第二中级人民法院（2013）沪二中民四（商）终字第S1264号民事判决书，本案系人民法院案例库入库案例。

财务问题进行审计并将审计结果交付原告：自2008年8月30日起至今的银行收支情况和现金流动情况，包括系争1.96亿元农户补偿款的现金流出情况；自2008年8月30日起至今持有或曾经持有的所有林权证的情况和所有林权证的变动情况。

争议焦点：公司章程扩大了《公司法》关于股东行使知情权的范围，其是否可以作为股东行使知情权的依据。

基本案情：

被告于2010年5月20日经批准整体改制为中外合资股份有限公司，原告系被告的股东。

2012年3月，被告向证监会报送上市并首次公开发行股票的申请材料。甲会计师事务所接受委托，对被告将向证监会提交的有关公开发行A股股票的文件时须一并递交的财务报表进行审计。

2012年6月7日，甲会计师事务所致函原告等被告的全体股东，称在对被告相关期间财务报表进行审计的过程中，发现被告需进一步提供有关林业局征询函、银行询证函的相关信息及资料，以核实消耗性生物资产的所有权及银行存款的真实性和准确性；考虑到上述事项的严重程度及可能对过往各个期间的财务报表造成的重大影响，希望被告股东立即对上述事项进行独立核查，立即采取措施以防止上述报告被进一步对外分发及被使用者信赖。

2012年6月至7月，被告撤回上市申报材料。

2012年8月13日，被告向股东出具现金自查报告，对2011年9月30日至2012年6月30日的现金资产进行了核查。因原告对被告出具的现金自查报告以及被告委托乙会计师事务所出具的审计报告等存有异议，故与被告沟通，希望被告配合其聘请的某咨询公司对农户补偿款及林权证等进行核查。

2013年2月28日，原告致函被告要求查阅相关资料并对相关财务问题进行审计。被告未予回复。

被告公司章程第29条规定："公司股东享有以下权利……（五）查阅本公司章程、股东名册、公司债券存根、股东大会会议记录、董事会会议决议、监事会会议决议、财务会计报告……"

第144条规定："……公司应在每个财务年度结束后4个月内，向股东提供公司及其各子公司的合并年度经审计的财务报表……并附带公司及其各子公司审计师分别出具的审计报告……"

第146条规定："股东可检查各公司及其子公司制备的单独的账簿、记录和管理账目。公司及其子公司应按股东要求的合理形式向每一位股东提供所有信息,以便股东适当了解公司及其子公司的业务和事务并全面保护其作为股东的利益。……公司应向股东提供所有股东大会、董事会会议和委员会会议的通知、会议记录、授权委托文件、通信和其他向董事会提供的材料。公司应向股东提供董事会批准的管理报告、预测报告……公司应向股东提供任何公司及/或其子公司向任何政府或监管机构提交的所有报备文件的复印件(一旦可以获得)。"

第149条规定："股东有权在任何时间、经提前30日书面通知董事会后自费聘请一家熟悉国际会计原则并拥有实践经验的审计师对公司(包括其子公司)的全部或部分会计账簿或某个特定财务问题进行审计。当股东要求进行审计时,公司应给予同意并提供审计得以顺利进行的必要协助。审计师应有权查阅公司财务记录,并有权向公司关键管理人员提出质询。公司应促成该等关键管理人员在收到有关审计事宜的质询后30日内以书面形式作出答复。"

法官观点：

公司章程是发起人之间通过意思自治的方式就公司设立、组织形式、经营管理、股东、董事、监事、高级管理人员的权利义务等事宜形成的准则性的文件,是公司的"宪章"。在不违反法律禁止性规定的情况下,章程的规定应认定有效,对公司、股东、董事、监事、高级管理人员等均具有约束力,股东有权依据公司章程的规定主张相应的知情权利。

但《公司法》以例举方式对股份有限公司的股东知情权作出不同于有限责任公司的规定,有其特定的立法意图,目的在于保证股东享有了解公司经营状况的途径的同时,又将行使知情权可能对公司正常经营所造成的影响控制在合理的范围之内。因此,对于股份有限公司的股东以公司章程为据所主张的相关的知情权利,应结合公司法的立法目的以及该股份有限公司的个体情况综合考量。

1. 关于原告主张查阅被告及其分公司/分公司财务会计报告以及被告的股

东大会会议记录、董事会会议决议、监事会会议决议，因具有《公司法》规定以及公司章程的依据，应予以支持。

2. 关于原告要求查阅被告子公司/分公司的财务报表以及被告及其分公司/子公司的会计账簿问题。

从被告公司章程第144条及第146条的规定可见，章程载明被告应向股东提交子公司财务报表，股东享有检查公司及其子公司的会计账簿、记录和管理账目的权利。前述章程的规定，超过《公司法》列举的股东知情权内容，考虑到被告虽为股份有限公司，但股东仅有5名，只要股东合理地行使知情权，一般不会对公司的经营造成重大影响，故前述公司章程的相关规定不致无效。何况原告系因被告申请上市过程中审计发现财务问题而行使知情权，理由正当，故原告要求取得被告子公司的会计报表并查阅被告及其分公司/子公司的会计账簿，应获支持。

需要指出的是，一般而言，子公司是指有一定比例以上的股份被另一家公司所拥有或者通过协议方式受到另一公司实际控制的公司。被告章程中未对子公司的范围作出明确界定，审理中当事人双方也未能就此达成一致意见，且考虑到子公司本系依法独立享有民事权利、承担民事责任的法人，为避免可能损害子公司其他股东的权利，故章程中所涉子公司应当界定为被告的全资子公司。

3. 关于原告请求查阅的资料范围问题。

该公司章程规定明确且该规定未违反法律法规禁止性规定，亦不违反公司法立法目的及价值取向，故股东有权在章程规定的范围内行使知情权。据此，原告要求查阅与股东大会会议、董事会会议、委员会会议相关的材料的诉讼请求，可予支持。

关于会计凭证，因章程中已规定股东有权检查会计账簿、记录和管理账目，而会计凭证系佐证会计账簿记录是否正确的重要凭证，结合被告章程赋予了股东对于特定财务问题自行委托审计的权利的事实，因审计中必然需要审查会计凭证，故原告请求查阅会计凭证的诉讼请求亦应予以支持。

关于原告主张的与林权证相关的资料，因证据表明在被告申请上市期间，负责审计的甲会计师事务所认为与林业证相关的资金用度情况存在需进一步核查的必要，故现原告要求查阅该部分资料具有合理的理由，且有公司章程第 146 条规定为依据，故亦可支持。

至于原告的其他诉讼请求，缺乏法律及章程依据，且有部分与其他已获支持的诉讼请求存在重合，应当不予支持。

4. 关于原告请求复制材料的诉请问题。

《公司法》列举的股东知情权利仅限于查阅资料，被告的章程中也仅规定公司应向股东提供相关信息及材料，而未注明可复制，故原告要求复制材料缺乏依据，法院不应支持。

5. 关于原告所提审计问题。

《公司法》虽未明确股东可通过审计方式行使知情权，但该方式已通过记载于被告章程的形式予以确定，且审计亦系股东了解公司经营状况的方式之一，公司章程中的规定对公司及股东均具有约束力，故原告请求判令被告配合其审计，法院可予支持。

法院判决：

1. 被告将子公司/分公司自 2008 年 8 月 30 日起至本判决生效之日止的财务会计报告交由原告查阅；

2. 被告将自 2008 年 8 月 30 日起至本判决生效之日止召开股东会、股东大会的会议通知、会议记录、授权委托文件、同意证明和通信记录材料备妥，供原告查阅；

3. 被告将自 2008 年 8 月 30 日起至本判决生效之日止召开董事会会议的通知、会议记录、会议决议、授权委托文件、同意证明和通信记录材料备妥，供原告查阅；

4. 被告将自 2008 年 8 月 30 日起至本判决生效之日止召开监事会的会议决议备妥，供原告查阅；

5. 被告将董事会下设战略与发展、提名、薪酬与考核、审计委员会自 2008 年 8 月 30 日起至本判决生效之日止召开会议的通知、会议记录、授权委托文件、同意证明和通信记录材料备妥，供原告查阅；

6. 被告将被告及其分公司/子公司自 2008 年 8 月 30 日起至本判决生效之日止的会计账簿、会计凭证备妥，供原告查阅；

7. 被告将被告及其分公司/子公司自 2008 年 8 月 30 日起至本判决生效之日止持有和曾经持有的所有林权证及交易合同、收付款记录备妥，供原告查阅；

8. 被告将被告及其分公司/子公司自 2008 年 8 月 30 日起至本判决生效之日止为持有和曾经持有的所有林权证进行的初始、变更和注销登记向相关林业管理部门提交的所有报备文件备妥，供原告查阅；

9. 被告将被告及其分公司/子公司与系争人民币 1.96 亿元农户补偿款相关的付款明细、合同、通信、银行凭证、银行对账单、收据、发票备妥，供原告查阅；

10. 被告应配合原告聘请的会计师事务所对以下财务问题进行审计：被告及其分公司/子公司自 2008 年 8 月 30 日起至本判决生效之日止的银行收支情况和现金流动情况，包括系争人民币 1.96 亿元农户补偿款的现金流出情况；被告及其分公司/子公司自 2008 年 8 月 30 日起至本判决生效之日止持有或曾经持有的所有林权证的情况和所有林权证的变动情况；

11. 驳回原告的其他诉讼请求。

282. 股东明确放弃法定知情权后，能否再向公司起诉主张知情权？

可以。《公司法司法解释（四）》明确规定，股东知情权属于股东的固有权利，不得以任何方式（章程、协议等）进行剥夺或限制。可见，这种固有权利即便放弃亦属无效。因此，即便股东曾经表示主动放弃该权利，仍可通过诉讼主张。

283. 股东知情权诉讼中，股东可否请求对公司的会计账簿、会计凭证等资料进行保全？如可以，应申请何种保全？

可以。股东知情权案件从起诉至判决生效需要经过较长时间。在此期间，公司的实际控制人等可能做出销毁、篡改、隐匿财务资料的行为。尤其是电子账套等，其更便于删改。这些情况如果发生，即使股东胜诉，也无法实现知情权目的。因此，赋予原告申请保全的权利是有必要且合法的。

司法实践中，部分法院在进行此类保全时，采用的是证据保全的形式。笔者认为，这是不恰当的，理由主要有以下三点：

（1）公司的财务资料系股东起诉的标的物，而非案件证据，与涉案事实没有直接关联，采取证据保全不符合其法定申请要件。

（2）如果将公司财务资料作为证据保全，审理过程中还需要对其进行质证。这导致的结果是，即便法院对股东的知情权诉请未支持，股东已经通过质证的过程实现了查阅甚至复制资料，这对公司而言，是不公平的。

（3）证据保全的申请时间原则上为举证期限届满前，而对有形式知情权的股东而言，只要公司财务资料有被销毁、藏匿、篡改的可能，即可申请保全，不应受时间限制。

而另一部分法院会对公司财务资料采取财产保全措施，笔者认为这同样是不合适的，理由如下：

（1）财产保全的对象是给付金钱或者可以转化为金钱给付内容的诉请标的。虽然公司的财务资料也是诉请标的，但不具有上述财产性质。

（2）基于公司财务资料不直接体现出财产价值，法院也难以确定保全费用的收取标准。

（3）财产保全的被保全人依法可以提供担保从而解除保全措施。而在股东知情权纠纷诉讼中，如果允许被保全人提供担保以解封财务资料，则无法实现保全的目的，况且提供担保的金额也难以界定。

因此，笔者认为，在股东知情权纠纷案件中，采用行为保全是最为合适的，理由如下：

（1）《民事诉讼法》规定，人民法院对于可能因当事人一方的行为或者其他原因使判决难以执行或者造成当事人其他损害的案件，根据对方当事人的申请，可以裁定责令其作出一定行为或者禁止其作出一定行为；当事人没有提出申请的，人民法院在必要时也可以裁定采取保全措施。在知情权案件中，申请行为保全符合这一法定要件。

（2）行为保全的措施相对丰富，既可以责令公司拍照、复制、录像并将这些资料提交法院保管，也可以责令公司直接移交资料给特定会计师事务所等机构予以监管。这样可以最大限度地降低保全措施对公司正常经营的影响，也实现了保全的目的。

当然，公开的司法裁判文书中，尚未见对股东知情权案件采取行为保全的案例,这也有待后续司法解释和司法实践进一步探索和完善。

【案例130】 为免知情权执行难 申请查封财务资料获支持[1]

申请人:杨某

被申请人:养老公司

申请事由:

1. 查封被申请人自2016年6月31日至2017年12月31日的全部公司财务账簿、会计凭证(包括会计分录和原始收支票证、细目);

2. 查封被申请人自2014年公司成立以来至2017年12月31日前的全部公司行政文件(包括《公司章程》《公司高管任命书》《会议纪要》《会议决议》等),供原告及其委托的注册会计师查阅,担保人杨某某以其所有的坐落于富顺县富世镇的成套住宅提供担保。

争议焦点:知情权诉讼中,股东是否可以向法院申请保全公司的财务资料。

基本案情:

申请人杨某在与被申请人养老公司的知情权诉讼过程中,向法院申请保全被申请人的全部财务账簿、会计凭证、行政文件等材料。

法官观点:

在证据可能灭失或者以后难以取得的情况下,当事人可以在诉讼过程中向人民法院申请保全证据。申请人的申请符合法律规定。

法院裁定:

1. 对被申请人自2016年6月31日至2017年12月31日的全部公司财务账簿、会计凭证(含会计分录和原始收支票证、细目)予以查封;

2. 对被申请人自2014年公司成立以来到2017年12月31日前的全部公司行政文件(含《公司章程》《公司高管任命书》《会议纪要》《会议决议》等)予以查封;

3. 上述第一项、第二项所列财务资料及行政文件查封后,交由被申请人

---

[1] 参见四川省自贡市富顺县人民法院(2018)川0322民初2725号民事裁定书。

保管，不得丢失、毁损。

284. 股东知情权诉讼胜诉后，被告拒不履行判决，原告应如何救济？

对此，股东当然可申请人民法院强制执行，但鉴于股东知情权案件属于履行特定行为的案件，立法层面上缺少关于该类案件强制执行的规范，因此此类案件在执行中常发生争议。对于常见的情况，笔者建议的处理措施如下：

（1）对于被执行人无人经营或实际控制人无法联系，进而导致无法找到公司财务资料的，股东可申请人民法院向银行、税务部门调取公司的开立账户清单、银行对账单（包括余额对账单和明细对账单）、纳税记录及纳税申报的财务报表等，最大限度地获取财务资料。

（2）对于被执行人提供虚假财务资料以规避执行的，由于这类行为具有隐蔽性，所以股东应借助会计师事务所、律师事务所的专业人员，比对财务会计报告、财务账簿、会计凭证、银行对账单和公司历年审计报告，通过发现其中的矛盾和错误来充分证明是否存在虚假财务信息的情况。一旦发现此类情况，股东可向法院申请在被执行人提供真实材料之前中止执行，并责令被执行人提供全部、真实的财务资料。

（3）对于被执行人仍拒不提供判项财务资料的，股东可向法院申请以涉嫌拒不执行生效判决罪将案件移送公安机关，或以涉嫌拒不执行生效判决罪向公安部门报案。

（4）股东如通过比对发现被执行人存在隐匿、销毁会计凭证、账簿、财务会计报告且掌握一定证据时，亦可申请人民法院以涉嫌隐匿、故意销毁会计凭证、会计账簿、财务会计报告罪将案件移送公安机关或直接向公安部门报案。

285. 隐匿、故意销毁会计凭证、会计账簿、财务会计报告罪的立案追诉标准以及量刑标准是什么？

隐匿、故意销毁会计凭证、会计账簿、财务会计报告罪，是指隐匿或者故意销毁依法应当保存的会计凭证、会计账簿、财务会计报告且情节严重的行为。

（1）立案追诉标准。隐匿、故意销毁会计凭证、会计账簿、财务会计报告，涉嫌下列情形之一的，应予追诉：

①隐匿、故意销毁的会计凭证、会计账簿、财务会计报告，涉及金额在50万元以上的；

②依法应当向监察机关、司法机关、行政机关、有关主管部门等提供而隐匿、故意销毁或者拒不交出会计凭证、会计账簿、财务会计报告的；

③其他情节严重的情形。

（2）量刑标准。犯本罪的，处5年以下有期徒刑或者拘役，并处或者单处2万元以上20万元以下罚金。单位犯本罪的，实行双罚制，即对单位判处罚金，并对其直接负责的主管人员和其他直接责任人员，处5年以下有期徒刑或者拘役，并处或者单处2万元以上20万元以下罚金。

286. 何为隐私权和隐私权纠纷？侵害隐私权的形式有哪些？

根据《民法典》规定，自然人享有隐私权，隐私是自然人的私人生活安宁和不愿为他人知晓的私密空间、私密活动、私密信息。而隐私权是指自然人享有的对自己的个人秘密和个人私生活进行支配并排除他人干涉的一种人格权。

其中，隐私权的内容有：

（1）隐私隐瞒权，即权利主体对于自己的隐私进行隐瞒，不为人所知的权利；

（2）隐私利用权，即公民对于自己的个人资讯进行积极利用，以满足自己的精神、物质等方面需要的权利；

（3）隐私保护权，即权利主体有权保护自己的隐私权不受侵犯，其在受到非法侵害时可以请求司法保护的权利；

（4）隐私支配权，即公民对自己的隐私有权按照自己的意愿进行支配的权利。

隐私权纠纷是指因侵害他人的隐私权而引起的纠纷。侵害隐私权的形式包括：

（1）以电话、短信、即时通信工具、电子邮件、传单等方式侵扰他人的私人生活安宁；

（2）进入、拍摄、窥视他人的住宅、宾馆房间等私密空间；

(3) 拍摄、窥视、窃听、公开他人的私密活动;

(4) 拍摄、窥视他人身体的私密部位;

(5) 处理他人的私密信息;

(6) 以其他方式侵害他人的隐私权。

287. 如何确定隐私权纠纷的管辖法院？是否适用诉讼时效？按照什么标准交纳案件受理费？

隐私权纠纷是侵权之诉，由侵权行为地或者被告住所地人民法院管辖。侵权行为地包括侵权行为实施地、侵权结果发生地。如果通过信息网络侵害隐私权的，信息网络侵权行为实施地包括实施被诉侵权行为的计算机等信息设备所在地，侵权结果发生地包括被侵权人住所地。

该类纠纷适用一般诉讼时效制度，权利人应自知道或应当知道权利被侵害之日起 3 年内提起诉讼。但是，自权利受到侵害之日起超过 20 年的，法院不再予以保护；有特殊情况的，法院可根据权利人申请决定延长该最长保护期限。

隐私权的诉讼费用按照每件 100 元至 500 元交纳。涉及损害赔偿时，赔偿金额不超过 5 万元的，不另行交纳；超过 5 万元至 10 万元的部分，按照 1% 交纳；超过 10 万元的部分，按照 5‰ 交纳。

【相关法律依据】

一、公司法类

(一) 法律

❖《公司法》第 57 条、第 110 条

(二) 司法解释

❖《最高人民法院关于适用〈中华人民共和国公司法〉若干问题的规定（四）》（2020 年修正）第 10 条、第 11 条

(三) 司法文件

❖《全国法院民商事审判工作会议纪要》（法〔2019〕254 号）第 71 条

二、刑法类

(一) 法律

❖《刑法》第 162 条之一

（二）部门规范性文件

❖《最高人民检察院、公安部关于公安机关管辖的刑事案件立案追诉标准的规定（二）》（2022年修订）第8条

三、程序法类

（一）法律

❖《民事诉讼法》第27条

（二）司法解释

❖《最高人民法院关于适用〈中华人民共和国民事诉讼法〉的解释》（2022年修正）第22条

四、其他类

❖《民法典》第1032条、第1033条

❖《会计法》第14条

第十一章 公司盈余分配纠纷

【宋和顾释义】

> 关于公司盈余分配纠纷，新《公司法》在修订中，共涉及两处修改，其中一处为新增规定，一处为吸纳司法解释规定基础上的进一步调整，涵盖：
>
> (1) 违法分配利润的责任主体及法律责任；
>
> (2) 盈余分配的法定期限。
>
> 结合过往司法实践和本次修订，公司盈余分配纠纷的争议类型主要体现为以下四种：
>
> (1) 盈余分配方案效力争议，如对差异化分配方案、非股东会决议形式作出的分配方案、未确认可供分配利润的分配方案的争议；
>
> (2) 盈余分配权归属争议，如股权转让期间盈余分配权的归属问题；
>
> (3) 请求强制进行盈余分配的认定问题，包括责任主体、赔偿范围，以及如何认定"滥用股东权利"；
>
> (4) 盈余分配权是否属于夫妻共同财产，如婚前获得的股权，在婚后产生盈余，是否属于夫妻共有。
>
> 上述部分问题，在本书第三版第五册"公司盈余分配纠纷"章节中已涉及，本章系根据司法实践的变化以及修法产生的新问题，加以梳理、归纳和补充。

288. 税后利润分配前应当如何提取公积金和弥补往年亏损？

公司分配当年税后利润时，应当提取利润的10%列入公司法定公积金。公司法定公积金累计额为公司注册资本的50%以上的，可以不再提取。公司从税后利润中提取法定公积金后，经股东会决议，还可以从税后利润中提取任意公积金。

公司的法定公积金不足以弥补以前年度亏损的，在依照前款规定提取法定公积金之前，应当先用当年利润弥补亏损。

289. 公司的公积金有何用途？法定公积金可否转增注册资本？

公司的公积金用于弥补公司的亏损、扩大公司生产经营或者转为增加公司注册资本。

法定公积金可以转为增加注册资本，转增时所留存的该项公积金不得少于转增前公司注册资本的25%。

290. 法定公积金、任意公积金和资本公积金弥补亏损的顺序和范围是什么？

对于弥补亏损的顺序及范围，财政部的相关规定征求意见稿认为，使用公积金弥补亏损的，应当以本企业年度财务会计报告为依据，以未分配利润负数冲减至零为限，依次冲减任意公积金、法定公积金；仍不能弥补的，可以冲减股东投入形成的金额确定、由全体股东共享且未限定用途的资本公积金。弥补亏损后，资本公积金余额不得为负。

291. 未依法提取法定公积金，盈余分配决议效力如何？

此问题司法实践中存在较大争议。认为决议有效的理由是，法律对于提取公积金的规定，属于管理性规范，而非效力性规范。违反此类规范，不会使得决议无效，但是股东应该将违法分配所得退还公司，并补缴公积金。支持无效说的观点认为，强制提取法定公积金的规定，属于效力性强制规定，旨在维持公司资本稳定，防止公司股东损害债权人利益。

292. 股份有限公司中，盈余分配基准日前股东转让股份，但尚未办理股东名册变更，公司应向新股东还是原股东分配盈余？

在没有新股东、原股东和公司之间另行约定的情况下，公司应向原股东分配盈余。

公司派发盈余是以盈余派发基准日股东名册上的记载为依据的。因股东名册未变更，新股东无权以股东身份向公司主张盈余分配请求权。但是，新股东可根据股份转让协议向原股东主张权益。新股东或原股东已将债权转让事宜通知公司的，新股东也可直接向公司主张债权。

293. 哪些情况下，股东的盈余分配请求权可能受到限制？

包括以下两种情况：

（1）银行业金融企业以及保险公司被监管机构限制分红的，其股东请求分配利润的，人民法院不予支持。银行业金融机构违反审慎经营规则的，国务院银行业监督管理机构或者其省一级派出机构应当责令限期改正；逾期未改正，或者其行为严重危及该银行业金融机构的稳健运行、损害存款人和其他客户合法权益的，经国务院银行业监督管理机构或者其省一级派出机构负责人批准，可以区分情形，限制分配红利和其他收入。对偿付能力不足的保险公司，国务院保险监督管理机构应当将其列为重点监管对象，并可以根据具体情况，限制向股东分红。

（2）股东未履行或者未全面履行出资义务或者抽逃出资，公司根据公司章程或者股东会决议对其利润分配请求权、新股优先认购权、剩余财产分配请求权等股东权利作出相应的合理限制，该股东请求认定该限制无效的，人民法院不予支持。

【案例131】盈余分配方案已作出　不可决议或约定限制分红[①]

原告：开发公司

被告：水电站公司

诉讼请求：

1. 被告向原告支付2014年至2016年股利款共计1.1亿余元；

2. 被告向原告支付资金占用费241万余元（暂计算至2020年12月31日，2021年1月1日以后的资金占用费按LPR计算）。

---

① 参见最高人民法院（2022）最高法民申258号民事裁定书。

争议焦点：

1. 公司作出盈余分配决议后资不抵债，是否仍应履行利润分配义务；
2. 公司是否可以与案外人约定，限制股东的盈余分配权。

基本案情：

原告（出资比例12%）、集团公司（出资比例80%）以及能投公司（出资比例8%）为被告股东。经营过程中，被告与案外人甲银行签订《贷款合同》，约定在合同项下借款全部清偿完毕前，未经甲银行书面同意，被告不得以任何方式向其股东分配本项目的经营利润。

2015年、2016年、2018年，被告分别召开董事会及股东会会议，制订并通过了年度盈余分配方案，决定按各股东出资比例分配利润，并载明被告应于作出决议的当年完成利润分配。

从2016年度开始，被告出现拖欠水资源费、库区基金、增值税的情形，截至案件审理时，被告作为被执行人在法院执行案件中的被执行标的逾百亿，账户上已无盈余资金用于支付股东股利。

2018年至2019年，由于未能在既定时间向各股东进行利润分配，被告多次向原告发函确认，确认2014年至2016年欠付应分配利润1.1亿余元以及按照相应计息标准计算的资金占用利息。

2021年，被告股东会作出决议，基于公司实际情况，不具备支付条件，暂不支付盈余分配款。

此外，审计报告记载2014年至2016年，被告的另一股东集团公司以"资金归集"方式，划走了被告的资金104亿余元。

原告诉称：

2014年至2016年的股东会分红决议，符合《会计法》《公司法》等法律法规的规定。在被告依法作出股东会分红决议后，就应对股东承担相应的分配利润的义务，形成了股东与公司之间的债权债务关系。这样的债权债务关系不劣后于公司其他债务。

被告辩称：

1. 被告不具备履行能力。

确认债权和支付是两个概念，被告对债权以及资金占用费并没有异议。

但是原告的诉讼请求是进行支付，而不是确认分红。股东分红的支付有三个条件，即有效的决议、有可分得的利润以及没有其他的不支付的理由。目前，被告尚无可分配利润。

2. 被告已作出限制分红的董事会决议。

被告董事会同意向案外人乙银行申请固定资产项目贷款 10 亿元。需要注意的是，该董事会决议决定，在当年贷款本息偿清之前不向股东分红。该决议有全体董事的签字，是有效的决议。

3. 原告的盈余分配请求权应当劣后于一般债权人的债权。

被告目前面临巨额执行债权以及破产威胁。在这种情况下，显然一般债权的利益应当优先于股东的权益。股东以分红的方式提前抽回投资，显然对一般债权人不够公平。被告一直以来确认两位股东的应付股利，并且计入相关的财务成本及应付的利息。会计准则中税务机关对于会计记账的确认和进行支付完全是两回事。

一审法官观点：

股东会或者股东大会作出利润分配决议后，公司应当在决议载明的时间内完成利润分配。被告董事会、股东会虽然制订了 2014 年至 2016 年的年度盈余分配方案，但是并没有及时在方案确定的期限内完成利润分配。虽然被告在 2018 年至 2019 年三次发函给原告对利润数额及未如期支付的资金占用费予以确认。但是，在 2018 年 5 月 16 日被告第一次发函给原告时，就已无足够资金分配利润。在被告原本已欠巨额债务的情况下，原告要求被告分配利润，亦侵害了公司其他债权人的合法权益。原告虽然提交了股东会作出的盈余分配方案，但并没有提交被告具备可以分配的资金的证据。

一审法院判决：

判决驳回原告的诉讼请求。

二审、再审法官观点：

1. 利润分配决议合法有效，原告对被告享有债权。

盈余分配请求权是股东固有的权利。按照《公司法司法解释（四）》第 14 条的规定，股东提交载明具体分配方案的股东会的有效决议，请求公司分配利润，公司拒绝分配利润且其关于无法执行决议的抗辩理由不成立的，法院应当判决公司按照决议载明的具体分配方案向股东分配利润。

本案中，原告作为被告持股比例12%的股东，享有盈余分配请求权。案涉2014至2016年度的盈余分配方案系被告根据当年度审计报告载明的利润情况，通过董事会决议作出后报经股东会决议同意的，时任各股东均在当年度股东会决议中签名盖章。上述有关盈余分配方案的决议符合法律规定并经各方股东认可，不存在无效事由。

股东会作出利润分配决议后，股东享有的权利性质等同于普通债权，股东可以债权人身份要求公司根据利润分配决议分配利润。而且公司盈余分配方案一经作出，除非存在无效或可撤销事由，公司均应履行方案内容。公司经营状况恶化只能表明公司无法按约履行支付义务或在履行过程中存在困难，而与应否向股东履行公司利润分配支付义务，是两个不同的问题，故以公司目前不具备履行能力为由的抗辩不能成立。

2. 违反限制分红条款并不导致盈余分配方案决议内容无效。

根据被告2014年至2016年的年度审计报告，被告在上述三个年度按照《公司法》相关规定及会计准则，提取法定公积金后，有可供分配的利润，且不存在未归还当期银行贷款的情形。被告举示的《借款合同》中虽有"合同项下贷款全部清偿完毕前，未经案外人银行方书面同意，被告不得以任何方式向其股东分配本项目的经营利润"的约定，但该约定不应构成对股东基本权利的限制，且违反该约定的后果也不应导致前述股东会关于盈余分配方案决议的内容无效。2014年之前被告正常向其股东进行利润分配，也并未出现有关金融机构主张该分配无效的情形。

综上所述，被告依法作出2014年至2016年的年度盈余分配方案后，其与原告形成了支付相应款项的具体债权债务关系，股东原告的盈余分配请求权已经转化为股东对公司享有的债权，公司应当依法履行给付义务。

二审法院判决：

被告向原告支付欠付股利1.1亿余元、截至2020年12月31日的资金占用费241万余元，以及以1.1亿余元为基数自2021年1月1日起至款项清偿之日止按照LPR计算的资金占用费。

第十一章
公司盈余分配纠纷

【案例132】盈余分配请求权转让同债权转让　无须以具有股东资格为前提[①]

原告：人福公司

被告：华泰保险公司

第三人：中石化集团

诉讼请求：

1. 被告向原告支付2015年度、2016年度及2017年度分红款共计1726万余元；

2. 被告向原告赔偿逾期支付分红款的损失。

争议焦点：

1. 在案涉股权转让完成行政部门审批之前，股权和对应的盈余分配权属于原告还是第三人；

2. 第三人同意被告向原告支付盈余分配款的法律性质如何确定；

3. 如何认定逾期支付盈余分配款之利息的起算时间点。

基本案情：

2015年12月23日，第三人通过在交易所挂牌与原告及另外两家联合体签署《产权交易合同》，约定第三人转让持有的全部被告股权，本次转让依法应报审批机关备案或审批的，由原告及案外人自行负责履行或协助履行向审批机关申报的义务。

2016年1月21日，原告将股权转让款转账至交易所指定账户，并由交易所将其划转至第三人指定账户。

2016年3月7日，第三人向被告发函，告知股权转让事宜，并请被告协助完成本次股权转让及变更事宜。

2016年4月26日，被告作出股东大会决议，同意案涉股权转让以及派发2015年度分红款等事宜。

2016年8月1日，第三人向被告发函，要求被告向其支付2015年度现金分红1430万元。同日，被告向原告发函，表明因案涉《产权交易合同》未对

[①] 参见北京市西城区人民法院（2021）京0102民初14238号民事判决书。

分红款分配进行明确约定，转股事宜也尚未获得批准。出于审慎考虑，尚未派发分红。

2016年8月9日，原告回复表示第三人已明确股权转让期间损益由原告享有。

此后两年，被告分别作出股东大会决议，派发2016年度、2017年度分红款。案涉股份所对应的分红款为507万余元、609万余元及609万余元，合计1726万余元。期间，第三人仍记载于被告股东名册，第三人作为股东参加了上述股东大会，并行使了表决权。

2018年9月17日、12月19日，银保监会审批同意被告变更股东和修改股东名册。2018年12月26日，被告向原告出具《股份证明》并将其登记于公司股东名册。2020年9月16日，第三人向交易所发函表示，其在交易所公开挂牌的被告股权转让期间损益由受让方享有。2020年10月23日，被告向原告回函，称其已收到上述函件，并要求第三人对分红款事宜进一步明确。

庭审中，第三人表示同意被告向原告支付2015年度、2016年度及2017年度分红款共计1726万余元。

原告诉称：

原告已于2015年受让被告股权，并签署相关《产权交易合同》。而且被告已作出2015年至2017年的年度盈余分配决议，据此应向原告支付案涉分红款。第三人也认可案涉分红款应当归属于原告。原告多次要求被告支付分红款，但被告以原告与第三人就分红款归属存在争议为由，未向任何一方支付案涉分红款。

被告辩称：

1. 原告在成为股东前，不享有分红权。

根据《公司法》以及被告的公司章程约定，被告股东资格的认定以股东名册的登记为准。被告的股东名册显示，2015年至2017年被告的股东为第三人，且第三人以股东身份参与了相应的股东大会并进行了表决，行使了股东权利，故诉争的分红款应由第三人享有。原告在相关盈余分配决议前并非被告股东名册登记的股东，无权向被告要求支付该期间分配的分红款，更无权要求被告承担延期派发分红款产生的资金占用损失。

2. 被告出于审慎原则未发放分红款，没有过错。

原告与第三人一直未就诉争分红款的归属达成一致，导致被告无法派发诉争分红款，被告对延迟派发分红款没有过错，不应当承担资金损失。

根据《保险法》第 84 条第 7 项及《产权交易合同》的约定，《产权交易合同》于 2018 年 9 月 17 日生效，此时第三人与原告之间的股权转让才具备法律效力，产生股权变动的法律后果。据此，被告于 2018 年 12 月 26 日变更股东名册，将第三人变更为原告。

被告一直未能取得诉争期间分红款归属的依据，无法就诉争的分红款进行分配，被告对延迟支付分红款没有过错。

第三人称：

第三人在收到 2020 年交易所发函以后，同意股权转让期间损益由受让方享有。第三人系通过交易所进行挂牌转让，故没有义务通知原被告。

法官观点：

1. 具体的盈余分配请求权适用债权转让的一般规则。

原告与第三人之间的《产权交易合同》不违反我国现行法律、行政法规的强制性规定，应属合法有效。但由于案涉股权转让于 2018 年 9 月 17 日才得到银保监会批准，且直至 2018 年 12 月原告才作为被告股东被记载于被告股东名册上，故原告在 2015 年度、2016 年度及 2017 年度分红款分配时并未取得被告股东资格，其无权依据股东身份主张向其分配分红款。

原告主张其与第三人就上述分红款转让给自己已经达成合意，其依据债权转让向被告主张权利，故应根据《合同法》等相关规定判断债权转让是否有效。

本案中，原告受让的债权系具体的盈余分配请求权。结合《民法总则》第 125 条和《公司法》第 4 条的规定，公司股东享有投资收益权，即在案涉股权变动之前，第三人仍然享有盈余分配请求权。

股权转让合同签署后，被告作出盈余分配决议，股东享有了具体的盈余分配请求权，该权利性质上与普通债权无异，故股东可以将公司利润分配决议已经确定分配的利润转让给他人。受让人即使不是公司的股东，亦可以基于公司利润分配决议向公司主张分配利润。故第三人有权将该部分盈余分配请求权转让。

第三人在向交易所发送的函件中以及本次庭审中均表示同意被告向原告支付 2015 年度、2016 年度及 2017 年度分红款共计 1726 万余元，故第三人及原告就债权转让达成一致意见。

第三人在本次庭审之前未通知被告，但原告作为新债权人，通知了被告且向被告提供了第三人作出的关于涉案权利由原告享有的函件，且第三人当庭表示认可被告向原告支付案涉分红款。

2. 被告应当支付逾期损失。

依照《合同法》第81条的规定，债权人转让权利的，受让人取得与债权相关的从权利，但该权利专属于债权人自身的除外。原告受让了第三人的涉案盈余分配请求权，如果第三人享有与盈余分配请求权有关的从权利，原告可一并受让。

第三人在派发分红款时依据被告章程仍为被告股东，且参加了股东会会议，并要求被告向其分配分红款。在股东大会作出盈余分配决议时，公司与股东之间即形成债权债务关系，公司若未按照决议和章程及时给付，则应承担相应的赔偿责任。

本案中，被告未及时支付分红款侵犯了第三人的权益，应向第三人承担相应的赔偿责任，即第三人享有案涉盈余分配请求权的从权利。关于被告逾期支付应承担的赔偿责任，根据本案的情况，结合案涉分红款归属在起诉前存在争议的事实，考虑被告逾期支付所造成的损失情况，法院酌定自被告知晓盈余分配请求权转让情况之日（2020年10月23日）开始计算逾期损失。

法院判决：

1. 被告向原告支付2015年度、2016年度及2017年度分红款共计1726万余元并支付逾期利息损失；

2. 被告向原告支付逾期损失（利率为LPR，被告知晓盈余分配请求权转让情况之日起计算）。

【案例133】股转后公司决议分配股转前利润　未约定原股东享有视为已转让给受让方[1]

原告：喻某

---

[1] 参见四川省高级人民法院（2017）川民申5273号民事裁定书。

被告：燃气公司

诉讼请求：被告向原告支付 2013 年度分红款 10,500 元及利息。

争议焦点：在《股权转让协议》未作约定,且签订协议时公司未形成以往年度利润分配决议的情况下,原股东能否在股权转让后主张其持股期间的盈余分配请求权。

基本案情：

自 2012 年起,原告成为被告股东,持股比例为 5%。后因被告增资,原告的持股比例减少至 3%。

2014 年 1 月 10 日,原告与案外人何某签订《股权转让协议》,原告将其持有的被告 3% 的股权转让给案外人何某。但是,该协议未明确盈余分配请求权的归属。同日,被告针对该股权转让事宜召开股东会,会议纪要载明:"从签字盖章之日起,案外人何某享有公司股东权益。"原告在当日收到了股权转让款。

2015 年 1 月 28 日,被告召开股东会(以下简称 2015 年股东会),会议纪要载明:经全体股东同意,2013 年度公司应分配股东红利 70 万元,建议按照未参与经营的股东先分、参与经营的股东后分的原则进行分配。2015 年 2 月 17 日,经被告的法定代表人核准,原告领取被告 2013 年投资分红款 10,500 元。根据案涉 3% 的持股比例计算,对应的应分取股利为 21,000 元。因此,被告尚有 10,500 元分红款未予支付。

2015 年 9 月 22 日,案外人何某提起请求公司变更登记纠纷。随后,法院生效判决确认,案外人何某自《股权转让协议》生效之日(即 2014 年 1 月 10 日)起成为被告股东。

原告诉称：

2015 年股东会决议分配的是 2013 年度的利润,原告在 2013 年是公司股东,享有盈余分配请求权。

被告辩称：

原告在股东会决议作出时不是股东,不受决议拘束,也不依据其享有盈余分配请求权。至于原告已领取到的分红款,只能表明案外人何某愿意让其领取,不能反证原告是权利主体。

法官观点：

股东的盈余分配请求权是股东基于其股东身份所享有的请求公司按自己的持股比例向自己分配股利的权利。股东主张盈余分配，必须具备两个条件：一是实体要件，即公司必须具有可分配的税后利润；二是程序要件，即公司权力机关作出分配盈余的决议。盈余分配请求权只是一种期待权，只有当公司具有可分配利润且股东会作出了分配股利的决议后，股东享有的利润才处于确定的状态，股东的盈余分配请求权才会由期待的状态转变为现实的债权。

原告转让股权之时，被告股东会尚未作出分红决议，盈余分配请求权还未转化为现实的债权，且原告与案外人何某在《股权转让协议》中并未约定盈余分配请求权仍由原告享有，根据股权概括转让原则，股权转让后，股东基于股东地位对公司所发生的全部权利一并转让给受让人，故盈余分配请求权应由案外人何某享有。

法院判决：

驳回原告的诉讼请求。

【案例134】净资产分配损害债权人利益无效　股东据此请求分红被驳回[1]

原告： 金某

被告： 金銮公司

第三人： 张某

诉讼请求： 被告向原告支付公司利润分配款 1.45 亿元（相关税费由被告代扣代缴）。

争议焦点：

1. 净资产分配方案与利润分配方案是否存在本质区别；

2. 股东是否可直接对净资产进行分配；

3. 在诉讼中，被告在净资产分配方案基础上提出利润分配的方法，原告亦表示认可，该事项是否仍有司法介入的必要。

---

[1] 参见河南省高级人民法院（2020）豫民终1104号民事判决书。

第十一章

公司盈余分配纠纷

基本案情：

2016年8月，被告的股东为原告和案外人杨某，出资比例分别为40%和60%。被告的认缴注册资本6000万元，截至本案诉讼时，实缴注册资本为2000万元。

2018年1月，案外人刘某（债权人）、案外人杨某（债务人）、原告等人签署《借款及担保合同之补充协议》，明确案外人杨某欠案外人刘某本金6930万元。杨某同意将其持有被告60%的股权作为此次借款的担保，且其中的30%已自愿转让给案外人刘某。

2018年2月，案外人刘某提起借款纠纷诉讼，法院作出调解书，确认案外人杨某将其名下剩余的30%股权转让给案外人刘某，加上此前的转让，杨某已合计将其名下全部60%股权转让给刘某，并办理公司变更登记。同时，两次股权转让仅作为案外人杨某对案外人刘某债务的抵押，股权虽然登记在案外人刘某名下，但实际仍由案外人杨某享有。

2018年8月，因案外人杨某未能履行对案外人刘某的还款义务，法院冻结了登记于案外人刘某名下但实际由案外人杨某持有的被告60%股权。

2019年5月，因案外人古都公司收购被告，评估事务所作出《评估报告》，指出被告于评估基准日即2019年2月28日的净资产评估价值为20,908.15万元。报告中明确"任何未经评估机构和委托方确认的机构或个人不能成为评估报告使用者"，且"从2019年2月28日至2020年2月27日的期限内有效"。

2019年8月，原告与案外人杨某签订《净资产分配方案》，约定原告与案外人杨某的净资产分配比例为40%和60%，被告可分配净资产采用《评估报告》净资产评估价值。

2020年1月，法院解除冻结登记于案外人刘某名下的被告60%股权，并确认该股权归买受人第三人享有。随后，被告办理了公司变更登记。

2020年4月，因案外人杨某对案外人刘某的还款义务仍未履行完毕，省高院向被告送达协助执行通知书，要求被告协助扣留根据《净资产分配方案》应当向杨某分配的利润。

原告诉称：

1.《净资产分配方案》是合法有效的分红决议。

原告与案外人杨某签订的《净资产分配方案》由被告当时的全部股东签

署，已经对被告净资产进行了分配。案外人杨某股权虽让与担保给案外人刘某，但未丧失被告的股东身份，其对公司利润分配事宜表决形成的决议，内容合法有效，即便程序存在瑕疵，也已过了60日行使撤销权的期限。

2. 被告在诉讼中已同意按照利润对应的资产进行分配，并承认未及时分配的事实。

3. 省高院已在执行程序中认可《净资产分配方案》。省高院依据《净资产分配方案》，通知被告协助扣留应当向案外人杨某分配的利润，说明该方案已被法院认定并采信。案外人杨某应分利润因法院查封而未获得分配，被告虽同意分配但迟迟不能分配，第三人进入公司后以大股东的名义干预公司事务，拒绝进行利润分配。

4. 第三人与分配方案无利害关系，不应参加本案诉讼。

被告辩称：

原告与案外人杨某签订的《净资产分配方案》具有真实性，因案外人杨某与案外人刘某的借款纠纷，法院冻结了案外人杨某的60%股权，故被告没有向任一股东进行核算和分配。

虽然该分配方案的对象是净资产，但对原告的诉讼请求，可按照被告评估总资产价值，减去2000万元的实缴注册资本金、10%的法定公积金、20%个人所得税后，再按原告和案外人杨某各50%的比例分配，即原告应分盈余利润为6806.93万元。

第三人称：

第三人在2019年12月取得被告原股东案外人刘某持有的60%股权，与本案处理结果存在利害关系。

《净资产分配方案》的签署时间是在案外人杨某退出被告以后，该方案对被告不具有法律约束力。且《评估报告》明确未经评估方和被告确认的个人不能使用，使用时间也已经超过报告有效期。

《净资产分配方案》是对公司未来资产的分配，违反《公司法》的规定。公司的利润分配必须在公司缴纳税金、弥补公司亏损、扣除法定公积金以及约定的任意公积金之后，才能对盈余的利润再按约定进行分配。

法官观点：

公司是企业法人，依法享有法人财产权，公司以其全部财产对公司的债务承担责任。

原告和案外人杨某达成的《净资产分配方案》分配的并不是被告的利润，而是公司全部净资产，违反了《公司法》的规定，且有可能损害被告及被告债权人的合法权益。

至于被告对分配方式及分配金额提出的意见，原告亦表示认可，则该事项实为被告自主处理的公司内部经营事项，系公司自治、股东自治范围，原被告对此无争议，该事项并无司法介入的必要。

法院判决：

驳回原告的诉讼请求。

【案例135】不按股比分红未得股东同意系违法 法院判令以分红总额按出资比例分红[①]

原告： 刘某、王甲

被告： 建设集团

第三人： 王乙

原告诉讼请求：

1. 被告按照《分红决议》向两原告支付分红款1.4735亿元及相应利息；

2. 第三人对被告应支付的分红款及利息承担连带责任。

第三人诉讼请求： 请求确认两原告持有的被告股权均为第三人所有。

争议焦点：

1. 案涉《分红决议》未通知两原告参会，是否程序违法；

2. 两原告认可《分红决议》中关于公司分配利润的事项，是否可弥补该程序瑕疵；

3. 《分红决议》未经两原告同意，不按两原告股权比例分红是否损害其利益，该部分决议效力如何认定；

4. 在分红总额已经确定且各股东对公司分配利润事项没有异议的情况下，法院可否径行按照已确定的应分配利润总额，直接判令按股权比例进行

[①] 参见最高人民法院（2020）最高法民申3891号民事裁定书。

分配；

5. 决议的部分内容无效，是否影响其他内容的效力认定；

6. 原告诉请第三人将被告向其多分配的利润直接支付给原告是否有法律依据。

基本案情：

1997年，经政府批复，国栋公司（即被告的前身）由集体所有制变更为私营企业性质，由第三人王乙个人独资经营。

2000年，第三人王乙（赠与人）与原告刘某（受赠人）签订《资产赠与合同》：因原告刘某为国栋公司的发展起到了积极且巨大的作用，第三人将国栋公司净资产中的价值4729万余元的资产无偿赠与原告刘某。同日，国栋公司召开第一次股东会并作出决议，决议载明决定将国栋公司的企业性质变更为建设集团（即被告），原告刘某被选举为被告首届董事会成员，原告刘某将第三人赠与的净资产4729万余元投入规范后的被告，并占被告股份25%。

2009年，原告刘某（赠与人）、原告王甲（受赠人）与第三人签订《赠与合同》，约定：鉴于原告刘某、第三人是原告王甲的母亲、父亲。原告刘某自愿将其所持的25%股份中的8%赠与原告王甲。完成赠与后，刘某持有的股份由25%变更为17%。随后，被告股东会决议通过了上述股权转让事宜，并办理了工商变更登记。

2011年，第三人与原告刘某达成《离婚协议书》，约定第三人赠与原告刘某的被告17%股份，归女方原告刘某所有。

2011年至2015年，被告陆续作出分红的决议，均载明被告按原告刘某持有17%股权、原告王甲持有8%股权，向两原告进行分红，亦履行了纳税义务。

2017年，被告召开临时股东大会，形成《临时股东会决议》《分红决议》。截至该次会议召开时，被告的股权比例为：第三人持股55%，原告刘某持股17%，原告王甲持股8%，其余4位案外人股东合计持股20%。

该《临时股东会决议》载明：公司应到股东7人，因2人（即两原告）在外，实到股东5人，代表公司总股本的75%股权，代表到会股东的100%股权，到会股东全体表决一致，无人弃权或反对。除第三人以外，两原告以及其他4名案外人股东所持的股份，名为赠与，实为代持。第三人决定以此持股比例为依据，进行一次性分配。名义股东享受此次分得的巨额利益后，自愿将其持有的股份回赠给第三人，并且此后不再享受已赠与股权的任何收益，也不再承担相关的债务和法律责任。赠与明细如下：被告除第三人以外，两原告以及其他4位案外人股东，共计向第三人转让被告42%股权。本次变更后，第三人持有被告97%的股权，两原告以及其他4位案外人股东，分别持有被告0.5%股权。在落实执行本决议后，《离婚协议书》中关于股权赠与的条款及相应的公证书作废。

该次《分红决议》包括以下内容。第一，会议审核并通过了被告2016年度的财务报表及企业所得税汇算报告，决议将税后利润进行全部一次性分配。第二，截至2016年年底，被告税后未分配利润可供分配金额为7.4亿元，全体股东协商一致，决议分配明细如下：……原告刘某分配的利润为6320万元①，代扣20%个人所得税后，实分税后利润为5056万元；原告王甲分配的利润为2974万元②，代扣20%个人所得税后，实分税后利润为2379万元。

税务局出具的《税收完税证明》载明，临时股东大会召开后，原告刘某缴纳个人所得税1264万元，原告王甲缴纳个人所得税594万元。

被告《章程》规定："出席股东会的股东超过全体股东表决权的半数以上，方可以召开股东会，由股东按照出资比例行使表决权；股东会审议批准公司年度财务预算、决算方案、利润分配方案；股东会的利润分配方案须经半数以上表决权的股东同意通过。""股东按出资比例分取红利。"

此外，第三人认可其与原告之间就案涉股权并无书面代持协议。

原告诉称：

1. 被告以股东会决议的方式将原告持有的股权赠与第三人，原告刘某的持股份额由17%变更为0.5%，原告王甲的持股份额由8%变更为0.5%，该赠与行为并未经过原告同意，侵害了二人的合法权益。第三人在赠与人不同意赠与且未授权其代原告签名的情况下，在工商部门签名变更股权，应承担连带责任。

---

① 被告刘某登记的持股比例为17%，此处按持股比例8.5%计算。
② 被告王甲登记的持股比例为8%，此处按持股比例4%计算。

2. 根据该决议，两原告只分得应得盈余的一半，被剥夺了盈余分配权。被告应对原告因此少取得分红款的赔偿，承担连带责任。

被告辩称：

如果原告主张分配利润，就应当认可整个股东会决议的内容，但是原告起诉时又主张该决议无效，因此其分配利润的主张不应支持。

第三人称：

1. 原告与第三人之间为代持股关系。

第三人是被告的唯一实际出资人及财产所有人。被告原为上市公司股东，为响应证监会的要求以及规范公司股权结构，第三人才分别与原告签订赠与合同，并进行了相应的工商变更。

被告现已不再持有上市公司股份，第三人也已辞去相关职务，被告的结构变动不再会对上市公司的经营活动和股票价值产生影响，在此情况下，第三人决定对股权代持情况进行清理和变更，相关股东会决议由代表被告75%表决权的股东一致通过，合法有效。原告否认代持事实，侵占本属于第三人的股东权益，第三人故提起诉讼。

2. 原告的诉讼请求互相矛盾。

即使原告依据股东的名义要求分红，也应当提供合法有效的股东会决议，但是原告起诉时要求确认决议无效，现原告又主张按照此决议内容分红，已经违反了禁止反言原则。原告主张的《分红决议》，只是当天作出的一系列股东会决议中的一部分，原告最先向法院提交的《临时股东会决议》才是总决议。若原告认可分配利润的决议，一是要认可整个决议内容，二是要认可前述总决议内容。若原告否认《临时股东会决议》的效力，则被告尚未作出有效的股东会决议，其二人要求分取公司红利的前提条件不成就，其诉讼请求应予驳回。

3. 被告的行为名为分红，实为履行离婚协议。

被告在第三人与原告刘某离婚前未进行分红，原告刘某对此未提出异议，因其知晓代持行为。第三人作为公司唯一股东和实际控制人，在与原告刘某离婚后才对公司进行分红，实际是为了按照离婚协议处分个人财产以支付两原告的生活费用。由于股权赠与实质为代持，《临时股东会决议》分红金额明显超过离婚协议的约定，则原告刘某无权要求超出部分，且原告刘某已以借款的形式支取了生活费，故剩余分红款应直接支付给第三人。

4. 原告要求第三人承担连带责任无法律依据。

第三人在领取分红款的同时，又将部分款项借给被告，此系第三人与被告之间的事宜，与原告无关。原告只能向被告主张权利，且第三人不是分红的支付主体。若其二人认为被告将款项支付给第三人的行为损害了其权益，应另诉债权人撤销之诉。

法官观点：

1. 决定分红的决议有效。

本案中，临时股东会由占公司股权75%的股东出席并进行表决。《分红决议》系经过代表被告75%股权的股东同意而形成的分配决议，符合章程规定。两原告虽未参加该临时股东会，但事后对召开股东会进行了认可。虽召集程序与决议程序存在瑕疵，但并没有对决议内容产生实质性影响，该临时股东会决议的召集程序与决议程序有效。

在该临时股东会上，经一致审议并由持75%股权的股东表决通过了2016年度财务报表及企业所得税汇算报告。在此基础上，股东会决议将税后利润进行全部一次性分配。本次分配决议是依据被告的财务报表及企业所得税汇算报告，决定向第三人支付分红，第三人对此也予以承认。故该项股东会决议虽然存在召集程序上的瑕疵，但基于公司资本多数决的原则，出席本次股东会股东所占比例达到75%，该股东会决议亦经占持75%股权的股东同意，产生效力，且对被告利润进行了分配，公司并代为交纳了个人所得税。因此，决议确认进行税后利润分红的部分应属有效。

2. 不按比例分红的决议未经全体股东同意，属无效决议。

《公司法》第34条①规定："股东按照实缴的出资比例分取红利；公司新增资本时，股东有权优先按照实缴的出资比例认缴出资。但是，全体股东约定不按照出资比例分取红利或者不按照出资比例优先认缴出资的除外。"

由于股东享有的分红权属于股东自益权，系股东为自己利益而行使的权

---

① 现为《公司法》第227条。

利，因此公司一般应按股东实缴出资比例分配红利。若公司决定不按出资比例分配利润，则必须经过全体股东约定，不得采取多数决的方式决定，其目的在于防止占多数股份的股东分配方式因滥用股东权利和公司资本多数决的原则而侵害小股东的合法利益，即大股东以股权上的优势侵害小股东享有的分红权利。

此外，被告《章程》亦约定"按出资比例分取红利"。据此，当被告股东会约定不按出资比例对公司利润进行分配时，需经公司全体股东同意。而原告并未在《分红决议》上签字，则该决议上载明的股东分配比例并未经过全体股东一致同意，因此该决议载明的利润分配比例并不符合《公司法》以及公司章程的约定，故对原告不产生约束力。

3. 决议已载明分红方案，法院可直接判决按比例分红。

《公司法司法解释（四）》第14条规定："股东提交载明具体分配方案的股东会或者股东大会的有效决议，请求公司分配利润，公司拒绝分配利润且其关于无法执行决议的抗辩理由不成立的，人民法院应当判决公司按照决议载明的具体分配方案向股东分配利润。"

根据已查明的事实，被告已按《分红决议》载明的方案完税，并将税后利润进行了分配，故《分红决议》并不属于无利润分配方案的决议。因此，可以以《分红决议》确定的利润总额为基础，并按照原告二人的实际持股比例分配利润。

4. 决议部分无效不影响其他决议的效力。

股东会决议中部分事项无效并不必然影响利润分配决议的效力。本案中，《临时股东会决议》《分红决议》虽同时载明了利润分配方案和股东之间的股权赠与事项，但股权赠与系股东与股东之间的法律关系，与公司与股东之间的利润分配关系并非同一法律关系，因此决议中关于股权赠与和利润分配的内容系各自独立的，股东之间的股权赠与并不影响公司已作出的利润分配方案。

5. 第三人无须对被告应付未付的分红款承担连带责任。

股东请求分配利润的义务主体为公司，并非其他股东。当公司向一部分股东少分利润，而向另一部分股东多分利润时，多获得分配利润的股东应向公司承担返还义务，而不是将多分配的利润直接退还给少分利润的股东，股东与股东之间并无相互支付利润的义务。本案中，被告将本应分配给两原告的利润支付给第三人，系被告与第三人之间的法律关系。被告才是要求第三人返还多分配利润的适格主体，两原告无权向第三人主张连带责任。

法院判决：

1. 被告向原告刘某支付税后利润 1 亿元及利息；
2. 被告向原告王甲支付税后利润 4735 万元及利息；
3. 驳回原告的其他诉讼请求；
4. 驳回第三人的全部诉讼请求。

294. 作出分配利润的决议后，分配期限是多久？

新《公司法》就法定盈余分配期限较之前的《公司法》司法解释作出了实质性修改，从股东会决议作出之日起 1 年内调整为 6 个月内。

上市公司在公司股东会对利润分配方案作出决议后，或公司董事会根据年度股东会审议通过的下一年中期分红条件和上限制定具体方案后，须在 2 个月内完成股利（或股份）的派发事项。

295. 股东会决议的利润分配期限超出法律或章程规定期限的，决议效力如何认定？

《公司法》规定的 6 个月是分配利润的最长期限，公司章程或者股东会决议不得延长。股东会决议的利润分配期限超过 6 个月的，股东可以提起公司决议诉讼，请求确认有关分配期限的决议无效。如果股东会决议的利润分配期限在 6 个月法定期限内，但超过公司章程规定的，则可请求撤销决议中关于该期限的内容。

296. 外商投资企业向股东派发盈余利润后，股东将红利汇出境外，应当经过哪些法定程序？

应遵循如下程序规定：

（1）外商投资企业股东获取红利后汇出的行为，属于外汇管理制度中"资本项目的支出内容"所约束的范畴，应当按照国务院外汇管理部门关于付汇与购汇的管理规定，凭有效单证以自有外汇支付或者向经营结汇、售汇业务的金融机构购汇支付。

(2) 外商投资企业外方投资者依法纳税后的利润、红利的汇出，应持董事会利润分配决议书，从其外汇账户中支付或者到外汇指定银行兑付。

(3) 外商投资企业办理利润、股息、红利汇出的，需凭以下材料从外汇账户中支付或到银行兑付：

①书面申请；

②与本次利润汇出相关的股东会或董事会利润分配决议（或合伙人利润分配决议）；

③企业自身经审计的财务报表；

④单笔支付外汇资金在等值 5 万美元以上的，还需提交主管税务部门出具的税务凭证（纸质或电子的《服务贸易等项目对外支付税务备案表》）。

【案例 136】 司法审计无法明确可分配利润数额　分红主张难获支持[①]

原告：赵某、王某、孙某

被告：贸易公司、刘某、盛某

诉讼请求：

1. 被告贸易公司向原告支付 2008 年 6 月 1 日至 2020 年 7 月 19 日的分红款共计 582.51 万元；

2. 被告刘某、盛某对第一项诉讼请求的分红款的支付承担连带责任。

争议焦点：司法审计仅能针对部分年度财务资料进行审计，推测利润，法院能否据此判决强制分红。

基本案情：

2008 年 5 月，被告贸易公司成立。截至诉讼时，三原告共计持有被告贸易公司 28% 的股权，被告刘某、盛某是夫妻，共计持有被告贸易公司 54% 的股权。

成立后，被告贸易公司从案外人农工商公司承租"华文综合楼"，并负责"华文综合楼"的对外出租和物业管理，作为被告贸易公司的主要收入来源。

---

① 参见北京市第二中级人民法院（2022）京 02 民终 12467 号民事判决书。

2014年，被告贸易公司与案外人农工商公司产生租赁合同纠纷。法院判决解除合同，被告贸易公司将房屋返还给农工商公司，并支付自2012年3月6日起至实际腾退之日止的房屋使用费。

2020年4月，在租赁合同纠纷的执行程序中，被告贸易公司与案外人农工商公司达成和解协议，确认双方在2020年4月8日完成房屋交接。

2020年8月，原告提起股东知情权诉讼，要求查阅、复制被告贸易公司的会计报告、会计账簿等资料。法院支持了原告的部分诉讼请求，但被告贸易公司仅提供了部分资料。

本案审理期间，原告申请对被告贸易公司2008年6月至2020年4月之间的盈余状况进行审计。但是，被告贸易公司未能提交2011年6月以前的财务资料，也未提交原始会计凭证。鉴定机构仅能对现有资料进行梳理汇总，无法对数据的准确性发表鉴定意见。

《司法鉴定意见书》结论显示，因财务资料缺失，无法确认具体的房屋出租收入，仅能根据房屋出租收入的重复程度，推算出以下三种结果：其一，可分配利润为760.6万元；其二，可分配利润为1177.3万元；其三，可分配利润介于760.6万元至1177.3万元之间。

同时，因缺少财务资料，《司法鉴定意见书》未能对被告贸易公司的企业所得税进行测算。随后，原告申请对"华文综合楼"2008年6月至2020年4月的租金收入进行评估。法院依法委托了评估公司，但因评估涉及的时间段起始年代较早、跨度较长，所需基础资料无法获取，评估公司决定不予受理该评估申请。

原告诉称：

被告刘某、盛某是被告贸易公司的大股东，于2009年12月至2020年7月恶意操纵控制被告贸易公司，并滥用股东权利，严重违背对其他股东的信义义务，从不召开公司股东会，不制订任何利润分配方案，不向其他股东分配利润。被告刘某、盛某的财务与被告贸易公司的财务高度混同。其中，原告在对被告贸易公司行使知情权时发现，其提供的会计账目和财务报表涉嫌造假，如部分租户租金收入未记载。因此，被告贸易公司应向原告支付利润，被告刘某、盛某应承担连带责任。

被告辩称：

1. 被告盛某与刘某名下没有注册关联公司，未给其他股东造成损失，没有滥用股东权利。

2. 原告王某、孙某没有实际缴纳出资款，不享受盈余分配请求权。

3. 被告贸易公司目前已无经营业务，公司准备提起解散公司诉讼，请求中止审理本案。

法官观点：

1. 原告赵某、王某、孙某享有盈余分配请求权。

根据《公司法》规定及被告贸易公司章程，原告享有按照出资比例分取红利的权利。被告辩称，原告王某、孙某未实际出资，并非公司股东，以及请求中止审理本案的意见，均缺乏事实依据，不予采纳。

2. 原告未能举证证明被告贸易公司存在可分配利润，符合强制分配条件。

被告贸易公司未就公司利润分配形成过股东会决议，因此原告若要主张分配利润，就应当依据《公司法司法解释（四）》（2020年修正）第15条的规定，举证证明被告贸易公司存在未分配利润且存在控股股东滥用股东权利导致公司不分配利润，给公司其他股东造成损失的情形。

虽然《司法鉴定意见书》鉴定结论中载明了被告贸易公司盈余利润的三种不同结果，且三种结果中均存在可分配盈余利润，但该《司法鉴定意见书》所依据的财务数据并不完整，且无法对被告贸易公司的企业所得税进行测算和调整。因此，鉴定结论所依据的财务数据不具备完整性，所载明的三种公司盈余利润结果均并不能真实反映被告贸易公司现有全部年度的实际利润情况。

综上，现有证据亦不能证明公司利润符合强制分配的条件。

3. 鉴定费用应当由被告贸易公司承担。

案涉《司法鉴定意见书》结论虽未被法院采纳，但系因被告贸易公司未能提供完整公司财务资料导致，被告贸易公司对财务资料负有妥善保管责任，故其未尽妥善保管、及时提供财务资料的义务，该费用应由其承担。

法院判决：

驳回原告诉讼请求。

297. 股份有限公司是否可以约定不同股份对应的利润分配顺序？

可以。公司可以按照公司章程的规定发行与普通股权利不同的类别股，优先或者劣后分配利润。

298. 违法分配利润的构成要件包括哪些？

违法分配利润的构成要件包括以下三项：

（1）公司存在违法分配利润的行为，如无利润而分配、未作决议便分配、未提取公积金便分配等；

（2）该行为给公司造成损失；

（3）责任主体适格，即负有过错的股东、董事、监事、高级管理人员。

299. 公司主张股东返还违法取得的利润，如何确定其请求权基础？

当公司违反法律规定分配利润时，股东从公司获得的分红，应当认定为不当得利。因此，适用不当得利返还的一般规则，公司请求返还的权利，属于债权性质的请求权。

300. 公司违法分配利润，各主体如何承担责任？

公司违法分配利润，侵犯的是公司的财产权，因此责任主体承担的是侵权赔偿责任。根据违法行为的不同，责任承担主体和方式有所不同：

（1）无利润而分配、未作决议便分配、未提取公积金便分配的，股东应当将违反规定分配的利润退还公司。给公司造成损失的，无法将违规分配利润退还的股东、起到协助作用的股东及负有责任的董事、监事、高级管理人员应当承担赔偿责任。

（2）若公司的应分配资金因被部分股东变相分配利润、隐瞒或转移，而不足以现实支付时，不仅直接损害了公司的利益，还损害到其他股东的利益。负有责任的实际控制人、股东、董事、监事、高级管理人应该在公司给付不能的范围内，对公司及利益受损的股东承担赔偿责任。

301. 请求人民法院进行强制盈余分配的条件包括哪些？

请求强制盈余分配应当满足下列条件：

（1）公司依法有盈余可供分配；

（2）股东存在滥用股东权利的行为；

（3）该行为致使公司不分配或少分配利润。

302. 法院支持强制盈余分配请求后，应当如何判决分配数额？

法院可以根据原告的诉讼请求以及个案的具体情况，迳行判决分配数额。决定分配数额时，法院应该优先保护公司债权人、债务人的利益，并通常根据审计结果确定公司可分配的利润数额。

303. 滥用股东权利导致不分配利润的情形有哪些？

控股股东滥用股东权利导致恶意不分配利润有以下三种常见情形：

（1）给任职股东或高级管理人员发放不合理高薪，如发放行为违反章程约定、发放标准高于同公司其他股东、发放标准高于同行业其他公司等；

（2）给部分股东购买与经营不相关的服务或财产；

（3）隐瞒或转移公司利润，如虚增成本、进行关联交易、推迟确认收入、过度计提资产减值、过度预计负债、虚增库存等。

【案例137】阻碍股东行使知情权且隐匿利润　可判决强制分红[①]

原告： 陈某

被告： 供应链公司

诉讼请求：

1. 被告向原告分配2014年度分红款54.6万元；

2. 被告向原告分配2015年度分红款109.8万元。

争议焦点：

1. 原告从被告财务负责人、前员工处获得的财务资料，是否足以证明被告存在可分配利润；

2. 被告谎称公司不存在可分配利润，且在知情权执行过程中提供与事实不符的财务资料，是否属于滥用股东权利的行为；

3. 无直接证据证明利润具体数额，法院是否可以结合在案证据推算可分配利润，并作出相应分配方案。

基本案情：

被告成立于2012年，公司章程对利润分配无特殊规定。原告持股29%，

[①] 参见广东省高级人民法院（2019）粤民申9324号民事裁定书。

第十一章

公司盈余分配纠纷

案外人邓某景持股30%，许某持股31%，邓某实持股10%。

2016年，原告以被告损害其知情权为由，提起股东知情权纠纷。法院支持了原告的部分诉讼请求，包括：被告书面向原告答复其不分配利润的原因，允许原告查阅、复制被告2014年度、2015年度会计报告，股东会、董事会会议记录等。

2017年，在股东知情权纠纷的执行过程中，被告向原告提供了如下材料：

1. 有关2014年度、2015年度不进行利润分配的股东会决议，两份决议的作出时间分别为2015年4月25日、2016年3月12日，有被告股东邓某景、邓某实的签名。

2. 2015年12月10日股东会决议，内容为变更公司法定代理人，免除原告董事、总经理职务等。

3. 2014年度、2015年度的资产负债表、利润表，载明截至2014年12月，被告累计亏损71.6万元，截至2015年12月，被告未分配利润为-141万元。

4. 被告财务负责人李某出具的《说明》，内容为：本人李某，任被告财务一职，被告与原告股东知情权纠纷一案中被告所提交的会计报表中的签字"Ada"为本人所签。

原告认为，被告在股东知情权纠纷案件中，提供的上述材料与事实不符，实际上，被告存在可分配利润。原告提交了如下证据，并得到了法院的采信：

1. 被告FMS系统数据。

原告委托被告前员工胡某登录被告使用的FMS系统查询被告2015年经营数据，胡某将相关数据导出，并拍照发送给原告，照片显示：截至2015年11月，被告的累计营业毛利润为167.8万美元。

2. 被告财务负责人李某发送的电子邮件及《公证书》。

2015年6月至12月，署名为"Ada"的电子邮箱，陆续向原告、被告股东邓某景发送多份邮件，附件内容为被告的各项财务报表，包括《2013年及2014年利润表》《2015年利润表》，以及业务提成表、工资表等。

3. 2015年12月14日股东会决议。[①]

决议内容为：供应链公司、物流公司、香港供应链公司共三家关联公司

[①] 该决议是在被告股东邓某景与原告协商股权转让事宜期间作出的，原被告后续并未履行该决议。

(以下简称本公司)全体股东作出如下决定。第一,同意原告将其所持本公司40%的股份,以48万元价格转让给邓某景,具体交易时间、方式方法等以股权转让协议为准。第二,同意邓某景在有条件前提下接受此次股权转让,具体条件如下:……②在财务利润报表以及利润分红上达成一致意见(备注:2014年未分配利润预计为188.3万元人民币,以财务最终数据为准;差异部分同意在2015年财务报表做调整)。第三,本决议一式三份,原告手持一份,被告股东邓某景手持一份,交公司留存一份。该决议上有原告、被告股东邓某景的签名,并盖有被告的公章。

原告诉称:

1. 原告已举证证明被告存在可分配利润。

被告存在可分配利润,原告提供的邮件数据已经过公证,未经任何的修改、删除或重新添加。同时,邮件中的财务数据与FMS系统中的数据可以对应,具有很高的相关度。原告已进行了充分的举证,被告对原告提供的证据有异议,却未能尽到举证责任,应认定原告提供的2014年度、2015年度利润报表中的数据是真实的。

2. 被告在知情权纠纷执行中提交虚假材料,且作出不分配利润的所谓"决议",系滥用股东权利的行为,请求法院进行强制盈余分配。

被告辩称:

1. 被告不存在可分配利润。

原告提交的证据无法证明被告存在可分配利润。原告提交的邮件并非被告财务人员李某本人发送的。发送FMS数据的被告原员工胡某系原告的直接下属,存在利益关系,不应采信其证言,被告也没有该类FMS数据。股东会决议中所指的未分配利润,指的是供应链公司、物流公司、香港供应链公司三家公司的利润,而非被告的利润。同时,该决议是在被告股东邓某景与原告协商股权转让事宜期间作出的,决议载明的未分配利润,仅是两人之间就三家公司股权转让价款商谈、妥协的结果,原告已完全抛弃了该结果,不应作为本案认定事实的依据。

2. 被告尚未作出分红决议,法院无权干预公司内部治理。

被告作出的有关2014年度、2015年度不进行利润分配的决议由公司股东真实地签字确认，其代表的股权份额也符合法律及章程规定，决议内容也并未违反法律规定。若原告对决议存在异议，应通过相应的救济途径解决。

公司盈余分配属于公司内部事务，法院不能干预。无论公司是否存在盈利、公司盈余是否应该分配、是否应该留下发展基金、如何分配等都属于公司商业上的判断范畴，应该遵循商事判断规则。相对于公司管理层而言，法院对商事判断属于外行，无法作出妥当判断。

3. 被告的股东不存在滥用股东权利的情形。

被告并未设置阻碍，未侵害原告的盈余分配权。被告对股东知情权纠纷的判决结果表示不服，但鉴于该案判决已生效，被告不想再纠结于该案，方未提起审判监督程序，并按照判决结果将相关利润表等财务资料提交给执行法院。被告在提交材料后，该法院确认案件已执行完毕，并依法作出了执行裁定书，将案件结案处理。这也说明，执行法院认可了被告所提交的公司2014年度、2015年度的利润表等财务数据。知情权纠纷案件与本案并无任何关联。

法官观点：

1. 原告已尽到举证责任，可认定被告于2014年度、2015年度存在可分配利润。

结合被告在执行案件中出具的《说明》，足以认定李某为被告的财务工作人员，Ada为李某的英文名，该邮箱为李某所使用的电子邮箱，虽然被告不认可原告提交的邮件证据，但被告并无证据证实该邮件系原告伪造或篡改。

原告委托被告原员工胡某登录被告的FMS系统，并导出了相关数据。虽然被告对FMS数据的真实性不予确认，但因FMS系统为被告使用和控制，被告并未出示其FMS系统否定原告的数据，即被告掌握着证据原件而不出示。

原告提交了2015年12月14日股东会决议，虽然被告对该决议的真实性不予确认，但因协议上有被告股东邓某景的签名，在被告没有提供证据证实该签名系伪造的情况下，应当采信该决议。

被告在执行案件中提交了有关2014年度、2015年度利润分配的股东会决议，该两份决议上仅有被告的两名股东邓某景、邓某实签名。原告对被告召开过股东会提出质疑，被告应就其确实召开过该两次股东会承担举证责任，被告未举证证明其向全体股东发出过召开股东会的通知，也未举证证明确实召开了股东会，故认定被告未召开过该两次股东会，被告作出的两次股东会决议不成立。

原告提交的证据能够相互印证，并形成证据链证明被告于2014年度和2015年度存在可分配利润，综合考虑原告的举证能力，其已尽到相应的举证责任。被告虽不予认可，但其并未提交由其掌握的电子邮件原本及FMS系统的原始数据等反证，应当承担举证不能的不利后果，可以据此认定或酌定被告2014年度、2015年度的可分配利润。

2. 被告股东滥用股东权利，原告有权请求分配利润。

被告2014年度、2015年度均存在可分配利润，但其对此明确否认，被告在原告未参加的两次股东会决议中亦称2014年度、2015年度不符合股东分红条件，且被告存在对原告行使股东知情权设置障碍的行为并引发了相关诉讼。综合以上情形，被告股东属于滥用股东权利，导致公司不分配利润。

3. 被告拒不提交具体利润数额，法院可根据在案证据酌定可分配利润。

关于2014年度利润，根据《2013年及2014年利润表》，截至2014年12月实际应分配利润为188.3万元（扣除企业所得税及盈余公积金后），依法应按原告持有被告的股份比例29%进行分配，故被告应向原告分配2014年度利润54.6万元。

关于2015年度利润，原告提交的《2015年利润表》载明2015年1月至9月的利润共计227.4万元。对于2015年10月至11月的利润，原告根据FMS数据计算的毛利润分别为119.2万元、284.3万元，在被告未提交证据证实原告提交的FMS数据不真实或原告的计算方法有误的情况下，可予以采信。在被告未证实其2015年12月的交易金额的情况下，原告以被告2015年1月至11月的平均毛利润949,242.82元为2015年12月的毛利润，可予以采信。在被告未提交证据证实其2015年10月至12月各月实际发生的经营费用的情况下，原告以被告2015年1月至9月中月支出费用最高值55万元作为2015年10月至12月的各月费用，予以准许。

按上述计算方式，被告2015年全年累计净利润为560.8元，扣除企业所得税后的净利润为420.6万元，参照2014年计提盈余公积金比例10%，计提后被告的可分配利润为378.5万元，故被告应向原告分配2015年度利润109.8万元。

法院判决：

1. 被告向原告分配2014年度分红款54.6万元；

2. 被告向原告分配2015年度分红款109.8万元。

【案例138】不确认营业外收入并转移利润　滥用股东权利被强制分红[①]

原告： 王某德

被告： 实业公司

诉讼请求： 被告给付原告2005年至2018年盈余分配款300万元。

争议焦点：

1. 股东向公司提供借款造房，但房产登记在公司名下，拆迁合同也由公司签署，应如何认定拆迁款归属；

2. 公司将本属于公司的拆迁款用于清偿部分股东借款，但不在账面显示，是否属于滥用股东权利的行为；

3. 股东转移利润，导致公司无法支付分红款，公司是否可以免于担责。

基本案情：

1995年，被告成立。原告以技术作价出资10万元，占被告注册资本的20%。

1997年，原告被取消股东资格。

2004年，被告因经营需要，购买了土地并建设经营场所，房屋登记于被告名下。同年，经过诉讼，法院判决确认并恢复了原告的股东资格。

其后，被告的房屋被拆迁，并因此获得了房屋、土地拆迁补偿款。

截至本案诉讼时，原告持股比例20%，系技术作价出资。被告股东案外人赵某持股53.3%，吴某持股26.7%。

经原告的申请，法院依法委托会计师事务所对被告2005年度至2018年度

[①] 参见江苏省淮安市中级人民法院（2022）苏08民终708号民事判决书。

利润及 2018 年 12 月 31 日财务状况进行专项审计，会计师事务所作出《审计报告》，结论：2005 年至 2018 年账面净利润为 106.5 万元，经审计调整后净利润为 1239.8 万元。截至 2018 年 12 月 31 日，资产总额为 2266.7 万元，负债总额 982.3 万元，净资产 1284.3 万元。未分配利润账面数为 100.6 万元，审计数为 1233.8 万元。

《审计报告》还载明以下内容：

"营业外收入"中房屋、土地补偿后净值 1126.1 万元，历年财政补贴款挂账 10.6 万元，审计调整后数 1136.7 万元。

"应收账款余额"为 204.7 万元，"其他应收款余额"为 1928.6 万元，其中：乐姆公司 1017.8 万元、益精公司 698.6 万元、瑞上公司 6.0 万元。据法院查明，上述三家公司均为案外人赵某的关联公司。

"其他应付款余额"为 908.7 万元，其中：股东案外人赵某 201.0 万元、股东王某 145.6 万元、股东吴某 133.7 万元。预付账款余额为 59.5 万元。

会计师事务所审计人员到庭接受询问。审计人员陈述，净利润应当包含营业外的收入，在审计过程中，被告向审计机构提供了的拆迁情况说明及《国有土地使用权收购合同》均可以证明房产的所有权人是被告。净利润与应收账款余额没有必然关联，净利润的计算是在收入中扣减成本、税收及附加税等，而预付账款以及其他应收款属于资产范畴，因公司没有提供预付款及其他应收款无法收回的依据，故不能作为坏账核销，应当作为资产核算范围。关于其他应收款中关联方应收款的问题，双方均只有资金往来，审计中并未发现双方有业务往来；关于对其他股东的应付款问题，案涉提供的明细账中既有股东向公司提供的借款，又有差旅费、通信费等。

被告提供的拆迁协议、进账单显示，土地、房屋拆迁款共计 1,332.06 万元，其中 800 万元汇入乐姆公司账户，其余款项汇入被告账户。被告股东案外人赵某陈述，汇入被告拆迁款已转出，拆迁款均已归还给被告三位股东。被告股东垫付的土地款、房屋建造款都已清偿，但被告记账为对股东的其他应付款，还有记账为对乐姆公司等的其他应收款，只是因为没有及时调账导致存留。

此外，被告章程记载：公司分配当年税后利润时，应当提取利润的 10%

列入公司法定公积金,并提取利润的 5%~10% 列入公司法定公益金,公司法定公积金累计额为公司注册资本的 50% 以上的,可不再提取……公司弥补亏损和提取公积金、法定公益金后所余利润,公司按照股东的出资比例进行分配。

原告诉称:

自 2005 年以来,被告一直都有销售盈利,但没有分配利润,且存在多项滥用股东权利的行为。

根据《审计报告》可以看出:营业外收入的调增,能够证明被告存在隐瞒和转移利润的情形;关联方的应收账款说明被告股东案外人赵某作为公司实际控制人,与关联公司进行关联交易转移资产,损害了股东及公司利益;其他应付给股东的款项,能够证明被告变相分配利润给原告外的其他股东。

被告辩称:

1. 被告不存在可分配利润。

案涉被告名下被拆迁的土地及房产实际权益并不属于被告,不属于本案认定范围,不应纳入被告营业外收入。在扣除该部分款项后,被告未分配利润仅为 107.7 万元。基于被告发展需要对该款项不予分配,正当且合理。

2. 被告股东不存在滥用股东权利的行为。

"土地款""建设工程款"均来源于实际出资的被告股东,且被告已向这些股东承诺被告仅享有使用权,对转让和拆迁权益不享有实体权益。在面临拆迁时,被告未将实际出资的股东对"土地、房屋拆迁后净值"享有的实际权益纳入营业外收入,明显具有正当事实依据,不存在隐瞒或转移收益的主观故意。被告股东的应付款均是股东实际向公司提供的借款,并不存在变相分配利润的情形。事实上,公司从未分配过利润,也未提取法定公积金。

对于原告主张的关联交易问题,虽然几家关联公司的大股东都是被告股东赵某,但这些公司与被告并不存在交易,双方仅有资金往来,不存在通过关联交易进行利益输送、损害原告利益的情形。

3. 未分配利润受制于资产形式,不等同于可分配利润。

"未分配利润"仅仅是财务报表中的一个账目数字,未分配利润中具体有多少可分配利润,将受到资产的形式、应付款期限等多方面限制。被告账面应收款 204.7 万元，绝大多数账龄超过 10 年，预付账款 59.5 万元，全部是实际发生但未开票的费用。上述应收和预付仍在挂账，仅仅是因为被告自身财务管理不规范、不完善所致，实际上无法收回且实际支出未开票抵扣费用，审计机构未经函证，仅依据账面余额将上述应收账款、预付账款作为被告资产处理，必然导致账面"未分配利润"虚高。

法官观点：

1. 土地拆迁款应计入被告可分配利润。

土地、建设资金的出资人与物权的权利人并非同一法律概念，不具有等同性。土地、房屋均登记在被告名下，相应的拆迁协议也是由被告与拆迁单位签订，拆迁款应归属于被告。由被告股东提供的土地款、房屋建造款已经计入被告账册并作为被告对上述股东的其他应付款，应视为被告向股东的借款或欠款，不影响物权及土地、房屋拆迁款归属于被告，审计报告将上述款项调整计入被告利润并无不当。

2. 隐瞒、转移拆迁款，属于滥用股东权利的行为。

在被告账面上，未将土地、房屋拆迁补偿款纳入公司收入计算，相反，按照赵某陈述，所有拆迁款已转出用于偿付股东款项。同时，在已清偿股东个人款项的情况下，账面上仍然挂账欠付股东个人款项，未作调整扣除。股东利用其优势地位将本属于公司的利润转出用于个人分配，应视为滥用股东权利，存在隐瞒或转移公司利润的情形，侵害了原告的利益。故被告符合强制盈余分配的实质要件。

对于原告诉称的被告赵某存在利用关联交易损害公司与股东利益的情形，与本案不属同一法律关系，本案不予理涉。

3. 被告是否具备支付分红款的能力，不影响其责任承担。

公司利润被转移导致是否可现实支付的问题，并不影响被告责任承担。本案以《审计报告》意见为准，被告未分配利润为 1233.8 万元。根据《公司法》及被告章程规定，因被告未提取公司法定公积金，应先提取 10% 法定公积金，剩余 1110.5 万元作为可供分配的利润。本案原告持有被告的 20% 股份，经计算，被告应向原告分配的数额为 222.1 万元。

法院判决：

被告给付原告分配盈余款 222.1 万元，对于原告诉请中，超出该数额的部分，不予支持。

【案例139】公司歧视性"预"分红　法院支持股东诉请[1]

原告：韩某

被告：凤凰公司

诉讼请求：被告向原告发放2019年第二、三、四季度分红款共计311.8万元，并支付逾期利息。

争议焦点：在案证据无法认定公司是否存在可分配利润，但公司长期、定期向其他股东支付预分红款，是否属于滥用股东权利，是否符合强制分红的条件。

基本案情：

2010年，被告登记成立。截止诉讼时，被告股东及持股比例为：原告持股21%、案外人余某持股53.5%、案外人曲某持股14%、案外人李某持股11.5%。被告不设董事会，股东余某任法定代表人、执行董事、经理，原告任监事。被告股东的注册资本均已实缴。

2011年，原告与余某、李某、曲某等股东签署《2011年凤凰董事会决议》[2]，决议载明：

1. 经营班子要确保股东的利益，决定仍然执行股东的预分红制，即每两个月按照业绩计提5%进行分红，按照股份比例分配发放；

2. 对于通过以上奖励分配后剩下的未分配利润，在年底开股东会商讨决定如何处理。

此后，被告一直按照该决议执行分红，即股东参与经营管理，财务负责人案外人张某按照决议中的计算方式，每隔两个月结算分红款并发放。也因此，被告以往分红时，不会每次都召开股东会并形成相应的决议。对于这些分红款，被告未曾履行过代扣代缴税费的义务。

自2013年起，被告开始使用印有"凤凰集团"字样的纸张，用于称呼被

---

[1] 参见广东省中山市中级人民法院（2021）粤20民终4623号民事判决书。
[2] 庭审中，原被告对该决议的性质产生不同意见。

告部分股东在中国香港、美国、尼日利亚等地设立的海外公司，原告亦持有部分公司的股份。但在法律上，这些公司之间不存在任何股权投资关系。

2018年1月至2019年4月，原告陆续收到被告2017年第一季度、2018年第一、二、三、四季度、2019年第一季度分红款。此后，原告再未收到分红款。

2019年7月至2020年1月，被告股东曲某、李某陆续收到被告2019年第二、三、四季度分红款。同时，被告财务负责人李某与被告股东曲某、李某的聊天记录显示，每次分红都附有相应明细表，且表格中载明了原告的持股比例、全球各区分红金额、合计应分金额等数据。

被告的财务报表以及公示年报显示，被告在2017年至2020年5月，一直处于亏损状态，净利润均为负数。被告亦委托会计师事务所进行审计，审计结果显示被告2019年未盈利。

原告诉称：

被告从成立以来，一直经营良好，也一直能够按照2011年所有股东达成的决议向所有股东分红。但自2019年第二季度开始，在公司有红利可分且其他股东均已经收到分红款的情况下，被告却拒绝向原告发放分红款，被告的行为明显违反了《公司法》以及公司股东会、董事会决议，严重损害了原告作为股东应当享有的权益。

被告辩称：

1. 被告近年经营不善，不存在可分配利润。

2. 被告未曾作出过分红决议。

根据《公司法》及被告章程规定，公司需要提取法定公积金之后，方可进行利润分配。同时，《2011年凤凰董事会决议》文件名称清楚显示，该文件是董事会决议。因此，该决议不属于载明了具体分配方案的股东会决议。原告无权依据决议要求被告向其分配利润。该决议仅是对海外公司的业绩奖励方案，并且决议也已明确分红应由股东另行决定。

3. 被告未向其他股东分红，不存在滥用股东权利的行为。

被告在2017年至2019年未向任何股东分配过任何利润。原告主张的分红款，主要来源于凤凰集团旗下的各个独立海外公司的业务收入，与被告无关。

法官观点：

1. 《2011年凤凰董事会决议》包含了预分红方案的股东会决议。

原告主张支付分红款的依据主要为《2011年凤凰董事会决议》。该决议虽然名为董事会决议，但决议内容有股东预分红的内容，故该董事会决议中关于股东分红的内容应认定为股东会决议，其实质与股东会决议无异。

2. 被告未能提交真实财务数据，无法认定其是否存在可分配利润。

关于"凤凰集团"是否有可分配的利润，双方均未提交直接证据。被告为"凤凰集团"的管理和实施主体，其提交的被告2019年度的利润表系其单一主体作出，而非"凤凰集团"框架下关联企业的财务状况，亦与当年度对应季度财务人员向各股东发送的"分红付款总明细"数据不符。被告单方委托第三方对2019年度财务会计报告进行的审计，无法客观、真实、全面地反映被告及"凤凰集团"的经营状况和财务状况。同时，被告作为"凤凰集团"业绩统筹管理、核算、分配等的执行主体，对法庭询问其关于历史预分红款项的来源、支付情况等问题未直接回应，且其法定代表人余某对其是否收取过预分红款及依法缴纳税款问题予以回避，被告主张显然与客观事实不符。故关于被告及其所管理、经营、统筹的"凤凰集团"是否存在利润、是否依法弥补了公司亏损及法定公积金等情形，本院无法查实，亦不予以认定。

3. 被告歧视性发放预分红款，属于滥用股东权利。

被告作为"凤凰集团"框架企业的管理、经营、统筹主体，客观上已经向其他股东分发了2019年之前历年及2019年度第二、三、四季度的预分红款，且该预分红款的计提比例、分发股权比例经全体股东签名并形成决议，被告不向原告发放无合法理由，存在"违反法律规定滥用股东权利导致公司不分配利润，给其他股东造成损失"的情形。

值得注意的是，该预分红并不等同于公司的相应年度最终盈利分配，被告及其管理的"凤凰集团"应在每一年度结束时对集团框架内的公司业绩、财务状况等进行年度核算和审计，在依法弥补了亏损、提取了公积金、缴纳了税款后作出是否补充分配或追回已分发的预分红款的决议。

同时，依法纳税是每一个公民和法人的义务，本案中各股东基于对"凤凰集团"框架下的企业投资所收取的预分红款，无证据证明已经依法缴纳了税款，且被告对此没有作出合理解释和提交相应证据，本院将函告相应主管部门依法处理。

法院判决：

被告向原告发放2019年第二、三、四季度分红款共计311.8万元，并支付逾期利息。

【案例140】公司未经股东同意向关联方借款　强制分红请求难获支持①

原告： 建筑公司

被告： 经贸公司、杨某

诉讼请求：

1. 被告经贸公司支付原告1996年8月30日至2017年12月31日的分红款522.3万元并支付相应利息；

2. 被告杨某对上述债务承担连带责任。

争议焦点： 仅凭借公司向关联方提供借款、提取巨额任意公积金的事实，是否足以证明公司及公司股东存在转移、隐匿公司利润的行为。

基本案情：

截至本案诉讼时，被告经贸公司的股东为案外人潘某良（持股65.62%）、原告（持股17.05%）、案外人工程公司（持股17.05%）、被告杨某（持股0.28%）。

2016年12月31日，被告经贸公司的盈余公积金增加为3102.7万元，提取了2810.7万元任意公积金。

2015年至2019年，被告经贸公司的2000万元、300万元两笔存款被转移。被告经贸公司提交的借款协议书、借条等证据显示，该两笔款项系经贸公司向其股东工程公司的总公司提供的借款。

2018年10月18日，原告、工程公司、潘某良（案外人潘某锐代签）签署的《股东会决议》载明："对公司现有货币资产和实物资产进行审计确认，

---

① 参见云南省高级人民法院（2020）云民申998号民事裁定书。

对其中的货币资产在依法依规合理留存 10% 以内公积金后，2016 年财务年度内实行股东按股分红，以实现股东投资 20 年来的资本收益。以后每年年度内均按此方式进行股东股份分红。"

被告经贸公司 2017 年的资产负债表记载：实收资本净额期末数为 698 万元；资本公积期末数为 628.4 万元；盈余公积期末数为 3102.7 万元，其中法定公益金为 292.1 万元；未分配利润期末数为 189.6 万元，所有者权益合计期末数为 4053.1 万元；负债和所有者权益合计期末数为 4545.1 万元。

原告诉称：

2018 年 10 月 18 日，被告经贸公司形成有效的《股东会决议》，决定按股东的持股比例进行分红，两被告不履行以上决议。故应按照被告经贸公司 2017 年资产负债表中的所有者权益 4053.1 万元，减去 698 万元注册资本、292.1 万元法定公益金，以剩余的 3063.1 万元为基数，乘以原告的股份比例，向原告分配利润 552.3 万元。

被告辩称：

作出该《股东会决议》没有依照公司章程召集股东参会，没有通知全体股东，没有实际召开会议，该决议不成立，不能据此分配利润。

法官观点：

1. 《股东会决议》未载明具体的分红方案，原告不能依据该决议请求分红。

《股东会决议》未明确公司税后具体利润和该利润的具体分配方案，原告认为，可以被告经贸公司会计报表为依据计算利润并进行分配。但原告的计算系其单方行为和观点，不足以替代须经过全体股东按议定程序确认的具体分配方案。同时，原告诉讼请求中的计算方式，未能真实反映被告经贸公司的税后利润。因此，原告不能依据该决议主张利润分配请求权。

2. 原告提供的证据不足以证明被告经贸公司过度计提公积金。

3. 根据现有证据，被告经贸公司对外出借资金的行为不属于滥用股东权利。

被告经贸公司的资金出借行为，虽未得到原告的同意，但原告未能提供其他证据证明被告经贸公司出借上述资金的行为未得到其他股东同意，或者属于变相转移、隐匿公司利润。因此，原告依据上述事实提出的主张，不足以认定被告经贸公司滥用股东权利损害股东权益的事实存在。

判决结果：

驳回原告的诉讼请求。

304. 居民个人从居民企业（不包括上市公司）取得的股息、红利等权益性收益，如何确定应纳税所得额、税率、扣缴义务人、纳税义务发生时间？

对于居民个人从居民企业取得的股息、红利所得，以股息、红利的全额为应纳税所得额，按20%税率计算：

应纳税额＝股息、红利全额×20%

股息、红利所得按月或者按次计算个人所得税，由股息、红利支付方作为扣缴义务人，按月或者按次代扣代缴，在次月15日内缴入国库，并向税务机关报送扣缴个人所得税申报表。

需注意的是，通过扣缴义务人的往来会计科目将股息、红利等分配到个人名下，收入所有人有权随时提取。在这种情况下，扣缴义务人将股息、红利分配到个人名下时，即应认为所得的收入应按税收法规规定及时代扣代缴个人应缴纳的个人所得税。

305. 对自然人投资者从上海证券交易所、深圳证券交易所挂牌交易的上市公司取得的股息、红利所得，如何确定应纳税所得额？

个人从公开发行和转让市场取得的上市公司股票，持股期限在1个月以内（含1个月）的，其股息、红利所得全额计入应纳税所得额，并适用20%的个人所得税率；持股期限在1个月以上至1年（含1年）的，暂减按50%计入应纳税所得额，同样适用20%的个人所得税率；持股期限超过1年的，暂免征收个人所得税。

需要注意的是，对个人持有的上市公司限售股解禁后取得的股息红利，按照前述方式计算纳税，持股时间自解禁日起计算；解禁前取得的股息红利继续暂减按50%计入应纳税所得额，适用20%的税率计征个人所得税。

上市公司派发股息、红利时，对截至股权登记日个人已持股超过1年的，其股息红利所得,按25%计入应纳税所得额。对截至股权登记日个人持股1年以内(含1年)且尚未转让的,税款分两步代扣代缴:第一步,上市公司派发股息、红利时,统一暂按25%计入应纳税所得额,计算并代扣税款;第二步,个人转让股票时,证券登记结算公司根据其持股期限计算实际应纳税额,超过已扣缴税款的部分,由证券公司等股份托管机构从个人资金账户中扣收并划付证券登记结算公司,证券登记结算公司应于次月5个工作日内划付上市公司,上市公司在收到税款当月的法定申报期内向主管税务机关申报缴纳。

个人应在资金账户留足资金,依法履行纳税义务。证券公司等股份托管机构应依法划扣税款,对个人资金账户暂无资金或资金不足的,证券公司等股份托管机构应当及时通知个人补足资金,并划扣税款。

306. 对自然人投资者从全国中小企业股份转让系统挂牌公司及北京证券交易所上市公司取得的股息、红利所得,如何确定应纳税所得额?

个人持有全国中小企业股份转让系统挂牌公司的股票,持股期限超过1年的,对股息、红利所得暂免征收个人所得税。个人持有挂牌公司的股票,持股期限在1个月以内(含1个月)的,其股息、红利所得全额计入应纳税所得额;持股期限在1个月以上至1年(含1年)的,其股息、红利所得暂减按50%计入应纳税所得额;上述所得统一适用20%的税率计征个人所得税。

投资北京证券交易所上市公司涉及的个人所得税暂按前述方式执行。

【案例141】华远地产派送红股视同现金分红要缴税[1]

基本案情:

2011年3月24日,华远地产召开公司2010年度股东大会审议通过2010年度利润分配方案。利润分配方案为:华远地产以公司总股本972,661,408股为基数,向全体股东每10股派送红股3股并派发现金红利1元(含税)。共计分配利润389,064,562.8元,其中派发红股291,798,422股,现金红利97,266,140.8元。剩余未分配利润结转下一年度分配。

---

[1] 《华远地产股份有限公司2010年利润分配实施公告》,载巨潮资讯网,http://static.cninfo.com.cn/finalpage/2011-03-31/59207299.PDF,2020年3月13日访问。

其中，流通股前10名股东中有3名自然人股东。具体持股情况见表11-1：

表11-1　流通股前10名股东中自然人股东持股情况

股东姓名	持股数/股	税额/元
陈某钿	1,499,015	0.15
崔某东	1,405,500	0.15
谭某宁	1,124,675	0.12

律师观点：

远华地产利润分配的方式包括两种：一是直接以现金分红；二是以留存收益（未分配利润与盈余公积金）派发红股。

1. 现金分红的税务处理。

（1）法人股东的税务处理。根据《企业所得税法》第26条以及《企业所得税法实施条例》第83条规定，居民企业直接投资于其他居民企业取得的股息、红利等免征企业所得税。但如果该法人股东持有的股票系公开发行上市流通不足12个月，因该股票获得的红利需要缴纳企业所得税。故上述10名股东以及其他法人股东持有远华地产的公开发行上市股票流通满12个月，免缴企业所得税。

对于非居民企业，根据《国家税务总局关于非居民企业取得B股等股票股息征收企业所得税问题的批复》（国税函〔2009〕394号）规定，在中国境内外公开发行、上市股票（A股、B股和海外股）的中国居民企业，在向非居民企业股东派发2008年及以后年度股息时，应统一按10%的税率代扣代缴企业所得税，非居民企业股东需要享受税收协定待遇的，依照税收协定执行的有关规定办理。

（2）个人股东的税务处理。根据《财政部、国家税务总局关于股息红利个人所得税有关政策的通知》（财税〔2005〕102号），上市公司目前对个人投资者从上市公司取得的股息、红利，暂减按50%计入个人应纳税所得额。

按照该规定，本案中3名自然人股东获得现金红利按利息、股息、红利项目20%的税率对股东计征个人所得税。应纳税额见表11-2：

表11-2 按财税〔2005〕102号文规定对现金红利计征个人所得税

股东姓名	持股数/股	现金红利/元	税额/元
陈某钿	1,499,015	149,901.50	14,990.15
崔某东	1,405,500	140,550.00	14,055.00
谭某宁	1,124,675	112,467.50	11,246.75

自2015年9月8日起,根据《财政部、国家税务总局、证监会关于上市公司股息红利差别化个人所得税政策有关问题的通知》(财税〔2015〕101号)的规定,个人从公开发行和转让市场取得的上市公司股票,持股期限超过1年的,股息红利所得暂免征收个人所得税;持股期限在1个月以内(含1个月)的,其股息红利所得全额计入应纳税所得额;持股期限在1个月以上至1年(含1年)的,暂减按50%计入应纳税所得额;上述所得统一适用20%的税率计征个人所得税。

若按现行规定,假设本案中3名自然人股东持股期限均超过1年,则均免征个人所得税。

2. 以留存收益派发红股的税务处理。

(1) 个人所得税。根据《国家税务总局关于印发〈征收个人所得税若干问题的规定〉的通知》(国税发〔1994〕089号)规定,股份制企业在分配股息、红利时,以股票形式向股东个人支付应得的股息、红利(派发红股),应以派发红股的股票票面金额为收入额,按利息、股息、红利项目计征个人所得税。

本次远华地产向个人股东送红股,票面金额1元/股,按利息、股息、红利项目20%的税率对股东计征个人所得税。根据财税〔2005〕102号文规定,上市公司目前对个人投资者从上市公司取得的股息红利,暂减按50%计入个人应纳税所得额。远华地产应为本案中3名自然人股东代扣代缴的个人所得税如表11-3所示:

表11-3 按财税〔2005〕102号文规定对红股计征个人所得税

股东姓名	持股数/股	红股/股	税额/元
陈某钿	1,499,015	449,704.50	44,970.45
崔某东	1,405,500	421,650	42,165.00
谭某宁	1,124,675	337,402.50	33,740.25

根据《财政部、国家税务总局、证监会关于上市公司股息红利差别化个人所得税政策有关问题的通知》(财税〔2015〕101号)的规定,假设本案中3名自然人股东持股期限均超过1年,则均免征个人所得税。

(2)企业所得税。其处理方式与现金分红的税务处理方式一致。

(3)印花税。根据《国家税务总局关于资金账簿印花税问题的通知》(国税发〔1994〕025号)规定,"实收资本"和"资本公积"两项的合计金额大于原已贴花金额的,就增加的部分补贴印花。远华地产应就以留存收益转增股本(送红股方式)部分缴纳印花税。该部分使得总股本增加291,798,422元,按照万分之五贴花①,缴纳印花税145,899.21元。

307. 企业以房地产或自制资产用于分配红利,企业是否负有纳税义务?企业与法人股东如何分别进行会计处理?

企业负有纳税义务,企业将自制资产作为股利分配给股东,视同销售,应按规定缴纳增值税。以企业同类资产同期对外销售价格确定销售收入;属于外购的资产,可按购入时的价格确定销售收入。

企业以不动产或自制资产(以下简称分配资产)分配红利的,原则上可以参照以非现金资产清偿债务进行会计处理。具体如下:

(1)企业的会计处理。公司应当将应分配利润的账面价值与转让的分配资产公允价值之间的差额,计入当期损益。

(2)法人股东的会计处理。法人股东应当对受让的分配资产按其公允价值入账。

308. 非居民企业从直接投资的其他居民企业取得的股息、红利等权益性投资收益,如何进行所得税处理?如何确定纳税义务产生时间?

区分三种情形处理:

(1)若该非居民企业在中国境内设立了机构、场所,且从居民企业取得的股息、红利与该机构、场所有实际联系,免征企业所得税。

(2)若该非居民企业在中国境内未设立机构、场所的,或者虽设立机构、

---

① 自2018年5月1日起,资金账簿印花税减半征收,即减至万分之二点五。

场所但取得的股息、红利与其所设机构、场所没有实际联系的，统一按10%的税率代扣代缴预提所得税。

（3）非居民企业（合伙企业除外）所在国与我国有税收协定的（见表11-4），依照税收协定的有关规定处理。需要注意的是，如协定限制税率高于10%，对于来源于中国的股息、红利，应在中国根据国内法规定，按10%的税率代扣代缴预提所得税。

表11-4 与我国有税收协定（安排）的国家/地区一览表（摘录）

序号	项目 国家/地区	股息 协定的限制税率
1	日本	10%
2	美国	10%
3	法国	持股25%以上的为5%，其他为10%
4	英国	持股25%以上的为5%，股息由投资工具直接或间接来源于不动产所取得的为15%，其他为10%
5	比利时	支付股息日在内的连续12个月直接持股25%以上的为5%，其他为10%
6	德国	持股25%以上的为5%，股息由投资工具直接或间接来源于不动产所取得的为15%，其他为10%
7	马来西亚	10%
8	挪威	15%（新协定：支付股息日在内的365天直接持股25%以上的为5%，其他为10%，尚未生效）
9	丹麦	支付股息日在内的365天直接持股25%以上的为5%，其他为10%
10	新加坡	持股25%以上的为5%，其他为10%
11	加拿大	支付股息日在内的365天持股15%以上的为10%，其他为15%
12	芬兰	支付股息日在内的365天直接持股25%以上的为5%，其他为10%

续表

序号	项目 国家/地区	股息 协定的限制税率
13	瑞典	10%
14	新西兰	支付股息日在内的365天直接持股25%以上的为5%，其他为15%
15	泰国	直接持股25%以上的为15%，其他为20%
16	意大利	10%（新协定：支付股息日在内的365天直接持股25%以上的为5%，其他为10%，尚未生效）
17	荷兰	支付股息日在内的365天直接持股25%以上的为5%，其他为10%
18	澳大利亚	10%
19	瑞士	直接持股25%以上的为5%，其他为10%
20	塞浦路斯	10%
21	西班牙	支付股息日在内的365天直接持股25%以上的为5%，其他为10%
22	巴西	15%
23	阿联酋	7%
24	卢森堡	直接持股25%以上的为5%，其他为10%
25	韩国	直接持股25%以上的为5%，其他为10%
26	俄罗斯	支付股息日在内的365天直接持股25%以上且持股金额8万欧元（或等值货币）以上的为5%，其他为10%
27	印度	10%
28	以色列	10%
29	越南	10%
30	土耳其	10%
31	葡萄牙	10%
32	爱尔兰	支付股息日在内的365天直接持股25%以上的为5%，其他为10%

续表

序号	项目	股息
	国家/地区	协定的限制税率
33	南非	5%
34	卡塔尔	10%
35	印度尼西亚	10%
36	吉尔吉斯斯坦	10%
37	墨西哥	5%
38	沙特阿拉伯	5%
39	阿根廷	支付股息日在内的365天直接持股25%以上的为10%，其他为15%（尚未生效）
40	中国香港	直接持股25%以上的为5%，其他为10%
41	中国澳门	10%

非居民企业取得应源泉扣缴的所得为股息、红利等权益性投资收益的，相关应纳税款扣缴义务发生之日为股息、红利等权益性投资收益实际支付之日。

【案例142】万科派发现金红利所得税处理案[①]

基本案情：

截至2011年12月31日，万科累积未分配利润52,967,795,010.41元。公司前10名股东持股情况见表11-5：

表11-5 万科前10名股东持股情况

股东名称	股东性质	持股比例/%	持股总数/股
华润股份有限公司	国有法人	14.73	1,619,094,766

[①] 《万科企业股份有限公司二〇一一年度分红派息方案实施公告》，载巨潮资讯网，http://static.cninfo.com.cn/finalpage/2012-06-27/61184237.PDF，2020年3月13日访问。

续表

股东名称	股东性质	持股比例/%	持股总数/股
易方达深证 100 交易型开放式指数证券投资基金	其他	1.23	134,693,711
刘某生	个人	1.22	133,791,208
中国人寿保险股份有限公司－分红－个人分红－005L－FH002 深	其他	1.18	129,454,917
博时主题行业股票证券投资基金	其他	1.13	123,999,920
融通深证 100 指数证券投资基金	其他	0.85	93,990,303
全国社保基金一零三组合	其他	0.74	81,100,000
HTHK/CMG FSGUFP－CMG FIRST STATE CHINA GROWTH FD	外资股东	0.71	78,355,190
博时价值增长证券投资基金	其他	0.68	75,000,000
UBS AG	其他	0.68	74,936,080

2012 年 5 月 11 日，万科召开 2011 年度股东大会，大会审议通过了 2011 年度分红派息方案。方案为：以公司现有总股本 10,995,210,218 股为基数，向全体股东每 10 股派现金 1.3 元人民币（含税）。

律师观点：

1. 个人所得税。

根据《财政部、国家税务总局关于股息红利个人所得税有关政策的通知》（财税〔2005〕102 号）规定，上市公司目前对个人投资者从上市公司取得的股息红利，暂减按 50% 计入个人应纳税所得额。万科按 20% 的税率代扣代缴个人所得税，因此个人股东刘某生应缴纳个人所得税为：

$133,791,208 \div 10 \times 1.3 \times 50\% \times 20\% = 1,739,285.7$ 元。

自 2015 年 9 月 8 日起，根据《财政部、国家税务总局、证监会关于上市公司股息红利差别化个人所得税政策有关问题的通知》（财税〔2015〕101 号）的规定，个人从公开发行和转让市场取得的上市公司股票，持股期限超过 1 年的，股息红利所得暂免征收个人所得税；持股期限在 1 个月以内（含 1

个月）的，其股息红利所得全额计入应纳税所得额；持股期限在1个月以上至1年（含1年）的，暂减按50%计入应纳税所得额；上述所得统一适用20%的税率计征个人所得税。

若按现行规定，假设本案中刘某生持股期限均超过1年，则均免征个人所得税。

2. 企业所得税。

根据《企业所得税法》第26条第2款以及《企业所得税法实施条例》第83条规定，万科的居民企业法人股东获得的红利免交企业所得税，但如果该法人股东连续持有万科股票不足12个月，取得的投资收益需要按25%的税率缴纳企业所得税。因此，应先确定该法人股东连续持有股票的时间，再确定其是否缴纳企业所得税。

根据《财政部、国家税务总局关于企业所得税若干优惠政策的通知》（财税〔2008〕1号）规定，对证券投资基金从证券市场中取得的收入，包括买卖股票、债券的差价收入，股权的股息、红利收入，债券的利息收入及其他收入，暂不征收企业所得税，因此上述3名公司制证券投资基金股东不缴纳企业所得税。

根据《国家税务总局关于非居民企业取得B股等股票股息征收企业所得税问题的批复》（国税函〔2009〕394号）规定，在中国境内外公开发行、上市股票（A股、B股和海外股）的中国居民企业，在向非居民企业股东派发2008年及以后年度股息时，应统一按10%的税率代扣代缴企业所得税，非居民企业股东需要享受税收协定待遇的，依照税收协定执行的有关规定办理。因此，上述两名外资股东，若没有税收协定，按10%的税率缴纳企业所得税。

HTHK/CMG FSGUFP – CMG FIRST STATE CHINA GROWTH FD 需缴纳企业所得税 78,355,190÷10×1.3×10% =1,018,617.47元。

UBSAG 需缴纳企业所得税 74,936,080÷10×1.3×10% =974,169.04元。

假设法人股东连续持有万科股票12个月以上，则前10名股东纳税情况见表11-6：

表11-6 万科前10名股东纳税情况（法人股东连续持有12个月以上）

股东名称	税率/%	税额/元
华润股份有限公司	25	0
易方达深证100交易型开放式指数证券投资基金	0	0
刘某生	20	1,739,285.70
中国人寿保险股份有限公司-分红-个人分红-005L-FH002深	25	0
博时主题行业股票证券投资基金	25	0
融通深证100指数证券投资基金	25	0
全国社保基金一零三组合	25	0
HTHK/CMG FSGUFP - CMG FIRST STATE CHINA GROWTH FD	10	1,018,617.47
博时价值增长证券投资基金	25	0
UBS AG	10	974,169.04

309. 居民企业从其直接或者间接控制的外国企业分得的来源于中国境外的股息、红利等权益性投资收益，应如何缴纳企业所得税？

企业可以选择按国（地区）别分别计算（即分国（地区）不分项），或者不按国（地区）别汇总计算（即不分国（地区）不分项）其来源于境外的应纳税所得额，并按照25%的税率，分别计算其可抵免境外所得税税额和抵免限额。上述方式一经选择，5年内不得改变。

可抵免境外所得税税额，是指企业来源于中国境外的所得依照中国境外税收法律以及相关规定应当缴纳并已实际缴纳的企业所得税性质的税款。但不包括：

（1）按照境外所得税法律及相关规定属于错缴或错征的境外所得税税款；

（2）按照税收协定规定不应征收的境外所得税税款；

（3）因少缴或迟缴境外所得税而追加的利息、滞纳金或罚款；

（4）境外所得税纳税人或者其利害关系人从境外征税主体得到实际返还或补偿的境外所得税税款；

(5) 按照我国《企业所得税法》及其实施条例规定，已经免征我国企业所得税的境外所得负担的境外所得税税款；

(6) 按照国务院财政、税务主管部门有关规定已经从企业境外应纳税所得额中扣除的境外所得税税款。

居民企业在用境外所得间接负担的税额进行税收抵免时，其取得的境外投资收益实际间接负担的税额，是指根据直接或者间接持股方式合计持股20%以上（含20%，下同）的规定层级的外国企业股份，由此应分得的股息、红利等权益性投资收益中，从最低一层外国企业起逐层计算的属于由上一层企业负担的税额，其计算公式如下：

本层企业所纳税额属于由一家上一层企业负担的税额 = （本层企业就利润和投资收益所实际缴纳的税额 + 符合本通知规定的由本层企业间接负担的税额）× 本层企业向一家上一层企业分配的股息（红利）÷ 本层企业所得税后利润额

某国（地区）所得税抵免限额 = 中国境内、境外所得依照《企业所得税法》及实施条例的规定计算的应纳税总额 × 来源于某国（地区）的应纳税所得额 ÷ 中国境内、境外应纳税所得总额

超过抵免限额的部分，可以在以后5个年度内，用每年度抵免限额抵免当年应抵税额后的余额进行抵补。5个年度，是指从企业取得的来源于中国境外的所得，已经在中国境外缴纳的企业所得税性质的税额超过抵免限额的当年的次年起连续5个纳税年度。

直接控制是指居民企业直接持有外国企业20%以上股份，间接控制是指居民企业以间接持股方式持有外国企业20%以上股份，限于符合以下持股方式的五层外国企业，即：

第一层企业：企业直接持有20%以上股份的外国企业；

第二层至第五层企业：单一上一层外国企业直接持有20%以上股份，且由该企业直接持有或通过一个或多个符合本持股方式的外国企业间接持有总和达到20%以上股份的外国企业。

310. 合伙企业股东取得股息、红利，如何进行税务处理？

合伙企业股东的利润分配采取"先分后税"的原则。合伙企业对外投资

取得的利润不并纳入企业的收入，而应单独作为合伙企业的投资者个人取得的利息、股息、红利所得。合伙企业合伙人是自然人的，缴纳个人所得税；合伙人是法人和其他组织的，缴纳企业所得税。

311. 合伙企业取得对外投资企业分红，其法人合伙人可否免征企业所得税？

不可以。法人合伙人与其对外投资的公司之间并不属于直接投资关系，投资行为也不是在居民企业之间进行的，因此法人合伙人从合伙企业取得的这一笔分红，不属于居民企业之间的股息、红利所得，不能免征企业所得税。

【相关法律依据】

一、公司法类

（一）法律

❖《公司法》第 211 条、第 212 条

（二）司法解释

❖《最高人民法院关于适用〈中华人民共和国公司法〉若干问题的规定（三）》（2020 年修正）第 16 条

❖《最高人民法院关于适用〈中华人民共和国公司法〉若干问题的规定（四）》（2020 年修正）第 15 条

❖《最高人民法院关于适用〈中华人民共和国公司法〉若干问题的规定（五）》（2020 年修正）第 4 条

（三）部门规范性文件

❖《财政部办公厅关于向社会公开征求〈财政部关于新公司法、外商投资法施行后有关企业财务处理问题的通知〉意见的通告》（财办资〔2024〕19 号）第 1 条第 1 款

二、民法类

❖《民法典》第 76 条

三、经济法类

（一）法律

❖《银行业监督管理法》第 37 条

❖《保险法》第 138 条

(二) 部门工作文件

◆《资本项目外汇业务指引（2024年版）》（国家外汇管理局汇发〔2024〕12号）第7.12条第2款

四、税法类

◆《国家税务总局关于印发〈中华人民共和国政府和新加坡共和国政府关于对所得避免双重征税和防止偷漏税的协定〉文本并请做好执行准备的通知》（国税函〔2007〕790号）第10条

◆《财政部、国家税务总局关于企业境外所得税收抵免有关问题的通知》（财税〔2009〕125号）第4条

◆《国家税务总局关于非居民企业取得B股等股票股息征收企业所得税问题的批复》（国税函〔2009〕394号）

◆《国家税务总局关于进一步加强高收入者个人所得税征收管理的通知》（国税发〔2010〕54号）第2章第2条

◆《国家税务总局关于企业境外所得适用简易征收和饶让抵免的核准事项取消后有关后续管理问题的公告》（国家税务总局公告2015年第70号）第1条

◆《财政部、税务总局关于完善企业境外所得税收抵免政策问题的通知》（财税〔2017〕84号）第2条

◆《财政部、税务总局关于延续实施全国中小企业股份转让系统挂牌公司股息红利差别化个人所得税政策的公告》（财政部、税务总局公告2024年第8号）

◆《财政部、税务总局、证监会关于继续实施全国中小企业股份转让系统挂牌公司股息红利差别化个人所得税政策的公告》（财政部、税务总局、证监会公告2019年第78号）第2条

◆《财政部、税务总局关于北京证券交易所税收政策适用问题的公告》（财政部、税务总局公告2021年第33号）

THE GUIDELINES ON LEGAL ISSUES OF
SHAREHOLDER DISPUTES

股东纠纷法律问题全书
合伙人

（2025年增补版）

上海宋和顾律师事务所　编著

⑦

知识产权出版社
全国百佳图书出版单位
—北京—

图书在版编目（CIP）数据

合伙人：股东纠纷法律问题全书：2025年增补版.7／上海宋和顾律师事务所编著.—北京：知识产权出版社，2025.6.—ISBN 978-7-5130-9876-2

Ⅰ.D922.291.914

中国国家版本馆CIP数据核字第2025HG2127号

责任编辑：秦金萍　　　　　　　　　责任校对：谷　洋
执行编辑：凌艳怡　　　　　　　　　责任印制：刘译文
封面设计：杰意飞扬·张悦

合伙人 ❼
股东纠纷法律问题全书（2025年增补版）
上海宋和顾律师事务所　编著

出版发行：	知识产权出版社有限责任公司	网　　址：	http://www.ipph.cn
社　　址：	北京市海淀区气象路50号院	邮　　编：	100081
责编电话：	010-82000860转8367	责编邮箱：	1195021383@qq.com
发行电话：	010-82000860转8101/8102	发行传真：	010-82000893/82005070/82000270
印　　刷：	天津嘉恒印务有限公司	经　　销：	新华书店、各大网上书店及相关专业书店
开　　本：	720mm×1000mm　1/16	印　　张：	37.5
版　　次：	2025年6月第1版	印　　次：	2025年6月第1次印刷
字　　数：	594千字	定　　价：	268.00元（全2册）

ISBN 978-7-5130-9876-2

出版权专有　侵权必究
如有印装质量问题，本社负责调换。

&

上海宋和顾律师事务所

一家专注解决股东纠纷的律师机构

认为 —— 诉讼仅是策略，化解股东矛盾的最终途径是协商。各方应以"妥协"的心态，理性地主张股东利益，否则两败俱伤。

倡导 —— 原则性（合作）谈判，避免竞争性谈判，管理双方的情绪，寻找最佳的可替代解决方案。

主张 —— 从股东争议的司法实践展开"反向工程"，精准设计股权架构和公司治理规则，以税务思维论证方案的经济可行性。

关 于 作 者

变与不变

（2025年增补版说明）

新《公司法》①删除了2018年版《公司法》的16个条文，新增和修改了228个条文，是《公司法》迄今最大规模的修订。

但将视角置于自1600年英国东印度公司成立至今400多年和自1673年法国路易十四颁布《商事条例》至今300多年的历史背景下，回顾中国公司法30多年的发展，大部分内容的"变"均源于对《民法典》、公司法司法解释及司法实践观点的吸纳和对域外法的借鉴，是对司法实践中人们长期关切问题的回应。

"变"主要体现在三个方面：效率导向的董事会中心主义，制衡导向的穿透与双重代表诉讼，以及损害债权人利益时的横向人格否认。

然而，公司法的私法属性不可避免地为公司自治留白，这些法律空缺正是股东争议诉讼多案并发与司法救济复杂的原因所在。因此，我们仍应更多关注新《公司法》"不变"的部分——公司权力与股东权利冲突的平衡。

在《合伙人》（2025年增补版）中，我们根据新《公司法》对《合伙人》（第三版）进行了一定的修改和完善，并用脚注予以提示；对于实践中不断涌现的重难点问题，我们精选了很多最高人民法院发布的公报案例、指导案例以及人民法院案例库的入库案例作为补充。因此，本书与《合伙人》（第三版）配合阅读，将使读者更加充分了解新《公司法》的

---

① 本书所述新《公司法》指的是我国2023年新修订的《公司法》。

"变与不变"，掌握 25 种股东纠纷的司法裁判标准和案由体系。

需要说明的是，每一起纠纷都有其背景，未必所有案件信息都能在裁判文书中得到体现。因此，生效的裁判结果未必放诸四海皆准，我们提倡以批判的精神对类案进行研究和学习。

本书定稿于 2025 年 3 月，涉及法律法规有效性均止于定稿时间。

宋海佳、顾立平参与本书全部章节的编写和审校工作。

魏歆健为本书统筹编辑，负责本书的编写分工、进度管理等统筹协调工作，并参与公司设立、股东知情权、请求公司收购股份及清算责任相关章节的资料收集、编写与校对工作。

朱曼参与损害公司利益责任相关章节及全书涉税部分的资料收集、编写与校对工作。

谢越参与发起人责任、股权转让、增资及减资相关章节的资料收集、编写与校对工作。

宋心怡参与公司证照返还、公司盈余分配、公司关联交易损害责任及申请公司清算相关章节的资料收集、编写与校对工作。

周柏成参与股东出资、请求变更公司登记、新增资本认购及上市公司收购相关章节的资料收集、编写与校对工作。

李禧炫参与股东资格确认、股东名册记载、损害股东利益责任及公司解散相关章节的资料收集、编写与校对工作。

张盈盈参与公司决议、合并及分立相关章节的资料收集、编写与校对工作。

韩杰参与损害公司债权人利益相关章节的资料收集、编写与校对工作。

上海宋和顾律师事务所
2025 年 3 月

第三版编写说明

本次修订，根据新颁布实施的《民法典》《外商投资法》《民事诉讼法》《公司法司法解释（五）》《全国法院民商事审判工作会议纪要》等，更新了典型案例，修订了原书中与现行法律冲突或遗漏的内容。

本书对于部分法律法规，特别是司法解释，直接采用了较为简单明确的表述，如《公司法司法解释》《合同法司法解释》等。对《〈公司法〉修订草案》（2021年12月24日，第十三届全国人民代表大会常务委员会第三十二次会议审议）中新的内容，在所涉章节开篇时以脚注形式提示。本书部分案例及案例中涉及的收购报告书等文件的出处因时间较久，部分网址已失效，故未能尽数标注。同时，为方便读者阅读，如无特别标注或说明，本书案例中的二审上诉人、被上诉人，以及再审申请人、被申请人，均统一以原告（人）、被告（人）称之。案例中如有二审、再审，并予以维持的判决书，均以终审案号为准。此外，为方便表述，书中部分内容采用"高管"来代替"高级管理人员"一词。

本书定稿于2022年1月，涉及法律法规有效性均止于定稿时间。

宋海佳、顾立平、郭睿、王静、于慧琳、姚祎、王芬、陈露婷、徐源芷、徐权权、杨瑞芬、赵佳、冉洁月、吴钰颖、张经纬参与了此次修订。

上海宋和顾律师事务所
2022年5月25日

第二版编写说明

《合伙人》第一版出版两年多，蒙读者厚爱，在当当网、京东网、亚马逊网的读者好评率分别为100%、97%和五星。

本次再版，除了订正疏漏之外，还撷取和提炼了最新的具有代表性的典型案例，尤其是来自最高人民法院的公报案例、指导案例，修正原书中与现行法律法规、司法判例中或冲突或遗漏的内容，将最前沿的、最具实务价值的司法观点（如《最高人民法院关于适用〈中华人民共和国公司法〉若干问题的规定（四）（征求意见稿）》）、实践经验呈现给读者。

需要说明的是，本书中部分案例判决作出时间较早，诉讼主体、判决依据和结果可能与现行法律、法规有所冲突。我们也注意到了这些问题并加以标注。之所以仍然保留，是因其中案件的背景、证据和法院观点对现今的司法实践仍有借鉴意义，读者亦可从中感受司法实践的发展历程。

最后，借《合伙人》再版之际，向对第一版提出修订建议的读者和朋友，向给予我们关心、鼓励和帮助的同行和专家学者们，表示衷心的感谢！

主编宋海佳参与本书全部章节的撰写，并负责选题、体例设计和审定工作。

任梅梅、顾立平参与本书全部章节的撰写工作。

韦业显（香港韦业显律师行创办人）参与本书"离岸公司不公平损害的股东权益保护"部分的撰写工作。

于东耀、章亚萍、郭睿、吴星、张莉、虞修秀、张翀、姜元哲参与资料收集和部分案例的编写及校对工作。

再版修改部分，由徐清律师负责统筹，由宋海佳、顾立平、徐清、赵玉刚、陈纯、龙华江（全面负责税法部分修改）、华轶琳、陈怀榕、王永平律师参与撰写，王芬律师负责校对。

简　目

第一章　公司设立纠纷 ……………………………………（ 1 ）

第二章　发起人责任纠纷 …………………………………（ 47 ）

第三章　股东出资纠纷 ……………………………………（ 57 ）

第四章　股东资格确认纠纷 ………………………………（ 124 ）

第五章　公司决议纠纷 ……………………………………（ 223 ）

第六章　股权转让纠纷 ……………………………………（ 314 ）

第七章　股东名册记载纠纷 ………………………………（ 482 ）

第八章　请求变更公司登记纠纷 …………………………（ 489 ）

第九章　公司证照返还纠纷 ………………………………（ 524 ）

第十章　股东知情权纠纷 …………………………………（ 532 ）

第十一章　公司盈余分配纠纷 ……………………………（ 559 ）

第十二章　增资纠纷 ………………………………………（ 613 ）

第十三章　新增资本认购纠纷 ……………………………（ 672 ）

第十四章　减资纠纷 ………………………………………（ 688 ）

第十五章　公司合并纠纷 …………………………………（ 724 ）

第十六章　公司分立纠纷 …………………………………（ 748 ）

· 1 ·

第十七章　请求公司收购股份纠纷 …………………………………（775）

第十八章　上市公司收购纠纷 ………………………………………（823）

第十九章　损害公司利益责任纠纷 …………………………………（830）

第二十章　损害股东利益责任纠纷 …………………………………（935）

第二十一章　公司关联交易损害责任纠纷 …………………………（955）

第二十二章　损害公司债权人利益责任纠纷 ………………………（995）

第二十三章　公司解散纠纷 …………………………………………（1042）

第二十四章　申请公司清算 …………………………………………（1094）

第二十五章　清算责任纠纷 …………………………………………（1119）

目 录

第十二章 增资纠纷

312. 股份有限公司发行证券的方式有哪些？……………………（614）
313. 股份有限公司发行证券有哪些义务？……………………（614）
314. 股份有限公司向不特定对象公开发行股票，应当满足哪些条件？……（614）
315. 股份有限公司向特定对象发行股票，应当满足哪些条件？………（615）
316. 股份有限公司向特定对象发行股票的定价有哪些特殊规定？……（616）
317. 何为可转换公司债券？股份有限公司发行可转换公司债券，应当满足哪些条件？……………………（617）
318. 可转换公司债券的价格和利率应当如何确定？……………（617）
319. 可转换公司债券发行多久后可转换为公司股票？……………（618）
320. 拟发行证券的公司募集资金的数额与使用有何一般性规定？……（618）
321. 股份有限公司发行新股需履行哪些程序？……………………（618）
322. 招股说明书应当载明哪些事项？……………………（618）
323. 股份有限公司发行新股时，股东会应对哪些事项作出决议？……（619）
324. 股份有限公司发行新股时，董事会应对哪些事项作出决议？……（619）
325. 有限责任公司增资决议中至少应当包含哪些事项？……………（619）

【案例143】决议未确定增资数额、人选及单价 投资人请求确认股东资格被驳回 ……………………（620）

326. 公司大股东通过资本多数决以不合理价格对公司进行的
　　　增资是否有效？ ·· (623)
　【案例144】公司已增值　仍以多数决按注册资本价格定向增资
　　　　　　被判无效 ·· (623)
327. 国有资本控股公司、国有资本参股公司增资时，应当由哪个
　　　机构对增资行为进行决议？ ································· (624)
　【案例145】国有企业股权激励增资未评估　增资无效并赔偿
　　　　　　员工损失 ·· (625)
328. 增资协议无效的原因包括哪些？ ······························ (628)
　【案例146】增资稀释股比降低质押股权价值　债权人有权主张
　　　　　　增资无效 ·· (628)
　【案例147】名为增资实为土地房产转让以逃避税收　增资无效
　　　　　　双方共负过错责任 ···································· (631)
329. 增资协议无效或解除，投资人已支付的增资款能否直接收回？ ······ (636)
　【案例148】增资协议解除　增资款未经法定程序不能返还
　　　　　　出资人 ·· (636)
330. 增资时，股东向公司汇款的资金性质应如何认定？ ········ (641)
　【案例149】无增资决议亦未变更登记　股东投入企业资金被
　　　　　　认定为借款 ··· (641)
331. "新浪模式"有哪些监管要求？ ··································· (644)
　【案例150】通过VIE上市取得股票不违法　投资人无权请求
　　　　　　公司返还投资款 ······································· (645)
　【案例151】约定回购义务后又搭VIE架构　投资人请求境内
　　　　　　回购被驳回 ··· (648)
332. 资本公积有哪些明细项目？哪些资本公积可以直接转增
　　　资本？ ·· (654)
333. 公司以资本公积金增资，自然人股东因此取得的股权是否
　　　需要缴纳个人所得税？ ·· (655)
　【案例152】首开股份资本公积金转增股本所得税处理案 ······· (655)

334. 公司以盈余公积、未分配利润增资，自然人股东因此取得的股权是否需要缴纳个人所得税？……(657)

335. 公司以盈余公积、未分配利润增资，法人股东因此取得的股权是否需要缴纳企业所得税？……(658)

336. 资本公积转增资本是否需要缴纳印花税？如需要，计税依据如何确定？……(659)

337. 个人独资企业、合伙企业自然人投资者如何申报缴纳个人所得税？……(659)

338. 创业投资企业个人合伙人如何核算个人所得税？……(660)

339. 创业投资企业和天使投资人投资初创科技型企业有何优惠政策？……(661)

340. 创业投资企业和天使投资人投资初创科技型企业，若适用按70%投资额抵扣应纳税所得额政策，应满足哪些条件？……(662)

341. 公司制创投企业和合伙创投企业法人合伙人投资初创科技型企业，若适用按70%投资额抵扣应纳税所得额政策，应如何申报享受优惠？……(663)

342. 合伙创投企业个人合伙人投资初创科技型企业，适用按70%投资额抵扣应纳税所得额政策，应如何申报享受优惠？……(664)

343. 天使投资个人投资初创科技型企业，若适用按70%投资额抵扣应纳税所得额政策，应如何申报享受优惠？……(665)

344. 创业投资企业投资未上市的中小高新技术企业有何优惠政策？……(666)

345. 创业投资企业投资未上市的中小高新技术企业，若适用按70%投资额抵扣应纳税所得额政策，应满足哪些条件？……(667)

346. 股权投资企业因收回、转让或清算处置股权投资而发生的权益性损失可否申报税前扣除？……(668)

347. 企业权益性投资损失应依据哪些材料确认？……(668)

348. 如何判断地方政府给予股权投资企业财税优惠政策是否合法？……(669)

349. 在哪些特定区域创办公司型创业投资企业时，有合法的企业
所得税优惠政策？ ………………………………………………（669）

第十三章　新增资本认购纠纷

350. 股东或非公司股东投资者主张公司依照股东会决议配合增资、
办理工商变更登记手续的诉讼，如何确定诉讼当事人？ ………（673）

351. 股东主张优先认购权的诉讼请求应当如何表述？ ………………（673）

352. 有限责任公司新增注册资本，在全体股东无特别约定的情况下，
股东是否可以优先认购其他股东放弃认缴的出资份额？ ………（674）

【案例153】公司为上市引进外部投资人　股东优先认购其他股东
放弃的份额被驳回 ……………………………………（674）

353. 如何判断股东行使优先认购权是否超过合理期限？ ……………（677）

【案例154】公司增资后已再作股比调整　对增资未及时行使
优先权被认定超期 ……………………………………（678）

【案例155】新进股东完成出资且出资已由公司使用　法院认定
原股东行使优先认购权超过合理期限 ………………（681）

354. 侵害原股东优先认购权的增资协议是否有效？ …………………（685）

355. 原股东能否只请求确认增资决议效力而不主张行使优先
认购权？ …………………………………………………………（686）

356. 优先认购权是否可以转让？ ………………………………………（686）

357. "股东在同等条件下有权优先按照实缴的出资比例认缴
出资"中的"同等条件"如何认定？ ……………………………（686）

第十四章　减资纠纷

358. 如何确定公司减资纠纷的诉讼当事人和管辖法院？ ……………（689）

359. 公司减资纠纷按照什么标准交纳案件受理费用？ ………………（689）

360. 公司减资纠纷诉讼是否适用诉讼时效或除斥期间？ ……………（690）

目 录

361. 新《公司法》施行前的哪些减资行为及其法律后果，受新法的
溯及力影响？ ………………………………………………………（690）

362. 股东会应以多少表决权通过减资决议？不等比减资需多少
表决权通过？ ………………………………………………………（690）

363. 减资公告应在何处发布？ ………………………………………（691）

364. 公司减资办理注册资本变更登记时应备齐哪些材料？ ………（691）

365. 国有公司减少注册资本有何特殊程序？ ………………………（691）

366. 上市公司减资有何特殊程序？ …………………………………（691）

【案例156】苏泊尔回购注销部分股份并做减资公告 ……………（691）

367. 公司可否以资本公积金弥补亏损？ ……………………………（692）

368. 公司可否以减资弥补亏损？公司以减资弥补亏损的，应当满足
哪些条件？ …………………………………………………………（692）

369. 公司以注册资本弥补亏损是否会对债权人利益造成损害？ …（693）

370. 违法减资损害公司或股东利益时，应当如何救济？ …………（693）

371. 债权人可否要求违法减资的股东承担责任？ …………………（694）

【案例157】债权有争议且涉诉　不豁免减资时的通知义务 ……（694）

【案例158】公司不当减资后又增资　不免除股东补充赔偿责任……（696）

372. 减资时应通知的债权人范围如何确定？债权未届清偿期或
尚有争议时是否需要通知债权人？ ……………………………（701）

373. 公司违法减资，债权人除要求减资股东承担补充连带责任外，
能否要求参与减资的其他股东一并承担责任？ ………………（701）

【案例159】决议作出后至变更完成前的新增债权人仍应被通知
其他股东对公承诺为债务担保时应共同担责 ……（701）

374. 除减资股东外，债权人能否要求负有责任的董事、高级管理
人员一并承担补充连带责任？ …………………………………（706）

【案例160】减资未通知债权人　法定代表人与减资股东一并担责……（706）

375. 法院判决公司减资无效后，有哪些相应的民事责任？ ………（708）

376. 上市公司虚假陈述需承担何种责任？ …………………………（709）

【案例161】报表披露收入差错致跌停　虚假陈述赔偿1.2亿元………（709）

【案例162】关联担保、诉讼等多项事实未披露　公司及负责人共计被罚340万元 (717)

377. 公司减资，企业投资方如何进行会计处理？ (721)

378. 公司以及股东如何进行减资的税务处理？ (721)

第十五章　公司合并纠纷

379. 如何确定公司合并纠纷的当事人？ (725)

【案例163】合并后新股东起诉合并无效　因其原告身份不适格被驳回 (725)

380. 公司合并纠纷由何地法院管辖？ (726)

381. 公司合并必须履行哪些法定程序？ (727)

382. 公司合并后，原合并各方的债权债务由谁承继？ (729)

【案例164】内部约定不承继被合并方债务　该约定不能对抗债权人 (730)

383. 公司合并时，合并各方应当如何通知债权人？进行公告的平台有何要求？债权人提出公司清偿或担保有什么时限要求？ (731)

384. 公司合并是否需要经过有关部门批准？如果需要，应由什么部门批准？ (731)

385. 如何判断公司合并是否构成垄断？国务院规定的申报标准和例外情形是什么？ (732)

386. 如何判断公司合并协议是否具备解除条件？ (733)

387. 如何确定合并中当事人、合并日以及合并主导方？ (733)

【案例165】同一控制下企业合并的会计处理方式 (733)

【案例166】广汽集团吸收合并广汽长丰　股权支付比例不足85%要适用一般性税务处理 (735)

【案例167】雅戈尔母子公司垂直合并特殊性税务处理案 (738)

【案例168】五粮液兄弟公司吸收合并　适用特殊性税务处理 (739)

388. 一家外国企业将其在境内设立的两家全资子公司合并成一家，能否适用特殊性税务处理方式？ (741)

【案例169】东航换股吸收合并上航　免征土地增值税 ……………… (742)

389. 企业合并是否需要缴纳印花税? …………………………………… (746)

第十六章　公司分立纠纷

390. 如何确定公司分立纠纷的诉讼当事人? ……………………………… (748)

【案例170】协议约定分立前后对外债权债务由股东直接承继
　　　　　约定无效起诉内部结算被驳回 ……………………… (749)

391. 公司分立纠纷是否适用诉讼时效? ………………………………… (751)

392. 公司分立必须履行哪些法定程序? ………………………………… (752)

393. 公司分立后,原有债权债务由谁享有和承担? ……………………… (752)

【案例171】内部约定分立前债务各自承担不能对抗债权人 ………… (753)

394. 公司分立时,分立各方应当如何通知债权人? ……………………… (757)

395. 公司分立过程中,哪些事项需要办理工商变更登记?应当
　　 提交哪些材料? ……………………………………………………… (757)

396. 如何区分公司分立和公司资产转让? ……………………………… (757)

【案例172】新设主体自行货币出资购买老企业资产　不属分立
　　　　　无须承担老企业债务 ……………………………………… (758)

【案例173】以资产收购名义行分立之实　债权人请求资产收购方
　　　　　连带还款获支持 ………………………………………… (761)

397. 企业分立时,如何进行会计处理? ………………………………… (767)

【案例174】股权支付金额低于85%　企业分立不能适用特殊性
　　　　　税务处理 …………………………………………………… (769)

【案例175】绍兴前进派生分立　符合特殊性税务处理条件暂
　　　　　不确认所得计征所得税 …………………………………… (770)

398. 企业在分立过程中发生土地使用权人变更,新设立公司取得
　　 土地使用权,被分立企业是否需要缴纳土地增值税? …………… (774)

399. 企业分立是否需要缴纳印花税? …………………………………… (774)

第十七章 请求公司收购股份纠纷

400. 请求公司收购股份纠纷诉讼可否以控股股东为被告或
第三人？ ………………………………………………………… (776)

401. 股东要求公司以合理价格收购其股权的，是否必须在起诉时
就明确收购总金额？ …………………………………………… (776)

402. 请求公司收购股份纠纷有无期限要求？ ……………………… (776)

403. 新《公司法》中关于有限责任公司控股股东滥用股东权利和
股份有限公司异议股东享有回购请求权的规定能否溯及适用？…… (776)

404. 股东会决议作出之日为公司股东，后失去股东身份的，该原
股东能否请求公司收购股权？ ………………………………… (777)

405. 股东会决议作出之日不是公司股东，后成为公司股东的，
该新任股东能否请求公司收购股权？ ………………………… (777)

406. 隐名股东是否享有股份回购请求权？ ………………………… (777)

407. 无表决权股东是否享有股份回购请求权？ …………………… (777)

408. 瑕疵出资股东是否享有股份回购请求权？ …………………… (777)

409. 股份有限公司的股东是否能以诉讼方式请求公司收购股份？ …… (778)

410. 上市公司回购股份应当符合哪些条件？ ……………………… (778)

411. 上市公司回购股份应当遵循哪些基本程序？ ………………… (778)

412. 上市公司以集中竞价交易方式回购股份的，应当如何履行
报告、公告义务？ ……………………………………………… (780)

413. 在哪些交易时间，上市公司不得进行股份回购的委托？ …… (780)

414. 在哪些交易时间，上市公司不得回购股份？ ………………… (780)

415. 公司回购股权应当遵循哪些程序？ …………………………… (781)

416. 股东行使回购请求权应当满足哪些条件？ …………………… (781)

417. 异议股东是否必须在与公司就股份回购进行沟通且无法协商
一致后，才可向法院提起诉讼？ ……………………………… (781)

【案例176】协商非法定前置程序　未经协商亦可直接诉请回购………… (782)

418. 股东行使股份回购请求权是否必须以股东在公司决议中投
　　 反对票为前提？ ·· (788)

　　【案例177】合计持股比例符合自行召集股东会要求　单独诉请
　　　　　　　 回购被驳回 ·· (789)

419. 如果股东未参加公司有关事项的股东会决议并表决，但对公司的
　　 决议内容持反对态度，能否请求公司收购其股份？ ············· (793)

　　【案例178】两次未被通知参会无法表决　股东权利受侵害符合
　　　　　　　 章程回购条件 ·· (793)

420. 以非本人签名为由，对股东会决议提出异议的股东，能否起诉
　　 要求公司收购其股权？ ·· (795)

421. 诉讼中，公司表示拒绝回购并作出新的决议放弃或者变更
　　 原决议内容的，股东能否继续要求公司回购其股权？ ········· (796)

422. 因公司未分配利润要求回购股权的，是否要求股东连续5年投
　　 反对票？是否要求公司连续5年符合分配利润的条件？ ········ (796)

423. 公司转让主要财产时，异议股东有权请求公司收购其股权，
　　 其中判断"主要财产"的标准是什么？ ······························ (796)

　　【案例179】房产价值未达总资产50%亦不构成主要财产　主张回购
　　　　　　　 被驳回 ·· (797)

　　【案例180】转让财产致公司经营发生根本变化　未申请司法审计而由
　　　　　　　 法院酌定回购价 ·· (800)

424. 控股股东滥用股东权利，其他股东请求公司回购股权的，
　　 应该具备哪些要件？ ··· (802)

425. 异议股东请求公司收购股权的价格应当如何确定？ ············· (803)

　　【案例181】公司拒绝配合审计　按照股东诉请确定回购价格 ····· (803)

　　【案例182】资产评估非必须　近200名股东退出价可视为公允
　　　　　　　 市场价 ·· (807)

　　【案例183】股东反对延长经营期限　回购价格应按"市场价值"
　　　　　　　 类型评估 ·· (810)

426. 公司回购股份，应如何确定评估基准日？ ························· (814)

【案例184】决议通过之日为评估基准日　决议后亏损不影响
　　　　　　回购价格 ·· (815)

427. 公司回购股份后，应当如何处理？ ····························· (819)

428. 公司章程在法定情形之外规定公司可以主动回购股份是否有效？
　　　职工与持股会签订协议，在章程中规定有退股条件，可否
　　　按该规定退股？ ··· (819)

【案例185】章程约定"人走股留"有效　离职员工请求确认股东
　　　　　　资格被驳回 ·· (819)

429. 公司收购股份，如何缴纳印花税？ ····························· (822)

第十八章　上市公司收购纠纷

430. 约定代持上市公司股份的转让协议是否有效？ ············· (824)

【案例186】以有限公司股权转让之名行上市公司股份代持之实
　　　　　　转让合同被判无效 ··· (824)

431. 上市公司与其控股子公司能否交叉持股？ ··················· (828)

432. 上市公司与其控股子公司交叉持股应当如何清理？ ······· (828)

第十九章　损害公司利益责任纠纷

433. 损害公司利益行为发生后取得股权的股东，能否提起股东
　　　代表诉讼？ ·· (831)

434. 高级管理人员的法定范围内，"公司章程规定的其他人员"
　　　如何认定？ ·· (831)

435. 公司控股股东、实际控制人能否成为损害公司利益责任
　　　纠纷的适格被告？ ··· (832)

436. 损害公司利益责任纠纷由何地法院管辖？ ··················· (832)

【案例187】侵权行为与不当得利竞合　可选择适用侵权行为
　　　　　　管辖原则 ··· (833)

【案例188】损害公司利益纠纷系公司诉讼　由公司住所地
　　　　　　法院管辖 ·· (834)
437. 如果损害公司利益的行为既涉及民事责任的承担，又
　　　涉嫌刑事犯罪的，法院应当如何处理？ ····················· (836)
438. 公司董事、高级管理人员损害公司利益，监事能否不经股东书面
　　　申请直接代表公司起诉？如果监事并不掌握公章，是否会影响
　　　其以公司名义起诉？ ··· (836)
【案例189】监事代表公司起诉　继承人赔偿公司损失 ············ (836)
【案例190】法定代表人涉嫌损害公司利益　股东兼监事代表诉讼
　　　　　　无前置程序 ·· (839)
439. 公司高级管理人员损害公司利益的，股东须履行哪些前置
　　　程序才能提起代表诉讼？ ······································· (842)
440. 股东代表诉讼的前置程序在什么情况下可以豁免？ ········ (842)
【案例191】履行前置程序无可能性　股东直接起诉获支持 ······ (843)
441. 股东与监事身份重合时，应当以监事身份代表公司提起
　　　直接诉讼，还是以股东身份提起股东代表诉讼？ ·········· (846)
442. 股东是否允许代表全资子公司提起损害公司利益责任纠纷
　　　诉讼？ ·· (847)
443. 在中国境内发生的损害境外公司利益的纠纷，应当适用
　　　哪国法律？ ·· (847)
【案例192】境外公司在境内资金被高管侵占　适用中国法起诉
　　　　　　要求返还 ·· (847)
444. 股东代表诉讼中，股东承担的律师费用可否由公司承担？ ······· (853)
445. 如果股东与被告在股东代表诉讼中签订调解协议或直接
　　　申请撤诉，法院应当如何审查其效力？ ······················ (853)
446. 股东已经提起股东代表诉讼，监事会或董事会能否以相同
　　　事由提起损害公司利益责任之诉？ ····························· (853)
447. 公司董事如果任期届满未进行选举的，应由谁来履职？ ······· (854)

【案例193】辞任导致董事会成员低于法定人数　此期间仍需尽忠实、
　　　　　勤勉义务 ··· (854)
448. 股东会是否有权无故解任董事？ ··· (857)
449. 哪些人不得担任非上市公司董事、监事及高级管理人员？ ·········· (857)
450. 上市公司的哪些人员可能因行政处罚而被禁止担任董事、监事及
　　 高级管理人员？ ··· (858)
451. 中国证监会对于禁入措施的年限依照什么标准来确定？ ············· (858)
452. 在什么情况下，中国证监会可以从轻、减轻或免于采取
　　 禁入措施？ ·· (859)
453. 上市公司独立董事应具备哪些条件？ ···································· (860)
454. 私募基金管理人的高级管理人员包括哪些人员？ ····················· (861)
455. 私募基金管理人法定代表人、高级管理人员、执行事务
　　 合伙人或其委派代表等的任职资格有何特殊要求？ ················· (861)
456. 担任期货公司董事、监事以及高级管理人员有何特殊任职
　　 要求？ ··· (863)
457. 高级管理人员履行勤勉、忠实义务存在瑕疵，是否就必须赔偿
　　 公司损失？ ·· (866)
【案例194】忠实勤勉瑕疵与损失无因果关系　请求损失赔偿
　　　　　被驳回 ··· (866)
458. 催缴股东出资是否属于董事的勤勉义务？ ······························· (870)
459. 如何判断董事、高级管理人员的商业决策错误是商业风险还是
　　 未尽勤勉之责？ ··· (870)
【案例195】商业决策错误系商业风险所致　诉请高管赔偿公司
　　　　　损失被驳回 ··· (871)
460. 公司监事未尽忠实、勤勉义务，是否应对公司的损失承担连带
　　 赔偿责任？ ·· (874)
【案例196】监事未尽忠实、勤勉义务　承担连带责任 ····················· (874)
461. 公司在什么情况下可以行使归入权？ ···································· (878)
462. 公司主张归入权时，应当如何认定归入权的收入范围及金额？ ······ (878)

463. 独立董事对公司是否负有忠实、勤勉义务？其职责有哪些？ …… (878)

464. 公司的控股股东、实际控制人不担任公司董事但实际执行公司事务的，是否负有忠实、勤勉义务？ …… (879)

465. 公司股东会形成决议，对股东投资款实行保本付息，是否属于损害公司利益的行为？ …… (879)

【案例197】股东会决议支付投资款利息　损害公司利益应返还 …… (879)

466. 公司是否可以为他人取得本公司或者其母公司的股份提供借款、担保或其他财务资助？ …… (881)

【案例198】高管擅自对外担保　造成损失应赔偿 …… (882)

467. 董事、监事、高级管理人员违法进行自我交易的构成要件有哪些？该交易是否有效？ …… (887)

【案例199】董事擅自受让公司债权　债权转让协议无效 …… (887)

【案例200】高管自我交易　公司未证损失诉请赔偿被驳回 …… (890)

【案例201】监事自我交易公司资产　转让差价归还公司 …… (894)

468. 如何判断商业机会是否属于公司？ …… (899)

【案例202】高管利用公司已丧失的商业机会　不视为非法谋取 …… (899)

【案例203】转移公司与第三方商业机会　收入判归公司所有 …… (902)

469. 公司董事、监事、高级管理人员违反谋取公司商业机会限制义务的构成要件有哪些？如果董事、监事、高级管理人员违反该义务与第三人进行了交易，该交易是否有效？ …… (906)

470. 如何判断董事、监事及高级管理人员是否构成"谋取"公司的商业机会？ …… (906)

471. 公司董事、监事、高级管理人员在经营同类业务的其他公司作为股东，是否构成对竞业限制义务的违反？ …… (907)

【案例204】转移公司商业机会　公司行使归入权被支持 …… (907)

472. 董事、高级管理人员擅自对外投资并造成公司损失，是否应赔偿损失？ …… (911)

【案例205】公司高价购买空壳公司　董事赔偿公司损失 …… (911)

473. 董事、监事、高级管理人员在执行公司职务时，违反法律、行政法规而使公司面临税收滞纳金和罚款的，公司可否请求其承担责任？ ……………………………………………… (915)

　　【案例206】税收罚款属于公司损失　滞纳金属税收孳息而非公司损失 ………………………………………………………… (915)

　　【案例207】税收滞纳金属于公司损失　董监高按过错程度赔偿损失 ……………………………………………………………… (919)

474. 何为挪用资金罪？其立案追诉标准以及量刑标准分别是怎样的？ ……………………………………………………………………… (922)

475. 何为职务侵占罪？其立案追诉标准以及量刑标准分别是怎样的？ ……………………………………………………………………… (923)

476. 何为非国家工作人员受贿罪？其立案追诉标准以及量刑标准分别是怎样的？ …………………………………………………………… (923)

477. 何为违规披露、不披露重要信息罪？其立案追诉标准以及量刑标准分别是怎样的？ …………………………………………… (924)

478. 何为非法经营同类营业罪？其立案追诉标准以及量刑标准分别是怎样的？ …………………………………………………………… (925)

479. 何为欺诈发行证券罪？其立案追诉标准以及量刑标准分别是怎样的？ ……………………………………………………………… (925)

480. 何为内幕交易、泄露内幕信息罪？其立案追诉标准以及量刑标准分别是怎样的？ …………………………………………………… (927)

481. 何为骗取出口退税罪？其立案追诉标准以及量刑标准分别是怎样的？ ……………………………………………………………… (928)

482. 何为虚开增值税专用发票、用于骗取出口退税、抵扣税款发票罪？其立案追诉标准以及量刑标准分别是怎样的？ ………… (928)

483. 何为非法购买增值税专用发票、购买伪造的增值税专用发票罪？其立案追诉标准以及量刑标准分别是怎样的？ ………… (930)

484. 无住所的个人为高级管理人员时，且其所在居民国与我国有税收协定时，如何确定其工资薪金所得？ ………………………… (931)

485. 什么情况下可以请求离婚损害赔偿？ ………………………… (932)

486. 无过错方行使离婚损害赔偿请求权的方式与期限如何确定？……（933）

487. 离婚后，一方主张物质损害赔偿金，如何确定赔偿金数额？……（933）

488. 离婚损害赔偿金可以分期支付吗？……………………………（933）

第二十章 损害股东利益责任纠纷

489. 如何确定损害股东利益责任纠纷的诉讼当事人？……………（936）

490. 损害股东利益责任纠纷由何地法院管辖？……………………（936）

491. 控股股东滥用股东权利损害小股东利益时，小股东有哪些救济途径？……………………………………………………………（936）

492. 小股东是否可能成为滥用股东权利的主体？…………………（937）

493. 股东应如何举证自身利益遭受损害？…………………………（937）

【案例208】实际控制人转移巨额资金 股东诉请赔偿固定分红损失获支持………………………………………………………（938）

【案例209】控股股东擅自决定固定资产投资 小股东决策权受损诉请停止侵权获支持…………………………………………（942）

【案例210】控股股东商业决策失误造成"损失" 股东诉请直接赔偿被驳回……………………………………………………（945）

494. 公司利益受损导致股东利益间接受损，股东是否能够直接提起诉讼以请求损害赔偿？…………………………………………（950）

495. 公司部分股东可否直接商定部分董事、高级管理人员的待遇？……（950）

【案例211】领取畸高薪酬的直接损失亦属公司 股东诉请直接赔偿被驳回……………………………………………………（951）

496. 公司董事、高级管理人员能否以其实施的侵权行为系受到控股股东、实际控制人指示为由主张免除责任？…………………（953）

第二十一章 公司关联交易损害责任纠纷

497. 如何确定关联交易损害责任纠纷的诉讼当事人？……………（956）

· 15 ·

498. 《公司法》限制或禁止哪几种关联交易？ ………………………… (956)

【案例212】为实际控制人名下其他公司提供担保　担保人请求确认
担保无效被驳回 ………………………………………… (957)

499. 关联人员与公司的全资子公司进行关联交易，是否同样受到
限制或禁止？ ……………………………………………………… (962)

500. 公司为其股东、实际控制人控制的其他主体提供担保，是否
需要经股东会决议？ ……………………………………………… (963)

【案例213】未损害公司利益　请求确认关联交易决议无效被驳回 …… (963)

【案例214】被告参与公司经营决策　非股东未任职但仍属关联方 …… (969)

501. 关联交易损害公司利益诉讼中，被告以已履行相关程序为由
抗辩的，法院是否支持？ ………………………………………… (973)

502. 关联交易提交股东会决议的，关联股东是否需要回避？ ………… (974)

503. 一人有限责任公司为股东提供担保，股东需要承担何种责任？ …… (974)

504. 证券欺诈责任纠纷的管辖法院如何确定？是否适用诉讼
时效？案件受理费如何确定？ …………………………………… (974)

505. 上市公司的哪些关联交易行为需要提交股东会审议？ …………… (975)

506. 上市公司进行日常关联交易时，需要履行何种审议程序？ ……… (975)

507. 对于上市公司中连续发生的关联交易，如何认定交易金额
是否达到审议标准？ ……………………………………………… (976)

508. 上市公司与关联人进行哪些交易可以免予按照关联交易的
方式进行审议和披露？ …………………………………………… (976)

509. 上市公司董事会审议关联交易事项时，回避表决的具体规则
是什么？ …………………………………………………………… (977)

【案例215】股东向子公司借款并收取利息　认定交易效力需考虑
借款原因 ………………………………………………… (977)

【案例216】公司系关联公司唯一客户且可直接市场采购　关联
公司所获利益应当归公司所有 ………………………… (985)

510. 什么是特别纳税调整？ …………………………………………… (989)

511. 如何认定需进行关联申报和同期资料管理的关联企业？ ………… (990)

512. 有哪些常见的关联交易类型？……………………………………（991）

513. 什么是国别报告？居民企业在什么情况下需要填报国别报告？…（991）

514. 什么是受控外国企业？………………………………………………（992）

515. 认定受控外国企业后，对其中国居民股东会有什么影响？………（992）

516. 满足哪些条件时，中国居民企业可免于将外国企业不作分配或减少分配的利润视同股息分配额，从而计入中国居民企业股东的当期所得？……………………………………………………（992）

517. 居民企业股东在什么情况下需向税务机关申报对外投资信息？…（993）

第二十二章 损害公司债权人利益责任纠纷

518. 股东或实际控制人滥用公司法人独立地位时，应对公司债务承担什么责任？………………………………………………………（996）

519. 如何界定人格混同？认定人格混同时需要考虑哪些因素？最根本的判断标准是什么？……………………………………（996）

【案例217】初步举证后申请调取银行流水获支持　拒不配合司法审计被认定财务混同…………………………………（997）

【案例218】人格混同债权人举证达合理怀疑　公司未能反证被判承担连带责任………………………………………………（1002）

【案例219】债权人举证未达合理怀疑　不适用举证责任倒置申请取证亦被拒……………………………………………………（1007）

【案例220】一人股东过度支配子公司　股东连带清偿子公司债务……（1012）

520. 如何认定公司资本显著不足？……………………………………（1015）

【案例221】股东低价转让股权降低公司偿债能力　须对公司债权人承担连带责任……………………………………………（1015）

【案例222】夫妻就共同生产经营行为产生的债务　向债权人承担连带责任……………………………………………………（1019）

【案例223】公司无财产可供执行但尚在经营　短期资不抵债属经营常态……………………………………………………………（1023）

· 17 ·

521. 债权人要求股东对公司债务承担责任时，关于债权人对公司享有的债权类型是否有限制？……………………………………（1026）

522. 公司人格否认诉讼中，当事人之间的举证责任如何分配？………（1027）

523. 名义出资人依照实际出资人的示意，利用公司法人独立地位，给债权人造成损失的，名义出资人和实际出资人应当如何承担责任？……………………………………………………（1027）

524. 能否在执行程序中适用公司法人人格否认制度？………………（1027）

【案例224】无法律依据　执行期间不可否定法人人格………（1028）

525. 在一人公司的人格否认诉讼中，如果公司并未资不抵债，债权人能否主张公司股东承担连带责任？……………………（1029）

526. 夫妻共同出资设立的公司是否属于实质上的一人公司？如何适用法人人格否认制度？……………………………………（1030）

【案例225】夫妻公司并非当然一人公司　人格否认需综合三方面因素……………………………………………………（1031）

527. 如何适用横向法人人格否认？…………………………………（1032）

528. 什么条件下可以反向适用公司法人人格否认？………………（1033）

【案例226】互为对方债务承担连带责任　人格混同一人公司对股东债务担责……………………………………………（1033）

【案例227】审执分离　无规定不得追加一人公司为被执行人………（1038）

第二十三章　公司解散纠纷

529. 公司以外其他形式的企业能否适用司法强制解散？……………（1043）

530. 公司解散是否必须进行公示？需要公示的事项是什么？………（1043）

531. 未及时公示是否影响公司解散？需要承担什么行政责任？……（1043）

532. 在什么条件下，能够通过决议的方式使已经符合解散条件的公司继续存续？……………………………………………………（1044）

533. 何为简易注销？简易注销登记应符合哪些条件？………………（1044）

534. 简易注销相较一般的注销程序有什么区别？……………………（1045）

535. 股东在申请简易注销时出具虚假承诺，需要承担什么责任？
简易注销程序中的承诺与一般注销程序中的承诺有什么区别？ …… （1045）
536. 何为强制注销登记？什么情况下可以强制注销登记？ ………… （1046）
537. 强制注销公司登记的3年期限从何时起算？ ……………………… （1046）
538. 公司被强制注销后，清算义务人是否需要继续履行清算义务？ …… （1046）
539. 如何确定公司解散纠纷的诉讼当事人？ ………………………… （1047）
540. 瑕疵出资股东是否有权提起解散公司之诉？ …………………… （1047）
【案例228】出资瑕疵不影响诉权　公司治理失灵被判解散 ………… （1047）
541. 隐名股东能否提起解散公司之诉？ ……………………………… （1050）
542. 原告起诉解散公司时未将其他股东列为第三人，法院是否
应当依职权追加？ …………………………………………………… （1051）
543. 公司解散纠纷能否约定仲裁？ …………………………………… （1051）
544. 公司解散纠纷之诉由何地法院管辖？如何确定级别
管辖法院？ …………………………………………………………… （1052）
545. 公司解散纠纷诉讼能否申请财产保全、证据保全？ …………… （1052）
546. 有限责任公司解散之诉调解的结果是股东以外的人收购
原告股东股权的，其他股东的优先购买权如何保护？ ………… （1053）
547. 如何认定"公司经营管理发生严重困难"？ …………………… （1053）
【案例229】股东互相诉讼举报　治理失灵未亏损仍被判解散 ……… （1054）
548. 公司持续两年以上未召开股东会，或者不能作出有效的
股东会决议，能否直接认定构成"公司僵局"？ ……………… （1056）
【案例230】对半持股导致股东会僵局　公司正常经营仍被判解散 …… （1057）
【案例231】持续亏损且约定的僵局解决条款失灵　公司被判解散 …… （1060）
【案例232】严格一致决导致公司僵局　公司连年亏损被判解散 …… （1063）
【案例233】仍有股权退出可能　小股东诉请两年未开会公司解散
被驳回 …………………………………………………………… （1066）
549. 公司僵局是否要求股东会、董事会同时瘫痪？ ………………… （1068）
【案例234】公司正常经营且股东间多起诉讼未了结　未穷尽救济
途径解散诉请被驳回 …………………………………………… （1068）

· 19 ·

550. 如何理解公司处于僵局时会对"股东利益"造成"重大损失"? ……………………………………………………………………（1071）

【案例235】收益减损因市场因素导致　解散公司诉请被驳回 ……（1071）

551. 大股东滥用权利，导致小股东遭受压制，小股东能否诉请解散公司? ……………………………………………………（1074）

【案例236】大股东"一言堂"致小股东无法插手　公司虽盈利仍被判解散 ………………………………………………（1075）

【案例237】小股东权益受压制非法定解散事由　诉请解散公司被驳回 ……………………………………………………（1078）

552. 如何判定"通过其他途径不能解决"这一公司解散条件? ………（1080）

【案例238】借壳上市失败拟退出　未行使回购权即诉请解散法院不予支持 …………………………………………………（1081）

553. 若中国公民与外国公民在外国登记结婚或与中国港澳台地区居民在港澳台地区登记结婚，但在中国提起离婚诉讼，那么提交所在国或地区颁发的结婚登记证书时是否需要进行公证、认证? ……（1085）

554. 在哪些情形下，中国法院对于涉外离婚诉讼具有管辖权? ………（1086）

555. 涉外离婚诉讼中，境外一方当事人是否需要亲自到中国参加诉讼? ……………………………………………………………（1086）

556. 相较于一般的离婚诉讼，涉外离婚诉讼和港澳台居民离婚诉讼对立案材料有什么特殊要求? ……………………………………（1086）

557. 中国港澳台地区作出的离婚判决，如何向中国法院申请承认和执行? ……………………………………………………………（1088）

558. 申请承认国外及中国港澳台地区的离婚判决是否有期间的限制? ………………………………………………………………（1088）

559. 中国公民申请承认国外及我国港澳台地区的离婚判决时，需要提交哪些材料? ………………………………………………………（1088）

560. 涉外离婚诉讼中，中国法院如何向国外一方送达法律文书? ……（1089）

561. 离婚财产分割协议何时生效? 经过公证的离婚财产分割协议是否在签字后立即生效? ……………………………………（1089）

562. 承担较多家庭义务的一方在离婚时可否请求补偿? ……………（1090）

563. 离婚时，男方在什么情况下可以请求返还按照习俗在婚前
   送给女方的彩礼? ………………………………………………（1090）

564. 如何认定"彩礼数额过高"？如何确定应返还的彩礼数额? ……（1090）

565. 夫妻一方婚前以个人财产按揭购买房产，登记在一方名下，
   婚后夫妻共同清偿贷款的，在离婚时应如何处理该房产? ………（1090）

566. 同居期间所得的财产如何分割? ………………………………（1091）

567. 夫妻以共同财产出资设立有限责任公司，并均登记为股东，
   离婚时一方能否请求按照股东名册或者公司章程记载的各自
   出资额分割股权? ………………………………………………（1091）

第二十四章　申请公司清算

568. 符合哪些条件时，申请人可以申请强制清算? …………………（1094）

569. 如何确定申请公司清算的当事人? ……………………………（1095）

【案例239】被申请人有对债权关系有异议　申请人应当另诉
   确认利害关系 ……………………………………………（1095）

【案例240】职工无法证明可能参与财产分配　强制清算申请
   被驳回 …………………………………………………（1097）

570. 申请公司清算按照什么标准交纳案件申请费? ………………（1099）

571. 在申请人提供证据材料证明强制清算启动的事由时，举证
   责任如何分配? …………………………………………………（1099）

572. 公司股东申请强制清算，法院应该从哪些方面进行审查? ……（1099）

【案例241】未穷尽内部救济也不能提供财务账册　大股东申请
   清算被驳回 ……………………………………………（1100）

【案例242】大股东拖延清算且曾损害公司利益　小股东申请
   强制清算获支持 ………………………………………（1101）

573. 公司同时符合强制清算、破产清算条件的，应该适用哪个
   程序? ……………………………………………………………（1104）

· 21 ·

574. 清算组的法律地位如何? ……………………………………………… (1104)
575. 如何确定公司清算组成员? ……………………………………………… (1104)
576. 法律对清算组成员的人数是否有要求? …………………………… (1105)
577. 公司清算期间,清算组应当如何向债权人履行告知与通知
　　　义务? ……………………………………………………………… (1105)
578. 清算组在清算期间有哪些职责? ………………………………… (1105)
【案例243】确定清算财产范围属于清算组职权　清算组
　　　　　　参照董事会规则作出决议合法有效 …………………… (1106)
579. 清算组全面接管公司时,具体需要接管哪些文件和物品? …… (1108)
580. 如何确定清算所得、清算企业应纳税所得额以及清算
　　　所得税额? ……………………………………………………… (1109)
【案例244】公司破产清算过程中　税务机关无权强制执行拍卖
　　　　　　财产的税款 ……………………………………………… (1110)
581. 税务机关能否作为债权人申报税收债权? ……………………… (1113)
582. 企业破产清算时,税收优先权是否及于破产欠缴税款的
　　　滞纳金? ………………………………………………………… (1113)
【案例245】税收滞纳金不得超税款数额　超额部分不作破产
　　　　　　普通债权 ………………………………………………… (1114)
583. 债权人从清算企业取得的清算资产,如何进行所得税处理? …… (1116)
【案例246】税务机关申请企业破产清算被受理 ………………………… (1116)

第二十五章　清算责任纠纷

584. 如何确定清算责任纠纷的诉讼当事人? ………………………… (1120)
585. 对清算责任纠纷,股东是否可以提起代表诉讼? ……………… (1120)
586. 清算期间,股东提起代表诉讼是否需要履行前置程序? ……… (1121)
【案例247】清算期间提股东代表诉讼　情况紧急可免前置程序 …… (1121)
587. 有限责任公司股东、股份有限公司控股股东、公司实际控制人
　　　是否需要承担清算责任? ……………………………………… (1124)

588. 清算责任纠纷由何地法院管辖？ ·················· (1124)
　【案例248】未足额出资且未履行清算义务　公司住所地为侵权
　　　　　　结果发生地 ································· (1125)
　【案例249】清算组未依法通知债权人　原告住所地为侵权结果
　　　　　　发生地 ····································· (1128)
589. 如何认定清算责任纠纷的诉讼时效起算点？ ········· (1129)
　【案例250】营业执照吊销属公示信息　清算期限届满时起算诉讼
　　　　　　时效 ······································· (1130)
　【案例251】收到终结强清裁定方知无法清算　应自该日起算诉讼
　　　　　　时效 ······································· (1132)
590. 新《公司法》对清算责任承担方式的规定有何变化？ ·········· (1136)
591. 新《公司法》关于清算义务人主体和责任承担的规定
　　能否溯及适用？ ······································ (1136)
592. 清算义务人、清算组成员承担赔偿责任应该具备哪些要件？ ······ (1136)
593. 债权人主张清算组成员承担责任时，如何认定清算组成员
　　存在故意或重大过失？ ································ (1136)
　【案例252】"跑腿"清算组成员无过错　对债权人不承担赔偿
　　　　　　责任 ······································· (1137)
　【案例253】外聘会计未审慎审查　对公司债务承担连带赔偿责任 ····· (1141)
594. 如果公司出现解散事由之前就无财产可供执行，那么怠于履行
　　清算义务的行为与损害结果之间是否还具有因果关系？ ·········· (1143)
　【案例254】清算义务产生前公司已被多次强制执行均无财产　怠于
　　　　　　清算与损害无因果关系可免责 ·················· (1143)
595. 清算义务人可否以自己是小股东未参与公司经营管理为由
　　拒绝承担责任？ ······································ (1147)
　【案例255】小股东未参与经营管理　不构成怠于履行义务免担责 ····· (1147)
596. 债权通知和公告内容不详尽是否视为清算组未依法履行
　　通知和公告义务？ ···································· (1149)
　【案例256】债权公告内容不详尽　清算组需担责 ·············· (1149)

· 23 ·

597. 清算组仅将清算事宜在报纸或国家企业信用信息公示系统上进行公告，未对债权人进行明确的书面通知，债权人可否主张清算组承担民事责任？……………(1151)

　　【案例257】未证明通知已送达　视为清算组未尽通知义务需赔偿………………………………………………(1151)

598. 如何认定公司因财产、账册、重要文件灭失而"无法清算"？如何分配"无法清算"的举证责任？………(1153)

　　【案例258】股东怠于清算导致公司债权超过诉讼时效　未能反驳合理怀疑应赔偿公司债务………………(1154)

　　【案例259】控股股东未证明公司仍可清算　对公司债务承担连带责任………………………………………(1157)

　　【案例260】未举证公司无法清算　债权人主张股东偿债被驳回……(1162)

599. 能否以公司不存在会计账簿，或会计账簿在解散事由出现之前就已毁损灭失为由，认定怠于履行清算义务与无法清算之间不具有因果关系？……………………………(1163)

600. 公司未经依法清算即办理注销登记，公司股东或第三人办理注销登记时承诺对公司债务承担责任的，债权人应当向谁主张权利？………………………………………………(1163)

　　【案例261】注销时第三人承诺为公司"消化"债务　构成债务加入被判担责……………………………………(1164)

601. 清算组成员基于股东会决议而实施违法行为是否需要承担民事责任？………………………………………………(1166)

602. 公司依法注销后，股东发现公司在清算中遗漏债权或其他财产权益的，可否以自己的名义向相应债务人提起诉讼？是否应由全体股东作为共同原告提起诉讼？………(1166)

　　【案例262】股东已实质承继公司债权　注销后主张全部遗留债权获支持………………………………………(1167)

603. 公司违反法律规定进行清算，有何行政责任？………(1170)

604. 公司违反法律规定进行清算，有何刑事责任？………(1170)

【案例263】私自接收并处置公司财产 犯妨害清算罪判处有期
　　　　　徒刑10个月 ………………………………………（1171）
【案例264】资产负债表中虚伪记载债务总额 犯妨害清算罪
　　　　　被判1年5个月 ……………………………………（1172）
605. 无过错的清算组成员是否应当对其他成员的过错行为承担
　　 连带赔偿责任？ ………………………………………………（1173）

第十二章 增资纠纷

【宋和顾释义】

关于增资纠纷，新《公司法》在修订中，并未进行修改。结合过往司法实践和本次修订，增资纠纷的争议类型主要体现为以下六种：

（1）公司增资决议效力争议，如大股东滥用资本多数决稀释小股东股份比例，增资决议缺少必要内容；

（2）增资决议侵犯公司原股东优先认购权时的决议效力争议；

（3）投资人增资时投入资金性质争议，如增资款与投资款、借款的甄别；

（4）增资行为、增资协议类争议，如增资行为、增资协议在何种情况下无效，增资协议效力是否会受增资决议效力的影响，投资人在何种情况下可以解除增资协议，增资协议解除后能否要求返还增资款、承担赔偿责任，无增资协议能否认定存在增资行为等；

（5）VIE模式下增资协议是否有效，股东权利转移至境外后，境内增资款能否要求返还等；

（6）对赌协议争议，如利润优先分配、保底收益、反稀释保护、非竞争承诺、一票否决权等条款是否有效。

上述部分问题，在本书第三版第三册"增资纠纷"章节中已涉及，本章系根据司法实践的变化以及修法产生的新问题，加以梳理、归纳和补充。

312. 股份有限公司发行证券的方式有哪些？

上市公司发行证券，可以向不特定对象发行，也可以向特定对象发行。具体如下所述：

（1）向不特定对象发行证券，包括上市公司向原股东配售股份（又称配股）、向不特定对象募集股份（又称增发）以及向不特定对象发行可转换公司债券；

（2）向特定对象发行证券，包括上市公司向特定对象发行股票以及向特定对象发行可转换公司债券。

313. 股份有限公司发行证券有哪些义务？

股份有限公司发行债券时，负有以下义务：

（1）应当诚实守信，依法充分披露投资者作出价值判断和投资决策所必需的信息，充分揭示当前及未来可预见的对上市公司构成重大不利影响的直接风险和间接风险，所披露信息必须真实、准确、完整，简明清晰、通俗易懂，不得有虚假记载、误导性陈述或者重大遗漏；

（2）应当按照保荐人、证券服务机构要求，依法向其提供真实、准确、完整的财务会计资料和其他资料，配合相关机构开展尽职调查和其他相关工作；

（3）控股股东、实际控制人、董事、监事、高级管理人员应当配合相关机构开展尽职调查和其他相关工作，不得要求或者协助上市公司隐瞒应当提供的资料或者应当披露的信息。

314. 股份有限公司向不特定对象公开发行股票，应当满足哪些条件？

需满足以下条件：

（1）具备健全且运行良好的组织机构；

（2）现任董事、监事和高级管理人员符合法律、行政法规规定的任职要求；

（3）具有完整的业务体系和直接面向市场独立经营的能力，不存在对持续经营有重大不利影响的情形；

（4）会计基础工作规范、内部控制制度健全且能有效执行，财务报表的编制和披露符合企业会计准则和相关信息披露规则的规定，在所有重大方面

公允反映上市公司的财务状况、经营成果和现金流量,最近3年财务会计报告被出具无保留意见审计报告;

(5) 除金融类企业外,最近一期末不存在金额较大的财务性投资;

(6) 交易所主板上市公司配股、增发的,应当在最近3个会计年度盈利,增发还应当满足最近3个会计年度加权平均净资产收益率平均不低于6%,净利润以扣除非经常性损益前后低者为计算依据;

(7) 发行股票是增发的,发行价格还应当不低于公告招股意向书前20个交易日或者前1个交易日公司股票均价;

(8) 经国务院批准的国务院证券监督管理机构规定的其他条件。

另外,存在下列情形之一的,不得向不特定对象发行股票:

(1) 擅自改变前次募集资金用途未作纠正,或者未经股东大会认可;

(2) 公司或者其现任董事、监事和高级管理人员最近3年受到中国证监会行政处罚,或者最近1年受到证券交易所公开谴责,或者因涉嫌犯罪正在被司法机关立案侦查或者涉嫌违法违规正在被中国证监会立案调查;

(3) 公司或者其控股股东、实际控制人最近1年存在未履行向投资者作出公开承诺的情形;

(4) 公司或者其控股股东、实际控制人最近3年存在贪污、贿赂、侵占财产、挪用财产或者破坏社会主义市场经济秩序的刑事犯罪,或者存在严重损害上市公司利益、投资者合法权益、社会公共利益的重大违法行为。

315. 股份有限公司向特定对象发行股票,应当满足哪些条件?

根据不同情况,需满足以下条件:

(1) 发行对象应当符合股东大会决议规定的条件,且每次发行对象不超过35名。发行对象为境外战略投资者的,应当遵守国家的相关规定。

(2) 发行价格应当不低于定价基准日前20个交易日公司股票均价的80%。其中,"定价基准日"是指计算发行底价的基准日。

另外,股份有限公司存在下列情形之一的,不得向特定对象发行股票:

(1) 擅自改变前次募集资金用途未作纠正,或者未经股东大会认可;

(2) 最近1年财务报表的编制和披露在重大方面不符合企业会计准则或者相关信息披露规则的规定;最近1年财务会计报告被出具否定意见或者无法

表示意见的审计报告；最近 1 年财务会计报告被出具保留意见的审计报告，且保留意见所涉及事项对上市公司的重大不利影响尚未消除。本次发行涉及重大资产重组的除外。

（3）现任董事、监事和高级管理人员最近 3 年受到中国证监会行政处罚，或者最近 1 年受到证券交易所公开谴责。

（4）上市公司或者其现任董事、监事和高级管理人员因涉嫌犯罪正在被司法机关立案侦查或者涉嫌违法违规正在被中国证监会立案调查。

（5）控股股东、实际控制人最近 3 年存在严重损害上市公司利益或者投资者合法权益的重大违法行为。

（6）最近 3 年存在严重损害投资者合法权益或者社会公共利益的重大违法行为。

316. 股份有限公司向特定对象发行股票的定价有哪些特殊规定？

（1）向特定对象发行股票的定价基准日为发行期首日，上市公司应当以不低于发行底价的价格发行股票。

（2）上市公司董事会决议提前确定全部发行对象且发行对象属于下列情形之一的，定价基准日可以为关于本次发行股票的董事会决议公告日、股东大会决议公告日或者发行期首日：

①上市公司的控股股东、实际控制人或者其控制的关联人；

②通过认购本次发行的股票取得上市公司实际控制权的投资者；

③董事会拟引入的境内外战略投资者。

（3）发行对象属于上述以外情形的，应当以竞价方式确定发行价格和发行对象。

（4）向特定对象发行的股票，自发行结束之日起 6 个月内不得转让；发行对象属于上述情形的，其认购的股票自发行结束之日起 18 个月内不得转让。

（5）向特定对象发行股票的定价基准日为本次发行股票的董事会决议公告日或者股东大会决议公告日的，向特定对象发行股票的董事会决议公告后，出现下列情况需要重新召开董事会的，应当由董事会重新确定本次发行的定价基准日：

①本次发行股票股东大会决议的有效期已过；

②本次发行方案发生重大变化；

③其他对本次发行定价具有重大影响的事项。

（6）向特定对象发行证券（包括股票、可转债等），上市公司及其控股股东、实际控制人、主要股东不得向发行对象做出保底保收益或者变相保底保收益承诺，也不得直接或者通过利益相关方向发行对象提供财务资助或者其他补偿。

317. 何为可转换公司债券？股份有限公司发行可转换公司债券，应当满足哪些条件？

可转换公司债券（简称可转债）是指，发行公司依法发行并在一定期间内依据约定的条件可以转换成股份的公司债券。可转债应当具有期限、面值、利率、评级、债券持有人权利、转股价格及调整原则、赎回及回售、转股价格向下修正等要素。

除满足上述发行股票的条件外，发行可转债还应当满足以下条件：

（1）最近3年平均可分配利润足以支付公司债券1年的利息；

（2）具有合理的资产负债结构和正常的现金流量；

（3）最近3个会计年度加权平均净资产收益率平均不低于6%。

按照公司债券募集办法，上市公司通过收购本公司股份的方式进行公司债券转换的不受上述条件限制。

另外，存在下列情形之一的，不得发行可转债：

（1）对已公开发行的公司债券或者其他债务有违约或者延迟支付本息的情形，仍处于继续状态；

（2）违反《证券法》规定，改变公开发行公司债券所募资金用途。

318. 可转换公司债券的价格和利率应当如何确定？

向不特定对象公开发行可转债的转股价格，应当不低于募集说明书公告日前20个交易日上市公司股票交易均价和前1个交易日均价。

向特定对象发行可转债的转股价格应当不低于认购邀请书发出前20个交易日上市公司股票交易均价和前1个交易日的均价，且不得向下修正。

向不特定对象公开发行的可转债利率由上市公司与主承销商依法协商确

定；向特定对象发行的可转债应当采用竞价方式确定利率和发行对象。

319. 可转换公司债券发行多久后可转换为公司股票？

可转债自发行结束之日起 6 个月后方可转换为公司股票，转股期限由公司根据可转债的存续期限及公司财务状况确定。

债券持有人可以自行选择是否转股，转股的次日成为上市公司股东。

320. 拟发行证券的公司募集资金的数额与使用有何一般性规定？

募集资金的数额和使用应当符合下列规定：

（1）符合国家产业政策以及环境保护、土地管理等相关法律法规；

（2）除金融类企业外，本次募集资金使用不得为持有财务性投资，不得直接或者间接投资于以买卖有价证券为主要业务的公司；

（3）募集资金项目实施后，不会与控股股东、实际控制人及其控制的其他企业新增构成重大不利影响的同业竞争、显失公平的关联交易，或者严重影响公司生产经营的独立性；

（4）科创板上市公司发行股票募集的资金应当投资于科技创新领域的业务。

若发行可转债，募集资金还不得用于弥补亏损和非生产性支出。

321. 股份有限公司发行新股需履行哪些程序？

股份有限公司发行新股需履行以下程序：

（1）应当经国务院证券监督机构注册，公告招股说明书；

（2）应由依法设立的证券公司承销，签订承销协议；

（3）应当同银行签订代收股款协议，银行应按协议代收和保存股款，向缴纳股款的认股人出具收款单据，并向有关部门出具收款证明；

（4）发行新股募足股款后，应予以公告。

322. 招股说明书应当载明哪些事项？

招股说明书应当附有公司章程，并载明下列事项：

（1）发行的股份总数；

（2）面额股的票面金额和发行价格或者无面额股的发行价格；

（3）募集资金的用途；

（4）认股人的权利和义务；

（5）股份种类及其权利和义务；

（6）本次募股的起止日期及逾期未募足时认股人可以撤回所认股份的说明。

公司设立时发行股份的，还应当载明发起人认购的股份数。

323. 股份有限公司发行新股时，股东会应对哪些事项作出决议？

股东会应对如下事项作出决议：

（1）新股的种类及数额；

（2）新股发行价格；

（3）新股发行的起止日期；

（4）向原有股东发行新股的种类及数额；

（5）发行无面额股的，新股发行所得股款计入注册资本的金额。

324. 股份有限公司发行新股时，董事会应对哪些事项作出决议？

董事会应对如下事项作出决议：

（1）本次证券发行的方案；

（2）本次发行方案的论证分析报告；

（3）本次募集资金使用的可行性报告；

（4）其他必须明确的事项。

上市公司董事会拟引入战略投资者的，应当将引入战略投资者的事项作为单独议案，就每名战略投资者单独审议，并提交股东会批准。董事会作出决议，董事会决议日与首次公开发行股票上市日的时间间隔不得少于6个月。

325. 有限责任公司增资决议中至少应当包含哪些事项？

至少应包括以下事项：

（1）明确的投资人选；

（2）增资股权的数额、价值、比例和价格；

（3）股东优先认购权的行使或放弃的声明；

（4）增资认缴或实缴的期限。

【案例143】决议未确定增资数额、人选及单价 投资人请求确认股东资格被驳回①

原告：余某

被告：泰邦公司、大林公司

第三人：益康公司、捷安公司、亿工公司

诉讼请求：

1. 被告泰邦公司确认原告的股东身份，并进行工商变更登记；

2. 两被告支付原告2007年至2009年原告应得的分红款及逾期利息。

争议焦点：

1. 案涉股东会仅商定引进战略投资者，但对于增资数额、股价、引入战略投资者的人数均未作决议，增资行为是否发生法律效力；

2. 被告泰邦公司法定代表人以公司名义与原告签订增资协议，双方均知晓公司内部未经决议程序，该协议是否发生法律效力；

3. 原告与辅导被告泰邦公司上市的证券公司高管系近亲属，引进原告作为股东的增资协议是否合法有效；

4. 原告未能通过增资取得股权的情况下，是否有权请求公司向其分红。

基本案情：

2006年，被告泰邦公司的注册资本为5500万元，股东为：被告大林公司（持股股份54%）、第三人益康公司（持股19%）、第三人亿工公司（持股18%）、第三人捷安公司（持股9%）。该公司章程明确规定，对公司增加或减少注册资本由股东会作出决议。

同年10月，被告泰邦公司与案外人某证券公司签订协议，辅导被告泰邦公司上市工作。时任该证券公司高管案外人余某辉介绍了其弟原告余某作为战略投资者，被告泰邦公司与原告签订案涉协议时，并不知晓原告与案外人余某辉的近亲属关系。

2007年4月，被告泰邦公司两次召开股东会，作出第004号和第005号决议，即从有利于公司改制和上市目的出发，全体股东一致同意引进新的战略

---

① 参见最高人民法院（2013）民申字第2141号民事裁定书。

第十二章

增资纠纷

投资者。

2007年5月28日，被告泰邦公司召开股东会作出第006号决议，即出于上述目的，被告大林公司、第三人益康公司作为股东同意按股比减持股权，引进战略投资者。但对引入战略投资者的人数、股数、股价及人选，均未作出明确的决议。

2007年5月29日，被告泰邦公司法定代表人以被告泰邦公司名义与原告签订《增资协议》，主要内容为：

1. 公司拟通过吸收战略投资者方式，实施增资扩股。
2. 原告出资3416万元，按2.8:1的比例增加注册资本1220万元。
3. 被告泰邦公司向原告保证其签署本协议前已获得董事会和股东会决议通过。

同日，被告泰邦公司收到原告3416万元入股款，并向其出具收据。之后，被告泰邦公司曾委托会计师事务所进行验资，《验资报告》载明：被告泰邦公司原实收资本6500万元，现增加的原告实缴新增注册资本1220万元于2007年5月30日前缴足。后因被告泰邦公司的工商登记注册资本仍为5500万元，始终没有变更，会计师事务所遂收回该报告，且再未对原告的新增注册资本进行验资。

本案诉讼期间，即2009年3月，被告泰邦公司召开临时董事会，决议按2006年时股东人数及其出资比例对被告泰邦公司2008年的利润进行分配；同年9月，被告泰邦公司再次召开股东会，决议以同样的人数及分红比例对公司2009年上半年的利润进行预分红，并载明战略投资者分红待完善法律手续后，再行分配。原告的代表余某辉在前述9月作出的股东会决议上签字，并注明原告具有股东资格，2008年及本次分红应当向原告支付。

被告泰邦公司在收到原告入股款3416万元后，曾于2010年10月将此款返回给原告，但因其汇出账号已注销而未能退回。此外，被告泰邦公司收到原告的入股款后，至今未修改公司章程，亦未办理公司内部登记和工商变更登记手续。

原告诉称：

被告泰邦公司根据股东会决议与其签订了《增资协议》，其按该协议约定已向被告泰邦公司出资3416万元，且以股东身份参加了股东会。但被告泰邦公司未按约定的义务进行股东变更登记，也未对其分红，侵犯了其合法权益。

被告辩称：

1. 被告泰邦公司股东会决议引进战略投资者，但并未确定具体的战略投资者，也未授权被告泰邦公司及其法定代表人签订增资协议。故案涉《增资协议》未生效，原告的股东身份始终未获得股东会的追认。

2. 在原告与被告泰邦公司签订《增资协议》并向公司转入资金后，基于股东会不予追认，被告泰邦公司向原告退回资金，但因原告账户关闭而无法退还。

3. 被告泰邦公司股东会决议增资扩股有特定的目的和条件，即旨在引进战略投资者、溢价募集股权和改制上市。原告不具备战略投资者的基本特征，显然与股东会决议目的不符。

4. 辅助被告泰邦公司改制的案外人某证券公司高管与原告存在亲属关系，违反相关法律规定，损害了被告泰邦公司及其股东的权益。

第三人未发表意见。

法官观点：

1. 关于原告是否具有被告泰邦公司股东资格的问题。

（1）根据《公司法》及被告泰邦公司章程规定，公司新增注册资本须经股东会作出决议。案涉股东会决议均未明确原告即是引进的战略投资者，亦未对认股单价形成决议。被告泰邦公司进行增资扩股的内部程序没有完成，尚需股东会进一步明确具体事项。

（2）被告泰邦公司及其法定代表人签订《增资协议》的行为越权，且至今未获得公司股东会或董事会追认。该协议属未生效协议，原告签订协议时没有尽到谨慎合理的注意义务。

（3）案外人某证券公司为被告泰邦公司改制提供服务，原告系其时任高管余某辉的弟弟，却被该证券公司作为战略投资者推荐给被告泰邦公司，违反《刑法》和《证券法》的相关规定。因此，原告与被告泰邦公司签订的案涉《增资协议》是属于以合法形式掩盖非法目的的无效合同。

综上，原告不具有被告泰邦公司股东资格。

2. 原告能否请求被告泰邦公司支付其盈余分配的问题。

公司盈余分配请求权是股东对公司享有的一项重要的财产性权利，现原告不是被告泰邦公司股东，不能向其请求盈余分配。至于原告的经济损失，其可通过合法途径另行解决。

法院判决：

驳回原告的诉讼请求。

326. 公司大股东通过资本多数决以不合理价格对公司进行的增资是否有效？

公司大股东利用资本多数决通过股东会决议，由非公司股东的投资者以不合理的价格对公司进行增资，从而降低了小股东手中股权的价值，该类增资行为应被认定无效。

【案例144】公司已增值　仍以多数决按注册资本价格定向增资被判无效[①]

原告（反诉被告）： 教育公司、王某勇

被告（反诉原告）： 吴某全

本诉请求：

1. 确认股东会决议中原告注册资本金增资至600万元的内容合法有效；
2. 确认原告王某勇占原告教育公司增资后的股权比例为85%。

反诉请求：

1. 确认案涉股东会决议无效；
2. 驳回原告的诉讼请求。

争议焦点：

原告教育公司仅有两名股东，大股东未经小股东同意，作出由大股东定向增资的股东会决议，该内容是否有效。

基本案情：

原告教育公司注册资本为300万元，股东为原告王某勇（持股70%）、被

---

① 参见贵州省遵义市中级人民法院（2022）黔03民终7840号民事判决书。

告（持股 30%）。

2022 年 5 月 31 日，原告教育公司召开股东会会议，原告王某勇、被告之子吴某等人参加会议。会上通过决议：公司注册资本增至 600 万元，增加部分由原告王某勇以货币形式出资；变更后的股东出资情况为原告王某勇出资 510 万元（持股 85%）、被告出资 90 万元（持股 15%）；修改公司章程。该决议股东签字处仅有原告王某勇签字，而被告之子吴某则反对增资和修改章程。

增资时，原告教育公司的净资产价值高于其注册资本。

原告提起本案诉讼，被告亦提起反诉。

法官观点：

1. 原告教育公司目前的经济价值已显著高于其注册资本金，现在每股的股权价值，显著高于公司注册时的股权价值。

2. 本案处于绝对优势地位和控制地位的大股东滥用表决权，损害小股东权益。若按该股东会决议进行不等比增资，则导致股东利益明显失衡。原告王某勇的持股比例增至 85%，其增加的股东权益价值超过其所增加的 300 万元资本金；而被告吴某全的持股比例被稀释至 15%，对应的股东权益价值则直接降低。

法院判决：

确认原告教育公司案涉股东会决议中，有关不等比增资及股东出资情况的内容无效。

327. 国有资本控股公司、国有资本参股公司增资时，应当由哪个机构对增资行为进行决议？

国有资本控股公司、国有资本参股公司应当由公司股东会对增资事项进行决议。但是，区别于一般公司的是，该类公司中，国有资产监督管理机构委派的股东代表应当按照委派机构的指示提出提案、发表意见、行使表决权，并将其履行职责的情况和结果及时报告委派机构。

非上市国有公司定向增资时，若涉及股东股权比例变动，应当由其产权持有单位委托具有相应资质的资产评估机构进行评估。若未进行评估，国有资产监督管理机构可依法向人民法院起诉确认增资行为无效。

第十二章 增资纠纷

【案例145】国有企业股权激励增资未评估 增资无效并赔偿员工损失①

原告（反诉被告）：徐某

被告（反诉原告）：中恒公司

被告（反诉第三人）：马某

本诉请求：两被告向原告支付违约赔偿金27.08万元。

反诉请求：

1. 确认被告中恒公司与原告之间的两次员工认购股权行为及相关委托持股协议和补充协议均无效；

2. 原告因合同无效退还被告其所获不当得利18.39万元。

争议焦点：

1. 被告作为国有控股企业，经股东会同意进行增资扩股，但未进行相应的资产评估，就向包括原告在内的员工转让部分股份；两年后，其作为国有相对控股企业，再次以此方式增资扩股，这两次法律行为的效力如何认定。

2. 案涉两次增资扩股行为被确认无效后，作为主导该行为的被告公司和取得股权的员工应分别承担什么责任。

基本案情：

2008年，被告中恒公司由某国有资本持股50%，属国有控股企业。同年6月，被告中恒公司经股东会同意进行增资扩股，向包括原告在内的员工转让部分股份，但转让前未进行资产评估。该次增资的具体方式为：

1. 以每股1元的价格平价转让。

2. 公司全部股份实行同股同权、风险共担、利益共享。

3. 由公司推荐职工股东代表即被告马某统一持股，包括原告在内的出资员工跟被告马某签订委托持股协议。

本次股权变化后，被告中恒公司成为国有相对控股企业。原告在本次增资中认购股份10万元。

2010年，被告中恒公司再次以上述方式进行增资，原告再次认购股份17

---

① 参见北京市西城区人民法院（2019）京0102民初47242号民事判决书。

万元,并与被告马某就委托持股签订了补充协议。

2018年12月,国管局就被告中恒公司员工持股问题作出批复,要求被告中恒公司进行整改:

1. 职工股全部持股人员按原始出资价格退股;

2. 上述人员将已分股利上缴给指定单位;

3. 上述人员按要求退股、退分红后,被告中恒公司依据其原始出资本金按年利率8%给付利息。

被告按整改要求将原告所持股权进行变更,但原告拒绝退还其在股权持有期间所获得的分红60.48万元。于是,双方诉至法院。

原告诉称:

两被告在未经其同意的情况下,擅自将其名下股份转让给案外人,已构成违约,损害原告作为被告中恒公司股东的权利,应当赔偿损失。

被告马某辩称:

其退还股权的行为系依据国管局、某国有资本和被告中恒公司的文件规定办理的,有法律依据,并非原告所谓的"违约"转股。

被告中恒公司辩称:

1. 其履行国管局整改方案并退还股权,没有给原告造成损失。

2. 原告应配合整改方案退还扣除出资本金及银行同期贷款利息后的净余额。

被告中恒公司反诉称:

1. 本案员工持股计划及相关代持协议均因违反法律的强制性规定而无效,且双方恶意串通,造成国有资产流失,损害国家合法权益,该行为亦应无效。

2. 国资委要求被告中恒公司整改,除原告外,其余员工在持股期间的历年分红在扣除出资本金及银行同期贷款利息后已退缴。

针对该反诉请求,原告辩称:

1. 其认购被告中恒公司股份及与马某签订委托持股协议,均系各方真实意思表示,是合法有效的。职工持股计划亦不属于《合同法》规定的合同无效情形。

2. 其两次参与认购被告中恒公司股权的方式不同,不能一概而论。被告中恒公司主张职工股认购无效,没有事实和法律依据。

3. 被告中恒公司不符合我国有关法律和政策规定的国有企业定义,不能因其含有国有股成分,就认定为国有企业。被告中恒公司未进行股权评估,也不必然导致职工持股行为无效。

法官观点:

1. 关于被告中恒公司2008年、2010年两次员工认购股权行为及相关委托持股协议和补充协议的效力。

(1) 被告中恒公司在2008年股权变更之前,属于国有控股企业,应遵守国有企业的相关规定。该次股权转让前,并未进行相应的资产评估,且此次增资导致股权变动后,国有控股比例降低,损害了国家利益。故本次员工认购股权行为应属于无效,并导致相关委托持股协议无效。

(2) 2008年股权变动后,被告中恒公司依然是国有相对控股企业,亦应遵守国有企业的相关规定。同时,其在两次认购股权计划实施过程中,均将职工股登记在被告马某名下,也违反了国资委的相关规定。所以,2010年的员工认购股权行为及相关合同亦无效。

2. 合同无效的后果及双方应承担的责任。

(1) 原告所持股权系无效民事法律行为的后果,应当返还。现被告已将股权变更,法院对此不予处理。

(2) 原告缴纳的股权转让款,被告中恒公司应予返还。同时,被告中恒公司对于案涉股权转让行为的产生存在重大过错,亦应为此向原告承担赔偿责任。原告持股期间的分红款可折抵其损失,原告无须返还。

(3) 被告马某虽是原告股权的代持人,但其作为员工,在本案中的相关行为均系被告中恒公司安排,其本人不应承担相关民事法律行为无效的后果。

法院判决:

1. 确认被告中恒公司与原告之间的两次员工认购股权行为及相关委托持股协议和补充协议均无效;

2. 被告中恒公司返还原告股权转让款27万元;

3. 原告所得分红款无须返还。

328. 增资协议无效的原因包括哪些？

实践中，下列原因将导致增资协议无效：

（1）增资协议违反法律、行政法规的强制性规定；

（2）增资协议签订主体不合法；

（3）投资人与公司恶意串通，损害公司或股东利益。

【案例146】增资稀释股比降低质押股权价值　债权人有权主张增资无效[①]

原告：利明泰公司

被告：隆侨公司、九策公司

第三人：盛康达公司、惠泽公司

诉讼请求：

确认被告隆侨公司增资扩股的民事行为无效。

争议焦点：

1. 原告系被告九策公司所持被告隆侨公司100%股权的质押权人，被告隆侨公司增资扩股降低被告九策公司持股比例的行为是否应经过原告同意；

2. 被告九策公司在被告隆侨公司的股权比例下降到29.98%，且新股东均为认缴出资，出资期限截至被告隆侨公司经营期限届满前两天，这是否影响原告作为质押权人的利益，原告对此是否享有诉权；

3. 被告九策公司与两第三人存在紧密关联关系，在增资扩股时，是否涉嫌恶意串通，该增资扩股行为是否有效。

基本案情：

被告隆侨公司成立于2001年，注册资本为5.6亿元，原告持有其100%的股权。

2011年11月，原告与被告九策公司签订《股权转让协议》，约定被告九策公司以债务承担并支付股权转让款3.75亿元的方式受让原告100%的股权。次月开始，被告九策公司先后向原告支付股权转让款共计1.75亿元。

[①] 参见最高人民法院（2018）最高法民终281号民事判决书。

2012年3月,原告与被告九策公司签订《还款协议》,约定被告九策公司在3个月内支付剩余的股权转让款2亿元。当月,双方还签订了《股权质押合同》,将被告九策公司持有的被告隆侨公司的100%股权出质给原告,并办理了股权出质登记。

2013年1月,被告九策公司向原告支付4800万元后,再未支付剩余部分股权转让款,原告遂向法院起诉。2015年1月28日,生效判决确认被告九策公司应向原告支付股权转让款1.52亿元及利息。

2015年2月10日,作为被告隆侨公司的唯一股东,被告九策公司作出股东会决议,决定将公司注册资本由5.6亿元增至18.68亿元。其中,第三人盛康达公司认缴2.4亿元,第三人惠泽公司认缴10.68亿元。两者出资的日期均为2022年9月10日,而被告隆侨公司营业期限至2022年9月12日止。次月,被告隆侨公司办理了关于前述增资的变更登记,被告九策公司的持股比例由100%变更为29.98%。

第三人盛康达公司和惠泽公司的法定代表人一致,注册资本分别为100万元和300万元。第三人惠泽公司持有被告九策公司的95%股份。

本案一审期间,法院另案裁定受理被告隆侨公司的重整申请。根据审计报告及相关生效裁判文书,截至2017年11月30日,隆侨公司资产总计为479,361,239.45元,到期债务达到1,090,141,165.4元,另有尚未计算的利息、罚息、复利等债务。

原告诉称:

1. 案涉增资扩股行为是在被告九策公司确定要承担债务的情况下,为逃避债务而采取的。该增资扩股直接稀释了被告九策公司在被告隆侨公司的股份,并没有增加企业的资金。

2. 《股权质押合同》中明确要求,质押方如有任何涉及处置股权的重大事项时,必须通知质权人,被告九策公司违反了此约定。原告拥有的100%质押股权因前述增资扩股行为变为29.98%,进而导致被告九策公司发言权降低,并对原告的债权实现造成侵害。

被告辩称:

1. 原告不是被告隆侨公司增资扩股行为的利害关系人,对该行为没有诉权。

2. 被告隆侨公司增资扩股，不影响且不损害原告利明泰公司的股权质押权和对被告九策公司的债权。

两第三人称：

被告隆侨公司增资扩股是正常的经营行为，若以该增资认缴及认缴的股东存在关联为由，否认增资扩股的合法有效性，则剥夺了两第三人实缴注册资本的可能及相应的权利。

法官观点：

1. 关于利明泰公司作为本案原告是否适格的问题。

（1）原告系被告九策公司所持被告隆侨公司100%股权的质押权人，有权以该部分股权在其债权范围内优先受偿。

（2）案涉增资扩股行为导致被告九策公司所持股权比例由100%缩减为29.98%。在新增股东认缴出资不到位的情况下，该部分股权所对应的公司资产价值会发生变化，进而影响原告质押权的实现。

（3）原告虽非被告隆侨公司的股东或债权人，不能依据《公司法》相关规定对案涉增资扩股行为提起诉讼，但其对被告隆侨公司的股权具有法律上的利益，案涉增资扩股行为与原告之间存在直接利害关系。原告有权依据《民法通则》第58条第1款第4项关于恶意串通并损害国家、集体或者第三人利益的民事行为无效的规定，维护自身利益，这也符合《民事诉讼法》规定的起诉条件。

2. 关于案涉增资扩股行为是否无效的问题。

（1）被告隆侨公司增资扩股后，两第三人作为新股东未将认缴的出资实际注入被告，被告的实际资产价值并未增加。原股东被告九策公司持股比例骤降，其所持股权对应的实际资产价值亦实际降低。根据另案裁定，被告隆侨公司资产总计为479,361,239.45元，到期债务达到1,090,141,165.4元，另有尚未计算的利息、罚息、复利等债务。原告就被告九策公司所持被告隆侨公司29.98%股权通过优先受偿能够获得的实际利益，相比增资扩股前100%股权明显减少。因此，案涉增资扩股行为损害了原告利明泰公司的利益。

(2) 被告九策公司及两第三人对被告隆侨公司的增资扩股行为,存在恶意串通。从增资时点来看,另案生效判决于 2015 年 1 月 28 日作出后,在不足半个月的时间内,被告九策公司即作为被告隆侨公司唯一股东作出增资扩股的决议。从增资主体来看,三方在股权及法定代表人等方面存在紧密关联关系,且两第三人的注册资本与认缴出资额存在明显差距。从增资期限来看,两第三人将认缴出资的期限设定为被告隆侨公司营业期限截止日的前两日。

(3) 被告隆侨公司的增资扩股虽系公司法上的行为,但各方就增资扩股达成的合意及履行的法律行为在受公司法调整的同时,亦受民法等基本法的制约。根据《民法通则》第 58 条第 1 款第 4 项规定,案涉增资扩股行为因各方恶意串通而无效。

法院判决:

确认案涉增资扩股行为无效。

【案例147】名为增资实为土地房产转让以逃避税收 增资无效双方共负过错责任[①]

原告(反诉被告): 诺思家公司

被告(反诉原告): 北京人天公司、山东人天公司

第三人(反诉被告): NOSTALGIA 公司

本诉请求:

1. 确认案涉《增资协议》及相应补充协议无效;
2. 被告北京人天公司支付原告土地及房产占有使用费 1499.4 万元;
3. 两被告返还占用的土地、房产及配套设施。

反诉请求:

1. 原告按照约定为被告山东人天公司办理案涉增资土地及房产的过户手续并承担相应税费;
2. 原告向被告北京人天公司支付逾期过户违约金 2136.87 万元;

---

① 参见山东省济南市中级人民法院(2020)鲁01民初530号民事判决书。

3. 原告立即腾退逾期占用的临时仓库并支付该期间的租金211.68万元；

4. 第三人在质押担保范围内对被告应当承担的过户义务、违约金及逾期占用期间的租金承担连带担保责任。

争议焦点：

1.《增资协议》约定，原告以土地、房产向被告北京人天公司全资子公司被告山东人天公司（注册资本1000万元）增资，进而获得该公司仅1%（对应10万元注册资本）的股份，被告北京人天公司向原告支付4668.75万元增资补偿款，该行为是否名为增资实为土地、房产转让，该增资行为及相应协议是否有效；

2. 如增资无效，案涉不动产及增资补偿款应如何处理；

3. 如增资无效，被告山东人天公司占用原告房产期间的使用费，以及原告占用被告部分补偿款的利息，应当如何处理；

4. 第三人以所持原告100%股权质押作为原告履约的担保，对于增资无效是否应承担责任。

基本案情：

原告为第三人的全资子公司。

2015年8月3日，由原告向被告北京人天公司提议，并经双方对案涉土地及房产的交易方案共同商定后，被告北京人天公司（甲方）、被告山东人天公司（甲方一，协议签订时尚未设立）与原告（乙方）签订《增资协议》，约定：

1. 原告以其拥有案涉土地及房产依合同规定对被告山东人天公司进行增资。

2. 被告山东人天公司是被告北京人天公司出资设立的公司，原告对其增资后在被告山东人天公司所占股份为1%。

3. 原告对被告山东人天公司增资完成的标准为案涉土地及房产的产权登记变更完成，原告应自行办理产权登记及其他审批文件。

4. 被告北京人天公司同意向原告支付案涉增资土地和房产的补偿款共计4668.75万元，其中包括被告北京人天公司支付的定金3250万元。

5. 办理增资土地及房产过户到被告山东人天公司名下所应缴纳的各项税费，由被告北京人天公司和原告平均分担，并且被告山东人天公司及原告应在办理过户手续时缴纳法定税费。

6. 原告的股东（即持股 100% 的第三人 NOSTALGIA 公司）同意提供股权质押担保，担保原告在本合同项下对其他合同各方承担的各项义务。

7. 违约责任：如任意一方违约，被告北京人天公司和被告山东人天公司应按照拖延支付款项总额每日万分之五的标准向原告支付违约金；被告北京人天公司累计拖延支付的数额超过 2000 万元且超过 60 天时，原告有权解除合同并没收定金；原告未能在增资期限内完成增资事项，原告应按照定金总额每日万分之五的标准向被告北京人天公司支付违约金。原告在增资期限到期后 90 天内仍不能完成增资，被告北京人天公司有权要求原告赔偿损失或者双倍返还定金。

同日，被告北京人天公司与第三人签订《股权质押合同》，约定第三人以其持有的原告 100% 股权为《增资协议》规定的原告全部义务提供担保。之后，双方进行了质押登记。

2015 年 9 月 22 日，被告北京人天公司与原告签订《增资补充协议》，约定原告收到被告北京人天公司支付的定金后，向被告北京人天公司开具收据并允许其进驻和使用库房；原告应向被告北京人天公司开具土地增值税发票，所涉及的税收由原告自行承担。当月 24 日开始，被告北京人天公司陆续向原告支付 3250 万元定金，银行流水用途均备注为"济南库房房款"。

2015 年 10 月，被告北京人天公司与被告先后签订《土地和库房移交确认书》《腾退期库房临时租用合同》《补充协议》，确认原告向被告北京人天公司移交案涉土地及房产，同时约定原告免费使用一楼库房 1 年，作为临时仓库。原告实际亦使用了该临时仓库。

2015 年 12 月 24 日，被告山东人天公司登记设立，注册资本为 1000 万元，唯一股东为被告北京人天公司。

此后，原告一直未将案涉土地及房产完成过户，被告北京人天公司亦未支付扣除定金外的增资房产尾款。

原告已于 2014 年 11 月取得案涉土地的使用权证，并于 2018 年 1 月办理了案涉房屋的所有权证。

2018 年 8 月 2 日，被告北京人天公司向原告发函要求其腾空占用的库房并承担租金等相关费用。

原告诉称：

1. 原告与被告北京人天公司签订《增资协议》，约定原告以土地、房产增资后，将获得被告山东人天公司1%股份与增资补偿款4668.75万元，主要支付对价明显为4668.75万元增资补偿款。加之被告北京人天公司已支付的3250万元款项备注为"济南库房房款"，足以证实双方实为土地及房产的买卖关系而非增资关系。

2. 《增资协议》由被告北京人天公司起草并提供，双方采用增资形式转让土地房产，目的是逃避营业税及土地增值税强制纳税义务，应认定该协议及相关合同均无效。

3. 案涉相关协议无效后，两被告应当腾退返还其占用的土地、房产及配套设施并向原告支付占有使用费。

被告辩称：

1. 《增资协议》及相关合同，系被告北京人天公司和原告的真实意思表示。对本案土地及房产进行增资转让系原告提议的模式。协议约定的土地及房产增资入股及作价，系当事人意思自治范畴内的合议约定，符合《公司法》《城市房地产管理法》的规定。

2. 原告以土地、房产向被告山东人天公司增资，必然伴随土地使用权和房产所有权的过户转让，但是该过户转让不改变房地产增资的法律性质，不构成协议无效的因素。

3. 《增资协议》约定了房地产增资过户的应税税项、纳税义务主体和部分税项的平均分担，不存在偷逃税款的企图或潜在可能，不违反税收征管法律法规。

第三人同意原告的诉讼请求。

被告反诉称：

1. 《增资协议》及《增资补充协议》系当事人的真实意思表示，合法有效，应当继续履行。

2. 案涉房产原告已实际交付给被告北京人天公司，并一直由被告山东人天公司占有使用。原告也取得了国有土地使用权证、房屋所有权证，案涉土地使用权和地上房产现已具备增资过户条件。

3. 原告不履行增资过户手续已构成违约，应当承担违约责任；原告逾期占用库房应当立即腾退，并支付逾期占用期间的租金。

4. 第三人作为质押担保方，应在质押股权价值范围内为原告承担连带担保责任。

针对被告的反诉请求，原告辩称：

1. 案涉《增资协议》名为增资实为土地房产交易，违反税收法律强制性规定，应属无效。

2. 作价股权协议是将某项资产以一定评估价值投入目标公司，并获得对应股权。该《增资协议》的形式自始至终都不符合登记机构要求，协议即使有效，也实际履行不能。

针对被告的反诉请求，第三人辩称：

1. 《增资协议》应属无效合同，《股权质押合同》作为从合同也应无效，且第三人对于合同无效无过错，被告向第三人主张担保责任于法无据。

2. 即使该质押合同有效，被告主张的"过户义务"并非第三人能够代替履行的义务，不具有担保代偿性，违约金及逾期租金亦均不在合同约定的担保范围之内。

法官观点：

1. 关于《增资协议》及后续相关协议的效力问题。

（1）根据《增资协议》约定，原告以案涉土地、房产向被告山东人天公司增资后，获得其1%股份；同时，被告北京人天公司向原告支付4668.75万元增资补偿款。原告用来增资的土地及房产价值巨大，而其获得被告山东人天公司的1%股份仅为10万元。被告北京人天公司的巨额补偿款，用途均备注为"济南库房房款"。可见，该《增资协议》约定的增资行为实为案涉土地及房产的转让行为。

（2）根据财政部、国家税务总局的相关规定，企业以房地产作价投资，可享受税收优惠政策。原告与被告北京人天公司通谋，采用虚假的以房地产向公司投资的形式规避土地及房产转让税收，损害国家利益的意图显著，《增资协议》应属无效。

（3）因《增资协议》无效，本案中的过程协议及补充协议亦应无效。《股权质押合同》系《增资协议》的从合同，亦属无效。

2. 案涉合同无效后的法律后果。

（1）《增资协议》中设计的增资行为，系原告与被告北京人天公司通谋虚伪的意思表示，双方对此均有过错。按《合同法》第58条规定，双方应各自承担相应的责任。

（2）案涉土地及房产已经交付两被告实际占有、使用至今，被告北京人天公司向原告已支付的3250万元亦由被告占用至今。因双方对合同无效均有过错，北京人天公司应当支付的土地、房产占有使用费与原告应当支付的资金占用费可以相互抵销，双方仅需相互返还原物。

（3）案涉《股权质押合同》无效，债务人、担保人、债权人有过错的，应当根据其过错各自承担相应的民事责任。被告北京人天公司未提交证据证明第三人对该质押合同无效负有过错，故第三人不承担民事责任。

法院判决：

1. 确认双方签订的《增资协议》及相关合同均系无效合同；
2. 原告返还被告北京人天公司3250万元；
3. 两被告向原告返还案涉土地、房产及配套设施。

329. 增资协议无效或解除，投资人已支付的增资款能否直接收回？

增资法律关系同时受《民法典》和《公司法》调整，若增资协议已经履行完毕且出资已转化成公司资本，则不能违反《公司法》有关不得抽回出资、依法定程序进行减资等规定，而应当通过股权转让、股权回购、公司减资等法定程序进行收回。

【案例148】增资协议解除　增资款未经法定程序不能返还出资人[①]

原告（反诉被告）： 西北工业公司、北方能源公司

被告（反诉原告）： 上海富电公司

[①] 参见上海市第一中级人民法院（2019）沪01民终11265号民事判决书。

第三人（反诉被告）：李甲、朱某、马某利、王某、李乙、王某进、陈某骏、冯某宏、王某刚、祁某龙、物华公司

本诉请求：

被告向两原告支付违约金690.15万元。

反诉请求：

1. 确认被告与第三人物华公司及其原股东之间的增资协议于2018年1月24日解除；

2. 两原告共同返还被告增资款本金3400万元或赔偿等额损失；

3. 两原告共同赔偿被告资金占用损失306万元；

4. 第三人物华公司及10名自然人第三人对两原告的上述付款义务承担连带清偿责任。

争议焦点：

1. 被告未按增资协议约定缴纳剩余增资款，第三人物华公司及其原股东共同行使增资协议中约定的守约方解除权，向被告发出解除通知，增资协议是否就此解除；

2. 若增资协议解除，被告已经成为第三人物华公司股东，被告作为投资人能否要求第三人物华公司和原股东返还或赔偿增资款；

3. 被告未按增资协议约定缴纳剩余增资款，违约金应如何计算。

基本案情：

第三人物华公司的原股东为两原告及第三人中的10名自然人。

2017年5月9日，被告作为投资方与第三人物华公司及其原股东签订增资协议，约定：

1. 被告对第三人物华公司增资8400万元，增资款分三笔到位：第一笔2520万元在本协议签署生效后3个工作日支付，第二笔2940万元由被告在当月31日前支付，第三笔2940万元在同年9月29日前支付。

2. 办理本次股权变更登记时，第三人物华公司董事、监事等人员亦相应变更。其中，财务总监由被告提名，董事会7人由被告委派4人，监事会3人由被告委派1人。

3. 任何一方未按本协议约定履行义务、承诺、保证的，逾期超过30日或

经另一方催告后仍未完成的，守约方可以解除本协议并要求违约方赔偿损失。因本条约定导致协议解除的，本协议自解除方发出的解除通知送达被通知方之日起解除。

4. 因任何一方违反本协议导致协议无法履行的，守约方有权解除本协议并要求违约方赔偿损失。由于被告原因未能按约支付增资款的，每逾期一日，应按逾期支付金额的日万分之五支付两原告违约金。

签约当天，第三人物华公司作出董事会决议，选举被告法定代表人案外人庞某为该司董事长并出任法定代表人，第三人李甲担任总经理。当天，第三人物华公司股东会修改公司章程，将上述增资协议主要内容载于章程，同时载明公司注册资本 12,600 万元，股东 13 个，分别为被告（备注其分三笔出资的情况），出资比例为 66.667%；两原告及 10 名自然人第三人，合计出资比例为 33.333%，已于 2008 年 12 月 31 日以货币或设备等出资。另外，该章程还载明被告按实缴出资比例分取红利；股东在公司办理注册登记后，不得抽逃出资；公司须于每月 5 日前将财务报表报送给各股东。

被告于 2017 年 5 月 8 日向案外人某公司支付 2520 万元作为保证金，该司于 5 月 22 日将该笔资金作为被告增资款支付第三人物华公司；之后，被告于分别于 2017 年 8 月 15 日、11 月 16 日，分别支付第三人物华公司增资款 550 万元、180 万元。

2017 年 5 月 17 日，第三人物华公司完成公司股东、法定代表人及注册资本的变更登记，被告被登记为第三人物华公司的股东，持股 66.667%。

2017 年 6 月 16 日，第三人物华公司以公司文件形式作出通知，称公司财务总监由被告委派的案外人庞乙担任。

2017 年 11 月 12 日，案外人庞甲、庞乙在第三人物华公司董事会决议表决票上签字，同意第三人物华公司向案外人财务公司申请贷款等议案。

2017 年间，第三人物华公司多位工作人员通过电子邮件向案外人庞甲请示或报告公司有关经营管理事务，案外人庞甲也通过邮件作出过工作指示。

2018 年 1 月 2 日，第三人物华公司向被告、两原告、董事长及董事会成员提交《特急报告》，提到因被告未按约履行增资义务、两原告公司抽取流动资金贷款等影响，第三人物华公司在资金匮乏的情况下无法进行资金调整及正常经营。

2018年1月25日,第三人物华公司及其原股东共同向被告发出律师函,称被告违约,经多次催告后仍未能按约支付剩余增资款,故通知解除案涉增资协议。被告于2018年1月26日收到该律师函。后两原告诉至法院。

原告诉称:

被告未按照增资协议约定按时足额履行增资义务,应按照增资协议承担违约责任,并支付违约金。

被告辩称:

1. 其实际支付的增资款应为3400万元,被告只是名义上获得控制权。第三人物华公司原股东拒向被告交付公司印鉴,阻挠原告所派财务人员对公司进行管理,造成原告无实际的公司管理权。被告拒付剩余增资款,系行使不安抗辩权及先履行抗辩权,并非违约行为。

2. 本案应适用民法和合同法进行审理,不应适用公司法的资本维持原则。

3. 两原告未举证证明被告逾期缴纳增资款给其造成的损害情况,同时两原告主张的违约金过高。

被告反诉称:

被告与第三人物华公司原股东之间不再信任,实际也无法继续合作,导致公司丧失人合性。被告的出资款应由两原告返还或赔偿以恢复原状,并由10名自然人第三人承担连带责任。

针对被告的反诉请求,两原告及第三人李甲、朱某、马某利、王某、李乙辩称:

案涉增资协议虽已解除,但被告作为第三人物华公司股东的资格未解除,被告无权要求返还其投资款。

针对被告的反诉请求,第三人物华公司辩称:

增资协议解除后,被告不应再作为第三人物华公司的股东。被告未依约全额出资,本身不具备成为第三人物华公司股东的客观条件。第三人物华公司同意将被告的出资款予以返还,但该司主要是由两原告经营控制,故两原告负有共同的返还义务。

第三人王某进、陈某骏、冯某宏、王某刚、祁某龙未作答辩。

法官观点：

1. 案涉增资协议于 2018 年 1 月 26 日解除。

(1) 被告提出已实际支付的增资款应为 3400 万元，但其中 150 万元的出资性质缺乏证据证明，故认定被告支付的增资款合计为 3250 万元，被告至今未支付剩余增资款。两原告按增资协议中的解除条款，行使了守约方合同解除权。解除通知于 2018 年 1 月 26 日到达被告时，增资协议即解除。

(2) 被告关于行使不安抗辩权和先履行抗辩权的意见不成立。股东对公司的控制权主要是通过股权结构影响公司权力机构股东会、决策机构董事会的表决权，进而控制公司关键岗位等得以实现。增资协议虽未约定第三人物华公司财务控制权和经营权的具体移交问题，但被告无论是在股东会、董事会上，还是在财务人员管理上，均已实际取得对该公司的控制权。

2. 增资协议虽解除，被告仍是第三人物华公司的股东，无权要求返还或赔偿增资款。

(1) 增资协议解除后，被告尚未履行的缴纳增资款义务可以终止履行。但被告之前所缴纳的增资款 3250 万元已转化为公司资产，第三人物华公司已完成对被告的股东登记，被告实际取得股东资格。

(2) 根据公司法资本维持原则的规定，在第三人物华公司未对被告除名并减资的情况下，被告无权要求第三人物华公司连带返还增资款，否则构成抽逃出资；第三人物华公司原股东并未收取被告缴纳的增资款，亦未受让被告股权，被告无权要求第三人原股东返还增资款。

(3) 被告亦无证据证明其增资款产生了损失，且即使被告增资款有损失，即被告所享有的第三人物华公司股权价值严重贬损，基于被告投资后，第三人物华公司已由被告控制，该股权价值贬损也应由被告自行承担。若其他股东有损害被告股东利益情形的，被告可通过股东直接诉讼等方式主张赔偿。

3. 增资协议约定的违约责任作为清算条款不因合同解除而失效，被告逾期缴纳增资款，应承担相应违约责任。

(1) 增资协议约定，被告未能按约支付增资款的，每逾期一日，按逾期支付金额的日万分之五支付两原告违约金。原告确实逾期支付增资款，应承担违约责任。

（2）增资协议解除之后，被告尚未缴纳的增资款不再缴纳，第三人物华公司及其原股东应通过公司减资、股东除名或引入其他投资方补缴出资等方式予以处理，在合理期间内应停止计算违约金。

（3）第三人物华公司的《特急报告》反映出该司的运营状况受到影响，对此两原告和被告作为股东均有各自的责任。综合考虑本案的合同履行情况、被告逾期出资的过错程度、违约的实际损失等具体因素，酌定被告承担的违约金为 100 万元。

法院判决：

1. 确认案涉增资协议于 2018 年 1 月 26 日解除；
2. 被告向两原告支付违约金 100 万元。

330. 增资时，股东向公司汇款的资金性质应如何认定？

股东向公司汇款的性质，需结合其是否符合法律和公司章程有关增资的规定，以及股东增资决议、股东之间的协议、股东和公司会计账册的记载、公司审计报告的记载、股东和公司之间关于案涉款项的付款和收款凭证等各项证据加以判断。公司股东为公司运营投入目标公司的款项，属于目标公司的债务，不是公司股东的投资款项。

【案例149】无增资决议亦未变更登记　股东投入企业资金被认定为借款[①]

原告： 融盛公司

被告： 万特公司

诉讼请求： 被告偿还原告借款及利息 1125.36 万元。

争议焦点：

1. 股东会未作出增资决议，公司亦未变更工商登记，股东分多次向被告公司提供的款项中，被告在部分领款单据上备注借款并制作利息计算清单，

[①] 参见最高人民法院（2021）最高法民申 1955 号民事裁定书，本案系人民法院案例库入库案例。

财务亦按借款进行会计处理，前述款项的性质如何认定；

2. 双方未签订书面借款合同，且利息计算清单的款项、计算时间与打款数额、打款时间不一致的，如何认定借款利息。

基本案情：

截至 2009 年 10 月，被告的注册资金为 1000 万元，股东只有案外人陈某叨。当月，被告与案外人新疆农一师十四团签订资产转让协议，约定以 540 万元的价格转让被告 45% 的"总资产"给案外人十四团。双方按各自出资比例筹建加工厂，对于所需资金问题，则约定"公司的经营资金原则上采用银行贷款解决，如贷款有差额，应由出资人双方按股比出资解决"。

后因政策原因，案外人十四团对被告享有的权利义务被原告承继。

原告于 2010 年 1 月支付被告 980 万元，其中 540 万元为股权转让款，该款直接打入被告账户，作为案外人陈某叨按持股比例的投资；另外 440 万元作为原告按持股比例 45% 的投资。之后，原告及案外人陈某叨作为被告股东，分别按照各自的持股比例向被告投入资金。除各自实缴的出资，原告累计转给被告 1100 万元（包括此前的 440 万元），并且原告给被告转款的银行凭证上，款项性质大多写为投资款；被告在部分领款单上的领款事由，则备注为借款。案外人陈某叨则累计支出 1341 万余元，用于被告建设及经营。

原告在诉讼过程中，提供了被告盖章的利息计算清单及被告的工商登记变更材料。工商信息显示 2019 年 1 月被告的注册资金依然是 1000 万元，此前未有变更。

原告诉称：

1. 原告向被告累计汇款 1100 万元的行为属于借款，系双方真实意思表示。被告多次以公司运营资金紧张向原告发函请求借款，被告在收到汇款后出具了借款借据，会计记账也皆为借款。

2. 虽然原告给被告转款的银行凭证上，将款项性质大多写为投资款，但转账凭条的记载不能作为认定案件涉及款项性质的依据，尤其是在双方账册记载款项性质不一致的情况下。

3. 若以增资的形式进行投资，则需要股东之间形成增资协议，且公司也应将增资款计入资本公积金。时至今日，被告还未向工商部门进行工商登记变更。

4. 公司增资行为需遵循《公司法》和公司章程的法定程序，但民间借贷法律关系的成立未必要签订书面合同等。被告所有案涉款项在会计记账中均系借款，不应认定为投资款。

被告辩称：

1. 被告与原告签订资产转让协议时，约定共同筹建加工厂。因加工厂需扩大生产规模，经双方协商一致按出资比例增加投资。

2. 原告所有打款凭证附加信息及用途，均为"投资款"。

3. 双方不存在借款法律关系，原告所谓借款乃原告对被告的投资款。

一审法官观点：

1. 双方签订的资产转让协议实为股权转让协议，原告受让被告45%的股权，约定与案外人陈某叨共同出资建设加工厂，所需资金由双方按各自出资比例解决。在协议签订时，各出资方均明知在项目建设及经营过程中还需进一步投资，但对于所需资金的数额事先无法予以确定，故约定所需资金由双方按股比投资。

2. 被告的收款手续记载为借款，但原告向被告转款的银行转账凭证对款项用途绝大多数都备注为投资款，可见对于涉案资金的性质，双方之间一直没有形成一致意见，即双方就借贷关系没有达成一致意思表示。同时，双方对于借款期限并未约定，也没有利息的支付，不符合民间借贷的常理和习惯。

3. 对于后续资金的投入，当事人之间虽再未签订相应的投资合同，但资产转让协议约定加工厂所需资金由双方按出资比例解决，原告向被告转款也实际用于项目建设和生产经营，且各股东分别投入的资金总额也与各自持股比例基本一致。故而，原告以借贷关系为由要求被告返还涉案资金及利息，缺乏事实和法律依据。

二审法官观点：

1. 关于原告分多次向被告提供款项性质的问题。

（1）根据《公司法》的相关规定，公司增资须经法定程序，且应到登记机关变更登记。被告虽然主张诉争款项为投资款，但是未出示公司股东会增资决议，亦未办理工商变更登记，无法证明诉争款项为投资款的事实。

（2）被告与原告签订的资产转让协议，未约定双方按出资比例增资，仅约定双方按股比出资解决经营资金。在审理过程中，被告亦认可收到的案涉1100万元资金是用于被告后期运营投资，该款项未计入资本公积金。

（3）双方之间虽没有借款合同，但签订书面的借款合同并非借贷关系成立的必要条件。结合被告在部分领款单领款事由中备注为借款及在借款利息清单上盖章等事实，案涉款项性质更符合借贷法律关系的特征。

2. 关于借款利息的问题。

原告虽提交了利息计算清单，但清单中所列款项与本案中汇款的数额不一致，且计算时间与汇款时间也不一致，亦没有其他证据证明双方对利息进行了约定，故应依法认定双方对利息没有约定。

法院判决：

被告偿还原告借款1100万元。

331．"新浪模式"[①] 有哪些监管要求？

2023年3月31日，《境内企业境外发行证券和上市管理试行办法》（中国证券监督管理委员会公告〔2023〕43号）及配套监管指引（合称为境外上市备案新规）正式实施，境内企业的间接境外发行上市从此前的未纳入监管，正式进入备案制时代。境内企业在境外上市时需要取得中国证监会的备案，而VIE架构是监管机构的重点审查内容。根据有关规定，发行人存在协议控制架构安排的，备案报告、境内律师出具的法律意见书需要就该事项进行专门核查，并披露说明采取协议控制架构的原因、主要合同的核心条款和交易安排，以及可能引发的控制权等法律风险情况。并且就VIE架构企业境外发行上市而言，中国证监会还将征求行业主管部门的意见，对满足合规要求的VIE架构企业境外上市予以备案。

而在境外方面，近年来，大多数"新浪模式"都会选择在香港联合交易

[①] 依据我国1993年的《电信法规》（禁止外商介入电信运营和电信增值服务），当时信息产业部的政策性指导意见是外商不能提供网络信息服务（Internet Content Provider, ICP）。新浪公司为了筹集早期发展资金，采用物权、债权控制方式代替股权控制，实现海外上市，这一方式也因此得名"新浪模式"。

所上市。香港联合交易所对于 VIE 架构的使用采取"Narrowly-Tailored"审核原则，即上市申请人只能在必要的情况下，以 VIE 架构控制外资受限业务经营实体，如直接外商投资在境内不存在政策障碍，则在香港联合交易所上市时不得采取"新浪模式"。

2024 年 4 月 8 日，《工业和信息化部关于开展增值电信业务扩大对外开放试点工作的通告》（工信部通信函〔2024〕107 号）正式发布。该文件指出，在北京市服务业扩大开放综合示范区、上海自由贸易试验区临港新片区及社会主义现代化建设引领区、海南自由贸易港、深圳中国特色社会主义先行示范区率先开展试点。在获批开展试点的地区，取消互联网数据中心（IDC）、内容分发网络（CDN）、互联网接入服务（ISP）、在线数据处理与交易处理，以及信息服务中信息发布平台和递送服务（互联网新闻信息、网络出版、网络视听、互联网文化经营除外）、信息保护和处理服务业务的外资股比限制。

结合政策的变化，若境外上市企业注册在试点地区内，且从事前述业务的，原则上已无外资准入的限制，那么该类企业搭建的 VIE 架构也丧失了必要性，需要对"新浪模式"进行调整和重组，即将境内运营实体由协议控制调整为境外上市主体直接股权控制。

【案例 150】通过 VIE 上市取得股票不违法　投资人无权请求公司返还投资款[①]

原告：王某

被告：网格公司

诉讼请求：

1. 解除原告与被告之间的投资合同；

2. 被告返还原告投资款 120 万元并支付资金占用损失 55.73 万元。

争议焦点：

1. 被告通过 VIE 模式实现境外上市，是否符合原被告投资合同中约定的"在境外融资并上市"这一条件；

---

① 参见福建省福州市中级人民法院（2019）闽 01 民终 950 号民事判决书。

2. 原告是否已经取得境外发行的股票，其能否请求解除合同、返还投资款。

基本案情：

2010年4月6日，原告与被告订立投资合同，约定：

1. 被告同意原告作为投资者成为被告的职工股持股股东（持股方式：通过设立的职工股管理咨询公司持有股份）。

2. 原告对被告的投资额为120万元，占被告公司总股本的0.5%。原告依约将投资款交至被告指定账户后，被告向原告出具股权出资证明书。

3. 被告在协议签订后，在上市地母公司最后一轮重组时，通过新设立的境外职工持股公司使原告持有被告相应的股权。若被告选择在境外证券市场上市，原告应无条件同意被告在拟上市地注册的母公司在中国境内设立的外商投资企业以合并或协议的方式收购被告。

4. 被告给予原告在境外设立的被告拟上市地母公司（即在上市地注册的拟发行股票的上市公司）在被告的等比例股份。如果本协议签订后3年内，被告没有在境内外独立或通过控股母公司达到向境内外证券交易所递交申请材料并可以受理的程度或通过借壳上市等方式达到间接上市的目的，原告可以要求被告将投资款在1年内退还给原告，同时原告将间接持有的被告或其母公司的股权无偿转让退还给被告。

2010年4月7日，原告将投资款120万元转给被告。同日，被告向原告出具收据及间接持股证明书，并载明上述合同相关内容。

2011年11月7日，某省信息化局曾出具关于被告合法经营等情况的证明，称被告的自然人股东已就该公司有关的境内外架构（包括该公司及其股东已签署的系列协议）取得了经国家外汇管理局某省分局盖章的《境内居民个人境外投资外汇登记表》，且该局作为被告的中国政府主管部门，经审核并证明，被告及其关联公司在境外证券交易所上市并向境外投资人发行股票，符合相关文件精神。被告自设立以来，在日常经营、公司架构（包括上述系列协议的签订和履行）以及本次上市等方面不存在任何违反或规避国家及地方的法律、法规、产业政策和其他规范性文件的情形，没有对现行法律法规进行规避，亦不存在该局行政处罚的情形。

第十二章
增资纠纷

2012年6月21日，案外人某律所向被告出具一份《上市工作完成证明》，内容为：被告已于2012年6月21日通过在境外设立的母公司案外人V公司作为上市主体在德国完成首次发行股票并成功持牌上市。

2012年11月28日，案外人C公司向原告出具《股票（代持）证书》，主要内容为：根据原被告签订的投资合同，经过海外重组，被告已通过设立于瑞士的控股母公司案外人V公司于2012年6月21日成功在德国证券交易所上市；原告取得由案外人V公司的持股股东C公司代持的股票14,194股。之前由被告发出的间接持股证明书从股票实际持有人签收本股票证书之日起自动作废，由股票代持人案外人C公司承担原合同约定的被告的责任与义务。原告在该证书下方"股票实际持有人"处签字并持有该证书。

2013年8月15日，原告与案外人C公司签订《股票交易管理规定协议》，主要内容为：根据原被告签订的投资合同，被告已通过在瑞士注册的案外人V公司作为上市主体成功实现了境外上市目标。根据案外人V公司上市重组后的架构，确定由案外人C公司作为原告间接持有案外人V公司股票的代持机构，承担原被告签订的投资合同的所有后续事务和责任。

2018年，原告就投资款问题诉至法院。

原告诉称：

1. 其与被告签订投资合同的目的是间接持股被告，原告依约支付了120万元投资款，但被告并未将原告登记为被告的直接或间接股东。

2. 被告采用VIE模式下的投资并非现实意义上的投资。原告基于错误认识签署了《股票（代持）证书》《股票交易管理规定协议》，认可其与案外人C公司之间的股票代持关系，这不能改变原告对被告的投资根本没有形成的事实。

3. 被告所谓母公司即案外人V公司未对被告形成过任何股权控制关系，被告所谓原告代持其股份的前提不存在。

被告辩称：

1. 原告与案外人C公司签订的《股票交易管理规定协议》，以及案外人C公司签发并由原告签收、持有的《股票（代持）证书》等重要证据，可以证实被告对原告所负的投资合同义务，已依约履行完毕。

647

2. 根据投资合同条款，被告向原告退还投资款的前提为：3年内被告没有在境内外独立或通过控股母公司在境内外证券交易所递交申请材料并被受理。被告按约在3年期限内，通过境外重组在瑞士设立案外人V公司作为上市主体，于2012年6月成功在德国证券交易所上市。案外人V公司通过其全资子公司案外人香港网格公司在中国境内的子公司实现对被告的协议控制（VIE）。

3. 合同明确约定的原告持股方式为间接持有股份，并未约定被告要为原告进行直接的股份登记，原告诉请没有事实和合同依据。

法官观点：

1. VIE模式作为境外间接上市的法律架构，由境外上市主体依靠合同安排控制境内运营实体，进而实现境内业务在境外融资并上市的目的。我国现行法律也未禁止VIE模式。原告所谓VIE模式下的投资并非现实意义上的投资，缺乏事实和法律依据。

2. 原告主张其基于重大误解签订《股票（代持）证书》《股票交易管理规定协议》，直至2016年6月方知晓相关事实，但并未提交有效证据证明其主张，应当承担举证不能的不利后果。加之上述协议签订于2013年8月15日，至今均已逾6年，原告却从未请求撤销，应认定该协议约定对原告具有约束力。

3. 结合案外人C公司向被告发出的《合同主体法律责任义务转移告知书》，在原告未提交相反证据的情况下，应认定原告的120万元投资已转化为案外人V公司14,194股股票，原告作为案外人V公司股票的实际持有人已可以行使持股权益，无权再要求返还投资款。原告关于其投资尚未完成的意见，与事实相悖。

法院判决：

驳回原告的诉讼请求。

【案例151】约定回购义务后又搭VIE架构　投资人请求境内回购被驳回[①]

原告： 嘉华公司

---

① 参见北京市高级人民法院（2021）京民终178号民事判决书。

第十二章

增资纠纷

被告：杨某、李某

第三人：中彩汇公司、网络公司、建华公司

诉讼请求：两被告向原告支付回购款 1000 万元及利息和违约金。

争议焦点：

1. 互联网彩票销售政策的变动，是否属于《补充协议》免责条款中豁免对赌义务的"政策原因及其他不可抗力因素"；

2. 原告与案涉各方共同签订一系列 VIE 协议，对原《增资扩股协议》《补充协议》项下第三人中彩汇公司拟上市交易具体方案进行了变更，原告是否还可以依据原协议中的约定要求两被告承担回购义务。

基本案情：

被告杨某为第三人中彩汇公司法定代表人、股东，被告李某担任第三人中彩汇公司总经理，二人系夫妻关系。

2013 年 11 月 22 日，第三人建华公司等四家公司作为投资人与第三人中彩汇公司、两被告共同签订《增资扩股协议》，其中约定第三人建华公司向第三人中彩汇公司支付增资款 1000 万元。增资后，第三人建华公司的持股比例为 3.5088%。

同日，上述各方又签订《补充协议》，约定由两被告作为承诺人，承诺如果第三人中彩汇公司在 2016 年 12 月 31 日前或经投资人和承诺人一致书面同意的其他时点未能上市，包括第三人建华公司在内的各投资人，均有权要求承诺人回购各投资人所持全部或部分股权，或由各投资人向任意第三方转让其所持有的全部或部分股权。第三人中彩汇公司、两被告对回购义务承担连带担保责任。该协议的免责条款为：回购条件不包括因停发/停审等政策原因及其他不可抗力因素而导致公司确定不能上市的情形。

2013 年 12 月，第三人建华公司依约向第三人中彩汇公司支付投资款 1000 万元。后经第三人中彩汇公司资本公积金转增及 B2 轮增资，第三人建华公司持有的股权比例变为 3.2971%。

2014 年 10 月 20 日，第三人建华公司与原告嘉华公司签订《股权转让协议》，约定第三人建华公司将其持有的第三人中彩汇公司 3.2971% 股权转让给原告。协议签订后，原告经工商变更登记为第三人中彩汇公司的股东。

同日，鉴于《增资扩股协议》及《补充协议》中约定第三人建华公司的权利义务由原告承继，原告与第三人中彩汇公司、两被告签订《协议书》，约定由第三人中彩汇公司、两被告共同作为承诺人，承诺如果原告根据《增资扩股协议》及《补充协议》中的约定要求承诺人履行回购义务，承诺人应依约并依据原告所投资本金1000万元计算股权回购价格，履行回购义务。

2015年2月13日，第三人中彩汇公司通过股东会决议和董事会决议，决定同意与相关方签署和交付控制协议，具体包括独家业务合作协议、独家购买权合同、股权质押合同以及授权委托协议。批准第三人中彩汇公司参与控制协议项下拟议的交易，同意第三人中彩汇公司履行控制协议下的权利和义务。原告作为第三人中彩汇公司的股东，在股东会上对上述事项均投了赞成票。同日，第三人网络公司与第三人中彩汇公司签订《独家业务合作协议》；第三人网络公司与第三人中彩汇公司及其所有股东（包括原告、被告杨某）共同签订《独家购买权合同》《股权质押合同》。

其中，《独家购买权合同》约定除第三人网络公司和被指定人，任何第三方均不得享有股权购买权或其他与第三人中彩汇公司股东股权有关的权利。

《股权质押合同》约定：包括原告在内的第三人中彩汇公司的所有股东将他们拥有的所有股权，为《独家业务合作协议》项下第三人中彩汇公司的咨询和服务费付款进行质押担保。未经质权人事先书面同意，不得转让股权、设置或允许存在可能影响质权人在股权中的权利和利益的任何担保权益或其他产权负担。

随后，原告作为出质人，第三人网络公司作为质权人，对原告持有的第三人中彩汇公司股权设立质押登记。

2015年2月13日，第三人网络公司与第三人中彩汇公司所有股东共同签订《授权委托协议》，约定：第三人网络公司被授权作为全体股东方的唯一的代理人和授权人，代表全体股东行事。在本协议有效期内，全体股东特此放弃已经授权给第三人网络公司的、与全体股东股权有关的所有权利，并且不得自行行使该等权利。

根据第三人网络公司章程，其为案外人C公司的全资子公司。

2015年2月13日，案外人G公司与第三人网络公司、案外人C公司、第

第十二章 增资纠纷

三人中彩汇公司、两被告以及各投资人股东签订《股东协议》，约定：其一，如果案外人 G 公司在 2016 年 12 月 31 日后，未能完成合格的首次公开发行，案外人 G 公司应以现金赎回所有或部分已发行和流通在外的各系列优先股；其二，两被告保证，如果案外人 G 公司没有充足的依法可用现金或资金赎回须赎回的所有优先股，两被告将负责上述赎回，但不超过两被告持有的股份所对应的本公司净资产；其三，如果缔约各方未能根据上述条款之规定解决双方之间关于本协议的争议，则应将该等争议提交香港国际仲裁中心进行仲裁。

至此，第三人中彩汇公司的 VIE 架构搭建完毕。

两被告在庭审中称原告由代持境外股权的案外人中风投公司代为签署了该《股东协议》，原告对此予以认可，但认为其配合签署 VIE 架构协议，并未放弃要求两被告履行境内回购义务的权利。

此后，第三人中彩汇公司与被告杨某等 6 位股东签订《终止协议》，终止《增资扩股协议》《补充协议》。原告并未签署《终止协议》。

第三人中彩汇公司在 2016 年 12 月 31 日前未能实现首次公开发行股票并上市。

2019 年 8 月 6 日，原告发函要求两被告履行回购义务未果，遂诉至法院。

原告诉称：

1. 案涉《增资扩股协议》《补充协议》《协议书》系各方签署主体的真实意思表示，协议合法有效。协议只有在明确约定及符合法律规定的条件时，才能终止或者解除。

2. 原告配合搭建 VIE 结构，但并未因此实质丧失要求两被告回购股权的权利。

3. 两被告是否愿意承担境外协议的义务不能豁免其应当根据《补充协议》承担的合同义务。

被告辩称：

1. 2015 年 4 月起，国家监管部门先后发布关于对利用互联网销售彩票行为有关问题的公告等文件禁止通过互联网销售彩票，导致第三人中彩汇公司主营业务停滞进而不能上市。根据《补充协议》的免责条款，第三人中彩汇公司是因政策原因及其他不可抗力因素不能上市的，股权回购的条件并未成就，原告无权要求两被告回购股权。

2. 虽然原告未签订《终止协议》，但签订了《独家购买权合同》《独家业务合作协议》《股权质押合同》《授权委托协议》《股东协议》等搭建VIE架构的协议，已经实质性终止了《补充协议》中承诺股权回购的相关条款。

3. 依据2015年2月13日签订的系列VIE协议的相关约定，原告持有的第三人中彩汇公司股权的行使受到限制。未经相关权利人同意，原告无权要求两被告回购其股权。

4. 原告要求两被告回购的股权已经办理了股权质押登记，依据法律的相关规定，未经质押权人的同意，原告无权转让已经质押的股权并要求两被告回购股权。

第三人中彩汇公司认可两被告的意见，不同意原告的诉讼请求。

第三人建华公司同意原告的诉讼请求。

一审法官观点：

1. 原告已履行投资义务，第三人中彩汇公司未能如期上市，股权回购条件已经成就。

（1）《增资扩股协议》《补充协议》等合同系涉案当事人的真实意思表示，内容不违反法律法规的强制性规定，故合法有效。原告受让第三人建华公司持有的第三人中彩汇公司的股权成为股东，并通过签订《协议书》的方式承继了《增资扩股协议》和《补充协议》中第三人建华公司的权利义务。

（2）原告作为投资人与第三人中彩汇公司及两被告进行业绩对赌，约定了融资方应达到的目标及股权回购方式。原告已按约定履行了投资义务。现第三人中彩汇公司在2016年12月31日前未能实现首次公开发行股票并上市，股权回购条件已成就。

2. 互联网售彩政策变动，不属于不可抗力。两被告认为，第三人中彩汇公司未能按约上市是由国家政策突变引发的不可抗力造成的。然而，互联网售彩在我国曾被多次叫停，有关部门在2007年、2012年曾先后两次发文叫停互联网售彩。故即便2015年有关部门再次叫停互联网售彩，也不属于不能预见的客观情况。

3. 原告并未签署《终止协议》以终止执行《增资扩股协议》《补充协议》，且第三人中彩汇公司进行VIE架构搭建时，两被告并未与原告终止相关对赌协议的履行。两被告未能履行《协议书》的约定，应返还原告投资本金1000万元及投资收益，并应承担相应的利息和违约金。

一审法院判决：

两被告支付原告股权回购款1000万元及利息和违约金。

二审法官观点：

1. 依据《补充协议》的约定，股权回购条件已经成就。

（1）监管部门出台的网络售彩监管文件，虽然对通过互联网销售彩票的行为进行了严控和监管，但并未完全禁止通过互联网销售彩票。同时，互联网销售彩票在此之前也曾被多次叫停或加强监管审批，作为互联网销售彩票的经营者，两被告理应对国家在互联网销售彩票活动上的一贯政策精神予以注意，故上述文件的出台不属于不可抗力。

（2）《补充协议》中"停发/停审等政策"的约定，强调的是公司上市主管部门在审批申报公司上市方面的相关政策规定，两被告提及的相关网络售彩文件并非此类政策。两被告关于因政策原因导致不能上市、被告不能要求股权回购的观点，无事实及法律依据。

2. 在原告签订一系列的VIE协议后，无法依据《增资扩股协议》及《补充协议》中的约定要求两被告承担回购义务。

（1）从意思表示的真实性来看，原告在第三人中彩汇公司的股东会上，对搭建VIE架构去海外上市的决议事项都投了赞成票，接受了搭建VIE架构涉及的系列协议的安排，并委托代持境外股权的案外人中风投公司签署了包括新的回购条款的《股东协议》，故VIE架构下的系列协议是原告的真实意思表示，对原告具有法律约束力。

（2）从《增资扩股协议》《补充协议》与VIE架构下系列协议的关系来看，VIE架构下系列协议的签订实际是《增资扩股协议》《补充协议》的签约各方或权利继受者通过签订新的书面协议的方式，对原《增资扩股协议》《补充协议》项下第三人中彩汇公司拟上市交易具体方案进行了变更。在《股东协议》中，各方协商的拟上市交易主体已经由第三人中彩汇公司变更为案外人 G 公司，承担回购责任的主体也从两被告变更为案外人 G 公司，保证方从第三人中彩汇公司变更为两被告。同时，各方重新约定了回购价格的计算公式，以及两被告在案外人 G 公司"没有充足的依法可用现金或资金赎回须赎回的所有优先股"情况下的特定回购义务，并约定相关争议提交香港国际仲裁中心解决。故在各方就上市方案达成新的约定的情况下，《补充协议》项下的回购条款已不再适用。

(3) 依据 2015 年 2 月 13 日签订的《独家购买权合同》《独家业务合作协议》《股权质押合同》《授权委托协议》《股东协议》等 VIE 协议的相关约定，原告已经向第三人网络公司让渡了与其持有的第三人中彩汇公司股权相关的权利。因此，在上述 VIE 协议有效成立且没有第三人网络公司同意的前提下，原告已经不具有请求两被告回购的权利基础。

(4) 从签约的顺序来看，在《增资扩股协议》《补充协议》《协议书》签订之后，包括原告在内的各方当事人为搭建 VIE 架构于 2015 年 2 月 13 日签订了一系列协议，故应当以在后的协议内容中确定缔约当事人的意思表示。原告虽然未签订《终止协议》，但正如前述分析，VIE 系列协议实质改变了《增资扩股协议》《补充协议》约定的拟上市交易方案，故原告在签订 VIE 系列协议时，应当明知因为其同意并签订 VIE 系列协议，将会导致第三人中彩汇公司无法按照《补充协议》的约定，作为上市主体完成上市承诺。原告对此不但没有提出异议，还配合完成了相关协议的签署，这些行为表明原告已经放弃了《补充协议》项下要求第三人中彩汇公司完成上市及在第三人中彩汇公司不能成功上市后要求两被告承担回购责任的权利。

二审法院判决：

撤销一审判决，驳回原告的诉讼请求。

332. 资本公积有哪些明细项目？哪些资本公积可以直接转增资本？

资本公积明细项目包括资本（或股本）溢价、接受捐赠非现金资产准备、接受现金捐赠、股权投资准备、拨款转入、外币资本折算差额、其他资本公积。资本公积各准备项目不能转增资本（或股本），其余的可以直接转增资本。

第十二章
增资纠纷

333. 公司以资本公积金增资，自然人股东因此取得的股权是否需要缴纳个人所得税？

股份有限公司以股票溢价发行收入形成的资本公积金转增股本，自然人股东不需要缴纳个人所得税。除此之外的资本公积金转增股本，自然人股东均需要缴纳个人所得税。

非上市及未在全国中小企业股份转让系统挂牌的中小高新技术企业以资本公积金向个人股东转增股本时，个人股东一次缴纳个人所得税确有困难的，可根据实际情况自行制定分期缴税计划，在不超过 5 个公历年度内（含）分期缴纳，并将有关资料报主管税务机关备案。

上市中小高新技术企业或在全国中小企业股份转让系统挂牌的中小高新技术企业向个人股东转增股本，股东应缴纳的个人所得税，继续按照现行有关股息红利差别化个人所得税政策[①]执行，不适用分期纳税政策。

【案例152】 首开股份资本公积金转增股本所得税处理案[②]

基本案情：

2011 年 4 月，首开股份股东大会审议通过 2010 年度利润分配及资本公积金转增股本方案：

1. 利润分配方案。

以 2010 年末总股本 1,149,750,000 股为基数，向全体股东每 10 股派发现金红利 2.00 元（含税），共计分配利润 229,950,000 元，剩余未分配利润结转下一年度。

2. 资本公积金转增股本方案。

以 2010 年末总股本 1,149,750,000 股为基数，以资本公积金向全体股东每 10 股转增 3 股，共计 344,925,000 股。实施送红股后，按新股本总数

---

① 参见本书第三版第五册第二十二章"公司盈余分配纠纷"问答 1578（第 2673 页）和问答 1579（第 2676 页）。

② 参见《北京首都开发股份有限公司 2010 年度利润分配及资本公积金转增股本实施公告》，载上海证券交易所网，http：//www.sse.com.cn/disclosure/listedinfo/announcement/c/2011-04-18/600376_20110418_1.pdf，2020 年 4 月 1 日访问。

· 655 ·

1,494,675,000 股摊薄计算 2010 年每股收益 0.9 元。转增股本后，首开股份股本变动情况见表 12-1：

表 12-1 首开股份转增股本后股本变动情况

股份类别	变动前/股	变动数/股	变动后/股
无限售条件的流通股（A 股）	1,149,750,000	344,925,000	1,494,675,000

律师观点：

1. 利润分配税务处理。

（1）法人股东的税务处理。

根据《企业所得税法》第 26 条以及《企业所得税法实施条例》第 83 条规定，居民企业直接投资于其他居民企业取得的股息、红利等免征企业所得税。但如果该法人股东持有的股票系公开发行上市流通且连续持有不足 12 个月，该股票获得的红利需要缴纳企业所得税。

（2）个人股东的税务处理。

根据《财政部、国家税务总局关于股息红利个人所得税有关政策的通知》（财税〔2005〕102 号）① 规定，上市公司目前对个人投资者从上市公司取得的股息红利，暂减按 50% 计入个人应纳税所得额。

2. 资本公积金转增股本税务处理。

根据本次资本公积金转增股本的"资本公积"是来源于股票溢价还是其他途径，其税务处理会有所不同。

（1）法人股东的税务处理。

根据《国家税务总局关于贯彻落实企业所得税法若干税收问题的通知》（国税函〔2010〕79 号）规定，"被投资企业将股权（票）溢价所形成的资本公积转为股本的，不作为投资方企业的股息、红利收入，投资方企业也不得

---

① 上述规定已失效，现根据《财政部、国家税务总局、证监会关于上市公司股息红利差别化个人所得税政策有关问题的通知》（财税〔2015〕101 号）的规定，从 2015 年 9 月 8 日起，个人从公开发行和转让市场取得的上市公司股票，持股期限在 1 个月以内（含 1 个月）的，其股息红利所得全额计入应纳税所得额；持股期限在 1 个月以上至 1 年（含 1 年）的，暂减按 50% 计入应纳税所得额；持股期限超过 1 年的，股息红利所得暂免征收个人所得税。

增加该项长期投资的计税基础",因此如果首开股份是以股票溢价形成的资本公积金转增股本,该部分不作为法人股东的收入,法人股东也不得调增持股首开股份的计税基础。

如果首开股份是以其他形式形成的资本公积金转增股本,该部分收入作为居民企业从其他居民企业取得的红利免征企业所得税,同时可以调增持股首开股份的计税基础。

(2)个人股东的税务处理。

根据《国家税务总局关于股份制企业转增股本和派发红股征免个人所得税的通知》(国税发〔1997〕198号)规定,"股份制企业用资本公积金转增股本不属于股息、红利性质的分配,对个人取得的转增股本数额,不作为个人所得,不征收个人所得税",同时根据《国家税务总局关于原城市信用社在转制为城市合作银行过程中个人股增值所得应纳个人所得税的批复》(国税函〔1998〕289号)规定,"《国家税务总局关于股份制企业转增股本和派发红股征免个人所得税的通知》(国税发〔1997〕198号)中所表述的'资本公积金'是指股份制企业股票溢价发行收入所形成的资本公积金。将此转增股本由个人取得的数额,不作为应税所得征收个人所得税。而与此不相符合的其他资本公积金分配个人所得部分,应当依法征收个人所得税。"《国家税务总局关于进一步加强高收入者个人所得税征收管理的通知》(国税发〔2010〕54号)更是明确"对以未分配利润、盈余公积和除股票溢价发行外的其他资本公积转增注册资本和股本的,要按照'利息、股息、红利所得'项目,依据现行政策规定计征个人所得税"。

因此,如果首开股份是以股票溢价形成的资本公积转增股本,法人股东和个人股东均不需纳税。如果是以其他形式形成的资本公积转增股本,个人股东需要缴纳个人所得税。

334. 公司以盈余公积、未分配利润增资,自然人股东因此取得的股权是否需要缴纳个人所得税?

个人股东获得转增的股本,应按照"利息、股息、红利所得"项目,适用20%税率征收个人所得税。此外,存在如下适用税收优惠的情形:

（1）中小高新技术企业转增股本可分期缴纳。自 2016 年 1 月 1 日起，全国范围内的中小高新技术企业以未分配利润、盈余公积、资本公积向个人股东转增股本时，个人股东一次缴纳个人所得税确有困难的，可根据实际情况自行制定分期缴税计划，在不超过 5 个公历年度内（含）分期缴纳，并将有关资料报主管税务机关备案。

（2）上市公司转增股本适用股息红利差别化个人所得税政策。个人从公开发行和转让市场、全国中小企业股份转让系统及北京证券交易所取得的上市公司股票，持股期限超过 1 年的，股息红利所得暂免征收个人所得税；持股期限在 1 个月以内（含 1 个月）的，其股息、红利所得全额计入应纳税所得额；持股期限在 1 个月以上至 1 年（含 1 年）的，其股息、红利所得暂减按 50% 计入应纳税所得额；上述所得统一适用 20% 的税率计征个人所得税。

需要注意的是，上市中小高新技术企业或在全国中小企业股份转让系统挂牌的中小高新技术企业向个人股东转增股本时，股东应缴纳的个人所得税继续按照现行有关股息红利差别化个人所得税政策执行，不适用分期纳税政策。

335. 公司以盈余公积、未分配利润增资，法人股东因此取得的股权是否需要缴纳企业所得税？

以盈余公积、未分配利润增资，在企业所得税处理上按企业向法人股东分配股息、红利和法人股东再投资两步走处理。

（1）居民企业股东

除连续持有居民企业公开发行并上市流通的股票不足 12 个月的情形之外，居民企业股东取得被投资居民企业以盈余公积、未分配利润转增的资本免征企业所得税。

（2）非居民企业股东

①不需要缴纳的情形。

除连续持有居民企业公开发行并上市流通的股票不足 12 个月的情形外，在中国境内设立机构、场所的非居民企业从居民企业取得的盈余公积、未分配利润转增的资本与该机构、场所有实际联系的，免征企业所得税。

②需要缴纳的情形。

非居民企业在以下情形中，从居民企业取得的盈余公积、未分配利润转增的资本应按10%或协定税率缴纳企业所得税：

a. 在中国境内未设立机构、场所的；

b. 虽设立机构、场所，但取得的所得与其所设机构、场所没有实际联系的；

c. 持有居民企业公开发行并上市流通的股票不足12个月的。

336. 资本公积转增资本是否需要缴纳印花税？如需要，计税依据如何确定？

应税营业账簿的计税依据为账簿记载的实收资本（股本）、资本公积合计金额。已缴纳印花税的营业账簿，以后年度记载的实收资本（股本）、资本公积合计金额比已缴纳印花税的实收资本（股本）、资本公积合计金额增加的，按照增加部分计算应纳税额。

资本公积转增资本没有造成"实收资本（股本）"和"资本公积"两项之和增加时，无须缴纳印花税。

337. 个人独资企业、合伙企业自然人投资者如何申报缴纳个人所得税？

投资者应向企业实际经营管理所在地主管税务机关申报缴纳个人所得税。投资者从合伙企业取得的生产经营所得，由合伙企业向企业实际经营管理所在地主管税务机关申报缴纳投资者应纳的个人所得税，并将个人所得税申报表抄送投资者。

投资者兴办两个或两个以上企业的，应分别向企业实际经营管理所在地主管税务机关预缴税款。年度终了后办理汇算清缴时，投资者兴办的企业全部是个人独资性质的，分别向各企业的实际经营管理所在地主管税务机关办理年度纳税申报，并依所有企业的经营所得总额确定适用税率，以本企业的经营所得为基础，计算应缴税款，办理汇算清缴；投资者兴办的企业中含有合伙性质的，投资者应向经常居住地主管税务机关申报纳税，办理汇算清缴，但经常居住地与其兴办企业的经营管理所在地不一致的，应选定其参与兴办的某一合伙企业的经营管理所在地为办理年度汇算清缴所在地，并在5年内不得变更，5年后需要变更的，须经原主管税务机关批准。

338. 创业投资企业个人合伙人如何核算个人所得税？

2027年12月31日前，创投企业可以选择按单一投资基金核算或者按创投企业年度所得整体核算，对其个人合伙人来源于创投企业的所得计算个人所得税应纳税额。

（1）创业投资企业选择按单一投资基金核算

个人合伙人从该基金应分得的股权转让所得和股息红利所得，按照20%的税率计算缴纳个人所得税。其中，单一投资基金核算，是指单一投资基金（包括不以基金名义设立的创投企业）在一个纳税年度内从不同创业投资项目取得的股权转让所得和股息红利所得，并按下述方法分别核算纳税：

①股权转让所得。

单个投资项目的股权转让所得，按年度股权转让收入扣除对应股权原值和转让环节合理费用后的余额计算，股权原值和转让环节合理费用的确定方法，参照股权转让所得个人所得税有关政策规定执行。需要特别注意的是，单一投资基金发生的包括投资基金管理人的管理费和业绩报酬在内的其他支出，不得在核算时扣除。

单一投资基金的股权转让所得，按一个纳税年度内不同投资项目的所得和损失相互抵减后的余额计算，余额大于或等于零的，即确认为该基金的年度股权转让所得；余额小于零的，该基金年度股权转让所得按零计算且不能跨年结转。

个人合伙人按照其应从基金年度股权转让所得中分得的份额计算其应纳税额，并由创投企业在次年3月31日前代扣代缴个人所得税。

②股息红利所得。

单一投资基金的股息红利所得，以其来源于所投资项目分配的股息、红利收入以及其他固定收益类证券等收入的全额计算。个人合伙人按照其应从基金股息红利所得中分得的份额计算其应纳税额，并由创投企业按次代扣代缴个人所得税。

（2）创业投资企业选择按年度所得整体核算

个人合伙人应从创投企业取得的所得，按照"经营所得"项目，5%～35%的超额累进税率计算缴纳个人所得税。

创投企业年度所得整体核算,是指将创投企业以每一纳税年度的收入总额减除成本、费用以及损失后,计算应分配给个人合伙人的所得。

按照"经营所得"项目计税的个人合伙人,没有综合所得的,可依法减除基本减除费用、专项扣除、专项附加扣除以及国务院确定的其他扣除。从多处取得经营所得的,应汇总计算个人所得税,只减除一次上述费用和扣除。

需要注意的是,创投企业选择按单一投资基金核算或按创投企业年度所得整体核算后,3年内不能变更。创投企业选择按单一投资基金核算的,应当在按照《创业投资企业管理暂行办法》(国家发展和改革委员会等10部门令第39号)或者《私募投资基金监督管理暂行办法》(中国证券监督管理委员会令第105号)规定完成备案的30日内,向主管税务机关进行核算方式备案;未按规定备案的,视同选择按创投企业年度所得整体核算。创投企业选择一种核算方式满3年需要调整的,应当在满3年的次年1月31日前,重新向主管税务机关备案。

339. 创业投资企业和天使投资人投资初创科技型企业有何优惠政策?

(1) 公司制创业投资企业

公司制创业投资企业采取股权投资方式投资于种子期、初创期科技型企业(以下简称初创科技型企业)2年(24个月)以上,符合一定条件的,可以按照其对被投资企业投资额的70%,在股权持有满2年的当年抵扣该创业投资企业的应纳税所得额;当年不足抵扣的,可以在以后纳税年度结转抵扣。

(2) 有限合伙制创业投资企业

有限合伙制创业投资企业采取股权投资方式投资于初创科技型企业2年(24个月)以上,符合一定条件的,该合伙创投企业的合伙人分别按以下方式处理:

①法人合伙人可以按照对被投资企业投资额的70%抵扣法人合伙人从合伙创投企业分得的所得;当年不足抵扣的,可以在以后纳税年度结转抵扣。

②个人合伙人可以按照对被投资企业投资额的70%抵扣个人合伙人从合伙创投企业分得的经营所得;当年不足抵扣的,可以在以后纳税年度结转抵扣。

合伙创投企业的合伙人对初创科技型企业的投资额,按照合伙创投企业对初创科技型企业的实缴投资额和合伙协议约定的合伙人占合伙创投企业的出资比例计算确定。

法人合伙人投资于多个符合条件的合伙创投企业，可合并计算其可抵扣的投资额和分得的所得。当年不足抵扣的，可结转以后纳税年度继续抵扣；当年抵扣后有结余的，应按照《企业所得税法》的规定计算缴纳企业所得税。此处所称符合条件的合伙创投企业，既包括符合投资初创科技型企业按70%抵扣应纳税所得额政策的合伙创投企业，也包括符合投资未上市的中小高新技术企业按70%抵扣应纳税所得额政策的合伙创投企业。

(3) 天使投资人

天使投资个人采取股权投资方式直接投资初创科技型企业满2年的，可以按照投资额的70%抵扣转让该初创科技型企业股权取得的应纳税所得额；当期不足抵扣的，可以在以后取得转让该初创科技型企业股权的应纳税所得额时结转抵扣。

天使投资个人投资多个初创科技型企业的，对其中办理注销清算的初创科技型企业，天使投资个人对其投资额的70%尚未抵扣完的，可自注销清算之日起36个月内抵扣天使投资个人转让其他初创科技型企业股权取得的应纳税所得额。

需要注意的是，初创科技型企业接受天使投资个人投资满2年，在上海证券交易所、深圳证券交易所上市的，天使投资个人转让该企业股票时，按照现行限售股有关规定执行，其尚未抵扣的投资额，在税款清算时一并计算抵扣。

340. 创业投资企业和天使投资人投资初创科技型企业，若适用按70%投资额抵扣应纳税所得额政策，应满足哪些条件？

(1) 创业投资企业

应同时符合以下条件：

①在中国境内（不含港澳台地区）注册成立、实行查账征收的居民企业或合伙创投企业，且不属于被投资初创科技型企业的发起人；

②符合《创业投资企业管理暂行办法》规定或者《私募投资基金监督管理暂行办法》关于创业投资基金的特别规定，按照上述规定完成备案且规范

运作；

③投资后 2 年内，创业投资企业及其关联方持有被投资初创科技型企业的股权比例合计应低于 50%。

（2）天使投资人

应同时符合以下条件：

①不属于被投资初创科技型企业的发起人、雇员或其亲属（包括配偶、父母、子女、祖父母、外祖父母、孙子女、外孙子女、兄弟姐妹，下同），且与被投资初创科技型企业不存在劳务派遣等关系；

②投资后 2 年内，本人及其亲属持有被投资初创科技型企业股权比例合计应低于 50%。

（3）被投资的初创科技型企业

应同时符合以下条件：

①在中国境内（不含港澳台地区）注册成立、实行查账征收的居民企业；

②接受投资时，从业人数不超过 300 人，其中具有大学本科以上学历的从业人数不低于 30%，资产总额和年销售收入均不超过 5000 万元；

③接受投资时设立时间不超过 5 年（60 个月）；

④接受投资时以及接受投资后 2 年内未在境内外证券交易所上市；

⑤接受投资当年及下一纳税年度的研发费用总额占成本费用支出的比例不低于 20%。

（4）股权投资要求

需是 2019 年 1 月 1 日至 2027 年 12 月已投资满 2 年及新发生的投资，且仅限于通过向被投资初创科技型企业直接支付现金方式取得的股权投资，不包括受让其他股东的存量股权。

341. 公司制创投企业和合伙创投企业法人合伙人投资初创科技型企业，若适用按 70% 投资额抵扣应纳税所得额政策，应如何申报享受优惠？

公司制创投企业和合伙创投企业法人合伙人在年度申报享受优惠时，采取"自行判别、申报享受、相关资料留存备查"的办理方式。企业应当根据经营情况以及相关税收规定自行判断是否符合优惠事项规定的条件。符合条件的，可以按照《企业所得税优惠事项管理目录（2017 年版）》列明的时间自行计算减免税额，并通过填报企业所得税纳税申报表享受税收优惠。同时，按照规定归集和留存相关资料备查，包括：

（1）发展改革或证监部门出具的符合创业投资企业条件的年度证明材料。

（2）初创科技型企业接受现金投资时的投资合同（协议）、章程、实际出资的相关证明材料。

（3）创业投资企业与其关联方持有初创科技型企业的股权比例的说明。

（4）被投资企业符合初创科技型企业条件的有关资料：

①接受投资时，从业人数、资产总额、年销售收入和大学本科以上学历的从业人数比例的情况说明；

②接受投资时，设立时间不超过5年的证明材料；

③接受投资时以及接受投资后2年内，未在境内外证券交易所上市情况说明；

④接受投资当年及下一纳税年度的研发费用总额占成本费用总额比例的情况说明。

（5）合伙创投企业的法人合伙人还需额外准备法人合伙人投资于合伙创投企业的出资时间、出资金额、出资比例及分配比例的相关证明材料，以及合伙创投企业主管税务机关受理后的《合伙创投企业法人合伙人所得分配情况明细表》。

342. 合伙创投企业个人合伙人投资初创科技型企业，适用按70%投资额抵扣应纳税所得额政策，应如何申报享受优惠？

合伙创投企业的个人合伙人符合享受优惠条件的，合伙创投企业应在投资初创科技型企业满2年的年度终了后3个月内，向合伙创投企业主管税务机关办理备案手续，备案时应报送《合伙创投企业个人所得税投资抵扣备案表》，同时将有关资料留存备查（备查资料同公司制创投企业）。合伙企业多次投资同一初创科技型企业的，应按年度分别备案。

合伙创投企业应在投资初创科技型企业满2年后的每个年度终了后3个月内，向合伙创投企业主管税务机关报送《合伙创投企业个人所得税投资抵扣情况表》。

个人合伙人在个人所得税年度申报时，应将当年允许抵扣的投资额填至

《个人所得税生产经营所得纳税申报表》（B表）"允许扣除的其他费用"栏，并同时标明"投资抵扣"字样。

343. 天使投资个人投资初创科技型企业，若适用按 70% 投资额抵扣应纳税所得额政策，应如何申报享受优惠？

（1）投资抵扣备案

天使投资个人应在投资初创科技型企业满 24 个月的次月 15 日内，与初创科技型企业共同向初创科技型企业主管税务机关办理备案手续。

备案时应报送《天使投资个人所得税投资抵扣备案表》。被投资企业符合初创科技型企业条件的有关资料留存企业备查，备查资料包括初创科技型企业接受现金投资时的投资合同（协议）、章程、实际出资的相关证明材料，以及被投资企业符合初创科技型企业条件的有关资料。多次投资同一初创科技型企业的，应分次备案。

（2）投资抵扣申报

①天使投资个人转让未上市的初创科技型企业股权，按照规定享受投资抵扣税收优惠时，应于股权转让次月 15 日内，向主管税务机关报送《天使投资个人所得税投资抵扣情况表》。同时，天使投资个人还应一并提供投资初创科技型企业后税务机关受理的《天使投资个人所得税投资抵扣备案表》。

天使投资个人转让初创科技型企业股权需同时抵扣前 36 个月内投资其他注销清算初创科技型企业尚未抵扣完毕的投资额的，申报时应一并提供注销清算企业主管税务机关受理并注明注销清算等情况的《天使投资个人所得税投资抵扣备案表》，以及前期享受投资抵扣政策后税务机关受理的《天使投资个人所得税投资抵扣情况表》。

接受投资的初创科技型企业，应在天使投资个人转让股权纳税申报时，向扣缴义务人提供相关信息。

②天使投资个人投资初创科技型企业满足投资抵扣税收优惠条件后，初创科技型企业在上海证券交易所、深圳证券交易所上市的，天使投资个人在转让初创科技型企业股票时，有尚未抵扣完毕的投资额的，应向证券机构所在地主管税务机关办理限售股转让税款清算，抵扣尚未抵扣完毕的投资额。清算时，应提供投资初创科技型企业后税务机关受理的《天使投资个人所得

· 665 ·

税投资抵扣备案表》和《天使投资个人所得税投资抵扣情况表》。

（3）被投资企业发生个人股东变动或者个人股东所持股权变动的情形

被投资企业个人股东变动或个人股东所持股权变动的，应在次月15日内向主管税务机关报送含有股东变动信息的《个人所得税基础信息表》（A表）。对天使投资个人，应在备注栏标明"天使投资个人"字样。

（4）天使投资个人转让股权

天使投资个人转让股权的，扣缴义务人、天使投资个人应将当年允许抵扣的投资额填至《扣缴个人所得税报告表》或《个人所得税自行纳税申报表》（A表）"税前扣除项目"的"其他"栏，并同时标明"投资抵扣"字样。

（5）被投资初创科技型企业注销清算

被投资初创科技型企业注销清算的，天使投资个人应及时持《天使投资个人所得税投资抵扣备案表》到主管税务机关办理情况登记。

344. 创业投资企业投资未上市的中小高新技术企业有何优惠政策？

（1）公司制创业投资企业

公司制创业投资企业采取股权投资方式投资于未上市的中小高新技术企业2年（24个月）以上，符合一定条件的，可以按照其对被投资企业投资额的70%，在股权持有满2年的当年抵扣该创业投资企业的应纳税所得额，当年不足抵扣的，可以在以后纳税年度结转抵扣。

（2）有限合伙制创业投资企业的法人合伙人

自2015年10月1日起，有限合伙制创业投资企业采取股权投资方式投资于未上市的中小高新技术企业满2年（24个月）的，该投资企业的法人合伙人可按照其对未上市中小高新技术企业投资额的70%抵扣该法人合伙人从该投资企业分得的应纳税所得额，当年不足抵扣的，可以在以后纳税年度结转抵扣。

有限合伙制创业投资企业的法人合伙人对未上市中小高新技术企业的投资额，按照有限合伙制创业投资企业对中小高新技术企业的投资额和合伙协议约定的法人合伙人占有限合伙制创业投资企业的出资比例计算确定。

345. 创业投资企业投资未上市的中小高新技术企业，若适用按 70% 投资额抵扣应纳税所得额政策，应满足哪些条件？

（1）公司制创业投资企业

应同时符合以下条件：

①创业投资企业是指依照《创业投资企业管理暂行办法》和《外商投资创业投资企业管理规定》在中国境内设立的专门从事创业投资活动的企业或其他经济组织；

②经营范围符合《创业投资企业管理暂行办法》规定，且工商登记为创业投资有限责任公司、创业投资股份有限公司等专业性法人创业投资企业；

③按照《创业投资企业管理暂行办法》规定的条件和程序完成备案，经备案管理部门年度检查核实，投资运作符合《创业投资企业管理暂行办法》的有关规定；

④创业投资企业投资的中小高新技术企业符合下述第（3）项所列条件；

⑤财政部、国家税务总局规定的其他条件。

（2）有限合伙制创业投资企业

应同时符合以下条件：

①有限合伙制创业投资企业是指依照《合伙企业法》《创业投资企业管理暂行办法》《外商投资创业投资企业管理规定》设立的专门从事创业投资活动的有限合伙企业；

②有限合伙制创业投资企业的法人合伙人是指依照《企业所得税法》及其实施条例以及相关规定，实行查账征收企业所得税的居民企业；

③有限合伙制创业投资企业采取股权投资方式投资于未上市的中小高新技术企业满 2 年（24 个月），即自 2015 年 10 月 1 日起，有限合伙制创业投资企业投资于未上市中小高新技术企业的实缴投资满 2 年，同时法人合伙人对该有限合伙制创业投资企业的实缴出资也应满 2 年；

④创业投资企业投资的中小高新技术企业符合下述第（3）项所列条件。

（3）被投资的中小高新技术企业

应同时符合以下条件：

①通过高新技术企业认定；

②职工人数不超过 500 人，年销售（营业）额不超过 2 亿元，资产总额不超过 2 亿元。

中小企业接受创业投资之后，经认定符合高新技术企业标准的，应自其被认定为高新技术企业的年度起，计算创业投资企业的投资期限。该期限内中小企业接受创业投资后，企业规模超过中小企业标准，但仍符合高新技术企业标准的，不影响创业投资企业享受有关税收优惠。

346. 股权投资企业因收回、转让或清算处置股权投资而发生的权益性损失可否申报税前扣除？

企业的股权投资符合下列条件之一的，减除可收回金额后确认的无法收回的股权投资，可以作为股权投资损失在计算应纳税所得额时一次性扣除：

（1）被投资方依法宣告破产、关闭、解散、被撤销，或者被依法注销、吊销营业执照的；

（2）被投资方财务状况严重恶化，累计发生巨额亏损，已连续停止经营 3 年以上，且无重新恢复经营改组计划的；

（3）对被投资方不具有控制权，投资期限届满或者投资期限已超过 10 年，且被投资单位因连续 3 年经营亏损导致资不抵债的；

（4）被投资方财务状况严重恶化，累计发生巨额亏损，已完成清算或清算期超过 3 年以上的；

（5）国务院财政、税务主管部门规定的其他条件。

347. 企业权益性投资损失应依据哪些材料确认？

应依据以下材料确认：

(1) 股权投资计税基础证明材料；

(2) 被投资企业破产公告、破产清偿文件；

(3) 市场监督管理部门注销、吊销被投资单位营业执照文件；

(4) 政府有关部门对被投资单位的行政处理决定文件；

(5) 被投资企业终止经营、停止交易的法律或其他证明文件；

(6) 被投资企业资产处置方案、成交及入账材料；

(7) 企业法定代表人、主要负责人和财务负责人签章证实有关投资（权益）性损失的书面申明；

(8) 会计核算资料等其他相关证据材料。

348. 如何判断地方政府给予股权投资企业财税优惠政策是否合法？

需审查地方税收优惠条款是否违反了《税收征收管理法》等税法以及《公平竞争审查条例》的规定，如起草单位起草的政策措施，没有法律、行政法规依据或者未经国务院批准，不得含有下列影响生产经营成本的内容：

(1) 给予特定经营者税收优惠；

(2) 给予特定经营者选择性、差异化的财政奖励或者补贴；

(3) 给予特定经营者要素获取、行政事业性收费、政府性基金、社会保险费等方面的优惠；

(4) 其他影响生产经营成本的内容。

349. 在哪些特定区域创办公司型创业投资企业时，有合法的企业所得税优惠政策？

对于在北京市中关村国家自主创新示范区、上海市浦东新区特定区域以及雄安新区等地创办的公司型创业投资企业，转让持有 3 年以上股权的所得占年度股权转让所得总额的比例超过 50% 的，按照年末个人股东持股比例减半征收当年企业所得税；转让持有 5 年以上股权的所得占年度股权转让所得总额的比例超过 50% 时，按照年末个人股东持股比例免征当年企业所得税。

符合以下条件的公司型创业投资企业可以在年度企业所得税汇算清缴时自行申报，并留存相关资料备查：

(1) 在北京市中关村国家自主创新示范区、上海市浦东新区特定区域以及雄安新区注册成立，实行查账征收的居民企业；

(2) 符合《创业投资企业管理暂行办法》或者《私募投资基金监督管理暂行办法》要求，完成备案并规范运作。

【相关法律依据】

一、公司法类

❖《公司法》第 66 条、第 116 条、第 151 条、第 154 条、第 227 条、第 228 条

二、民法类

❖《民法典》第 154 条、第 157 条

三、证券法类

❖《上市公司证券发行注册管理办法》（2025年修正）第3条、第5条、第9～13条、第16条、第57条、第62条、第64条

❖《境内企业境外发行证券和上市管理试行办法》（中国证券监督管理委员会公告〔2023〕43号）第13条、第14条

四、税法类

（一）法律

❖《企业所得税法》第2条、第3条、第31条

❖《印花税法》第1条、第5条、第11条

（二）行政法规

❖《企业所得税法实施条例》（2024年修订）第97条

（三）部门规范性文件

❖《国家税务总局关于股份制企业转增股本和派发红股征免个人所得税的通知》（国税发〔1997〕198号）第1条

❖《财政部、国家税务总局关于印发〈关于个人独资企业和合伙企业投资者征收个人所得税的规定〉的通知》（财税〔2000〕91号）第20条

❖《国家税务总局关于实施创业投资企业所得税优惠问题的通知》（国税发〔2009〕87号）第2条

❖《国家税务总局关于进一步加强高收入者个人所得税征收管理的通知》（国税发〔2010〕54号）第2条

❖《国家税务总局关于贯彻落实企业所得税法若干税收问题的通知》（国税函〔2010〕79号）第4条

❖《财政部、国家税务总局、证监会关于上市公司股息红利差别化个人所得税政策有关问题的通知》（财税〔2015〕101号）第1条

❖《财政部、国家税务总局关于将国家自主创新示范区有关税收试点政策推广到全国范围实施的通知》（财税〔2015〕116号）第1条、第3条

❖《国家税务总局关于创业投资企业和天使投资个人税收政策有关问题的公告》（国家税务总局公告2018年第43号）第1条

❖《财政部、税务总局关于创业投资企业和天使投资个人有关税收政策的

通知》（财税〔2018〕55号）第1条、第2条

❖《财政部、税务总局、发展改革委、证监会关于中关村国家自主创新示范区公司型创业投资企业有关企业所得税试点政策的通知》（财税〔2020〕63号）第1条、第2条

❖《财政部、税务总局、发展改革委、证监会关于上海市浦东新区特定区域公司型创业投资企业有关企业所得税试点政策的通知》（财税〔2021〕53号）第1条、第2条

❖《财政部、税务总局、发展改革委、证监会关于雄安新区公司型创业投资企业有关企业所得税试点政策的通知》（财税〔2023〕40号）第1条、第2条

❖《财政部、税务总局关于延续执行创业投资企业和天使投资个人投资初创科技型企业有关政策条件的公告》（财政部、税务总局公告2022年第6号）

❖《财政部、税务总局关于延续执行创业投资企业和天使投资个人投资初创科技型企业有关政策条件的公告》（财政部、税务总局公告第17号）

❖《支持小微企业和个体工商户发展税费优惠政策指引（2.0）》第27条、第28条

第十三章　新增资本认购纠纷

【宋和顾释义】

关于新增资本认购纠纷，新《公司法》在修订中，共涉及两处修改，均为新增规定，涵盖：

(1) 有限责任公司中，股东行使优先认购权明确了应以"同等条件"行使；

(2) 股份有限公司中，股东原则上不享有优先认购权，但章程另行规定的除外。

结合过往司法实践和本次修订，新增资本认购纠纷的争议主要体现在新增资本优先认购权方面，具体包括以下六种：

(1) 股份有限公司章程与股东会决议对优先认购权约定在适用时的优先顺序；

(2) 优先认购权的行使范围，如可否对其他股东放弃优先认购的部分行使优先认购权；

(3) 如何认定股东行使优先认购权的合理期限；

(4) 如何认定股东行使优先认购权的同等条件；

(5) 如何认定股东行使或放弃优先认购权；

(6) 侵害优先认购权的增资决议及增资协议的效力争议。

上述部分问题，在本书第三版第三册"新增资本认购纠纷"章节中已涉及，本章系根据司法实践的变化以及修法产生的新问题，加以梳理、归纳和补充。

350. 股东或非公司股东投资者主张公司依照股东会决议配合增资、办理工商变更登记手续的诉讼,如何确定诉讼当事人?

司法实践中,股东优先认购权的救济往往涉及新增资本认购纠纷、公司决议纠纷和请求变更公司登记纠纷三个案由。因此,虽然本章讨论的主题是新增资本认购纠纷,但亦会关联到部分公司决议纠纷和请求变更公司登记纠纷的内容。

本问诉讼实际属于请求变更公司登记纠纷,应当以主张公司配合增资、办理工商变更登记手续的股东或非公司股东投资者为原告,以作为配合增资、工商变更登记义务人的公司为被告。如果公司其他股东对增资、工商变更登记负有配合义务的,也可以该股东为共同被告或第三人。

351. 股东主张优先认购权的诉讼请求应当如何表述?

实践中,部分当事人会分两步来寻求法律救济:第一步,提起公司决议效力纠纷诉讼,诉请确认侵犯其优先认购权的增资决议不成立或者无效;第二步,提起新增资本认购纠纷诉讼,诉请行使优先认购权。

但参照最高人民法院公报案例(2010)民提字第48号民事判决书〔参见本书第三版第三册案例302:"股东增资优先认购权属形成权 超期主张行使被判驳回"(第1249页)〕,可知股东亦可在一起诉讼中同时提出前述两项诉讼请求。

笔者认为后一做法更合理。出于降低诉累并提高效率的考虑,股东可以公司决议效力纠纷与新增资本认购纠纷为并列案由提起诉讼,在该诉讼中同时诉请确认决议效力与行使优先认购权。

具体诉讼请求可表述为:

(1)请求确认××公司于××年××月××日作出的股东会决议中第××条无效或不成立;

(2)请求××元注册资本由原告认购。

需要注意的是,如果公司已就案涉增资事宜办理工商变更登记,则还应增加一项诉讼请求,即请求公司向登记机关撤销××年××月××日的变更登记,恢复原股权比例和出资额登记。

352. 有限责任公司新增注册资本，在全体股东无特别约定的情况下，股东是否可以优先认购其他股东放弃认缴的出资份额？

部分法院认为股东可以优先认缴其他股东放弃认缴的出资份额，理由是：对于原股东放弃认缴的出资份额，如果允许股东以外的他人向公司增资，相当于公司的原股东向增资人转让股权。基于有限责任公司的人合性，此时如果公司原有股东愿意出资购买这部分股份，其应比他人有优先购买的权利。[1]

另一部分法院认为股东对其他股东放弃认缴的出资份额不享有优先认购权，只能优先认购对应自己实缴出资比例的新增资本，理由如下：

（1）不能援引股权转让优先购买权的精神来解释优先认购权，因为增资扩股与股东对外转让股权属于不同性质的行为，二者对有限责任公司人合性的要求不同；

（2）允许优先认购其他股东放弃认缴的出资份额，可能削弱其他股东对公司的控制力，导致其他股东因担心控制力减弱而不再谋求增资扩股，从而阻碍公司的发展壮大。

第二种观点是目前司法实践中的主流观点。[2]

【案例153】公司为上市引进外部投资人 股东优先认购其他股东放弃的份额被驳回[3]

原告：捷安公司

被告：黔峰公司、大林公司、益康公司、亿工公司

诉讼请求：原告对被告黔峰公司增资扩股部分的1820万股新股享有优先认购权。

争议焦点：原告是否对其他股东承诺放弃优先认缴的新增出资份额享有优先认购权。

基本案情：

被告黔峰公司系本案标的公司，其股东及持股比例为：被告大林公司持

---

[1] 参见天津市高级人民法院（2006）津高民二终字第76号民事判决书。
[2] 参见最高人民法院（2009）民二终字第3号民事判决书、最高人民法院（2010）民提字第48号民事判决书、广东省深圳市中级人民法院（2018）粤03民终18609号民事判决书等。
[3] 参见最高人民法院（2009）民二终字第3号民事判决书。

股 54%、被告益康公司持股 19%、被告亿工公司持股 18%、原告持股 9%。

2007 年 5 月 28 日，被告黔峰公司为改制上市，拟引入战略投资者，因此召开股东会表决以下事宜：公司增资 2000 万股，并引进外部战略投资者。

三被告大林公司、益康公司和亿工公司（合计持股 91%）均同意此增资扩股方案，并放弃可以优先认缴的出资份额共计 1820 万股，转由新引进的战略投资者认购。

原告同意增资扩股，但不同意引入战略投资者，其主张按照其实缴出资比例优先认缴 180 万股份额，并对其他股东放弃的 1820 万股出资份额主张优先认购权。

2007 年 5 月 31 日，原告将其 180 万股的认缴资金转到被告黔峰公司账上，并再次致函被告黔峰公司及各股东，要求对其他股东放弃的出资份额行使优先认购权，未获其他股东及被告黔峰公司的同意。

原告诉称：

在《公司法》对"股东是否可以优先认购其他股东放弃认缴的出资份额"没有作出明确规定的情况下，应根据有限责任公司人合性的特点，并参照股权转让中股东优先购买权的规定，确认原告对其他股东放弃认缴的 1820 万股新股享有优先认购权。否则，公司可能利用增资扩股的方式，将控制权让位于原有股东之外的其他人，这与维持有限责任公司股东相对稳定的人合性精神相悖。

被告黔峰公司辩称：

1. 其他股东同意增资扩股却稀释自己持股比例是有特定条件的，即通过引进战略投资者帮助公司改制上市。原告违背股东会决议的宗旨及增资的特定目的与条件，要求行使优先认购权违反民法真意主义原则，有悖情理。

2. 2005 年版《公司法》第 35 条①将 2004 年版《公司法》第 33 条"公司新增资本时，股东可以优先认缴出资"改为"公司新增资本时，股东有权优先按照其实缴的出资比例认缴出资"，而对股东欲将其认缴出资份额让与外来投资者时，其他股东是否享有同等条件下的优先认购权问题未作规定，这表

---

① 现为《公司法》第 227 条。

明公司法在保护有限责任公司人合性的同时兼顾保护公司发展。当公司发展与公司人合性发生冲突时，则应当突出保护公司发展机会。况且该优先认购权应属法定权利，法无明文规定则不享有。

被告大林公司、益康公司、亿工公司辩称：

1. 优先认购权的发生要件及行使范围须以法律明确规定为依据。原告业已根据《公司法》第35条规定按其实缴出资比例（9%）行使了优先认缴权，其对被告黔峰公司享有的支配权和财产权仍继续维持在原有状态，不存在任何受到侵害的事实或危险。其现在所谋求的是超出法定权利范围以外的利益即增加其持股数额，意图加强其对被告黔峰公司的影响，若此势必有损其他股东权益。

2. 《公司法》中股东优先认购权与股东优先购买权条文规范的对象不同，股权对外转让与公司增资扩股属不同事实类型，背后隐藏之利益冲突存在根本差异，应受不同法律评价，不存在同类事情同类处理之原则发挥作用的根据。

法官观点：

根据《公司法》第35条的规定，有限责任公司新增资本时，股东有权优先按照其实缴的出资比例认缴出资。但是，当部分股东欲将其认缴出资份额让与外来投资者时，其他股东是否享有同等条件下的优先认购权，《公司法》并未对此作出明确规定。

公司股权转让与增资扩股属不同性质的行为，意志决定主体不同，因此二者对有限责任公司人合性的要求不同。股权转让往往是被动的股东更替，与公司的战略性发展无实质联系，故要更加突出保护有限责任公司的人合性；而增资扩股，引入新的投资者往往是为了公司的发展，当公司发展与公司人合性发生冲突时，则应当突出保护公司的发展机会，此时若基于保护公司的人合性而赋予某一股东优先认购权，该优先权行使的结果可能会削弱其他股东特别是控股股东对公司的控制力，导致其他股东因担心控制力减弱而不再谋求增资扩股，阻碍公司的发展壮大。因此，不能援引《公司法》第72条[①]

[①] 现为《公司法》第84条。

关于股权转让的规定精神来解释《公司法》第35条规定。

从诉源治理的角度来看，对于《公司法》第35条没有直接规定股东对其他股东放弃的认缴出资比例所对应的增资份额有无优先认购权的法律空白，有限责任公司股东会有权决定将此类事项及可能引起的争议的决断方式交由公司章程规定，从而依据公司章程规定的方式作出决议，该决议不存在违反法律强制性规范的问题，具有法律效力，股东必须遵循。

法院判决：

驳回原告的诉讼请求。

353. 如何判断股东行使优先认购权是否超过合理期限？

就权利性质而言，股东的优先认购权属于形成权，其行使应当受除斥期间限制，但由于目前立法尚缺乏统一明确的除斥期间规定，故应当由法官基于个案平衡原则，视具体情况酌情认定股东行使优先认购权是否超过合理期限。

司法实践中，针对本问题，法院只酌情判断股东行使优先认购权的合理期限是否超过，并不会对合理期限的具体时间作出认定说理。因此，目前暂无具体量化的行权合理期限可供参考，仅能通过以下三点标准综合判断股东行使优先认购权的合理期限是否超过：

（1）享有优先认购权的股东是否在知晓公司增资后主动积极地表达了优先认购的意愿；[1]

（2）公司增资行为是否完成，完成后新进入公司的股东是否已经办理工商登记及公司股东名册的变更登记，并实际享有了股东权利，履行了股东职责；[2]

（3）主张优先认购权的股东对新进股东的实际权利享有及义务履行是否予以默认或予以配合。[3]

---

[1] 主要依据该标准作出判断的案例有（2023）苏11民终3975号、（2021）粤0306民初10561号、（2021）浙0303民初771号、（2018）沪0115民初14350号等。

[2] 主要依据该标准作出判断的案例有（2018）粤03民终14512号、（2016）苏0312民初4613号等。

[3] 主要依据该标准作出判断的案例有（2010）民提字第48号等。

【案例154】公司增资后已再作股比调整 对增资未及时行使优先权被认定超期[①]

原告：王某

被告：科技公司

诉讼请求：确定被告科技公司于2022年8月28日作出的股东会决议无效。

争议焦点：股东知晓公司增资事宜3个月内未主动提出行使优先认购权，但在公司再次通过股权转让调整股权结构后行权，是否可认定为超过行使优先认购权的合理期限。

基本案情：

原告系被告科技公司的股东，截止案涉决议作出之日（即2022年8月28日），原告实缴出资额159.4751万元，对应持股比例约为8.5%。

2022年8月28日，被告召开股东会，会议内容为审议包括《关于增加公司注册资本的议案》在内的事项。《关于增加公司注册资本的议案》内容为：公司拟将注册资本由1876.49万元增加至1878.36649万元，本次增资新增注册资本为1.87649万元，将由案外人医学公司以货币出资49.227万元认缴全部新增注册资本，出资超过新增注册资本部分计入公司资本公积。各股东同意放弃本次增资的优先认缴权。上述议案经表决，除原告外，其他股东均同意议案，同意股东代表股权比例为91.5%。该次股东会后，被告已按决议内容在市场监管部门完成了股权变更登记。

2022年11月22日，被告再次召开股东会并作出决议，案外人医学公司受让除原告以外的其他股东持有的被告90%以上股权，其他股东成为案外人医学公司股东。

原告在诉讼中主张对案涉增资额在对应比例内优先认缴，但认为《关于增加公司注册资本的议案》中确定的认购价格过高。

原告诉称：

1. 案涉股东会决议无效，系大股东滥用股东权利，损害小股东合法权益

[①] 参见江苏省镇江市中级人民法院（2023）苏11民终3975号民事判决书。

的违法行为。

案涉股东会决议增资股权比例小，溢价倍数高，明显不合理。案外人医学公司取得股权后3个月内，以明显低于第一次估价标准受让除原告以外的超过90%股权，其他股东成为案外人医学公司股东。2022年11月22日的股东会决议，使医学公司成为被告的绝对控股股东，股权结构完全失衡。被告的实际控制人王某强意图将被告掏空，将被告的收益转入医学公司，而将债务全部留给被告承担，以此蚕食小股东原告的利益。股东会增资决议系为案外人医学公司并购全部股权服务，规避其他股东优先认购权，存在明显的恶意，该决议应为无效。

2. 股东会增资议案内容违法。

股东对公司增资享有的优先认购权是股东法定权利，全体股东可以协议方式共同放弃股东优先认购权，但不能通过表决方式决定共同放弃股东优先认购权，强行剥夺其他股东的合法权益。增资议案包括"各股东同意放弃本次增资的优先认购权"，其内容违法，应为无效。

3. 原告从未放弃股东优先认购权。

原告于诉讼中明确表示行使优先认缴出资权利，由于被告提交的2019年至2021年年度审计报告中多处数据不一致，存在错漏，原告对被告估值的真实性和增资方案的增资价格和目的提出疑问，但并非放弃股东优先认购权。本案系直接通过股东会表决方式，而并非按照《公司法》的规定提前书面征求原告是否行使优先认购权，未给予股东充分考虑的时间。

4. 被告增资具有恶意。

增资并非为被告发展，而是规避原告的优先认购权。案外人医学公司通过极低股权比例出资并取得被告的股东身份，侵犯了原告的优先认购权。

被告辩称：

1. 《公司法》规定的同等价格优先认缴权，系围绕股权价格、出资形式、出资期限等核心条件的，但原告作为公司股东对价格不认同。原告行使优先认缴权已超过合理期限，其在2022年11月22日再次召开股东会之前从未向公司提出要求，被告已根据有关决议多次变更工商登记，原告不具备且不符合行使优先认缴权的条件。

2. 增资事项股权定价合理，原股东均因此受益。被告基金投资人在投资时要求，其后的投资价格不得低于其投资价格，故增资不能低于5亿元定价，原告对此明知。增资节点上，被告净资产约6000万元，股权转让定价5亿元左右，并未以低价损害其他股东利益，其他股东均享受到更多资本公积，原告不能强迫增资人以其认为的价格认缴出资。

3. 股东会决议并不存在《公司法》规定的无效情形，不应认定为无效。股东会决议包括增资和优先认购两部分，决议增资部分已表决通过，达到法律规定的2/3，应为成立并生效。通知股东参加股东会时已附带两份股东会议案，明确告知各股东增资优先购买权及修订章程内容，决议虽出现全体股东放弃认缴权的文字表述，但开会时被告工作人员及其他股东反复询问，原告对会议事项既未发表同意的意见，也未发表不同意的意见，最终形成的股东会决议及交给市场监管部门登记的有关文件均如实记载。召开股东会时，除原告外，公司其他8名股东均出席并参加会议，不存在大股东一人控制公司、侵害股东权利的情形。

4. 增资协议的最终目的是股权并购，以促进公司业务整合发展。除原告以外的股东均对此协议表示同意，而原告之所以提起包括本案在内的一系列诉讼，是因为增资后其提出须以2000万元左右的价格收购其股权被公司拒绝。

法官观点：

《公司法》第22条第1款①规定："公司股东会或者股东大会、董事会的决议内容违反法律、行政法规的无效。"

本案中，原告作为被告的股东，自收到股东会通知及附件《关于增加公司注册资本的议案》后，其即应知晓股东会召开的议题及内容。原告虽提出其对增资确定的认购价格不予认可，但其在2022年8月28日召开的股东会上对议案既不明确表示同意，也不明确表示反对，且其在股东会形成决议后直至2022年11月22日再次召开股东会并形成决议时，都未向公司主动提出行使优先认缴权。因原告未在合理期限内主张行使优先认缴出资的权利，应视为其已放弃行使优先认缴权。

---

① 现为《公司法》第25条。

被告于 2022 年 8 月 28 日召开股东会并对议案进行表决,除原告以外的其他股东对该议案均表示同意,同意股东代表股权比例为 91.5%,由此可以看出,本案诉争的股东会决议是经代表 2/3 以上表决权的股东通过,表决通过的股东会决议并未侵害原告的合法权益。原告主张股东会决议系大股东滥用股东权利并损害小股东合法权益的违法行为,但其并未提交充分证据予以证明,原告对此应承担举证不能的法律后果。

法院判决:

驳回原告的诉讼请求。

【案例155】新进股东完成出资且出资已由公司使用 法院认定原股东行使优先认购权超过合理期限①

原告: 秦某、张某、梁某、王某

被告: 科技公司

诉讼请求:

1. 确认被告于 2016 年 3 月 23 日作出的股东会议决议无效,并予以撤销;
2. 确认案外人金属公司与被告其他股东签订的《增资扩股协议书》无效。

争议焦点: 新进股东已履行出资义务且出资已由公司使用,法院是否可以认定原股东行使优先认购权的合理期限已超过。

基本案情:

被告科技公司于 2005 年 1 月 6 日成立,法定代表人为案外人邱某,注册资金为 51 万元,共有包括本案 4 名原告在内的 17 名自然人股东,其中案外人邱某出资额 130,796 元,出资比例为 25.69%,为公司最大股东;4 名原告每人出资 13,076 元,出资比例均为 2.56%。

被告章程第 15 条第 4 项规定"在公司新增资本时,股东有权优先认缴出资",第 19 条规定"股东会对公司增加或减少注册资本、合并、分立、解散、变更公司形式、修改公司章程作出决议时,必须经代表三分之二以上表决权的股东通过",第 22 条规定"股东会会议由股东按照出资比例行使表决权",

---

① 参见江苏省徐州市铜山区人民法院(2016)苏 0312 民初 4613 号民事判决书。

第 25 条规定"召开股东会会议，应当于会议召开前十日以书面形式通知全体股东。股东会应当对所议事项的决定做成会议记录，出席会议的股东应当在会议记录上签字"。

2015 年 12 月 15 日，除案外人邱某之外的其余 16 名股东签署股东代表授权委托书，共同委托邱某作为股东代表，与案外人淮海集团商谈股权转让及相关合作事宜，并签署相关文件，上述 16 名股东均在该授权委托书中签字捺印，邱某在受托人处签字捺印。

2016 年 3 月 20 日，除原告秦某、原告张某、案外人邱某、案外人马某外，其余 13 名股东签署授权委托书，共同委托邱某作为股东代表，商谈被告零资产转让的相关事宜，并签署相关文件。上述 13 名股东均在该授权委托书中委托人处及被告零资产转让清单中签字捺印，案外人邱某在受托人处签字捺印。

2016 年 3 月 23 日，被告召开股东会，召集人与主持人均为案外人邱某，到会股东情况记载为全到，会议形成如下决议：同意接收金属公司（案外人）为新股东，同意该股东对本公司投资 1000 万元人民币，投资方式为货币，占公司注册资本的 95.15%；同意增加公司注册资本，由 51 万元增加至 1051 万元。持赞同意见的股东人数为 12 人，占全部股权的比例为 87%。

庭审中，被告向法庭提交了另一份股东会决议，时间为 2016 年 3 月 23 日，地点在公司会议室，应到会股东人数为 17 人，实到会股东人数为 16 人，缺席 1 人，决议内容为讨论表决《增资扩股协议书》。本案四原告在该份决议下方不同意处签字捺印，其余到会股东在同意处签字捺印。四原告在庭审中主张会议时间、地点等手填部分内容为被告后添加的，其签字时为空白。

2016 年 3 月 26 日，案外人金属公司（甲方）与被告全体股东（乙方）签订《增资扩股协议书》，主要内容为甲方对被告增资扩股 1000 万元，增资后的被告注册资本为 1051 万元，股本结构为甲方持有 95.15% 的股份，乙方 17 名自然人股东共同持有 4.85% 的股份。经双方共同确认，被告处于停业状态，原股权的价格为 0 元，双方同意被告的净资产与负债相抵为零的价值，由案外人金属公司持有全部资产。被告的全部股权由案外人金属公司享有股东权利，承担股东义务，原 17 名自然人股东共同持有的 4.85% 股份，是暂时代案外人金属公司持有，在代金属公司持有股份期间，原 17 名自然人股东不享有

第十三章
新增资本认购纠纷

任何股东权利,也不承担任何股东义务,被告由金属公司完全控制管理。对本次增资扩股事项以及本协议书约定内容,案外人邱某负责17名自然人股东表决一致通过。该协议还对增资扩股程序、工商变更登记、资产交接等事项进行了详尽约定。

2016年4月21日,经工商行政部门核准,被告的注册资本由51万元变更为1051万元,公司的法定代表人由案外人邱某变更为案外人李某书。

原告诉称:

被告违反章程规定,并未在股东会会议召开前10天以书面形式通知四原告,而是于2016年3月23日擅自作出股东会决议。

2016年3月26日,除四原告外的被告股东与案外人金属公司签订《增资扩股协议书》,并于2016年4月21日办理工商变更登记,将被告法定代表人变更为案外人李某书,将公司注册资本变更为1051万元。被告没有征询四原告是否放弃优先认缴出资权,也没有给四原告合理期限以行使优先认缴出资权,严重侵害了四原告的合法权益。

被告辩称:

1. 2016年3月23日股东会决议合法有效。

虽然公司章程第25条规定"召开股东会会议,应当于会议召开前十日以书面形式通知全体股东",但《公司法》第41条[1]规定"召开股东会会议,应当于会议召开十五日前通知全体股东;但是,公司章程另有规定或者全体股东另有约定的除外"。被告受市场行情影响,于2015年12月被迫全面停产。2015年12月15日的股东会会议作出《股东代表授权委托书》,委托公司法定代表人邱某(案外人)代表全体股东与案外人淮海集团商谈股权转让及相关合作事宜,并签署相关文件。四原告在该授权委托书上签字捺印。由于和案外人淮海集团商谈不理想,后被告与案外人金属公司进行洽谈,被告于2016年3月20日再次召开股东会会议,以92.32%的表决权表决通过了《同意零资产转让》文件,形成了《授权委托书》,委托案外人邱某代表全体股东商谈具体事宜,原告中的梁某、王某二人也在上述两份文件中签字捺印。故对被

---

[1] 现为《公司法》第64条。

告公司零资产转让的相关事项，原告是明知的，2016年3月23日股东会决议的程序合法有效。

2.《增资扩股协议书》合法有效。

案外人金属公司用其入股的1000万元解决了被告公司职工内债问题，补发了拖欠工资，补缴了社会保险费，支付了解除劳动关系经济补偿金。目前该1000万元已经使用完毕，案外人金属公司已注册为被告新股东。按照《公司法》第34条①规定，四原告每人在公司实缴的出资比例为2.56%，对于新增的1000万元，四原告如果主张优先认缴权，每人应当拿出25.6万元优先认缴，其对其他股东放弃的优先认缴份额不享有优先认缴权，且原告的优先认缴权应在合理期限内行使，至少应于2016年4月初案外人金属公司资金进入被告之前提出。

法官观点：

1. 关于案涉股东会决议的效力问题。

《公司法》第41条第1款规定："召开股东会会议，应当于会议召开十五日前通知全体股东；但是，公司章程另有规定或者全体股东另有约定的除外。"第43条②规定："股东会的议事方式和表决程序，除本法有规定的外，由公司章程规定。股东会会议作出修改公司章程、增加或者减少注册资本的决议，以及公司合并、分立、解散或者变更公司形式的决议，必须经代表三分之二以上表决权的股东通过。"

本案中，四原告主张案涉股东会议决议无效的理由是被告没有按照公司章程规定履行通知义务，侵犯了其权利。但依据被告提交的经由四原告签署的授权委托书及有四原告签署不同意的股东会决议，能够认定四原告对2016年3月23日召开的股东会是知情的，且四原告于股东会召开当天是到会的。该股东会决议的效力不取决于股东会议通知的时间及内容，而决定于股东的认可以及是否达到《公司法》的要求，该份决议符合上述法律规定，合法有效。

另外，《公司法》第34条规定"公司新增资本时，股东有权优先按照实

---

① 现为《公司法》第227条。
② 现为《公司法》第66条。

缴的出资比例认缴出资"，四原告已明确表示不同意《增资扩股协议书》的相关内容，且对于 2016 年 3 月 23 日"接收金属公司（案外人）为新股东，同意该公司对本公司投资 1000 万元，公司注册资本由 51 万元增加至 1051 万元"的股东会决议，已经占全部股权 87% 的股东表决通过。股东优先认缴公司新增资本的权利属形成权，虽然现行法律没有明确规定该项权利的行使期限，但为维护交易安全和稳定经济秩序，该权利应当在一定的合理期间内行使，并且由于这一权利的行使属于典型的商事行为，对于合理期间的认定应当比通常的民事行为更加严格。四原告明确表示不同意增资扩股，但未在合理期限内行使自己的优先认缴权，视为放弃该权利。被告已于 2016 年 4 月 21 日将注册资本变更为 1051 万元，且案外人金属公司投入的该 1000 万元已用于支付被告欠发的职工工资、社保、解除合同补偿金等，根据双方《增资扩股协议书》约定，在协议书签订后 10 日内，要完成职工工资发放及向社保机构缴纳完毕。故上述争议的股权价值已经发生了较大变化，四原告主张优先认缴权的合理期间已过。

2. 关于涉案增资扩股协议的效力问题。

2016 年 3 月 26 日，被告与案外人金属公司签订的《增资扩股协议书》系被告与该公司外的第三人签订的合同，作为合同相对方的金属公司并无审查被告意思形成过程的义务，被告对外达成协议应受其表示行为的制约。该协议书是被告与金属公司作出的一致意思表示，不违反国家禁止性法律规范，且金属公司按照协议约定支付了相应对价，没有证据证明双方恶意串通以损害他人利益，故该协议合法有效。

法院判决：

驳回原告诉讼请求。

354. 侵害原股东优先认购权的增资协议是否有效？

增资协议侵害了原股东的优先认购权并不当然导致协议无效，还需结合其他影响合同效力的事由进行判断。

需要注意的是，在因侵害股东优先认购权而提起的诉讼中，如果法院最终认定公司增资决议无效或者不成立，支持原股东行使优先认购权，但增资协议不存在效力瑕疵，那么此时决议中的增资方虽然无法要求继续履行增资协议，但并不影响其依约请求公司承担相应的违约责任。

355. 原股东能否只请求确认增资决议效力而不主张行使优先认购权？

可以。在有限责任公司股权对外转让的情形下，根据相关司法解释规定，对于股东仅请求确认股权转让合同及股权变动效力，而不同时主张购买转让股权的，法院不予支持，原因是此时股东不具有诉的利益。但在公司增资的情形中，原股东可以只请求确认增资决议效力，而不主张优先认购权，因为此时原股东具有诉的利益，即维护其持股比例。

356. 优先认购权是否可以转让？

从立法精神来看，根据《公司法》第227条规定，有限责任公司全体股东可以约定不按出资比例行使优先认购权，股份有限公司可通过章程或股东会决议赋予股东优先认购权，可见法律在优先购买权方面允许股东自治。

因此，有限责任公司全体股东对优先购买权的转让有约定，或股份有限公司章程或股东会决议对优先购买权的转让有规定时，约定或规定优先。

没有约定或规定时，应当区分以下两种情形：

（1）股东内部转让优先认购权。此行为应当允许，因为不会破坏公司的人合性。即使不承认这一点，股东亦可以自己行使优先认购权后，再将股权或股份转让给其他股东。

（2）股东对外转让优先认购权。在有限责任公司中，不应允许股东对外转让优先认购权，因为会破坏公司的人合性；在股份有限公司中，还需结合章程对股份转让的规定进行判断。

357. "股东在同等条件下有权优先按照实缴的出资比例认缴出资"中的"同等条件"如何认定？

司法解释规定，法院在认定股权转让中股东优先购买权的"同等条件"时，应考虑转让股权的数量、价格、支付方式及期限等因素。新增资本的优先认购权虽与股权转让的优先购买权有所不同，但亦可参照适用该认定规则。

具体而言，"同等条件"是指对增资协议的达成具有实质影响的因素。

首先，关于新增资本认购的数量。由于原股东优先认购权的范围以其实缴出资比例为限,对其实缴出资比例范围外的新增资本,原股东不享有优先认购权,但若全体股东同意,原股东也可以对该部分进行认购。

其次,关于新增资本认购的价格。原股东应当以高于或者等于公司确定的价格主张优先认购权。对于特定物出资,应考量公司对该特定物是否有特殊需求来认定是否可以货币进行折算。若公司与新出资人或大股东恶意串通以虚高的价格损害小股东的优先认购权,小股东可以主张按照公司与新出资人或大股东之间真实的价格行使优先认购权。

再次,关于支付方式。原股东应当以与公司确定的支付方式同等或者更优的支付方式主张优先认购权。但若公司确定的支付方式并非基于公司特殊需求且明显不合理,有大股东侵害小股东优先认购权嫌疑的,应当重新确定其他合理的支付方式为同等条件。

最后,关于履行期限。原股东主张优先认购权的履行期限不得长于公司确定的履行期限,但若公司与新出资人或大股东约定的履行期限较短且明显不合理,应当重新确定其他合理的履行期限作为同等条件。

对于上述因素之外的其他因素,如作为合同对价的非公司经营所需的特定物等,一般不作为衡量同等条件的因素。但对于公司经营发展所必需的技术秘密、销售渠道等合同条件,可作为同等条件予以考量,确实不能提供同等条件的原股东不得行使优先认购权。[1]

【相关法律依据】

一、公司法类

(一)法律

❖《公司法》第 227 条

(二)司法解释

❖《最高人民法院关于适用〈中华人民共和国公司法〉若干问题的规定(四)》(2020 年修正)第 18 条

---

[1] 参见贺小荣、曾宏伟:《〈最高人民法院关于适用《中华人民共和国公司法》若干问题的规定(四)〉理解与适用》,载杜万华主编、最高人民法院民事审判第二庭编:《商事审判指导》2017 年第 1 辑,人民法院出版社 2018 年版,第 43~44 页。

第十四章 减资纠纷

【宋和顾释义】

关于减资纠纷，新《公司法》在修订中，共涉及五处修改，其中四处为新增规定，一处为删除旧规定，涵盖：

(1) 资本公积金弥补公司亏损的条件；

(2) 公司减资时的公告方式；

(3) 不等比减资的同意比例要求；

(4) 简易（形式）减资制度的条件和程序；

(5) 违法减资时股东及负有责任的董事、监事、高级管理人员的有关责任。

结合过往司法实践和本次修订，减资纠纷的争议类型主要体现为以下四种：

(1) 诉讼程序争议，如请求返本付息、确认减资无效、请求责任人赔偿违法减资损失等情形中分别如何确定诉讼主体、管辖法院、诉讼时效等；

(2) 减资的法定程序争议，如不等比减资的条件，形式减资的法定条件，国有公司、上市公司等特殊类型的公司的减资程序，减资时通知的债权人范围等；

(3) 违法减资的救济途径争议，如与减资相关的决议效力之诉，减资行为效力之诉，减资引起的损害赔偿之诉，以及投资人能否通过不等比减资取回计入资本公积金的投资溢价，债权人可否要求违法减资的股东、同

第十四章

减资纠纷

> 意减资的股东及负有责任的董事、监事、高级管理人员承担责任等;
>
> (4) 违法减资的法律责任争议,如公司减资行为无效有何相应的民事责任,违法减资后对债权人的责任承担,上市公司未履行减资前的临时报告义务的责任等。
>
> 上述部分问题,在本书第三版第三册"减资纠纷"章节中已涉及,本章系根据司法实践的变化以及修法产生的新问题,加以梳理、归纳和补充。

358. 如何确定公司减资纠纷的诉讼当事人和管辖法院?

对此,应区分不同情况:

(1) 请求减资股东返还资金、将出资恢复原状的,应由公司作为原告提起诉讼,以减资股东作为被告,由公司住所地人民法院管辖;

(2) 请求股东、董事、监事和高级管理人员承担赔偿责任的,应由公司作为原告提起诉讼,以股东及负有责任的董事、监事和高级管理人员作为被告,由公司住所地人民法院管辖;

(3) 请求确认公司减资无效,应由对减资有异议的股东作为原告提起诉讼,以公司为被告,由公司住所地人民法院管辖;

(4) 主张撤销公司减资决议或主张该决议无效、不成立的,应由对减资有异议的股东作为原告,以公司为被告,由公司住所地人民法院管辖;

(5) 债权人要求减资股东、负有责任的其他人员以违法减资部分为限对公司债务承担补充清偿责任的,由债权人作为原告提起诉讼,以部分或全部违法减资的股东及其他人员为被告,由被告住所地人民法院管辖。

359. 公司减资纠纷按照什么标准交纳案件受理费用?

对于主张减资无效、请求撤销减资决议或主张减资决议不成立、无效的,每件收取 50~100 元费用。

对于请求减资股东返还资金、承担赔偿责任,或债权人请求公司提供担保、偿还债务或要求公司股东及其他人员承担补充赔偿责任的,案件受理费应当依照案件标的分段累计计算。

360. 公司减资纠纷诉讼是否适用诉讼时效或除斥期间？

对此问题，应区分下列情况：

（1）公司、股东主张减资股东返还资金、将出资恢复原状或有关人员承担赔偿责任的，应当自减资行为作出之日起3年内提起诉讼。

（2）股东主张减资无效的，在实务中是否适用诉讼时效制度存有争议。笔者认为，该权利不属于债权请求权，不应适用诉讼时效。

（3）因公司未依法定程序减资的，债权人主张股东或其他人员在减资数额范围内对公司债务承担补充清偿责任，只要公司债权人的债权未过诉讼时效，债权人要求股东承担赔偿责任，则不受诉讼时效制度的影响。

361. 新《公司法》施行前的哪些减资行为及其法律后果，受新法的溯及力影响？

新《公司法》施行前的下列减资行为及其法律后果，受新法的溯及力影响：

（1）对于违法减资，公司、股东可以适用新法，主张违法减资的股东返还资金并将减免的出资恢复原状或请求有关人员承担赔偿责任。

（2）对于不等比减资或与减资份额、数量有关的争议，应当适用新法。有限公司不等比减资的，应当经全体股东表决通过；股份公司进行不等比减资的，依其章程规定。

（3）以资本公积金弥补亏损的，应当适用新法，即公司可以在法定程序下使用资本公积金弥补亏损。

362. 股东会应以多少表决权通过减资决议？不等比减资需多少表决权通过？

有限责任公司的股东会对减资作出决议时，必须经2/3以上表决权的股东通过；股份有限公司的股东大会对减资作出决议时，必须经出席会议的股东所持表决权的2/3以上通过。

公司减少注册资本，应当按照股东出资或者持有股份的比例相应减少出资额或者股份。有限责任公司不等比减资，应当经全体股东表决通过；股份有限公司进行不等比减资的，依其章程规定。

363. 减资公告应在何处发布？

减资公告应在报纸或者国家企业信用信息公示系统上公告。

364. 公司减资办理注册资本变更登记时应备齐哪些材料？

应包括以下材料：

（1）《公司登记（备案）申请书》；

（2）关于减资内容的决议、决定；

（3）修改后的公司章程或公司章程修正案；

（4）公司债务清偿或债务担保情况的说明，仅通过报纸发布减少注册资本公告的，需要提交依法刊登公告的报纸样张；

（5）已领取纸质版营业执照的缴回营业执照正、副本；

（6）审批机关需要的其他材料。

365. 国有公司减少注册资本有何特殊程序？

国有独资公司减少注册资本必须由国有资产监督管理机构批准。

国有资本控股公司、国有资本参股公司应当由公司股东会、股东大会对减资事项进行决议，但是区别于一般公司的是，该类公司中，国有资产监督管理机构委派的股东代表应当按照委派机构的指示提出提案、发表意见、行使表决权，并将其履行职责的情况和结果及时报告委派机构。

非上市国有公司若定向减资（不等比减资），则涉及股东股权比例变动，应当由其产权持有单位委托具有相应资质的资产评估机构进行评估。若未进行评估，国有资产监督管理机构可依法向人民法院起诉确认减资行为无效。

366. 上市公司减资有何特殊程序？

减资属于可能对上市公司股票交易价格产生较大影响的重大事件，上市公司减资应履行临时报告义务。

【案例156】苏泊尔回购注销部分股份并做减资公告[①]

减资主体：苏泊尔股份有限公司

减资目的：回购社会公众股份、回购注销限制性股票

---

① 参见浙江苏泊尔股份有限公司减资公告（2024-033号）。

减资情况：

苏泊尔股份有限公司于 2023 年 4 月 25 日起实施的回购部分社会公众股份方案于 2024 年 4 月 24 日届满并实施完毕，公司拟根据 2022 年度股东大会的授权对回购专用证券账户持有的 5,150,000 股进行注销以减少注册资本。上述股份已于 2024 年 4 月 30 日注销完成，公司总股本从 806,708,657 股减少至 801,558,657 股。

公司第八届董事会第二次会议及第八届董事会第七次会议分别审议通过《关于对部分获授的限制性股票回购注销的议案》，拟回购注销离职激励对象已获授尚未达成解除限售条件的限制性股票合计 20,250 股，该事项已经公司于 2024 年 4 月 25 日召开的 2023 年度股东大会审议通过。上述股份注销完成后，公司总股本将从 801,558,657 股减至 801,538,407 股。

以上公告信息已刊登于《证券时报》《中国证券报》《证券日报》及巨潮资讯网。

上述回购注销部分股份将导致公司注册资本减少。根据《公司法》等相关法律法规的规定，债权人自本公告之日起 45 日内，有权要求公司清偿债务或者提供相应的担保。债权人未在规定期限内行使上述权利的，本次回购注销将按法定程序继续实施。

公司各债权人如要求本公司清偿债务或提供相应担保的，应根据《公司法》等法律法规的有关规定向公司提出书面要求，并随附有关证明文件。

367. 公司可否以资本公积金弥补亏损？

2018 年版《公司法》规定，资本公积金不得用于弥补公司的亏损。但新《公司法》对此进行了实质性的修改：公积金弥补公司亏损，应当先使用任意公积金和法定公积金；仍不能弥补的，可以按照规定使用资本公积金。

368. 公司可否以减资弥补亏损？公司以减资弥补亏损的，应当满足哪些条件？

公司以公积金弥补亏损后，仍有亏损的，可以通过减资弥补亏损。以减资弥补亏损的，公司不得向股东分配利润，也不得免除股东缴纳出资或者股款的义务。在法定公积金和任意公积金累计额达到公司注册资本50%前，不得分配利润。

笔者认为，这里不得免除股东出资的义务，应指的是公司减资前对应的股东出资义务，因为该情形下减资是为了释放资金用于偿债，所以股东尚未缴纳的出资义务不在减免之列。而"法定公积金和任意公积金累计额达到公司注册资本50%前"，应指的是公司减资后注册资本的50%。

369. 公司以注册资本弥补亏损是否会对债权人利益造成损害？

减资补亏是会计上的账面数字处理，简易减资可以使公司的实际资产与注册资本尽量趋于一致，当公司由于亏损而导致实际资产与资本不一致时，有必要通过调整公司资本，使得公司债权人了解公司的实际偿债能力。

在新《公司法》框架下，法律设置了前置公积金补亏、不得分配资金、不免除出资义务、不得分配利润等条件，这有利于保护债权人，使其利益不会受到损害。由于减资补亏实质上降低了公司在未来分配利润的条件，增加了股东获得公司资产的可能性，所以为进一步保护债权人利益，新《公司法》特别在事后对利润分配施加了限制，即通过减资弥补亏损，如公司开始盈利，在法定公积金与任意公积金的累计额未达到公司注册资本的50%前，禁止向股东分配利润。

但在2018年版《公司法》框架下，由于没有上述保障措施保护公司财产不受流失，如果进行形式减资时不通知债权人，很显然会损害债权人利益。

370. 违法减资损害公司或股东利益时，应当如何救济？

根据主体及情况不同，可以适用如下三种救济方式：

（1）如果关于减资的股东会决议内容、程序违法或违反章程的，有异议的股东可提起确认决议无效、不成立或撤销股东会决议之诉，从而以此否定减资行为的效力。

（2）对减资有异议的股东可以直接提起减资纠纷诉讼，诉请法院确认减资行为无效。

（3）公司、股东可提起减资纠纷诉讼，要求减资股东返还收到的资金并将出资恢复原状。若公司或股东认为董事、监事、高级管理人员、控股股东或实际控制人在减资过程中损害公司或股东利益的，可以提起减资纠纷诉讼，请求有关人员承担赔偿责任。

371. 债权人可否要求违法减资的股东承担责任？

司法实践中，股东违法减资通常被认定为"未经法定程序将出资抽回的行为"，该减资行为无效，应恢复到减资之前的状态。在减资行为造成公司财产不足以清偿债权人的损害结果时，债权人可以要求减资股东在减资范围内对减资前的公司债务承担补充赔偿责任。

【案例157】债权有争议且涉诉 不豁免减资时的通知义务[①]

原告：琪琦公司

被告：陆某、汤某

诉讼请求：两被告在各自减资范围内对另案生效判决确定的案外人装饰公司的付款义务承担补充赔偿责任。

争议焦点：公司股东在生效判决认定债权债务关系前减资，其未就减资事项通知该债权人，是否违反了减资法定程序，是否应在减资范围内对公司债务承担补充赔偿责任。

基本案情：

原告因案外人装饰公司未付清工程款，起诉至法院，经生效判决确认装饰公司应支付原告剩余款项 5,662,722 元及逾期利息。在执行过程中，因装饰公司无财产可供执行，法院裁定终结本次执行程序。

装饰公司成立于 2009 年。2014 年 10 月 20 日，装饰公司形成股东会决议：注册资本拟由 1300 万元减少至 200 万元，被告汤某作为股东拟减少 400 万元投资，被告陆某作为股东拟减少 700 万元投资。同日，两被告共同出具《有关债务清偿及担保情况说明》，载明公司对外债务为 0 元，至 2014 年 10 月 20 日，公司已向要求清偿债务或提供担保的债权人清偿了全部债务或提供了相应担保；未清偿的债务，由公司继续负责清偿，并由两被告承担担保责任。同年 10 月 23 日，装饰公司在报纸上刊登减资公告，并于 2014 年 12 月 10 日

[①] 参见上海市高级人民法院（2021）沪民申 3189 号民事裁定书，本案系人民法院案例库入库案例。

第十四章

减资纠纷

完成减资变更登记。

2020年12月28日，案外人上海城桥经济开发区出具《情况说明》，载明案外人装饰公司及两被告于2014年3月就委托其代办法定代表人变更、股东转让及减资事宜，按照有关规定减资必须在法定代表人变更及股权转让完成后再行办理，故先办理法定代表人变更及股权转让，在2014年10月20日再办理了减资手续。

原告诉称：

原告与装饰公司之间的债权债务关系在2013年10月签订加工承揽合同时就已确立，两被告作为案外人装饰公司股东减资时，理应通知原告却未履行通知义务，而是直接登报公告，损害了原告权利，应比照抽逃出资的相关规定认定两人责任。

两被告辩称：

1. 案外人装饰公司与原告之间的工程款债务在减资前已经结清。

2. 即便工程款未结清，装饰公司办理减资时，原告债权还未经生效判决认定，还不是装饰公司的债权人。只有当合同履行完毕，经双方结算确认或由法院作出生效判决，才能确认双方的债权债务关系。

3. 装饰公司早在2014年3月即委托案外人代办股权转让、减资手续，办理减资时间早于原告起诉时间。

法官观点：

1. 关于减资事项的通知义务。

根据法律规定，公司在减资时对已知或应知的债权人负有法定的通知义务，不能在未通知的情况下直接以登报公告方式代替通知。本案中，两被告辩称装饰公司决议减资前已与原告结清工程款，无须就减资事宜通知原告，显与另案生效判决结果相悖。公司作出减资决议后，应受通知的债权人系指在公司作出减资决议时对公司享有债权的主体，不以经生效法律文书确认为必要，也不以债权数额明确为前提。从生效判决结果来看，装饰公司减资前并未与原告结算完毕，因此在装饰公司减资时原告对其客观上享有债权，理应被通知。装饰公司在能够与原告取得联系的情况下，未就减资事项直接通知原告而是登报公告，不符合法定程序，亦使原告丧失在装饰公司减资前要求其清偿债务或提供担保的权利。

虽然两被告辩称实际委托他方办理减资时间为2014年3月，早于决议落款时间，但包括落款时间在内的全部内容均系决议组成部分且经两被告签字确认并提交市场监管部门，两被告现有证据无法否定前述减资决议落款时间。

2. 关于减资股东的责任承担。

根据法律规定，股东负有按公司章程切实履行全面出资义务以及维持公司注册资本充实的责任。虽然减资事项的通知义务人为公司本身，但减资系股东会决议结果，是否减资、如何减资均取决于股东共同意志，股东对于公司减资的法定程序及后果亦属明知，且公司办理减资手续必须由股东配合，故对于公司通知义务的履行，股东应尽合理注意义务。如公司减资时未依法履行通知已知或应知的债权人的义务，股东不能证明其在减资过程中对怠于通知的行为无过错的，当公司减资后不能偿付减资前的债务时，股东应当就该债务对债权人承担补充赔偿责任。本案中，两被告作为股东，明知原告向装饰公司主张债权，仍然作出减资决议且未依法通知原告，其行为损害了装饰公司对外清偿债务的能力，也损害了原告的债权，最终导致原告在装饰公司减资前形成的债权在减资后无法获得清偿，应在减资范围内对装饰公司不能清偿部分承担补充赔偿责任。

法院判决：

两被告在各自减资范围内对另案生效判决确定的装饰公司的付款义务承担补充赔偿责任。

【案例158】公司不当减资后又增资　不免除股东补充赔偿责任[①]

原告： 煤炭公司

被告： 控股公司

诉讼请求： 被告在减资范围内承担货款30,605,629.59元和逾期利息的连带清偿责任。

争议焦点：

1. 原告在另案执行过程中，申请追加被告为被执行人就不当减资承担赔

[①] 参见最高人民法院（2017）最高法民终422号民事判决书。

偿责任但被驳回,而后提起减资纠纷诉讼,是否构成重复起诉;

2. 公司减资后又由其他股东增资,减资的股东是否还需就不当减资承担补充赔偿责任。

基本案情:

被告系案外人实业公司股东。2015年11月12日,实业公司作出减资决议,被告减少全部出资36,000万元,实业公司注册资本由37,000万元减至1000万元,减资后由案外人酒业公司100%持股。2015年11月21日,案外人实业公司在《青年报》上刊登了减资公告。

2016年1月6日,实业公司出具《有关债务清偿及担保情况说明》,称根据公司编制的资产负债表及财产清单,针对公司对外一切债务,至2015年1月6日,公司已向要求清偿债务或提供担保的债权人清偿了全部债务或提供了相应担保。如有其他债务,由公司继续负责清算偿还。之后,实业公司于2016年1月11日进行了注册资本及股东的工商变更登记。

2016年1月12日,案外人实业公司作出增资决议,公司增加另两名案外人股东,注册资本重新增至37,000万元,并于2016年2月19日进行了注册资本及股东的工商变更登记。

2016年2月19日,实业公司再次作出减资决议,案外人酒业公司减少全部出资1000万元,实业公司注册资本由37,000万元减至36,000万元。

2016年2月20日,实业公司再次以登报形式进行了减资公告。2016年4月6日,实业公司出具《有关债务清偿及担保情况说明》,并于同日作出股东会决议,决议内容为通过公司新章程,任命新执行董事及监事,变更公司名称为昊阁公司。2016年4月7日,该公司进行了工商变更登记。

2015年8月,原告煤炭公司因与案外人实业公司买卖合同纠纷一案向上海崇明法院起诉,经生效判决确认,案外人实业公司需支付原告货款30,605,629.59元及利息。

2016年4月26日,原告向崇明法院申请强制执行,在执行中申请追加被告为被执行人。法院认为,昊阁公司(即实业公司)在被告减资退出后又进行了增资,且新股东已现金出资到位。之后,实业公司又部分交付了执行款,现有证据尚不能证明被执行人无财产清偿债务。遂裁定驳回原告要求追加被告为被执行人的申请。

2016 年 9 月 29 日，崇明法院又作出执行裁定，内容为：执行中查明，被执行人实业公司名下无存款、车辆、有价证券、房地产等可供执行财产，基本账户已被冻结。该案已执行到位 1,226,400 元。另外，被执行人实业公司和案外人承诺用合作煤矿首先开采的约 15 万吨煤炭担保该案债务。该案暂无其他线索，暂不具备继续执行的条件，裁定终结执行。

2016 年 11 月，本案减资纠纷经一审法院受理立案。

2017 年 3 月 13 日，崇明法院向本案一审法院发函说明，原告申请执行实业公司买卖合同纠纷一案，执行标的额为 30,810,457.59 元及利息。经执行，已到位 1,226,400 元。执行过程中，案外人为被执行人提供执行担保，但至今执行担保人均未履行担保义务。

原告诉称：

案外人实业公司减资时，原告已向法院起诉主张其所欠债务。实业公司在明知有未清偿债务的情况下，既未通知原告，也未对欠付债务进行清偿或提供担保，也没有在减资时编制资产负债表和财产清单，即决议被告减资 36,000 万元，以被告不再缴纳待缴注册资本的方式，实质豁免了被告尚未履行的出资义务，影响了案外人实业公司的偿债能力，损害了原告的债权。虽然案外人实业公司减资后又进行了增资，并变更为昊阁公司，但相应执行裁定已认定昊阁公司名下无可供执行财产，终结执行，案涉多项担保均未能得到实际履行，至今昊阁公司仍未履行任何清偿责任，其已不具有偿还能力。

被告辩称：

1. 原告曾基于与本案相同的事实和理由，向崇明法院提出申请，要求追加被告为被执行人，但被驳回，原告应提起复议或执行异议之诉，而不应另行提起公司减资诉讼。本案起诉违反"一事不再理"原则，构成重复起诉。

2. 案外人实业公司减资后次日便将注册资本重增至减资前状态，且增加了两方新股东。增资后的公司股东以其认缴的出资额 36,000 万元为限对公司承担责任，实业公司具有与减资前相同的偿债能力。

3. 另案二审生效判决确认案外人实业公司债务的时间为 2016 年 3 月 25 日，而被告减资时间为 2016 年 1 月 11 日。在减资时，原告的债权尚未明确，

第十四章

减资纠纷

并非已知债权人。

4. 公司减资仅是要求案外人实业公司清偿债务或提供担保,而非要求减资股东。案外人实业公司按法定程序刊登减资公告,明确说明经股东会决议将原注册资本 37,000 万元人民币减至 1000 万元人民币,且减资程序通过工商部门依法登记变更,该减资程序符合法律规定。

5. 被告的减资行为并不必然产生原告对案外人实业公司的债权无法受偿的法律后果。原告债权受损与被告的减资行为没有因果关系。被告在减资行为作出时并未对原告的债权造成损害。

法官观点:

1. 本案原告的起诉不违反"一事不再理"原则,不构成重复起诉。

原告在另案执行中申请追加被告为被执行人时,《最高人民法院关于民事执行中变更、追加当事人若干问题的规定》(法释〔2016〕21号)还未开始施行,原告无法因不服追加裁定向执行法院提起执行异议之诉,该案执行法院不能就被告的减资责任问题通过民事诉讼法规定的审判程序予以审理。虽然本案诉讼与原告在崇明法院申请追加被执行人是基于同一事实和理由,但由于原告的申请是在执行程序中提出,且执行法院对该申请仅是进行程序性审查,并未经过完整的审判程序作出裁判,本案的诉讼不属于重复诉讼,不违反"一事不再理"的原则。

2. 被告应对实业公司欠付原告的债务承担责任。

公司减资时,应当采取及时有效的方式通知债权人,以确保债权人有机会在公司责任财产减少之前作出相应的权衡并作出利益选择,公司则根据债权人的要求进行清偿或者提供担保。上述行为既是公司减资前对债权人应当履行的义务,同时也是股东对公司减资部分免责的前提。根据本案查明的事实,2015年11月12日,实业公司经股东会决议将注册资本由37,000万元减少至1000万元时,原告已于2015年8月20日将实业公司诉至法院,请求其偿还所欠3000余万元债务,并提供了煤炭购销合同、结算清单及增值税发票等证据。而实业公司在原告起诉前已向原告支付了部分货款,并将原告开具的增值税发票进行了税务认证和抵扣。由此可见,实业公司对欠付原告案涉债务应属明知。在此情况下,该公司仅在报纸上刊登减资公告,未就减资事

· 699 ·

项采取及时有效的方式告知原告，未向工商登记部门如实报告其负有大额债务未清偿的事实就办理了工商变更登记，其刊登公告的行为不能构成对已知债权人原告的通知，其并未完成法定的履行通知义务，不符合公司减少注册资本的法定程序。

本案减资时，被告公司章程规定的出资时间未到，其在公司减资前还未全部出资到位。实业公司未履行通知已知债权人原告的义务，使得原告丧失了要求减资公司清偿债务或提供相应担保的权利。后虽经原告对实业公司申请强制执行，实业公司无财产可供执行，不能够完全清偿欠付债务，原告的债权无法实现。根据《公司法》规定，有限责任公司的股东应按其认缴的出资额履行足额出资义务，股东认缴的出资未经法定程序不得抽回、减少。本案中，实业公司在未向原告履行通知义务的情况下减资退股，违反了公司资本不变和资本维持的原则，这与股东未履行出资义务及抽逃出资对于债权人利益的侵害在本质上并无不同，被告应在减资范围内对案外人实业公司欠付原告煤炭公司的债务承担补充赔偿责任。

在公司注册资本实缴制下，公司减资后又增资，确实没有导致公司清偿能力和责任财产的减损。但在公司注册资本认缴制下，交易相对人对公司清偿能力和注册资本的信赖只能基于对股东的信赖，公司减资后又增资，导致公司股东发生了变化，对股东的信赖也就丧失了基础。本案系债权人以债务人违反法定程序减资导致债权实现受损为由主张的侵权赔偿之诉，现实业公司名下无财产可供执行，且案涉多项担保均未得到实际履行，原告的债权未因实业公司的增资和多个担保人提供担保而得到清偿，实业公司的增资行为未对原告的债权实现产生影响，债权不能实现的损害结果已实际发生。实业公司虽已将注册资本增至37,000万元，但公司偿债能力仍因减资受到影响，该不当减资行为违反了公司资本维持原则，导致实业公司不能全面清偿其减资前所负债务，损害了原告作为债权人的利益。

法院判决：

被告对实业公司欠原告的货款30,605,629.59元及逾期利息在实业公司不能清偿的范围内，以36,000万元为限承担补充赔偿责任。

第十四章

减资纠纷

372. 减资时应通知的债权人范围如何确定？债权未届清偿期或尚有争议时是否需要通知债权人？

司法实践中倾向于认为，基于对公司原登记资本的信赖利益，公司减资时对债权人的通知应当是全面的，无论该债权是否存在争议或期限是否届满，公司减资时的通知对象都应包括这类债权人。

373. 公司违法减资，债权人除要求减资股东承担补充连带责任外，能否要求参与减资的其他股东一并承担责任？

司法实践中对违法减资时承担责任的股东范围存在不同意见。

一种观点认为，责任股东仅限于减资股东。

但另一种观点认为，责任股东应当包括同意减资决议的股东。参与减资的其他股东虽未减资，但决议系由案涉股东共同作出，其同意减资，导致公司出现无法以自身财产清偿债务的后果，故应与减资股东在减资范围内承担连带责任。

【案例159】决议作出后至变更完成前的新增债权人仍应被通知　其他股东对公承诺为债务担保时应共同担责①

原告：通信公司

被告：科技公司、陈某兰、杨某林

诉讼请求：

1. 被告科技公司立即支付货款 507,094 元及逾期付款违约金；

2. 被告杨某林、陈某兰对被告科技公司的债务在 1000 万元限额内承担连带清偿责任。

争议焦点：

1. 债务发生在公司减资决议作出后至工商登记完成前，减资时公司是否应通知相应的债权人，未履行通知义务时，股东应承担何种责任；

2. 公司减资时，对于未届清偿期限和对债权存在争议的债权人是否仍应

---

① 参见上海市高级人民法院（2020）沪民再28号民事判决书，本案系人民法院案例库入库案例。

履行通知义务；

3. 对于明确已知的债权人，能否以公告通知代替书面通知；

4. 部分股东虽未减资，但与瑕疵减资股东一并作出减资决议，且书面承诺对公司全部债务提供担保，是否应与减资股东一起对债权人承担连带清偿责任。

基本案情：

被告科技公司设立于 2014 年 7 月，注册资本为 2000 万元，股东为被告杨某林和被告陈某兰。

2015 年 9 月 15 日，被告科技公司股东会形成决议：公司注册资本从 2000 万元减少到 1000 万元，被告杨某林出资金额由 1950 万元减少到 950 万元，被告陈某兰出资额 50 万元，维持不变。

2015 年 10 月 16 日，被告科技公司在报纸上对上述减资事宜进行了公告，载明债权人可自本公告之日起 45 日内要求公司清偿债务或者提供担保，未单独通知原告。为办理减资变更登记，2015 年 12 月 1 日，二被告杨某林、陈某兰向工商管理部门出具《公司债务担保情况的说明》，承诺"本公司于 2015 年 9 月 15 日经股东会决议，将公司注册资本从 2000 万元减至 1000 万元，公司已于减资决议作出之日起 10 日内通知了全体债权人，并于 2015 年 10 月 16 日在报纸上发布了减资公告。至 2015 年 12 月 1 日，公司已对债务提供担保，所有债务由减资后全体股东担保"。

2016 年 1 月 21 日，被告科技公司申请注册资本变更登记。2016 年 8 月，市场监督管理局为其核发了新的营业执照。

截至 2015 年 12 月 31 日，被告科技公司实缴出资 500 万元；截至 2016 年 12 月 31 日，被告科技公司实缴出资 1000 万，其中被告杨某林实缴 950 万元、被告陈某兰实缴 50 万元。

另外，原告与被告科技公司先后于 2015 年 10 月 8 日、2015 年 11 月 11 日、2016 年 1 月 5 日签订 3 份设备买卖合同。原告已按约交付设备，截至本案起诉前被告科技公司尚欠货款 507,094 元。

原告诉称：

1. 被告科技公司与原告交易时，注册资本为 2000 万元，被告科技公司的减资行为对原告的交易安全构成了实质威胁。被告科技公司在双方交易过程中办理减资，原告是已知债权人，如果被告科技公司通知原告减资1000万元，原告所要求的付款条件就会完全不同。自减资决议之日至营业执照颁发之日，被告科技公司均有通知的义务。

2. 二被告杨某林、陈某兰通过工商登记部门向不特定的债权人出具书面文件，对被告科技公司减资后的债务提供担保。在被告科技公司未清偿债务的情况下，原告有权依据《公司债务担保情况的说明》，要求二被告杨某林、陈某兰对被告科技公司的债务承担清偿责任。

被告辩称：

1. 2015年9月15日被告科技公司股东会作出减资决议时，原告对被告科技公司没有债权。案涉3份合同均约定，被告科技公司在货物送达后4个月内付款，故原告与被告科技公司在减资过程中发生交易，但未必形成债权。

2. 被告科技公司的减资是合法的、正当的，不存在对原告的侵害。原告与被告科技公司发生交易，是基于对被告科技公司资产的信赖，不应片面地信赖营业执照所载的注册资金。

3. 《公司债务担保情况的说明》是被告科技公司股东于2015年12月1日根据公司登记管理条例的要求出具的，当时原告的债权没有确定。即便原告有债权，也未在法定期间内向被告科技公司主张。

一审、二审法官观点：

被告科技公司在设备买卖合同履行过程中，确有应向原告支付而未付的款项，故对原告主张的货款和违约金应予支持。

被告科技公司作出减资决议的时间为2015年9月15日。而原告与被告科技公司最早的合同签订日为同年10月8日，显然被告科技公司作出减资决议之日，双方之间尚未形成债权债务关系，原告既非被告科技公司合同相对方，更非被告科技公司债权人，被告科技公司就减资事宜并不对原告负有通知义务。

一审、二审法院判决：

1. 被告科技公司应支付原告货款507,094元及相应违约金；
2. 驳回原告的其他诉请。

再审法官观点:

1. 关于原告是否为被告科技公司的债权人,被告科技公司就减资事宜对原告是否负有通知义务的问题。

公司应通知的债权人范围不仅包括股东会形成减资决议时已确定的债权人,还包括减资决议形成后至工商登记变更前的债权人。具体考虑如下:

(1) 从条款定位和立法目的出发,"公司应当自作出减少注册资本决议之日起十日内通知债权人"之规定旨在督促公司尽早履行通知义务,以保障债权人的信赖利益和知情权,而非免除公司对减资过程中与其形成债权关系之债权人的通知义务。

(2) 从商事外观主义和保障交易安全的角度考虑,债权人对于注册资本的合理信赖应当受到保护。交易相对方与公司进行交易之前通常会充分评估公司的资产信用状况,最直接的评估方法便是查阅市场监督管理部门公示的公司注册资本。交易相对方对于公司注册资本的合理信赖,理应得到法律的尊重和保护。

(3) 从双方利益衡平角度思考,不应对债权人范围进行机械的限缩解释。实践中,股东滥用认缴制损害债权人利益的情况屡见不鲜,考虑到现有立法就债权人保护制度仍延续法定资本制的规定,所以有必要对公司及其股东与债权人利益保护失衡的状态进行适当矫正,以避免股东利用减资程序损害债权人利益。

(4) 根据诚信原则,民事主体在民商事活动中应恪守诚信,善意行使权利、履行义务。公司及其股东明知减资行为会损害公司的偿债能力却不履行通知义务,有滥用公司减资程序之嫌,有违诚信原则。此外,公司工商登记变更之前发生的未届清偿期债权和尚存争议债权的债权人亦属于已知债权人。债权履行期限未届至只是行权存在一时性障碍,除不能立即受偿之外与已届清偿期的债权并无本质差别。同时,还应对债权的发生和债权的确定作必要区分,债权尚存争议亦不能否定债权的发生。故上述两类债权人均属于公司的已知债权人。

本案中,原告与被告科技公司之间的买卖合同分别于2015年10月8日、2015年11月11日、2016年1月5日签订。合同是债发生的原因,故买卖合同签订之日即为原告与被告科技公司的债权债务关系发生之时。原告享有要求被告科技公司支付货款的请求权，是被告科技公司的债权人。至于债权尚未到期或者债权数额尚未明确均不影响原告作为债权人的身份。被告科技公司对原告负有通知义务。

2. 关于被告科技公司应以何种方式通知的问题。

法律虽并未明确规定对于已知债权人必须采用书面方式通知，但采取书面通知的方式，方能确保债权人收到减资通知，进而选择行使异议权。公告通知作为一种拟制通知的方式，应是对书面通知的一种补充，仅适用于无法找到或者通知到的债权人。对于已知的、明确的债权人，公司应当以书面方式通知。本案中，原告是明确的债权人，被告科技公司应以书面方式通知，而不得以公告方式替代。被告科技公司未以书面通知形式履行通知义务，存在违法减资行为。

3. 关于被告股东应如何承担责任的问题。

公司减资系股东会决议的结果，是否减资以及如何减资完全取决于股东的意志。二被告杨某林、陈某兰在通知债权人一事上亦未尽到合理的注意义务。

本案中，被告科技公司减少的是尚未实缴的注册资本，其对外承担责任的财产因此而减少，对外偿债能力亦因此而下降。被告科技公司的瑕疵减资对原告的债权造成了实际的侵害。被告杨某林减资客观上降低了被告科技公司的偿债能力，产生了和股东抽逃出资一致的法律后果，应对被告科技公司不能清偿的部分在减资范围内承担补充赔偿责任。

被告陈某兰虽未减资，但股东会决议由二被告杨某林、陈某兰共同作出。被告陈某兰同意被告杨某林的减资，导致公司出现无法以自身财产清偿债务的后果，被告陈某兰应与被告杨某林在减资范围内承担连带责任。同时，考虑到二人书面承诺对公司全部债务提供担保的实际情况，二被告杨某林、陈某兰应对公司债务承担连带清偿责任。

再审法院判决：

1. 被告科技公司向原告支付货款 507,094 元及违约金；
2. 二被告杨某林、陈某兰在 1000 万元范围内，对被告科技公司的上述付款义务向原告承担连带清偿责任。

374. 除减资股东外，债权人能否要求负有责任的董事、高级管理人员一并承担补充连带责任？

对于董事、监事、高级管理人员来说，在减资过程中，其可能存在的过错主要表现为提出的减资方案违反法律规定、未充分核实公司通知债权人的情况等。

目前，司法实践中，少有债权人在违法减资案件中追究上述人员的责任。但《公司法》第191条新增规定：董事、高级管理人员执行职务，给他人造成损害的，公司应当承担赔偿责任；董事、高级管理人员存在故意或者重大过失的，也应当承担赔偿责任。[①] 本条应当理解为董事、高级管理人员对第三人责任的一般性规定，即凡是因董事、高级管理人员责任导致公司对第三人承担责任的，一般可引用本条规定。因此，参与违法减资且负有责任的董事、高级管理人员也可能需要对债权人承担责任。

【案例160】减资未通知债权人　法定代表人与减资股东一并担责[②]

原告：新易公司

被告：高甲、高某云

诉讼请求：

1. 被告高甲在减资范围内对案外人星客特公司所负金钱债务承担补充赔偿责任；

2. 被告高某云对被告高甲上述付款义务承担连带责任。

争议焦点：

1. 减资时未依法通知已知债权人，减资股东是否应对公司债务承担补充赔偿责任；

2. 参与减资的法定代表人是否应对减资股东所负民事责任承担连带责任。

基本案情：

1998年9月8日，案外人星客特公司设立。2013年12月24日，星客特

[①] 需要注意的是，《公司法》该条并未涵盖监事。
[②] 参见上海市第一中级人民法院（2017）沪01民终6622号民事判决书。

第十四章

减资纠纷

公司作出《股东会决议》，将原执行董事、法定代表人变更为被告高某云。

2014年10月20日，案外人星客特公司作出《股东会决议》，将注册资本由5000万元减至1000万元；注册资金变更后，大股东仍为被告高甲，持股比例为99.9%。章程落款处有被告高甲的签名和被告高甲代案外其他股东的签名。

2014年12月17日，案外人星客特公司再次作出《股东会决议》，记载："……根据2014年10月20日的《股东会决议》，本公司编制了资产负债表及财产清单，在该决议作出之日起10日内通告了债权人，并于2014年10月23日在报纸上刊登了减资公告。现就减资所涉及的债务清偿及担保问题作出如下说明：……至2014年12月17日，公司已向要求清偿债务的债权人清偿了全部应偿还的债权债务，如有未清偿债权债务的，由公司继续负责清偿，并由全体股东按投资比例提供相应的担保。"落款处有两被告的签名。

2015年11月18日，法院另案作出民事判决，案外人星客特公司应当支付本案原告广告费334万元及相应利息（付款义务均发生在星客特公司2014年10月的减资行为之前）。2016年7月25日，一审法院以未查到案外人星客特公司名下有可供执行的财产为由，裁定终结该案执行。

2016年1月，原告作为债权人，提起本案诉讼。

原告诉称：

案外人星客特公司明知原告的债权人身份，未在减资过程中书面通知原告，减资程序存在瑕疵。公告通知是直接通知的补充，只能适用于无法通知的债权人，不能免除其通知义务。被告高甲自己作出对于未清偿债权的担保，应属有效。故被告高甲应该对案外人星客特公司未能向原告清偿的债务承担连带责任。

被告高某云系案外人星客特公司的法定代表人，在减资过程中存在过错且提供了协助，应与被告高甲承担补充赔偿责任。

被告辩称：

1. 案外人星客特公司减资程序不存在瑕疵。同时，被告高甲在2014年12月17日《股东会决议》中所作的承诺，系应工商部门办理减资程序要求而出具，并未针对原告新易公司的具体债务，也未明确担保范围，不符合《担保法》规定的保证担保，故不产生保证担保的法律效力。

2. 被告高某云不应承担连带责任，其并非案外人星客特公司股东，是否签署2014年12月17日的《股东会决议》，并不影响星客特公司顺利办理减资手续，即其在星客特公司减资过程中并未予以协助。

法官观点：

1. 关于减资程序是否存在瑕疵、被告高甲是否应承担补充责任的问题。

通知和公告的目的主要是告知公司债权人，以便让他们决定对公司的减资是否有异议，是否要求公司清偿债务或者提供相应担保。因此，通知已知债权人是公司在减资过程中必须履行的法定程序。案外人星客特公司在2014年10月进行减资时未采取合理有效的方式通知债权人原告，该行为存在逃避债务的主观恶意，直接导致星客特公司以自身财产偿还原告债务能力下降，损害了原告的权利。因星客特公司减资系公司股东会决议的结果，而减资的受益人是公司股东，该情形与股东抽逃出资对于债权人的侵害在本质上是相同的，被告高甲作为减资股东，其不当减资行为违反了资本维持原则，对于公司债务应当在其减资范围内承担补充赔偿责任。

2. 关于被告高某云作为法定代表人是否应承担责任的问题。

根据法律规定，协助抽逃出资的其他股东、董事、高级管理人员或者实际控制人对此应承担连带责任。公司法定代表人对公司负有忠实义务和勤勉义务。被告高某云在公司减资时，其作为法定代表人，应当代表公司履行向已知债权人通知的义务，但其并未如此做，致使公司于2014年12月17日通过了关于减资的《股东会决议》，其作为法定代表人也签字确认，并协助减资公司顺利办理了减资手续，故应对被告高甲在本案中所负民事责任承担连带责任。

法院判决：

1. 被告高甲在减资范围内对减资公司的债务334万元承担补充赔偿责任；
2. 被告高某云对上述债务承担连带清偿责任。

375. 法院判决公司减资无效后，有哪些相应的民事责任？

具有以下民事责任：

（1）公司减资行为被判无效或减资决议被撤销、确认无效、不成立后，股东应将通过减资收回的出资返还给公司。股东拒不返还的，公司可向法院提起减资纠纷诉讼，诉请法院判决股东返还；公司怠于请求股东返还的，其他股东可以提起股东代表诉讼，代公司向负有返还义务的当事人请求返还出资款。

（2）公司如因先前的减资行为而进行了股东名册变更、出资证明核发、工商变更登记等，则股东或非公司股东投资者可向法院主张将上述内、外部登记情况恢复至减资之前的状态。如果公司拒不办理工商变更登记，则可由人民法院向市场监督管理部门签发协助执行通知书，由执行申请人持判决书向市场监督管理部门要求变更登记。对拒不变更内部登记的行为，人民法院可对公司的直接负责人（一般为法定代表人）依照妨害执行的行为进行处理，包括对其予以罚款、拘留。

376. 上市公司虚假陈述需承担何种责任？

若上市公司减资未履行临时报告义务或者违规披露信息，给投资者造成损失的，该行为属于虚假陈述，公司应当对投资者的损失承担损害赔偿责任，而公司的董事、监事及高级管理人员等也应当对此承担连带责任。

此外，上市公司、发行人的控股股东、实际控制人，组织、指使其他人实施有关违法行为的，还要承担有关行政责任。

【案例161】报表披露收入差错致跌停　虚假陈述赔偿1.2亿元[①]

原告：315名投资者（代表人为朱某、肖某、陈某、廉某、魏某）

被告：音响公司

诉讼请求：判令被告赔偿原告投资损失共计127,827,589.99元并承担各投资者的律师费用、诉讼通知费用。

争议焦点：

1. 投资者买入股票均在虚假陈述实施日和揭露日之间，是否可以推定买入股票行为系被告虚假陈述所致；被告认为投资者的买入行为主要与国家发布行业利好政策和公司发布收购公告有关，是否能阻断因果关系。

[①] 参见上海市高级人民法院（2021）沪民终384号民事判决书。

2. 投资者的损失金额如何确定，投资者所主张的损失是否包括由证券市场风险因素和个股投资风险导致的部分；如果存在证券市场风险因素的影响，应当如何确定其影响程度及相应的扣除比例。

3. 投资者主张的律师费、通知费是否合理。

基本案情：

被告是一家在上海交易所上市的公司。2017年8月26日，被告发布《2017年半年度报告》，声称收入和利润实现增长。报告发布后，被告股价连续3个交易日上涨。

2018年4月13日，被告在其发布的《2017年年度业绩预减及股票复牌的提示性公告》中承认，2017年半年度报告和三季度报告在收入确认方面有会计差错，预计将导致营业收入减少。公告发布后，被告股价连续3个交易日跌停。2019年11月，证监会作出行政处罚决定，认定被告因项目确认收入不符合条件，导致2017年半年度报告和三季度报告中的收入、利润虚增及相应业绩预增公告不准确。

2020年8月，34名投资者认为，被告上述虚假陈述行为造成其投资损失，遂共同推选其中4人作为拟任代表人，提起普通代表人诉讼。上海金融法院受理后作出民事裁定，确定权利人范围并发布权利登记公告。经权利登记，共有丁某等315名投资者成为本案原告，其中朱某等5名原告经在线推选当选为代表人。

一审审理中，当事人一致确认被告上述被处罚的信息披露行为构成证券虚假陈述，该虚假陈述的实施日为2017年8月26日，即被告发布《2017年半年度报告》之日；揭露日为2018年4月13日，即被告发布《2017年年度业绩预减及股票复牌的提示性公告》之日。

经一审庭审当庭随机抽取确定损失核定机构，2021年3月11日，案外人中证法律服务中心出具了《损失核定意见书》。双方当事人对《损失核定意见书》中佣金损失、印花税损失和利息损失的计算标准和计算结果均无异议。

此外，2017年7月10日，为推动半导体照明节能工作，提升产业整体发展水平，国家发展改革委等部委联合发布《半导体照明产业"十三五"发展规划》。2017年12月4日，被告发布关于收购海外A公司20%股份及海外B

公司 100% 股份完成交割的公告。

2018 年 4 月，被告发布《2017 年年度内部控制评价报告》，载明在财务报告内部控制方面，被告存在重大缺陷，表现为控股子公司部分项目工程进度监控不到位，所需资料收集取得不完备，导致未能对项目进度作出准确估计。在非财务报告内部控制方面，被告存在重大缺陷，表现为未能及时评估国家相关政策变化对 PPP 项目的影响，部分项目未履行招投标程序即已经开始实施。针对重大缺陷，公司对 2017 年半年报和第三季度财务报告进行了差错更正公告，并要求所有项目按照《工程项目管理手册》的要求执行，准确估计项目进度，及时进行账务处理。被告非财务报告内部控制方面的一般缺陷表现为国内公司主要在工程项目管理、资产管理、销售业务、信息系统管理等方面存在个别缺陷，国外公司主要在销售业务、采购业务、存货管理、信息系统管理等方面存在个别缺陷，对此被告已及时组织整改，对公司内部控制体系运行不构成实质性影响。

2019 年 4 月 20 日，被告发布《2018 年年度报告》，载明：公司 2018 年年度营业总收入 55,715.12 万元，较去年同期减少 12.29%，营业利润为 -13,471.09 万元，净利润为 -16,019.36 万元，较去年同期增加亏损 6518.71 万元。

原告诉称：

1. 各原告基于对被告公告的信任，在虚假陈述实施日后以公开竞价方式买入音响公司股票，后又由于其虚假陈述行为被揭露而遭受巨额损失，被告应承担相应赔偿责任。

2. 原告诉讼代理人花费大量时间、精力对本案进行研究和论证，也向所有原告承担了大量普法工作，故代表人有权要求被告承担该合理费用。

被告辩称：

1. 在程序方面，投资者提起虚假陈述证券民事赔偿诉讼，应提交身份证明文件，否则原告起诉应被依法裁定驳回。

2. 因果关系不存在。

被告的"信息披露违法行为"与原告交易损失之间没有因果关系。从涉案期间的市场整体环境看，原告主要是受宏观利好政策和其他经营性利好消息的影响买入股票，包括国家发展改革委印发的《半导体照明产业"十三五"

发展规划》和被告经营中收购其他公司的消息等，上述利好消息直接推动了股价上涨，并且吸引投资者买入被告股票。

部分原告在揭露日（更正日）后仍买入、卖出被告股票，其在实施日至揭露日（更正日）期间的交易行为并非基于对虚假信息的信赖，而是自主选择、判断的结果，其交易损失与被告之间没有因果关系。

即使存在因果关系，原告主张的损失计算也不符合事实和法律规定。涉案期间，受系统风险和LED照明行业系统风险因素的影响，被告股份大幅下跌，由此导致的损失应予剔除。如果参照大盘指数确定系统风险因素，涉案期间存在明显的汇率风险、通货膨胀风险及宏观经济变化引发的其他市场风险，原告交易损失至少应扣除27.57%。如果参照LED照明行业指数确定本案系统风险，2018年LED产业进入下降周期，原告交易损失至少应扣除75.5%。此外，2018年被告整体及主要子公司均出现亏损，同年4月，被告发布《2017年年度内部控制评价报告》，上述由上市公司自身经营情况恶化等非系统风险因素导致的投资者损失，属于正常的投资风险，不应由被告承担赔偿责任。

3. 损失核定不完整、不科学。

案外人中证法律服务中心由中证中小投资者服务中心全资设立，本案原告代理律师系中证中小投资者服务中心的公益律师。中证法律服务中心与本案存在利害关系，不具备中立性和权威性。其损失核定系统不完整、核定结果不科学，应当采用更加全面、科学的计算方式。

具体而言，《损失核定意见书》未对非系统风险导致的投资者损失进行核定。非系统风险主要是指个股风险，即个股自身经营导致的投资者损失。被告在2018年全年度亏损，而且发布的内控报告显示内控存在缺陷，都会对股价产生影响。客观上案外人中证法律服务中心的计算软件也不具备核定非系统风险的能力。

《损失核定意见书》采用同步指数对比法计算系统风险造成的损失，假定投资者买卖被告股票时，同时买卖相同数量的指数，明显不合常理。其采用的组合指数判定方法亦不合理。同步指数对比法计算指数平均跌幅时采用简单算术平均的计算方法，与组合指数判定方法（即综合指数影响＞申万一级行业指数影响＞申万三级行业指数影响）存在矛盾，而且如果不同指数的涨跌趋势存在背离，那么指数相加就会导致其涨跌幅相互抵销，从而不当地降低系统风险扣减比例。上涨的指数不会导致个股下跌，不应将其纳入计算。

另外，个别投资者交易损失的计算也存在错误。《损失核定意见书》将原告吴某、庄某、陈某等投资者的普通账户和信用账户交易数据合并后计算投资差额损失，导致实施日前余股数量计算错误，正确的算法应该是所有原告均应分账户计算。

法官观点：

1. 关于交易因果关系的认定。

本案中，原告均于案涉虚假陈述实施日至揭露日期间买入被告股票并在揭露日后因卖出或继续持有而产生亏损，应当推定其买入行为与虚假陈述之间存在交易因果关系。

虽然本案中，被告提供了产业发展规划和收购公告，以证明原告主要是受宏观利好政策和被告自身经营性利好消息吸引而买入股票，并主张部分原告在揭露日后仍多次买入，其交易行为并非出于对虚假信息的信赖。但被告提供的上述证据仅能证明在半导体照明行业曾存在利好政策以及被告存在收购事宜，而未能证明原告实际作出交易决策时，系基于前述因素的考虑而买入被告股票。部分原告在揭露日后有买入行为，亦有可能是基于降低持仓成本等多种因素考虑，不能证明其此前的交易行为并非出于对案涉虚假陈述行为的信赖。被告不能证明原告明知虚假陈述行为的存在仍买入股票，也不能证明原告的交易行为未受到虚假陈述行为的影响。

2. 关于损失因果关系及被告应赔损失金额的确定。

（1）损失因果关系的判断。

根据上证指数历史行情、同类企业历史行情等证据，本案实施日到基准日期间，A股市场存在整体波动，被告股价受此影响同步下跌。因此，投资者损失受到了证券市场风险因素的影响，对于该等因素所造成的损失部分，应当认定其与虚假陈述之间不存在因果关系。至于证券市场风险因素所造成的影响比例，应根据专业分析核定扣除。

关于被告主张的个股风险导致的损失应当扣除，在判断是否存在个股经营风险因素造成投资者损失时，应当评判有关信息是否对市场已经产生或可能产生重要影响。被告提供的《2018年年度报告》发布时间为2019年4月20日，并不在案涉虚假陈述所影响的时间区间内。被告提供的《2017年年度内部控制评价报告》的发布时间为2018年4月28日，报告指出的重大缺陷与被告2018年4月13日发布的《2017年年度业绩预减及股票复牌的提示性公告》所披露的虚假陈述内容基本一致。因此，该报告并未披露案涉虚假陈述以外的其他重大信息，其发布并不属于案涉虚假陈述以外的影响股价的"其他因素"。

（2）损失计算方法的认定。

各方当事人对《损失核定意见书》的争议在于投资者存在多个证券账户时，应将交易记录合并计算还是分账户单独计算。根据《最高人民法院关于审理证券市场因虚假陈述引发的民事赔偿案件的若干规定》（法释〔2003〕2号）的规定，应以投资者为主体确定实际损失的计算方式。在同一投资者持有多个证券账户的情况下，其选择某一账户作出买入或卖出的交易决策，均系出于整体投资策略的考虑，若采用各个账户独立计算的方式，则割裂了投资者投资策略的整体性，未能反映其真实的投资意图。具体到每一名投资者，因其交易情况各不相同，难谓合并计算或是分账户单独计算对个体投资者更为有利。虽然案外人中证法律服务中心亦有分账户独立计算的做法，但在当事人对此存有争议时，将多账户交易记录合并计算的方法更为合理。

（3）证券市场风险因素扣除比例的界定。

《损失核定意见书》中选用的市场风险比例认定方法是以《最高人民法院关于审理证券市场因虚假陈述引发的民事赔偿案件的若干规定》中的损失计算公式为基础，结合每名投资者的具体持股期间，将个股跌幅与综合指数、行业指数的平均跌幅进行同步对比，用相对比例的方法确定市场风险因素对每名投资者的具体影响程度。

关于行业指数的选取，投资者认为被告属于电器仪表行业。根据中国证监会制定的《上市公司行业分类指引》（2012年修订）规定，应以上市公司营业收入等财务数据为主要分类标准和依据，当某类业务的营业收入比重大于或等于50%，则将其划入该业务相对应的行业。被告2017年至2019年经会计师事务所审计并已公开披露的合并报表数据显示，光源电器及灯具类产品生产及销售占其年度营业总收入的 50% 以上，其中 LED 产品所占比重在 2018 年至 2019 年亦在 50% 以上，因此案外人中证法律服务中心选取申万电子行业指数和申万 LED 行业指数作为考察市场风险的参考指标并无不妥。

关于组合指数判定方法，被告认为该判定方法与计算组合指数平均跌幅时的算术平均法矛盾，且相关指数走势不同时可能导致涨跌幅抵销，降低系统风险扣减比例。鉴于证券市场的复杂性和不确定性，难以精准地计算和还原证券市场风险因素对股价影响的绝对值，在判断《损失核定意见书》所确立的组合参考指标体系是否合理时，应从其纳入考量因素的全面性、计算方法的合理性、逻辑体系的自洽性等方面综合考察，进而判定该算法对上市公司和投资者双方是否相对公平、合理。《损失核定意见书》采用综合指数、申万一级行业指数、申万三级行业指数作为证券市场风险因素的参考指标，从不同范围、不同维度上反映了市场整体与个股价格变化的相对关系，考量因素较为全面。而在计算平均跌幅时，由于不同指数之间互相影响，其对个股亦产生共同影响，因此《损失核定意见书》对于选定的指数，无论是上涨还是下跌，均采用算术平均法计算平均跌幅，符合指数与指数、指数与个股之间相互影响的逻辑，对双方较为公平。

关于同步指数对比法，该算法是将个股跌幅与同期指数平均跌幅作对比。在确定指数涨跌幅时，将投资者具体的买卖情况与同期指数变动做紧密贴合的比对，取个股第一笔有效买入日后的买入期间内、卖出期间内以及揭露日至基准日期间与各笔交易时点相对应的指数，并以不同交易时点的股票交易数量作为权重系数，以加权计算的方法计算均值，然后根据对应期间指数均值之间的差值，得出相关指数的平均跌幅程度。该指数平均跌幅的计算方法，与个股跌幅中买入均价、卖出均价及基准价的计算完全同步，充分考虑了投资者每笔交易的权重，且在计算投资差额损失与市场风险因素扣除比例时，均采用加权计算法测算股价变化及指数变化，计算方法上也具有逻辑上的统一性。被告主张指数跌幅应按照实施日至揭露日期间最高点与基准日之间的指数差值统一计算，无法反映原告各时点交易受到市场风险的影响程度，该观点不能成立。

3. 关于律师费、通知费等合理费用的负担。

《最高人民法院关于证券纠纷代表人诉讼若干问题的规定》（法释〔2020〕5号）第25条规定："代表人请求败诉的被告赔偿合理的公告费、通知费、律师费等费用的，人民法院应当予以支持。"该规定旨在降低投资者的维权成本，便利投资者参与代表人诉讼。

关于通知费的具体金额，本案代表人通过电话、短信、电子邮件等方式通知本案其他投资者，代表人诉讼涉及人数众多且分布广泛，代表人进行通知必然耗费时间、精力，并发生一定的费用。该等费用属于代表人为维护投资者权利进行诉讼所发生的必要费用，应当由败诉方承担。据此，被告应当按照每名投资者50元（除代表人外）的标准支付代表人通知费，即15,500元。

关于律师费的具体金额。代表人诉讼涉及的人数众多、地域分布广泛、标的额较大，诉讼程序相对新颖、复杂，诉讼结果将对后续案件产生重大影响，故代表人委托的律师在代理过程中需要投入更多的精力，付出更高的成本。因此，在重点考量投资者人数、标的金额、案件难易程度、律师工作量等因素的基础上，参考本案诉讼规模，酌定按人均3000元的标准确定被告应负担的律师费。就本案涉及315名投资者及1.2亿余元诉讼标的额的实际情况而言，该酌定的律师费标准已远低于普通个案诉讼通常收费标准。

4. 关于被告所提出的身份证明文件问题。

投资者提起民事赔偿诉讼需提交身份证明文件的宗旨在于避免虚假诉讼。本案系适用代表人诉讼程序进行审理，为便利投资者加入诉讼，本院自主开发了代表人诉讼在线平台，适格投资者可通过该平台进行身份核验后，在线进行权利登记。本案中，原告均通过该平台进行了身份核验，且能够与本院通过中国结算上海分公司调取的交易记录相印证，因此各原告适格投资者的身份可予认定。

综上，根据案外人中证法律服务中心《损失核定意见书》的意见，本案投资者最终应获得的赔偿金额为《损失核定意见书》中核定的扣除证券市场风险因素后的投资差额损失与相应佣金、印花税、利息损失之和。本案原告获赔金额共计123,547,952.4元，所应获赔的损失金额计算方法为扣除证券市场风险因素后的投资差额损失与相应的佣金、印花税、利息损失之和，其中应赔投资差额损失 =（买入均价 – 卖出均价或基准价）×持股数量×（1 – 证券市场风险因素的影响比例），买入均价采用第一笔有效买入后的移动加权平均法计算，多个账户应合并计算，证券市场风险因素采用个股跌幅与同期组合指数平均跌幅进行同步对比的方法扣除，应赔佣金损失 = 应赔投资差额损失 ×0.03%，应赔印花税损失 = 应赔投资差额损失 ×0.1%，应赔利息损失 =（应赔投资差额损失 + 应赔佣金损失 + 应赔印花税损失）×0.35%×第一笔有效买入日至最后一笔卖出日或基准日的实际天数/365 天。此外，被告还应当支付通知费 15,500 元和律师费 945,000 元。

法院判决：

1. 被告向原告支付投资差额损失、佣金损失、印花税损失和利息损失等赔偿款共计 123,547,952.4 元；

2. 被告向代表人朱某、肖某、陈某、廉某、魏某支付通知费 15,500 元；

3. 被告向代表人朱某、肖某、陈某、廉某、魏某支付律师费 945,000 元（按本案 315 名投资者，以人均 3000 元计算）。

【案例162】关联担保、诉讼等多项事实未披露　公司及负责人共计被罚 340 万元[①]

当事人：腾邦国际商业服务集团股份有限公司；钟某胜，时任腾邦国际董事长；顾某，时任腾邦国际副总经理、财务总监；段某琦，时任腾邦国际副董事长、执行总裁；乔某，时任腾邦国际董事、总经理。

违法事实：

1. 未及时披露及未在定期报告中披露关联担保。

2017 年 2 月 5 日、2 月 21 日，腾邦国际的控股股东腾邦集团与周某平先后签订两份《借款合同》，借款本金分别为 5000 万元，腾邦国际彼时的子公司深圳市前海融易行小额贷款有限公司（以下简称融易行）和深圳市腾付通电子支付科技有限公司（以下简称腾付通）与其他担保人共同为上述借款提

---

① 参见中国证券监督管理委员会深圳监管局〔2022〕2 号行政处罚决定书。

供连带担保。

2018年7月，腾邦集团与粤港澳大湾区产融投资有限公司签订《借款合同》，约定借款30,000万元，腾邦国际在《保证合同》上加盖公章，为上述借款事项提供连带担保。2018年11月，腾邦集团归还该笔借款本金30,000万元。

2018年8月，腾邦集团与深圳市梦程投资咨询有限公司签署《借款合同》，借款金额为2955万元，腾邦国际在《担保保证书》上加盖公章，为腾邦集团上述借款提供连带担保。

2018年10月，腾邦集团与华商汇供应链管理（广州）有限公司（以下简称华商汇）签订《借款合同》，约定借款30,000万元，腾邦国际在《保证合同》上加盖公章，为腾邦集团上述借款提供连带担保。

2019年4月，腾邦集团、钟某胜、史某、腾邦国际与深圳市腾达飞信息咨询有限公司（以下简称腾达飞）签署《借款暨担保合同》，腾邦集团向腾达飞借款4700万元，腾邦国际作为保证人之一在上述《借款暨担保合同》上加盖公章，为该笔借款提供连带担保。

根据《证券法》（2005年修订）第67条第1款、第2款第3项，《上市公司信息披露管理办法》（中国证券监督管理委员会令第40号）[①] 第30条第1款、第2款第3项及第17项的规定，腾邦国际应当及时披露其签订担保合同及为控股股东提供担保的事项，但公司并未及时披露。腾邦国际在《2018年度报告》中未披露向关联方提供担保发生额62,955万元，未披露向关联方提供担保余额42,955万元，占公司当期经审计净资产的13.39%；《2019年度报告》未披露向关联方提供担保发生额4700万元，未披露向关联方提供担保余额47,655万元，占公司当期报告记载净资产的35.49%。

根据《公开发行证券的公司信息披露内容与格式准则第2号——年度报告的内容与格式》（2017年修订，以下简称《年报内容与格式准则》）[②] 第41条第2项的规定，腾邦国际应当在相关定期报告中披露其发生的上述关联担保

[①] 该办法新修订版将于2025年7月1日生效。
[②] 该规定新修订版将于2025年7月1日生效。

事项及相应余额,但公司未在《2018年度报告》《2019年度报告》中披露,导致相关定期报告存在重大遗漏。

2. 未在定期报告中披露重大诉讼和仲裁。

2019年下半年,周某平就前述有关借款、担保提起两起仲裁,请求腾邦集团清偿借款本息,融易行、腾付通承担连带清偿责任;华商汇就前述有关借款、担保提起一起诉讼,请求腾邦集团清偿借款本息,腾邦国际承担连带清偿责任。

腾邦国际在《2019年度报告》中未披露上述与担保相关的诉讼、仲裁事项,涉及金额累计40,000万元,占公司当期报告记载净资产的29.79%。

根据《年报内容与格式准则》第36条的规定,腾邦国际应当在相关定期报告中披露上述重大诉讼、仲裁事项,但其在《2019年度报告》中并未披露,导致《2019年度报告》存在重大遗漏。

3. 未及时披露及未在定期报告中披露控股股东非经营性资金占用。

2018年,腾邦集团向融易行的客户拆借取得资金18,544万元,用于腾邦集团资金周转,上述资金的来源为融易行发放的小额贷款。腾邦集团间接使用了融易行对外发放的小额贷款资金,形成资金占用。截至2018年年底,腾邦集团对腾邦国际的非经营性资金占用余额为18,544万元,占腾邦国际最近一期经审计净资产的6.36%。根据《上市公司信息披露管理办法》第48条,腾邦国际对于该关联交易应当及时披露,同时,根据《年报内容与格式准则》第31条、第40条第4项的规定,对于前述属于关联交易的非经营性资金占用事项,公司还应当在《2018年度报告》中披露。但是,腾邦国际既未及时履行临时报告义务,也未按照规定在《2018年度报告》中予以披露。

深圳监管局认为:

腾邦国际披露的《2018年度报告》《2019年度报告》存在重大遗漏,以及未及时披露重大事件的行为,违反了《证券法》第63条、第66条第6项、第67条第1款及第2款第3项、第78条第2款、第79条的规定,构成《证券法》第193条第1款和第197条第2款所述之情形。

钟某胜时任腾邦国际董事长,决策、实施了公司违规担保和控股股东资金占用行为，作为腾邦国际法定代表人或共同保证人在对外担保合同上签字，知悉相关担保事项，在代行董事会秘书职责期间知悉与上述担保有关的诉讼仲裁，同意融易行对外发放小额贷款及腾邦集团资金拆借事项，明知相关定期报告存在重大遗漏，仍在审议《2018年度报告》《2019年度报告》时投赞成票，未勤勉尽责，是公司上述违法行为直接负责的主管人员。

顾某时任腾邦国际副总经理、财务总监，作为经办人参与腾邦国际子公司为腾邦集团向周某平借款提供担保事项，作为共同保证人在担保合同上签字，并知悉周某平提起仲裁事项，在审批流程中同意融易行对外发放小额贷款，在审议《2018年度报告》《2019年度报告》时投赞成票，未勤勉尽责，是公司《2018年度报告》《2019年度报告》存在重大遗漏及未及时披露相关重大事件直接负责的主管人员。

段某琦时任腾邦国际副董事长、执行总裁，参与并知悉腾邦国际为腾邦集团向腾达飞借款提供担保事项，知悉有关诉讼仲裁，明知相关定期报告存在重大遗漏，仍在审议《2019年度报告》时投赞成票，未勤勉尽责，是公司《2019年度报告》存在重大遗漏及未及时披露相关重大事件直接负责的主管人员。

乔某时任腾邦国际董事、总经理及腾付通法定代表人，参与并知悉腾付通为腾邦集团向周某平借款提供担保、腾邦国际为腾邦集团向腾达飞借款提供担保事项，在审议《2018年度报告》时投赞成票，未勤勉尽责，是公司《2018年度报告》存在重大遗漏及未及时披露相关重大事件直接负责的主管人员。

2022年4月2日，腾邦国际向我局提交材料称，董事长钟某胜不处理具体业务运营，仅知悉而未决策、实施相关违规担保、资金占用等行为；顾某是在审批流程中同意融易行对外发放小额贷款；段某琦仅知悉而未参与腾邦国际为腾邦集团向腾达飞借款提供担保事项。同年4月21日，钟某胜向我局提交材料建议修改其责任表述为"同意公司实施了违规担保和控股股东资金占用行为"。经查，上述关于钟某胜、段某琦作用的相关表述调整建议与在案证据不符，不予采纳。

深圳监管局决定：

1. 对腾邦国际商业服务集团股份有限公司给予警告，并处以100万元罚款；

2. 对钟某胜给予警告，并处以 100 万元罚款；

3. 对顾某给予警告，并处以 70 万元罚款；

4. 对段某琦给予警告，并处以 60 万元罚款；

5. 对乔某给予警告，并处以 10 万元罚款。

377. 公司减资，企业投资方如何进行会计处理？

（1）减资时被投资企业盈利

借记"银行存款"或"应收账款"，贷记"长期股权投资"及"投资收益"。

（2）减资时被投资企业亏损

借记"银行存款"或"投资收益"，贷记"长期股权投资"。

378. 公司以及股东如何进行减资的税务处理？

（1）公司的税务处理

公司减资属于所有者权益变化，无须进行所得税处理。对于公司发生经营亏损的而减资的情形，由被投资公司按规定结转弥补。

（2）股东的税务处理

①法人股东。

股东从被投资企业撤回或减少投资，其取得的资产中，相当于初始出资的部分，应确认为投资收回；相当于被投资企业累计未分配利润和累计盈余公积按减少实收资本比例计算的部分，应确认为股息所得；其余部分确认为投资资产转让所得。

但对于被投资企业发生经营亏损而减资的，投资企业不得调整降低其投资成本，也不得将其确认为投资损失。

②个人股东。

个人因减资从被投资企业分回的资产，均属于个人所得税应税收入，超出投资成本的部分应全部确认为财产转让所得，按规定计算缴纳个人所得税。

应纳税所得额的计算公式如下：

应纳税所得额＝个人收回款项合计数－原实际出资额（投入额）及相关税费

③如果从被投资企业分回的资产包括非货币性资产，该资产变动视同销售并确认收入。

确定销售收入时，分为三种情形：第一，属于企业自制的资产应按企业同类资产同期对外销售价格确定销售收入；第二，属于外购的资产可按购入时的价格确定销售收入；第三，其他类型的资产按照被移送资产的公允价值确定销售收入。

【相关法律依据】

一、公司法类

（一）法律

❖《公司法》第66条、第116条、第172条、第191条、第214条、第224~226条

（二）部门规章

❖《市场主体登记管理条例实施细则》（国家市场监督管理总局令第52号）第7条

二、民法类

❖《民法典》第188条

三、程序法类

（一）法律

❖《民事诉讼法》第252条

（二）司法解释

❖《最高人民法院关于适用〈中华人民共和国民事诉讼法〉的解释》（2022年修正）第22条、第247条

四、证券法类

（一）法律

❖《证券法》第56条、第57条、第78~80条、第197条、第202条

（二）司法解释

❖《最高人民法院关于审理证券市场虚假陈述侵权民事赔偿案件的若干规定》（法释〔2022〕2号）第4条、第24条、第25条

❖《最高人民法院关于证券纠纷代表人诉讼若干问题的规定》（法释

〔2020〕5号）第25条

（三）部门规章

❖《上市公司信息披露管理办法》（中国证券监督管理委员会令第40号）第30条、第48条

（四）部门规范性文件

❖《公开发行证券的公司信息披露内容与格式准则第2号——年度报告的内容与格式》（2021年修订）第45条、第51条、第54条、第55条

五、税法类

❖《国家税务总局关于企业所得税若干问题的公告》（国家税务总局公告2011年第34号）第5条

❖《国家税务总局关于个人终止投资经营收回款项征收个人所得税问题的公告》（国家税务总局公告2011年第41号）第1条

第十五章　公司合并纠纷

【宋和顾释义】

关于公司合并纠纷，新《公司法》在修订中，共涉及两处新增规定，涵盖：

(1) 简易合并（包括母子合并与小规模合并）的制度及程序；

(2) 公司合并的通知方式。

结合过往司法实践和本次修订，公司合并纠纷的争议类型主要体现为以下三种[①]：

(1) 合并纠纷立案的程序性争议，如在合并无效、合并决议无效等不同诉讼中，如何确定所对应的诉讼主体、管辖等；

(2) 债权人保护程序争议，如合并各方应当如何通知债权人，公司合并后原合并各方的债务继承等；

(3) 合并协议履行争议，如合并协议是否因违反《民法典》的强制性规定而无效，如何判断公司合并协议是否具备解除条件等。

上述部分问题，在本书第三版第三册"公司合并纠纷"章节中已涉及，本章系根据司法实践的变化以及修法产生的新问题，加以梳理、归纳和补充。

[①] 由于股东会或董事会作出合并决议是公司合并的必经程序，如果公司合并决议的效力存在争议，则属于公司决议纠纷；如果债权人仅向合并后的公司主张债权，则属于普通的债权债务纠纷。

379. 如何确定公司合并纠纷的当事人？

对于因合并协议效力、履行、解除等发生的纠纷，按合同纠纷确立原告和被告。

对于请求确认公司合并无效的，合并各方公司的股东、债权人以及公司合并的审批机关可以请求法院确认公司合并无效。被告应为公司合并各方，如果合并各方均已经注销，则被告应确定为合并后存续的公司。需要注意的是，合并后公司的新股东并不是起诉合并无效的适格原告。

对公司合并决议有异议的，按对应的决议纠纷确定诉讼主体。公司股东、董事、监事等直接利害关系人可以作为请求确认合并决议无效或不成立的原告，公司股东还可以作为原告请求依法撤销合并决议。对于确认公司合并决议无效或请求撤销合并决议的纠纷，应由公司股东提起诉讼，被告应为作出决议的公司。

对于债权人请求承担债务以及违约责任的纠纷，被告应为合并后的主体。

【案例163】合并后新股东起诉合并无效　因其原告身份不适格被驳回[①]

原告：杨某

被告：西南养猪专业合作社

第三人：农牧公司、胡某、方某、刘甲、刘乙、李甲、李乙、汪某

诉讼请求：确认被告与案外人亿发养猪专业合作社合并无效。

争议焦点：原告作为两社合并后才加入的新股东，是否有权确认入股前的两社合并无效。

基本案情：

被告吸收合并前的成员有第三人农牧公司、第三人胡某及第三人方某；案外人亿发养猪专业合作社在合并前的成员有第三人刘甲、第三人刘乙、第三人李甲及第三人李乙。

2009年12月20日，被告经主管部门同意后与案外人亿发养猪专业合作

---

① 参见四川省成都市中级人民法院（2017）川01民终11689号民事裁定书。

社进行了吸收合并。两社合并完成后，案外人亿发养猪专业合作社被注销，原告及第三人汪某加入被告成为股东。

原告诉称：

被告吸收合并案外人亿发养猪专业合作社的行为损害了原告利益，原告作为被告股东，有权提起本案诉讼，法院应当受理该案件。

被告及第三人汪某同意原告意见。

第三人农牧公司、方某、刘甲、刘乙、李甲和李乙称：

原告既不是合并的相对方，又不是案外人亿发养猪专业合作社的股东，也不是被告合并前的股东，原告于两社合并后才入社，故两社合并与原告没有利害关系，原告的诉请没有事实依据。

法官观点：

根据《民事诉讼法》第119条"起诉必须符合下列条件：（一）原告是与本案有直接利害关系的公民、法人和其他组织；……"，适格原告须是与本案有直接利害关系的当事人，即案件事实直接对当事人主张的权利产生影响。

本案中，案涉合并关系的主体为案外人亿发养猪专业合作社与被告，而原告认可其在两社合并前并非上述两个合作社的股东，故上述合并关系与原告之间并不具有直接利害关系。

法院裁定：

驳回原告起诉。

380. 公司合并纠纷由何地法院管辖？

对于因合并协议效力、履行、解除等发生的纠纷，按合同纠纷确立管辖，合同当事人可以书面协议选择被告住所地、合同履行地、合同签订地、原告住所地、标的物所在地等与争议有实际联系的地点的法院管辖。

公司合并无效诉讼的管辖法院应为合并各方所在地的法院，如果合并各方均已注销，则应当由合并后存续的公司所在地法院管辖。

请求撤销合并决议，以及确认公司合并决议无效、不成立的纠纷，应由作出决议公司所在地法院管辖。

对于债权人主张的债务纠纷，在合同没有另行约定的情况下，应由合并后存续公司所在地法院管辖。

381. 公司合并必须履行哪些法定程序？

公司合并应当分三种情形讨论：

（1）普通合并：合并公司和被合并公司都应当首先由董事会拟定合并方案，而后由董事会将合并方案提交股东会审议通过。有限责任公司中，合并方案须经公司全体股东所持表决权 2/3 以上通过。股份有限公司中，须经出席股东会的股东所持表决权 2/3 以上通过。具体程序见图 15-1。

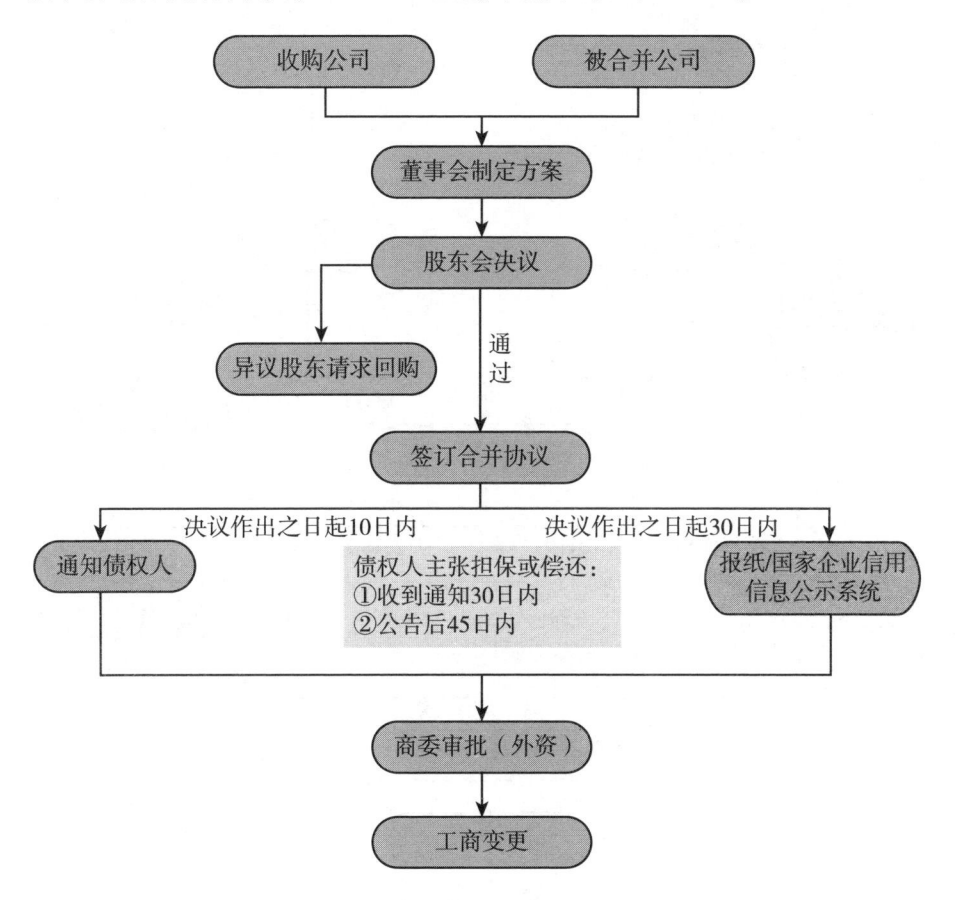

```
        收购公司          被合并公司
            ↓                ↓
         董事会制定方案
                ↓
              股东会决议
          ↙            ↓ 通过
  异议股东请求回购       │
                        ↓
                    签订合并协议
      ↙                              ↘
决议作出之日起10日内          决议作出之日起30日内
  通知债权人                    报纸/国家企业信用
                                  信息公示系统
         债权人主张担保或偿还：
         ①收到通知30日内
         ②公告后45日内
                    ↓
              商委审批（外资）
                    ↓
                 工商变更
```

图 15-1　普通合并须履行的法定程序

（2）母子合并：公司与其持股 90% 以上的公司合并。在这种情况下，合并公司与被合并公司分别适用不同的决议程序。合并公司依照一般合并程序进行，即由董事会制定公司合并方案，股东会对公司合并作出决议；而被合

· 727 ·

并公司仅须经过董事会审议，无须经过股东会决议，因为对被合并公司而言，小股东所掌握的表决权不及所有股权的10%，其无法阻却合并的进行，因此股东会决议并不具有实质价值。但值得注意的是，被合并公司董事会应当通知其他股东，其他股东有权请求公司按照合理价格回购其股权或份额。具体程序见图15-2。

另外，上述母子公司之间的简易合并应该是母公司对子公司的合并，不包括子公司合并母公司的情形，也不包括新设合并。

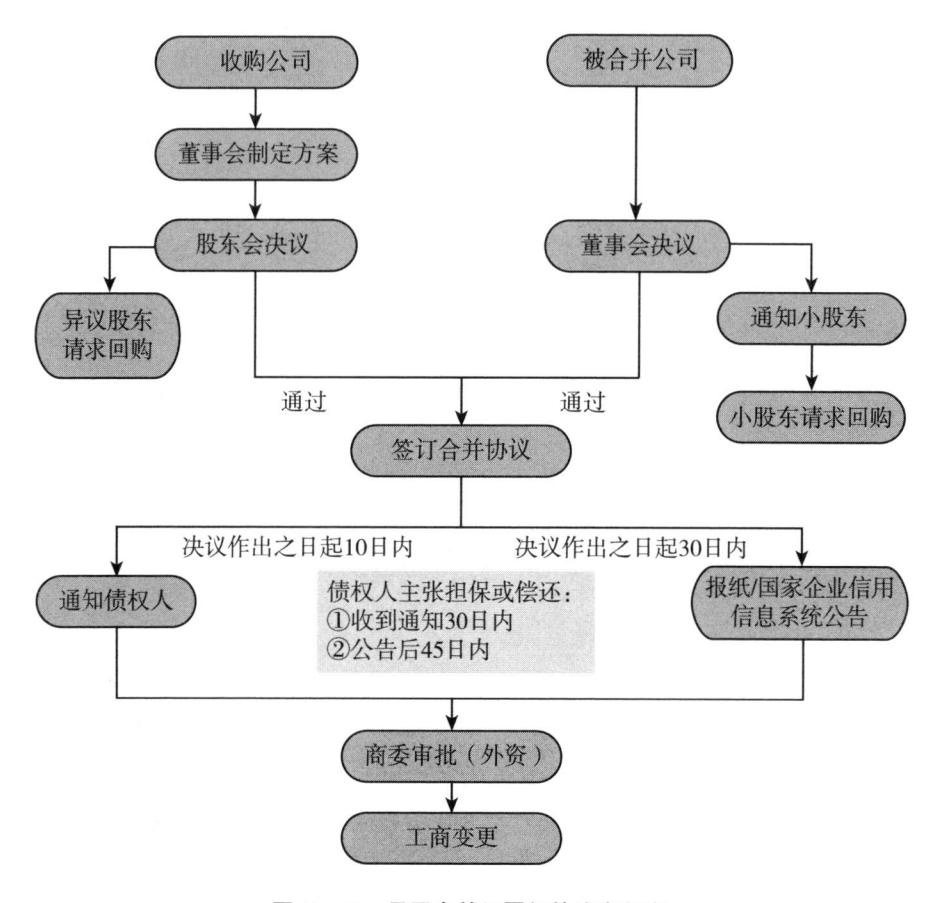

图15-2 母子合并须履行的法定程序

（3）小规模合并：公司合并支付的价款不超过本公司净资产10%的合并。在这种情况下，合并公司与被合并公司也分别适用不同的决议程序。被合并公司依照一般合并程序进行，即由董事会制定公司合并方案，股东会对公合并作出决议；而收购公司仅须董事会决议通过即可，无须经过股东会审议，因为收购活动需要支付的价款不超过其净资产的10%，对公司利益影响较小。但允许公司章程对此另作规定。需要注意的是，只有章程明确规定此种情况下合并由股东会决议的，才不由董事会决议，否则仍由董事会决议。具体程序见图15-3。

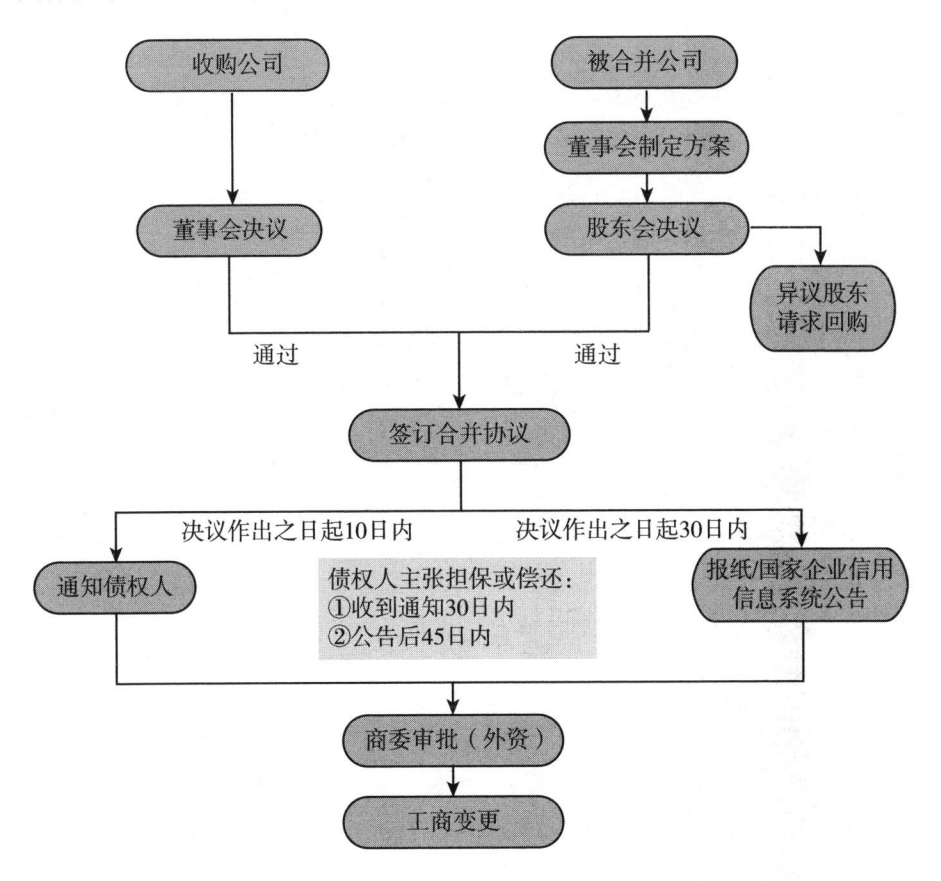

图15-3 小规模合并须履行的法定程序

在董事会或股东会审议通过后，公司之间可签订合并协议并编制资产负债表，并对合并事宜予以通知和公告。在债权人保护期限经过后，公司合并各方应至市场监督管理部门办理工商变更登记。

382. 公司合并后，原合并各方的债权债务由谁承继？

公司合并后存续的公司或者新设立的公司应当无条件地接受因合并而消

灭的公司的对外债权与债务。在合并完成后，即使未办理被合并公司的注销登记，存续公司仍应承担被合并公司的债务。

【案例164】内部约定不承继被合并方债务　该约定不能对抗债权人[①]

原告：张某

被告：文海公司

诉讼请求：被告偿还借款本金210,000元、利息844,235.87元。

争议焦点：《兼并协议》约定"兼并前债务由被兼并方各自承担"的约定，是否能对抗作为债权人的原告。

基本案情：

案外人供销社于1996年向案外人工商银行借款210,000元。

2003年，被告与案外人供销社签订《兼并协议》，约定由被告兼并供销社，被告接纳和安置案外人供销社的45名离退休职工和14名在职员工，接管和拥有案外人供销社约1521.17平方米房屋的所有权和约1531.89平方米土地的使用权。

2004年，被告与案外人供销社签订《企业改制协议》，约定本协议生效前，由被告协助供销社将其兼并前的全部经营活动中所产生的所有债权债务等事项处理终结或者双方以文书形式确认清楚，故本协议生效后，被告对其自身在经营活动中的一切责任和债权债务均由其自行承担。

2004年8月26日，案外人供销社注销。

因案外人供销社到期未还借款，案外人工商银行将该笔债权进行多次合法转让。最终，原告于2019年8月19日通过协议受让债权的方式取得了上述债权，协议显示债权本金为210,000元，利息合计为845,843.33元。同年8月28日，原告向被告公证送达了《债权转让暨催收通知书》。

原告诉称：

作为主债务人的案外人供销社已被被告兼并，且于2004年8月被注销营业执照，根据企业改制司法解释规定，被告对案外人供销社的借款本息应当

[①] 参见湖北省武汉市中级人民法院（2020）鄂01民终11310号民事判决书。

承担偿还责任。

被告辩称：

原告的起诉对象不正确，被告在 2004 年签署的《企业改制协议》中第 4 条明确表示，本协议生效后被告和案外人供销社在其经营活动中所产生的所有债权和债务一律无关。

法官观点：

案涉债权转让至原告前的全部转让行为，均按法定程序发布了债权转让公告，原告受让案涉债权后也通过公证方式进行了债权转让、催收通知，上述债权转让对作为债务人的案外人供销社具有法律效力。

《最高人民法院关于审理与企业改制相关的民事纠纷案件若干问题的规定》（法释〔2003〕1 号）第 31 条规定"企业吸收合并后，被兼并企业的债务应当由兼并方承担"。因案外人供销社已由被告兼并，故供销社所负案涉债务应由被告承担，虽被告与案外人供销社在《企业改制协议》中约定被告对其自身在经营活动中的一切责任和债权债务均由其自行承担，但该协议仅系双方内部约定，不能对抗善意第三人，故被告应承担案外人供销社被兼并前所形成的案涉债务。

法院判决：

被告支付原告借款本金 210,000 元、借款利息 845,843.33 元。

383. 公司合并时，合并各方应当如何通知债权人？进行公告的平台有何要求？债权人提出公司清偿或担保有什么时限要求？

合并各方应当于合并的股东会/董事会决议之日起 10 日内通知债权人，并于 30 日内根据公司规模和营业地域范围在全国或者公司注册登记地省级有影响的报纸或国家企业信用信息公示系统上进行公告。债权人自接到通知书之日起 30 日内，未接到通知书的自公告之日起 45 日内，可以要求公司清偿债务或者提供相应的担保。

384. 公司合并是否需要经过有关部门批准？如果需要，应由什么部门批准？

国有独资公司合并必须由国有资产监督管理机构决定，其中，重要的国有独资公司合并，应当由国有资产监督管理机构审核后，报本级人民政府批准。

需要注意的是，上市公司股份变动的合并方案应当报中国证监会批准并抄报证券交易所。

涉及外商公司的合并，须经公司原审批机关批准。公司吸收合并的，合并方公司作为申请人向其原审批机关提交合并的申请，获得同意合并的初步批复；如果拟合并公司的原审批机关有两个以上的，由合并后公司住所地对外经济贸易主管部门审批。公司新设合并的，由合并各方协商确定一个申请人向合并后公司住所地商务主管机关提交申请，获得同意合并的初步批复。如果拟合并的公司至少有一家为股份有限公司的，由商务部审批。

其他类型公司合并无须经过有关部门批准。

385. 如何判断公司合并是否构成垄断？国务院规定的申报标准和例外情形是什么？

依据《反垄断法》和《国务院关于经营者集中申报标准的规定》（2024年修订）规定，对公司合并造成经营者集中达到国务院规定的申报标准的，经营者应当事先向国务院反垄断执法机构申报，未申报的，不得实施集中。

经营者集中是指下列情形：

（1）经营者合并；

（2）经营者通过取得股权或者资产的方式取得对其他经营者的控制权；

（3）经营者通过合同等方式取得对其他经营者的控制权或者能够对其他经营者施加决定性影响。

国务院所规定的申报标准如下：

（1）参与集中的所有经营者上一会计年度在全球范围内的营业额合计超过 120 亿元人民币，并且其中至少两个经营者上一会计年度在中国境内的营业额均超过 8 亿元人民币；

（2）参与集中的所有经营者上一会计年度在中国境内的营业额合计超过 40 亿元人民币，并且其中至少两个经营者上一会计年度在中国境内的营业额均超过 8 亿元人民币。

但存在下列情况的，即使达到上述标准亦可以不向国务院申报：

（1）参与集中的一个经营者拥有其他每个经营者 50% 以上有表决权的股

份或者资产的；

（2）参与集中的每个经营者50%以上有表决权的股份或者资产被同一个未参与集中的经营者拥有的。

386. 如何判断公司合并协议是否具备解除条件？

合并协议的解除遵循《民法典》关于合同解除事由的相关规定，即先判断协议解除事由是约定解除还是法定解除。

若是约定解除，在不损害其他主体利益的情况下，一般尊重当事人之间真实的意思表示。

若是法定解除，则需全面考虑合并各方继续履行合并协议的意愿、合并的客观条件是否具备、协议目的是否能够继续成就等综合情况。司法实践中的常发情形为合并协议的一方违约时，违约方无意解除协议，但守约方诉请解约，如果当前的履行进度情况存在继续履行合同的条件，法院一般不支持守约方要求解约的诉请。

387. 如何确定合并中当事人、合并日以及合并主导方？

企业合并中当事各方，是指合并企业、被合并企业及各方股东。

企业合并以合并企业取得被合并企业资产所有权并完成工商变更登记日期为合并日，即企业重组日。

主导方为被合并企业，涉及同一控制下多家被合并企业的，以净资产最大的一方为主导方。

吸收合并中的合并主导方为合并后拟存续的企业，新设合并中的合并主导方为合并前资产较大的企业。

【案例165】同一控制下企业合并的会计处理方式

基本案情：

假定甲、乙公司为同一集团内的两家全资子公司，其共同的母公司为丙公司。

2008年7月31日（合并基准日），甲公司向乙公司的股东定向增发1200万股普通股（每股面值1元，市价2元）对乙公司进行吸收合并。合并后，乙公司失去其法人资格。

该合并为同一控制下的吸收合并，甲公司应确认合并中取得的乙公司的各项资产和负债。假定甲、乙公司在合并前采用的会计政策相同。

会计处理：

乙公司被合并前的资产负债状况如表 15-1 所示：

表 15-1　乙公司被合并前资产负债状况

资产	账面价值/元	负责及所有者权益	账面价值/元
货币资金	2,000,000	短期借款	8,000,000
存货	1,200,000	应付账款	3,000,000
应收账款	6,000,000	其他应付款	2,400,000
长期股权投资	8,000,000	负债合计	13,400,000
固定资产	15,000,000	实收资本	12,000,000
无形资产	2,000,000	资本公积	4,000,000
		盈余公积	1,500,000
		未分配利润	3,300,000
资产合计	34,200,000	所有者权益合计	20,800,000

甲公司对该项合并应进行的会计处理如下：

借：货币资金　　　　　　　　　　　　2,000,000
　　存货　　　　　　　　　　　　　　1,200,000
　　应收账款　　　　　　　　　　　　6,000,000
　　长期股权投资　　　　　　　　　　8,000,000
　　固定资产　　　　　　　　　　　　15,000,000
　　无形资产　　　　　　　　　　　　2,000,000
　贷：短期借款　　　　　　　　　　　8,000,000
　　　应付账款　　　　　　　　　　　3,000,000
　　　其他应付款　　　　　　　　　　2,400,000
　　　股本　　　　　　　　　　　　　12,000,000
　　　资本公积　　　　　　　　　　　8,800,000

第十五章
公司合并纠纷

【案例166】广汽集团吸收合并广汽长丰　股权支付比例不足85%要适用一般性税务处理[①]

合并方：广汽集团

被合并方：广汽长丰

被合并方主要股东：广汽集团、长丰集团

合并方式：非同一控制下的吸收合并

合并基准日：2011年3月21日

基本案情：

截至合并基准日，广汽长丰总股本为520,871,390元。主要股东持股情况见表15-2：

表15-2　广汽长丰股本结构

股份类别	持股数/股	持股比例/%
广汽集团	151,052,703	29.00
长丰集团	114,469,321	21.98
三菱自动车	75,997,852	14.59
其他股东	179,351,514	34.43
合计	520,871,390	100

截至合并基准日，广汽集团股本结构如表15-3所示：

表15-3　广汽集团股本结构

股份类别	持股数/股	持股比例/%
广汽工业（SS[②]）	3,617,403,529	58.84
万向集团	156,996,823	2.55
国机集团（SS）	145,227,963	2.36

---

① 参见《广州汽车集团股份有限公司换股吸收合并广汽长丰汽车股份有限公司报告书》，载巨潮资讯网，http://www.cninfo.com.cn/new/disclosure/detail? plate = see&orgId = gssh0600991&stock Code = 600991&announcementId = 60487316&announcementTime = 2012 - 02 - 01% 2006：35，2021年1月27日访问。

② SS 是 State-own Shareholder 的缩写，表示国有股股东。

·735·

续表

股份类别	持股数/股	持股比例/%
广钢集团（SS）	7,869,515	0.13
长隆集团	7,259,627	0.12
H股股东	2,213,300,218	36.00
合计	6,148,057,675	100

为了贯彻落实国家汽车产业政策，提高广汽集团的核心竞争力以及解决潜在的同业竞争问题，广汽集团拟通过换股方式吸收合并广汽长丰，即广汽集团向未全部行使首次现金选择权的除广汽集团以外的所有广汽长丰股东以及国机集团、粤财控股发行A股，并以换股方式吸收合并广汽长丰。长丰集团、三菱汽车将在本次换股吸收合并中行使首次现金选择权，不参与换股。广汽集团分别向三菱汽车、长丰集团支付现金961,372,827.80元、1,448,036,910.65元，合计2,409,409,738.45元。

广汽集团A股发行价为人民币9.09元/股。广汽长丰换股价格为人民币14.55元/股，较定价基准日前20个交易日的广汽长丰A股股票交易均价12.65元/股有约15%的溢价。由此确定本次换股吸收合并的换股比例为1.6∶1，即换股股东所有的每1股广汽长丰股票可以换取1.6股广汽集团A股股票。广汽集团在本次换股吸收合并前的总股本为6,148,057,675股，广汽集团将因本次换股吸收合并新增286,962,422股A股股票，总股本达到6,435,020,097股。

律师观点：

本次吸收合并涉及的税收主要包括企业所得税、增值税、营业税①、土地增值税、契税、印花税。

1. 企业所得税。

本次合并不符合特殊性税务处理条件，应按照一般性税务处理方式进行企业所得税处理。

本次吸收合并是为了贯彻落实国家汽车产业政策，提高广汽集团的核心竞

---

① 本案发生时涉及营业税。自2016年5月1日我国推行全面营改增后，已取消营业税。

争力以及解决潜在的同业竞争问题，并非出于税收目的，具有合理的商业目的。

本次交易总额为 5,018,974,267.15 元，其中股权支付金额为 2,609,564,528.70 元，现金支付金额为 1,448,036,910.65 元。股权支付比例 52%，远远低于特殊性税务处理条件中规定的股权支付金额大于 85% 的规定。

综上，本次交易由于股份支付比例不能够满足大于 85% 的条件，因而不能够适用企业所得税特殊性税务处理。具体处理方式如下：

（1）广汽集团应以广汽长丰评估确认的公允价值确定其取得的各项资产和负债的计税基础；

（2）广汽长丰及其股东要按照清算进行企业所得税处理。

2. 增值税、营业税及附加。

根据《国家税务总局关于纳税人资产重组有关增值税问题的公告》（国家税务总局公告 2011 年第 13 号）和《国家税务总局关于纳税人资产重组有关营业税问题的公告》（国家税务总局公告 2011 年第 51 号）的规定，广汽长丰无须就货物、不动产及土地使用权的转移缴纳增值税、营业税、城市维护建设税与教育费附加。

3. 土地增值税与契税。

《财政部、国家税务总局关于土地增值税一些具体问题规定的通知》（财税字〔1995〕48 号）①规定："在企业兼并中，对被兼并企业将房地产转让到兼并企业中的，暂免征收土地增值税。"因此，广汽长丰无须就土地使用权和不动产的转移缴纳土地增值税。

《财政部、国家税务总局关于企业改制重组若干契税政策的通知》（财税〔2008〕175 号）②规定："两个或两个以上的企业，依据法律规定、合同约定，合并为一个企业，且原投资主体存续的，对其合并后的企业承受原合并各方的土地、房屋权属，免征契税。"在本次吸收合并中，存在原投资者三菱汽车退出投资的情况，广汽集团须就其受让广汽长丰的土地房屋权属缴纳契税。

---

① 现已更新为《财政部、税务总局关于继续实施企业改制重组有关土地增值税政策的公告》（财政部、税务总局公告 2023 年第 51 号）。其要求合并后原企业投资主体存续于改制重组后的企业，出资人的出资比例可以发生变动。

② 现已更新为《财政部、税务总局关于继续实施企业、事业单位改制重组有关契税政策的公告》（财政部、税务总局公告 2023 年第 49 号）。

4. 印花税。

广汽集团因合并导致账面上的"股本"和"资本公积"增加 286,962,422 股（179,351,514×1.6），按照 9.09 元/股计算，增加的总金额为 2,608,488,416 元。广汽集团应该就增加部分按照万分之五[①]的比例贴花，即 1,304,244.21 元。

【案例167】雅戈尔母子公司垂直合并特殊性税务处理案[②]

合并方：雅戈尔集团

被合并方：雅戈尔进出口公司

被合并方股东：雅戈尔集团

合并方式：同一控制下的吸收合并

合并基准日：2009 年 12 月 31 日

基本案情：

雅戈尔进出口公司是雅戈尔集团的全资子公司。雅戈尔集团通过整体吸收合并的方式合并雅戈尔进出口公司全部资产、负债和业务，合并完成后雅戈尔集团存续经营，雅戈尔进出口公司独立法人资格注销。

雅戈尔进出口公司已多年未从事业务运营。本次合并，有利于理顺股权关系、简化公司结构、降低管理成本。其财务报表已按100%比例纳入雅戈尔集团合并报表范围内，因此本次吸收合并不会对雅戈尔集团当期损益产生实质性影响。

律师观点：

本次吸收合并涉及的税收主要包括企业所得税、增值税、营业税[③]与印花税。

1. 企业所得税。

本次吸收合并符合所得税特殊性税务处理条件。

---

① 自 2018 年 5 月 1 日起，资金账簿印花税减至万分之二点五。
② 参见《雅戈尔集团股份有限公司关于吸收合并宁波市雅戈尔进出口有限公司、宁波市鄞州英华服饰有限公司的提示性公告》，载巨潮资讯网，http://static.cninfo.com.cn/finalpage/2010-03-23/57717544.PDF，2020 年 3 月 10 日访问。
③ 本案发生时涉及营业税。自 2016 年 5 月 1 日我国推行全面营改增后，已取消营业税。

雅戈尔进出口公司是雅戈尔集团的全资子公司，本次吸收合并属于同一控制下的企业合并，且无须支付对价。

雅戈尔进出口公司可以按照特殊税务处理方式进行企业所得税处理。具体如下：

（1）雅戈尔集团接受雅戈尔进出口公司资产和负债的计税基础，以雅戈尔进出口公司的原有计税基础确定；

（2）雅戈尔进出口公司合并前的相关所得税事项由雅戈尔集团承继。

2. 增值税和营业税。

本案属于整体转让企业资产、债权、债务及劳动力的行为，不在增值税和营业税的征税范围内，不征收增值税和营业税。但该情形是在相关增值税及营业税政策发布后才予以明确的，即2011年2月18日通过的《国家税务总局关于纳税人资产重组有关增值税问题的公告》（国家税务总局公告2011年第13号），以及2011年9月26日通过的《国家税务总局关于纳税人资产重组有关营业税问题的公告》（国家税务总局公告2011年第51号）。

3. 印花税。

如雅戈尔集团营业账簿上的"股本"和"资本公积"增加，需就增加的金额按照万分之五[①]的比例贴花。

【案例168】五粮液兄弟公司吸收合并　适用特殊性税务处理[②]

合并方：普拉斯公司

被合并方：普光公司

被合并方股东：五粮液公司

合并方式：同一控制下的吸收合并

合并基准日：2009年5月18日

基本案情：

普拉斯公司与普光公司均为五粮液公司的全资子公司。

[①] 自2018年5月1日起，资金账簿印花税减至万分之二点五。
[②] 参见《宜宾五粮液股份有限公司关于全资子公司吸收合并事项的公告》，载巨潮资讯网，http：//static.cninfo.com.cn/finalpage/2010-06-26/58100699.PDF，2020年3月10日访问。

普拉斯公司对普光公司通过吸收合并方式整合。吸收合并完成后,普拉斯公司继续存续,普光公司依法予以解散注销,普光公司相应的资产、业务、债权、债务由普拉斯公司依法承继(见图15-4)。

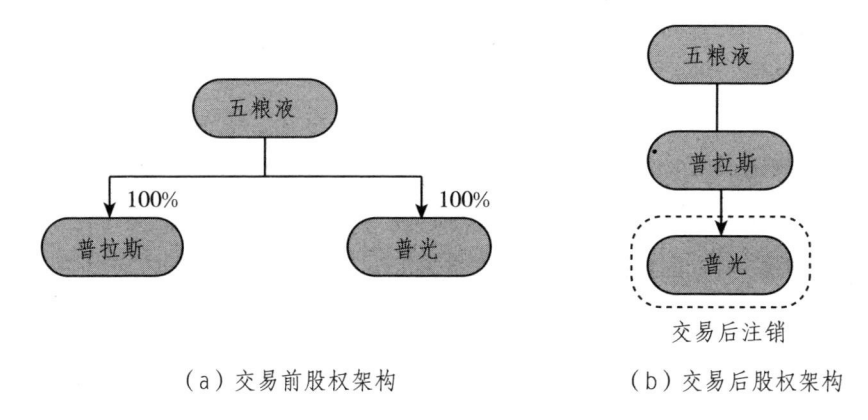

(a)交易前股权架构　　　　　(b)交易后股权架构

图15-4　交易前后股权架构

普拉斯公司和普光公司的主要经营业务同属包材和防伪产品类别,本次吸收合并完成后,可以优势互补、减少管理成本、提高运营效率。

合并后设立统一管理体系,便于五粮液公司集中管理,提高管控能力。

律师观点:

本次吸收合并涉及的税收主要包括企业所得税、增值税、营业税[①]与印花税。

1. 企业所得税。

本次吸收合并符合企业所得税特殊性税务处理的条件。

(1) 关于合理商业目的原则的判定。

本次合并的目的是优势互补、减少管理成本、提高运营效率,吸收合并后将整合设立统一管理体系,便于五粮液公司集中管理、提高管控能力,具有合理的商业目的。

(2) 关于权益连续性原则的判定。

普拉斯公司和普光公司均系五粮液的全资子公司,本次吸收合并属于同一控制下的企业合并,五粮液公司通过持有普拉斯公司的股权来继续其原来

---

① 本案发生时涉及营业税。自2016年5月1日我国推行全面营改增后,已取消营业税。

在普光公司的权益,符合权益连续性原则。

(3) 关于经营连续性原则的判定。

普光公司的资产并入普拉斯公司后继续从事原来的营业活动,可以满足经营连续性原则。

综上,普拉斯公司此次吸收合并普光公司的行为满足特殊性税务处理应当具备的合理商业目的、经营连续性的原则,也符合权益连续性的原则,适用企业所得税特殊性税务处理方式。具体如下:

(1) 普拉斯公司接受普光公司资产和负债的计税基础,以普光公司的原有计税基础确定;

(2) 普光公司合并前的相关所得税事项由普拉斯公司承继;

(3) 可由普拉斯公司弥补的普光公司亏损的限额=普光公司净资产公允价值×截至合并业务发生当年年末国家发行的最长期限的国债利率;

(4) 五粮液公司取得普拉斯公司股权的计税基础,以其原持有的普光公司股权的计税基础确定。

2. 增值税和营业税。

本案属于整体转让企业资产、债权、债务及劳动力的行为,不在增值税和营业税的征税范围内,不征收增值税和营业税。但该情形是在相关增值税及营业税政策发布后才予以明确的,即2011年2月18日通过的《国家税务总局关于纳税人资产重组有关增值税问题的公告》,以及2011年9月26日通过的《国家税务总局关于纳税人资产重组有关营业税问题的公告》。

3. 印花税。

普拉斯公司营业账簿上的"股本"和"资本公积"会增加,就增加的金额按照万分之五[①]的比例贴花。

388. 一家外国企业将其在境内设立的两家全资子公司合并成一家,能否适用特殊性税务处理方式?

对于跨境交易的特殊性税务处理,财政部、国家税务总局对跨境股权、资产收购适用特殊性税务处理条件作出了规定,但对跨境合并仅规定了境外

---

① 自2018年5月1日起,资金账簿印花税减至万分之二点五。

全资子公司吸收合并境外母公司,即非居民母公司转非居民子公司所持境内居民企业股权的情形(简称"母转子")。① 税务实践中,我国采用严苛的征管标准,对跨境"子转母""兄弟互转"所持境内居民企业股权等情形,均不予适用特殊性税务处理方式。

【案例169】东航换股吸收合并上航　免征土地增值税②

合并方：东方航空

被合并方：上海航空

被合并方主要股东：上海联投与锦江国际

合并方式：非同一控制下的吸收合并

合并基准日：2008年1月1日

基本案情：

东方航空最大股东为东航集团,实际控制人为国务院国资委。上海航空最大股东为上海联投,持股386,461,740股,占总股本比例为29.64%,第二大股东锦江国际持股307,949,937股,占总股本比例为23.62%,第三大股东中银集团持股143,886,600股,占总股本比例为11.04%(见图15-5)。

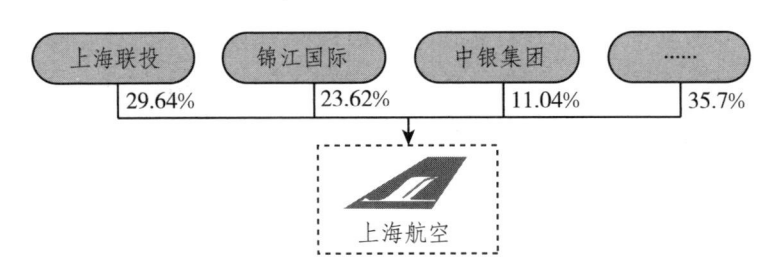

图15-5　合并前上海航空股权结构

东方航空是以上海为基地,昆明、西安为区域枢纽的中国排名前三的航空企业。上海航空亦是以上海为基地的国内著名航空企业。东方航空拟通过

---

① 关于跨境重组应当具备的条件详见本书第三版第七章"股权转让纠纷"第五节"股权转让的税务问题"中股权收购与资产收购的所得税问题。

② 参见巨潮资讯网 http://static.cninfo.com.cn/finalpage/2009-12-31/57457359.PDF,2020年3月10日访问。

第十五章
公司合并纠纷

换股吸收合并上海航空以优化航线网络，提高运营规模和资源使用效率，有效降低营运成本，增强公司盈利能力，提升公司竞争力。

本次换股吸收合并的对价系由东方航空和上海航空以双方的 A 股股票在定价基准日的二级市场价格为基础协商确定。东方航空的换股价格为定价基准日前 20 个交易日东方航空 A 股股票的交易均价，即为 5.28 元/股；上海航空的换股价格为定价基准日前 20 个交易日上海航空的 A 股股票的交易均价，即为 5.50 元/股。

双方同意，作为对参与换股的上海航空股东的风险补偿，在实施换股时将给予上海航空股东约 25% 的风险溢价，由此确定上海航空与东方航空的换股比例为 1∶1.3，即每一股上海航空股份可换取 1.3 股东方航空的股份。

吸收合并后，上海联投持有东方航空 502,400,262 股，锦江国际持有东方航空 400,334,918 股，中银集团持有东方航空 187,052,580 股。

本次合并交易完成后，东方航空将因本次换股吸收合并新增 1,694,838,860 股 A 股股票，总股本将达到 11,276,538,860 股。公司股本结构如图 15-6 所示：

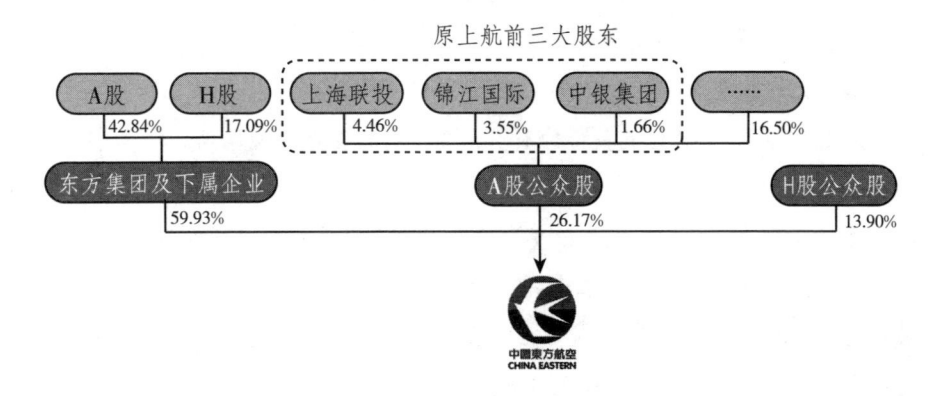

图 15-6 合并后东方航空股权结构

本次换股吸收合并后，东方航空作为存续公司，上海航空的法人资格将注销，上海航空的全部资产、负债、业务、人员、合同及其他一切权利与义务将并入东方航空或者其全资子公司，其中包括 67 架飞机及发动机、高价周转件等生产设备，167 处房屋、4 项在建工程等不动产，5 宗土地使用权，以及 12 项商标使用权。

截至本换股吸收合并报告书签署之日，东方航空和上海航空之间不存在《公司法》《上海证券交易所股票上市规则（2008年修订版）》等相关法律法规及行业规定所规定的关联方关系。

律师观点：

本次吸收合并涉及的税收主要包括企业所得税、增值税、营业税①、土地增值税、契税、印花税。

1. 企业所得税。

本次吸收合并符合所得税特殊性税务处理条件。

（1）关于合理商业目的原则的判定。

本次合并的目的是优化航线网络，提高运营规模和资源使用效率，有效降低营运成本，增强公司盈利能力，提升公司竞争力，更好地为世博会服务，并分享中国经济发展、上海"两个中心"建设所带来的巨大发展机遇，从而为全体股东创造更多的利益，具有合理的商业目的。

（2）关于权益连续性原则的判定。

此次合并属于非同一控制下的合并，东方航空以自身股份作为支付对价，达到85%股权支付比例的条件。

如果上海航空原有持股20%以上的股东，即上海联投与锦江国际自合并之日起12个月内不转让其获得的股份，即符合权益连续性原则。

（3）关于经营连续性原则的判定。

吸收合并后，东方航空不改变上海航空原资产的经营性活动。

综上，东方航空此次吸收合并上海航空的行为满足特殊性税务处理应当具备的合理商业目的、经营连续性的条件，也符合权益连续性的条件，因此适用企业所得税特殊性税务处理方式。

具体税务处理如下：

（1）东方航空接受上海航空资产和负债的计税基础，以上海航空原有的计税基础确定；

（2）可由东方航空弥补的上海航空亏损的限额=上海航空净资产公允价值×

---

① 本案发生时涉及营业税。自2016年5月1日我国推行全面营改增后，已取消营业税。

截至合并业务发生当年年末国家发行的最长期限的国债利率 = 1,190,102,000 × 4.3% = 51,174,386 元;

(3) 上海航空原股东取得东方航空股份的计税基础,以其原持有的上海航空股份的计税基础确定。

2. 增值税、营业税及附加。

本案属于整体转让企业资产、债权、债务及劳动力的行为,不在增值税和营业税的征税范围内,不征收增值税和营业税。但该情形是在相关增值税及营业税政策在本案发生后才予以明确的,即2011年2月18日通过的《国家税务总局关于纳税人资产重组有关增值税问题的公告》(国家税务总局公告2011年第13号),以及2011年9月26日通过的《国家税务总局关于纳税人资产重组有关营业税问题的公告》(国家税务总局公告2011年第51号)。

3. 土地增值税与契税。

《财政部、国家税务总局关于土地增值税一些具体问题规定的通知》(财税字〔1995〕048号)①规定:"在企业兼并中,对被兼并企业将房地产转让到兼并企业中的,暂免征收土地增值税。"因此,上海航空无须就土地使用权和不动产的转移缴纳土地增值税。

《财政部、国家税务总局关于企业事业单位改制重组契税政策的通知》(财税〔2012〕4号)②规定:"两个或两个以上的公司,依据法律规定、合同约定,合并为一个公司,且原投资主体存续的,对其合并后的公司承受原合并各方的土地、房屋权属,免征契税。"故在本次吸收合并中,东方航空无须就其受让上海航空的土地房屋权属缴纳契税。

4. 印花税。

东方航空因合并导致账面上的"股本"和"资本公积"增加,按照5.28元/股计算,增加的总金额为8,948,749,180.80元。东方航空应该就增加部分按照万之分五③的比例贴花,即4,474,374.59元。

---

① 现已更新为《财政部、税务总局关于继续实施企业改制重组有关土地增值税政策的公告》(财政部、税务总局公告2023年第51号)。
② 现已更新为《财政部、税务总局关于继续实施企业、事业单位改制重组有关契税政策的公告》(财政部、税务总局公告2023年第49号)。
③ 自2018年5月1日起,资金账簿印花税减至万分之二点五。

389. 企业合并是否需要缴纳印花税？

视情况而定，具体如下：

（1）凡原已贴花的部分可不再贴花，未贴花的部分和以后新增加的资金以增加的"实收资本"与"资本公积"两项的合计金额按照万分之二点五的税率贴花；

（2）企业合并前签订但尚未履行完的各类应税合同，合并后需要变更执行主体的，对仅改变执行主体、其余条款未作变动且合并前已贴花的，不再贴花；

（3）企业因合并签订的产权转移书据免予贴花，如各类知识产权转让协议、土地使用权转让合同等。

【相关法律依据】

一、公司法类

（一）法律

❖《公司法》第 219～221 条

（二）行政法规

❖《国务院关于经营者集中申报标准的规定》（2024 年修订）第 2 条、第 3 条

（三）司法解释

❖《最高人民法院关于审理与企业改制相关的民事纠纷案件若干问题的规定》（2020 年修正）第 31～33 条

（四）部门规章

❖《关于外商投资企业合并与分立的规定》（2015 年修正）第 5 条

二、民法类

❖《民法典》第 67 条

三、经济法类

❖《反垄断法》第 26 条

五、税法类

❖《财政部、税务总局关于继续实施企业、事业单位改制重组有关契税政

策的公告》(财政部、税务总局公告 2023 年第 49 号) 第 3 条

❖《财政部、税务总局关于继续实施企业改制重组有关土地增值税政策的公告》(财政部、税务总局公告 2023 年第 51 号) 第 2 条

❖《财政部、税务总局关于企业改制重组及事业单位改制有关印花税政策的公告》(财政部、税务总局公告 2024 年第 14 号) 第 3 条

第十六章 公司分立纠纷

【宋和顾释义】

> 关于公司分立纠纷,新《公司法》在修订中,仅在分立的通知方式上涉及一处修改。
>
> 结合过往司法实践和本次修订,公司分立纠纷的争议类型主要体现为以下三种:
>
> (1) 分立纠纷立案的程序性争议,如在分立无效、分立决议无效等不同诉讼中,如何确定对应的诉讼主体、管辖等;
>
> (2) 债权人保护程序争议,如分立各方通知债权人的方式和时效,债权人是否可以主张分立后公司承担连带债务;
>
> (3) 分立协议纠纷,如守约方是否可以向违约方主张责任或要求解除合同,是否存在导致分立行为或分立协议无效的情形,如何区分公司分立与资产转让等。
>
> 上述部分问题,在本书第三版第三册"公司分立纠纷"章节中已涉及,本章系根据司法实践的变化以及修法产生的新问题,加以梳理、归纳和补充。

390. 如何确定公司分立纠纷的诉讼当事人?

应区分不同情况:

(1) 请求确认公司分立无效的,可由分立各方、债权人以及公司分立的审批部门向法院起诉,并以公司为被告。

(2) 对公司分立决议有异议的,按对应的决议纠纷确定诉讼主体。拟分立的公司股东等直接利害关系人可以作为请求确认分立决议无效或不成立的原告,公司股东还可以作为原告请求依法撤销分立决议。请求撤销公司分立决议或主张该决议无效、不成立的,应由拟分立的公司股东起诉,以拟分立的公司为被告。

(3) 公司分立未依法履行通知、公告义务,损害股东、债权人利益的,股东或债权人可以分立后新设、存续的公司或拟分立的公司为被告。

(4) 因分立协议的履行等发生争议的,按合同纠纷原则确定原告和被告。

需要注意的是,如果起诉时,公司已经完成分立,则以分立后的公司为共同被告。

【案例170】协议约定分立前后对外债权债务由股东直接承继 约定无效起诉内部结算被驳回[①]

原告:邓某、劳某、戚某、黄某、李甲

被告:江某、王某、李乙

第三人:龙湖公司

诉讼请求:被告将按股权比例承担的第三人龙湖公司分立前的债务款直接支付给原告。

争议焦点:《分立协议》约定公司分立前的债权债务不由分立前后的主体享有和承担,而直接在各股东之间按股权比例进行结算,五原告能否基于该约定直接要求分立出的三被告结算债务款。

基本案情:

五原告邓某、劳某、戚某、黄某、李甲及三被告江某、王某、李乙是第三人龙湖公司的股东。

2016年1月24日,第三人龙湖公司作出《股东会决议》,决定:

1. 同意三被告从第三人龙湖公司分立,另成立新公司,同时退出第三人

---

① 参见广西壮族自治区梧州市中级人民法院 (2020) 桂04民终1146号民事裁定书。

龙湖公司；

2. 同意将第三人龙湖公司的土地使用权作价6103.67万元，划归三被告新成立公司所有，且该土地款从三被告原向第三人龙湖公司已经投入的投资款中同等金额抵偿，以直接作为三被告在新公司的投资；

3. 第三人龙湖公司和五原告向三被告于1年内支付土地款与投资款差价5,963,300元，于3年内支付地价差额补偿款6,699,150元和容积率补偿款6,170,760.33元。

同日，五原告与三被告签订《分立协议书》，协议书除了涵盖上述决议内容外，还对第三人龙湖公司分立前的债权债务问题约定由专业审计机构进行审计并出具《资产报告》，基准日为分立协议生效之日。该基准日（含该日）前产生的债权债务，三被告按照其投资额6700万元在投资总额44,030万元中所占的比例享有和承担。该基准日之后产生的债权债务，为五原告利益的，由五原告承担；为三被告利益的，由三被告承担；为第三人龙湖公司利益的，由全体股东按投资额占总投资额比例分担。

《分立协议书》签订后，各方依据协议办理第三人龙湖公司工商变更登记，由五原告持有全部股份，三被告退出第三人龙湖公司，另成立案外人达能公司。

原告诉称：

审计机构所出具的《资产报告》显示，第三人龙湖公司分立前的债务经调整后的应付余额为68,151,302.00元，鉴于《分立协议》约定三被告按照其投资额6700万元在投资总额44,030万元中所占的比例享有和承担公司分立前的债权债务，故三被告应向五原告支付债务款总计10,372,628.20元。

被告辩称：

《资产报告》显示的第三人龙湖公司分立前的债务数据并不准确，未涵盖案外人富城公司的应收账款1,116,583.32元及相应利息，同时多计算了应付案外人富城公司的账款5,747,617.09元。经调整后的第三人龙湖公司的净负债金额为34,128,838.97元。按照被告股权比例来计算的应承担的债务为5,194,409.29万元。

第三人龙湖公司同意五原告的诉讼请求。

第十六章
公司分立纠纷

法官观点：

公司分立是指一个公司依据《公司法》的规定分成两个或两个以上的公司的法律行为。公司分立可以采取存续分立和解散分立两种形式。本案中，《股东会决议》明确对第三人龙湖公司进行存续分立，亦即第三人龙湖公司分立后继续存续，由三被告在公司分立后另行成立案外人达能公司。

虽然《股东会决议》将第三人龙湖公司的部分土地使用权、土地差价款、土地容积率差价补偿款等财产划归三被告所有，但是根据《公司法》第175条第1款[①]"公司分立，其财产作相应的分割"的规定，第三人龙湖公司分立后，应当将公司的财产进行相应的分割，且因股东资本所有权与法人财产权是相分离的，第三人龙湖公司分立后，其因分立分割的财产应当由分立后的第三人龙湖公司和新成立的案外人达能公司承继。

又根据《公司法》第176条[②]"公司分立前的债务由分立后的公司承担连带责任。但是，公司在分立前与债权人就债务清偿达成的书面协议另有约定的除外"的规定，第三人龙湖公司分立后因公司分立前的债务引起的纠纷，适格的当事人应当是分立后的公司即第三人龙湖公司和案外人达能公司，而非作为《分立协议书》的各方股东，因此五原告与三被告不是本案适格的原被告。

法院判决：

驳回原告的起诉。

391. 公司分立纠纷是否适用诉讼时效？

对于主张公司分立无效或分立的股东会决议不成立或无效的，不适用诉讼时效制度。请求撤销股东会决议的，如股东已被通知参会，则应在决议作出之日起60日内提起诉讼；若股东未被通知参会，则自知道或者应当知道股东会决议作出之日起60日内提起诉讼，但自决议作出之日起1年内没有行使撤销权的，撤销权消灭。

对于股东、债权人认为公司分立损害其利益请求赔偿的，应适用3年诉讼

[①] 现为《公司法》第222条。
[②] 现为《公司法》第223条。

时效的规定。

392. 公司分立必须履行哪些法定程序？

公司分立应当首先由董事会拟定分立方案，其次由董事会将分立方案提交股东会审议通过。股东会审议通过后，拟分立公司的股东签订分立协议并编制资产负债表，同时对公司资产进行分割并对分立事宜向债权人予以通知和公告。最后，分立各方应至市场监督管理部门办理工商变更登记（见图16-1）。

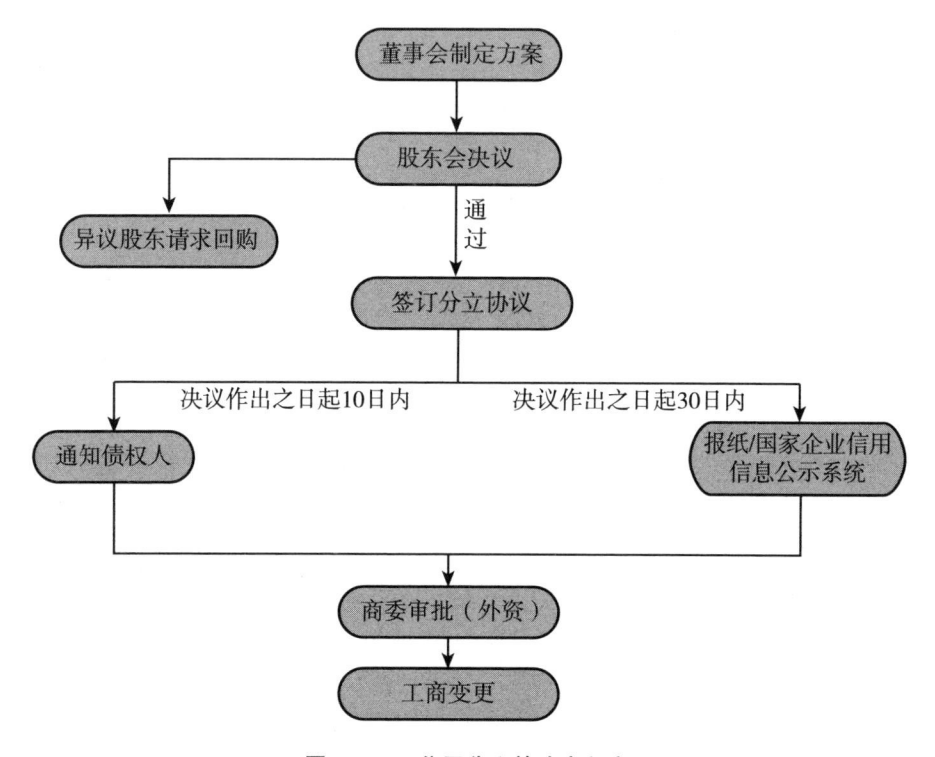

图 16-1 公司分立的法定程序

393. 公司分立后，原有债权债务由谁享有和承担？

公司分立前的债权由分立各方协商分配。公司分立后的债务承担，有以下两种方式：

（1）按约定办理。由于债务分配直接关系到债权人的利益，其性质为债务承担，按民法原理，债务承担须经债权人同意，所以公司分立中的债务分配协议应当经过债权人的同意，未经债权人同意的债务分配协议无效。债权人与分立的公司就债权清偿问题达成书面协议的，按照协议办理；如一方不履行协议的，另一方可依法定程序请求履行协议。

（2）承担连带责任。公司分立前未与债权人就清偿债务问题达成书面协议的，债务由分立后的公司承担连带责任。分立后的公司在承担连带责任后，其内部的债务份额划分如有约定的，按照约定处理；没有约定或约定不明的，根据企业分立时的资产比例分担。

【案例171】内部约定分立前债务各自承担不能对抗债权人[①]

原告： 建设公司

被告： 建行台前支行、建银投资公司

诉讼请求： 被告建行台前支行支付债权 380 万元及利息，被告建银投资公司承担连带责任。

争议焦点：

1. 作为债权转让人的案外人鸿基公司在债权转让协议上加盖的印章形状与其常用印章形状不一致，是否会导致债权转让合同无效；

2. 案外人东方公司系两被告在改制分立前为土地开发而全资设立的项目公司，由案外人东方公司盖章的债权转让协议能否视为对作为债务人的两被告进行了通知；

3. 两被告由案外人台前建行分立而成，两被告上级单位曾发布公告称分立后的主体对对方承继的权利义务不享有连带债权，也不承担连带债务，该公告是否能对抗作为债权人的原告。

基本案情：

案外人东方公司是案外人台前建行的全资孙公司，该公司曾于 1992 年征收洛阳国家高新技术开发区 40,834.24 平方米土地，但由于资金紧张，土地一直未开发。

1995 年 1 月 9 日，案外人鸿基公司向案外人台前建行汇款 380 万元，欲与该行合作开发土地。

1995 年 8 月 29 日，案外人鸿基公司与案外人东方公司决定联营，并签署

---

① 参见河南省高级人民法院（2015）豫法民再字第 7 号民事判决书。

协议约定共同开发洛阳地块，案外人鸿基公司的380万元汇款直接转为联营项目的投入资金。但在联营协议履行过程中，案外人东方公司严重违约，既未实际交付土地，也未移交征地资料，导致土地开发无法进行。而前述380万元汇款也始终由案外人台前建行占有，并未将该款项转账至案外人东方公司用于土地开发。

2004年9月，根据中国银监会作出的银监复〔2004〕144号批复，案外人台前建行被分立为被告建行台前支行和被告建银投资公司。被告建行台前支行继续经营商业银行业务，而被告建银投资公司承继未纳入被告建行台前支行的资产和负债。同期，中国建设银行发布公告，分立后的主体对对方的权利义务，不享有连带债权，也不承担连带义务。

2005年3月28日，案外人鸿基公司与原告签订《债权转让协议书》一份，约定：

1. 案外人鸿基公司欠原告的工程款200万元，在一年内偿还。

2. 案外人鸿基公司用案外人台前建行下属的案外人东方公司的债权380万元及利息作为连带责任担保。

3. 到期不能偿还，案外人鸿基公司对案外人东方公司所欠380万元的债权及利息转让给原告，原告同意受让该债权。

2005年4月8日，案外人东方公司在上述《债权转让协议书》上签字并盖章，所用公章形状为椭圆形，与工商处备案的公章形状一致。

因案外人鸿基公司在协议到期后没有偿还工程款，原告依据协议受让了案外人鸿基公司对案外人东方公司享有的380万元的债权及利息。由于案外人东方公司长期歇业，目前已被吊销营业执照，但未进行清算。

2011年4月18日，案外人鸿基公司出具证明："2005年3月28日，我公司与原告签订的《债权转让协议书》上所用的椭圆形公章，真实有效，能代表我公司的真实意思。"

原告诉称：

被告建行台前支行由案外人台前建行分立改制而来，故案外人台前建行欠案外人鸿基公司380万元债务由被告建行台前支行承继。又鉴于案外人鸿基公司到期未偿还欠原告的工程款，原告依据《债权转让协议书》取得案外人

第十六章

公司分立纠纷

鸿基公司对被告建行台前支行所享有的 380 万元债权。

案外人鸿基公司汇入案外人台前建行的 380 万元土地款系非商业银行资产和业务，依照银监复〔2004〕144 号批复和相关文件证明，应该由分立后的被告建银投资公司接收、管理和处置。

综上，被告建行台前支行应向原告支付债权 380 万元及利息，被告建银投资公司应承担连带责任。

被告建行台前支行辩称：

1. 转让协议中的案外人鸿基公司的印章系无效印章。案外人鸿基公司在 1996 年就变更使用了圆形印章，转让协议是 2005 年 3 月 18 日签订的，使用的是椭圆形印章，印章无效，因而协议无效。

2. 即使该 380 万元的债权对被告建行台前支行有效，也因债权转让未通知债务人而对债务人不发生效力。

3. 根据银监会〔2004〕144 号批复，案外人台前建行分立改制后，分立出的被告建行台前支行继续经营商业银行业务，分立出的被告建银投资公司承继未纳入商业银行业务的资产和负债。又根据《中国建设银行公告》的规定，被告建行台前支行和被告建银投资公司对对方的权利义务，不享有连带债权，也不承担连带义务。案外人鸿基公司享有的 380 万元债权系联营土地款，不是商业银行资产和业务，因此原告起诉被告建行台前支行是错误的。

被告建银投资公司辩称：

被告建银投资公司与原告之间没有债权债务关系，原告的请求没有事实和法律依据。

法官观点：

1. 原告通过协议合法受让案外人鸿基公司享有的债权，债权转让协议真实有效。

案外人鸿基公司因欠原告工程款 200 万元，将其拥有的对案外人东方公司的 380 万元债权及利息转让给原告，三方签订了《债权转让协议书》，并加盖了公章予以确认。该协议不违反法律法规的强制性规定，未侵害其他人的利益，应为真实有效。

被告建行台前支行称，案外人鸿基公司公章应为圆形，协议上的椭圆形

· 755 ·

公章已失效，转让协议无效。但案外人鸿基公司认可椭圆形公章的真实性，债权转让协议是其真实意思表示，同时工商部门备案的也是椭圆形公章，故被告建行台前支行主张的这一抗辩理由不能成立。

2. 案外人东方公司是案外人台前建行全资设立的土地开发公司，其在《债权转让协议书》上签字的行为亦可代表两被告。

目前虽无案外人东方公司的详细工商登记资料，但被告建行台前支行自认案外人东方公司为案外人台前建行的下属公司，是负责洛阳市土地项目开发经营的项目公司。案外人东方公司与案外人鸿基公司签订了《土地联营协议》，案外人鸿基公司也将应由案外人东方公司收取的部分联营投资款项（即本案所涉及的380万元）直接汇给案外人台前建行，足以认定案外人台前建行既是案外人东方公司的主管部门或开办单位，也是与案外人鸿基公司进行实际联营合作的权利主体，故在案外人东方公司被吊销营业执照、长期歇业的情况下，案外人台前建行既不组织对该公司进行清算，又实际占有本案所涉及的380万元，同时又未能提交向案外人鸿基公司实际交付土地的相关证据，故原告作为受让债权的权利人向案外人台前建行分立后存续的两被告主张债权，符合法律规定，应予以支持。

同上理由，鉴于案外人东方公司仅是案外人台前建行为本案所涉及的一宗土地开发项目而设立的公司，且案涉土地款项也是直接汇给了案外人台前建行，故应认定案外人东方公司在《债权转让协议书》上签字的行为，亦应代表案外人台前建行，故本案不存在债权转移未通知债务人的问题。

3. 《中国建设银行公告》中关于两被告分立后对对方承继的权利义务不享有连带债权且不承担连带债务的公示内容，不能对抗作为债权人的原告。

案外人鸿基公司于1995年1月9日汇入案外人台前建行380万元款项，根据《债权转让协议书》的内容，案外人鸿基公司认可380万元系基于《土地联营协议》对案外人东方公司的债权。被告建行台前支行解释该款系案外人鸿基公司根据《土地联营协议》支付的土地项目投资款。但被告建行台前支行无证据证明已履行了土地交付义务，也无证据证明将380万元汇入与案外人鸿基公司联营的案外人东方公司账户。故案外人鸿基公司享有对案外人台前建行 380 万元的债权，原告主张受让案外人鸿基公司的该笔债权于法有据。

因金融体制改革，案外人台前建行分立为被告建行台前支行和被告建银投资公司，根据《公司法》第 177 条[①]"公司分立前的债务由分立后的公司承担连带责任"之规定，被告建行台前支行和被告建银投资公司应对案涉 380 万元债权承担连带责任。虽然被告建行台前支行举证的《中国建设银行公告》是根据银监复〔2004〕144 号批复对外公示的，但其有关分立后的主体对对方承继的权利义务不享有连带债权，也不承担连带债务之内容，对分立后的主体之间具有约束力，分立后的两公司应依照《公司法》规定承担责任，该公告可作为分立后的公司之间划分责任的依据，但对外不具有约束力。

法院判决：

两被告连带偿还原告 380 万元及利息。

394. 公司分立时，分立各方应当如何通知债权人？

公司应当自作出分立决议之日起 10 日内通知债权人，并于 30 日内在全国发行的省级以上报纸或国家信用信息公示系统上公告。

395. 公司分立过程中，哪些事项需要办理工商变更登记？应当提交哪些材料？

因分立而存续的公司，其登记事项发生变化的，如股东、法定代表人、注册资本等，应当申请变更登记；因分立而解散的公司，应当申请注销登记；因分立而新设立的公司，应当申请设立登记。

公司分立的，应当自公告之日起 45 日内申请登记，提交分立决议或决定、公司在报纸或国家信用信息公示系统上登载公司分立公告的有关证明，以及债务清偿或债务担保情况的有关说明。涉及国有资本变动及外商投资企业分立的，必须报经批准，并提交有关批准文件。

396. 如何区分公司分立和公司资产转让？

司法实践中，存在公司以资产转让的方式变相进行公司分立，因公司分立与公司的资产转让都涉及公司资产的剥离，所以公司分立与公司资产转让

[①] 现为《公司法》第 223 条。

存在混淆的可能。

笔者认为，可以从以下四个方面进行区分：

（1）从公司的资产数量判断。在资产转让中，转让公司将一部分资产转让出去的同时，将因此获得对价，故转让公司的资产总额不变。而在公司分立中，这会导致公司的资产被分配给分立后的公司，原公司的资产总额减少。

（2）从公司的主体资格判断。无论是新设分立还是派生分立，都会产生新的公司法人。而公司资产的转让不会产生新的主体。

（3）从对股东造成的影响判断。公司分立会导致股东持股比例和数量的变更。其中，对于派生分立，分立前公司股东所持公司股权会全部或部分转化为派生分立公司的股权；对于新设分立，分立前公司股东所持公司股权会全部转化为新设分立公司的股权。而资产的转让不会导致股东持股比例及数量的变化。

（4）从注册资本来源判断。无论是新设分立还是派生分立，分立后公司的注册资本全部或部分继受于原公司。而资产的转让不会带来注册资本的变化。

[案例172] 新设主体自行货币出资购买老企业资产　不属分立无须承担老企业债务①

原告：浙商资管

被告：立信公司

诉讼请求：被告向原告就未受清偿的847万元债权承担连带还款责任。

争议焦点：被告股东自行以货币出资设立，在设立后聘用案外人铜山纺织厂职工，并通过购买案外人铜山纺织厂资产的方式投入经营，是否属于法律意义上的公司分立。

基本案情：

1998年12月30日，案外人工行铜山支行向案外人铜山纺织厂提供847万元借款。案外人铜山纺织厂到期未清偿债务。

---

① 参见江苏省徐州市铜山区人民法院（2019）苏0312民初146号民事判决书。

第十六章

公司分立纠纷

2000年11月21日,铜山县人民政府第五十次县政府常务会议纪要载明,原则上同意全民所有制企业形式的案外人铜山纺织厂的分立经营改制初步方案,改制形式为案外人铜山纺织厂全体职工在自愿的基础上出资购买纺织厂部分资产、土地,并设立一家新企业,新企业全员接收案外人铜山纺织厂的在册职工,并在购买纺织厂部分资产的同时,承担纺织厂相应的等值债务。

2001年1月12日,被告成立,股东(发起人)为案外人江苏省铜山县纺织厂工会和案外人马某,出资方式为货币。案外人江苏省铜山县纺织厂工会具有独立的社会团体法人资格。

2001年12月20日,被告与案外人铜山纺织厂签订的《职工去向问题修改意见》载明,案外人铜山纺织厂的改制方案发生变化,实际执行方式是案外人铜山纺织厂在职职工在自愿的基础上出资,以支付现金、可变物资和偿还纺织厂债务的方式购买纺织厂部分资产,成立新的独立的法人单位,即被告。案外人铜山纺织厂共计486名员工自动解除原与纺织厂签订的劳动合同,与被告重新签订劳动合同;案外人铜山纺织厂原在册职工除以上被告人员外,其余仍为县纺织厂职工。

2002年6月13日,徐州产权交易所出具《产权交易成交确认书》,确认被告实际购买案外人铜山纺织厂的固定资产净值8,769,010元,流动资产总价值15,666,281.14元。

2013年3月1日,案外人铜山纺织厂向法院申请破产。

2014年4月29日,案外人铜山纺织厂破产清算组作出的《破产清算工作报告》载明,2002年6月14日,案外人铜山纺织厂和被告签订了购买协议,由徐州产权交易所确认,改变了原职工入股、背债购买的精神,约定被告支付2443.5万元用以购买纺织厂的部分资产。合同签订后,被告付清购买资产款2443.5万元。

2017年12月29日,原告通过签订《资产转让协议》并发布债权转让公告的方式获得案外人工行铜山支行享有的对案外人铜山纺织厂的债权,原告成为本案所涉债务的合法债权人。

原告诉称:

原告通过协议受让的方式依法享有对案外人铜山纺织厂的债权,被告由

· 759 ·

案外人铜山纺织厂分立而来，根据《最高人民法院关于审理与企业改制相关的民事纠纷案件若干问题的规定》（法释〔2003〕1号）第12条规定，被告应承担连带还款责任。

被告辩称：

本案不适用《最高人民法院关于审理与企业改制相关的民事纠纷案件若干问题的规定》第12条的规定。该规定强调的是企业分立，而本案被告并非从作为借款人的案外人铜山纺织厂分立而来。铜山县人民政府常务会议纪要所说的分立经营不是法律上的概念，被告股东是案外人马某个人及案外人江苏省铜山县纺织厂工会，与案外人铜山纺织厂没有法律上的分立关系。

法官观点：

《最高人民法院关于审理与企业改制相关的民事纠纷案件若干问题的规定》第12条规定："债权人向分立后的企业主张债权，企业分立时对原企业的债务承担有约定，并经债权人认可的，按照当事人的约定处理；企业分立时对原企业债务承担没有约定或者约定不明，或者虽然有约定但债权人不予认可的，分立后的企业应当承担连带责任。"

该条规定的企业分立是指企业因为生产经营或者管理的需要，依据法律法规或合同约定，将企业依法变更为两个或两个以上企业的法律行为。企业分立的实质是对企业财产的分割，企业财产的分割导致承担原企业债务的责任财产产生变化，这对原企业的债权人有着切身的利益关系。

本案中，原被告争议的焦点是被告是否由案外人铜山纺织厂分立而来，对此需要从是否存在企业财产分割的事实进行分析。被告设立时，其注册资本由具有独立的社会团体法人资格的案外人江苏省铜山县纺织厂工会及案外人马某以货币方式出资，由此可知，被告设立时的注册资本来源并非由继受案外人铜山纺织厂资产而来；由徐州产权交易所出具的《产权交易成交确认书》确认被告购买案外人铜山纺织厂的固定资产、流动资产的事实，说明在被告设立后，被告获取了案外人铜山纺织厂的固定资产、流动资产，但被告获取案外人铜山纺织厂财产的方式是购买，而非通过对案外人铜山纺织厂企业财产的分割，此时双方是平等的民事交易主体，不存在财产上的承受关系。

此外，根据《破产清算工作报告》的内容，案外人铜山纺织厂和被告签订购买协议,由徐州产权交易所确认,改变了原职工入股、背债购买的精神。也就是说,铜山县人民政府原则上同意的关于对案外人铜山纺织厂分立经营改制的初步方案在此后没有得到实际执行。《职工去向问题修改意见》载明之内容也说明实际上并未执行铜山县人民政府原则上同意的关于对案外人铜山纺织厂分立经营改制的初步方案。因此,在判断被告是否由案外人铜山纺织厂分立而来时,不宜以上述文件确定的初步方案为根据。原告提出被告接收了案外人铜山纺织厂的职工,支付了职工养老金,被告与案外人铜山纺织厂之间不是资产的买卖关系。因该主张与徐州产权交易所出具的《产权交易成交确认书》确认的事实等相矛盾,故不予采信。

根据以上分析,被告与案外人铜山纺织厂之间不存在企业财产分割的关系,原告关于被告是由案外人铜山纺织厂分立而来的主张不成立,被告对案外人铜山纺织厂的诉争债务不负有连带责任。

法院判决:

驳回原告的诉讼请求。

【案例173】以资产收购名义行分立之实 债权人请求资产收购方连带还款获支持[①]

原告: 黑石公司

被告: 新机公司、日升轴承公司、日升投资公司、于某、郝某、王某

诉讼请求:

1. 被告新机公司立即偿还原告借款本金16,382,800元及截至2008年9月20日的利息6,346,365.60元,以上共计22,729,165.6元;

2. 被告日升轴承公司、日升投资公司、于某、郝某、王某对上述债务承担连带责任。

争议焦点:

1. 被告日升轴承公司选择性承接被告新机公司剥离出来的优质资产和技术导致被告新机公司责任财产降低的行为属于资产收购还是分立行为,被告

[①] 参见最高人民法院(2019)最高法民申2330号民事裁定书。

日升轴承公司是否应对被告新机公司的债务承担连带责任；

2. 证监会作出的意见（即被告日升轴承公司与关联公司之间存在多项关联交易，交易必要性存疑，独立性存在瑕疵），是否能作为被告日升投资公司、被告新机公司和被告日升轴承公司之间人格混同的证据；

3. 三被告于某、郝某和王某作为被告新机公司、日升轴承公司和日升投资公司的股东，是否存在滥用股东权利逃避债务的情形。

基本案情：

1998年11月4日，被告新机公司成立。三被告于某、郝某、王某曾系被告新机公司的股东。

2003年5月27日，被告新机公司向案外人建行新乡分行借款1750万元。借款到期后，案外人建行新乡分行收回了部分债权，仍剩余债权本金16,382,800元未得到清偿。之后，原告依法受让取得了上述债权及利息，且在诉讼时效内对被告新机公司进行了催收。

被告日升投资公司由三被告于某、郝某、王某发起设立。

2005年12月10日，案外人新乡金属收购站与被告于某签订转让协议，将其设备作价3,757,800元转让给被告于某。

2006年5月30日，被告日升投资公司增资扩股，注册资本由50万元增加至1000万元，其中被告于某将其从案外人新乡金属收购站购得的设备作价向被告日升投资公司增资，个人出资比例增至51%。对于被告于某增资的设备，经专业审计机构评估价值为4,440,235元，被告日升投资公司出具证明，证明被告于某用于增资的机器设备属于被告于某的个人财产。

2007年12月24日，被告日升轴承公司成立。发起人股东为被告日升投资公司（占股33.33%）、被告于某（占股30%）、被告郝某（占股15%）、被告王某（占股15%）等。被告日升投资公司将用于出资的存货和机器设备等实物资产全部移交给被告日升轴承公司。此外，被告日升轴承公司还收购了被告日升投资公司除用于出资的实物资产以外的与轴承装备生产经营相关的存货、固定资产、土地使用权以及流动负债等。最终，被告日升投资公司用于轴承装备生产和经营的资产、人员、业务全部投入和转移至被告日升轴承公司，被告日升投资公司不再从事轴承装备的生产经营活动，其拥有的主

第十六章
公司分立纠纷

要资产为其持有的被告日升轴承公司的股权。

2009年10月15日,被告新机公司董事会作出决议,被告新机公司钢球装备业务相关资产及负债由被告日升轴承公司承债式收购。《审计报告》中载明,被告新机公司资产总计20,070,590.90元,负债总计19,257,566.74元,其中负债部分系选择性地承接被告新机公司应付账款和预收账款,不包括被告新机公司与案外人建行新乡支行之间的案涉债务,相关债务仍保留在被告新机公司。最终,被告新机公司核心的钢球装备业务及相关的101名人员一同并入被告日升轴承公司,同时被告日升轴承公司无偿受让了被告新机公司在钢球装备业务领域的相关专利。

2012年6月5日,证监会对被告日升轴承公司首次公开发行股票并在创业板上市的申请作出不予核准的决定,认为被告日升轴承公司与被告新机公司等关联企业存在多项关联交易,交易必要性存疑,独立性存在瑕疵。

原告诉称:

被告于某用于向被告日升投资公司增资的核心设备是三被告于某、郝某、王某将被告新机公司的核心设备、资产处理给案外人新乡金属收购站,而后被告于某转移至其个人名下的。

三被告于某、郝某、王某利用其实际控制人地位,将被告日升投资公司的有效资产、人员全部转移至被告日升轴承公司,被告日升轴承公司承继了被告日升投资公司的业务、资产、技术及人员,并从事与被告新机公司关联的业务。

被告于某等人还操纵被告日升轴承公司与被告新机公司签订《资产收购协议》,最终将被告新机公司中核心的钢球装备业务相关的资产、人员、业务等转移至被告日升轴承公司名下。

此外,证监会也认为被告日升轴承公司与被告新机公司等关联企业存在多项关联交易,交易必要性存疑,独立性存在瑕疵。

上述事实表明,三被告于某、郝某、王某等无视被告新机公司、日升轴承公司和日升投资公司的独立人格,滥用对公司的控制权,虚假转让被告新机公司的核心有效资产,将被告新机公司的重要资产、核心人员、业务转移至被告日升轴承公司名下,滥用公司法人独立地位,另行成立关联企业,利用法人的独立责任逃避债务，使被告新机公司丧失独立对外承担责任的基础。因此，上述人员及混同企业应当对被告新机公司的债务承担连带责任。

被告辩称：

1. 被告新机公司钢球事业部相关资产及负债依法由被告日升轴承公司承债式收购，为此被告日升轴承公司依法足额支付了收购对价。因此，本案中不存在被告新机公司、被告于某等滥用关联公司法人独立地位和股东有限责任、恶意转移资产、逃避债务的行为。

2. 被告日升轴承公司与被告新机公司系合法的资产收购关系，公司法人资格独立，与被告新机公司不存在人格混同，不应对被告新机公司的债务承担连带责任。

3. 被告日升投资公司具有独立的法人资格，作为股东的被告于某对被告日升投资公司的所有投资均系其个人资产，符合法律规定。原告没有证据证明被告于某出资的资产系从被告新机公司恶意转移而来。被告日升投资公司对被告日升轴承公司的投资行为也符合法律规定，与被告新机公司无关系，不应对原告承担还款责任。

4. 被告于某没有滥用法人独立地位的行为，被告郝某和被告王某没有滥用股东权利侵害他人。

法官观点：

1. 被告日升轴承公司承接了被告新机公司剥离出来的优质资产和技术，直接导致被告新机公司的财产责任能力被降低，且上述资产转让交易未通知债权人，被告日升轴承公司应当对被告新机公司的债务承担连带责任。

被告新机公司与被告日升轴承公司之间通过《资产收购协议》，将其钢球事业部资产出售给被告日升轴承公司。从《审计报告》中载明的内容看，其资产总计20,070,590.90元，负债总计19,257,566.74元。负债部分系选择性地承接被告新机公司应付账款和预收账款，不包括被告新机公司与原告之间的案涉债务，相关债务仍保留在被告新机公司。除此之外，被告日升轴承公司在承接被告新机公司上述钢球事业部资产的同时，还接收了被告新机公司相关业务的101名员工，并无偿受让了钢球事业设备相关专利。从上述事实来看，被告新机公司实际上是将部分营业资产转移至被告日升轴承公司，而被告日升轴承公司除承接部分债务外，对承接上述资产并未支付合理对价。

从《最高人民法院关于审理与企业改制相关的民事纠纷案件若干问题的规定》第7条规定来看，其实质上是企业改制过程中债务承担的规则。而企业部分改造为公司是在企业分立基础上进行的，其与公司分立的原理一脉相承。当企业将其优质财产转移出去并留下企业债务时，就构成了企业财产与债务的分离。由于企业财产是企业对外债务的一般担保和物质基础，所以新设公司会因仅带走优质财产而甩掉了本应由其承担的企业债务；原企业则因优质财产被转移，仅留下债务，而从根本上丧失企业法人的财产责任能力，从而与企业法人财产原则相悖。因此，根据债权人的请求，将新设公司与原企业列为共同被告并承担连带责任，符合企业法人财产原则和权利义务对等原则。

本案涉及的虽然不是企业改制，但是企业债务随资产变动原则，却是肇始于公司分立的原理。《公司法》第175条①规定："公司分立，其财产作相应的分割。公司分立，应当编制资产负债表及财产清单。公司应当自作出分立决议之日起十日内通知债权人，并于三十日内在报纸上公告。"第176条②规定："公司分立前的债务由分立后的公司承担连带责任。但是，公司在分立前与债权人就债务清偿达成的书面协议另有约定的除外。"

从上述规定可以看出，无论是企业改制，还是公司分立，其规则设计的内在原理机制是一致的，即当分割公司财产时，涉及对公司资产进行剥离，对资产剥离的数量无论多与少，一个直接的后果就是减少了被分立公司的责任财产，此时即可能会使债权人赖以实现其债权的责任财产的安全无法得到保障。在此情况下，为平衡保护公司运营及债权人的合法权益，根据前述法律规定，公司在剥离优质资产时，应当通知债权人，除非公司在分立前与债权人就债务清偿达成的书面协议另有约定，公司债务由分立后的公司承担连带责任。而《最高人民法院关于审理与企业改制相关的民事纠纷案件若干问题的规定》对承担债务的范围作出了限制，即明确了在接收企业资产的范围内承担责任。

从本案查明的事实来看，被告日升轴承公司与被告新机公司在进行相关

---

① 现为《公司法》第222条。
② 现为《公司法》第223条。

资产转让时，部分股东相同，被告日升轴承公司承接了被告新机公司剥离出来的相关优质资产，承接了相关技术人员和专利技术。上述资产转让行为使得被告新机公司的经营性优质资产被剥离出去，势必降低其财产责任能力，而且被告新机公司、日升轴承公司均未提供证据证明该项资产转让交易已通知原告或经原告同意。

因此，无论是从公司分立的原理看，还是从企业改制的规则分析，被告日升轴承公司在承接了被告新机公司的优质营业资产后，应当对被告新机公司的相关债务承担连带责任。

2. 证监会意见不能证明被告日升投资公司和被告新机公司存在人格混同，被告日升投资公司不应对被告新机公司的债务承担连带责任。

判断关联公司是否存在人格混同的关键在于，关联公司之间的人员、业务、财产等情况是否存在交叉或者混同。如果存在交叉或混同，导致各自财产无法区分、丧失独立人格的，则构成人格混同。

虽然证监会对被告日升轴承公司与被告新机公司之间存在业务和人员上的承继关系、被告日升轴承公司与关联企业之间关联交易的必要性、被告日升轴承公司的独立性存在瑕疵等内容发表了意见，但是并未对被告新机公司与被告日升投资公司之间人员、业务、财产是否存在交叉或者混同发表意见，故证监会意见不能证明被告新机公司与被告日升投资公司之间存在人格混同。原告未提供其他证据证明被告新机公司与被告日升投资公司之间存在人格混同，原告关于被告日升投资公司对被告新机公司的债务承担连带责任的主张缺乏事实依据和法律依据。

3. 无证据证明三被告于某、郝某、王某滥用股东权利或与被告新机公司存在人格混同，三被告于某、郝某、王某不应对被告新机公司的债务承担连带责任。

《公司法》第 3 条规定："公司是企业法人，有独立的法人财产，享有法人财产权。公司以其全部财产对公司的债务承担责任。有限责任公司的股东以其认缴的出资额为限对公司承担责任；股份有限公司的股东以其认购的股份为限对公司承担责任。"该条款规定了法人制度的核心系公司具有独立人格和独立责任，股东与公司之间人格独立，在公司经营活动中，公司与债权人独立地发生债权债务关系，承担由此产生的民事责任。原告主张三被告于某、郝某、王某对被告新机公司的债务承担连带责任，必须举出高度盖然性的证据，以证明股东存在滥用法人独立地位和股东有限责任的行为以及由此产生了损害后果。

本案中，被告新机公司于 2009 年 10 月 15 日召开董事会，决议同意被告日升轴承公司承债式收购被告新机公司钢球事业部相关资产及负债，被告新机公司的该项决议符合公司章程和法律规定。被告新机公司与被告日升轴承公司签订的《资产收购协议》系双方真实意思表示，且不违反法律、行政法规的禁止性规定，协议有效。原告关于被告新机公司转让部分资产及负债系三被告于某、郝某、王某滥用法人独立地位的主张，缺乏事实依据和法律依据。原告关于三被告于某、郝某、王某利用职务便利将被告新机公司设备及存货转移至废品收购站并导致被告新机公司承债能力受损的主张，未提供证据加以证明。原告未提供证据证明三被告于某、郝某、王某与被告新机公司的法人人格混同，其提供的证据不足以证明三被告于某、郝某、王某存在滥用法人独立地位和股东有限责任以逃避债务的情形，故原告关于三被告于某、郝某、王某对被告新机公司的债务承担连带责任的主张缺乏事实依据。

法院判决：

1. 被告新机公司向原告偿还借款本金 16,382,800 元及利息 6,346,365.60 元，共计 22,729,165.6 元；

2. 被告日升轴承公司在接收被告新机公司财产价值 19,257,566.74 元范围内对本判决第一项债务向原告承担连带清偿责任；

3. 驳回原告的其他诉讼请求。

397. 企业分立时，如何进行会计处理？

企业分立是公司净资产分立，不存在资产（负债）的购买或出售行为，分立方在分立中确认取得的被分立方的资产、负债，仅限于被分立方账面上原已确认的资产和负债，分立中不产生新的资产和负债。

分立方以分立前原资产、负债的账面价值入账，转入资产的账面价值与转入负债的账面价值差额作为股东投入，增加所有者权益。

被分立方以分立中转出的资产、负债的净额，调整所有者权益相关项目。如果存在注销股本的，应首先调整股本，再调整资本公积，资本公积余额不足冲减的，应冲减留存收益。

具体会计分录如下。

(1) 存续分立

①存续方

借：股本（按分立协议约定换出并注销的股份总数）

  资本公积、未分配利润等（差额）

  被分立的负债

 贷：被分立的资产（资产、负债均按原账面转出，不确认损益）

②分立方

借：分立划入净资产

 贷：股本（按分立协议约定的拆股数）

   资本公积（差额）

   分立划入的负债

注：资产、负债均按分立前的账面价值入账

(2) 新设分立

①被分立方

借：股本（100%）

  资本公积（100%）

  留存收益（100%）

  被分立划出的负债

 贷：分立的净资产

②分立方

借：分立划入净资产

 贷：股本（按分立协议约定的拆股数）

   资本公积（差额）

   分立划入的负债

第十六章 公司分立纠纷

【案例174】股权支付金额低于85% 企业分立不能适用特殊性税务处理

分立方：B公司

被分立方：A公司

被分立方主要股东：甲公司、乙公司

分立方式：派生分立

基本案情：

A公司的注册资本为1000万元，甲公司和乙公司分别持有70%和30%的股份。为满足扩大经营的需要，2009年11月，A公司剥离部分净资产成立B公司。分立基准日，A公司的资产负债表显示公司的资产总额为3000万元（公允价值为3800万元），负债为2000万元（公允价值为2000万元），净资产为1000万元（公允价值为1800万元）。

A公司剥离的净资产的账面价值为600万元（公允价值为800万元），并在工商管理部门办理了300万元的减资手续。B公司的注册资本为600万元，并确认甲公司和乙公司的出资额分别为400万元和200万元，同时B公司将200万元未分配利润确认分别向甲公司和乙公司分红160万元和40万元，并支付了相应银行存款。

律师观点：

本次分立涉及的税种主要是企业所得税与印花税。

1. 企业所得税。

企业分立如适用特殊性税务处理，在符合重组业务特殊性处理基本条件的基础上，还需要同时符合下列三个条件：

（1）被分立企业所有股东按原持股比例取得分立企业的股权；

（2）分立企业和被分立企业均不改变原来的实质经营活动；

（3）被分立企业股东取得的股权支付金额不低于其交易支付总额的85%。

本案中，B公司股权支付金额占交易支付总额的比例为（400+200）÷（400+200+160+40）×100%＝75%，低于85%，不满足特殊性税务处理的条件。本案例应适用一般性税务处理。

具体税务处理如下：

（1）A公司对分立出去的资产应确认的资产转让所得200万元（被转让

资产的公允价值 800 万元 – 被转让资产的计税基础 600 万元);

(2) B 公司应按公允价值 800 万元确认接受资产的计税基础;

(3) A 公司继续存在,其股东甲公司和乙公司取得对价。

其中,甲公司取得 160 + 800 × 400 ÷ (400 + 200) ≈ 693.33 万元对价,视同 A 公司分配红利确认所得,免征企业所得税;乙公司取得 40 + 800 × 200 ÷ (400 + 200) ≈ 306.67 万元对价,视同 A 公司分配红利确认所得,免征企业所得税。

2. 印花税。

根据《财政部、税务总局关于企业改制重组及事业单位改制有关印花税政策的公告》(财政部、税务总局公告 2024 年第 14 号) 的规定,以分立方式成立的新企业,其新启用的资金账簿记载的资金,凡原已贴花的部分可不再贴花,未贴花的部分和以后新增加的资金按规定贴花。分立后,A 公司的实收资本减少 300 万元,不用额外申报缴纳印花税;B 公司实收资本金额 600 万元,在原贴花基础上增加了 300 万元,需缴纳印花税 3,000,000 × 0.25‰ = 750 元。

【案例175】绍兴前进派生分立　符合特殊性税务处理条件暂不确认所得计征所得税[①]

分立方:绍兴金道

被分立方:绍兴前进

被分立方主要股东:杭齿前进、金某荣

分立方式:派生分立

分立基准日:2012 年 3 月 31 日

基本案情:

绍兴前进成立于 1997 年 11 月 6 日,由杭齿前进与自然人金某荣合资组建,注册资本为 1000 万元,其中杭齿前进持有 55% 股权、金某荣持有 45% 股权。主营业务为 MA 系列及 06、16 型船用齿轮箱、叉车变速箱、工程机械变矩器及其零配件的制造、销售。其实物资产主要为存货、建(构)筑物及土地、设备等。

[①] 参见《杭州前进齿轮箱集团股份有限公司控股子公司绍兴前进齿轮箱有限公司分立的公告》,载巨潮资讯网,http://static.cninfo.com.cn/finalpage/2012 – 03 – 27/60733127.PDF,2020 年 3 月 28 日访问。

第十六章
公司分立纠纷

分立重组方案为：采用派生分立方式对绍兴前进进行股权重组，绍兴前进将继续存续，从绍兴前进中分立出的资产将注册成立一家新公司，新公司名称暂定为绍兴金道，杭齿前进拥有分立后的绍兴前进100%股权，金某荣拥有分立后的绍兴金道100%股权。根据分立协议，绍兴前进持有的绍兴传动93%的股权归属于绍兴金道，杭齿前进、金某荣双方直接持有的绍兴传动的股权保持不变。绍兴前进持有的信达担保公司1.0032%的股权仍归属于分立后的绍兴前进。分立双方根据业务划分原则分割资产后，各自分得的净资产的评估值，与根据分立前绍兴前进股权比例应分得的净资产之间的差额，绍兴前进应付绍兴金道5,823,550.22元，现金支付比例仅为4.31%。分立前后的股权结构如图16-2所示：

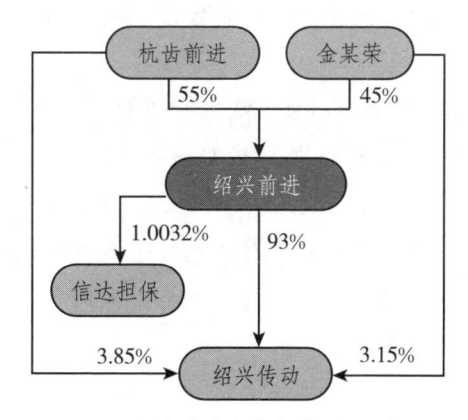

（b）分立后股权结构

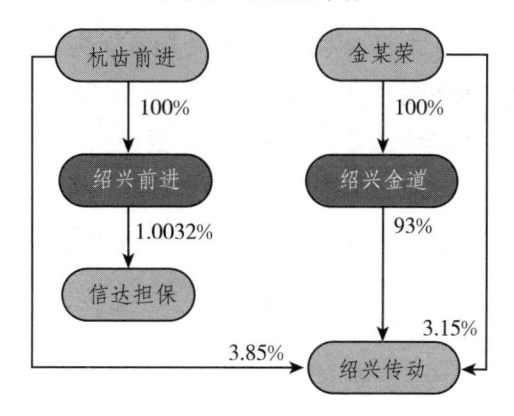

（a）分立前股权结构

图16-2 分立前后股权结构

分立后存续的绍兴前进主要经营：制造、销售船用齿轮箱及其配件；工程机械变速箱及其配件；变矩器及其零配件；汽车配件；相关产品、技术进出口。经营范围与分立前相比未发生实质性变化。分立后新设的绍兴金道主要经营：制造、销售叉车变速箱及其配件。

律师观点：

本次派生分立涉及的税收主要包括企业所得税、个人所得税、增值税、营业税①、土地增值税、契税、印花税。

1. 企业所得税。

本次派生分立未按原持股比例取得分立企业的股权，不符合所得税特殊性税务处理条件。

绍兴金道以绍兴前进公允价值的计税基础确定。绍兴前进确认所得。

2. 个人所得税。

《国家税务总局关于企业重组业务企业所得税征收管理若干问题的公告》（国家税务总局公告2015年第48号）第1条第2款中明确指出，在企业重组交易中，股权收购中转让方、合并中被合并企业股东和分立中被分立企业股东，可以是自然人。当事各方中的自然人应按个人所得税的相关规定进行税务处理。也就是说，虽然本案符合特殊性税务处理的条件，但金某荣作为自然人，不能适用特殊性税务处理。

目前国家税务总局没有对企业合并或分立的个人所得税缴纳问题进行专门规定。但有观点认为，企业分立中自然人股东所持股权的计税基础不变，在不涉及非股权支付或者非股权支付较少的情况下，没有用来交税的现金流，对此征税违背税收中性原则。

实践中，部分地区（如海南省、大连市）税务机关明确规定，企业分立中个人股东应按股息、利息、红利所得或财产转让所得规定计征税款。部分地区（如江苏省）对分立不涉及非股权形式支付的情形，认可个人股东在分立中不存在财产转让所得，无须缴纳个人所得税。

3. 增值税、营业税及附加。

根据《国家税务总局关于纳税人资产重组有关增值税问题的公告》（国家

---

① 该案发生时涉及营业税。自2016年5月1日我国推行全面营改增后，已取消营业税。

税务总局公告 2011 年第 13 号) 和《国家税务总局关于纳税人资产重组有关营业税问题的公告》(国家税务总局公告 2011 年第 51 号) 规定, 纳税人在资产重组过程中, 通过分立方式, 将全部实物资产以及与其相关联的债权、债务和劳动力一并转让给其他单位和个人的行为, 不属于增值税和营业税的征收范围。因此, 绍兴前进无须就货物、不动产及土地使用权的转移缴纳增值税、营业税及附加。

4. 土地增值税与契税。

根据《土地增值税暂行条例》及其实施细则的规定, 转让国有土地使用权、地上的建筑物及其附着物并取得收入, 是指以出售或者其他方式有偿转让房地产的行为, 不包括以继承、赠与方式无偿转让房地产的行为。而企业分立涉及的房地产移转并未取得对价, 不属于土地增值税的征税范围, 不应征收土地增值税。因此, 绍兴金道无须就土地使用权和不动产的转移缴纳土地增值税。①

《财政部、国家税务总局关于企业事业单位改制重组契税政策的通知》(财税〔2012〕4 号)② 规定, 企业依照法律规定、合同约定分设为两个或两个以上与原公司投资主体相同的公司, 对派生方、新设方承受原企业土地、房屋权属, 免征契税。故在本次派生分立中未能保持于原企业投资主体相同, 绍兴金道须就其受让绍兴前进的土地房屋权属缴纳契税。

5. 印花税。

根据《财政部、国家税务总局关于企业改制过程中有关印花税政策的通知》(财税〔2003〕183 号) 的规定, 以分立方式成立的新企业, 其新启用的资金账簿记载的资金, 凡原已贴花的部分可不再贴花, 未贴花的部分和以后新增加的资金按规定贴花。但是, 该政策要求分立的公司股东与原公司投资主体相同, 故不能适用。因此, 分立后绍兴金道须就营业账簿缴纳印花税。

---

① 本案发生时, 尚未明确相关土地增值税政策, 依据《财政部、国家税务总局关于企业改制重组有关土地增值税政策的通知》(财税〔2015〕5 号) 的规定, 按照法律规定或者合同约定, 企业分设为两个或两个以上与原企业投资主体相同的企业, 对原企业将房地产转移、变更到分立后的企业, 暂不征土地增值税。该规定现已更新为《财政部、税务总局关于继续实施企业改制重组有关土地增值税政策的公告》(财政部、税务总局公告 2023 年第 51 号)。

② 现已更新为《财政部、税务总局关于继续实施企业、事业单位改制重组有关契税政策的公告》(财政部、税务总局公告 2023 年第 49 号)。

398. 企业在分立过程中发生土地使用权人变更，新设立公司取得土地使用权，被分立企业是否需要缴纳土地增值税？

按照法律规定或者合同约定，非房地产开发企业分设为两个或两个以上与原企业投资主体相同的企业，对原企业将房地产转移、变更到分立后的企业，暂不征土地增值税。

399. 企业分立是否需要缴纳印花税？

视不同情形而定：

（1）分立企业新启用的资金账簿记载的资金，凡原已贴花的部分可不再贴花，未贴花的部分和以后新增加的资金以增加的"实收资本"与"资本公积"两项的合计金额按照万分之二点五的税率贴花；

（2）企业分立前签订但尚未履行完的各类应税合同，分立后需要变更执行主体的，对仅改变执行主体、其余条款未作变动且分立前已贴花的，不再贴花；

（3）企业因分立签订的产权转移书据免予贴花，如各类知识产权转让协议、土地使用权转让合同等。

【相关法律依据】

一、公司法类

（一）法律

❖《公司法》第222条、第223条

（二）行政法规

❖《市场主体登记管理条例》（国务院令第746号）第40条

（三）司法解释

❖《最高人民法院关于审理与企业改制相关的民事纠纷案件若干问题的规定》（2020年修正）第12条、第13条

二、税法类

❖《财政部、税务总局关于继续实施企业改制重组有关土地增值税政策的公告》（财政部、税务总局公告2023年第51号）第3条

❖《财政部、税务总局关于继续实施企业、事业单位改制重组有关契税政策的公告》（财政部、税务总局公告2023年第49号）第4条

第十七章　请求公司收购股份纠纷

【宋和顾释义】

关于请求公司收购股份纠纷，新《公司法》在修订中，共涉及三处修改，均为新增规定，涵盖：

(1) 有限责任公司中，控股股东滥用股东权利时，其他股东的股权回购请求权和公司回购股权后的处置；

(2) 非上市股份有限公司中，参照有限责任公司的规定引入股份回购请求权；

(3) 简易合并时，被合并公司股东的回购请求权。

结合过往司法实践和本次修订，请求公司收购股份纠纷的争议类型主要体现为以下六种：

(1) 控股股东滥用股东权利时，请求回购的程序、期限如何确定；

(2) 回购程序争议，如协商回购是否属于诉讼回购的前置程序，股东行使回购请求权是否以投反对票为前提，股东未参会表决但反对决议内容时能否请求回购；

(3) 回购主体争议，如决议作出后转让股权的股东、无表决权的股东、隐名股东、瑕疵出资的股东是否享有回购请求权；

(4) 回购条件争议，如主要财产的认定标准，因不分红而请求回购时能否要求连续5年投反对票，小额合并时合并公司股东是否享有回购请求权；

(5) 回购价格争议，如采用何种方式确定合理价格及评估基准日；

（6）能否在章程中规定法定事由之外的回购事由。

上述部分问题，在本书第三版第四册"请求公司收购股份纠纷"章节中已涉及，本章系根据司法实践的变化以及修法产生的新问题，加以梳理、归纳和补充。

400. 请求公司收购股份纠纷诉讼可否以控股股东为被告或第三人？

不可以。控股股东对于异议股东所持股权既无独立的请求权，也无法律上的利害关系，不能成为被告或第三人。

401. 股东要求公司以合理价格收购其股权的，是否必须在起诉时就明确收购总金额？

不需要。股东以对公司资产状况不了解为由，需要对公司资产进行评估后才能确定收购价格，请求法院判令公司以合理价格收购其股权的，其诉讼请求明确，法院应当继续审理。

402. 请求公司收购股份纠纷有无期限要求？

异议股东请求公司收购其股份应当自股东会决议作出之日起90日内提起。90日届满后，股东既丧失了请求法院保护的权利，也丧失了要求公司收购其股权的实体权利。一旦股东超过90日才提起请求公司收购股份纠纷诉讼，则法院不予受理；如已受理，应当裁定驳回起诉。

但是，在有限公司控股股东滥用股东权利的情形下，请求公司收购股份适用90日除斥期间还是3年诉讼时效，以及股份公司股东对合并、分立决议持异议，请求公司收购股份的，能否适用90日除斥期间的规定，仍有待司法解释及司法实践进一步明确。

403. 新《公司法》中关于有限责任公司控股股东滥用股东权利和股份有限公司异议股东享有回购请求权的规定能否溯及适用？

可以。根据《最高人民法院关于适用〈中华人民共和国公司法〉时间效力的若干规定》（法释〔2024〕7号）的规定，有限责任公司控股股东滥用股东权利情形下其他股东的股权回购请求权，以及股份有限公司股东的异议回购请求权均属于当时的法律、司法解释没有规定而新《公司法》作出规定的情形，应当适用新法的规定。

第十七章
请求公司收购股份纠纷

404. 股东会决议作出之日为公司股东，后失去股东身份的，该原股东能否请求公司收购股权？

不能。请求公司收购股权以持有该公司股权为前提，即使股东会决议作出之日为公司股东，但此后其失去了股东身份，不再持有公司股权，因此不能再请求公司收购其股权。

405. 股东会决议作出之日不是公司股东，后成为公司股东的，该新任股东能否请求公司收购股权？

不能。由于前任股东针对该股东会决议已经行使过表决权，新任股东不能承接前任股东对已作出的股东会决议的反对权。对已作出的股东会决议的投票表决权是带有身份性质的权利，是专属于原股东的身份权，该投票表决权不以股权的转让而转移。并且新任股东在受让股权时，对公司股东会已经作出的决议应当是知晓的。因此，新任股东不能因对其成为股东之前的股东会决议持异议而请求公司收购股权。

406. 隐名股东是否享有股份回购请求权？

对股东会决议投反对票的表决权利应当由名义股东行使，隐名股东不是公司名义上的股东，因此不享有股份回购请求权。

407. 无表决权股东是否享有股份回购请求权？

根据《公司法》的规定，股东应该在相关事项作出决议时享有表决权，如果不享有表决权或者表决权受限，就谈不上投反对票的问题，[①] 也不享有请求退股的权利。但在控股股东滥用股东权利，严重损害公司或者其他股东利益的情况下，该股东仍有权请求回购股权。

408. 瑕疵出资股东是否享有股份回购请求权？

对此，法律并无明文规定。笔者认为，异议股东的股份回购请求权派生于股权，瑕疵出资的股东应当享有股份回购请求权，但应当允许公司通过一定方式限制其股份回购请求权。因为如果瑕疵出资股东行使该权利，则意味着其将取得公司支付的股权回购对价，故应允许公司对此进行限制。

---

① 参见最高人民法院民事审判第二庭编著：《中华人民共和国公司法理解与适用》，人民法院出版社2024年版，第412页、第713页。

409. 股份有限公司的股东是否能以诉讼方式请求公司收购股份？

可以。尽管相对于有限责任公司，股份有限公司的资合性决定了其股份转让更为自由，但实践中仍存在大量非上市的股份有限公司，这类公司的异议股东缺少有效救济途径。为此，新《公司法》明确规定了非上市股份有限公司股东因对公司作出的不分红、转让主要财产、修改章程使公司存续等决议持异议而公司不收购的，可以诉讼方式请求公司收购股份。

此外，虽然法条本身未明确股份有限公司股东对公司合并、分立决议持异议而公司不收购时，股东可否向法院提起诉讼，但如此时不赋予股东诉权，将使该制度设计没有实践意义。因此，笔者认为，对合并、分立持异议的股东，有权通过诉讼主张公司回购股份。

410. 上市公司回购股份应当符合哪些条件？

上市公司回购股份应当符合以下条件：

（1）公司股票上市已满6个月；

（2）公司最近1年无重大违法行为；

（3）回购股份后，上市公司具备债务履行能力和持续经营能力；

（4）回购股份后，上市公司的股权分布原则上应当符合上市条件，而公司拟通过回购股份终止其股票上市交易的，应当符合证券交易所的相关规定；

（5）中国证监会、证券交易所规定的其他条件。

上市公司为维护公司价值及股东权益所必需而回购股份并减少注册资本的，不适用关于公司股票上市已满6个月的要求。

411. 上市公司回购股份应当遵循哪些基本程序？

应当遵循如下程序：

（1）因减少注册资本而回购股份的，应当由董事会作出决议，并提交股东会审议，经出席会议的股东所持表决权的2/3以上通过。

（2）因实施员工持股计划或者股权激励、发行可转债以及为维护公司价值及股东权益所必需而回购股份的，可以依照章程的规定或者股东大会的授权，经2/3以上董事出席的董事会会议决议。

（3）股东会对董事会作出授权的，应当在决议中明确授权实施股份回购的具体情形和授权期限等内容。

另外，上市公司应当在董事会作出回购股份决议后2个交易日内，按照证券交易所的规定，至少披露下列文件：

（1）董事会决议。

（2）回购股份方案。回购股份方案须经股东大会决议的，上市公司应当及时发布召开股东大会的通知。回购股份方案至少应当包括以下内容：

①回购股份的目的、方式、价格区间；

②拟回购股份的种类、用途、数量和占公司总股本的比例、拟用于回购的资金总额；

③回购股份的资金来源；

④回购股份的实施期限；

⑤预计回购后公司股权结构的变动情况；

⑥管理层关于本次回购股份对公司经营、盈利能力、财务、研发、债务履行能力、未来发展及维持上市地位等可能产生的影响的分析；

⑦上市公司董事、监事、高级管理人员、控股股东、实际控制人在董事会作出回购股份决议前6个月内买卖本公司股份的情况，以及在回购期间是否存在增减持计划的说明；

⑧本次回购股份方案的提议人、提议时间，提议人在提议前6个月内买卖本公司股份的情况，以及提议人在回购期间是否存在增减持计划的说明（如适用）；

⑨回购股份后依法注销或者转让的相关安排；

⑩防范侵害债权人利益的相关安排；

⑪对董事会办理本次回购股份事宜的具体授权（如适用）；

⑫中国证监会和证券交易所要求披露的其他内容。

以要约方式回购股份的，还应当披露股东预受要约的方式和程序、股东撤回预受要约的方式和程序，以及股东委托办理要约回购中相关股份预受、撤回、结算、过户登记等事宜的证券公司名称及其通信方式。

（3）上市公司应当在披露回购股份方案后5个交易日内，披露董事会公告回购股份决议的前1个交易日登记在册的前十大股东和前十大无限售条件股东的名称及持股数量、比例。

回购方案需经股东大会决议的，上市公司应当在股东大会召开前3日，披露股东大会的股权登记日登记在册的前十大股东和前十大无限售条件股东的名称及持股数量、比例。

412. 上市公司以集中竞价交易方式回购股份的，应当如何履行报告、公告义务？

应当在下列情形中履行报告、公告义务：

（1）上市公司应当在首次回购股份事实发生的次一交易日予以公告；

（2）上市公司回购股份占上市公司总股本的比例每增加1%的，应当自该事实发生之日起3个交易日内予以公告；

（3）在回购股份期间，上市公司应当在每个月的前3个交易日内，公告截至上月末的回购进展情况，包括已回购股份总额、购买的最高价和最低价、支付的总金额；

（4）上市公司在回购期间，应当在定期报告中公告回购进展情况，包括已回购股份的数量和比例、购买的最高价和最低价、支付的总金额；

（5）上市公司在回购股份方案规定的回购实施期限过半时，仍未实施回购的，董事会应当公告未能实施回购的原因和后续回购安排；

（6）回购期届满或者回购方案已实施完毕的，上市公司应当停止回购行为，并在2个交易日内公告回购股份情况以及公司股份变动报告，包括已回购股份总额、购买的最高价和最低价以及支付的总金额等内容。

413. 在哪些交易时间，上市公司不得进行股份回购的委托？

上市公司不得在以下交易时间进行股份回购的委托：

（1）开盘集合竞价；

（2）收盘集合竞价；

（3）股票价格无涨跌幅限制。

414. 在哪些交易时间，上市公司不得回购股份？

上市公司不得在以下交易时间进行股份回购：

（1）自可能对本公司证券及其衍生品种交易价格产生重大影响的重大事项发生之日或者在决策过程中至依法披露之日内；

（2）中国证监会、证券交易所规定的其他情形。

另外，上市公司为维护公司价值及股东权益必需实施股份回购并减少注册资本的，不适用上述规定。

415. 公司回购股权应当遵循哪些程序？

股权回购程序如下：

（1）基于对公司满足条件而决议不分配红利，合并、分立、转让主要财产，或修改章程使公司存续等持异议的股东请求公司回购的，异议股东应当自股东会决议通过之日起60日内，向公司提出回购股权请求；

（2）双方达成回购协议，包括回购时间、价款等；

（3）公司依据回购协议办理相应的工商变更登记手续。

此外，对于有限责任公司控股股东滥用股东权利和股份有限公司股东对合并、分立持异议的情形，法律虽未规定协商回购的程序和期限，但笔者认为可以参照上述规定。

416. 股东行使回购请求权应当满足哪些条件？

应满足以下三个条件：

（1）股东行使回购请求权时，应当在实体上具备股东资格。

（2）该股东应当是对如下股东会决议投反对票的异议股东，或有限责任公司中受控股股东滥用权利压迫的股东：

①公司连续5年不向股东分配利润，而公司该5年连续盈利，并且符合《公司法》规定的分配利润条件，公司当年仍作出不分配利润的决议的；

②公司合并、分立、转让主要财产的，但在合并支付的价款不超过公司净资产10%的情况下，合并公司股东是否享有回购请求权，仍有待司法解释和司法实践予以进一步明确；

③公司章程规定的营业期限届满，或章程规定的其他解散事由出现，股东会会议通过决议修改公司章程使公司存续的。

（3）上述股东行使回购请求权要求公司按照合理价格收购股权的，应当提供"合理"价格的确定依据。

417. 异议股东是否必须在与公司就股份回购进行沟通且无法协商一致后，才可向法院提起诉讼？

是的。除非股东有证据可以明确证明协商收购不具有可能性，或有其他客观原因导致无法与公司进行协商。司法实践中，亦有法院认为协商并非必要前置程序，但为避免诉讼风险，笔者认为股东不应在没有合理理由的情况下，跳过协商程序而直接提起诉讼。

【案例176】协商非法定前置程序　未经协商亦可直接诉请回购[①]

原告：孙某

被告：前航公司

诉讼请求：

1. 被告以截至2017年9月底公司净资产［净资产＝流动资产合计＋固定资产合计＋长期投资合计（以被告持有的2460万股安科瑞公司在2017年9月最后一个交易日的股票收盘价进行计算）－负债合计］为基础回购原告持有的被告1.63%股权；

2. 被告向原告偿付自2017年9月30日起至实际清偿之日止的利息。

争议焦点：

1. 公司对异议事项先后作出两次股东会决议，股东诉请回购应以哪次决议为起诉期间的起算点；

2. 协商回购是否为诉请回购股权的前置程序；

3. 就回购作出股东会决议以及公司减资程序是不是行使法定回购股权的前提；

4. 公司作为持有上市公司股票的持股平台，股东诉请回购的合理价格应如何确定。

基本案情：

被告于2008年设立，设立的目的系被告股东持有案外人安科瑞公司股票的持股平台。被告注册资本为615万元，由38名自然人股东出资，其中原告认缴出资10万元，持股1.63%。

2015年11月21日，被告召开股东会以修订章程，修改后的章程规定公司营业期限为10年，从公司营业执照签发之日起计算。

---

① 参见上海市第二中级人民法院（2021）沪02民终2456号民事判决书。

第十七章

请求公司收购股份纠纷

2016年7月12日,被告再次召开股东会以修改章程,并以多数决通过将公司的经营期限从10年修改为长期,从公司营业执照签发之日起计算。原告对此投反对票。此后,原告及另外3名案外人股东李某、张某、刘某向法院起诉,要求确认2016年7月12日的股东会决议全部无效。经过一审,法院于2017年9月20日判决确认股东会决议中关于延长公司经营期限的决议有效。

在上述案件一审期间(即2017年6月26日),被告再次召开股东会,决议内容包括"2. 公司的经营期限为不约定期限,从公司营业执照签发之日起计算"。该决议经有表决权股份总数的84.55%通过,包括原告在内的9名股东表示反对。

之后,包括原告在内的8名对2017年6月26日决议投反对票的股东均向法院起诉要求回购股权。其中,原告自2017年8月8日起先后多次向法院递交起诉状及证据材料,要求被告回购其股份。

截至2017年9月29日,被告共持有案外人安科瑞公司股票2460万股。2017年9月29日,案外人安科瑞公司股票的收盘价为20.72元。

原告诉称:

1. 原告对2016年7月12日、2017年6月26日两次股东会决议均投了反对票,第二次决议已经替代了第一次决议中关于延长经营期限的内容,故原告请求公司回购股份应以第二次决议为依据,原告诉请未超过90日起诉期限。

2. 原告同意法院诉调立案,就是为了在正式立案前与被告协商回购事宜。

被告辩称:

1. 公司经营期限延长应以第一次股东会决议为准,原告未在90日内向法院起诉,已丧失请求公司回购的权利。因第一次决议中除经营期限延长以外的其他内容被法院认定无效,公司登记机关不同意以第一次决议为依据办理变更登记,故第二次决议只是形式上为办理变更登记而作出的。

2. 即使以第二次决议为准,原告未在60日内与公司协商回购而直接向法院起诉,违反法律规定的前置协商程序。

一审法官观点:

1. 应以第二次股东会决议为依据判断股东是否有权要求公司回购,原告诉请未超过法律规定时限。

对第一次决议投赞成票的部分股东,在第二次决议中投反对票。第二次决议并不仅仅是办理工商变更登记手续的一种形式,该决议同样合法有效,对各股东均具有约束力。前一份决议中关于延长公司经营期限的内容有效,并不能否定或推翻后一份决议的效力。判断股东是否有权要求公司回购其股份的依据应以第二次股东会决议为准。

《公司法》第74条第2款①规定,自股东会会议决议通过之日起90日内向人民法院提起诉讼。根据该条文的表述,股东与公司在60日内进行回购协商并不是股东在90日内提起诉讼的前置程序,原告未在60日内书面请求被告回购其股份即于2017年8月8日向法院提起诉讼,符合上述法律规定。

2. 计算回购价格时,被告作为持股平台,应按其所持股票在请求回购时的收盘价作为计算依据。

被告作为案外人上市公司安科瑞公司股票的持股平台,计算被告的长期股权投资,不应以被告持有安科瑞公司股票的账面价值作为计算依据,而应以公司股东请求公司回购其股份时安科瑞公司股票在股市交易的收盘价作为计算依据。

一审法院判决:

1. 原告持有的被告1.63%的股份应由被告予以收购;

2. 被告在判决生效之日起10日内给付原告上述第一项股份对应的收购价款8,294,738.82元;

3. 被告在判决生效之日起10日内偿付原告自2017年9月30日起至实际清偿之日止的利息。

被告上诉称:

1. 第二次决议应当被认定为不成立,双方均认可此次股东会未召开会议,且不存在法定除外情形。若认定两次股东会决议均合法有效,部分股东在前一次投同意票、后一次投反对票,将架空异议股东请求回购股权的法律规定。即使认定两次决议均有效,基于商事效率及诚信原则,也应以在先的决议作为依据。

---

① 现为《公司法》第89条。

2. 法院调解并不等同于协商回购程序，且被告未参与法院诉调，原告协商回购的意思表示未生效。此外，在被告未就股权收购形成决议、未完成减资程序的前提下，收购股权有悖于公司资本维持原则，收购条件未成就。

3. 一审判决确定的回购价格、利息承担均不合理。首先，关于回购价格，应以2017年审计报告所载被告净资产为依据确定回购价格。一审判决价款以单一时点股价为计价基础，未考虑股权流动性折让因素及变现税费，既不符合行业估值惯例，也将严重损害其他股东及债权人利益。同时，这也与其他股东与被告协商的股权回购价格不一，有违公平原则。其次，关于利息，法院尚未对股权回购事宜作出生效判决，被告回购义务尚未产生，不存在迟延支付回购款利息的问题。最后，关于回购款支付期限，被告系持股平台，回购款支付资金来源于抛售所持案外人安科瑞公司的股票，为维持被告及安科瑞公司的正常经营，一审判决在10日内支付全部回购款极不合理，不具有可操作性。

原告二审辩称：

1. 被告作为标的公司，并非法定的主张股东会决议不成立的适格主体。

2. 未完成减资程序的股权回购有悖于公司资本维持原则的相关规定，其针对的仅是对赌协议的效力及履行，不适用于法定回购情形。

3. 案外人安科瑞公司股价存在大量溢价，若以审计报告中安科瑞公司的账面净资产来确定，被告净资产价值将严重偏离实际。被告回购后确有以股权转让等方式依法减资的义务，但此非回购股权的前提障碍。被告与其他股东的股权转让中，因出让人议价能力不足，其转让价格并非真实市场价值体现，对本案无参考价值。

另外，在二审审理中，法院依职权委托第三方机构对原告所持被告1.62602%的股权价值进行资产评估。评估报告采市场价值法，评估基准日为2017年9月30日，在扣除缺少流通性折扣39%后，原告所持被告股权价值评估值为356.47万元。

二审法官观点：

1. 应将两次会议视作一个整体，案涉决议事项均有效，原告以第二次股东会决议为依据诉请回购符合法律规定。

首先，从理顺两次股东会议关系的角度来看，第二次决议形成于第一次决议因效力问题涉诉期间，而第二次决议事项包含于第一次决议事项之中，且被告系依据第二次决议办理工商变更登记。结合两次股东会议召开的目的与形式、两份决议的内容与作用考量，应将两次会议视作一个整体。

其次，从理顺异议决议事项效力的角度来看，两份决议中的案涉异议决议事项具有同一性，无论原告等股东在前后两份决议上个人的表决意见是否一致，均应视为股东集体意思表示，因此两份决议应作整体考察，案涉异议决议事项均有效。

最后，从保障股东固有权利的角度来看，案涉异议决议事项虽已在第一次决议后生效，但在法律未明确禁止股东就同一事项再行决议的情形下，各股东就程序和内容均合法的股东会决议事项有权再行提案并审议表决，原告等股东两次表决相同意见亦符合决议民主的表决原则，属于表决权的合法行使。

2. 协商回购、股东会决议及减资程序均不是诉讼回购的前置程序，原告诉请回购符合法定条件。

首先，与公司就达成股权收购协议进行协商并非法定强制性前置程序，理由如下所述。第一，依据法律规定，股东对法定决议事项持异议时，享有请求公司收购其股权的权利。换言之，公司负有收购异议股东股权的义务，此股权回购权利义务关系系法定设立，非双方意定设立。而股东与公司就股权收购进行协商的目的在于确定收购的合理价格，此属于双方契约自由而非异议股东的法定义务。若司法强制要求股东须与公司协商后，方可至法院诉讼，无疑构成对当事人合同自由的干涉，以及对异议股东行使法定权利的阻碍。第二，根据查明事实，对第二次股东会决议持异议的9名股东中有4名股东在60日内向被告发函请求收购未果，原告据此推定与被告协商收购股权已无必要，亦符合情理。本案双方至今未能就合理价格达成协议，甚至在股东是否有权请求被告收购股权问题上仍存在重大分歧，此亦表明双方在60日内达成股权收购协议的现实可能性微小。综上，原告未能提供证据证明其曾与被告协商收购不影响其通过诉讼方式请求收购的合法性。

其次，股东会决议及减资程序并非诉讼请求公司收购股权的前置程序，理由如下所述。第一，公司收购异议股东股权是依据法律规定直接产生的义务，不属于公司自决事项，不以公司形成股东会决议并同意收购为前提。第二，收购股权与减资程序的逻辑顺序应当为公司收购异议股东股权后产生公司持有自己股权的实际后果，由此产生减少注册资本或转让自持股权的需要，而并非减资程序在先、收购股权在后，或减资程序系收购股权的前置条件。第三，异议股东请求公司收购股权本身并不损害公司资本维持原则或公司债权人利益，公司收购后未按规定处理时，才构成上述侵害。

3. 通过资产评估确定回购价格合法可行，利息应自回购价格基准日起算。为减少出售股票产生的影响，付款期限延长至30日。

在原被告未有关于股权收购合理价格的约定，亦未能经协商达成一致意见的情形下，通过委托第三方资产评估来确定股权收购合理价格的方法合法、可行。《评估报告》较为客观公允地反映了被告的净资产状况，以及以此为基数按照流通性折扣及持股比例计算出的原告所持股权的市场公允价格，可以作为确定合理价格的计算依据。

关于利息，异议股东回购请求权应自异议股东作出请求回购其股权的意思表示到达公司时即发生效力，就此产生争议而经法院确认的，其权利发生效力仍遵循意思表示到达相对方的时点。本案中，2017年9月30日系各方当事人在诉讼中协商确认的回购价格基准日，鉴于本院确认了以2017年9月30日为基准日评估确定的合理股权价格，故亦确认该基准日构成请求履行的效力发生之日，被告应承担自基准日起至实际清偿之日止股权回购价款的利息。

关于回购期限，考虑到案外人安科瑞公司卖出股票时所受的限制，以及尽可能减少回购事宜对被告及安科瑞公司维持正常经营的影响，付款期限以30日为宜。

二审法院判决：

1. 维持一审判决第一项；

2. 撤销一审判决第二项、第三项；

3. 被告于判决生效之日起30日内给付原告所持被告1.63%股权对应的收购价款3,573,453.55元；

4. 被告于判决生效之日起30日内偿付原告自2017年9月30日起至实际

清偿之日止的利息；

5. 驳回原告其他诉讼请求。

418. 股东行使股份回购请求权是否必须以股东在公司决议中投反对票为前提？

如果股东是因为对公司合并、分立、转让主要资产、修改公司章程使公司存续等事项持异议而请求公司回购股权的，原则上应以对公司决议投反对票为前提，仅持异议不能被扩大解释为投反对票。如果股东在会上未明确表示反对，或投赞成票而事后反悔的，则不享有股份回购请求权。但如果是股份有限公司股东对股东会作出的合并、分立持异议，则只要其明示异议，即可要求公司收购股份，而不以投反对票为前提。此外，在公司与其持股90%以上的公司合并时，根据《公司法》的规定，被合并的公司不需要经过股东会决议，同时由于不存在决议，因此也不以股东投反对票为前提。

如果股东是因为公司长期不分配红利而请求公司收购股份的，实践中有不同做法。例如，山东省高级人民法院的观点是，如果公司连续5年未召开股东会对分配利润进行决议的，持有公司不足1/10表决权的股东可以请求公司按照合理的价格收购其股权，无须以对公司决议投反对票为前提。① 北京市第二中级人民法院的观点是，需区分股东是否可以自行召集股东会议：对于代表1/10以上表决权的股东，其可以通过提议召开临时股东会议的方式进行救济；对于无法自行召集股东会议的股东，即代表不足1/10表决权的股东，如果其一直在向公司要求召开关于分配利润的股东会的，则有权要求公司收购股权。沈阳市中级人民法院则进一步认为，虽然单个股东持股不足1/10，但存在联合其他股东的可能且联合后合计持股比例达1/10以上的，应先自行召开临时股东会，否则不予支持回购请求。

---

① 《山东省高级人民法院关于审理公司纠纷案件若干问题的意见（试行）》（鲁高法发〔2007〕3号）第81条规定："具有《公司法》第七十五条第一款（一）项之情形，如果公司连续五年未召开股东会对分配利润进行决议的，持有公司不足十分之一表决权的股东可以请求公司按照合理的价格收购其股权。"

如果有限责任公司的股东是因为控股股东滥用股东权利而请求公司收购股份的，由于不存在相应决议，因此不以投反对票为前提。

【案例177】合计持股比例符合自行召集股东会要求　单独诉请回购被驳回①

原告：王某

被告：东瑞化工

诉讼请求：

1. 确认原告在被告公司享有2%的股权，具有股东资格，享有股东权利；

2. 被告以被告股东东北制药集团2022年半年度报告披露被告的净资产价值回购原告所持被告2%的股权，折算为6,374,760元。

争议焦点：公司连续5年盈利而未分配利润，原告仅持股2%，但与其他有类似诉请的股东合计持股超过10%，在没有提议召开股东会投反对票的情况下，原告单独起诉是否能够得到法院支持。

基本案情：

被告于2003年经集体所有制企业改制成立，注册资本为100万元，注册时股东为案外人东北制药总厂（后由案外人东北制药集团受让其股权）及43名自然人股东。

2005年，被告董事会决议载明，允许原告从被告期股中认购2股，每股购买价为5万元。后原告支付了股本金10万元。2008年，被告股东会决议同意将案外人刘某持有的2%被告股权转让给原告。2010年2月，被告通过章程修正案将原告股东身份写进公司章程，并完成投资人工商变更登记。

自2005年入股至2011年，被告依据原告持股比例进行利润分配，自2012年开始至本案涉诉时均未向原告进行利润分配。被告股东东北制药集团2018年至2022年年度、半年度报告显示被告连续5年均盈利，被告对连续5年盈利但未分配利润的事实亦予以认可。

2019年10月，被告向原告发送召开临时股东会的通知，原告等自然人股

---

① 参见辽宁省沈阳市中级人民法院（2023）辽01民终5809号民事判决书。

东回复要求增加分配利润的议案，被告收到后未列入会议审议，亦未对利润分配事宜予以回复。同年11月，原告等自然人股东再次以邮寄函件的方式向被告提出，在2019年第三次股东会会议上增加分配利益的事项。被告未召开2019年第三次临时股东会会议，也未对原告等自然人股东的分红要求进行回复。

2020年10月，原告起诉要求回购股权，经庭外和解后撤诉。同年11月，被告向原告发送关于召开2020年第三次临时股东会会议的通知，原告等自然人股东在股东会会议上提出回购自然人股份事宜，双方未达成一致意见。

2022年1月5日，原告等自然人股东向被告邮寄函件，要求在公司2022年的股东会议上增加一项回购自然人股份的事项，并提供2020年财务审计报告、2021年11月末财务报表和最新公司章程。当月14日，原告等自然人股东向被告发送召开临时股东大会申请书，要求召开临时股东大会并要求公司提供2020年财务审计报告、2021年11月末财务报表和最新公司章程，要求在临时股东会会议上增加被告回购原告等股东股份的事项，并作出会议决议。

除原告外，另有6件被告股东提起的类案已由法院受理，7名股东合计持有被告13%的股权。审理中，被告未提供证据证明2021年、2022年召开过股东大会。

原告诉称：

1. 原告诉讼请求属同一法律关系。各项诉讼请求应当参加诉讼的当事人完全一致，且各项诉讼请求之间不存在逻辑冲突，一并起诉符合《民事诉讼法》的规定。

2. 原告实际缴纳了股权转让金，原告股东身份亦写入公司章程。从2008年至今，原告多次作为股东参会并行使表决权，被告对原告的股东身份没有提出任何异议。

3. 原告持股比例仅为2%，无权自行召集和主持股东会。原告多次以书面函件的形式向被告表达了要求收购其股份、退出公司的强烈意愿，向法院起诉是原告唯一也是最后的权利救济途径。

4. 原告已多次提出利润分配请求，被告一直未召开股东会或未将分配利润列入审议事项，致使原告申请股份回购无从起算，故原告的回购请求不应受时限的约束。

被告辩称：

1. 原告诉请实际为三个纠纷，分别为股权资格确认纠纷、异议股东回购请求权纠纷、股东知情权纠纷。这些纠纷产生的基础和条件均不相同，不应当在一个案件中一并审理。

2. 原告及其他股东持有公司17%的股份，完全有能力召开临时股东会，现其并未组织召开即请求法院判决实质上是怠于行使自己的权利而直接要求法院进行裁决。

3. 本案中没有不予分配利润的股东会决议，原告也未在60日内与公司进行协商收购事宜。即使如其所述，在2022年1月14日提议召开临时股东会而公司并未召开，也应自当时起算90日期限，原告起诉远超该期限。

一审法官观点：

1. 原告具有股东身份。

首先，原告从期股中认购2%且实际缴纳了股权转让金至被告账户，符合《公司法》第28条第1款①关于股东出资实质要件的规定。其次，被告通过章程修正案将原告股东身份写进公司章程，并完成原告股东身份的工商变更登记。最后，被告从2008年至今的历次股东定期会议与临时会议都向原告发送股东会会议通知，原告作为股东参会并行使表决权，并在股东会会议决议、章程等文件上签名。

2. 原告已多次致函要求回购，并表达了强烈退出意愿。一味地强调反对票，实际上是剥夺了持股1/10以下小股东的回购权，应认定股权回购条件已成就。

本案中，被告连续5年盈利而不向股东分配利润，亦未召开股东会对分配利润分配问题进行决议。原告多次以书面形式向被告发出在股东会上增加利润分配的会议议案并进行利润分配的要求，但被告一直未将该事项列入股东会审议事项。原告多次以书面函件的形式向公司表达了要求公司收购其股份的明确要求，表达了退出公司的强烈意愿。

---

① 现为《公司法》第49条。

如果一味地强调必须是在股东会会议上持反对意见的异议股东才有回购权，且在由大股东控制的公司根本不将利益分配列为会议日程的情况下，这实际上是剥夺了持股比例在1/10以下小股东的股权回购权，所以从维护小股东利益的角度考虑，其依然可以请求公司按照合理价格收购其股权。原告作为持股不足1/10的小股东，在公司召开股东会且没有将利益分配列入审议事项的情形下，其依然可以请求公司按照合理价格收购其股权。

3. 以被告股东东北制药集团2022年半年报披露的被告净资产作为回购价格确定标准。

诉讼过程中，原被告多次就回购价格进行协商，未能达成一致。因此，依据东北制药集团2022年半年度报告披露的被告净资产318,738,040.02元作为确定回购价格的标准，支付原告2%股份的股份回购款6,374,760元是合理的。

一审法院判决：

1. 确认原告在被告占有2%股权，具有股东资格，享有股东权利；
2. 被告以6,374,760元的价格回购原告持有的被告2%的股权。

二审法官观点：

无论是实质上还是形式上，原告均已成为被告的股东，具备股东资格。

即便被告存在公司连续5年盈利而不向股东分配利润的事实，股东依据该事实请求公司收购股份的前提条件为公司作出了关于上述内容的股东会决议，对决议提出异议的股东有权在法定期限内提出起诉。原告及其他合计持有被告10%以上股权的股东在有权自行召集和主持股东会决议的情况下未行使该权利，在被告于11月20日召开的股东会就股权回购未达成合意的情况下没有在法定期限内提起诉讼，现径行单独起诉要求被告回购其股权的法定条件并不具备，对该项诉请应当驳回起诉。

原告等自然人股东可依照《公司法》第74条①规定，在履行上述法定程序要求而合法权益并未得到满足，抑或被告未按照公司章程规定召开定期股东会而使得原告等自然人股东无法通过股东会进行表决的情形下，另行告诉。

---

① 现为《公司法》第89条。

二审法院判决：

1. 维持一审判决第一项；

2. 撤销一审判决第二项；

3. 驳回原告诉请要求被告回购其持有的 2% 股权起诉。

419. 如果股东未参加公司有关事项的股东会决议并表决，但对公司的决议内容持反对态度，能否请求公司收购其股份？

对此，应区分两种情况确定：

（1）如果公司在召开股东会之前未通知股东，导致股东未能到会参加会议并进行表决。异议股东可自其知道或应当知道股东会决议内容之日起 90 日内提起请求公司收购其股份的诉讼。异议股东也可以向法院提起撤销股东会决议或起诉确认决议不成立，在公司决议被撤销或确认不成立后，股东也就无须提起请求公司收购股份的诉讼了。

值得注意的是，从司法裁判的实践观点来看，股东如因就该未能到会参与表决的事项向公司申请召开临时股东会会议，而公司驳回该临时股东会议申请并仍然继续执行该决议，从而损害股东利益的，股东亦可就此提起请求公司收购股份纠纷诉讼。

（2）如果公司就股东会召开事宜以合法的方式通知了该股东，由于股东自身原因未能到会参与表决，应由该股东自己承担责任，不能以反对决议内容为由请求公司收购其股份。

【案例178】两次未被通知参会无法表决　股东权利受侵害符合章程回购条件[①]

原告：袁某

被告：置业公司

诉讼请求：被告回购原告的 20% 股权。

---

① 参见最高人民法院（2014）民申字第2154号民事裁定书，本案系《中华人民共和国最高人民法院公报》案例。

争议焦点：

1. 章程规定公司侵犯股东权利的应回购其股权，该规定是否有效；

2. 原告两次因未被通知参加股东会而无法对资产转让、财务开支问题发表意见，是否符合章程规定的回购条件。

基本案情：

被告系一家房地产公司，原告持有公司20%股权。

2010年3月5日，被告形成股东会决议，明确由股东案外人沈某、案外人钟某和原告共同主持工作，确认全部财务收支、经营活动和开支、对外经济行为必须通过申报并经全体股东共同联合批签才可执行，对重大资产转让要求以股东决议批准方式执行。但是，根据被告与原告的往来函件，在实行联合审批办公制度之后，被告对重大资产进行了销售，该资产转让从定价到转让，均未取得原告的同意，也未通知其参加股东会。

2010年5月31日，在没有通知原告参与股东会的情况下，被告作出股东会决议，取消了原告的一切经费开支。

2010年8月19日，原告申请召开临时股东会，明确表示反对案涉资产转让，要求立即停止转让上述资产，被告驳回了原告的申请，并继续对该资产进行转让。

被告公司章程规定，股东权利受到公司侵犯，股东可书面请求公司限期停止侵权活动，并补偿因被侵权导致的经济损失。如公司经法院或公司登记机关证实，公司未在所要求的期限内终止侵权活动，被侵权的股东可根据自己的意愿退股，其所拥有的股份由其他股东协议摊派或按持股比例由其他股东认购。

法官观点：

原告请求被告收购其20%股权符合《公司法》和被告公司章程的规定。

1. 原告未被通知参会，且申请召开临时股东会明示反对意见但未被同意，符合《公司法》规定的回购条件。

原告未参加股东会，未通过投反对票的方式表达对股东会决议的异议。但是，《公司法》第74条①的立法精神在于保护异议股东的合法权益，其之所

---

① 现为《公司法》第89条。

以对投反对票作出规定，意在要求异议股东将反对意见向其他股东明示。

本案中，原告未被通知参加股东会，无从了解股东会决议并对股东会决议投反对票。况且，原告在2010年8月19日申请召开临时股东会，明确表示反对案涉资产转让，要求立即停止转让上述资产，被告驳回了原告的申请，并继续对案涉资产进行转让，已经侵犯了原告的股东权益。因此，法院依照《公司法》第74条之规定，认定原告有权请求被告以公平价格收购其股权，并无不当。

2. 被告侵犯原告决策权和知情权，符合被告公司章程约定的收购条件。

被告在没有通知原告参与股东会的情况下，于2010年5月31日作出股东会决议，取消了原告的一切经费开支，被告及其股东会没有保障原告作为股东应享有的决策权和知情权，侵犯了原告的股东权益，符合被告公司章程所约定的"股东权利受到公司侵犯"的情形。因此，原告有权根据被告公司章程的规定，请求公司以回购股权的方式让其退出公司。

3. 有限责任公司人合性已不复存在，允许原告退出有利于解决矛盾和保障各方利益。

从本案实际处理效果看，被告股东之间因利益纠纷产生多次诉讼，有限责任公司人合性已不复存在，通过让股东原告退出公司的方式，有利于尽快解决公司股东之间的矛盾和冲突，从而保障公司利益和各股东利益。

法院判决：

被告以合理价格收购原告股权。

420. 以非本人签名为由，对股东会决议提出异议的股东，能否起诉要求公司收购其股权？

股东会表决不体现股东真实意思的，视为股东未参与表决。对于未参与表决的股东，应当区分参加股东会和未参加股东会两种情形：

（1）对于参加股东会，但中途退场或者拒绝在股东会决议上署名的未合法行使表决权的股东，基于保障公司有序经营和维护公司合法权益的考虑，应当认定股东放弃对股东会决议投反对票的权利。该类股东事后起诉要求公司收购股权的，无法获得支持。

(2) 对于未参加股东会而被伪造签名的股东，事后及时提起书面异议的，可参考本章问答 419 进行处理。

421. 诉讼中，公司表示拒绝回购并作出新的决议放弃或者变更原决议内容的，股东能否继续要求公司回购其股权？

在诉讼过程中，如果公司作出新的股东会决议并变更了原股东会决议内容的，由于原告股东起诉的基础不存在，因此其回购股权的请求不应再得到支持。

422. 因公司未分配利润要求回购股权的，是否要求股东连续 5 年投反对票？是否要求公司连续 5 年符合分配利润的条件？

不要求股东连续 5 年投反对票，只要求股东对最近一次股东会决议投反对票即可。如果要求股东连续 5 年投反对票才符合股权回购条件，那么一方面这将使回购请求权的适用条件过于苛刻，不利于保护中小股东的利益，另一方面还可能导致中小股东为促成条件满足，在 5 年中的较早阶段就对不分配利润的方案投反对票，不利于公司进行再投资活动。

要求公司连续 5 年符合分配利润的条件。公司弥补亏损和提取法定公积金后没有利润可供分配，不一定是控股股东和公司有意造成的。如果在连续 5 年中只有部分年度符合利润分配条件，不能据此认定中小股东因为控股股东滥用股东权利而利益受损。

423. 公司转让主要财产时，异议股东有权请求公司收购其股权，其中判断"主要财产"的标准是什么？

我国《公司法》及相关司法解释、地方性法规均未对此作出规定，但结合司法实践，判断公司转让的是否为"主要财产"，应当从以下三个方面综合考虑：

(1) 转让财产是否导致公司发生根本性变化，即对公司的设立目的、存续等是否产生实质性影响；

(2) 转让财产价值是否占公司净资产的比重较高（如 30% 以上）；

(3) 转让的财产对公司正常经营和盈利的影响。

在判断时，以第（1）项作为主要标准，其余两项作为辅助性判断依据。

【案例179】房产价值未达总资产50%亦不构成主要财产　主张回购被驳回[①]

原告：实业公司

被告：房地产公司

第三人：置业公司、发展公司

诉讼请求：被告以2337.56万元的价格收购原告持有的被告10%股权。

争议焦点：

1. 被告出售案涉房产是否应当经过股东会表决；
2. 原告主张由被告收购股权时，是否已超过法律规定的主张期间；
3. 被告出售房产是否属于法定股权回购条件中规定的转让主要财产。

基本案情：

被告经营范围包括房地产开发经营、建筑装潢材料，原股东情况为原告持股10%、第三人置业公司（上市公司）持股90%。2016年10月之前，原告也是第三人置业公司的控股股东，之后转让了其持有的第三人置业公司全部股份。

2018年8月，第三人置业公司将持有的被告90%股权转让给了其新设的全资子公司即第三人发展公司，原告在被告持股10%不变。被告章程明确股东会行使下列职权：决定公司的经营方针和投资计划等。

2018年9月21日，第三人置业公司召开股东大会，审议通过决议并发布公告：出售被告所有的上海市某大厦共8室房产，建筑面积为7118.15平方米。

2018年9月，被告在资产负债表中将上述房产由投资性房产调整记载为存货，在未召开公司股东会的情况下，于2018年9月28日转让了上述房产，转让价共计1.3亿元（含税）。第三人置业公司于2018年11月14日公告，出售房产的款项已于2018年11月12日履行完毕。

2016年9月，原告作为第三人置业公司、被告实际控制人时，被告也曾

---

① 参见上海市第二中级人民法院（2020）沪02民终2746号民事判决书，本案系人民法院案例库入库案例。

未经股东会决议，出售了某大厦9384.32平方米房产，2018年9月处置的案涉房产为该次出售后剩余的房产。

2017年被告营业收入为859.29万元，其中租金收入682万元，当时被告在某大厦的房产的出租率约90%。2018年被告营业收入为1.32亿元。2019年上半年被告的营业收入为19.85万元。2019年9月19日，被告账上有资金9880.54万元。

此外，2018年9月30日，被告委托某资产评估公司对其资产作评估，评估报告确认被告总资产2.96亿元，总负债3051万元，所有者权益2.66亿元，转让房产可变现价值7861万元（不含税费）。

被告出售案涉房产后继续经营房屋租赁业务。

2019年3月6日，原告向被告经营地寄送要求被告收购股权的函，由前台签收。

原告诉称：

原告于2019年2月28日才知悉被告已将公司主要财产出售，影响了公司的正常经营。被告及第三人处理公司主要财产却不召开股东会，致使原告未能提出异议，该行为侵犯了原告的合法权益。根据法律规定，原告有权要求被告收购股权。

被告辩称：

被告转让案涉房产属公司正常的经营行为，无须召开股东会讨论决定。案涉房产并非公司主要财产，即便原告有权要求公司收购股权，但第三人置业公司已经公告了房产转让事项，从该日起算，原告主张回购时已超过法律规定的90天期限，该权利已归于消灭。

第三人均同意被告答辩意见。

法官观点：

1. 被告出售案涉房产应当经过股东会表决。

被告章程规定股东会的职权包括决定公司的经营方针和投资计划等。因此，案涉房产转让应由被告股东会进行讨论表决，理由如下：

（1）被告原来的经营方式以自有房产出租为主，其出售房产后，转为以转租方式经营，与原有的经营方式发生了重大的变化。被告出售房产的行为符合经营方针转变的评价标准；

（2）被告原将案涉房产记载为投资性房产，从持有变为出售就是对投资计划的变更；

（3）从小股东权利保护角度来看，作为房产实际所有人的被告的小股东应有权参与讨论表决。

2. 原告主张由被告收购股权时法律规定的主张期间未经过。

根据《公司法》第74条第2款①规定，异议股东可以自股东会会议决议通过之日起90日内提起诉讼。该条关于主张期间的规定应以异议股东参加股东会并提出异议为前提，在公司应召开而未召开股东会进行表决的情况下，则应以异议股东知道或者应当知道异议事项时起算主张期间。

对于被告主张的第三人置业公司已公告转让房产事项，可推定原告知晓该事实，对此不应作扩大解释。上市公司的公告固然是面向社会公众的，但其重点公告对象仍是上市公司的股东，其公告产生的拘束力一般应仅限于公司股东和与公告内容相关联的直接的利益相关方。鉴于原告在第三人置业公司公告时已不持有该公司的股份，其并没有理由和义务必须去关注该公司的公告，且公告涉及的直接对象是被告而非原告，因此被告主张的该推定不能成立。

就本案而言，应以被告通知原告转让房产的事实这一时间点作为判断原告主张期间起算的时点。鉴于被告始终未正式通知过原告关于房产转让的事实，而原告自认于2019年2月28日知悉该事实，故应以该时点起算主张期间，法律规定的主张期间并未经过。

3. 被告出售的房产不属于主要财产。

《公司法》第74条将转让主要财产与公司合并、分立并列作为异议成立的理由，故应将该行为对公司的影响程度与公司合并、分立对公司造成的影响程度相当作为判断标准。判断是否属于公司法意义上的公司主要财产，应当以转让财产是否导致公司发生根本性变化（即对公司的设立目的、存续等产生实质性影响）作为判断的主要标准，以转让财产价值占公司资产的比重、

---

① 现为《公司法》第89条。

转让的财产对公司正常经营和盈利的影响作为辅助性判断依据。从本案来看，被告转让房产尚未达到造成公司产生根本性变化的程度：

（1）从转让房产价值占比角度来看，被告转让的房产价值占其实有资产价值的比重尚未达到50%，故认定其为公司法意义上的公司主要财产，依据尚不够充分。

（2）从公司是否正常经营角度来看，被告转让房产实际上是一次性兑现收益还是分期实现收益的商业判断问题，被告仍可以转让房产所得收益用于投资经营。原告对房产转让价格也未提出异议，因此不能就此认为公司利益受损、经营不可持续。

（3）从被告设立目的来看，被告章程从未将公司经营业务范围限定为从事自有房产的出租业务这一项，且原告在作为被告实际控制人期间也曾出售房产以获取大量资金，因此被告此次转让房产的行为不能被认定为违背公司设立的目的。被告因此次房产出售发生的变化都谈不上是根本性的变化。

法院判决：

驳回原告诉讼请求。

【案例180】转让财产致公司经营发生根本变化　未申请司法审计而由法院酌定回购价[①]

原告： 彭某

被告： 厨具公司

第三人： 张某

诉讼请求： 被告按原告的出资额19万元回购原告在被告的股份。

争议焦点：

1. 被告转让主要生产经营设备致使公司停止正常经营，是否属于转让主要财产；

2. 在原被告均未申请司法审计的情况下，如何认定被告收购原告股权的合理价格。

[①] 参见广东省中山市中级人民法院（2016）粤20民终4064号民事判决书。

第十七章
请求公司收购股份纠纷

基本案情：

被告厨具公司共三名股东，分别为案外人马某（持股42%，任法定代表人）、原告彭某（持股42%，出资额19万元）、第三人张某（持股16%）。

2015年5月16日，被告召开公司会议，三名股东及公司员工参会。会上被告出具"证明"一份，主要内容为：将被告折弯机、剪板机等主要生产经营设备折价卖给股东第三人张某。被告在该证明上盖章，除原告不同意该出售方案并拒绝在该证明上签字外，其他两名股东均同意并签字。

案涉设备于2015年5月出售给第三人张某后，被告已经停止正常经营。

2015年6月17日，原告以被告未经其同意转让公司主要财产为由，诉至法院。诉讼中，双方均未申请法院对被告的净资产状况进行司法审计。

原告诉称：

被告已实际召开股东会，出售公司主要财产，且未征得原告的同意，原告要求被告以其出资额收购其股份。

被告辩称：

1. 被告作为独立法人，有权处分属于被告的法人财产，并与第三人达成设备出售协议。

2. 被告是为解决工资问题而召开由员工和股东参加的公司会议，并非股东会，故而未作出股东会决议。

3. 被告在2015年5月时处于负资产状态，从被告委托的会计师事务所作出的资产负债表中即可体现。原告主张以出资额作为收购价不是合理价格，没有事实依据。

法官观点：

1. 关于被告2015年5月16日会议"证明"的性质。

就内容而言，其转让的是折弯机、剪板机等主要生产经营设备，且转让后影响了公司的正常经营和盈利，导致公司发生了根本性变化，已构成《公司法》第75条①中公司"转让主要财产"的情形。

公司转让主要财产，会动摇其基本结构，深刻影响股东的权益，显然不

---

① 现为《公司法》第89条。

801

属于公司的正常经营活动,应由公司的最高权力机构即股东会进行决议。该会议"证明"在形式上虽未冠名股东会决议,但从该会议的召开形式来看,公司的全体股东均已参加,其内容已构成公司"转让主要财产"。因此,应认定该"证明"属于股东会决议。

2. 关于原告是否有权要求被告收购其股份的问题。

被告通过股东会决议转让主要财产,原告不同意该方案并拒绝签名,应视为原告对该项决议投反对票。且原告在法定期限内向法院提出了收购股份的请求,被告应以合理价格收购其股份。

3. 关于收购原告股权的合理价格如何确定的问题。

被告主张其严重亏损,公司现为负资产,应对其主张承担举证责任。但被告并没有证据证明其在2015年5月16日出售公司设备时的自身财务状况,在诉讼过程中,也未向法院提交经过原告确认或者完整的财务账册以证明其为负资产,仅凭被告自行委托会计师事务所制作的资产负债表,无法完整地反映被告的财务状况。被告未能完成自己的举证义务以证明公司的真实财产状况,原告亦未能提交证据证明被告亏损或盈利状况,双方均未向法院申请财务审计,公司财产状况无法查明。鉴于被告已经实际出售机器设备,应当出现了一定程度的亏损,原告的股权价值贬值的可能性较大,故酌定捷龙公司应以15万元的价格回购原告所持有的42%股份。

法院判决:

被告以15万元收购原告所持被告股份。

424. 控股股东滥用股东权利,其他股东请求公司回购股权的,应该具备哪些要件?

应当同时具备以下三方面要件:

(1) 公司或股东利益受到严重损害;

(2) 控股股东存在滥用股东权利的行为;

(3) 公司或股东利益受到严重损害与控股股东滥用股东权利的行为之间存在因果关系。

主观要件方面,由于过错是损害赔偿的归责事由,而股东回购请求权的法律效果是公司收购股权，不包括损害赔偿，因此不要求满足存在过错这一主观要件。

对于控股股东滥用股东权利时的回购请求权，目前法律只作了概括性规定，具体的适用条件、标准，仍有待未来进一步细化。

425. 异议股东请求公司收购股权的价格应当如何确定？

上市公司的股票价值随时可以确定，因此上市公司股东可要求公司直接参照股票的市场价格支付收购对价。但对于有限责任公司和非上市股份有限公司，如何确定收购股权的合理价格，《公司法》并没有作出明确规定。实践中，主要有以下六种做法：

（1）股东与公司之间有约定或协商一致的，优先按照约定或协商价格确定。但是，为避免股东与公司约定的收购价格过高进而侵蚀公司资本，股东与公司之间约定的价格也应在合理的范围内。

（2）参考公司已有审计报告，由专业的评估机构进行评估并确定收购股权的价值。

（3）以经过司法审计和评估的净资产确定股权回购的价格。

（4）公司不配合提供评估、审计所必需的财务资料的，可按股东诉请的价格确定回购价格。

（5）当市场公允价格较容易确定时，也可不经评估，按已有市场公允价格收购。

（6）在确实无法查明公司财产情况时，也可由法院根据具体案件情况酌定。例如，双方均无法提供足够的资料供审计评估，且均不存在过错的，由法院按照受让股权时的价格，结合近几年资产负债表酌定。又如，双方均未提交证据，且均未申请审计，由法院结合实际出资额、经营时间、经营状况酌定。

【案例181】公司拒绝配合审计　按照股东诉请确定回购价格[①]

原告： 李某

被告： 创联公司、联成公司、奥潞公司

[①] 参见江苏省常州市中级人民法院（2020）苏04民终4071号民事判决书。

诉讼请求：

1. 被告创联公司以 600 万元（暂定价）收购原告持有的 30% 股权（股权价格最终以审计、评估为准）；

2. 被告联成公司、奥灏公司共同对被告创联公司回购价款的支付承担连带责任。

争议焦点：

1. 被告创联公司间接持有的被告奥灏公司 70% 股权是否为创联公司的主要财产，原告主张被告创联公司回购其股权的条件是否具备；

2. 在被告拒不配合司法审计、评估的情况下，原告请求股权回购的价格应当如何确定；

3. 被告联成公司、奥灏公司与被告创联公司是否构成法人人格混同，是否应承担连带责任。

基本案情：

被告创联公司的股东包括原告（持股 30%）、案外人蒋某（持股 45%，曾任法定代表人）、案外人凌某（持股 25%，曾任监事），其中蒋某与凌某系夫妻关系。2015 年，被告法定代表人变更为案外人张某，2018 年则变更为案外人凌某。

2002 年，被告创联公司与他人设立被告联成公司。被告创联公司持有被告联成公司 75% 的股权，并将其全部业务的经营活动由被告联成公司承继。

2007 年，被告联成公司与他人设立被告奥灏公司。被告联成公司持有被告奥灏公司 70% 的股权，并将盈利水平最高的业务转由被告奥灏公司经营。

2011 年 7 月起，被告联成公司将其持有的被告澳灏公司 70% 股权陆续转让给两案外公司。两案外公司后于 2019 年分别将其持有的被告澳灏公司股权转让给案外人蒋某、凌某。此后，案外人蒋某与凌某持有被告澳灏公司 100% 的股权，蒋某任该公司法定代表人。

原告自 2011 年 7 月开始，先后对被告创联公司提起回购股权之诉、解散之诉、请求公司收购股份之诉等诉讼，均撤诉或被驳回起诉。

2017 年 4 月起，原告先后向被告创联公司时任法定代表人案外人张某及其他两位股东即案外人蒋某、凌某提议召开临时股东会，均未成功。

本案诉讼过程中，原告向法院提交评估审计鉴定申请一份，申请对原告所持被告 30% 股权的价格进行评估。经法院释明，原告认可股权评估基准日以起诉日期确定，最终定为 2017 年 6 月 30 日。法院遂依法委托专业机构对原告所持创联公司 30% 股权的价格进行确定，且先由会计师事务所对三被告财务状况进行审计，但三被告不予配合，并拒绝审计，导致无法出具评估报告。

同样在诉讼过程中，因被告创联公司不动产征收补偿价格为 1560 万元，原告向法院提交《关于不再要求对联成公司不动产进行评估的申请》，载明原告不再要求对被告联成公司的不动产进行评估，理由为：原告拟根据评估该项资产的实际价值调整被告的资产，以公平反映涉案股权的价值，但因该不动产已被征收，补偿价格为 1560 万元，可以该价格作为评估价值，其超过该房产净值部分应作为原告诉请 600 万元之外按原告的持股比例增加原告的股东权益，因为 600 万元诉请提出时是以该不动产建造时价值（折旧后的净值）为基础之一的。原告遂变更其第一项诉讼请求金额为 924 万元。

原告诉称：

1. 被告创联公司转让公司主要财产，未经召开股东会程序，侵害原告的股东权利。

2. 原告依法分别通过提请法定代表人、监事召开临时股东会以及自行召集股东会等方式用尽了股东权利，但被告创联公司仍拒绝召开股东会并形成有效的股东会决议。

3. 截至 2015 年，被告创联公司无正当理由连续 5 年未分配利润。

4. 三被告均属于关联公司，存在公司人格混同情形，被告联成公司、奥瀿公司应对股权回购款项的支付承担连带责任。

被告创联公司辩称：

1. 原告滥用诉权，一案两诉，应当不予受理。

2. 被告创联公司没有就利润分配作出过有效股东会决议，因此原告没有就利润是否分配投过反对票，不符合法定回购条件。且公司经营收入零申报，没有利润，不符合法律规定的利润分配条件。

3. 被告创联公司虽系被告联成公司的股东，但被告联成公司是独立法人，拥有独立的经营权，其转让被告奥瀿公司的股权系其自主经营的体现。

4. 被告创联公司与其他两被告在人员、业务、财务上均不相同，不存在人格混同情形。

被告联成公司、奥瀞公司辩称：

1. 原告并非其股东，无权对被告联成公司、奥瀞公司提起股权收购请求。

2. 被告联成公司、奥瀞公司均系独立法人，被告联成公司转让其所持有的被告奥瀞公司70%股权的决定，由其董事会决议通过，履行了法定程序，系公司自主经营的体现。原告作为被告创联公司股东，无权干涉被告联成公司、奥瀞公司的日常经营。

法官观点：

1. 原告主张被告创联公司回购股权的条件已具备。

（1）原告已依法提议被告创联公司召开临时股东会，并与被告创联公司及另外两位股东之间就此进行了多次交涉，原告确已用尽股东权利，已具备提起本案诉讼的条件。

（2）被告联成公司持有的被告奥瀞公司70%股份属于被告创联公司的主要财产，被告创联公司转让涉案股权未召开股东会，事前也未通知原告，原告对此并无过错。原告在知悉被告创联公司主要财产被转让后即主张公司收购股权，反映了原告反对转让该主要财产的意思，符合《公司法》第74条①规定的情形，其应有权请求公司以公平价格收购其股权。

（3）原告已提起多次诉讼，被告创联公司的人合性已不复存在。结合实际情况考虑，原告退出公司有利于尽快解决公司股东之间的矛盾，并保护小股东的权益。

2. 关于股权回购价值的确定。

（1）在原告与被告创联公司对股权收购价格协商不能的情况下，法院拟通过司法鉴定程序予以确认。且在司法鉴定程序开展前，法院已向被告创联公司进行释明，告知其未按照审计单位要求提供财务资料、不配合审计的法律后果，即法院将按照原告主张金额600万元进行确认。

（2）现原告股权价格无法确认的原因在于被告不配合审计，被告对此应

---

① 现为《公司法》第89条。

承担不利法律后果，法院将依据此前释明内容按照原告主张金额对其股权的价格予以确认。

（3）原告起诉时确认其主张的 600 万元已将被告联成公司不动产的价值考虑在内，本案涉案股权评估基准日为 2017 年 6 月 30 日，之后 2019 年 9 月被告联成公司不动产被征收远在基准日之后，因此与前述评估结果并无关联。原告变更后的诉讼请求金额 924 万元不应予以支持。

3. 关于被告联成公司、奥瀿公司是否承担责任的问题。

被告创联公司与被告联成公司确实存在投资入股关系、被告奥瀿公司与被告创联公司至 2019 年 8 月存在部分股东一致的情况。但因被告创联公司早已停止生产经营活动，故其不会存在与其他两家公司业务混同的情况。

被告联成公司早在 2012 年已将其持有的奥瀿公司的股权全部转出，原告并未举证证明受让股权方与被告创联公司存在何种关系。且审计报告对被告联成公司和奥瀿公司的人员是否混同、费用是否独立等未能作出判断。原告主张三被告构成关联公司，要求联成公司、奥瀿公司对创联公司的责任承担连带责任的意见，证据不足。

因公司人格混同、过度支配等否认公司人格、由股东和公司承担连带责任的制度设计，系主要出于保护外部债权人利益考量。异议股东请求公司回购其股权属于公司内部关系，原告可以《公司法》第 20 条[①]规定主张损害赔偿，但无权仅以人格否认由要求被告联成公司、奥瀿公司承担连带责任。

法院判决：

1. 被告创联公司支付原告 30% 股份的股份回购款 600 万元；
2. 驳回原告的其他诉讼请求。

【案例182】资产评估非必须　近 200 名股东退出价可视为公允市场价[②]

原告：赵某

[①] 现为《公司法》第 21 条规定。
[②] 参见浙江省高级人民法院（2017）浙民再89号民事判决书。

被告：海力生公司

诉讼请求：被告按第三方资产评估价格收购原告持有的被告 2.12% 股份。

争议焦点：

1. 原告对公司延长经营期限投反对票，其请求回购股权应以何时作为基准日；

2. 延长经营期限的决议作出后 1 年，公司名下土地被征收并得到补偿，是否应调整股权回购价格；

3. 合理收购价格是否必须通过第三方资产评估确定，其他近 200 名股东接受的回购价格是否可以直接作为公允回购价格标准，以及公司章程关于股东转让股权的定价标准是否可以借鉴。

基本案情：

被告于 2000 年改制为有限责任公司，由包括原告在内的自然人股东及公司职工持股会共同投资组建。公司章程就股权转让问题，作如下规定："股东调离公司、退休或发生死亡时，根据股东或股权继承人意愿，经公司董事会同意，其股权可由公司内部转让，转让价格可参考上年末资产净值，由双方议定。"同时，章程载明经营期限为 15 年。

2011 年 11 月，被告工会委员会向原告以 1∶1 平价转让 0.6% 的股权，至此原告持股比例为 2.12%。

2015 年 1 月，被告召开股东大会，就公司第一轮经营期限届满后是否持续经营进行投票表决，其中持有 92.78% 股份的股东同意持续经营。原告系投反对票的股东之一，后向被告书面申请以第三方资产评估价格为基础收购其所持有的股份。

同年 3 月，被告召开临时股东大会，通过关于股权转让价格的议案，确定被告股权的转让价格为出资额的 2.5 倍。原告等 4 名股东仍持反对意见。随后，被告职工持股会代表大会通过决议，对选择退出的持股会会员以出资额的 2.5 倍收购股权。2015 年 4 月，14 名自然人股东、184 名持股会会员，以出资额的 2.5 倍价格将持有的股份转让给股东案外人马某。

2015 年 4 月，被告的审计报告显示，其 2014 年度的所有者权益合计为 1.13 亿元。

原告在诉讼过程中称，2016 年 7 月，被告名下部分土地、房屋等以 59,200 万元为成交征收补偿价。而该成交价格所对应的 2014 年度公司财务账面上反映的无形资产和固定资产合计净值只有 3000 万元。

原告诉称：

1. 原告不同意被告持续经营的决议，被告应当以合理价格收购其股份。

2. 被告部分评估资产已经发生征收交易，实际净资产明显超过公司账面所有者权益，不能仅以 2014 年度财务报表内容确定回购价格，而应启动审计和资产评估程序。

3. 本案中 14 名自然人股东、184 名持股会会员转让股权的行为，侵犯了股东同意权和优先购买权，应属无效转让，该转让价格不能成为本案的参考依据。

被告辩称：

1. 公司营业期限尚未届满，原告无权要求被告收购其股权。

2. 拆迁征用补偿价格与本案股权收购价格的确定无关，应以原告向被告提出收购请求时的股权价值来确定合理价格。

3. 已有 14 名自然人股东和 184 名持股会会员以出资额的 2.5 倍价格转让股权，说明该交易价格公允合理，反映出了市场价格。评估净资产并非确定合理收购价的唯一途径，评估价值也不等同于市场交易价格。

法官观点：

1. 被告公司章程规定的营业期限于 2015 年届满。原告作为异议股东有权要求被告收购其股份。

2. 原告系于 2015 年 2 月请求公司回购其股权，故 2016 年实际成交的拆迁征用补偿价并不能代表当时的土地、房屋等资产估值。

3. 被告主张的股东出资额的 2.5 倍的收购价格，属于《公司法》第 74 条[①]规定的"合理的价格"。理由如下：

（1）原告主张的通过第三方财务审计和资产评估来确定股权收购价，并非判断"合理的价格"的唯一途径。若根据案件具体情况已足以认定市场公

[①] 现为《公司法》第 89 条。

允价格，则无须通过委托第三方进行评估来确定股权收购价格。

（2）公司收购异议股东股份的合理价格，应当是指按公司净资产计算出的股权价值。被告2014年度的审计报告显示，当时公司的所有者权益是其注册资本金的2.26倍，公允反映了被告海力生公司的财务状况及经营成果。累计198名自然人股东交易所采纳的2.5倍价格，较客观地反映了公司的真实股价。

（3）被告公司章程关于股权转让的相关规定，对包括原告在内的所有股东均有约束力。公司异议股东按出资额2.5倍的价格转让股权，并由公司收购该部分股权，符合公司章程的约定。

法院判决：

1. 被告以股东出资额2.5倍的价格收购原告股份；
2. 驳回原告的其他诉讼请求。

【案例183】股东反对延长经营期限 回购价格应按"市场价值"类型评估[①]

原告： 吴甲、吴乙

被告： 澄东公司

诉讼请求： 被告按照2000万元的价格收购二原告持有的被告4%的股权（最终以司法鉴定结论为准）。

争议焦点：

1. 股东反对公司延长经营期限的，为确定股权回购价格进行司法评估时，评估类型应当选择"市场价值"还是"清算价值"；
2. 案涉房产尚未达到土地增值税清算条件，审计和评估机构先行依据模拟和估算确定土地增值税是否合理；
3. 评估报告是否应当考虑固定资产增值导致的未来房地产项目的所得税变化；
4. 股东请求回购所发生的案件受理费用、审计费用、评估费用等应由谁

[①] 参见江苏省无锡市中级人民法院（2023）苏02民终829号民事判决书。

承担。

基本案情：

被告系有限责任公司。原告吴甲（持股3%）、原告吴乙（持股1%）均系被告股东。被告原章程规定，公司营业期限至2021年9月25日。

2021年4月20日，被告召开股东会并根据多数决通过决议，将经营期限变更为长期。二原告对该决议投反对票。后被告将工商登记的经营期限变更为长期。

2021年6月8日，二原告致函被告，要求被告分别按照1500万元、500万元的价格回购二原告持有的被告3%和1%的股权。因双方就回购价格协商未果，二原告遂向法院提起本案诉讼。

2021年8月2日，被告召开临时股东会并通过决议，决议载明对于正在进行的部分股东诉公司收购股权案，如法院委托中介机构出具的报告确定公司净资产超过1.25亿元，公司即时解散，直接进行清算。二原告及股东案外人沈某未参加该会议。

审理中，法院委托第三方机构对被告财务资料进行审计，并以审计结果为基础对被告股权价值进行评估，审计及评估的基准日均为2021年9月25日。《资产评估报告》载明，价值类型为市场价值；评估方法为资产基础法；评估结论为，评估前账面总资产的账面价值为42,425.89万元，总负债账面价值为38,140.59万元，股东全部权益账面价值为4285.3万元。股东全部权益评估价值为16,085.72万元，增值额为11,800.42万元。

此外，法院根据被告申请，就本案涉及的税收政策和税收清算情况向国家税务总局江阴市税务局进行了函询，该局回函称：

1. 被告开发的"南方景园"项目是购买的在建房地产项目后续开发、销售的项目，目前状态为开发预缴阶段。根据江苏省税务局有关通知精神，房地产开发企业购买在建工程继续建设再转让时，土地增值税清算的扣除项目中，仅允许对其开发成本的增量部分（即购入后继续建设投入部分）加计扣除。被告开发的"南方豪庭"项目目前状态为开发预缴阶段，未达到土地增值税清算条件，在土地增值税清算时，按照清算结论判定是否符合普通住宅的免税条件。

2. "南方景园"和"南方豪庭"两个项目目前均未达到土地增值税清算条件，在土地增值税清算后，才能根据清算结论确定其应当承担的土地增值税税负。

原告诉称：

1. 被告在存续状态下持续经营，在被告持续经营的情况下就应当采用"市场价值"评估类型进行评估，由此才能更全面合理地保护中小股东的合法权益。

2. 目前并未核定土地增值税，实际核定后可以按照实际情况另行处理。

3. 本案是因为经营期满后公司要继续存续后导致的中小股东请求公司收购股份的纠纷，诉讼费用、审计费用、评估费用应当由公司承担。

被告辩称：

1. 本案中，异议股东不同意公司延长经营期限，即不希望公司继续存续，其诉求本来就是取得公司解散清算状态下其股权所对应的利益，因此本案的股权评估价值类型应选择"清算价值"。

2. 评估报告中对于"南方景园"项目的土地增值税的测算是错误的，理由在于：

（1）评估报告对该项目适用了"加计扣除"的税收优惠政策，不符合该项目的实际情况。经初步估算，仅该项目由于错误地适用"加计扣除"税收优惠政策，少估算了2042万元的土地增值税。

（2）尽管税务政策上有特定情况下免征的规定，但是否符合免征的条件，由税务机关核定，评估机构仅依据上诉人账面记账的成本来审核是否符合土地增值税免征条件的方法是错误的，且该项目的土地增值税尚未清算，预缴的金额如果不够还需要补缴。因此，应当待土地增值税清算后，根据清算结果再行处理。

3. 评估报告对于固定资产增值导致的企业所得税增加未予估算并扣除是错误的。评估机构对上诉人的固定资产进行了资产评估，却以固定资产评估增值不需要调整企业会计账簿记录为由，不对由此增加的公司税负予以评估并扣除。这部分未扣除的所得税体现在评估的股权价值中，并由公司支付给异议股东，结果是异议股东未承担该部分公司利润的所得税，而把负担留于公司，损害了存续股东的利益。

4. 双方当事人对于公司收购异议股东的股权并无争议，仅就收购价格未能达成一致，通过诉讼的方式确定价格，不能认为被告是纯粹的败诉方。况且原告起诉时主张的股权收购价格与判决确定的价值存在巨大差异，原告未完全实现其请求。故应由双方当事人合理分担诉讼费用、审计费用、评估费用。

法官观点：

1. 本案资产评估价值类型选择市场价值是恰当的。

关于资产评估价值类型应该选择市场价值还是清算价值的问题，根据《资产评估价值类型指导意见》的规定，市场价值是指自愿买方和自愿卖方在各自理性行事且未受任何强迫的情况下，评估对象在评估基准日进行正常公平交易的价值估计数额，而清算价值是指在评估对象处于被迫出售、快速变现等非正常市场条件下的价值估计数额。

本案中，在被告经营期限即将届满的情况下，被告股东会作出决议让公司继续存续，这本身就是基于市场和价值判断下作出的理性决议，被告的股权以及各位异议股东所持的股权也并不存在被迫出售的情形，异议股东请求公司收购股份也只是在出现法定情形下赋予中小股东的一项退出机制，即股东与公司达成股份回购合意，本质上属于合同，其目的就是保护中小股东合法权益，在被告继续存续并正常经营而非解散清算的情况下，本案资产评估价值类型选择市场价值是恰当的。

2. 在评估所涉的房地产项目未达到土地增值税清算条件前，审计和评估机构先行依据模拟和估算确定土地增值税并无不当。待达到清算条件后，双方可另行处理。

关于土地增值税的问题，根据国家税务总局江阴市税务局的回函可以明确，"南方景园"和"南方豪庭"两个项目目前均未达到土地增值税清算条件，应当如何适用加计扣除或是否符合免征条件均尚未确定，审计和评估机构只是在此前提下对税金进行了模拟和估算，即使重新评估，审计和评估所针对的实际情况并未发生任何改变。而本案自一审 2021 年 7 月立案至今已近两年，为避免诉讼过于拖延导致有悖保护中小股东合理权益之立法目的，审计和评估机构先行依据模拟和估算确定土地增值税并无不当，待"南方景园"

和"南方豪庭"两个项目达到清算条件后，若实际确定的土地增值税与模拟和估算的并不一致，双方可另行处理，故对被告要求重新评估的申请不予准许。

3. 固定资产增值导致的所得税变化难以测算，评估报告未予考虑并无不当。

关于企业所得税的问题，评估机构已书面回复并指派评估人员出庭接受了质询，答复为"从技术层面上讲，固定资产增值导致的所得税变化很难进行测算"。对此，被告并未提供任何证据证明评估机构和评估人员的答复是错误的，故可采信评估机构和评估人员的答复，评估报告中未考虑固定资产增值导致的企业所得税变化情况并无不当。

4. 收购异议股东股权费用亦是公司继续存续所必须承担的合理支出，诉讼费用、审计费用、评估费用等由被告承担并无不当。

本案中，被告作出股东会决议延长经营期限，触发了异议股东请求公司收购股份、退出公司的机制。被告依法收购异议股东的股权亦是公司继续存续所必须承担的合理支出，而且本案中各异议股东提起诉讼时亦明确收购价格以审计评估的价格为准，并不存在因诉讼请求虚高而增加诉讼费用的情况，故一审法院确定诉讼费用、审计费用、评估费用等由被告承担并无不当。

法院判决：

1. 被告给付二原告对应的股权收购价款，分别为482.5716万元（16,085.72万元×3%）、160.8572万元（16,085.72万元×1%）；

2. 案件受理费用、审计费用、评估费用、鉴定人出庭费用由被告负担。

426. 公司回购股份，应如何确定评估基准日？

对此，实践中有不同做法：

（1）当事人协商一致的，以协商确定的日期为基准日；

（2）以股东会决议通过之日为基准日；

（3）以股东申请退出公司之日为基准日；

（4）以异议股东向法院起诉之日为基准日；

(5) 股东因反对延长经营期限请求回购股份的，以原经营期限届满日为基准日。

【案例184】决议通过之日为评估基准日 决议后亏损不影响回购价格①

原告：华融公司

被告：南桐公司

诉讼请求：

1. 以1.44亿元的价格（暂定，按鉴定或法院审理查明的股权价值与原告出资额1.44亿元两者孰高原则确定）回购原告持有的被告4.66%的股权；

2. 判令被告向原告支付利息（以7300万元为基数，自2007年1月1日起，按中国人民银行同期贷款基准利率计算利息至付清之日止），暂计至起诉之日为4136万元。

争议焦点：

1. 公司仅有两名股东，原告作为小股东与控股股东协商回购事宜的，能否视为履行了股东请求回购的前置协商程序；

2. 公司决议转让主要财产时，股东投反对票，对于请求回购股权的价值评估如何确定基准日；

3. 决议作出后，公司发生亏损，是否影响股权回购价格；

4. 原告依据法定情形诉请回购时能否主张利息。

基本案情：

被告的股东为原告（持股4.66%）和案外人能投集团（持股95.34%），原告系通过债转股和股权置换的方式取得被告股权。

2000年5月，原告、案外人信达公司作为债权方，与案外人南桐矿务局签订了《债权转股权协议》。该协议约定，三方共同出资设立被告，原告以7310万元债转股资产出资，债权方股权退出的方式包括被告回购、案外人南桐矿务局购买以及债权方转让三种。协议同时约定了债权方2001年至2006年

---

① 参见重庆市高级人民法院（2018）渝民初146号民事判决书。

每年退出的股权比例和对应价款。同年6月，三方签订《补充协议》，约定债权方通过回购方式退出时，股权退出价格为转股债权原值，不采取溢价方式计算。

2001年，原告与案外人能投集团签订《股权置换协议》，约定原告将其持有的其他案外人公司合计7100万元股权，与案外人能投集团持有的被告7100万元股权进行1∶1置换。至此，原告对被告的出资额为1.44亿元。

2018年5月24日，被告召开股东会并作出《股东会决议》，将被告名下账面价值为218,181.17万元的南桐煤矿、红岩煤矿、东林煤矿、选煤厂及救护队资产（包括存货、固定资产、在建工程、土地使用权及矿业权），按评估结果以153,541.09万元作价转让给案外人渝新公司。原告对此投反对票。

2018年8月1日，原告向被告寄送《关于要求回购股权的函》。发函前，原告就回购事宜多次与案外人能投集团进行协商。

第三方机构出具的《资产评估报告》载明，评估基准日为2018年4月30日，被告净资产评估值为47,205.70万元，原告持有的4.66%的股权价值为2199.79万元。之后，第三方机构出具的《股权价值变化情况说明》载明，截至2018年5月31日，调整被告净资产评估值为-79,125.95万元，原告持有的4.66%的股权价值为0元。股权价值变化的主要原因系被告2018年5月31日账务处理中有4家公司转出其核心资产，具体包括：南桐煤矿、东林煤矿、红岩煤矿、选煤厂，累计出现账面亏损79,206.12万元。庭审中，被告认可前述核心资产处置均发生在2018年5月24日作出股东会决议之后。

此外，被告2018年度1月至4月《会计报表》显示，2018年1月至4月被告煤炭收入分别占月总营业收入的43.5%、44%、58.3%和55.4%；被告2018年度5月至9月《会计报表》显示，2018年5月24日股东会决议涉及的财产转让后，被告不再有煤炭收入。

被告经营范围为：煤炭销售、汽车货运、自备铁路货运、销售建筑材料、销售润滑油（脂）类项目及房屋出租等。

原告诉称：

1. 被告股东会决议涉及转让其主要财产，原告已向被告发出《关于要求回购股权的函》，但双方未达成股权收购协议。根据《公司法》第 74 条①规定，原告有权要求被告按照合理的价格收购其股权。

2. 根据原告及案外人信达公司、案外人南桐矿务局签订的《债权转股权协议》及《补充协议》，被告应支付利息。

被告辩称：

1. 原告于 2018 年 8 月 1 日才向被告送达《关于要求回购股权的函》，超出了法定的 60 日期限，其诉请应予驳回。

2.《债权转股权协议》及《补充协议》中约定的股权收购定价方式条款，不仅已超出约定的回购期，而且已超出诉讼时效，不应当适用该条款确定收购价，而应通过司法鉴定程序评估被告净资产的市场价值来确定股权回购的合理价格。

3. 本案是公司股权回购纠纷，原告主张利息没有事实和法律依据，不应得到支持。

法官观点：

1.《股东会决议》转让的资产系公司主要财产。

公司主营业务涉及的财产且运营该财产所得的收益构成公司的主要收入来源，转让该财产将改变公司经营方向的，该财产可以被认定为公司主要财产。本案被告的主营业务包括煤炭的生产和销售，被告 2018 年度《会计报表》显示，经营煤炭的收入是被告营业收入的主要部分，而案涉财产转让后，被告不再有煤炭收入。因此，该《股东会决议》决定转让的南桐煤矿、红岩煤矿、东林煤矿、选煤厂及救护队资产（包括存货、固定资产、在建工程、土地使用权及矿业权）是被告的主要财产。

2. 原告与被告控股股东协商回购事宜，能够产生与被告协商的实际效果，原告提起本案诉讼符合法定程序要求。

异议股东在股东会决议形成后的 60 日内，应当首先在公司内部寻求救济，如果其没有向公司申请，则视为放弃权利。换言之，不能与公司达成股权收购协议是股东提起收购诉讼的前提。原告于 2018 年 8 月 1 日向被告发送的《关于要求回购股权的函》，虽已超出股东会决议通过之日起 60 日的期限，但

---

① 现为《公司法》第 89 条。

在决议通过之日起 60 日内，原告曾与案外人能投集团召开会议。被告仅有两名股东，其中案外人能投集团持有被告 95.34% 的股权，是被告的控股股东。原告提出股权收购是公司内部治理关系问题，其与案外人能投集团协商股权收购事宜，能够产生原告向被告要求收购股权的实际效果。因此，原告提起本案诉讼符合《公司法》第 74 条关于要求公司收购股权的法定程序的规定。

3. 股权收购价格应以股东会决议通过之日的股权价值为基础，被告回购义务自本判决生效之日起产生，主张回购价款相应利息无法律根据。

股权收购的合理价格应当以股权价值为基础，而股权价值应当是相应股东会决议通过之日的价值。经评估，被告 2018 年 4 月 30 日净资产评估值为 47,205.70 万元，但 2018 年 5 月 31 日调整评估值为 -79,125.95 万元，主要原因是处置南桐煤矿、东林煤矿、红岩煤矿、选煤厂等核心资产出现账面亏损 79,206.12 万元，而这些资产处置均发生于 2018 年 5 月 24 日《股东会决议》之后，因此应当扣除该部分资产处置账面亏损对股权价值的影响。扣除后，2018 年 5 月 31 日调整评估值应为 80.17 万元，平摊到 5 月的每一天，计算至 2018 年 5 月 24 日，则该日的调整评估值为 62.07 万元。由此，被告 2018 年 5 月 24 日净资产（100% 股东权益价值）评估值可以认定为 47,267.77 万元（47,205.70 + 62.07 = 47,267.77 万元），原告持有的被告 4.66% 的股权价值评估为 2202.68 万元。

关于原告主张按鉴定或法院审理查明的股权价值与原告出资额 1.44 亿元两者孰高原则确定股权收购价格的问题。其中，1.44 亿元是依照《债权转股权协议》及《补充协议》关于原值回购股权的约定而确定的。《债权转股权协议》约定的"新公司回购"仅是原告股权退出的方式之一，该协议并未约定收购原告股权是被告确定应履行的合同义务，且该协议仅是对原告债权转股权涉及的 7310 万元进行了约定，同时约定了股权退出最迟于 2006 年完成。原告在晚于合同约定的回购期限要求被告以原值回购其超出合同约定债权转股权范围的股权，不符合双方合同的约定，不予支持。

同时，原告系根据《公司法》第 74 条规定请求被告收购其股权，并非依据前述合同约定请求被告回购股权，被告收购股权的义务始自本判决生效之时，原告诉请该义务产生前的利息没有法律根据。

法院判决：

1. 被告支付原告 4.66% 股权的收购价款 2202.68 万元；
2. 驳回原告其他诉讼请求。

427. 公司回购股份后，应当如何处理？

对于异议股东请求回购和控股股东滥用股东权利时请求回购的情形，无论是有限责任公司还是股份有限公司，回购的股份均应在回购之日起 6 个月内转让或注销。

对于股份有限公司主动回购的情形，回购的股份有以下三种处理方式：

（1）因减资回购的股份，应在回购之日起 10 日内注销；

（2）因与持有本公司股份的其他公司合并而回购的股份，应在回购之日起 6 个月内转让或注销；

（3）因将股份用于员工持股计划或者股权激励、发行可转债、上市公司为维护公司价值及股东权益所必需而回购的股份，应在回购之日起 3 年内转让或注销。

428. 公司章程在法定情形之外规定公司可以主动回购股份是否有效？职工与持股会签订协议，在章程中规定有退股条件，可否按该规定退股？

公司股东以存在公司章程规定的其他股东请求收购事由起诉请求公司收购的，应分情况进行讨论。对于有限责任公司而言，因有限责任公司具有人合性特征，公司章程可以约定除法条规定外的其他股东请求收购事由，但收购价格需为合理价格，不得以此抽逃出资。对于股份有限公司而言，原则上不得收购本公司股份，只有在《公司法》第 162 条规定的情形下，股份有限公司才可以收购本公司股份。因股份有限公司具有资合性特征，股东请求收购股份事由不得再作扩大解释。

【案例 185】章程约定"人走股留"有效　离职员工请求确认股东资格被驳回[①]

原告：宋某

[①] 参见陕西省高级人民法院（2014）陕民二申字第 00215 号民事裁定书，本案为最高人民法院发布的指导性案例。

被告：大华公司

诉讼请求：请求确认原告具有被告的股东资格。

争议焦点：

1. 被告公司章程中关于"人走股留"的规定是否违反《公司法》的禁止性规定；

2. 被告回购原告股权是否违法，是否构成抽逃出资。

基本案情：

2004年5月，被告改制为有限责任公司，原告作为其员工出资2万元成为被告股东。被告公司章程就股权转让问题，规定："公司股权不向公司以外的任何团体和个人出售、转让。公司改制1年后，经董事会批准后可以公司内部赠与、转让和继承。持股人死亡或退休经董事会批准后方可继承、转让或由企业收购，持股人若辞职、调离或被辞退、解除劳动合同的，人走股留，所持股份由企业收购。"该章程由包括原告在内的全体股东签名通过，自公司设立之日起生效。

2006年6月，原告向被告提出解除劳动合同，并手书《退股申请》要求全额退股。同年8月，被告同意原告领取退出股金款2万元。2007年1月，被告召开股东大会，通过原告等3位股东的退股申请并决议"其股金暂由公司收购保管，不得参与红利分配"。

后原告以被告违法回购股权、抽逃出资等为由，诉至法院。

原告诉称：

1. 劳动关系与股东投资关系是两种不同的法律关系，章程中约定的解除劳动关系就必须交回股权的规定违反了《公司法》的禁止性规定，不属于公司自治的范围。

2. 被告收回其股份的程序违法，不符合《公司法》第74条[①]规定的三种情形。

3. 被告强行收回其股份的行为属于抽逃出资，违反《公司法》的禁止性规定。

---

① 现为《公司法》第89条。

被告辩称：

1. 被告回购原告股权的行为不违反《公司法》的禁止性规定，被告退股是基于双方合意并经公司股东会表决通过的，回购程序没有违法之处。

2. 被告回购行为没有造成公司注册资本减少，不构成抽逃出资。

法官观点：

1. 被告章程中"人走股留"的规定不违反《公司法》的禁止性规定。

（1）该章程系公司设立时，由包括原告在内的全体股东一致同意并对公司及全体股东产生约束力的规则性文件。被告在章程上签名的行为，应视为其对章程中"人走股留"规定的认可和同意。

（2）被告改制时，原告能成为被告股东的原因在于其与被告存在劳动关系。该章程将是否与公司具有劳动合同关系作为取得股东身份的依据，继而作出"人走股留"的规定，符合有限责任公司封闭性和人合性的特点，系公司自治。

（3）该章程关于股权转让的规定，属于对股东转让股权的限制性规定而非禁止性规定。原告依法转让股权的权利没有被公司章程所禁止，该章程不存在侵害原告股权转让权利的情形。所以，被告公司章程不违反《公司法》的禁止性规定，应为有效。

2. 被告回购原告股权的程序合法，不属于抽逃出资。

（1）原告手书的《退股申请》，应视为其真实意思表示。被告退还其全额股金款并召开股东大会审议通过其退股申请，符合章程规定，程序上并无不当，亦未违反《公司法》的相关规定。

（2）《公司法》第74条所规定的异议股东回购请求权具有法定的行使条件，该权利对应的是公司是否应当履行回购异议股东股权的法定义务。而本案属于被告是否有权基于公司章程的约定及与原告的合意而回购原告股权，对应的是公司是否具有回购股东股权的权利，二者性质不同。《公司法》所规定的抽逃出资专指公司股东抽逃其对于公司出资的行为，公司不能构成抽逃出资的主体。故被告不构成抽逃出资。

法院判决：

驳回原告诉讼请求。

429. 公司收购股份，如何缴纳印花税？

如果收购主体是上市公司，股东（转让方）应当按照千分之一的税率缴纳印花税，作为受让方的公司无须缴纳印花税。除上市公司之外的公司回购股份，股东（转让方）与公司均应以股权转让价款为计税依据，以万分之五的税率缴纳印花税。

【法律依据】

一、公司法类

（一）法律

❖《公司法》第 89 条、第 161 条

（二）地方司法文件

❖《上海市高级人民法院关于审理涉及公司诉讼案件若干问题的处理意见（二）》（沪高法民二〔2003〕15 号）第 3 条第 3 款

❖《山东省高级人民法院关于审理公司纠纷案件若干问题的意见（试行）》（鲁高法发〔2007〕3 号）第 81 条

二、证券法类

❖《上市公司股份回购规则》（2025 年修订）第 8 条

三、税法类

❖《印花税法》第 3 条

第十八章　上市公司收购纠纷

【宋和顾释义】

关于上市公司收购纠纷,新《公司法》在修订中,共涉及两处修改,涵盖:

(1) 上市公司应当依法披露股东、实际控制人的信息,禁止违反法律、行政法规的规定代持上市公司股票;

(2) 上市公司控股子公司不得取得该上市公司的股份,因公司合并、质权行使等原因持有上市公司股份的,不得行使所持股份对应的表决权,并应及时处分相关股份。

结合过往司法实践和本次修订,上市公司收购纠纷的争议类型主要体现为以下五种:

(1) 上市公司控制权的认定争议;

(2) 股份转让合同效力及其履行的争议;

(3) 收购方与被收购方未依法进行信息披露、履行报告义务的争议;

(4) 利用收购行为或采取反收购行为损害公司及股东利益的争议;

(5) 收购方或被收购方与财务顾问等与收购工作有关的中介机构所产生的争议。

上述部分问题,在本书第三版第五册"上市公司收购纠纷"章节中已涉及,本章系根据司法实践的变化以及修法产生的新问题,加以梳理、归纳和补充。

430. 约定代持上市公司股份的转让协议是否有效？

无效。根据《证券法》《首次公开发行股票注册管理办法》《上市公司信息披露管理办法》等规定，公司上市发行人必须股权清晰，且股份不存在重大权属纠纷，上市公司需遵守如实披露的义务，披露的信息必须真实、准确、完整。故上市公司发行人必须真实，并不允许发行过程中隐匿真实股东。新《公司法》修改之前，法院一般以危害金融安全与社会稳定、损害社会公共利益为由，认定代持上市公司股份的相关协议无效。新《公司法》现已明确禁止违反法律、行政法规的规定代持上市公司股票，且该条属于效力性强制性规定。

【案例186】以有限公司股权转让之名行上市公司股份代持之实 转让合同被判无效[①]

原告：熊某

被告：王某、康某

诉讼请求：被告王某向原告支付补偿款900万元。

争议焦点：

1. 原告在案外人天成公司即将并购上市之前，为了获得其并购上市后的股票收益，与案外人天成公司的股东被告康某签订《股权转让合同》并约定不办理股权过户登记，对此是否可认定为构建上市公司股权代持关系，《股权转让合同》是否有效；

2. 原告后续与被告王某、康某为保证《股权转让合同》的履行以及收益目的之实现而签订的《担保函》《补充协议》的性质与效力如何；

3. 在案涉合同均无效但原告坚持法院按合同约定判令被告王某支付补偿款的情形下，被告王某应如何承担民事责任。

基本案情：

2014年年底，案外人天成公司即将并购上市，其股权即将置换为上市公司案外人机械公司股份。被告王某系案外人天成公司持股40%的控股股东，

[①] 参见四川省高级人民法院（2020）川民申2489号民事裁定书。

第十八章

上市公司收购纠纷

被告康某系案外人天成公司持股4%的股东。

2014年11月6日,原告与被告康某签署了《股权转让合同》,约定:被告康某将其持有的案外人天成公司4%的股权以1500万元的价格转让给原告,双方暂不进行股权过户登记,而是采取在案外人天成公司股权置换为案外人机械公司股份且锁定期届满后在二级市场出售的方式,实现原告获得收益的目的;置换所得的案外人机械公司股票"完整的所有权"由原告享有。

同日,被告王某向原告出具了《担保函》,载明被告王某作为案外人天成公司的控股股东,保证《股权转让合同》中的一切约定均为真实有效,如任何陈述、保证被认定为不真实、无效时承担无限连带赔偿责任,并承诺案外人天成公司并购案外人机械公司后的最终评估值不低于6亿元,否则将视具体情况补偿原告相应差额股份。

2015年1月26日,原告根据《股权转让合同》约定向被告王某支付全部价款1500万元。

2015年7月,案外人天成公司被案外人机械公司收购。案外人机械公司以发行股份的方式购买了案外人天成公司100%的股权,最终评估案外人天成公司股权价值为4亿元,被告王某因此获得案外人机械公司的股份为2600万股,被告康某获得案外人机械公司的股份为260万股,自新增股份上市之日起12个月内不得转让。首批新增可转让股份本应于2016年9月14日上市流通,但因被告王某向案外人机械公司承诺的业绩未达到,经与案外人机械公司协商,被告王某同意将其持有的股份锁定承诺由三年分期解锁改为锁定三年。2016年9月14日至2016年10月13日之间,案外人机械公司平均收盘价为9元一股。

2016年1月17日,原告、被告康某、被告王某签署了《补充协议》,协商约定因案外人天成公司估值变化导致被告康某、被告王某实际获得案外人机械公司的股份减少,被告王某承诺补偿原告100万股案外人机械公司股份(一年期解禁),补偿方式为待一年期解禁后一个月内,以被告王某持有的案外人机械公司股份中的100万股按9元一股(股份应解除限制流通之日即2016年9月14日起一个月内的平均收盘价)的价格将其卖出后所得资金划转至原告账户,或以现金方式直接支付900万元。

· 825 ·

另外，原告按《股权转让合同》支付全部价款后，被告康某亦按照原告要求将其名下260万股案外人机械公司股份托管至案外人李某任职的经营部，案外人李某取得被告康某账户的实际控制权后将股票卖出，获得现金2400万元，该收益已被原告获取。

本案审理过程中，法院向原告释明，原告提起的诉讼系案涉《股权转让合同》、《担保函》及《补充协议》有效的前提下要求被告王某向原告支付补偿款的责任，然而案涉合同均无效，但原告仍享有根据所受到的损失依照过错原则要求被告王某赔偿损失等权利。故法院要求原告变更诉讼请求，但原告坚持案涉合同有效，不同意变更请求。

原告诉称：

由于案外人天成公司估值变化导致被告康某、被告王某实际获得案外人机械公司的股份减少，被告王某应根据《担保函》及《补充协议》约定，向原告支付补偿款900万元。

两被告辩称：

1. 《股权转让合同》实为上市公司股份代持协议，依法应当无效。

2. 《担保函》、《补充协议》与《股权转让合同》系主从合同关系，《股权转让合同》无效，《担保函》《补充协议》亦无效。

法官观点：

1. 关于本案所涉"股权转让"行为及相关约定的效力的问题。

原告与被告康某于2014年11月6日签订的《股权转让合同》，虽然名为"股权转让"，但签订于案外人天成公司即将并购上市、案外人天成公司股权即将置换为上市公司股份之时，内容中约定"股权转让"的股权、股份不过户，置换所得股票"完整的所有权"由原告享有等，实际操作过程也正是原告变卖了被告康某名下通过股权置换所得的上市公司股票并获得了收益。因此，虽然缔约时案外人天成公司尚为有限责任公司，但该《股权转让合同》的缔约背景、内容与操作过程，反映出原告的目的不在于取得该有限责任公司的股权，而是为了获得案外人天成公司并购上市后的股票收益。故诉争合同的签订背景、主要内容与履行过程均反映出，当事人的主要目的就在于构建上市公司股份隐名代持关系，并实际付诸了实施。

《证券法》第12条规定,"设立股份有限公司公开发行股票,应当符合《中华人民共和国公司法》规定的条件和经国务院批准的国务院证券监督管理机构规定的其他条件"。该法第63条规定,"发行人、上市公司依法披露的信息,必须真实、准确、完整,不得有虚假记载、误导性陈述或者重大遗漏"。《首次公开发行股票并上市管理办法》第13条规定:"发行人的股权清晰,控股股东和受控股股东、实际控制人支配的股东持有的发行人股份不存在重大权属纠纷。"《上市公司信息披露管理办法》第3条规定:"发行人、上市公司的董事、监事、高级管理人员应当忠实、勤勉地履行职责,保证披露信息的真实、准确、完整、及时、公平。"

因此,上市公司必须股权清晰,不存在重大权属纠纷,信息披露真实、准确、完整,这是证券市场监管的基本要求。上市公司股东信息披露不实,会影响证券监管部门对内幕交易、关联交易的审查,以及违背关于高级管理人员任职回避等的证券市场基本监管要求,同时这也是上市公司兼并重组等的审查重点。上述规则属于证券市场基本交易规范,关系到以信息披露为基础的证券市场整体法治秩序和广大投资者的合法权益。本案所涉"股权转让"行为,实为上市公司股份代持,违反有关金融安全、证券市场秩序、广大证券投资者权益的效力性强制性规定,并对这些权益构成直接危害。

《合同法》第52条规定:"有下列情形之一的,合同无效:……(四)损害社会公共利益;(五)违反法律、行政法规的强制性规定。"依照该规定,原告、被告康某之《股权转让合同》因损害社会公共利益,违反法律、行政法规的效力性强制性规定而属无效。

2. 关于被告王某出具的《担保函》及《补充协议》的性质和效力问题。

《担保函》及《补充协议》在目的和内容上,均与《股权转让合同》密不可分,均是基于所谓"投资估值",旨在保证《股权转让合同》的履行、目的与收益分配的实现。《股权转让合同》为主合同,《担保函》及《补充协议》为从合同。因《股权转让合同》无效,依附于无效合同而产生的从合同也应无效。

3. 关于被告王某应承担的民事责任的问题。

根据《合同法》第58条的规定："合同无效或者被撤销后，因该合同取得的财产，应当予以返还；不能返还或者没有必要返还的，应当折价补偿。有过错的一方应当赔偿对方因此所受到的损失，双方都有过错的，应当各自承担相应的责任。"

本案中，原告未主张要求被告康某承担责任，仅要求被告王某向原告支付补偿款900万元。故本案仅考虑被告王某是否应赔偿原告损失。

虽然《股权转让合同》《担保函》《补充协议》被认定无效，但原告仍享有根据所受到的损失依照过错原则要求被告王某赔偿损失的权利，现原告提起的诉讼系案涉合同有效的前提下要求被告王某承担向原告支付补偿款的责任，因案涉合同均无效，法院释明并要求原告变更诉讼请求，但原告坚持案涉合同有效且不同意变更请求，故原告的诉请不能得到支持。原告可以就赔偿事宜另行提起诉讼。

法院判决：

驳回原告诉讼请求。

431. 上市公司与其控股子公司能否交叉持股？

不能。《公司法》禁止上市公司与其控股子公司之间交叉持股，而对于上市公司与非控股子公司之间因一般性投资关系所形成的交叉持股，不予禁止。

432. 上市公司与其控股子公司交叉持股应当如何清理？

因特殊原因，上市公司控股子公司持有该上市公司股份的，主要通过支付现金对价退出、提前转让清理、回购注销，以及承诺在一定期限内转让并在转让前将表决权委托管理等方式清理交叉持股。

《公司法》要求"及时处分相关上市公司股份"，目前北京、上海、深圳三地交易所股票上市规则对"及时"的期限均规定为一年内。如《北京证券交易所股票上市规则（试行）》（2024年修订）规定，上市公司控股子公司不得取得该上市公司的股份。确因特殊原因持有股份的，应当在一年内依法消除该情形。前述情形消除前，相关子公司不得行使所持股份对应的表决权，且该部分股份不计入出席股东大会有表决权的股份总数。

【相关法律依据】

一、公司法类

（一）法律

❖《公司法》第 95 条、第 140 条

（二）部门规章

❖《首次公开发行股票注册管理办法》（中国证券监督管理委员会令第 205 号）第 12 条

❖《上市公司信息披露管理办法》（2021 年修订）第 27 条

二、证券法类

（一）法律

❖《证券法》第 78 条

（二）行业规定

❖《北京证券交易所股票上市规则（试行)》（2024 年修订）第 4.1.12 条

第十九章　损害公司利益责任纠纷

【宋和顾释义】

> 关于损害公司利益责任纠纷，新《公司法》在修订中，共涉及十一处修改，其中两处为吸收《民法典》、上市公司相关规定，一处为吸收司法实践，八处为新增规定，涵盖：
> (1) 双重股东代位诉讼的规定；
> (2) 董事、监事、高级管理人员的任职资格和信义义务的规定；
> (3) 事实董事和影子董事规则；
> (4) 董事责任保险制度。
> 结合过往司法实践和本次修订，损害公司利益责任纠纷的争议类型主要体现为以下五种：
> (1) 损害公司利益责任纠纷的程序性争议，如管辖适用侵权行为还是公司诉讼的管辖原则，监事提起代表诉讼是否需要履行前置程序，损害公司利益行为是否同时涉及民事和刑事的处理，股东代表诉讼撤诉或签订调解协议的前提；
> (2) 损害公司利益责任纠纷的主体争议，如股东与监事身份重合时应以哪个身份提起代表诉讼，股东能否代表全资子公司提起诉讼，董事辞职导致利益低于法定人数或任期届满未选举时该如何处理；
> (3) 损害公司董事会责任纠纷的行为争议，如商业风险与未尽勤勉义务的边界，董事未尽催缴出资义务的责任，如何判断正常借款、关联交易与侵占、挪用公司资金的差异，如何认定公司"重大"资产及其处置是否

> 公允、关联交易表决未回避的责任和法律后果，"商业机会"或"商业秘密"是否属于公司的判断标准，如何界定和公司经营"同类"业务，董事、高级管理人员另设其他公司与其任职的公司进行交易是否属于"自我交易"；
>
> （4）损害公司利益责任纠纷的因果关系争议，如能否因董事、监事、高级管理人员履行忠实、勤勉义务存在瑕疵而要求公司赔偿损失；
>
> （5）损害公司利益责任纠纷的责任承担争议，如公司在什么情况下可以行使归入权，归入权的范围是什么，董事、监事、高级管理人员是否需对执行公司职务时违反法律法规导致公司遭受的税收滞纳金和罚款承担责任。
>
> 上述部分问题，在本书第三版第三册"损害公司利益责任纠纷"章节中已涉及，本章系根据司法实践的变化以及修法产生的新问题，加以梳理、归纳和补充。

【关键词】事实董事　影子董事

❖ **事实董事**：指虽然公司的控股股东、实际控制人不担任公司董事，但实际执行公司事务的情形。

❖ **影子董事**：指公司的控股股东、实际控制人置身幕后，指示或操纵前台董事或高级管理人员以实现其控制公司目的之人。

433. 损害公司利益行为发生后取得股权的股东，能否提起股东代表诉讼？

可以。股东提起股东代表诉讼，被告以损害公司利益行为发生时原告尚未成为公司股东为由抗辩该股东不是适格原告的，人民法院不予支持。

434. 高级管理人员的法定范围内，"公司章程规定的其他人员"如何认定？

一种观点认为，即使工作人员身处管理岗位并享有管理职权，但该职位只要不是法律或章程规定的高级管理人员，公司也未将其作为高级管理人员进行登记备案的，就不应认定为高级管理人员。

另一种观点认为，应依据实质审查标准认定是否为高级管理人员，重点审查该管理人员的权利、职责以及对公司经营、发展及对外交往的影响程度，公司是否为其设置忠实、勤勉等义务及责任等因素，同时结合公司内部文件记载等形式要件。

在此，笔者赞同后一种观点。

435. 公司控股股东、实际控制人能否成为损害公司利益责任纠纷的适格被告？

可以。新《公司法》引入了"事实董事"概念，公司控股股东、实际控制人不担任公司董事但实际执行公司事务的，仍对公司负有忠实义务和勤勉义务。实际执行公司事务的控股股东、实际控制人违反忠实义务或勤勉义务，给公司造成损害的，应依法承担责任，可以成为本案由的适格被告。

同时，新《公司法》引入了"影子董事与影子高管"规则，公司的控股股东、实际控制人指示董事、高级管理人员从事损害公司或者股东利益的行为的，与该董事、高级管理人员承担连带责任。因此，公司控股股东、实际控制人也可能因共同侵权成为共同被告。

436. 损害公司利益责任纠纷由何地法院管辖？

对于一般的损害公司利益责任纠纷的管辖法院，司法实践中主要有以下三种观点：

第一种观点认为，《民事诉讼法》规定的公司诉讼类型为公司组织诉讼，但损害公司利益的行为是一种侵权行为，不属于公司组织诉讼，应按照《民事诉讼法》第29条规定，由侵权行为地或者被告住所地人民法院管辖。

第二种观点认为，因损害公司利益责任纠纷涉及公司的实体权益，与公司及其成员、股东均有关联，该类纠纷适用公司法，判决结果对公司及其全体股东具有拘束力，即该类诉讼具有公司组织诉讼的特点。同时，为便于公司和利害关系人参加诉讼，便于公司提供证据或法院调查取证，亦便于此后可能发生的强制执行，该类纠纷应由公司住所地人民法院管辖。

第三种观点认为，应根据损害公司利益责任纠纷的类型分别确定管辖：

（1）公司股东滥用股东权利以及董事、监事、高级管理人员违反法定义务损害公司利益责任纠纷的，应由公司住所地人民法院管辖；

（2）涉及股东代表诉讼的，因属于公司组织诉讼，也应适用公司诉讼的特殊地域管辖规定，即由公司住所地人民法院管辖；

(3) 他人损害公司利益责任纠纷，应根据侵权行为实施地、结果发生地或者被告住所地人民法院确定管辖。

此外，与清算案件有关的衍生损害公司利益责任纠纷诉讼的审理，应当由受理强制清算的法院管辖，但在清算案件受理之前，其他法院已经受理的案件应由原受理法院继续审理。

【案例187】侵权行为与不当得利竞合　可选择适用侵权行为管辖原则[①]

申请人（原案被告）： 福汉公司

申请事项： 确认侵权行为地法院对损害公司利益责任纠纷一案无管辖权。

争议焦点：

1. 被告转移资金行为违反《增资协议》的约定，是否应按《增资协议》的约定由仲裁管辖；

2. 不当得利请求权与侵权赔偿请求权发生竞合时，侵权行为地法院是否有对损害公司利益责任纠纷案件的管辖权。

基本案情：

原告航空技术公司以申请人福汉公司作为第三人中航林业公司的股东，被告罗某、余某作为第三人董事和高级管理人员，擅自将第三人4.5亿元资金转移至申请人福汉公司为由，以第三人股东身份向侵权行为地高级人民法院提起股东代表诉讼。

申请人及被告罗某、余某的住所地均为湖北省，第三人公司住所地、侵权行为地均为山东省。

此外，原告在诉讼中认为被告没有按照双方签订的《增资协议》执行财务联合签署制度，侵犯股东决策权。该《增资协议》另约定，与《增资协议》有关或因履行增资协议所发生的一切争议由仲裁审理。

申请人诉称：

1. 原告主张被告侵犯股东决策权的事实，应按《增资协议》的约定仲裁，

[①] 参见最高人民法院（2018）最高法民辖终42号民事裁定书。本案原被告及第三人均以一审为准，其中被告除申请人外，还有罗某、余某二人。

不得向法院起诉。

2. 案涉转移资金行为属于不当得利，应由被告住所地人民法院管辖。

3. 侵权关系与《增资协议》仲裁条款冲突。本案只能按照不当得利的法律关系审理，由被告住所地人民法院管辖，才不涉及对仲裁条款的违背，符合相应的审判程序。

原告辩称：

申请人福汉公司擅自将第三人账户内的资金转移至该公司的行为属于涉及公司侵权的行为，应由侵权行为地人民法院管辖。本案的诉讼标的额为 4.5 亿元，根据级别管辖的规定，应由侵权行为地高级人民法院管辖。

法官观点：

本案双方争议的焦点并非申请人转移 4.5 亿元资金的行为是否违反联合签署制度，而是申请人转移 4.5 亿元资金的行为是否给第三人造成重大损失。本案诉讼并非双方因签订及履行《增资协议》引起的合同纠纷，不应适用《增资协议》中约定的仲裁条款。

在侵权行为人因侵权行为获得利益时，该项利益构成不当得利，此时发生不当得利请求权与侵权赔偿请求权的竞合，当事人可选择行使何种请求权，本案中原告选择行使侵权赔偿请求权，并无不当。

原告诉称的申请人转移第三人 4.5 亿元资金，第三人因此遭受损失，诉称的侵权结果发生地即第三人公司住所地，本案诉讼标的额达到侵权行为地高级人民法院受理一审民商事案件的级别管辖标准，侵权行为地高级人民法院对本案有管辖权。

法院裁定：

驳回申请人对本案管辖权提出的异议。

【案例188】损害公司利益纠纷系公司诉讼 由公司住所地法院管辖[①]

申请人（原案被告）： 赵某

---

① 参见最高人民法院（2018）最高法民辖终90号民事裁定书。本案原被告及第三人均以一审为准，其中被告除申请人外，还有张某、祝福控股公司及郑州碧桂园公司。

第十九章
损害公司利益责任纠纷

申请事项：确认损害公司利益责任纠纷一案由侵权行为地或者被告住所地高级人民法院管辖。

争议焦点：损害公司利益责任纠纷应按侵权责任纠纷由侵权行为地或者被告住所地的人民法院管辖，还是按公司诉讼由公司住所地人民法院管辖。

基本案情：

原告杰德仕顿公司作为第三人瑞成置地公司的股东，认为申请人赵某作为第三人的执行董事兼法定代表人，存在利用自身职务便利与被告张某、祝福控股公司、郑州碧桂园公司串通，共同实现转移第三人的全资子公司的商业机会，损害第三人利益的行为。原告在多次要求第三人监事采取法律措施以维护第三人利益未果后，以第三人股东身份向第三人公司住所地高级人民法院提起损害公司利益责任之诉。

被告住所地、侵权行为地、第三人全资子公司住所地均在河南省，第三人公司住所地为北京。

申请人诉称：

本案为损害公司利益责任纠纷，同时属于侵权责任纠纷，在法律未明确规定"损害公司利益责任纠纷适用特殊地域管辖"的情况下，本案应当按"因侵权行为提起的诉讼"由侵权行为地或者被告住所地的高级人民法院管辖。

即使由公司住所地人民法院专属管辖，"公司"也应为第三人全资子公司，而非第三人。

原告未提交答辩意见。

法官观点：

本案系公司股东代表公司进行的诉讼，所涉及的公司股东身份认定、代表诉讼前置程序、代表诉讼中当事人的地位确定、胜诉利益归属等均具有公司的组织法性质，涉及公司利益，对该纠纷适用公司法。故本案属于《民事诉讼法》第26条规定的公司诉讼，应当以第三人公司住所地确定管辖法院。

本案诉讼标的达3亿元，根据《最高人民法院关于调整高级人民法院和中级人民法院管辖第一审民商事案件标准的通知》（法发〔2015〕7号）第2条规定，第三人公司住所地高级人民法院依法对本案具有管辖权。

法院裁定：

驳回申请人对本案管辖权提出的异议。

437. 如果损害公司利益的行为既涉及民事责任的承担，又涉嫌刑事犯罪的，法院应当如何处理？

对于以经济纠纷案由受理的案件，若法院经审理认为不属于经济纠纷案件而有经济犯罪嫌疑的，应当裁定驳回起诉，将有关材料移送公安机关或检察机关。

438. 公司董事、高级管理人员损害公司利益，监事能否不经股东书面申请直接代表公司起诉？如果监事并不掌握公章，是否会影响其以公司名义起诉？

《公司法》规定监事在收到股东书面申请后可以对董事、高级管理人员提起诉讼，但对于监事是否可以不经股东申请而直接以公司名义提起诉讼的做法并无明确规定。

笔者认为，监事不能直接起诉，必须依赖符合条件的股东启动程序。但在司法实践中，也有法院以"未规定监事作为诉讼代表人以公司为原告提起损害公司利益责任之诉需要履行前置程序"为由支持监事直接起诉。

需要注意的是，监事代表公司起诉时，法院重点核查的是监事身份，监事提交的起诉文件上未加盖公章并不妨碍其行使诉讼代表权，监事不掌握公司营业执照及公司印章不构成监事提起诉讼的障碍。

【案例189】监事代表公司起诉　继承人赔偿公司损失[①]

原告： 唐城公司

诉讼代表人： 吴某（原告监事）

被告： 周某、徐某、周某乙

诉讼请求：

1. 被告周某、徐某赔偿原告3,803,720元；

---

① 参见上海市黄浦区人民法院（2014）黄浦民二（商）初字第1166号民事判决书，本案系人民法院案例库入库案例。

2. 被告周某乙赔偿原告 1,678,219.02 元,被告周某、徐某共同承担赔偿责任。

争议焦点:

1. 原告法定代表人损害公司利益且因疾病去世,不掌握公章的监事能否直接代表公司提起损害公司利益责任纠纷诉讼;

2. 损害公司利益之人逝世后,其继承人是否需要在其继承遗产的范围内赔偿损失。

基本案情:

原告唐城公司系有限责任公司,案外人周某甲任公司法定代表人,吴某为监事。

周某甲分别于 2006 年 7 月 24 日、2007 年 1 月 28 日与案外人亚东公司、沪裕公司签订合同购买房产。

2007 年 7 月 27 日,周某甲从公司银行账户中转出资金 5000 元。同年 8 月 2 日,周某甲因病去世。次日,原告公司以支票形式汇入沪裕公司资金 3,798,720 元,用于支付周某甲的购房款。

被告周某、徐某作为周某甲的子女,共同继承了上述房产。同时,被告周某单独继承了周某甲所持案外人健之源公司(原告持股 64%)的股权。

另外,被告周某乙(原告财务负责人、周某甲的妹妹)分别于 2007 年 6 月 19 日、7 月 27 日、8 月 30 日从公司银行账户转出资金 1,678,219.02 元,并于 2007 年 8 月因涉嫌职务侵占原告财产被刑事拘留。截至一审时,被告周某乙尚有资金 402,211.89 元未退还原告。

2014 年,原告监事吴某以个人签名代表原告提起本案诉讼。

原告诉称:

1. 案外人周某甲私自转出原告资金并购买房产的行为构成对公司利益的侵犯,鉴于周某甲因突发疾病去世,被告周某、徐某系其继承人,故要求被告周某、徐某赔偿原告 3,803,720 元。

2. 被告周某乙侵占公司财产的行为系与周某甲共同实施,故要求被告周某、徐某共同与周某乙承担赔偿责任。

被告辩称:

1. 吴某虽然系公司监事,但并不掌握公司章。现吴某仅以个人签名即代表公司提起诉讼，尚缺乏法律依据。

2. 案外人周某甲因购买商铺急需资金，故调拨了公司3,803,720元。但周某甲作为公司的高级管理人员可获取公司的红利，该红利足以抵销上述应归还公司的资金。

3. 被告周某乙虽然从公司转出资金167万余元，但其行为因涉及职务侵占被公安部门立案后，已退赔了150多万元。

法官观点：

1. 关于监事能否以公司名义提起损害公司利益责任诉讼。

根据《公司法》规定，监事可代表公司对董事、经理行使公司介入权和处分权，必要时还可提起诉讼。本案中，吴某虽然作为监事并不掌握公司公章，其以公司名义起诉时亦未加盖公司章，但现代公司法赋予监事监督公司董事及高级管理人员的权利，鉴于本案中损害公司利益的是法定代表人周某甲且其已去世，监事吴某具有诉讼代表权，可以原告名义提起损害公司利益责任诉讼。

2. 关于案外人周某甲的继承人是否需要在其继承遗产的范围内赔偿上述损失。

周某甲作为法定代表人私自转出资金支付其购房款，违反了对原告的忠实义务。虽然部分资金流动发生在周某甲去世后，但并不排除其在生前对资金所作的事先安排，故周某甲应对原告公司承担赔偿责任。

鉴于周某甲已因病去世，被告周某、徐某作为其继承人应在其继承遗产的范围内赔偿原告及相应的利息。

3. 关于案外人周某甲可分得公司的分红能否抵销其对公司的赔偿责任。

公司是否应分红以及周某甲可否分得红利，属另一法律关系。

4. 关于被告周某乙的赔偿金额。

被告周某乙尚有资金402,211.89元尚未退还原告。虽然该项结果与原告证据显示的内容并不一致，但公安机关出具资料的证明力显然高于原告提供的账户变动明细表。因此，被告周某乙应赔偿原告402,211.89元及相应的利息。

5. 关于案外人周某甲的其他继承人是否应就周某甲与周某乙共同侵权承

担赔偿责任。

原告并未提供证据加以证明，故该主张不能成立。

法院判决：

1. 被告周某、徐某在继承周某甲遗产的范围内赔偿原告经济损失3,803,720元及利息；

2. 被告周某乙赔偿原告经济损失402,211.89元及利息；

3. 驳回原告其他诉讼请求。

【案例190】法定代表人涉嫌损害公司利益　　股东兼监事代表诉讼无前置程序[①]

原告： 邦美特公司

诉讼代表人： 王某（原告监事）

被告： 石某甲、石某乙

第三人： 王某、兰某

诉讼请求： 被告连带返还借款135万元以及利息。

争议焦点：

1. 公司法定代表人涉嫌损害公司利益，监事是否有权直接代表公司提起诉讼；

2. 股东均是案件当事人且未能协商解决案涉事项，监事代表公司提起诉讼是否需履行前置程序；

3. 执行董事、法定代表人、股东未经股东会决议将公司资金转至其个人控制的账户，是否损害了公司利益。

基本案情：

被告石某甲是原告股东、法定代表人、执行董事，被告石某乙是原告股东，第三人王某是原告股东、监事，并在本案中代表原告提起诉讼，第三人兰某为第三人总经理。

2016年8月1日至2016年12月1日，原告账户上52万元直接转入案外

[①] 参见福建省厦门市中级人民法院（2018）闽02民终5292号民事判决书。

人王某秀（即石某甲妻子）账户，83万元转至石某乙账户后转入王某秀账户，金额共计135万元。

被告石某甲在另案与第三人王某、兰某民间借贷纠纷中确认，石某甲向原告支付的出资款中包含第三人兰某向石某甲的借款154万元，前述转入王某秀账户的135万元系该出资款项的利息。石某甲还提交了相关《付款申请单》，所涉123万元申请单上有两被告及第三人兰某签字。

审理过程中，第三人王某及被告石某甲均确认，王某在代表原告提起本案诉讼前曾召开股东会，但未就本案所涉事项达成股东会决议。

原告诉称：

2016年8月1日至2016年12月1日，两被告违反有关法律和公司章程的规定，违反对公司忠实、勤勉义务，联合转移公司资产，先后分别以借款或预支利息为由，将公司现金转入其控制的个人账户135万元。监事王某发现后多次要求两被告返还现金以保证公司的正常经营，但均遭无理拒绝。

由于公司目前账户上仍有近200万元的流动资金，而被告石某甲作为公司法定代表人、被告石某乙作为公司财务管理人员，完全有可能将上述资金进行全部转移。为此，第三人王某作为公司股东和监事有权为了公司的利益，代表公司向人民法院提起诉讼。

被告辩称：

1. 本案起因是股东之间有民间借贷纠纷。被告石某甲以预支利息的形式申请付款，第三人兰某认为该款项属于借款。因各方对该款项定性不一致，双方发生争议，被告石某甲要求第三人兰某返还借款，第三人王某则提起本案诉讼。

2. 被告石某甲从公司支取的所有款项都经过全体股东签字确认，没有损害公司利益的情况。

3. 本案不符合共同侵权的构成要件，不构成侵权。

4. 本案不符合代表诉讼前置程序（如召开股东会）。

5. 第三人王某是以监事身份提起代表诉讼，其无权起诉股东。

第三人王某称：

王某未同意两被告转移原告资金的行为。资金不管是以什么理由转走，

第十九章

损害公司利益责任纠纷

都是转到两被告的私人账户，该资金是属于原告的财产。

第三人兰某称：

2013年至2014年年底，其为原告总经理，公司筹建方面的事宜都是其在负责。被告石某甲自2015年起行使总经理的职权，第三人兰某就去负责业务。2015年10月，被告石某乙也参与公司管理经营，石某甲在此期间从公司账户转款两次。

法官观点：

1. 关于监事是否有权就股东损害公司利益直接代表公司提起诉讼。

鉴于作为原告法定代表人、执行董事的石某甲涉嫌损害原告利益，第三人王某作为监事，有权作为公司的诉讼代表人以公司为原告对石某甲提起诉讼。

虽然《公司法》未规定监事可以作为公司的诉讼代表人以公司为原告对股东提起损害公司利益纠纷之诉，但本案中原告的法定代表人石某甲涉嫌以执行董事、股东的身份与作为股东的石某乙共同侵害原告利益，在此情形下难以期待石某甲作为诉讼代表人启动针对其共同侵权行为人的诉讼，若不允许监事王某作为诉讼代表人启动诉讼，则原告的利益将难以得到救济。

虽然《公司法》第151条①仅是针对董事、高级管理人员损害公司利益的情形，但在难以期待公司法定代表人启动针对股东损害公司利益的诉讼的情形下，基于公平原则，该条规定应类推适用于针对股东损害公司利益的情形。

2. 关于监事代表公司提起诉讼是否需要履行前置程序。

《公司法》第151条对股东代表诉讼规定了前置程序，但未规定监事作为诉讼代表人以公司为原告提起损害公司利益责任之诉需要履行前置程序，更未规定对损害公司利益责任的行为需要先行召开股东会来解决。本案审理过程中，原告的全部股东均是本案的当事人，但股东们并未能协商解决案涉事项。因此，石某甲关于王某代表原告提起本案诉讼应先履行前置程序或先行召开股东会解决的抗辩主张，缺乏事实及法律依据。

3. 关于被告是否滥用股东权利损害了公司利益。

本案中，两被告共同决定并实施了将原告的资金作为石某甲出资款的利

---

① 现为《公司法》第189条。

息进行支取的行为，既非合法的分红行为或减资行为，亦非从原告获取职务报酬或交易对价的行为。该行为客观上造成了原告资金的减少，侵犯了公司的财产权，亦侵犯了公司债权人基于公示登记而对公司资本状况的信赖利益。从两被告的股东身份来看，该行为应认定为抽逃出资的行为；从被告石某甲执行董事的身份来看，该行为应认定为挪用公司资金的行为。因此，两被告的行为已损害了原告的合法权益，应将该款项及相应利息返还给原告。

法院判决：

两被告应连带向原告返还资金135万元及利息。

439. 公司高级管理人员损害公司利益的，股东须履行哪些前置程序才能提起代表诉讼？

股东只有在履行了书面请求董事会或监事会（或履行监事会职权的审计委员会）提起诉讼，但遭到拒绝或在上述机构接到请求后30日内未提起诉讼时，方能以自己名义直接提起诉讼，此为股东代表诉讼的法定前置程序。

440. 股东代表诉讼的前置程序在什么情况下可以豁免？

我国现行股东代表诉讼前置程序的豁免情形主要包括两种，即《公司法》第189条第2款规定的"情况紧急"和《九民纪要》第25条阐明的"请求无价值"。

但具体何为"情况紧急""请求无价值"，目前《公司法》及相关司法解释并无明确规定，根据司法裁判案例，笔者将常见的豁免情形归纳整理如下：

（1）情况紧急、不立即提起诉讼将会使公司利益受到难以弥补的损害的情形。

①侵权行为正在发生，可能发生损害后果且该损害后果具备制止的可能性。例如，公司监事长期使用个人账户收取公司款项，且该行为直至起诉期间一直存续；相关人员已向法院申请强制执行，法院受理并已对公司资产进行委托评估，公司的资产即将被处置等。如果损害结果已经发生，已不能通过诉讼制止或避免，则法院一般认定不属于"情况紧急"的情形。如原告股东诉请要求确认无效的转让行为已发生多年，股东起诉时公司的财务损失已造成等。

②公司的权利行使期间即将届满。例如,公司对撤销抵押担保行为的撤销权即将超过除斥期间,公司对损失提起诉讼的诉讼时效即将届满。

(2)请求无价值,即根本不存在公司有关机关提起诉讼的可能性。

①公司相关机关不存在或因公司陷入经营僵局,相应的公司机构不在其位,股东无从提起请求。例如,公司未设置董事会、监事会等相关机构;董事、监事有关人员死亡、离职、退休或任期届满但尚未进行重新选举;公司停止营业或存在未决股东纠纷,导致治理结构无法正常运行;公司董事、监事为挂名且未参与公司实际经营;董事、监事有关人员因涉嫌刑事犯罪被羁押而无法履责。

②公司的相关机关或人员共同实施侵权行为,同为被告,不可能互相提起诉讼。

③董事会或监事会多数成员与他人损害公司利益的行为有利害关系,或应当向其进行先诉请求的董事或监事本身即为被告。

④虽然董事会或监事会成员与所诉称的损害公司利益行为不存在利害关系,但可能受到与行为有关的利害关系人的控制而失去其独立性。

【案例191】履行前置程序无可能性　股东直接起诉获支持[1]

原告:周某

被告:庄士中国公司、李某、彭某

第三人:湖南汉业公司

诉讼请求:

1. 三被告共同赔偿第三人被转移资金750.825万元及利息损失;

2. 三被告共同赔偿第三人因虚构债务对外承担的经济损失32,210,138.92元及利息损失;

3. 三被告赔偿因低价折抵第三人资产及侵占第三人商业机会而造成的经济损失5000万元(以上经济损失为暂估额,实际损失额以法院查明的给第三

---

[1] 参见最高人民法院(2019)最高法民终1679号民事裁定书,本案系《中华人民共和国最高人民法院公报》案例。

人造成的实际损失为准)。

争议焦点: 在缺少监事且董事会不可能提起诉讼的情况下,是否允许股东未履行前置程序而直接提起股东代表诉讼。

基本案情:

被告李某为第三人的法定代表人。第三人董事会由被告李某(董事长)、被告彭某、案外人庄某、案外人李某心及原告组成,公司未设立监事或监事会。

被告庄士中国公司2004年至2017年财务年度业绩报告载明,案外人李某心、被告彭某和被告李某系其董事,案外人庄某系被告庄士中国公司高级管理人员。

2017年7月,原告在未履行前置程序的情况下直接向法院提起诉讼,要求被告庄士中国公司、李某、彭某对其利用关联关系和管理人地位实施损害第三人财产及其他利益的行为承担赔偿责任。

原告诉称:

《公司法》第151条①关于股东代表诉讼的制度中,对于公司董事侵害公司利益的,公司股东仅需要向公司监事会或监事提出诉讼请求,根本无须向公司或者公司董事会提起诉讼请求。最高人民法院(2015)民四终字第54号(以下简称参考案例)民事裁定书中指出:"如在公司内部组织机构已经失灵,或公司董事、监事均存在给公司造成损失的情况且作为案件被告时,代表公司进行意思表示的机关(董事会、监事会)将不会以公司名义向法院起诉自己,此时应免除股东代位诉讼时的前置程序义务。"

本案中,第三人未设定监事职务。除原告外,其他4名董事均在被告庄士中国公司任高管职务,有密切利害关系。因此,第三人董事会根本不可能对本案被告的侵权行为提起诉讼。此时要求公司股东履行股东代表诉讼的前置程序没有可能,应允许股东直接提起股东代表诉讼。

被告辩称:

原告提起本案诉讼应当以穷尽内部救济手段为前提,本案情形不适用最高人民法院在个案中的意见,根据相关法律明文规定以及大量最高人民法院

---

① 现为《公司法》第189条。

司法判例认定,原告未履行股东代表诉讼前置程序属于依法应当驳回起诉的情形。

参考案例的特殊情形在于该公司 3 名董事分别是原告、被告李某和被告彭某,因此该案已经不可能通过董事会形成多数意见以实现权利救济。然而,本案中,第三人董事会有 5 名董事,原告起诉被告李某、彭某,仍可通过获得剩余董事庄某、李某的支持而形成多数董事会表决意见以提起诉讼,可见原告显然没有穷尽公司内部救济。

在参考案例中,该案原告在起诉前已经采取了以法定代表人名义提起诉讼被驳回等救济程序,该案法官系结合整体案件情况,才认为该案原告已经穷尽所有救济途径,本案不存在此种情形。大量判例均强调公司纠纷中司法应持有限介入原则,审判权在介入公司纠纷前,股东应当首先穷尽内部救济,当股东能够通过自身起诉的途径获得救济时,不应提起代表诉讼。

一审法官观点:

原告代表第三人提起诉讼,应先履行《公司法》第 151 条有关股东代表诉讼的前置程序。第三人董事会共有董事 5 人,即被告李某、被告彭某、案外人李某心、案外人庄某和原告,若起诉被告李某和彭某,董事会仍有可能形成多数表决意见来提起诉讼。

更何况,原告不但起诉了第三人 2 名董事李某、彭某,还起诉了庄士中国公司,根据《公司法》第 151 条第 3 款规定,原告也可通过书面请求第三人董事会来提起诉讼,若董事会拒绝提起诉讼或 30 日内未提起诉讼,原告方可提起本案股东代表诉讼。

故对于原告未履行上述前置程序而直接提起股东代表诉讼,不予支持。同时,本案客观上也不具备"情况紧急、损失难以弥补"的法定情形,原告无权依据上述规定提出股东代表诉讼。

一审法院判决:

驳回原告起诉。

二审法官观点:

股东先书面请求公司有关机关向人民法院提起诉讼,是股东提起代表诉讼的前置程序。一般情况下,股东没有履行前置程序的,应当驳回起诉。但是，该项前置程序针对的是公司治理的一般情况，即在股东向公司有关机关提出书面申请之时，存在公司有关机关提起诉讼的可能性。如果不存在这种可能性，则不应当以原告未履行前置程序为由驳回起诉。具体到本案，分析如下：

1. 被告李某、彭某为第三人董事，原告以李某、彭某为被告提起股东代表诉讼，应当先书面请求第三人监事会或者监事提起诉讼。但是，第三人没有工商登记的监事和监事会，原告对该公司董事李某、彭某提起股东代表诉讼的前置程序客观上无法完成。

2. 被告庄士中国公司不属于第三人的董事、监事或者高级管理人员，因第三人未设监事会或者监事，原告针对被告庄士中国公司提起代表诉讼的前置程序应当向第三人董事会提出。但是，除原告以外，第三人其他4名董事会成员均与被告庄士中国公司具有利害关系，基本不存在第三人董事会对被告庄士中国公司提起诉讼的可能性，再要求原告完成对被告庄士中国公司提起股东代表诉讼的前置程序已无必要。

综合以上情况，原告主张可以不经股东代表诉讼前置程序直接提起本案诉讼的上诉理由成立。

二审法院判决：

撤销一审裁定，指令一审法院审理。

441. 股东与监事身份重合时，应当以监事身份代表公司提起直接诉讼，还是以股东身份提起股东代表诉讼？

现行法律对上述问题并无明确规定，司法实践中存在截然不同的观点：

（1）应当以监事身份代表公司提起直接诉讼。监事以公司名义提起诉讼和股东以自己名义提起股东代表诉讼，两者之间具有顺位性，即除情况紧急外，股东若以自己的名义直接起诉，需要以监事会、监事或董事会、执行董事拒绝起诉为前提。

（2）可以直接以股东身份提起股东代表诉讼。对于该种情况下是否需要履行前置程序，司法实践中存在争议。一种观点认为担任监事的股东提起股东代表诉讼，即视为完成前置程序；另一种观点则认为当公司的权益救济通过公司的内部救济途径已无法实现时,股东兼监事才能以自己的名义直接提起诉讼。

442. 股东是否允许代表全资子公司提起损害公司利益责任纠纷诉讼?

《公司法》承认全资母子公司的双重股东代表诉讼制度,即如果全资子公司利益受损,而母公司不愿提起股东代表诉讼的,母公司的股东有权书面请求全资子公司的监事会、董事会提起诉讼或者以自己的名义直接提起诉讼。

443. 在中国境内发生的损害境外公司利益的纠纷,应当适用哪国法律?

损害公司利益责任纠纷属侵权责任纠纷范畴,故适用《涉外民事关系法律适用法》关于"侵权责任,适用侵权行为地法律"的规定,如果侵权行为发生在中国境内,则应适用中国法律。

【案例192】境外公司在境内资金被高管侵占 适用中国法起诉要求返还[①]

原告:W公司(美国公司)

被告:吴某、乐萌公司、卓致公司

诉讼请求:

1. 被告吴某向原告返还侵占资金暂计 2,836,099 元(实际视司法审计金额调整);

2. 被告吴某向原告偿付逾期还款利息损失;

3. 被告乐萌公司对被告吴某应承担的上述第一项和第二项债务承担连带清偿责任;

4. 被告卓致公司对被告吴某应承担的上述第一项债务中的 479,745 元及相应利息承担连带清偿责任。

争议焦点:

1. 在中国境内发生的损害境外公司利益的纠纷,应当适用中国法律还是境外法律进行审理;

[①] 参见上海市第二中级人民法院(2016)沪02民终1156号民事判决书,本案系人民法院案例库入库案例。

2. 公司高管经营项目期间虚报账目，在项目结束后拒绝返还项目资金，是否应当向公司承担赔偿责任；

3. 高管用于经营上述项目的平台公司是否应当对高管损害原告公司利益的行为承担连带责任；

4. 高管通过平台公司经营项目时，依靠原告公司的技术在中国境内获得了政府财政奖励，该奖励是否应当归原告所有。

基本案情：

原告系注册成立于美国的公司，2010 年 8 月 30 日前，被告吴某系原告的首席执行官、首席财务官及董事。

被告乐萌公司成立于 2008 年 7 月 21 日，原法定代表人系案外人吴某伟（被告吴某胞姐），现法定代表人系案外人黄某（被告吴某母亲），创始人及负责人系被告吴某。

被告卓致公司控股股东为案外人吴某伟，首席执行官系被告吴某。

2008 年 8 月，原告决定在中国以被告乐萌公司为平台开展 WMN 项目，该项目由被告吴某负责，在被告吴某向原告提交的相关营运费用报表中，记载了被告吴某每月工资为 10,000 美元。另往来电邮显示，原告与被告吴某提及的薪金系被告吴某在原告处任职期间所涉，并非特指在 WMN 项目运行期间的薪金。

为便于原告向 WMN 项目在上海的运营注资，原告与被告卓致公司签订了《技术服务合作协议》，记载被告卓致公司根据原告的要求为原告进行新产品的研究和开发，原告支付被告卓致公司 70,000 美元作为研发费用。协议原告处落款由被告吴某签字。后原告向被告卓致公司支付了 70,000 美元，折合人民币 479,745 元。

另外，原告也与被告乐萌公司签订了 5 份《技术开发合同》，合同总标的为 930,000 美元，合同落款双方代表人分别为 M Wu 及案外人吴某伟，均由被告吴某签署，该合同未实际履行。后原告向被告乐萌公司合计支付 829,970 美元，折合人民币 5,652,043.99 元。

2009 年 9 月及 2010 年 6 月，A 市科委及区科委会先后向被告乐萌公司拨付专项基金 400,000 元，B 市科学技术委员会向案外人 B 市乐萌公司拨付扶持资金 100,000 元，上述两项资金申请项目名称与 WMN 项目相同或相似。

2010 年 6 月，被告吴某向原告提出 WMN 项目在中国推广前景惨淡，建议结束该项目。同年 8 月，原告正式结束 WMN 项目在中国的运行，并要求被告吴某做好项目员工遣散等善后工作。之后，原被告就项目资金结算问题发生争议，协商未果，致涉讼。

为明确被告乐萌公司在 WMN 项目上的支出金额，一审法院依原告申请进行了司法审计。根据《司法鉴定意见书》，WMN 项目收入为 5,652,043.99 元（即原告先后向被告乐萌公司之汇款总和）；WMN 项目支出为 3,006,823.18 元，其中，审计调减重复入账、不属于该项目支出、无原始凭证"小账"支出合计 656,745.6 元；调增设备支出、差旅费、业务招待费用、车辆费用、办公费用、维修费用摊销合计 239,704.58 元。综上，WMN 项目资金结余为 2,645,220.81 元。此外，WMN 项目支出报销流程为：经办人签字，被告吴某审批，财务支付。被告乐萌公司其他项目支出报销流程亦同。

2015 年 6 月（本案二审前），被告乐萌公司依据本案所涉 5 份《技术开发合同》，以原告欠付合同余款 3,040,240 元及应支付违约金 372,000 元为由向法院提起诉讼。2016 年 10 月 28 日，法院经审理后认为，虽然乐萌公司与 W 公司签订了 5 份《技术开发合同》，但双方签订合同是基于 W 公司为了在中国进行涉案 WMN 项目的运营，而与乐萌公司进行合作，将乐萌公司作为其在中国运营 WMN 项目的平台，乐萌公司提交的现有证据不能证明涉案 WMN 项目的运营系乐萌公司、W 公司之间履行 5 份涉案合同的行为，故判决驳回乐萌公司的诉讼请求。

原告诉称：

被告吴某作为原告的高管，在项目结束和辞职后拒绝披露项目真实情况，控制被告乐萌公司拒绝返还项目剩余经费，并控制被告卓致公司将收取原告的款项全部挪作他用且拒绝返还。三被告的上述行为严重损害了原告利益。

被告吴某、乐萌公司辩称：

1. 原告系通过被告吴某与被告乐萌公司订立了 5 份合法有效的《技术开发合同》，并按约支付了部分合同费用，被告乐萌公司则在被告吴某监督下完成了合同项下的开发义务，且合同约定相关设备资产属于被告乐萌公司，因此不存在两被告侵害原告公司利益的情况，两被告也无返还款项的义务，原告无权主张返还项目开发结余资金。原告反而构成违约，未向乐萌公司付足款项，被告乐萌公司保留反诉权利。

2. 被告吴某并非被告乐萌公司、卓致公司的实际控制人，被告吴某在WMN项目运作过程中未实施侵权行为，更不存在虚报账目行为。被告吴某每月向原告报送的费用与司法审计结论有差异的原因是被告乐萌公司未按照规范的会计准则编制报表，导致审计报告没有办法从审计会计的角度认定开发费用的发生。系争专利申请费、小账支出、车辆费用、业务招待费合计638,594.21元以及装修费均已实际发生，应计入WMN项目支出。此外，被告吴某在2008年至2010年每月或每季度向原告提供财务明细时，都列明被告吴某每月工资为10,000美元，原告对此一直未提过任何异议，因此该费用也应由WMN项目承担。

3. 根据中国的外汇管控政策，原告要在中国进行某个项目，其资金必须通过签订相应合同才能转化。通常境外企业与境内企业通过服务贸易形式或在境内设立外商投资企业形式进行合作，本案双方之间的合作形式不属于上述合作形式，若原告认为双方不存在合同关系，双方就只能是挂靠经营关系，但挂靠经营关系在双方间也是无效的，亦即原告主张偿付利息是没有依据的。即便原告主张的案由成立，原告也无证据证明被告侵害了公司利益，被告吴某获得了原告董事会的授权，不存在自我交易行为。

4. 根据中国《涉外民事关系法律适用法》的规定，本案案由系公司类纠纷，应适用企业登记地法律，即应适用美国公司法，而非适用中国公司法，原告对此有查明义务。

被告卓致公司辩称：

原告通过被告吴某与被告卓致公司签订了《技术服务合作协议》，2008年10月该合同已履行完毕，款项479,745元也已结清。被告卓致公司是相对独立的法人，与被告吴某及被告乐萌公司并无关联关系，仅有业务往来，原告的诉请无任何事实及法律依据。且举证2008年7月21日原告与被告卓致公司签订的《技术服务合作协议》，旨在证明原告委托卓致公司提供技术开发服务，至同年10月31日合同履行完毕，相应款项履行完毕。

法官观点：

1. 关于涉外损害公司利益责任纠纷的法律适用问题。

根据我国《涉外民事关系法律适用法》的规定，涉外民事关系的定性，适用法院地法律。就原告诉请理由及一审法院查明的事实而言，本案争议焦点在于三被告之行为是否损害了原告公司利益，而非主要着眼于被告吴某之"董事"身份（职务），因此本案不应适用《涉外民事关系法律适用法》第14条关于"法人及其分支机构的民事权利能力、民事行为能力、组织机构、股东权利义务等事项，适用登记地法律"的规定，不应因该条规定而适用美国法律。

鉴于董事、高管等损害公司利益的行为与普通侵权行为相较，系特别与一般之关系，即本案所涉损害公司利益责任纠纷仍属侵权责任纠纷范畴，故适用《涉外民事关系法律适用法》关于"侵权责任，适用侵权行为地法律"的规定，又因原告主张的侵权行为发生在中国境内，则本案应适用中国法律。

2. 关于被告吴某是否因违反忠实、勤勉义务而需承担赔偿责任的问题。

根据本案查明事实可知，被告吴某确系乐萌公司及卓致公司的实际控制人，但其在WMN项目运作过程中是以原告董事、高管之身份参与，故其虚报账目及借由项目成果申请国家扶持基金供被告乐萌公司使用的不当行为，显然违反了法律为公司董事、高管等人员规定的忠实、勤勉义务，理应依法承担相应的赔偿责任，向原告返还WMN项目结余资金并偿付相应逾期还款利息损失。

3. 关于被告乐萌公司、卓致公司作为侵权高管的操作平台是否需承担返还责任的问题。

被告乐萌公司与原告签订的5份《技术开发合同》，以及被告卓致公司与原告签订的《技术服务合作协议》，均系为便于原告在中国进行涉案WMN项目的注资、运营而签订。两被告无充分证据佐证前述合同切实成立并履行，对照被告吴某与原告间的往来电邮内容，足可印证前述合同实为便于原告自美国向上海WMN项目注资而签，加之被告吴某在否认WMN项目借被告乐萌公司与卓致公司平台运行的同时，又主张在WMN项目资金中领取原告承诺支付的工资，显然自相矛盾，因此被告乐萌公司与卓致公司作为代收WMN项目运营资金的操作平台，并无占有原告汇入资金的法律依据及事实根据，理应承担返还责任。

4. 关于被告赔偿或返还金额的问题。

《司法鉴定意见书》认定的各项数额：

（1）A 市科委拨付的 400,000 元基金：该款系行政管理部门向被告乐萌公司拨付，涉及知识产权范畴，并非本案处理范围，不应算在需要返还给原告的资金内；

（2）专利申请费：无依据证明原告在 WNM 项目中向中国专利部门申请过专利，因此该费用应扣减；

（3）机票、车辆费用：审计部门不能提供机票款确系 WMN 项目支出的原始凭证，车辆费用的原始凭证则确实与本案无关，该费用均应予以扣减；

（4）装修费、电视机款、两名工作人员的工资与社保及 2010 年 8 月 15 日后发生的费用：双方均确认 WMN 项目终止于 2010 年 8 月 15 日且有关两名工作人员同时负责其他项目的工作，因此该费用应当予以扣减；

（5）被告吴某每月 10,000 美元工资：无证据证明被告吴某主张的每月 10,000 美元工资特指在 WMN 项目运行期间的薪金，被告吴某可就此另行向原告主张，该费用应当予以扣减；

（6）关于业务招待费、被告吴某提出的"小账"调减异议，因无积极证据加以佐证，亦无相反证据可反驳《司法鉴定意见书》的认定意见，该金额认定应以司法审计为准。

据此，被告吴某应返还金额为：投入被告卓致公司的 479,745 元 + 被告投入乐萌公司的 5,652,043.99 元 - 《司法鉴定意见书》认定的 WMN 项目费用支出 3,006,823.18 元 + 截至 8 月 31 日的固定资产折价残值 30,065.13 元 + 其他应当扣减的费用，共计 3,451,158.64 元。

被告乐萌公司应在 2,971,413.64 元（3,451,158.64 元 - 投入卓致公司的 479,745 元）及相应逾期返还利息范围内承担连带清偿责任，被告卓致公司应在 479,745 元及相应逾期返还利息范围内承担连带清偿责任。

法院判决：

1. 被告吴某向原告赔偿 3,451,158.64 元人民币并偿付逾期还款利息损失；

2. 被告乐萌公司在 2,971,413.64 元及相应逾期还款利息损失范围内对被告吴某应承担的第一项付款义务承担连带清偿责任；

3. 被告卓致公司在 479,745 元及相应逾期还款利息损失范围内对被告吴某应承担的第一项付款义务承担连带清偿责任。

444. 股东代表诉讼中，股东承担的律师费用可否由公司承担？

可以。当诉讼请求部分或全部得到人民法院支持时，合理的律师费用由公司承担。律师费用是否合理，主要看律师收费是否合理，具体可参照《律师服务收费管理办法》及各地的律师服务收费政府指导价标准等政策性文件的规定。

445. 如果股东与被告在股东代表诉讼中签订调解协议或直接申请撤诉，法院应当如何审查其效力？

公司是股东代表诉讼的最终受益人，为避免因原告股东与被告通过调解损害公司利益，人民法院应当审查调解协议是否为公司的意思表示。只有在调解协议经公司股东会、董事会决议通过后，人民法院才能出具调解书予以确认。至于具体决议机关，则取决于公司章程的规定。公司章程没有规定的，人民法院应当认定公司股东会为决议机关。

法院在审查该撤诉申请时，应审查该撤诉是否会侵犯公司和其他股东的合法利益，才能决定是否准许撤诉。

446. 股东已经提起股东代表诉讼，监事会或董事会能否以相同事由提起损害公司利益责任之诉？

不可以。当事人就已经提起诉讼的事项在诉讼过程中或者裁判生效后再次起诉，同时符合下列条件的，构成重复起诉：

（1）后诉与前诉的当事人相同；

（2）后诉与前诉的诉讼标的相同；

（3）后诉与前诉的诉讼请求相同，或者后诉的诉讼请求实质上否定了前诉的裁判结果。

如果股东已经提起股东代表诉讼，案件正在诉讼过程中，监事会或董事会以相同事由提起损害公司利益责任之诉，两案列明的原告虽不相同，但公司均为受益方，因诉讼事由相同，应对监事会或董事会的诉讼行为进行限制，构成重复起诉，依法不予受理或驳回起诉，但为查明事实，法院可在股东代表诉讼中将相关监事或董事列为第三人。

447. 公司董事如果任期届满未进行选举的，应由谁来履职？

董事任期届满未及时改选，或者董事在任期内辞任导致董事会成员低于法定人数的，在改选出的董事就任前，原董事仍应当依照法律、行政法规和公司章程的规定，履行董事职务。

董事辞任的，应当以书面形式通知公司，辞任自公司收到通知之日起生效，但存在前述情形的，董事应当继续履行职务。

【案例193】辞任导致董事会成员低于法定人数　此期间仍需尽忠实、勤勉义务[①]

原告：国心公司

被告：安某

诉讼请求：

1. 被告赔偿原告经济损失254万元；

2. 被告在案外人原点公司的股权转让溢价款30万元以及任职期间收益28万元归入原告。

争议焦点：

1. 被告称其于2019年4月函告原告辞任董事，但未提供原告签收的证据，该事实是否应予以认定；即便被告确实函告过原告，但原告并未通过股东会改选出新董事，是否仍应认定被告处在董事任职期间。

2. 被告任职期间作为发起人设立案外人原点公司，原点公司与原告工商登记的经营范围部分重合，是否构成同业竞争；被告由此取得原点公司的股权转让溢价款及在原点公司取得的工资所得是否应赔偿给原告。

3. 原告主张的可得利益以及部分项目发生的审计费、运营费等损失，与

---

① 参见北京市第二中级人民法院（2021）京02民终7705号民事判决书。

被告的行为是否具有因果关系。

基本案情：

被告于 2018 年 8 月 1 日到原告工作，担任研发总监、副总经理，并经原告同意，被告在工作期间同时向案外人泰山国心公司（原告的子公司）提供劳动。

2018 年 10 月 8 日，原告召开股东会会议并作出决议，选举被告为董事。此时原告工商备案的章程第 14 条规定，公司设董事会，成员为 3 人，由股东会选举产生，董事任期 3 年，任期届满，可连选连任。

随后，被告在 2018 年 10 月 12 日受让股权成为原告股东，认缴出资额 300 万元，2018 年 11 月 1 日完成股权变更登记。

2019 年 5 月 17 日，被告等 4 人作为发起人共同出资设立案外人原点公司，该公司与原告的经营范围均包含"技术开发、计算机系统服务、软件开发、数据处理"等项目。被告认缴并已实际缴纳案外人原点公司出资 30 万元，任董事，亦自认是该公司的股东、副总经理、技术总监，在该公司任职期间，共有 3 笔工资收入，合计 67,020 元。

2019 年 8 月 1 日，被告将所持案外人原点公司的股权以 60 万元全部转让。2019 年 9 月 1 日，案外人原点公司免去被告董事职务，并于 2019 年 12 月 10 日完成股东变更登记。

2019 年 10 月 9 日，生效劳动仲裁裁决书认定了被告于 2018 年 8 月 1 日到原告工作等工作情况。

2020 年 2 月 26 日，原告修改章程第 14 条，改为公司不设董事会，设执行董事 1 人，由股东会选举产生，执行董事任期 3 年，任期届满，可连选连任。同日，原告召开股东会，作出决议同意被告将 300 万元出资转让给案外人，同意免去被告的董事职务。2020 年 3 月 2 日，完成相关董事变更登记。

原告诉称：

被告在担任原告董事、技术总监期间擅自离职，并且未经股东会同意作为发起人股东设立同业公司等，违反了董事的忠实义务、勤勉义务，致使原告开发、投资以及合作的项目均陷入困境，给原告造成了重大经济损失，该损失与被告的行为具有因果关系，被告应当承担法律责任。

被告损害公司利益的具体行为包括：

1. 擅自离职。被告在董事任职期间旷工不上班，不履行董事义务，导致原告与政府的合作项目被迫终止。损失包括其与案外人之间《和解协议》约定的由原告承担的债务 1,481,247.38 元，原告多个对外合作项目支出的审计费用、运营费用等共计 1,211,319.2 元。故要求被告赔偿其经济损失 254 万元。该赔偿数额是估算，没有具体的构成，没有具体的证据支持。

2. 被告违反竞业禁止义务，在任原告董事期间设立案外人原点公司并任职。

被告辩称：

对原告主张的投资损失等不知情，原告也从未在股东会或者董事会上披露或讨论过。

因原告欠薪，被告于 2019 年 3 月 15 日提出辞职。被告于 2019 年 4 月 26 日将辞董声明发给原告时任董事长、董事及监事，应当认定被告于 2019 年 4 月 26 日发出的辞董声明有效，被告据此辞去原告董事身份。因原告经营不善导致的各种损失应由原告承担。

被告为此向法庭提交一份落款日期为 2019 年 4 月 24 日的董事辞职声明以及 EMS 快递单，但该 EMS 快递单未显示打印时间以及快递邮寄、签收情况。

法官观点：

1. 关于被告辞任董事的时间。

《公司法》第 44 条第 1 款①、第 50 条②规定，有限责任公司设董事会，其成员为 3 人至 13 人，股东人数较少或者规模较小的有限责任公司，可以设 1 名执行董事，不设董事会。同时，《公司法》第 45 条第 2 款③规定，董事任期届满未及时改选，或者董事在任期内辞职导致董事会成员低于法定人数的，在改选出的董事就任前，原董事仍应当依照法律、行政法规和公司章程的规定，履行董事职务。

本案中，原告曾设有由被告等 3 名董事组成的董事会。被告称其于 2019 年 4 月向原告声明辞去董事，被告并未就原告实际收到该声明提供证据。并

---

① 现为《公司法》第 68 条。
② 现为《公司法》第 75 条。
③ 现为《公司法》第 70 条。

且，根据上述法律规定，被告在任期内辞职导致原告的董事会成员低于法定人数，在改选出的董事就任前，被告仍应当依照法律、行政法规和公司章程的规定，履行董事职务。

故被告主张以2019年4月26日其发给原告辞董声明的时间作为免除其董事职务的时间，缺乏事实及法律依据。原告股东会决议免除被告等董事职务并重新选任了该公司的执行董事的时间为2020年2月26日。

2. 关于被告任职期间是否违反忠实义务，其股权转让溢价款及在案外人原点公司任职期间工资所得是否需归入原告。

本案中，被告在履行原告董事职务期间，未经被告股东会同意，作为发起人股东设立案外人原点公司，并任该公司的董事、副总经理、技术总监，自营或为他人经营案外人原点公司。而根据原告与案外人原点公司登记的经营范围，两公司均包含"技术开发、计算机系统服务、软件开发、数据处理"等项目，属于经营同类业务的公司。被告的上述行为违反了其对原告所负有的忠实义务，应将股权转让溢价款及在案外人原点公司任职期间工资所得支付给原告。

3. 关于原告能否要求被告赔偿其他经济损失。

原告提供的证据不能证明其所述的损失与被告之间具有因果关系。

法院判决：

1. 被告支付原告367,020元；
2. 驳回原告其他诉讼请求。

448. 股东会是否有权无故解任董事？

有权。公司经有效的股东会决议，在董事任期届满前可无理由解除董事职务，解任自决议作出之日起生效。但是，无正当理由，在任期届满前解任董事的，该董事可以要求公司予以赔偿。当然如果公司章程约定不得无故解除董事职务的除外。

449. 哪些人不得担任非上市公司董事、监事及高级管理人员？

有下列情形之一的，不得担任公司的董事、监事、高级管理人员：

(1) 无民事行为能力或者限制民事行为能力；

（2）因贪污、贿赂、侵占财产、挪用财产或者破坏社会主义市场经济秩序，被判处刑罚，或者因犯罪被剥夺政治权利，执行期满未逾5年，被宣告缓刑的，自缓刑考验期满之日起未逾2年；

（3）担任破产清算的公司、企业的董事或者厂长、经理，对该公司、企业的破产负有个人责任的，自该公司、企业破产清算完结之日起未逾3年；

（4）担任因违法被吊销营业执照、责令关闭的公司、企业的法定代表人，并负有个人责任的，自该公司、企业被吊销营业执照、责令关闭之日起未逾3年；

（5）个人因所负数额较大债务到期未清偿被人民法院列为失信被执行人。

公司违反上述规定选举、委派董事、监事或者聘任高级管理人员的，该选举、委派或者聘任无效。该无效系自始无效，但是如果所选举或聘任的人员已经对外从事了职务行为，如以公司名义签订合同或进行其他交易行为的，则从商事交易安全的角度考虑，应当保护善意第三人。

如果董事、监事、高级管理人员在任职期间出现上述不得担任职务的情形，公司应当解除其职务。

450. 上市公司的哪些人员可能因行政处罚而被禁止担任董事、监事及高级管理人员？

被证券监督管理部门采取市场禁入措施而"不得从事证券业务、证券服务业务，不得担任证券发行人的董事、监事、高级管理人员"。

在禁入期间，除不得继续在原机构从事证券业务、证券服务业务或者担任原证券发行人的董事、监事、高级管理人员职务外，也不得在其他任何机构中从事证券业务、证券服务业务或者担任其他证券发行人的董事、监事、高级管理人员职务；且应当在收到证券市场禁入决定后立即停止从事证券业务、证券服务业务或者停止履行证券发行人董事、监事、高级管理人员职务，并由其所在机构按规定的程序解除其被禁止担任的职务。

451. 中国证监会对于禁入措施的年限依照什么标准来确定？

中国证监会对于"不得从事证券业务、证券服务业务，不得担任证券发行人的董事、监事、高级管理人员"的禁入措施，不同年限的标准分别为：

（1）3～5年：违反法律、行政法规或者中国证监会有关规定，情节严重的。

(2) 6~10年：行为恶劣，严重扰乱证券市场秩序，严重损害投资者利益或者在重大违法活动中起主要作用等情节较为严重的。

(3) 终身：

①严重违反法律、行政法规或者中国证监会有关规定，被人民法院生效司法裁判认定构成犯罪的；

②从业人员等负有法定职责的人员，故意不履行法律、行政法规或者中国证监会规定的义务，并造成特别恶劣社会影响，或者致使投资者利益受到特别严重损害，或者导致其他特别严重后果的；

③在报送或者公开披露的材料中，隐瞒、编造或者篡改重要事实、重要财务数据或者其他重要信息，或者组织、指使从事前述行为或者隐瞒相关事项导致发生上述情形，严重扰乱证券市场秩序，或者造成特别恶劣社会影响，或者致使投资者利益受到特别严重损害的；

④违反法律、行政法规或者中国证监会有关规定，从事欺诈发行、内幕交易、操纵市场等违法行为，严重扰乱证券市场秩序并造成严重社会影响，或者获取违法所得等不当利益数额特别巨大，或者致使投资者利益遭受特别严重损害的；

⑤违反法律、行政法规或者中国证监会有关规定，情节严重，应当采取证券市场禁入措施，且存在故意出具虚假重要证据，隐瞒、毁损重要证据等阻碍、抗拒执法单位及其工作人员依法行使监督检查、调查职权行为的；

⑥因违反法律、行政法规或者中国证监会有关规定，5年内被执法单位给予行政处罚2次以上，或者5年内曾经被采取证券市场禁入措施的；

⑦组织、策划、领导或者实施重大违反法律、行政法规或者中国证监会有关规定的活动的；

⑧其他违反法律、行政法规或者中国证监会有关规定，情节特别严重的。

452. 在什么情况下，中国证监会可以从轻、减轻或免于采取禁入措施？

有下列情形之一的，应当对有关责任人员从轻、减轻采取证券市场禁入措施：

(1) 主动消除或者减轻违法行为危害后果的；

（2）配合查处违法行为，有立功表现的；

（3）受他人胁迫或者诱骗实施违法行为；

（4）在执法单位依法作出行政处罚决定或者证券市场禁入决定前，主动交代违法行为的；

（5）其他依法应当从轻、减轻采取证券市场禁入措施的。

违法情节轻微并及时纠正，没有造成危害后果的，可以免予采取证券市场禁入措施。初次违法且危害后果轻微并及时纠正的，可以免予采取证券市场禁入措施。

如果是共同违反法律、行政法规或者中国证监会有关规定，需要采取证券市场禁入措施的，对负次要责任的人员，可以比照应负主要责任的人员，适当从轻、减轻或者免予采取证券市场禁入措施。

453. 上市公司独立董事应具备哪些条件？

独立董事是指不在上市公司担任除董事外的其他职务，并与其所受聘的上市公司及其主要股东、实际控制人不存在直接或间接利害关系，或者其他可能影响其进行独立客观判断关系的董事。

上市公司独立董事应当具备下列条件：

（1）根据法律、行政法规和其他有关规定，具备担任上市公司董事的资格；

（2）符合独立性要求；

（3）具备上市公司运作的基本知识，熟悉相关法律法规和规则；

（4）具有5年以上履行独立董事职责所必需的法律、会计或者经济等工作经验；

（5）具有良好的个人品德，不存在重大失信等不良记录；

（6）符合法律、行政法规、中国证监会规定、证券交易所业务规则和公司章程规定的其他条件。

其中，独立性要求是指上市公司独立董事不得存在以下任一情形：

（1）在上市公司或者其附属企业任职的人员及其配偶、父母、子女、主要社会关系；

（2）直接或者间接持有上市公司已发行股份1%以上或者是上市公司前

10 名股东中的自然人股东及其配偶、父母、子女；

（3）在直接或者间接持有上市公司已发行股份 5% 以上的股东或者在上市公司前 5 名股东任职的人员及其配偶、父母、子女；

（4）在上市公司控股股东、实际控制人的附属企业任职的人员及其配偶、父母、子女；

（5）与上市公司及其控股股东、实际控制人或者其各自的附属企业有重大业务往来的人员，或者在有重大业务往来的单位及其控股股东、实际控制人任职的人员；

（6）为上市公司及其控股股东、实际控制人或者其各自附属企业提供财务、法律、咨询、保荐等服务的人员，包括但不限于提供服务的中介机构的项目组全体人员、各级复核人员、在报告上签字的人员、合伙人、董事、高级管理人员及主要负责人；

（7）最近 12 个月内曾经具有前述第（1）项至第（6）项所列举情形的人员；

（8）法律、行政法规、中国证监会规定、证券交易所业务规则和公司章程规定的不具备独立性的其他人员。

454. 私募基金管理人的高级管理人员包括哪些人员？

私募基金管理人的高级管理人员包括：公司的总经理、副总经理、合规风控负责人和公司章程规定的其他人员；合伙企业中履行前述经营管理和风控合规等职务的相关人员；实际履行前述职务的其他人员。

455. 私募基金管理人法定代表人、高级管理人员、执行事务合伙人或其委派代表等的任职资格有何特殊要求？

私募基金管理人法定代表人、执行事务合伙人或其委派代表、经营管理主要负责人、负责投资管理的高级管理人员需要具备以下相关工作经验要求：

（1）私募证券基金管理人：上述人员应具有 5 年以上证券、基金、期货投资管理等相关工作经验；

（2）私募股权基金管理人：上述人员应具有 5 年以上股权投资管理或者相关产业管理等工作经验。

此外，负责投资管理的高级管理人员还需要有符合要求的投资管理业绩。合规风控负责人则需要具有 3 年以上投资相关的法律、会计、审计、监察、稽核，或者资产管理行业合规、风控、监管和自律管理等相关工作经验。

另外，有下列情形之一的，不得担任私募基金管理人的法定代表人、高级管理人员、执行事务合伙人或其委派代表：

（1）最近5年从事过冲突业务；

（2）不符合中国证监会和中国证券投资基金业协会规定的基金从业资格、执业条件；

（3）没有与拟任职务相适应的经营管理能力，或者没有符合要求的相关工作经验；

（4）法律、行政法规、中国证监会和中国证券投资基金业协会规定的其他情形。

有下列情形之一的，不得担任私募基金管理人的董事、监事、高级管理人员、执行事务合伙人或者委派代表：

（1）因犯有贪污贿赂、渎职、侵犯财产罪或者破坏社会主义市场经济秩序罪，被判处刑罚；

（2）最近3年因重大违法违规行为被金融管理部门处以行政处罚；

（3）被中国证监会采取市场禁入措施，执行期尚未届满；

（4）最近3年被中国证监会采取行政监管措施或者被协会采取纪律处分措施，情节严重；

（5）对所任职的公司、企业因经营不善破产清算或者因违法被吊销营业执照负有个人责任的董事、监事、高级管理人员、执行事务合伙人或其委派代表，自该公司、企业破产清算终结或者被吊销营业执照之日起未逾5年；

（6）因违法行为或者违纪行为被开除的基金管理人、基金托管人、证券期货交易场所、证券公司、证券登记结算机构、期货公司等机构的从业人员和国家机关工作人员，自被开除之日起未逾5年；

（7）因违法行为被吊销执业证书或者被取消资格的律师、注册会计师和资产评估等机构的从业人员、投资咨询从业人员，自被吊销执业证书或者被取消资格之日起未逾5年；

（8）因违反诚实信用、公序良俗等职业道德或者存在重大违法违规行为，引发社会重大质疑或者产生严重社会负面影响且尚未消除；对所任职企业的重大违规行为或者重大风险负有主要责任未逾 3 年；

（9）因特定情形被终止私募基金管理人登记的机构的控股股东、实际控制人、普通合伙人、法定代表人、执行事务合伙人或其委派代表、负有责任的高级管理人员和直接责任人员，自该机构被终止私募基金管理人登记之日起未逾 3 年；

（10）因特定情形被注销登记的私募基金管理人的控股股东、实际控制人、普通合伙人、法定代表人、执行事务合伙人或其委派代表、负有责任的高级管理人员和直接责任人员，自该私募基金管理人被注销登记之日起未逾 3 年；

（11）所负债务数额较大且到期未清偿，或者被列为严重失信人或者被纳入失信被执行人名单；

（12）法律、行政法规、中国证监会和协会规定的其他情形。

456. 担任期货公司董事、监事以及高级管理人员有何特殊任职要求？

（1）除董事长、监事会主席、独立董事以外的期货公司董事、监事

应具备以下条件：

①具有从事期货、证券等金融业务或者法律、会计业务 3 年以上经验，或者经济管理工作 5 年以上经验；

②具有大学专科以上学历。

（2）独立董事

应具备以下条件：

①具有从事期货、证券等金融业务或者法律、会计业务 5 年以上经验，或者具有相关学科教学、研究的高级职称；

②具有大学本科以上学历，并取得学士以上学位；

③熟悉期货法律、行政法规和中国证监会的规定，具备期货专业能力；

④有履行职责所必需的时间和精力。

同时，不得具有下列情形：

①在期货公司或者其关联方任职的人员及其近亲属和主要社会关系人员；

②在下列机构任职的人员及其近亲属和主要社会关系人员：持有或者控制期货公司 5% 以上股权的单位、期货公司前 5 名股东单位、与期货公司存在

业务联系或者利益关系的机构；

③直接或间接持有上市期货公司已发行股份 1% 以上或者是上市期货公司前 10 名股东中的自然人股东及其近亲属；

④为期货公司及其关联方提供财务、法律、咨询等服务的人员及其近亲属；

⑤最近 1 年内曾经具有前述四项所列举情形之一的人员；

⑥在其他期货公司担任除独立董事以外职务的人员；

⑦中国证监会规定的其他人员。

(3) 董事长和监事会主席

应具备以下条件：

①具有从事期货业务 3 年以上经验，或者其他金融业务 4 年以上经验，或者法律、会计业务 5 年以上经验，或者经济管理工作 10 年以上经验；

②具有大学本科以上学历或者取得学士以上学位；

③熟悉期货法律、行政法规和中国证监会的规定，具备期货专业能力。

(4) 经理层人员

应具备以下条件：

①符合期货从业人员条件；

②具有大学本科以上学历或者取得学士以上学位；

③熟悉期货法律、行政法规和中国证监会的规定，具备期货专业能力。

其中，担任期货公司总经理、副总经理的，除具备前述三项条件外，还应当具备下列条件：

①具有从事期货业务 3 年以上经验，或者其他金融业务 4 年以上经验，或者法律、会计业务 5 年以上经验，或者经济管理工作 10 年以上经验；

②担任期货公司、证券公司等金融机构部门负责人以上职务不少于 2 年，或者具有相当职位管理工作经历。

(5) 财务负责人

应具备以下条件：

①符合期货从业人员条件；

②具有大学本科以上学历或者取得学士以上学位；

③具有会计师以上职称或者注册会计师资格。

(6) 放宽条件的情形

具有从事期货业务10年以上经验或者曾担任金融机构部门负责人以上职务8年以上的人员，担任期货公司董事长、监事会主席、高级管理人员的，学历可以放宽至大学专科。

具有期货等金融或者法律、会计专业硕士研究生以上学历的人员，担任期货公司董事、监事和高级管理人员的，从事除期货以外的其他金融业务，或者法律、会计业务的年限可以放宽1年。

在期货监管机构、自律机构以及其他承担期货监管职能的专业监管岗位任职8年以上的人员，担任期货公司高级管理人员的，视为符合期货从业人员条件。

(7) 禁止担任的情形

除《公司法》规定的不得担任董事、监事、高级管理人员的限制情形之外，存在下列情形之一的，亦不得担任期货公司董事、监事和高级管理人员：

①因违法行为或者违纪行为被解除职务的期货交易所、证券交易所、证券登记结算机构的负责人，或者期货公司、证券公司、基金管理公司的董事、监事、高级管理人员，自被解除职务之日起未逾5年；

②因违法行为或者违纪行为被吊销执业证书或者被取消资格的律师、注册会计师或者投资咨询机构、财务顾问机构、资信评级机构、资产评估机构、验证机构的专业人员，自被吊销执业证书或者被取消资格之日起未逾5年；

③因违法行为或者违纪行为被开除的期货交易所、证券交易所、证券登记结算机构、证券服务机构、期货公司、证券公司、基金管理公司的从业人员和被开除的国家机关工作人员，自被开除之日起未逾5年；

④国家机关工作人员和法律、行政法规规定的禁止在公司中兼职的其他人员；

⑤因重大违法违规行为受到金融监管部门的行政处罚，执行期满未逾3年；

⑥自被中国证监会或者其派出机构认定为不适当人选之日起未逾2年；

⑦因违法违规行为或者出现重大风险被监管部门责令停业整顿、托管、接管或者撤销的金融机构及分支机构，其负有责任的主管人员和其他直接责任人员，自该金融机构及分支机构被停业整顿、托管、接管或者撤销之日起未逾3年；

⑧中国证监会规定的其他情形。

457. 高级管理人员履行勤勉、忠实义务存在瑕疵，是否就必须赔偿公司损失？

对此，需要判断高级管理人员履行勤勉、忠实义务存在瑕疵时，是否对公司损失结果产生实质影响，即该瑕疵与公司损失之间是否存在因果关系。

【案例194】忠实勤勉瑕疵与损失无因果关系　请求损失赔偿被驳回[①]

原告：一勘院

被告：刘某

第三人：金龙公司

诉讼请求：判决被告赔偿第三人损失500万元。

争议焦点：

1. 在监事回复"无法起诉，相关股东可自行起诉"而非拒绝提起诉讼的情况下，股东是否有权提起代表诉讼；

2. 被告未及时告知股东将导致第三人利益受损的事项，但不影响股东知情，亦未对第三人资产的处理结果产生实质影响，是否违反勤勉、忠实义务，是否与第三人利益受损之间存在因果关系；

3. 被告胞弟代表案外人公司参加司法拍卖并低价竞得第三人资产，被告与该公司是否存在关联交易。

基本案情：

原告是第三人股东（持股20%），被告是第三人股东（持股52%）、法定代表人。第三人设立监事会，其中监事王某是原告认可的监事会主席。

第三人因与案外人借款纠纷进入执行程序，法院对第三人的采矿权及名

[①] 参见最高人民法院（2019）最高法民申4427号民事裁定书。

下房屋、机械设备等资产进行评估，并在评估之前，于2017年2月22日，在原告处告知原第三人会计，法院将对第三人全部资产进行评估、拍卖，并向原告送达责令交出票证通知书。

第三人总资产评估价为49,619,595.66元。2017年4月6日，法院向第三人送达资产评估报告。被告收到评估报告后，认为评估价过低，于同年4月14日向法院提交评估异议申请书。2017年4月26日，被告向法院执行人员陈述，对评估报告不认可，评估价值低于实际价值，不同意以评估价作为拍卖价。

随后，第三人资产在司法拍卖平台拍卖，拍卖公告明确注明：凡具备完全民事行为能力的公民、法人和其他组织，以及与本标的物有关的人员［案件当事人、担保物权人（质押权人）、优先购买权人］均可参加竞拍。第一次流拍后，第二次拍卖于2017年10月17日被案外人新金公司委托的案外人刘某呈（被告胞弟）以2800万元拍得，并于11月3日进行了资产移交。

2017年10月23日，原告提出执行异议，要求停止对第三人拍卖。同年11月8日，法院裁定，驳回原告的异议请求。

2017年11月24日，原告向第三人发出提议召开股东会的函。2018年1月2日，原告致函第三人监事会起诉被告以维护公司权益，同日，监事王某以第三人监事会主席名义回函称因无资金支持，无法起诉，相关股东可自行起诉。2018年1月17日，原告即提起诉讼。

原告诉称：

1. 企业资产被法院决定评估、拍卖时，被告未将该重大情况通报各股东。

2. 评估报告送达公司后，被告明知公司资产被严重低估，仍以联系不上股东为由，不履行通知其他股东的义务。

3. 被告明知拍卖价格远低于第三人实际资产价值，拍卖结果会给第三人资产带来重大贬损，却不召开股东会，并将公司资产出售给其胞弟刘某呈，直接损害公司利益。

4. 拍卖成交时案外人新金公司尚未成立，根本不具备主体资格，案外人刘某呈以个人名义参加竞拍，并伪造新金公司的授权委托书，该执行程序显然不当，而被告明知却放任其发生，未提出任何异议。

被告辩称：

1. 本案是由于法院执行第三人资产引起的，与公司处置资产的行为是两种程序，第三人无权决定资产价值及归属，这种情况下是否召开股东会并无法律规定或章程约定。另外，即便公司召开股东会，也不能对法院的强制执行产生实质性影响。

2. 案外人刘某呈作为案外人新金公司的代理人，通过法院网络拍卖的方式取得第三人资产，并未违反法律规定。原告称刘某呈以低价取得第三人的财产，损害第三人的利益，并无事实和法律依据。

3. 原告所称的公司损失来源是评估价4900余万元减去最后竟拍成交价2800万元，但评估价是否过低、第三人利益是否受损，均无证据支持，况且造成拍卖成交价过低是法院执行行为所致，与被告个人无关。

第三人称：

1. 在法院对第三人财产进行拍卖的过程中，被告已尽到相应的审慎义务。

2. 法院的拍卖程序并无不当，最终成交价格为2800万元是由市场因素导致的，该结果不能归责于任何人。

3. 原告并未举证证明其存在利益受损的情形，其要求被告承担损害公司利益的责任，没有任何事实依据。

法官观点：

1. 起诉条件存在瑕疵时，原告是否有权起诉。

2018年1月2日，原告致函第三人监事会，监事会主席王某同日回函称无法起诉，相关股东可自行起诉，而不是拒绝提起诉讼。原告于2018年1月17日即提起诉讼，距函复仅15天。而案涉司法拍卖早在2017年10月17日成交，同年11月3日进行了资产移交。因此，原告可以提起诉讼，但提起诉讼的条件存在瑕疵。

2. 被告是否违反勤勉、忠实义务并导致第三人利益受损。

（1）被告履行勤勉、忠实义务存在瑕疵，但未影响原告知情权。董事、监事、高级管理人员履行勤勉、忠实义务，需要在主观上善意、真诚地为实现公司的商业利益而作出决策，不存在恶意或者重大过失，且客观上不存在不得为的行为或关联人得利的行为。

虽然第三人资产被司法评估、拍卖以清偿债务,并非被告所能控制,但作为公司法定代表人,被告应当将该情况向包括原告在内的股东进行告知。被告以联系不上其他股东为由未及时告知,履行勤勉、忠实义务存在瑕疵。但是,即便没有被告的告知,原告对于第三人资产即将被评估、拍卖一事也是知情的。

此外,被告为维护第三人利益,对第三人全部资产的评估报告提出了异议,尽到了应有的谨慎、注意和作为义务。

(2) 第三人利益是否受损。原告主张第三人"资产价值减损",其主要依据有两个方面:一是在资产评估阶段,第三人资产被严重低估,导致评估价值远低于实际价值;二是在资产拍卖阶段,最终的成交价远低于拍卖的评估价,导致成交价格远低于市场价格。在资产评估过程中,由于评估方式的差异、市场行情的波动等因素,资产评估价格与原告认为的资产实际价值可能会有较大差距。第三人资产最终被以2800万元的价格拍卖,显然低于评估价,第三人利益受到损失是客观事实。

(3) 被告履行勤勉、忠实义务存在瑕疵与第三人资产受损之间是否存在因果关系。原告已于2017年2月22日即知道第三人资产将被拍卖,直至2017年11月24日才向第三人发出提议召开临时股东会的函,此时拍卖已经结束,第三人与案外人新金公司的资产移交已经完毕。

综上,虽然被告未及时通知股东,但是原告已经知悉第三人资产即将被评估、拍卖,却并未积极采取补救措施。被告履行勤勉、忠实义务存在瑕疵,并未对第三人资产的处理结果产生实质影响,与第三人资产受损之间不存在因果关系。

3. 被告与案外人新金公司是否存在关联交易。

案外人刘某呈虽然作为新金公司的委托代理人参加第三人资产拍卖,但不能仅以存在亲属关系为由认定被告与新金公司存在关联交易。

(1) 刘某呈具备竞买人的主体资格。只要符合竞拍条件,任何人都应当被认为具备主体资格。刘某呈作为被告的胞弟参加竞拍并无法律限制。

(2) 法院经法定程序将第三人全部资产拍卖给案外人新金公司,与被告个人意愿无关。进入拍卖程序后，拍卖、咨询等一切工作均是由法院主持，拍卖保证金及余款皆转入法院指定账户，第三人的资产最终拍卖成交亦须经司法确认。原告主张被告"将公司资产出售"给刘某呈，与事实不符；原告主张被告与刘某呈恶意串通损害第三人利益，并未提供证据证明，不予采信。至于刘某呈作为新金公司委托代理人的身份是否适格、竞买过程是否存在瑕疵，与本案不是同一法律关系，不属于本案的审查范围。

4. 关于被告应否承担赔偿责任。

第三人资产受到损失是由商业风险和其他因素共同造成，与被告履行勤勉、忠实义务存在瑕疵并无因果关系，且不能认定被告与案外人新金公司存在关联交易，被告无须承担赔偿责任。

法院判决：

驳回原告诉讼请求。

458. 催缴股东出资是否属于董事的勤勉义务？

属于。有限责任公司成立后，董事会应当对股东的出资情况进行核查，发现股东未按期足额缴纳公司章程规定的出资的，应当由公司向该股东发出书面催缴书，催缴出资。未及时履行前款规定的义务，给公司造成损失的，负有责任的董事应当承担赔偿责任。

459. 如何判断董事、高级管理人员的商业决策错误是商业风险还是未尽勤勉之责？

《公司法》第180条第2款对董事、高级管理人员的勤勉义务作出了直接规定，即"执行职务应当为公司的最大利益尽到管理者通常应有的合理注意"。但董事、高级管理人员在公司经营管理过程中往往面临较大的不确定性，在作出商业决策的同时常伴随着各种商业风险，因此域外司法实践发展形成了商业判断规则并将该规则运用于对董事、高级管理人员是否履行了勤勉义务的认定。

我国《公司法》并未直接引入商业判断规则，其作为一种司法审查规则，为法院在具体案件中判断董事履行勤勉义务的程度提供标准，故其是司法层面上的仅限于审查决策程序的形式判断,而非实质判断。

结合我国司法实践中关于商业判断规则的适用情况,可以参照以下三点来判断董事、高级管理人员的决策行为是否符合正常的商业目的及操作习惯:

(1) 商业行为是否经过公司内部必要的决策程序及是否尽到谨慎义务;

(2) 董事、高级管理人员的决策行为是否符合公司的内部操作习惯;

(3) 董事、高级管理人员的决策行为导致的结果是否符合公司运营计划,是否对公司实际利益造成损失。

【案例195】商业决策错误系商业风险所致 诉请高管赔偿公司损失被驳回[①]

原告:海之杰公司

被告:盖某

诉讼请求:被告赔偿其给原告造成的损失200万元人民币。

争议焦点:被告作为原告总经理在日常经营中导致原告损失,是否违反忠实义务和勤勉义务并应承担赔偿责任。

基本案情:

原告系案外人阿布杜拉兄弟公司投资的独资公司。

被告自2011年1月在原告任总经理职务,其主要职责为:按照公司的章程,根据董事会会议通过的各项决议、规定和一系列制度,组织公司的生产经营活动;全权处理董事会授权范围内的有关正常业务,以公司的名义签发各种文件等。

2011年1月8日,案外人祥辉公司[2009年5月1日已退出(结束)营业]向原告传真一份订购合同,向原告订购总价款为647,557.60美元的男装长袖衬衫,交货期为2011年4月29日。原告在该合同上加盖公司印章,祥辉公司未加盖公司印章。

为履行上述合同,被告指示原告的计划部经理与案外人金律公司签订

[①] 参见最高人民法院(2020)最高法民申640号民事裁定书,本案系最高人民法院发布的典型案例。

《产品采购合同》，约定原告向其采购总价款为 2,949,344.31 元的染色布。经计划部经理向原告的投资人阿布杜拉兄弟公司请示后，其安排将案外人祥辉公司订购的男装长袖衬衫全部生产完毕。

后案外人祥辉公司在验货时，提出衬衫的包装纸箱层数不够、吊牌的厚度不够等问题，不予提货。后期原告无法联系上祥辉公司，该批衬衫未能成功出售。

2013 年 12 月 23 日至 31 日，被告带领公司采购人员到广州库存市场采购、验收和运输光坯布，共向周某等 15 位供应商采购布匹，价款（含运费）共计 1,283,892 元。

2014 年 3 月，被告从原告离职。

原告诉称：

被告作为原告的总经理，违反了公司高级管理人员的忠实义务和勤勉义务，应当对公司的案涉交易行为承担决策责任，对因此给原告造成的损失应当承担赔偿责任。

1. 原告向案外人阿布杜拉兄弟公司请示，仅是形式上报备，并非实质审查。请示不能减免被告作为签署合同的决策人应负有的责任。

2. 案外人祥辉公司已于 2009 年 5 月 1 日退出营业，从未派员到原告提货或者验货，且案涉合同没有公章，无法确定传真的发送主体，没有关于祥辉公司提货或验货的凭证、记录。

3. 如果依照公司内部流程审查，案外人祥辉公司的传真合同必然因不符合规定而不予履行，不会导致损失的发生。但被告故意不履行内审程序，直接指示履行，并采购特定对象案外人金律公司的布匹安排生产，但生产后因无法联系到祥辉公司而造成损失。

4. 案外人祥辉公司已经不存在，且在与其签订的合同上没有加盖其公章，无法认定这是与祥辉公司签订的合同。原告无法向祥辉公司主张违约责任。

5. 在广州采购光坯布时，被告摒弃了全部内审流程，指示财务部门提前在空白票据上签章，自行带领采购人员到广州现场采购、验收并违规付款，但采购的布匹因质量低劣而造成公司损失。

被告未提交答辩意见。

法官观点：

《公司法》规定的忠实义务是指公司高级管理人员应当忠实履行职责，当自身利益与公司利益发生冲突时，其应当维护公司利益，不得利用高级管理人员的地位牺牲公司利益以为自己或者第三人牟利；勤勉义务是指公司高级管理人员履行职责时，应当为公司的最佳利益，具有一个善良管理人的细心，尽一个普通谨慎之人的合理注意。从原告的具体诉请和依据的事实看，其并未提供证据证明被告在履行总经理职务期间存在获利情况，故其实际上针对的是被告违反勤勉义务而非忠实义务。因此，本案审查的重点问题是，被告在原告案涉交易中是否违反勤勉义务以及是否应当对原告在案涉交易中的损失承担赔偿责任。

从法律规定看，《公司法》仅原则性地规定了公司高级管理人员的勤勉义务，并未规定违反勤勉义务的具体情形。综观公司法实践，勤勉义务所要求的尽一个普通谨慎之人在类似情况下应尽到的合理注意，是一个经过实践而被逐渐总结出来的标准。面对市场不断变化的商事交易实践，如果要求每一个经营判断都是正确的，其结果会使公司高级管理人员过于小心谨慎，甚至裹足不前，延误交易机会，降低公司经营效率，最终不利于实现公司和股东权益。特别是在不涉及公司高级管理人员个人利益与公司利益冲突等可能违反忠实义务的情形中，公司高级管理人员依照法律和公司章程履行经营管理职责的行为，应受到法律的认可和保护。

被告作为原告的总经理，具有依照法律和公司章程主持公司生产经营管理工作的职权。原告章程赋予了总经理组织领导公司日常生产技术和经营管理工作的广泛职权。案涉交易中，原告与案外人祥辉公司签订衬衫供货合同、与金律公司签订《产品采购合同》以及在广州采购光坯布，均系被告为开展公司日常经营而履行总经理职权的行为，并未超越原告章程规定的职责范围，故被告未违反公司高级管理人员的忠实义务和勤勉义务。具体分析如下：

其一，在案涉衬衫生产前，原告已请示其股东阿布杜拉兄弟公司。无论阿布杜拉兄弟公司对请示是形式审查还是实质审查，都可以证明其对原告生产案涉衬衫是知情的。且案涉衬衫未能成功出售的原因是案外人祥辉公司对包装、吊牌有异议而拒绝收货,并非因祥辉公司没有验货或者祥辉公司已经停止经营导致衬衫未能成功出售。

其二,对于被告任职期间在广州所采购的光坯布,因原告未提交证据证明光坯布存在质量问题,不能因此证明被告采购光坯布的行为导致原告发生的具体损失。

其三,原告虽主张被告违反公司内部审核、财务等制度以及存在虚假陈述、推卸责任行为,但没有提供相关的财务制度等证据,故被告不负赔偿责任。

综上,原告主张被告承担因案涉交易给原告造成的损失,不符合《公司法》第150条①关于"董事、监事、高级管理人员执行公司职务时违反法律、行政法规或者公司章程的规定,给公司造成损失的,应当承担赔偿责任"的规定。

法院判决:

驳回原告诉讼请求。

460. 公司监事未尽忠实、勤勉义务,是否应对公司的损失承担连带赔偿责任?

监事负有检查公司财务及对董事、高级管理人员执行公司职务的行为进行监督的职权,当董事、高级管理人员的行为损害公司利益时,监事应当要求董事、高级管理人员予以纠正等。监事承担连带赔偿责任的基础是其实施了侵权行为,如果公司无直接证据证明监事参与公司经营管理,实施了共同的侵权行为,则不能简单地以监事违反忠实义务和勤勉义务为由,要求监事承担责任。

【案例196】监事未尽忠实、勤勉义务　承担连带责任②

原告: 丰镐公司

被告: 张某、朱某

---

① 现为《公司法》第188条。
② 参见最高人民法院(2021)最高法民申6621号民事裁定书,本案系人民法院案例库入库案例。

·874·

第十九章

损害公司利益责任纠纷

诉讼请求：

1. 被告张某返还原告756万元及利息损失；
2. 被告朱某承担连带责任。

争议焦点： 监事对高管损害公司利益的行为不予制止，且帮助高管转出公司资金，是否需要对公司所受损失承担连带责任。

基本案情：

2007年11月，被告张某持有原告46.7%的股权，案外人孙某持有原告53.3%的股权（系代张某持有）并担任原告法定代表人。被告朱某与张某系朋友关系，2007年经被告张某介绍进入原告公司工作。

2009年4月，被告张某冒充案外人孙某笔迹签署股东会决议，将登记在其名下的原告股权变更至被告张某之妻名下，原告法定代表人、董事长亦变更为被告张某。2012年6月，孙某向工商局举报该虚假登记。随后，该变更登记被工商局撤销。

2013年5月16日，孙某向公安局举报被告张某涉嫌职务侵占原告756万元款项，公安机关于5月20日予以立案调查，后撤案。该案侦察期间，公安机关对2009年4月至2013年1月（即被告张某实际控制原告期间）原告的财务账目进行司法审计。其中，大额货币资金支出包括原告主张的756万元损失，具体包括：

1. 关于80万元张某劳务费：2009年12月至2010年2月，原告以劳务费的名义分3次转给被告张某80万元。

2. 关于50万元关联公司利息：向由被告张某的女儿担任法定代表人的公司借款100万元，借款期限为2个月，约定利息为50万元。被告朱某作为监事和财务人员，经手了该笔资金的转出。

3. 关于326万元其他支出：以"劳务费""工程款""还款"等名义共计支出款项326万元。其中100万元用于偿还案外人金澳公司对原告的其他应收款，而被告张某原系金澳公司法定代表人。

4. 关于300万元还款：原告以还款的名义转给被告朱某300万元，由被告朱某分别转给他人。

原告诉称：

2009年4月16日至2013年5月31日，被告张某担任原告董事长、总经理、法定代表人，同时为原告的股东。在此期间，被告张某先后多次通过转款、汇款等方式，将原告资金以还款、劳务费等名义支付至其本人账户和其他账户，其中大部分款项以应收账款的形式入账。后经原告调查了解，上述款项支出均没有任何事实依据，也未取得任何对价，均由被告张某个人使用，且其至今未予归还的款项高达 756 万元。

根据《公司法》的规定，被告张某不仅未尽到忠实义务，而且违反了法律规定的关于高级管理人员的禁止性规定，给原告造成重大损失。被告朱某作为原告的出纳，同时又为原告的监事，不仅违反财务制度，而且严重违反了《公司法》的相关规定，因此应当承担连带赔偿责任。

被告张某辩称：

1. 本案中原告起诉所称被告张某利用职务占有的 756 万元，与其 2013 年向公安机关所举报的被告张某利用职务侵占的 756 万元完全一致，该职务侵占案经公安机关长达 5 年的侦查，3 次报送检察机关，最终被认定不成立。因此，原告的起诉与刑事案件显然相冲突、相矛盾。

2. 原告与其关联公司金澳公司均是被告张某的全资公司，孙某只是代持股份。

3. 涉案款项属于案外人金澳公司预支的项目拆迁补偿款，原告只是提供了账户供金澳公司使用，其不是涉案财产的所有人。涉案款项全部用于公司及项目运营支出。被告张某运营两公司及金澳大厦项目至今只有投入，没有收获，包括原告住所地房间的费用至今已有 480 万元，也为被告张某垫付。而孙某本人不但没有任何投入，还拿走了 100 多万元，本案系孙某利用原告公司实施的恶意诉讼。

被告朱某辩称：

本案属于恶意诉讼，原告与金澳公司的老板都是被告张某。公司的往来支出都是按照原告的要求进行的，其中 100 万元是给了案外人孙某。原告对涉案款项完全知晓。关于本案的事实，公安机关已经进行过查证。

法官观点：

本案中，被告朱某作为公司监事，应当根据《公司法》第 53 条①的规定，

---

① 现为《公司法》第 78 条。

行使下列职权：检查公司财务；对董事、高级管理人员执行公司职务的行为进行监督，对违反法律、行政法规、公司章程或者股东会决议的董事、高级管理人员提出罢免的建议；当董事、高级管理人员的行为损害公司的利益时，要求董事、高级管理人员予以纠正等。

2009年4月至2013年1月，被告张某实际控制原告，实施的如下行为损害了原告的利益：

1. 以劳务费名义向张某转账80万元。

2. 向关联公司支付利息50万元，其中6万元利息属于正常的民间借贷利息，超出的44万元利息应由被告张某承担。被告朱某作为监事和财务人员，经手了该笔资金的转出，应该注意到关于如此高额利息的约定损害了公司利益，却未予制止。

3. 以"劳务费""工程款""还款"等名义共计支出款项326万元（其中100万元用于偿还金澳公司对原告的其他应收款，而被告张某原系金澳公司法定代表人）。对于以上支出，被告张某给出的解释与会计记账凭证记载的用途不吻合，且被告张某不能提供付款的合理依据。被告朱某作为监事，有权检查公司财务，且其作为财务人员，经手了上述资金的转出，其只要稍尽审查义务，就应当发现上述付款的不合理性。

4. 以还款名义向被告朱某转账300万元。被告朱某作为独立主体与被告张某共同实施了侵害公司利益的行为，无论是否存在领导指示，被告朱某作为公司监事均应承担侵害公司利益的责任。

被告朱某作为公司的监事和财务人员，对被告张某实施的损害公司利益行为，不仅不予制止，反而对明知属于无任何支付依据的转出款项，仍应被告张某的要求分多次转出。其行为严重背离了原告公司章程以及法律要求的监事和高级管理人员负有的忠实、勤勉义务，应当对原告的损失承担连带责任。

法院判决：

1. 被告张某返还原告650万元（80万元+44万元+226万元+300万元）并承担利息损失；

2. 被告朱某承担连带责任。

461. 公司在什么情况下可以行使归入权？

当公司的董事、监事、高级管理人员存在以下违法行为并获得收益时，公司有权主张其获得的收益归公司所有：

（1）侵占公司财产、挪用公司资金；

（2）将公司资金以其个人名义或者以其他个人名义开立账户存储；

（3）利用职权贿赂或者收受其他非法收入；

（4）未按公司章程规定经董事会或股东会决议通过，个人及其近亲属、个人或近亲属直接或间接控制的企业以及和董事、监事、高级管理人员有其他关联关系的关联人与公司订立合同或者进行交易；

（5）利用职务便利为自己或者他人谋取属于公司的商业机会，但向董事会或者股东会报告，并按照公司章程规定经董事会或者股东会决议通过，或根据法律、行政法规或者公司章程的规定，公司不能利用该商业机会的除外；

（6）未向董事会或者股东会报告，并按照公司章程的规定经董事会或者股东会决议通过，自营或者为他人经营与其任职公司同类的业务；

（7）接受他人与公司交易的佣金归为己有；

（8）擅自披露公司秘密；

（9）其他违反对公司忠实义务的行为。

462. 公司主张归入权时，应当如何认定归入权的收入范围及金额？

司法实践中，法院在"收入"的计算上往往同案不同判。以董事、监事、高级管理人员与公司从事竞争行为的案例为例，存在将工资薪金、竞业公司的税前利润、竞业公司的可分配利润、营业收入与股权增值等多种所得纳入归入权范围的认定思路。

此外，诉讼实务中还可以考虑在主张行使归入权的同时，行使损害赔偿请求权对无法确定收益或归入权无法填补公司损失的部分进行进一步救济。

463. 独立董事对公司是否负有忠实、勤勉义务？其职责有哪些？

公司的董事、监事及高级管理人员对公司负有忠实义务和勤勉义务，至于董事是内部董事还是独立董事，目前并未区分。基于此，独立董事对公司也负有忠实、勤勉义务。

根据《股份制商业银行独立董事和外部监事制度指引》（中国人民银行公

告〔2002〕第 15 号)、《上市公司独立董事履职指引》(2024 年修订)、《深圳证券交易所上市公司自律监管指引第 1 号——主板上市公司规范运作》(2013年 12 月修订) 等规范性文件, 独立董事的职责可以总结为如下内容:

(1) 参与公司决策, 并对董事会作出的决议承担责任;

(2) 对上市公司与其控股股东、实际控制人、董事、高级管理人员之间的潜在重大利益冲突事项进行监督, 促使董事会决策符合上市公司整体利益, 保护中小股东的合法权益;

(3) 对上市公司的经营发展提供专业、客观的建议, 促进提升董事会决策水平。

需要注意的是, 上述规范性文件都不属于法律法规, 其中的规定也不属于强制性规定, 因此若独立董事未履行勤勉义务, 除了民事责任, 也可能涉及行业处罚的问题。

464. 公司的控股股东、实际控制人不担任公司董事但实际执行公司事务的, 是否负有忠实、勤勉义务?

公司的控股股东、实际控制人不担任公司董事但实际执行公司事务的, 属于事实董事, 负有忠实、勤勉义务。

465. 公司股东会形成决议, 对股东投资款实行保本付息, 是否属于损害公司利益的行为?

股东会作出"对投资款按月支付利息"的决议, 表面上看是公司自治行为, 但实质上是与"其他未经法定程序将出资收回的行为"类似的变相"抽逃出资", 不仅损害公司财产利益, 还可能降低公司的对外偿债能力, 因此其属于侵害公司利益的行为, 支付的利息依法应予返还。

【案例 197】股东会决议支付投资款利息　损害公司利益应返还[①]

原告: 某商贸公司

被告: 某供销社、张某甲等五人

[①] 参见四川省仪陇县人民法院 (2021) 川 1324 民初 1272 号民事判决书, 本案系人民法院案例库入库案例。

诉讼请求：六被告共同退还原告财产359,685元。

争议焦点：股东会决议按照出资比例分配资金利息，是否构成滥用股东权利，损害了公司利益。

基本案情：

2013年7月2日，经增资后，原告的股东为六被告。

2013年3月18日，经股东会决议，决定至少应对股东出资保息。2013年10月30日，股东会决议支付股东2013年4月1日至2013年9月30日的股本金利息共计359,685元。后按照出资比例，原告分别向六被告支付了股金利息。

2020年2月，因不能清偿到期债务，被告某供销社向法院提出破产申请。2020年4月，法院裁定受理破产清算，同时指定管理人。

原告诉称：

管理人依法接管原告印章、证照及财物等资料后，经审计发现六被告在公司亏损的状态下，以"投资款保本付息"的名义取得款项359,685元，存在利用股东身份损害公司利益的行为。

五自然人被告辩称：

1. 被告某供销社是特定单位，有政策可以保息分红。

2. 因被告某供销社承诺保息分红，五自然人被告才入股的。

3. 鉴于当前情况系因被告某供销社造成，应该由被告某供销社退还股本金。

被告供销社辩称：

1. 被告某供销社未利用股东身份损害原告利益，分配利润经股东大会决议，符合法律规定。若经审理认定被告存在利用股东身份损害原告利益，被告某供销社也只在实际领取的财产份额内予以退还。

2. 原告已经进入破产程序，被告某供销社系原告的债权人，享有债权金额为4,813,256.06元，请求在应退还的财产份额内主张债务抵销。

3. 原告主张退还的财产是2013年形成的，已经超过诉讼时效。

法官观点：

1. 关于股东保息分红是否损害公司利益的问题。

六被告作为公司股东，按照公司章程投资入股系其法定义务，其缴纳的股本金到达公司账户后,其所有权归公司所有,股东仅可以据此享受法律规定的股东权益。股东会作出的"对投资款按月支付利息"决议,表面上看是公司自治行为,但其实质上与《公司法司法解释(三)》第12条第4项所规定的"其他未经法定程序将出资收回的行为"相同,系变相"抽逃出资",因而损害了公司财产利益。

2. 关于本案诉讼时效的问题。

因六被告的侵权行为系在原告破产管理人清产核资时才发现,故本案的诉讼时效应从破产管理人发现六被告侵权的实际时间,即2020年审计结果的时间开始计算,没有超过法律规定的诉讼时效期间。

3. 关于被告某供销社主张债权债务抵销的问题。

因其在本案中系侵害原告利益而产生的债务,根据《企业破产法司法解释(二)》第46条之规定,依法不予支持。

4. 关于特殊政策规定保息分红合法性的问题。

被告杜某某、田某某、张某甲、张某乙共同辩称其入股系供销社承诺保息分红才入股,并提交了《中华全国供销合作总社关于印发〈供销合作社股金管理办法〉的通知》(供销合字〔1996〕第21号)拟证明保息分红的合法性。因该规范文件针对的对象系全国供销社系统,而非供销社依法设立的其他组织,而本案原告系被告某供销社与其余被告共同出资设立的有限责任公司,故对被告保息分红具有合法性的主张不予支持。

法院判决:

六被告各自向原告返还所领取的财产。

466. 公司是否可以为他人取得本公司或者其母公司的股份提供借款、担保或其他财务资助?

股份有限公司原则上不可以,除了以下情形:

(1) 为实施员工持股计划而提供财务资助;

(2) 为了公司利益,经股东会决议,或者董事会按照公司章程或者股东会的授权作出决议,为他人取得本公司或者其母公司的股份提供财务资助,但财务资助的累计总额不得超过已发行股本总额的10%,且董事会作出决议应当经全体董事的 2/3 以上通过。

违反上述情形，给公司造成损失的，负有责任的董事、监事、高级管理人员应当承担赔偿责任。

有限责任公司可以为他人取得本公司及其母公司的股权提供财务资助，具体交由公司自治。

【案例198】高管擅自对外担保　造成损失应赔偿[①]

原告： 兴化通裕公司

被告： 田某

诉讼请求： 被告赔偿原告 200 万元并承担利息。

争议焦点： 公司在印章管理上不规范，高管指使他人在公司对外担保合同上伪造签字并偷盖公章，并向债权人提供虚假过期的股东会决议，后公司为此承担连带保证责任，该担保的经办人的行为是否损害公司利益并应承担相应责任。

基本案情：

2014 年 6 月，被告原系案外人江苏通裕公司的财务总监，同时负责管理原告的财务事务。在原告报销流程中，财务部门审批要经被告签字审核。直至 2016 年 4 月 21 日，被告向江苏通裕公司递交辞职申请。另外，原告的工商登记信息查询表显示被告曾担任原告监事。

2014 年 5 月 27 日，江苏通裕公司将其持有的原告股权转让给案外人润扬公司，并于 2014 年 5 月 29 日办理被告的股东工商变更登记。

2014 年 6 月 25 日，原告等 5 人与案外人兴化农商行签订保证合同，就案外人振安棉业的 1200 万元借款提供连带责任保证，原告在该保证合同上加盖原告公章、王某才（原原告法定代表人，现江苏通裕公司法定代表人、党委书记）印，并签名"王某才"，并向兴化农商提供同意担保的股东会决议。该股东会决议显示，原告同意前述担保事宜，并授权公司法定代表人王某才代理并签署有关合同及文件，其中股东成员签章的主体为案外人江苏通裕公司。

[①] 参见江苏省扬州市中级人民法院（2020）苏 10 民终 792 号民事判决书。

经公安机关鉴定，上述保证合同中的"王某才"的签名非本人所签。

后因案外人振安棉业未偿还上述贷款，原告被法院于 2016 年 10 月 12 日判决承担连带清偿责任。截至本案起诉之日，原告为振安棉业代偿款项合计 200 万元。

对于被告经办案涉对外担保的经过，各直接相关人员陈述不一。其中：

1. 被告本人在受经侦支队问询时陈述：担保手续是被告和原告的财务人员与案外人兴化农商行的信贷员一起办理的，原告的行政章是真实的，原告原法定代表人王某才的签字是被告授意他人模仿的。但这笔贷款的担保为原告真实意思表示，得到案外人江苏通裕公司实际控制人冯某松的口头同意。

2. 江苏通裕公司实际控制人冯某松陈述：原告的股权转让给案外人润扬公司后，原告的实际控制人还是江苏通裕公司，原告对外担保必须经冯某松同意。但被告在实际办理案涉担保前未汇报。当时，公司对外担保没有审批流程，关联公司不对外提供担保。冯某松对兴化农商行持有的股东会决议不知情。被告是财务负责人，可以直接盖原告公章和江苏通裕公司公章。

3. 江苏通裕公司法定代表人、党委书记王某才在受经侦支队问询时陈述：案外人江苏通裕公司原则上不允许对外担保，其没有在案涉担保合同上签字，也没有人向其汇报。

4. 被担保人振安棉业实际控制人周某贵在受经侦支队问询时陈述：振安棉业与原告互相担保。案涉担保的手续是被告和兴化农商行办理的。周某贵向被告打了招呼，没有向其他领导打招呼。因为周某贵以前为原告多次担保和借款，所以原告为这次贷款提供担保是应该的。

周某贵在法院询问时补充陈述：周某贵要求担保时，被告没有直接答应担保事宜，说回去和董事长商量。被告及兴化农商行均告知其原告同意担保。过往相关借款也是被告处理的。

5. 兴化农商行经办人员陈述：案涉担保所涉股东会决议系由银行工作人员准备好前往江苏通裕公司，由被告带至公司办公室盖章。兴化农商行对公司对外提供担保要求提供股东会决议，股东会决议为银行模板，银行事先打印好，先由原告在股东会决议上盖章，然后被告带着经办人员去江苏通裕公司办公室盖章。经办人员不记得在江苏通裕公司办公室盖章时被告有无出示盖章审批材料、办公室有无其他人在场、章是谁盖的等情况。

原告诉称：

1. 被告是原告的财务负责人，利用职务之便提供虚假股东会决议，并指使他人伪造签名并且私自办理担保事项，其行为是个人行为，未经过冯某松的同意。

2. 原告在公章、法定代表人印章管理上不存在不规范的情况，即使存在也不构成过错，不具有侵害公司利益的侵权行为。即使原告在公章管理上不规范，也仅为消极的不作为，并非构成行为上的侵权，无须承担任何损害后果的责任。

3. 被告利用职务之便指示他人伪造原告原法定代表人的签字、偷盖公章，以虚假过期的股东会决议擅自向银行为他人提供担保，导致原告承担严重的后果，造成国有资产流失，其行为严重违反了《公司法》第147条、第148条和第149条①之规定，应承担全部的侵权责任。

被告辩称：

1. 被告不是原告的财务负责人，且被告作为原告的监事，不能兼任财务负责人。

2. 被告只是案涉担保业务的联系人，原告的公章及法人章都在原告财务处。且原告与江苏通裕公司有非常规范的公章管理规定以及完整的审批流程，被告正是在履行审批流程后，才完成了对外担保的公司行为，原告对外的担保责任应由原告自行承担。

3. 被告代表原告办理对外担保事宜，系经原告及案外人江苏通裕公司实际控制人冯某松同意，履行的是公司行为，并非其个人行为。

4. 市公安局经侦大队在对被告涉嫌非国家公务人员受贿罪一案侦查后，已明确被告办理担保事宜并非其个人行为。

5. 另案金融借款合同纠纷的生效判决已明确认定，保证合同是双方当事人自愿签订，不违反法律法规的禁止性规定，且担保合同上所盖的原告的公章是真实的，王某才的个人签章也是真实的，故原告提供的担保是有效的。

---

① 现为《公司法》第179条、第181条和第188条。

6. 案涉多份原告为他人做担保时"王某才"的签名，以及原告及江苏通裕公司内部管理文件中"王某才"的签名，均非其本人所签，因此"王某才"签名是否为其本人所签并非本案审查重点。

7. 原告与被担保人振安棉业一直是合作伙伴关系，双方存在互保，不能就此认定原告提供保证就是损害公司利益。

8. 原告代偿后有权向债务人及其他担保人追偿，原告利益并未受到损害。如果判令被告支付该损失，原告又通过追偿挽回其损失，便可以获得双倍赔偿。

9. 如果经办人员代公司办理业务，只要公司最终承担了责任，都会追究经办人员责任，将会扰乱公司的运作流程，造成不良社会影响。

法官观点：

公司的董事、监事、高级管理人员应当遵守法律、行政法规和公司章程，对公司负有忠实义务和勤勉义务。被告作为原告的高级管理人员，违反忠实义务，未经原告决议机关同意，以公司财产对外提供担保，对其行为所造成的公司损失应承担赔偿责任。具体分析如下：

1. 被告属于高级管理人员。

被告是否属于原告的高级管理人员，不能仅以工商登记的信息进行认定，而应当从其实际履行的工作职责和在公司中享有的职权范围来考量。因原告曾为江苏通裕公司实际控制，被告作为江苏通裕公司的财务总监同时也负责了原告的财务管理工作，多名证人的证言足以证明被告实为原告财务负责人，原告内部财务签批材料亦能予以印证。

此外，根据被告本人陈述，其经手办理过原告多项财务事项，直接向公司实际控制人冯某松汇报江苏通裕公司和原告的财务情况，原告案涉的对外担保也由其直接经办，进一步说明其实际以财务负责人身份对外处理原告事务，属于《公司法》规定的高级管理人员范畴。

2. 被告系案涉对外担保的直接经办人。

（1）被告所提供的相关证据并不能充分证明对外担保取得冯某松的同意。

（2）公司对外提供担保应当经公司权力机关（股东会或董事会）决议通过，被告经办案涉对外担保手续，提供的股东会决议与当时原告实际股东状

· 885 ·

况不符。被告作为江苏通裕公司财务总监、原告财务负责人，理应知晓公司财务管理制度，也应清楚原告股东已由江苏通裕公司变更为润扬公司，但在其向兴化农商行提供的股东会决议上仍加盖变更前股东江苏通裕公司印章，系未履行法定流程办理对外担保手续。

（3）案涉保证合同中的"王某才"的签名系由被告指示他人代签，但未证明其在指示他人代签对外担保材料这一重要事项上获得授权。

（4）公安机关侦查被告涉嫌非国家工作人员受贿罪一案过程中就相关人员所作的笔录或调取的材料可以作为本案证据，但公安机关基于相应刑事罪名作出的不予立案决定并不必然影响被告民事责任的认定。

3. 关于被告赔偿责任及代位追偿问题。

被告在担任原告高级管理人员期间，违反忠实义务，未经公司决议机关同意以公司财产为振安棉业提供担保，应对该行为给公司造成的损失承担赔偿责任。

原告实际为振安棉业代偿200万元，该损失已客观发生。原告在承担担保责任后有权选择向被担保人振安棉业行使追偿权来减少损失，也有权要求被告赔偿其不当履职行为给公司造成的损失，两项请求权系基于不同法律关系。但因担保追偿权的行使结果可能影响被告最终应承担的损失金额，在被告赔偿原告损失后，有权就实际赔偿的部分代位向被担保人振安棉业追偿。

4. 关于责任承担比例问题。

损害公司利益本质上是一种侵权行为，可适用侵权责任法原理，被侵权人对损害的发生也有过错的，可以减轻侵权人责任。本案中，案外人江苏通裕公司、原告作为商业主体，对财务监督、印章管理应具有完善的规章制度，但根据本案证人证言，江苏通裕公司、原告印章使用不规范，法定代表人履职不正常，对案涉损害的发生存有过错。综合考虑原告内部存在财务管理不规范、权责分工不明晰等情形，且无证据证明被告个人从案涉担保直接获益，可酌情减轻被告一方的责任，由原告自行承担30%。

法院判决：

1. 被告向原告支付赔偿款140万元及利息；
2. 驳回原告的其他诉讼请求。

467. 董事、监事、高级管理人员违法进行自我交易的构成要件有哪些？该交易是否有效？

同时具有以下情形的，可以认定具有违法自我交易行为：

（1）董事、监事、高级管理人员及其近亲属，董事、监事、高级管理人员或者其近亲属直接或者间接控制的企业，以及与董事、监事、高级管理人员有其他关联关系的关联人直接或者间接控制的企业与公司订立合同或进行交易；

（2）该种交易行为的发生将导致利益的冲突，即损害公司利益；

（3）未将订立合同或进行交易有关的事项向董事会或股东会报告，并按照公司章程的规定经董事会或股东会决议通过。

对于该交易的效力，应区分以下情况认定：

（1）如该自我交易行为涉及善意第三人利益的，应当适用善意取得的制度，对涉及善意第三人的部分应认定为有效。

（2）未经公司章程允许或者未经股东会批准或同意的情况下，交易行为应先认定为效力待定。如在一审法庭辩论终结前经公司股东会追认，可认定为有效。如公司股东会未予追认，则交易无效。

【案例199】董事擅自受让公司债权　债权转让协议无效[1]

原告（反诉被告）： 甲公司

被告（反诉原告）： 蒋某某

本诉诉请：

1. 确认 2022 年 3 月 27 日原告与被告签订的《债权转让协议》无效；

2. 被告自我交易所得收入归原告所有。

反诉诉请：

1. 确认双方于 2019 年 1 月 11 日签订的《借款合同》合法有效；

2. 确认被告对案涉民间借贷纠纷及执行案件中确认的债权享有代位追偿权。

---

[1] 参见江苏省徐州市中级人民法院（2024）苏03民终135号民事判决书。

争议焦点：未经股东会同意，董事与公司签订的《债权转让协议》是否无效。

基本案情：

原告成立于 2018 年 11 月 30 日，公司注册资本为 1 亿元人民币，股东为：案外人乙集团（持股比例 51%）、被告（持股比例 30%）、案外人程某某（持股比例 19%）。被告系该公司的执行董事及法定代表人。2022 年 4 月 26 日，原告召开股东会议，选举案外人王某甲为公司新的法定代表人。

2021 年 5 月 12 日，法院就原告与案外人丙公司、乙集团等民间借贷纠纷一案作出的二审判决生效，其中丙公司应向原告偿还借款本金 1500 万元、利息 300 万元及逾期利息，乙集团需对此承担连带保证责任。2021 年 7 月 13 日，法院受理该案执行申请。

2022 年 3 月 27 日，原告与被告签订《债权转让协议》，约定原告将对丙公司享有的到期债权 1500 万元及利息转让给被告。

2022 年 11 月 1 日，被告向执行法院申请将前述民间借贷纠纷案件中的申请执行人变更为被告。2022 年 11 月 11 日，执行法院裁定变更被告为该案申请执行人。案外人乙集团对该裁定不服并向中级人民法院提起复议，2023 年 5 月 22 日，中级人民法院裁定驳回被告变更其为执行申请人的申请。

二审期间，被告提交原告记账凭证、财务报表等证据，证明其已经将债权转回公司。

原告诉称：

1. 原告符合起诉条件，有诉的利益。

（1）被告依据《债权转让协议》要求变更申请执行人，已被中级人民法院复议裁定驳回。根据审执分离的原则，执行程序并不对合同效力作出判决，各方当事人也没有在执行程序中提出确认转让协议效力的请求。

（2）被告不服执行复议裁定，申请了执行监督，在本案诉讼中也答辩认为《债权转让协议》有效，因此双方在审理中对《债权转让协议》效力存在争议。

（3）如不确认《债权转让协议》的效力，还存在被告将《债权转让协议》项下债权再次转让的现实可能性，不利于争议的顺利解决。

2.《债权转让协议》无效。

（1）该协议属于董事与公司自我交易，未经股东会决议程序。除被告之外，其他股东均明确表示反对转让，《债权转让协议》显然违背公司真实意志，侵害其他股东利益。

（2）在双方已对协议效力产生争议，且提交法院审理确认的情形下，被告所述"已通知被上诉人将转出的债权转回公司"的方式并不能解决对协议效力的争议。事实上原告在庭审前也未接到此通知，且被告同时还基于其债权受让人身份就复议裁定申请监督。

（3）《借款协议》本身属于自我交易，被告将公司作为其出借款项的工具和渠道，增加了公司负担。被告以借款协议有效进而主张转让协议有效没有依据。

被告辩称：

1. 原告的股东乙集团是被执行债权的被执行人之一。《债权转让协议》虽没有经过股东会议同意，但在签署后已向股东披露、报告，股东并没有反对，直至该协议签署6个月后，被告在执行案件中申请变更执行人，作为被执行人的该股东才提出执行异议复议。

2. 反诉中的2019年1月11日《借款合同》合法有效，基于该合同签署的《债权转让协议》并未损害公司利益。

3. 本案审理过程中，被告在庭审前已将债权转回原告，原告已无诉的利益。

法官观点：

1. 关于《债权转让协议》的效力问题。

《公司法》第148条第1款第4项[①]规定，公司的董事、高级管理人员不得违反公司章程的规定或者未经股东会、股东大会同意，与本公司订立合同或者进行交易。本案中，2022年3月27日被告与原告签订《债权转让协议》时，其系原告的执行董事及法定代表人，针对债权转让事宜并未取得公司股东大会同意，该债权转让未经公司的股东会决议程序，属于公司高级管理人

[①] 现为《公司法》第181条。

员与公司的自我交易行为，故确认《债权转让协议》无效。

2. 关于原告诉的利益问题。

被告坚持主张其已经将债权转回公司，本案应裁定驳回原告起诉。因本案双方争议的是案涉《债权转让协议》的效力问题，而不是合同履行问题，即使被告已将案涉债权退回原告，亦不影响原告要求确认《债权转让协议》无效。

3. 关于反诉的处理问题。

本案属于确认之诉，被告提交的反诉状中的诉请不属于反诉的范围，不予处理。

法院判决：

确认原告与被告于 2022 年 3 月 10 日签订的《债权转让协议》无效。

【案例200】高管自我交易　公司未证损失诉请赔偿被驳回[①]

原告： 元阳公司

被告： 张某、何某甲、何某乙、际奇公司

诉讼请求：

1. 被告张某赔偿损失 34,679,976.71 元；

2. 被告何某甲、何某乙对上述第一项诉请承担连带赔偿责任；

3. 被告际奇公司对上述第一项诉请中 8,284,133.78 元承担连带赔偿责任。

争议焦点：

1. 财务部协理是否为公司的高级管理人员；

2. 高级管理人员未告知供应商由其亲属控股，公司与该供应商的交易是否构成自我交易；

3. 公司从高级管理人员的亲属控股的供应商采购钢材，能否按实际交易价格与上海钢联挂牌价之间的差价认定公司的损失。

基本案情：

原告于 1999 年 12 月依法设立，何某任系其法定代表人、总经理。

---

① 参见上海市第一中级人民法院（2018）沪01民初1355号民事判决书。

第十九章

损害公司利益责任纠纷

2007年9月，被告张某与原告订立无固定期限的《劳动合同书》，工作内容为财务部协理。

2018年4月11日，被告张某签署过一份原告公司全体董事、监事和管理人员履职承诺书，确认本人及其配偶、子女及特定关系人不利用关联交易转移公司的资金、利润，不损害公司利益。若本人违反上述承诺给原告造成损失，则一切损失由其本人承担。

2010年6月，A公司注册设立，法定代表人为被告何某甲（即张某的妻子）；股东为何某甲、被告何某乙（即何某甲的妹妹）。2016年5月，A公司经股东清算后注销。

2016年4月，被告际奇公司注册设立，法定代表人为何某甲，股东为何某甲、何某乙。

原告提交的统计列表显示：2010年至2016年，原告与A公司发生各种规格钢材交易额合计171,571,234.42元；2016年至2017年，原告与际奇公司发生各种规格钢材交易额合计52,353,604.52元；对照原告统计的实际交易平均单价与上海钢联的挂牌价，差额为1%～15%不等。

2017年1月16日，被告张某自愿将其不动产抵押给银行，为债务人原告所欠银行的全部债务提供抵押担保。

2018年6月，被告张某被原告解职。2018年6月13日，张某发邮件向原告法定代表人何某任表示：

1. 通过私人关系找的钢材供应商，用何某甲的名字成立A公司和被告际奇公司，是为原告经常逾期付款、欠款担保。

2. 张某家资产并没有暴涨，房产也为原告抵押。

3. 原告所需钢材规格属于小众市场，需要流动资金垫资，张某已为原告做了很多供应商的工作。

4. 被告际奇公司知道张某离职，张某希望尽快将何某甲的名字变更。

5. 希望解除账面房产抵押。

2018年6月18日，何某甲将邮件发给原告法定代表人何某任，表示被告际奇公司的事不是其夫妇能做的。

2018年11月，被告际奇公司诉原告、B公司、C公司（B公司、C公司

· 891 ·

与原告均为关联公司，法定代表人同为何某任）买卖合同纠纷两案，依据终审判决，B 公司、C 公司应给付被告际奇公司货款本金合计约 1145 万元以及相应的逾期付款利息。

原告诉称：

1. 被告张某与原告订立《劳动合同书》，担任财务部协理，在职期间实际负责原告的财务、人事等行政工作和原材料采购，属于高级管理人员。

2. 张某任职期间，对采购钢材的价格拥有绝对唯一的审批权力，同时向供应商支付货款也是其职责权限。张某控制案外人 A 公司和被告际奇公司相继为原告唯一钢材供应商，却从未向原告披露关联关系，且出具虚假承诺，恶意隐瞒，为供应商的高价寻找借口，被动接受高价，使原告利益受损。

3. 损失的计算依据应当是原告超出市场公允价格向 A 公司、际奇公司支付的货款差价。

4. 被告何某甲、何某乙、际奇公司与张某有共同侵权的故意，应当共同承担赔偿责任。A 公司已经注销，其民事责任应由何某甲、何某乙承担。

被告张某辩称：

1. 张某仅是财务协理，不属于《公司法》规定的高级管理人员。

2. 虽然其妻子是被告际奇公司的股东，但是不能以此推定张某与际奇公司存在关联关系。

3. 张某仅负责原告部分财务工作，不负责公司的采购工作，原告与被告际奇公司订立采购合同系由公司采购主管决定。

4. 原告计算损失参考的标准没有涉及钢材的运输、包装等成本费用，也没有考虑期间范围的价格情况。

被告何某甲、何某乙、际奇公司辩称：

《公司法》第 21 条①及第 149 条②不能同时适用本案，应择一适用。从原告的诉请来看，其选择适用的应是《公司法》第 21 条的规定，根据该条规定，只有公司的高级管理人员才应承担损害公司利益的赔偿责任。鉴于张某并非公司高管，其不应承担赔偿责任，被告何某甲、何某甲、际奇公司更不

---

① 现为《公司法》第 53 条。
② 现为《公司法》第 188 条。

应承担赔偿责任。

法官观点：

原告于本案明确主张的请求权基础是基于《公司法》第21条、第149条规定的"公司内部的义务人"的过错损害赔偿权。具体分析如下：

1. 关于被告张某是否为原告的高级管理人员。

《公司法》第216条①规定的"高级管理人员"，是指公司的经理、副经理、财务负责人，上市公司董事会秘书和公司章程规定的其他人员。本案基本事实显示，被告张某的劳动合同上确定其职位为原告的"财务部协理"，按照文义解释和外资公司的习惯称谓，其职位应介于公司副总经理与财务部经理之间，属于公司高级管理人员序列。同时，依据张某签署的全体董事、监事和管理人员履职承诺书之内容，亦能确定张某应当遵循并履行相应的忠实义务。据此，被告张某具有应承担损害赔偿责任的主体资格。

2. 关于被告张某的行为是否构成自我交易。

原告及其关联公司与A公司、际奇公司存在持续数年、数额巨大的交易行为是一个客观事实；按照公示信息，A公司、被告际奇公司系由张某的妻子、妻妹控股亦是一个客观事实。被告张某届时并未将上述主体的关联情况完全明确地告知原告，据此可以确定张某的行为构成了法律所禁止的自我交易。虽然张某曾将其个人房产自愿为原告的银行债务提供抵押担保，但无论其初衷为何，过错已然，结果使然。

3. 关于损失的认定。

关于损失的客观性，原告提交的证据基本为其自行制作的统计数据，无原始的交易凭证，其证明效力不完全充分可靠。同时，上海钢联的挂牌价只是钢材大宗交易的市场参考价，并非交易主体必须遵循的政府指导价，交易双方在实际操作中，存在各自的利益需求和权衡因素，譬如货品规格、库存、运输、账款周期等，交易价格应该是以上各种因素叠加形成的最终结果。因此，不能简单以挂牌价与交易价存在价差，就视为必然之损失。

关于损失的关联性，即使前述差价客观存在，亦平均控制在15%以内，

---

① 现为《公司法》第265条。

属于卖方盈利的合理范围。原告是以特殊规格钢材为基本原材料的生产企业，其对原材料的价格成本核算应当是极其敏感和审慎的，不可能会出现人为控制、持续数年的高价采购而不为人知。按照原告提交的质量管理手册来看，其各部门之间的运作存在完整的体系管理。况且张某并非采购部门的负责人，按其自述，其充其量也就是为关联的供应商说些好话，本案中无证据证明张某在此过程中采取了恶意隐蔽的手段，以达到其不法目的。原告数年来的利润是否因原材料的成本居高而大幅下降，亦是一个未知数。与原告利润表的白纸黑字相比较，张某个人言辞的作用应该是无足轻重的。据此，原告主张的差价损失，难以采信。

综上，张某作为原告的高级管理人员，利用其前述控制的关联公司与原告自我交易，违背其忠实义务及其承诺，主导自我交易，实属不当。但原告诉请主张其赔偿的损失构成，因缺乏必要的客观性和关联性，不能达到民事诉讼证据的证明力，故不予支持。

法院判决：

驳回原告的诉讼请求。

【案例201】监事自我交易公司资产　转让差价归还公司[①]

原告： 风驰公司

被告： 江某甲、朱某

诉讼请求：

1. 被告江某甲应给付原告321万元；

2. 被告朱某应给付原告185.9334万元；

3. 两被告对上述债务承担连带清偿责任。

争议焦点：

1. 监事利用掌管公章、控制经营的便利受让公司资产且未披露，是否构成自我交易；

2. 损害公司利益之人的配偶是否应当对该赔偿责任承担连带责任。

---

① 参见江苏省镇江市中级人民法院（2019）苏11民终3098号民事判决书。

第十九章

损害公司利益责任纠纷

基本案情：

被告江某甲于 2007 年 3 月成为原告股东，并于 2007 年 7 月成为原告法定代表人。

2007 年 6 月 23 日，被告朱某（原为被告江某妻子）与案外人江某乙曾签订股权转让协议，约定江某乙以 411.2 万元转让其所持的原告股权给朱某，朱某需将其中 185.9334 万元付给原告，以代江某乙偿还所欠原告的借款。该协议加盖了原告公章，并由江某乙和朱某签名确认。协议签订后，朱某实际并未向原告支付该 185.9334 万元。2007 年 6 月，被告朱某新增为原告股东。

2009 年 4 月 22 日，原告作出股东会决议，同意用自有的土地作价 600 万元（评估价值为 622 万元）与案外人王某某成立合资公司（以下简称标的公司）。同日，原告与王某某签订《借款协议》，约定王某某借给原告 490 万元，原告应在前述土地使用权变更至标的公司后 3 日内归还给王某某，否则原告以所持标的公司所有股权清偿；前述土地使用权的股权价值为 600 万元，原告将全部股权变更至王某某名下并扣除借款 490 万元后，王某某将余款 110 万元付给原告。

2009 年 4 月 24 日及 2009 年 6 月 29 日，王某某向原告交付 490 万元银行本票。

该标的公司于 2009 年 5 月 20 日成立，其筹备期间的章程载明：原告第一期出资货币 1 万元，第二期以非货币形式出资 300 万元。2009 年 5 月 3 日，原告作出董事会决议，同意以案涉土地作价 300 万元作为向标的公司的第二期投资。

2009 年 5 月 22 日，被告江某甲被免去法定代表人职位，改任监事。2009 年 6 月，原告股东变更为被告江某甲及其他 3 个案外人，法定代表人变更为案外人。虽被告江某甲自 2009 年 6 月起不再担任原告法定代表人而改任监事，但仍掌管公章。

2009 年 8 月 13 日，被告江某甲与原告签订股权转让协议，约定原告将所持标的公司全部股权以 301 万元转让给被告江某甲。该协议仅被告江某甲个人签名和加盖原告公章，无其他股东签字盖章。嗣后，被告江某甲分别于 2009 年 8 月 14 日、17 日、18 日向原告转账合计 494.93 万元。

· 895 ·

2009年8月14日、17日、18日，原告偿还了案外人王某某前述借款490万元。

王某某分别于2009年8月18日、19日出具8张本票给付被告江某甲，共计554.93万元。2009年8月19日，江某甲出具收条给王某某，载明今收到王某某转让款共计622万元，其中17万元以一辆车冲抵，两人所有往来已结清。

2009年8月31日，被告江某甲与案外人王某某签订股权转让协议，江某甲将从原告处受让的股权全部转让给王某某。同日，标的公司作出股东会决定，决定被告江某甲将上述股权转让给王某某，退出股东会。

2012年5月29日，原告曾向法院提起诉讼，请求确认前述股权转让协议无效，但被驳回。在该案审理过程中，被告江某甲在2012年11月23日谈话笔录中陈述"我于2009年8月共付了350多万元，其中301万元是股权转让款，其余是借给公司的钱"。该终审判决书载明"至于江某甲在股权转让过程中赚取差价是否损害原告的利益，就由原告与江某甲另行处理"。

2015年6月2日，原告被裁定破产清算。在管理人委托会计师事务所对原告进行的专项审计中载明，截至2007年12月31日，被告朱某应代江某乙支付原告185.9334万元股权转让款，但实际并未支付原告。

2018年8月28日，被告江某甲和朱某登记离婚。

原告诉称：

1. 被告江某甲在2009年8月13日股权转让中存在的自我交易行为损害了原告利益，在股权转让中赚取的差价321万元应当归原告所有。

2. 被告江某甲转给原告共计494.93万元中超出301万元部分款项不能认定为股权转让款。这些转款无收据，且转款时间早于标的公司通过股东会决议的时间及江某甲出具给王某某股权转让款收条的时间。

3. 原告在破产过程中的财务账册以及财务文件被两被告及其家族等其他人隐匿，原告管理人只能根据现有账册以及工商登记载明事项维护原告及债权人权益。

4. 两被告在夫妻关系存续期间共同作为原告股东，实际取得的财产为夫妻共同财产，所负债务为共同债务。两被告将本案所涉款项用于共同生产经营活动，被告江某甲通过股权转让差价套取公司资金，被告朱某受让江某乙股权，由原告资金支付，均发生在夫妻关系存续期间，据此双方应当对案涉款项承担连带责任。

5. 涉及本案损害公司利益行为的审计报告于 2018 年 5 月 18 日作出，本案于 2018 年 9 月 27 日立案，未超过诉讼时效。

两被告辩称：

1. 江某甲实际转款给原告共计 494.93 万元，江某甲本人确认其中 301 万元属于给付公司的股权转让款，其余款项属于与原告之间的借款。原告有义务举证证明 494.93 万元是何款，否则应支持江某甲有关借款的主张，从本案应付股权转让款中扣减。

2. 由于原告不能提供 2008 年 1 月 1 日之后（尤其是 2009 年 8 月 13 日）江某甲签订两次股权转让协议之后的财务账册及原始凭证，故江某甲无法申请法院调查其余股权付款的凭证以及江某甲出借原告的借款凭证，导致双方有关债权债务是否结清根本无法查明，其责任在于原告。

3. 原告的实际控制人江某丙（被告江某甲之父）和案外人王某某均认为江某甲是受江某丙的委托处理股权，仅仅是有关股权的代持人。

4. 江某乙不欠原告钱，2007 年 6 月 23 日的股权转让协议仅仅是原告实际控制人江某丙指定朱某为自己代持相关股权，为了符合工商登记和公司审计的要求指示做的。

5. 根据《最高人民法院关于审理涉及夫妻债务纠纷案件适用法律有关问题的解释》（法释〔2018〕2 号）的规定，原告应当举证江某甲和朱某侵占的资金用于夫妻共同生活、共同生产经营。但原告未能提供任何证据。

6. 原告 2015 年 7 月 15 日就指定了管理人，2016 年 4 月 11 日法院裁定破产，本案是在 2018 年 9 月 27 日立案，管理人怠于行使管理人的职责，怠于行使自己的诉讼权利，应当承担诉讼时效之法律后果。

法官观点：

1. 关于被告江某甲是否应偿付原告资金的问题。

被告江某甲在实际控制原告期间，利用掌管公章、控制经营的便利，未将与公司利益相关联的交易及时全面真实地向其他股东进行披露，存在自我交易行为，损害了原告的利益。江某甲在两次股权转让中，先通过自我交易以 301 万元受让原告所持标的公司的股权，再以 622 万元转让给了案外人王某某以赚取差价 321 万元，该差价应当归原告所有。

虽然被告江某甲辩称其转给原告的款项共计 494.93 万元，超出 301 万元的部分款项应认定为借款予以扣减。但上述转款时间发生在标的公司通过 8 月 31 日股东会决议将被告江某甲所持股份转让给王某某之前，更早于江某甲出具给王某某股权转让款收条之时。且原告实际控制人系江某甲家族成员，管理人至今未能完整接管公司财务账册，在江某甲对于其与原告之间是否存在借款关系未能提供其他有效证据加以证明的情况下，江某甲提出的扣减款项请求不予支持。

2. 关于被告朱某是否应偿付原告资金的问题。

被告朱某与江某乙签订的股权转让协议，其中 185.9334 万元应直接支付给原告。两被告及江某乙现否认该借款真实存在，但未能提供证据予以反驳。江某乙所欠原告债务 185.9334 万元已转移给朱某，且经过债权人即原告同意，故债务转移已依法成立。朱某长期拖欠原告风驰公司 185.9334 万元，损害了公司合法利益。

3. 关于配偶是否承担连带清偿责任的问题。

两被告在夫妻关系存续期间，共同作为原告的股东，实际取得的财产为夫妻共同财产，所负债务为夫妻共同债务，两被告对夫妻共同债务承担连带清偿责任。

4. 关于诉讼时效的问题。

由于原告原由江某甲家族实际控制，法院受理该公司破产清算后，原实际控制人不予配合，致使管理人未能及时完整接管公司财务账册。管理人根据现有财务账册通过审计和排查线索后才逐渐发现两被告有损害公司利益的行为，故起诉未超过诉讼时效。

法院判决：

1. 被告江某甲应给付原告 321 万元；

2. 被告朱某应给付原告 185.9334 万元；

3. 两被告对上述债务承担连带清偿责任。

第十九章
损害公司利益责任纠纷

468. 如何判断商业机会是否属于公司？

如符合下列三项条件，则可认定为公司的商业机会：

（1）该机会系由公司董事、监事或高级管理人员在履行职务过程中获取的；

（2）依照客观标准判断，董事、监事、高级管理人员理应将该商业机会向公司披露；

（3）该机会与公司的经营领域存在一定的契合度，并可为公司所利用。

此外，具体认定某项机会是否属于公司商业机会时，还应当注意以下三点：

（1）公司的能力，即应当判断公司是否有能力就一项机会进行开发，包括人力、财力的投入；

（2）公司的意愿，即考虑公司是否有意对一项机会进行利用，是否曾经以某种方式表达过对商业机会的拒绝；

（3）机会提供者对交易相对人的预期，即机会提供者是否预期与公司进行合作。

【案例202】高管利用公司已丧失的商业机会　不视为非法谋取[①]

原告：新德公司

被告：孙某、岱言公司（已注销新德技术公司的全资母公司）

第三人：中电公司

诉讼请求：两被告共同赔偿因被告孙某非法谋取属于原告的商业机会而给原告造成的损失，损失金额暂估为348万元。

争议焦点：高管通过其关联公司取得公司已丧失的商业机会，可否认定为非法谋取属于公司的商业机会。

基本案情：

原告于2014年5月26日成立，法定代表人为被告孙某。

2016年6月23日，区管委会与原告签订投资合同书，约定原告在该区投

[①] 参见江苏省南京市中级人民法院（2018）苏01民终8075号民事裁定书。

资建设光伏发电项目,并于本合同签订后 30 日内确保一期 2000 万美元注册资本实缴到位,合同自完成工商登记且首期注册资本实缴到位后生效。合同签订后,原告未依约实缴 2000 万美元的注册资本。

2016 年 12 月 1 日,新德技术公司成立,法定代表人为被告孙某,股东为原被告。该公司于 2016 年 12 月 8 日设立案外人新德工程公司,法定代表人为被告孙某。

2016 年 12 月 23 日至 12 月 28 日,市发改委出具企业投资项目备案通知书,载明案外人新德工程公司申请备案 6 个屋顶分布式光伏发电项目,有效期均为 2 年。

2017 年 1 月 25 日,被告孙某从原告离职。

2017 年 2 月 13 日、4 月 20 日,新德技术公司经过两轮变更,法定代表人变更为案外人,被告岱言公司成为其唯一股东。

2018 年 10 月 16 日,新德技术公司注销。

原告诉称:

1. 案涉投资合同书于 2016 年 6 月签订,经过原告的实质性努力,案外人新德工程公司于 2016 年 12 月才获得备案批文。原告员工的出差报销凭证等可以证明。

2. 被告的行为已给原告带来实际损失,原告有权要求被告支付因非法谋取属于原告的商业机会而经原告造成的损失。

被告孙某辩称:

1. 被告孙某没有剥夺原告的商业机会。

2. 孙某在其他任职公司的同业经营行为并不违反对原告的忠实义务。原告明知孙某在多家同类业务的公司担任执行董事、法定代表人,且与上述公司都存在业务往来,仍任命其为原告的执行董事,以实际行动放弃了要求被告只能对其负有忠实义务的权利。

3. 原告由于未达到投资合同书约定的义务而不具备开发光伏项目的条件,案涉光伏发电项目不是属于原告的商业机会。

4. 被告孙某参与开发的光伏项目均处于亏损状态,其在离开原告之后成立公司开展诉争光伏项目,与原告无关,没有损害原告的利益。

被告岱言公司未出庭应诉,亦未提交答辩意见。

第三人称:

同意原告的意见。第三人知晓被告孙某在多家公司担任高管,因这些公司都是第三人的关联公司或者子公司,孙某一直作为第三人的员工开展业务,并未担任第三人以外其他公司的高管。

法官观点:

1. 案涉光伏发电项目是否应当认定为专属于原告的商业机会。

案涉投资合同书明确约定了生效条件,即原告必须于合同签订后30日内确保首期2000万美元注册资本实缴到位并完成工商登记后,合同才生效。签订合同并不必然等同于合同生效并最终获取商业机会,原告既未提交证据证明其已满足合同生效条件,也未举证证明其具有相应的资信实力和履约能力。由此可知,案涉投资合同书尚未生效,诉争光伏发电项目的合作商业机会并不必然专属于原告。

2. 原告是否为获取该商业机会做出实质性努力。

正常情况下,原告应按照投资合同书的约定积极筹集资金,保证注册资本实缴到位,按期完成工商登记,此应为原告谋取诉争商业机会的实质性工作,但其确认并未依约完成投资计划、注册公司等事宜。原告仅提供了公司员工差旅费报销凭证,不足以证明其通过自身努力为谋取商业机会做出过实质性的工作。

3. 被告孙某与案外人是否采取了剥夺或者谋取行为。

被告设立项目公司,获得诉争商业机会均在投资合同书约定的原告履约期限之后,即原告丧失诉争商业机会后,被告和案外人新德工程公司作为新的投资者或者合作者开展案涉项目投资活动,应属于正当的经营和交易行为,不应认定为谋取或者剥夺行为。

4. 损失是否实际存在的问题。

原告未提供充分证据证明被告、新德技术公司共同采取不正当手段谋取了本属于原告的商业机会,由此,即使原告存在损失也不应由被告、新德技术公司承担。

此外,原告主张的损失系根据案涉4个项目达到开工许可条件下,被告可获得的服务费推导而得出，并未经生效法律文书确认，转让中标项目最终获取服务费涉及多种商业因素以及招投标程序影响，原告也未提交相关证据证明该损失的实际发生。

综上，案涉光伏发电项目的商业机会并不必然属于原告，则不应认定原告有权享有此商业机会所带来的任何利益，故原告有关被告、新德技术公司共同谋取属于原告的商业机会而应赔偿损失的请求，缺乏充分证据支持，于法无据，不予支持。

法院判决：

驳回原告的诉讼请求。

【案例203】转移公司与第三方商业机会 收入判归公司所有[①]

原告：流体设备公司

被告：施某

第三人：科技公司

诉讼请求：被告赔偿原告122.2764万美元及利息损失。

争议焦点：高管利用职务便利，未向公司披露交易机会，私自将商业机会安排给其控制的公司，该行为取得的利益是否应当归公司所有。

基本案情：

原告系西班牙公司所产阀门在中国的独家代理商。在涉案业务期间，被告系原告的总经理、董事。

2017年9月6日、9月26日，第三人向被告在原告的工作邮箱发送询价邮件邀请报价。被告安排原告销售部工作人员刘某某予以跟进。后续，刘某某就西班牙公司所产阀门样本简介、资质文件以及价格等与第三人进一步磋商。

2017年年底，被告安排刘某某以其实际控制的香港公司参与涉案项目的投标工作，并以提高效率为由向第三人解释更换投标主体的原因，并提供以

[①] 参见上海市青浦区人民法院（2019）沪0118民初17485号民事判决书，本案系人民法院案例库入库案例。

第十九章

损害公司利益责任纠纷

香港公司为主体的投标文件及西班牙公司的授权文件（庭审中，被告表示香港公司实际并未获得授权，而是原被告共同"安排"了该份授权书）。

之后，香港公司与第三人进行签约，采购西班牙公司所产阀门2853台，价款合计3,133,439美元。

2018年2月至3月，被告通过原告法定代表人陆某促成西班牙公司与香港公司签约，涉及阀门2853台，总价款1,910,675美元。后续，西班牙公司安排原告共同参与上述合同项下阀门的生产、运输等，并直接向第三人指定地点交货。西班牙公司与原告就履行该合同进行分工安排，原告进一步安排相关公司生产、运输等。因交货延期、质量等问题，第三人提出赔偿，第三人与香港公司、香港公司与西班牙公司的合同尚未完全履行完毕。

另外，上述交易行为并未经原告股东会同意。

原告诉称：

被告在原告任职期间，利用第三人向原告邀请报价的机会，伪造西班牙公司的授权书，指定其控制的香港公司为西班牙公司在涉案项目上的独家代理，从而欺骗第三人与香港公司签约采购西班牙公司所产阀门，订单金额为313.3439万美元。

其后，被告又向西班牙公司谎称香港公司是第三人的代理，编造成本数据和后期还有更大订单机会等欺骗西班牙公司使其同意按照191.0675万美元的价格与香港公司签约供货。

被告利用这一系列操作窃取了本该属于原告的商业机会，用被告实际控制的香港公司代替了原告的代理商地位，并从中获取了差额收入122.2764万美元。

被告辩称：

1. 原告非正常运作的公司，而是各股东运作业务的平台。被告将自己的客户引入原告的平台，但始终未能分得相关利润。被告意识到自己在原告已无话语权，于2017年年底时准备与原告法定代表人陆某分家不再合作。

2. 涉案商业机会系第三人给被告个人的，被告有权选择投标及后续签约的主体，故被告安排香港公司投标、签约属于被告的权利，与原告无关，且原告当时也知晓并同意由香港公司与第三人进行签约。

3. 涉案商业机会系原被告及西班牙公司、原告关联公司等共同获益的共同商业机会。

4. 因交期延误和质量问题被第三人扣除 58 万美元，系原告的关联公司在制造和采购环节迟延交货，以及疏于对产品质量的把控，西班牙公司也未对产品进行认真检验等原因造成，原告对此应承担责任。

5. 原告法定代表人陆某也有与本案类似的操作模式，将相关利润输入其控制的公司。

第三人称：

被告及刘某某与第三人沟通的邮箱后缀与原告的邮箱后缀一致，故第三人在本案诉讼前一直认为被告、刘某某为原告员工，以为香港公司系原告的关联公司，第三人系与原告合作。刘某某提出为方便沟通、顺利交货，改变合同签署主体，因其已经提交香港公司供应商资质文件，故对签约主体的安排未产生过多疑虑。如存在被告、刘某某伪造授权书对第三人实施欺诈，第三人将保留追溯被告、刘某某的相关责任。

法官观点：

被告作为原告的总经理、董事，对原告负有忠实义务，不得谋取属于原告的商业机会是其履行该义务的具体体现。被告明知涉案业务属于原告的商业机会，未经股东会同意，私自将该商业机会安排给香港公司，造成原告利益损失，被告的行为构成侵权，应当予以赔偿。具体分析如下：

1. 来自第三人的业务机会属于原告的商业机会。

对第三人而言，其为邀请西班牙公司所产阀门中国代理商进行报价，向被告的工作邮箱发出邮件，并与原告员工刘某某具体对接、磋商，及至诉讼中也明确表示其与被告及刘某某所在的公司即原告进行合作，并以为香港公司是原告的关联公司，基于刘某某的安排而与香港公司签约。

对被告而言，其作为原告的总经理，接到第三人的邀请报价函件后，安排销售部员工刘某某回复、出差拜访，系履行其总经理职责的具体体现，表明其认可该业务机会属于原告的商业机会。

对原告而言，其作为西班牙公司在华合资公司及代理商，实际进行了与第三人之间的报价、磋商，具备与第三人签约的资格，该业务机会属于原告的业务范围。因此,综合原被告及第三人对系争商业机会的目的、认知、履行,该业务机会应属于原告的商业机会。

2. 被告利用职务便利,未将交易机会向原告进行披露,私自将涉案商业机会安排给香港公司。

按照正常交易流程,刘某某代表原告与第三人报价、磋商取得进展后,应以原告的名义向第三人投标、签约,这也符合被告作为原告总经理的职责要求以及第三人的商业目的。然而,被告安排刘某某以香港公司名义进行投标、签约。对此,第一,被告未提供证据证明原告放弃该商业机会,也未提供证据证明原告同意由香港公司投标、签约。第二,香港公司系被告实际控制的公司,并非西班牙公司所产阀门的中国代理商,本不具备与第三人签约资格。被告向第三人提供的授权书并非真实,而是为该次交易而"安排"的。第三,被告及刘某某向第三人解释更换签约主体的理由是方便沟通和交货。因此,被告利用职务便利,未经股东会同意,私自将签约主体更换为原本不具备签约资格的香港公司。

3. 关于损失金额。

(1) 关于价差损失。如被告正常履行总经理职务,不私自更换签约主体,香港公司通过前后两手合同获取的差价122.2764万美元,应属于原告所有。

(2) 关于是否应扣除违约扣款58万美元。由于涉案业务后期履行涉及多个主体,相关损失不能简单地归责于原告,被告可依照合同约定向适格违约主体主张权利,故对被告的相应意见不予采纳。

(3) 关于利息。原告在损失的基础上主张利息,无法律依据,不予支持。

4. 关于其他人共同获益的问题。

被告称原告法定代表人陆某也是利用原告向其关联公司输送利益,可另行主张,而不能以此作为被告免责的理由。

被告称涉案商业机会系原被告及西班牙公司、原告关联公司等共同获益的共同商业机会,对此,确实在后期生产、检验、运输等环节,相关公司均参与,但本案争议的是与第三人签约的商业机会,并不涉及后端履行问题,被告该抗辩不能成立。

法院判决：

1. 被告赔偿原告 122.2764 万美元；
2. 驳回原告其他诉讼请求。

469. 公司董事、监事、高级管理人员违反谋取公司商业机会限制义务的构成要件有哪些？如果董事、监事、高级管理人员违反该义务与第三人进行了交易，该交易是否有效？

公司董事、监事、高级管理人员违反谋取公司商业机会限制义务的构成要件如下：

（1）董事、监事或高级管理人员的行为未向股东会或董事会报告，并按照公司章程的规定经董事会或股东会决议通过；

（2）董事、监事或高级管理人员实施了谋取公司商业机会的行为，且该商业机会能被公司利用；

（3）公司利益（包括潜在利益）由于董事、监事或高级管理人员谋取公司商业机会的行为受到损害。

董事、监事、高级管理人员违反谋取公司商业机会限制义务与第三人进行了交易，如果第三人不存在恶意，则除合同当事人以外，他人不得主张交易行为无效或可撤销。

470. 如何判断董事、监事及高级管理人员是否构成"谋取"公司的商业机会？

对此应注意以下三点①：

（1）谋取的利益必须为不正当利益，即本属于公司的利益未经法定程序授予董事、监事、高级管理人员个人享有；

（2）董事、监事、高级管理人员可能并未因违反公司忠实义务而占有公司利益，所谓公司包括谋取的积极利益和被迫获得的消极利益；

（3）现实中，董事、监事、高级管理人员在参与公司事务管理中，在特定情形下，谋取公司利益时可能并未利用职务之便。

---

① 参见最高人民法院民事审判庭第二庭编著：《中华人民共和国公司法理解与适用》（下），人民法院出版社 2024 年版，第 803 页。

此外，在董事、监事及高级管理人员的行为是否构成"谋取"公司的商业机会上，应以善意为标准，重点看董事、监事及高级管理人员是否对公司尽到了如实的披露义务，以及披露的及时性、完全性、有效性，具体如下所述：

（1）关于披露时间的及时性，从理性管理人的角度考虑，董事、监事及高级管理人员是否在利用公司机会之前就将商业机会披露给公司，除非在诉讼中能够承担其行为对公司公平的举证责任。

（2）关于披露内容的完全性，董事、监事及高级管理人员应向公司真实、准确以及完整地披露包括交易相对方、性质及标的等与机会本身有关的事实、与公司利益有关联的信息，不得故意陈述虚伪事实或者隐瞒真实情况。具体认定上，应从正常合理的角度去考量，董事、监事及高级管理人员应作出一个普通谨慎的人在同等情形下应作出的勤勉和公正的判断。

（3）关于披露效果的有效性，需确保公司决定是在已及时、充分了解商业机会的所有相关内容的基础上作出的，而非基于瑕疵披露的"引诱"而作出错误决定。

471. 公司董事、监事、高级管理人员在经营同类业务的其他公司作为股东，是否构成对竞业限制义务的违反？

构成。《公司法》明确规定，公司董事、监事、高级管理人员凡未向董事会或者股东会报告，并按照公司章程的规定经董事会或者股东会决议通过，自营或为他人经营与所任职公司同类的业务即属于对竞业限制义务的违反。公司的董事、监事或高级管理人员作为其他同类业务公司的股东，即使并未参与经营管理，但事实上已经以提供财力的方式自营了该公司，构成对竞业限制义务的违反。

【案例204】转移公司商业机会　公司行使归入权被支持[①]

原告：志远数存公司

被告：智存融远公司、王某

---

① 参见北京市第一中级人民法院（2018）京01民终8010号民事判决书。

诉讼请求：

1. 判令两被告立即停止经营与原告经营业务同类的业务；

2. 判令两被告立即将 2013 年至 2016 年年底损害原告利益的全部收入所得共计 2,570,678.77 元返还给原告并支付相应利息。

争议焦点：

1. 高管未签订竞业合同，离职后是否禁止从事同类业务领域工作；如从事同类业务领域工作，该高管及其关联公司是否应立即停止经营同类业务。

2. 高管利用职务之便转移公司商业机会，公司行使归入权要求返还的资金是否包括主营业务利润及不明原因未做账的部分。

基本案情：

原告成立于 2004 年 3 月 9 日，主要经营范围为数据磁带、磁带机、条形码的销售，磁带检测，磁带销毁、消磁。被告王某系其股东，持股 25%，并担任经理职务，负责与国外大客户的交往、国内磁带销售和检测业务，后王某于 2015 年 7 月离职。

被告智存融远公司成立于 2013 年 9 月 5 日，王某持股 60%，周某（即王某妻子）持股 40%，法定代表人变更为王某贤（即王某母亲）。

在被告智存融远公司成立后，王某利用其担任原告经理的职务便利，通过邮箱向其负责的客户发送公司业务变更的说明，公开向其负责的客户告知部分业务转至智存融远公司等多种手段，将原告部分业务转入智存融远公司。

一审庭审中，依原告申请，法院依法委托会计师事务所根据被告智存融远公司自行提供的财务账簿、银行对账单等财务相关凭证，对智存融远公司从 2013 年 9 月成立至今的账目与磁带检测服务业务、磁带销毁技术服务业务、条码销售业务、磁带机营销业务、磁带销售业务有关的收入及对应的主营业务利润进行专项审计。2017 年 8 月 18 日，会计师事务所出具了专项审计报告，最终审计结论为：2013 年至 2016 年可确定的与上述业务有关的主营业务利润为 1,220,167.64 元。

另外，前述专项审计报告中记载：被告智存融远公司存在未列入该公司具体账册明细的款项：银行已收企业未做账部分金额约为 2.37 万元，原因不明；银行已付企业未做账部分金额约为 67.25 万元，原因不明。

第十九章

损害公司利益责任纠纷

原告诉称：

1. 被告王某在原告担任经理期间掌握着原告的主要客户信息、业务信息、供应商渠道等核心商业秘密。

2. 因王某客户流失且常常缺岗，原告经调查发现王某早在2013年9月5日就设立了被告智存融远公司，经营同类业务并转移公司原有客户的业务。

3. 王某作为原告的股东之一和高管，应当信守承诺、爱岗敬业、忠实于公司，不得损害公司和其他股东的合法权益。两被告的行为是侵权行为，侵犯了原告的合法商业利益，因此，原告有权要求对方停止侵权，返还相应违法所得。

4. 案涉67.25万元是被告智存融远公司账外所得，没有记录在财务账册中，款项的用途、去向均不明。根据证据规则，两被告未就该笔款项性质、用途举证的情况下，应当承担举证不能的不利后果，故应将67.25万元返还原告。

被告辩称：

1. 被告王某从2015年年初就不在原告处担任职务，双方并未签订竞业禁止合同，故无须承担相应竞业禁止的义务。而被告智存融远公司是独立法人，原告要求被告智存融远公司停止经营合法经营范围内的业务没有任何依据。

2. 所有赔偿数额都是原告自己计算的收入，没有事实和法律依据。

3. 原告只有权向被告王某主张其相应的损失，被告智存融远公司并未产生利润分配，王某并未产生收入。

4. 要求两被告停止经营数据磁带、磁带机等同类业务没有法律依据，这相当于要求王某终生不得从事相关业务，有悖于《宪法》赋予公民的劳动权和选择职业的权利。

5. 专项审计报告中明确67.25万元为智存融远公司的支出，并非收入。况且67.25万元已经包含在主营业务利润1,220,167.64元之内，应当作为成本扣除。

法官观点：

1. 关于两被告是否应当承担立即停止经营同类业务的责任。

（1）竞业禁止的合同依据。据已查明的事实可知，原告并未在公司章程、股东会决议等文件中对竞业禁止义务进行约定，王某个人亦未与该公司签订任何竞业禁止协议。也就是说,王某与原告之间并无合同约定的竞业禁止义务。

(2) 竞业禁止的法律适用。我国《公司法》将竞业禁止义务的行为主体明确界定为董事、高级管理人员,行为表现为利用职务便利篡夺本应属于公司的商业机会,行为后果是将违反竞业禁止义务所得的收入归公司所有。

本案中,被告王某在担任原告经理一职期间,作为公司的高级管理人员,理应遵守竞业禁止义务。2015 年 7 月王某离职以后,其亦无权利用原公司无形资产滞后控制力的特点为自己谋取利益。但是,综观《公司法》,并未禁止离职后的王某从事同类业务领域的工作。从股东的忠实义务出发,《公司法》确定了损害赔偿的解决路径,亦无禁止开展同类业务的法律规定。而从一般侵权行为条款出发,侵权人应当立即停止侵权行为,而非在相同业务领域终身禁业。判决离职的高级管理人员立即停止同类业务经营,实则判令其永远不得与其任职在先的公司竞争,如此势必导致社会管理资源的严重浪费,阻碍人才发挥所长。因此,要求两被告立即停止经营同类业务的诉讼请求没有合同与法律依据。

2. 关于两被告应予返还款项的具体数额。

根据会计师事务所出具的审计报告,可认定在与原告相关的经营范围内,被告智存融远公司自 2013 年 9 月至今的主营业务利润为 1,220,167.64 元,现其未能举证证明该部分利润与原告无关,应承担举证不能的法律后果,故该部分所得应系王某利用其在原告单位经理的职务便利而取得的应属于原告的收入,应向原告予以返还。

对于专项审计报告显示的 2.37 万元收入及 67.25 万元银行已付企业未做账部分,原因不明。根据《民事诉讼法》中的谁主张谁举证原则,两被告应就该笔款项的来源、性质等方面予以说明,并在无法合理解释时承担举证不能的不利后果。按照《公司法》的相关规定,归入权是指利用职务便利所得的收入应当归公司所有,而非王某的共同侵权人智存融远公司在扣除公司管理费等之后的公司净利润归公司所有。因此,依据主营业务利润、原因不明未做账部分两项确定两被告应当共同返还的资金数额,并无不当。

综上,两被告应共同返还因损害原告权益所得收入 1,916,367.64 元。

法院判决：

两被告共同向原告返还收入所得 1,916,367.64 元（主营业务利润为 1,220,167.64 元 + 2.37 万元收入及 67.25 万元银行已付企业未做账部分）及利息。

472. 董事、高级管理人员擅自对外投资并造成公司损失，是否应赔偿损失？

是。如果董事、高级管理人员未经公司决策程序，擅自将公司资金对外进行投资并给公司造成损失，或者私自收取收益的，公司或股东可以对其提起损害公司利益责任之诉。

【案例 205】公司高价购买空壳公司　董事赔偿公司损失[①]

原告： 王某

被告： 陈甲

第三人： 金恒利公司

诉讼请求： 被告赔偿第三人损失 23,245,887.92 元及利息损失。

争议焦点：

1. 股东函告公司及公司实际控制人兼董事，要求该董事对其损害公司利益的行为赔偿公司，但未明确要求公司起诉该董事，该股东函告的行为是否可以认定为履行了股东代表诉讼的前置程序；

2. 董事未经公司最高权力机关同意，控制公司高价收购空壳公司，该行为是否损害了第三人的利益，是否应赔偿损失。

基本案情：

原告、被告、案外人陈乙为第三人的股东及董事。第三人作为外商独资的有限责任公司，其最高权力机关为董事会，未设立监事，董事会决定第三人一切重大事宜和全权负责处理日常工作中的重大问题，包括决定和批准总经理提出的如资金安排、生产经营计划等重要报告，讨论决定公司停产、终止或与另一经济组织合并等由公司董事会决定的重大事宜。此外，被告为第

---

① 参见浙江省高级人民法院（2017）浙民终 75 号民事判决书。

三人法定代表人,自 2013 年 12 月起担任第三人董事长并实际控制公司。

案外人恒富公司的注册资本为 4650 万元,原由沈某等 30 名股东持有,2010 年出资 4644 万元投资案外人达观公司,股份占 15.48%。

2014 年 12 月 5 日,恒富公司与案外人华洲公司签订框架协议,将前述原始作价 4644 万元的股权以 2322 万元的价格转让给华洲公司。同日,被告与恒富公司的沈某等 30 名股东签订框架协议,约定:

1. 被告保证沈某等 30 名股东的本金安全,并补偿其投资损失。

2. 恒富公司除持案外人达观公司股权外,无其他经营活动,在以 2322 万元转让达观公司后,沈某等 30 名股东按比例减资 2325 万元,即恒富公司账面应收股权转让款 2322 万元,应付股东减资款 2325 万元,股东持股比例不变。

3. 减资后,沈某等 30 名股东将所持恒富公司 100% 股权转让给被告、被告投资的公司或被告指定的第三方,被告承担连带保证责任,期限为 2 年。

2015 年 11 月,恒富公司减资为 2325 万元。

2016 年 1 月 8 日,恒富公司、沈某等 30 名股东与案外人宁乐公司及其实际控制人签订《债权债务转让协议》,约定恒富公司将应收股权转让款 2322 万元债权转让给沈某等 30 名股东,用以冲抵恒富公司应付沈某等 30 名股东减资款。债权债务转让后,恒富公司欠沈某等 30 名股东 3 万元,恒富公司与宁乐公司无其他债权债务关系。至此,恒富公司变成了无任何资产、任何经营的空壳公司。

同日,被告未经第三人股东会及董事会决议,以第三人名义受让恒富公司全部股权,并由第三人实际支付了股权转让款 23,164,277.92 元及费用 81,610 元,合计 23,245,887.92 元,且完成工商变更登记。

2016 年 1 月 26 日,原告函告被告及第三人,对第三人受让恒富公司股权事宜提出异议,要求被告对此事负全部责任,并赔偿第三人及股东损失。被告及第三人回函确认收购恒富公司股权确未经公司董事会决议,因原告任第三人法定代表人期间擅自投资案外人达观公司引发巨额亏损,收购恒富公司系出于股东的责任担当和道义,且股权收购结果是否亏损暂无定论。

另外,本案一审期间,被告亦同意将赔偿第三人实际支付的股权转让款及费用 23,245,887.92 元。

原告诉称：

1. 被告明确认可收购股权时恒富公司账面无资产的事实，并表明了其同意赔偿损失的意思表示，该事实认可与意思表示不存在任何前提条件。

2. 受让股权并保证沈某等恒富公司股东投资本金安全，完全是出于被告个人私利所做的个人承诺。

3. 收购行为导致公司遭受损失 23,245,887.92 元是明确的。恒富公司只是一个没有任何对外投资且没有壳价值的空壳公司，已不可能产生收益。

4. 原告在起诉前已经穷尽了公司内部的救济途径。被告系第三人的董事长和实际控制人，公司内部未设立监事和监事会。原告无法按照《公司法》第151条①规定的前置程序要求监事提起诉讼，实质上也不可能通过要求第三人起诉来达到维权目的。且在第三人的回复函中，第三人也明确表示其不会向被告追究责任。

被告辩称：

1. 受让股权之行为系在原告给他人造成损失并怠于行使董事权利的情况下，采取的保障公司运行以及确保企业履行社会责任的紧急行为，既未违反法律法规或公司章程的规定，也难以认定损失。

2. 目前恒富公司仍处于正常营业状态，并不能排除恒富公司在之后经营中获利的可能性。

3. 原告的起诉尚未履行《公司法》第151条规定的前置程序。本案起诉前，原告虽就股权受让情况向被告及第三人发函表达其意见，但并未要求第三人或相关机构向被告提出赔偿请求，更未要求第三人通过诉讼形式向被告提出请求。

4. 被告在一审中表达的意愿是在第三人以及各股东进行结算或分红的前提下，愿意就收购股权问题承担其相应责任。

第三人称：

1. 原告未与第三人协商或经第三人同意，擅自将其作为本案第三人，违背其意愿，其不同意作为第三人参加诉讼。

---

① 现为《公司法》第189条。

2. 第三人收购恒富公司的股权系因原告未经董事会同意，擅自向达观公司投资并造成巨额亏损。恒富公司30名原股东均为原告担任第三人法定代表人期间的员工，无法接受血本无归的事实，为弥补原告擅自投资行为所引发的严重后果，第三人及被告出于维护道义和履行社会责任的目的，在公司董事会无法正常召开的情形下，才决定收购恒富公司股权。

3. 股权收购并未损害公司利益，只是从财务上反映为亏损，实际是否给公司造成损失也尚需要时间证明。

法官观点：

1. 关于原告是否履行了前置程序。

本案系原告提起的股东代表诉讼。《公司法》第151条规定了股东代表诉讼的前置条件，其立法目的在于让股东先穷尽公司内部救济途径，发挥公司内部的监督制衡机制以避免滥诉。但第三人公司内部没有设立监事会，也未任命监事，故事实上原告不可能按照《公司法》第151条规定的程序，要求监事会或监事提起诉讼。

原告在提起本案诉讼前，向第三人和被告发出告知函，明确要求被告应就其以第三人名义受让恒富公司股权的行为向公司赔偿损失。第三人、被告回函否认收购恒富公司的行为损害第三人的利益。事实上，被告作为第三人的董事长，自2013年12月起一直实际控制公司，其不可能以公司名义起诉自己。即使原告再次发送书面请求要求第三人起诉被告也无任何意义，不可能实现其维权目的。

故原告在起诉前已穷尽公司内部救济途径，履行了法律规定的前置程序，应认定符合《公司法》第151条的立法本意。

2. 关于被告以第三人的名义收购恒富公司股权的行为是否损害了第三人的利益，是否应赔偿损失。

从被告与沈某等人签订的相关协议的内容看，保证沈某等人投资达观公司的本金安全及补偿相应损失，系被告对恒富公司各股东的个人承诺。该个人承诺既不能代表第三人的意志，也不能约束包括原告在内的第三人其他股东。从举证角度看，被告对其主张的原告擅自投资达观公司损害第三人利益、其收购恒富公司股权的行为符合第三人利益等事实也未能提供充分证据证明，对相关主张不予采信。

根据已查明的事实，第三人收购恒富公司股权时，恒富公司账面上已无任何资产。被告违反公司章程规定，未经公司董事会同意，私自决定以第三人名义以2322万元的价格受让恒富公司100%股权，已构成对第三人利益的损害。况且被告与第三人的共同代理人明确认可上述事实，并同意将原告诉请的23,245,887.92元支付给第三人。对于被告称其同意支付23,245,887.92元存在前提条件，该说法显然与其一审自认相悖，该主张难以成立。

法院判决：

被告赔偿第三人损失23,245,887.92元并支付相应利息损失。

473. 董事、监事、高级管理人员在执行公司职务时，违反法律、行政法规而使公司面临税收滞纳金和罚款的，公司可否请求其承担责任？

税收罚款属于公司损失，公司可以请求董事、监事、高级管理人员承担责任。

税收滞纳金是否属于公司损失存在争议。司法实践中，部分观点认为税款滞纳金不是执行罚，而是税款孳息，仍属于征税行为，故不构成公司损失，相应的税款滞纳金也视同公司应当依法缴纳的税款；另一部分观点则认为税款滞纳金属于公司损失。

需要注意的是，公司董事、监事、高级管理人员的该行为，系违反勤勉义务的行为，其本身不存在因此而获得的收益，因此不能对其适用归入责任，只能要求其承担损害赔偿责任。

【案例206】税收罚款属于公司损失　滞纳金属税收孳息而非公司损失[①]

原告：黄某甲

被告：黄某乙

第三人：冶金公司

---

① 参见江苏省无锡市中级人民法院（2020）苏02民终547号民事判决书。

诉讼请求：被告向第三人赔偿因税务机关税务行政处罚、税务处理造成的 2004 年 5 月 1 日后产生的第三人损失 1,564,329.8 元（包括罚款 709,854.19 元、滞纳金 854,475.61 元）。

争议焦点：

1. 税款滞纳金是否属于第三人损失；
2. 被告是否应就税收滞纳金对第三人承担赔偿责任。

案件背景：

被告为第三人的法定代表人、执行董事（董事长）兼总经理。

2005 年 8 月 18 日，原被告与第三人原股东签订《股权转让协议》，约定受让第三人公司股权，第三人于审计基准日即 2004 年 4 月 30 日及之前的所有盈亏、责任、风险均由转让方原股东实际享有和承担，第三人自审计基准日之次日即 2004 年 5 月 1 日起的所有盈亏、责任、风险均由原被告等 26 位股东享有和承担。2005 年 9 月 15 日，第三人完成改制及工商变更登记，原被告等 26 人正式成为第三人股东。

2018 年 8 月 8 日，税务机关向第三人送达处理决定书，载明其对第三人 2004 年 1 月 1 日至 2016 年 12 月 31 日地方税收缴纳情况检查后，决定追缴第三人税款，并自税款滞纳之日起按日加收万分之五的滞纳金；同日，该税务机关对第三人作出处罚决定，认定第三人账上少列收入、进行虚假纳税申报以及少缴营业税的行为是偷税，应处以罚款。

2019 年 7 月 19 日，第三人董事会就第三人因违反税法而造成的损失，对包括被告在内的管理层予以处罚，被告被扣除考核工资 30 万元，案外人王某某被扣除考核工资 15 万元，并明确不再追究其他责任。

此外，第三人公司章程规定，股东会有权审议批准公司的利润分配方案和弥补亏损方案。

原告诉称：

被告担任第三人法定代表人、董事长兼总经理期间，因其少列账面收入、虚假纳税申报、少缴税款，导致第三人被税务机关加收滞纳金及处罚。原告在内的股东不知晓虚假申报事宜，不构成集体决策，被告主导和控制包含偷税行为在内的违法行为与损害事实之间存在因果关系，且控制第三人长期违法，具有重大过错，存在实施违法行为的直接故意。

第三人损失包括罚款和滞纳金。现有法律没有"税款滞纳金是或不是税款"的明文规定，税款滞纳金具有行政执行罚的性质，即使将税款滞纳金视同税款，滞纳金支出也是公司额外支出的费用，属于公司财产非正常减少，应认定为公司的损失。

被告辩称：

1. 对罚款及滞纳金金额无异议。

2. 账外资金是公司转制开始时就设立的，是集体所作的决定，且该账外资金用于发放员工的工资、奖金、福利等，故不应由其个人向公司承担赔偿责任。

3. 第三人已于2019年7月19日召开了董事会，对公司受税务稽查及处罚的事情进行了总结，并对相关责任人员作出处罚决定，且处罚已经落实到位。2020年1月19日，公司作出对该股东会决议的解释说明，2019年7月24日的股东会决议的真实意思表示为除上述责任外，股东会一致同意不再就公司税务违法行为追究被告等人的责任。

4. 第三人缴纳的税款滞纳金不宜作为民事赔偿的损失。第三人未按期缴纳税款，占用了国家税金，造成国家税金的损失，因此第三人缴纳的滞纳金是占用国家税金而应缴纳的一种补偿款。税务部门向第三人加收滞纳金，属于征税行为，相应的税款滞纳金也视同第三人应当依法缴纳的税款。

第三人称：

对税务机关处罚金额无异议，其已扣除被告、案外人王某某合计45万元考核工资以弥补公司损失，不再向被告追究责任。

一审法官观点：

被告作为第三人法定代表人、执行董事（董事长）兼总经理，系第三人直接经营决策者，未尽到其忠实及勤勉义务，在执行公司职务时违反相关法律法规规定，导致公司被税务机关罚款并缴纳滞纳金，给公司造成重大损失。第三人公司章程规定，股东会有权审议批准公司的利润分配方案和弥补亏损方案。第三人关于其扣除部分责任人员奖金后不再追究其他责任的陈述未经股东会审议批准，故被告应承担赔偿责任。

被告未提供证据证明第三人的税务违法行为系股东集体决策行为所致。退一步讲，即使上述行为系股东集体决策行为所致，亦不能免除被告对第三人应承担的损失赔偿责任，如其认为除已之外其他人亦应承担赔偿责任，待其承担赔偿责任后，可向其他责任人追偿。

关于被告是否应当对2004年5月1日至2005年9月14日的税务违法行为造成的损失承担赔偿责任。第三人在此期间虽未完成股权转让及工商变更登记手续，但根据《股权转让协议》中第三人于审计基准日即2004年4月30日及之前的所有盈亏、责任、风险均由转让方原股东实际享有和承担，第三人自审计基准日之次日即2004年5月1日起的所有盈亏、责任、风险均由26位股东享有和承担之约定，该期间产生的损失应为第三人损失，被告在此期间担任第三人的董事长及总经理，故其应当对此期间给公司造成的损失承担赔偿责任。

第三人已分别对被告、案外人王某某作出扣除其考核奖励30万元、15万元的决定以弥补公司损失，该45万元应当在被告应向第三人承担的赔偿责任1,564,329.8元中予以扣减。

一审法院判决：

被告向第三人赔偿1,114,329.8元（即税收罚款损失1,564,329.8元－已扣除考核奖励45万元）。

二审法官观点：

1. 关于税款滞纳金是否属于第三人损失。

根据《税收征收管理法》第32条规定，纳税人未按照规定期限缴纳税款的，按日加收万分之五的滞纳金。

未按期缴纳加收的滞纳金，就是纳税人对占用国家税款造成的国家损失作出的补偿，此种情况下，税收滞纳金的性质不是执行罚，而是税款孳息，仍属于税收征收行为，故案涉税款滞纳金854,495.61元不应认定为第三人的损失，由此第三人税务违法行为造成的损失应为709,854.19元。

2. 关于被告承担赔偿责任的认定。

（1）被告系第三人法定代表人、董事长兼总经理。因该公司未设副总经理，被告属直接经营决策者，其履职过程中公司因违反税法规定，补缴税金并被科以罚款及缴纳滞纳金,其职务行为给公司造成损失的事实客观存在。

(2) 被告虽举证欲证明公司存在账外资金的税务违法行为,股东明知且为集体决策所致,但"以合理的技能水准、合理的谨慎和注意程度去处理公司的事务"标准,不能认定在公司税务违法行为上被告已尽到作为董事长兼总经理的忠实和勤勉义务,故被告存在过错。

(3) 免除被告承担赔偿责任没有依据。案涉免除被告赔偿责任的股东会决议的股东中,被告持股33.2%,案外人王某某持股2.5%,占与会股东持股的60%以上。该会议表决与被告、王某某有利害关系的事宜,两人都未予回避,该股东会决议不具有合法性。

3. 关于扣除被告、案外人王某某考核奖励的问题。

现有证据不能真实反映执行的具体扣款金额,且考核奖励与赔偿责任不具有同一性,本案赔偿责任中对该部分考核奖励的扣减不作理涉。

法院判决:

兼顾公司实际损失情况及被告的过错程度,酌定被告承担赔偿责任即赔偿款项为473,236元。

【案例207】税收滞纳金属于公司损失　董监高按过错程度赔偿损失[①]

原告: 甲公司

被告: 乙

诉讼请求:

1. 被告赔偿原告税收滞纳金为3,032,646.91元(总滞纳金3,931,815.48元,其余部分由原告另案主张);

2. 被告赔偿原告税收及工商罚款4,003,351.50元;

3. 被告向原告返还房租、电费、物业管理费3,576,604.65元。

争议焦点: 在损害公司利益责任纠纷中,税收滞纳金是否应认定为公司损失。

案件背景:

原告于2010年3月12日成立,被告持有原告60%股权,系公司法定代表

---

① 参见浙江省嘉兴市中级人民法院(2024)浙04民终89号民事判决书。

人、执行董事、经理。

2020年6月10日，被告与案外人代签原告股东会决议，原告因提交虚假文件或其他欺骗手段取得登记罚款5万元。

原告因2017年1月至2021年3月隐匿淋浴房销售收入、房租、电费和物业费等收入并虚开增值税专用发票等行为，被税务主管机关出具《税务处理决定书》和《税务行政处罚决定书》以追缴税款、罚款。其中，原告应缴案涉总滞纳金3,931,815.48元，罚款3,953,351.50元；列明隐匿房租1,865,833元、电费1,377,525.65元、物业管理费333,246元，合计3,576,604.65元。

一审对于罚款部分已经进行了认定，被告未予上诉。

原告诉称：

1. 滞纳金、罚款的支出属于公司财产非正常减少，属于原告财产损失。

2. 原告被税务机关进行处罚的行为与被告在经营管理期间未履行忠诚义务、勤勉义务，对财务人员选任及财务监管不力的行为之间存在因果关系。

3. 现有证据如《税务处理决定书》《税务行政处罚决定书》已经证实被告在经营期间"隐匿"了原告房租、电费、管理费等财产合计3,576,604.65元。

被告辩称：

1. 滞纳金为税收征管体系的孳息，而非公司损失。

2. 公司在经营期间因避税以及财务规划失败导致的处罚，其他股东也有责任。

一审法官观点：

1. 关于被告是否损害原告利益。

被告作为原告的执行董事、经理，对原告负有法定的忠实义务和勤勉义务，在履职期间保证公司合法经营、依法纳税是其应尽勤勉义务的基本内容。对于原告在2017年1月至2021年3月隐匿收入、虚开发票被追缴税款和处以罚款一事，被告作为公司事务的执行人和管理人，无论是对公司财务人员选任还是财务制度管理等方面显然未尽最大的严谨、认真和勤勉义务。

2. 关于原告损失金额。

未按期缴纳加收的滞纳金是纳税人对占用国家税款造成的国家损失作出的补偿。税收滞纳金的性质是税款孳息，属于税收征收行为，故案涉税款滞纳金不应认定为系因被告过错给原告造成的损失。

对于原告的偷税、虚开发票行为及提交虚假文件登记导致的罚款合计4,003,351.50元，属于原告额外支出的费用，被告应当就该项损失承担赔偿责任。

3. 关于被告返还房租、电费、物业管理费的义务。

原告未提供证据证明被告侵占公司上述财物，如公司董事、监事、高级管理人员确属利用职务上的便利，非法占有上述公司财物，原告亦可通过其他渠道维护其合法利益，故原告的该项诉请不予支持。

一审法院判决：

1. 被告赔偿原告税收及工商罚款4,003,351.50元；
2. 驳回原告其他诉讼请求。

二审法官观点：

1. 关于被告是否损害原告公司利益。

本案系损害公司利益责任纠纷，被告作为原告的法定代表人、执行董事、经理，对原告负有法定的忠实义务和勤勉义务，应在履职期间保证公司合法经营、依法纳税。从税务部门核实的情况来看，原告在2017年1月至2021年3月因隐匿收入、虚开发票被追缴税款和处以罚款，被告作为该时间段内公司事务的执行人和管理人，在公司财务制度管理等方面显然未能勤勉尽责，故对于公司因此造成的损失，被告存在过错，其应对公司承担责任。

2. 关于滞纳金是否属于原告损失。

原告缴纳的滞纳金是因原告隐匿收入、少缴税款而产生的，并自应缴未缴之日起算。因而，滞纳金的产生与被告在财务制度管理方面的过错有因果关系。但是，原告在收到《税务处理决定书》后还没有缴纳滞纳金，此行为与被告的隐匿公司收入行为缺乏必要的因果关系，公司自身资金状况和偿债能力也与滞纳金持续产生有一定关系。

就3,032,646.91元滞纳金部分，根据被告隐匿收入的过错及恶意程度，结合当时原告股东之间产生矛盾，对原告偿债能力有一定影响等实际情况，认定被告对原告承担210万元的赔偿责任。

3. 关于其他股东责任。

此外，本案没有证据证明其他股东明知原告存在隐匿收入、少缴税款的行为，即使他们知晓，也无证据证明其他股东与被告共同实施了相关行为。若其他股东分得了不当利益，或存在侵占公司财产的情况，应另行依法处理。

二审法院判决：

1. 被告赔偿原告6,103,351.50元（税收及工商罚款4,003,351.50元，酌定赔偿税收滞纳金210万元）；

2. 驳回原告其他诉讼请求。

474. 何为挪用资金罪？其立案追诉标准以及量刑标准分别是怎样的？

挪用资金罪，是指公司、企业或者单位的其他人员，利用职务上的便利，挪用本单位资金归个人使用或者借贷给他人，数额较大、超过3个月未还，或者虽未超过3个月，但数额较大、进行营利活动的，或者进行非法活动的行为。

具体而言，具有下列情形之一的，属于"归个人使用"：①将本单位资金供本人、亲友或者其他自然人使用的；②以个人名义将本单位资金供其他单位使用的；③个人决定以单位名义将本单位资金供其他单位使用，谋取个人利益的。

(1) 追诉标准

挪用资金罪具有下列情形之一的，应予立案追诉：①挪用本单位资金数额在5万元以上，超过3个月未还的；②挪用本单位资金数额在5万元以上，进行营利活动的；③挪用本单位资金数额在3万元以上，进行非法活动的。

(2) 量刑标准

构成挪用资金罪的，处3年以下有期徒刑或者拘役；挪用本单位资金数额巨大的，处3年以上7年以下有期徒刑；数额特别巨大的，处7年以上有期徒刑。

笔者在此提示，《刑法修正案（十一）》将《刑法修正案（十）》中"数额较大不退还的"表述删除，且将刑期变为"处三年以上七年以下有期徒刑"；数额上，增加了"数额特别巨大的，处七年以上有期徒刑"的第三档刑罚幅度。从上述修改可知，立法者有意按照《刑法》中大多数犯罪的"三阶层"组合处理，这有利于司法机关更灵活地适用刑罚，体现了罪责刑相适应的原则。

另外，本条最后新增一款"有第一款行为，在提起公诉前将挪用的资金退还的，可以从轻或者减轻处罚。其中，犯罪较轻的，可以减轻或者免除处罚"，由此可知，立法者倾向的态度是，鼓励犯罪分子积极退赃，这既能挽回经济损失，又能减轻处罚力度。

475. 何为职务侵占罪？其立案追诉标准以及量刑标准分别是怎样的？

职务侵占罪，是指公司、企业或者其他单位的人员，利用职务上的便利，将本单位财物非法占为己有，数额较大的行为。

（1）追诉标准

公司、企业或者其他单位的人员，利用职务上的便利，将本单位财物非法占为己有，数额在3万元以上的，应予立案追诉。

（2）量刑标准

构成职务侵占罪，数额较大的，处3年以下有期徒刑或者拘役，并处罚金；数额巨大的，处3年以上10年以下有期徒刑，并处罚金；数额特别巨大的，处10年以上有期徒刑或者无期徒刑，并处罚金。

《刑法修正案（十一）》在量刑上，将《刑法修正案（十）》中的本条文改为"数额较大""数额巨大""数额特别巨大"的处罚结构。由此可知，立法者意在将此罪的刑罚标准按照"三阶层"这种渐进式的组合处理，这亦符合我国《刑法》中大多数贪污贿赂类犯罪的处罚结构。

476. 何为非国家工作人员受贿罪？其立案追诉标准以及量刑标准分别是怎样的？

非国家工作人员受贿罪，是指公司、企业或者其他单位的工作人员利用职务上的便利，索取他人财物或者非法收受他人财物，为他人谋取利益，或者在经济往来中，利用职务上的便利，违反国家规定，收受各种名义的回扣、手续费，归个人所有，数额较大的行为。

（1）追诉标准

公司、企业或者其他单位的工作人员利用职务上的便利，索取他人财物或者非法收受他人财物，为他人谋取利益，或者在经济往来中，利用职务上的便利，违反国家规定，收受各种名义的回扣、手续费，归个人所有，数额在3万元以上的，应予立案追诉。

(2) 量刑标准

构成非国家工作人员受贿罪的，处 3 年以下有期徒刑或者拘役，并处罚金；数额巨大或者有其他严重情节的，处 3 年以上 10 年以下有期徒刑，并处罚金；数额特别巨大或者有其他特别严重情节的，处 10 年以上有期徒刑或者无期徒刑，并处罚金。

477. 何为违规披露、不披露重要信息罪？其立案追诉标准以及量刑标准分别是怎样的？

违规披露、不披露重要信息罪，是指依法负有信息披露义务的公司和企业，向股东和社会公众提供虚假的或者隐瞒重要事实的财务会计报告，或者对依法应当披露的其他重要信息不按照规定披露，严重损害股东或者其他人的利益，或者有其他严重情节的行为。

(1) 追诉标准

违规披露、不披露重要信息，涉嫌下列情形之一的，应予追诉：

①造成股东、债权人或者其他人直接经济损失数额累计在 100 万元以上的；

②虚增或者虚减资产达到当期披露的资产总额 30% 以上的；

③虚增或者虚减利润达到当期披露的利润总额 30% 以上的；

④虚增或者虚减营业收入达到当期披露的营业收入总额 30% 以上的；

⑤未按照规定披露的重大诉讼、仲裁、担保、关联交易或者其他重大事项所涉及的数额或者连续 12 个月的累计数额占最近一期披露的净资产 50% 以上的；

⑥致使公司、企业发行的股票，公司、企业债券或者国务院依法认定的其他证券被终止上市交易的；

⑦致使不符合发行条件的公司、企业骗取发行核准并且上市交易的；

⑧在公司财务会计报告中将亏损披露为盈利，或者将盈利披露为亏损的；

⑨多次提供虚假的或者隐瞒重要事实的财务会计报告，或者多次对依法应当披露的其他重要信息不按照规定披露的；

⑩其他严重损害股东、债权人或者其他人利益，或者有其他严重情节的情形。

（2）量刑标准

依法负有信息披露义务的公司和企业，向股东和社会公众提供虚假的或者隐瞒重要事实的财务会计报告，或者对依法应当披露的其他重要信息不按照规定披露，严重损害股东或者其他人的利益，或者有其他严重情节的，对其直接负责的主管人员和其他直接责任人员，处5年以下有期徒刑或者拘役，并处或者单处罚金；情节特别严重的，处5年以上10年以下有期徒刑，并处罚金。

公司、企业的控股股东、实际控制人实施或者组织、指使实施前述行为的，或者隐瞒相关事项导致前述规定的情形发生的，依照前面的规定处罚。犯前述罪的控股股东、实际控制人是单位的，对单位判处罚金，并对其直接负责的主管人员和其他直接责任人员，依照前面所述规定处罚。

值得注意的是，《刑法修正案（十一）》提高了有关"直接负责的主管人员和其他直接责任人员"自由刑的刑罚幅度，由之前的"三年以下"改为"五年以下"；删除了"并处或者单处二万元以上二十万元以下罚金"，改为"并处或单处罚金"，罚金刑更为灵活；增加了"情节特别严重的"第二个量刑档；加入了"控股股东、实际控制人"的追责规定，以及单位犯罪的处理标准。由此可见，立法机构注重细化处罚标准，以更好地打击犯罪。

478. 何为非法经营同类营业罪？其立案追诉标准以及量刑标准分别是怎样的？

非法经营同类营业罪，是指公司（包括国有公司和其他公司）、企业的董事、监事、经理利用职务便利，自己经营或者为他人经营与其所任职公司、企业同类的营业，谋取非法利益，数额巨大的行为。犯本罪的，处3年以下有期徒刑或者拘役，并处或者单处罚金；数额特别巨大的，处3年以上7年以下有期徒刑，并处罚金。

479. 何为欺诈发行证券罪？其立案追诉标准以及量刑标准分别是怎样的？

欺诈发行证券罪，是指在招股说明书、认股书及公司、企业债券募集办法中隐瞒重要事实或者编造重大虚假内容，发行股票或者公司、企业债券、存托凭证或者国务院依法认定的其他证券，数额巨大、后果严重或者有其他严重情节的行为。

(1) 追诉标准

欺诈发行股票、债券，涉嫌下列情形之一的，应予追诉：

①非法募集资金金额在 1000 万元以上的；

②虚增或者虚减资产达到当期资产总额 30% 以上的；

③虚增或者虚减营业收入达到当期营业收入总额 30% 以上的；

④虚增或者虚减利润达到当期利润总额 30% 以上的；

⑤隐瞒或者编造的重大诉讼、仲裁、担保、关联交易或者其他重大事项所涉及的数额或者连续 12 个月的累计数额达到最近一期披露的净资产 50% 以上的；

⑥造成投资者直接经济损失数额累计在 100 万元以上的；

⑦为欺诈发行证券而伪造、变造国家机关公文、有效证明文件或者相关凭证、单据的；

⑧为欺诈发行证券向负有金融监督管理职责的单位或者人员行贿的；

⑨募集的资金全部或者主要用于违法犯罪活动的；

⑩其他后果严重或者有其他严重情节的情形。

(2) 量刑标准

在招股说明书、认股书及公司、企业债券募集办法等发行文件中隐瞒重要事实或者编造重大虚假内容，发行股票或者公司、企业债券、存托凭证或者国务院依法认定的其他证券，数额巨大、后果严重或者有其他严重情节的，处 5 年以下有期徒刑或者拘役，并处或者单处罚金；数额特别巨大、后果特别严重或者有其他特别严重情节的，处 5 年以上有期徒刑，并处罚金。

控股股东、实际控制人组织、指使实施前述行为的，处 5 年以下有期徒刑或者拘役，并处或者单处非法募集资金金额 20% 以上 1 倍以下罚金；数额特别巨大、后果特别严重或者有其他特别严重情节的，处 5 年以上有期徒刑，并处非法募集资金金额 20% 以上 1 倍以下罚金。

单位犯前述罪的，对单位判处非法募集资金金额 20% 以上 1 倍以下罚金，并对其直接负责的主管人员和其他直接责任人员，依照前面的规定处罚。

值得关注的是，《刑法修正案（十一）》关于本条文的修改主要有以下特点：一是明确了公司、企业债券募集办法的文件类型，以及发行证券的类型；二是增加了刑罚标准；三是增加了"控股股东""实际控制人"的刑事责任；四是调整了单位犯罪的内容，处罚更为具体。

480. 何为内幕交易、泄露内幕信息罪？其立案追诉标准以及量刑标准分别是怎样的？

内幕交易、泄露内幕信息罪，是指证券、期货交易内幕信息的知情人员或者非法获取证券、期货交易内幕信息的人员，在涉及证券的发行，证券、期货交易或者其他对证券、期货交易价格有重大影响的信息尚未公开前，买入或者卖出该证券，或者从事与该内幕信息有关的期货交易，或者泄露该信息，或者明示、暗示他人从事上述交易活动的。

(1) 追诉标准

内幕交易、泄露内幕信息，涉嫌下列情形之一的，应予立案追诉：

①获利或者避免损失数额在 50 万元以上的；

②证券交易成交额在 200 万元以上的；

③期货交易占用保证金数额在 100 万元以上的；

④2 年内 3 次以上实施内幕交易、泄露内幕信息行为的；

⑤明示、暗示 3 人以上从事与内幕信息相关的证券、期货交易活动的；

⑥具有其他严重情节的。

另外，内幕交易获利或者避免损失数额在 25 万元以上，或者证券交易成交额在 100 万元以上，或者期货交易占用保证金数额在 50 万元以上，同时涉嫌下列情形之一的，应予立案追诉：

①证券法规定的证券交易内幕信息的知情人实施或者与他人共同实施内幕交易行为的；

②以出售或者变相出售内幕信息等方式，明示、暗示他人从事与该内幕信息相关的交易活动的；

③因证券、期货犯罪行为受过刑事追究的；

④2 年内因证券、期货违法行为受过行政处罚的；

⑤造成其他严重后果的。

(2) 量刑标准

犯本罪的，处 5 年以下有期徒刑或者拘役，并处或者单处违法所得 1 倍以上 5 倍以下罚金；情节特别严重的，处 5 年以上 10 年以下有期徒刑，并处违法所得 1 倍以上 5 倍以下罚金。

单位犯前述罪的，对单位判处罚金，并对其直接负责的主管人员和其他直接责任人员，处 5 年以下有期徒刑或者拘役。

本罪中违法所得系指通过内幕交易行为所获利益或者避免的损失。内幕信息的泄露人员或者内幕交易的明示、暗示人员未实际从事内幕交易的，其罚金数额按照因泄露而获悉内幕信息人员或者被明示、暗示人员从事内幕交易的违法所得计算。

481. 何为骗取出口退税罪？其立案追诉标准以及量刑标准分别是怎样的？

骗取出口退税罪，是指故意违反税收法规，采取以假报出口或其他欺骗手段，骗取国家出口退税款，数额较大的行为。

（1）追诉标准

以假报出口或者其他欺骗手段，骗取国家出口退税款，数额在 10 万元以上的，应予立案追诉。

（2）量刑标准

以假报出口或者其他欺骗手段，骗取国家出口退税款，数额较大的，处 5 年以下有期徒刑或者拘役，并处骗取税款 1 倍以上 5 倍以下罚金；数额巨大或者有其他严重情节的，处 5 年以上 10 年以下有期徒刑，并处骗取税款 1 倍以上 5 倍以下罚金；数额特别巨大或者有其他特别严重情节的，处 10 年以上有期徒刑或者无期徒刑，并处骗取税款 1 倍以上 5 倍以下罚金或者没收财产。

482. 何为虚开增值税专用发票、用于骗取出口退税、抵扣税款发票罪？其立案追诉标准以及量刑标准分别是怎样的？

虚开增值税专用发票、用于骗取出口退税、抵扣税款发票罪，是指违反国家税收征管法规，为他人虚开、为自己虚开、让他人为自己虚开、介绍他人虚开增值税专用发票或者用于骗取出口退税、抵扣税款的其他发票的行为。

（1）追诉标准

虚开增值税专用发票或者虚开用于骗取出口退税、抵扣税款的其他发票，虚开的税款数额在10万元以上或者造成国家税款损失数额在5万元以上的，应予立案追诉。

（2）量刑标准

犯本罪的，税款数额在10万元以上的，处3年以下有期徒刑或者拘役，并处2万元以上20万元以下罚金；虚开的税款在50万元以上或者有其他严重情节的，处3年以上10年以下有期徒刑，并处5万元以上50万元以下罚金；虚开的税款在500万元以上或者有其他特别严重情节的，处10年以上有期徒刑或者无期徒刑，并处5万元以上50万元以下罚金或者没收财产。

（3）量刑情形

虚开增值税专用发票或者虚开用于骗取出口退税、抵扣税款的其他发票的情形：

①没有实际业务，开具增值税专用发票或用于骗取出口退税、抵扣税款的其他发票的；

②有实际应抵扣业务，但开具超过实际应抵扣业务对应税款的增值税专用发票或用于骗取出口退税、抵扣税款的其他发票的；

③对依法不能抵扣税款的业务，通过虚构交易主体开具增值税专用发票或用于骗取出口退税、抵扣税款的其他发票的；

④非法篡改增值税专用发票或者用于骗取出口退税、抵扣税款的其他发票相关电子信息的；

⑤违反规定以其他手段虚开的。

需要注意的是，为虚增业绩、融资、贷款等不以骗抵税款为目的，没有因抵扣造成税款被骗损失的，不以本罪论处，构成其他犯罪的，依法以其他犯罪追究刑事责任。

前述"其他严重情节"包括：

①在提起公诉前，无法追回的税款数额达到30万元以上的；

②5年内因虚开发票受过刑事处罚或者2次以上行政处罚，又虚开增值税专用发票或者虚开用于骗取出口退税、抵扣税款的其他发票，虚开税款数额在30万元以上的；

③其他情节严重的情形。

前述"其他特别严重情节"包括：

①在提起公诉前，无法追回的税款数额达到 300 万元以上的；

②5 年内因虚开发票受过刑事处罚或者 2 次以上行政处罚，又虚开增值税专用发票或者虚开用于骗取出口退税、抵扣税款的其他发票，虚开税款数额在 300 万元以上的；

③其他情节特别严重的情形。

以同一购销业务名义，既虚开进项增值税专用发票或用于骗取出口退税、抵扣税款的其他发票，又虚开销项的，以其中较大的数额计算。

以伪造的增值税专用发票虚开，达到虚开增值税专用发票罪标准的，以虚开增值税专用发票罪追究刑事责任。

单位犯本罪的，实行双罚制，即对单位判处罚金，并对其直接负责的主管人员和其他直接责任人员，处 3 年以下有期徒刑或者拘役；虚开的税款数额较大或者有其他严重情节的，处 3 年以上 10 年以下有期徒刑；虚开的税款数额巨大或者有其他特别严重情节的，处 10 年以上有期徒刑或者无期徒刑。

犯本罪被判处罚金或者没收财产的，在执行前，应当先由税务机关追缴税款和所骗取的出口退税款。

483. 何为非法购买增值税专用发票、购买伪造的增值税专用发票罪？其立案追诉标准以及量刑标准分别是怎样的？

非法购买增值税专用发票、购买伪造的增值税专用发票罪，是指违反国家发票管理法规，非法购买增值税专用发票，或者购买伪造的增值税专用发票的行为。

（1）追诉标准

涉嫌下列情形之一的，应予立案追诉：

①非法购买增值税专用发票或者购买伪造的增值税专用发票 20 份以上且票面税额在 10 万元以上的；

②票面税额累计在 20 万元以上的。

（2）量刑标准

犯本罪的，处 5 年以下有期徒刑或者拘役，并处或者单处 2 万元以上 20

万元以下罚金。单位犯本罪的,对单位判处罚金,并对其直接负责的主管人员和其他直接责任人员,依照个人犯罪的规定处罚。

484. 无住所的个人为高级管理人员时,且其所在居民国与我国有税收协定时,如何确定其工资薪金所得?

对方税收居民个人为高级管理人员,该个人取得的高级管理人员报酬按照税收协定董事费条款规定可以在境内征收个人所得税的,应按照有关工资薪金所得或者劳务报酬所得规定缴纳个人所得税。(可参照本书第三版第三册问答970"个人担任董事、监事职务在公司取得的收入按照什么项目征收个人所得税?")

对方税收居民个人为高级管理人员,该个人适用的税收协定未纳入董事费条款,或者虽然纳入董事费条款但该个人不适用董事费条款,且该个人取得的高级管理人员报酬可享受税收协定受雇所得、独立个人业务或者营业利润条款规定待遇的,该个人取得的高级管理人员报酬可按照受雇所得条款、独立个人劳务或者营业利润条款的规定执行。

(1) 受雇所得条款协定待遇

①境外受雇所得协定待遇。

所谓境外受雇所得协定待遇,是指按照税收协定受雇所得条款规定,对方税收居民个人在境外从事受雇活动取得的受雇所得,可不缴纳个人所得税。工资薪金收入额计算适用如下公式:

$$当月工资薪金收入额 = 当月境内外工资薪金总额 \times \frac{当月工资薪金所属工作期间境内工作天数}{当月工资薪金所属工作期间公历天数}$$

无住所居民个人为对方税收居民个人的,可在预扣预缴和汇算清缴时按前述规定享受协定待遇;非居民个人为对方税收居民个人的,可在取得所得时按前述规定享受协定待遇。

②境内受雇所得协定待遇。

所谓境内受雇所得协定待遇,是指按照税收协定受雇所得条款规定,在税收协定规定的期间内境内停留天数不超过183天的对方税收居民个人,在境内从事受雇活动取得受雇所得,不是由境内居民雇主支付或者代其支付的,也不是由雇主在境内常设机构负担的,可不缴纳个人所得税。

工资薪金收入额计算适用如下公式：

当月工资薪金收入额 = 当月境内外工资薪金总额 × $\dfrac{当月境内支付工资薪金数额}{当月境内外工资薪金总额}$ × $\dfrac{当月工资薪金所属工作期间境内工作天数}{当月工资薪金所属工作期间公历天数}$

无住所居民个人为对方税收居民个人的，可在预扣预缴和汇算清缴时按前款规定享受协定待遇；非居民个人为对方税收居民个人的，可在取得所得时按前述规定享受协定待遇。

（2）独立个人劳务或者营业利润条款协定待遇

所谓独立个人劳务或者营业利润条款协定待遇，是指按照税收协定独立个人劳务或者营业利润条款规定，对方税收居民个人取得的独立个人劳务所得或者营业利润符合税收协定规定条件的，可不缴纳个人所得税。

无住所居民个人为对方税收居民个人，其取得的劳务报酬所得、稿酬所得可享受独立个人劳务或者营业利润协定待遇的，在预扣预缴和汇算清缴时，可不缴纳个人所得税。

非居民个人为对方税收居民个人，其取得的劳务报酬所得、稿酬所得可享受独立个人劳务或者营业利润协定待遇的，在取得所得时可不缴纳个人所得税。

485. 什么情况下可以请求离婚损害赔偿？

满足下列条件导致离婚的，无过错一方可以请求损害赔偿：

（1）相对方具有法定的严重过错行为。根据《民法典》的有关规定，严重过错行为包括：重婚、与他人同居、实施家庭暴力和虐待、遗弃家庭成员，以及有其他重大过错的行为。此为限制性的列举规定，实践中不能对法定的过错行为作任意的扩大化解释。

（2）请求方须为无过错，如双方均有过错，则根据过错相抵原则，任何一方均不能以对方有过错为由要求赔偿。

（3）以离婚为前提，且因严重过错行为而导致夫妻离婚。只有因夫妻一方的过错而导致双方离婚时，才需追究过错方的损害赔偿责任。在婚姻关系存续期间，无过错一方不得以对方有过错为由提起损害赔偿之诉。人民法院判决不准离婚的，对当事人提出的损害赔偿请求，也不予支持。

486. 无过错方行使离婚损害赔偿请求权的方式与期限如何确定？

对此，区分三种情况确定：

（1）无过错方作为原告提起损害赔偿请求的，必须在离婚诉讼提出时或在离婚诉讼中经人民法院书面告知其权利后随即提出，逾期提出的，人民法院不予支持。

（2）在无过错方作为被告的离婚诉讼案件中，被告如果不同意离婚也不提起损害赔偿请求的，可以就此单独提起诉讼。在该类离婚诉讼案件中，一审时若被告未提出损害赔偿请求，二审期间提出的，人民法院应当进行调解，调解不成的，告知当事人另行起诉。

（3）当事人在婚姻登记机关办理离婚登记手续后向人民法院提出损害赔偿请求的，人民法院应当受理。但当事人在协议离婚时已经明确表示放弃该项请求的，不予支持。

487. 离婚后，一方主张物质损害赔偿金，如何确定赔偿金数额？

对于确定物质损害赔偿金额，以产生多少损失就赔偿多少为一项基本的原则。无过错方需要就对方的过错行为给其造成的损失承担举证责任，人民法院在审查证据并结合一定的考虑因素后确定物质损害赔偿金的金额。相关的考虑因素包括如下几个方面：

（1）过错方的过错程度；

（2）无过错方受到的实际损失；

（3）双方的经济水平、经济能力及实际生活需要；

（4）双方的年龄及健康状况；

（5）当地经济发展水平等。

488. 离婚损害赔偿金可以分期支付吗？

离婚损害赔偿金的给付方式，可以由夫妻双方协商，如果协商不成，则由人民法院径行判决确定。原则上，离婚损害赔偿金应一次性给付，如果过错方一次性给付确实存在困难的，也可以分期给付。

需要注意的是，如果过错方分期给付离婚损害赔偿金，人民法院可以责令其提供担保，签署保证合同，约定保证人并提供抵押物以担保给付义务的履行。

【相关法律依据】

一、公司法类

❖《公司法》第 163 条、第 180～184 条、第 186 条、第 189 条、第 192 条

二、民法类

（一）法律

❖《民法典》第 1091 条、第 1169 条

（二）司法解释

❖《最高人民法院关于适用〈中华人民共和国民法典〉婚姻家庭编的解释（一）》（法释〔2020〕22 号）第 7 条

三、刑法类

❖《最高人民检察院、公安部关于公安机关管辖的刑事案件立案追诉标准的规定（二）》（2022 年修订）第 5 条、第 6 条、第 10 条、第 30 条、第 55 条、第 56 条、第 60 条、第 76 条、第 77 条

四、税法类

❖《国家税务总局关于明确个人所得税若干政策执行问题的通知》（国税发〔2009〕121 号）第 2 条

❖《财政部、税务总局关于非居民个人和无住所居民个人有关个人所得税政策的公告》（财政部、税务总局公告 2019 年第 35 号）第 1 条、第 2 条

五、证券法类

（一）部门规章

❖《上市公司独立董事管理办法》（2025 年修正）第 6 条、第 44 条

❖《证券市场禁入规定》（中国证券监督管理委员会令第 185 号）第 3 条

（二）行业规定

❖《中国证券投资基金协会关于发布〈私募投资基金登记备案办法〉的公告》（中基协发〔2023〕5 号）第 10 条

第二十章　损害股东利益责任纠纷

【宋和顾释义】

关于损害股东利益责任纠纷，新《公司法》在修订中，涉及一处修改，为新增规定，即扩大了损害股东利益的责任主体，除滥用股东权利的股东、董事、高级管理人员外，指示侵权的实际控制人和控股股东亦应承担责任。

结合过往司法实践和本次修订，损害股东利益责任纠纷的争议类型主要体现为以下五种：

（1）与损害股东利益责任纠纷的管辖权有关的争议，如该类纠纷是以公司住所地还是侵权行为地或被告住所地确定管辖；

（2）与损害股东利益责任纠纷的侵权行为、过错的认定有关的争议，如实际控制人不履行清算义务、实际控制人转移公司利润不入账等情形是否构成股东权利的滥用；

（3）与损害股东利益责任纠纷的损害结果有关的争议，如股东利益是否包括股东知情权、决策权等非财产性权益；

（4）与损害股东利益责任纠纷的因果关系有关的争议，如股东利益损失是否包括因公司利益受损导致的间接损失；

（5）与损害股东利益责任纠纷的赔偿标准有关的争议，如股东能否主张以持股比例折算的公司损失为标准确定损失的金额，以及实际控制人怠于履行清算义务且其他股东主张赔偿时，如何确定损失本金及利息的起算点。

> 上述部分问题，在本书第三版第四册"损害股东利益责任纠纷"章节中已涉及，本章系根据司法实践的变化以及修法产生的新问题，加以梳理、归纳和补充。

489. 如何确定损害股东利益责任纠纷的诉讼当事人？

原告为利益受到侵害的股东，具体包括以下主体：

（1）工商登记公示的现股东和原股东；

（2）股东名册记载的现股东和原股东；

（3）已为生效法律文书确认股东身份的股东。

被告为实施损害（其他）股东利益行为的公司董事、高级管理人员，以及指示公司董事、高级管理人员实施前述行为的公司控股股东、实际控制人。

490. 损害股东利益责任纠纷由何地法院管辖？

对此存在争议。第一种观点认为，该纠纷属于与公司有关的纠纷，应根据《民事诉讼法》第27条规定确定管辖，即"因公司设立、确认股东资格、分配利润、解散等纠纷提起的诉讼，由公司住所地人民法院管辖"。第二种观点认为，该纠纷同时属于侵权纠纷、与公司有关的纠纷，既可以由公司住所地人民法院管辖，又可以由侵权行为地或被告住所地人民法院管辖。第三种观点认为，该纠纷属于侵权纠纷，不属于与公司有关的纠纷，应由侵权行为地或被告住所地人民法院管辖。

司法实践中，最高人民法院、上海地区的法院主要持第三种观点，理由如下：

（1）该纠纷的原被告均不是公司本身，不属于涉及公司组织行为的纠纷，不适用《民事诉讼法》第27条的规定；

（2）该纠纷本质上属于一般民事侵权纠纷，故应由侵权行为地或被告住所地人民法院管辖。

491. 控股股东滥用股东权利损害小股东利益时，小股东有哪些救济途径？

在公司法框架下，控股股东滥用股东权利损害小股东利益时，小股东主要有两种救济途径：第一，依据《公司法》第21条第2款或者第192条规定，诉请滥用权利的控股股东承担相应的损害赔偿责任；第二，依据《公司法》第 89 条第 3 款规定，请求公司回购股权，退出公司。

上述两种救济途径相辅相成，共同构成了《公司法》关于中小股东的权利救济体系。① 值得注意的是，司法实践中，有的法院还会将司法强制解散纳入上述权利救济体系。但在新《公司法》赋予小股东在遭受严重压迫时请求公司回购股权的权利后，不宜再将作为最后救济手段的公司解散视作小股东退出公司的救济途径，详见本书第三版第三册第十六章"公司解散纠纷"的相关内容。

492. 小股东是否可能成为滥用股东权利的主体？

禁止权利滥用原则对小股东也有约束力。实践中也存在小股东滥用权利的情形，例如法律或者章程规定某一事项需要全体股东一致通过，小股东若滥用一票否决权，无视公司利益，敲诈大股东，获得额外收益，此时小股东同样构成滥用股东权利。②

493. 股东应如何举证自身利益遭受损害？

根据《公司法》《民法典》关于一般侵权行为构成要件的规定，股东需举证作为被告的公司实际控制人、控股股东、董事或高级管理人员同时满足以下条件：

（1）实施了违反法律、行政法规或公司章程规定的侵害股东利益的行为，在形式上包括作为和不作为；

（2）被告的侵权行为造成股东利益的直接损害，如股东财产（如可分配利润、剩余财产）被侵占；

（3）被告的侵权行为与股东利益受损之间存在因果关系，即股东利益受损系由被告的侵权行为直接导致的；

（4）被告主观上存在过错，存在侵害股东利益的故意或者过失。③

另外，在损害股东利益责任纠纷中，以下五种案发情形较为常见：

---

① 参见最高人民法院民事审判第二庭编著：《中华人民共和国公司法理解与适用》（上），人民法院出版社 2024 年版，第 75 页。

② 参见最高人民法院民事审判第二庭编著：《中华人民共和国公司法理解与适用》（上），人民法院出版社 2024 年版，第 74 页。

③ 参见最高人民法院民事审判第二庭编著：《中华人民共和国公司法理解与适用》（下），人民法院出版社 2024 年版，第 860 页、第 877~878 页。

（1）控股股东、董事、高级管理人员在清算程序中，侵害股东的剩余财产分配权。具体有以下两种情形：

①公司控股股东不履行清算义务，或者公司董事、高级管理人员未依法履职制作、保存法律规定的公司文件资料，致使清算无法进行；

②控股股东、董事非法解散、清算、注销公司。

（2）股东、董事等通过伪造签名等方式擅自转让其他股东股权，侵害其他股东的股权。

（3）董事、高级管理人员未尽勤勉义务导致股东分红被冒领，侵害股东的分红权。

（4）控股股东未召开股东会即作出决策，侵害其他股东对重大事项的决策权。

（5）上市公司非法限制股东转让股票，侵害股东财产权。[1]

【案例208】实际控制人转移巨额资金　股东诉请赔偿固定分红损失获支持[2]

原告：刘某、王甲

被告：王乙

第三人：实业公司

诉讼请求：被告赔偿二原告股东利益损失2340万元（包括2014年至2017年的固定分红款1800万元及利息损失540万元）。

争议焦点：

1. 损害股东利益责任纠纷诉讼中，原告在诉讼期间丧失股权，被告抗辩原告不具备起诉资格，能否得到支持；

2. 被告在经营第三人期间设立经营范围类似的案外人宝鼎公司，向个人账户和宝鼎公司账户转移资金未记账，公司账户也存在收入不记账的情形，二原告能否直接主张被告赔偿对股东权益造成的损失；

---

[1] 参见赵旭东主编：《新公司法诉讼实务指南》，法律出版社2024年版，第175页。
[2] 参见山东省济南市中级人民法院（2018）鲁01民终7322号民事判决书。

3. 被告以事先约定自主经营期间自负盈亏为由，抗辩转移第三人资金不违反法律规定的主张，能否得到支持；

4. 被告经营第三人期间，存在大量收入未入账的情况，原告诉请被告以固定分红款金额赔偿损失，被告则以第三人停止经营且无利润可分配为由抗辩，能否得到支持；

5. 第三人于2013年停业，被告以2015年第三人为二原告提供担保导致公司停业进行抗辩，是否有事实依据；

6. 原告以固定分红款主张损失的同时，要求被告赔偿的固定分红款对应利息是否属于原告的可得利益损失。

基本案情：

第三人成立于2002年，发起人为二原告，持有100%股权。

2007年，二原告与第三人、被告签订《债务清偿及债权变更协议书》（以下简称《协议书》），约定：二原告向被告转让持有的第三人共计60%的股权，被告代第三人清偿对外债务3000万元及相应利息。协议签订后，第三人由被告自主经营、自负盈亏。二原告不再参与第三人的生产经营及财务管理，除每年共享固定分红外，不再享有第三人的任何财产收益，亦不负担亏损责任及债务责任。

后各方又签署了补充协议，约定如被告逾期支付固定分红款的，滞纳金为5‰。以上约定的股权转让事宜已经第三人股东会决议，并完成了章程修改及相应的工商变更登记。截至本案立案时（2018年1月），第三人股东为二原告（合计持股40%）和被告（持股60%），被告为法定代表人。

2011年4月，被告与案外人王丙、宋某设立了案外人宝鼎公司，被告任法定代表人。该公司经营范围与第三人类似。

2013年12月，被告停止经营。2014年至2017年，第三人未按《协议书》约定向二原告支付固定分红款。

在另案审理过程中，二原告申请对第三人2007年12月至2014年12月的账目进行专项审计，审计事项为：被告是否实施了转移第三人资金、收入支出不记账、虚假支出以及其他可能损害第三人利益的行为。审计结论认为存在上述情况，其中第三人的银行账户共有1,126,121,593.79元未记账的资金流入案外人宝鼎公司及被告等自然人的账户。

此外，二原告为设立案外人高强公司，曾以持有的第三人共计40%的股权做质押，并由第三人提供担保，向银行借款2700万元。2015年4月，二原告因逾期还款，被银行在另案中诉至法院。2015年11月，法院判决：二原告偿还借款2700万元及相应利息，第三人承担连带赔偿责任；银行对二原告质押的第三人股权，有权以折价、拍卖、变卖该质押物所得价款优先受偿。后法院作出执行裁定，将二原告持有的被告股权作价抵偿给案外人杨某，2018年4月（即本案审理过程中），上述股权的所有权转移至杨某。

本案诉讼前，二原告、被告及第三人之间曾就第三人经营期间的事务发生多次诉讼。

原告诉称：

1. 被告在经营第三人期间，违反《公司法》规定的忠实、勤勉及竞业禁止义务，利用职务便利转移第三人资金多达10亿元，设立与第三人经营同类业务的宝鼎公司，导致第三人自2013年12月停产至今。

2. 由于第三人停产、没有利润可分红，二原告2014年至2017年应得的1800万元固定分红款落空。被告的行为既损害了第三人的利益，也严重损害了二原告的利益，应承担赔偿责任。

被告辩称：

1. 自2018年4月起，二原告均已不再是第三人的股东。其诉讼主体不适格，应依法裁定驳回起诉。

2. 被告自主经营期间相关资金在第三人及被告个人账户之间流转是正常的资金拆借及流转行为，并没有侵害第三人和二原告的权益。即使拆借或资金流转行为不规范或违反会计法，亦是行政管理事宜。更何况根据《协议书》约定，被告拆借或流转的资金是其自有资金，与第三人及二原告无关。

3. 第三人的停产是二原告所涉借贷纠纷导致的。案外人宝鼎公司与第三人的经营范围有本质区别，被告作为宝鼎公司的股东不违反竞业禁止义务。

4. 第三人向二原告支付固定分红款的约定，是在企业正常经营且有利润可分的前提下，对可分配利润分配方式的特别约定。第三人自2013年12月起停产，在无收入且无利润的情况下，即使存在固定分红款的约定，该约定也不应产生继续向二原告支付分红款的效力。

5. 被告并没有损害股东直接利益的行为，即使存在违反竞业禁止、划转资金的行为，其违法所得也应归于第三人，而不能由部分股东直接主张损失。

综上，二原告的诉请无事实及法律依据，应予驳回。

第三人称：

第三人自 2013 年 12 月后已经停产，无利润可分配，因无任何股东经营公司，所以不存在固定分红。被告也不存在侵害公司权益及股东利益的情况和行为。

法官观点：

1. 二原告主张的利益损失发生于二人担任第三人股东期间，主张赔偿损失系依据各方签订的《协议书》约定，被告应付而未付固定收益，故二原告在提起本案诉讼时具有主体资格。

2. 被告在经营第三人期间的行为违反了法律规定。2009 年至 2014 年，被告在经营第三人期间存在大量资金、收入转出转入不记账等行为，这些行为违反了会计法的规定，致使大量资金从第三人账户净流出。同时，被告在此期间成立并经营了与第三人经营范围类似的案外人宝鼎公司，违反了竞业禁止的规定。

3. 被告对第三人停止经营负有过错，且被告的过错行为直接造成了二原告的损失。

（1）被告在经营第三人期间，将第三人的大量资金转移至个人账户及案外人宝鼎公司，违反了公司法的规定，被告不能对上述资金的正当用途作出合理的举证及说明，损害了二原告的股东权益，使其享有 1800 万固定收益的可期待利益落空，故二原告有权向被告主张上述利益损失。

（2）被告主张第三人已停产且没有经营利润，故无法继续按照约定向二原告支付固定收益，但二原告在本案中主张的系损害赔偿损失，而非协议约定的分红收益，且专项审计报告表明被告经营期间，第三人存在有收入不记账的行为，未记账资金共计 1,126,121,593.79 元。

（3）被告主张第三人停产的原因应归责于二原告与银行间的借款纠纷。因借款纠纷发生于第三人停产后，故不能将停产的原因归责于二原告，对被告该辩称不予支持。

（4）被告主张其在经营第三人期间，投入的资金、经营收益已明确约定由被告所有，不属于第三人。一方面，虽然各方约定被告接手第三人后，自主经营、自负盈亏，但该约定并不能违反法律禁止的人格混同，第三人的财产仍独立于被告。另一方面，《协议书》的约定仅限制了二原告的经营决策权，并未全面禁止二原告的股东权利，《协议书》约定为二原告保留每年享有固定收益的权利，这是被告在自主经营第三人期间应履行的对原告的承诺。

4. 关于二原告主张的 540 万元利息损失，因各方在补充协议中约定了滞纳金，被告至今未付款项的利息，对二原告而言亦是一种可得损失，且二原告在主张该部分利息损失时，已经自行将计算利息损失的标准予以降低，故应予支持。

法院判决：

被告向二原告赔偿损失 1800 万元及对应的 540 万元利息。

【案例209】控股股东擅自决定固定资产投资　小股东决策权受损诉请停止侵权获支持①

原告： 房地产公司

被告： 饭店集团、阮某

第三人： 饭店公司

诉讼请求： 二被告立即停止未经股东会决议擅自决定改造园厅的侵权行为。

争议焦点：

1. 案涉园厅改造作为固定资产投资计划，是否属于应由股东会决议的事项；

2. 控股股东未经法定程序即作出决策，小股东主张其参与重大事项决策权遭受侵害，可否诉请公司停止侵权行为。

基本案情：

第三人成立于 2000 年 6 月 29 日，截至本案诉讼时有 2 名股东，分别为原

---

① 参见江苏省南京市中级人民法院（2019）苏01民终2048号民事判决书。

告（持股45%）和被告饭店集团（持股55%），被告阮某为第三人的总经理。第三人董事会设董事5人，原告推荐2人（包括第三人副董事长案外人谢某），被告饭店集团推荐3人（包括第三人董事长案外人胡某）。

第三人章程规定：股东会决定公司的经营方针和投资计划；股东会会议决议，需经全体一致同意通过；董事会决定公司的经营计划和投资方案；总经理组织公司的生产经营管理工作，组织实施股东会决议、公司年度经营计划和投资方案。

2015年12月，第三人董事长案外人胡某因工作需要，辞去第三人董事长职务，因原告和被告饭店集团就修改章程及更换董事事宜长期不能达成一致，第三人长期不能形成股东会决议，致使董事长职位一直空缺。

2017年6月16日，第三人致函全体股东，告知公司决定对园厅进行改造装修，投资预算为550万元。随后，原告回函第三人经营层，称园厅改造投资属于股东会决策事宜，在未经法定决策程序前，不得改造。被告饭店集团则回函，支持改造园厅。

2017年7月4日，被告饭店集团在上报给国资委的《投资计划》中载明：经被告饭店集团董事会研究决定通过2017年度固定资产投资计划，其中包含第三人的园厅改造项目。

2017年7月5日，第三人经营层向第三人及原告推荐的副董事长案外人谢某发函，建议召开董事会，研究园厅改造事宜。随后谢某两次召集董事会，会议议题包含审议《公司2016年决算及2017年预算报告》等，但被告饭店集团推荐的2名董事以董事会不健全为由要求取消会议，两次董事会会议均未召开。

2017年10月11日，第三人经招投标确定由案外人实业公司中标园厅改造工程，中标价为3,738,817.24元，于2017年11月施工。

2017年12月，第三人副董事长谢某致函第三人及被告阮某，称其发现经营层不顾股东原告的反对，在明知公司董事会、股东会并未同意改造的情况下擅自对园厅进行改造，要求立即停止施工，恢复原状。被告阮某回函称园厅改造是针对饭店本身的经营性行为，不是投资行为。

原告诉称：

园厅改造属于应由股东会决议的重大投资计划。被告饭店集团作为第三人股东，被告阮某作为第三人高级管理人员，违反《公司法》及第三人章程的规定，在无任何股东会、董事会决策的情况下，利用实际控制第三人的便利，直接实施园厅改造工程，损害了原告的合法权益，该行为依法应当得到制止。被告阮某在未经股东会决议的情况下擅自进行园厅改造，系明显的越权行为，且被告阮某对于该行为的发生负有直接责任。

二被告辩称：

认定二被告是否构成侵权，应考量其是否有侵权行为。

1. 园厅改造工程未经股东会和董事会决议与被告饭店集团是否构成侵权没有关系。且第三人在 2017 年 6 月 16 日的信函中，已作出了改造园厅的决定，园厅改造项目并非由被告饭店集团决策。

2. 被告饭店集团上报给国资委的《投资计划》中载明案涉园厅改造工程系由第三人上报，并由被告饭店集团董事会研究决定通过。被告饭店集团的上述行为系股东正当行使表决权利的行为，亦是被告饭店集团的内部流程，与是否构成侵权无关。

3. 根据第三人章程规定，被告阮某系由第三人董事会聘任并对董事会负责，无证据证明被告饭店集团、被告阮某之间存在恶意串通或教唆的共同侵权故意，不能因其自称由被告饭店集团委派或委托而认定其代表被告饭店集团利益，进而认定被告饭店集团构成共同侵权。

法官观点：

1. 案涉园厅改造工程的实际决策主体为二被告。

被告阮某明知第三人的 2 名股东对此事提出异议，股东会不可能一致通过时，仍执意推进工程建设。被告饭店集团明知改造项目尚未通过第三人股东会一致通过，且知晓原告明确反对的情况下，仍将该项目作为其 2017 年投资计划的一部分，上报给国资委。故二被告客观上构成共同决策主体。

2. 案涉园厅改造属于股东会职权范围。

（1）在被告饭店集团上报给国资委的《投资计划》中明确载明案涉园厅改造工程属于固定资产投资计划，且案涉改造工程的投资预算为 550 万元，即使按照中标金额 3,738,817.24 元也超过第三人年度利润的一半，属于重大固定资产投资。

（2）第三人章程规定，股东会的职权范围包括决定公司的经营方针和投资计划。案涉园厅改造工程作为重大固定资产投资计划，显然属于股东会的职权范围。

（3）第三人经营层在进行园厅改造工程前致函全体股东征求其意见，也表明其知晓该工程属于股东会职权范围，且原告亦多次明确告知园厅改造工程属于股东会决策事宜。

3. 二被告在未经股东会决议的情况下擅自决定进行园厅改造工程侵犯了原告参与公司重大决策的权利，应当予以制止。

（1）二被告作为第三人的控股股东及高级管理人员，利用对第三人的实际控制地位，在明知第三人未就案涉园厅改造工程形成有效股东会决议的情况下，擅自决定进行案涉园厅改造工程，属于越权行为。该越权行为不仅侵犯了股东会的职权，也损害了原告作为股东参与重大决策的权利。

（2）根据第三人的章程，股东会决议需经全体股东一致同意通过，在原告明确反对的情况下，该越权行为也不可能由股东会决议通过，从而无法得到补正，应当予以制止，原告要求二被告立即停止侵权行为并无不当。

法院判决：

二被告立即停止未经股东会决议擅自决定改造园厅的侵权行为。

【案例210】控股股东商业决策失误造成"损失" 股东诉请直接赔偿被驳回[①]

原告： 钢铁集团

被告： 矿业公司

第三人： 渡假村公司

诉讼请求：

1. 认定被告在通过2006年11月17日的股东会决议时滥用股东权利；

2. 被告赔偿原告经济损失2.34亿元人民币或者赔偿原告同类地段、同等价格、同等数量的土地使用权；

---

① 参见最高人民法院（2014）民申字第1116号民事裁定书。

3. 被告赔偿原告因第三人支付案外人实业公司 1000 万元违约金产生的 333 万元损失。

争议焦点：

1. 大股东对案涉决议投赞成票，且经大股东系公司董事长，小股东主张将公司的决策行为视同大股东的行为，主张公司与大股东人格混同，是否有事实依据；

2. 公司土地在出售后因价格持续上涨而造成的公司"损失"，对该决策投反对票的股东是否有权主张投赞成票的股东进行赔偿；

3. 即便公司因决策遭受损失，股东利益是否直接受损，股东可否直接请求向其进行赔偿。

基本案情：

第三人成立于 1996 年 9 月，注册资本为 6601.9 万元，发起人为被告（持股 60%）、原告（持股 40%）。2002 年 11 月，第三人进行增资扩股，扩股后第三人的总股本为 16,291.89 万元。截至诉讼时，第三人的股权结构为：被告持股 49.70%，原告持股 33.30%，另有 4 位法人股东合计持股 17%。

第三人的章程规定："股东会一般一年召开一次，股东会的决议，修改章程必须经三分之二以上的股东表决通过。"

2006 年 10 月 22 日，第三人召开股东会，讨论与案外人实业公司合作开发事宜，并决定由全体股东就该事项进行书面表决。同年 11 月 9 日，第三人董事会向全体股东致函，要求对第三人与案外人实业公司的合作开发事项进行书面表决。此后，各股东按照董事会要求进行了书面表决，其结果为：包括被告在内的 3 位股东赞成，原告等 2 位股东反对，另有 1 位股东弃权。同年 11 月 17 日，第三人董事会根据上述表决结果制作了股东会决议，称股东会以 61.24% 的赞成票通过了第三人与案外人实业公司的合作开发方案。该决议的落款有第三人董事长案外人邹某的签字，并加盖了第三人的公章。案涉纠纷发生时，案外人邹某同时也是被告的法定代表人、董事长。

2006 年 11 月 28 日，第三人与案外人实业公司签订一系列合作开发协议，约定：

1. 第三人将其 70 亩土地及地上建筑物的所有权和开发权交给案外人实业

公司，作价 8033 万元。

2. 案外人实业公司共计应向第三人支付 9383 万元，包括：向第三人支付 7181 万元用于第三人在另一块土地上建造四星级酒店；为第三人职工提供 2130 平方米的职工宿舍，按每平方米 4000 元计算，并一次性向第三人支付 1350 万元的职工补偿款。

3. 如有一方违约，除应赔偿对方损失外，还应支付违约金 1000 万元。

协议签订后，案外人实业公司建成了职工宿舍（但尚未交付使用），向第三人支付了职工补偿款 1350 万元，并为第三人兴建的四星级酒店支付了工程款 4112 万元。但从 2008 年 3 月开始，第三人与案外人实业公司因 70 亩土地是否符合土地转让条件以及能否办理项目变更手续等问题产生分歧，案外人实业公司以第三人违约为由另案诉至法院。2010 年 12 月，法院判决第三人将 70 亩土地的使用权及地上的建筑项目过户到案外人实业公司的名下，第三人向案外人实业公司支付违约金 1000 万元。上述土地使用权及建筑项目已于该案判决前先予执行过户到案外人实业公司名下，第三人尚未向案外人实业公司支付违约金 1000 万元。

2007 年 1 月，原告曾另案起诉，请求确认第三人 2006 年 11 月 17 日的股东会决议无效并撤销该决议，后原告于 2011 年 12 月撤回起诉。

关于案涉 70 亩土地的价值，2007 年第三人委托评估机构出具的报告显示，案涉土地在由划拨用地变为出让地时的评估总价为 107,587,941 元，该评估价格已在法院另案生效判决中确认。2012 年，原告委托评估机构出具的两份评估报告显示，2007 年 11 月案涉土地的市场价值为 302,154,324 元，2010 年 12 月案涉土地市场价值为 784,280,594 元。

原告诉称：

1. 第三人股东会于 2006 年 11 月 17 日作出的股东会决议没有获得 2/3 以上表决权通过，违反公司章程规定。且第三人仅采取了书面表决形式，没有召开股东会，决议上亦没有股东签字或盖章，违反《公司法》规定。

2. 被告系第三人的控股股东，其法定代表人亦同时为第三人董事长，被告的经营意图完全可以利用其控股股东地位通过第三人得以体现，两者之间存在人格混同。

3. 在股东会议事方式和表决程序严重违反《公司法》和公司章程的情况下，被告利用其控股股东地位通过合作开发决议低价转让案涉地块，导致第三人遭受巨额损失。其滥用股东权利的行为，损害了原告的合法权益，应向原告承担赔偿责任。

4. 关于原告的损失金额，财产损失发生在 2010 年 12 月，即第三人与案外人实业公司另案纠纷的判决生效时间。原告委托评估机构出具的评估报告显示，案涉地块 2010 年 12 月的市场价值为 784,280,594 元，减去该地块已获对价 8033 万元，再乘以原告持有的 33.3% 股权，得出原告的损失额为 2.34 亿元。

此外，就第三人应支付给案外人实业公司的 1000 万元违约金，原告对应的损失额为 333 万元。

被告辩称：

1. 原被告均不是本案适格当事人，原告的起诉对象错误，理由如下：

（1）尽管案外人邹某同时担任被告与第三人的董事长，但被告与第三人都是独立法人，不存在人格混同。第三人董事长签署股东会决议与对外签约行为是其个人的履职行为，没有证据显示被告作为股东利用案外人邹某在第三人的任职而滥用股东权利。

（2）即使第三人董事长的行为损害公司利益，不等于直接损害原告的股东利益，公司利益受损应由公司起诉或由股东代表公司提起代表诉讼追究责任。

（3）原告曾就案涉股东会决议提起撤销之诉，后主动撤诉表明其已放弃撤销请求权，亦即以默认方式接受案涉股东会决议，不应再诉本不适格的被告。

2. 原告委托评估机构出具的两份土地评估报告与本案并无关联，不能证明其主张的股权被侵害与受损事实。

3. 原告要求被告赔偿损失没有事实和法律依据。

第三人称：

1. 原告提交的评估报告是对案涉土地价格的评估而非对原告所持股权损益的评估，案涉土地为第三人名下财产，原告持有的是第三人的股权而非土地使用权，不应直接诉请赔偿。

2. 原告要求以第三人的资产直接赔偿其股权损失，侵犯了公司的财产权，实为原告的撤资行为,缺乏法律依据。

法官观点:

1. 被告没有实施滥用股东权利以损害其他股东利益的行为。

(1) 被告作为第三人的股东对与案外人实业公司的合作投了赞成票,系正当行使其依法享有表决权的行为,该表决行为并不构成对其他股东权利及利益的侵害。

(2) 制定股东会决议,签订合作开发协议,实际履行协议,这些行为及经营活动均是被告以"第三人董事会、董事长"名义而实施的,其对内为董事会行使职权,对外则代表了"第三人"的法人行为,没有证据证明被告作为股东实施了越权行为。

(3) "董事长同一"并不自然导致被告与第三人人格混同,不能据此得出被告的表决行为损害了第三人及原告利益的结论。尽管案外人邹某同时为被告与第三人的董事长,但"双重职务身份"并不违法,且第三人的董事长系股东会依公司章程规定选举产生,符合《公司法》规定,不能据此将第三人董事会的行为认定为被告的行为。此外,两公司人格独立还表现为其财产状况的独立和明晰,原告没有证据证明第三人与被告之间存在利益输送。

(4) 原告、被告对第三人章程规定的"股东会的决议,修改章程必须经三分之二以上的股东表决通过"是否适用本案的表决存有不同理解。即"股东会的决议"是指股东会的所有决议,还是仅指关于"修改章程"的决议。但是,无论案涉决议的合法性如何认定,亦都是第三人董事会行使职权的行为,其责任归于董事会,而不应作为判定被告在表决中是否滥用股东权利的依据。此外,"土地开发合作事宜"属于一般性的经营活动,《公司法》并未规定该决议必须经代表2/3以上表决权的股东通过。

2. 原告诉称的"损失"产生于第三人与案外人实业公司合作开发建设过程中,原告据此主张由被告赔偿其相应的损失,没有事实和法律依据,理由是:其一,第三人在该合作开发项目中的"损失"不属于本案审理的范围;其二,即使该"损失"存在,请求该项"损失"救济的权利人应是第三人,而非原告;其三,如原告代第三人主张权利,则诉讼权利受益人仍是第三人,与本案不属于同一法律关系,亦不属于本案审理范围。

综上，对原告关于被告滥用股东权利，侵害了其股东权益，应予赔偿的诉讼请求不予支持。

法院判决：

驳回原告的诉讼请求。

494. 公司利益受损导致股东利益间接受损，股东是否能够直接提起诉讼以请求损害赔偿？

不能。公司利益受损并不等同于股东利益受损。实践中，有的股东在提起损害股东利益责任纠纷诉讼时，会主张以公司遭受的损失乘以自身的持股比例计算损害赔偿金额，但股东权益的减损还与公司分红政策、股权行使方式等多种因素相关，与公司权益的减损并非直接对应。

若股东不能证明公司股东、实际控制人、董事或高级管理人员的侵权行为与其遭受的损失之间具有直接的因果关系，法院一般不会支持受害股东直接要求相对方承担损害赔偿责任的诉请。[1]

495. 公司部分股东可否直接商定部分董事、高级管理人员的待遇？

在没有章程另行规定的情形下，根据《公司法》规定，董事待遇由公司股东会决定，高级管理人员待遇由董事会或执行公司事务的董事决定。部分股东直接商定高级管理人员、董事待遇，违反法定程序，如损害公司或股东利益，则应当认定为无效。

但是，如果原告在损害股东利益责任纠纷诉讼中，直接诉请部分股东承担违法支付待遇对原告造成的损失赔偿，法院不予支持。原因是擅自发放过高薪酬，仅构成公司的直接财产损失，该行为与其他股东的财产损失没有直接的因果关系。此种情形下，若该部分股东同时具有董事、高级管理人员身份，即自己给自己发放过高薪酬，则其行为可能构成变相的歧视性分红，原告可通过强制盈余分配诉讼寻求救济。

---

[1] 参见最高人民法院民事审判第二庭编著：《中华人民共和国公司法理解与适用》（下），人民法院出版社 2024 年版，第 860 页；张颖：《资本多数决与中小股东保护：救济选择与司法适用——海南海钢集团有限公司与中国冶金矿业总公司、三亚渡假村有限公司损害股东利益责任纠纷案》，载最高人民法院民事审判第二庭编：《商事审判指导》2013 年第 3 辑，人民法院出版社 2014 年版，第 205~221 页。

【案例211】领取畸高薪酬的直接损失亦属公司　股东诉请直接赔偿被驳回[①]

原告：技术公司

被告：李甲、李乙、黄某

第三人：科技公司

诉讼请求：

1. 被告李甲、李乙共同赔偿原告149万余元；

2. 被告黄某赔偿原告42万余元。

争议焦点：

1. 原告主张三被告作为股东、高管未经股东会决议给自己发放高额薪酬，损害原告的股东利益，是否有事实依据；

2. 若被告确有未经股东会决议领取畸高薪酬的行为，原告主张他们直接对自己的股东利益进行赔偿，能否得到支持。

基本案情：

第三人成立于2011年5月18日，注册资本为500万元，股东为原告（持股20%）、被告李甲（持股56%）、被告黄某（持股24%），被告李甲担任第三人执行董事及法定代表人。被告李乙不是第三人的股东，但与其他两被告一道在第三人处工作并领取报酬。

第三人章程约定，公司股东会由全体股东组成，是公司的权力机构，行使决定聘任或者解聘公司经理及其报酬数额等，审议批准公司的利润分配方案和弥补亏损方案等职权。

第三人的财务报表及审计报告显示，公司在2017年度亏损12万余元，未分配利润为84万余元；2018年度净利润为7万余元，未分配利润为91万余元；2019年度净利润为266万余元，未分配利润为负174万余元。

2017年度，第三人向被告李甲发放工资总计102万余元，向被告李乙发放工资总计84万余元，向被告黄某发放工资总计54万余元。

对2018年度第三人向三被告发放工资的情况，各方当事人存在如下争议，

[①] 参见上海市第二中级人民法院（2021）沪02民终4914号民事判决书。

原告主张第三人共计向三被告发放 241 万余元，三被告则主张仅发放 40 万元。

原告诉称：

1. 三被告未经股东会决议从公司领取高额薪资，违反法律规定，原因如下：

（1）第三人并未就三被告作为公司高管的薪酬事宜召开过股东会，原告也未进行过表决。

（2）三被告薪酬水平高于同行业薪酬水平。对照同行业上市公司高管的薪酬，净利润上亿的上市公司高管平均年薪为 60 万元人民币。被告作为一家注册资本为 500 万元的有限责任公司，在 2018 年净利润仅有 7 万余元的情况下，向三被告发放年薪共计 241 万余元，高于上市公司高管的平均薪酬，严重不合常理。

2. 三被告通过领取高额薪酬的方式，造成第三人账面显示无利润可进行分配甚至亏损，侵害原告的利润分配权。第三人自成立以来，从未向原告分配过利润。第三人的财务报表及审计报告显示，2017 年度亏损 12 万余元，2018 年净利润也仅有 7 万余元，而 2017 年度三被告合计从第三人处领取薪酬 241 万余元，若三被告领取正常工资，2017 年度公司本不应亏损。第三人的利润已由三被告通过高薪的方式进行了分配，且三被告的行为直接造成原告无法行使股东分红权，侵占了原告应享有的利润，损害了原告的股东权利。

三被告辩称：

1. 原告提交的只是个别企业的薪资，整个行业中薪资是有起伏的，故原告并没有充分举证三被告领取的薪资过高。

2. 即使该种工资属于变相分红，这部分利益也应当归属于第三人，而不属于原告。

3. 直接将原告所认为畸高的工资变相地分给原告，将使公司的亏损无法得到弥补，公司债权人的利益会受到损害。

法官观点：

本案属于股东直接诉讼。原告要求三被告承担侵权损害赔偿，需证明三被告实施的侵权行为给原告造成直接损失，且该损失应具体明确。本案中，即便三被告领取薪酬确属过高，属于滥用股东权利发放高额薪酬，也仅构成第三人的直接财产损失，仅是间接损害原告作为股东的利益，因该行为与原告自身财产权益损失并不存在直接因果关系，原告以其享有第三人的股权为依据，要求三被告赔偿损失，既混淆了损失承受主体，又混淆了公司利益与股东利益。

若原告认为，三被告滥用股东权利发放高额薪酬，属于变相分红，对其正常行使利润分配请求权造成不利影响，则应在满足法定条件的情形下通过法定程序请求司法强制分配利润，而非将公司利益视为股东利益之和，主张将公司应取得的侵权损害赔偿在股东之间按股权比例直接分配。

法院判决：

驳回原告的诉讼请求。

496. 公司董事、高级管理人员能否以其实施的侵权行为系受到控股股东、实际控制人指示为由主张免除责任？

不能。公司董事、高级管理人员在接受指示实施针对其他股东的侵权行为时，未以公司和股东利益为出发点进行自主判断和决策，仅是按照他人的指示行动，违反了忠实、勤勉义务，其当然应承担连带责任。[①]

【相关法律依据】

一、公司法类

（一）法律

❖《公司法》第 21 条、第 25 条、第 59 条、第 67 条、第 89 条、第 180 条、第 190 条、第 192 条

（二）司法解释

❖《最高人民法院关于适用〈中华人民共和国公司法〉若干问题的规定（二）》（2020 年修正）第 1 条

❖《最高人民法院关于适用〈中华人民共和国公司法〉若干问题的规定（四）》（2020 年修正）第 15 条

[①] 参见最高人民法院民事审判第二庭编著：《中华人民共和国公司法理解与适用》（下），人民法院出版社 2024 年版，第 879 页。

二、民法类

(一) 法律

❖《民法典》第 132 条、第 1165 条

(二) 司法解释

❖《最高人民法院关于适用〈中华人民共和国民法典〉总则编若干问题的解释》(法释〔2022〕6 号) 第 3 条

三、程序法类

(一) 法律

❖《民事诉讼法》第 27 条、第 29 条

(二) 司法解释

❖《最高人民法院关于适用〈中华人民共和国民事诉讼法〉的解释》(2022 年修正) 第 24 条

第二十一章　公司关联交易损害责任纠纷

【宋和顾释义】

> 关于公司关联交易损害责任纠纷，新《公司法》在修订中，共涉及四处修改，其中两处为新增规定，两处为吸纳司法解释、上市公司规定基础上的进一步调整，涵盖：
> (1) 关联交易报告的义务主体；
> (2) 关联交易的表决和审议机关；
> (3) 关联董事的表决回避规则；
> (4) 删除了股份公司不得向董事、监事、高级管理人员提供借款的规定。
>
> 结合过往司法实践和本次修订，公司关联交易损害责任纠纷的争议类型主要体现为以下四种：
> (1) 与法律限制或禁止的关联交易种类以及相应的豁免制度有关的争议，如报告义务、表决回避等；
> (2) 关联方的范围认定争议，如哪些交易相对方属于"关联人间接控制的关联企业"；
> (3) 关联交易的程序性争议，如履行法定审议程序对关联交易效力的影响；
> (4) 关联交易的合法性争议，如怎样从实质上认定关联交易的合法性。

> 上述部分问题，在本书第三版第五册"公司关联交易损害责任纠纷"章节中已涉及，本章系根据司法实践的变化以及修法产生的新问题，加以梳理、归纳和补充。

497. 如何确定关联交易损害责任纠纷的诉讼当事人？

关联交易损害责任纠纷中，一般以公司作为原告。股东亦可通过代表诉讼进行主张而作为原告。根据股东双重代表诉讼制度，符合条件的母公司股东也可以代表全资子公司提起诉讼。

关联交易损害责任纠纷的适格被告一般是公司的控股股东、实际控制人，以及董事、监事、高级管理人员等。与上述人员共同实施侵权行为的关联交易相对方也可以成为适格被告。

498.《公司法》限制或禁止哪几种关联交易？

《公司法》列明了部分关联交易的行为，并要求在实施这些行为时，需要履行特定的法定程序。程序包括履行报告义务以及表决回避。

（1）公司向关联方提供担保

公司给股东或实际控制人提供担保，需经股东会决议；决议时，关联人员需回避。

（2）关联交易、自我交易

董事、监事、高级管理人员在实施下列行为时，需向公司董事会或股东会报告，并按照公司章程的规定经董事会或者股东会决议通过。董事会决议时，关联董事不得参与表决，其表决权不计入表决权总数。出席董事会会议的无关联关系董事人数不足3人的，应当将该事项提交股东会审议。具体事项包括：

①直接或者间接与本公司订立合同或者进行交易；

②董事、监事、高级管理人员的近亲属，董事、监事、高级管理人员或者其近亲属直接或者间接控制的企业，以及与董事、监事、高级管理人员有其他关联关系的关联人，与公司订立合同或者进行交易；

③董事、监事、高级管理人员利用职务便利为自己或者他人谋取属于公司的商业机会，除非法律、行政法规或者公司章程规定，公司不能利用该商

业机会；

④董事、监事、高级管理人员自营或者为他人经营与其任职公司同类的业务，除非法律、行政法规或者公司章程规定，公司不能利用该商业机会。

但是，考虑到关联交易的形式不限于上述情形，且对于非上市公司而言，《公司法》也并未列明报告与表决的具体程序。因此，股东会、董事会的议事规则以及公司章程的特殊约定意义重大，公司有必要明确约定报告披露的具体程序、回避的事项、回避人员范围等，以保证关联行为不致损害公司及股东的利益。

值得注意的是，上述事项并不针对公司股东、实际控制人。在这种情况下，只有进一步适用《公司法》新增的事实董事、影子董事制度，才能将符合条件的股东、实际控制人一并纳入限制、禁止关联交易的主体。

(3) 上市公司董事进行关联交易

上市公司董事与董事会会议决议事项所涉及的企业或者个人有关联关系的，该董事应当及时向董事会书面报告。有关联关系的董事不得对该项决议行使表决权，也不得代理其他董事行使表决权。该董事会会议由过半数的无关联关系董事出席即可举行，董事会会议所作决议须经无关联关系董事过半数通过。出席董事会会议的无关联关系董事人数不足3人的，应当将该事项提交上市公司股东会审议。

【案例212】为实际控制人名下其他公司提供担保 担保人请求确认担保无效被驳回[①]

原告：尤航公司、尤夫公司

被告：夏长公司、北京银行上海分行

诉讼请求：

1. 确认被告北京银行上海分行与被告夏长公司签订的《借款合同》、被告北京银行上海分行与原告尤航公司签订的《质押合同》无效；

2. 被告北京银行上海分行返还原告尤航公司存款146,176,878.13元人民

---

① 参见最高人民法院（2021）最高法民申5105号民事裁定书。

币及利息。

争议焦点：

1. 上市公司的全资子公司为上市公司实际控制人控制的其他公司提供担保，是否需经上市公司股东会决议；

2. 被告北京银行上海分行作为专业金融机构未审查本案对外担保是否经过上市公司股东会决议，是否影响案涉《质押合同》的效力。

基本案情：

原告尤夫公司的实际控制人为案外人颜某，原告尤航公司为原告尤夫公司的全资子公司。原告尤航公司的公司章程第7条规定，公司不设股东会，为公司股东或者实际控制人提供担保作出决议，由股东行使职权。股东作出决定时，应当采用书面形式，决议由股东签名后置备于公司。第8条规定，公司对其他企业投资或者为他人提供担保，由股东作出决定。

原告尤夫公司章程第41条规定："公司下列对外担保行为，须经股东大会审议通过：（一）本公司及本公司控股子公司的对外担保总额，达到或超过最近一期经审计净资产的50%以后提供的任何担保……（三）连续十二个月内担保超过公司最近一期经审计净资产的50%且绝对金额超过5000万元人民币……（六）对股东、实际控制人及其关联方提供的担保……（七）法律、法规及规范性文件、公司章程规定的需要股东大会审议通过的其他担保情形。"

2017年12月14日，被告夏长公司作为借款人与被告北京银行上海分行签订《借款合同》，约定贷款金为145,500,000元；贷款期限为自首次提款日起1年；贷款用途为支付采购货款；保证人为案外人智饰公司，出质人为原告尤航公司。

同日，原告尤航公司在被告北京银行上海分行开立金额为15,000万元的大额存单并与被告北京银行上海分行签订《质押合同》，约定原告尤航公司作为出质人以其名下的大额存单为被告夏长公司与被告北京银行上海分行签订的《借款合同》提供担保。原告尤航公司向被告北京银行上海分行提供了股东决定，载明：原告尤夫公司作为我公司唯一股东，同意该笔业务由我公司以我公司名下人民币存单提供质押担保。我公司承诺本决定的作出符合相关法律法规及公司章程的规定和要求，股东签章真实，决定内容真实、合法。

2017 年 12 月 15 日，被告北京银行上海分行发放贷款 145,500,000 元。

2018 年 1 月 24 日，被告北京银行上海分行向被告夏长公司、原告尤航公司发出《宣布贷款全部提前到期函》，载明因被告夏长公司实际控制人颜某控股的原告尤夫公司自 2018 年 1 月起被新闻媒体曝光涉嫌违规经营，且被告夏长公司至今未提供符合主合同约定的贷款用途的发票，已对被告北京银行上海分行债权产生重大不利影响，构成主合同项下的严重违约。根据主合同"借款合同基本条款"第 6 条"违约及救济权利"的约定，向被告夏长公司宣布贷款全部提前到期，请被告夏长公司清偿全部应付款项，原告尤航公司履行质押担保责任。同日，被告北京银行上海分行扣划了原告尤航公司质押的单位大额存单下的存款 146,176,878.13 元以清偿被告夏长公司的借款。

此外，原告尤夫公司 2017 年度报告《董事会的相关说明》载明，原告尤夫公司及原告尤航公司经自查确认：原告尤夫公司及原告尤航公司与被告夏长公司没有任何业务及资金方面的往来，与该公司亦不存在关联关系或其他关系。

二原告诉称：

1. 本案借款发生时，二原告以及被告夏长公司均受到案外人颜某的直接或间接控制。被告北京银行上海分行在其发出的《宣布贷款全部提前到期函》中自认案外人颜某系被告夏长公司的实际控制人。鉴于本案系由原告尤航公司为其实际控制人控制的其他公司提供担保，故应适用《公司法》关联担保的规定。即使不适用该规定，考虑到原告尤夫公司系原告尤航公司的唯一股东，原告尤航公司对外担保也不能仅由原告尤夫公司盖章同意。同时，本案质押担保行为违反了《中国证券监督管理委员会、中国银行业监督管理委员会关于规范上市公司对外担保行为的通知》（证监发〔2005〕120 号，以下简称《通知》）的相关规定，本案原告尤航公司为被告夏长公司债务提供担保的事项，应在原告尤夫公司召开股东大会且案外人颜某支配的股东不参与表决的情况下作出决议。上市公司实际控制人利用关联关系违规担保、套取资金、掏空上市公司，严重影响了资本市场秩序，故本案《借款合同》及《质押合同》因违反公共秩序而无效。

2. 被告北京银行上海分行作为专业金融机构，应负有较高的注意义务。本案中，被告北京银行上海分行未按照相关法律法规和监管要求履行审核义务，对于案涉关联担保情况、借款人的经营状况、公司担保的决议程序以及相关上市公司信息披露情况等均未认真核查，并非善意的担保权人，不享有担保权利。《民法典》对本案具有溯及力，本案应当适用《最高人民法院关于适用〈中华人民共和国民法典〉有关担保制度的解释》（以下简称《担保制度解释》）第9条的规定认定案涉《质押合同》无效，原告尤航公司不应承担担保责任。

被告北京银行上海分行辩称：

1. 本案中，被告北京银行上海分行出具的《宣布贷款全部提前到期函》称，案外人颜某为被告夏长公司的实际控制人系套用函件格式时发生的笔误。本案借款人被告夏长公司并非申请人关联公司，其既非原告尤航公司的实际控制人也非股东。本案所涉担保不属于为股东或实际控制人提供关联担保的情形。即使案外人颜某系被告夏长公司的实际控制人，案涉担保也不属于公司为其实际控制人提供的担保。

2. 被告北京银行上海分行已经依照原告尤航公司章程，审查了原告尤航公司的股东原告尤夫公司作出的股东决定，尽到了作为债权人的全面审查义务。被告北京银行上海分行并无审查原告尤夫公司章程的义务。即使按照原告尤夫公司章程，依据案涉借款发生时的公开资料也并不存在需要上市公司股东大会审议的情形。

3. 《通知》不属于法律或行政法规，且该《通知》内容是对上市公司及其子公司的要求，并非对债权人的权利限制。同时，各地法院就该《通知》的相关内容也存在不同理解。因此，不应以违反该监管文件为由否定本案《借款合同》及《质押合同》的效力。

4. 被告北京银行上海分行与原告尤航公司签订的《质押合同》均系各方当事人真实意思表示，被告北京银行上海分行不存在恶意串通行为，原告亦未对此进行举证。原告主张原告尤航公司的对外担保需要原告尤夫公司决议亦缺乏法律依据，两合同均依法成立并有效。

被告夏长公司未发表答辩意见。

第二十一章

公司关联交易损害责任纠纷

法官观点：

1. 关于原告尤航公司为被告夏长公司提供担保，是否需经原告尤夫公司决议，以及案涉《质押合同》是否因违反《公司法》以及前述《通知》的相关规定而无效的问题。

首先，根据法律规定，违反法律、行政法规的强制性规定的合同无效。从《通知》的规范性质和层级来看，其不属于法律或行政法规，故违反该《通知》的相关规定并不直接导致民事行为无效。

其次，从《通知》规范的内容来看，其主要是监管部门为维护金融市场秩序、防范金融风险而提出的相关要求，上市公司及其控股子公司违反相关规定所要求的审议及披露义务的，则应承担相应的交易风险，由有关部门对其做出处理，这对于当事人之间的民事权利义务关系并不产生必然影响。被告北京银行上海分行作为接受担保的外部债权人，如果要求其根据《通知》和《关于执行证监发〔2005〕120号有关问题的说明》等相关规定进一步审核原告尤夫公司的股东会决议，亦会增加市场交易成本，影响市场交易效率。

再次，《公司法》第16条①第2款规定："公司为公司股东或者实际控制人提供担保的，必须经股东会或者股东大会决议。"本案中，即使如原告尤航公司所述，案外人颜某系夏长公司和原告尤航公司的实际控制人，案涉质押担保也不属于"公司为公司股东或者实际控制人提供担保"的情形。原告尤航公司称该条中的"实际控制人"应扩张解释为包括实际控制人控制的其他关联人，但此种主张已经超出了法律条文通常的文义范围。

最后，《公司法》第16条第1款规定，"公司向其他企业投资或者为他人提供担保，依照公司章程的规定，由董事会或者股东会、股东大会决议"。原告尤航公司的章程也明确规定："公司不设股东会，为公司股东或者实际控制人提供担保作出决议，由股东行使职权……公司向其他企业投资或者为他人提供担保，由股东作出决定。"从本案担保的决议程序来看，案涉《质押合同》由担保人即原告尤航公司的唯一股东原告尤夫公司盖章作出股东决定，同意该担保行为，符合《公司法》对于公司对外担保的程序要求，也满足原

---

① 现为《公司法》第15条。

· 961 ·

告尤航公司的章程规定。

2. 关于本案借款过程中被告北京银行上海分行是否尽到了审核义务进而影响《质押合同》效力的问题。

本案中，被告北京银行上海分行审查了原告尤航公司唯一股东原告尤夫公司出具的股东决定，尽到了自身的审查义务。公司对外担保中，考察担保债权人是否善意的前提是存在法定代表人越权担保的情况，就本案而言，这一前提并不存在，故原告尤夫公司及原告尤航公司主张被告北京银行上海分行并非善意，亦缺乏事实基础。

此外，原告尤夫公司及原告尤航公司主张《民法典》对本案具有溯及力，且本案应当适用《担保制度解释》第9条的规定认定案涉《质押合同》无效。对此，根据《最高人民法院关于适用〈中华人民共和国民法典〉时间效力的若干规定》第1条规定，本案应当适用当时法律、司法解释的规定；虽然《担保制度解释》第9条的制定依据是《公司法》第16条，且《公司法》并未修改或者废止，但由于《公司法》第16条并无关于上市公司提供担保的特别规定，因此《担保制度解释》关于上市公司对外提供担保的规定属于带有规则创制性质的法律解释，不应赋予其溯及既往的效力，故《担保制度解释》第9条对本案亦不适用。原告尤航公司对外担保是否经过原告尤夫公司的股东大会决议，以及被告北京银行上海分行是否对该决议进行审查，对案涉《质押合同》的效力不产生影响。原告尤航公司对案涉夏长公司的贷款应承担担保责任。

法院判决：

驳回原告诉讼请求。

499. 关联人员与公司的全资子公司进行关联交易，是否同样受到限制或禁止？

母公司与全资子公司之间存在较为直接的利益关系。因此，关联人员与全资子公司进行关联交易，也应当受到上述限制。

关联人员任职于上市公司的，还应当将限制或禁止关联交易的范围扩大至控股子公司。

500. 公司为其股东、实际控制人控制的其他主体提供担保，是否需要经股东会决议？

实践中，对于该问题存在争议。

否定说认为，不应对法律条文作扩张解释。若需要经股东会决议，则会增加公司的审查成本，因此应当将关联人的范围严格限定为公司股东、实际控制人。

肯定说则认为，公司为其股东、实际控制人控制的其他主体提供担保，存在较高的利益输送可能性，因此应当类推适用关联担保规定。

【案例213】未损害公司利益　请求确认关联交易决议无效被驳回[①]

原告：兖矿公司、永峰公司

被告：东圣公司

诉讼请求：

1. 确认被告董事会于2013年12月23日作出的《第一届第二次董事会会议决议》中第3项和第6项决议内容无效。

2. 确认2013年12月23日以被告股东会名义作出的《临时股东会议决议》内容无效。

争议焦点：

被告董事会及股东会决议中的关联交易事项涉及被告部分股东及董事的个人利益且关联人员参与了会议表决，涉及该关联交易的决议是否无效。

基本案情：

2012年1月30日，二原告、案外人金最公司及恒盛公司共同以货币出资方式投资设立被告，注册资本为2亿元，各股东的出资额及股权比例分别为：案外人金最公司出资9000万元，股权比例为45%；原告兖矿公司出资8000万元，股权比例为40%；案外人恒盛公司出资2000万元，股权比例为10%；原告永峰公司出资1000万元，股权比例为5%。

2013年12月1日，被告董事会发出《董事会会议通知》。2013年12月

[①] 参见最高人民法院（2017）最高法民终416号民事判决书。

23日,被告作出《第一届第二次董事会决议》,决议第3项内容为"审议并批准董事潘某提交的《关于收购海隆公司议案》";第6项内容为"一致同意由公司法定代表人王某负责组织收购案外人海隆公司工作,并代表被告与相关方签订系列收购文件"。同日,被告法定代表人、董事长王某主持召开了临时股东会议,并作出《临时股东会议决议》,全体股东一致同意被告收购海隆公司。

同日,被告与案外人金最公司、东陶公司、海隆公司共同签署了《股权转让协议》,其中载明:海隆公司注册资本10,000万元,金最公司持有海隆公司65%股权,东陶公司持有海隆公司35%股权,截至2013年11月23日,海隆公司负债52,158.26万元。金最公司、东陶公司拟将其持有的海隆公司股权转让给被告,被告同意受让。股权转让款10,000万元,为承债式转让,被告在协议生效后的3个工作日内支付股权转让定金8000万元;在协议生效后6个月内支付股权转让余款2000万元并负责使海隆公司能有资金归还债务。股权转让款支付完成且海隆公司归还其全部债务后,金最公司、东陶公司不再持有海隆公司股权。《股权转让协议》项下的交易款项支付至金最公司账户。协议签订次日,被告将8000万元定金汇入了金最公司账户。

此外,被告法定代表人、董事王某是案外人东陶公司的法定代表人。案外人金最公司法定代表人潘某、案外人海隆公司法定代表人兼董事长贾某、海隆公司财务总监李某同时又均是被告董事。

原告诉称:

1. 被告董事会于2013年12月23日作出的《第一届第二次董事会决议》中第3项和第6项决议内容违法,不具有法律效力。

第一,形成该决议内容的决议案提交程序违法。第二,决议内容所涉及的拟收购的案外人海隆公司股权没有依法进行股权价值评估。第三,被告董事会没有将其作为重大关联交易事项进行专题审议,同时在进行表决时,具有关联关系的王某、贾某、潘某、李某等人,不仅没有履行最基本的董事忠实义务进行表决回避,反而恶意串通,通过了该议案的表决。第四,就决议内容本身而言,被告《第一届第二次董事会决议》第3项和第6项决议内容,依照《公司法》第37条、第46条规定和《公司章程》的规定,也明显超越了董事会的职权范围，该决议内容非经提交股东会作出，在法律上也应属无效。

2. 被告股东会临时会议程序违法，决议内容违法。

首先，该次股东会临时会议召集召开程序违法。《临时股东会议决议》系于2013年12月23日突然召开的被告股东会临时会议上作出。其次，该次股东会临时会议决议内容违法，其理由在于以下两点：其一，决议内容所涉及的交易标的资产没有依法进行资产评估，违背了《国有资产评估管理办法》中"应当进行资产评估"的强制性规定；其二，被告股东会没有将决议事项作为重大关联交易事项进行专门审查。同时，案外人金最公司与恒盛公司股东代表为了促成金最公司抽逃出资的违法关联交易，在召开并作出违法决议之当晚，一方面，违反规定突然召开该次股东会临时会议；另一方面，其作为关联交易股东，不仅不就该决议事项进行必要回避，还反而恶意串通其他股东积极参与表决。该决议的表决行为及决议内容严重违反《企业国有资产法》《公司法》等规定，程序、内容违法，应属无效。

被告辩称：

1. 关于决议效力问题，董事会决议不具有违法性，是有效的，原告对程序也是认可的。案涉股东会决议是全部股东到场并经一致同意形成书面决议的。上述会议即使存在程序上的瑕疵，也属于可撤销的决议，并不是无效，而撤销的时间是60天，原告行使撤销权的时间已过。

2. 法律并不禁止关联交易关系，关联交易能节约成本，本案被告不是上市公司，其不受关联交易约束。企业资金是长期运转的，支付转让对价是正常的，不能认定流出资金就是抽逃出资。被告收购案外人海隆公司是合法有效的，应该继续履行。

一审法官观点：

1. 公司对外投资，如果属于公司正常经营行为，司法不宜干预。但是，本案中，案外人金最公司既是被告股东，又是被告拟收购的案外人海隆公司的控股股东；而海隆公司另一股东案外人东陶公司，其法定代表人王某又是被告的法定代表人、董事；金最公司法定代表人潘某，海隆公司董事长、法定代表人贾某，海隆公司财务总监李某同时又均是被告董事。故被告董事会、股东会决议内容中关于收购海隆公司并授权王某组织收购工作的行为，属于公司关联交易，参与表决的董事及股东代表与决议事项有关联关系。

2.《公司法》第20条第1款①规定，"公司股东应当遵守法律、行政法规和公司章程，依法行使股东权利，不得滥用股东权利损害公司或者其他股东的利益"；第21条第1款②规定，"公司的控股股东、实际控制人、董事、监事、高级管理人员不得利用其关联关系损害公司利益"。上述规定中的"不得"表述，对公司股东或者董事而言，属于禁止性规定，公司股东或者董事应当恪守。公司股东应当依法行使股东权利，不得违反诚实信用原则和公司制度的本质，滥用股东权利或者利用关联关系损害公司或者其他股东的利益。本案被告董事会及股东会决议中的关联交易事项涉及被告部分股东及董事的个人利益，但上述被告股东或者董事明知存在关联关系却不回避，并利用其股东或者董事的权利行使表决权，违反了《公司法》的禁止性规定。

在决议作出当日，案外人王某即组织被告与案外人金最公司、东陶公司和海隆公司签订《股权转让协议》，协议约定股权转让款10,000万元，被告次日即支付定金8000万元，并约定在协议生效后6个月内支付余款2000万元且负责使海隆公司有资金归还债务。上述行为足以认定被告具有关联关系的股东或者董事行使表决权时掺杂其个人的利益，损害了被告及其他股东的权益，决议内容应属无效。

同时，被告董事会及股东会决议中的关联交易事项涉及被告部分股东及董事的个人利益，但被告有关联关系的股东或者董事不但不回避，反而相互串通，利用其股东或者董事的权利行使表决权，促成决议事项的形成及实施，应当认定决议无效。

3. 原告关于决议内容所涉及的交易标的资产没有依法进行评估，违反了《国有资产评估管理办法》中"应当进行资产评估"的规定，故决议无效的理由不成立。上述规定系管理性规定，而非效力性规定。此外，原告诉请是确认董事会及股东会决议无效，其关于董事会及股东会的召集程序或者表决方式是否违反法律、行政法规或者公司章程的观点系与《公司法》请求撤销决议的规定有关，而与本案无关。

---

① 现为《公司法》第21条。
② 现为《公司法》第22条。

一审法院判决：

1. 确认被告董事会于 2013 年 12 月 23 日作出的《第一届第二次董事会会议决议》第 3 项"审议并批准董事潘某提交的《关于收购海隆公司议案》"和第 6 项"一致同意由公司法定代表人王某负责组织收购海隆公司工作，并代表被告与相关方签订系列收购文件"内容无效。

2. 确认被告于 2013 年 12 月 23 日作出的《临时股东会议决议》中"全体股东一致同意被告收购海隆公司，收购具体工作由王某负责组织实施，并授权王某代表被告与相关各方签订相关文件"内容无效。

被告上诉称：

1. 原告的诉讼请求不应得到支持。在作出收购决议时，所有董事及股东代表均予以签字确认，在整个过程中原告均未提出异议，直至原告兖矿公司董事长变更及国内矿业形势发生逆转后才提起诉讼，其目的是不想承担投资可能造成的亏损和风险。

2. 有限责任公司并不禁止关联交易，一审判决基于董事会和股东会决议内容与部分股东或董事存在关联性来否认决议的效力，没有事实和法律依据。本案所涉协议内容确实与部分股东及董事存在一定的关联性，但已经董事会和股东会一致决议通过，且有关联关系的股东和董事均不存在违规或不当行为，故该决议效力不能基于存在关联交易而被认定存在瑕疵或无效。此外，《公司法》并未对有限责任公司关联股东就关联交易行使表决权作出限制，故一审判决认定关联股东未回避违法缺乏法律依据。关于《股权转让协议》是否有效并非原告诉请，一审判决以签署《股权转让协议》及履行协议后续可能存在的瑕疵而倒推决议无效没有依据。

3. 无论是《公司法》第 20 条第 1 款、第 21 条第 1 款，还是《民法通则》的有关规定，其适用前提是民事行为损害公司、股东或第三人的利益，而一审判决并未阐述案涉决议内容如何损害了公司、股东或其他第三方的利益，案涉决议不仅未损害各方利益，还大大增加了被告的资产，一审判决缺乏事实依据。董事会、股东会决议以及基于该决议所签署的《股权转让协议》是真实的且对被告极为有利的关联交易，不存在损害公司、股东、国家或债权人利益的情形。

4. 一审判决直接将《公司法》第 20 条第 1 款及第 21 条第 1 款中的"不得"定性为禁止性和效力性条款，并认定只要违反就必然无效，并无法律依据。董事会及股东会决议系各方董事及股东代表一致决议的结果，且决议并未损害公司、股东以及国家和社会利益，即使其违反了相关规定，也属于管理性规定，其法律后果并非无效，故一审判决认定没有法律依据。

原告二审辩称：

1. 诉争董事会决议及临时股东会决议内容违反法律、行政法规，应为无效，原告系依法行使诉权，一审判决支持其诉讼请求有事实和法律依据。

2. 诉争董事会决议及临时股东会决议内容已实际损害了公司利益及原告作为公司股东的利益。被告董事会及股东会决议中的关联交易事项涉及被告部分股东及董事的个人利益，但有关联关系的股东或者董事不但不回避，反而相互串通，第一大股东案外人金最公司与东陶公司以具有重大违法性的股权关联交易合同之名，达到抽逃被告注册资本 8000 万元的目的，并使被告背负巨额债务，严重损害了被告及其股东原告的利益。

3. 《公司法》第 20 条第 1 款及第 21 条第 1 款中的"不得"表述，属于禁止性和效力性条款，违反该规定的行为，依法应认定为无效。故一审判决认定事实清楚，适用法律正确，应予维持。

4. 案涉《股权转让协议》未经原告审慎考虑及各方股东充分论证。案涉董事会决议及临时股东会决议系关联关系股东或董事利用关联身份签署，目的是帮助案外人金最公司抽逃出资、规避担保责任、转嫁数亿重大债务风险。《股权转让协议》约定股权转让方式为承债式转让，但目标公司除了约定的 5.22 亿元债务之外，还有数亿元的隐性债务。

二审、再审法官观点：

根据《公司法》第 22 条第 1 款①"公司股东会或者股东大会、董事会的决议内容违反法律、行政法规的无效"之规定，公司决议无效情形是指决议内容违反法律、行政法规的规定。故本案审查的重点是，被告《第一届第二次董事会决议》第 3 项、第 6 项及《临时股东会议决议》内容是否存在违

---

① 现为《公司法》第 25 条。

法律、行政法规的情形。被告董事会、股东会作出的关于收购海隆公司并授权王某组织收购工作的决议，参与表决的董事及股东代表与决议事项有关联关系，确实属于公司关联交易。但涉及关联交易的决议无效，还需要违反《公司法》第20条第1款和第21条第1款之规定，即须判定公司决议是否系股东滥用股东权利，以及是否损害公司或其他股东利益，而不能仅因涉及关联交易，就认定股东会、董事会决议当然无效。

本案中，被告董事会及股东会作出决议时，各方董事及股东代表均参加会议并一致同意表决通过，对决议内容未提出异议。参与表决的董事及股东代表与决议事项虽具有关联关系，但法律并未对其行使表决权作出限制，并不能因此认定其行为构成滥用股东权利。至于董事会或股东会的召开是否违反公司章程关于会议召集程序的相关规定，应为董事会或股东会决议撤销的事由，不属于认定相关决议效力的依据。

另就案涉决议内容而言，其中关于收购案外人海隆公司并授权王某组织收购工作的内容并未涉及具体的交易条件等事项，现有证据不能证明该决议内容损害了公司或其他股东的利益。至于被告基于董事会及股东会决议，与金最公司、东陶公司和海隆公司签订《股权转让协议》是否构成恶意串通、抽逃出资的问题，属于股权转让合同应否以及能否继续履行的问题，与案涉董事会及股东会决议对公司或其他股东的利益是否造成损害无关，不影响本案对被告董事会及股东会决议效力的认定。故案涉董事会及股东会决议并不具备违反法律、行政法规的情形，不能认定被告董事及股东恶意串通，利用关联交易损害公司及股东利益。

原告兖矿公司主张案涉董事会或股东会的召开违反公司章程的相关规定，但上述理由不属于对相关决议效力认定的依据，而是董事会或股东会决议撤销的事由。至于案涉《股权转让协议》的签订时间、相关内容约定、合同目的能否实现以及是否构成恶意串通、抽逃出资等问题，并不构成案涉董事会及股东会决议对公司或其他股东利益的损害，均不属于本案审理范围，不影响本案对被告董事会及股东会决议效力的认定。

二审、再审法院判决：

撤销一审判决，驳回原告诉讼请求。

【案例214】被告参与公司经营决策　非股东未任职但仍属关联方[①]

原告：富连江公司

被告：弘健公司、余某

诉讼请求：

二被告连带赔偿原告损失3455.2万元。

争议焦点：

1. 被告余某未在被告弘建公司任职但对其财务及经营政策具有重大影响力，二被告之间是否形成关联关系，以及被告余某是否利用该关联关系损害了原告利益；

2. 本案应否追加原告法定代表人马某为被告并由马某对本案债务一同承担责任；

3. 本案是否超过诉讼时效，如何确定应当发现关联交易的时间。

基本案情：

原告系案外人资源公司于2004年6月4日设立的全资孙公司，被告余某为法定代表人；自2006年12月起，原告法定代表人变更为案外人马某，董事变更为案外人马某、邓某及被告余某。被告余某负责原告2009年至2010年经营管理工作。

2005年3月，被告余某代表案外人火炬公司与政府签订协议，设立被告弘健公司，案外人吴某为被告弘健公司的唯一股东和法定代表人。2007年6月，案外人火炬公司将股权全部转让给案外人联源公司（案外人吴某的全资子公司）。2010年4月2日，被告弘健公司以67%持股比例成为案外人长江公司控股股东，被告余某代表被告弘健公司签署相关股东会文件并被选举为长江公司董事长，长期在被告弘健公司办公。

2011年8月，被告弘健公司投资人变更为案外人联源公司（占60.66%股份）及被告余某家族企业旅游公司（占39.34%股份），2011年10月其公司法定代表人变更为案外人余某甲（即被告余某之弟）。

2009年6月至2010年3月，原告就设备采购事宜分别与被告弘健公司签

[①] 参见湖北省高级人民法院（2013）鄂民二终字第00084号民事判决书。

第二十一章
公司关联交易损害责任纠纷

订四份采购合同（以下简称涉案四笔交易），共支付货款4395万元，而按被告弘健公司（或通过第三人）的实际采购单价计算，前述设备价款为939.8万元，两者差额为3455.2万元。原告与涉案四笔交易有关的合同报批单、用款审批单及财务审批凭证均由被告余某审查批准。

2011年5月30日，案外人资源公司的股东马某（同时系原告法定代表人）与被告余某等其他股东签订《股权转让协议》，收购被告余某等股东在资源公司的股份，成为该公司控股股东及法定代表人（占股50.44%），被告余某所占股份由38.50%下降为0.47%。

原告诉称：

被告余某在2009年6月至2010年3月，作为原告董事及被告弘健公司实际控制人，四次通过被告弘健公司（或其关联公司）购入设备后向原告加价转卖，以此谋取不当利益，造成原告损失3455.2万元，二被告应连带赔偿原告损失。

二被告辩称：

1. 原告主张的涉案交易发生期间，二被告之间不具有关联关系。涉案交易期间，被告弘健公司的唯一股东是案外人联源公司，董事长和实际控制人为案外人吴某，2011年11月17日前由吴某负责被告弘健公司的全面管理工作。被告余某在相关交易合同上签字，出席与政府的签字仪式，收购长江公司并代表被告弘健公司出任董事等行为，均系受相关委托而为，不能作为认定被告余某实际控制被告弘健公司及二被告之间存在关联关系的依据。被告余某自2006年12月后未在原告公司担任职务，且原告章程规定公司实行总经理负责制，被告余某对涉案交易不应承担责任。

2. 原告为主张二被告通过关联交易谋取不当利益所提交的合同系复印件，无法认定其真实性。原告提交的与他人所签订的采购合同与本案不具有关联性。原告提交的合同报批单均为复印件，不能证明原告与被告弘健公司的相关交易由被告余某决定。

3. 应当追加原告法定代表人马某为共同被告。马某自2006年12月29日起担任原告法定代表人及董事长，根据原告公司章程第15条规定，马某是涉案交易的批准人。同时，马某亦是被告弘健公司涉案采购设备交易上游厂家的直接或间接控制人，对于本案涉诉所有交易，马某全部知情且一手操控因而，如涉案交易构成关联交易，则应当追加马某为本案共同被告。

4. 原告主张的请求已超过诉讼时效。涉案关联交易发生在2009年6月至2010年3月，根据原告章程规定，法定代表人马某应对全部交易完全知悉并一手操控，且被告弘健公司的上游厂家由马某直接或间接控制，与原告存在长期贸易关系。本案作为因关联交易引起的损害赔偿案件，不论是针对合同的撤销权或损害赔偿诉权，原告或马某在2010年5月12日之前就已经知道涉案交易的事实。如果存在侵权事实，原告应当自2010年5月12日起一年内或两年内行使权利，而原告于2012年9月提起诉讼，已超过一年的除斥期间和两年的诉讼时效。

法官观点：

1. 二被告构成关联关系，同时存在利用该关联关系损害原告利益的问题。

合同报批单及用款审批单均加盖了被告余某的印章，虽然这些单据为传真件，但传真件存档时留存的为复印件符合惯例，同时它们与原告提供的其2009年度及2010年度的所有财务审批原始凭证（含本案诉争四笔合同的审批凭证）相互印证，同时，前述凭证载明的主要内容与原告提供的其他证据（与被告弘健公司签订的买卖合同、货款发票原件）等也可以形成对应关系。故可以认定原告2009年度及2010年度所有重大支出，最后均需被告余某审查批准。虽然工商登记中并未显示被告余某曾于2009年至2010年在被告弘健公司担任职务，但余某对弘健公司的财务及经营政策具有重大影响力，且二被告未能提供涉案四笔交易完整的内部审批单以证明二被告之间不存在关联关系。同时，被告余某作为原告2009年至2010年的实际控制人，在涉及公司重大交易时，未经董事会表决通过或董事长同意，应当回避却未予回避，还直接批准了涉案交易用款，以与市场价格严重不相符的高价购买被告弘健公司供应的设备，客观上造成了原告的损失。

2. 应由二被告对原告损失承担连带责任。

被告余某作为原告的董事及2009年至2010年的实际控制人，利用和自己具有关联关系的被告弘健公司与原告签订合同，以虚高交易价款谋取不当利益，损害了原告的利益，应依据《公司法》规定承担相应损失的赔偿责任。

由于二被告具有意思表示一致性及利益取得的共同性，应由二被告对原告的损失承担连带责任。

3. 无须追加案外人马某为当事人共同参与诉讼。

被告弘健公司主张原告法定代表人、董事长马某参与涉案交易，且与其他参与货物买卖的公司之间具有关联关系，应追加其为共同被告，但并未对马某知晓并同意前述涉案合同交易提交充分的证据予以证明，因此不能确定马某是否与被告弘健公司之间具有关联关系。即使马某知晓上述交易，也并不能证明马某必然参与了损害原告利益的行为。故马某并非必须参与本案诉讼的当事人。马某是否参与本案诉讼，亦不影响二被告的责任承担。

4. 本案并未超过诉讼时效。

一般而言，就公司的控股股东、实际控制人等高级管理人员利用关联关系损害公司利益之事由而言，基于该控制人（或实际控制人）对公司的支配地位，普通股东（或董事）往往难以及时发现该事由或代表公司主张权利，只有当公司控制人发生重大变化时，公司才可能知晓并主张权利。就本案而言，在2011年5月30日，案外人马某收购股份取代被告余某成为原告控股股东及法定代表人之前，被告余某系原告的实际控制人，在此期间，即便当时马某系原告登记的法定代表人，客观上也难以发现被告余某存在利用关联关系损害其利益的情形并主张权利。依照《民法通则》关于从权利人知道或应当知道权利受侵害之日起计算诉讼时效的规定，应当以2011年5月30作为起算点，认定本案并未超过诉讼时效。

法院判决

二被告连带赔偿原告损失3455.2万元。

501. 关联交易损害公司利益诉讼中，被告以已履行相关程序为由抗辩的，法院是否支持？

对此，《公司法司法解释（五）》规定，无论关联交易是否履行了法定程序，均应从实质上判断其是否给公司或股东利益造成损失。但新《公司法》实施后，最高人民法院民事审判第二庭认为，事前向董事会或股东会报告并决议通过的自我交易和关联交易，应当认定其合法性，不得以交易结果实质不公平或损害公司利益为由否定交易行为的效力。对事后向董事会或股东会报告的自我交易和关联交易，不论是否经董事会或股东会决议通过，交易方应举证证明该交易结果实质公平，否则公司可以主张该交易无效或可撤销，给公司利益造成损害的，公司还可以主张损害赔偿。

502. 关联交易提交股东会决议的，关联股东是否需要回避？

除关联担保以外，法律并无其他股东需回避表决事项的明文规定。

司法实践中，有法院认为如关联股东不回避表决将损害公司或其他股东的合法权益，但也有法院认为股东无须回避表决非法定关联交易事项。由此可见，实践中这也是一个存在争议的问题。

因此，为避免分歧，公司股东可以在章程中就关联交易的回避表决进行明确约定，如关联交易的类型、金额等。①

503. 一人有限责任公司为股东提供担保，股东需要承担何种责任？

一人有限责任公司为股东提供担保，公司以违反公司法关于公司对外担保决议程序的规定为由主张不承担担保责任的，法院不予支持。公司因承担担保责任而无法清偿其他债务，提供担保时的股东不能证明公司财产独立于自己的财产，其他债权人请求该股东承担连带责任的，法院应予支持。

504. 证券欺诈责任纠纷的管辖法院如何确定？是否适用诉讼时效？案件受理费如何确定？

证券欺诈行为属于侵权行为，可由被告住所地、侵权行为地人民法院管辖。其中，虚假陈述证券、证券内幕交易、操纵证券交易市场等民事赔偿案件，由发行人住所地的省、自治区、直辖市人民政府所在的市、计划单列市和经济特区中级人民法院管辖。同时，北京、上海、广州三地设立了金融法院，对于创业板、科创板和新三板的上市公司，适用集中管辖。投资人对多个被告提起证券民事赔偿诉讼的，按下列原则确定管辖法院：

（1）由发行人或者上市公司所在地有管辖权的中级人民法院管辖，但以下情形除外：人民法院受理以发行人或者上市公司以外的虚假陈述行为人为被告提起的诉讼后，当事人不同意追加发行人或上市公司为共同被告，人民法院又

---

① 有关决议程序、决议效力的内容，详见本书第五章（第三版中为第二十章）"公司决议纠纷"。

认为确有必要追加的，应当通知发行人或者上市公司作为共同被告参加诉讼。

（2）对发行人或者上市公司以外的虚假陈述行为人提起的诉讼，由被告所在地有管辖权的中级人民法院管辖。

（3）仅以自然人为被告提起的诉讼，由被告所在地有管辖权的中级人民法院管辖。

（4）特别代表人诉讼案件，由涉诉证券集中交易的证券交易所、国务院批准的其他全国性证券交易场所所在地的中级人民法院或者专门人民法院管辖。

证券欺诈责任纠纷适用3年诉讼时效。其中，投资人对虚假陈述行为人提起民事赔偿的诉讼时效期间，诉讼时效的起算点为揭露日或更正日，揭露日与更正日不一致的，以在先的日期为准。

证券欺诈责任纠纷应当按照争议财产标的额收取案件受理费用。[1]

505. 上市公司的哪些关联交易行为需要提交股东会审议？

对此，主要可以分为以下三类：

（1）交易金额达到标准的。上市公司与关联人发生的交易金额（包括承担的债务和费用）在3000万元以上，且占上市公司最近一期经审计净资产绝对值5%以上的，应当提交股东会审议。

（2）向关联方提供财务资助或担保的。公司关联参股公司提供财务资助的，除应当经全体非关联董事的过半数审议通过外，还当经出席董事会会议的非关联董事的2/3以上董事审议通过，并提交股东会审议。上市公司为关联人提供担保的，除应当经全体非关联董事的过半数审议通过外，还应当经出席董事会会议的非关联董事的2/3以上董事审议同意并作出决议，并提交股东会审议。

（3）没有总交易金额的日常关联交易。[2]

506. 上市公司进行日常关联交易时，需要履行何种审议程序？

应履行如下审议程序：

（1）已经股东大会或者董事会审议通过且正在执行的日常关联交易协议，如果执行过程中主要条款未发生重大变化的，公司应当在年度报告和半年度

---

[1] 诉讼费用具体交纳办法详见本书第三版第一册第一章"公司设立纠纷"问答6。
[2] 具体情形详见本书问答498。

报告中按要求披露各协议的实际履行情况，并说明是否符合协议的规定。如果协议在执行过程中主要条款发生重大变化或者协议期满需要续签的，公司应当将新修订或者续签的日常关联交易协议，根据协议涉及的总交易金额提交董事会或者股东大会审议，协议没有具体总交易金额的，应当提交股东大会审议。

（2）首次发生的日常关联交易，公司应当根据协议涉及的总交易金额，履行审议程序并及时披露；协议没有具体总交易金额的，应当提交股东大会审议。

（3）公司可以按类别合理预计当年度日常关联交易金额，履行审议程序并披露。实际执行的金额超出预计金额的，应当按照超出金额重新履行审议程序并披露。

（4）公司年度报告和半年度报告应当分类汇总披露日常关联交易的实际履行情况。

（5）公司与关联人签订的日常关联交易协议期限超过3年的，应当每3年重新履行相关审议程序和披露义务。

507. 对于上市公司中连续发生的关联交易，如何认定交易金额是否达到审议标准？

上市公司与同一关联人进行的交易，包括与该关联人受同一主体控制或者相互存在股权控制关系的其他关联人，或者与不同关联人进行的相同交易类别下标的相关的交易时，应该按照累计计算的原则，计算连续12个月内的关联交易金额，以便确认该关联交易是否达到披露标准。

公司已按照规定履行相关义务的，不再纳入对应的累计计算范围。公司已披露但未履行股东会审议程序的交易事项，仍应当纳入相应累计计算范围以确定应当履行的审议程序。

508. 上市公司与关联人进行哪些交易可以免予按照关联交易的方式进行审议和披露？

上市公司与关联人发生的下列交易，可以免于按照关联交易的方式进行审议和披露：

（1）上市公司单方面获得利益且不支付对价、不附任何义务的交易，包括受赠现金资产、获得债务减免、无偿接受担保和财务资助等；

（2）关联人向上市公司提供资金，利率水平不高于贷款市场报价利率且上市公司无须提供担保；

（3）一方以现金方式认购另一方公开发行的股票、公司债券或企业债券、可转换公司债券或者其他衍生品种；

（4）一方作为承销团成员承销另一方公开发行的股票、公司债券或企业债券、可转换公司债券或者其他衍生品种；

（5）一方依据另一方股东大会决议领取股息、红利或者报酬；

（6）一方参与另一方公开招标、拍卖等，但是招标、拍卖等难以形成公允价格的除外；

（7）上市公司按与非关联人同等交易条件，向关联自然人提供产品和服务；

（8）关联交易定价为国家规定；

（9）交易所认定的其他交易。

此外，上市公司与关联人共同出资设立公司，上市公司与关联人发生的交易金额（提供担保除外）占上市公司最近一期经审计总资产或市值1%以上的交易，且超过3000万元，如果所有出资方均全部以现金出资，且按照出资额比例确定各方在所设立公司的股权比例的，可以豁免适用提交股东会审议的规定。

509. 上市公司董事会审议关联交易事项时，回避表决的具体规则是什么？

上市公司董事会审议关联交易事项时，关联董事应当回避表决，且不得代理其他董事行使表决权。该董事会会议由过半数的非关联董事出席即可举行，董事会会议所作决议须经非关联董事过半数通过。出席董事会会议的非关联董事人数不足3人的，公司应当将该交易事项提交股东大会审议。

【案例215】股东向子公司借款并收取利息　认定交易效力需考虑借款原因[①]

原告：富源公司

[①] 参见江苏省常州市中级人民法院（2021）苏04民终4770号民事判决书。

被告：孙某、冯某、郭某、袁某、诚盈三期、中诚信托公司

第三人：常州丹龙公司

诉讼请求：被告共同向第三人连带赔偿利用关联关系损害第三人利益的经济损失3600万元人民币。

争议焦点：

1. 投资基金公司作为股东能否向房地产子公司提供借款并收取年利率为12%的利息；

2. 案涉收取利息的借款是否属于损害公司利益的关联交易。

基本案情：

2011年11月14日，案外人北京丹龙公司获得某房地产项目开发权，出让金近6.4亿元，分三期至2012年11月30日前付清。2011年12月15日，北京丹龙公司与案外人诚盈一期（投资基金）签订《合作框架协议书》，主要约定：为专门用于开发本项目设立合资项目公司（注册资本为1000万元），诚盈一期在项目公司中占股80%，北京丹龙公司指定的公司或个人占股20%。项目过户至项目公司名下后，项目所需缴纳的后续土地出让金全部由诚盈一期负责筹措，按照与政府约定的方式支付。如在2012年4月30日前未能将本项目整体转让出去，双方可选择自行开发或继续寻求整体转让，在此情形下，双方对项目公司的投入（注册资本除外）按照相同利率计提资金占用费，本项目自行开发或整体转让获得的净收益按照北京丹龙公司20%、诚盈一期80%的比例分配。

2012年1月12日，第三人（项目公司）设立，注册资本为1000万元，案外人北京丹龙公司实缴200万元（占股20%），诚盈一期实缴800万元（占股80%）。2012年8月28日，第三人与某地国土资源局签订《补充协议》，约定将所涉地块的受让人确定为第三人，由第三人履行《出让合同》。

2015年2月15日，被告诚盈三期（投资基金）受让案外人诚盈一期前述80%股权。同年8月24日，原告受让案外人北京丹龙公司前述20%股权，受让后即进行了变更登记。被告郭某于2015年2月5日被重新选任为第三人董事，被告孙某、冯某、袁某于2018年9月14日被选任为第三人董事。被告中诚信托公司系被告诚盈三期的控股股东。

第二十一章
公司关联交易损害责任纠纷

2017年3月1日，第三人形成股东会决议，内容为第三人向被告诚盈三期申请不超过1亿元人民币的股东借款，借款年利率为12%，借款到期日为2019年9月27日。同年，第三人与被告诚盈三期签订《借款合同》一份，主要约定：被告诚盈三期向第三人出借1亿元人民币，具体金额以发放的实际借款金额为准。本合同项下借款分多笔发放……除非经被告诚盈三期事前书面同意，否则第三人不得提前偿还借款。如被告诚盈三期未按本合同的约定发放借款，则本合同自动解除，被告诚盈三期无须承担赔偿责任。

2016年9月28日至2019年6月13日，被告诚盈三期分32笔陆续向第三人出借合计1亿元。2020年10月，原告法定代表人薛某向原告监事发送请求代表原告提起诉讼的函并要求监事在文件上签字，但被拒绝。

2021年3月31日，被告诚盈三期与第三人签订《债权债务确认书》一份，主要约定：第三人于2019年6月13日收到《借款合同》项下的借款共计1亿元，第三人应于2021年1月7日归还被告诚盈三期本金1亿元和利息37,619,637.13元，被告诚盈三期保留《借款合同》项下对第三人收取违约金、罚息、复利的追索权。

此外，第三人2015年度审计报告显示，被告诚盈三期与原告分别向第三人提供了649,590,192元、1000万元的资金支持；2016年度至2019年度审计报告记载被告诚盈三期又向第三人提供了1亿元的资金支持，无应付利息和已付利息；2020年度审计报告第10页"4.存货"列表下方文字表述记载第三人向被告诚盈三期支付借款利息计369,241,666.66元。

2017年至2019年，第三人向原告发出企业询证函三份，三份函上分别记载：截至2017年12月31日欠原告1000万元，截至2018年12月31日欠原告1000万元，截至2019年12月31日欠原告1000万元；原告均在函上的"信息证明无误"栏盖章确认。

原告诉称：

1. 本案《合作框架协议书》中的"计提资金占用费"应理解为"计提为股东自身的经营成本，由股东自行承担"；除注册资本以外的资金投入应认定为股权投资款，而并非借款。

股东在象征性底额实缴，甚至全额认缴注册资金后，以无息往来款名义随需灵活向公司投入运营资金，其实质就是股权投资。这是股东分配股息、红利和公司剩余财产的真正依据。不能混淆同一笔资金投入的性质，不能又计息又分红，双重得利。股东无息投入的资金，名义上为股东的其他应付款债务，不影响其在公司组织内部成立股权投资，可谓名债实股。对外而言，由于登记股本薄弱，债权人可以资本显著不足为由主张否定公司人格，直索股东连带偿债，获得充分救济。对内而言，公司以经营收入向股东清偿其他应付款无息债务后，再行分配股息、红利和剩余财产，实际完全等效于债转股之后的股东分配。因此，名债实股在内外法律关系上均无法律适用障碍。司法实践既然认可名股实债的区分效力，同样无理由否定名债实股的现实存在。

2. 案涉借款合同应认定无效。

2004年6月1日实施的《证券投资基金法》、2019年12月23日实施的《私募投资基金备案须知》、2020年12月30日实施的《关于加强私募投资基金监管的若干规定》均明确规定，私募股权基金不得直接或者间接从事民间借贷，基金财产不得用于向他人贷款。另外，被告诚盈三期最主要的合伙资金来源是被告中诚信托公司的信托资金。近年来，国家房地产调控政策不断收紧并明确禁止信托资金以债权形式投资于房地产市场。对于历史遗留的债权投资的房地产项目，要求在2至3年内限期清理。信托资金只能以参与出资设立股权基金合伙企业，再向房地产公司进行承担经营风险的股权投资（包括名债实股间接投资于房地产市场）方式间接入市，以防热钱短期炒作房地产，最终实现"房住不炒"的健康社会经济理念。此等国家经济产业调控政策同样具有公序良俗的要求。上述规范均属资本市场金融监管规范，其中《证券投资基金法》中的相关规定属于效力性强制性法律规范。即便假设本案《借款合同》意思表示真实，该合同约定被告诚盈三期长期、多次、巨额、高息使用源于被告中诚信托公司的基金财产，向第三人发放民间借贷性质的贷款的内容，也直接违反了效力性强制性法律规范或公序良俗，并因此而无效。

3. 本案高息借款无必要性。

第三人系房地产开发企业，近年来，其所持有的土地使用权大幅增值，完全可以通过土地抵押等方式向银行等金融机构进行低息融资，并无进行民间高利借贷的必要。案涉《借款合同》约定年利率高达12%，不仅明显高于银行同类房地产企业贷款利息，而且叠加罚息、复利后的年利率甚至超过24%。《借款合同》还约定第三人不得拒绝接受资金、不得提前还款，被告诚盈三期却可以随时任意停止放款，而无须承担任何责任等。上述条款对第三人常州丹龙公司而言，明显无任何公允性可言。

同时，高息借款向大股东转移利益，最终将侵害小股东利益。在公司组织关系内部，因大小股东按比例持股，大股东不可能从公司单独获得利益。但此种平衡却可以被大股东通过关联交易轻易打破。逻辑上，只要大股东在关联交易中获利，则此利益必然是由目标公司中股东可分配利益转移而来。而小股东却因这种利益转移，无法再获得股东可分配利益。此种本可在股东之间分配的利益，因为关联交易而被大股东独占。因此，除知识产权、特定物资源使用许可等无可替代的关联交易外，任何可以令大股东获利的关联交易必然构成转移公司利益、损害小股东利益的不正当关联交易。被告诚盈三期作为大股东，与第三人进行高息借款的关联交易，导致第三人超过8亿元的公司利润被抽空，以支付高息的名义单向转移至大股东诚盈股权基金，公司利益受损显而易见，小股东资产收益权相应必遭侵害，被告应当赔偿原告相应损失。

被告辩称：

1. 案涉款项性质系股东借款。

（1）案涉关联交易所涉的借款合同、股东会决议等文件已经明确案涉争议事项的性质为股东借款，在借款及利息等有明确合同约定且有股东会决议的情况下，不应认定为投资款。

（2）鉴于被告诚盈三期及原告已经对第三人实缴全部出资，若按原告所称，将案涉借款视为股权投资款，则其实质是将被告诚盈三期的股东借款行为错认为股东增资行为。而依据《公司法》相关规定，公司增资系要式行为，必须由公司召开股东会，并由代表2/3以上表决权的股东同意以形成增资决议。而本案中，第三人的两股东从未就增资事宜召开股东会并形成决议，亦未产生增资的后果。原告主张被告诚盈三期股东借款系向第三人进行股权投资的主张，既缺少事实依据，也不符合《公司法》的相关规定。

(3) 在第三人会计账册中，被告诚盈三期投入的 1 亿元资金明确记在其他应付款名项下，并按照《借款合同》约定偿还了本金及利息。若按照原告所称该笔借款系股权投资，则相应账目应计入出资款名项下，且不存在还本付息的履约行为。因此，原告将股东借款曲解为股权投资款，这在会计层面实际上是将长期应付款解释为长期投资款，不符合《企业会计准则》对长期投资款的解释。

综上，案涉款项的法律性质依法、依约应为股东借款。

2. 案涉《借款合同》合法有效，不存在原告所称的不法情形。

（1）案外人诚盈一期、被告诚盈三期均系合法成立并备案的投资基金，其运行及管理符合《证券投资基金法》的各项要求。本案中，被告诚盈三期系持有第三人 80% 股份的股东，其向第三人提供的资金系股东借款，有别于向非关联、非特定主体提供的民间借贷，与《私募投资基金备案须知》以及《关于加强私募投资基金监管的若干规定》中不得将私募基金财产用于民间借贷活动的情形并不相符。

（2）《私募投资基金备案须知》以及《关于加强私募投资基金监管的若干规定》中关于不得将私募基金财产用于民间借贷活动的规定均属管理性规定，而非强制性规定。案涉股东借款形成于 2017 年，早于《私募投资基金备案须知》以及《关于加强私募投资基金监管的若干规定》的生效时间，不具有追溯效力，相关规定并未对案涉股东借款的合法性产生影响。

（3）中国证券投资基金业协会在 2018 年 1 月 23 日召开的类 REITs 业务专题研讨会上明确表示："私募基金可以综合运用股权、夹层、可转债、符合资本弱化限制的股东借款等工具投资到被投企业，形成权益资本，符合上述要求和《备案须知》的私募基金产品均可以正常备案。"其中，"符合资本弱化限制的股东借款"实际上就是债权性投资与权益性投资的结合，也即"股权加股东借款"模式。因此，私募基金作为企业股东可以向该企业提供股东借款，该种模式可以有效降低开发成本及资金风险，在房地产开发领域较为普遍且已实践多年。本案中，被告诚盈三期即采取了这种"股权加股东借款"的投资模式，符合相关法律法规及行业政策的要求，不存在原告所称的不法行为。

综上，原告关于《借款合同》因违反效力性强制性规范或公序良俗而无效的主张，无事实和法律依据。案涉关联交易所涉《借款合同》意思表示真实，形式要件完整，系合法有效的股东借款，并非股权投资款。《借款合同》中年利率为12%的约定，亦与股东会决议内容一致，且该利息的约定并未明显高于市场同期、同等额度、同等借款期限下的融资利率，该《借款合同》合法有效。

3. 案涉借款旨在顺利开发项目，具有正当性、合理性及必要性，案涉关联交易不存在任何侵权行为及侵权事实。

案涉《借款合同》签订的背景系案涉房地产项目亟须开发建设，否则第三人将承担延迟开发的高额违约金，面临土地被罚没的法律风险。因第三人的注册资本金（1000万元）过低，无法取得银行开发贷资金，在作为第三人股东之一的原告亦无资金出借的情况下，被告诚盈三期遂向第三人出借案涉款项。自2016年9月28日至2019年6月13日，被告诚盈三期根据第三人的资金需求，分32笔向其支付合计1亿元的借款本金。该借款方式提高了借款的利用率，降低了资金的整体使用成本，项目亦基于案涉借款得以顺利开发建设。该借款具有正当性、合理性及必要性，不但没有损害公司的利益，相反赋予了第三人对案涉项目优质且高效的开发能力，使案涉项目获得了良好的市场口碑及收益。因此，案涉借款不存在原告所说的恶意串通以损害第三人利益的情形。

4. 从原告起诉公司董事及高管承担赔偿责任的行为来看，原告起诉具有恶意。

案涉借款事项并非董事会决议事项，且被告孙某（现已不是公司董事）、冯某、袁某在案涉交易发生之后，即2018年9月14日才经公司股东会决议，分别担任公司董事和董事长职务。前述人员在借款发生时并非公司董事或高管，与该交易无任何关联。而被告郭某作为公司董事，在其执行职务的过程中，并不存在违反法律或者公司章程的行为，也没有给公司造成任何损失。相反，案涉关联交易发生时，原告的法定代表人案外人薛某同时担任第三人的董事。从薛某的双重身份便可知，原告对案涉交易清楚知晓并同意。现原告严重背离法律规定并虚构侵权事实，将合法利息曲解为侵权结果，其恶意诉讼行为已经对尽职尽责的董事、高管等个人声誉造成了重大不利影响，亦对项目口碑及后续销售产生了恶劣影响。

第三人称：

案涉关联交易合法、正当且发生在项目开发需要时，未损害第三人任何利益，其他意见同被告。

法官观点：

1. 被告诚盈三期投入第三人的 1 亿元款项性质。

要正确认定 1 亿元款项的性质，关键在于准确理解案外人北京丹龙公司与诚盈一期于 2011 年 12 月 15 日所签订的《合作框架协议书》的真实含义。首先，北京丹龙公司和诚盈一期作为平等商事主体，有丰富的交易经验，有能力采用形态多样的交易模式来满足自身多元的利益需求。故应充分尊重商事主体的利益安排和选择，正确认定交易本质和解释合同。其次，从《合作框架协议书》的签订背景和约定内容来看，缺乏房地产项目开发资金是彼时北京丹龙公司面临的最大问题，资金筹措能力的大小和筹措义务的分配也是影响北京丹龙公司和诚盈一期作为合作的双方确定各自权利义务的重要因素。最后，在自行开发项目的路径选择下，该协议书中约定的"甲乙双方对项目公司的投入（注册资本除外）按照相同利率计提资金占用费"，明确了北京丹龙公司和诚盈一期对于注册资本以外的资金投入项目公司的，均有权按照相同的利率，公平收取资金占用成本。从北京丹龙公司的角度来看，该约定既能吸引诚盈一期向项目公司投入开发资金，又尽可能平衡和降低了项目公司吸纳资金所需支出的融资成本，同时达到了最大程度地维护北京丹龙公司利益的目的。而借款利息正是资金占用成本的典型表现形式。据此，被告诚盈三期将 1 亿元资金作为借款投入第三人，并因此形成 2017 年的第三人股东会决议和借款合同，完全符合《合作框架协议书》的条款设定。原告关于《合作框架协议书》中的"计提资金占用费"应理解为"计提为股东自身的经营成本，由股东自行承担"，以及除注册资本以外的资金投入应认定为股权投资款的主张，明显不符合该协议书的条款文义和内在逻辑。

2. 相应借款合同的效力如何认定，该关联交易有无损害第三人利益之问题。

一方面，对违反监管规定进而损害公共利益并由此认定合同无效的裁判规则，应当审慎适用。根据《私募投资基金备案须知》的要求，私募基金不得以借贷业务为主业，同时允许股权投资基金以配合股权投资为目的，在确保股权投资为主的前提下投资一部分债权。就本案而言，原告未能举证证明被告诚盈三期作为股东向第三人提供1亿元借款的行为，构成以借贷业务为主业，进而违反相关行业监管规定。且被告诚盈三期的款项出借行为可以视为配合股权投资的债权投资。

另一方面，对于将1亿元资金认定为借款并进而由第三人支付相应利息的行为，能否认定损害第三人和小股东原告的利益，不应只截取产生争议的资金返还环节，而应对资金投入、履行合同、资金返还三大环节进行整体考察。本案中，《借款合同》证明年利率12%系双方自愿约定，该利率标准与当时房地产企业的融资成本相比并不过高，具有合理性。被告诚盈三期提供的1亿元借款的关联交易解决了第三人案涉项目的融资需求，使得第三人免于出现资金链断裂、开发中断、停工停建等不利乃至亏损局面，进一步保证了第三人的正常经营和房地产项目的顺利开发，也即案涉借款及利息支付具有正当性、合理性和必要性。从长远来看，并未损害公司及原告作为小股东的利益，案涉《借款合同》应认定合法有效。

法院判决：

驳回原告的诉讼请求。

【案例216】公司系关联公司唯一客户且可直接市场采购　关联公司所获利益应当归公司所有[①]

原告： 陕鼓公司

被告： 高某、程某

诉讼请求： 两被告向原告赔偿损失706.44万元。

争议焦点：

1. 两被告是原告董事和高级管理人员，两被告利用案外人钱塘公司与原

---

① 参见最高人民法院（2021）最高法民再181号民事判决书，本案系人民法院案例库入库案例。

告进行关联交易，如何认定两被告向原告履行了披露义务；

2. 上述关联交易价格是否符合市场公允价格；

3. 两被告若未向公司履行披露义务，且关联交易价格不公允，是否应当对公司所受损失承担赔偿责任；

4. 原告为关联公司案外人钱塘公司的唯一订单来源，原告因该关联交易遭受的损失数额，能否以案外人钱塘公司的利润数额作为依据。

基本案情：

2009年5月12日，案外人钱塘公司成立，注册资本为50万元，两被告均为该司股东。

2009年5月26日，原告成立，两被告均系原告董事。原告公司章程规定："董事及公司经营层人员除《公司章程》规定或者股东会同意外，不得同本公司订立合同或者进行交易。董事及公司经营层人员执行公司职务时违反法律、行政法规或者《公司章程》的规定，给公司造成损害的，应当依法承担赔偿责任。"

原告系案外人钱塘公司的唯一客户，2009年至2015年6月30日，原告与案外人钱塘公司共签订采购合同约2100份，采购金额总计高达2500万元，占原告总采购额的57.2%。案外人钱塘公司实为贸易公司，原告给案外人钱塘公司的所有采购订单，均由案外人钱塘公司转包外部协作单位完成。根据案外人钱塘公司提供的资产负债表，2009年至2015年其合计利润为757.88万元。

2011年7月8日，被告高某任原告副董事长、总经理。在被告高某主持生产经营工作期间，关联交易额所占原告采购总额的比例大幅上升。2012年6月7日，被告程某任原告销售部部长。2015年，原告撤销被告高某的董事、副董事长职务，解聘被告程某销售顾问一职。2016年9月23日，案外人钱塘公司成立清算组，被告程某、高某担任清算组成员。2016年11月18日，案外人钱塘公司注销。后原告监事会发现案涉关联交易，原告遂诉至法院。

案件审理期间，原告提供的证据证明案涉关联交易的生产加工单位可直接向原告发货。原告在诉讼过程中，将要求两被告赔偿损失的数额降为706.44万元。

第二十一章
公司关联交易损害责任纠纷

原告诉称：

1. 两被告的关联交易行为未向公司披露，亦未经公司股东会、董事会同意，程序不合法。

2. 原告与案外人钱塘公司交易时，未向其他公司询价比较，也未进行定向招标或公开招标，交易金额高于市场价，不具备公允性。

3. 关联交易行为缺乏正当必要性。案外人钱塘公司注册资本只有50万元，除与原告的关联交易2500万元外，无其他任何客户，不符合市场常理。且案外人钱塘公司收到原告采购订单后，全部转给其他供应商进行生产。

4. 案外人钱塘公司存续期间所获得的利润总和就是原告的损害数额。案外人钱塘公司是专门为关联交易而设立的空壳公司，其所有业务均是与原告的关联交易，那么其所有的营业利润就是通过关联交易从原告转移得来的。

被告辩称：

1. 原告与案外人钱塘公司交易长达5年，金额超过2500万元，因此原告应当知道关联交易的存在。

2. 两被告并非原告的实际控制人，被告高某对于原告与哪一家企业签订采购合同无决定权，原告并无证据证明其与案外人钱塘公司签订的合同是否受到了被告高某的授意或影响。两被告入股案外人钱塘公司，主观上不是为了损害原告的利益，相反是为了原告能够采购到质优价廉的配件。

3. 原告所提供的证据不足以证实关联交易损害了原告的利益。原告要求两被告承担损失无事实和法律依据，且请求以案外人钱塘公司利润作为其赔偿数额也无《公司章程》依据和法律依据。

一审、二审法官观点：

案涉采购配件无统一市场定价，不能证明关联交易价格不合理，不构成侵权。关联交易是否合法有效应当从交易信息是否充分披露、交易程序是否合法、交易对价是否公允等多个方面综合判断。

1. 双方不仅交易时间长，而且交易金额高。此种情况下，即使两被告未提供直接证据证明向原告披露担任案外人钱塘公司股东的相关事实，原告作为交易的一方对于案外人钱塘公司的相关股权情况应当是可以通过查询工商档案知晓的。原告仅以两被告未披露相关任职情况而否认关联交易的合法性，不具有合理性。

2. 两被告仅为原告的董事，被告高某兼任副董事长，但二人既不是公司控股股东，也不是实际控制人或法定代表人。两被告对原告对外采购合同的订立具有决定权，缺乏证据支持。两被告是否利用其特殊身份促成关联交易尚难以确认。

3. 原告与案外人钱塘公司之间的采购合同涉及的相关配件并无统一市场定价。基于各个生产厂生产成本、产品自身质量等多方面因素，产品价格有高低差异，而这种价格差异是否必然导致原告利益受损尚缺乏依据。

综上，原告提供的证据均无法证明两被告作为原告的董事、高级管理人员违反了忠诚的义务，以及在原告与案外人钱塘公司之间的关联交易中损害了原告的利益。

一审、二审法院判决：

驳回原告的诉讼请求。

再审法官观点：

1. 两被告是否履行了披露义务。

披露关联交易有赖于董事、高级管理人员积极履行忠实及勤勉义务，并将其所进行的关联交易情况向公司进行披露及报告。两被告作为董事及高级管理人员，未履行披露义务，违反了董事、高级管理人员的忠实义务。

2. 案涉关联交易价格是否符合市场公允价格。

公司法保护合法有效的关联交易，并未禁止关联交易，关联交易合法有效的实质要件是交易对价公允，故对此应当从交易的实质内容，即合同约定、合同履行是否符合正常的商业交易规则以及交易价格是否合理等进行审查。案涉交易模式为案外人钱塘公司在市场上采购加工定制产品后，转售给钱塘公司的唯一客户原告。在这种交易模式中，原告本可以在市场上采购相关产品，而通过钱塘公司采购产品则增设了不必要的环节，增加了采购成本，钱塘公司享有增设环节的利益。另外，两被告未能证明其降低了原告采购成本。

3. 两被告的行为与原告损害结果的发生有因果关系。

关联交易发生在高某、程某任职董事期间，高某于 2011 年 7 月 8 日任副董事长、总经理。关联交易的发生及变化与高某、程某任职期间及职务变化存在同步性。高某、程某共同实施的关联交易行为，损害了原告利益。

4. 案外人钱塘公司存续期间合计利润为 757.88 万元，原告系其唯一客户。案外人钱塘公司作为关联公司，其所获利益应当归公司所有。原告在诉讼中减少其诉讼请求，是处分自身诉讼权利的行为。原告认为其因案外人钱塘公司遭受的损失数额为 706.44 万元的主张，法院予以采信。

再审法院判决：

两被告向原告赔偿损失 706.44 万元。

510. 什么是特别纳税调整？

特别纳税调整是指企业与其关联方之间的业务往来，不符合独立交易原则而减少企业或者其关联方应纳税收入或者所得额的，税务机关有权按照合理方法调整。具体包括企业的转让定价管理、预约定价安排管理、成本分摊协议管理、受控外国企业管理、资本弱化管理以及一般反避税管理等。

（1）转让定价管理是指税务机关按照《企业所得税法》及《税收征收管理法》的规定，对企业与其关联方之间的业务往来（即关联交易）是否符合独立交易原则进行审核评估和调查调整等工作的总称。

（2）预约定价安排管理是指税务机关按照《企业所得税法》及《税收征收管理法》的规定，对企业提出的未来年度关联交易的定价原则和计算方法进行审核评估，并与企业协商达成预约定价安排等工作的总称。

（3）成本分摊协议管理是指税务机关按照《企业所得税法》的规定，对企业与其关联方签署的成本分摊协议是否符合独立交易原则进行审核评估和调查调整等工作的总称。

（4）受控外国企业管理是指税务机关按照《企业所得税法》的规定，对受控外国企业不作利润分配或减少分配进行审核评估和调查，并对归属于中国居民企业所得进行调整等工作的总称。

（5）资本弱化管理是指税务机关按照《企业所得税法》的规定，对企业接受关联方债权性投资与企业接受的权益性投资的比例是否符合规定比例或独立交易原则进行审核评估和调查调整等工作的总称。

（6）一般反避税管理是指税务机关按照《企业所得税法》的规定，对企业实施其他不具有合理商业目的的安排而减少其应纳税收入或所得额进行审核评估和调查调整等工作的总称。

511. 如何认定需进行关联申报和同期资料管理的关联企业？

企业与其他企业、组织或者个人具有下列关系之一的，需进行关联申报和同期资料管理：

（1）一方直接或者间接持有另一方的股份总和达到25%以上；双方直接或者间接同为第三方所持有的股份达到25%以上。

如果一方通过中间方对另一方间接持有股份，只要其对中间方持股比例达到25%以上，则其对另一方的持股比例按照中间方对另一方的持股比例计算。

两个以上具有夫妻、直系血亲、兄弟姐妹以及其他抚养、赡养关系的自然人共同持股同一企业，在判定关联关系时持股比例合并计算。

（2）双方存在持股关系或者同为第三方持股，虽持股比例未达到第（1）项规定，但双方之间借贷资金总额占任一方实收资本比例达到50%以上，或者一方全部借贷资金总额的10%以上由另一方担保（与独立金融机构之间的借贷或者担保除外）。

借贷资金总额占实收资本比例 = 年度加权平均借贷资金/年度加权平均实收资本，其中：

$$\frac{年度加权}{平均借贷资金} = \frac{i笔借入或者}{贷出资金账面金额} \times \frac{i笔借入或者贷出资金}{年度实际占用天数} \div 365$$

$$\frac{年度加权}{平均实收资本} = \frac{i笔实收}{资本账面金额} \times \frac{i笔实收资本年度}{实际占用天数} \div 365$$

（3）双方存在持股关系或者同为第三方持股，虽持股比例未达到第（1）项条件，但一方的生产经营活动必须由另一方提供专利权、非专利技术、商标权、著作权等特许权才能正常进行。

（4）双方存在持股关系或者同为第三方持股，虽持股比例未达到第（1）项条件，但一方的购买、销售、接受劳务、提供劳务等经营活动由另一方控制。前述控制是指一方有权决定另一方的财务和经营政策，并能据以从另一方的经营活动中获取利益。

（5）一方半数以上董事或者半数以上高级管理人员（包括上市公司董事

会秘书、经理、副经理、财务负责人和公司章程规定的其他人员）由另一方任命或者委派，或者同时担任另一方的董事或者高级管理人员；或者双方各自半数以上董事或者半数以上高级管理人员同为第三方任命或者委派。

（6）具有夫妻、直系血亲、兄弟姐妹以及其他抚养、赡养关系的两个自然人分别与双方具有前述第（1）至（5）项关系之一。

（7）双方在实质上具有其他共同利益。

除第（2）项条件外，上述关联关系年度内发生变化的，关联关系按照实际存续期间认定。

仅因国家持股或者由国有资产管理部门委派董事、高级管理人员而存在第（1）至（5）项关系的，不构成本问答所称关联关系。

512. 有哪些常见的关联交易类型？

常见关联交易主要包括以下类型：

（1）有形资产使用权或者所有权的转让。有形资产包括商品、产品、房屋建筑物、交通工具、机器设备、工具器具等。

（2）金融资产的转让。金融资产包括应收账款、应收票据、其他应收款项、股权投资、债权投资和衍生金融工具形成的资产等。

（3）无形资产使用权或者所有权的转让。无形资产包括专利权、非专利技术、商业秘密、商标权、品牌、客户名单、销售渠道、特许经营权、政府许可、著作权等。

（4）资金融通。资金包括各类长短期借贷资金（含集团资金池）、担保费、各类应计息预付款和延期收付款等。

（5）劳务交易。劳务包括市场调查、营销策划、代理、设计、咨询、行政管理、技术服务、合约研发、维修、法律服务、财务管理、审计、招聘、培训、集中采购等。

513. 什么是国别报告？居民企业在什么情况下需要填报国别报告？

国别报告主要披露最终控股企业所属跨国企业集团所有成员实体的全球所得、税收和业务活动的国别分布情况。国别报告作为企业年度关联业务往来报告表的附表，在申报年度企业所得税时一并报送。

存在下列情形之一的居民企业，应当在报送年度关联业务往来报告表时，填报国别报告：

（1）该居民企业为跨国企业集团的最终控股企业，且其上一会计年度合并财务报表中的各类收入金额合计超过 55 亿元。最终控股企业是指能够合并其所属跨国企业集团所有成员实体财务报表的，且不能被其他企业纳入合并财务报表的企业。

成员实体应当包括：

①实际已被纳入跨国企业集团合并财务报表的任一实体；

②跨国企业集团持有该实体股权且按公开证券市场交易要求应被纳入但实际未被纳入跨国企业集团合并财务报表的任一实体；

③仅由于业务规模或者重要性程度而未被纳入跨国企业集团合并财务报表的任一实体；

④独立核算并编制财务报表的常设机构。

（2）该居民企业被跨国企业集团指定为国别报告的报送企业。最终控股企业为中国居民企业的跨国企业集团，其信息涉及国家安全的，可以按照国家有关规定，豁免填报部分或者全部国别报告。

514. 什么是受控外国企业？

受控外国企业是指由居民企业或者由居民企业和中国居民控制的依照外国（地区）法律成立且实际管理机构不在中国境内的企业。

在判定控制时，多层间接持有股份按各层持股比例相乘计算，中间层持有股份超过 50% 的，按 100% 计算。

515. 认定受控外国企业后，对其中国居民股东会有什么影响？

由居民企业或者由居民企业和中国居民控制的设立在实际税负低于《企业所得税法》规定税率水平的 50% 的国家（地区）的企业，并非由于合理的经营需要而对利润不作分配或者减少分配的，上述利润中应归属于该居民企业的部分，应当计入该居民企业的当期收入。

516. 满足哪些条件时，中国居民企业可免于将外国企业不作分配或减少分配的利润视同股息分配额，从而计入中国居民企业股东的当期所得？

对此，中国居民企业股东应能提供资料证明其控制的外国企业满足以下条件之一：

（1）设立在国家税务总局指定的非低税率国家（地区）；

（2）主要取得积极经营活动所得；

（3）年度利润总额低于 500 万元人民币。

为了简化判定由中国居民企业或者由中国居民企业和居民个人控制的外国企业的实际税负，中国居民企业或居民个人能够提供资料证明其控制的外国企业设立在美国、英国、法国、德国、日本、意大利、加拿大、澳大利亚、印度、南非、新西兰和挪威的，可免于将该外国企业不作分配或者减少分配的利润视同股息分配额，从而计入中国居民企业的当期所得。

517. 居民企业股东在什么情况下需向税务机关申报对外投资信息？

居民企业或其通过境内合伙企业在一个纳税年度中的任何一天，直接或间接持有外国企业股份或持有表决权股份达到 10%（含）以上的，应当在办理该年度企业所得税年度申报时向主管税务机关报送简并后的《居民企业境外投资信息报告表》。

【相关法律依据】

一、公司法类

（一）法律

❖《公司法》第 139 条、第 163 条、第 181 条、第 182 条、第 185 条

（二）司法解释

❖《最高人民法院关于适用〈中华人民共和国公司法〉若干问题的规定（三）》（2020 年修正）第 12 条

❖《最高人民法院关于适用〈中华人民共和国公司法〉若干问题的规定（五）》（2020 年修正）第 1 条、第 2 条

二、民法类

❖《民法典》第 259 条

二、经济法类

（一）法律

❖《银行业监督管理法》第 21 条

❖《保险法》第 108 条、第 109 条、第 151 条

(二) 司法解释

❖《最高人民法院关于证券纠纷代表人诉讼若干问题的规定》(法释〔2020〕5号) 第1条、第32条

❖《最高人民法院关于审理证券市场虚假陈述侵权民事赔偿案件的若干规定》(法释〔2022〕2号) 第3条

第二十二章　损害公司债权人利益责任纠纷

【宋和顾释义】

> 关于损害公司债权人利益责任纠纷，新《公司法》在修订中，涉及两处修改，一处为吸收指导性案例经验和《九民纪要》相关条文的基础上的新增规定，另一处为条文概念和位置的修改，涵盖：
>
> (1) 公司法人的人格横向否认制度；
>
> (2) 一人公司[①]人格否认的举证责任倒置。
>
> 结合过往司法实践和本次修订，损害公司债权人利益责任纠纷的争议类型主要体现为以下七种：
>
> (1) 股东向公司债权人承担的责任性质争议，如该责任是一般连带责任还是补充连带责任；
>
> (2) 滥用法人独立地位的认定争议，如是否构成人格混同、过度控制与支配、公司资本显著不足、恶意转移公司资产等；
>
> (3) 执行程序争议，如能否适用法人人格否认；
>
> (4) 一人公司法人人格否认的相关争议，如举证责任的分配，一人公司股东转让股权后公司与股东构成人格混同的责任承担，一人公司尚未资不抵债时能否适用法人人格混同；

[①] 《公司法》第23条第3款表述为"只有一个股东的公司"，扩大了原一人公司的范围，因为股份公司也可只有一个股东。为方便读者理解，仍用"一人公司"一词表述。

（5）夫妻共同出资设立公司的相关争议，如该类公司是否为实质一人公司，如何适用法人人格否认；

（6）人格否认的适用争议，如适用横向人格否认、反向人格否认的认定标准，集团公司中人格否认如何适用；

（7）名义出资人按实际出资人指示并滥用法人独立地位的责任承担争议。

上述部分问题，在本书第三版第五册"损害公司债权人利益责任纠纷"章节中已涉及，本章系根据司法实践的变化以及修法产生的新问题，加以梳理、归纳和补充。

518. 股东或实际控制人滥用公司法人独立地位时，应对公司债务承担什么责任？

股东或实际控制人滥用公司法人独立地位或股东有限责任给公司债权人造成严重损失的，须对公司债务承担无限连带责任。股东的连带责任本质上仍为补充性连带责任，即只有在公司没有清偿能力的前提下，股东才承担责任。

519. 如何界定人格混同？认定人格混同时需要考虑哪些因素？最根本的判断标准是什么？

根据《九民纪要》第10条的规定，认定公司人格是否存在混同，最根本的判断标准是公司是否具有独立意思和独立财产，最主要的表现是公司的财产与股东、实际控制人或关联方的财产是否混同且无法区分。在认定是否构成人格混同时，应当综合考虑以下因素：

（1）股东、实际控制人或关联方无偿使用公司资金或财产，不作财务记载的；

（2）股东或实际控制人使用公司的资金偿还其自身债务，或将公司的资金供股东、实际控制人或关联方无偿使用，不作财务记载的；

（3）公司账簿与股东或关联方账簿不加区分，致使公司财产与股东财产无法区分的；

（4）股东、实际控制人或关联方自身收益与公司盈利不加区分，致使双

方利益划分不清的;

(5) 公司的财产记载于股东、实际控制人或关联方名下,由股东占有、使用的;

(6) 人格混同的其他情形。

在出现人格混同的情况下,往往同时出现以下混同:公司业务和股东业务混同;公司员工与股东员工混同,特别是财务人员混同;公司住所与股东住所混同。人民法院在审理案件时,关键要审查是否构成人格混同,而不要求同时具备其他方面的混同,其他方面的混同往往只是人格混同的补强。

【案例217】初步举证后申请调取银行流水获支持　拒不配合司法审计被认定财务混同[①]

原告：光伏公司

被告：节能公司、后勤公司、郭某

第三人：国发华企公司

诉讼请求：三被告向原告连带清偿第三人拖欠其的应付款 50,304,697.38 元及利息。

争议焦点：

1. 债权人已初步证明债务人及其股东住所地、联系方式、高管人员、业务范围等存在混同或交叉,能否申请法院调取债务人及其股东的财务账册及银行流水;

2. 债务人及其股东资金往来频繁又无法说明往来资金性质,且在法院释明司法审计必要性后仍不予配合的,能否认定债务人与其股东构成财务混同;

3. 股权结构反映被告郭某控股债务人及其股东,且担任公司高管,能否认定被告郭某对债务人及其股东构成过度支配与控制。

基本案情：

原告对第三人的债权已经仲裁裁决确认。2017 年 10 月,经执行和解及法院扣划,原告债权已受偿 20,117,682.28 元,剩余 50,304,697.38 元及利息未

[①] 参见最高人民法院 (2020) 最高法民申 5116 号民事裁定书。

能受偿,因第三人无财产可供执行,法院裁定终结本次执行。之后,原告于 2018 年提起了本案诉讼。

第三人于 2007 年设立,注册资金为 1.6 亿元,股东为三被告,即节能公司(持股 93.75%)、后勤公司(持股 6.06%)、郭某(持股 0.19%),被告郭某任经理,两名案外人韩某、王某分别任执行董事、监事。公司营业范围为:技术咨询、服务,信息咨询(不含中介服务)等。

被告节能公司于 2010 年设立,注册资金为 1.6 亿元,股东为二被告,即后勤公司(持股 99.69%)、郭某(持股 0.31%),被告郭某任董事长,两名案外人韩某、王某任副董事长。公司营业范围为:工程和技术研究,技术咨询、服务,经济信息咨询等。

被告后勤公司于 2000 年设立,注册资金为 2300 万元,股东为被告郭某(持股 97.83%)、案外人韩某(持股 2.17%),被告郭某任执行董事、经理,案外人韩某任监事。公司营业范围为:机关决策咨询,信息咨询,接受委托从事物业管理等。

企业信用信息公示系统的信息显示,第三人及二被告节能公司、后勤公司的联系电话均为 010-6605×××,邮箱均为 guoxxx@sina.com。此外,原告提供的第三人和被告节能公司的网上招聘信息显示,两家公司的办公地址均为北京市西城区××院 17 号楼 2 层。

诉讼中,原告申请法院调取第三人及二被告节能公司、后勤公司自 2010 年 12 月至 2019 年 1 月共同存续期间的全部财务账册及银行流水。法院遂调取了第三人 5 个账户的银行流水,银行流水显示:

1. 2011 年至 2018 年,第三人与二被告节能公司、后勤公司之间累计发生 104 笔资金往来,累计往来资金 952,016,142 元,资金用途标注为转账、汇兑业务或往来款(只有 1 笔标注为"借款",2 笔标注为"划资")。

2. 第三人账户的主要收入来源为项目回款或与项目有关的财政补贴收入,一旦第三人获得相关收入,通常当日或相隔几日后即将大部分收入转给二被告节能公司、后勤公司,转出的财政补贴收入共计 2.5 亿元。

3. 一旦二被告节能公司、后勤公司向第三人转入资金,当日或者随后几日内,第三人即将资金用于支付工资、社保费用、第三方应付款等经营行为,且转入资金与对外支出金额基本持平。

4. 被告节能公司于 2012 年 3 月入股第三人，又于 5 月增资，两次出资共计 1.5 亿元。两笔出资款均在汇入第三人账户几天后即转出至案外人服务公司账户，而案外人服务公司股东为二被告节能公司（持股 99%）、郭某（持股 1%），法定代表人为被告郭某。

对于上述资金往来，三被告、第三人均称不清楚第三人与三被告之间有无业务往来，且不清楚第三人基于何种原因向股东转账多笔款项。

后原告申请法院对第三人及二被告节能公司、后勤公司自 2010 年 12 月至 2019 年 1 月共同存续期间的财务状况（尤其是独立性）进行专项审计。

法院遂向三被告释明：鉴于原告已提交司法审计申请，结合法院调取的银行流水情况，第三人与股东之间资金往来频繁且无法说明往来款性质，第三人及三被告有义务提供相应的财务账册以供审计。对此，第三人及三被告坚持认为原告提供的证据不足以证明第三人与三被告存在财务混同，原告的举证责任仍未排除。

后法院再次释明：因第三人与三被告之间的财务是否混同直接影响本案事实的认定，故第三人及三被告应配合相应的审计申请，第三人及三被告应在庭后 7 日内向法院明确答复是否同意司法审计并配合提供财务账册，如逾期未答复或逾期未能提供财务账册，则应承担举证不能的法律后果。然而，第三人及三被告均未在上述期限内答复同意司法审计并配合提供财务账册，并向法院再次陈述其不负相应举证责任。

原告诉称：

第三人与二被告节能公司、后勤公司之间存在主要人员任职、业务范围、住所地、联络方式、对外宣传、实际办公地点、股权结构等多方面的交叉混同，被告郭某则实际控制上述三家公司。法院调取的第三人银行流水亦可证明，第三人与其股东财产完全混同，且无法区分，第三人明显没有独立意思和独立财产。三被告作为第三人股东，滥用公司法人人格和股东有限责任，应对第三人向原告所负债务承担连带清偿责任。

被告辩称：

1. 根据《九民纪要》精神，只有在公司财产不足以清偿公司债权人的债权，恶意逃避债务，且该恶意逃避债务的行为与股东存在因果关系时，才可以按照《公司法》第20条第3款①提起诉讼。对此，一方面，第三人在进入强制执行程序后已经向原告清偿债务2000多万元，其没有逃避债务的主观故意；另一方面，第三人在案外人宝钢厂区内仍有价值超过6亿元的固定资产可供执行，原告对上述情况明知，却未向法院提供该项财产线索，其自身存在过错，并非第三人资本不足、逃避债务。故原告诉请应予驳回。

2. 原告提供的企业公示信息无法反映企业真实全貌，部分网络信息与客观实际情况有很大出入。

（1）二被告节能公司、后勤公司的实际办公地点在北京市西城区××院内，与第三人的办公地点不同。

（2）三家公司的联系电话并不相同，010-6605×××是总机号，并非各公司的固定电话，各公司还有分机号，且网上登记信息不准确，二被告节能公司和后勤公司实际使用邮箱与第三人不同。

（3）三家公司的经营范围虽个别业务有交叉，但并不相同，第三人的经营业务侧重于节能行业，后勤公司的业务侧重于后勤保障，节能公司则主要负责综合指导。

3. 《公司法》对股东担任其他公司组成人员无禁止性规定，公司可以根据经营需要聘任高管，而不能以此为由认定股东与其任职公司以及各公司之间存在人格混同。

4. 原告应承担证明三家公司之间存在财务混同的举证责任，对此原告未提供有力证据，法院应当驳回其诉讼请求。但法院不仅帮助原告取证，还将举证责任转嫁给三被告，采用推定方式作出判决，违背证据规则。

5. 法院仅调取了第三人5个账户的银行流水，并非全部账户，不能完整反映第三人的资金流向，且银行流水反映的是企业间的正常经济往来，不能证明股东与第三人混同。

被告为证明其观点，提交主要证据如下：

第三人及二被告节能公司、后勤公司营业执照复印件及2017年、2018

---

① 现为《公司法》第23条。

年、2019 年的纳税申报信息，以证明三家公司住所地、法定代表人、注册资本、成立时间、营业期限、营业范围是不一样的，且三家公司各自向税务部门进行纳税申报，三家公司均为独立法人。

第三人同意被告的意见。

法官观点：

1. 法院对本案举证责任的分配符合法律规定。

（1）原告提供的二被告节能公司、后勤公司与第三人企业公示信息及招聘信息等证据，已证明三家公司住所地、联系方式、高管人员、业务范围等存在混同或交叉的情形。三家公司股权结构反映被告郭某系三家公司的股东及高级管理人员，已构成其系三家公司控制股东的较高盖然性。在此情况下，原告申请调取三家公司财务账册及银行流水以进一步证明三家公司存在财务混同具有一定的合理性，故法院依职权调取了第三人5个银行账户往来明细并不违反法律规定。

（2）鉴于第三人及三被告在庭审中表示不清楚多笔资金转账原因，故对三家公司的财务账册（尤其是独立性）进行审计有利于查明三家公司资金往来性质，进而判断第三人与三被告是否存在财产混同且无法区分。在此情形下，法院根据原告申请，拟启动司法审计具有合理性及必要性。第三人及三被告作为财务账册的持有人有责任和义务配合提供，法院对该举证责任的分配，并无不当。第三人及三被告在法院释明法律后果的情况下，仍不同意财务审计并配合提供财务账册，由此法院认定由其自行承担不利后果，符合法律规定。

2. 二被告节能公司、后勤公司与第三人存在人格混同，应就第三人对原告所负债务承担连带清偿责任。

（1）根据原告提供的二被告节能公司、后勤公司与第三人公示信息，可以认定三家公司的住所地、联系方式、高管人员、业务范围等存在混同或交叉的情形。企业对其公示信息的真实性、及时性负责，如发现其公示的信息不准确的，应当及时更正。三被告虽主张实际办公地点与登记的住所地不同、使用的联系电话为分机号码、电子邮箱不同，但未能提供有效证据证明，且与公示信息不同，故对其主张不予采信。

(2) 法院调取第三人银行流水能够反映 2011 年至 2018 年第三人与二被告节能公司、后勤公司之间存在大量资金往来，且未注明资金真实用途。第三人收入被频繁、大额转出给二被告节能公司、后勤公司，二被告节能公司、后勤公司向第三人多次转入资金用于第三人日常经营支出，转入资金和相关支出基本持平。上述事实能够证明二被告节能公司、后勤公司与第三人之间存在财务混同。

3. 被告郭某为三家公司的实际控制人，对公司过度支配与控制，使公司丧失独立性，亦应就第三人对原告所负债务承担连带清偿责任。

被告郭某作为被告后勤公司的控股股东及法定代表人，其通过被告后勤公司投资、控股被告节能公司，再通过被告节能公司投资、控股第三人，实现实际控制、支配被告节能公司、第三人，且被告郭某同时为被告节能公司、第三人股东并任公司高管，故被告郭某系三家公司实际控制人存在高度可能性。三被告虽否认被告郭某系实际控制人，但未提供相应的反驳证据，应承担不利后果。

因此，被告郭某作为三家公司的实际控制人，对公司过度支配与控制，滥用控制权使三家公司财产边界不清、财务混同，丧失人格独立性，导致第三人欠付原告大额债务无法清偿，严重损害公司债权人利益，应对公司债务承担连带责任。

法院判决：

三被告对第三人拖欠原告的应付款 50,304,697.38 元及利息承担连带清偿责任。

【案例218】人格混同债权人举证达合理怀疑　公司未能反证被判承担连带责任[①]

原告： 农商行

被告： 泉泰公司、金旗瑞公司、新成力达公司、高某、赵某、程某、明珠公司

---

① 参见山东省高级人民法院（2015）鲁民再字第23号民事判决书。

第二十二章
损害公司债权人利益责任纠纷

诉讼请求：

1. 六被告泉泰公司、金旗瑞公司、新成力达公司、高某、赵某、程某向原告清偿借款本金2300万元及利息，六被告互负连带清偿责任；

2. 被告明珠公司对案涉给付义务承担连带清偿责任。

争议焦点：

1. 被告金旗瑞公司、明珠公司（以下简称两公司）股东存在亲属关系，高管存在姻亲等关系，且工商登记经办人、出纳相同的，能否认定两公司人员具有关联性；

2. 两公司经营场所、办公地址、对外联系电话相同，均代理销售同一品牌汽车，但该品牌在当地仅授权其中一家公司代理销售的，能否认定两公司业务混同；

3. 两公司财务管理人员相同，曾交叉出票、贴现、使用银行账户，且存在资产转让无合同及法律依据情形的，能否认定两公司财务混同。

基本案情：

2012年7月，原告与被告泉泰公司签订《借款合同》，约定原告向被告泉泰公司发放贷款2300万元，五被告金旗瑞公司、新成力达公司、高某、赵某、程某为该笔贷款提供连带责任保证。后因被告泉泰公司未能按时归还借款，原告提起本案诉讼，并主张被告明珠公司与作为保证人的被告金旗瑞公司构成人格混同。

根据原告提供的证据，就两公司相关事实确认如下：

1. 两公司经营场所、办公地点均在同一地址，且对外联系电话相同。

2. 两公司均代理销售奇瑞品牌汽车，且在汽车经销过程中共用销售手册，对外宣传信息一致。

3. 2007年4月至2009年1月，两公司股东一致，均为案外人王某及其女儿、女婿。此后，两公司股东不再有重合，但两公司股东之间存在亲属关系。

4. 两公司工商登记经办人均为案外人吕某，但吕某并非两公司员工，而系案外人正龙公司销售人员，案外人正龙公司法定代表人则为案外人王某女婿。两公司出纳均为案外人程某。

5. 2012年，被告明珠公司办理银行承兑业务时，其所出具的增值税发票上填写了被告金旗瑞公司的账号（后经法院查证，该增值税发票系被告明珠公司伪造）。此外，两公司在伪造虚假买卖合同进行票据贴现的违法行为中，存在交叉出票、贴现、使用银行账户的行为。

6.2007 年，被告明珠公司在被告金旗瑞公司设立时曾向工商局出具证明，载明其自愿将 186 号展厅无偿提供给被告金旗瑞公司使用。

7.2012 年 12 月，被告金旗瑞公司将其名下 215 辆汽车所有权过户到被告明珠公司名下。

原告诉称：

1. 原告已依约发放贷款，被告泉泰公司未能按期偿还贷款，四被告金旗瑞公司、高某、赵某、程某对该笔贷款提供保证，故均应向原告承担连带清偿责任。

2. 被告金旗瑞公司与被告明珠公司构成人格混同，故被告明珠公司亦应对欠款承担连带清偿责任。

被告明珠公司辩称：

二被告明珠公司、金旗瑞公司是两个完全独立的法人，被告明珠公司不应承担民事责任。被告金旗瑞公司将 215 辆汽车所有权过户到被告明珠公司名下系为抵顶 186 号展厅租金。

被告泉泰公司、金旗瑞公司、新成力达公司、赵某、高某、程某未作答辩。

一审、二审法官观点：

1. 被告泉泰公司应依约偿还贷款本息，五被告金旗瑞公司、新成力达公司、赵某、高某、程某自愿提供保证，应对此承担连带清偿责任。

《借款合同》签订后，原告向被告泉泰公司足额发放了贷款，依约履行了借款合同义务，但被告泉泰公司未按时偿还贷款本息，属违约行为，故对原告要求被告泉泰公司偿还贷款及利息的主张予以支持。

五被告金旗瑞公司、新成力达公司、赵某、高某、程某自愿为案涉借款提供连带责任保证，应就被告泉泰公司所负债务承担连带清偿责任。

2. 被告明珠公司、金旗瑞公司虽有一定的关联关系，但不构成人格混同，被告明珠公司无须对被告金旗瑞公司所负债务承担连带清偿责任。

（1）人员方面，就公司股东而言，原告与被告泉泰公司于 2012 年 7 月签订《借款合同》，当时两公司股东虽然存在一定的亲属关系，但不存在重合或交叉持股情况。

（2）就工作人员而言，除两案外人吕某和程某外，无证据证明两公司其他人员混同，且案外人吕某在替两公司办理工商登记手续时并非两公司员工。

（3）业务方面，两公司均代理奇瑞品牌汽车，但不排除存在经营不同汽车型号的情形，经营地址、销售宣传的相同或相似，并不能得出业务混同的认定。

（4）财务方面，原告认为被告金旗瑞公司将 215 辆汽车所有权过户给被告明珠公司以抵顶租金，被告金旗瑞公司已无独立的财产，但被告金旗瑞公司是否有独立财产与两公司是否构成财务混同是两个不同问题。此外，原告称被告明珠公司在办理银行承兑业务时，出具的增值税发票上填写了被告金旗瑞公司的账号，但经法院查明该增值税发票系被告明珠公司伪造的，且该款项并未进入被告金旗瑞公司。

综上，原告提供的证据不能证实两公司财产无法区分及被告金旗瑞公司丧失独立人格，故对原告请求被告明珠公司对被告金旗瑞公司所欠债务承担连带清偿责任的主张不予支持。

一审、二审法院判决：

1. 被告泉泰公司偿还原告借款本金 2300 万元及借款利息；

2. 五被告金旗瑞公司、新成力达公司、赵某、程某、高某对判决第一项确定的给付义务承担连带清偿责任，且其承担责任后有权向被告泉泰公司追偿；

3. 驳回原告的其他诉讼请求。

再审法院补充查明如下事实：

淄博市有权从事奇瑞品牌汽车销售的公司仅为被告金旗瑞公司。

被告金旗瑞公司原股东、法定代表人与被告明珠公司法定代表人系同一人，即案外人王某。案外人王某侄子系被告明珠公司分公司负责人，同时又是被告金旗瑞公司股东。案外人王某女儿系被告明珠公司股东、总经理，且曾为被告金旗瑞公司股东。案外人王某女婿系被告明珠公司股东、财务负责人，且曾为被告金旗瑞公司股东。案外人王某女婿的姐姐系被告金旗瑞公司现法定代表人。案外人王某女婿的妹妹系两公司共同的出纳案外人程某。

再审法官观点：

1. 人员方面，被告泉泰公司与原告签订《借款合同》时，被告明珠公司、金旗瑞公司的股东之间存在亲属关系，两公司的高管亦存在姻亲等关系。此外，两公司工商登记均由案外人吕某经办，且两公司出纳均为案外人程某。故可以认定两公司在股东、管理人员及财务人员等方面具有关联性。

2. 业务方面，两公司的经营场所、办公地址均在同一地址，且对外联系电话相同。两公司对外宣传中均称代理销售奇瑞品牌汽车，但在淄博市有权从事奇瑞品牌汽车销售的公司仅为被告金旗瑞公司。故两公司在公司外观、公司经营范围上存在混同。

3. 财务方面，两公司出纳均为案外人程某，两公司在财务管理人员上存在同一性。两公司进行违法票据贴现时，存在交叉出票、贴现、使用银行账户的行为，两公司在法人意志、财务等方面丧失独立性。同时，被告明珠公司曾在工商局出具证明，载明其自愿将186号展厅无偿给被告金旗瑞公司使用，而被告金旗瑞公司此后却以抵顶租金的名义将215辆汽车过户至被告明珠公司名下。对此，两公司并未提供租赁协议证明，且在两公司财务报表中也无租赁费用的任何记载，即上述资产转让并无合同及法律依据。故两公司在财务上存在混同。

综上，原告提供的证据已证明两公司在人员、业务、财务等方面存在交叉或混同，使正常交易主体对两公司在公司意志、公司财产等方面存在混同产生合理怀疑。在此情况下，被告明珠公司负有举证证明其与被告金旗瑞公司系独立法人的义务，因被告明珠公司未能证明两公司在公司意志、财产上存在独立性，故对原告诉请予以支持。

法院判决：

1. 撤销二审判决及一审判决第三项；

2. 维持一审判决第一项和第二项；

3. 被告明珠公司对一审判决第一项和第二项确定的给付义务承担连带清偿责任，且其承担责任后有权向被告泉泰公司追偿。

第二十二章

损害公司债权人利益责任纠纷

【案例219】债权人举证未达合理怀疑　不适用举证责任倒置申请取证亦被拒[①]

原告：嘉宸公司

被告：海马公司

诉讼请求：被告向原告偿还8293万法国法郎。

争议焦点：

1. 股东以实物出资，该实物已交付公司使用，且后续因偿还公司债务被拍卖的，能否以未办理权属变更登记为由认定股东未履行出资义务；

2. 债权人证明债务人公司曾有大量资金可供支配，且公司已停止经营，股东主张资金用于公司实际经营管理，对此债权人不能提供反证的，能否认定债权人对债务人公司及其股东构成人格混同的举证已达合理怀疑程度，能否适用举证责任倒置原则。

基本案情：

1993年，案外人通海公司与案外人中国工商银行签订《买方信贷转贷款合同》，约定案外人通海公司向案外人中国工商银行贷款8293万法国法郎；贷款用途为购买案外人法国BEFS公司提供的技术、服务及PVC-石英砂地板胶生产设备等；用款方式为法国巴黎巴银行向案外人通海公司寄送案外人法国BEFS公司的付款单据，案外人通海公司确认无误后，由中国工商银行向法国巴黎巴银行发送付款指示。

之后经两次债权转让，原告于2007年取得上述贷款债权。2010年，原告向法院起诉要求案外人通海公司偿还贷款本息，法院判决支持其诉请，但未能执行到位。原告遂于2014年提起本案诉讼。

案外人通海公司于1992年设立，注册资本为3450万法国法郎，股东为被告（中方）和案外人BEFS公司（外方），两股东各出资50%。案外人通海公司章程规定，被告以工厂场地土地使用权、砂现场土地使用权和提取权、工厂出资；整个合作期内，董事长由被告委派的董事担任，董事长为公司法定代表人，总经理由案外人BEFS公司提名；公司印章由总经理保管，经总经

[①] 参见最高人民法院（2015）民二终字第85号民事判决书。

理授权方可使用，需要盖公司印章的每个文件均应由总经理签署。

1995年至1996年，案外人通海公司曾四次向被告借款用于发放中方员工工资及补贴，四次借款共计40万元，均有借条及银行转账凭证，借条由案外人通海公司总经理签名并盖公章。

1996年，会计师事务所出具的《验资报告》载明，案外人通海公司共投入注册资本3450万法国法郎；其中，被告出资30,152,281.28法国法郎，作为注册资本投入1725万法国法郎，案外人BEFS公司投入注册资本1725万法国法郎；被告作为出资投入的厂区已于1995年12月31日交付使用。但截至法院拍卖时，作为出资投入的土地使用权及厂房仍未办理权属变更登记。

2001年至2004年，会计师事务所出具的三份《审计报告》均载明案外人通海公司产品生产线购建活动从1997年开始发生非正常中断，公司已处于停产状态。2001年，被告出具证明，载明案外人通海公司因诸多原因停产，公司留守员工8人均由被告委派，由被告统一办理社会保险。2004年，案外人通海公司向工商部门出具证明，载明案外人通海公司因近两年来处于停产状态，员工都已调离企业，未发生工资费用，也未办理社会保险，公司厂房和设备由被告代为管理。

2005年，在原告与案外人通海公司的另案中，执行法院查封并拍卖了案外人通海公司的土地使用权、地上厂房等建筑物、PVC生产线及其附属设备，原告因此获得执行款项2350万元人民币。

本案一审期间，原告向法院申请调查取证，法院未予准许。二审期间，原告再次请求法院进行调查取证，并表示其此前提交的《司法会计审计申请书》中已包括调查取证申请，庭后亦会另行提交调查取证申请，但庭后并未向法院提交。

原告诉称：

1. 被告作为案外人通海公司股东，明显出资不实，且滥用法人独立地位和股东有限责任，逃避巨额债务，严重损害债权人利益，依据《公司法》规定，被告应就案外人通海公司对原告所负债务承担连带责任。

2. 原告已举证证明被告存在滥用公司人格的外部表象，案外人通海公司运营过程存在明显问题，而法院未适用举证责任倒置正确分配举证责任，属适用法律错误。

（1）原告已提供案外人工商银行出具的《关于督促履行贷款义务函》《关于督促履行贷款担保义务的函》《债权催收通知》，可证明1993年至1996年案外人工商银行共向案外人通海公司发放贷款10,018万法国法郎，该款项为案外人通海公司可支配财产，现去向不明。

（2）案外人通海公司产品生产线购建活动于1997年发生非正常中断后，持续处于停产状态，公司自始未实际经营。

（3）案外人通海公司PVC生产线建设与被告出资厂房建设周期重合，厂房、生产线及附属设施三项主要资产权属、资金来源不明，这是否因被告出资不明造成。

（4）原告提供了《外商投资企业申请登记表》一份，可证明案外人通海公司员工人数有122人，外方仅占7人。此外，目前无任何外方参与公司经营、召开董事会作出决议的证据。

被告辩称：

1. 案外人通海公司使用厂房系由被告出资并交付使用，原告与案外人通海公司另案纠纷中拍卖处置的土地使用权、厂房即为被告出资，因此被告已履行出资义务。

2. 涉案贷款系根据《买方信贷转贷款合同》直接支付给PVC生产线供应商，未进入案外人通海公司账户。案外人通海公司日常经营管理均由外方股东提名的总经理负责，向被告的四笔借款亦有总经理签字，因此被告与案外人通海公司不存在财产、人员混同。

3. 本案不存在依原告申请调查收集被告及案外人通海公司财务会计资料的必要性。现有证据足以排除被告出资不实以及与案外人通海公司财产混同的可能性，原告是以申请法院调查取证的方式转嫁举证责任。

法院观点：

1. 被告已足额履行出资义务。

案外人通海公司章程规定，被告以工厂场地土地使用权、砂现场土地使用权和提取权、工厂作为出资。对此，被告已将上述土地使用权和厂房实际交付案外人通海公司使用，被告虽未办理权属变更登记，但并未影响案外人通海公司对该财产的利用和处分，也未使案外人通海公司及其债权人承担可能无法处分该项出资财产的法律风险。况且被告上述资产已实际承担了案外人通海公司的另案债务，原告作为另案的债权人也已取得了相应资产的拍卖价款。因此，应当认定被告对案外人通海公司已足额履行了出资义务。

2. 原告对被告及第三人通海公司构成法人人格混同的举证未达到合理怀疑程度，不具备适用举证责任倒置原则的前提。

举证责任调整的前提，应是作为原告方的债权人已通过盖然性的证据证明股东存在滥用公司法人独立地位和股东有限责任的行为，以及由此产生了损害的结果，而非当然的举证责任倒置。本案中，原告提出的证据不能证明被告与案外人通海公司存在法人人格混同，具体原因如下：

（1）关于原告主张案外人通海公司可支配现金资产 10,018 万法国法郎去向不明的问题。根据中国工商银行与案外人通海公司签订的《买方信贷转贷款合同》，合同项下贷款系直接通过法国巴黎巴银行向 PVC 生产线的供货商进行支付，而原告未能提供相反证据证明上述款项未按照合同约定支付给供货商。同时，对于其他款项，被告主张系用于案外人通海公司日常经营、偿还利息等，原告亦未提供相反证据予以否定。

（2）关于原告认为案外人通海公司 PVC 生产线建设与被告出资的厂房建设周期重合，厂房及附属设施等的权属与资金来源不明是否因被告出资不明造成的问题。在原告没有证据推翻案外人通海公司基于《买方信贷转贷款合同》所贷款项已通过巴黎巴银行直接支付给 PVC 生产线供货商的情况下，被告用以出资的厂房建设周期是否与 PVC 生产线建设周期重合、厂房与生产线等资产权属是否清楚、资金来源如何，均与被告是否滥用案外人通海公司法人独立地位无关。

（3）关于原告主张案外人通海公司在 PVC 生产线购建活动中断后持续处于停产状态以及自始未实际经营的问题。案外人通海公司 PVC 生产线购建活动是否中断，公司是否处于停产状态以及是否实际经营，均属于企业自主经营的范畴，与股东是否滥用公司法人独立地位没有关系。

（4）关于原告主张案外人通海公司一直没有外方员工参与经营以及没有召开董事会作出决议的问题。案外人通海公司是否有外方员工参与经营以及是否召开董事会，亦与股东是否滥用公司法人独立地位没有关系。

综上，原告提出的四项证明内容均不能证明被告滥用案外人通海公司法人独立人格和股东有限责任，未达到对法人人格混同可能性的合理怀疑程度，本案不具备适用举证责任倒置原则的前提。

3. 原告并未向法院提交书面调查取证申请，即使认可其口头申请，因其申请存在客观障碍且将导致举证责任转移至被告，故不准予其申请不违反法律规定。

根据《民事诉讼法司法解释》第94条的规定，当事人申请法院调查取证的，应以书面形式提出申请。本案中，原告仅向法院提交了《司法会计审计申请书》，虽然其口头表示该申请书中包括了调查取证申请，也表示庭审后将向法庭提交《调查取证申请书》，但其庭后并未提交书面的《调查取证申请书》，且其《司法会计审计申请书》中亦无调查取证申请的明确意思表示。因此，准确地说，原告并未向法院正式提出调查取证申请。

退一步讲，即使将原告庭审时的陈述视为其向法院申请调查取证，其申请调取的证据属于无调查收集必要的范畴，对其申请亦不予准许，理由如下：

（1）原告申请调取的是案外人通海公司账册，被告作为通海公司的股东，没有义务向法庭提供案外人通海公司的相关账册。

（2）根据《审计报告》，案外人通海公司自2001年起长期处于停产状态，目前已无留守人员，其资产、档案保存情况不明，且原告申请调取的账册时间跨度大，距今已有十多年之久，在调取上存在明显障碍。

（3）原告申请法院调查取证，本质上是要求被告向法院提交案外人通海公司的上述财务资料，被告事实上承担了该财务资料的举证责任，这将导致举证责任由原告移转至被告。如前所述，本案中原告所举证据尚未达到法人人格混同可能性的合理怀疑程度，本案不符合适用举证责任倒置的情形，原告试图通过申请法院调查取证实现其移转举证责任的目的，不符合法律规定。

法院判决：

驳回原告诉讼请求。

【案例220】一人股东过度支配子公司　股东连带清偿子公司债务[1]

原告：斯普乐公司

被告：锦城公司

第三人：日拓公司

诉讼请求：判令被告对第三人拖欠原告的货款 8,275,705.53 元及利息承担连带清偿责任。

争议焦点：

1. 被告是第三人的一人法人股东，其在无第三人书面决议且未支付对价的前提下，直接将第三人的主营业务转移至被告，该行为是否构成对第三人的过度控制；

2. 被告主张第三人已陷入履行不能，因此被告才转移了第三人的客户资源，能否据此认定被告对第三人的控制基于正当目的；

3. 原告一直未获得债权清偿与被告对第三人的过度控制是否具有因果关系，被告应否对第三人的债务承担连带责任。

基本案情：

原告对第三人的货款债权已经生效判决确认，并被立案执行。

在上述货款纠纷的审理期间，被告在其母公司以 13,613,463.87 元的对价受让取得了第三人 100% 股权，该股权定价是基于第三方评估机构出具的《报告书》中载明的第三人所有者权益金额（13,865,290 元）。

被告母公司曾发布过一份《董事会函件》，其记载第三人的客户基础可以与被告的专业技术和产能相结合并产生协同效应，从而进一步扩大汽车业务的规模和利润。

2014 年 1 月 1 日，与第三人长年开展业务的合作方即案外人福田公司与第三人签订《汽车零部件采购合同》，约定由第三人向案外人福田公司供货。

2014 年 3 月 6 日，第三人向案外人福田公司提交《变更申请函》，要求将供应商由第三人变更为被告。案外人福田公司经内部审核后出具了《关于供应商信息变更的通知》，同意供应商变更为被告。但被告并未就该笔业务的主

---

[1] 参见北京市高级人民法院（2019）京民申 3582 号民事裁定书。

体变更向第三人支付对价，该事项也未经第三人作出书面股东会决议。

2014年4月29日，被告将其持有的全部第三人股权以0元的对价转让给非关联方即案外人塑胶公司。该对价系基于第三方资产评估机构出具的《报告书》中载明的第三人净资产金额（1260.89元）。

2014年12月17日，法院以第三人的财产正在处理且暂无其他财产可供执行为由终结了执行程序。

原告诉称：

1. 短短4个月的持股期间，被告就抽空了第三人的客户资源，将第三人主要业务转移至自身，形成资产、业务、人员严重混同，并导致第三人无法经营，丧失偿债能力，给原告造成严重损失。

2. 执行法院查封的第三人财产价值过低，导致原告的债权一直未能获偿，但原告并未放弃执行。

被告辩称：

1. 被告与第三人不存在关联关系，并未转移财产。

2. 被告与第三人的经营地址、财务账册、账户、财务制度均独立，双方没有恶意转移业务，因为第三人已经陷入履行不能的情况，所以被告才将业务转移至被告，且该业务转移经案外人福田公司审核。

3. 第三人被查封的财产如果得到及时处置，则足以实现原告的债权。原告放弃对第三人财产的执行，其债权未能清偿是其自身过错造成的，与股东是否存在股东过度控制问题没有任何因果关系。

第三人称：

被告与第三人不存在人格混同且相互财产独立。

法官观点：

公司法人格否认在适用标准上主要包括资本显著不足、人格混同、过度控制、公司形骸化。过度控制是指股东通过对公司控制实施了不正当的甚至非法的影响行为，造成对从属公司债权人的损害。过度控制的构成要件包括：第一，股东对从属公司进行了支配性、绝对性控制；第二，这种控制行为不具有正当目的，比如违反法律规定或者属于滥用股东权利，又如仅有利于股东自身利益，而对从属公司不利；第三，股东控制行为与从属公司债权受损存在因果关系。

1. 关于被告是否进行了过度控制的问题。

被告系第三人的一人法人股东。案外人福田公司是第三人的长期客户资源，在2014年1月双方签订采购合同后，被告在第三人未进行股东书面决议的情况下，将第三人的重要业务转移给其自身，该行为已经属于不尊重从属公司独立意思和独立利益的过度控制行为。公司是法律拟制的主体，在法律上享有独立的权利义务，其独立的意思表示是维系自身利益的前提和基础。公司重要业务资源的转移，不仅关涉公司自身利益，更关涉公司债权人的利益，属于公司的重要事项。在无证据显示第三人进行独立决策的情况下，母公司将子公司的重要业务和客户资源移转其自身，属于利用支配性地位进行的过度控制。

2. 关于控制行为是否具有正当目的的问题。

被告在成为第三人一人股东的短短几个月内，尤其是在第三人与原告买卖合同纠纷诉讼期间，将作为案外人福田公司供应商的第三人变更为被告，被告对此明确表示没有支付对价，且对第三人是否已经陷于违约危机事实并未提交充分证据证明。而被告的《董事会》文件表明，第三人的客户资源可以扩大生产规模和利润。因此，对于被告对第三人实施不正当支配和控制的行为，难以认定具有正当目的。

3. 关于股东控制行为是否造成债权人债权受损问题。

被告是从其关联公司受让第三人股权，当时的所有者权益尚有13,865,290元，但在第三人变更供货商后，被告将股权转让给案外人塑胶公司的股权对价仅为0元，而其此次转让的价格是在参考了股权评估价值的前提下确定的。股权价值与所有者权益具有高度关联。会计学上，资本负债率是评价企业偿债能力的重要指标，是企业负债总额与所有者权益的比率。当客户资源转移后，企业所有者权益接近为0时，此时资本负债率仍旧趋于无限大。更何况第三人的客户资源，其本身就是公司的或有资产。截至本案终结辩论程序，原告的债权仍未受清偿。

综上，被告作为第三人的一人法人股东，其应当充分尊重子公司的独立意志，并保护子公司的债权人利益。但在本案中，其利用对子公司的绝对控制权,在短暂持股期间将子公司的重要客户资源以无对价方式转移至自己名下,造成子公司偿债能力下降,进而损害子公司债权人的债权受偿,因此法院认为被告存在滥用公司法人独立地位和股东有限责任,严重损害公司债权人利益的行为,其应当对第三人的债务承担连带清偿责任。

法院判决:

被告对第三人拖欠原告的货款本金 8,275,705.53 元及利息承担连带清偿责任。

520. 如何认定公司资本显著不足?

实践中,关于如何认定资本显著不足,需要重点关注以下三点:

(1) 判断公司资本显著不足的时间点为公司设立后在经营过程中,而非公司成立时。

(2) 股东实际投入公司资本数额与公司经营所隐含风险的不匹配必须达到"明显"的程度,且持续一定的时间,不是短期的经营行为。特别要注意的是,须将资本显著不足与公司采取"以小博大"的正常经营方式相区分。在适用该条规定时要十分谨慎,应当与其他因素结合起来综合判断。

(3) 公司主观过错明显。公司在经营过程中资本显著不足,表明股东或实际控制人利用较少资本从事力所不及的经营,没有从事公司经营的诚意,其实质是恶意利用公司独立人格和股东有限责任把投资风险转嫁给债权人。

由于资本显著不足的判断标准具有很大的模糊性,相较于其他"滥用"行为类型,法院对于资本显著不足的适用较为谨慎。随着新《公司法》第47条明确有限公司注册资本应在5年内缴足,未来这一情形的适用空间可能进一步缩小。

【案例221】股东低价转让股权降低公司偿债能力　须对公司债权人承担连带责任[①]

原告: 江某

被告: 讷良公司、申某、李某、杨某、圣迅公司、享泰公司

---

① 参见上海市浦东新区人民法院 (2018) 沪 0115 民初 43762 号民事判决书。

诉讼请求：

1. 解除原告与被告讷良公司签订的《投资合作协议》；
2. 被告讷良公司向原告返还风险保证金 2000 万元人民币；
3. 被告申某、李某、杨某、圣迅公司、享泰公司对被告讷良公司的还款义务承担连带责任。

争议焦点：

1. 被告讷良公司的投资范围不含金融业务，却与原告签订案涉系列《投资合作协议》，约定由原告委托被告讷良公司进行境内外金融或商品期货投资，该系列协议是否有效；

2. 被告申某作为被告讷良公司的控股股东，将公司财产记载于自己名下并随意使用、调拨公司资金，被告申某与被告讷良公司是否构成财产混同，被告申某是否要对被告讷良公司债务承担连带责任；

3. 在被告讷良公司被列入经营异常名录又被强制执行时，被告李某、杨某、圣迅公司均以 1 元的价格，将各自所持被告讷良公司的股权转让给被告享泰公司后，是否要对被告讷良公司债务承担连带责任；

4. 被告享泰公司现为被告讷良公司的唯一股东，其未到庭应诉答辩，也未举证证明其财产独立于被告讷良公司，是否应对被告讷良公司的债务承担连带责任。

基本案情：

被告讷良公司于 2014 年 8 月成立，经营范围包括资产管理（除金融业务）、创业投资、投资管理等，股东为被告申某（持股 51%）、被告李某（持股 49%）。二人认缴注册资本 1 亿元，出资期限为 30 年，每人仅实缴 5 万元。

2016 年 9 月至 11 月，原告与被告讷良公司陆续签订 3 份《投资合作协议》，约定原告将资金委托给被告讷良公司进行投资管理，投资范围包括境内外金融或商品期货。原告累计投入资金 2000 万元，均按被告讷良公司要求转至被告申某账户。

被告讷良公司财产记载于被告申某名下，由被告申某占有、使用，且其随意调拨公司资金，用于偿还个人债务和向案外人转账。

2017 年 3 月 20 日，被告申某与被告李某、杨某、圣迅公司签署《股权转让协议》，被告申某均以 1 元的价格，将其持有的被告讷良公司的股权的 11% 转让给被告李某、20% 转给被告杨某、20% 转给被告圣迅公司。

2017 年 6 月，因《投资合作协议》履行发生纠纷，原告诉至法院。

自 2017 年 6 月 7 日起，被告讷良公司被列入经营异常名录。

2018 年 4 月 15 日，被告李某、杨某、圣迅公司与享泰公司签署《股权转让协议》，被告李某、杨某和圣迅公司将各自持有的被告讷良公司股权，均作价 1 元全部转让给被告享泰公司。

2018 年 4 月 27 日，被告讷良公司被法院裁定终止本次执行。

现被告讷良公司的唯一股东为被告享泰公司，其注册资本为 100 万元。被告享泰公司已于 2018 年 3 月被列入经营异常名录。被告享泰公司的唯一股东为案外人心莹公司，已于 2018 年 7 月被吊销营业执照。

原告诉称：

1. 原告按照被告讷良公司的指示将 2000 万元汇入被告申某的账户，但之后被告讷良公司从未向原告分配任何收益，且被告讷良公司已经无法继续提供合同约定的服务。故原告与被告讷良公司约定的投资合作协议目的已经落空，被告讷良公司应返还原告 2000 万元。

2. 被告讷良公司在《投资合作协议》中的收款账户为被告申某的个人账户，其经营过程中存在公司财产和被告申某个人财产严重混同的情况，被告申某应对公司债务承担连带责任。

3. 被告李某、杨某、圣迅公司在被告讷良公司实际无力赔偿外部债权人的情况下拒绝出资，并以 1 元对价相继转让被告讷良公司股权给明显无能力履行出资义务的被告享泰公司。被告享泰公司现为被告讷良公司的唯一股东，且与上述被告恶意串通，应与被告李某、杨某、圣迅公司一起对被告讷良公司的还款义务承担连带责任。

被告李某、杨某辩称：

1. 案涉 3 份《投资合作协议》系双方真实意思表示，真实有效，案涉所有账户均由原告进行操作，该合同已经履行完毕，合同期限已满，故原告要求解除合同并无理由。

2. 被告李某、杨某作为被告讷良公司的股东期间，认缴出资期限未到，两被告享有期限利益，且没有滥用公司法人资格，逃避债务。

3. 本案纠纷系发生于被告申某担任被告讷良公司法定代表人与实际经营人期间，原告的资金未进入被告讷良公司账户而是进入了被告申某个人账户。被告申某在经营公司期间用其个人账户同时进行公司经营与个人使用，其资产与被告讷良公司的资产已经混同。被告申某滥用公司法人独立地位，原告仍选择与其进行交易，因此本案不应适用法人人格否认制度。

4. 被告李某、杨某在被告讷良公司与原告签订合同时，并不是实际经营者，对原告的经济损失没有过错，不存在承担民事责任的因果关系。

被告讷良公司、申某、圣迅公司、享泰公司未作答辩。

法官观点：

1. 关于《投资合作协议》的效力。

被告讷良公司并未经外汇管理机关批准取得办理外汇业务的许可，其擅自与原告签订《投资合作协议》并约定合作投资境内外金融或商品期货业务，违反了《期货交易管理条例》第43条和《外汇管理条例》第17条。上述规定涉及我国外汇管制与金融安全，属于强制性规定，故案涉合同无效，被告讷良公司应返还原告风险保证金2000万元。

2. 被告申某是否应对被告享泰公司债务承担连带责任。

（1）被告讷良公司资本显著不足。被告申某、李某在设立被告讷良公司时，认缴注册资本1亿元。被告讷良公司从事的经营活动是高风险、高杠杆的期货投机行为，隐含的风险巨大，被告申某、李某却设定了长达30年的出资时间，与其营业内容严重脱节。且二人仅实缴了注册资本5万元，与公司经营所隐含的风险相比明显不匹配。

（2）被告讷良公司成立后，公司财产记载于控股股东被告申某名下，由被告申某占有、使用，且其随意调拨公司资金，用于偿还个人债务、对外转账等。被告申某与讷良公司存在财产混同情形，应适用法人人格否认制度，被告申某应对被告讷良公司的还款义务承担连带责任。

3. 被告李某、杨某、圣迅公司是否应对被告讷良公司的债务承担连带责任。

（1）被告申某所持被告讷良公司股份由被告李某、杨某、圣迅公司共同承接，出资期限依然维持不变。且三方经营过程中被告讷良公司被列入经营异常名录又被强制执行，于是三方在其遥遥无期的认缴出资义务转换为现实义务前，以1元对价将所持被告讷良公司股份转让给同样已被列入经营异常名录且注册资本只有100万元的被告享泰公司。被告享泰公司的资信情况显然无法缴足1亿元注册资本，被告李某、杨某、圣迅公司试图逃避出资义务，名为股权转让，实则逃废债务。

（2）被告李某、杨某、圣迅公司通过低价转让股权的方式实际处分了公司财产，也导致被告讷良公司责任财产减少且偿债能力降低，损害了本案原告作为其债权人的利益。据此，被告李某、杨某、圣迅公司亦应对被告讷良公司的案涉债务承担连带清偿责任。

4. 被告享泰公司现为被告讷良公司的唯一股东，未举证证明其财产独立于被告讷良公司，应对被告讷良公司的债务承担连带责任。

法院判决：

1. 原告与被告签署的案涉《投资合作协议》均无效；

2. 被告讷良公司返还原告风险保证金2000万元；

3. 被告申某、李某、杨某、圣迅公司、享泰公司对被告讷良公司的还款义务承担连带责任。

【案例222】夫妻就共同生产经营行为产生的债务 向债权人承担连带责任[①]

原告： 租赁公司

被告： 张某、黄某

诉讼请求： 两被告在其持有案外人建设公司股权期间，就案外人建设公司对原告产生的租金债务向机械公司承担连带责任。

争议焦点：

1. 被告张某无偿将其持有的案外人建设公司共计100%的股权转让给其父亲案外人张某金的行为以及两被告在离婚协议中关于投入案外人建设公司的

---

① 参见湖北省宜昌市中级人民法院（2023）鄂05民终2896号民事判决书。

资金分割问题的约定是否属于滥用公司法人独立人格和股东有限责任以及损害债权人利益的行为；

2. 被告张某为案外人建设公司唯一股东，在原告就案涉租金提起诉讼后、一审判决结果宣告前，被告张某将案外人建设公司注册资本减至 307 万元，并以 0 元价格将案外人建设公司全部股权转让给其父案外人张某金，被告张某是否应对案外人建设公司承担连带责任；

3. 案外人建设公司对原告所负债务，是否属于两被告作为夫妻时共同生产经营行为产生的债务，被告黄某是否应对此负连带清偿责任。

基本案情：

两被告为夫妻关系，于 2017 年共同出资设立案外人建设公司，认缴出资 200 万元，其中被告张某持股 60%、被告黄某持股 40%。

2017 年 3 月，案外人建设公司增资至 1000 万元，张某持股 60%、黄某持股 40%。

2018 年 10 月，案外人建设公司股东变为被告张某，持股 100%。

2020 年 11 月，案外人建设公司与原告签订租赁合同，向原告租赁场地。

2021 年 6 月，案外人建设公司增资至 5000 万元。

2021 年 12 月，在原告起诉案外人建设公司要求该司支付租金后，二被告协议离婚，并约定：被告张某支付被告黄某陆续投入案外人建设公司的资金共计 321.6 万元，并支付被告黄某公司分红 500 万元。

2021 年 12 月，被告张某与其父亲案外人张某金签订《股权转让协议》，将所持案外人建设公司 100% 股权以 0 元价格转让给案外人张某金。

2022 年 1 月，案外人建设公司注册资本从 5000 万元减至 800 万元。

2022 年 3 月，法院一审判决确认案外人建设公司应向原告支付租金 1250 万元及利息，后二审维持该判决。

2022 年 11 月，案外人建设公司减资至 307 万元。截至 2022 年 12 月，案外人建设公司实收资本 307 万元。

2023 年 5 月，因案外人建设公司名下暂无财产可供执行，法院裁定终结本次执行程序。

原告诉称：

被告张某作为案外人建设公司股东，明知其公司尚有未清偿债务，仍将全部股权无偿转让给其父亲案外人张某金,以及与其前妻被告黄某以离婚协议方式分割、转移案外人建设公司财产的行为,系滥用公司法人独立地位,严重损害了债权人的利益,故要求两被告对案外人建设公司欠付原告的债务承担连带清偿责任。

被告张某辩称:

其与案外人张某金之间的股权转让协议是双方意思自治的结果,不违反法律的强制性规定,且案外人建设公司与股东间不存在人财物混同的情况,被告张某未滥用公司法人的独立地位。

被告黄某辩称:

被告黄某已于 2020 年 1 月 7 日退出案外人建设公司经营,其与被告张某离婚协议的约定亦未实际履行,原告诉称与事实不符。

一审法官观点:

1. 被告张某与被告黄某在离婚协议书中约定,被告黄某投入案外人建设公司的资金以及案外人建设公司的分红均由被告张某个人向被告黄某支付。该约定明显与被告张某辩称的其财产与公司财产分离不符。被告张某未能进一步提交证据证明案外人建设公司财产独立于被告张某个人财产,故认定被告张某与案外人建设公司之间存在人格混同的情形,被告张某应对案外人建设公司欠付原告的债务承担连带清偿责任。

2. 因原告与案外人建设公司签订租赁合同的时间为 2020 年 11 月 3 日,而被告黄某已于 2018 年 10 月 9 日退出案外人建设公司股东,于 2020 年 1 月 7 日退出案外人建设公司经营。原告主张被告黄某对案外人建设公司欠付原告的债务承担连带责任的诉讼请求,于法无据。

一审法院判决:

1. 被告张某在其持有案外人建设公司股权期间就案外人建设公司对原告所产生的租金债务向原告承担连带清偿责任;

2. 驳回原告的其他诉讼请求。

二审法官观点:

1. 被告张某应否就案外人建设公司所欠原告租金债务承担连带责任。

(1) 在原告提起诉讼后、一审判决结果宣告前,被告张某于 2021 年 12 月将其持有的案外人建设公司100%股权无偿转让给案外人张某金。在公司即将面临巨额到期债务时，未届出资期限，股东即将自己的股权转让，具有逃避债务的主观恶意。

（2）案外人建设公司于2022年1月将注册资本由5000万元减至800万元。随后在已确定对原告负有给付义务的情况下，案外人建设公司在被执行过程中将其注册资本减至307万元。被告张某及其股权受让人仅需以认缴的307万元资本为限，对债权人承担有限责任，被告张某恶意减资导致案外人建设公司资本与已确定要负担的债务明显不相匹配，系滥用股东有限责任，把投资风险恶意转嫁给债权人以逃避债务。

（3）2018年10月9日至2021年12月1日，被告张某是案外人建设公司的唯一股东，未能证明其与案外人建设公司财产是独立的。

综上，被告张某应对案外人建设公司对原告所负债务承担连带责任。

2. 被告张某对案外人建设公司欠付原告的债务是否为夫妻共同债务。

（1）案外人建设公司在2017年3月成立时的股东为两被告，显然夫妻二人是以夫妻共同财产各自出资设立案外人建设公司，被告黄某对此清楚、知情。被告黄某虽自2018年10月起不再担任案外人建设公司股东，但此时被告张某仍持股100%，且工商公示信息显示被告黄某至今仍担任案外人建设公司财务负责人。

（2）案外人建设公司及被告张某的债务产生于2020年11月案外人建设公司与原告签署租赁合同时，案外人建设公司应自2021年1月28日起承担支付案涉租金的义务，而两被告则是在2021年12月27日才登记离婚。因此，案外人建设公司及被告张某所负债务产生于两被告婚姻关系存续期间，且被告张某经营公司的行为也完全是夫妻共同生产经营行为，被告黄某应当对婚姻关系存续期间因夫妻共同生产经营行为所产生的债务承担共同偿还责任。

（3）夫妻双方在案涉债务产生后通过离婚方式规避债务，企图将本应以夫妻共同财产偿还的债务完全转嫁到被告张某一人身上，逃避债务意图明显。

二审法院判决：

1. 被告张某对案外人建设公司欠付原告的租金债务及利息向原告承担连带责任；

2. 被告黄某对被告张某的上述债务承担连带责任。

【案例223】公司无财产可供执行但尚在经营　短期资不抵债属经营常态①

原告：奕辉公司

被告：陆某、何某、周某

诉讼请求：

1. 被告何某在未出资90万元范围内对案外人金荻公司未清偿的债务向原告承担补充赔偿责任；

2. 被告周某在未出资210万元范围内对案外人金荻公司未清偿的债务向原告承担补充赔偿责任；

3. 被告陆某对被告何某与周某的上述给付义务承担连带责任；

4. 被告陆某对案外人金荻公司未能清偿的债务向原告承担连带清偿责任。

争议焦点：

1. 案外人金荻公司还在正常缴税和开票，但经法院强制执行又未发现可供执行的财产，是否能据此认定案外人金荻公司符合破产条件，从而适用股东认缴出资的加速到期，被告周某与何某是否应在出资范围内承担补充赔偿责任；

2. 被告陆某是案外人金荻公司对原告产生债务期间的一人股东，在其无证据证明个人财产与公司财产不存在混同的情况下，其是否应当对案外人金荻公司的债务承担连带清偿责任；

3. 三被告在债务产生之后发生的股权转让与受让行为，是否构成滥用股东权利侵害债权人利益，被告陆某是否应当对被告何某与周某的补充赔偿责任承担连带责任。

基本案情：

被告陆某于2019年全资设立了案外人金荻公司，注册资本为300万元，出资期限为2039年。

---

① 参见上海市闵行区人民法院（2023）沪0112民初13151号民事判决书。

2020年，案外人金荻公司与原告产生贸易往来并欠付原告货款。原告另案起诉案外人金荻公司、被告陆某的买卖合同纠纷案已作出生效调解书，载明案外人金荻公司欠付原告货款总计3,303,870元，将采用分期付款的方式直至2022年2月25日前付清，同时原告放弃其余诉讼请求。

2021年，被告陆某将其持有的案外人金荻公司90万股权以0元价格转让给被告何某。

2022年，被告陆某又将其持有的金荻公司剩余210万股权以0元价格转让给被告周某。

因案外人金荻公司未完全履行调解书确定的给付义务，原告分别于2021年和2022年两次向法院申请强制执行，但因案外人金荻公司无可供执行的财产，法院裁定终结执行。

案外人金荻公司于2022年6月至11月有员工社保缴纳记录，2022年10月至2023年3月均正常向税务机关申报增值税及附加税费，2022年11月、2023年2月及2023年4月，均正常开具货物名称为服装的增值税专用发票。

原告诉称：

1. 案外人金荻公司经过强制执行程序未发现可供执行财产，其已经符合破产条件，但其至今未申请破产。被告何某和周某作为股东，二者未履行的出资义务应当加速到期。

2. 案外人金荻公司于2020年就开始欠付原告货款，但被告陆某直至2021年、2022年才分别将90万、210万股权转让给被告何某和周某，而且转让价格均为0元，这些股权转让行为显然属于滥用出资期限利益，使股权出让人逃避出资义务，损害公司债权人利益的行为，被告陆某应当对被告何某和被告周某的补充赔偿责任承担连带责任。

3. 被告陆某是案外人金荻公司对原告产生债务期间的一人股东，在被告陆某不能证明其个人财产独立于案外人金荻公司财产的情况下，被告陆某应当对案外人金荻公司的债务承担连带清偿责任。

被告陆某辩称：

其只是案外人金荻公司的挂名股东，目前已经从案外人金荻公司离职，不应承担任何责任。

被告何某与周某辩称：

由于新冠肺炎疫情等原因，公司经营状况不如之前，但目前仍在营业中，也按时缴纳税款和社保，公司不具备破产条件，因此股东出资期限也未到期。

法官观点：

1. 关于案外人金荻公司的股东认缴出资加速到期是否适用的问题。

在注册资本认缴制下，注册资本属于公司的法定财产，在公司开办及正常经营情形下，股东受章程规制，享有认缴出资自由的期限利益。债权人以公司不能清偿到期债务为由，请求未届出资期限的股东在未出资范围内对公司不能清偿的债务承担补充赔偿责任的，一般不予支持。但公司作为被执行人的案件，人民法院穷尽执行措施无财产可供执行，已具备破产原因，公司不申请破产的，股东享有出资自由的内部期限利益与公司债权人的合法权益发生了冲突，股东的期限利益不能对抗公司所承担的外部债务清偿责任，债权人相关诉讼请求可以得到支持。

具体到本案，虽然法院出具了无财产可供执行的文书，但被告提交的现有证据证明案外人金荻公司尚在经营过程中，有业务往来以及税款、社保的缴纳记录，并不具备破产原因。故原告主张的案外人金荻公司的股东认缴出资加速到期，实难支持。

2. 关于被告陆某转让股权的连带责任问题。

《公司法司法解释（三）》第19条规定的适用前提是转让股权的股东已届出资期限未履行或者未全面履行出资义务。而本案中案外人金荻公司的股东未届出资期限且不符合认缴出资加速到期的适用条件，故难以适用该司法解释的规定。

对于原告主张的被告陆某承担转让股权的连带责任问题，不予支持。

3. 关于被告陆某曾作为一人股东的连带责任问题。

由于一人公司的所有股份或出资全部归属一人，缺少多股东间的内部制衡机制，容易产生公司与股东之间的财产混同以及股东滥用公司独立人格的情形，从而侵害债权人的合法权益。因此，《公司法》通过规定年度的法定审计，由一人公司或股东提供年度审计报告以及财务账簿等证据证明公司财产独立于股东个人财产，表明股东财产未与公司混同，否则股东需对公司债务承担连带责任。

本案中，虽然系争债权形成于被告陆某为案外人金荻公司一人股东的期间，在其无证据证明个人财产与公司财产不存在混同的情况下，应对公司债务承担连带责任。但是，原告在调解书中已经放弃了对被告陆某作为一人股东的诉讼请求，且调解书已经发生法律效力，原告无权在本案当中再次主张。

4. 关于三被告是否滥用股东权利侵害债权人利益。

无论是《民法典》还是《公司法》，均明确规定了股东不得滥用法人独立地位和股东有限责任来逃避债务，侵害债权人利益。这里的滥用行为一般包括人格混同、过度支配与控制、资本显著不足等情形。《九民纪要》规定，资本显著不足指的是公司设立后在经营过程中，股东实际投入公司的资本数额与公司经营所隐含的风险相比明显不匹配。股东利用较少资本从事力所不及的经营，表明其没有从事公司经营的诚意，其实质是恶意利用公司独立人格和股东有限责任把投资风险转嫁给债权人。

由于资本显著不足的判断标准有很大的模糊性，特别是要与公司财务"以小博大"的正常经营方式相区分，因此在适用时要十分谨慎，应当与其他因素结合起来综合判断。实践中，其判断标准一般包括恶意延长出资期限、大幅减少注册资本等。

结合本案，一方面，原告未能举证证明三被告作为股东过度支配与控制公司；另一方面，案外人金荻公司的注册资本与其经营业务和系争债务没有明显不符，企业的负债经营亦属常态，不能仅以一时资不抵债就认为公司资本显著不足而要求股东承担责任，否则这会使有限责任处于极大的不安定状态。故对于原告的该项主张，不予支持。

鉴于案外人金荻公司有证据证明其尚在经营中，待其有财产可供执行之时，原告可申请恢复执行并主张迟延履行的债务利息。

法院判决：

驳回原告的全部诉讼请求。

521. 债权人要求股东对公司债务承担责任时，关于债权人对公司享有的债权类型是否有限制？

债权是基于合同、侵权行为、无因管理、不当得利以及法律的其他规定，权利人请求特定义务人为或者不为一定行为的权利。《公司法》及相关司法解释关于债权人向债务人公司股东主张权利的规定，未对债权的种类和性质进行限制。司法实践中，较为常见的债权是债权人对公司享有的合同之债，而对公司享有侵权之债等其他类型债权的债权人亦是适格的权利主体。

522. 公司人格否认诉讼中，当事人之间的举证责任如何分配？

对一人公司适用举证责任倒置，即由公司自证法人人格独立，公司与股东财产不存在混同。

一人公司之外的其他公司则适用一般的举证责任分配规则。由原告就公司股东具有滥用公司法人独立地位和股东有限责任的行为提供证据，但作为公司以外的债权人，一般难以掌握关于公司内部的财务信息，包括会计账簿、对账单等。被诉股东或实际控制人则是公司的内部关系人，不仅控制着公司的经营，而且掌握着公司的相关信息，所以公司债权人与公司的股东相比，在相应证据的掌握方面处于弱势地位，债权人一般只需初步举证，达到合理怀疑的程度即可。如果要求公司债权人承担完全的举证责任，则对债权人是不利的，可能会导致公司法人人格否认制度成为虚设。

523. 名义出资人依照实际出资人的示意，利用公司法人独立地位，给债权人造成损失的，名义出资人和实际出资人应当如何承担责任？

实际出资人为实际控制人的，债权人可一并向名义出资人和实际出资人主张连带清偿责任。如果债权人未主张实际出资人承担责任，则名义股东基于公司人格否认对公司债权人承担了连带责任后，可向实际出资人追偿。

524. 能否在执行程序中适用公司法人人格否认制度？

对此，需要区分债务人公司的类型：

（1）被执行人为一人公司的，可以在执行程序中适用法人人格否认。根据《最高人民法院关于民事执行中变更、追加当事人若干问题的规定》规定，作为被执行人的一人公司，财产不足以清偿生效法律文书确定的债务，股东不能证明公司财产独立于自己财产的，申请执行人可以申请变更、追加该股东为被执行人，对公司债务承担连带责任。

（2）对一人公司以外的其他公司，债权人只能通过另案诉讼主张法人人格否认。

【案例224】 无法律依据　执行期间不可否定法人人格[①]

申请人：翟某

被申请人：刘某、王某

被执行人：阿科普公司

诉讼请求：申请追加二被申请人为本案被执行人。

争议焦点：在被执行人无财产可供执行的前提下，申请人能否依据生效判决中载明的被执行人公款曾直接进入被申请人刘某私户的事实，以法人人格否认为由要求追加被执行人的二位股东即二被申请人为本案被执行人。

基本案情：

申请人与被申请人建设合同纠纷一案已作出生效判决，判决书查明事实部分载明：在工程项目合作过程中，申请人向被执行人转了20万元保证金，但该笔款项并未进入被执行人的公户，而是进入被申请人刘某的个人账户；返还7万元保证金时，也是通过被申请人刘某的个人名义进行的。

由于被执行人拒不履行生效判决，因此被法院立案执行。现经过法院强制执行后发现被执行人并无可供执行的财产，故申请人申请追加被执行人的二位股东即被申请人刘某和王某为被执行人。

申请人称：

依据《会计法》《税收征收管理法》等相关规定，我国实行银行账户实名制，原则上账户名义人即是账户资金的权利人。所以，公司应当使用单位账户对外开展经营，公司账户与管理人员之间不得进行非法的资金往来，以保证公司财产的独立性和正常的经济秩序。

根据生效判决书载明的事实，被执行人与被申请人刘某的行为已构成财产混同，被执行人失去了独立承担债务的基础，该行为滥用股东权利并严重损害了债权人即申请人的利益，故申请追加被申请人刘某和王某为本案被执行人。

法官观点：

在执行程序中直接追加案件之外的第三人为被执行人应当严格依照现行

[①] 参见陕西省安康市中级人民法院（2021）陕09执复24号执行裁定书。

法律和司法解释的规定，必须具有充分的事实与法律依据。在执行程序中追加被执行人，意味着直接通过执行程序确定由生效法律文书列明的被执行人以外的人承担实体责任，系对生效法律文书确定的义务人范围的扩张，对各方当事人的实体和程序权利将产生极大影响。根据《最高人民法院关于民事执行中变更、追加当事人若干问题的规定》，追加当事人必须遵循法定主义原则，因此，只有符合法定条件，出现法律、司法解释明确规定的情形才能追加第三人为被执行人。

申请执行人以被执行人股东与被执行人存在财产混同为由，申请追加二位股东即二被申请人为被执行人，并不属于《最高人民法院关于民事执行中变更、追加当事人若干问题的规定》的法定情形。《会计法》《税收征收管理法》等相关法律虽然对企业财务管理作了明确规定，但在执行程序中不应直接依据实体法的相关规定追加该案被执行人阿科普公司的股东为被执行人，而是否达到"滥用"的程度以及是否造成"严重"后果，也不应在执行程序中进行确认。

即便被申请人的行为涉嫌混同公司与公司股东之间的财产，也只能通过审判程序提起公司法人人格否认之诉，要求人格混同的股东对公司债务承担连带清偿责任，而不宜在执行程序中直接予以追加，否则就存在以执代审的嫌疑，因此本案情形不符合追加被执行人的法定条件。

法院裁定：

驳回申请人的追加申请。

525. 在一人公司的人格否认诉讼中，如果公司并未资不抵债，债权人能否主张公司股东承担连带责任？

笔者认为可以，这也是一人公司人格否认与一般公司人格否认的重要区别。出于保护市场交易安全的考虑，《公司法》对一人公司股东设立了较高的义务，从《公司法》法条来理解，一旦股东无法将公司财产与个人财产加以区分，则无论公司是否资不抵债，都将直接对公司债务承担连带责任。

但司法裁判中仍有不同于法律规定的实践，如辽宁地区有法院认为一人公司独立人格否认的实质要件仍然需要初步证明一人公司实际已经不能履行债务或者存在资不抵债的问题，导致债权人利益严重受损。

上海市第二中级人民法院亦有法官认为，如果公司股东的行为有悖于公司人格独立和股东有限责任的宗旨，但没有造成任何债权人利益的损害，没有影响债权人、公司、股东之间的利益平衡体系，则不应使用法人人格否认制度去矫正并未失衡的利益体系。如有证据表明公司尚有充裕资产和足够的清偿能力，则不宜轻易判令由股东对公司的债务承担连带责任。

526. 夫妻共同出资设立的公司是否属于实质上的一人公司？如何适用法人人格否认制度？

以最高人民法院为代表的司法实践主流观点认为"夫妻型公司"不必然等同于一人公司。

夫妻股东之间即使适用财产共有制，亦不能等同于人格统一性，将夫妻股东认定为实质上的一人公司缺乏法律依据。

夫妻公司适用法人人格否认制度，应当综合考虑以下三方面的因素：

（1）夫妻财产的归属性，即夫妻在婚姻关系存续期间所得的生产、经营的收益在法定财产制下应归夫妻共同所有，在约定财产制下则"各归其主"；

（2）夫妻意志的统一性，即考虑夫妻一方是否属于挂名股东，不参与公司经营管理，而公司决策取决于另一方的意志，导致公司内部缺乏有效的监督与制衡；

（3）债权人的善意性，即债权人是否知道或应当知道夫妻内部约定财产分别所有。

如果夫妻一方是新增股东，不参与公司经营管理，公司决策取决于另一方意志的，可以认定该夫妻公司构成实质的一人公司，应类推适用一人公司的举证责任倒置规定。实际经营的配偶一方无法证明其财产独立于公司的，应由其对公司债务承担连带清偿责任。对于挂名的配偶一方，夫妻双方未约定财产归各自所有的，基于夫妻财产的共有属性，应对另一方的个人债务承担连带清偿责任。夫妻双方约定财产归各自所有的，仅在债权人对此知情时，挂名的配偶一方可主张免责。

如果夫妻双方作为两个股东均实际参与公司经营管理，则仍应将其看作一般性公司，由债权人承担举证责任。一旦认定股东滥用公司法人独立地位和股东有限责任的事实成立,则不论滥用权利的是夫妻一方还是双方,在未约定财产归各自所有时,均应对公司债务承担连带责任。夫妻双方约定财产归各自所有的,仅在债权人对此知情时,没有滥用股东权利的配偶一方可主张免责。

【案例225】夫妻公司并非当然一人公司 人格否认需综合三方面因素[①]

原告:打井中心

被告:空调公司、贾某、梁某

诉讼请求:准许追加被告贾某和梁某为被执行人。

争议焦点:

1. 被告空调公司的两位股东分别系被告贾某和梁某,但二人系夫妻关系,能否因此认为被告空调公司系一人公司;

2. 鉴于被告贾某与梁某的个人账户与被告空调公司之间存在多笔资金往来,而被告空调公司又无可供执行的财产,原告能否以财产混同为由请求追加被告贾某和梁某为被执行人。

基本案情:

原告与被告空调公司建设工程施工合同纠纷案的生效判决载明,被告空调公司向原告支付剩余工程款及仲裁费总计1,135,648.71元,由被告空调公司于裁决书生效之日起10日内一次性支付给原告。

2018年4月12日,该案被立案执行,后原告申请追加被告空调公司的股东即被告贾某和梁某为执行案件被执行人,该申请被法院驳回后原告提起本案执行异议之诉。

被告贾某与梁某系夫妻关系,二人于婚后设立了被告空调公司。根据工商登记,被告空调公司的企业类型为有限责任公司,股东为被告贾某与梁某。

2011年至2015年,被告空调公司的账户与被告贾某和梁某的账户之间有多笔资金往来。

[①] 参见最高人民法院(2020)最高法民申6688号民事裁定书。

原告诉称：

1. 被告空调公司是被告贾某和梁某婚后出资注册的，应认定为一人公司。

2. 该公司的收益进账资产大部分流向了被告贾某和梁某名下，且被告贾某和梁某没有证据证实股东财产独立于公司财产之外，应当认定被告贾某和梁某无偿接受了被告空调公司的财产，构成法人人格混同，因此应当准许追加被告贾某和梁某为被执行人。

三被告辩称：

被告空调公司系有限责任公司，股东为被告贾某和梁某，并非只有一个自然人股东，不符合《公司法》关于一人有限责任公司的相关规定，原告主张被告空调公司系一人有限责任公司无法律依据。

法官观点：

《公司法》第57条第2款①规定："本法所称一人有限责任公司，是指只有一个自然人或者一个法人股东的有限责任公司。"

本案中，被告空调公司的自然人股东为被告贾某和梁某，并非一人有限责任公司。目前我国法律尚未明确规定，在夫妻关系存续期间，以夫妻共同财产出资，股东为夫妻二人的有限责任公司为一人有限责任公司，故原告关于被告空调公司实为一人有限责任公司的主张没有法律依据。

此外，被告空调公司账户虽与被告贾某和梁某的账户之间有资金往来，但并不能得出被告贾某和梁某无偿接受被告空调公司财产的结论。

综上，对于原告要求追加被告贾某和梁某为被执行人的申请不予支持。

法院判决：

驳回原告的诉讼请求。

527. 如何适用横向法人人格否认？

法人人格横向否认，指的是控制股东控制多个子公司或关联公司，其滥用控制权使多个子公司或关联公司财产边界不清、财务混同，相互输送利益，沦为控制股东逃避债务工具的，可否认子公司或关联公司的法人人格，由其

---

① 新《公司法》已删除该条。

相互承担相应的连带责任。关联公司人格否认判断的核心要点是这些关联公司在人员、业务、财务等方面混同，构成了法人人格的混同。个案中还需综合考量持续时间、出现频率、财务记载情况等诸多因素，判断关联公司间是正常业务往来，还是关联公司已丧失独立人格，沦为股东逃避债务的工具。

528. 什么条件下可以反向适用公司法人人格否认？

正向的公司法人人格否认是绕开公司的独立法人人格，直接向投资股东主张债权。由于公司法人独立原则是公司法律制度的基石，故其适用条件已经极为严格，而反向适用公司法人人格否认的条件则更为严格。现行法律规范中仅《最高人民法院关于审理与企业改制相关的民事纠纷案件若干问题的规定》规定了反向适用公司法人人格否认的两种情形：

（1）企业以其部分财产和相应债务与他人组建新公司，转移债务时，未通知债权人，或者虽通知债权人，而债权人不予认可的，由原企业承担民事责任。原企业无力偿还债务，债权人就此向新设公司主张债权的，新设公司在所接收的财产范围内与原企业承担连带民事责任。

（2）企业以其优质财产与他人组建新公司，而将债务留在原企业，债权人以新设公司和原企业作为共同被告提起诉讼并主张债权的，新设公司应当在所接收的财产范围内与原企业共同承担连带责任。

需要说明的是，尽管在审判程序中业有个案支持一人公司适用反向人格否认的案例，但在执行程序中仍坚持法定主义原则，不支持适用反向人格否认追加一人公司为被执行人。但即使无法直接执行公司财产，债权人仍可以通过执行股东名下股权以及行使债权人撤销权、代位权等进行救济。

【案例226】互为对方债务承担连带责任　人格混同一人公司对股东债务担责[①]

原告：航天公司

被告：投资公司、置业公司

第三人：华夏银行、长富基金

[①] 参见最高人民法院（2020）最高法民申2158号民事裁定书。

诉讼请求：

1. 两被告赔偿原告依据合同不能交付的 7508.43 平方米商铺折合价款 1.8 亿元；

2. 两被告为原告办理已经交付商铺的权利证书，并且承担延期办证的违约责任，合计 1010.4582 万元。

争议焦点：

1. 被告置业公司为被告投资公司发起设立的项目公司，在被告置业公司有两名以上股东期间，被告投资公司对其有着绝对控股地位，后被告投资公司又成为被告置业公司唯一股东，被告投资公司与被告置业公司是否存在人格混同情形；

2. 被告投资公司是否有权处置被告置业公司名下项目，即案涉《股权转让协议》《补充协议》《商铺转让合同》《补充协议书》是否有效；

3. 两第三人作为被告置业公司的债权人和抵押权人，是否对原告已经实际占有的案涉商铺享有优先受偿权；

4. 两被告逾期为原告办理案涉商铺的不动产权证书，其违约责任如何计算。

基本案情：

2005 年 4 月 26 日，原告与案外人新荣村委会（后变更为案外人新荣公司）共同设立案外人航新公司对 180 亩项目用地进行城中村改造。该公司由原告持股 65%，案外人新荣村委会持股 35%。

案外人郑某和陈某系夫妻关系，两人于 2008 年 2 月共同出资设立被告投资公司。

2008 年 5 月 22 日，原告与被告投资公司签订《股权转让协议》，约定原告将持有的案外人航新公司 65% 的股权作价 5100 万元转让给被告投资公司。

同日，双方签订《补充协议》，约定：

1. 双方一致确认《股权转让协议》中原告在案外人航新公司 65% 股权溢价及整体搬迁费共计 8400 万元；

2. 被告投资公司以实物作价 8400 万元支付股权溢价款及整体搬迁费，实物资产界定为案外人航新公司名下城中村改造项目中经原告与被告投资公司

第二十二章

损害公司债权人利益责任纠纷

共同确认的相关商铺作为支付股权溢价款及整体搬迁费的标的物，商铺作价为 5000 元/平方米。

2008 年 6 月 10 日，案外人新荣公司将案外人航新公司 35% 的股权转让给被告投资公司，使其成为案外人航新公司唯一股东。案外人航新公司名下城中村改造项目实际归于被告投资公司。

2009 年被告置业公司成立时，股东为被告投资公司（持股 90%）、案外人陈某（持股 10%）。2010 年 5 月，该司股东变更为被告投资公司（持股 100%），成为一人公司。

2010 年 8 月，被告置业公司股东变更为案外人信托公司（持股 100%）。

2011 年 2 月，被告置业公司作为开发主体取得前述城中村改造项目的建设工程规划许可证和建筑工程施工许可证。

2011 年 5 月 26 日，被告投资公司与原告签订《商铺转让合同》，约定双方就 2008 年 5 月 22 日签订的《股权转让协议》《补充协议》中有关商铺转让一事达成协议，该标的物为被告投资公司在建项目中面积约为 9000 平方米的商铺。

2012 年 5 月 18 日，原告合法占有被告置业公司名下的 9291.57 平方米案涉商铺，但因案涉商铺尚未达到办理不动产权属证书的条件，原告未办理过户登记。

2013 年 1 月 6 日，被告投资公司与原告签订《补充协议书》，确认：根据原《股权转让协议》及《补充协议》约定，被告投资公司之于原告剩余应付资金为 1097.5936 万元，未交付商铺面积为 7508.43 平方米。

2013 年 6 月 8 日，第三人长富基金与两被告签订《委托贷款合同》，约定第三人长富基金通过第三人华夏银行向被告置业公司发放委托贷款。同日，第三人华夏银行与被告置业公司签订《抵押合同》，约定为该《委托贷款合同》项下第三人长富基金债权提供抵押担保，抵押财产为前述包括案涉商铺在内的在建工程项目，并办理了在建工程抵押登记。

2013 年 7 月至今，被告置业公司股东变更为被告投资公司（持股 100%）。

2013 年 12 月 26 日，被告置业公司为前述在建工程项目办理竣工交付使用备案证。

2015 年 1 月，经两第三人申请，包括案涉商铺在内的前述抵押财产被法院查封。

后因被告投资公司未能向原告交付剩余应付资金和商铺，原告诉至法院。

原告诉称：

1. 被告置业公司系被告投资公司全资子公司，被告投资公司一直处于绝对控股地位。被告投资公司人格混同，应向原告承担连带付款责任。

2. 被告置业公司于2012年5月12日承担了交付义务且实际履行，原告也接受了相应房产交付行为。

3. 《股权转让协议》《补充协议》《商铺转让协议》《补充协议》均系原告与两被告之间的真实意思表示，应为有效。

4. 两第三人与两被告签订的《委托贷款合同》《抵押合同》系恶意损害原告利益，应认定无效。

被告辩称：

1. 案涉《股权转让协议》《补充协议》签订的真实目的是通过股权转让的形式取得案外人航新公司名下180亩集体土地的开发权，故其是以合法形式掩盖非法目的并违反法律强制性规定的无效合同。

2. 原告与被告投资公司签订的《商铺转让协议》《补充协议》无效。被告投资公司、置业公司系相互独立的法人，被告置业公司不是合同签订主体，既没有授权被告投资公司与原告签订合同，事后也没有追认，不承担合同义务。

3. 被告置业公司与原告之间不存在买卖合同，且原告强行占有了被告置业公司的商铺，也从未向被告置业公司支付价款。原告要求交付的房屋已经办理了抵押登记，两第三人是抵押权人，因此被告置业公司不能向原告交付房屋。

第三人称：

1. 两第三人对被告置业公司抵押的案涉商铺享有优先受偿权。

2. 原告与被告投资公司签订的《股权转让协议》《补充协议》《商铺转让合同》因未取得实际权利人被告置业公司的授权而无效。

法官观点：

1. 被告投资公司与被告置业公司是否人格混同。

（1）被告投资公司系由案外人郑某、陈某夫妻共同出资设立。2009年置业公司成立时，股东为被告投资公司（持股90%）、案外人陈某（持股

10%），即置业公司从成立之初就是实质上的一人公司。2010年，被告置业公司又变更登记被告投资公司持股100%，成为一人公司。

（2）被告投资公司未提交证据证明被告置业公司财产独立于其自己的财产，两公司在法律上应视为同一责任主体，构成人格混同。《公司法》第63条①的规定虽系股东为公司债务承担连带责任，但目前司法实践中，在股东与公司人格混同的情形下，公司亦可为股东债务承担连带责任。

2. 关于《投资合作协议》的效力。

如前所述，两被告人格混同，被告投资公司对被告置业公司开发的房地产进行处分，与原告先后签订《股权转让协议》等系列协议，并非无权处分行为，亦不违反法律法规的效力性强制性规定，案涉系列协议均属有效。该行为后果应由被告投资公司与被告置业公司连带承担。

3. 两被告不能交付7508.43平方米商铺的赔偿责任问题。

（1）《股权转让协议》《补充协议》《商铺转让合同》《补充协议书》具有先后延续性，后合同是对前合同的修订和补充。《补充协议书》进一步明确，以房屋抵扣货币价款后的不足部分为1097.5936万元，被告投资公司就该差额应承担支付义务，实物抵扣部分还应交付7508.43平方米的商铺。

（2）2008年6月26日，原告已将股权变更登记至被告投资公司，履行了交付股权的义务，被告投资公司未履行交付7508.43平方米商铺的义务，构成履行非金钱债务违约，并造成原告的期待利益落空。被告投资公司应对该期待利益损失予以赔偿，按照该时点的房屋市场价值赔偿损失。

（3）原告未提交证据证实房屋的价值，且未申请鉴定，现仅能根据约定价值即每平方米5000元计算先行赔偿损失3754.215万元，不足部分，原告在取得相关证据后可另行主张。被告置业公司对此债务承担连带清偿责任。法定孳息部分，原告在本案中未主张，法院不予处理。

4. 关于原告主张为已交付商铺办理产证即其物权期待权与两第三人主张的抵押权相冲突的问题。

原告在2012年已合法占有案涉商铺，案涉商铺是用于抵偿股权转让价

---

① 现为《公司法》第23条。

款的,可视为原告已经支付全部价款。《商铺转让合同》签订于2011年5月26日,该合同有效且签订时间先于签订抵押合同及抵押登记的时间。原告未在抵押前办理过户登记是因案涉商铺尚未达到交付使用及办理不动产权属证书的条件,不是因自身原因且没有过错。故原告符合《最高人民法院关于人民法院办理执行异议和复议案件若干问题的规定》第28条规定的条件,其对案涉商铺的物权期待权优先于两第三人的抵押权。

5. 关于两被告延期办证的违约责任问题。

因办理已交付商铺的不动产权属证书属于被告投资公司的法定随附义务,故应从2012年5月18日商铺实际交付于原告的时间起算延期办证的违约损失。依据《最高人民法院关于审理商品房买卖合同纠纷案件适用法律若干问题的解释》第18条规定,应从2012年5月18日实际交付房屋时间后推90日作为应办证而未办证的违约起始点。原告主张的逾期办证损失1010.4582万元于法有据,应予支持。

法院判决：

1. 两被告向原告支付赔偿款3754.215万元;
2. 两被告配合原告办理已交付商铺的不动产权属证书;
3. 两被告向原告支付延期办证的损失1010.4582万元。

【案例227】 审执分离 无规定不得追加一人公司为被执行人[1]

申请人： 光大公司

被执行人： 中瓯公司、陈某

异议人： 赤心公司

异议请求：

1. 解除对异议人持有的案外人环福公司40%股权的查封;
2. 排除对异议人持有的案外人环福公司股权的执行。

争议焦点：

1. 被执行人陈某是异议人的全资股东,执行法院能否直接追加被执行人

---

[1] 参见最高人民法院（2021）最高法执监527号执行裁定书。

的持股公司即异议人作为被执行人;

2. 执行法院能否在执行程序中直接认定被执行人陈某与异议人存在财产混同并裁定执行异议人的财产。

基本案情:

2018年11月1日,申请人与被执行人中瓯公司、陈某的借款合同纠纷案被立案执行。在执行过程中,法院对异议人持有的案外人环福公司的40%股权予以冻结,期限为3年。异议人为自然人独资的一人有限责任公司,股东和法定代表人都是被执行人陈某,案外人环福公司的法定代表人也是被执行人陈某。

2019年12月10日,法院作出终结本次执行程序的执行裁定,并于2020年1月2日向被执行人中瓯公司和被执行人陈某邮寄送达。

2020年7月,异议人得知其持有的案外人环福公司的40%股权被冻结,故向法院提出异议。

申请人称:

被执行人中瓯公司和异议人均系被执行人陈某所投资的公司,被执行人陈某持有异议人100%的股权,因此异议人在案外人环福公司所持40%的股权实际持有人也是被执行人陈某本人,法院对异议人所持有案外人环福公司40%的股权应当查封。

异议人称:

法院在从未向异议人送达查封股权的法律文书的情况下,就查封了异议人持有的案外人环福公司40%的股权,异议人现无诉讼、执行案件,不清楚查封因何产生。而且,法院执行案件的两位被执行人分别为中瓯公司和陈某,异议人不是该案的被执行人,法院对财产的查封侵害了异议人的合法权益。

中院、高院法官观点:

自然人依法可以设立一人独资公司,但自然人设立的公司容易与其个人财产和债务混同,为避免承担连带责任,该一人有限责任公司有义务在涉及相关案件时,证明公司财产独立于股东个人财产,并通过提交包括会计师事务所的审计报告或经会计师事务所审计的财务会计报告等文件,证实一人独资公司资产与股东资产的关系。异议人未能提供相关证明材料证实公司资产与公司股东即被执行人陈某的个人资产分离。

综上所述，本案中被执行人陈某应当以其个人所有资产来承担法律责任，而异议人对自然人股东即被执行人陈某的个人债务承担连带责任。法院对异议人所持有的案外人环福公司的股权进行查封，符合相关法律的规定，并无不当。异议人提出的执行异议没有事实根据和法律依据，不能成立。

中院、高院裁定：

驳回异议人的异议请求。

最高院法官观点：

一方面，《最高人民法院关于民事执行中变更、追加当事人若干问题的规定》(2020年修正)第20条规定了被执行人为一人有限责任公司的，在股东不能证明公司的财产独立于自己的财产的情形下，可以追加其股东为被执行人。但上述司法解释并未规定被执行人作为股东的，在一定情形下可以追加其持股公司为被执行人。根据执行程序中变更、追加当事人严格遵循法定主义的原则，异议人作为被执行人陈某持股100%的公司，不符合上述司法解释中规定的可追加为被执行人的法定情形。

另一方面，关于申请执行人提出的被执行人陈某与异议人存在财产混同的主张，应依法通过其他诉讼程序申请救济。在未有生效法律文书确认异议人应向本案申请执行人承担清偿责任的情况下，执行法院于执行程序中直接认定被执行人与异议人存在财产混同并裁定执行异议人的财产，即冻结异议人持有的案外人环福公司40%的股权，超越了审判程序与执行程序审查的边界，缺乏法律依据。

最高院裁定：

1. 撤销中院和高院的执行裁定；
2. 撤销中院冻结异议人持有的案外人环福公司40%股权的相关执行行为。

【相关法律依据】

一、公司法类

(一) 法律

❖《公司法》第21条、第23条

（二）司法文件

❖《全国法院民商事审判工作会议纪要》（法〔2019〕254号）第10～13条

二、程序法类

❖《最高人民法院关于民事执行中变更、追加当事人若干问题的规定》（2020年修正）第20条

第二十三章 公司解散纠纷

【宋和顾释义】

关于公司解散纠纷，新《公司法》在修订中，共涉及两处修改，均为新增规定，涵盖：

(1) 挽回公司解散的情形和前提条件；

(2) 解散事由出现时的公示要求。

此外，在公司注销部分，因新《公司法》的修订及《市场主体登记管理条例》《市场主体登记管理条例实施细则》的出台，新增了如下两项新制度：

(1) 简易注销登记；

(2) 强制注销登记。

因《民事诉讼法》及其司法解释的修改，《最高人民法院关于适用〈中华人民共和国民法典〉婚姻家庭编的解释（一）》《最高人民法院关于审理涉彩礼纠纷案件适用法律若干问题的规定》等司法解释的出台，以及《取消外国公文书认证要求的公约》在中国生效实施，本章节中的离婚纠纷也有部分改动，本章节涉及的内容包括：

(1) 涉外离婚诉讼的公证、认证、管辖等程序问题；

(2) 域外离婚判决的承认与执行程序；

(3) 离婚财产分割协议和彩礼返还；

(4) 婚前财产的处置方式。

结合过往司法实践和本次修订，公司解散纠纷的争议类型主要体现为以下五种：

> （1）解散公司主体资格争议，如瑕疵出资股东是否有权起诉，原告在诉讼过程中持股比例降至 10% 以下时是否仍有诉权；
>
> （2）解散公司管辖争议，如解散纠纷能否约定仲裁解决，公司登记地与实际经营地不一致时如何确定管辖；
>
> （3）解散公司构成要件之"公司经营管理发生严重困难"认定争议，如亏损是否为解散公司的充分条件或必要条件，股东会持续两年以上不召开或没有作出决议是否必然构成公司僵局等；
>
> （4）解散公司构成要件之"继续存续会使股东利益遭受重大损失"认定争议，如个别股东权利受损能否诉请解散公司，公司收益减损原因包括市场因素时，股东能否诉请解散公司；
>
> （5）解散公司构成要件之"通过其他途径不能解决"争议，如与其他股东约定了回购条款，股东还能否直接诉请解散公司。
>
> 上述部分问题，在本书第三版第四册"公司解散纠纷"章节中已涉及，本章系根据司法实践的变化以及修法产生的新问题，加以梳理、归纳和补充。

529. 公司以外其他形式的企业能否适用司法强制解散？

不能。司法强制解散仅适用于公司。此外，对于国有独资公司，其解散应由履行出资职责的机构决定。

530. 公司解散是否必须进行公示？需要公示的事项是什么？

根据《公司法》规定，公司出现法定的解散事由时，应当在 10 日内通过国家企业信用信息公示系统予以公示。公示事项为公司的解散事由。

531. 未及时公示是否影响公司解散？需要承担什么行政责任？

最高人民法院民事审判第二庭认为，未公示不影响公司解散的法律效果。其原因在于：第一，公司具备法定解散事由的，则公司依法已经解散，是否公示并非公司解散的前置程序；第二，公司解散涉及股东、职工、债权人等多方利益，在具备解散事由时，如不及时解散可能导致损失的产生和扩大，并且如认为未公示则公司未解散的，可能导致公司滥用这一规则阻碍公司解散。①

公司出现解散事由时未及时公示的，由公司登记机关责令改正，并可处以1万元至5万元的罚款。情节严重的，可处以5万元至20万元的罚款。对直接负责的主管人员和其他直接责任人，可处以1万元至10万元的罚款。

532. 在什么条件下，能够通过决议的方式使已经符合解散条件的公司继续存续？

根据《公司法》的规定，对股东会决议解散的，或者营业期限届满的，或者出现公司章程规定的解散事由的，在向股东分配财产前，公司可以通过修改章程或者经股东会决议而存续。该规定赋予了公司在自愿解散情形中的"反悔权"，充分尊重了公司的意思自治。

公司对解散行使"反悔权"的，有如下三点注意事项：

（1）如果公司已向股东分配财产，公司已经进行清算，失去了责任财产，没有了继续经营和对外承担责任的物质基础，则无法通过上述方式继续存续；

（2）通过修改章程或经股东会决议使公司存续的，属于重大决议事项，有限责任公司须经代表2/3以上表决权的股东通过，股份有限公司须经出席股东会会议的股东所持表决权的2/3以上通过；

（3）根据特别法优于一般法的原则，对保险业、银行业等特殊行业，应优先适用《保险法》《商业银行法》及有关行政法规的特别规定，解散公司前需取得相关行政监管部门的批准。

533. 何为简易注销？简易注销登记应符合哪些条件？

简易注销适用于债务关系简单或者未产生债务的公司。选择简易注销登记的公司，在全体股东做出承诺后，可以不经一般注销登记所需的清算程序，在完成公告后即可申请注销登记，从而更高效地退出市场。

适用简易注销的公司应满足以下条件：

（1）公司在存续期间未产生债务，或者虽然产生了债务，但已全部结清；

（2）全体股东对公司无债务或已经就清偿全部债务做出承诺。

此外，《市场主体登记管理条例》及其实施细则还规定了不得通过简易程

---

① 参见最高人民法院民事审判第二庭编著：《中华人民共和国公司法理解与适用》（下），人民法院出版社2024年版，第997页。

序注销公司的六种情形，公司应当在这些情形消失后，再申请办理简易注销登记。前述六种情形具体包括：

（1）公司注销依法须经批准的；

（2）公司被吊销营业执照、责令关闭、撤销的；

（3）公司被列入经营异常名录或者市场监督管理严重违法失信名单的；

（4）公司存在股权（财产份额）被冻结、出质或者动产抵押，或者对其他市场主体存在投资的；

（5）公司正在被立案调查或采取行政强制措施，正在诉讼或者仲裁程序中的；

（6）公司受到罚款等行政处罚尚未执行完毕的。

534. 简易注销相较一般的注销程序有什么区别？

简易注销主要简化了一般注销程序中较为复杂的清算程序，提高了市场主体完成注销工作的便利性与效率。根据《公司法》规定，简易注销程序仅设置了公告及申请注销登记两道程序，具体如下所述：

（1）拟注销的公司通过国家企业信用信息公示系统公告，公告期限不少于20日；

（2）公告期限届满后，未有异议的，公司可以在20日内向公司登记机关申请注销公司登记，登记机关进行形式审查。

535. 股东在申请简易注销时出具虚假承诺，需要承担什么责任？简易注销程序中的承诺与一般注销程序中的承诺有什么区别？

根据《公司法》规定，公司申请简易注销登记时，需要将全体股东签名的承诺书一并提交并依法公示，若承诺书内容不实，则全体股东应当对注销登记前的公司债务承担连带清偿责任。

值得注意的是，在一般注销程序中，登记机关也往往会要求股东出具承诺书，[①] 但该种承诺书与简易注销程序中的全体股东承诺书有如下三点不同：第一，一般注销程序中的承诺主体不限于公司股东；第二，一般注销程序中的承诺内容无须对公司债务已结清作出保证；第三，一般注销程序中的承诺

[①] 虽然《公司法》规定公司在清算后才能注销，但公司股东或第三人承诺对公司债务承担相应的民事责任后，登记机关允许公司在完成清算前进行注销登记的情况在实践中也并不罕见。

后果并非一概导向对公司债务的连带清偿责任,而是视承诺内容的不同而有所区分。如有的承诺内容可能是对公司债务承担偿还、保证责任,有的承诺内容可能仅是"负责处理公司债权债务"。对后一种承诺内容,最高人民法院民事审判第二庭认为,承诺人承担的是对公司财产进行清算的义务,只有在公司财产流失且无法清算的情形下,承诺人才需要在造成公司财产损失范围内承担赔偿责任。①

536. 何为强制注销登记？什么情况下可以强制注销登记？

强制注销登记,是指市场登记机关依职权对被吊销营业执照、责令关闭、撤销,但长期不依法进行清算、注销的"僵尸企业"在完成公告后,先行强制注销登记的行政行为。

公司被吊销营业执照、责令关闭或被撤销,未向公司登记机关申请注销登记已满3年的,公司登记机关可以通过国家企业信用信息公示系统予以公告,公告期限不少于60日。公告期限届满后,未有异议的,公司登记机关可注销公司登记。

537. 强制注销公司登记的3年期限从何时起算？

公司出现"异常"满3年未向公司登记机关申请注销公司登记,是适用强制注销登记的前提条件之一。其中,对3年期限的起算时点在实践中存在争议。一种观点认为,3年期限应从公司被吊销营业执照、责令关闭或被撤销之日起算;另一种观点认为,3年期限应从成立清算组之日起算,未成立清算组的,从应当成立清算组的最后一日起算。最高人民法院民事审判第二庭对上述两种观点没有倾向性意见,此问题仍有待审判实践的进一步研究与明确。②

538. 公司被强制注销后,清算义务人是否需要继续履行清算义务？

经公司登记机关强制注销登记后,公司的法人资格终止,丧失民事权利能力和民事行为能力,但其在被注销之前应当承担的责任并未因强制注销而

---

① 参见最高人民法院民事审判第二庭编著:《最高人民法院关于公司法司法解释(一)、(二)理解与适用》,人民法院出版社2015年版,第440~441页。

② 参见最高人民法院民事审判第二庭编著:《中华人民共和国公司法理解与适用》(下),人民法院出版社2024年版,第1041页。

免除。公司的清算义务人应当继续对公司的清算及相关事务进行处理，应当承担的责任不受公司被强制注销登记的影响。①

539. 如何确定公司解散纠纷的诉讼当事人？

请求法院解散公司的原告只能是公司股东，既可以是单个股东，也可以是多个股东，但必须满足至起诉时止单独或者合计持有公司表决权 10% 以上，且被告只能是公司。法院主要通过以下三个方面审查原告股东资格是否适格：

（1）原告在起诉时单独或合计持有公司表决权 10% 以上，对起诉前原告持有该股的持续时间没有限制；

（2）法院只对原告股东所持股份事实进行形式审查，对股东是否实际出资等实质情况不进行审查，即法院一般仅根据股东提交的工商登记、股东名册或者公司章程判断股东是否具备起诉资格；

（3）法院受理了股东请求解散公司纠纷诉讼后，在审理过程中，如果原告的持股比例发生了变化，人民法院应裁定驳回起诉。②

540. 瑕疵出资股东是否有权提起解散公司之诉？

未履行或者未全面履行出资义务的股东受到限制的权利，不包括起诉解散公司的权利，因此其同样有权提起解散公司的诉讼。

【案例 228】出资瑕疵不影响诉权　公司治理失灵被判解散③

原告：兰驼集团

被告：车辆公司

诉讼请求：请求法院依法解散被告。

争议焦点：被告抗辩原告出资瑕疵不具有股东资格，是否影响原告起诉解散公司。

---

① 参见最高人民法院民事审判第二庭编著：《中华人民共和国公司法理解与适用》（下），人民法院出版社 2024 年版，第 1042 页。

② 参见最高人民法院民事审判第二庭编著：《最高人民法院关于公司法司法解释（一）、（二）理解与适用》，人民法院出版社 2015 年版，第 143 页。

③ 参见最高人民法院（2021）最高法民申 2928 号民事裁定书，本案系人民法院案例库入库案例。

基本案情：

2000年8月，原告与案外人常柴股份约定合资设立被告。被告注册资本为1亿元，其中原告持股86%，股东除原告外，还有案外人常柴股份及崔某等8位自然人。被告的注册资本由货币出资、实物出资（厂房及公用设施）、土地使用权出资三部分构成，其中实物出资为2500万元，土地使用权出资为6100万元。2000年11月，会计师事务所出具的《验资报告》载明，上述出资已全部实缴。

2000年9月，原告与案外人常银公司签订《股权转让协议书》，约定被告成立后，原告向常银公司转让其持有的被告57%的股权，冲减其对常银公司的债务。

2000年12月，经被告股东会决议，案外人常银公司受让原告持有的57%的股权，原告持股比例降至29%并完成了相应的工商变更登记手续，常银公司财务账目上也核减了原告相应债务。

2010年5月20日至2010年9月16日，案外人万通公司分别与常银公司及被告的3名自然人股东分别签订股权转让合同，受让被告的股权合计9%。同年10月，常银公司与万通公司在借款合同纠纷执行过程中达成《和解协议》，常银公司将持有的全部被告57%股权转让给万通公司，用以抵偿相应的债务。

截至本案诉讼开始时，被告的公示信息显示，案外人万通公司持股66%，原告持股29%，被告持股4.5%，某自然人股东持股0.5%。

另案中，法院查明原告以土地使用权和房产出资，其中土地使用权已过户登记至被告名下，但房产未进行过户登记。

2011年至2018年，原告与被告、常银公司、万通公司之间因股权纠纷发生了多起诉讼。

被告公司章程规定：股东会每年召开一次。被告于2013年、2016年分别召开股东会，通过决议将经营期限延长至2016年11月6日。其后直至原告于2019年6月起诉，被告已持续两年以上未召开股东会。此外，被告自2010年后也未召开过董事会。

关于被告的经营和财务状况，在2003年年底前，被告曾从事拖拉机等设备的生产，后因产品质量问题停止生产；2004年至今，被告以仓储租赁为主营业务，但原告对租赁收入、土地征收补偿款等收支事项均不知情。

原告诉称：

1. 被告股东之间长期存在冲突，人合性丧失，已持续两年以上无法召开股东会，也长期未召开董事会。公司监事会形同虚设，没有任何正常履职的记录。

2. 被告成立不久就全面停产，公司以盈利为目的之特性完全缺失，成立公司的目的无法实现，公司存续失去意义。

3. 被告股东间多次因为股权转让等问题相互提起诉讼，时至今日尚未完全了结。

综上所述，被告长期没有召开股东会、董事会，已经成为"僵尸企业"，被告经营管理发生严重困难，继续经营将导致被告及股东利益受到重大损失。

被告辩称：

1. 原告未履行完毕出资义务，至今仍有29%以上的资产未向被告交付，相当于其全部的出资份额，无权解散公司。原告不享有股东权利，无权起诉解散被告。

2. 被告不存在需要解散的法定事由和约定事由。被告公司目前经营管理秩序良好。被告曾召开临时股东会议，经代表公司2/3以上表决权的股东同意，通过了延长公司经营期限的决议，不存在无法形成有效股东会决议的问题。若被告解散，将导致被告已对外签署的合同无法履行，需要承担高额的违约金，同时导致股东利益受损。

3. 被告股东之间的大量诉讼，系原告滥用诉权蓄意挑起，且无一例外均被依法驳回，原告对此负有全部责任。原告蓄意阻碍被告正常经营，又以此为由要求公司解散，不应支持。

4. 原告不同意公司继续经营，应依法与被告协商退出事宜，而不是解散公司。

法官观点：

1. 原告有权以股东身份提起公司解散之诉。

（1）根据本案原审法院查明的事实，截至本案诉讼开始时，工商登记及股东名册均记载原告在被告出资比例29%，超过《公司法》规定的10%的持股比例，原告具备解散公司之诉的主体资格。

（2）对于以房屋、土地使用权等财产出资的，办理变更权属手续解决的是出资财产的法律归属和处分权利的问题，而财产实际交付解决的是该项出资财产能否为公司实际利用并发挥资本效能的问题。被告既未提交证据证明其因原告未将土地使用权及房屋交付给被告实际使用向原告主张权利，现又以该理由主张原告不具有提起公司解散之诉的主体资格，与上述法律规定精神不符。

（3）根据《公司法司法解释（三）》第16条关于股东瑕疵出资时，公司可对其股东权利作出合理限制的规定，在股东瑕疵出资的情况下，对股东权利的限制并不及于请求公司解散的权利。

2. 被告具有公司解散的法定事由。

（1）被告股东会运行情况。截至2019年6月28日本案起诉时，被告最近一次召开股东会的日期是2016年10月25日，被告已近三年未按照章程规定召开股东会。

（2）被告董事会运行情况。原告主张被告自2010年之后未召开董事会，被告未能提供召开董事会的证明，应当承担举证不能的后果。

（3）被告的其他情况。案外人万通公司系基于诉讼方式成为被告的股东，与原股东并不具备人合性的基础。且2011年至2018年，原告与常银公司、万通公司之间发生多起诉讼，股东间矛盾和冲突不断。同时，被告作为一家车辆设备制造公司，自2004年起以仓储租赁为主业，无其他经营事项。

综上，被告的治理结构存在失灵的情形，股东之间的冲突难以解决。公司解散的目的是维护小股东的合法权益，小股东不能参与公司决策、管理、分享利润，公司存续对于小股东原告已经失去意义，在此情形下，解散公司是唯一选择。

法院判决：

依法解散被告。

541. 隐名股东能否提起解散公司之诉？

不能。必须是被记载于公司登记档案、公司内部文件（如股东名册、出资证明书），或者经生效判决确认为公司股东的，才是解散公司之诉的适格原告。隐名股东的姓名或名称没有记载于工商登记档案，亦没有出现在公司的内部文件中，其不属于公司法意义上的股东，不享有提起解散公司之诉的权利。

542. 原告起诉解散公司时未将其他股东列为第三人，法院是否应当依职权追加？

根据《公司法司法解释（二）》规定，原告提起解散公司诉讼时，应当告知其他股东，或者由人民法院通知其他股东参加诉讼，因此即便原告在递交起诉状时未将其他股东列为当事人，法院仍应依职权追加其他股东为第三人参加诉讼。

司法实践中，若原告未履行通知义务，法院又没有依职权追加其他股东参加诉讼的，属于遗漏当事人，系严重违反法定程序的情形，应予撤销相关判决。除非有证据证明其他股东知悉或者应当知悉涉诉情况，比如其他股东为被诉解散公司的法定代表人，却没有主动申请参加诉讼。此种情况应视为股东对自身诉讼权利的放弃，即便法院没有依职权追加该股东，相关判决也不应被撤销。

543. 公司解散纠纷能否约定仲裁？

不能。虽然法律对此问题无明确规定，但司法实践中已形成统一的意见。公司解散纠纷不能仲裁的原因主要有三点：

（1）《公司法》规定，司法强制解散的法定实施主体是人民法院，现行法律并未赋予仲裁机构解散公司的裁决权。

（2）根据《仲裁法》规定，可予仲裁的事项包括平等主体的公民、法人和其他组织之间发生的合同纠纷和其他财产权益纠纷。股东请求解散公司是股东行使的一项法定权利，涉及公司主体资格的消灭，影响公司股东、职工以及其他债权人等多方利益，具有一定的身份性和公共性，不属于可予仲裁的事项范围。

（3）实践中，与公司解散纠纷有关的仲裁条款，常常出现在"出资协议""股东协议"中，此时被诉请解散的公司不是仲裁协议的当事人，不受仲裁协议的约束。

544. 公司解散纠纷之诉由何地法院管辖？如何确定级别管辖法院？

公司解散之诉由公司住所地人民法院管辖。公司住所地是指公司的主要办事机构所在地，主要办事机构所在地不能确定的，以公司注册地或者登记地为住所地。

实践中，出于多方面原因，公司的实际经营地可能与公司的注册地或登记地并不一致，此时如何确定纠纷的管辖地存在争议。最高人民法院民事审判第二庭认为，公司迁移主要办事机构后未向登记机关申请变更登记的，仍应以登记的住所地确定管辖，理由主要有如下四点[①]：

（1）公司的住所具有特定的法律意义，是公司决定登记管辖、税收管辖和司法管辖的依据，是公司营业中所发生的债权债务的接受地和履行地，是公司在诉讼中送达司法文书的场所。因此，公司的住所必须确定，这也正是公司法规定公司的住所必须进行工商登记的原因所在。

（2）登记机关登记的公司住所地具有公示力和公信力。在解散纠纷诉讼中，股东虽然是公司的成员，但是股东并非任何时候皆了解公司的内部事务，特别是"公司僵局"的出现本身即说明原告股东已经无法有效参与公司的经营管理。

（3）以登记机关登记的公司住所地为准，符合法律的价值判断。公司变更住所后应当申请变更登记，但是基于故意或过失而未予申请的，公司此种过错的后果如果由作为原告或申请人的股东或债权人承担，则有失公平。

（4）如果以公司的实际主要办事机构所在地为准，可能导致被告（或被申请人）挑选法院现象的产生，因为公司可以根据自己的意愿变更主要办事机构。

公司解散之诉的级别管辖法院需根据被诉请解散的公司的核准登记机关确定。核准登记机关是县、区一级的，由基层人民法院管辖；核准登记机关是地区、地级市以上的，由中级人民法院管辖。

545. 公司解散纠纷诉讼能否申请财产保全、证据保全？

可以。一般情况下，变更之诉因无财产给付内容而不涉及财产保全。虽

[①] 参见最高人民法院民事审判第二庭编著：《最高人民法院关于公司法司法解释（一）、（二）理解与适用》，人民法院出版社2015年版，第525～526页。

然解散之诉在性质上也属于变更之诉，但在解散之诉中，运用财产保全具有一定的必要性：一方面，公司或者其他股东可能会在诉讼过程中实施转移财产、销毁或篡改公司账目等行为，损害原告股东或其他利益相关者的利益；另一方面，提起解散之诉的股东大多陷于股东会僵局、董事会僵局等对立关系，司法解散之后的自行清算已成奢望，最终大多数情况还是会启动强制清算程序，由法院主持清算工作。考虑到实务中解散之诉与强制清算程序之间的密切联系，为保障将来强制清算的顺利进行，保护股东利益，《公司法司法解释（二）》特别规定解散之诉可以申请财产保全。[①]

基于同样的原因，解散之诉可申请证据保全的范围，除解散之诉本身所涉证据外，还包括为将来清算所需的证据，如公司账簿等。

546. 有限责任公司解散之诉调解的结果是股东以外的人收购原告股东股权的，其他股东的优先购买权如何保护？

根据《公司法》规定，股东向公司以外的人转让股权时，为了维护公司的人合性，应当将股权转让的数量、价格、支付方式和期限等事项书面通知其他股东，其他股东在同等条件下享有优先购买权。在解散纠纷诉讼中，应注意以下两点：

（1）如果所有股东参加诉讼并参与了调解，调解结果是向股东以外的人出售股权，其他股东在调解中未明确表示购买，就不存在再给予一定期限作出是否行使优先购买权的明确表示的问题；

（2）如果有部分股东未参加调解，原告股东或者人民法院应当通知其股权收购情况，并给予其30日期限作出是否行使优先购买权的明确表示。

547. 如何认定"公司经营管理发生严重困难"？

"公司经营管理发生严重困难"是司法强制解散公司的构成要件之一。最高人民法院在指导性案例第8号[②]中指出，判断"公司经营管理"是否"发生严重困难"的重点是公司是否发生了管理困难，即股东会机制失灵、无法就公司的经营管理进行决策等。经营困难即公司资金缺乏、严重亏损等只是法

[①] 参见最高人民法院民事审判第二庭编著：《最高人民法院关于公司法司法解释（一）、（二）理解与适用》，人民法院出版社2015年版，第164~165页。

[②] 详见本章案例230。

院酌定考虑的情节，当公司同时存在管理困难和经营困难时，公司更容易被判决解散。但仅有经营困难，而没有管理困难，还不足以解散公司。

为增加"公司经营管理发生严重困难"这一构成要件的可操作性，《公司法司法解释（二）》明确了"公司僵局"的三种主要情形和一种兜底情形，分别是：

（1）公司持续两年以上无法召开股东，公司经营管理发生严重困难的；

（2）股东表决时无法达到法定或者公司章程规定的比例，持续两年以上不能作出有效的股东会决议，公司经营管理发生严重困难的；

（3）公司董事长期冲突，且无法通过股东会解决，公司经营管理发生严重困难的；

（4）经营管理发生其他严重困难，公司继续存续会使股东利益受到重大损失的情形。

【案例229】股东互相诉讼举报　治理失灵未亏损仍被判解散[1]

原告：陈某

被告：文化传播公司

第三人：任某

诉讼请求：请求法院依法解散被告。

争议焦点：

1. 被告抗辩原告出资瑕疵不具有股东资格，是否影响原告起诉解散公司；

2. 公司经营正常未发生亏损，但股东矛盾尖锐，持续两年以上未召开股东会，解散请求能否得到支持。

基本案情：

被告成立于2013年7月18日，注册资本为1000万元，原告及第三人分别持股49%（已部分实缴）及51%。第三人担任被告法定代表人、执行董事兼总经理，原告担任监事。

---

[1] 参见最高人民法院（2021）最高法民申6453号民事裁定书，本案系人民法院案例库入库案例。

第二十三章

公司解散纠纷

2017年10月8日,被告与案外人叶某伪造原告签名,签订了《股权转让协议》,约定将原告的股权转让给第三人。同日,被告形成《股东会决议》,确认原告将股权转让给第三人的行为。

同年11月,原告发现其持有被告股权的工商登记发生了变更,遂以对该变更不知情为由另案诉至法院,请求确认其具有被告的股东资格。该案的生效判决确认原告具有被告的股东资格,原告遂据此恢复为工商登记的股东。

之后,因原告拒绝按前述《股东会决议》办理变更登记,被告又向法院另案起诉,请求判令原告配合被告办理股东、股权变更登记。该案的生效判决确认原告已履行部分出资义务,被告无权解除原告的股东资格,驳回了被告的诉讼请求。

被告在起诉时尚未发生亏损,但因原告与第三人之间的矛盾无法调和,至2019年原告起诉时[①],被告已持续两年以上未召开股东会。此外,第三人与原告还互相在国家司法、纪检机关或互联网上举报对方存在涉黑涉恶或损害被告利益等违法违纪行为。

原告诉称:

1. 原告是起诉解散被告的适格主体。原告是被告持股49%的股东,且法院的生效判决确认其已部分履行出资义务。

2. 解散被告的法定条件已成就。被告自设立以来,长期未召开股东会,两名股东长期发生冲突,公司继续存续势必对原告的合法权益造成严重损害,且因原告、第三人分别持有49%和51%的股份,无法就公司经营管理中的重大事项作出有效决策,股东会机制实质已经失灵,足以证实公司经营管理发生严重困难。另外,第三人因涉嫌犯罪已被纪检监察部门立案调查,被告的两名股东已无共同经营可能性。

被告辩称:

1. 原告不具有股东身份。

原告没有履行出资义务,违反公司章程及《公司法》的相关规定,不得

[①] 该案裁判文书中未见起诉时间,通过原告与代理律师的另案法律服务合同纠纷案中法院认定的事实推算,原告起诉应在2019年3月至5月。

行使股东权利。原告涉嫌的违法犯罪行为已由纪委和公安机关调查侦查，其中包括利用暴力、软暴力强行入股企业。

2. 原告申请解散的法定条件不成立。

被告自设立以来一直依法经营、依法纳税。原告要求解散公司的理由是公司没有给其分红，没有召开股东会，事实上原告根本没有履行出资义务，公司催告其出资和参加股东大会时均遭其拒绝。

法官观点：

1. 原告具有被告的股东资格，可依法提起公司解散之诉。

原告持有被告49%的股权且已实缴部分出资的事实已经生效裁判查明认定。且根据《公司法司法解释（三）》第16条的规定，股东因瑕疵出资而受限的股东权利，并不包括其提起解散公司之诉的权利。因此，原告符合起诉解散公司的主体资格。

2. 被告已具备法定解散事由。

《公司法》第182条①规定的"严重困难"包括对外的生产经营困难、对内的管理困难。本案中，法院已查明认定被告的股东会机制失灵，股东之间的矛盾无法调和，且经法院协调仍难以打破公司僵局，已具备《公司法司法解释（二）》第1条规定的解散事由。

法院判决：

解散被告。

548. 公司持续两年以上未召开股东会，或者不能作出有效的股东会决议，能否直接认定构成"公司僵局"？

从《公司法司法解释（二）》的规定看，股东会决策机制是否失灵是判断公司是否陷入僵局的核心，董事会决策机制失灵仍以股东会"瘫痪"为前提。但笔者认为，仅在形式上满足股东会持续两年没有召开，或者开会了但没有作出有效决议，并不能直接认定公司陷入僵局。是否构成"公司僵局"，还应结合各股东的持股比例及公司章程的规定来判断公司的决策管理机制是否失

---

① 现为《公司法》第231条。

灵。对此，可以分以下三种情形讨论：

（1）公司的两名股东各持有50%的股权，或者公司股权结构分散，任一派股东持有的表决权均无法通过决议，各股东间矛盾尖锐，长期无法通过有效的股东会决议。此种情况下，法院一般会认定构成"公司僵局"。

（2）公司一派股东虽持有过半数的表决权，但因公司章程作出的特别规定，无法通过内部机制解决管理问题。此种情况下，法院一般也会支持股东解散公司的诉请。

（3）公司一派股东享有过半数的表决权，能够作出有效决议，但消极地召开股东会或董事会会议。此种情况下，未召开会议不代表不能召开，也不代表股东会、董事会机制失灵，法院一般不会认定构成"公司僵局"。

【案例230】对半持股导致股东会僵局　公司正常经营仍被判解散[①]

原告：林某

被告：实业公司

第三人：戴某

诉讼请求：依法解散被告。

争议焦点：

1. 被告目前经营正常，但因原告与第三人间存在矛盾，多年未召开过股东会会议，且二人各持有50%的股权，无法形成有效决议，能否认定公司经营管理出现严重困难；

2. 被告的执行董事由第三人担任，能够正常作出经营决策，能否因此认定公司未陷入僵局；

3. 原告曾多次提议召开股东会会议，但未得到第三人的同意，之后原告作出决议解散被告，并要求第三人提供财务账册等资料，也遭拒绝，其间第三方也多次进行调解，但均未成功，是否可认为被告的僵局通过其他途径长期无法解决。

[①] 参见江苏省高级人民法院（2010）苏商终字第0043号民事判决书，本案系最高人民法院指导性案例、人民法院案例库入库案例。

基本案情：

被告成立于 2002 年 1 月，原告与第三人系该公司股东，各占 50% 的股权，第三人任公司法定代表人及执行董事，原告任公司总经理兼公司监事。

自 2006 年起，原告与第三人之间的矛盾逐渐显现。同年 5 月 9 日，原告提议并通知召开股东会会议，由于第三人认为原告没有召集会议的权利，会议未能召开。

在此期间，原告先后 5 次委托律师向被告和第三人发函称，因股东权益受到严重侵害，原告作为享有公司股东会一半表决权的股东，已按公司章程规定的程序表决并通过了解散被告的决议，要求第三人提供被告的财务账册等资料，并对被告进行清算。第三人回函称，原告作出的股东会决议没有合法依据，第三人不同意解散公司，并要求原告交出公司财务资料。

此后，原告曾两次向被告和第三人发函，要求被告和第三人提供公司财务账册等供其查阅、分配公司收入、解散公司。

从 2006 年 6 月 1 日至诉讼时持续 3 年，被告未召开过股东会会议。案外人服装城管委会证明被告目前经营尚正常，且于 2009 年 12 月 15 日、16 日两次组织双方进行调解，但均未成功。

原告诉称：

被告经营管理发生严重困难，陷入公司僵局且无法通过其他方法解决，其权益遭受重大损害，请求解散被告。

被告辩称、第三人称：

被告及其下属分公司运营状态良好，不符合公司解散的条件，第三人与原告的矛盾有其他解决途径，不应通过司法程序强制解散公司。

法官观点：

1. 被告的经营管理已发生严重困难。

根据《公司法》第 183 条①和《公司法司法解释（二）》第 1 条的规定，判断公司的经营管理是否出现严重困难，应当从公司的股东会、董事会或执行董事及监事会或监事的运行现状进行综合分析。"公司经营管理发生严重困

---

① 现为《公司法》第 231 条。

难"的侧重点在于公司管理方面存有严重内部障碍,如股东会机制失灵、无法就公司的经营管理进行决策等,不应片面理解为公司资金缺乏、严重亏损等经营性困难。本案中,被告仅有两名股东,被告章程规定"股东会的决议须经代表二分之一以上表决权的股东通过",且各方当事人一致认可该"二分之一以上"不包括本数。因此,只要两名股东的意见存有分歧、互不配合,就无法形成有效表决,显然影响公司的运营。被告已持续4年未召开股东会会议,无法形成有效股东会决议,股东会机制已经失灵。执行董事作为互有矛盾的两名股东中的一方,其管理公司的行为已无法贯彻股东会的决议。原告作为公司监事不能正常行使监事职权,无法发挥监督作用。由于被告的内部机制已无法正常运行、无法对公司的经营作出决策,即使尚未处于亏损状况,也不能改变该公司的经营管理已发生严重困难的事实。

2. 被告的僵局通过其他途径长期无法解决。

由于被告的内部运营机制早已失灵,原告的股东权、监事权长期处于无法行使的状态,其投资被告的目的无法实现,利益受到重大损失,且被告的僵局通过其他途径长期无法解决。《公司法司法解释(二)》第5条明确规定,当事人不能协商一致使公司存续的,人民法院应当及时判决。

本案中,原告在提起公司解散诉讼之前,已通过其他途径试图化解与第三人之间的矛盾,案外人服装城管委会也曾组织双方当事人调解,但双方仍不能达成一致意见。法院也基于慎用司法手段强制解散公司的考虑,积极进行调解,但均未成功。

3. 原告符合提起公司解散诉讼的主体条件。

原告持有被告50%的股份,也符合《公司法》关于提起公司解散诉讼的股东须持有公司10%以上股份的条件。从充分保护股东合法权益,合理规范公司治理结构,促进市场经济健康有序发展的角度出发,应当支持原告请求解散被告的诉讼请求。

法院判决:

依法解散被告。

【案例231】持续亏损且约定的僵局解决条款失灵 公司被判解散[1]

原告：中方公司

被告：合资公司

第三人：外方公司

诉讼请求：请求法院依法解散被告。

争议焦点：

1. 被告的合作开发协议、公司章程约定董事会为最高权力机构，重大事项由董事会一致决，董事会陷入僵局时适用约定的僵局解决程序，但实际上解决僵局条款失灵，董事会持续两年以上无法作出有效决议，能否认定公司经营管理发生严重困难；

2. 被告的项目严重超期未结项，长期处于亏损状态，能否认定被告继续存续会使股东利益受到重大损失。

基本案情：

被告系中外合资经营企业，由第三人、案外人地久公司于2010年11月17日设立，注册资金为14,960万美元，经营范围包括普通房地产开发和经营、物业管理，第三人持股80%、案外人地久公司持股20%。2015年4月7日，案外人地久公司将持有的被告全部股权依法转让给了原告。

2010年11月17日，案外人地久公司和第三人签署《合作开发协议》，约定：被告不设股东会，董事会为最高权力机构；被告董事会有5名成员，其中1名由中方委派，董事会例会至少每6个月召开1次；地产项目的总成本预算及其重大修改和审议批准项目公司的年度预算方案、结算方案须经董事会一致通过才生效。

此外，协议还约定了"僵局条款"：若董事会连续两次无法就一项议案作出通过或者否决的表决结果，即形成"公司僵局"。任何一方股东有权选择向另一方股东发出"僵局通知"，依照协议约定的程序解决僵局。若僵局无法解决，则股东应在审计的基础上各自提出收购要约，由价低者向价高者转让股

---

[1] 参见江苏省高级人民法院（2017）苏民终1312号民事判决书，本案系人民法院案例库入库案例。

东在公司中的全部权益。任何一方股东在审计报价结果出具后，拒绝或未能出席协议规定的僵局会议，或者虽然出席僵局会议，但拒绝或未能按照规定的要求发出收购要约，则另一方股东有权以审计估值收购弃权方在公司的全部权益，弃权方同时需按约定的数额支付违约金。

2011 年，被告董事会通过的《项目开发计划及成本测算》显示该项目计划于 2014 年 12 月 31 日完成。

2016 年 1 月 29 日、6 月 27 日，被告两次董事会均无法就年度预算、决算报告、未售资产分配等事项达成一致意见。至原告 2016 年 7 月起诉时，被告董事会已持续两年以上无法作出有效决议。原告提出对项目提前进行清算，并将其所持有的股权转让给第三人，但该要求遭到第三人拒绝。双方之间函件往来也显示双方未能就公司经营管理的分歧达成一致。

2016 年 7 月 18 日，原告向第三人寄交《僵局通知》，提请对被告的年度决算方案、预算方案及清算方案进行协商。同年 8 月 10 日，原告向被告董事长寄交《敦促函》，要求对被告进行审计，召开僵局会议，组织僵局要约。第三人书面回复明确表示：被告经营正常，不符合协议中的僵局条件，对原告提出的僵局通知不予认可。

2016 年春节后，原告曾聘请第三方对被告进行了全面审计，审计报告显示被告在内部控制制度、工程前期资料审核情况、合同问题汇总、不合理费用支出情况等方面存在诸多问题。同年 6 月至 7 月，原告两次向被告监事寄送《公函》，要求监事就被告董事、高管损害公司利益的行为提起诉讼。

被告 2016 年 1 月、6 月、7 月、9 月利润及利润分配表显示：被告该年累计利润总额分别为 -73 万元、-3662 万元、-5370 万元、-9473 万元。自被告成立以来，被告未向股东进行过分红，但股东也从未提出分红主张，虽一直处于亏损状态，但经营正常。

经法院主持协商，原告与被告、第三人仍无法就公司僵局解决方案达成一致。

原告诉称：

1. 被告的项目已全部竣工，多数楼盘售罄，但第三人拒绝项目清盘，且远超原计划的清算时间，被告 6 年以来也未向股东分配利润，原告巨额投资至今没有收回。

2. 2016年的两次董事会中，原告对第三人提交的项目决算方案、预算方案行使了否决权，但第三人仍执意执行无效的预算方案，并拒绝"提前进行项目清算的方案"及"股权转让方案"。依照《合作开发协议》约定，被告陷入经营僵局。原告发出"僵局通知"，提请通过僵局会议要约方式解决僵局状态，但被告、第三人在约定的期限内未予回应。

3. 被告长期由第三人委派的董事控制，第三人在操盘过程中存在重大不规范甚至损害公司及小股东利益的问题。原告两次请求被告监事行使监督权，但未收到任何回复。

综上，被告的存续使原告未分得任何利润，巨额投资至今没有回笼，继续存续会进一步损害股东利益。

被告辩称、第三人称：

1. 被告的亏损是市场因素所致，被告及第三人对公司经营已尽勤勉义务，将经营损失降到最低，最大限度地保护了各方股东的利益。

2. 原告没有提供证据证明被告出现经营管理困难以及继续运营将给股东造成更大损失等核心事实。

3. 原告在没有穷尽其他救济途径的基础上就直接起诉要求解散公司，不符合强制解散公司的前提条件。

综上，被告并未出现强制解散的情形，原告的请求应予以驳回。

法官观点：

1. 被告的股东存在冲突且持续至今，公司管理发生严重困难。

被告董事会未能作出有效决议已超两年，《合作开发协议》中的"僵局条款"的合同性机制失去作用。"僵局条款"的约定系股东之间为解决未来可能出现的人合性危机、公司僵局而事先作出的合同安排。在原告继受了该合同项下的权益后，由于被告两次表决均未通过有效决议，原告遂向外方公司发出"僵局通知"，但遭外方公司拒绝。由此可见，双方股东的观点存在根本分歧，已经无法依据约定来解决彼此的矛盾。被告虽称股东的分歧并非由于经营管理理念不同，而是由于经营业绩不理想、公司亏损所致。但自双方产生矛盾至今，缺乏主动有效的措施来调和这种矛盾，反而是外方公司利用股权优势实际执行了未获得董事一致通过的预算，使得公司章程和《合作开发协议》的约定被架空，原告游离在公司经营决策和管理监督之外，故股东之间人合基础已丧失，应当认定被告的管理发生严重困难。

2. 被告的经营也存在严重困难。

被告设立时，整体项目的清算工作拟于 2014 年 12 月 31 日完成，但至今没有完成。被告自成立以来一直亏损，且在 2016 年 1 月至 9 月，亏损急剧扩大。被告虽主张亏损原因系市场行情波动，股东损失会因业绩改善而被弥补，但欠缺有效证据证明其观点。长期亏损经营不应是企业常态，董事会决议机制的失灵，也使得原告无法参与公司治理和改变公司持续亏损的状态，原告设立公司时的预期已经落空。

因双方当事人调解方案差距悬殊，至今无法达成合意，当事人不能协商一致使公司存续。

法院判决：

依法解散被告。

【案例232】严格一致决导致公司僵局　公司连年亏损被判解散[①]

原告：仕丰公司

被告：富钧公司

第三人：永利公司

诉讼请求：请求法院依法解散被告。

争议焦点：

1. 原告委派的经理在经营中曾与公司同业竞争并经生效判决确认赔偿责任，是否影响其后续诉请解散公司；

2. 董事会决议须经全体董事同意方能生效，因股东间矛盾，董事会长期无法形成决议，能否认定构成公司僵局。

基本案情：

被告注册资本为 1000 万美元，第三人出资额 400 万美元（持股 40%），

---

① 参见最高人民法院（2011）民四终字第 29 号民事判决书，本案系《中华人民共和国最高人民法院公报》案例。

原告出资额 600 万美元（持股 60%），原告和第三人至今均未足额出资。被告章程约定：

1. 董事会由 3 名董事组成，其中，原告委派 2 名，第三人委派 1 名，董事长由第三人委派。

2. 董事会决定包括修改章程、公司的合并与解散、增减注册资本、资产转让、生产销售计划、财务方案、重要规章制度、高管任免等在内的公司的一切重大事宜。对上述重大事宜，须经全体董事同意才能生效。

3. 董事会会议每年召开一次会议，经 1/3 董事提议可召开临时会议。董事会会议必须由全体董事出席。

2005 年 4 月 7 日，原告和第三人因对被告治理结构、专利技术归属、关联交易等方面发生争议，总经理案外人张某离开被告，此后被告由董事长案外人黄某进行经营管理。总经理张某离职后，为了解决被告经营管理的问题，原告和第三人及被告通过各自律师有大量函件往来，沟通召开董事会事宜。最终被告于 2006 年 3 月 31 日召开了第一次临时董事会，案外人黄某、张某参加会议，但董事会未形成决议。此后，原告和第三人对被告的治理等问题进行书面函件交流，但未能达成一致意见，董事会也未能再次召开。被告自 2004 年起，一直处于亏损状态。

2004 年 7 月 28 日，案外人同镒公司（外商独资企业）成立，时任被告总经理的案外人张某担任该公司的董事长兼总经理，该公司生产的产品与被告相同。

2008 年 3 月，被告以案外人张某、同镒公司为被告另案提起损害公司利益赔偿纠纷诉讼。法院于 2012 年 2 月 24 日作出终审判决，认定张某作为被告的高级管理人员，担任同镒公司执行董事、法定代表人和总经理职务，违反了竞业禁止义务，判令张某赔偿被告经济损失 10 万元人民币，卸任被告的执行董事、法定代表人、总经理职务并办理相关工商变更手续。

案件审理过程中，法院以维持被告存续为目标组织了调解工作但未果。法院又要求三方当事人围绕单方股东退出公司进行磋商，因股权收购的价格无法达成一致仍然未果。

原告诉称：

被告长期不召开董事会，未向原告通报经营及财务状况，第三人又拒绝原告关于纠正公司治理结构的合理主张，原告作为股东所享有的资产收益、参与重大决策和选择管理者的权利完全落空。被告股东间的利益冲突和矛盾，使得被告的运行机制完全失灵，公司陷入僵局，被告及大股东合法利益受到严重侵害。

被告辩称：

1. 不能召开董事会以及股东之间的矛盾是由原告引起的。原告委派的董事案外人张某擅离职守，没有履行组织召开董事会的义务。

2. 被告发展良好，并未出现公司僵局，更没有出现经营管理严重困难。

3. 原告起诉解散被告，是为了使与被告经营同类业务的同镒公司独占市场。

法官观点：

1. 关于被告经营管理是否发生严重困难。

被告治理结构系由股东特别约定而实行严格一致表决机制，这使得人合性成为被告最为重要的特征。自2005年4月起，第三人和原告因公司治理结构安排、专利权许可使用等问题发生了实质分歧，股东之间逐渐丧失了信任和合作基础。被告董事会不仅长期处于无法召开的状态，而且在第三人和原告各自律师的协调下召开的唯一一次临时董事会中，也因为双方股东存在重大分歧而无法按照章程规定的表决权比例要求形成董事会决议。被告权力决策机制长期失灵，无法运行长达7年时间，经营管理发生严重困难。

2. 关于公司解散是否应当考虑公司僵局产生的原因以及过错。

公司能否解散取决于公司是否存在僵局以及是否符合《公司法》规定的公司解散的实质条件，而不取决于复杂的公司僵局产生的历史原因和各方责任。故即使一方股东对公司僵局的产生具有过错，其仍然有权依据该条规定请求解散公司。

3. 关于被告继续存续是否会使股东利益受到重大损失。

从被告经营情况看，被告僵局形成后，公司经营即陷入非常态模式，在第三人单方经营管理期间，被告业务虽然没有停止，但持续亏损，没有盈利年度，公司经营能力和偿债责任能力显著减弱，股东权益已大幅减损，不足实收资本的一半。另从被告注册资本到位情况看，原告和第三人至今均未足额出资，在双方股东不愿意共同经营被告、冲突对立无法调和的情况下，被告注册资本难以充实，无法实现预期的经营目的。综合上述情况，被告不仅丧失了人合基础，权力机构运行严重困难，同时业务经营也处于严重困难状态，继续存续将使股东利益受到重大损失。

4. 关于替代解决途径的可行性。本案经过法院多轮调解，第三人和原告始终不能就转让股权、公司回购或减资等维系被告存续的解决方案达成合意。此种情形下，如维系被告，股东权益只会在僵持中逐渐耗竭。相比较而言，解散被告能为双方股东提供退出机制，避免股东利益受到不可挽回的重大损失。

法院判决：

依法解散被告。

【案例233】仍有股权退出可能 小股东诉请两年未开会公司解散被驳回[①]

原告：杜某

被告：长春公司

第三人：王某、刘某、吕某

诉讼请求：请求法院依法解散被告。

争议焦点：控股股东能召开却持续两年以上不召开股东会会议，能否认定公司经营管理发生严重困难。

基本案情：

被告成立于2013年11月8日，注册资本为2000万元，经营范围主要为实业投资，股东为第三人王某（持股51%，同时为被告的执行董事）、原告（持股34%）、第三人吕某（持股10%）和第三人刘某（持股5%）。

被告公司章程规定：股东会会议由执行董事召集和主持；定期股东会会议每半年召开一次，代表1/10以上表决权的股东、执行董事、监事提议召开临时会议的，应当召开临时会议；股东会会议由股东按照认缴出资比例行使表决权。

---

① 参见最高人民法院（2020）最高法民申7067号民事裁定书。

第二十三章
公司解散纠纷

被告对外投资的两家公司分别经营一家购物城。其中，案外人榆树购物城成立于2013年12月18日，被告持股49%。2018年1月5日，被告股东会决议将被告持有的榆树购物城49%股权全部转让给案外人李某，并至市场监管局办理变更登记。第三人王某于2018年8月15日向法院提起行政诉讼，请求撤销上述股东变更登记行为，但被法院驳回。2019年9月3日，各方因股东纠纷，王某又向法院另案提起公司决议效力确认纠纷诉讼。

2019年8月28日，被告法定代表人由原告变更为案外人南某。2019年10月8日，原告向市场监管局申请撤销准予变更登记通知，恢复原法定代表人登记内容。①

被告最后一次具有法律效力的股东会会议召开时间为2017年2月6日，至2019年9月3日原告起诉时，已持续两年以上没有再召开股东会。一审审理过程中，经被告执行董事第三人王某召集，被告于2019年8月18日召开临时股东会会议并形成决议。原告、第三人吕某、第三人刘某委托律师回函，明确表示拒绝参加此次会议。后原告向法院提起另案诉讼，要求确认前述临时股东会决议无效。本案二审审理过程中，王某当庭表示愿意购买原告、案外人吕某及案外人刘某的股权，只是因公司账目不全，尚不能确定股权价值。

第三人王某曾向公安机关举报原告涉嫌职务侵占，最终原告因犯隐匿会计凭证、会计账簿罪于2018年11月12日被判处有期徒刑10个月。

法官观点：

1. 关于被告的经营管理是否发生严重困难的问题。

第三人王某作为公司的执行董事有权召集股东会，即便其他股东拒绝参会，王某持有的表决权亦能够对公司一般经营事项形成有效决议。公司未召开股东会与无法召开股东会不能等同，在无其他有效证据相佐证的情况下，即便被告已持续两年以上未召开股东会并形成股东会决议，也不必然意味着该公司经营管理出现混乱和股东会机制已失灵。

2. 关于被告继续存续是否会使股东利益受到重大损失的问题。

虽然第三人王某持股比例较高，其可能控制甚至直接决定公司的经营管

---

① 从国家企业信用信息公示系统的公示信息来看，原告至今未曾恢复为被告的法定代表人。据此推测原告的申请可能未获支持。

理和未来发展，但原告并未提交证据证明王某对公司所作决策导致公司的经营业务出现明显异常，公司经营能力和偿债能力等呈现明显减弱态势，最终可能导致其股东利益遭受重大损失。因此，现有证据不足以证明被告继续存续会使原告的股东利益受到重大损失。

3. 关于能否通过其他途径予以解决的问题。

虽然被告各股东间矛盾激烈，但股东间的矛盾并非公司解散的法定事由。本案审理过程中，第三人王某当庭表示愿意购买原告、第三人吕某及第三人刘某的股权，在各方对公司账目核算并确定股权价值后，原告等股东可采取股权转让或其他方式解决矛盾。在尚有其他方式可以解决股东之间的争议并使公司继续存续的情况下，即便公司出现僵局，亦不必然导致公司解散。

法院判决：

驳回原告的诉讼请求。

549. 公司僵局是否要求股东会、董事会同时瘫痪？

不要求同时瘫痪。《公司法司法解释（二）》在列举司法解散的受理事由时，采用了并列式的逻辑表达形式，这意味着股东在起诉时，只要能够证明公司出现股东会瘫痪或者董事会瘫痪其中一种情形即可。

但是，不能仅凭股东会或董事会瘫痪就直接认定发生公司僵局。无论是股东会瘫痪还是董事会瘫痪，都必须同时导致日常经营管理完全瘫痪，这样才真正符合解散公司的要求。因为在公司的实际运行中，可能只要有一个机构正常，尤其是像大型股份有限公司的董事会运行正常时，就能基本保证公司正常的经营管理，所以此时即便股东会发生瘫痪，公司的经营管理也不一定会发生严重困难。

【案例234】公司正常经营且股东间多起诉讼未了结　未穷尽救济途径解散诉请被驳回[①]

原告： 张某

被告： 投资公司

---

① 参见最高人民法院（2021）最高法民申 3042 号民事裁定书。

第三人：曹某

诉讼请求：请求法院依法解散被告。

争议焦点：

1. 被告不通过股东会决策运作公司，因此公司从未召开过股东会，能否以此认定公司经营管理发生严重困难；

2. 股东之间发生的多起诉讼尚在审理中，此时可否判断公司僵局通过其他途径已无法解决。

基本案情：

被告成立于2012年，股东为原告（持股50%）、第三人（持股50%），第三人为工商登记的执行董事、法定代表人。被告章程约定"股东会作出的决议必须经代表2/3以上表决权的股东通过"。

被告自成立起未正式召开过股东会。2012年至2016年11月底，被告的经营管理活动由原告主持，重大事项均由原告与第三人协商决定。2016年12月后，被告的经营管理活动换由第三人主持。2018年4月后至诉讼时，被告聘任了第三方团队运营公司。2019年，第三人被刑事拘留。虽然被告多年未召开股东会，也无法通过有效的股东会决议，但因被告由第三方团队运营，公司正常的经营管理活动未受影响。

2019年7月29日，原告在律师见证下作出被告的临时股东会决议，决议内容包括表决通过原告为被告执行董事及法定代表人。后原告另案向法院提起诉讼，请求判令被告、第三人履行前述决议。截至本案诉讼时，案件仍在审理中。

2021年4月20日，被告召开临时股东会议作出决议，内容包括：原告抽逃全部出资的事实成立，解除原告的股东资格；案外人齐某任被告执行董事和法定代表人（齐某为第三人的妻子）。后原告另案向法院提起诉讼，请求确认前述决议不成立。截至本案诉讼时，案件仍在审理中。

原告与被告之间另有多个诉讼正在进行。

原告诉称：

1. 无论是《公司法》第182条①还是《公司法司法解释（二）》第1条的

---

① 现为《公司法》第231条。

规定,在认定公司经营管理是否发生严重困难时,均关注公司内部法定机构的运转是否正常,最高人民法院指导性案例8号[①]亦持此观点。现被告的两位股东已产生激烈矛盾,被告已经8年未召开股东会,形成了公司僵局,侵害了原告的权益,故应当解散被告。

2. 第三人作为被告的执行董事、法定代表人因涉嫌刑事诉讼被羁押无法履职,股东间矛盾重重,无法作出有效决议,公司继续存续会使股东利益受损。

被告辩称:

1. 被告运营正常,解散被告对当地的旅游业和社会稳定都将带来负面影响。

2. 原告提出了变更其为被告执行董事和法定代表人的诉讼,这本身就是被告以另一诉讼解决股东纠纷的方式,如果原告胜诉,掌握了被告的管理权,就不会继续以本案所诉的理由要求解散被告。因而,目前被告的主要问题是股东对公司的控制权之争,而不是公司是否需要解散。

3. 原告在另案刑事判决中,自认抽逃了全部出资,原告已经不是被告的股东。

法官观点:

被告两位股东的持股比例和议事规则决定了只要两位股东意见分歧、互不配合,就无法形成有效表决,导致被告无法通过有效的股东会决议管理公司。但是,公司出现上述僵局并非公司解散的唯一条件。能否解散公司,需依照《公司法》第182条规定的要件,结合案件的具体情况作出判断。

1. 公司经营管理发生严重困难,主要是指管理方面存有严重内部障碍。本案中,被告从成立时起就不是通过召开股东会决策进行运作。因此,被告虽然从未正式召开过股东会,现在也无法通过有效的股东会决议,但不影响公司开展正常的经营管理活动,现有证据不足以认定被告的管理存在严重的内部障碍。

2. 股东投资设立公司、参与公司决策的最终目的是获得收益。原告未提

---

① 详见本章案例230。

交证据证明其曾向公司行使知情权、查阅公司财务账册、分配公司收入等股东权利并遭遇阻碍，现有证据不足以认定被告继续存续会使原告的股东利益受到重大损失。

3. 除本案之外，原告与被告之间有多个诉讼正在进行，其中与原告股东身份、股东权益直接相关的就有两个案件，上述事实使得原告的股东身份及股东权益处于不确定的状态，且在相关诉讼终结前，无法认定原告已穷尽了其他救济途径。

因此，被告尚不符合司法解散的条件。本案情形与最高人民法院发布的第8号指导性案例并不完全相同，原告关于本案应当参照指导性案例的理由不能成立。若被告司法解散的条件成就，原告可另行提起诉讼。

法院判决：

驳回原告的诉讼请求。

550. 如何理解公司处于僵局时会对"股东利益"造成"重大损失"？

股东利益既包括股东权利，也包括股东的预期经济利益。一般认为，股东权利遭受的重大损失包括因公司僵局导致的股东分红权、知情权、决策权、管理权等权利无法落实，投资目的无法实现；股东预期经济利益遭受的重大损失包括公司僵局导致公司停产，公司继续存续使公司资产不断减损，债务扩大，股东的投资遭受本可避免的重大亏损。

【案例235】收益减损因市场因素导致　解散公司诉请被驳回[①]

原告： 吴某

被告： 房地产公司

第三人： 黄某、崔某、何某、罗某、文某、李某

诉讼请求： 请求法院依法解散被告。

争议焦点： 被告收益减损是因市场因素导致，原告关于公司继续存续会

---

① 参见最高人民法院（2023）最高法民申429号民事裁定书。

使股东利益遭受重大损失的主张能否得到支持。

基本案情：

被告成立于2005年，截至本案诉讼时，被告工商登记的股东为原告（持股24.283%）及6名第三人，原告为工商登记的法定代表人、执行董事。

被告章程规定，股东定期会议每年至少召开一次，但未约定股东会召开的人数比例和决议通过的比例。被告曾于2020年6月18日召开最后一次股东会会议，距原告起诉时未满两年。该次股东会审议事项包括年度工作总结汇报等，表决通过事项如下：将案外人持有的股权变更至原告名下，同时修改公司章程将被告的执行董事、法定代表人由案外人变更为原告；经营范围增加"停车服务"。以上事项于2020年7月24日向工商登记部门备案，并附股东会决议记录。

另外，针对董事会，被告章程规定，董事会由全体董事组成，成员为5人；董事会议实行一人一票和按出席会议的董事人数少数服从多数记名表决制度；董事会不能履职时，可以由代表1/4以上表决权的股东提议或代表1/3以上的监事提议召开股东临时会。

被告的董事会未备案，也没有股东会选任董事会的会议记录等资料，原告、第三人罗某就董事会成员名单存在争议。

此外，被告因为市场行情等因素，收益有所减损，进而引发原告等小股东对被告的实际收益情况产生怀疑。

原告诉称，第三人黄某、崔某、何某称：

1. 被告股东会机制已失灵多年，凡是涉及公司经营管理事项的，均无法召集召开股东会，这实质上符合《公司法司法解释（二）》第1条第1款第1项的情形。

2. 被告无法召开股东会并按照公司章程组建董事会，造成唯一登记的执行董事和未登记的董事之间存在严重的冲突，形成明显的两派，无法有效开展经营管理，符合《公司法司法解释（二）》第1条第1款第3项的情形。

3. 被告长期存在的管理困难必然有损于股东利益，这符合《公司法司法解释（二）》第1条第1款第4项的情形。

法官观点：

1. 被告可以通过解散公司以外的合法途径解决内部纠纷。

根据《公司法》规定，董事会成员的产生不属于必须经代表 2/3 以上表决权的股东通过的事项。因此，尽管被告并未登记董事会成员，股东就董事名单有争议，被告仍可依据章程约定，在董事会不能履职的情况下，由股东或监事提议召开临时股东会会议，通过重新确定董事会成员来化解纠纷。同时，依据被告章程约定，当董事会会议的赞成和反对票数相等时，董事长有权作出最后决定。可见，即便被告在重新确定董事会成员后又陷入僵局，仍可依据章程进行最终决断。现有证据无法证明被告曾尝试就董事会的重新确定、组建等事项做出努力而仍无法化解纠纷，不满足《公司法》第 182 条①规定的"通过其他途径不能解决"的前置性条件。

2. 被告不存在持续两年以上无法召开股东会或者无法作出有效的股东会决议的情形。

被告未定期召开股东会并形成股东会决议并不意味着股东会机制失灵。被告最后一次股东会于 2020 年 6 月召开，且形成了两项有效决议，这说明被告股东会机制截至此时仍然有效。被告最后一次股东会通过的两项有效决议涉及公司经营管理的重要部分，属于对公司日常经营管理的实质性变更。

3. 被告不存在公司经营管理发生其他严重困难，继续存续会使股东利益受到重大损失的情形。

根据《公司法》第 182 条及《公司法司法解释（二）》第 1 条第 1 款的规定，审查公司经营管理发生严重困难的侧重点在于，由于股东之间的冲突，公司管理方面存在股东会机制失灵、无法对公司的日常经营管理进行决策等，导致公司已经无法进行正常的生产经营。审查股东利益受到重大损失的侧重点在于，由于股东之间的冲突，股东的分红权、知情权、决策权、管理权等权利无法落实，导致股东进行投资的目的无法实现，而不应片面理解为公司资金缺乏、严重亏损等经营性困难。

本案中，被告因为市场行情等因素，收益有所减损，进而引发原告等小

---

① 现为《公司法》第 231 条。

股东对被告的实际收益情况产生怀疑，属于外部因素导致的经营性困难在先、股东间的冲突在后，股东间的冲突并非被告发生经营性困难的原因。对于因外部性因素而引起的股东之间的矛盾，被告应当通过积极保障各股东的知情权以化解质疑纠纷，而不宜司法强制解散。

法院判决：

驳回原告的诉讼请求。

551. 大股东滥用权利，导致小股东遭受压制，小股东能否诉请解散公司？

实践中，大股东、实际控制人为谋求非法利益，可能会剥夺小股东的知情权、利润分配权，滥用多数决并侵占公司资产等，从而压制小股东的合法权益。对此，小股东可能会通过解散之诉寻求救济，但小股东的诉请能否得到支持，在司法实践中存在争议。

一方面，从"公司经营管理发生严重困难"这一司法强制解散规定的构成要件来看，一种观点认为，《公司法司法解释（二）》规定的解散公司的法定事由仅限于公司僵局，而不包括股东压制；另一种观点则认为，股东压制属于《公司法司法解释（二）》中的兜底情形，即"公司经营管理发生其他严重困难"。股东压制虽不必然导致公司僵局，但已标志着股东间的人合性基础丧失，小股东的投资目的无法实现，此时通过司法强制解散赋予小股东退出的途径，是《公司法》的应有之意。

另一方面，从"公司继续存续会使股东利益遭受重大损失"这一司法强制解散规定的构成要件来看，一种观点认为，在判断"重大损失"时，需考虑大股东是否滥用其优势地位单方面决策，压迫损害另一小股东利益；另一种观点则认为，"重大损失"不是指个别股东的损失，而是公司瘫痪导致公司无法经营造成的全体出资者利益的损失。

笔者认为，新《公司法》实施后，遭受压制的小股东得以公司收购股权的方式退出公司，这一规定既能保障小股东的权利，又充分尊重公司自治，此后若再允许遭受压制的小股东通过解散公司的方式退出，将违背解散公司作为最后救济手段的立法原意。基于上述考量，不宜再将司法强制解散纳入小股东遭受压制时的救济方式中。

【案例236】大股东"一言堂"致小股东无法插手　公司虽盈利仍被判解散[①]

原告：荟冠公司

被告：东北亚公司

第三人：董某、东证公司

诉讼请求：请求法院依法解散被告。

争议焦点：被告持续两年以上未召开股东会、董事会，且董事会由一方股东控制，小股东无法通过委派董事参与经营管理，能否认定公司经营管理发生严重困难。

基本案情

2004年9月20日，被告成立，其法定代表人为第三人董某，注册资金为1000万元，股东为案外人长粮集团（持股49%）、第三人董某（持股51%）。2005年1月，长粮集团将其持有的股权全部转让给原告。2006年9月29日，被告注册资本增至9000万元。截至起诉时，东北亚公司工商登记显示，原告持股44%，第三人董某持股51%，第三人东证公司持股5%，其中东证公司5%股权系从原告处受让。

被告董事会成员为5人，其中原告方占2席，第三人董某方占3席。被告章程规定，董事会会议由董事代股东行使表决权，董事会会议对所议事项作出决议，决议应由代表3/5以上（含本数）表决权的董事表决通过。

2012年4月27日至7月24日，原告多次向第三人董某致函要求修改公司章程中股东会会议决议事项通过比例，修改董事会人数，第三人董某均拒绝。2012年至2014年，原告与第三人董某进行多次股权转让事宜的磋商、谈判，但最终均未能达成协议。

2013年8月6日，被告召开了最后一次董事会，距诉讼时已持续两年以

[①] 参见最高人民法院（2017）最高法民申2148号民事裁定书，本案系《中华人民共和国最高人民法院公报》案例。

上未召开董事会。自 2015 年 2 月 3 日至诉讼时，被告已长达两年没有召开股东会，无法形成有效决议，且被告成立至今从未召开过监事会。

2015 年 3 月 11 日，原告委派案外人宋某、案外人徐某担任公司副董事长和副总经理并出任公司董事，被告及第三人董某以更换董事需要召开董事会并达到 3/5 以上董事通过为由，未予变更。

2010 年之前，原告或其关联公司与被告之间的借贷，以及第三人董某关联公司与被告之间的全部借款，各笔均有相对应的股东会或者董事会决议。但 2004 年 11 月 4 日至 2011 年 3 月 31 日，被告向第三人董某个人借款 7222 万元，没有与之对应的股东会或董事会决议，另外审计报告显示第三人董某的关联方从被告借款近 1 亿元。2014 年 10 月，被告向银行申请了 5000 万元贷款，而原告对于该笔贷款的用途并不知晓。2015 年被告的粮油市场改造扩建一事，原告及其委派的董事也并未参与。

被告 2012 年至 2014 年均处于盈利状态，但未对股东分红。

原告诉称：

第三人董某一方独揽被告经营管理权、人事任免权及财政大权，以至于原告的股东权益受到排挤和限制。被告由第三人董某方把控，从未按照公司章程的规定召开定期股东会，董事长长期缺位，股东会机制完全失灵，监事会从未发挥监督作用。

被告经营管理已发生严重困难，继续存续会使原告的股东利益受到重大损失。原告已经试图通过修改公司章程、与第三人董某磋商股权转让、减资、公司解散等多种方式与途径寻求救济，均遭到第三人董某方的拒绝，致使公司僵局情况通过其他途径无法解决。

被告辩称，第三人董某称：

1. 被告不存在经营管理发生严重困难，继续存续会使股东利益受到重大损失的情形。

2. 原告从未要求召开股东会、董事会，亦未穷尽其他救济途径而径直要求解散公司，不符合公司解散的立法本意，不应支持原告的请求。

3. 原告主张的其与第三人董某存在矛盾、第三人董某独立行使公司决策权和经营权、公司管理机制失灵等内容与事实严重不符。

法官观点：

被告符合公司解散的法定条件，具体如下所述。

1. 被告的经营管理已发生严重困难。

判断公司的经营管理是否出现严重困难，应当从公司组织机构的运行状态进行综合分析，公司是否处于盈利状态并非判断公司经营管理发生严重困难的必要条件。其侧重点在于公司经营管理是否存在严重的内部障碍，股东会或董事会是否因矛盾激化而处于僵持状态，一方股东无法有效参与公司经营管理。就本案而言，可以从以下三个方面进行综合分析：

（1）关于董事会方面。根据被告章程规定，第三人董某方提出的方案，无须原告方同意即可通过。2013年8月6日起，被告已有两年未召开董事会，董事会早已不能良性运转。

（2）关于股东会方面。自2015年2月3日至今，被告长达两年没有召开股东会，无法形成有效决议，更不能通过股东会解决董事间激烈的矛盾，股东会机制失灵。

（3）关于监事会方面。被告成立至今从未召开过监事会，监事亦没有依照公司法及公司章程行使监督职权。

综上，被告董事会客观上已由第三人董某方控制，原告无法正常行使股东权利，无法通过委派董事加入董事会参与经营管理。被告的内部机构已不能正常运转，公司经营管理陷入僵局。

2. 被告继续存续会使原告股东权益受到重大损失。

公司股东依法享有选择管理者、参与重大决策和分取收益等权利。本案中，原告已不能正常委派管理者，被告人事任免权完全掌握在第三人董某一方，原告不能正常参与公司重大决策。原告未能从被告获取收益，被告虽称公司持续盈利，但多年并未分红。原告作为被告的第二大股东，早已不能正常行使参与公司经营决策、管理和监督以及选择管理者的股东权利，原告投资被告的合同目的无法实现，股东权益受到重大损失。

3. 通过其他途径亦不能解决被告股东之间的冲突。

基于有限责任公司的人合性，股东之间应当互谅互让，积极理性地解决冲突。在被告股东发生矛盾冲突后，原告试图通过修改公司章程改变公司决策机制以解决双方纠纷,或通过向第三人董某转让股权等退出公司的方式解决公司僵局状态,但均未能成功。

同时,法院慎用司法手段强制解散公司,多次组织各方当事人进行调解但未果。被告僵局状态已无法通过其他途径解决。

综合来看,被告股东及董事之间长期存在冲突,已失去继续合作的信任基础,公司决策管理机制失灵,公司继续存续必然损害原告的重大利益,且无法通过其他途径解决公司僵局,原告坚持解散被告的条件已经成就。

法院判决:

依法解散被告。

【案例237】小股东权益受压制非法定解散事由 诉请解散公司被驳回[①]

原告: 邢某等20位股东[②]

被告: 威海公司

诉讼请求: 请求法院依法解散被告。

争议焦点:

1. 大股东压制小股东利益,小股东可否请求解散公司;

2. 申请再审的股东合计持股比例已下降,且不符合提起解散之诉的法定10%要求,其是否还具有再审申请资格。

基本案情:

被告成立于1986年12月3日,2002年改制为有限责任公司,注册资本为1056万元。截至2017年5月17日本案起诉时,原告合计持有被告16.57%股份。

2014年9月20日,被告股东会通过了四项决议,包括停止宾馆营业决议、职工安置方案、出售两处被告持有资产的方案。决议上有全体股东的

[①] 参见最高人民法院(2021)最高法民申304号民事裁定书,本案系人民法院案例库入库案例。

[②] 本案一审时有原告22人,再审时有2名原告放弃申请再审。放弃申请再审的2名原告一审时持股比例合计约为0.5%。

签字。

2015年6月24日,被告召开董事会,通过向案外人整体转让公司的决议。同年7月15日,被告召开临时股东会,全体股东出席并形成如下决议:持股74.47%的股东及职工持股会会员同意将自己股权转让给第三方,整体转让款为8200万元,其他股东放弃优先购买权。

原告起诉后,被告又在2017年分别召开了数次股东会、董事会,形成同意对酒店进行整体装修、同意公司加盟亚朵酒店、变更董事会人数及成员、增减资、同意股东对外转让股权等多项决议。其中,在2017年9月28日召开的股东会上,案外人东弘公司从被告大股东手中受让了0.5%的股权,成为被告股东。

诉讼中,经法院多次调解,双方当事人未能达成一致意见。

本案诉讼期间,案外人威海公司通过一系列股权收购行为,在二审宣判后对被告的持股上升至91.1992%。截至申请再审时,原告持股合计已不足10%。

原告诉称:

1. 被告停业期间,大股东滥用控制权,公司董事、股东之间矛盾尖锐,停业期间无法召开董事会,更无法召开任何形式的股东会。

2. 被告大股东侵害小股东的知情权,在小股东不知情的情况下,擅自对被告所有的酒店大楼进行拆除改造,并加盟亚朵酒店。诉讼期间,被告还通过增加注册资本稀释小股东股权。

3. 被告大股东滥用控制权导致公司陷入僵局。被告的原大股东与案外人威海公司恶意串通,先以高价象征性地向威海公司转让0.5%股权,在威海公司取得股东资格后再低价转让剩余的全部股权,剥夺了其他股东在同等条件下的优先购买权。由于小股东的股权被非法稀释,权利被架空,大股东可以随意控制股东会并出具非法股东会决议,被告的股东会已经名存实亡。至于监事会方面,被告自2014年停业后从未召开过监事会。可见,被告已经被大股东控制,被告的内部机构不能正常运转陷入僵局,且被告的所有者权益在公司解散诉讼期间逐渐成为负数。

综上,被告连续两年以上无法召开股东会,经营管理发生严重困难,且通过其他途径无法解决，若继续存续会使股东的利益受到更大的损失。

被告辩称：

1. 被告已渡过了阶段性经营困难时期，已经投入巨资解决各种问题，正在进行整楼装修，准备重新开业继续酒店经营，不符合公司解散条件，应驳回原告的诉讼请求。

2. 公司并未出现原告所称的"陷入僵局"及"连续两年以上无法召开股东会"的情形。

3. 原告申请解散公司只是手段，要求大股东高价收购其股权才是目的。

法官观点：

1. 被告不存在强制解散的法定事由，不应判决解散。

被告并未陷入公司僵局，依然可以作出有效的股东会决议并维持日常经营，故并不存在公司日常经营管理发生严重困难的情形。原告称大股东威海公司滥用股东权利、侵害小股东原告的利益，由此虽导致大小股东之间存在矛盾冲突，但股东压制并非我国法律规定的公司强制解散情形。如存在小股东知情权被侵犯或大股东滥用权利损害小股东利益的情形，亦非公司解散的法定事由，可另循途径解决。

2. 原告申请再审时持股比例已不足10%，不满足起诉解散公司的法定持股比例要求。

二审判决不予解散公司后，威海公司通过收购公司其他股东股权，持股比例达到90%以上，绝对控股公司，能够召开股东会并作出有效决议。此时，原告合计持有的股份已经达不到法定的持股比例要求，其再审请求解散公司，人民法院不予支持。

法院判决：

驳回原告的诉讼请求。

552. 如何判定"通过其他途径不能解决"这一公司解散条件？

"通过其他途径不能解决"是请求法院解散公司的前置条件。虽然《公司法》赋予了法院强制解散公司的权利，但基于公司永久存续性特征考虑，对待公司僵局，仍应以通过公司自治的方式解决为主，而不宜轻易赋予股东通过司法程序强制解散公司的权利。《公司法司法解释（二）》未进一步界定何为"通过其他途径不能解决",最高人民法院民事审判第二庭认为,该前置条件的意义更多在于其导向性。

实践中,法院会切实审查"通过其他途径"解决公司经营管理困境的现实可能性,如争议股东之间是否通过股东大会、董事会协商解决、股权转让、提起各类相关的公司纠纷诉讼保障权益,以及是否已经穷尽了除请求法院解散公司之外的所有救济途径。法院需进行必要的司法调解,当事人协商一致以下列方式解决分歧,且不违反法律、行政法规的强制性规定的,人民法院应予支持:

(1) 公司回购部分股东股份;
(2) 其他股东受让部分股东股份;
(3) 他人受让部分股东股份;
(4) 公司减资;
(5) 公司分立;
(6) 其他能够解决分歧,恢复公司正常经营,避免公司解散的方式。

只有在确实无法通过上述方式解决公司僵局的,才可以判决解散公司。

【案例238】借壳上市失败拟退出　未行使回购权即诉请解散法院不予支持[①]

原告:湖南公司

被告:投资公司

第三人:工贸公司

诉讼请求:请求法院依法解散被告。

争议焦点:

1. 原告依据约定有权请求其他股东回购股权,能否放弃行使该权利而直接诉请解散公司;

2. 原告委派的董事列席股东会会议,但在会议召开后离场,能否认定原告已出席;

[①] 参见最高人民法院(2021)最高法民申1623号民事裁定书,本案系人民法院案例库入库案例。

3. 如何判定被告持续两年以上没有召开股东会的起算时间。

基本案情：

被告系发起人为持股案外人上市公司而设立的特殊目标公司，成立于 2006 年 5 月 8 日，注册资本为 7100 万元。被告成立时，案外人投资集团持股 49.30%，第三人持股 50.70%。而截至本案诉讼时，被告股权结构变更为原告持股 49%，第三人持股 51%。

2008 年，案外人湖南集团、案外人投资集团、第三人签订《合作协议》，约定：湖南集团受让投资集团持有的被告股权；受让股权后，如因投资集团、第三人原因，导致湖南集团不能取得被告 100% 股权，湖南集团有权按照约定的价款主张投资集团、第三人回购股权；上市公司资产重组事宜。随后，各方办理了工商变更登记。截至诉讼时，该《合作协议》中的权利义务由原告、第三人继续承继和享有。

2015 年，原告继受了案外人湖南集团的股东资格及《合作协议》中的权利。2016 年，相关资产重组协议在上市公司的临时股东大会被否决。随后，投资集团另案起诉请求回购原告持有的案涉股权，但法院认为合同没有赋予投资集团、第三人主动要求回购的权利，其诉讼请求不能成立。

被告公司章程规定，股东会会议必须由全体股东参加方可召开，股东会作出决议须经出席会议的股东中持有 1/2 表决权的股东同意，但对公司解散事项等，须经全体股东同意。董事会由 5 名董事组成，其中第三人推荐 3 名，原告推荐 2 名。董事会会议应当有 4 名以上董事参加方可召开。

2017 年 3 月至 4 月，被告召开了年度董事会和临时董事会会议，通过了部分议案。

2017 年 8 月至 12 月，被告 2 次召开临时董事会会议，5 名董事全部参加，但均未作出决议。

2019 年 2 月 14 日，被告召开临时董事会会议，通过了部分议案。

2017 年 4 月 13 日，被告发出召开临时股东会的通知；同月 26 日，原告复函称临时股东会审议内容、召集程序违法，拒绝参加；同月 27 日，被告召开临时股东会，原告推荐的 2 名董事列席，但在主持人宣布会议召开时退场。之后会议继续进行，当日审议的 11 项议题中有 6 项通过。原告未在会议记录中签章。

2017年7月至2019年1月，被告分别就接下来召开的5次临时股东会向股东发出通知，原告均复函拒绝参加。

2019年2月15日，被告召开临时股东会会议，因原告拒绝参加，无法正常召开。

2017年6月至2019年4月，原告针对被告先后提起5个公司决议效力确认之诉，法院均已立案。

原告诉称：

1. 被告长期未召开年度股东会，股东间的长期冲突及章程的设置导致被告无法正常运行，且无法通过有效机制解决。自2017年以来，由于被告股东之间的矛盾，被告股东会无法召开，已持续两年以上从未召开过任何股东会。

2. 被告董事间长期有冲突，无法对公司经营管理事项作出通过的决议，致使被告无法正常运行，且被告公司章程的设置也决定了董事冲突无法通过股东会得以解决，被告经营管理发生严重困难。

3. 原告股东权利遭受侵害后，试图通过多种途径化解矛盾，但均告失败。原告先后向法院提起5个公司决议诉讼，试图通过法律手段解决公司僵局，但第三人及被告董事长仍然持续侵害原告的利益。

4. 提起解散公司之诉是原告当然的股东权利。而原告基于《合作协议》主张案外人投资集团、第三人回购案涉股权和债权是原告的合同权利。不能因为原告同时享有两个权利就迫使其以行使一个权利而去否定其行使另一个权利。

综上所述，被告的经营管理已发生严重困难，通过其他途径无法解决，原告的股东权益受到严重损害，法院应判决解散被告。

被告辩称：

1. 原告持股的目的是通过股权置换实现借壳上市。提起解散之诉显然与合同目的相悖。重组方案被否决后，原告无正当理由拒不参会，意图造成"僵局"假象。被告一旦解散，必然损害其他股东合法权益，损害案外人上市公司其他股东的合法权益，规避对上市公司控股股东变更的监管法律规定。

2. 被告自2017年至2019年共召开股东会6次，董事会5次，并形成相关决议。被告也不存在经营管理严重困难的情形，反而经营效益良好。

3. 被告章程设置及预设分歧解决机制合理合法。董事会设置不存在缺陷，董事会的决议方式不违反法律规定，股东会机制亦不影响公司经营管理。在被告合法通知的情况下，原告拒绝参加，应视为其放弃自身权利，这并不导致股东会不能召开。

4. 原告陈述与事实不符，缺乏法律及公司章程规定支持。具体而言，被告不存在恶意减持及损害股东利益的情况。原告已诉请撤销被告的股东会决议、董事会决议，对上述事实法律效力的认定应在另诉中解决。原告要求修改章程、更换主要成员的提案缺乏合同依据和法律依据，未获通过亦属正常。

综上，原告持股的目的是完成重组、借壳上市，其对被告关于经营管理的股东会及董事会决议投反对票属于滥用股东权利。被告并未出现僵局状况，章程规定的法人治理结构合理合法，出现分歧状况时的紧急处置方法规定明确，法院应驳回原告解散被告的诉请。

法官观点：

1. 被告不具有解散公司的法定情形。

（1）被告不满足"持续两年以上无法召开股东会"及"股东表决时无法达到法定或者公司章程规定的比例"的法定条件。被告章程"股东会会议必须由全体股东参加方可召开"的条款限制了股东会的召开，不符合《公司法》的规定。2017年4月27日，被告召开临时股东会时，原告方自行退出会议的行为属于其对权利的放弃，不能视为无法召开股东会议，且其后被告临时股东会议继续进行，并形成了决议，符合被告章程的规定。虽然《公司法司法解释（二）》未明确"持续两年以上"的截止日期，但通常情形下原告在起诉时应当证明其所主张的事实存在，故至2017年11月1日原告起诉时，尚不满足持续两年以上无法召开股东会的条件。

（2）被告不存在"董事长期冲突，且无法通过股东会或者股东大会解决"的法定情形。

被告曾经于2017年3月至2019年2月间召开了5次临时董事会会议，5名董事均参加，其中除2017年8月和12月召开的2次会议未作出决议，其余3次均作出决议。该事实表明被告董事会尚能正常运行，即使部分议案被董事投反对票而未能通过,亦属于董事正常履行职务的行为,不足以据此认定存在董事长期冲突的情形。

(3)被告不存在经营管理发生其他严重困难,公司继续存续会使股东利益受到重大损失的情形。

被告系发起人为对案外人上市公司进行持股而设立的特殊目标公司。被告股东之间的矛盾尚不足以影响上述目的之实现,原告所欲实现之利益亦可通过除解散公司之外的其他途径加以实现,被告的存续并未严重损害原告的实质利益。

2. 被告的股东矛盾仍有其他解决途径,不满足解散公司的前提条件。

司法解散制度旨在终结存在"人合性障碍"的股东关系,司法解散是股东退出公司的手段和途径之一。公司解散与否,不仅涉及其他股东的利益,还涉及公司员工、债权人的利益。尤其是被告作为案外人上市公司的控股股东,其是否被解散还影响上市公司的稳定和股民的利益。故人民法院应采取审慎态度,可通过其他途径解决的,不宜轻易判决解散公司。原告继受了被告的股东资格及《合作协议》中的权利,是否主张案外人投资集团、第三人回购案涉股权和债权属于原告的权利,但其亦为解决股东间矛盾的途径之一,且投资集团亦曾通过诉讼主张予以回购案涉股权,原告存在退出公司的其他途径,其执意主张解散被告,显然不利于交易秩序的稳定。

法院判决:

驳回原告的诉讼请求。

553. 若中国公民与外国公民在外国登记结婚或与中国港澳台地区居民在港澳台地区登记结婚,但在中国提起离婚诉讼,那么提交所在国或地区颁发的结婚登记证书时是否需要进行公证、认证?

对于外国颁发的结婚登记证书,若该国为《取消外国公文书认证要求的公约》缔约国,则仅需在提交证据前,在该国办理公证并取得该国主管机关的附加证明书。若该国不是该公约缔约国,则在提交证据前,除在该国办理公证外,还需要取得我国驻该国使领馆的认证。

对于中国港澳台地区颁发的结婚登记证书,也要履行相关的公证、认证手续。以香港地区为例，结婚注册证书要经司法部委托的香港公证律师进行查证，后出具蜡封的公证文书，再加中国法律服务（香港）有限公司的转递章后，才可有效地在中国法院[①]使用。

554. 在哪些情形下，中国法院对于涉外离婚诉讼具有管辖权？

涉外离婚具有下列情形之一的，中国法院具有管辖权：

（1）在国内结婚并定居国外的华侨，如定居国法院以离婚诉讼须由婚姻缔结地法院管辖为由不予受理，当事人向我国人民法院提出离婚诉讼的，由婚姻缔结地或一方在国内的最后居住地人民法院受理。

（2）在国外结婚并定居国外的华侨，如定居国法院以离婚诉讼须由国籍所属国法院管辖为由不予受理，当事人向我国人民法院提出离婚诉讼的，由一方原住所地或在国内的最后居住地人民法院受理。

（3）中国公民一方居住在国外，一方居住在国内，不论哪一方向我国人民法院提起离婚诉讼，国内一方住所地的人民法院都有权管辖。国外一方在居住国法院起诉，国内一方向我国人民法院起诉的，受诉人民法院有权管辖。

（4）中国公民双方在国外但未定居，一方向人民法院起诉离婚的，应由原告或者被告原住所地的人民法院管辖。

（5）已经离婚的中国公民，双方均定居国外，仅就国内财产分割提起诉讼的，由主要财产所在地人民法院管辖。

555. 涉外离婚诉讼中，境外一方当事人是否需要亲自到中国参加诉讼？

不需要。境外一方当事人可以委托国内律师或其他代理人办理离婚案件。

556. 相较于一般的离婚诉讼，涉外离婚诉讼和港澳台居民离婚诉讼对立案材料有什么特殊要求？

（1）身份证明材料

外籍当事人需提供有效的护照原件、复印件。中国港澳台地区当事人需提供有效的居民身份证或通行证。若当事人亲自提交上述身份证明，则不需要对相关材料进行公证；若当事人委托他人办理，则需要进行公证。

（2）国外形成的证明材料

一般情况下，对国外形成的涉及身份关系的证据，如结婚证，需要同时

[①] 此处中国法院意指我国内地（大陆）的法院，下同。

经该国公证机关证明并经我国驻该国使领馆认证。特殊情况下，若国外形成的相关证据为公文书证，且该国为《取消外国公文书认证要求的公约》缔约国，则可以省去我国驻外使领馆认证的步骤。相关证明材料经该国公证机关证明，并由该国主管机关签发附加证明书后，即可提交至我国法院。

对国外形成的不涉及身份关系的公文书证，如裁判文书等，需经该国公证机关证明或履行条约手续。对公文书证以外的一般民商事法律关系证据，原则上不需要进行公证和认证，其真实性可以通过质证检验确认。[1]

(3) 中国港澳台地区形成的证明材料

对中国港澳台地区形成的证明材料，如结婚证、裁判文书，应当经当地有相关资质的公证律师或公证机构公证后，再通过中国法律服务（香港）有限公司或者其他有资质的机构依照相关规定转递至内地（大陆）使用。

(4) 外文书证或外文说明资料

若当事人提交的证据由外文书写，则应当提交中文译本。若外文书证或说明资料系在国外形成，则其中文译本也应随同一起进行公证或公证加认证，或者履行其他证明手续。中文译本履行上述程序后，才具有与外文书证或者外文说明资料同等的效力。值得注意的是，中国港澳地区形成的英文、葡萄牙文书写的证据，也需要提供中文译本并办理公证。当事人既可以选择委托中国港澳地区的公证机构，也可以选择委托中国内地的公证机构进行公证。[2]

(5) 授权委托书

外籍当事人委托我国内地律师或者其他人代理诉讼，从国外寄交或者托交授权委托书的，需要办理相应的公证认证手续，或者履行有关条约中的证明手续。

中国港澳台地区的当事人委托我国内地（大陆）律师或者其他人代理诉讼有三种方式：①在内地（大陆）以外地方寄交或托交授权委托书的，需要办理相应的公证认证手续；②在我国境内签署授权委托书的，需提交经我国

---

[1] 最高人民法院民事审判第一庭编著：《最高人民法院新民事诉讼证据规定理解与适用》（上），人民法院出版社2020年版，第200页。

[2] 最高人民法院民事审判第一庭编著：《最高人民法院新民事诉讼证据规定理解与适用》（上），人民法院出版社2020年版，第207页。

公证机构公证的证明；③在法院当面办理委托手续的，可由法院对其签署授权委托书的行为依法予以见证。

557. 中国港澳台地区作出的离婚判决，如何向中国法院申请承认和执行？

对于中国港澳台地区法院作出的生效离婚判决，当事人可以直接向申请人住所地或者被申请人住所地、财产所在地的中级人民法院申请承认和执行。对生效判决中关于夫妻财产的分割、生活费用的负担、子女抚养方面的内容，人民法院同样予以承认，可以依申请强制执行。但对香港地区法院审理的离婚后损害责任、同居关系析产案件的判决，人民法院不予承认，也不予强制执行。

558. 申请承认国外及中国港澳台地区的离婚判决是否有期间的限制？

对于中国香港、澳门地区以及与中国订有民事司法协助协议国家的离婚判决，申请承认的期间具有一定限制，即自判决文书生效之日起 2 年。

但对于中国台湾地区的离婚判决，根据《最高人民法院关于认可和执行台湾地区法院民事判决的规定》规定，不受期间限制。

559. 中国公民申请承认国外及中国港澳台地区的离婚判决时，需要提交哪些材料？

中国公民申请承认国外及中国港澳台地区的离婚判决时，需要提交如下材料：

（1）申请书。

（2）对外国法院作出的离婚判决，应提交判决书正本或经证明无误的中文译文。① 对中国港澳台地区法院作出的离婚判决，应提交判决书正本或经证明无误的副本。

（3）依照相关规定，应由作出生效判决的法院出具的证明材料，如当事人出庭情况、代理情况、送达情况、判决生效情况、执行情况等。若证明文件由外文书写，还应提交经证明无误的中文译文。

---

① 本问答中"经证明无误的中文译文"，可经如下途径证明：a. 外国公证机构公证、外交部或外交部授权机构认证及我驻外使领馆认证；b. 我国驻外使领馆直接公证；c. 国内公证机关公证。

（4）身份证明材料。

若上述第（2）至（4）项材料在国外形成，还需要根据该国是否为《取消外国公文书认证要求的公约》缔约国，办理相应的公证或公证加认证手续。

560. 涉外离婚诉讼中，中国法院如何向国外一方送达法律文书？

根据《民事诉讼法》规定，送达方式具体如下：

（1）依照受送达人所在国与中国缔结或者共同参加的国际条约中规定的方式送达；

（2）法院逐级将诉讼文书转到外交部通过外交途径送达，即基层人民法院→中级人民法院→高级人民法院→最高人民法院→司法部→我国驻该成员国的使领馆→当事人，该过程比较复杂且漫长；

（3）对具有中国国籍的受送达人，可以委托中国驻受送达人所在国的使领馆代为送达；

（4）向受送达人委托的有权代其接受送达的诉讼代理人送达；

（5）向受送达人在中国领域内设立的独资企业、代表机构、分支机构或者有权接受送达的业务代办人送达；

（6）受送达人所在国的法律允许邮寄送达的，可以邮寄送达，自邮寄之日起满3个月，送达回证没有退回，但根据各种情况足以认定已经送达的，期间届满之日视为送达；

（7）采用传真、电子邮件等能够确认受送达人收悉且受送达人所在国法律不禁止的方式送达；

（8）以受送达人同意且受送达人所在国法律不禁止的其他方式送达；

不能用上述方式送达的，公告送达，自发出公告之日起经过60日，即视为送达。

561. 离婚财产分割协议何时生效？经过公证的离婚财产分割协议是否在签字后立即生效？

离婚财产分割协议（包括债务处理协议）自解除婚姻关系之日起生效，即自完成离婚登记或者离婚判决书、调解书生效之日起生效。当事人达成以协议离婚或调解离婚为条件的财产分割协议的，如离婚未成，且一方在离婚诉讼中反悔的，根据《最高人民法院关于适用〈中华人民共和国民法典〉婚姻家庭编的解释（一）》规定，该财产分割协议没有生效。

离婚财产分割协议在公证后，本质上仍属于附生效条件的合同，自双方签字起成立，但在完成协议离婚手续以解除婚姻关系前尚未生效。公证的效力仅在于确认协议的内容是双方当事人的真实意思表示，而不是改变协议的生效条件。

562. 承担较多家庭义务的一方在离婚时可否请求补偿？

可以。根据《民法典》第 1088 条规定，夫妻一方因抚育子女、照料老年人、协助另一方工作等负担较多义务的，离婚时有权向另一方请求补偿，另一方应当给予补偿。

563. 离婚时，男方在什么情况下可以请求返还按照习俗在婚前送给女方的彩礼？

一般情况下，双方已办理结婚登记且共同生活的，离婚时男方不能请求返还彩礼，但有两种情形除外：

（1）双方共同生活时间较短且彩礼数额过高的；

（2）女方以彩礼为名借婚姻索取财物的。

564. 如何认定"彩礼数额过高"？如何确定应返还的彩礼数额？

认定彩礼数额是否过高，需要结合彩礼给付方所在地居民人均可支配收入、给付方家庭经济情况以及当地习俗等因素进行综合判断。若法院经审查认定彩礼数额确实过高，通常会在此基础上进一步结合彩礼的实际使用及嫁妆情况，综合考虑彩礼数额、共同生活及孕育情况、双方过错等事实，以及根据当地习俗，确定是否应返还以及返还的具体比例。

565. 夫妻一方婚前以个人财产按揭购买房产，登记在一方名下，婚后夫妻共同清偿贷款的，在离婚时应如何处理该房产？

根据《最高人民法院关于适用〈中华人民共和国民法典〉婚姻家庭编的解释（一）》规定，夫妻一方婚前签订不动产买卖合同，以个人财产支付首付款并在银行贷款，产证登记在自己名下，婚后用夫妻共同财产还贷的，离婚时该不动产由双方协议处理。

协议处理不成的，法院可以判决该房屋归登记一方，未归还的贷款为不动产登记一方的个人债务。双方婚后共同还贷支付的款项及其相对应财产增值部分，离婚时应根据保障照顾子女一方、女方和无过错方权益的原则，由不动产登记一方对另一方进行补偿。

566. 同居期间所得的财产如何分割？

双方均无配偶的同居关系中，对同居期间所得的财产，有约定的，按照约定处理；没有约定且协商不成的，人民法院按照以下情形分别处理：

（1）各自所得的工资、奖金、劳务报酬、知识产权收益，各自继承或者受赠的财产以及单独生产、经营、投资的收益等，归各自所有；

（2）共同出资购置的财产或者共同生产、经营、投资的收益以及其他无法区分的财产，以各自出资比例为基础，综合考虑共同生活情况、有无共同子女、对财产的贡献大小等因素进行分割。

567. 夫妻以共同财产出资设立有限责任公司，并均登记为股东，离婚时一方能否请求按照股东名册或者公司章程记载的各自出资额分割股权？

不能。夫妻以共同财产投资设立有限责任公司，并均登记为股东，双方对相应股权的归属没有约定或者约定不明确的，离婚时，一方请求按照股东名册或者公司章程记载的各自出资额确定股权分割比例的，人民法院不予支持。

当事人请求分割股权的，人民法院会按照离婚财产分割的一般原则进行处理，即优先由双方协商处理；协商不成的，根据财产的实际情况，按照照顾子女、女方和无过错方权益的原则进行分割。

【相关法律依据】

一、公司法类

（一）法律

❖《公司法》第 32 条、第 66 条、第 84 条、第 172 条、第 229～231 条、第 240 条、第 241 条、第 251 条

（二）行政法规

❖《市场主体登记管理条例》（国务院令第 746 号）第 31～33 条

❖《企业信息公示暂行条例》（2024 年修订）第 18 条

（三）司法解释

❖《最高人民法院关于适用〈中华人民共和国公司法〉若干问题的规定

(二)》(2020年修正)第1~7条、第21条、第24条

❖《最高人民法院关于适用〈中华人民共和国公司法〉若干问题的规定(三)》(2020年修正)第16条

(四) 部门规章

❖《市场主体登记管理条例实施细则》(国家市场监督管理总局令第52号)第44条、第47~49条

❖《企业注销指引（2023年修订)》(国家市场监督管理总局、海关总署、国家税务总局公告2023年第58号)第四部分第(二)项

二、民法类

(一) 法律

❖《民法典》第158条、第1088条

(二) 司法解释

❖《最高人民法院关于适用〈中华人民共和国民法典〉婚姻家庭编的解释(一)》(法释〔2020〕22号)第69条、第78条

❖《最高人民法院关于适用〈中华人民共和国民法典〉婚姻家庭编的解释(二)》(法释〔2025〕1号)第4条、第10条

❖《最高人民法院关于审理涉彩礼纠纷案件适用法律若干问题的规定》(法释〔2024〕1号)第2条、第5条、第6条

三、程序法类

(一) 法律

❖《民事诉讼法》第22条、第27条、第62条、第103条、第250条、第283条

❖《涉外民事关系法律适用法》第14条

❖《仲裁法》第2条、第3条

(二) 司法解释

❖《最高人民法院关于适用〈中华人民共和国民事诉讼法〉的解释》(2022年修正)第13~17条、第521~526条、第545条、第549条

❖《最高人民法院关于民事诉讼证据的若干规定》(2019年修正)第16条、第17条

❖《最高人民法院、外交部、司法部关于执行〈关于向国外送达民事或商事司法文书和司法外文书公约〉有关程序的通知》(外发〔1992〕8号)第5~7条

❖《最高人民法院关于内地与澳门特别行政区相互认可和执行民商事判决的安排》(法释〔2006〕2号)第4条、第7条、第8条、第18条

❖《最高人民法院关于内地与香港特别行政区法院相互认可和执行民商事案件判决的安排》(法释〔2024〕2号)第3条、第7条、第8条

❖《最高人民法院关于内地与香港特别行政区法院相互认可和执行婚姻家庭民事案件判决的安排》(法释〔2022〕4号)第3~5条

❖《最高人民法院关于认可和执行台湾地区法院民事判决的规定》(2024年修正)第4条、第6条、第11条、第24条

(三)国际条约

❖《取消外国公文书认证要求的公约》第1~3条

第二十四章　申请公司清算

【宋和顾释义】

> 关于申请公司清算，新《公司法》在修订中，共涉及两处修改，其中一处为新增规定，一处为吸纳司法解释规定基础上的进一步调整，涵盖：
> （1）申请公司清算的主体资格；
> （2）清算组的告知与通知义务；
> 结合过往司法实践和本次修订，申请公司清算的争议类型主要体现为以下四种：
> （1）申请人主体资格的认定争议，如哪些法律关系下的主体属于利害关系人；
> （2）申请事由的范围与审查标准争议，如公司股东申请清算时，需要结合公司及股东的哪些情况进行审查；
> （3）清算程序与破产程序的衔接争议；
> （4）清算组的法律地位、成员组成、职责义务等争议，如清算义务人与清算组的区别。
> 上述部分问题，在本书第三版第四册"申请公司清算"章节中已涉及，本章系根据司法实践的变化以及修法产生的新问题，加以梳理、归纳和补充。

568. 符合哪些条件时，申请人可以申请强制清算？

同时具备下列条件时，可以申请强制清算：

（1）申请人具备申请资格；

（2）公司发生解散事由；

（3）发生解散事由后，公司逾期不成立清算组，或者成立清算组后不清算。

以上是新《公司法》规定的法定条件，其中未列举《公司法司法解释（二）》中"虽然成立清算组但故意拖延清算"的情形，但该种情形实际属于"成立清算组后不清算"的一种表现形式。而"违法清算可能严重损害债权人或者股东利益的"的情形，在新《公司法》中未囊括，已不属于可以启动强制清算的法定事由。该种情况下，利益受损的债权人或股东应通过清算责任纠纷诉讼进行主张。

此外，需要注意的是，被申请人就申请人对其是否享有债权或者股权提出异议的，法院对申请人提出的强制清算申请应不予受理。申请人可就有关争议单独提起诉讼或者经仲裁予以确认后，另行向法院提起强制清算申请。

569. 如何确定申请公司清算的当事人？

公司强制清算的申请人可以是债权人、公司股东、董事、其他利害关系人，公司因营业期限届满、股东会决议解散等法定事由解散的，申请人可以是作出吊销营业执照、责令关闭或者撤销决定的部门或者公司登记机关。公司是唯一的被申请人。

【案例239】被申请人对债权关系有异议　申请人应当另诉确认利害关系[①]

申请人：郭某

被申请人：国林公司

申请请求：对被申请人进行强制清算。

争议焦点：申请人未获生效法律文书确认其与被申请人的债权债务关系，且被申请人认为其不具有申请公司清算的主体资格，申请人还能否以债权人以及利害关系人身份申请公司清算。

基本案情：

2010年，被申请人将案涉砖厂承包给案外人齐某，承包期限为2011年3

[①] 参见最高人民法院（2021）最高法民申7534号民事裁定书。

月至 2018 年 3 月。

2010 年 6 月，案外人齐某家属与申请人签订协议，将该砖厂承包合同转让给申请人。后申请人一直未办理营业执照等手续便开展经营。

2011 年 2 月，被申请人被吊销营业执照后，一直未办理注销登记。

2017 年 3 月，当地发改委同意在案涉砖厂内开建垃圾处理项目。随后，执法部门以案涉砖厂未办理采矿许可证为由，责令申请人停止违法经营。

2009 年 8 月 24 日，当地财政局作出决定，将被申请人划转至案外人某农业公司。

申请人曾以侵害其生产经营权为由起诉案外人某农业公司和当地政府，要求两被告赔偿申请人损失，被生效判决驳回。随后，申请人向法院提出本案申请。

申请人诉称：

1. 被申请人已被吊销营业执照，属于强制清算的范围。

2. 申请人与被申请人于 2010 年 6 月签订砖厂承包合同，承包期为 7 年。但 2016 年 8 月承包期尚未结束时砖厂被侵占，故申请人与被申请人之间存在侵权之债。

被申请人辩称：

被申请人与申请人没有债权债务关系，申请人不具有申请公司清算的主体资格。

法官观点：

根据《关于审理公司强制清算案件工作座谈会纪要》第 13 条规定，申请公司清算应当满足两个条件，即申请人具备申请资格和公司发生解散事由，被申请人对上述两个条件中的任何一个提出异议的，法院均不应受理。被申请人于 2011 年被吊销营业执照，已具备解散事由。

但申请对公司进行强制清算还需符合主体要件，即要求申请主体为股东、债权人以及利害关系人。当被申请人对其利害关系人身份提出异议时，除有生效法律文书能够证明其利害关系人身份的，法院应当告知其另行诉讼或者通过其他途径确认其申请人身份后再行申请强制清算。现申请人提交的证据不能证明其系被申请人的债权人或其他利害关系人，申请人应当承担举证不能的后果。

法院裁定：

对申请人的强制清算申请，不予受理。

【案例240】职工无法证明可能参与财产分配　强制清算申请被驳回[1]

申请人： 何某

被申请人： 长江石粉厂

第三人： 岩土重庆分公司、岩土总公司

申请请求： 申请对被申请人进行强制清算。

争议焦点： 公司员工在无法证明其可能参与公司财产分配并取得劳动报酬的情况下，能否作为利害关系人申请公司清算。

基本案情：

为解决职工子女就业问题，相关部门组织成立被申请人，于1983年6月22日开始营业。

被申请人大部分职工于1992年、1993年离开，申请人于1983年7月进厂，1998年10月离开被申请人，自此申请人未向被申请人提供劳动，被申请人未向申请人支付报酬。

因原派驻管理人员离开等原因，被申请人逐渐经营困难。2003年3月3日，相关部门决定关闭被申请人。2005年7月18日，被申请人因未参加年审被吊销营业执照。

2005年11月16日，经相关部门文件明确，第三人岩土重庆分公司申请将原相关部门名下的被申请人所使用的土地过户至自己名下。2014年，案涉土地被征收补偿，第三人岩土重庆分公司领取房屋征收补偿费5,543,810.1元。

2017年至2018年，申请人分别申请劳动仲裁和诉讼，请求确认其与被告之间存在劳动关系，其与两第三人之间存在无固定期限劳动合同关系，被申请人为其补办社会保险，支付停工津贴、待岗生活费、经济补偿金等，均被

---

[1] 参见最高人民法院（2021）最高法民申7223号民事裁定书。

驳回诉讼请求。2018 年 4 月，另案判决确认申请人与被申请人自 1983 年 7 月至 2005 年 7 月 18 日存在劳动关系。

2020 年 5 月 19 日，申请人申请清算被申请人。

申请人诉称：

1. 另案判决已确认，2005 年 7 月 18 日被申请人被吊销营业执照时，申请人与被申请人存在劳动关系，是企业职工。

2. 被申请人被吊销营业执照时，职工全部待岗，并未解除劳动关系。

3. 公司股东以及职工等其他可能参与法人财产分配的主体，都是强制清算申请的"利害关系人"，并不以"享有明确给付性权益"为条件。申请人作为被申请人职工，系"可能"参与财产分配的主体，有权申请对被申请人进行清算。

第三人岩土重庆分公司称：

申请人曾是被申请人的职工，二者之间的劳动关系已于 1998 年 10 月解除。申请人与被申请人间没有债权债务关系，即使有债权债务关系，也超过了诉讼时效。且申请人不是被申请人的债权人或股东，不符合申请强制清算的主体资格。

被申请人及第三人岩土总公司未提出异议。

法官观点：

《民法总则》第 70 条第 3 款规定："清算义务人未及时履行清算义务，造成损害的，应当承担民事责任；主管机关或者利害关系人可以申请人民法院指定有关人员组成清算组进行清算。"清算义务人未及时履行清算义务时，只有主管机关和利害关系人才有权要求清算义务人履行清算责任或者赔偿损失。利害关系人的范围，除债权人外，还应包括公司股东以及职工等其他可能参与法人财产分配的主体。因此，有权申请对企业法人强制清算的职工应限定在可能参与法人财产分配的主体范围内。

本案中，虽另案判决确认申请人与被申请人自 1983 年 7 月至 2005 年 7 月 18 日存在劳动关系，但申请人另案起诉被申请人主张停工补贴、停工待岗生活费、经济补偿金等均被驳回，在申请人无其他证据证明其对被申请人享有权利并可能参与被申请人财产分配的情况下，不能作为利害关系人申请人民法院对被申请人进行强制清算。

法院裁定：

不予受理申请人对被申请人的强制清算申请。

570. 申请公司清算按照什么标准交纳案件申请费？

法院应当参照企业破产案件的有关规定收取申请费。同时，强制清算案件的申请费不由申请人预交，而应在受理案件后剩余财产分配前从被申请人财产中优先拨付。

公司强制清算案件的申请费以强制清算财产总额为基数，按照财产案件受理费标准减半计算，但是最高不超过 30 万元，超出部分已经收取的，应予退还。

人民法院受理强制清算申请后，案件申请费从公司财产中优先拨付。因财产不足以清偿全部债务，强制清算程序依法转入破产清算程序的，不再另行计收破产案件申请费；按照上述标准计收的强制清算案件申请费超过 30 万元的，超过部分不再收取，已经收取的，应予退还。

如果在人民法院裁定受理强制清算申请前，申请人请求撤回请求且人民法院准许的，强制清算案件的申请费不再从被申请人财产中予以拨付；人民法院受理强制清算申请后，申请人请求撤回申请，人民法院准许的，已经从被申请人财产中优先拨付的强制清算案件申请费不予退回。

571. 在申请人提供证据材料证明强制清算启动的事由时，举证责任如何分配？

申请人申请启动强制清算的事由包括：

（1）公司逾期不成立清算组；

（2）公司成立清算组后不清算，即"故意拖延清算"。

对于第（1）种事由，应由申请人举证证明。对于第（2）种事由，申请人应尽初步举证义务，如证明公司未在法定期限内开展清算活动或完成清算，再作为控制被申请人并实际履行清算义务的有关人员，提供相反证据。

572. 公司股东申请强制清算，法院应该从哪些方面进行审查？

根据股东对公司控制程度的不同，法院的审查标准也有所区别。法院裁定受理实际控制公司的大股东申请时，审查的因素包括：

（1）大股东无法提供公司财务账册资料的原因；

（2）大股东是否已按照法律和公司章程的规定，就公司清算事宜穷尽公司内部救济措施。

而当法院裁定受理除实际控制公司的大股东以外的股东申请时，审查的因素包括：

（1）大股东与清算事务之间是否存在直接和严重的利益冲突；

（2）大股东存在故意拖延或者违法清算的现实可能性；

（3）大股东不能提出足以确保依法及时清算的有效措施，或者提供相应担保。

【案例241】未穷尽内部救济也不能提供财务账册　大股东申请清算被驳回[①]

申请人：周某

被申请人：桑裕公司

申请请求：指定清算组对被申请人进行清算。

争议焦点：股东未穷尽公司内部救济措施且无法提供公司账册的情况下，能否径行申请公司强制清算程序。

基本案情：

被申请人现股东为申请人（占股60%）和案外人苏某（占股40%），营业期限为2011年9月19日至2021年9月18日。申请人任被申请人法定代表人兼执行董事，案外人苏某任监事。

区市场监督管理局于2019年1月9日对被申请人作出吊销营业执照的行政处罚决定，后被申请人没有就该处罚决定提出复议或提起诉讼，认可该处罚决定。被申请人股东案外人苏某也未就此提出异议。

申请人及案外人苏某均称被申请人的证照、印章、财务账册不由其自己保管。

---

① 参见上海市高级人民法院（2021）沪清终2号民事裁定书。

申请人诉称：

被申请人出现法定解散事由后未能成立清算组进行清算，公司无法组成清算组进行清算系另一股东苏某不配合所致，故申请由法院指定清算组进行清算。

被申请人无异议。

法官观点：

根据我国《公司法》规定，股东在公司出现法定解散事由后对公司进行清算是其法定义务。

本案中，被申请人于2019年1月9日被依法吊销营业执照，申请人和案外人苏某作为被申请人的股东，应当按照法律和公司章程规定组成清算组对公司进行清算。申请人并未提供证据证明其已按照法律和公司章程的规定就公司清算事宜穷尽了公司内部救济措施，故在此情况下，申请人通过径行提起诉讼的方式要求启动对被申请人的强制清算程序，并不符合《公司法》及其司法解释规定的股东提起强制清算申请条文之意旨。

此外，根据《公司法》的规定，公司应当依照法律、行政法规和国务院财政部门的规定建立本公司的财务、会计制度，并对相关账册及其他重要文件予以妥善保管。因此，股东在申请对公司进行强制清算时，有义务提供公司的账册及相关的重要文件，以协助清算组履行清理公司财产，编制资产负债表、财产清单等职权。本案中，申请人作为被申请人的法定代表人和大股东，却不能提供公司财务账册等清算必需文件，有违常理。在被申请人两位股东均无法提供公司账册的情况下，对申请人的强制清算申请不予受理。

法院裁定：

对申请人的清算申请不予受理。

【案例242】大股东拖延清算且曾损害公司利益　小股东申请强制清算获支持[1]

申请人： 陈某

---

[1] 参见上海市高级人民法院（2019）沪清终1号民事裁定书。

被申请人： 新能源公司

申请请求： 申请对被申请人进行强制清算。

争议焦点： 大股东故意拖延不进行清算，且经生效判决确认曾有损害公司利益的行为，未提供足以确保依法及时清算的有效措施或担保，小股东能否申请法院强制清算。

基本案情：

2009年4月21日，被申请人经工商部门核准设立，注册资本为500,000元，股东为申请人陈某（认缴出资175,000元，持股35%，任法定代表人）、案外人上器集团公司（认缴出资240,000元，持股48%）、案外人母线桥架公司（认缴出资85,000元，持股17%）。①

2018年5月，另案二审判决认定，大股东损害被申请人的利益并应承担赔偿责任。经检察院抗诉，法院判决维持原判。后申请人申请强制执行前述案件，但大股东拒绝履行相应义务。

2019年2月11日，另案判决解散被申请人。

2019年4月19日，被申请人向申请人发出2019年5月5日召开临时股东会通知，包括确定清算组成员及议事规则。申请人收到相关会议通知后表示，被申请人应在法院主导下进行强制清算，而非自行清算。2019年4月29日，被申请人再次书面通知申请人，要求其参加临时股东会，但申请人最终未参加该临时股东会。

本案二审期间，经法院释明，公司清算组应当严格依法开展清算工作。但截至2020年4月2日，被申请人仍未全面清理公司债权、债务，未通过通知、公告告知债权人，也未开展其他清算工作。经法院询问大股东能否提出足以确保依法及时清算的有效措施，或者对此提供相应担保，大股东均未能提出相应有效措施；大股东同时表示，在申请人提供反担保的前提下，其愿意提供担保，但担保金额不能超过10万元。

申请人诉称：

1. 法院已判决被申请人解散。

---

① 上器集团公司及母线桥架公司合称"大股东"。

第二十四章

申请公司清算

2. 目前三名股东之间已经丧失基本的信任基础，自行成立的清算组无法做到公平公正地处理清算事务。

3. 大股东曾经滥用股东权利，实施了严重损害公司利益和其他股东利益的行为，现公司清算也主要是对大股东进行债务追索。如果由大股东主导对公司实行自行清算，将难以确保清算过程公平公正，存在严重损害公司利益和其他股东利益的现实可能。

被申请人辩称：

1. 大股东对有关认定其损害被申请人利益的生效判决不予认可，还将通过法律途径推翻上述判决。因此，上述判决不能证明大股东损害了公司合法权益。

2. 法院判决公司解散后，被申请人已在法定期限内成立了清算组，并按照相关法律规定通知申请人参加。申请人收到通知后未参加清算组，是其放弃自己的权利。

3. 目前清算组已经清理了公司资产，公司主要资产就是申请人主张大股东损害公司利益案件中可能涉及的公司债权。目前公司清算无法顺利开展，系因客观原因造成，不存在故意拖延和违法清算的情形，故不同意对被申请人进行强制清算。

案外人大股东称：

案外人大股东在本案公开听证会上表示，被申请人可以依法进行自行清算。目前清算工作无法开展，主要是因为损害公司利益责任纠纷案件尚在审理中。但在2020年4月2日的听证会上，大股东又表示，对前述案件民事判决不予认可，且已就此案向最高人民检察院申请抗诉，故该案裁判结果仍未最终确定，至少要等最高人民检察院作出是否抗诉的决定后，才能继续开展清算工作。

法官观点：

根据生效判决，本案中被申请人自行清算的客观障碍已经不复存在，理应按照《公司法》相关规定尽快推进公司清算工作。

被申请人的控股股东曾有滥用股东权利，严重损害公司和其他股东合法权益的事实，并因此对公司负有巨额损害赔偿债务。本案所涉清算工作主要就是认定和追收大股东对被申请人所负的债务。在此前提下，如果由大股东主导公司清算过程，将与清算事务发生直接和严重的利益冲突，难以确保清算过程客观中立，存在发生故意拖延或者违法清算以严重损害债权人或者其他股东利益的现实可能性。本案中，大股东拒绝推进清算工作且拒绝履行生效判决确定的义务，也未按规定申报财产，更是在法院阐明相关法规后未依法通知债权人，属于《公司法司法解释（二）》第7条第2款第2项、第3项和第3款规定的"故意拖延清算"和"违法清算可能严重损害债权人或者股东利益"情形。

在此情况下，被申请人的小股东申请人申请对公司进行强制清算，公司控股股东又不能提出足以确保依法及时清算的有效措施或者提供相应担保的，应当参照《公司法司法解释（二）》第7条第2款第2项、第3项和第3款的规定，对申请人提出的强制清算申请予以受理。

法院裁定：

指令法院裁定受理申请人对被申请人的强制清算申请。

573. 公司同时符合强制清算、破产清算条件的，应该适用哪个程序？

债务人同时符合破产清算条件和强制清算条件的，应当及时适用破产清算程序实现对债权人利益的公平保护。债权人对符合破产清算条件的债务人提起公司强制清算申请，经人民法院释明，债权人仍然坚持申请对债务人强制清算的，人民法院应当裁定不予受理。

574. 清算组的法律地位如何？

清算组为清算中公司的代表和执行机关。随着清算组成员的选定和组建完成，其对内执行清算事务，对外代表公司。

公司依法清算结束并办理注销登记前，有关公司的民事诉讼应当以公司的名义进行。公司成立清算组的，由清算组负责人代表公司参加诉讼；尚未成立清算组的，由原法定代表人代表公司参加诉讼。

575. 如何确定公司清算组成员？

清算组成员的具体构成，需区分以下两种情形：

（1）自行清算情况下，清算组由董事组成，也可通过公司章程、股东会决议另选他人。

（2）强制清算情况下，人民法院可以从下列人员或者机构中指定：

①公司股东、董事、监事、高级管理人员能够而且愿意参加清算的，人民法院可优先考虑指定上述人员组成清算组；

②上述人员不能、不愿进行清算，或者由其负责清算不利于清算依法进行的，人民法院可以指定《人民法院中介机构管理人名册》和《人民法院个人管理人名册》中的中介机构或者个人组成清算组；

③人民法院也可根据实际需要，指定公司股东、董事、监事、高级管理人员与管理人名册中的中介机构或者个人共同组成清算组。

人民法院指定管理人名册中的中介机构或者个人组成清算组或者担任清算组成员的，应当参照适用《最高人民法院关于审理企业破产案件指定管理人的规定》。

576. 法律对清算组成员的人数是否有要求？

对于自行清算，法律没有作出明确的规定，但根据少数服从多数原则，同时也保证清算的效率，清算组成员人数应为单数，以便迅速作出决议。例如，上海关于破产管理人的工作指引规定，清算组成员不得少于3人，且为单数。

而在强制清算案件中，清算组成员的人数应当为单数。人民法院指定清算组成员的同时，应当根据清算组成员的推选，或者依职权指定清算组负责人。清算组负责人代行清算中公司诉讼代表人职权。清算组成员未依法履行职责的，人民法院应当依据利害关系人的申请，或者依职权及时予以更换。

577. 公司清算期间，清算组应当如何向债权人履行告知与通知义务？

清算组应当自成立之日起10日内通知债权人，并于60日内在报纸或国家企业信用信息公示系统上公告。

其中，对于报纸公告方式，规模较小、只在注册登记地营业的公司可以在公司注册登记地有影响的省级报纸上公告；规模较大、跨省市营业并且在全国范围内具有较大影响的公司应当在全国性的报纸上进行公告。

578. 清算组在清算期间有哪些职责？

清算组在清算期间行使的职权既是其权利，也是其应履行的法定义务，具体如下：

（1）成立时，公示清算组名单。清算组应当自成立之日起 10 日内将清算组成员、清算组负责人名单通过国家企业信用信息公示系统公告。

（2）全面接管企业财产、印章和账簿、文书等资料。

（3）清理公司财产，分别编制资产负债表和财产清单，清算组应当如实统计、清理、确认公司的各项资产，不得有遗漏。

（4）通知、公告债权人。清算组应当自成立之日起 10 日内通知债权人，并于 60 日内在报纸或者国家企业信用信息公示系统上进行公告。

（5）处理与清算有关的公司未了结的业务，如清算尚未履行完毕的合同义务。

（6）清缴所欠税款以及清算过程中产生的税款。

（7）清理债权、债务，对公司的债权债务进行梳理，以明确权利和责任的范围。

（8）管理和处分企业资产，处理公司清偿债务后的剩余财产，在清偿债务后制定分配方案，对公司剩余财产进行分配。

（9）代表公司参与民事诉讼活动，公司依法清算结束并办理注销登记前，有关公司的民事诉讼，应当以公司的名义进行。

（10）清算结束后，办理注销登记。清算组应当自清算结束之日起 30 日内向登记机关申请注销登记。市场主体申请注销登记前，应当依法办理分支机构注销登记。

[案例243] 确定清算财产范围属于清算组职权　清算组参照董事会规则作出决议合法有效[①]

原告：王某

被告：工程公司

诉讼请求：撤销被告清算组于 2014 年 3 月 27 日作出的决议，即确定案外人实业公司投入的集体土地使用权不应再纳入被告的清算财产。

---

① 参见上海市第一中级人民法院（2014）沪一中民四（商）终字第 1883 号民事判决书。

第二十四章
申请公司清算

争议焦点：

1. 清算组的职权是否包括确定清算财产的评估范围；

2. 清算组的议事规则能否参照董事会；

3. 法院已指定清算组成员，原告能否以清算组成员不适格为由，直接诉请撤销清算组决议。

基本案情：

被告系有限责任公司，截至本案诉讼时，股东为案外人水利公司和案外人实业公司。2013年6月24日，执行法院裁定受理实业公司对被告的强制清算申请。2014年1月15日，执行法院指定原告（代表案外人水利公司）、案外人张某（代表案外人实业公司）、案外人李某（律师，现被告的法定代表人、清算组负责人）、案外人林某（律师）、案外人施某（实习律师）五人担任被告的清算组成员。

执行法院曾就被告清算财产的评估范围出具答复意见，明确实业公司投入的集体土地使用权不应再纳入被告的清算财产。2014年3月27日，被告清算组作出决议，根据执行法院的答复意见，确认实业公司依法收回集体土地使用权是属于取回股东自己财产的行为，实业公司投入的集体土地使用权不再作为被告的清算财产纳入评估范围。对此，实业公司及清算组中的律师均表示同意执行，水利公司表示反对。

原告诉称：

1. 被告的清算组决议在实体上违反了《公司法》第184条[①]关于清算组职权范围的规定，确定清算财产的评估范围不属于清算组的职权。

2. 被告的清算组决议在程序上违反了《公司法》及《关于审理公司强制清算案件工作座谈会纪要》关于回避表决的规定。

3. 清算组成员案外人施某并非执业律师，不应当被选任为清算组成员。

综上，对被告清算组2014年3月27日作出的清算组决议，依法应予撤销。

被告辩称：

涉案决议作出前，清算组成员已充分发表意见。清算组系参考法院对清

---

① 现为《公司法》第234条。

算财产范围的指导意见后进行投票。案外人张某在表决时已进行回避，决议只是将张某发表的意见记录在案。综上，涉案决议系依法作出，原告的诉讼请求没有法律依据。

法官观点：

1. 涉案决议系清理公司财产的行为，属于清算组的职责范围。清算组在行使清理公司财产职责时，不但要对已纳入清算财产范围内的财产进行查询、登记，还需对不应纳入清算财产范围内的财产进行甄别、清理。法院的答复已明确案外人实业公司投入的集体土地使用权不应再纳入被告的清算财产，此时对清算组而言，作出清算组决议是其职责，不能因涉案集体土地使用权曾作价或进行过登记就一定要纳入清算财产。

2. 在清算组成员对该清算事务发生争议的情况下，通过清算组决议作出决定，符合清算组的议事规则。清算组在公司中的地位类似于董事会，议事机制可以参照董事会。原告、案外人张某作为清算组成员中的被告股东代表，与涉案决议存在利害关系，对决议不得行使表决权，故原告、张某在决议中的签名是无效力的，涉案决议应经无利害关系的清算组成员过半数通过。从涉案决议的结果来看，该决议仍符合《公司法》关于决议须经无关联关系清算组成员过半数通过的要求，未违反《公司法》关于"回避表决"的规定。

3. 至于清算组成员，案外人施某是否可被选任为清算组成员。施某担任被告清算组成员的资格由执行法院的决定书确定，若原告认为施某不具有清算组成员资格，可向执行法院提出，本案的审理不涉及施某能否被选任为清算组成员资格事宜。综上，原告的诉讼请求没有法律依据，依法不予支持。

法院判决：

驳回原告的诉讼请求。

579. 清算组全面接管公司时，具体需要接管哪些文件和物品？

参照上海市关于破产管理人的工作指引要求，具体接管文件和物品应包括：

（1）经营证照，包括法人营业执照、税务登记证、外汇登记证、经营资质等相关经营类审批文件；

（2）印鉴，包括公章、法定代表人章、财务专用章、税务登记专用章、银行账户印鉴、合同专用章、发票专用章、内设机构章、分支机构章、数字证书、电子印章等；

（3）财务会计资料，包括总账、明细账、台账、日记账等会计账簿，会计凭证、空白凭证，财务会计报告，审计、评估报告等财会资料；

（4）现金、银行存款、有价证券、债权凭证；

（5）土地、房屋等不动产及权利凭证；

（6）机器设备、交通工具、原材料、产品、办公用品等；

（7）知识产权、对外投资、特许经营许可等无形资产；

（8）文件资料，包括章程、管理制度、股东名册、股东会决议、董事会决议、监事会决议、商业合同、劳动合同、人事档案、涉诉涉仲裁涉执行案件材料等；

（9）有关电子数据、管理系统授权密码、U盾，以及支付宝和微信等电子支付工具的账号密码；

（10）其他应当接管的财产和资料。

580. 如何确定清算所得、清算企业应纳税所得额以及清算所得税额？

（1）企业的全部资产可变现价值或交易价格减去资产的计税基础、清算费用、相关税费，再加上债务清偿损益等后的余额，即为清算所得。其公式如下：

清算所得 = 企业的全部资产可变现价值或交易价格 - 资产的计税基础 - 清算费用 - 相关税费 + 债务清偿损益

其中：

①资产的计税基础，是指企业的各项资产，包括固定资产、生物资产、无形资产、长期待摊费用、投资资产、存货等的历史成本，即企业取得该项资产时实际发生的支出；

②相关税费，是指企业在清算过程中发生的相关税费，不包含企业清算之前已发生的税费；

③债务清偿损益 = 债务的计税基础 - 债务的实际偿还金额。

（2）企业清算应纳税所得额 = 清算所得 - 免税收入 - 不征税收入 - 其他

免税所得 – 弥补以前年度亏损。

（3）清算所得税额 = 企业清算应纳税所得额 × 25%。

【案例244】公司破产清算过程中 税务机关无权强制执行拍卖财产的税款①

原告：宁燕公司破产管理人

被告：区地税局

诉讼请求：

1. 撤销被告作出的强扣税款的行政行为；
2. 被告将非法强扣的税款返还。

争议焦点：被告作为税务机关，能否强制划扣原告作为破产管理人拍卖破产财产的税费。

基本案情：

2010年3月5日，法院受理案外人宁燕公司破产案，并指定原告作为破产管理人负责宁燕公司的破产清算工作。2011年4月15日，法院裁定宣告宁燕公司破产。

2014年8月21日，原告委托案外人开元拍卖行公开拍卖宁燕公司的破产财产26.2亩国有工业用地使用权及地上附着物，案外人正豪公司以2050万元拍得该破产财产，并于2015年9月28日与原告办理了拍卖破产财产的移交手续。原告与案外人正豪公司约定，该笔破产财产拍卖的税费由正豪公司承担，但正豪公司并未按照约定将税款交给原告。因此，原告的该笔破产财产拍卖税费一直未缴纳。

被告于2016年11月23日前分3次以税务事项通知书向原告发出通知，要求原告限期缴纳拍卖财产对应的税款。由于原告没有在限期内缴纳税款，被告又于2016年11月28日向原告发出扣缴税收款通知书，并于当日作出税收强制执行决定书，从原告的存款账户直接扣划税款454.23万元，缴入国库。

---

① 参见宁夏回族自治区高级人民法院（2018）宁行申28号行政裁定书。

原告诉称：

1. 拍卖破产财产产生的税费不应被认定为破产费用。

（1）目前尚无任何法律、司法解释或政策文件将处置破产财产产生的税款定性为"破产费用"。

（2）在《企业破产法》及司法解释中，只有《企业破产法》第113条规定"破产人所欠的税款"，且未进行划分。处置破产财产的税款仍属于"破产人所欠的税款"。

（3）即便未来司法解释将处置破产财产的税收认定为破产费用，也不能提前强行扣划，必须依照《企业破产法》规定将其先列入破产财产分配方案，然后根据《企业破产法》第115条、第116条的规定，在法院裁定认可破产财产分配方案后，由破产管理人执行。在破产财产分配方案没有获得通过、没有经过法院裁定认可而产生法律效力前仍然不能支付。

2. 被告无权对原告采取税收强制措施。

（1）被告强扣税款的行政行为严重违反了《企业破产法》第19条的规定。全国人大法工委明确对该条的适用范围问题作出答复：《企业破产法》第19条规定的"解除保全措施"和"中止执行程序"包括所有司法机关和行政机关的程序。也就是说，即便是因严重刑事案件所采取的保全措施也必须解除，执行程序也必须中止。法院的司法查封和执行是效力最高的强制措施，其他任何行政机关的行政强制措施效力均低于司法措施，均不能与司法措施对抗。

（2）破产管理人是依照《企业破产法》规定，受人民法院指定，管理处置破产企业财产的临时性机构，其在法律意义上属于人民法院的委托代理人，不属于税务机关可以采取强制措施的"从事生产、经营的纳税人"。

被告辩称：

1. 原告公开拍卖的破产财产实质是为了管理其财产，实现债务清偿的目的，因此属于管理、变价债务人财产的行为，其管理、变价过程产生的费用应认定为破产费用，应当随时清偿。

2. 被告已经多次向原告发出催缴通知，法院也向破产管理人下达依法缴纳税款的通知书，但原告在长达一年多的时间里始终未依法缴纳拍卖破产财产产生的税费,其行为严重损害国家利益,扰乱了税收秩序。被告据此依据《税收征收管理法》第40条的规定,严格依法定程序从其账户中扣划税款并无不当。

一审法官观点:

1. 关于被告作出的强制扣缴税款执行决定的行政行为是否合法的问题。

案外人正豪公司通过拍卖程序竞得案外人宁燕公司的破产财产并办理了过户手续。被告依法要求原告按期申报税款,符合法律规定。在原告没有按期申报和缴纳相关税款的情况下,被告按照《税收征收管理法》第40条的规定,向原告作出了税收强制执行决定书,并于当日从原告在银行的账户中扣缴税款454.23万元。被告的这一行政行为有事实依据和法律依据,并无不当。

2. 关于原告拍卖所得的税费应由谁承担的问题。

虽然原告与案外人正豪公司约定了该笔破产财产拍卖的税费由正豪公司承担,但正豪公司没有按约定将税款交给原告,原告也没有向税务机关缴纳这笔税款。因此,原告仍然是这笔税款的纳税主体,作为纳税义务人理应履行缴纳税款的义务。

一审法院判决:

驳回原告的诉讼请求。

二审、再审法官观点:

1. 关于原告是否属于从事生产、经营的纳税人问题。

案外人宁燕公司在资不抵债并被宣告破产后,已丧失了生产、经营的能力,原告作为其破产管理人也不是从事生产、经营的纳税人。

2. 关于破产程序中拍卖破产财产产生的税费是否属于破产费用的问题。

根据《企业破产法》第41条第2项规定,管理、变价和分配债务人财产的费用属于破产费用。被告所扣缴的税费属于破产企业管理人在对企业财产依法进行拍卖、变价后因财产增值而产生的税费,并不是变价行为本身产生的费用,依法不属于《企业破产法》所规定的破产费用。

3. 关于被告能否直接划扣税费454.23万元的问题。

国家制定《企业破产法》的目的在于严格保护破产企业和其他债权人的合法权益,破产申请一经人民法院受理,即进入司法程序,其对破产财产的保全、执行、债务清偿顺序等均有严格限定，所以破产程序不同于一般的民事法律执行程序，对此《企业破产法》对个别债务人的债务清偿、有关债务人财产的保全执行、破产费用的清偿顺序、破产财产分配方案需经人民法院裁定认可等事项作了规定。也就是说，任何债务或费用的强制划扣，在破产司法程序中，都必须经过人民法院审查准许或在清偿顺序中依法清偿。因此被告强制划扣拍卖税费，执行程序违法。

二审、再审法院判决：

撤销被告作出的关于强扣税款的税收强制执行决定。驳回被告再审申请。

581. 税务机关能否作为债权人申报税收债权？

可以。企业在人民法院裁定进入破产重整前所欠缴税费按税款债权进行申报并参与财产分配，欠税形成的滞纳金按普通债权进行申报并参与财产分配；破产申请受理后，债务人所欠缴款项产生的滞纳金，属于普通债权。

582. 企业破产清算时，税收优先权是否及于破产欠缴税款的滞纳金？

对此，分阶段进行不同处理：

（1）破产重整前的税收滞纳金

根据《企业破产法》及《国家税务总局关于税收征管若干事项的公告》（国家税务总局公告2019年第48号）第4条第3款的规定，企业在人民法院裁定进入破产重整前所欠缴税费按税款债权进行申报并参与财产分配，欠税形成的滞纳金按普通债权进行申报并参与财产分配。

特别的情况，如税务机关针对滞纳税款加收滞纳金的行为，属于依法强制纳税人履行缴纳税款义务而实施的行政强制执行，应当适用《行政强制法》第45条第2款的规定，加收的滞纳金数额不得超出税款数额。在破产程序中，税务机关申报的滞纳金超过税款数额的部分不能认定为普通债权。

（2）破产重整中因持有、管理和处置财产或从事生产经营发生税款而产生的税收滞纳金

《最高人民法院关于适用〈中华人民共和国企业破产法〉若干问题的规定（三）》第3条规定，破产申请受理后，债务人欠缴款项产生的滞纳金，不属于破产债权。

【案例245】税收滞纳金不得超税款数额 超额部分不作破产普通债权[①]

原告：区税务局

被告：某公司

诉讼请求：确认原告对被告所欠税款对应的滞纳金3950.02元享有破产债权。

争议焦点：

1. 税收滞纳金是否可以超过税款数额；
2. 在破产程序中，税收滞纳金超出税款数额部分能否作为普通债权申报。

基本案情：

2015年12月14日，法院裁定受理对被告的破产清算申请。

2022年7月25日，被告管理人向原告出具《情况说明》一份，载明被告2009年度存在因账册未找到而难以查账征收的情况。后原告对被告2009年企业所得税进行核定。

2022年8月11日，原告向被告申报债权，载明：债权总额690,909.24元，其中税款343,479.61元，滞纳金347,429.63元；缴款期限为2010年5月31日至破产受理日共经过2023天，按日万分之五计算滞纳金为347,429.63元。同年8月31日，被告管理人作出《债权申报初审函》，认为税金滞纳金不能超过税金本身，最终确认债权总额为686,959.22元（其中税款本金343,479.61元，滞纳金343,479.61元，滞纳金列入普通债权参与分配）。对于超出部分3950.02元，管理人不予确认。

原告诉称：

管理人对超税款本金部分的滞纳金不予确认为破产债权违反法律规定，对于确认税款滞纳金的数额不能以《行政强制法》为依据，而应依据《税收征收管理法》作出认定。

被告辩称：

《行政强制法》是一部规范所有行政机关实施行政强制行为的法律，税务

[①] 参见江苏省南京市中级人民法院（2023）苏01民终6513号民事判决书，本案系人民法院案例库入库案例。

机关的行政强制行为应属于《行政强制法》的调整范围。《税收征收管理法》与《行政强制法》既是特别法与一般法关系，也是新法与旧法的关系。若仅从特别法优于一般法来理解《行政强制法》与《税收征收管理法》的关系，并以此为依据确认滞纳金只能适用《税收征收管理法》是不全面的。《行政强制法》第45条第2款规定加处罚款或者滞纳金不得超出金钱给付义务的数额，这是法律强制性规定，且对滞纳金上限加以限制更有利于国家及时征收税款。

法官观点：

1. 税务机关加收滞纳金系依法强制纳税人履行缴纳税款义务的行为。

《税收征收管理法》第32条规定，纳税人未按照规定期限缴纳税款的，扣缴义务人未按照规定期限解缴税款的，税务机关除责令限期缴纳外，从滞纳税款之日起，按日加收滞纳税款万分之五的滞纳金。纳税人应当在规定的期限内缴纳税款，此系税人依法所负的纳税义务。纳税人未按照规定期限缴纳税款的，系不依法履行义务，税务机关应当责令限期缴纳，依法加收滞纳金。因此，滞纳金系税务机关依法对纳税人的税款义务之外加收的金额，其目的在于促使纳税人履行其依法应当负担的缴纳税款义务。

而《行政强制法》第2条第3款规定，行政强制执行，是指行政机关或者行政机关申请人民法院，对不履行行政决定的公民、法人或者其他组织，依法强制履行义务的行为。故加处滞纳金属于《行政强制法》设定的行政强制执行的方式之一，是行政机关对逾期不履行义务的相对人处以一定数额的、持续的金钱给付义务，以促使其履行义务的一种强制行为。税务机关为依法强制纳税人履行缴纳税款义务而加收滞纳金，属于税务机关实施行政强制执行的方式。

2. 税务机关加收滞纳金的行为应当符合《行政强制法》的规定。

作为规范行政机关设定和实施行政强制的一般性程序法，《行政强制法》通过明确规定行政强制行为及其具体的种类、实施条件和程序等，对行政强制予以统一规范。《税收征收管理法》在税款征收方面规定了税务机关可以采取加收滞纳金、税收保全以及强制执行措施等行为。对于其中税务机关实施的属于行政强制性质的行为，除法律明确规定有例外情形外，亦应当遵守《行政强制法》的规定。

《行政强制法》第45条规定，加处罚款或者滞纳金的数额不得超出金钱给付义务的数额。《税收征收管理法》及其实施细则规定了加收税款滞纳金的起止时间、计算标准，而针对滞纳金这一事项，《行政强制法》明确规定了行政机关在实施该行为时须遵守的上述限制性规定，应当依法适用。

因此，税务机关加收滞纳金的行为，符合《行政强制法》第45条规定的适用条件，应当遵守滞纳金的数额不得超出金钱给付义务数额的规定。而且，税务机关在实施税收征收管理行为时应当适当，对于税务机关加收滞纳金的行为，适用滞纳金的数额不得超出金钱给付义务数额的规定，在促使义务人履行缴纳税款义务的同时，既可以避免对相对人造成过重的金钱义务负担，在税收征收管理和相对人利益保护之间形成均衡，也有利于督促税务机关积极履行职责，及时采取其他强制执行措施，提高行政管理效率，符合税收征收管理的目的。

法院判决：

驳回原告诉讼请求。

583. 债权人从清算企业取得的清算资产，如何进行所得税处理？

按以下方式处理所得税：

（1）债务人被清算后，其清算财产不足以清偿的，债权人分得清算资产后，减去可收回金额后确认的无法收回的应收、预付款项，可以作为坏账损失在计算应纳税所得额时扣除；

（2）债权人对其扣除的各项资产损失，应当提供能够证明资产损失确属已实际发生的合法证据，包括具有法律效力的外部证据、具有法定资质的中介机构的经济鉴证证明、具有法定资质的专业机构的技术鉴定证明等；

（3）债权人对取得的清算企业非货币资产，应按照公允价值确定其价值。

【案例246】税务机关申请企业破产清算被受理[①]

申请人：税务稽查局

[①] 参见浙江省温州市中级人民法院（2024）浙03破申205号民事裁定书。

被申请人：鞋业有限公司

申请请求：因被申请人不能清偿到期债务且明显缺乏清偿能力，请求对被申请人破产清算。

基本案情：

2023年，申请人对被申请人作出税务处罚决定，对被申请人虚开增值税发票行为处以5万元罚款，另被申请人欠缴增值税61,673.43元、城市维护建设税2861.67元、教育费附加1202.54元、地方教育附加801.69元、印花税84.49元。截至2024年6月12日，被申请人未缴纳上述税款及罚款。

经申请人分别向市不动产登记服务中心、车辆管理部门和某银行查询被申请人名下的财产情况，未发现任何财产线索。

被申请人在法定异议期内对申请人的破产清算申请未提出异议。

法官观点：

被申请人的企业类型为有限责任公司，属于企业法人，其破产主体适格。申请人依据查明的事实对被申请人作出税务处罚决定，被申请人一直未能履行上述缴纳税款及罚款的义务，已明显缺乏清偿能力。被申请人在法定异议期内对申请人的破产清算申请未提出异议。综上，被申请人已经具备破产原因。

法院裁定：

受理申请人对被申请人的破产清算申请。

【相关法律依据】

一、公司法类

（一）法律

❖《公司法》第233条、第235条

（二）行政法规

❖《市场主体登记管理条例》（国务院令第746号）第32条

（三）司法解释

❖《最高人民法院关于适用〈中华人民共和国公司法〉若干问题的规定（二）》（2020年修正）第7条

（四）地方规范性文件

❖《上海市破产管理人协会强制清算案件清算组工作指引（试行）》（沪管发〔2022〕9号）第34条

二、税法类

❖《财政部、税务总局关于继续实施企业、事业单位改制重组有关契税政策的公告》（财政部、税务总局公告2023年第49号）第5条

三、其他类

❖《诉讼费用交纳办法》（国务院令第481号）第20条

第二十五章　清算责任纠纷

【宋和顾释义】

关于清算责任纠纷，新《公司法》在修订中，共涉及八处修改，其中四处为新增内容，一处为吸纳《民法典》、公司法司法解释规定基础上的进一步调整，三处为删除原规定，涵盖：

(1) 清算义务人、清算组成员的人选；

(2) 清算义务人未履行清算义务的责任；

(3) 清算组成员的忠实义务、勤勉义务；

(4) 清算组成员对公司、债权人的责任；

(5) 删除公司在清算期间开展与清算无关的经营活动的行政责任；

(6) 删除清算组违反报告义务的行政责任，由《市场主体登记管理条例》予以规定；

(7) 删除清算组成员违反忠实义务的行政责任。

结合过往司法实践和本次修订，清算责任纠纷的争议类型主要体现为以下六种：

(1) 清算责任的程序性争议，如管辖法院、诉讼时效的起算点如何确定，清算期间提股东代表诉讼是否需要履行前置程序；

(2) 清算责任承担主体相关争议，如股东、控股股东、实际控制人在何种情况下需要承担责任，无过错的清算组成员是否需对其他成员的过错行为承担连带责任，对公承诺人如何承担责任；

（3）清算责任构成要件之行为要件相关争议，如小股东能否以自己未参与公司经营管理抗辩对债权人的赔偿责任，如何认定清算组适当履行了通知和公告义务；

（4）清算责任构成要件之因果关系相关争议，如能否以解散事由出现前公司无财产可供执行为由拒绝承担责任；

（5）清算责任构成要件之主观要件相关争议，如清算组成员的故意或重大过失如何认定；

（6）清算责任举证义务相关争议，如公司无法清算的举证责任如何分配。

上述部分问题，在本书第三版第四册"清算责任纠纷"章节中已涉及，本章系根据司法实践的变化以及修法产生的新问题，加以梳理、归纳和补充。

584. 如何确定清算责任纠纷的诉讼当事人？

在直接诉讼中，原告可以是公司、债权人、董事或其他利害关系人。其中，最常见的情形是债权人作为原告，以清算义务人或清算组成员为被告提起诉讼。此时，如果公司尚未注销，可以将公司列为第三人。

在代表诉讼中，股东为了维护公司利益以自己的名义提起诉讼，因此股东作为原告，清算义务人或清算组成员为被告，公司尚未注销的，应当列为第三人。

如果公司已经清算完毕且注销，又发现清算义务人或清算组成员有损害公司利益的行为，并给公司造成损失的，股东有权以自己的名义作为原告提起诉讼，以清算义务人或清算组成员为被告，追究其损失赔偿责任。需要说明的是，由于此时公司已经消灭，损失赔偿的对象应为所有股东，故应当将其他所有股东列为第三人。

585. 对清算责任纠纷，股东是否可以提起代表诉讼？

可以。有权提起代表诉讼的股东因公司类别而有所不同：

（1）如果是有限责任公司，则所有股东均可提起股东代表诉讼；

（2）如果是股份有限公司，则享有提起股东代表诉讼资格的必须是连续

180日以上单独或者合计持有公司1%以上股份的股东。

另外，对于公司全资子公司，前述股东也有权提起股东代表诉讼。

586. 清算期间，股东提起代表诉讼是否需要履行前置程序？

一般股东代表诉讼中，股东均须履行前置程序，即书面请求公司董事会或执行董事提起诉讼，在公司董事会或执行董事不起诉的情况下，股东为了维护公司利益，才可以直接提起诉讼。但在公司清算期间，股东提起清算责任纠纷无须履行前置程序，理由如下：

（1）清算中，公司的董事会已经不再履行职责，请求其履行职责已经无实际可能。

（2）公司清算周期短，公司的财产只消耗而并不增加，所以公司的清算状态符合《公司法》第189条第2款规定的"情况紧急、不立即提起诉讼将会使公司利益受到难以弥补的损害的"情形。

（3）处于清算中的公司，公司的法定机关为清算组，对内处理公司全部清算事务，对外代表公司进行各种民事活动和诉讼活动，公司实质被清算组所控制。所以，清算组可能对其成员的违法行为采取放任态度，甚至可能存在清算组成员集体侵害公司利益，如侵占公司财产的情形，这样很可能会妨碍股东代表诉讼的提起，不利于保护公司利益。

【案例247】清算期间提股东代表诉讼　情况紧急可免前置程序[①]

原告： 房地产公司、建安公司

被告： 同基公司、同泰公司、曹某、陈某

第三人： 天一公司

诉讼请求：

1. 被告同基公司向第三人返还项目资金4000万元并赔偿利息损失2800万元；

2. 被告同泰公司、曹某、陈某承担连带责任。

争议焦点：

1. 清算期间，股东是否有权提起代表诉讼；

[①] 参见江苏省高级人民法院（2014）苏商终字第00491号民事裁定书。

2. 清算期间，提起股东代表诉讼是否需要履行前置程序。

基本案情：

2003年，原告建安公司和被告同基公司签订《开发合作协议》，约定各出资50%成立第三人，双方共同开发扬州市某地块。后经股权变动，第三人股东现为原告房地产公司（持股20%）、原告建安公司（持股30%）和被告同基公司（持股50%）。被告同基公司股东为被告曹某、陈某。

后第三人因陷入僵局经法院判决准许解散。解散后，第三人未能自行清算，经股东申请，法院裁定对第三人进行强制清算。第三人目前处于清算状态，清算组组成人员为被告陈某、案外人刘某（清算组组长，会计师事务所工作人员）、案外人陆某（代表股东被告同基公司）、尹某（代表股东原告房地产公司）、杨某（代表股东原告建安公司）共计5人。

二原告认为被告同基公司违反《开发合作协议》，侵占、挪用项目资金给自己或被告同泰公司使用，向法院起诉要求返还项目资金并赔偿损失，故形成本案。一审法院以二原告提起股东代表诉讼未履行前置程序为由，裁定驳回起诉。

一审裁定后，2014年9月23日，在第三人清算组会议上，各方一致同意本案以清算组名义提起诉讼，清算组承担胜诉的结果，不承担败诉的结果。同月26日，案外人清算组组长刘某在致二原告诉讼代理人的电子邮件中称，根据9月23日清算组会议，本案诉讼只是借用第三人清算组的名义提起，具体由二原告实施，因此清算组和清算组组长刘某均不做任何实质操作。

原告诉称：

1. 被告同基公司违反其与原告房地产公司签订的《开发合作协议》，侵占、挪用项目资金给自己或被告同泰公司使用。

2. 被告曹某、被告陈某作为被告同基公司的股东，为保持资金的继续侵占、挪用，未依法对被告同基公司清算。

3.《公司法》第151条①规定的前置程序是针对正常情况下股东代表诉讼，公司清算期间不适用该规定，此时公司股东提起代表诉讼符合"情况紧

---

① 现为《公司法》第189条。

急、不立即提起诉讼将会使公司利益受到难以弥补的损害的"规定，无须再经过前置程序。

被告辩称：

1. 两原告非适格原告，应由第三人清算组作为原告提起诉讼。

2. 即使提起股东代表诉讼必须经过前置程序，两原告也未向清算组作出过相应提请。

一审法官观点：

1. 二原告在第三人强制清算程序中，以股东代表诉讼替代清算组履行法定职责，主张第三人的相关权利，缺乏法律依据。

2. 二原告作为第三人的股东未以书面方式向清算组请求就本案的诉讼主张提起诉讼，其直接提起诉讼不符合《公司法》的前提规定。

一审法院裁定：

驳回原告起诉。

二审法官观点：

1. 二原告诉讼主体适格。

被告同基公司作为第三人股东，如果其行为有可能侵犯公司合法权益，给公司造成损失，而公司怠于行使权利，则二原告作为第三人的股东有权提起代表诉讼。

2. 清算期间提起股东代表诉讼，无须履行前置程序。

公司清算不但周期较短，而且其只消耗而并不增加公司财产，所以公司的清算状态符合《公司法》第151条规定的"情况紧急、不立即提起诉讼将会使公司利益受到难以弥补的损害的"情形。第三人正处于清算程序中，二原告作为公司股东，如其认为被告同基公司可能损害第三人的利益，可以直接向法院提起代表诉讼，无须履行书面请求公司清算组起诉的前置程序。

另外，原审裁定作出后，第三人清算组会议已讨论过本案诉讼，但第三人（清算组）并未起诉。清算组组长致二原告代理人的函件中亦称本案诉讼由二原告具体实施，清算组及其本人不做任何实质操作，故原告的起诉符合股东代表诉讼制度的立法目的。

二审法院裁定：

撤销一审裁定，由一审法院继续审理。

587. 有限责任公司股东、股份有限公司控股股东、公司实际控制人是否需要承担清算责任？

在新《公司法》实施前，《公司法司法解释（二）》第18~20条规定，有限责任公司股东、股份有限公司控股股东、公司实际控制人在以下五种情形中，应当承担清算责任：

（1）未在法定期限内成立清算组开始清算，导致公司财产贬值、流失、毁损或者灭失的；

（2）因怠于履行义务，导致公司主要财产、账册、重要文件等灭失，无法进行清算的；

（3）在公司解散后，恶意处置公司财产给债权人造成损失的；

（4）未经依法清算，以虚假的清算报告骗取公司登记机关办理法人注销登记的；

（5）公司未经清算即办理注销登记，导致公司无法进行清算的。

但根据新《公司法》的规定，清算义务人为董事，清算组也由董事组成，这使得上述司法解释的规定与新《公司法》界定的责任人范围产生了区别。笔者认为，这并不代表上述人员不需要承担清算责任。新《公司法》引入"事实董事""影子董事"的概念，规定公司控股股东、实际控制人虽不担任董事但实际执行公司事务的，系"事实董事""影子董事"，同样应对公司尽到忠实、勤勉义务，并规定控股股东、实际控制人指示董事、高级管理人员损害公司或股东利益的，与该董事、高级管理人员承担连带责任。所以，如果股东、控股股东、实际控制人属于"事实董事""影子董事"的，笔者认为同样应承担清算责任，而如果其指示清算义务人或清算组成员从事损害公司或股东利益行为的，应当承担连带责任。

588. 清算责任纠纷由何地法院管辖？

清算责任纠纷案件本质上属于"因侵权行为提起的诉讼"，应由侵权行为地或被告住所地人民法院管辖。其中，侵权行为地包括侵权行为实施地和侵权结果发生地。

在清算责任纠纷中，通常应以侵权行为直接产生的结果的发生地，作为侵权结果发生地，不能当然地以为原告受到损害就认为原告住所地为侵权结果发生地。例如，债权人以清算组成员未依法通知其申报债权为由提起清算责任纠纷的，由于"未通知债权人申报债权"这一侵权行为产生的结果发生在债权人住所地，故可以原告住所地为侵权结果发生地；而如清算义务人根本未履行清算义务的，应以公司住所地为侵权结果发生地。

【案例248】未足额出资且未履行清算义务　公司住所地为侵权结果发生地①

原告： 健康医疗公司

被告： 王甲、王乙、王丙、夏某、缪某、朱某

诉讼请求： 六被告赔偿原告损失500万元及相应的利息损失。

争议焦点： 股东未足额缴纳出资，清算义务人未履行清算义务，侵害债权人债权的，如何确定侵权行为地。

基本案情：

王甲、王丙、夏某、缪某、朱某五被告为案外人中彩盈公司的股东，被告王乙为中彩盈公司的法定代表人和总经理。

2016年4月15日，原告与中彩盈公司、被告王甲及案外人康复医学工作委员会、案外人医疗康复协会就合作开展培训计划事宜签订《合作协议》《补充协议（一）》《补充协议（二）》，约定原告投入500万元作为筹备资金，两年内收回。如不能收回，培训计划不能落实，中彩盈公司及被告王甲退还筹备资金，并承担原告的经济损失。

2020年9月8日，因项目未落实，原告与中彩盈公司、被告王甲签订《补充协议（三）》，中彩盈公司和被告王甲对本金和利息偿还做出承诺。

2021年1月5日，因中彩盈公司及被告王甲未支付任何款项，原告向上海市虹口区人民法院申请立案，法院组织双方诉前调解，因对归还时间未能达成共识而调解未成。之后中彩盈公司注销。

中彩盈公司注销前的住所地位于北京市朝阳区，六被告住所地均不在上海市，原告登记注册地位于上海市浦东新区，自称主要办事机构所在地在上

---

① 参见上海市高级人民法院（2021）沪民辖256号民事裁定书。

海市虹口区。

原告诉称：

1. 六被告恶意注销中彩盈公司以逃避债务。被告王甲、王丙、夏某、缪某、朱某五人作为公司股东，均未足额缴纳出资。根据《民法典》第75条的规定，执行机构负责人为清算义务人，被告王乙作为公司法定代表人和总经理，未履行清算义务，故六被告均应对原告承担赔偿责任。

2. 上海市虹口区人民法院作为原告主要办事机构所在地，对本案具有管辖权。

上海市虹口区人民法院认为：

本案系清算责任纠纷，从案件性质来看，清算责任纠纷本质上属于侵权责任纠纷，应由侵权行为地或者被告住所地人民法院管辖，其中侵权行为地包括侵权行为实施地和侵权结果发生地。

本案侵权行为地应为中彩盈公司住所地，侵权结果发生地应为原告住所地，故该两地人民法院及本案被告住所地人民法院对本案均有管辖权。当事人提供的照片、网页、租赁合同等证据材料不能作为认定主要办事机构所在地的依据，故应认定原告登记注册地为其住所地。

因此，上海市虹口区人民法院对本案无管辖权。基于原告对管辖法院的选择，本法院裁定，将本案移送上海市浦东新区人民法院处理。

上海市浦东新区人民法院认为：

本案不能以原告所在地作为侵权结果发生地，中彩盈公司所在地可认定为侵权行为地，而该公司注销前的住所地位于北京市朝阳区。此外，本案被告住所地亦不在浦东新区人民法院辖区内，故浦东新区人民法院对本案无管辖权。遂报请上海市第一中级人民法院指定管辖。

上海市第一中级人民法院认为：

上海市浦东新区人民法院关于本案管辖的意见成立，故报请上海市高级人民法院指定管辖。

上海市高级人民法院认为：

1. 本案侵权行为实施地、侵权结果发生地均为中彩盈公司住所地，而非原告住所地。

侵权行为地应当根据受害人指控的侵权人和具体侵权行为来确定。一般而言，实施侵权行为的过程，也是造成侵权结果的过程，当侵权行为完成时，侵权结果即同时发生。因此，侵权结果发生地，应当理解为侵权行为直接产生的结果的发生地，而非侵权结果到达地，不能当然地以原告受到损害就认为原告住所地就是侵权结果发生地。

本案原告指控被告作为中彩盈公司股东和清算组成员，未足额缴纳出资且未履行清算义务，侵犯了其对中彩盈公司享有的债权，故侵权行为实施地及其直接指向的侵权结果发生地均为中彩盈公司住所地，而非原告住所地。因此，在现行法律和司法解释没有规定清算责任纠纷案件中被侵权人住所地可作为侵权结果发生地的情况下，不能将本案原告住所地作为侵权结果发生地。因此，原告住所地法院对本案无管辖权。

2. 上海市虹口区人民法院将本案依职权移送上海市浦东新区人民法院处理，存在明显不当。

根据上述分析，本案应由中彩盈公司住所地或者六被告住所地法院管辖。而中彩盈公司住所地和六被告住所地均不在上海市，因此，上海市虹口区人民法院和上海市浦东新区人民法院对本案均无管辖权。

《民事诉讼法司法解释》第35条规定，当事人在答辩期间届满后未应诉答辩，人民法院在一审开庭前，发现案件不属于本院管辖的，应当裁定移送有管辖权的人民法院。上海市虹口区法院受理本案后，并未向被告发送起诉状副本，被告答辩期尚未开始，更未届满，即裁定移送无管辖权的上海市浦东新区人民法院处理，不仅明显违反上述规定，而且既可能剥夺被告依法享有的管辖异议权，又可能剥夺被告应诉答辩形成的应诉管辖权，显属不当，应予纠正。

鉴于本案侵权行为地和被告住所地人民法院均不属于本院指定管辖辖区范围，故本院指定上海市虹口区人民法院继续审理本案，并重新对管辖权问题依法作出处理。

法院裁定：

本案由上海市虹口区人民法院审理。

【案例249】清算组未依法通知债权人　原告住所地为侵权结果发生地[①]

原告：刘某

被告：陈某、王某、李某、太某

争议焦点：清算组未向债权人履行法定告知义务的，如何确定侵权行为地。

基本案情：

原告为案外首厚公司的债权人，四被告为首厚公司的股东。四被告作为清算组成员，在该公司清算过程中未向原告履行法定告知义务。

原告诉称：

1. 原告作为被侵权方，其居住地可以视为侵权结果发生地。

2. 《北京市高级人民法院关于民事诉讼管辖若干问题的规定（试行）》第17条第3款规定，"因公司股东未履行或者未全面履行出资义务，或者公司股东未履行清算责任给公司债权人造成损失的，债权人起诉股东对公司债务承担相应赔偿责任的，不应依照民事诉讼法第二十六条由公司住所地人民法院管辖，侵权行为地不包括公司住所地"。根据前述规定，案外人首厚公司注册地的人民法院对本案无管辖权。

3. 原告曾就案涉纠纷向首厚公司注册地的人民法院提起诉讼，但该院立案庭依据北京市高级人民法院的前述规定已经驳回了原告的立案申请。

被告辩称：

1. 本案应属于"与公司有关的纠纷"，应由公司所在地的人民法院专属管辖。

2. 案涉清算责任发生损害的结果在清算地形成，因此侵权行为实施地、侵权结果发生地均为公司住所地。

法官观点：

原告以首厚公司清算组成员作为被告，主张被告未就该公司的注销清算事宜履行法定告知义务，亦未清偿原告债务，侵害原告合法权益，故提起诉

[①] 参见北京市第二中级人民法院（2023）京02民辖终165号民事裁定书。

讼。因此，本案属于侵权纠纷。鉴于本案情形，原告住所地可以作为侵权结果发生地确定案件地域管辖，故原告住所地的人民法院即北京市东城区人民法院依法对本案有管辖权。

法院裁定：

本案由北京市东城区人民法院管辖。

589. 如何认定清算责任纠纷的诉讼时效起算点？

清算责任纠纷的诉讼时效应以原告"知道或应当知道权利受到损害的时间"起算。根据不同案件的具体情形，实践中主要有以下四种认定思路：

第一种思路：债权经生效法律文书确认在先，法定清算事由出现在后的，法院通常认为，债权人取得相关法律文书后，理应持续关注公司经营情况。在债务人公司出现清算事由而又长期无人清算的情况下，债权人理应知道其权利可能受到侵害。此外，《公司法》规定，公司出现解散事由的，应当在10日内通过国家企业信用信息系统进行公示，故原则上可推定债权人知道公司出现了解散事由，诉讼时效从法定清算时限15天届满以后起算。如果公司未按规定公示解散事由的，则应当区分不同解散事由来具体判断，例如公司因被吊销营业执照解散的，债权人仍可通过公示信息知晓，而对于公司经股东会决议解散的，债权人作为外部人难以及时知晓，此时不宜推定债权人知道公司出现解散事由。

第二种思路：如果法定清算事由出现在先，债权经强制执行依然无法获得清偿在后，法院通常认为此时债权人已经知道公司无财产可供执行，并且公司出现清算事由且无人清算。因此，诉讼时效从收到终结本次执行裁定之日起算。

第三种思路：如果清算事由发生的时间或者债权人收到终结本次执行裁定的时间均早于《公司法司法解释（二）》施行时间的，出于"无权请求则无时效"的考量，诉讼时效从2008年5月19日《公司法司法解释（二）》施行时起算。

第四种思路：对于清算义务人以虚假清算报告骗取办理注销登记，或公司未经清算即办理注销登记，导致公司无法清算的，诉讼时效自公司注销登记公示时开始计算。

另外，特别需要注意的是，就公司主要财产、账册、重要文件等灭失导致无法进行清算这一情形而言，《九民纪要》规定从"知道或应当知道公司无法进行清算之日"起计算。如何认定"知道或应当知道公司无法进行清算之日"，实践中存在两种不同观点。其中，一种观点认为，应以法定清算期限15天届满之日作为诉讼时效起算点。另一种观点则认为，如果债权人在提起清算责任纠纷之前，已向法院申请对债务人公司进行强制清算并取得终结强制清算程序裁定的，诉讼时效从债权人收到终结强制清算程序裁定之日起算。如果没有申请过强制清算，法院可能会认定债权人只有通过本案审理才能知道无法清算，进而直接认定诉讼时效未经过。

对此，笔者认为后一种观点更为合理。此外，如果强制清算是由股东或其他债权人申请，在终结强制清算程序裁定未向清算责任纠纷原告送达的情况下，也不宜以该裁定作出之日作为诉讼时效起算点。

【案例250】营业执照吊销属公示信息　清算期限届满时起算诉讼时效[①]

原告：宫某、曹某

被告：齐银公司、栾某等17名自然人

第三人：运益公司

诉讼请求：所有被告就第三人不能清偿的债务向原告承担连带清偿责任。

争议焦点：二原告债权经多次强制执行，期间债务人被吊销营业执照但未清算，二原告主张债务人的股东承担清算责任，诉讼时效从何时起算。

基本案情：

2005年，法院判决第三人对案外人佳庚公司负有债务。

2006年5月，二原告受让取得案外人佳庚公司的股权。同年8月，因第三人无财产可供执行，法院第一次裁定中止执行。同年12月，案外人佳庚公司注销，变更申请执行人为二原告。该案恢复执行后，2008年因第三人无财

[①] 参见山东省高级人民法院（2022）鲁民申9982号民事裁定书。

产可供执行，法院第二次裁定中止执行。2018年，经网络执行查控系统和现场调查，确认第三人名下无房产、银行存款、对外投资等可供执行财产，法院裁定终结本次执行程序。

2012年1月24日，第三人因未按照规定接受年度检验，被吊销营业执照，之后一直未进行清算。被告齐银公司及栾某等17名自然人均为第三人股东，其中被告栾某为第三人法定代表人。

2019年，二原告向法院提起本案诉讼。

原告诉称：

1. 被告齐银公司及栾某等17名自然人作为第三人股东，滥用股东滥用权利，故意不按规定年检，坐等营业执照被吊销，怠于履行义务，导致公司主要财产灭失，应当对公司债务承担赔偿责任。

2. 2018年恢复执行过程中，为查明执行局告知的财产线索，二原告调取第三人工商登记时方知第三人被吊销营业执照而未清算，原告起诉未过诉讼时效。

被告辩称：

1. 二原告自2006年受让案外人佳庚公司股权后，应对债务人的经营状况及清算事项负有较高的注意义务。公司被吊销营业执照属公示信息，二原告最迟于2012年1月24日就知道或应当知道股东怠于清算可能造成债权人的权利受到侵害，二原告于2019年提起诉讼，已过诉讼时效。

2. 被告栾某等17名自然人均属小股东，未参与第三人经营管理，不应对公司债务承担连带责任。

法官观点：

被告齐银公司及栾某等17名自然人中，除被告栾某任第三人法定代表人在公司工作外，其余被告均不是公司的董事会成员或者监事会成员，也未选派人员在公司参与公司经营管理，二原告要求所有股东承担连带清偿责任的诉讼请求，法院不予支持。

第三人于2012年已被吊销营业执照，根据《公司法》的相关规定，股东应自公司被吊销营业执照之日起15日内成立清算组开始清算，但第三人的股东始终未成立清算组进行清算。第三人的股东情况及被吊销营业执照情况均属于公示登记信息，且原告作为第三人的债权人，在其债权因第三人无财产可供执行被多次中止执行的情况下，对第三人的情况更应予以注意。因此，原告对第三人被吊销营业执照且未及时进行清算的事实在当时即应当知晓。原告主张自2018年到工商局调查时方才知晓，明显不能成立。故原告至2019年提起本案诉讼，已超过诉讼时效期间。

法院判决：

驳回原告诉讼请求。

【案例251】收到终结强清裁定方知无法清算 应自该日起算诉讼时效[①]

原告： 建设银行

被告： 中昊公司、张某、工贸公司

诉讼请求： 三被告连带清偿案外人金樱公司、融发公司对原告所负300万元借款本金及450万余元迟延履行期间的债务利息。

争议焦点：

1. 原告作为债权人在公司吊销营业执照多年后申请强制清算，能否以收到终结强制清算裁定之日作为诉讼时效起算点；

2. 被告中昊公司能否以其作为小股东联系不到大股东且无法对公司进行清算为由主张免责；

3. 法院裁定终结强制清算程序后，股东提供财务资料的，能否据此推翻无法清算的事实；

4. 原告在两债务人吊销未清算的情况下，多年未进行申请，是否有权主张此期间的迟延履行债务利息。

基本案情：

案外人金樱公司对案外人建设银行广武支行负有300万元借款债务，案外人融发公司为该笔借款担保人，后建设银行广武支行向法院申请强制执行该债权。2002年，金樱公司被吊销营业执照，但一直未进行清算。2003年，因

[①] 参见最高人民法院（2019）最高法民申3686号民事裁定书。

无财产可供执行，法院裁定中止执行。2008年，融发公司被吊销营业执照，但一直未进行清算。

2015年，因内部机构调整，原告承继了案外人建设银行广武支行对金樱公司、融发公司的债权。同年，原告作为债权人申请法院对金樱公司、融发公司进行强制清算。因两家公司下落不明，法院遂于2016年裁定终结强制清算程序。

被告中昊公司、张某为金樱公司股东，被告工贸公司为融发公司股东。

庭审中，被告张某认可金樱公司曾租用地毯厂厂房，2005年地毯厂被拆迁时金樱公司机器设备仍在该厂房内。

原告诉称：

1. 本案诉讼时效应于原告收到终结强制清算裁定后开始起算。

2. 三被告在公司被吊销营业执照后的十多年时间内，既没有自行清算，也没有申请法院对金樱公司、融发公司进行强制清算，严重损害了原告债权的实现。

被告辩称：

1. 原告诉讼请求已过诉讼时效，本案应当于《公司法司法解释（二）》2008年5月19日正式实施赋予债权人追究股东清算赔偿责任的权利时起算诉讼时效。

2. 被告中昊公司作为持股2.66%的小股东联系不到大股东，无法对公司进行清算，不构成怠于履行清算义务。

3. 被告张某已向法庭提交了金樱公司的账册和会计凭证，金樱公司仍具备清算条件。

4. 金樱公司、融发公司在吊销营业执照前已无财产，不存在因股东怠于履行义务而导致公司的主要财产、账册、重要文件等灭失。

一审法官观点：

本案应以2016年法院裁定终结案外人金樱公司、融发公司强制清算的时间节点确定债权人明确知晓清算义务人未履行清算义务、其相关权利受到侵害的时间。原告于2017年提起本案诉讼，未超过诉讼时效期间。

被告张某提交了金樱公司的部分财务凭证，证明金樱公司的账册亦未灭失。原告对该证据的真实性未提出异议，仅认为账册不完整，但原告亦未能证明金樱公司、融发公司未进行清算系其股东怠于履行清算义务所致。因此，无法认定三被告怠于履行清算义务的行为导致了公司财产、账册灭失，故对原告的诉讼请求不予支持。

一审法院判决：

驳回原告诉讼请求。

二审、再审法官观点：

1. 原告收到终结强制清算裁定时才知道金樱公司无法清算的事实，其诉请未超过诉讼时效。

关于本案是否超过诉讼时效的问题，相关案件中止执行而非终结执行，此时金樱公司是否无法清算、是否侵害原告的债权尚不确定，而《公司法司法解释（二）》正式实施亦不代表原告知道或应当知道金樱公司无法进行清算。原告于2016年收到终结强制清算裁定时才知道金樱公司无法清算的事实，其于2017年提起本案诉讼，未超过法定诉讼时效。

2. 三被告怠于履行清算义务，导致公司无法清算，应向原告承担连带清偿责任。

（1）关于被告中昊公司主张其作为小股东联系不到大股东并无法对公司进行清算的问题。根据《公司法司法解释（二）》第7条的规定，小股东在公司不能正常清算时亦有权申请人民法院进行强制清算，但从2008年《公司法司法解释（二）》实施起至2015年原告向法院申请强制清算的几年时间内，被告中昊公司未向法院申请进行强制清算，而是放任金樱公司不能清算的事实持续存在。因此，被告中昊公司未能与大股东取得联系及其作为小股东无法清算不是清算义务人的免责事由。作为同一法律地位的清算义务人，股东持股比例及内部责任的分担不得对抗债权人；对于外部责任的承担，各清算义务人之间系连带责任，没有过错的清算义务人可以在承担责任后向有过错的清算义务人主张相应权利。

（2）关于被告张某向法庭提交公司财务资料主张公司仍具备清算条件的问题。在强制清算程序中，未在法定期限内提交相关财务资料导致无法清算，与财务资料灭失导致无法清算，这两种情形在法律后果上并无不同，且强制清算程序已经终结，无法核实被告张某提交账册和相应财务凭证的真实性和完整性，原告对此亦不予认可，故无法推翻终结强制清算裁定认定的金樱公司无法清算这一事实。

（3）关于三被告认为公司在被吊销营业执照前已无财产的问题。从时间节点上看，金樱公司被吊销营业执照时，公司机器设备等财产仍然存在，系因被告张某、中昊公司未及时成立清算组进行清算并对公司债权债务予以结清，导致放置于地毯厂厂房内的机器设备等财产在2005年地毯厂被拆迁时下落不明，金樱公司股东怠于履行清算义务与无法清算的后果之间存在因果关系。被告工贸公司作为融发公司持股83%的股东，对融发公司吊销营业执照时公司财产、账册是否存在及保管于何处均无法说明，且未能向法庭提交证据证明其怠于履行清算义务的行为与融发公司无法进行清算的后果之间不存在因果关系，故依法应承担相应责任。

3. 原告长期未申请法院进行强制清算，放任损失扩大，应对无法清算的后果承担部分责任，对其主张的迟延履行期间利息不予支持。

债权人申请强制清算虽不受时效限制，但及时行使权利对债务人公司能否顺利进行清算及厘定清算责任有着重要影响。金樱公司于2002年被吊销营业执照，融发公司于2008年被吊销营业执照，但原告直到2015年才向法院申请强制清算。原告在金樱公司、融发公司清算义务人逾期未成立清算组进行清算的情形下，长期未申请法院进行强制清算，放任损失扩大，客观上影响了强制清算程序中法院与金樱公司、融发公司相关股东取得及时有效的联系，也影响到公司财产、账册等重要清算资料的保存、固定，与强制清算制度所追求的高效便捷原则不符。综上，原告对金樱公司、融发公司无法进行强制清算造成的后果应自行承担部分责任。综合全案情况，对原告主张的迟延履行期间利息不予支持。

二审法院判决：

1. 撤销一审判决；

2. 三被告对案外人金樱公司、融发公司应偿付原告的借款本金300万元承担连带清偿责任；

3. 驳回原告其他诉讼请求。

590. 新《公司法》对清算责任承担方式的规定有何变化？

新《公司法》实施前，清算责任有赔偿责任和清偿责任两种责任承担方式。因侵权行为导致公司主要财产、账册、重要文件等灭失且无法进行清算，或公司未经清算即办理注销登记，导致公司无法进行清算，债权人起诉主张债权的，适用清偿责任。对其余情况均应适用赔偿责任。两者的区别在于：负有清偿责任是对涉诉公司的全部债务负有偿债义务；赔偿责任则是对涉诉公司债务在违法清算行为造成损失的范围内进行承担。

新《公司法》虽然只规定了赔偿责任这一责任承担方式，但如果清算义务人不能证明公司可以清算，造成的损失范围可以确定，仍需要对公司已经存在的全部债务承担责任，因此法律效果实质上相同。

591. 新《公司法》关于清算义务人主体和责任承担的规定能否溯及适用？

新《公司法》关于清算义务人主体和责任承担的规定原则上不具有溯及力，但有例外情况，即应当清算的法律事实发生在新《公司法》施行前，并且至新《公司法》施行日（即2024年7月1日）未满15天的，适用新法，并且从2024年7月1日起重新起算15天清算期限。

592. 清算义务人、清算组成员承担赔偿责任应该具备哪些要件？

应同时具备下列四方面要件：

（1）清算义务人未及时履行清算义务或清算组成员怠于履行清算职责；

（2）清算义务人或清算组成员的行为给债权人、公司、股东及其他利害关系人造成损失，包括被清算公司资产的直接减损以及公司债务的增加；

（3）清算义务人或清算组成员的行为与损失存在法律上的因果关系；

（4）清算组成员向债权人承担责任的，还需满足存在故意或重大过失的要件。

593. 债权人主张清算组成员承担责任时，如何认定清算组成员存在故意或重大过失？

故意或重大过失是指，清算组成员明知或应当知道自己的行为会给公司财产造成损失并进而损害债权人利益的主观状态。

实践中，故意或重大过失的认定应该综合清算组成员身份、能力、履职可能性等客观情况，以及是否有意拖延、拒绝履职等主观因素予以认定。

对于非股东、非公司经营管理人员的清算组成员，应当考虑其是否具备履行职责的条件以及成为清算组成员的原因等背景事实。其中，财务人员因具有相应专业能力，对其是否尽到勤勉义务的评价标准可能会更高。

【案例252】"跑腿"清算组成员无过错　对债权人不承担赔偿责任[①]

原告：平安银行

被告：杨某、李某、郑某

诉讼请求：三被告就实业公司对原告未能清偿的债务承担赔偿责任。

争议焦点：

1. 被告李某作为法定代表人、股东和清算组负责人，被告郑某作为股东和清算组成员，二人未依法履行清算义务，是否应就实业公司对原告未能清偿的债务承担赔偿责任；

2. 被告杨某既非实业公司股东、董事或监事，又未曾参与公司经营管理，作为清算组成员亦未依法履行清算义务，是否应就实业公司对原告未能清偿的债务承担赔偿责任。

基本案情：

2014年5月，生效判决确认实业公司对原告负有债务。原告申请强制执行后，因无可供执行的财产，法院裁定终结本次执行程序。

实业公司股东为被告李某（持股99%，任法定代表人、清算组负责人）、被告郑某（持股1%、清算组成员）。被告杨某系被告郑某的司机，并非公司股东和管理人员。

2019年2月27日，实业公司形成股东会决议，同意公司解散，成立由三被告组成的清算组，其中被告李某为负责人。2019年3月8日，实业公司在《上海法治报》上发布公告。2019年5月10日，清算组出具《注销清算报告》，载明清算组已在成立之日起10日内通知了所有债权人并刊登了注销公

[①] 参见上海市第二中级人民法院（2022）沪02民终3822号民事判决书，本案系人民法院案例库入库案例。

告，公司债务已全部清偿。三被告在该报告上签字确认。被告李某、郑某还以股东身份在该报告上签字确认：股东会确认上述清算报告，股东承诺公司债务已清偿完毕，若有未了事宜，股东愿意承担责任。2019年8月，实业公司注销。

2018年12月11日，实业公司向税务机关申请注销税务登记事项。申报的《资产处置损益明细表》中载明资产总计账面价值为352.15万元，《剩余财产计算和分配明细表》载明资产可变现价值或交易价格为352.15万元。当月18日，实业公司报送的财务表格载明，公司仍有货币资金、应收账款、存货等，公司未分配利润为-58.66万元，负债和所有者权益合计41.34万元。

一审审理中，被告郑某称，报表是应税务机关要求填写，报表记载的很多债权债务并非真实存在，而是应会计要求记载；被告杨某是他的司机，被告杨某成为清算组成员是因工商部门要求清算组成员必须是三人以上，故将其纳入清算组。被告郑某、李某按照要求准备好材料，签字后邮寄给被告杨某，由其帮忙递交工商部门。

原告诉称：

1. 三被告未对公司资产进行清理，未通知、公告债权人，未处理公司债权债务并依法追收债权、参与诉讼，存在未依法清算即注销实业公司的违法行为。实业公司在注销时仍存在货币资金、对外应收债权等，如清算组履行法定义务，原告债权完全可能获得清偿。

2. 清算组属一个整体，其全体成员共同处理清算事宜、共同决定且签字确认公司清算报告，无论其出于何种原因成为清算组成员，每个成员均应当就清算组的违法行为对外共同承担法律责任。被告杨某在清算组存在违法行为的情况下，未予以制止且仍签字确认，并作为代理人报送相关材料以达到协助骗取工商登记注销的目的，主观上存在过错。

被告杨某辩称：

其原系被告郑某家庭司机，关于办理实业公司清算注销这一事项，只是因当时被告郑某、李某不在上海，其出于好意，帮忙向工商机关递交材料，涉及需要签字之处帮忙签署。被告杨某未从中获得任何好处，没有任何侵害他人的故意，也没有能力去承担责任。原告要求被告杨某承担责任，显失公平。

被告李某、郑某辩称：

1. 从税务局的开票记录来看，自 2015 年至 2018 年年底公司注销之前，实业公司没有任何经营行为。被告李某、郑某系因园区要求注销公司，在清算过程中，实业公司除一些桌椅外，没有其他资产，财务报表系委托第三方机构处理。

2. 在办理注销时，被告李某、郑某对原告债权并不知情。

法官观点：

1. 实业公司及其两位股东在注销时对于原告债权应为知情。

经审判、执行两个程序，实业公司对于原告的债权应为知情。

2. 实业公司未经依法清算即办理注销登记，且被告郑某、李某在《注销清算报告》中做出承诺，应当对实业公司不能清偿的原告全部债务承担责任。

根据实业公司提交的财务报表，实业公司具有大额的应收账款、应付账款、存货等。清算组应编制财产清单，对于所享有的债权应予以追索，对于应付的债务应通知债权人，在履行完清算职责后才能申请公司注销。被告李某、郑某并未提供如何清算的相关资料，审理中两人亦表示清算时只是进行了报表的清算，也就是账目处理。被告李某、郑某所指的报表的清算也就是指向税务机关提供的报表，目的是进行税务的注销，并非《公司法》上的清算，构成未经依法清算即办理注销登记。况且被告李某、郑某在提交的《注销清算报告》中承诺"公司债务已清偿完毕，若有未了事宜，股东愿意承担责任"。故原告要求被告郑某、李某对某公司不能清偿的债务承担责任，应予准许。

关于赔偿责任的范围，应由清算组就其未清算行为给债权人造成的损失承担举证责任，因清算组未能举证反映实业公司的真实财产情况，且其确认《注销清算报告》内容系虚构，故应认定清算组应对公司全部债务承担赔偿责任。

3. 要求被告杨某承担赔偿责任显失公平。

清算组未依法履行清算职责的，视为全体清算组成员具有故意或重大过失，构成共同侵权，进而由全体成员共同承担赔偿责任，但当清算未能依法正当开展时，清算组成员若能举证证明自己对清算组未履行清算职责的行为不存在重大过错的，则应当免于承担该侵权赔偿责任。涉案清算系受股东控制的不当清算，并非依法正常进行。故对于此情形，清算组成员的侵权赔偿责任是否成立，应综合成员身份、能力、履职可能性等客观情况以及是否有意拖延、拒绝履职等主观因素予以区分认定。

（1）对于清算组成员被告李某、郑某而言，前者系实业公司股东、法定代表人，并担任清算组负责人，后者系实业公司股东，依据本案查明的事实，二人均知悉并掌握公司债权债务及财产状况，应当能够积极、勤勉地组织清算工作，但二人消极不进行清算并放任虚构清算结果，对造成债权人损失具有重大过错，理应承担清算组成员的清算赔偿责任。

（2）对于清算组成员被告杨某而言，其既非实业公司股东、董事或监事，又未曾参与公司经营管理，亦非从事公司清算事务相关的专业人员，其作为被告郑某私人司机而被指定为清算组成员系出于符合法人注销登记机关对清算组成员人数要求的需要。在另两名清算组成员即被告李某、郑某控制、主导清算，但消极不进行清算甚至虚假清算的情形下，被告杨某既不具备独立履行清算职责的能力和权力，又因清算组受控于被告李某、郑某，其有"名"无"实"，客观上无法履行清算职责。同时，也没有证据证明其存在能够履行职责而拖延或拒绝履行的行为，没有证据能认定其具有逃避或怠于履行清算职责给债权人造成损失的主观动机。故难以认定被告杨某对于清算组未予通知债权人导致债权人未及时申报债权而未获清偿具有故意或重大过失，因而其不应承担清算赔偿责任。

（3）公司清算过程中，股东尚可以通过举证证明其没有故意或过失以及不构成"怠于履行义务"而免除相应清偿责任。本案中，倘若忽视被告杨某成为清算组非股东成员的原因、目的等背景事实，以及清算组在两股东成员被告李某、郑某控制下不当清算的实际状况，仅因被告杨某系清算组成员，就苛求其应当在清算期间对债权人尽到注意、知晓及通知义务，否则即构成故意或重大过失，应当就他人控制下的清算组怠于履行职责给债权人造成损失承担侵权赔偿责任，这显然有悖权利义务相统一的要求，也有违公平原则。

法院判决：

1. 被告李某、郑某对实业公司未能清偿原告的债务承担清偿责任；

2. 驳回原告要求被告杨某承担责任的诉讼请求。

【案例253】外聘会计未审慎审查　对公司债务承担连带赔偿责任[①]

原告：贸易公司

被告：张某、陈某、缪某

诉讼请求：三被告就科技公司对原告未能清偿的债务承担赔偿责任。

争议焦点：

1. 被告张某作为法定代表人、股东和清算组负责人，陈某作为股东和清算组成员，未依法通知债权人，是否应就科技公司对原告未能清偿的债务承担赔偿责任；

2. 被告缪某并非董事、监事，作为清算组成员和公司代账会计，是否应就科技公司对原告未能清偿的债务承担赔偿责任。

基本案情：

2013年11月28日，原告与科技公司签订《铁矿石购销合同》，约定向其购买铁矿石。后因购销合同履行产生纠纷，原告向法院起诉，请求科技公司退还其预付款及利息。科技公司于2016年1月21日签收一审法院材料，后于2016年2月4日注销。原告遂变更被告为清算组成员张某、陈某、缪某。

科技公司股东为被告张某（持股99%，任法定代表人）、被告陈某（持股1%）。被告缪某为公司代账会计，非董事、监事，亦非员工。

2015年12月18日，科技公司召开股东会，决议解散公司，并由三被告任清算组成员，其中被告张某为负责人。2016年2月2日，清算组出具清算报告，载明：公司清偿债务后剩余资产已按股东出资比例分配完毕；公司债权债务已清理完毕；公司清算组已于成立之日起10日内通知债权人，并于2015年12月24日起在《中国工商报》上公告了《公司注销公告》。2016年2月4日，科技公司被准许注销。

本案审理中，三被告未能提供案涉清算报告所依据的资产负债表、财产清单、清算方案等材料。

[①] 参见江苏省高级人民法院（2018）苏民申4856号民事裁定书。

原告诉称：

1. 其向科技公司共支付137.82万元预付款，科技公司却未按期交货，经多次交涉无果。科技公司已然构成违约，应当退回预付款及其利息。

2. 被告张某、陈某是科技公司股东，与被告缪某同为清算组成员，均未依法履行清算义务，导致原告未及时申报债权而未获清偿，三被告应当承担赔偿责任。

被告辩称：

1. 科技公司已履行付款义务。原告未派船到港口收货，属合同违约方，科技公司不应再向原告返还货款。

2. 科技公司清算时，虽与原告有买卖合同纠纷，但原告并非一个确定的债权人，不存在确定的债权债务关系。作为科技公司清算组成员的三被告，无需向原告履行通知义务。

3. 《公司法》及《公司法司法解释（二）》的表述系清算组成员承担相应的责任或在造成损失范围内承担责任，并未规定承担全部债务，故被告张某、陈某作为科技公司股东，应以出资限额或者所分配的收益为限承担责任，而不应对科技公司的债务承担无限责任，也不应承担连带责任。

4. 《公司法司法解释（二）》第19条规定的赔偿主体是公司股东，而被告缪某并非科技公司的股东和员工，系外聘代账会计。其虽是清算组成员，但对原告提起的诉讼并不知情，且已尽到审慎义务，故不应承担赔偿责任。

法官观点：

1. 科技公司作为供货方，未能提供充分证据证明其已按约提供案涉货物，故应当向原告退还预付款及利息。

2. 由三被告组成的科技公司清算组在已知晓原告提起诉讼主张债权的情况下，却未向原告履行书面通知义务，仍于2016年2月4日注销了科技公司。且三被告在本案诉讼中未能提供案涉清算报告所依据的材料，不能证明其依法履行了清算义务，故三被告对因此给原告造成的损失应当承担赔偿责任。

3. 被告缪某一直担任科技公司的代账会计，应当了解科技公司的经营情况，且其作为专业人员参与科技公司的清算工作，理应注意到科技公司和原告之间的账目往来，并负有根据公司的真实资产状况编制资产负债表、财产清单等责任。而科技公司的清算报告虚假，缺乏相应法定基础类资料，故被告缪某并未尽到审慎审查的责任，也未依法履行清算义务，对原告的案涉债权未能获得清偿存在重大过失。因此，被告缪某应向原告承担赔偿责任。

4. 关于被告张某、陈某称其在清算后未实际从科技公司取得财产，与二人签字确认的清算报告所载的"公司清偿债务后剩余资产已按股东出资的比例分配完毕"的内容不符，在二人未能提供证据证明科技公司在清算时的真实资产状况的情况下，应当对原告未能收回的全部债权承担赔偿责任。

5. 清算赔偿责任属于侵权责任，作为清算组成员的三被告属于共同侵权人，应向原告承担连带责任。至于其内部可根据实际过错追究成员的具体责任，但不能以此对抗外部债权人。

法院判决：

三被告就科技公司对原告未能清偿的债务承担连带赔偿责任。

594. 如果公司出现解散事由之前就无财产可供执行，那么怠于履行清算义务的行为与损害结果之间是否还具有因果关系？

通常情况下，不能仅以查无财产可供执行就推定公司没有清算财产，进而免除清算义务人怠于履行清算义务的责任。

其原因在于，执行程序中，法院查明无财产可供执行只是一个阶段性的结果，只能表明法院在该案中暂时未调查到相关财产，但并不能等同于公司实际上已经没有任何财产可用于清偿债权，清算义务人亦不能以此作为免责依据。但是，在解散事由出现之前，经多次强制执行，发现公司确无可供执行的财产，法院多次作出中止或终结本次执行程序裁定的，此理由亦有可能获得法院支持。

【案例254】清算义务产生前公司已被多次强制执行均无财产　怠于清算与损害无因果关系可免责[①]

原告： 资产管理公司

[①] 参见上海市第二中级人民法院（2013）沪二中民四（商）终字第1387号民事判决书，本案系人民法院案例库入库案例。

被告：实业公司、自来水公司

诉讼请求：二被告对原告债权本金297.27万元及利息、罚息损失承担赔偿责任。

争议焦点：

1. 案涉外商投资企业被吊销时，依法需经行政审批机关批准，股东才能成立清算组对企业进行清算，二被告因此未履行清算义务，是否负有过错；

2. 《外商投资企业清算办法》失效后，按照《公司法》规定，二被告是否属于怠于清算；

3. 二被告怠于清算的行为与案外人度假村公司无财产清偿原告债务的结果之间是否具有因果关系；

4. 原告请求二被告赔偿损失，是否已超过诉讼时效。

基本案情：

案外人度假村公司系于1992年成立的中外合资公司，股东为被告实业公司（持股为8.3%）、自来水公司（持股25%）。

1999年，法院判决度假村公司偿还案外人中国银行某支行本金290万元、利息72,705.60元及罚息。后因度假村公司无可供执行的财产，法院裁定中止执行。

2001年6月，原告通过协议受让了案外人中国银行某支行对度假村公司的上述全部债权，并予以公告。

1998年至2000年，度假村公司作为债务人涉及多起诉讼，根据法院生效的判决及调解书，度假村公司的电脑、电视机等动产及80亩土地的房地产、50亩土地上的7幢别墅、84丘土地、第34栋住宅等不动产被强制清偿了部分债务或公开进行了拍卖，因度假村公司已无可供执行的财产，法院对其剩余的债务裁定中止执行。

2004年，度假村公司被吊销营业执照且一直未进行清算。

2011年，度假村公司在向法院递交的《破产申请书》中曾表明，公司尚存一个网球场及一幢宿舍楼（无产证），后该破产申请未被法院受理。

此外，原告曾于2012年就本案争议向法院提起诉讼，后原告撤回对二被告的起诉。

2013年3月，二被告向法院申请对度假村公司强制清算。当月，原告提起本案诉讼。

原告诉称：

1. 二被告作为案外人度假村公司的股东在该公司被吊销营业执照后，未及时成立清算组对该公司的债权债务进行清算，致使公司的财产流失，从而导致原告的债权至今无法实现，故两被告应对原告的债权损失承担赔偿责任。

2. 原告于2012年才知晓度假村公司被吊销营业执照的事实，故时效应自2012年起计算。

被告辩称：

1. 度假村公司系中外合资企业，根据当时的相关规定，中外合资企业被吊销营业执照时，需经行政审批机关批准，股东才能成立清算组对企业进行清算，故二被告无法自行对目标公司进行清算。

2. 从度假村公司的财务账册和实际财产情况看，度假村公司被吊销营业执照时已无任何财产，未及时清算与原告债权不能获得清偿之间不存在因果关系。

3. 无论是从度假村公司被吊销营业执照之日或是原告援引的《公司法司法解释（二）》颁布之日起计算，原告就本案争议第一次提起诉讼均已超过2年，故原告的诉讼时效已届满。

法官观点：

1. 二被告行为构成怠于履行清算义务。

案外人度假村公司作为中外合资企业于2004年被吊销营业执照时，清算事宜应当适用1996年7月9日实施的《外商投资企业清算办法》。《外商投资企业清算办法》规定了普通清算和特别清算两种清算制度，度假村公司被吊销营业执照作为"企业被依法责令关闭"的情形应适用特别清算程序。但依据特别清算程序规定，在企业审批机关或其委托的部门组织成立清算委员会前，公司股东既不能自行组织清算委员会，也不能当然享有组织清算的权利。企业审批机关任命股东为清算委员会成员之前，股东并不负有特别清算义务。本案中，度假村公司被吊销营业执照后，审批机关并未组织成立清算委员会或任命二被告实施特别清算，故在2008年1月15日《外商投资企业清算办

· 1145 ·

法》废止前，二被告并不负有清算义务。

《外商投资企业清算办法》失效后，依照《公司法》相关规定，二被告作为股东理应于15日内组成清算组，对公司财产进行清算。但二被告直至2013年才向法院申请对公司强制清算，其行为显属怠于履行清算义务。

2. 二被告怠于履行清算义务的行为与原告债权未得到清偿的结果之间缺乏因果关系。

二被告对度假村公司的清算义务产生于《外商投资企业清算办法》失效时，即2008年1月16日。根据二被告所提供的证据，此时度假村公司的动产及不动产早已被冲抵债务或强制拍卖，其剩余债务亦于2000年及2001年被相关法院以无可供执行的财产为由而裁定中止执行。在原告未能提供相反证据的情况下，至少可以推定度假村公司的财产自2008年1月16日起已被执行完毕。因此，即使二被告于2008年1月16日后积极履行清算义务，亦不能阻却度假村公司财产消灭的客观事实。

度假村公司在破产申请书中曾表示，公司尚存有一个网球场及一幢宿舍楼（无产证），因该不动产不具有产证，故不存在权利被擅自转移的情形，同时该财产的不动产属性也决定了不可能造成财产被二被告灭失的后果。

3. 原告本次诉讼已过时效。

原告提起本案诉讼系以《公司法司法解释（二）》第12条第1款作为权利请求基础，而该司法解释已于2008年5月19日生效施行。原告受让债权后，对度假村公司营业执照被吊销且未依法成立清算组的事实应为明知，进而也应当知道自己的债权会因二被告未在法定期间履行清算义务而可能遭受的损害事实。因此，在2008年5月19日《公司法司法解释（二）》开始施行之时，原告的权利请求诉讼时效期间就应当起算。而原告直至2012年才就本案争议第一次向法院提起诉讼，嗣后又撤回起诉。该次诉讼距2008年5月19日已逾4年，超过当时《民法通则》规定的2年诉讼时效，不构成诉讼时效中断。

法院判决：

驳回原告全部诉讼请求。

第二十五章 清算责任纠纷

595. 清算义务人可否以自己是小股东未参与公司经营管理为由拒绝承担责任？

新《公司法》实施前，对这一问题的司法实践观点是，通常情况下，有限责任公司股东作为清算组成员，不论持股比例大小，均应当积极履行法定的清算义务。如果公司未依法清算造成债权人损失的，任一股东均应对外承担责任。但如果小股东能够举证证明其既不是公司董事会或者监事会成员，也没有选派人员担任该机构成员，且从未参与公司经营管理，不构成"怠于履行义务"的，可免于对公司债务承担连带清偿责任。

新《公司法》实施后，由于清算义务人已变为公司董事，上述司法实践观点进一步得到法律确认。

【案例255】小股东未参与经营管理　不构成怠于履行义务免担责[①]

原告：凯奇公司

被告：科技园公司

诉讼请求：被告连带清偿案外人电子公司对原告所欠的债务。

争议焦点：被告持股5%且未参与公司经营管理，是否应就电子公司对原告未能清偿的债务承担连带赔偿责任。

基本案情：

案外人电子公司的股东分别为：被告科技园公司（持股5%，其未选派人员担任公司董事会或监事会成员，且未参与公司经营管理）、案外人天华公司（持股65.1%）、案外人碧派克斯中心（持股9.9%）、案外人欧美公司（持股10%）、案外人王某某（持股10%）。

2004年，生效判决确认电子公司对原告负有债务合计1930万余元及利息。2006年，电子公司被工商机关吊销营业执照。因电子公司未向原告清偿前述债务，原告向北京市第二中级人民法院提出对电子公司进行强制清算的申请。

2011年，北京市第二中级人民法院裁定：因按照登记地址不能通知电子公司的所有法人股东，自然人股东王某某亦已死亡，且没有发现电子公司的

[①] 参见最高人民法院（2020）最高法民申5659号民事裁定书。

任何财产、账册及重要文件，无法进行清算，终结对电子公司的清算程序；原告可以另行要求电子公司的清算义务人对电子公司债务承担偿还责任。同年，该院向电子公司进行了公告送达。

随后，原告向北京市海淀区人民法院提起诉讼，要求电子公司4名法人股东就电子公司对其所负债务及利息承担连带责任。诉讼期间，被告向北京市丰台区人民法院提起股东资格确认纠纷诉讼，要求法院确认其不是电子公司股东，原告遂撤回对科技园公司的起诉，而针对其他3名股东的清算责任纠纷，则由北京市海淀区人民法院继续审理。

2019年，法院经强制执行，向原告发放执行款项共计1364万余元，剩余564万余元未能执行。

在此期间，2017年法院终审判决驳回被告请求确认不具有电子公司股东资格的诉讼请求。原告遂向一审法院提起本案诉讼，要求被告连带清偿电子公司对原告所欠债务。

庭审中，被告提交了2014年致电子公司法定代表人的函，拟证明其为核实电子公司相关情况已穷尽手段。

原告诉称：

被告作为债务人电子公司的股东，在债务人被吊销营业执照后应在法定期限内进行清算，其拒不履行清算义务的行为违反法律规定且侵害了原告的权利，依照相关司法解释的规定应对债务人的债务承担连带偿还责任。

被告辩称：

被告作为电子公司最小的股东（持股5%）并无怠于清算义务的行为，其穷尽了所有手段但未果，根本不可能也无法履行清算义务。怠于履行是能为而不为，而被告显然系无法为，因此被告不构成怠于履行清算义务，原告主张被告承担清算责任无事实和法律依据。

法官观点：

1.《公司法司法解释（二）》第18条第2款规定的立法本意是防止公司的股东、董事在公司应当进行清算的情况下而不清算，故意逃避债务，损害债权人利益，旨在强化清算义务人依法清算的法律责任，因此股东承担连带清偿责任的前提是其存在怠于履行义务的消极不作为，且因此导致公司主要财产、账册、重要文件等灭失,无法进行清算。被告作为电子公司持股5%的小股东,在电子公司清算事由发生后,被告已证明其通过联系其他股东等方式试图履行清算义务,且公司的主要财产、账册、重要文件的灭失亦与被告的作为或者不作为没有因果关系。

2. 被告作为小股东,既不是董事会或监事会成员,也没有证据显示其参与过公司经营或者选派人员担任该公司机关成员,在此情形下,被告的不作为达不到"滥用"公司法人独立地位和股东有限责任的程度,应当认定被告不存在过错。

综上,原告要求被告承担连带清偿责任的请求不能成立。

法院判决:

驳回原告的诉讼请求。

596. 债权通知和公告内容不详尽是否视为清算组未依法履行通知和公告义务?

债权通知和公告中的时间、地点、方式及需要提交的证明材料等是债权人准确申报债权的前提,这些内容不详尽则有可能造成债权人申报债权失败。因此,债权通知和公告内容不详尽,可视为清算组未依法履行通知和公告义务,由此给债权人造成损失的,应当承担赔偿责任。

【案例256】债权公告内容不详尽　清算组需担责[①]

原告: 徐某

被告: 赵某、黄某、李某

诉讼请求: 三被告支付原告服务费及利息。

争议焦点: 清算公告仅有债权申报期限且未通知已知债权人,三被告作为清算组成员是否需对公司债务承担赔偿责任。

基本案情:

三被告系案外人齐辉公司的股东,其中被告赵某任法定代表人。

[①] 参见山东省东营市中级人民法院(2015)东商终字第15号民事判决书。

齐辉公司对原告负有债务，原告在与齐辉公司的另案诉讼中已经出示该债务依据。后原告以该证据起诉齐辉公司主张其承担债务。齐辉公司在应诉材料送达前业已注销，原告遂将清算组成员即三被告诉至法院。

齐辉公司于 2012 年 8 月召开股东会，决议解散公司，并由三被告任清算组成员，其中被告赵某为负责人。次日，齐辉公司发布注销公告，在公告中称"债权人自本公司公告之日起四十五日内，向清算组申报债权"，但未向原告进行书面通知。同年 12 月，齐辉公司被准许注销。

原告诉称：

三被告作为清算组成员未依法通知债权人即注销公司，致使原告未能申报债权并获偿，严重侵害了原告的合法权益，应承担赔偿责任。

被告辩称：

齐辉公司已发布公告注销公司，原告未在法律规定的期限内申请债权，已丧失主体资格，被告不存在过错，不应承担责任。

法官观点：

1. 原告提交的证据能够证明其与齐辉公司存在债权债务关系，齐辉公司应按约定付款。

2. 从《公司法司法解释（二）》第 21 条规定看，通知债权人的方式有书面通知和公告方式两种，书面通知针对的是已知债权人，而公告通知一般针对的是未知债权人。齐辉公司仅以公告方式通知债权人申报债权，而未采取书面方式通知原告，应认定未依法履行通知义务。理由如下：

（1）齐辉公司与原告在另案中的争议问题也涉及原告所主张的债权。齐辉公司虽于注销后才收到应诉材料，但齐辉公司对该笔债权应该是明知的。即便其不予认可该笔债权，亦应该通知原告先行申报再行确认。但其在明知债权的情况下，不但未及时书面通知原告申报债权以便核实，还随即注销公司，存在规避本案债权人的恶意。

（2）齐辉公司虽然履行了公告通知义务，但公告内容并不详尽，亦应认定清算组未依法履行公告义务。当前法律虽没有明确规定通知和公告债权人的具体内容，但从立法意旨分析，其至少应包括公司处于解散清算状态的申明和债权申报的相关内容，前者是为了告知潜在的交易对象，后者是为了督促债权人及时有效申报债权。因此，通知的内容一般应包括债权申报的期限、地点、方法和需要提交的证明资料等重要内容。本案公告内容仅有债权申报期限而缺乏其他重要内容，不能认定齐辉公司依法履行了法定义务。

法院判决：

三被告向原告承担赔偿责任。

597. 清算组仅将清算事宜在报纸或国家企业信用信息公示系统上进行公告，未对债权人进行明确的书面通知，债权人可否主张清算组承担民事责任？

公司清算时，清算组应当将解散清算的事宜书面通知全体已知债权人，并根据公司规模和营业地域范围在全国或者公司注册登记地省级有影响的报纸或国家企业信用信息公示系统上进行公告。因此，清算组仅履行了刊登公告义务并不等同于对债权人进行了有效通知，清算组必须将清算事宜书面通知债权人，否则不免除清算组的民事责任，给债权人造成损失的，债权人有权要求清算组赔偿。此外，笔者建议，清算组应注意留存寄送书面通知的签收回执原件，避免因无法证明已履行通知义务而被要求承担赔偿责任。

【案例257】未证明通知已送达　视为清算组未尽通知义务需赔偿[①]

原告： 科技公司

被告： 陈某、杨某、毛某、李甲、李乙

诉讼请求： 五被告对案外人桥宇公司对原告未能清偿的债务承担赔偿责任。

争议焦点： 五被告作为清算组成员已提供邮寄书面通知的凭证，但不能证明债权人签收的，能否认定其已履行通知义务，是否应对原告承担赔偿责任。

基本案情：

2014年6月19日，在一起运输合同纠纷案中，生效判决确认案外人桥宇

[①] 参见上海市第二中级人民法院（2019）沪02民终1011号民事判决书。

公司应赔偿原告货物损失及利息。经法院强制执行，仍有47万余元未能执行到位。

五被告系桥宇公司股东。2015年7月24日，桥宇公司召开股东会，决议解散公司并成立由五被告组成的清算组，其中被告陈某为清算组负责人。同年7月29日，桥宇公司在报纸上公告了公司解散及注销事宜。桥宇公司清算报告载明，清算结果为公司债务已全部清偿、公司财产已处置完毕。五被告在该报告中承诺：公司债务已清偿完毕，若有未了事宜，股东愿意在法律规定的范围内继续承担责任。同年11月18日，桥宇公司注销。

审理中，被告提供了其通过杭州速物向原告邮寄清算通知函的邮寄凭证及《证明》一份。《证明》内容为，该局曾于2015年7月31日收寄快递一份，因该局纸质凭证仅保存一年备查，故无法提供收件回执原件，但该局亦无该邮件的任何拒收或退件的异常记录，该快递应属正常投递。原告确认邮寄凭证上填写的收件地址和收件人为其原经营地址和公司董事，但原告否认签收过该邮件。

原告诉称：

1. 书面通知已知债权人和在报纸上公告是并列的义务，桥宇公司清算时未通知已知债权人，导致原告未及时申报债权及获得清偿。

2. 五被告在注销清算报告中书面承诺如有未了结事项，愿意在法律规定的范围内继续承担责任。桥宇公司对原告的债权属于未了结事宜，五被告应当就桥宇公司对原告的债务承担连带责任。

被告辩称：

1. 被告已经向原告经营地址邮寄了清算通知函，并提供了加盖邮戳的快递面单原件，足以证明已尽通知义务。

2. 法律规定仅要求清算组向债权人发送通知，并没有以债权人收悉通知作为要件，由其举证债权人收到清算通知明显加重其举证责任。

3. 原告的损失与五被告是否履行清算义务并无因果关系，桥宇公司的资产已被法院执行殆尽，桥宇公司早已无任何资产，也没有继续经营盈利的能力，即便不注销公司也无能力偿还对原告的债务，原告债权未获清偿的经济损失并非因清算组注销公司而产生。

法官观点:

1. 原告对桥宇公司享有的债权属已知债权,清算组应采取书面方式通知其申报债权。对此,桥宇公司提供了邮寄凭证及《证明》,但原告否认签收了邮件。在没有其他证据能够佐证原告确已知悉桥宇公司处于解散清算程序而自身怠于申报债权的情况下,根据现有证据,难以认定清算组已经依法适当履行了清算通知义务。

2. 被告称桥宇公司在解散清算中已无可供清偿债务的财产,没有剩余财产供股东分配,但未能提供相应事实依据。

3. 清算组制定的清算报告中,在明知未对已知债权人清偿完毕的情况下,却称公司债务已全部清偿、公司财产已处置完毕,这与公司的实际债务负担和清偿情况明显不符,有违诚信原则和清算组成员应当履行的勤勉义务。此外,五被告也以股东身份在清算报告中承诺,愿意在法定范围内对公司未了债务继续承担责任。

综上,五被告未依法适当履行清算通知义务,在清算报告中作出虚假陈述,并承诺对公司未了债务继续承担责任,应对原告未获清偿的债权承担损害赔偿责任。

法院判决:

五被告对桥宇公司对原告未能清偿的债务承担连带赔偿责任。

598. 如何认定公司因财产、账册、重要文件灭失而"无法清算"?如何分配"无法清算"的举证责任?

"无法清算"是指公司的财产和负债范围无法确定,无法全面客观地对公司财产进行清理,公司无法进行正常的清算。对此,《公司法司法解释(二)》规定,有限责任公司的股东、股份有限公司的董事和控股股东因怠于履行义务,导致公司主要财产、账册、重要文件等灭失,无法进行清算,债权人主张其对公司债务承担连带清偿责任的,人民法院应依法予以支持。该情形系实际控制人原因造成的,实际控制人也应当对公司债务承担相应民事责任。

尽管上述司法解释的规定与新《公司法》规定不同,但实践中清算义务人怠于履行义务，导致公司主要财产、账册、重要文件等灭失，进而造成公司无清算资产可供偿债，其仍然可作为判断清算义务人赔偿金额的标准，有必要予以关注。

关于"无法清算"的举证责任，实践中存在不同观点。有的法院认为，尽管公司存在应清算未清算的事实，但债权人仍需进一步证明公司账册、文件灭失，无法进行清算。特别是在有的案件中，如果清算义务人还能够拿出公司部分年度的财务账册和会计凭证，此时法院会进一步要求债权人证明，依据这部分资料，公司仍无法进行清算。与此相对的是，也有法院认为，债权人作为外部主体，一般难以知晓债务人公司内部的财产、账册、重要文件的保存情况，应当由清算义务人承担举证责任。清算义务人无法举证或说明公司主要财产、账册及重要文件下落的，承担举证不能的后果，认定公司无法清算。

笔者认为，"无法清算"事实的举证责任，应当适用部分举证责任倒置的原则。公司股东作为公司的经营管理者，对公司的财产、账册、重要文件等比债权人要了解得多，如果要求债权人对"无法清算"的事实进行充分举证，则显失公平。此外，为充分论证公司"无法清算"，债权人可以先行向人民法院申请对公司进行强制清算，客观上的无法清算将在强制清算过程中被充分体现，此后再行主张清算义务人、清算组成员承担赔偿责任即具有较大把握。

【案例258】股东怠于清算导致公司债权超过诉讼时效　未能反驳合理怀疑应赔偿公司债务[①]

原告：范某波

被告：王某江、车某斌

诉讼请求：二被告对矿业公司所负债务承担连带赔偿责任。

争议焦点：

1. 二被告是否存在怠于清算行为；

2. 二被告的怠于清算行为是否导致案外人矿业公司财产流失或灭失，举

[①] 参见四川省成都市中级人民法院（2019）川01民申721号民事裁定书，本案系人民法院案例库入库案例。

证责任应由谁承担。

基本案情：

被告王某江（持股90%）、被告车某斌（持股10%）系矿业公司股东。2016年11月2日，矿业公司被吊销营业执照。直至本案起诉时，矿业公司仍未成立清算组开始清算。2019年8月12日，本案二审期间，法院受理了被告车某斌对矿业公司的清算申请。

2013年，原告向矿业公司出借50万元，因矿业公司到期未能偿还借款，原告向法院提起诉讼，法院作出生效判决，支持原告诉请。

执行过程中，法院执行裁定书查明：2014年9月24日，矿业公司与案外人矿产品经营部签订了《采矿权转让合同》，约定将矿业公司采矿权转让给案外人矿产品经营部，转让价款为780万元。因矿业公司还欠案外人矿产品经营部270万元，双方同意在支付转让款项时冲抵，矿产品经营部实际应付510万元。案外人矿产经营部应在采矿权变更登记至其名下后15日内支付转让款，矿业公司指定案外人代某（矿业公司监事）的个人账户为收款账户。2014年11月21日，矿业公司采矿权过户至矿产品经营部名下。

二被告在二审中陈述，其作为矿业公司股东，并未向案外人矿产品经营部主张过上述510万元到期债权，亦不知晓该采矿权转让事宜。

原告诉称：

1. 矿业公司被吊销营业执照，二被告作为矿业公司股东未及时履行清算义务、清理公司财产、清收债权，公司出售资产所得收入全部转入公司监事个人账户，致使公司现无任何财产可供执行，造成原告对矿业公司的债权无法实现，故二被告应当承担相应民事责任。

2. 被告车某斌申请强制清算不影响法院认定其怠于清算并导致流失510万元债权的事实。

3. 账册、资产均在股东的掌握中，原告作为公司的债权人无法举示相关证据。

被告辩称：

1. 被告的系列行为表明其并不存在怠于清算行为，理由如下：

（1）被告在2012年已将矿业公司整体承包出去，并非实际经营者，且于

2017年方才知晓矿业公司在2016年11月2日被吊销营业执照,至今未收到行政处罚决定书;

(2)按照《行政诉讼法》第40条的规定,成立清算组的时间从应当知晓矿业公司被吊销营业执照之日或者行政处罚决定书送达之日起算;

(3)被告车某斌在2019年8月7日已向法院申请对矿业公司进行强制清算。

2. 法院在未查明矿业公司510万元债权的履行情况下即认定矿业公司未收回该笔债权,违反法律规定。

3. 鉴于被告车某斌在二审期间已申请对矿业公司强制清算,应根据《民事诉讼法》第150条的规定,待清算程序完成后判断矿业公司是否遭受损失。

4. 本案并不属于举证责任倒置的法定情形。

法官观点:

1. 二被告作为清算义务人并未在法定期限内成立清算组进行清算,存在怠于清算的行为。

根据《公司法》第180条第4项①的规定,公司因依法被吊销营业执照、责令关闭或者被撤销而解散的,应当在解散事由出现之日起15日内成立清算组,开始清算。矿业公司于2016年11月2日被吊销营业执照,二被告作为公司股东应当在法定期限内成立清算组开始清算,但其并未在规定期限内履行清算义务,故二被告存在怠于清算行为。

2. 二被告未能就公司财产流失的合理怀疑提供反驳证据,其怠于清算行为导致了矿业公司财产流失。

(1)根据《采矿权转让合同》约定及履行情况,矿业公司于2014年12月6日即享有对某矿产经营部510万元的到期债权,二被告均表示并未主张过该债权,本案亦无证据显示该债权请求权的诉讼时效存在中断、中止的情形。因此,该债权请求权的诉讼时效于2016年12月6日已届满具有高度盖然性。矿业公司的营业执照于2016年11月2日被吊销,二被告本应在2016年11月17日前成立清算组,清理公司债权债务,但其在本案诉讼前,并未成立清算

---

① 现为《公司法》第229条。

组进行清算。若二被告在法律规定期限内履行清算义务，及时清理公司债权，则不会出现矿业公司的到期债权因超过诉讼时效而丧失胜诉权的情形。

（2）原告作为矿业公司债权人，并不参与公司经营管理和掌握公司财务账册，此时对债权人苛以严格的举证责任有违公平原则。而作为清算义务人的股东，则通常参与公司经营管理，掌握公司的财务资料并了解公司资产状况，其在公司财产是否存在流失或灭失情形上应当尽到更多的举证责任。因此，对于二被告的怠于清算行为是否导致矿业公司的财产流失的举证责任，原告应限于提供合理怀疑的证据，而对于反驳该合理怀疑的举证责任，应由作为清算义务人的股东承担。本案原告已举示了执行裁定书作为因二被告怠于清算行为导致矿业公司财产流失的合理怀疑的证据，二被告应当就该510万元到期债权的履行情况及尚未超过诉讼时效的情况提供反驳证据，但其并未提供相应证据，应承担举证不能的不利后果，故应认定二被告的怠于清算行为导致矿业公司财产流失。

3. 二被告承担的赔偿责任以损失范围为限。

根据《公司法司法解释（二）》第18条第1款的规定，二被告应在造成损失的范围内对矿业公司所负债务承担赔偿责任，故二被告所承担的赔偿责任总额累计不应超出510万元。

法院判决：

二被告对矿业公司向原告所负债务承担赔偿责任。

【案例259】控股股东未证明公司仍可清算　对公司债务承担连带责任[①]

原告： 孙某

被告： 欧邦公司、段甲、段乙、曲某、杨某、许某、张某、赵某

诉讼请求：

1. 被告欧邦公司支付原告以93万元为基数自2014年5月30日至实际清

[①] 参见山东省淄博市中级人民法院（2021）鲁03民终2919号民事判决书，本案系人民法院案例库入库案例。

偿之日按每年6%计算的逾期利息;

2. 被告段甲、许某、张某、赵某对第一项债务承担连带清偿责任,被告段乙、曲某、杨某在未出资本息范围内对第一项债务承担补充赔偿责任;

3. 被告段甲、许某、张某、赵某对经生效判决确认的被告欧邦公司债务承担连带清偿责任,被告段乙、曲某、杨某在未出资本息范围内对前述债务承担补充赔偿责任。

争议焦点:

1. 原告主张的逾期利息是否超过诉讼时效;

2. 被告段甲作为控股股东未能证明公司主要财产、账册、重要文件未灭失且公司能够清算,是否应对公司不能清偿的债务向原告承担连带清偿责任;

3. 被告许某、张某、赵某作为小股东,不参与公司经营管理,是否应对公司不能清偿的债务向原告承担连带清偿责任;

4. 被告段乙、曲某、杨某在案涉债权产生前已经转让股权,是否应对公司不能清偿的债务向原告承担补充赔偿责任。

基本案情:

2015年1月12日,法院生效判决书判令被告欧邦公司支付欠原告借款本金93万元,并释明自2014年5月30日至该借款本金清偿之日的逾期利息可另行主张。对93万元借款本金案件,因被告欧邦公司无财产可供执行,法院两次裁定终结本次执行。

被告欧邦公司成立于2007年10月25日,成立时注册资本为1000万元,股东为被告段甲(执行董事、法定代表人)、段乙、曲某、杨某、许某、张某,以及案外人李某、王某(监事)。2007年10月23日,会计师事务所出具的验资报告,认定股东首期出资300万元已经到位。2011年5月30日,被告欧邦公司注册资本减少为500万元。2011年5月20日,会计师事务所出具验资报告,认定股东第二期出资200万元已到位。

2009年3月24日,被告段乙、曲某、杨某将各自持有的全部被告欧邦公司股权转让给被告段甲,被告段甲将持有的被告欧邦公司股权转让给被告赵某。2015年6月18日,案外人王某将持有的被告欧邦公司全部股权转让给案外人吴某。自此,被告欧邦公司股东为被告段甲(持股65%)、赵某(持股

20%)、张某（持股2%）、许某（持股4%），以及案外人吴某（持股6%）、李某（持股3%）。

2019年11月27日，被告欧邦公司被吊销营业执照，之后一直未成立清算组进行清算。

2021年4月26日，被告赵某与段甲通电话，被告段甲承认公司账目由其控制，但不确定账目是否齐全。此外，被告许某、张某各自有工作，未参与被告欧邦公司经营。

原告诉称：

1. 原告债权已经生效判决确认，且均已申请执行，但至今未执行回任何财产。

2. 被告欧邦公司被吊销营业执照，但公司股东至今未对公司进行清算，致使公司主要财产、账册、重要文件灭失，无法进行清算。

3. 被告许某、张某、赵某虽然不是公司的董事会或者监事会成员，也没有选派人员担任该机关成员，但均参加了有关公司执行董事、法定代表人、监事的选任和解聘，注册资本和实收资本变更，公司住所地和经营范围变更的股东会并行使表决权，足以认定三人参与了公司的经营管理。

4. 被告段乙、曲某、杨某三人虽然于2009年3月6日将其持有的股权转让，但股权转让时并未将认缴出资全部出资完毕，依法应在未出资本息范围内对原告债权承担补充赔偿责任。

被告段甲、段乙、曲某、杨某辩称：

四被告均已实际出资，无出资不到位或抽逃出资行为。被告欧邦公司股东已在组织清算工作，相关资料已经交付案外人中明公司，欧邦公司完全具备清算条件。被告段乙、曲某、杨某已于2009年3月6日将各自持有的公司股权转让给被告段甲，其已并非被告欧邦公司股东。

被告许某、张某辩称：

二被告的股权比例分别为4%、2%，均为小股东，均已履行出资义务，均未参与公司经营，不存在怠于履行清算行为，不应承担任何责任。

被告赵某辩称：

1. 原告主张的逾期利息已超过诉讼时效。

2. 被告欧邦公司尚未清算，不代表主要财产、账册、重要文件等灭失，更不能推断出公司不能清算。公司被吊销营业执照后未自行清算，原告亦未申请法院强制清算，公司是否无法清算的事实尚未确定，原告主张被告承担清算责任的前提条件不具备。

3. 被告的股权比例仅为20%，属于小股东，已实际出资，被告未参与公司经营管理，公司主要财产、账册、重要文件均由控股股东被告段甲掌握。公司2015年6月后未再召开股东会，被告对公司被吊销营业执照的事实此前并不知晓，被告没有履行公司清算义务的条件，不构成怠于履行清算义务。

4. 即使被告在法定期限内主张进行清算，其仍然无法提供公司的主要财产、账册、重要文件等资料，所以被告未组织清算与公司是否能够清算之间没有因果关系。

5. 公司被吊销营业执照之前已无财产，法院在执行中已经认定公司无可供执行财产，股东未组织清算并未造成原告的损失，原告的债权无法受偿与公司未清算之间没有因果关系。

法官观点：

1. 逾期利息诉讼时效自借款本金支付之日起计算，原告诉讼请求未过诉讼时效。

生效判决已经写明自2014年5月30日至借款本金93万元清偿之日的逾期利息可另行主张。原告的该请求系持续计算至上述借款本金支付之日，诉讼时效应自上述借款本金支付之日起算，被告赵某关于原告该项诉讼请求超过诉讼时效的辩解不予采信。

2. 被告段甲作为控股股东，未能证明公司主要财产、账册、重要文件未灭失，公司能够清算，构成怠于履行清算义务，应对公司所负债务承担连带责任。被告许某、张某、赵某作为小股东，不参与公司经营管理，无须承担责任。

被告欧邦公司被吊销营业执照，公司清算的法定事由出现，公司一直未清算，原告由此请求股东承担责任。对此，应当从以下三个方面进行审查认定：

（1）审查被告欧邦公司的主要财产、账册、重要文件是否部分或者全部灭失。对此，应当由股东承担相应的举证责任，具体到本案中，即应当由对被告欧邦公司进行经营、管理和控制的控股股东段甲承担举证责任。被告欧邦公司无可供执行的财产，被告段甲未提交证据说明公司的财产状况，也未提交公司账册、重要文件。被告段甲未举证证明被告欧邦公司的主要财产、账册、重要文件未灭失，应承担举证不能的后果。

（2）审查被告欧邦公司是否无法清算。原告主张被告欧邦公司无法清算并提供了终结执行裁定书，完成了初步举证责任，被告段甲即应当承担被告欧邦公司能够清算的举证责任。被告段甲自称不确定公司账目是否齐全，其辩称公司具备清算条件但无证据证明。法院无法通过获取公司账册、重要文件来确定公司相关资产和负债等情况，无法确定公司是否能够清算以及何时能够清算，在此情况下，法院只能认定被告欧邦公司无法清算。被告段甲作为控股股东拖延、拒绝履行清算义务导致被告欧邦公司无法进行清算，构成怠于履行清算义务，应当对公司所负的借款本金承担连带清偿责任。

（3）案件中被诉相关股东的责任。相对于被告段甲的控股股东地位，本案中被告许某、张某、赵某的出资比例均较小，相对而言，均系公司的小股东。另外，这三人也不是公司董事会或者监事会成员，也没有选派人员担任公司董事会或监事会成员，不掌握公司账册，不管理公司财产，对公司经营行为不起决定性作用。在此情形下，根据《九民纪要》第14条的相关精神，三名小股东无须承担责任。

3. 出资已到位且被告段乙、曲某、杨某在案涉债权产生前已经转让股权，不应承担补充赔偿责任。

案涉的借款发生于2011年10月11日之后，此时被告欧邦公司各股东均已完成出资义务，不存在未履行或未全面履行出资义务的情形。被告段乙、曲某、杨某于2009年3月24日将各自持有的全部被告公司股权转让给被告段甲，自此该三被告不再是公司股东，原告主张该三被告承担补充赔偿责任，应不予支持。

法院判决：

1. 被告欧邦公司偿还原告以借款本金93万元为基数自2014年5月30日至2020年8月19日按照银行同期贷款基准利率、自2020年8月20日起至该借款本金支付之日按照同期全国银行间同业拆借中心公布的一年期贷款市场报价利率标准计算的利息；

2. 被告段甲对本判决第一项债务承担连带清偿责任；

3. 被告段甲对生效判决确认的被告欧邦公司债务承担连带清偿责任；

4. 驳回原告其他全部诉讼请求。

【案例260】 未举证公司无法清算　债权人主张股东偿债被驳回[①]

原告：器材公司

被告：范某、张某

诉讼请求：两被告连带清偿案外人成宇公司对原告所负债务。

争议焦点：案外人成宇公司被吊销营业执照后应清算而未清算，债权人是否承担无法清算的举证责任。

基本案情：

案外人成宇公司于2004年成立，股东为被告范某（持股97%，任法定代表人）及被告张某（持股3%，曾任监事）。

2014年，生效判决确认成宇公司对原告负有债务。后原告申请强制执行，因成宇公司暂无财产可供执行，法院裁定终结该次执行程序。

2017年6月，成宇公司被吊销营业执照，之后一直未进行清算。原告遂将成宇公司股东即两被告诉至法院。

原告诉称：

成宇公司被吊销营业执照后，两被告作为股东应组成清算组对债权债务进行清算，但至今未清算，致使该公司财产状况不明，两被告依法应对案涉债务承担赔偿责任。

被告张某辩称：

其持股比例仅为3%，并于2008年4月起不再担任监事职务，也未参与经营管理。被告张某作为小股东不构成怠于履行清算义务，不应对公司债务承担责任。同时，原告未举证证明其债权损失与两被告行为之间存在法律意

---

① 参见天津市高级人民法院（2020）津民申2026号民事裁定书。

义上的因果关系。

被告范某未作答辩。

法官观点：

成宇公司被吊销营业执照后，未在法定期限内启动清算程序并成立清算组，存在怠于履行义务的情形。根据《公司法司法解释（二）》第18条第2款规定，原告向两被告主张赔偿权利，原告有义务提供证据证实两被告的行为导致成宇公司的财产、账册、重要文件等灭失，无法进行清算。然而，原告所举证据不足以认定上述事实，故应承担举证不能的后果。

法院判决：

驳回原告的诉讼请求。

599. 能否以公司不存在会计账簿，或会计账簿在解散事由出现之前就已毁损灭失为由，认定怠于履行清算义务与无法清算之间不具有因果关系？

如果能够证明公司原本就不存在会计账簿，或者会计账簿在解散事由出现之前就已经毁损灭失，且会计账簿灭失不能通过税收、银行流水等资料弥补，导致公司无法清算的，则可以认定怠于履行清算义务与公司无法清算之间不具有因果关系。

但这并不意味着公司董事或高级管理人员可以不承担任何责任。公司董事或财务负责人负有更新和保管公司会计账簿的义务，如果因为不存在会计账簿或者会计账簿灭失，导致公司无法清算，依据新《公司法》的规定，因其存在故意或重大过失，应当向股东、债权人承担赔偿责任。此时，责任承担的依据并非清算义务人违反清算义务，而是董事、高级管理人员违反忠实、勤勉义务。

600. 公司未经依法清算即办理注销登记，公司股东或第三人办理注销登记时承诺对公司债务承担责任的，债权人应当向谁主张权利？

承诺对公司债务承担责任的股东或者第三人（以下简称对公承诺人）承担责任是基于其做出的书面承诺，该承诺不违反法律法规的禁止性规定的，应当认定有效，对公承诺人应当承担相应责任。

债权人追究对公承诺人的民事责任，并不当然免除清算义务人应当清算而不清算的责任。在公司未经依法清算即办理注销登记时，债权人既可以依据书面承诺要求对公承诺人承担责任，也可以清算义务人未履行清算义务为由要求其承担责任。

新《公司法》实施前，大部分案件的清算义务人和对公承诺人都是股东，法院在判决股东承担责任时通常也会将清算义务人和对公承诺人的相关规定一并作为依据。新《公司法》实施后，虽然股东不再是清算义务人，但如果股东在公司注销时做出书面承诺，债权人仍可据此要求其承担相应责任。

【案例261】注销时第三人承诺为公司"消化"债务 构成债务加入 被判担责[①]

原告：咨询公司

被告：工行合川支行、工行工委会

诉讼请求：两被告连带清偿案外人通源公司对原告所负的债务。

争议焦点：

1. 被告工行合川支行作为开办和主管单位，未经清算即注销集体所有制企业，是否应对企业的债务承担清偿责任；

2. 被告工行工委会并非开办单位，但在企业注销登记中盖章承诺"债务由本单位自行消化"，是否构成债务加入，是否应清偿企业未了债务。

基本案情：

案外人通源公司为被告工行合川支行于1992年出资并申请开办的集体所有制企业。

1994年，通源公司因一起借款合同纠纷对案外人奥亚公司负有债务，经执行仍有余款200余万元未向奥亚公司偿还。

1998年，通源公司以公司名义申请并完成注销，在企业申请注销登记表中债务处理情况栏内注明"债务由本单位自行消化"，并加盖被告工行工委会的印章。但通源公司在申请注销时，未成立清算小组对该公司的资产及负债情况进行清算。

---

① 参见重庆市第一中级人民法院（2016）渝01民终6590号民事判决书。

因案外人奥亚公司被吊销营业执照，原告于2000年受让了奥亚公司对通源公司的债权，但始终未获清偿。

原告诉称：

1. 被告工行合川支行作为开办和主管单位，未履行法定清算义务即注销通源公司，致使原告的债权无法实现。被告工行合川支行应承担清偿责任。

2. 被告工行工委会在通源公司注销登记中承诺，自愿承担通源公司未了债务，故应当与被告工行合川支行承担连带责任。

被告工行合川支行辩称：

1. 本案系清算责任纠纷，应当判决由通源公司进行清算。在通源公司没有清算的情形下，不能直接判决出资人、主办单位承担债务。

2. 通源公司已经依据《城镇集体所有制企业条例》合法注销。该企业的性质为集体企业，不能适用《公司法》进行判断。

3. 通源公司并非由被告工行合川支行注销，而是由被告工行工会委员会注销，该行为后果不应由工行合川支行承担。

被告工行工委会辩称：

1. 被告工行工委会与被告工行合川支行、原告之间没有债权债务关系，原告诉求没有依据。

2. 通源公司注销时，被告工行工委会在债务处理情况栏注明"债务由本单位自行消化"并加盖了被告工行工委会的印章，其中"本单位"是指通源公司，而非被告工行工委会。

法官观点：

1. 被告工行合川支行作为通源公司的开办和主管单位，在未尽到清算义务的情形下即注销通源公司，构成对原告债权的侵害，应当承担相应的侵权责任。但根据《民法通则》第48条规定，通源公司作为独立集体企业法人，应当以其所有财产承担民事责任，被告工行合川支行虽未尽到清算义务，但在之前执行案件中，法院已经执行偿还了部分款项，余款因无执行条件而停止执行，可证明通源公司已经无可供执行财产；原告亦未举证被告工行合川支行接收了通源公司财产，或因其不尽清算义务导致通源公司财产流失、贬值。故被告工行合川支行不应承担本案所涉债务的赔偿责任。

2. 被告工行工委会在通源公司注销登记时，在债务处理情况栏内注明"债务由本单位自行消化"，根据该文义解释，应当理解为工行工委会对公承诺承担通源公司所负债务，这构成对通源公司所负债务的加入，应当承担通源公司对原告所负债务的清偿责任。

法院判决：

1. 被告工行工委会清偿通源公司对原告所负的债务；

2. 驳回原告的其他诉讼请求。

601. 清算组成员基于股东会决议而实施违法行为是否需要承担民事责任？

需要。无论股东会决议体现的意志为何，清算组成员对债权人始终负有依法、合理执行清算事宜的义务。对于法律、行政法规的规定，推定任何人都知晓，而公司章程作为公司组织和运营的根本准则，公司组织机构的任何成员都应当对此知晓，清算组成员也不例外。因此，只要清算组成员从事清算事务时违反法律、行政法规或公司章程，其主观上必然具有故意或重大过失。例如，股东会决议要求清算组不按法定比例分配剩余财产，仅在影响力非常小的报纸上公告解散清算事宜或放弃对关联公司的债权或者担保，给公司或者债权人造成损失的，清算组成员不能以其行为系根据股东大会决议作出而对抗公司债权人，仍应承担损害赔偿责任。

602. 公司依法注销后，股东发现公司在清算中遗漏债权或其他财产权益的，可否以自己的名义向相应债务人提起诉讼？是否应由全体股东作为共同原告提起诉讼？

股东可以自己的名义依法提起诉讼主张权利。股东对有限责任公司有投资关系，对公司的经营成果享有收益权，而作为股东权的延伸，股东对公司清算注销时公司的剩余资产享有分配请求权。清算时未处理的债权虽未在清算报告中载明，但其仍是公司实际剩余财产的一部分，在公司注销后即由全体股东承继权利。提起诉讼的股东可按其应当分得的份额为标的进行起诉。

鉴于股东主张原公司对外享有的债权或财产权益与股东之间就公司剩余财产进行分配属于不同的法律关系，因此除非原公司全体股东愿意作为共同原告提起诉讼外，法院一般无须追加全体股东作为共同原告提起诉讼。如多个股东就同一笔债权或财产权益分别提起诉讼，法院可合并审理。

【案例262】股东已实质承继公司债权　注销后主张全部遗留债权获支持①

原告：潘某

被告：陈某、郭某

第三人：蔡某

诉讼请求：判令二被告共同偿还原告246.5万元，并支付逾期利息。

争议焦点：

1. 原告作为隐名股东，公司注销后，就遗留债权能否以自己的名义向债务人提起诉讼；

2. 公司与债务人订立的借款协议约定，还款至原告指定账户且原告保留追溯钱款和报案的权利的，能否认定公司的债权已承继给原告，原告能否主张注销后的全部遗留债权。

基本案情：

案外人C公司于2009年成立，自2011年10月起，原告与被告陈某开始合作经营该公司，原告以第三人名义出资881.6万元，占比80%，被告陈某以被告郭某名义出资220.4万元，占比20%，被告郭某为法定代表人。

2013年，二被告出具一份《借条》，载明二被告从C公司借取4,276,247.54元人民币。该《还款确认书》原件由原告持有。

2014年，被告陈某在一份《还款确认书》上签名捺印。该《还款确认书》列明截至2014年5月4日被告陈某的欠款金额及具体还款计划，并载明其所还款项应汇入原告指定账户及在其还清款项之前原告保留追溯钱款和报案的权利等内容。该《还款确认书》原件亦由原告持有。

2014年，被告陈某签署的文件《陈某挪用"C公司"资金的数额》载明，

---

① 参见福建省高级人民法院（2019）闽民终529号民事判决书，本案系人民法院案例库入库案例。

在 2011 年 10 月至 2013 年 12 月，被告陈某利用其作为总经理的职务之便，伙同法定代表人被告郭某，挪用公司资金 419.4 万元，相关资金转入被告郭某银行卡。

2016 年，被告郭某向市场监督管理部门递交了《公司注销登记申请书》，该申请书载明 C 公司的对外投资清理情况、债权债务清理情况、税务清理情况，至申请注销登记时，上述事项均已清理完成。在一审庭审中，被告郭某认可《公司注销登记申请书》中第三人的签名并非其本人所签，申请注销登记并未经过其同意。后 C 公司注销。

原告诉称：

2011 年 10 月至 2013 年 12 月，被告陈某挪用公司资金 427.6 元。二被告为此共同出具《借条》，被告陈某还出具了《还款确认书》。其后，被告陈某在向原告偿还了部分款项后拒还余款。

被告陈某辩称：

1. 其并未挪用公司资金，案涉《还款确认书》等材料系其受他人胁迫所签，不具有法律效力。

2. 公司账目不清，其并未实际结欠原告所主张的那么多款项。

3. 被告陈某结欠的是 C 公司欠款，C 公司已经注销，不能认定原告具有本案诉讼主体资格。

4. C 公司依法清算注销后，债权人应为两位股东，而非仅是原告。法院以《还款确认书》所记载的账户并非 C 公司及原件由原告持有为由，认定 C 公司原告与被告陈某在公司注销前实质已将诉争债权全额分配给原告是错误的。

被告郭某辩称：

1. 公司由原告与被告陈某共同实际控制，其只是代持被告陈某的股份，并被指定为公司法定代表人，公司与股东之间的所有债权债务纠纷均与其无关。

2. 在 2014 年原告与被告陈某产生严重分歧之后，公司没有办理税收和年检手续，导致被告作为法定代表人被列为失信人员，不得已才办理了注销手续。

第三人蔡某称：

1. 被告陈某挪用公司资金 400 多万元被发现后，其主张报警，但被告陈某请求原告原谅，并为此与被告郭某共同出具了《借条》。

2. 被告郭某在担任公司法定代表人期间也经常将公司资金挪为私用。

法官观点：

1. 原告已承继 C 公司的遗留债权，具有本案诉讼主体资格。

原告主张的款项在性质上属于已注销的 C 公司的遗留债权。C 公司虽已被注销，但公司的债权并不因其主体的消灭而灭失，根据民法权利承继原则及"谁出资，谁受益"原则，对于尚未处理的遗留债权，原公司全体股东成为权利承继主体，可以一般债权人的身份主张其权利。本案庭审中，原被告及第三人一致确认原告、被告陈某系 C 公司的实际出资人，具有股东资格，因此原告有权以股东身份主张 C 公司的遗留债权。

2. 二被告为本案讼争款项的还款责任主体。

二被告在相应的《借条》上的"借款人"处签名，依法应认定二被告系该笔欠款的共同欠款人。虽然其后的《还款确认书》等材料中并无被告郭某本人的签名确认，但《被告陈某挪用"C 公司"资金的数额》等经被告陈某签名确认的材料中亦载明相关款项转入了被告郭某的银行卡，且本案《借条》原件至今仍由 C 公司的实际出资人之一原告持有，C 公司亦未曾作出放弃对欠款人被告郭某主张权利的明确意思表示。因此，被告郭某在《借条》上签名的行为仍具有法律约束力，二被告作为该《借条》明确载明的共同欠款人，依法应承担共同还款责任。

3. 原告可以主张案涉 C 公司遗留债权全部余额。

虽然原告与被告陈某之间未有关于 C 公司遗留债权的书面分配协议，但从现有证据来看，本案《还款确认书》中所记载的接收被告陈某还款的银行账户并非 C 公司的银行账户，而系由原告指定的账户，且该《还款确认书》中明确写明原告保留追溯钱款和报案的权利。结合《借条》《还款确认书》原件均由原告持有的事实，可以认定 C 公司的实际出资人原告与被告陈某在公司注销前已经实质上将本案讼争的该项债权全额分配给原告，故原告依法有权主张案涉 C 公司遗留债权的全部债权余额。

现原告起诉要求二被告向其支付欠款本金 2,465,460 元，未超过其可主张的欠款本金范围，应予支持，但其所主张的逾期利息起算时间点缺乏依据，应依法予以调整。

法院判决：

1. 二被告应向原告支付欠款本金 2,465,460 元，并支付相应的利息；
2. 驳回原告的其他诉讼请求。

603. 公司违反法律规定进行清算，有何行政责任？

根据《公司法》的规定，公司清算时，隐匿财产，对资产负债表或者财产清单作虚假记载，或者在未清偿债务前分配公司财产的，由公司登记机关责令改正，对公司处以隐匿财产或者未清偿债务前分配公司财产金额 5% 以上 10% 以下的罚款；对直接负责的主管人员和其他直接责任人员处以 1 万元以上 10 万元以下的罚款。

604. 公司违反法律规定进行清算，有何刑事责任？

公司违反法律规定进行清算，可能构成妨害清算罪。妨害清算罪是指公司、企业进行清算时，隐匿财产，对资产负债表或者财产清单作虚伪记载或者在未清偿债务前分配公司、企业财产，严重损害债权人或者其他人利益的行为。

（1）构成要件

本罪的主体通常是进行清算的公司、企业法人，如果清算组成员与公司、企业相勾结共同实施上述行为的，以共同犯罪追究刑事责任。本罪在客观方面表现为公司、企业进行清算时，隐匿财产，对资产负债表或者财产清单作虚伪记载或者在未清偿债务前分配公司、企业财产。其中，"隐匿财产"是指将公司、企业财产予以转移、隐藏。公司、企业的财产既包括资金，也包括工具、设备、产品等各种财物。"对资产负债表或者财产清单作虚伪记载"是指公司、企业在制作资产负债表或者财产清单时，故意采取隐瞒或者欺骗等方法，对资产负债或者财产清单进行虚报，以达到逃避公司、企业债务的目的。"在未清偿债务前分配财产"是指在清算过程中，违反法律规定，在清偿债务之前就分配公司、企业的财产。本罪在主观方面表现为故意。

（2）立案追诉

公司、企业进行清算时，隐匿财产，对资产负债表或者财产清单作虚伪记载或者在未清偿债务前分配公司、企业财产，涉嫌下列情形之一的，应予立案追诉：

①隐匿财产价值在50万元以上的；

②对资产负债表或者财产清单作虚伪记载涉及金额在50万元以上的；

③在未清偿债务前分配公司、企业财产价值在50万元以上的；

④造成债权人或者其他人直接经济损失数额累计在10万元以上的；

⑤虽未达到上述数额标准，但应清偿的职工的工资、社会保险费用和法定补偿金得不到及时清偿，造成恶劣社会影响的；

⑥其他严重损害债权人或者其他人利益的情形。

（3）量刑方面

犯妨害清算罪的，对其直接负责的主管人员和其他直接责任人员，处5年以下有期徒刑或者拘役，并处或者单处2万元以上20万元以下罚金。

【案例263】私自接收并处置公司财产　犯妨害清算罪判处有期徒刑10个月①

被告人：王某乔

基本案情：

被告人系建设公司实际经营管理人。2019年10月14日，因建设公司不能清偿到期债务，债权人向法院申请对建设公司进行破产清算，法院于2020年5月12日指定江苏某律师事务所为该公司破产管理人。

被告人在明知建设公司已经进入破产清算程序并已指定管理人的情况下，于2020年5月15日至18日，私自接收技术公司支付给建设公司的工程质保金等款项合计501万余元人民币，并对管理人隐瞒不报，擅自将上述款项用于支付到期贷款利息、工程款等。2021年9月15日，建设公司破产管理人向公安局报案，提出在破产清算过程中被告人未将对应款项支付给管理人，涉嫌妨害清算罪并提交相关证据材料。

公安机关经过分析掌握其主要犯罪事实后，电话通知被告人到案配合调查，到案后未作如实供述，后经公安机关多次讯问，才如实供述自己的犯罪

---

① 参见江苏省宿迁市宿豫区人民法院（2022）苏1311刑初101号刑事判决书，本案系人民法院案例库入库案例。

事实。被告人自愿认罪认罚，签字具结。

法官观点：

被告人作为建设公司的负责人，在该公司进行破产清算时，隐匿财产，在未清偿债务前擅自处置公司财产，严重损害债权人或者其他人的合法权益，其行为已构成妨害清算罪。公诉机关指控被告人犯妨害清算罪的罪名成立。

1. 法院裁定受理破产申请的时间可作为认定进行清算的时间。

《刑法》明确规定公司、企业进行清算时发生的妨害清算行为能够构成妨害清算罪。妨害清算罪主要是为了保护濒危公司的债权人或者其他人的合法权益。因此，进行清算的起止时间就成了认定妨害清算罪与非罪的重点要素。受理破产申请裁定是人民法院在经过一定事实调查基础上作出的法律裁定。本案中，将法院裁定受理破产申请作为该公司进行清算的开始时间，以此来认定清算起始时间，既有很强的可操作性，又有很强的法律严肃性。

2. 私自接收公司财产支付公司债务，对管理人隐瞒不报，符合妨害清算罪的行为特征。

妨害清算罪在客观方面主要表现为公司在清算时，有隐匿财产或者在公司清偿债务前分配公司财产的行为。本案中，被告人经营的公司私自接收江苏某信息技术有限公司支付给建设公司的工程质保金等款项合计501万余元人民币，并对管理人隐瞒不报，擅自将上述501万余元用于支付到期贷款利息、工程款等，符合妨害清算罪的行为特征。

法院判决：

被告人犯妨害清算罪，具有坦白、立功、认罪认罚等情节，判处有期徒刑10个月，并处罚金5万元人民币。

【案例264】资产负债表中虚伪记载债务总额　犯妨害清算罪被判1年5个月[1]

被告人： 曹某

基本案情：

龙腾公司于2000年成立，股东为被告人曹某（持股49%）、案外人周某

---

[1] 参见湖北省宜昌市中级人民法院（2020）鄂05刑终286号刑事裁定书。

（持股51%），公司注册资本为10,019万元。

2015年3月，龙脉公司成立，股东为被告人曹某（持股49%，任监事）、案外人周某（持股51%，任法定代表人、总经理），公司注册资本为10,019万元。龙脉公司所有经营资金来源于龙腾公司，龙脉公司的财务账目由龙腾公司管理，账目凭证存放于龙腾公司。

2015年11月，龙脉公司召开股东会议，决议解散公司，并进行清算，清算组成员为被告人曹某及案外人周某、黄某，其中案外人周某担任清算组组长。

2016年8月，被告人曹某提供有曹某、周某签名的《公司注销登记申请书》《股东会决议》《清算报告》等整套文件，安排案外人黄某补填日期后办理龙脉公司注销登记。《清算报告》载明，截至2016年1月15日，龙脉公司资产总额为125.68万元，公司债务总额为125.68万元，净资产为0元。经司法鉴定，《注销登记申请书》《清算报告》中的"周某"签名并非本人所写。

龙腾公司财务账目显示，截至2018年9月，龙脉公司仍欠龙腾公司290万元未归还。

法官观点：

被告人曹某安排工作人员注销龙脉公司时，在向工商部门提供的相关资料中，《清算报告》表明龙脉公司应付账款约为120万元。但现有证据证实，截至2018年9月，龙脉公司欠龙腾公司近290万元未归还。被告人曹某作为龙脉公司清算组成员，在公司进行清算时，对资产负债表作虚伪记载，金额达50万元以上，其行为已构成妨害清算罪。

法院判决：

被告人曹某犯妨害清算罪，判处有期徒刑1年5个月，并处罚金5万元人民币。

605. 无过错的清算组成员是否应当对其他成员的过错行为承担连带赔偿责任？

对此，应当区分不同情况：

（1）如果清算组成员能举证证明自己不具备履行职责的条件，对清算组未履行清算职责的行为不存在过错的，如该成员系为满足清算组成员人数要求而加入，或仅负责"跑腿"代为报送清算材料，则其可以免于承担赔偿责任。

（2）如果清算组成员对未履行清算职责的行为都有过错，基于清算组的整体义务，任一成员都应承担责任，不得以清算组成员之间的内部因素对抗外部第三人。但承担了赔偿责任的清算组成员可以在其赔偿范围内，依内部分工向有责任的其他清算组成员进行追偿。

（3）如果过错行为违反法律规定的由清算组成员个人履行或遵守的义务的，如不得侵占公司财产、接受贿赂的义务，违反此类义务给公司或债权人造成损失的，仅由该有过错的清算组成员承担赔偿责任，其他无过错的清算组成员不承担赔偿责任。

【相关法律依据】

一、公司法类

（一）法律

❖《公司法》第 232 条、第 238 条

（二）司法解释

❖《最高人民法院关于适用〈中华人民共和国公司法〉若干问题的规定（二）》（2020 年修正）第 7 条、第 11 条、第 18～20 条

❖《最高人民法院关于适用〈中华人民共和国公司法〉若干问题的规定（四）》（2020 年修正）第 24 条

❖《最高人民法院关于适用〈中华人民共和国公司法〉时间效力的若干规定》（法释〔2024〕7 号）第 6 条

（三）司法文件

❖《全国法院民商事审判工作会议纪要》（法〔2019〕254 号）第 14～16 条

二、刑法类

（一）法律

❖《刑法》第 162 条

（二）部门规范性文件

❖《最高人民检察院、公安部关于公安机关管辖的刑事案件立案追诉标准

的规定（二)》(2022 年修订）第 7 条

三、民法类

❖《民法典》第 70 条

四、程序法类

（一）法律

❖《民事诉讼法》第 29 条

（二）司法解释

❖《最高人民法院关于适用〈中华人民共和国民事诉讼法〉的解释》(2022 年修正) 第 24 条、第 64 条